北京石景山年鉴(2012)

Beijing Shijingshan Nianjian(2012)

北京市石景山区人民政府 主办
北京市石景山区地方志办公室 承编

中华书局

图书在版编目（CIP）数据

北京石景山年鉴. 2012/北京市石景山区地方志办公室编.
—北京：中华书局，2012.10
ISBN 978—7—101—08861—8

Ⅰ. 北…　Ⅱ. 北…　Ⅲ. 石景山区—2012—年鉴
Ⅳ. Z521.3

中国版本图书馆 CIP 数据核字（2012）第 193317 号

责任编辑：朱　慧

北京石景山年鉴 2012
北京市石景山区地方志办公室编
*
中 华 书 局 出 版
（北京市丰台区太平桥西里 38 号　100073）
http://www.zhbc.com.cn
E-mail:zhbc@zhbc.com.cn
廊坊市金虹宇印务有限公司印刷
*
889×1194　1/16　30.25 印张　21 插页　1 203 千字
2012 年 12 月第 1 版　　2012 年 12 月第 1 次印刷
印数：1500 册　　定价：260.00 元

ISBN 978—7—101—08861—8

地址

北京市石景山区
八角西街27号

电话

010-68883642

传真

010-68880579

邮编

100043

电子信箱

sjsqzb@126.com

《北京石景山年鉴》编纂委员会

《北京石景山年鉴》编辑部

特约编辑

（按姓氏笔画为序）

编 纂 说 明

一、《北京石景山年鉴》是石景山区人民政府主办、区地方志办公室逐年编纂、连续出版的大型综合性、权威性、资料性工具书。以邓小平理论、“三个代表”重要思想为指导，贯彻落实科学发展观，把握地区“大调整、大建设、大发展”工作主基调，遵循实事求是的原则，力求体现时代特征、地区特点、行业特色。以全面、系统地记录石景山区经济和社会发展的基本情况为任务，旨在为社会各界了解和研究石景山区提供基本资料，同时为编修《北京市石景山区志》积累史料。

二、年鉴收录范围以地域为界，凡在石景山区境域之内的部门单位、各行各业，不论其性质、隶属关系和级别，均在收录之列。本卷以详记区属各系统、各单位情况为主，适当记述辖区内中央、市属单位情况，突出主题而又概括全貌。

三、本鉴所收录资料信息的主要形式为文字（文章和条目）、数据（表格）、图片，采用分级分类编纂法，以条目体为主，用规范的语体文直陈其事，文字力求言简意赅。按栏目、分目、次分目、条目四级结构层次编排。

四、年鉴基础框架保持稳定。本卷分为：总述、特载、专文、大事记、中共石景山区委员会、石景山区人民代表大会、石景山区人民政府、政治协商会议石景山区委员会、纪检·监察、民主党派·工商联、人民团体、政法、军事、综合经济管理、财税·金融、中央市属驻区企业、商业贸易、旅游业、规划建设、城市管理、科学技术、教育、文化·传媒、医疗卫生、体育、社会事业、社会建设、人物、统计资料、附录。按政治、经济、文化、社会的顺序，依次排列。共分栏目30个、分目135个、次分目173个、条目1712个，彩页67幅、图片208张、表格26个。全书总计约120万字。

五、《北京石景山年鉴》自2006年创刊，每年出版一卷，2012卷为总第8卷。本卷进行升级改版，版式改为国际标准大16开，图片进条目正文。记述时限为2011年1月1日至12月31日，本卷中凡未注明年份的事物，均为2011年内所发生。各级负责人任职情况，一律以2011年12月31日在册统计为准。

六、本鉴所用文章和条目，部分由区属各部门和驻区有关单位确定专人撰写或提供，并经主管领导审核，符合保密要求，撰稿人随文署名，以示尊重其劳动成果并文责自负；部分由编辑部依据有关资料自行撰写。综合性统计资料由区统计局提供。随文图片以各单位提供为主，编辑部提供为辅。

七、本鉴卷首有“总目”和“目录”，卷尾有“索引”。索引采用主题分析法，按主题词首字汉语拼音字母顺序排列。“总目”采取中英文对照，便于涉外交流。

八、本鉴由《北京石景山年鉴》编辑部负责编辑、加工文字和版式设计。在编辑出版工作中，得到全区各单位及各方面的大力支持和配合，也得到中国版协年鉴工作委员会、市志办领导和专家的悉心指导，在此谨表诚挚谢意，同时希望进一步得到关注与帮助。年鉴中存在的疏漏讹误之处，恳请读者批评指正。

编 者

2012年11月

1月13日，中共中央政治局委员、北京市委书记刘淇为首钢颁发“功勋首钢”纪念牌

11月3日，中共北京市委副书记、市长郭金龙视察第七届金博会石景山展台

区委书记荣华到向阳小学慰问

区人大常委会主任赵玉民视察十项重点工程进展情况

区长夏林茂到永定河建设工地调研

区政协八届委员会主席倪国锋和新当选的九届委员会主席岳德顺在九届一次政协会上

12月6～8日，中共北京市石景山区第十一次代表大会召开

12月19～24日，北京市石景山区第十五届人民代表大会第一次会议召开

12月19～23日，政协北京市石景山区第九届委员会第一次会议召开

1

2

3

4

1. 3月4日，石景山区召开2011年政府工作会
2. 1月5日，举办石景山区“十一五”成就与“十二五”规划主题展览
3. 6月21日，举行“颂歌献给党”纪念中国共产党成立90周年大型文艺演出
4. 9月19日，召开窗口单位和服务行业为民服务创先争优推进会

1. 4月12日，召开第五次经济发展暨国家服务业综合改革试点区、国家可持续发展实验区推进大会
2. 10月11日，北京石景山CRD标识发布
3. 5月5日，易华录创业板上市
4. 2月25日，石景山区举办重点招商引资项目集中签约仪式
5. 10月21日，第十二届世界漫画大会暨2011北京国际动漫周在中国动漫游戏城开幕

1. 7月8日，石景山区与首钢总公司招商合作全面启动
2. 8月11日，石景山区科技工作会暨园区建设推进大会召开，并为区重点实验室与创意工作室颁奖
3. 12月1日，新媒体基地—西山汇竣工
4. 11月29日，“无线城市·智慧石景山”WLAN应用示范工程开通

9月9日，石景山区
第二届京西消费节开幕

1. 8月12日，第二届北京CRD国际啤酒节开幕
2. 4月30日～5月7日，第十一届春之韵游园会在石景山游乐园举行
3. 4月28日～5月10日，第十一届园林茶文化节在八大处公园举办，图为开幕式上的“千手观音”舞蹈表演

8月17日，南宫公共租赁住房项目开工

11月25日，区领导参加融景广场开工奠基典礼

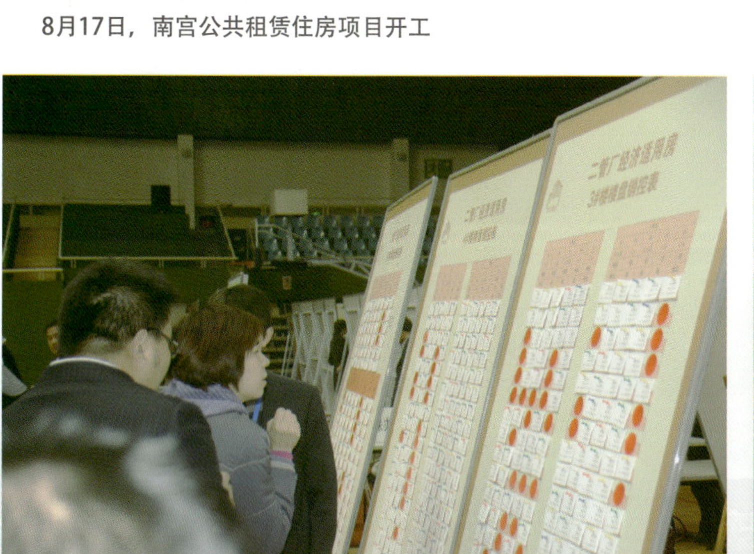

11月16日～21日，组织经济适用房选房签约活动

4月2日，开展全民义务植树活动

1. 阜石路
2. 八大处路
3. 建设中的老古城村
4. 融景城小区

城市绿化

永定河新姿

魅力新城

1. 北方国际大厦和紫御国际
2. 万达广场
3. 当代商城

1. 8月26日，科技北京电子巡展暨石景山科普节科普展启动
2. 9月8日，石景山区教育系统庆祝教师节总结表彰会召开
3. 6月10日，石景山区文化遗产保护中心揭牌
4. 5月15日，第29届古城之春艺术节开幕

1. 3月3日，苹果园街道“公益反哺家园”揭牌
2. 3月9日，举办退役士兵专场招聘会
3. 9月20日，举行第七届全国城市运动会石景山站圣火迎接和传递仪式
4. 北京大学首钢医院积极探索企业医院发展新方式
5. 7月30日，“新首钢杯”北京国际柔力球交流大会在区体育馆举行
6. 10月17日，石景山区召开第六次全国人口普查总结表彰会暨年度人口抽样调查工作动员会

1月13日，首钢北京石景山钢铁主流程停产仪式

2月18日，首钢总公司与中国建设银行签署战略合作协议

8月24日，首钢总公司与长安汽车股份有限公司举行战略合作框架协议签字仪式

9月7日，首钢凯西钢铁有限公司揭牌仪式

首钢京唐公司转炉炼钢设备

首钢冷轧公司落料生产线投产

首钢与马来西亚协德控股公司综合钢厂项目签约仪式

首钢动力厂拆除三号风机

首钢建设集团承建的七星摩根大厦

法海寺

慈善寺

八大处佛牙舍利塔

总　目

总述 …… 1
特载 …… 5
专文 …… 29
大事记 …… 55
中共石景山区委员会 …… 59
主要工作和重大活动 …… 60
区委日常事务 …… 69
组织工作 …… 70
宣传工作 …… 75
精神文明建设 …… 78
统一战线 …… 80
对台工作 …… 82
决策研究 …… 82
机构编制管理 …… 84
老干部工作 …… 84
保密工作 …… 86
企业党建 …… 87
转居地区党建 …… 88
直属机关党建 …… 89
党校工作 …… 90
党史资料征集 …… 91
石景山区人民代表大会 …… 93
重要会议 …… 94
重大活动 …… 96
石景山区人民政府 …… 99
主要工作和重大活动 …… 100
政府日常政务 …… 107
政府法制工作 …… 107
民族·宗教·侨务 …… 109
行政服务 …… 110
信访工作 …… 111
档案工作 …… 112
地方志工作 …… 113
集体经济 …… 114
西部建设 …… 115
外事·港澳工作 …… 116
政治协商会议石景山区委员会 …… 119
重要会议 …… 120
专门委员会 …… 121
纪检·监察 …… 125
纪检 …… 126
监察 …… 127
民主党派·工商联 …… 129
中国国民党革命委员会石景山区工作委员会 …… 130
中国民主同盟石景山区工作委员会 …… 131
中国民主建国会石景山区工作委员会 …… 132
中国民主促进会石景山区工作委员会 …… 133
中国农工民主党石景山区工作委员会 …… 134
中国致公党石景山区工作委员会 …… 135
九三学社石景山区工作委员会 …… 136
石景山区工商业联合会 …… 137
人民团体 …… 139
石景山区总工会 …… 141
共青团石景山区委员会 …… 142
石景山区妇女联合会 …… 144
石景山区科学技术协会 …… 145
石景山区文学艺术界联合会 …… 147
石景山区归国华侨联合会 …… 148
石景山区红十字会 …… 149
政法 …… 151
政法委员会 …… 153
社会治安综合治理 …… 154
公安工作 …… 155
检察工作 …… 159
审判工作 …… 161
司法行政 …… 163
军事 …… 167
人民武装 …… 168
民防工作 …… 169
综合经济管理 …… 173
综合经济调控 …… 174
经济和信息化 …… 176
统计 …… 178
国有资产监督管理 …… 179
工商行政管理 …… 183
质量技术监督 …… 186
安全生产监督管理 …… 188
审计 …… 192
烟草专卖 …… 193
财税·金融 …… 195
财政管理 …… 196
税务 …… 197
金融服务 …… 201
驻区金融机构 …… 202
中央市属驻区企业 …… 209
首钢集团 …… 210

北京北重汽轮电机有限责任公司 …… 214
中铁二十二局集团有限公司 …… 215
北京巴布科克·威尔科克斯有限公司 …… 217
商业贸易 …… 219
商务 …… 220
对外经济 …… 222
招商引资 …… 222
企业经营 …… 225
旅游业 …… 227
旅游管理 …… 228
北京石景山游乐园 …… 230
八大处公园 …… 231
规划建设 …… 233
规划管理 …… 234
国土资源管理 …… 235
建设管理 …… 237
房地产开发 …… 241
城市管理 …… 245
市政市容管理 …… 246
园林绿化 …… 251
公园管理 …… 253
市容卫生 …… 254
环境保护 …… 255
城市管理监察 …… 258
交通管理 …… 260
消防工作 …… 262
气象 …… 264
科学技术 …… 265
科技管理 …… 266
中关村科技园区石景山园 …… 268
驻区科研单位 …… 271
教育 …… 277
教育行政 …… 278
学前教育 …… 280
基础教育 …… 282
社区教育 …… 284
职业与成人教育 …… 284
教育督导 …… 285
民办教育 …… 286
驻区高校 …… 286
文化·传媒 …… 295
文化 …… 296
传媒 …… 301
医疗卫生 …… 305
卫生改革 …… 306
医疗服务 …… 307
社区卫生服务 …… 309
疾病预防与控制 …… 311
卫生监督 …… 314
动物卫生监督 …… 315
妇幼卫生 …… 316
医疗机构 …… 316
药品监督管理 …… 330
体育 …… 333
群众体育 …… 334
竞技体育 …… 336
体育产业 …… 336
体育执法 …… 338
社会事业 …… 339
民政工作 …… 340
人力资源和社会保障 …… 347
残疾人事业 …… 353
人口和计划生育 …… 356
私营个体经济 …… 357
居民生活状况 …… 359
社会建设 …… 363
社会领域党建及社会建设 …… 364
八宝山街道 …… 368
鲁谷社区 …… 370
老山街道 …… 372
古城街道 …… 374
八角街道 …… 376
苹果园街道 …… 377
金顶街街道 …… 379
广宁街道 …… 381
五里坨街道 …… 382
人物 …… 385
统计资料 …… 388
附录 …… 392
索引 …… 423

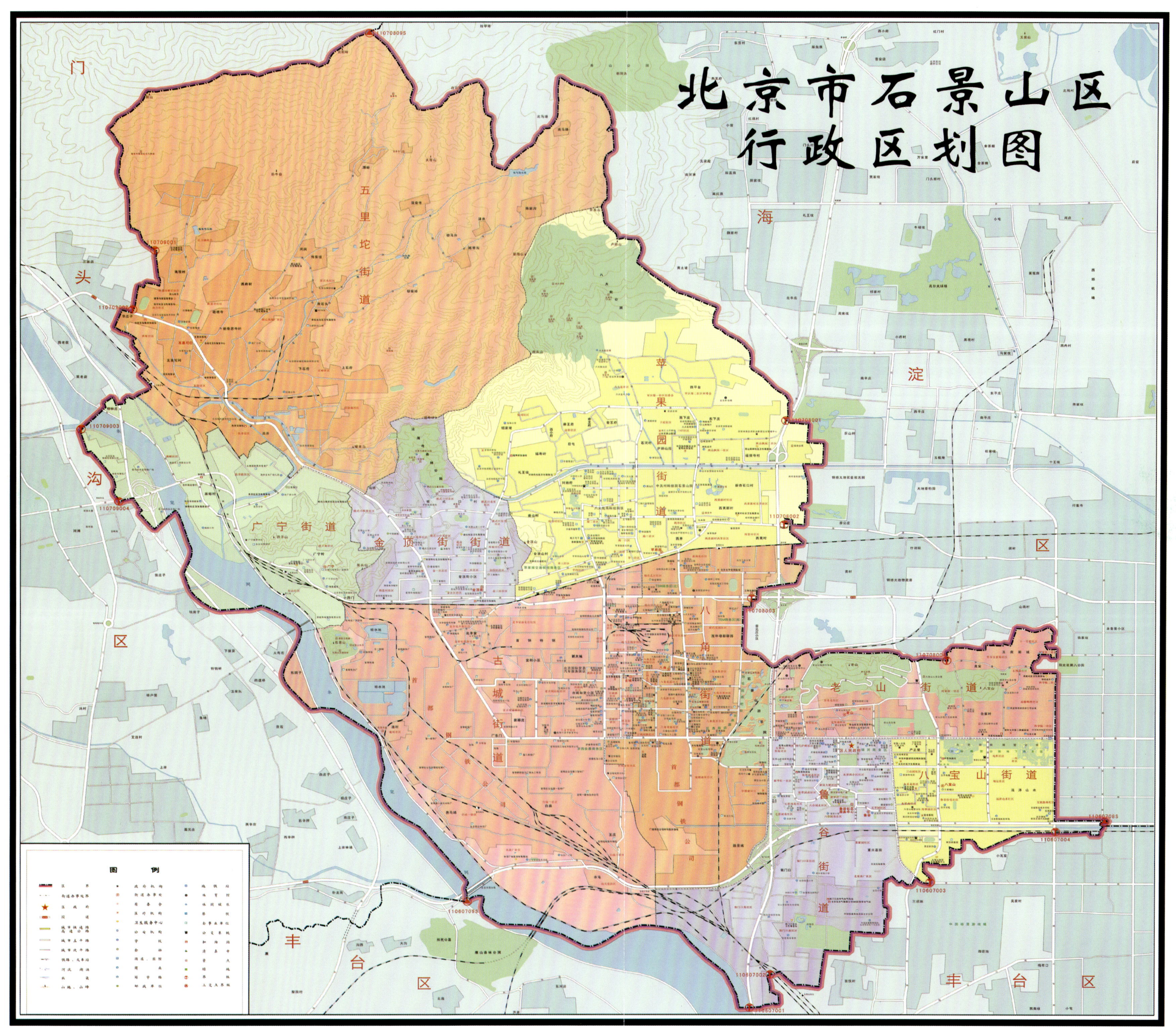

北京市石景山区
行政区划图
五里坨街道
苹果园街道
广宁街道
金顶街街道
八角街道
古城街道
老山街道
八宝山街道
鲁谷街道
首钢公司
门头沟区
海淀区
丰台区
图例

MAIN CONTENTS

SUMMARY …… 1
SPECIAL ISSUE …… 5
FEATURES …… 29
CHRONICLE …… 55
SHIJINGSHAN DISTRICT COMMITTEE OF CPC …… 59
Main Work and Activities …… 60
Routine Work of District Committee …… 69
Organization Work …… 70
Propaganda Work …… 75
Construction of Spiritual Civilization …… 78
United Front …… 80
Taiwan Affairs …… 82
Research on Policy – making …… 82
Administration on Institutional Organization …… 84
Work on Senior Cadres …… 84
Secrecy Work …… 86
Enterprise Party Building …… 87
Party Building of Transfer – Living Area …… 88
Party Building of Directly Subordinate Organization …… 89
Work on Party School …… 90
Collecting and Writing of Party History Data …… 91
SHIJINGHAN DISTRICT PEOPLE'S CONGRESS …… 93
Major Conferences …… 94
Important Activities …… 96
SHIJINGHAN DISTRICT PEOPLE'S GOVERNMENT …… 99
Main Work and Activities …… 100
Daily Affairs of Government …… 107
Legal Work of Government …… 107
Ethnic Groups, Religions and Overseas Chinese Affairs …… 109
Administration Service …… 110
Work of Letters and Calls …… 111
Archives Work …… 112
Local Chronicles …… 113
Collective Economy …… 114
Building of Western Region …… 115
Foreign and Hong Kong, Macao Affairs …… 116
SHIJINGSHAN DISTRICT COMMITTEE OF CHINESE PEOPLE'S POLITICAL CONSULTATIVE CONFERENCE …… 119
Important Meeting …… 120
Special Commission …… 121
DISCIPLINARY INSPECTION AND SUPERVISION …… 125
Disciplinary Inspection …… 126
Supervision …… 127

DEMOCRATIC PARTIES, ASSOCIATION OF INDUSTRY AND COMMERCE …… 129
Shijingshan District Committee of Revolutionary Committee of the Kuomintang …… 130
Shijingshan District Committee of China Democratic League …… 131
Shijingshan District Committee of China Democratic National Construction Association …… 132
Shijingshan District Committee of China Association for Promoting Democracy …… 133
Shijingshan District Committee of Chinese Peasants and Workers Democratic Party …… 134
Shijingshan District Committee of China Zhi Gong Party …… 135
Shijingshan District Committee of Jiu San Society Democratic …… 136
Shijingshan District Association of Industry and Commerce …… 137
PEOPLE ORGANIZATIONS …… 139
Shijingshan District Federation of Trade Union …… 141
Shijingshan District Committee of China Communist Youth League …… 142
Shijingshan District Women's Federation …… 144
Shijingshan District Association for Science and Technology …… 145
Shijingshan District Federation of Literary and Art Circles …… 147
Shijingshan District Federation of Returned Overseas Chinese …… 148
Shijingshan District Red Cross …… 149
POLITICS AND LAW …… 151
Politics and Law Commission …… 153
Comprehensive Treatment of Social Security …… 154
Public Security Work …… 155
Procuratorial Work …… 159
Judgment …… 161
Judicial Administration …… 163
MILITARY AFFAIRS …… 167
People's Armed Forces …… 168
Civil Defense …… 169
COMPREHENSIVE MANAGEMENTOF ECONOMIES …… 173
Comprehensive Reform Of Economies …… 174
Economic and Informationization …… 176
Statistics …… 178
State – owned Assets Supervision and Administration …… 179
Industrial and Commercial Administration …… 183
Quality and Technological Supervision …… 186
Administration of Work Safety …… 188
Auditing …… 192
Tobacco Monopoly …… 193
FISCAL, TAX AND FINANCIAL …… 195
Financial Administration …… 196
Taxation …… 197
Financial Services …… 201
Financial Institutions Distrist …… 202
CENTRAL AND MUNICIPAL ENTERPRISE IN DISTRICT …… 209
Shougang Group …… 210
Beijing BEIZHONG Steam Turbine Generator Co., Ltd. …… 214
China Railway 22nd Bureau Group Co. Ltd. …… 215
BABCOCK & WILCOX Beijing Co. Ltd. …… 217

COMMERCE AND TRADE …… 219
Commerce …… 220
Foreign Trade …… 222
Investment Attraction …… 222
Business Operations …… 225
TOURISM …… 227
Tourism Management …… 228
Beijing Shijingshan Amusement Park …… 230
Badachu Park …… 231
PLANNING AND CONSTRUCTION …… 233
Planning Administration …… 234
Land and Resources Administration …… 235
Construction Management …… 237
Real Estate Development …… 241
CITY MANAGEMENT …… 245
Municipality and City Appearance Management …… 246
Landscape and Forestry …… 251
Park Management …… 253
City Appearance and Sanitation …… 254
Environmental Protection …… 255
Urban Administration and Supervision …… 258
Transportation Management …… 260
Fire Fighting Work …… 262
Meteorology …… 264
SCIENCE AND TECHNOLOGY …… 265
Technological Management …… 266
Shijingshan Sub – park of Zhongguancun Science Park …… 268
Research and Development Institution in District …… 271
EDUCATION …… 277
Education Administration …… 278
Preschool Education …… 280
Compulsory Education …… 282
Community Education …… 284
Vocational and Adults Education …… 284
Educational Supervision …… 285
Non – government Funded Education …… 286
University in District …… 286
CULTURE AND MEDIA …… 295
Culture …… 296
Media …… 301
MEDICAL TREATMENT AND PUBLIC HEALTH …… 305
Health Reform …… 306
Medical Services …… 307
Community Health Services …… 309
Disease Prevention and Control …… 311
Health Inspection and Supervision …… 314
Animal Health Inspection …… 315

Meternal and Child Health ······ 316
Medical Institution ······ 316
Drug Administration ······ 330
SPORTS ······ 333
Mass Sports ······ 334
Competitive Sports ······ 336
Sports Industry ······ 336
Sports Law Enforcement ······ 338
SOCIAL PROGRAMS ······ 339
Civil Affairs ······ 340
Human Resources and Social Security ······ 347
Disabled Person Undertaking ······ 353
Population and Family Planning ······ 356
Private Self – employed Economy ······ 357
Livelihood of the Citizen ······ 359
SOCIAL CONSTRUCTION ······ 363
Party Building in Social Field and Social Construction ······ 364
Babaoshan Street Administration ······ 368
Lugu Street Administration ······ 370
Laoshan Street Administration ······ 372
Gucheng Street Administration ······ 374
Bajiao Street Administration ······ 376
Pingguoyuan Street Administration ······ 377
Jindingjie Street Administration ······ 379
Guangning Street Administration ······ 381
Wulituo Street Administration ······ 382
FIGURES ······ 385
STATISTICAL DATA ······ 388
APPENDIX ······ 392
INDEX ······ 423

目　录

总　述

石景山区概览……………………………………………… 2

特　载

坚持科学发展　深化全面转型　为加快建设现代化首都新城区而努力奋斗 …………… 荣　华　6
政府工作报告 ………………………………… 夏林茂　12
北京市石景山区人民代表大会常务委员会工作报告 …………………………………… 赵玉民　20
中国人民政治协商会议北京市石景山区第八届委员会常务委员会工作报告 …………… 倪国锋　25

专　文

关于打造新首钢高端产业综合服务区的对策研究 ……………………………………………… 30
关于将石景山区建设成为“首都绿色转型示范区”的研究……………………………………… 38

大事记

2011 年石景山区大事记 ………………………………… 56

中共石景山区委员会

主要工作和重大活动 ……………………………… 60
区委常委会 ………………………………………… 60
区委十届十四次全体(扩大)会 …………………… 64
区委十届十五次全体(扩大)会 …………………… 64
区委十届十六次全体(扩大)会 …………………… 65
区四套班子联席会 ………………………………… 65
第十一次党代表大会 ……………………………… 65
区委十一届一次全体会 …………………………… 65
市委领导调研 ……………………………………… 65
匡正换届风气 ……………………………………… 65
评选表彰展先进风采 ……………………………… 66
主题实践承优良传统 ……………………………… 66
丰富活动创良好氛围 ……………………………… 66
民主法治社区建设 ………………………………… 67
承办全国高新区党建交流会 ……………………… 67
人才发展规划 ……………………………………… 67
“智慧石景山”建设 ……………………………… 67
推进党务公开 ……………………………………… 67
莲石湖建成开放 …………………………………… 67
聘 5 位专家为专项课题顾问 ……………………… 67
开展专题调研 ……………………………………… 67
区委日常事务 …………………………………… 69
·概述 ……………………………………………… 69
信息编报 …………………………………………… 69
文秘工作 …………………………………………… 69
综合协调 …………………………………………… 70
会议服务 …………………………………………… 70
强化督查 …………………………………………… 70
机要密码 …………………………………………… 70
组织工作………………………………………… 70
·概述 ……………………………………………… 70
处级干部队伍情况 ………………………………… 70
换届考察服务保障 ………………………………… 70
人事方案酝酿和选举 ……………………………… 71
干部队伍与班子建设 ……………………………… 71
干部选拔任用 ……………………………………… 71
处级后备调整 ……………………………………… 71
领导干部公选 ……………………………………… 71
挂职锻炼培养 ……………………………………… 71
日常管理服务 ……………………………………… 71
落实监督制度 ……………………………………… 71
坚持“一报告两评议” …………………………… 72
开展大规模培训干部工作 ………………………… 72
干部教育培训改革 ………………………………… 72
科级干部管理 ……………………………………… 72
公务员统计情况 …………………………………… 72
完成党代会筹组工作 ……………………………… 72
纪念建党 90 周年活动……………………………… 72
深化创先争优活动 ………………………………… 73
党员教育培训 ……………………………………… 73
发展党员 325 名 …………………………………… 73
落实党内帮扶 ……………………………………… 73
提高党代表任期制认知 …………………………… 73
开展网络党建 ……………………………………… 73
扩大远程教育范围 ………………………………… 74
海外高层次人才建设 ……………………………… 74

加强区校合作 …… 74
社区人才成长工作室 …… 74
政工职称评定 …… 74
党建研究会开局良好 …… 74
组工信息工作不断加强 …… 74
组工调研工作扎实推进 …… 75
组工外宣工作稳步提升 …… 75
宣传工作 …… 75
· 概述 …… 75
区处两级中心组学习 …… 75
举办主题规划展 …… 76
新闻宣传与培训 …… 76
区“两会”宣传报道 …… 76
“党在百姓心中”宣讲 …… 76
形势宣传教育 …… 76
清明系列活动 …… 76
编制文创规划 …… 77
编制人文石景山规划 …… 77
网络发言团队培训 …… 77
“CRD”标识发布启用 …… 77
世界漫画大会暨动漫周 …… 77
舆情组成立 …… 77
周末社区大讲堂 …… 77
建党 90 周年丛书出版 …… 78
人大换届选举宣传 …… 78
理论研究成果 …… 78
学习型党组织建设 …… 78
精神文明建设 …… 78
· 概述 …… 78
公民道德建设教育 …… 78
“党在我心中”百姓宣讲 …… 78
首都道德模范评选 …… 79
推荐评议身边好人 …… 79
“我们的节日”主题活动 …… 79
推进礼仪文明引导行动 …… 79
推进环境文明引导行动 …… 79
推进秩序文明引导行动 …… 79
推进服务文明引导行动 …… 79
推进观赏文明引导行动 …… 79
推进网络文明引导行动 …… 79
推进文明单位创建活动 …… 79
开展军(警)民共建 …… 80
推动志愿服务 …… 80
青少年思想道德教育 …… 80
净化社会环境 …… 80
抓好阵地建设 …… 80
统一战线 …… 80
· 概述 …… 80
民主党派换届 …… 80
主题教育活动 …… 81
建言献策活动 …… 81
招商引资活动 …… 81
“两新”组织联络联谊 …… 81
社会领域统战工作 …… 81
海外联谊会 …… 82
调研和宣传 …… 82
对台工作 …… 82
· 概述 …… 82
落实对台工作会议精神 …… 82
全国政协领导调研 …… 82
扶持台资企业 …… 82
化解矛盾纠纷 …… 82
校际结对 …… 82
对口交流助推合作 …… 82
决策研究 …… 82
· 概述 …… 82
确定调研课题 …… 83
完成综合文稿 …… 83
综合服务区研究 …… 83
编印重要文件选编 …… 83
调研成果转化 …… 83
机构编制管理 …… 84
· 概述 …… 84
街道“三定”规定修订 …… 84
机构编制调整 …… 84
政府机构改革评估 …… 84
事业单位登记管理 …… 84
老干部工作 …… 84
· 概述 …… 84
走访慰问 …… 85
健康体检 …… 85
参观疗养 …… 85
支部建设 …… 85
服务管理 …… 85
健康老人 …… 85
文体活动 …… 85
保密工作 …… 86
· 概述 …… 86
完善保密组织 …… 86
法制宣传教育 …… 86
加强有效监管 …… 86
信息安全培训 …… 86
保密档案制度 …… 86

实行分级管理 …… 86
涉密载体管理 …… 86
开展保密检查 …… 87
目标督查考核 …… 87
企业党建 …… 87
· 概述 …… 87
组织系列活动 …… 87
开展创先争优 …… 87
夯实基层建设 …… 87
干部人才队伍 …… 88
完善惩防体系 …… 88
转居地区党建 …… 88
· 概述 …… 88
基层党组织建设 …… 88
党风廉政教育 …… 88
直属机关党建 …… 89
· 概述 …… 89
开展8项纪念活动 …… 89
“共建双承诺”活动 …… 89
建立党建宣传阵地 …… 89
开展党风廉政建设 …… 89
发挥群团作用 …… 90
党校工作 …… 90
· 概述 …… 90
处级干部培训 …… 90
中青年干部培训 …… 90
科级干部培训 …… 90
公务员初任培训 …… 90
团干部培训 …… 90
专题培训 …… 90
领导干部大讲堂 …… 90
协助办班 …… 91
学历教育 …… 91
科研成果 …… 91
党史资料征集 …… 91
· 概述 …… 91
组织史资料编纂出版 …… 91
党史工作领导小组成立 …… 91
党史资料开发利用 …… 91
口述史抢救 …… 91
· 中共北京市石景山区第十一届委员会 …… 91
· 石景山区委工作机构主要负责人 …… 92
· 石景山区政府、人民团体、党政分设工作机构党委(党组)书记 …… 92

石景山区人民代表大会

重要会议 …… 94
区十四届人大六次会议 …… 94
区十五届人大一次会议 …… 94
区人大常委会第三十次会议 …… 94
区人大常委会第三十一次会议 …… 94
区人大常委会第三十二次会议 …… 94
区人大常委会第三十三次会议 …… 95
区人大常委会第三十四次会议 …… 95
区人大常委会第三十五次会议 …… 95
区人大常委会第三十六次会议 …… 95
区人大常委会第三十七次会议 …… 95
人大常委会主任会议 …… 95
重要活动 …… 96
围绕经济发展履行职责 …… 96
围绕城市建管履行职责 …… 96
围绕促进民生履行职责 …… 96
围绕司法监督履行职责 …… 96
执法检查和视察活动 …… 96
完成换届选举 …… 96
督办人大代表建议 …… 97
代表联系选民活动 …… 97
完善代表之家 …… 97
代表旁听法院庭审 …… 97
区人大代表集中活动 …… 97
市人大代表集中活动 …… 97
市人大负责人调研 …… 97
· 石景山区第十五届人大常委会主任、副主任、委员 …… 98
· 石景山区第十五届人大常委会工作机构负责人 …… 98
· 石景山区人大常委会办事机构负责人 …… 98

石景山区人民政府

主要工作和重大活动 …… 100
政府常务会 …… 100
区长办公会 …… 101
政府工作会议 …… 104
第五次经济发展推进大会 …… 104
推进园区建设 …… 104
招商引资上新台阶 …… 104
强军育才接力工程 …… 105
区交通委员会成立 …… 105
台湾文化节举行 …… 105

新首钢股权投资基金设立 105
动漫游戏城建设 105
专家研讨会召开 106
联合国代表到区考察 106
古城教育集团成立 106
第四届新媒体节 106
WLAN 应用示范工程开通 106
政府日常政务 107
· 概述 107
文稿起草与公文档案 107
信息编报与公开 107
调研工作 107
会议服务保障 107
应急管理 107
专项督察 107
政府法制工作 107
· 概述 107
领导学法 108
规范性文件管理 108
行政执法 108
行政案卷评查 108
依法行政考核 108
行政复议 108
行政诉讼案件通报 108
启动行政调解 109
行政监督 109
民族·宗教·侨务 109
· 概述 109
参与慈善公益事业 109
宗教节日活动 109
民族健身操舞大赛 109
民族团结月宣传 109
寻根之旅夏令营 109
清真网点升级改造 110
民族体育活动 110
行政服务 110
· 概述 110
梳理行政许可(审批) 110
优化服务环境 110
加强基层指导 110
政府信息公开 111
争先创优活动 111
非驻厅单位管理 111
信访工作 111
· 概述 111
群众信访 111
领导接访 111
信访件办理 111
信访宣传 111
排查调处 112
双基建设 112
与首钢信访对接 112
档案工作 112
· 概述 112
城市面貌记录 112
档案安全管理 112
档案学会工作 112
“档案馆日”活动 113
重点工程档案管理 113
拆迁档案管理 113
档案法制建设 113
民生档案管理 113
档案资源建设 113
电子文档中心建设 113
纪念档案事业发展 30 年 113
地方志工作 113
· 概述 113
资料长编收尾 113
志书初稿撰写 114
完善篇目设置 114
开展初稿试写 114
业务培训与宣传 114
2011 鉴出版发行 114
集体经济 114
· 概述 114
重点项目推进 114
招商引资喜人 115
推动改制攻坚 115
加大监管力度 115
加强信访维稳 115
转居人员就业 115
完成民兵整组 115
西部建设 115
· 概述 115
开发运行模式研究 116
文保方案研究 116
旅游规划研究 116
市政设施建设 116
推进拆迁工程 116
保障房建设项目 116
工程安全管理 116
外事·港澳工作 116

· 概述 …… 116
完善领导机制 …… 116
因公出国(境)专项治理 …… 116
国际友好城市交往 …… 117
国际友好联系区交往 …… 117
外事接待活动 …… 117
涉外管理与服务 …… 117
对接企业需求 …… 117
涉外突发事件应急处置 …… 117
国际化语言环境建设 …… 118
外交官组团考察 …… 118
· 石景山区人民政府区长、副区长 …… 118
· 石景山区人民政府工作机构主要负责人 …… 118

政治协商会议石景山区委员会

重要会议 …… 120
八届五次会议 …… 120
九届一次会议 …… 120
常务委员会会议 …… 120
主席会议 …… 120
八届政协总结大会 …… 121
专门委员会 …… 121
提案委员会 …… 121
经济科技委员会 …… 121
城建环保委员会 …… 121
教文卫体委员会 …… 122
社会法制与民族宗教委员会 …… 122
学习与文史委员会 …… 122
· 中国人民政治协商会议北京市石景山区第九届委员会 …… 123
· 石景山区政协专门委员会负责人 …… 123
· 石景山区政协工作机构负责人 …… 123

纪检·监察

纪检 …… 126
区纪委换届 …… 126
十届九次全会 …… 126
党风廉政建设责任制 …… 127
廉政风险防控管理 …… 127
推进党务公开 …… 127
区委书记讲党课 …… 127
查办案件 …… 127
监察 …… 127
公务用车专项治理 …… 127
重大工程建设监督检查 …… 127
工程建设领域专项治理 …… 127
民主评议 …… 128
纠风工作 …… 128
保障性住房立项监察 …… 128
行政投诉 …… 128

民主党派·工商联

中国国民党革命委员会石景山区工作委员会 …… 130
· 概述 …… 130
信息工作 …… 130
参政议政 …… 130
思想建设 …… 130
辛亥革命百年活动 …… 130
换届工作 …… 130
组织活动 …… 130
中国民主同盟石景山区工作委员会 …… 131
· 概述 …… 131
完成换届 …… 131
思想建设 …… 131
组织发展 …… 131
参政议政 …… 131
调研工作 …… 131
信息宣传 …… 131
社会服务 …… 131
中国民主建国会石景山区工作委员会 …… 132
· 概述 …… 132
组织发展 …… 132
换届选举 …… 132
思想建设 …… 132
参政议政 …… 132
社会服务 …… 132
关爱会员 …… 133
中国民主促进会石景山区工作委员会 …… 133
· 概述 …… 133
完成换届 …… 133
组织建设 …… 133
参政议政 …… 133
组织活动 …… 133
社会服务 …… 133
中国农工民主党石景山区工作委员会 …… 134
· 概述 …… 134
参政议政 …… 134
组织建设 …… 134

思想建设 134
社会服务 135
组织活动 135
中国致公党石景山区工作委员会 135
· 概述 135
思想建设 135
组织建设 135
参政议政 135
服务社会 136
海外联谊 136
九三学社石景山区工作委员会 136
· 概述 136
思想建设 136
组织建设 136
参政议政 137
社会服务 137
石景山区工商业联合会 137
· 概述 137
组织建设 137
参政议政 137
经济服务 137
教育培训 138
开展调研 138
企业评选 138
· 石景山区各民主党派负责人 138

人民团体

石景山区总工会 141
· 概述 141
第九届代表大会 141
八届十三次全委(扩大)会 141
送温暖工程 141
劳动争议调解 141
三级服务体系建设 141
“五一”庆祝大会 141
劳模管理和服务 142
举办职工技能比赛 142
职工互助保险受欢迎 142
推进工资集体协商 142
共青团石景山区委员会 142
· 概述 142
区青联四届一次全会 142
青年志愿服务 143
推进非公团建 143
青年创业就业 143
社区青年汇 143
组织青少年活动 143
开展扶贫助弱 143
青少年权益维护 144
创新团队建设 144
石景山区妇女联合会 144
· 概述 144
纪念“三八”妇女节 144
送温暖活动 144
五好文明家庭创建 145
儿童节活动 145
“妇女之家”建设 145
交流活动 145
“服务创一流巾帼展风采”启动 145
石景山区科学技术协会 145
· 概述 145
实施科学素质纲要 145
科协委员活动 146
打造科学思想库 146
科技周活动 146
数字生活技能大赛 146
科普社区行活动 146
科普之夏活动 146
科普日活动 146
青少年科技教育 146
社区科普益民计划 147
社区科普志愿者建设 147
石景山区文学艺术界联合会 147
· 概述 147
举办书画展览 147
组织庆典活动 147
参与书法笔会 148
“北京精神”宣传 148
石景山区归国华侨联合会 148
· 概述 148
换届选举 148
参政议政 148
引资引智 148
组织活动 149
社区共建 149
石景山区红十字会 149
· 概述 149
赈济救助 149
防灾应急 150
社区服务 150
红十字青少年 150

公益宣传 …… 150
· 石景山区群众团体负责人 …… 150

政 法

政法委员会 …… 153
· 概述 …… 153
维稳工作部署 …… 153
政法队伍建设 …… 154
开展禁毒工作 …… 154
首钢停产维稳 …… 154
社会治安综合治理 …… 154
· 概述 …… 154
综治帮扶联系点 …… 154
社区安全防范总结表彰 …… 154
社会面等级防控 …… 155
社会面网格化防控 …… 155
综治维稳中心宣传月 …… 155
重点地区排查整治 …… 155
流动人口管理服务 …… 155
公安工作 …… 155
· 概述 …… 155
履行维稳责任 …… 156
打击破案增长 8% …… 156
严重刑事案件下降 21.6% …… 156
打击涉黑涉恶犯罪 …… 156
缉毒打击任务增长 8% …… 156
网上追逃清网率 66.7% …… 156
城市秩序百日整治 …… 156
“打四黑除四害”专项行动 …… 156
后勤保障工作 …… 156
整治流动人口聚居村 …… 157
企事业单位安全检查 …… 157
开展火灾隐患亮剑行动 …… 157
立案公开项目建设 …… 157
涉案财物管理 …… 157
涉外基层基础工作 …… 157
· 案例举要 …… 157
破获特大系列诈骗案 …… 157
破获系列楼道抢劫案 …… 157
侦破 8·20 拦路抢劫强奸案 …… 157
破获涉嫌侵犯著作权结伙案 …… 158
破获系列入室盗窃案 …… 158
破获一起重大贩毒案件 …… 158
破获一起特大运输毒品案 …… 158
侦破 9·20 敲诈勒索案 …… 158
检察工作 …… 159
· 概述 …… 159
贯彻刑事政策 …… 159
惩治职务犯罪 …… 159
强化诉讼监督 …… 159
化解社会矛盾 …… 159
工程建设预防 …… 159
推动立案监督 …… 159
旁听审判教育 …… 159
推进“爱民月”活动 …… 160
“三学四比”活动 …… 160
推进检学共建 …… 160
加强协作办案 …… 160
设立“飞地”联络室 …… 160
行政边界管理 …… 160
执法规范轮训 …… 160
开展帮教活动 …… 161
审判工作 …… 161
· 概述 …… 161
主审法官负责制 …… 161
抓好诉前调解 …… 161
突出能力建设 …… 161
推进司法拆迁 …… 161
维护社会稳定 …… 162
多元化调解格局 …… 162
未成年人保护 …… 162
审判监督与管理 …… 162
普法宣传教育 …… 162
完善司法为民举措 …… 162
监督促发展 …… 162
学术研讨与调研 …… 163
搭建平台促人才培养 …… 163
· 案例举要 …… 163
电梯碾断男童手指损害赔偿案 …… 163
司法行政 …… 163
· 概述 …… 163
调处民间纠纷 3307 件 …… 163
检调对接工作机制 …… 163
“两类”人员管控预防 …… 163
“六五”普法全面启动 …… 164
营造法律宣传氛围 …… 164
志愿服务支队成立 …… 164
12·4 法制宣传 …… 164
律师管理与服务 …… 164
公证规范建设 …… 164
中途之家试运行 …… 165
便民法律援助 …… 165
司法行政开放日 …… 165

· 案例精选 …… 165
劳动争议案 …… 165
利益纠纷调解案 …… 166
再婚财产纠纷 …… 166
· 石景山区政法部门负责人 …… 166

军 事

人民武装 …… 168
· 概述 …… 168
民兵整组 …… 168
军事训练 …… 168
专武干部集训 …… 168
国防教育宣传 …… 168
征兵工作 …… 168
民兵政治教育 …… 168
双拥共建 …… 169
民防工作 …… 169
· 概述 …… 169
市领导考察民防宣教基地 …… 169
应急指挥保障 …… 169
民防体系建设 …… 170
设施维护管理 …… 170
目标防护演习 …… 170
专业队伍整组 …… 170
指挥中心建设 …… 170
应急保障演练 …… 170
特种救援队组建 …… 170
开展专项行动 …… 170
人防工程整治 …… 171
人防工程防汛 …… 171
街道基地建设 …… 171
防灾减灾日宣传 …… 171
民防志愿者队伍 …… 171
宣传教育“四进入” …… 171
· 石景山区军事机构负责人 …… 172

综合经济管理

综合经济调控 …… 174
· 概述 …… 174
推进“十二五”规划落实 …… 174
统筹规划各项工作 …… 174
推进服务业试点区建设 …… 174
推进新首钢服务区建设 …… 174
推进永定河发展带建设 …… 174
完成政府采购1236项 …… 175
电力安全 …… 175
13家煤企通过年审 …… 175
处置6·23特大暴雨灾害 …… 175
节能管理 …… 175
社会项目 …… 175
便民工程 …… 175
代建制管理 …… 175
· 价格管理 …… 175
概况 …… 175
价格调控 …… 175
停车收费管理 …… 175
民办教育管理 …… 176
价格监测 …… 176
经适房价格管理 …… 176
行政事业收费管理 …… 176
发挥市场监管效能 …… 176
价格鉴定 …… 176
经济和信息化 …… 176
· 概述 …… 176
工业企业效益 …… 176
18家亿元企业实现增长 …… 176
高端产业产值实现增长 …… 176
软件信息服务产业快速增长 …… 176
促进中小企业发展 …… 176
6家企业入围全市30强 …… 177
推进“智慧石景山”建设 …… 177
提升信息化基础设施水平 …… 177
完成高清机顶盒推广 …… 177
石景山信息网建设 …… 177
修订信息安全应急预案 …… 177
电子政务云计算平台建设 …… 178
电子政务运维服务 …… 178
服务首钢搬迁调整 …… 178
推进动漫游戏城项目 …… 178
统计 …… 178
· 概述 …… 178
完成人口普查任务 …… 178
完成统计调研46篇 …… 178
执法检查329家 …… 179
统计数据利用 …… 179
完成价格监测 …… 179
开展在地统计 …… 179
更新统计登记 …… 179
完成专项调查 …… 179
能源统计监测 …… 179
完成16项调查 …… 179
推进统计执法 …… 179

国有资产监督管理 …… 179
· 概述 …… 179
国有经济平稳发展 …… 180
加强产权管理 …… 180
重大建设项目 …… 180
引领 CRD 核心项目 …… 180
完成招商指标 …… 180
推进国企改革 …… 180
经营业绩考核 …… 181
夯实企业监管 …… 181
承担社会责任 …… 181
· 北京市石景山区国有资产经营公司 …… 181
概况 …… 181
重点项目进展 …… 181
完成资产重组 …… 181
基金运行良好 …… 181
投融资平台整改 …… 181
华游竞界扭亏为盈 …… 182
银河嘉业扭亏为盈 …… 182
服务中小企业 …… 182
· 区国资委系统主要负责人 …… 182
工商行政管理 …… 183
· 概述 …… 183
市场主体发展 …… 183
区域经济发展 …… 183
综合执法平台 …… 183
三级食品安全监管 …… 183
分流职工再就业 …… 183
基层社会化管理 …… 184
完善商务楼宇监管 …… 184
广告行业增速显著 …… 184
首件驰名商标申报成功 …… 184
扶持商标品牌发展 …… 184
流通领域食品监管 …… 184
流通领域食品检测 …… 185
食品安全专项整治 …… 185
“打四黑除四害”行动 …… 185
百日万人集中大执法 …… 185
行政调解见成效 …… 185
3·15 突出“消费与民生” …… 185
开展知识产权宣传 …… 185
开展商标系列整治 …… 185
解决柔婷美容集体投诉 …… 186
购物无障碍退货 …… 186
质量技术监督 …… 186
· 概述 …… 186
特种设备安全监察 …… 186
电梯安全隐患排查 …… 186
开展法规宣传 …… 186
食品安全专项整治 …… 186
清新居室百日行动 …… 187
规范生产行为 …… 187
提升质监水平 …… 187
企业年审核查 …… 187
优化服务窗口 …… 187
推进诚信计量 …… 187
发挥标准化作用 …… 187
安全生产监督管理 …… 188
· 概述 …… 188
安全生产事故情况 …… 188
危险化学品安全监管 …… 188
烟花爆竹安全监管 …… 188
重点单位(时段)隐患治理 …… 188
危化从业单位隐患排查治理 …… 189
重点行业(领域)隐患治理 …… 189
其他行业领域隐患排查治理 …… 189
“12350”举报投诉处理 …… 189
应急救援体系建设 …… 189
人员密集场所安全检查 …… 189
开展“打非”专项行动 …… 189
批零市场执法检查 …… 190
废品回收站点整治 …… 190
建筑工地安全检查 …… 190
特种作业专项行动 …… 190
开展联合执法检查 …… 190
坚持日常执法检查 …… 190
职业健康安全管理 …… 190
有限空间专项整治 …… 190
市政府 40 号文专题培训 …… 191
安全生产宣传教育培训 …… 191
开展“安全生产月”活动 …… 191
工业企业标准化建设 …… 191
危化品企业标准化建设 …… 191
加快“科技兴安”步伐 …… 191
审计 …… 192
· 概述 …… 192
政府性债务审计 …… 192
预算执行审计 …… 192
固定资产投资审计 …… 192
重点投资项目审计 …… 192
民生资金审计调查 …… 192
深化经济责任审计 …… 193
内部审计成效显著 …… 193
烟草专卖 …… 193

· 概述 …… 193
卷烟销售 …… 193
品牌培育 …… 193
网上订货 592 户 …… 193
市场监管 …… 193
打网办案 185 起 …… 194
探索柔性执法方式 …… 194

财税·金融

财政 …… 196
· 概述 …… 196
财政收支平衡 …… 196
经济建设投入 …… 196
民生投入加大 …… 196
部门预算管理 …… 196
国库集中收付 …… 196
创新政府采购 …… 196
绩效评价良好 …… 196
财政监督管理 …… 197
加强会计管理 …… 197
家电汽车以旧换新 …… 197
税务 …… 197
· 国家税务 …… 197
概况 …… 197
增值税管理 …… 197
所得税管理 …… 197
出口退税管理 …… 198
大企业和国际税收管理 …… 198
个体税收管理 …… 198
税务稽查 …… 198
税收法制和宣传 …… 199
纳税服务 …… 199
信息化建设 …… 199
· 地方税务 …… 199
概况 …… 199
税收收入 …… 200
税收征管 …… 200
纳税服务 …… 200
纳税评估 …… 200
税政职能 …… 200
税务稽查执法 …… 201
金融服务 …… 201
· 概述 …… 201
加快发展现代金融产业 …… 201
现代金融领导小组成立 …… 201
“十二五”规划发布 …… 201
加大扶持力度 …… 201
优化服务环境 …… 202
8 家企业上市 …… 202
参加第七届金博会 …… 202
私募管理培训 …… 202
驻区金融机构 …… 202
· 概述 …… 202
· 中国工商银行股份有限公司北京石景山支行 …… 202
概况 …… 202
信贷业务 …… 202
个人理财 …… 202
中间业务 …… 202
· 中国农业银行股份有限公司北京石景山支行 …… 203
概况 …… 203
区域建设 …… 203
企业服务 …… 203
个人服务 …… 203
风险把控 …… 203
· 中国银行股份有限公司北京石景山支行 …… 203
概况 …… 203
网点建设 …… 204
业务推广 …… 204
特色服务 …… 204
· 中国建设银行股份有限公司北京石景山支行 …… 204
概况 …… 204
扩大存款业务 …… 204
安置款代发 …… 204
机构优化调整 …… 204
· 交通银行北京石景山支行 …… 204
概况 …… 204
在线交易 …… 204
网银服务 …… 204
· 北京农村商业银行股份有限公司石景山支行 …… 204
概况 …… 204
专题调研 …… 205
安全保卫 …… 205
公益宣传 …… 205
· 北京银行股份有限公司石景山支行 …… 205
概况 …… 205
深化银政合作 …… 205
服务中小企业 …… 205
拓展金融服务 …… 205

发放助学贷款……205
提供贴心服务……205
· 中国光大银行股份有限公司北京石景山支行……205
概况……205
零售业务……205
公司业务……206
全程通业务……206
· 华夏银行股份有限公司北京石景山支行……206
概况……206
战略协议……206
个人理财……206
金融服务……206
· 中国邮政储蓄银行北京西区支行……206
概况……206
代发养老金……206
服务地方经济……206
服务民生……207
· 新华人寿保险股份有限公司北京市石景山支公司……207
概况……207
保费收入……207
保险理赔……207
· 信达证券股份有限公司北京古城路证券营业部……207
概况……207
战略合作……207
投资理财……207
服务民生……207
· 国泰君安证券股份有限公司北京鲁谷路营业部……207
概况……207
证券投资服务……208
新三板业务……208
融资融券业务……208

中央市属驻区企业

首钢集团……210
· 概述……210
钢铁生产……210
石景山主流程停产仪式……210
停产职工分流安置……211
停产机构调整……211
钢材产品销售……211
钢铁产品进出口……211
提高自主创新能力……212
矿产业资源开发利用……212
房地产业项目开发……212
信息化项目建设……212
能源环保……212
建筑垃圾资源化利用项目……213
废塑料生产线调试成功……213
非钢产业效益增长……213
高端产业综合服务区……213
职工培训……213
开放合作……213
光伏屋顶项目获批复……213
首钢集团跻身世界500强……214
建立联合招商合作机制……214
重机厂厂史馆揭牌……214
获荣誉称号……214
北京北重汽轮电机有限责任公司……214
· 概述……214
主要指标完成情况……214
运营机制创新……215
市场营销……215
科技开发……215
数字化管理……215
成本管理……215
质量管理……215
重大设备投入……215
中铁二十二局集团有限公司……215
· 概述……215
主要经济指标……216
太原至中卫铁路制梁工程完工……216
万源至达州公路标段工程完工……216
晋江双龙路工程完工……216
永宁高速A11合同段完工……216
平庄至赤峰段公路工程完工……216
晋江市陶东路工程完工……216
完成莲石湖三标施工任务……216
安全质量……217
科技成果……217
北京巴布科克·威尔科克斯有限公司……217
· 概述……217
市重大项目通过验收……218
合资25周年庆典……218
RBC自然循环锅炉……218
科技研发……218
国家一级安全生产标准化……218
企业信用等级……218

商业贸易

商务 …… 220
· 概述 …… 220
发展商务服务 …… 220
发展电子商务 …… 220
促消费保增长 …… 220
商业布局初现端倪 …… 220
打造特色商业街 …… 220
菜篮子工程建设 …… 220
举办京西消费节 …… 221
北京台湾文化艺术节 …… 221
北京台湾美食文化节 …… 221
完成粮食平衡调查 …… 221
粮食统计执法检查 …… 221
开展“双打”行动 …… 221
典当行业年检 …… 221
成品油行业年检 …… 221
构建社区便民服务体系 …… 221
消除安全隐患 …… 221
对外经济 …… 222
· 概述 …… 222
外贸进出口 …… 222
外资结构 …… 222
外资来源 …… 222
新批外资规模 …… 222
新批外资结构 …… 222
外资大项目 …… 222
外经发展 …… 222
外贸扶持资金初审权限下放 …… 222
招商引资 …… 222
· 概述 …… 222
新引进企业 1708 家 …… 223
文创产业发展态势良好 …… 223
企业认定系统成功上线 …… 223
搭建四大平台 …… 223
不动产商会成立 …… 223
拓展海外招商 …… 224
重点项目签约 …… 224
中国企业责任年会 …… 224
联手为“新首钢”招商 …… 224
协办总部经济论坛 …… 224
首钢专题推介会 …… 224
绿色通道服务质量 …… 225
世漫会期间招商引资 …… 225
中国手机游戏企业高峰论坛 …… 225
企业经营 …… 225
· 北京万商投资发展有限公司 …… 225
概况 …… 225
营业收入 16465 万元 …… 225
K 地块折迁有进展 …… 225
物业停车场改造 …… 225
· 北京市永定林工商公司 …… 226
概况 …… 226
公园项目立项 …… 226
资源整合利用 …… 226
做好绿化养护 …… 226
开展环境整治 …… 226
住房补贴发放 …… 226
· 北京市星宇商贸有限公司 …… 226
概况 …… 226
企业发展 …… 226

旅 游 业

旅游管理 …… 228
· 概述 …… 228
春节接待游客 97.11 万人 …… 228
清明节接待游客 23.37 万人 …… 228
“五一”接待游客 19.62 万人 …… 228
端午节接待游客 13.75 万人 …… 228
“十一”接待游客 75.24 万人 …… 228
与安康市达成合作协议 …… 228
建立完善旅游咨询体系 …… 228
旅游行业应急救护培训 …… 229
参与“中国旅游日”活动 …… 229
第二届 CRD 国际啤酒节 …… 229
参与第六届北京公园节 …… 229
参加中国旅游产业博览会 …… 229
市领导调研旅游业发展 …… 229
莲石湖建成开放 …… 229
CRD 旅游网改版上线 …… 229
获批建设动漫娱乐区 …… 230
旅游咨询日活动 …… 230
北京石景山游乐园 …… 230
· 概述 …… 230
第十一届北京洋庙会 …… 230
第十一届春之韵游园会 …… 230
第八届环球宝贝联谊游园会 …… 230
第八届北京狂欢之夏 …… 230
中秋节游园会 …… 230
第十二届欢乐金秋游园会 …… 230
设施更新改造 …… 231

游园信息……231
八大处公园……231
· 概述……231
第十届园林茶文化节……231
第二十四届重阳游山会……231
基础设施改造……232
区佛教协会挂牌……232
灵光寺圣像开光庆典……232
举办经藏迎请大法会……232
中秋专场慈善晚会……232
八大处茶艺代表团赴韩……232

规划建设

规划管理……234
· 概述……234
城市规划工作研究……234
完成市政设施调研……234
严控政府折子工程进度……234
签订合作协议……235
编写北京人文地理·石景山卷……235
教育类用房建设审批……235
保障性住房项目审批……235
安置房项目审批……235
加强规划监督……235
国土资源管理……235
· 概述……235
完成地籍更新调查……236
建设项目用地预审……236
土地供应总量……236
工程专项治理……236
绿色通道审批……236
土地储备项目……236
土地一级开发……236
土地上市交易……236
土地登记业务……236
集体土地征收……236
商品房土地出让……236
矿产开发管理……237
矿产储量勘查……237
地质灾害防治……237
执法监察巡查……237
卫片执法检查……237
违法案件查处……237
建设管理……237
· 概述……237
重点工程建设进展顺利……237
房地产企业资质管理……238
保障性住房建设……238
在建保障性住房项目……238
廉租住房管理……238
经济适用住房管理……238
限价商品住房管理……238
公共租赁住房……238
城乡结合部建设整治……238
加快推动拆迁……238
企业资质管理……239
完善劳务管理……239
建筑节能改造……239
工程质量监管……239
建设工程招标……239
施工安全管理……239
办理房改售房……239
做好住房补贴……239
汛期安全检查……239
物业日常监管……240
户内管线检测……240
经纪机构监管……240
房屋权属管理……240
建筑市场监管……240
信访排查调处……240
行政处罚准确公正……240
7项公建工程竣工……240
4项市政工程竣工……240
7项住宅工程竣工……241
房地产开发……241
· 北京石开房地产开发有限公司……241
概况……241
创新管理园林先行……241
严把交付质量……241
加大营销力度……242
日开盘热销9000万……242
融景城二期收房率100%……242
提升客户满意度……242
安全工作常抓不懈……242
· 北京实兴腾飞置业发展公司……242
概况……242
五里坨建设组团项目……242
教育基础设施建设……242
项目开发子公司……242
物业类子公司……243
· 石景山区建筑公司……243
概况……243
五里坨经适房工程竣工……243

承建京汉君庭小区 16～17 号楼 …… 243
· 北京燕金源置业有限公司 …… 244
概况 …… 244
枢纽建筑方案初步确定 …… 244
完成 F 地块拆迁 …… 244
推进管线改移 …… 244
部分市政和绿地移交 …… 244
G 地块开工奠基 …… 244

城市管理

市政市容管理 …… 246
· 概述 …… 246
水务基础设施建设管理 …… 246
莲石湖主景区工程完工 …… 246
市领导调研莲石湖 …… 247
多措并举监管齐抓 …… 247
水务改革发展工作大会 …… 247
推进首次水务大普查 …… 247
落实责任安全度汛 …… 247
节水宣传周系列活动 …… 248
夏季城市供水保障 …… 248
城市道路建设管理 …… 248
开通 564 路公交车 …… 248
停车设施改造与专项检查 …… 248
市领导调研交通情况 …… 248
加强市容环境管理 …… 248
夏季市容集中治理 …… 249
强化防震减灾工作 …… 249
信息化平台建设 …… 249
开展爱国卫生运动 …… 249
加强供热燃气管理 …… 250
春节期间供热保障 …… 250
春节市容环境保障 …… 250
烟花爆竹安全管理 …… 250
“两会”环境保障 …… 250
清明祭扫服务保障 …… 250
“五一”市容保障 …… 251
国庆节市容保障 …… 251
预防煤气中毒做到三个 100% …… 251
园林绿化 …… 251
· 概述 …… 251
森林防火 …… 251
打击非法贩卖野生动物 …… 252
全民义务植树 …… 252
爱鸟周宣传 …… 252
应急抢险 …… 252
三次防控美国白蛾 …… 252
60 余万盆鲜花迎国庆 …… 252
完成森林资源清查 …… 252
森林防火宣传 …… 252
公园管理 …… 253
· 概述 …… 253
建章立制求稳定谋发展 …… 253
举行森林防火实战演练 …… 253
采取科学举措防治虫害 …… 253
承办“5.12”宣传活动 …… 253
国雕通过精品公园复核 …… 253
系列宣传活动 …… 253
国雕举办汽车节 …… 254
古城公园电力改造 …… 254
国雕配电系统改造 …… 254
市容卫生 …… 254
· 概述 …… 254
精细管理美化市容 …… 254
清扫保洁 707.3 万平方米 …… 254
垃圾清运日产日清 …… 254
设施设备更新改造 …… 255
完成重要活动保障 …… 255
有效应对暴雨天气 …… 255
环境保护 …… 255
· 概述 …… 255
空气质量五年持续改善 …… 256
污染减排成效显著 …… 256
完成十项环境治理 …… 256
环境监察 …… 256
辐射安全监管 …… 256
环保专项行动 …… 256
信访案件增加 272 件 …… 256
机动车污染治理 …… 256
控制扬尘污染 …… 256
排污收费下降 89.7% …… 257
环境统计企业 13 家 …… 257
环境监测数据 8115 个 …… 257
网上审批项目 202 件 …… 257
6 个监测子站建成运行 …… 257
五个方面推进环境宣传 …… 257
大气环境质量好转 …… 257
声环境质量改善 …… 258
水环境质量 …… 258
城市管理监察 …… 258
· 概述 …… 258
监督考核 …… 259
百日整治 净化街面 …… 259

建设便民网点 …… 259
环境秩序保障 …… 259
城市精细化管理 …… 259
查处无照经营 …… 259
施工工地管理 …… 259
重点整治“黑车” …… 260
文明养犬宣传 …… 260
校园周边整治 …… 260
捣毁黑加工点 …… 260
行政决策和执法追究 …… 260
社会监督 …… 260
城管宣传 …… 260
城管信访 …… 260
交通管理 …… 260
· 概述 …… 260
优化区域交通组织 …… 261
打防管控一体化 …… 261
静态交通秩序整治 …… 261
交通事故处理 …… 261
创新勤务指挥模式 …… 261
交通安全社会化宣传 …… 261
重点车辆单位管控 …… 262
消防工作 …… 262
· 概述 …… 262
亮剑行动 …… 262
清剿火患 …… 262
消防宣传 …… 262
比武竞赛 …… 263
队站建设 …… 263
基础调研 …… 263
· 房屋经营和市场管理中心 …… 263
概况 …… 263
廉租房管理 …… 263
完善物业管理 …… 263
规范测绘管理 …… 263
依法推进拆迁 …… 263
处理信访 26 件 …… 264
长安家园应急供暖 …… 264
气象 …… 264
· 概述 …… 264
气候评价 …… 264
重要天气 …… 264
气象服务 …… 264
依法行政 …… 264
气象宣传 …… 264

科 学 技 术

科学管理 …… 266
· 概述 …… 266
获国家科技计划优秀组织奖 …… 266
4 家企业获科技部创新基金 …… 266
第二批创新科普工作室授牌 …… 266
科普基地与社区对接 …… 266
法律服务平台签约 …… 267
14 个项目获市科学技术奖 …… 267
亮相第 14 届科博会 …… 267
促进“1+6”政策落地实施 …… 267
园区企业获“中国驰名商标” …… 267
第二届科普节举办 …… 268
区县科技进步考核评审 …… 268
知识产权教育基地揭牌 …… 268
科技政策法规宣讲团开讲 …… 268
中关村科技园区石景山园 …… 268
· 概述 …… 268
创新发展环境 …… 269
重大项目进展 …… 269
3 企业入围中国潜力企业榜 …… 269
承办中国游戏产业年会 …… 269
举办 3G 应用产业研讨会 …… 269
《劳拉的星星在中国》上映 …… 269
2 企业新上市 …… 269
2 企业获首批《支付业务许可证》 …… 270
全球首款虚拟财产保险 …… 270
园区发展“十二五”一期工程 …… 270
第 5 届中关村论坛年会创意产业专场 …… 270
参与第 12 届世界漫画大会 …… 270
中关村网页游戏产业联盟启动 …… 270
数字媒体产业化基地通过复核 …… 270
园区企业动态 …… 271
数字媒体产业联盟成立 …… 271
文化创意企业获新媒体奖 …… 271
常青藤高端人才集聚区揭牌 …… 271
入选游戏行业全国先进 …… 271
驻区科研单位 …… 271
· 中国科学院高能物理研究所 …… 271
概况 …… 271
“一三五”战略目标 …… 272
科研工程进展 …… 272
获国家最高科技奖 …… 272
获批国家重点实验室 …… 272
12 项科研成果获奖 …… 272

签署6项国际合作协议 …… 272
· 工业和信息化部电子科学技术情报研究所 …… 272
概况 …… 272
举办优秀CIO颁奖盛典 …… 273
承办国际研讨会 …… 273
工业期刊分会成立 …… 273
承办发明评选发布会 …… 273
拓展科研业务领域 …… 273
开展多行业服务 …… 273
推出多项科研产品 …… 273
加强信息安全研究 …… 273
· 北京建筑材料科学研究总院有限公司 …… 274
概况 …… 274
科技平台建设 …… 274
科技项目研发 …… 274
科研成果获奖 …… 274
新产品开发成功 …… 274
签署合作协议 …… 274
科研项目通过验收 …… 275
检验中心获多项资质 …… 275
检测覆盖1044种产品 …… 275
检测资质升级 …… 275
亮相第5届国际墙材展 …… 275
入选中关村十百千工程 …… 275
· 北京首钢国际工程技术有限公司 …… 275
概况 …… 275
重点工程建设 …… 275
开发国内市场 …… 275
开拓海外市场 …… 276
打造工程品牌 …… 276
产值增至49% …… 276
参加科技论坛 …… 276
科技开发创新 …… 276
成果落地转化 …… 276

教 育

教育行政 …… 278
· 概述 …… 278
教育发展规划发布 …… 278
推动德育创新发展 …… 278
教育人才队伍建设 …… 279
保障校园安全稳定 …… 279
参展国际教育博览会 …… 279
绿色教育实验区建设 …… 279
推进重点项目建设 …… 279
第14届学生艺术节 …… 279
第29届学生科技节 …… 279
每天1小时校园体育活动 …… 280
承办市中学生田径运动会 …… 280
举办第3届中学生模联 …… 280
“媒体进校园”暨媒体答谢会 …… 280
学前教育 …… 280
· 概述 …… 280
市级示范园开放观摩 …… 280
园长计划管理培训 …… 281
举办观摩研讨活动 …… 281
“名师讲坛”活动 …… 281
社会志愿者活动 …… 281
“手拉手”结对工作启动 …… 281
“阳光体育特色园”颁牌 …… 281
论文获全国研讨会一等奖 …… 281
绿色学前教育研究启动 …… 281
基础教育 …… 282
· 概述 …… 282
持续深化课程改革 …… 282
育人模式改革创新 …… 282
推进高中优质特色发展 …… 282
签约“爱慕希望女童”项目 …… 282
开展随班就读系列活动 …… 282
第25届中小幼四联展 …… 283
“走进石景山”现场会 …… 283
教育教学竞赛连办九届 …… 283
中瑞可持续教育联姻 …… 283
信息化深层次应用推进 …… 283
友善用脑课题结题会 …… 283
社区教育 …… 284
· 概述 …… 284
第7届社区学习节 …… 284
全民终身学习周 …… 284
市民讲外语活动周 …… 284
获评首都市民学习品牌 …… 284
职业与成人教育 …… 284
· 概述 …… 284
专业技能大赛获佳绩 …… 285
接受中职示范专业评估 …… 285
中职校说课比赛 …… 285
开展“双证书”教改 …… 285
招生1662人 …… 285
教育督导 …… 285
· 概述 …… 285
督导验收12所小学 …… 285
督导随访 …… 285

人民满意学校调查 …… 286
小学图书馆情况调研 …… 286
民办教育 …… 286
· 概述 …… 286
优秀民办机构表彰 …… 286
安置打工子弟入学 …… 286
驻区高校 …… 286
· 中国科学院研究生院 …… 286
概况 …… 286
学科授权点分布 …… 287
研究生开课 1534 门 …… 287
科研项目在研 865 项 …… 287
首次招收直博生 …… 287
签署学生交流协议 …… 287
文物科技评估中心成立 …… 287
首获哈佛大学校友成就奖 …… 287
信息化项目通过验收 …… 288
承办市级演讲比赛 …… 288
举办国际研讨会 …… 288
签订联合培养协议 …… 288
举办全国论坛 …… 288
中丹学院科研教育中心 …… 288
葛洲坝集团培训基地挂牌 …… 288
免费举办 10 期暑期学校 …… 288
思想政治理论课改革 …… 288
签署合作谅解备忘录 …… 289
青年教师获国际大奖 …… 289
续签学术交流新协议 …… 289
设立志愿者基金 …… 289
“菁英计划”试点 …… 289
提出研究新方法 …… 289
入选世界考古十大发现 …… 289
全国研究生短期学校 …… 290
研究生教育工作研讨 …… 290
承办国际会议 …… 290
设立中生奖励基金 …… 290
· 北方工业大学 …… 290
概况 …… 290
获国家科技进步二等奖 …… 291
19 个硕士学位升级一级学科 …… 291
与承德市政府签订合作协议 …… 291
变频技术研究中心揭牌 …… 291
DCI 技术联合实验室揭牌 …… 291
市属高校招生计划工作会 …… 291
承办全国高校研讨会 …… 291
获批研究生培养基地 …… 291
举办高校棒垒球锦标赛 …… 291
承办集成电路设计大赛 …… 292
国际《自然》杂志引用教师论文 …… 292
入选教育部培养计划 …… 292
10 课题获市基金资助 …… 292
承办全国大赛总决赛 …… 292
获 3 项教育部重点课题 …… 292
2 教师入选市新星计划 …… 292
8 教材获评市精品教材 …… 292
在校师生获多个奖项 …… 292
· 北京工业职业技术学院 …… 293
概况 …… 293
入选十大教育新闻人物 …… 293
“强军育才接力工程”开班 …… 293
获全国比赛奖 19 项 …… 293
专业设置与培养方向调整 …… 293
获批教学资源库项目 …… 294
实施特色专业建设工程 …… 294
获云南省科技进步一等奖 …… 294
1 人获教学名师奖 …… 294
职业教育分级制试点 …… 294
社会培训 6200 人次 …… 294

文化·传媒

文化 …… 296
· 概述 …… 296
· 群众文化 …… 296
概况 …… 296
军民春节联欢晚会 …… 296
第 28 届“古城之春”艺术节 …… 296
“颂歌献给党”千人歌咏会 …… 297
北京合唱节闭幕式 …… 297
夏日文化广场活动 …… 297
“舞动北京”群众舞蹈大赛 …… 297
北京重阳诗歌会 …… 297
国际动漫周舞台剧展演 …… 298
区文化中心建设项目 …… 298
“北京精神”原创节目演出 …… 298
基层文化设施建设 …… 298
文化馆阵地建设 …… 298
非遗保护 …… 298
文艺创作 …… 298
· 图书馆 …… 298
概况 …… 298
成立中国首家传记图书馆 …… 299
青少年读者阅读活动 …… 299
“感动中国”人物故事大赛 …… 299

爱心送书活动……299
重阳敬老家庭灯谜大赛……299
· 文物管理……299
概况……299
文物修缮工程……299
抢救地下文物……300
文物安全工作……300
文物遗存审核……300
完成文物普查……300
京西文化展示推介……300
· 文化市场……300
概况……300
专题影片放映……300
出版物市场专项整治……300
五区文化执法联席会……300
"世界知识产权日"宣传活动……301
歌舞娱乐场所红歌比赛……301
信息化监管系统……301
传媒……301
· 广播电视……301
概况……301
新闻栏目制作1316期……301
建党90周年系列节目……301
新闻外宣播发375条……301
电视栏目专题片15部……302
大型晚会录制17场……302
"百姓明星"播出38期……302
有线电视开播20周年……302
新闻高清制作网建设……302
· 石景山报……302
概况……302
《石景山报》出版1000期……302
"十大新闻"评选……303
"三会"专题报道……303
开设"走转改"专栏……303
开设以案说法栏目……303
建党庆典专题报道……303
合办教育导刊……304
系列人物报道……304
民生热点宣传……304
百日整治宣传……304

医疗卫生

卫生改革……306
· 概述……306
市领导专题调研医改……306
完善基本医疗保障制度……306
推进医疗服务体系建设……307
健全公共卫生服务体系……307
推进公立医院改革……307
医疗服务……307
· 概述……307
医疗工作……307
准入管理……308
医疗质量管理……308
医院感染率1.42%……308
优质护理服务……308
纠纷处理与事故鉴定……308
坚持对口支援……308
完善中医管理……308
医用氧安全管理……308
信息化建设……309
献血管理……309
继续医学教育……309
组织科研科普……309
医疗队伍建设……309
实行绩效工资……309
卫生设施建设……309
年度收支情况……309
社区卫生服务……309
· 概述……309
服务体系建设……310
建立转诊预约绿色通道……310
推行家庭医生式服务……310
门诊延时服务……310
建立功能社区服务站……310
推广"社区健康通"……311
推广中医适宜技术……311
疾病预防与控制……311
· 概述……311
生命统计……311
传染病防治……311
性病和艾滋病防控……311
计划免疫……312
手足口病防控……312
结核病防治……312
精神疾病防治……312
慢病管理……312
公共卫生监测与评价……312
感染防治……313
学校卫生……313
健康教育与健康促进……313
卫生应急……313

卫生监督 …… 314
· 概述 …… 314
卫生行政审批 …… 314
公共卫生监督 …… 314
学校卫生监督 …… 314
职业卫生监督 …… 314
放射卫生监督 …… 314
医疗卫生监督 …… 315
大型活动保障 …… 315
产品抽检 …… 315
动物卫生监督 …… 315
· 概述 …… 315
畜牧业存栏 …… 315
动物和动物产品检疫 …… 315
动物和动物产品监督 …… 315
动物和动物产品安全检查 …… 315
动物防疫和检疫 …… 315
流浪动物收容救置 …… 315
诚信责任体系建设 …… 315
妇幼卫生 …… 316
妇幼保健 …… 316
儿童保健 …… 316
女工保健 …… 316
两癌筛查 …… 316
技术管理 …… 316
业务培训 …… 316
医疗机构 …… 316
· 中医医院 …… 316
概况 …… 316
医疗工作 …… 316
传染病防控 …… 317
中医文化宣传 …… 317
护理工作 …… 317
医疗保险 …… 317
社区卫生服务 …… 317
妇幼保健 …… 317
· 妇幼保健院 …… 317
概况 …… 317
改革与管理 …… 318
医疗保健 …… 318
儿童保健 …… 318
婚前保健 …… 318
女性健康 …… 318
健康教育 …… 318
指标完成情况 …… 318
· 五里坨医院 …… 318
概况 …… 318
精神卫生 …… 319
社区卫生服务 …… 319
老年病工作 …… 319
· 北京市石景山医院 …… 319
概况 …… 319
医疗工作 …… 319
医疗服务 …… 320
预防保健 …… 320
社区帮扶 …… 320
护理工作 …… 320
科研教学 …… 320
信息化建设 …… 320
· 北京大学首钢医院 …… 320
概况 …… 320
机构设置 …… 321
改革与管理 …… 321
医疗工作 …… 321
社区医疗 …… 321
医疗援助 …… 321
护理工作 …… 321
医疗科研 …… 322
学术交流 …… 322
医学教育 …… 322
国际交流与合作 …… 322
信息化建设 …… 322
· 清华大学玉泉医院 …… 323
概况 …… 323
医疗服务 …… 323
疾病防控 …… 323
护理工作 …… 323
科研管理 …… 323
教学培训 …… 324
信息化建设 …… 324
· 北京康复中心 …… 324
概况 …… 324
医疗工作 …… 324
院感管理 …… 324
护理工作 …… 324
科研与教学 …… 325
改扩建项目 …… 325
· 中国医学科学院整形外科研究所
北京协和医学院整形外科医院 …… 325
概况 …… 325
医疗工作 …… 325
护理工作 …… 326
科研教学 …… 326
· 中国中医科学院眼科医院 …… 326

概况 …… 326
改革与管理 …… 326
医疗工作 …… 326
医疗支援 …… 326
护理工作 …… 327
科研工作 …… 327
医学教育 …… 327
国际交流合作 …… 327
信息化建设 …… 327
· 首都医科大学附属北京朝阳医院京西院区 …… 327
概况 …… 327
增设肝病科 …… 327
改革与管理 …… 328
医疗工作 …… 328
护理工作 …… 328
科研工作 …… 328
医学教育 …… 329
社区医疗 …… 329
基础建设 …… 329
· 首钢矿山医院 …… 329
概况 …… 329
改革与管理 …… 329
医疗工作 …… 329
护理工作 …… 330
医学教育 …… 330
体检 40050 人次 …… 330
药品监督管理 …… 330
· 概述 …… 330
药械质量抽验 …… 330
审查首批基本药物生产品种 …… 330
实施基本药物电子监管 …… 331
中药饮片监督检查 …… 331
打击食品非法添加 …… 331
特殊药品管理 …… 331
药品不良反应监测 …… 331
保健食品监管系统 …… 331
“三品一械”监管 …… 331
药品安全治理整顿 …… 331
集中销毁假药 …… 331
药学知识大讲堂 …… 331
药监法制宣传 …… 332
药品安全“百千万”工程 …… 332

体 育

群众体育 …… 334
· 概述 …… 334
第 26 届金秋体育盛会 …… 334
推行健身储蓄和健身积分 …… 334
第 3 届社区千人跳绳大赛 …… 335
第 5 届“和谐杯”乒乓球比赛 …… 335
第 8 届“工会杯”拔河比赛 …… 335
中老年人健身表演 …… 335
低碳出行活动 …… 335
“八角杯”全民健身运动会 …… 335
民族传统体育运动会 …… 335
健身气功展示活动 …… 335
“协会杯”羽毛球比赛 …… 335
武术协会换届 …… 335
公共体育设施建设 …… 335
国民体质测试 …… 336
竞技体育 …… 336
· 概述 …… 336
组团参加第 7 届城运会 …… 336
城运会总结表彰 …… 336
城市体育发展论坛 …… 336
体育产业 …… 336
· 概述 …… 336
中国电竞馆落成 …… 337
电子竞技冠军联赛 …… 337
场地自行车世界杯赛 …… 337
国际柔力球交流大会 …… 337
全国大力士王争霸赛北京站 …… 337
西五环体育产业带建设 …… 337
八大处网络体育集聚区建设 …… 337
体育执法 …… 338
· 概述 …… 338
体育行政执法 …… 338
体育法制宣传 …… 338
等级证书审批 …… 338

社 会 事 业

民政工作 …… 340
· 概述 …… 340
优待抚恤 …… 340
见义勇为权益保护 …… 340
退伍军人安置 …… 340
社会救助 …… 340
济困工程 …… 340
防灾减灾 …… 340
婚姻登记 …… 341
殡葬管理 …… 341
清明节祭扫 …… 341

行政区划 …… 341
慈善事业 …… 341
接受捐赠 …… 341
社会组织管理 …… 341
超转地退人员管理 …… 341
军休干部安置管理 …… 341
军工管理 …… 341
福利企业管理 …… 341
福利彩票销售 …… 342
服务孤残儿童 …… 342
流浪乞讨人员救助管理 …… 342
社区便利服务 …… 342
养老机构建设 …… 342
与老人共度重阳 …… 342
落实“九养政策” …… 342
· 双拥工作 …… 343
概况 …… 343
强军育才 …… 343
走访优抚对象 …… 343
军地座谈联谊 …… 343
慰问子弟兵 …… 344
第 29 次进军营办公 …… 344
开展双拥月活动 …… 344
· 殡葬管理与服务 …… 345
概况 …… 345
雷洁琼遗体送别 …… 345
刘华清遗体送别 …… 345
朱光亚遗体送别 …… 345
吴阶平遗体送别 …… 345
李德生遗体送别 …… 346
陈慕华遗体送别 …… 346
薛明遗体送别 …… 346
警务航队烈士治丧服务 …… 346
清明服务 …… 346
业务创新 …… 346
惠民工程 …… 346
安全保障 …… 346
殡葬服务 …… 347
太平间规范管理 …… 347
特种职业技能鉴定 …… 347
人力资源和社会保障 …… 347
· 概述 …… 347
城镇登记失业率创新低 …… 347
各项就业措施保障有力 …… 348
开展多种形式招聘服务 …… 348
首钢富余人员分流安置 …… 348
高校毕业生就业 …… 348
充分就业创建活动 …… 348
发放《就业失业登记证》 …… 348
职业技能培训与鉴定 …… 349
退休人员社会化管理 …… 349
劳动人事代理服务 …… 349
人才引进 …… 349
高校毕业生接收 …… 349
机关事业单位公开招录 …… 349
军队转业干部安置 …… 349
随军家属就业安置 …… 349
事业单位人事制度改革 …… 349
专业职称管理 …… 350
引智与交流 …… 350
高级专家管理 …… 350
严格工资纪律 …… 350
实施绩效工资 …… 350
干部教育培训 …… 350
公务员管理 …… 351
军转干部服务 …… 351
社会保险扩面征缴 …… 351
养老金核准 …… 351
工伤保险认定 …… 351
加强社保卡监管 …… 351
“门诊医生工作站”全覆盖 …… 351
医保基金总量控制 …… 351
基金监督系统上线运行 …… 352
社保待遇调整 …… 352
社会保险稽核 …… 352
举办社保大讲堂 …… 352
《社会保险法》宣传 …… 352
失业人员医疗费报销 …… 352
劳动能力鉴定 …… 352
缴费基数采集 …… 352
履行劳动合同 …… 352
劳动保障监察 …… 353
专项执法检查 …… 353
劳动人事争议仲裁 …… 353
劳动人事争议预防 …… 353
残疾人事业 …… 353
· 概述 …… 353
扶残助残 …… 353
安置就业 110 人 …… 354
职业培训 326 人 …… 354
残保金审核代征 …… 354
稳步推进康复服务 …… 354
重视民办康复服务 …… 354
发展社区康复服务 …… 354

高危人群致聋基因筛查 355
信访与维权 355
宣传残疾人事业 355
丰富文体活动 355
创新管理机制 355
无障碍服务 355
社会各界献爱心 355
人口和计划生育 356
· 概述 356
人口规划发布 356
人口统计分析 356
人口战略研究 356
深化优质服务 356
流动人口管理 357
人口文化宣传 357
生育关怀行动 357
私营个体经济 357
· 概述 357
完成协会换届 357
会员小组建设 357
会员法律咨询 357
加强融资服务 358
义务年检验照 358
网络信息平台 358
加强行业自律 358
开展活动 56 次 358
对接帮扶济困 359
居民生活状况 359
· 概述 359
居民收入 359
消费支出 359
食品支出 360
衣着支出 360
家庭设备用品及服务支出 360
医疗保健支出 360
交通和通信支出 360
教育和文化娱乐支出 360
居住支出 361
杂项商品及服务支出 361
每百户家庭耐用消费品拥有量 361
收入增速加快 361
低保家庭消费“六升二降” 362
生活质量提高 362

社 会 建 设

社会领域党建及社会建设 364
· 概述 364
规范商务楼宇工作站建设 364
社会领域党建研讨 364
开展星级争创活动 365
41 个社区实现规范化建设 365
加强社区办公用房建设 365
创新社区民主自治模式 365
完善首钢居民小区服务 365
“一刻钟社区服务圈”建设 365
推广公益反哺家园 365
实施便民工程 129 项 365
购买专业社工岗位 366
新建 3 个社工事务所 366
政府购买公共服务 366
社区工作者队伍建设 366
· 社区党建 366
概况 366
“共建双承诺”活动 366
“五个红”庆祝建党 90 周年 366
创星级示范社区 367
创先争优点评活动 367
全面推行党务公开 367
“十个一”系列活动 367
探索“小区域大党建”格局 367
创特色星级党建示范社区 367
创新人才后备制 367
党建工作新发展 367
社会领域党建 368
营造和谐政治氛围 368
“四相结合”活动 368
评选身边楷模 368
基层党建获肯定 368
“四突出”促进社区党建 368
“三个平台”推进党建信息化 368
八宝山街道 368
· 概述 368
创建安全社区 369
互助服务站全覆盖 369
整治环境卫生 369
扶贫帮困 369
规范住房保障 370
重视民生保障 370
地区文化建设 370
便民工程建设 370
人口文化苑建设 370
文明街道创建 370
鲁谷社区 370

· 概述 …… 370
治安防控零事故 …… 370
城市面貌新变化 …… 371
为民服务新成绩 …… 371
就业率新增长 …… 371
招商引资6企业 …… 371
志愿服务56万小时 …… 371
实施9项便民工程 …… 371
新建26个新居民服务站 …… 371
打造特色品牌文化 …… 372
计划生育服务 …… 372
老山街道 …… 372
· 概述 …… 372
城市精细化管理 …… 372
区人大换届选举 …… 372
安置首钢分流人员 …… 372
实施14项便民工程 …… 372
服务辖区流动人口 …… 372
失业人员就业援助 …… 373
开展民生保障服务 …… 373
打造温馨家园品牌 …… 373
全面推广为老服务 …… 373
“红蜡烛”教育小组 …… 373
社区社情恳谈会 …… 373
古城街道 …… 374
· 概述 …… 374
首钢分流人员安置服务 …… 374
“千百十”便捷家园计划 …… 374
社区服务数字化 …… 374
巩固再就业成果 …… 374
全民动手美化市容 …… 375
新居民人口计生服务 …… 375
社区服务建设规范化 …… 375
招商引资71家 …… 375
提升社区文化氛围 …… 375
提高辖区维稳能力 …… 375
八角街道 …… 376
· 概述 …… 376
推进社会领域党建 …… 376
社会领域统战工作 …… 376
与陕西安康平利县合作 …… 376
科级干部竞争上岗 …… 376
街校合作人才培养 …… 377
实施24项便民工程 …… 377
深化地区就业服务 …… 377
开展和谐文化建设 …… 377
打造“金色亲情”品牌 …… 377
“绿色通道”帮扶特困人员 …… 377
完成企业注册55家 …… 377
苹果园街道 …… 377
· 概述 …… 377
完成两会代表选举 …… 378
公益反哺家园在全区推广 …… 378
互助服务站增至20个 …… 378
规范社工队伍建设 …… 378
安置首钢分流职工 …… 378
民生服务实现全方位 …… 378
基础建设投入245万 …… 379
建立13支特色文体队伍 …… 379
军地双拥办实事 …… 379
金顶街街道 …… 379
· 概述 …… 379
服务首钢富余人员安置 …… 379
成立金顶阳光社工事务所 …… 380
完善社区维稳机制 …… 380
城市精细化管理 …… 380
垃圾分类达标小区创建 …… 380
深化新居民服务管理 …… 380
推进便民工程建设 …… 380
人口文化活动苑落成 …… 380
打造社区服务品牌 …… 380
实施协会服务工程 …… 380
改善民生工作 …… 380
心系困难家庭 …… 381
广宁街道 …… 381
· 概述 …… 381
开设老年日间照料所 …… 381
新居民互助服务站 …… 381
社区综合管理服务站 …… 381
成立“新姐妹”协会 …… 381
实施13项便民工程 …… 381
严防煤气中毒 …… 382
落实救助保障 …… 382
开展安全检查 …… 382
实施就业援助 …… 382
服务计划生育 …… 382
开展环境整治 …… 382
创建文化品牌 …… 382
招商58家企业 …… 382
五里坨街道 …… 382
· 概述 …… 382
区人大代表选举 …… 383
服务首钢分流人员 …… 383
热心为老服务 …… 383

做好军工服务 …… 383
完善社会救助 …… 383
推进社区建设 …… 384
落实住房保障 …… 384
百日整治行动 …… 384
整顿民兵组织 …… 384
天泰山大讲堂开讲 …… 384
引资 2.27 亿元 …… 384
· 石景山区街道(社区)工委办事处负责人 …… 384

人　物

全国(含系统)先进集体及先进个人 …… 385
先进集体 …… 385
先进个人 …… 385
北京(含系统)先进集体及先进个人 …… 385
先进集体 …… 385
先进个人 …… 387

统计资料

表 1　地区生产总值 …… 388
表 2　财政收入与支出 …… 389
表 3　银行存贷款情况 …… 389
表 4　现金收支情况(年人均) …… 390
表 5　消费性支出(年人均) …… 390
表 6　固定资产投资完成情况(建设地) …… 390
表 7　房地产开发建设生产情况 …… 391
表 8　户籍人口数 …… 391
表 9　人口出生与自然增长情况 …… 391

附　录

中共北京市石景山区委主要文件目录 …… 392
· 中共北京市石景山区委文件 …… 392
· 中共北京市石景山区委办公室文件 …… 392
北京市石景山区人民政府主要文件目录 …… 394
· 北京市石景山区人民政府文件 …… 394
· 北京市石景山区人民政府办公室文件 …… 396
区域教育单位名录 …… 397
石景山区幼儿园名录 …… 397
石景山区小学名录 …… 398
石景山区中学名录 …… 399
石景山区职业教育、高等教育学校名录 …… 399
石景山区民办教育机构名录 …… 400
区域科研机构名录 …… 402
驻区科研单位 …… 402
区域卫生机构名录 …… 403
卫生医疗单位 …… 403
区域文化设施名录 …… 407
国家文物保护单位 …… 407
北京市文物保护单位 …… 407
石景山区文物保护单位 …… 407
图书馆 …… 408
电影院放映场所 …… 408
歌舞娱乐场所 …… 408
音像制品经营单位 …… 409
互联网上网服务营业场所 …… 410
图书经营场所 …… 411
区域体育健身设施名录 …… 414
石景山区体育经营单位 …… 414
职业服务机构名录 …… 415
职业介绍机构名录 …… 415
民办职业技能培训学校 …… 416
律师、公证服务机构 …… 417
律师事务所 …… 417
公证处 …… 417
法律服务所 …… 417
石景山公安分局派出所 …… 418
科技中介服务组织 …… 418
福利机构 …… 418
区国资委一级监管企事业单位 …… 419
街道社区居委会 …… 419
古城街道 …… 419
苹果园街道 …… 419
金顶街街道 …… 420
五里坨街道 …… 420
广宁街道 …… 421
八宝山街道 …… 421
鲁谷街道 …… 421
八角街道 …… 422
老山街道 …… 422
索引 …… 423

石景山年鉴 SHI JING SHAN NIAN JIAN

总 述

石景山概览

石景山区位于北京西部西山风景区南麓和永定河冲积扇上，因燕都第一仙山——石景山而得名。地理坐标为北纬39°53′～39°59′，东经116°07′～116°14′，东至玉泉路与海淀区毗连，南抵张仪村与丰台区接壤，北倚克勤峪与海淀区搭界，西濒永定河与门头沟区为邻。辖区东西宽约12.25千米，南北长约13千米，最东端距天安门14千米，总面积84.38平方千米。

石景山区地势北高南低，海拔高度70～130米。西北部山地是太行山余脉，约占全区面积的三分之一，40余座山峰比肩而立。南部横亘着古老的永定河，蜿蜒曲折。中部和东南部是永定河冲积扇形成的夹带残丘的平原，为全区人民生产生活的主要地区。本区地处暖温带半湿润大陆性季风气候区。全年平均气温为13.1℃，较常年（12.4℃）偏高；全年总降水量700.5毫米，比常年（558.0毫米）偏多。

石景山区自古就是京西历史文化重镇，既是西进京城的军事交通要塞，也是北京现代工业的发祥地。境内名胜古迹众多，有近现代重要史迹及代表性建筑21处，以“三山八刹十二景”著称的八大处、以明代壁画闻名于世的法海寺、石刻造像美仑美奂的田义墓、亚洲唯一一座第四季冰川遗迹陈列馆、八宝山革命公墓等均荟萃于此。

石景山区是“中国十佳绿色城市”，绿化覆盖率达到49.6%，人均绿地面积107.58平方米，居城六区之首。城市道路网覆盖全区，道路总长度180多千米。拥有长安街西延长线、阜石路、莲石路三条东西走向城市主干道，108、109国道经由本区连接外省市，地铁一号线西起点连接大部分城市轨道交通线路，成为海淀、丰台、门头沟三区重要连接点和京西板块空间的关键支撑点。

石景山区是本市继东城、西城之后第三个没有农业户籍人口的城区，下辖八宝山街道、老山街道、八角街道、古城街道、苹果园街道、金顶街街道、广宁街道、五里坨街道及鲁谷社区等9个街道办事处。全区有46个民族，常住人口63.4万人；人口性别结构均衡，男女性别比为105.2（女性＝100）；全年出生人口5890人，人口出生率为9.42‰；死亡人口2738人，人口死亡率4.38‰；自然增加人口3152人，人口自然增长率5.04‰。

石景山区曾是北京传统重工业区，以首钢为核心的重工业在地区经济社会发展中占有重要地位。根据北京市赋予“一区三中心”的城市功能定位，面对首钢搬迁调整、北京奥运会举办等重大历史机遇和挑战，确定“打造北京CRD，构建和谐石景山，建设现代化首都新城区”的发展战略，提出由传统工业石景山向绿色生态石景山转型的总方向。

2011年是本区“十二五”规划和CRD建设第二步走的开局之年，也是首钢涉钢产业全面停产后转型建设的攻坚年。全区围绕“打造北京CRD，构建和谐石景山，建设现代化首都新城区”战略目标，把握“大调整、大建设、大发展”工作主基调，着力转方式、调结构、强主业、促增长、惠民生，经济继续保持平稳较快增长态势，各项社会事业和民生工程取得新成绩，人民群众安全感、幸福感和满意度不断提高。

政治建设

本年是换届之年。12月6～8日，中共北京市石景山区第十一次代表大会召开。大会审查通过十届区委工作报告和区纪委工作报告。306名党代表以差额无记名投票方式选举产生十一届区委委员37人、候补委员8人和纪委委员29人。12月8日，区委十一届一次全会选举产生区委常委11人，荣华为书记，夏林茂、吴克瑞为副书记。区纪委一次全会选举产生纪委常委9人。

区委组织全区1544个基层党组织、45144名党员以“评先、承诺、歌颂”为主线，开展庆祝建党90周年系列活动，并在“七一”前夕评选出全区各条战线涌现出来的50个先进基层党组织、100名优秀共产党员和50名优秀党务工作者。以党员领导干部“领航工程”、基层党组织“聚力工程”、共产党员“先锋工程”和“承诺活动”四项工作为重点深化创先争优活动，在全区窗口单位和服务行业开展“创服务品牌、树党员形象”活动，在机关、国资、教育、卫生、集体经济等系统全面开展与社区的“共建双承诺”活动。制发“中长期人才发展规划纲（2010－2020年）”和“‘十二五’时期人才发展规划”。贯彻落实党政领导班子建设规划纲要，提拔调整交流处级干部13批165人次，择优为9个街道（鲁谷社区）各配备一名“80后”副处实职领导干部。

区人大常委会围绕经济发展、城市建管、促进民生、司法监督履行职责，听取和审议“一府两院”7个专项工作报告和有关工作情况报告，作出4项决议决定和审议意见，开展8项视察和执法检查，依法任免国家机关工作人员52人次，受理人民群众来信来访46件次。12月19～24日，召开区第十五届人民代表大会第一次会议，选举产生区十五届人大常委会主任、副主任、委员，区人民政府区长、副区长，区法院院长，区检察院检察长。大会收到代表议案5件，建议、批评和意见98件。

区政府及工作部门贯彻区人大常委会决议和决定，接受各方监督，听取民主党派、工商联、各人民团体和各界人士意见，全年办理全国、市“两会”建议、提案20件，区人大议案5件，人大代表建议42件，政协委员提案126件，办复率100%。制发规范性文件29件,主动公开政府信息2586条;办理行政复议案件55件,行政诉讼案件16件,无败诉案件;受理"政风行风热线"826件,信件处理满意率为97%。

区政协把握团结和民主两大主题,围绕全区中心任务和政协换届工作,认真履行各项职能,形成主席会建议案4个,政协八届五次会议收到提案175件,立案155件,办复率100%。12月19~23日,召开区政协九届一次会议,审议通过八届政协工作报告,选举产生九届政协主席、副主席、秘书长及常委,大会收到提案196件,立案176件。

区检察院围绕"强基础、上台阶、创一流"三步走奋斗目标,加强业务建设和队伍建设,全面履行检察职能。批准逮捕360件498人,提起公诉427件602人,依法办理"7·27"涉疆互殴案件、"7·16"特大制造贩卖假药案等重大案件。开展排查化解专项活动,检务接待1000余人次。制定"服务首钢 阳光拆迁"专项工作实施方案,积极服务首钢停产搬迁,保障区域经济发展。

区法院围绕"以抓审判为核心,以管理促进审判,以调解助力审判,以能力保障审判"的思路开展各项工作,受理各类案件7587件,结案率97.1%,一审服判息诉率达84.1%,民商事案件调撤率达到62.5%。推进立案诉讼服务改革,通过诉前调解调处纠纷1008件。

经济发展

全年实现地区生产总值322亿元,同比增长9%,实现第三产业增加值199.7亿元,同比增长18.6%,第三产业占地区生产总值比重62%;完成一般财政总收入50.8亿元,同比增长25%,其中一般预算财政收入22.7亿元,同比增长20.2%;全社会固定资产投资完成130.9亿元;全年社会消费品零售额162.1亿元,同比增长16.9%;城镇居民人均可支配收入31936元,同比增长13.8%;城镇登记失业率2.55%以内,实现连续五年逐年降低。空气质量二级和好于二级天数261天,达标率72.1%,同比增加3.3%;可吸入颗粒物、二氧化硫、氮氧化物三项污染物浓度皆低于2008年举办奥运时的水平,实现空气质量襄年持续改善。

推进国家服务业综合改革试点区建设,出台促进服务业发展政策64项,设立服务业发展专项资金,"北京服务·新首钢"产业股权投资基金管理公司正式运营。推进国家可持续发展实验区建设,征集储备重点项目116项,万元地区生产总值能耗同比下降48.3%。推进中关村国家自主创新示范区特色园区建设,天山公司、建筑材料科学研究总院、伏尔特、国电康能等4家企业成为首批中关村国家自主创新示范区标准创新试点企业,千橡人人网在纽交所上市,易华录登陆创业板,赛德丽实现新三板挂牌,园区上市公司总数达到8家。园区全年收入和税收分别突破600亿元和16亿元,增速保持中关村"一区十园"前列,在区域经济总量中的比重由"十五"末的不足5%增长到20%。

文化创意产业高速发展,集聚企业超过3000家,获得"2011年度十大最具影响力国家文化产业示范基地"称号,规模以上企业实现收入184亿元,利润26亿元,税收9亿元。高新技术产业集聚发展,中关村高新技术企业达到2075家,15家企业入选中关村"十百千"工程。商务服务产业快速发展,新增商业面积26万平方米,综合商业、特色商业和电子商务发展迅速,社区商业便民服务全覆盖工作稳步推进。现代金融产业突破性发展,建立"1+3"政策体系,建立企业上市培育机构,新增现代金融企业17家。旅游休闲产业融合发展,中国八大处园林茶文化节、游乐园洋庙会等节庆活动吸引力进一步提高,发行"北京CRD卡"8万余张,拉动消费2.67亿元。

启用CRD标识,积极举办、参与大型推介活动,石景山区知名度和美誉度不断提升。新引进企业1708家,同比增长13%;累计注册资金87亿元,同比增长13%;招商引资企业实现税收23.7亿元,同比增长36%,入区财政8.35亿元,同比增长52%。区属国有企业实现收入15亿元、利润1.3亿元。集体经济组织系统资产总额达到86.7亿元。投入3230万元,支持中小企业和非公经济重点项目134个。

全年7个重大项目争取支持资金1.37亿元。新首钢高端产业综合服务区完成长安街西延线、永定河跨河大桥规划设计方案,轨道交通S1线通过环评审批。中关村石景山园北一区完成控规优化、住宅拆迁量完成90%,北二区新媒体基地竣工,60亩创意产业基地上市交易,新材料研发中心开工建设,南区完成控规调整方案。银河综合商务区CRD银座投入使用,大唐集团商务楼开工建设,K地块取得规划意见书。台湾文化创意商务区主体功能初步实现。京西会展商务区完成一级开发。苹果园交通枢纽商务区完成一体化设计方案优化,南区部分地块上市交易,廉租房项目开工建设。五里坨建设区完成拆迁总量的95%。中国动漫游戏城完成先期启动项目改造工程,成功举办第十二届世界漫画大会暨2011北京国际动漫周活动。

城市建设与管理

本年确定十项重点工程,总投资169.85亿元,除长安街西延长线建设工程正在立项申报外,其余燕山水泥厂等保障性住房建设工程、刘娘府与衙门口综合整治工程等9项重点工程开工建设。

加大保障性住房建设力度。保障性住房新开工项目2个,为南宫小区公租房项目和燕山水泥厂限价房项目,建筑规模总计39万平方米、5467套。保障性住房竣工项目3个,为衙门口限价房项目、远洋山水公租房项目和衙门口东路北侧配建廉租房项目,竣工总面积8.8万平方米、1213套。老古城、刘娘府、五里坨及第二水泥管厂定向安置房正在建设中,建筑规模总计114.2万平方米。

成立西部开发建设运作模式筹建工作组,正式启动以"基金和基金管理公司运作模式"推进西部开发建设的前期

筹建工作。完成五里坨建设区、广宁地区规划调整,“十二五”时期西部地区发展规划正式发布。五里坨北段、五里坨西路延长线工程完工通车,新隆恩寺路开工建设,污水处理厂和热力主管线建设工程扎实推进,西部五里坨建设组团项目完成拆迁总量的95%。

积极推进长安街西延、五里坨路等城市主干路建设。投入资金5200万元,完成44项道路大中修工程,总长度7公里,总面积11.4万平方米,“两高两快六主”的城市主干道和“五横五纵加半环”的交通网络基本形成,道路完好率提高到90%。完成莲石湖工程。增加停车泊位7700个,有效缓解停车难问题。全年完成绿化面积126.66公顷,绿化覆盖率达到49.6%,继续保持城六区首位。投资2.93亿元,完成京能热电股份有限公司供热蒸气改造工程等十项环保实事,一批重点污染源得到有效治理,二级和好于二级天数比例提高到71%以上,空气质量持续改善。

全年在施拆迁项目38个,涉及拆迁户2882户,协议搬迁1102户,走户率为38%;其中,北八渠特钢段北侧周边“边角地”环境整治项目顺利完结,南宫住宅小区土地一级开发项目完成住宅拆迁,衙门口南社区拆迁院落79个、约1.8万平方米。实施莲石东路、中关村石景山园夜景亮丽工程,完成石景山路、八角东街广告牌匾改造和翠园西街等13条道路架空线入地及苹果园中学等社会单位“拆墙透绿”,推进永引渠南侧“边角地”环境整治项目。购置道路清扫新工艺车辆23台,完成19座垃圾楼、14座公厕升级改造,完成45个小区生活垃圾分类达标工作。

对市区挂账确定的48处脏乱死角实施专项整治。开展“春风行动”、“夏季攻势”和“秋风行动”三个百日整治行动,全年查处各类违法行为35846起,拆除违法建设359处、7.36万平方米。对15个老旧小区、2片老旧平房区、15条街巷胡同开展综合整治,建立全区30条精品街、25个精品社区、8个治安乱点的精细化管理基本信息库,打造石景山路、八大处路等一批样板街。

社 会 事 业

健全社会保障体系。优先做好就业再就业工作,城镇登记失业率逐步降低。全面落实各项社会保险制度,圆满完成“持卡就医,实时结算”试点工作。社会救助水平持续提高,投资1.09亿元,实施济困工程87项,救助23.58万人(户)次。老年人优待办法和养老(助残)“九养”政策全面落实,办理优待卡4573张,发放居家养老(助残)券1380万元、高龄津贴75.9万元。建成残疾人远程康复指导服务平台,为400户残疾人家庭进行无障碍改造。保障性住房管理机制逐步完善,解决9802户家庭的住房困难,其中经济适用房家庭4826户,限价房家庭2827户,廉租租金补贴家庭2149户。劳动者权益得到切实维护,为1932名务工人员追回拖欠工资1148万元。

优先发展科技教育事业。通过2009~2010国家科技进步考核,连续3次获得“全国科技进步先进区”称号。暴风影音-中国互联网视频平台等14个项目获得北京市科学技术奖,新认定8家企业为区“创新科普工作室”。启动第二届科普节,举办科普活动126个。全年专利申请量1814件,同比增长24.5%;新增知识产权试点企业40家。启动建设常青藤高端人才集聚区,建成青年创业楼宇10座。启动实施7项国家级、市级教育改革项目,争创“国家可持续发展教育示范区”。推进基础教育集群化发展,成立古城教育集团。完成第一期“双名工程”培养任务,以特级教师、市级学科带头人、市区骨干教师为梯次的核心教师队伍基本形成。推进“绿色发展教育实验区”建设,新增设区域“绿色教育”课程体系构建项目和学生领导力项目。完成10.7万平方米中小学校舍安全工程。

大力发展文化体育卫生等事业。举办“古城之春”艺术节、“夏日文化广场”等特色主题活动和220场庆祝建党90周年系列活动等群众文化活动。建立中国首家传记图书馆,建成20个“益民书屋”。完成皇姑寺二期、承恩寺大墙抢险、龙泉寺等修缮工程及第三次文物普查工作,登记录入100处文物保护单位。开通804频道,实现石景山有线电视地区全覆盖。完成二轮志书资料收集工作,档案工作得到加强。以“阳春保健社区体育生活周”和“金秋体育盛会”两大品牌活动为重点,开展各类全民健身活动50项次,40万人次参与。在全国率先启动“健身储蓄”和“健身积分”试点,让体育志愿者和人民群众免费参加健身活动。代表本市参加第七届全国城市运动会,取得3金5银1铜,创造全市区县参加城运会以来的最好成绩。建成中国电子竞技馆,ECL电竞联赛成为具有区域特色的赛事品牌。成立区医院管理委员会,投入医改资金18565万元。建立社区卫生服务团队83个,累计签约24056户60345人。全面实施大型医院与基层医疗卫生机构预约转诊工作,转诊预约2357人次,成功率100%。健全公共卫生服务体系,辖区居民人均期望寿命达到83.4岁。建立全市首个全员人口信息库,完成第六次全国人口普查工作。

社会建设管理继续加强。完成街道“三定”工作。全年常规便民工程和社区规范化建设资金投入9827.27万元,实施便民工程129项,全部完成139个社区规范化建设任务,社区用房面积平均达到360平方米,处于全市领先水平。社区社情恳谈会、公益反哺家园等经验在全市推广,新居民互助服务站工作获得中央、市委市政府的充分肯定。荣获“全国和谐社区建设示范城区”称号。大力支持工会、共青团、妇联等群团组织工作,精神文明建设、民族、宗教、侨务等工作得到加强。高度重视民生安全,扎实做好安全生产、消防、交通、民防、质监、药监等工作。深入推进“平安石景山”建设,强化社区民警驻区制等基础工作,严厉打击刑事犯罪活动,加大矛盾纠纷排查化解力度,实现信访“三无目标”,群众安全感连续五年保持全市前列。军民融合式发展内涵不断丰富,荣获全国双拥模范城六连冠。

特　载

坚持科学发展　深化全面转型
为加快建设现代化首都新城区而努力奋斗

——在中共北京市石景山区第十一次代表大会上的报告
（2011年12月6日）

中共北京市石景山区委书记　荣　华

各位代表、同志们：

中共北京市石景山区第十一次代表大会，是在我区经济社会转型发展进入历史新阶段召开的一次重要会议。大会的主题是：高举中国特色社会主义伟大旗帜，以邓小平理论和“三个代表”重要思想为指导，深入贯彻落实科学发展观，坚持科学发展，深化全面转型，为加快建设现代化首都新城区而努力奋斗。

现在，我代表中共北京市石景山区第十届委员会向大会作报告，请予审议。

一、过去五年的工作和基本经验

区十次党代会以来的五年，是我区发展进程中极不平凡的五年。五年来，机遇与挑战、困难与压力，始终伴随着调整转型的全过程，考验着我们的意志品质和执政能力。面对人民群众的热切期盼，我们团结带领全区广大党员和干部群众，认真贯彻落实中央和市委的决策部署，真抓实干，砥砺奋进，圆满完成了区十次党代会确定的各项任务，取得了转型发展的显著成绩，用智慧和汗水谱写了石景山发展史上的新篇章。

这五年，我们牢牢把握转型发展的主动权，科学发展的思路更加明确。面对难得的发展机遇和严峻的现实挑战，我们不等不靠、超前谋划、明确思路、主动作为，进一步丰富了“首都文化娱乐休闲区（Culture & Recreation District，简称CRD）”的定位内涵，确定了“打造北京CRD、构建和谐石景山、建设现代化首都新城区”的发展目标，明确了“大调整、大建设、大发展”的工作主基调，着力调结构、上水平、保民生、促和谐，推动经济社会转型发展迈出坚实步伐。制定并深入实施《CRD建设行动规划》，提出“三步走”发展战略，明确了主导产业培育方向和空间布局，顺利实现了第一步走发展目标。科学谋划未来，提出了由传统工业石景山向绿色生态石景山转型的总方向和“今后十年的建设发展将决定未来百年风貌”的追求新境界。

这五年，我们集中力量办好了大事、办成了难事，为未来发展奠定了坚实基础。围绕筹办北京奥运会、国庆60周年庆典和服务首钢搬迁调整这三项重大任务和历史责任，我们举全区之力，变挑战为机遇，变压力为动力，圆满完成了各项任务，推动经济社会发展跃上新水平。在筹办奥运中，创建了“双进入”工作机制，出色完成了辖区内各项赛事服务保障和环境整治任务，确保了区内5个比赛场馆和2个训练场馆的高效有序运转，实现了“大事没出、小事也没出”的“平安奥运”目标，被中共中央、国务院授予“北京奥运会、残奥会工作先进集体”。在服务保障国庆60周年庆典中，成功组织完成了我区承担的群众游行“众志成城”方阵、背景彩旗方阵、群众联欢、国庆游园等四项重点活动，做到“现场运行零差错、活动内外零事故”，实现了“平安国庆”目标，被市委、市政府授予“最佳服务保障奖”。在服务首钢搬迁调整中，与首钢共同搭建了指挥、就业、维稳、招商四个合作平台。建立了高层联席会制度，及时研究处理重大事项；千方百计做好首钢富余人员分流安置工作，共接收10432人，其中9620人实现再就业，就业率达到92%；积极开展社会事务对接工作，保障了38个首钢住宅小区水、电、气、热的有效供给；全力以赴做好首钢主厂区停产维稳工作，确保了地区和谐稳定；共同组建了“新首钢投资服务中心”，实现了招商政策、机构和程序的整合统一。在办大事、办难事的过程中，全区经济发展实力、城市整体形象、市民文明素质、干部执政能力和创新能力得到极大提升，为今后开拓奋进积累了宝贵经验。

这五年，我们着力转变经济发展方式，区域经济实现平

稳较快发展。坚持“高端、高效、高标准”的发展总原则，以加快重点功能区建设、强化招商引资为抓手，以每年召开经济发展推进大会为载体，全力推动产业转型升级，经济发展活力更加彰显。2011 年，预计实现地区生产总值 320 亿元，一般预算财政收入 21 亿元，固定资产投资 168 亿元，分别是 2006 年的 1.5 倍、2 倍、2.3 倍。新兴产业加快培育，文化创意产业快速发展，已成为我区战略性主导产业，高新技术、商务服务、现代金融、旅游休闲等相关产业也取得良好发展。招商引资成效显著，五年共引进企业 6439 家，包括一批具有行业带动作用的龙头企业和总部型企业，新增企业对区财政贡献 19 亿元，不仅有效弥补了首钢搬迁压产带来的经济减量，并且促进区域产业结构进一步优化，第三产业增加值占地区生产总值比重达到 60%，比 2006 年提高 29 个百分点。成功举办第十二届世界漫画大会暨 2011 北京国际动漫周活动，推动数字娱乐产业加快集聚。中关村石景山园、银河商务区等重点功能区建设取得积极进展，对区域转型发展的引领和支撑作用更加显现。

这五年，我们加快城市建设步伐，城市综合服务功能更加完善。认真做好重大规划编制工作，优化控规项目 75 项，切实发挥了规划龙头作用。投资 276.5 亿元，实施重点工程 50 项，安排重大项目 45 个，万达广场、鼎城等一批体量大、档次高、功能全的城市综合体相继建成，城市承载力和辐射力进一步增强。累计投资 53.5 亿元实施道路建设工程，“两高两快六主”的城市主干道和“五横五纵加半环”的交通网络基本形成。坚持统筹区域协调发展，科学研究西部地区发展规划，加快完善基础设施，有序推进房屋拆迁和定向安置房建设，西部地区进入了全面建设的启动阶段。深入推进农转居后续工作，重点村整治改造成效显著。加强绿色生态建设，以莲石湖为重点的永定河绿色生态发展带建设取得阶段性重大成果，城市绿化覆盖率达到 48.56%。加大环境保护力度，全面落实节能减排措施，大气环境质量持续改善。深入实施精细化管理，城市现代化管理水平明显提升。

这五年，我们扎实推进社会建设，人民生活水平显著提高。坚持经济社会“两手抓”，制定出台了加强社会建设的系列文件，每年实施重点工程、便民工程、济困工程三大“民心工程”，全面落实“五无”工作目标，推出了“新居民互助服务站”、“社区社情恳谈会”、商务楼宇“五站合一”工作站、“公益反哺家园”等社会管理创新品牌项目，成功举办了“世界城市·社会建设”论坛，在社会建设领域形成了一批理论成果、制度成果和实践成果，我区荣获首批“全国和谐社区建设示范城区”称号。2011 年全区居民人均可支配收入预计达到 30300 元，是 2006 年的 1.7 倍。全力以赴促进充分就业，城镇登记失业率为 2.6%。加大保障性住房建设力度，为 1.45 万户家庭解决了住房困难。大力引进和培育优质教育资源，教育质量稳步提升。不断健全公共文化服务体系，群众文化生活更加丰富多彩。积极推进医药卫生体制改革，卫生服务体系逐步健全。科技、体育、人口计生等各项事业扎实推进，养老服务“九养”政策全面落实，残疾人事业取得长足发展。扎实开展依法治区工作，全社会法制观念明显增强，社会公平正义得到有效维护。深入推进“平安石景山”建设，加强信访和人民内部矛盾排查调处工作，确保了社会和谐稳定。持续推进精神文明建设和双拥工作，城市文明程度和市民文明素质显著提升，实现了“全国双拥模范城”五连冠。

这五年，我们坚持深化改革开放，区域发展环境进一步优化。深入推进行政管理体制改革，转变政府职能和提高行政效率取得明显成效。积极稳妥地推进区属国有企业改革重组和集体经济组织产权制度改革，大力支持非公有制经济健康发展，企业发展活力进一步增强。我区获批并积极推进国家服务业综合改革试点区、国家可持续发展实验区建设，率先制定落实中关村“1 + 6”系列先行先试政策办法，推动政策集成创新，为经济发展带来强劲动力。不断深化与驻区企业、单位的联系与合作，区域统筹力度进一步加大。主动加强与周边地区合作，围绕推进永定河绿色生态发展带建设、加快首都西部地区转型发展，共同向市委、市政府建言献策，取得了重大进展。坚持扩大对内对外开放，进一步深化了与国内外友好城市的交流合作。积极响应中央、市委号召，全力支援汶川特大地震等抗震救灾工作，累计安排资金 7613 万元，支持四川什邡、西藏堆龙德庆、内蒙古宁城、青海玉树、新疆和田等对口支援地区的发展。

这五年，我们全面加强党的建设，为转型发展提供了坚强保证。认真开展了学习实践科学发展观活动和创先争优活动，扎实推进学习型党组织建设，取得明显成效。深化干部人事制度改革，建立了以“资格准入、考任分离”为主要特点、以“双推、双考、双公示、双票决”为主要内容的干部选拔任用机制，选人用人公信度和满意度进一步提高。积极推进基层党建创新，坚持开展“我是党员我承诺”主题实践活动和“五好”基层党组织创建活动，各级党组织的凝聚力、创造力和战斗力不断增强。深入实施人才强区战略，人才工作呈现新局面。社会主义核心价值体系教育深入开展，思想道德建设成效明显，新闻宣传和舆论引导工作不断加强。反腐倡廉建设取得新进展，教育、制度、监督并重的惩治和预防腐败体系不断完善，党风、政风和社会风气进一步好转。坚持人民代表大会制度和中国共产党领导的多党合作和政治协商制度，召开了区委人大工作会和政协工作会，区人大、区政协的职能作用得到充分发挥。不断巩固和扩大爱国统一战线，加强与各民主党派合作共事，推动民族、宗教、侨务和对台工作取得新进展，支持工会、共青团、妇联等人民团体积极发挥作用，形成了广聚力量、共促发展的强大合力。

历经五年奋进，我区的转型方向更加明确，发展思路日益清晰，战略举措不断强化，发展成果全面显现。如果说五年前我们是顶着困难与压力探索前行，那么五年后的今天，我们正满怀信心地沿着科学发展的道路阔步前进。过去取得的成绩来之不易，探索积累的经验弥足珍贵。五年来的

实践带给我们以下六点深刻体会：

——必须坚持解放思想、抢抓机遇。思想解放的深度决定发展的高度，抢抓机遇的能力决定工作的效力。我们只有坚持解放思想不僵化、抢抓机遇不等靠，始终把握主动权，才能攻坚克难、赢得未来。

——必须坚持立足区情、科学发展。这些年，我们从基本区情出发，着眼于推进经济社会全面转型，走出了一条符合我区实际、体现科学发展观要求的新路子。我们只有坚持科学发展不动摇，坚韧不拔抓推进，才能不断取得新成效。

——必须坚持转变方式、调整结构。加快转变经济发展方式是我区转型发展的主线，促进产业结构优化升级是实现全面转型的中心任务。我们只有坚持主线不偏离、调整结构不放松，才能实现又好又快发展。

——必须坚持以人为本、执政为民。不断满足人民群众过上更加美好生活的新期待，是我们全部工作的根本目的。只有坚持民生优先，真正做到发展为了人民，发展依靠人民，发展成果由人民共享，才能获得人民群众的信任和支持。

——必须坚持维护稳定、促进和谐。不断巩固安定团结的局面，促进社会和谐稳定，既是我们的首要任务，也是推动转型发展的前提和基础。我们只有坚持正确处理改革发展稳定的关系，在维护稳定中推进改革发展，才能在前进的路上走得更稳、更实。

——必须坚持固本强基、创先争优。我区的事业发展，关键在党，重点在人，成败在各级领导干部。我们只有坚持全面加强党的建设，不断深化固本强基工程和创先争优活动，进一步增强基层党组织和各级领导干部推动科学发展的能力，才能为转型发展提供坚强保证。

过去五年我们所取得的这些成绩，是市委正确领导的结果，是全区各级党组织、广大党员和干部群众团结奋斗的结果，是各民主党派、工商联、各人民团体共同努力的结果，是驻区企业、部队和武警官兵、中央市属单位热情支持的结果，也得益于历届区委奠定的坚实基础。在此，我代表中共石景山区第十届委员会，向所有关心、支持和参与石景山建设发展的同志们、朋友们表示衷心的感谢和崇高的敬意！

在充分肯定成绩的同时，我们也必须清醒地看到发展中存在的一些困难和问题，主要表现为：加快产业结构调整的任务仍然十分紧迫，新兴主导产业培育力度还需进一步加大；统筹区域均衡发展的任务仍然艰巨，基础设施和公共服务设施还有待进一步完善；制约发展的体制机制问题仍然存在，改革创新的力度还需要进一步加大；各类社会矛盾仍然凸显，维护安全稳定的任务十分繁重；部分基层党组织的作用发挥还需进一步增强，少数党员干部的思想作风还需进一步转变。对于上述问题，我们必须予以高度重视，并在今后工作中切实加以解决。

二、未来五年的发展思路和奋斗目标

未来五年，是我区深化全面转型的关键期，是必须紧紧抓住的战略机遇期，同时又是应对现实挑战、推进科学发展的攻坚期。总的看，机遇与挑战并存，机遇大于挑战。

一方面，我们必须抢抓机遇、增强信心。世界多极化、经济全球化深入发展，我国仍处于可以大有作为的重要战略机遇期。党的十七届六中全会对推动文化大发展大繁荣作出战略部署，为我区打造“首都文化娱乐休闲区”带来重大机遇。北京市确立了建设中国特色世界城市的目标，深入实施“人文北京、科技北京、绿色北京”发展战略，为我区指明了前进方向。市委、市政府作出加快京西地区转型发展的重大部署，新首钢高端产业综合服务区纳入全市高端产业新区，为我区加快转型发展创造了良好条件。我们正在扎实推进国家服务业综合改革试点区、国家可持续发展实验区和中关村国家自主创新示范区特色园区建设，将会带来政策、人才、技术、资金等各类资源的大汇聚。与此同时，过去五年转型发展奠定了坚实基础，全区上下人心齐、干劲足，必将助推我区在新的历史阶段实现更高水平的发展。

另一方面，我们必须迎接挑战、把握未来。从外部看，国际金融危机影响深远，世界经济增长速度减缓。全国和北京市各地区加快发展的势头十分强劲，竞争日益激烈，我们稍有懈怠就会造成“小发展大退步”的局面。从自身看，我们仍然面临着产业规模过小、人才资金缺乏、发展能量不足、社会矛盾凸显等诸多挑战，仍然面临着躲不开、绕不过的体制机制问题。机不可失，时不我待。面对市委对我区发展寄予的厚望和更高要求，顺应全区61万人民过上更加美好生活的新期待，我们必须牢固树立“等不起”的紧迫感、“慢不得”的危机感、“坐不住”的责任感，在发展上下苦功、在转变上动真格、在惠民上见实效，以转型发展的优良成绩向党和人民交上一份满意的答卷。

今后五年全区工作的指导思想是：高举中国特色社会主义伟大旗帜，以邓小平理论和“三个代表”重要思想为指导，深入贯彻落实科学发展观，以科学发展为主题，以加快转变经济发展方式为主线，按照北京建设中国特色世界城市和“人文北京、科技北京、绿色北京”的总体部署，坚持“大调整、大建设、大发展”的工作主基调，把握由传统工业石景山向绿色生态石景山转型的总方向，深入实施CRD发展战略，着力推动经济、政治、文化、社会和生态文明建设协调发展，全面提升党的建设科学化水平，在科学发展、全面转型的进程中迈出更加坚实步伐，加快建设发展强劲、创新活跃、生态宜居、人文和谐的现代化首都新城区。

今后五年经济社会发展的主要目标是：地区生产总值年均增长12%，一般财政总收入年均增长10%，社会消费品零售额按可比口径年均增长16%，固定资产投资年均增长10%，居民人均可支配收入年均增长9%以上。CRD建设第二步战略目标全面实现，以现代服务业为主导的新型产业体系基本构建，重大基础设施明显改善，转型发展的基础更加牢固，人民群众的幸福指数显著提升，石景山区在北京建设中国特色世界城市中的地位和作用显著提升。

今后五年转型发展需要重点把握的原则是：

——更加突出文化引领。深入贯彻落实党的十七届六中全会精神，进一步强化首都文化娱乐休闲区的功能定位，切实发挥文化的引领作用，加快发展文化事业，做大做强文化产业，全力打造文化繁荣、产业兴盛的现代化新城区。

——更加突出创新驱动。深入持续地推进思想解放，充分激发转型发展的内在活力，加快构建科技创新与文化创新“双轮驱动”的发展格局，依靠创新赢得主动、赢得优势、赢得未来，全力打造创新活跃、要素集聚的现代化新城区。

——更加突出民生优先。始终把民生优先作为第一导向，要像抓发展一样抓民生，真正使转型发展的成效体现在人民生活水平的提高上，不断满足人民群众日益增长的物质和精神文化需求，全力打造健康幸福、和谐稳定的现代化新城区。

——更加突出绿色发展。紧紧把握建设绿色生态石景山的转型方向，坚持走生态文明的可持续发展道路，加快构建绿色生产、绿色消费、绿色环境体系，全力打造生态宜居、环境优美的现代化新城区。

我们坚信，经过持续不断的努力，承载着几代石景山人的光荣与梦想、体现绿色发展新要求的现代化首都新城区，必将崛起在首都西部这片热土上。

三、在深化全面转型中加快转变经济发展方式

加快转变经济发展方式，是经济领域的一场深刻变革，是我区深化全面转型的工作主线。必须始终坚持 CRD 发展战略不动摇，以国家服务业综合改革试点区和国家可持续发展实验区建设为重要抓手，以新首钢高端产业综合服务区和中关村国家自主创新示范区特色园区建设为重要载体，加快推进产业结构优化升级，全力打造具有先行先试效应的国家级绿色转型发展示范区。

积极构建现代产业体系。按照“做精做优二产、做大做强三产”的总体要求，着力打造以现代服务业为主体、以高新技术产业为先导，涵盖文化创意、高新技术、商务服务、现代金融、旅游休闲等五大产业的现代产业体系。突出地区优势和特色，集中吸引数字娱乐、数字媒体、工业设计等产业集聚，积极推动文化创意产业与相关产业融合发展。瞄准高新技术产业发展前沿，培育壮大新一代信息技术、新材料、新能源、节能环保等战略性新兴产业，提高产业核心竞争力和经济效益。大力发展商务服务业，不断优化商业业态，打造服务京西、辐射全市、面向首都经济圈的高端商务服务中心。积极引入和聚集现代金融要素，构建以要素市场、股权投资、融资租赁等为主体的特色金融格局。积极推进旅游体制改革和资源整合，加快推动旅游业创新发展。充分利用驻区工业企业的技术和人力资源优势，进一步优化提升传统产业，适度发展高端制造业。围绕区域功能定位和产业发展方向，继续深化招商引资，创新工作机制，加大安商扶商力度，健全“绿色审批通道”等优质服务体系，打造“石景山服务”品牌，创建一流的投资服务环境。

深化落实 CRD 建设空间布局。按照“一轴、一带、一核、一园、多支点”的总体空间布局，着力推进东部集约发展和西部加速发展。积极发挥长安街西延线综合发展轴和永定河绿色生态发展带沟通东西、联动南北、辐射全区的带动作用，促进高端资源和高端产业集聚。坚持高起点谋划、高标准定位，全力推进新首钢高端产业综合服务区规划建设，积极构建市、区、企业多方联动的合作机制，实现统筹共建、利益共享，使其成为引领首都西部地区转型发展的核心区。加快完善中关村石景山园的产业载体与综合配套设施建设，全面提升园区空间承载力和综合服务功能，将其打造成为我区的科技创新高地和经济发展的动力引擎。坚持规划引领、基础先行、产业带动、功能配套的原则，推动我区西部地区建设进入全面提速阶段，立足生态和人文资源优势，把西部地区建设成为京西绿色转型的示范窗口。积极推进中国动漫游戏城、苹果园交通枢纽等重点项目建设，推动“多支点”布局功能不断完善。

加快形成创新驱动的发展格局。继续解放思想，深化改革开放，进一步增强创新意识，大力实施科技创新和文化创新“双轮驱动”战略，全面推进制度创新、管理创新，最大限度地激发全社会的创造活力。着力消除体制机制障碍，深入推进行政管理体制改革、区属国有企业改革重组和集体经济组织产权制度改革，积极稳妥地推进事业单位分类改革。充分利用国家服务业综合改革试点区等国家级牌子带来的政策优势，创新集成各级各类优惠政策，为转型发展提供强大支撑。切实发挥企业自主创新的主体作用，进一步深化产学研合作，建立技术创新联盟，不断完善创新服务体系，大力提升区域自主创新能力。坚定不移地实施开放带动战略，继续深化与中央市属驻区企业、单位的共建共享，进一步加强与周边区域的战略合作，积极推进国际交流与合作。

大力实施城市品质提升工程。坚持高起点规划、高水平建设、高效能管理，主动承接首都中心城区的疏解功能，进一步完善城市综合服务功能，提升城市品质。大力加强城市基础设施和公共服务设施建设，积极推动西北热电中心、长安街西延、京西高标准城市主干路等重大项目建设，全面提升城市承载力。加强城乡结合部环境综合整治，加大拆除违法建设力度，坚决遏制新生违法建设，塑造城市新形象。积极实施老旧小区公共设施改造工程，加强社区物业管理，为群众创造更好的工作居住环境。加快推进“智慧石景山”建设，深化“三网”融合试点，推动物联网广泛运用，构建全方位、全覆盖的网格化管理体系，提高城市精细化管理水平。

深入推进绿色生态建设。坚持走生态文明发展道路，全力构建资源节约型和环境友好型社会，积极促进人与自然和谐共生、经济社会可持续发展。深入推进城市绿化美化工程，积极创建“全国绿化模范城市”，进一步彰显绿色城区魅力。高标准推进永定河绿色生态发展带建设，打造首都西南绿色生态屏障。加强生态环境综合治理，全面落实节能减排目标责任制，严格执行控制大气污染各项措施，不

断改善生态环境质量。加强资源节约和管理,大力发展循环经济和环保产业,严格禁止高污染、高耗能企业入区,广泛运用新工艺、新材料加强节能改造,推动低碳城区建设。全面提升环卫配套设施水平,推进垃圾处理无害化、减量化和资源化。进一步弘扬绿色生态理念,积极倡导低碳生活方式,营造绿色消费、绿色生活的良好社会氛围。

四、全面加强社会建设和创新社会管理

建设现代化首都新城区,根本目的和最终归宿是让人民群众生活得更加幸福、更有尊严。必须始终坚持经济社会“两手抓”,做到经济建设与社会管理并重、第一要务与第一责任同担,全面加强以改善民生为重点的社会建设,加强和创新社会管理,全力维护社会和谐稳定。

*着力保障和改善民生。*下大力气解决好群众最关心、最直接、最现实的利益问题,不断提高人民生活水平。继续抓好就业这个民生之本,实施更加积极的就业政策,健全公共就业服务体系,努力构建充分就业新格局。坚持广覆盖、保基本、多层次、可持续的方针,切实加强社会保障工作,健全社会保障公共服务体系,不断扩大社会保险覆盖范围,稳妥推进养老保险制度改革,逐步提高社会保障水平。着力构建和谐劳动关系,切实维护劳动者合法权益。加快推进保障性住房建设,分层次、多渠道解决中低收入家庭住房困难。进一步健全社会救助体系,大力发展社会慈善事业和社会福利事业,使弱势群体得到更多的社会关爱与救助。继续实施三大“民心工程”,全面落实“五无”目标,让社会各阶层群众切实享受到改革发展的成果。

*加快发展各项社会事业。*优先发展教育事业,深入推进素质教育,全面普及学前教育,大力培育引进优质教育资源,加速推进现代化标志性学校建设,推动各级各类教育优质均衡发展。继续深化医药卫生体制改革,健全公共卫生服务体系,加大优质医疗资源引进力度,提升医疗卫生服务水平。大力发展体育事业与体育产业,广泛开展全民健身活动,提高人民群众健康素质。认真做好人口和计划生育工作,完善统筹调控人口规模的工作机制,促进人口长期均衡发展。切实保障妇女儿童合法权益,培育壮大老龄服务事业和产业,推动残疾人事业健康发展。

*加强和创新社会管理。*深入推进社会管理综合治理,着力完善“党委领导、政府负责、社会协同、公众参与”的管理新格局,全力打造“平安石景山”。充分运用网格化社会管理模式,提高社会管理精细化水平。不断创新公共服务提供方式,加大政府购买服务力度。加强群众自治组织和各类社会组织建设,充分发挥其在促进社会和谐中的积极作用。有效利用我区已经建立的社会管理创新载体,继续深化基层创新实践,加强对各类人群的服务与管理,实现社会管理全覆盖。坚持“双融入、双服务”的理念,深入推进社会领域统战工作。坚持以群众工作统揽信访工作,继续深化“四位一体”的大调解工作机制,做好维稳风险评估工作,最大限度地减少和化解社会矛盾。继续完善人防、物防、技防“三防一体”的防控体系,发挥等级防控机制作用,依法打击各种违法犯罪活动,切实维护社会稳定。加强公共安全管理,加大食品药品安全和安全生产监管力度,健全应急管理体制机制,切实增强突发事件应急处置能力。

*大力加强民主法治建设。*坚持和完善人民代表大会制度,支持区人大及其常委会依法履行职能。坚持和完善中国共产党领导的多党合作和政治协商制度,推进政协履行职能制度化、规范化、程序化。巩固和壮大爱国统一战线,支持各民主党派、工商联和无党派人士积极参政议政、民主监督。坚持以党建带工建、带团建、带妇建,加强和改进对工会、共青团、妇联工作的领导,充分发挥各人民团体的桥梁纽带作用。进一步做好党的民族、宗教和侨务工作,深化对台工作。进一步扩大基层民主,健全基层群众自治工作机制,深化政务公开、厂务公开和居务公开。全面推进依法治区工作,做好“六五”普法宣传,提高依法决策、依法行政和公正司法的水平,维护社会公平正义。加强人民武装工作,广泛开展双拥共建活动,持续争创全国双拥模范城,在推动军民融合式发展方面继续走在全市前列。

五、加快推进文化大发展大繁荣

深入贯彻落实党的十七届六中全会精神,把握推进文化大发展大繁荣的大好形势,抢抓机遇,乘势而上,充分发挥文化引领转型发展的重要作用,提高文化自觉,增强文化自信,全面实施文化兴区战略,提升地区文化软实力,着力打造首都全国文化中心的重要承载区,为北京建设社会主义先进文化之都做出积极贡献。

*扎实推进社会主义核心价值体系建设。*坚持用社会主义核心价值体系引领社会思潮,融入市民教育、文化建设和党的建设全过程,提高思想引领的针对性和有效性。把弘扬民族精神、时代精神与弘扬和践行“北京精神”紧密结合起来,增进文化认同,建设共有精神家园。推进社会公德、职业道德、家庭美德和个人品德建设,加强未成年人思想道德教育。评选推出十类百名“身边榜样”,充分发挥模范人物的道德引领作用。加强社会诚信建设,积极营造重信守诺的良好氛围。深入实施六大“文明引导行动”,提升城市文明程度。加快推进学习型城区建设,提高市民科学文化素质。把握正确的舆论导向,整合宣传资源,提高区属媒体传播能力,强化网上思想文化阵地建设。

*全面繁荣文化事业。*以满足群众文化需求为出发点和落脚点,着力推进公共文化服务体系建设。深入实施文化设施提升工程,高标准建设好石景山文化中心、CRD新剧场等标志性文化设施,完善街道社区文化设施,形成布局合理、全面覆盖的公共文化设施体系。深入实施文化惠民工程,加大公共设施免费开放程度,多渠道开展为基层送文化活动,保障群众基本文化权益。深入实施文化品牌塑造工程,充分借助区内外专业文化团体的资源优势,打造一批体现区域特色的文化精品,为群众提供更多更好的精神食粮。深入实施文物保护开发工程,充分挖掘京西文化内涵,开发利用永定河文化、禅林文化等历史文化资源,弘扬、振兴和发展优秀传统文化。进一步做好档案管理、地方志书编修

等工作，彰显区域历史文化风采。

加快发展文化产业。坚持优化产业布局，实施重大项目带动战略，促进我区文化创意产业集群化发展。全力推进中国动漫游戏城建设，着力打造以影视动漫、网络游戏、数字媒体为特色产业的“中国数字娱乐第一区”；加快推进西山汇新媒体基地、华录文化产业园等重大项目建设，进一步凸显中关村石景山园发展文化创意产业的集群优势；积极推动新首钢工业遗产文化创意区的规划建设，重点发展工业设计、建筑设计等产业，着力打造北京“设计之都”核心区。加大政策支持和资源整合力度，培育一批具有行业带动作用的旗舰型文化企业，扶持一批专、精、特、新的中小型文化企业，增强竞争优势。加快推动文化与科技、商务、金融、旅游的融合，助推高新技术、商务服务、现代金融、旅游休闲等产业创新发展，形成文化产业多元化、全产业链的发展格局。

全力推进文化创新。坚持一手抓繁荣、一手抓管理，创新文化管理体制，健全共同推进文化建设的工作机制，形成党委统一领导、党政齐抓共管、各部门分工负责、社会力量积极参与的工作格局。加快推进经营性文化单位转企改制，深化公益性文化事业单位管理制度改革，积极培育各类文化要素市场和服务市场，进一步激发文化发展活力。创新公共文化服务提供方式，鼓励发展文化行业协会和中介服务机构，支持和引导国有企业、各类资本进入文化领域，投资文化产业，发展公益文化事业。推动现代科技在文化领域的广泛运用，改进和提高文化的表现力。加强文化人才队伍建设，建立健全人才激励机制，引进培育高层次文化人才，注重充实基层文化工作者队伍。充分调动人民群众参与文化建设的热情，在全区营造浓厚的文化创新氛围。开展多渠道多形式多层次对外文化交流，不断提高区域文化的知名度和影响力。

六、进一步提升党的建设科学化水平

实现未来五年的奋斗目标，必须始终坚持党要管党、从严治党的方针，全面推进党的各项建设，进一步提高党建科学化水平，为坚持科学发展、深化全面转型提供坚强保证。

切实加强思想理论建设。坚持用中国特色社会主义理论体系武装头脑、指导实践、推动工作，不断提高各级领导班子和干部队伍的政治理论素养，始终保持政治上的坚定性。深入学习贯彻胡锦涛总书记在纪念建党 90 周年大会上的重要讲话精神，组织开展好党的十八大精神的宣传教育，使广大党员干部始终保持思想上的先进性。扎实推进学习型党组织建设，健全完善领导干部学习制度，加强和改进干部教育培训工作，使广大党员干部始终保持学习上的自觉性。大力弘扬理论联系实际的学风，及时把理论武装成果转化为谋划发展的思路、促进发展的措施和领导发展的能力。切实加强理想信念教育，积极引导广大党员干部始终保持必胜的信心和旺盛的斗志，永不僵化，永不懈怠。

着力加强领导班子和干部队伍建设。坚持德才兼备、以德为先的选人用人导向，注重从实绩看德才、凭德才用干部，真正把那些想干事、能干事、干成事的干部提拔使用起来，让想干事的有机会、能干事的有舞台、干成事的有地位，不让实实在在做事、踏踏实实做人的“老实人”吃亏。积极深化干部人事制度改革，加大竞争性选拔力度，继续完善干部选拔任用“四双”工作机制，不断优化领导班子结构配备，努力实现人岗相适、人尽其才、才尽其用。坚持完善领导班子和领导干部考核评价体系，加强干部队伍日常监督管理。大力培养选拔优秀年轻干部，注重在复杂环境、基层一线和关键岗位磨练意志、增长才干。重视培养选拔妇女干部、少数民族干部和党外干部。切实加强老干部工作。

大力加强人才队伍建设。坚持党管人才的原则，牢固树立人才是第一资源的观念，把培养和引进高层次人才作为战略重点，统筹推进各类人才队伍建设，进一步优化人才结构。创新人才工作机制，努力形成整体联动、协调高效的人才工作新格局，全面激发区域人才活力。贯彻落实人才工作政策措施，着力营造充满活力、更加开放的人才发展环境，促进优秀人才脱颖而出。扎实推进人才载体建设，依托重点产业、重点项目、重点技术与重点企事业单位，继续实施引智工程，积极打造“首都创意人才聚集区”。通过良好的工作机制、发展环境和发展载体，培养造就一支与我区转型发展相适应的高素质人才队伍。

扎实推进基层党组织建设。坚持围绕中心、服务大局、拓宽领域、强化功能，以“六化”工作思路为统领，不断创新完善党组织设置形式、工作方式和活动载体，进一步提升基层党建科学化水平。坚持以区域化大党建格局为目标，以社会领域党建为重点，积极推进各领域党的基层组织建设，扎实开展非公有制经济和新社会组织党建工作，不断扩大党的组织和工作覆盖面。积极创新基层党组织活动内容和活动载体，以“我是党员我承诺”主题实践活动和“五好”基层党组织创建活动为载体，持续开展领导干部“领航工程”、基层党组织“聚力工程”、共产党员“先锋工程”，不断深化创先争优活动，进一步增强基层党组织的活力，提升党员干部推动转型发展的能力。

切实做好新形势下党的群众工作。坚持以人为本、执政为民，牢固树立群众观点和宗旨意识，把群众呼声作为第一信号，把群众需要作为第一选择，把群众满意作为第一标准。自觉摆正同人民群众的位置，在思想上尊重群众，在感情上贴近群众，在工作上依靠群众，始终保持同人民群众的血肉联系。切实改进工作方法，综合运用法律、政策等多种手段，采取思想教育、平等协商等多种方法，进一步提高做好新形势下群众工作的能力和水平。大兴调查研究之风，坚持工作重心下移，经常深入基层、深入实际，研究新情况、解决新问题、创造新经验。不断健全服务群众和联系群众制度，完善维护群众权益机制，使群众工作更加科学、更有活力、更富实效。

深入持续开展反腐倡廉建设。坚持标本兼治、综合治理、惩防并举、注重预防的方针，加快推进教育、制度、监督并重的惩治和预防腐败体系建设。深化党员干部党性党风

党纪教育，加强领导干部廉洁自律和严格管理，进一步筑牢党员干部拒腐防变的思想道德防线。认真贯彻落实《党员领导干部廉洁从政若干准则》，通过教育和监督不断增强党员领导干部廉洁自律意识。严格执行党风廉政建设责任制，深入推进廉政风险防控管理工作，不断健全从源头上预防和治理腐败的体制机制。认真贯彻执行"三重一大"集体决策制度，加强对重点领域、关键环节和重点岗位的监督，防止"项目做起来、干部倒下去"现象发生。坚决纠正损害群众利益的不正之风，切实加大违纪违法案件的查处力度，以反腐倡廉的实效取信于民，为全区经济社会发展营造风清气正的良好环境。

积极推进党内民主建设。坚持以民主集中制为核心，以保障党员民主权利为根本，探索扩大党内民主的实现形式。坚持和完善党的领导制度，改革创新领导方式，建立健全区委集体领导、各司其职、各尽其责、相互团结配合的工作机制。按照常委会集体领导、常委分工负责的要求，进一步完善党委内部议事规则和决策程序，促进科学决策、民主决策、依法决策。认真抓好党代表任期制工作，积极探索党代会闭会期间发挥代表作用的有效途径。进一步扩大基层党组织负责人公推直选范围，不断扩大基层党内民主。积极推进党务公开，规范党委新闻发言人制度，完善党内情况通报制度，积极营造党内不同意见平等交流、畅所欲言的环境，以扩大党内民主带动人民民主，以增进党内和谐促进社会和谐。

各位代表、同志们，回顾过去，成就令人鼓舞；展望未来，使命催人奋进！让我们紧密团结在以胡锦涛同志为总书记的党中央周围，高举中国特色社会主义伟大旗帜，深入贯彻落实科学发展观，在市委的正确领导下，振奋精神，锐意进取，同心同德，顽强拼搏，为坚持科学发展、深化全面转型、加快建设现代化首都新城区而努力奋斗，以优异成绩迎接党的十八大和市第十一次党代会胜利召开！

政府工作报告

——在北京市石景山区第十五届人民代表大会第一次会议上

（2011年12月20日）

石景山区人民政府代区长　夏林茂

各位代表：

现在，我代表石景山区人民政府，向大会作工作报告，请予审议，并请各位政协委员提出意见。

过去五年工作的回顾

在市委、市政府和区委的领导下，在区人大、区政协的监督和支持下，五年来，区政府坚持以邓小平理论和"三个代表"重要思想为指导，以科学发展观统领经济社会发展全局，认真贯彻落实中央、市委市政府和区委的决策部署，紧紧围绕"打造北京CRD，构建和谐石景山，建设现代化首都新城区"的战略目标，团结带领全区人民开拓创新、扎实工作，圆满完成了区十四届人大历次会议确定的各项任务，顺利实现了"十一五"规划和CRD战略第一步目标，"十二五"规划和CRD战略第二步开局良好。预计2011年地区生产总值完成320亿元，是2006年208亿元的1.5倍，年均增长9%（剔除首钢压产因素，年均增长22%），其中第三产业比重达到60%，比2006年提高了29个百分点；一般财政总收入完成44.7亿元，是2006年20.3亿元的2.2倍，年均增长17.1%；一般预算财政收入完成21亿元，是2006年10.4亿元的2倍，年均增长15.1%；社会消费品零售额完成155亿元，是2006年87.8亿元的1.8倍，按可比口径年均增长12%；固定资产投资完成168亿元，是2006年71.6亿元的2.3倍，年均增长18.6%；居民人均可支配收入达到30300元，是2006年18045元的1.7倍，年均增长10.9%；城镇登记失业率为2.6%。

五年来，区政府重点做了四方面工作：

一、着力办好大事、办成难事，经济社会发展基础更加坚实

全面落实属地责任，全力做好服务保障，实现大事办好、难事办成，区域经济实力、城市形象、市民文明素质、干部队伍执政能力和创新能力得到显著提升。

出色完成奥运筹办任务。举全区之力,全面动员、全员参与,组织百万人次,为"好运北京"体育赛事、北京奥运会和残奥会的成功举办提供了优质的服务保障。七年筹办累计投入48.8亿元,新建改造比赛场馆5个、训练场馆2个,建成奥运史上首个标准小轮车赛场,新建和改造道路85条,整治城中村12个,拆除违法建设124万平方米,粉饰建筑物外立面550万平方米,城市基础设施显著改善,环境质量显著提升,综合服务功能显著增强。广泛开展"迎奥运、讲文明、树新风"活动,开展各类文体活动1000多场次,参与群众近70万人次。创造性地建立了"双进入"工作机制,得到中央奥运筹办工作领导小组和市委市政府、北京奥组委的充分肯定并全面推广。强化"五个梳理",做到"五个加强",实现"五个对接",圆满完成辖区各项赛事和火炬传递等各项活动的服务保障任务,实现了"大事不出、小事减少、管理严格、秩序良好"的平安奥运目标。区奥运工作指挥中心被中共中央、国务院授予"北京奥运会、残奥会工作先进集体"称号。

圆满完成国庆服务保障任务。全力做好国庆60周年庆典服务保障工作,圆满完成群众游行"众志成城"方阵、背景彩旗方阵、群众广场联欢、游园活动等四项重大任务,现场运行零差错,活动内外零事故。扎实开展国庆平安行动,坚持专群结合、群防群控,构建多层次、全方位、无缝隙的安保网络,近百万人次参与安全保卫等各项志愿服务,确保了国庆活动的绝对安全。我区被市委市政府、市国庆筹委会授予最佳服务保障奖。

全力服务保障首钢搬迁调整。建立完善联动机制,主动与首钢搭建了指挥、就业、维稳和招商引资等四个合作平台。积极参与编制"十二五"期间新首钢高端产业综合服务区发展规划,进一步完善了主厂区公共服务基础设施详细规划。千方百计做好首钢富余人员分流安置工作,接收10432人,占向社会分流总数的61%,9620人实现再就业,就业率达到92%。全力做好搬迁调整期间安全稳定工作,妥善解决生产生活难题,协调保障了38个首钢家属区水、电、气、热的有效供给,维护了地区和谐稳定。

二、着力转变经济发展方式,区域综合经济实力明显增强

牢固树立"不等不靠"思想,积极应对国际金融危机和产业空心化严峻挑战,连续五年召开经济发展推进大会,着力转方式、调结构、强主业、促增长,实现区域经济平稳较快发展。

围绕转型谋划发展,CRD建设内涵进一步深化。制定并深入实施《CRD建设行动规划》,先后获得三块国家级牌子,CRD建设发展方向更加明确、内涵更加丰富、动力更加强劲。全力推进国家服务业综合改革试点区建设,出台促进服务业发展政策64项,设立服务业发展专项资金,"北京服务·新首钢"产业股权投资基金管理公司正式运营。2011年第三产业增加值预计实现190亿元,年均增长25%。大力推进国家可持续发展实验区建设,设立可持续发展工作专项资金,征集储备重点项目116项,万元地区生产总值能耗下降38.6%。扎实推进中关村国家自主创新示范区特色园区建设,率先出台贯彻落实中关村"1+6"系列先行先试改革政策的办法,上市企业达8家,2011年园区收入和税收预计分别突破600亿元和16亿元,年均增长30%以上,增速持续保持中关村"一区十园"前列,在区域经济总量中的比重由"十五"末的不足5%增长到20%。

大力培育主导产业,区域经济结构进一步优化。投入扶持资金10.2亿元引导培育主导产业。文化创意产业高速发展,集聚企业超过3000家,搜狐畅游、盛大无线等一批龙头企业落户,以网络游戏、影视动漫、数字媒体为特色的数字娱乐产业成长为支柱产业。获得"2011年度十大最具影响力国家文化产业示范基地"等多个国家级称号。2011年规模以上企业预计实现收入184亿元,利润26亿元,税收9亿元。高新技术产业集聚发展,中关村高新技术企业达2075家,15家企业入选中关村"十百千"工程。组织实施市级以上重点科技项目671项,其中国家级496项,获得市级以上科技进步奖52项。申请专利7500项,授权3200项。商务服务产业快速发展,新增商业面积40余万平方米,综合商业、特色商业和电子商务发展迅速。社区商业便民服务全覆盖工作稳步推进。实际利用外资1.9亿美元,外贸出口额20.5亿美元。现代金融产业突破发展,建立"1+3"政策体系,设立创业投资引导基金,发行全国首支文化创意企业集合票据,建立企业上市培育机构,新增现代金融企业62家。旅游休闲产业融合发展,餐饮住宿接待能力明显提升,中国园林茶文化节、游乐园洋庙会等节庆活动吸引力进一步提高,发行"北京CRD卡"14万余张,拉动消费9亿多元。接待3868.9万人次,实现旅游综合收入69.3亿元。

扎实推进功能区建设,区域发展载体进一步丰富。新首钢高端产业综合服务区完成长安街西延线、永定河跨河大桥规划设计方案,轨道交通S1线通过环评审批。中关村石景山园北一区完成控规优化、住宅拆迁量完成90%,北二区新媒体基地全面竣工,60亩创意产业基地完成上市交易,新材料研发中心开工建设,南区完成控规调整方案。银河综合商务区初具规模,万达广场、中铁建设大厦运营良好,CRD银座投入使用,紫御国际、北方中惠国际中心竣工在即,大唐集团商务楼开工建设,K地块取得规划意见书。台湾文化创意商务区主体功能初步实现,影响力不断扩大。西五环现代娱乐区当代商城开业,融科创意产业中心建设顺利推进。京西会展商务区完成一级开发。苹果园交通枢纽商务区完成交通枢纽一体化设计方案优化,南区部分地块上市交易,北区拆迁工作稳步推进,廉租房项目开工建设。天泰旅游休闲区完成风景区发展方向研究,五里坨建设区完成拆迁总量的95%。中国动漫游戏城被认定为北京市文化创意产业集聚区,完成先期启动项目改造工程,成功举办第十二届世界漫画大会暨2011北京国际动漫周活动。

大力实施招商引资，区域经济实力进一步增强。深化政企合作，与30余家央企及大型民营企业签订了战略合作协议。加强宣传推介，启用了CRD标识，积极举办、参与大型推介活动，CRD知名度和美誉度不断提升。优化服务环境，深化行政审批改革，加强集中办理，"绿色通道"等服务机制运行良好。引进企业6439家，其中亿元级58家，累计注册资金340亿元，对区财政贡献19亿元，不仅弥补了首钢搬迁调整对财政收入的影响，而且进一步扩大了经济规模、优化了产业结构。壮大存量经济，2011年区属国有企业预计实现收入15亿元、利润1.3亿元。完成11家集体经济组织改制，2011年全系统资产总额达到86.7亿元。鼓励引导非公有制经济快速发展，投入3230万元，支持中小企业重点项目134个。争取上级财政转移支付和专项资金补助82.4亿元。

三、着力加强城市建设与管理，城市综合服务功能显著改善

坚持高水平建设、精细化管理，城市综合承载力和现代化水平进一步提高。

城市建设品位快速提升。充分发挥规划龙头作用，编制完成永定河绿色生态发展带综合规划等重大规划，优化控规项目75项，涉及建设面积450万平方米。城市建设强力推进，投资276.5亿元，实施重点工程50项，安排重大项目45个，西山汇、鼎城等一批体量大、品质高的标志性建筑拔地而起，优质高效建成万达广场，创造了石景山速度，累计开复工规模达720万平方米，竣工面积达434万平方米。市级挂账重点村整治工作稳步推进，老古城前街社区、边府社区完成拆迁，衙门口南社区启动非住宅房屋征收工作。投入资金4250万元实施夜景亮丽工程，城市形象得到有效提升。

基础设施建设扎实推进。投资53.5亿元，新建、改扩建、大修六环路石景山段、阜石路二期等102条城市道路，总长度95.5公里，"两高两快六主"的城市主干道和"五横五纵加半环"的交通网络基本形成，道路完好率提高到90%。投资5.1亿元，完成莲石湖工程。新增绿化面积248.4万平方米，绿化覆盖率达到48.6%，继续保持城六区首位。投资13.2亿元，加强市容环境整治和环卫设施建设。投资2.3亿元，完成40个老旧小区供电、供热管网和天然气通气改造工程，惠及5.4万余户、15万居民。

精细管理水平显著提升。落实街道属地管理责任，推广"六位一体"城市网格化管理服务模式，开展生活垃圾分类达标工作，城市环境卫生综合考评成绩连续三年位居全市前列，顺利通过国家卫生区复审。开展打击非法运营、街面环境秩序整治等专项治理210项，城市运行秩序和环境面貌明显改观。深入开展"拆违打非"行动，拆除违法建设46.4万平方米。开展"智慧石景山"建设，物联网试点项目稳步推进，实现3G全覆盖，提高了城市安全运行监测和应急处置能力。投资12亿元，完成环保实事50件，一批重点污染源得到有效治理，削减二氧化硫5.1万吨，削减率71.2%，占全市减排量的66.9%。二级和好于二级天数比例由2006年的52.8%，提高到2011年的71%以上，空气质量持续改善。

西部地区开发建设全面启动。顺应群众期待，统筹整合资源，形成工作合力，西部地区开发建设得到了广泛支持和拥护。制定实施《西部开发建设行动计划》，五里坨建设组团项目完成投资61.4亿元，黑石头村路、五里坨西路等建成通车，新隆恩寺路等开工建设，污水处理厂和热力主管线建设工程扎实推进，定向安置房、西山木材厂项目和南宫地块开工建设，站前小区保障性住房项目全面竣工。

四、着力保障和改善民生，社会建设管理水平全面提高

两次召开社会建设大会，出台政策20余项，社会领域投入83.8亿元，"五无"目标全面实现，人民群众安全感、幸福感和满意度不断提高。

社会保障体系更加健全。优先做好就业再就业工作，城镇登记失业率逐步降低。全面落实各项社会保险制度，圆满完成"持卡就医，实时结算"试点工作。社会救助水平持续提高，投资4.8亿元，实施济困工程244项，救助86.1万人(户)次。老年人优待办法和养老(助残)"九养"政策全面落实，办理优待卡5万余张，发放居家养老(助残)券2435.1万元、高龄津贴229.6万元。建成残疾人远程康复指导服务平台，为2128户残疾人家庭进行了无障碍改造。保障性住房管理机制逐步完善，解决了14521户家庭的住房困难。劳动者权益得到切实维护，为9473名务工人员追回拖欠工资3298万元。

公共文化服务优质发展。投资1.2亿元，实施文化惠民、文物修缮和保护利用工程，被评为全国文化先进区、全国文物工作先进区和全国科普示范区。公共文化服务体系进一步健全，区图书馆、少儿图书馆被评为国家一级图书馆。群众文化活动丰富多彩，一批文化精品获得国家级奖项。高质量完成第三次文物普查。加强监管和服务，文化市场繁荣稳定。开通804频道，实现石景山有线电视地区全覆盖，成为全面展示区域形象的新窗口。

社会各项事业不断进步。优先发展教育事业，教育经费实现"三个增长"。顺利完成中小学校舍安全工程26.2万平方米，办学条件全面改善。有效实施"双名工程"。素质教育深入推进，实施市级以上教育体制改革项目7项，教育集团化发展初见成效，优质教育资源覆盖面不断扩大。扎实推进区域卫生事业发展，公共卫生服务保障能力明显增强，医疗服务质量不断提升，社区卫生服务体系基本形成，医药卫生体制改革初见成效，2011年居民人均期望寿命83.4岁，五年增加7.6岁。全面做好人口和计划生育工作，统筹解决人口问题，建立全市首个全员人口信息库。深入开展全民健身运动，在全国率先推出"健身储蓄"和"健身积分"计划。积极推进奥运场馆赛后利用，成立全国首家奥运场馆体育产业联盟。竞技体育水平实现新提高，我区选手在第七届城运会上取得3金5银1铜的好成绩。

社会建设管理全面加强。完成街道"三定"工作，进一

步完善了街道管理体系。投资3.1亿元,实施便民工程793项,完成98个社区规范化建设任务,社区用房面积平均达到360平方米,处于全市领先水平。社区社情恳谈会、公益反哺家园等经验在全市推广,新居民互助服务站工作获得中央、市委市政府的充分肯定。荣获"全国和谐社区建设示范城区"称号。大力支持工会、共青团、妇联等群团组织工作,精神文明建设、民族、宗教、侨务、档案、区志等工作得到加强。高度重视民生安全,扎实做好安全生产、消防、交通、民防、质监、药监等工作。深入推进"平安石景山"建设,强化社区民警驻区制等基础工作,严厉打击刑事犯罪活动,加大矛盾纠纷排查化解力度,实现信访"三无目标",群众安全感连续五年保持全市前列。投资8440.8万元服务部队建设,军民融合式发展内涵不断丰富,荣获全国双拥模范城五连冠。

五年来,区政府紧密结合学习实践科学发展观活动,始终坚持科学行政、民主行政和依法行政。完善并落实"三重一大"制度,圆满完成"五五"普法任务,创新公开合议行政复议制度,健全政府信息公开制度规范和工作机制,政府公信力进一步提高。深入开展绩效评估和督查考核,累计办结人大代表议案、建议和政协委员提案1067件,办复率100%,政府执行力进一步增强。国际友城、经济友好合作区分别增至21个和33个,安排资金7613万元支持四川什邡、西藏堆龙德庆、内蒙古宁城、青海玉树、新疆和田等对口支援地区发展,对外交流合作水平进一步提高。

各位代表,五年来,在区委的坚强领导下,全区人民深入贯彻落实科学发展观,解放思想、务实创新,攻坚克难、开拓进取,实现了经济社会各项事业的全面进步。过去的五年,是经济社会实现全面发展、CRD建设迈出坚实步伐的五年;是城市建设品位不断提升、环境不断优化美化、综合服务功能不断完善的五年;是社会事业全面进步、人民群众得到实惠更多、生活水平明显提高的五年;也是我区在全市发展格局中的定位更加明确、功能更加凸显、影响力日益提升的五年。这些成绩的取得,是市委市政府正确指引、区委坚强领导的结果,是区人大、区政协监督支持、无私帮助的结果,是全区人民团结一心、奋力拼搏的结果。在此,我代表石景山区人民政府,向工作在各条战线上的广大干部群众,向给予我们支持与监督的人大代表、政协委员、各民主党派、工商联、无党派人士、各人民团体及社会各界人士,向关心、支持和参与石景山区建设的驻区单位、驻区部队,表示衷心的感谢并致以崇高的敬意!

五年来的实践,使我们进一步加深了对科学发展的认识:一是必须坚决与党中央保持高度一致,全面贯彻落实中央的大政方针、市委市政府的指示精神及区委的决策部署,讲政治、顾大局,确保政令畅通;二是必须紧抓机遇,切实转变经济发展方式,加快产业结构调整,促进区域经济又好又快发展;三是必须坚持以人为本、执政为民,始终把维护好、实现好、发展好广大人民群众的根本利益作为一切工作的出发点和落脚点,着力保障和改善民生,实现经济社会协调发展;四是必须坚持解放思想、实事求是、锐意改革、开拓创新,不断增强凝聚改革发展动力、掌握市场经济规律和驾驭复杂局面的能力;五是必须坚持法治政府、服务政府、效能政府和廉洁政府建设,不断提高统筹力、执行力、服务力和公信力。

在总结成绩的同时,我们也清醒地看到,我区在经济社会发展中还存在一些困难和问题,主要表现在:加快产业结构调整的任务仍然紧迫,主导产业培育的力度有待进一步加大;统筹区域协调发展的任务仍然繁重,基础设施和公共服务设施建设的力度有待进一步加大;保障改善民生、维护社会和谐的任务仍然复杂,加强和创新社会管理的力度有待进一步加大;提高创新能力和服务水平的任务仍然艰巨,加快政府职能转变的力度有待进一步加大。我们坚信,有市委市政府和区委的正确领导,有区人大、区政协的大力支持和帮助,有驻区单位和社会各界的广泛参与,有全区人民的共同努力,我们一定能够战胜前进道路上的任何艰难险阻,实现经济社会又好又快发展。

今后五年的奋斗目标和主要任务

未来五年,是我区深化全面转型的关键期,是必须紧紧抓住的战略机遇期,也是应对现实挑战、推进科学发展的攻坚期。机遇与挑战并存,机遇大于挑战。

一方面机遇难得。党的十七届六中全会精神,北京市推进科技文化双轮驱动,为CRD建设指明了前进方向。坚持科学发展、深化全面转型中心任务的确立,为CRD建设注入了新的发展动力。首钢涉钢产业搬迁调整的顺利实施,为CRD建设极大地拓展了发展空间。市委市政府加快西部地区转型发展的重大部署,国家服务业综合改革试点区、国家可持续发展实验区、中关村国家自主创新示范区特色园区建设的推进,为CRD建设创造了政策集成优势。政通人和、经济活跃、城市优美、社会和谐的良好局面,为CRD建设奠定了坚实的物质基础、提供了强大的精神动力。机遇难得,稍纵即逝,我们必须牢牢把握。一方面充满挑战。国际金融危机的不利影响依旧存在,经济发展仍然面临诸多复杂因素和不确定性。区域竞争日趋激烈,人才土地资金等生产要素总体偏紧,人口资源环境压力不断加大,经济社会转型期的各种矛盾日益凸显。躲不开、绕不过的体制机制问题仍然存在。小发展就意味着大退步,形势严峻,我们必须倍加努力。

各位代表,未来五年是面临重大考验的五年,更是大有可为的五年。我们要发扬敢于担当、敢于碰硬、敢于创新的精神,解放思想、抢抓机遇,开拓进取、克难奋进,在新的起点上开启新的征程,为石景山区更加美好的明天再创佳绩、再谱新篇!

今后五年政府工作的指导思想是:以邓小平理论和"三个代表"重要思想为指导,用科学发展观统领经济社会发展全局,全面贯彻落实中央和北京市重大决策及区十一次党

代会精神，紧扣转变经济发展方式主线，按照北京建设中国特色世界城市和“人文北京、科技北京、绿色北京”的总体部署，坚持“大调整、大建设、大发展”的工作主基调，加快由传统工业石景山向绿色生态石景山转型步伐，狠抓“十二五”规划和CRD战略第二步目标的落实，全力打造主导产业，不断提高经济发展的质量和效益，完善城市功能，提升环境品质，改善民生保障，促进社会和谐，为加快现代化首都新城区建设而努力奋斗。

今后五年的奋斗目标是：地区生产总值年均增长12%；一般财政总收入年均增长10%；社会消费品零售额年均增长16%；固定资产投资年均增长10%；居民人均可支配收入年均增长9%。

今后五年的重点工作是：

一、加快转变经济发展方式，以构建现代产业体系引领区域转型发展

切实加快经济发展方式转变步伐，调整产业结构，优化空间布局，促进经济社会科学发展、全面转型。加快发展主导产业。按照“服务主导、创新驱动、绿色发展”的定位和高端、高效、高辐射的方向，全力构建以现代服务业为主体、以高新技术产业为先导的现代产业体系。紧抓数字娱乐、数字媒体、设计产业等优势细分行业，大力发展文化创意产业。瞄准高新技术产业发展前沿，重点发展低碳产业和软件信息服务业。大力发展以总部经济为代表的商务服务业，不断优化商业业态，打造区域性商务服务中心。积极吸引和聚集高端要素，构筑以要素市场、股权投资、融资租赁和财务公司为主体的特色金融格局。引入竞争机制，培育市场主体，加大旅游体制改革和资源整合力度，建设数字动漫娱乐区。优化提升传统优势产业，促进制造业高端发展、房地产业健康发展。强力推进重点功能区建设。加强规划引导和资源整合，加快完善产业空间布局。以长安街西延线、永定河绿色生态发展带为纽带，促进高端资源和高端产业集聚。加强政企合作，加快推进新首钢高端产业综合服务区建设。全面落实园区发展“十二五”时期一期工程，将中关村石景山园打造成为科技创新高地和经济发展的动力引擎。提高完善东部，银河综合商务区中心地位和台湾文化创意商务区影响力稳步提升，西五环现代娱乐区业态更加丰富，中国动漫游戏城建设初具规模。加快建设中部，京西会展商务区、苹果园交通枢纽商务区初步建成。全面提速西部，完成土地一级开发，加快基础设施建设，努力打造风景宜人、环境优美的天泰旅游休闲区。实施科技创新驱动战略。以中关村石景山园为龙头，培育创新型企业集群，加强知识产权运用和保护，促进产学研联合，进一步提高科技成果转化能力。加大人才引进和培养力度，集聚一批优秀科技创新人才与行业领军人才。深化招商引资工作。创新工作机制，打造“石景山服务”品牌，健全“绿色通道”等优质服务体系，进一步提升投资软环境。重点引进一批拥有关键技术和重大科技成果、核心竞争力强的龙头企业。加大扶商安商力度，鼓励和支持驻区企业技术改造、产业升级、做大做强。拓展宣传载体，创新推介方式，大力提升CRD品牌的知名度和美誉度。

二、大力实施文化兴区战略，以文化大发展大繁荣推动区域转型发展

深入贯彻落实十七届六中全会精神，大力弘扬和践行“爱国、创新、包容、厚德”的北京精神，繁荣文化事业，发展文化产业，大幅提升文化软实力。加快完善公共文化服务体系。加大政府投入，整合社会资源，深入实施文化惠民工程。加强骨干文化设施建设，高标准建设区级文化中心，大力推进街道文化中心建设，形成布局合理、全面覆盖的公共文化设施体系。实施文化兴区百人工程，引进培育高层次人才，重视培养群众中涌现的各类文化人才、特别是非物质文化遗产项目传承人，完善区级示范团队、街道文体协会及艺术团、社区基层艺术团队三级文化队伍建设。推进“一街一品”，打造一批群众文化活动品牌。坚持保护与利用并重，完成区级以上文物保护单位的整体修缮及可移动文物普查，加快模式口历史文化保护区修缮改造。加大整治力度，完善人性化科技化管理，促进文化市场繁荣。积极推进高清电视制播存平台建设。加快发展文化产业。大力推进国际创意谷、国际创E园等重点载体建设，做大做强一批示范带动性强的龙头企业，扶持培育一批专、精、特、新的中小型文化企业，努力把文化创意产业发展成为战略性支柱产业，着力打造“中国数字娱乐第一区”。积极推动新首钢工业遗产文化创意区的规划建设，重点发展工业设计、建筑设计等产业，着力打造“设计之都”核心区。深入发掘历史文化旅游资源，弘扬振兴京西文化，推动文化产业与科技、金融、旅游、商业融合发展。推进文化体制机制改革创新。加快经营性事业单位改制工作，引导建立企业化运作模式。推进公益性事业单位管理制度改革，增强发展活力。创新文化发展模式，支持中介组织和相关机构的发展，鼓励、支持和引导文化企业发展。

三、切实加强城市建设管理，以提升城市载体功能促进区域转型发展

坚持高起点规划、高标准建设、高水平管理，全面提升城市现代化水平。加强基础设施建设。发挥基础设施先行引导作用，加快建立与经济社会转型发展相适应的基础设施网络。加大骨架路网建设力度，建成京西高标准城市主干路。大力实施交通疏堵工程，逐步完善交通微循环系统。扎实推进苹果园交通枢纽工程和S1、M6线轨道建设，着力构建现代综合交通体系。加快推进供水、供电、供气、供暖等工程建设，构建低碳高效的公用设施体系。大力实施“绿色石景山”行动计划。坚持生态立区理念，积极推进国家级绿色转型发展示范区建设。深入开展节能减排工作，大力发展循环经济和环保产业，推广低碳清洁的生产生活方式，建设低碳城区。加强环卫配套设施建设，推进垃圾处理无害化、减量化和资源化。推进绿化美化工程，争创全国绿化模范城市。推进永定河生态环境综合治理，高标准建设首钢滨河公园、永定河文化公园和麻峪湿地公园。全面提升城市精细化管理水平。进一步理顺和完善城市综合管理体制，健全网格化管理体系。加强城乡结合部地区环境综合整治，大力推进自然村搬迁改造。加大拆除违法建设工作力度，坚决遏制新生违法建设。加快推进老旧小区改造，完成房屋及公共服务设施建筑抗震节能综合改造工程，加强物业管理，探索建立服务管理的长效机制。加快推进"智慧石景山"、"无线城区"建设，提升物联网应用水平。进一步完善公共安全事件应急预警系统，提高应急管理水平。

四、坚持优先保障改善民生，以强化社会管理创新深化区域转型发展

坚持经济建设与社会管理并重，全面加强以改善民生为重点的社会建设，切实提高群众的幸福感指数，使转型发展在社会管理、公共服务、生活品质等方面全面深化。积极做好就业和社会保障工作。健全公共就业服务体系，切实提高劳动者就业能力和就业质量。稳妥推进养老保险制度改革，稳步提高社会保障水平。进一步健全社会救助体系，大力发展社会福利和社会慈善事业。加强残疾人社会保障体系和服务体系建设，完善老龄健康服务体系，大力发展社会养老服务，进一步提高老年人社会保障水平。切实抓好保障性住房建设，满足中低收入家庭住房需求。统筹推进各项社会事业健康发展。坚持教育优先发展，深入推进素质教育，引进培育优质资源，全面提升教育现代化水平。深入贯彻《全民科学素质行动计划纲要》，大力提高公众科学素质和创新意识。深化医药卫生体制改革，健全公共卫生服务体系，完善医疗服务体系，加强社区卫生服务机构内涵建设，形成医疗资源合理布局的三级新网络。大力发展公共体育事业和体育产业，广泛开展全民健身活动，提高群众健康素质。促进广播电视、档案、地方志等各项社会事业的发展。强化社会管理和服务创新。加强基层政权建设。培育和发展社会组织，充分发挥"枢纽型"社会组织的作用，完善商务楼宇"五站合一"模式，努力实现社会管理服务全覆盖。深化和谐社区建设，加大购买公共服务力度，建设"一刻钟社区服务圈"，加强社区工作者和志愿者队伍建设，推动志愿服务长效化、专业化。有效调控人口规模，优化人口结构，提高综合素质，完善服务体系，促进均衡发展。深入开展双拥共建活动，促进军民融合式发展，继续争创全国双拥模范城。切实做好民族、宗教、侨务和对台工作。积极支持工会、共青团、妇联等群团组织开展工作。深入开展"平安石景山"建设。坚持和完善社会稳定风险评估机制、群众信访工作机制和重大社会矛盾专项协商制度，综合运用多元化调解手段，稳妥处理好人民内部矛盾。深入落实"六五"普法规划，全面加强依法治区工作。加强和改进安全生产工作，坚决防止重特大安全事故的发生。强化社会治安综合治理，严厉打击刑事犯罪活动，切实维护社会和谐稳定。

五、持续深化体制机制改革，以增强区域发展活力保障区域转型发展

坚持统筹兼顾，建立充满活力、富有效率的管理体制和工作机制。加大统筹力度。统筹安排基础设施、产业载体和公共服务设施项目建设，推进土地、产业、空间、人口、生态以及交通等规划协调融合，实现产业升级与城市转型相统一。统筹推进重点区域建设，完善重大项目储备制度，促进产业空间布局与城市功能定位相统一。统筹运用区内外资源，健全与上级部门、驻区单位的联系协调机制，积极开展区域合作、友城交流，认真做好对口支援工作。深化改革创新。积极稳妥分类推进事业单位改革。深化区属国有企业改革，进一步壮大国有经济。全面完成集体经济组织改制工作，挖掘空间潜力，促进产业升级，优化资本运作，提升质量效益，增强集体经济自我发展能力。大力支持和引导非公有制经济发展，积极推进中小微企业技术改造、自主创新和结构调整。优化政务环境。建立健全决策权、执行权、监督权既相互制约又相互协调的权力结构和运行机制，深化行政审批制度改革，推进政府职能转变，全面提升政务服务水平，努力建设法治政府、服务政府、效能政府和廉洁政府。

2012 年工作的建议

2012 年是实施坚持科学发展、深化全面转型战略构想的起步之年，也是新一届政府的开局之年。主要预期目标是：第三产业比重达到 62%；一般财政总收入增长 10%；社会消费品零售额增长 12%；固定资产投资增长 10%；居民人均可支配收入增长 9%；城镇登记失业率控制在 3% 以内。

2012 年，政府要着力抓好以下工作：

一、加快转变经济发展方式，确保区域经济平稳较快增长

坚持发展第一要务，加快构建科技创新和文化创新双轮驱动格局，用好政策集成优势，深化招商引资，推动主导产业发展，进一步优化经济结构，促进转型升级。

整合用好政策优势，大力发展主导产业。深入贯彻落实《关于加快西部地区转型发展的实施意见》，发挥国家服务业综合改革试点区先行先试优势，力争国家和北京市扶持政策落地。牢固树立合作共赢理念，深化政企交流，强化服务保障，推动新首钢高端产业综合服务区建设。加强国家可持续发展实验区建设，力争 10 项市级以上项目落地，申办中国可持续发展论坛。抓住国家大力发展战略性新兴产业的机会，选择适合我区发展的细分产业，重点发展软件信息服务业、科技服务业，推动高新技术产业升级发展。制定促进商务服务业发展指导意见，集成扶持政策和措施，加快以总部经济为核心的商务服务业聚集。进一步扩大京西消费节等活动覆盖面和影响力，大力发展电子商务，引进高端商业，不断强化区域商业的对外吸引力。全年实际利用外资和外贸出口分别增长 12%。积极抢占金融政策创新制高点，建立完善中小企业信用体系，加快引进现代金融企业，积极稳妥推进创业投资引导基金工作，推动要素市场健康发展。探索旅游体制改革思路，强化区域合作，有效整合

资源，构建京西旅游综合服务体系。推进设施建设，开发旅游产品，继续办好茶文化节等四季节庆活动，扩大旅游消费规模。

*发挥园区龙头作用，大力提升创新能力。*贯彻落实中关村“1+6”先行先试政策，加大科技项目资金争取力度，策划并吸引重大项目落地。北一区完成一级开发，部分地块上市交易。北二区新媒体基地全部入驻，西井地块完成拆迁，60亩创意产业基地全面开工，创业创新园综合体项目确定规划方案。南区完成控规调整，推动东旭节能环保产业研发总部等项目建设。充分发挥企业上市培育中心作用，确保2家以上企业上市。完善“科技石景山”行动计划，实施数字创意等八大工程。加大知识产权保护力度，新增知识产权试点企业超过20家，专利申请量和授权量同比增长30%以上，争创国家专利产业化示范基地。制定创意人才特区行动计划，加强常青藤高端人才集聚区建设管理，加大人才公租房建设力度。园区新引进企业900家以上，实现收入和税收分别突破800亿元和20亿元。

*狠抓功能区建设，大力丰富发展载体。*加大政府投资力度，撬动社会投资，安排重大项目121个。继续推进银河综合商务区建设，CRD银座全面运营，紫御国际、北方中惠国际中心投入使用，推进CRD休闲广场工程建设，K地块实现开工。加快推进台湾文化创意商务区和西五环现代娱乐区建设，北京国际雕塑园地下文化娱乐中心力争上市，融科创意产业中心投入使用。京西会展商务区上市。苹果园交通枢纽商务区力争完成拆迁工作，景园大厦和J、P地块开工建设，M、N地块实现上市交易，完成交通枢纽一体化规划设计方案审批等前期工作。大力推进天泰旅游休闲区开发建设，五里坨建设组团力争完成拆迁工作，实现地块逐步上市。加快推进市政设施和道路建设，五里坨污水处理厂和热力主管线建设工程完工，新隆恩寺路全面通车，五里坨路南段力争开工，积极推动京门新线、石府路等道路建设。加快推进五里坨定向安置房、南宫小区保障房项目、特勤消防站等公益性项目、西北热电中心等重大项目建设。

*强化招商引资工作，大力优化发展环境。*召开第六次经济发展推进大会，在全区动员、全员参与的基础上，整合专业力量，完善招商引资平台建设，探索深化专业化团队招商模式。打造“石景山服务”品牌，落实“CRD绿卡”、区领导联系重点企业等措施，进一步优化发展环境。招商引资企业实现税收30亿元，入区财政11.7亿元。深化区属国有企业改革，推进房地产集团组建、游乐园公司制改革和华游竞界股份制改革。推动集体经济健康发展，启动八大处农工商总公司改制工作。搭建投融资平台，实施“中小企业培优计划”，大力扶持中小微企业和非公经济快速发展。

二、加强城市建设管理，增强城市可持续发展能力

坚持规划先行，统筹区域资源，高品质建设城市，高水平管理城市，促进人口、资源和环境协调发展。

*以加快基础设施建设为重点，提高城市综合承载能力。*全面梳理城市道路、交通设施和市政设施，编制完成综合交通和电力专项规划，开展供水、供气、供热专项规划编制工作。计划总投资79.2亿元，开工建设十项重点工程。全力推动京西高标准城市主干路项目落地，力争列入市级重点项目计划，年内具备施工条件。推进杨庄大街一期等19条城市主、次干路工程建设，完成金顶路等16项道路大中修工程。开工建设五里坨循环经济产业园一期工程。完成古城漫水桥非正规垃圾填埋场治理工作。加大环卫设备投入，推进垃圾楼升级改造和公厕建设改造。

*以推进节能减排为重点，提高生态环境建设水平。*完成90.9公顷的园林绿化和城市美化任务。成立莲石湖运行管理机构，实施永定河生态绿化景观升级改造工程，推进麻峪湿地公园建设。建立健全与区域发展方向相协调的企业准入机制，加快淘汰高污染、高能耗的落后产能，完成万元地区生产总值能耗下降和碳排放指标。全面落实环境保护规划和控制大气污染各项措施，实施环保十件实事，创建扬尘污染控制区，完成鲁谷集中供热厂、北重供热厂的燃煤锅炉清洁能源改造，力争实现空气质量二级和好于二级天数266天。

*以迎接国家卫生区复审为重点，提高城市精细化管理水平。*举全区之力，做好迎接国家卫生区复审工作。加大城乡结合部地区环境整治力度，扎实推进市级挂账重点村综合改造工程，高标准实施京广铁路沿线（石景山段）环境整治工程，深化水屯、衙东北和小杨庄村周边环境治理，加大力度协调推进首钢厂中村拆迁。加大对非法生产经营的打击力度，坚决遏制新生违法建设。完成8.9公里架空线入地。开展“一街一精品”工程，美化街区景观，规范城市家具，融合地域文化，建成9条环境建设示范街。继续实施夜景亮丽和拆墙透绿工程，加强户外广告和牌匾管理，亮化、美化中关村石景山园等重点区域和街道。深化垃圾分类和源头减量工作，确保党政机关和学校生活垃圾分类合格率达到100%、居住小区达到50%，生活垃圾资源化率达到45%。全面推进智能交通试点建设，加快疏堵工程和交通微循环系统建设，深化静态交通研究，有效缓解停车难问题。基本完成“智慧石景山”布局规划，实施城市运行与管理智能化工程、信息化基础设施提升工程，完成北京市物联网试点工作。

*以强化土地利用和水资源管理为重点，提高资源利用效率。*加强土地资源的有效管理和集约利用，深化“三路一河”等重点区域土地可利用研究，争创全国国土资源节约集约模范县（市）。进一步贯彻落实水务改革发展意见，坚持量水发展，实施开源节流，落实最严格的水资源管理制度。启动五里坨水厂建设，完成老古城、五里坨等安置房供水项目，新建、改造供水管线19公里。

三、加强和创新社会管理，推进各项社会事业全面发展

坚持以人为本，着力保障和改善民生，推动文化大发展大繁荣，加强和创新社会管理，全面发展各项社会事业，全力维护社会和谐稳定。

*着力保障和改善民生。*稳定并扩大就业，大力开发就

业岗位，增加公益性岗位数量。继续做好首钢富余职工就业服务工作。进一步健全社会保障和救助体系，稳妥推进养老保险制度改革，将领取失业保险金人员纳入职工基本医疗保障，享受同等医疗待遇，逐步扩大社会保险覆盖范围，稳步提高社会保障水平。投入1.1亿元，实施济困工程59项，救助22.1万人(户)次。加大养老(助残)服务机构建设力度，深入落实老年人优待办法和“九养”政策。落实残疾人各项保障政策，做好就业保障金审核征缴工作。建立完善蔬菜零售三级架构体系，深化“农超对接”、“直营直供”等流通模式，努力稳定菜价。实施老旧小区综合改造工程，完成45.5万平方米建筑节能改造任务，做好101万平方米建筑抗震节能综合改造的鉴定工作，并实施部分改造工程，更新补建居民信报箱2万个，继续开展物业管理试点工作。强化保障房建设管理，力争开工建设东下庄和西黄村安置房，努力推进首钢铸造村二期、石景山路甲19号院项目保障房建设，加快酱菜四厂土地收储和拆迁进度，统筹区内外资源，确保完成年度建设任务。

*着力推动文化大发展大繁荣。*深入贯彻落实十七届六中全会精神，大力弘扬和践行北京精神，全面落实“人文石景山”行动计划，大力提升人文向心力、文化竞争力和文明感召力。深入实施文化惠民工程，免费开放区图书馆、少儿图书馆和文化馆，加速推进区文化中心建设。大力扶持基层文化阵地建设，争取并建设好一批“益民书屋”。突出主题，打造品牌，积极开展群众性文化活动，不断提升文化服务水平。加快文化体制改革步伐，完成古城电影院改制。完成崇兴庵等3项文物修缮工程。加强监管和服务，促进文化市场繁荣。争创国家一级档案馆，力争完成第二轮地方志书总纂工作。挖掘京西文化潜力，推动文化与科技的深入融合，带动文化创意产业发展。加强与首钢总公司、中国动漫集团和丰台区协调配合，大力支持中国动漫游戏城项目建设，加快成立运营公司，明确运营主体。大力发展设计产业，建设北京设计产业示范基地。文化创意产业实现收入突破240亿元。

*着力加强和创新社会管理。*深入贯彻《北京市“十二五”时期社会建设规划纲要》，加快出台社会建设系列指导性文件，组织召开社会建设研讨会。扎实组织好社区居委会换届工作。完成社区规范化建设，努力构建“一刻钟社区服务圈”。安排资金6000万元，继续实施便民工程，加强政府购买社会服务专项工作，扶持社会组织健康发展。加强社工队伍和“枢纽型”组织建设，强化志愿者队伍管理，提高服务水平。巩固新居民互助服务站成果，抓好公益反哺家园等社会管理创新工作。切实加强新建小区配套工程建设，促进公共配套设施“三同步”。创新人口工作方法，提高人口精细化管理水平，加强地下空间管理，实现实有人口服务管理全覆盖。完善双拥优抚安置体系，全面做好人民武装工作，推进军民融合式发展。继续加强民族、宗教、侨务工作，扩大和深化对台交流合作。为工会、共青团、妇联等群团组织开展工作创造更好的条件。

*着力推进社会事业健康发展。*全面推进素质教育，不断深化绿色教育实验区建设。推进现代化标志性学校建设，引进和培育优质资源，继续扩大优质教育资源覆盖面，促进义务教育学校均衡发展。加速推动学前教育三年行动计划，新建改建公办幼儿园3所以上，增加学位1100个。启动黄庄职业高中改扩建工程，争创国家中等职业教育发展改革示范校。推动第二期“双名工程”，进一步加强干部教师队伍建设。稳步推进区属公立医院改革，健全区医院管理委员会。落实北京市基本和重大公共卫生服务项目，整合利用区域医疗卫生资源，加快区域医疗中心建设和发展，推进西部医院和动物卫生监督所等项目建设，全面实施家庭医生式服务，建设社区卫生服务信息系统。推动群众体育深入开展，提升竞技体育综合实力，加快体育产业发展。

*着力维护社会和谐稳定。*健全应急管理体制机制，提高防灾减灾意识，切实提高城市安全运行保障水平，增强突发事件应急处置能力。加大政府监管力度，强化企业主体责任，切实加强食品药品安全监管，落实消防交通等安全工作责任制，加强事故隐患排查整改，坚决遏制重特大事故发生。深化“平安石景山”建设，加强社会治安综合治理。加强法制宣传教育，深入开展“六五”普法。严厉打击刑事犯罪活动，不断提高人民群众安全感和满意度。用群众工作统揽信访工作，充分发挥社区民调中心和社区社情恳谈会制度的作用，把矛盾化解在基层，解决在萌芽状态，努力实现无重大重复上访户、无信访群体性事件、敏感时期无非正常上访的目标。

四、加强民主法制建设，切实提高政府服务水平

创新公共服务体制，改进公共服务方式，坚持依法行政，努力提高政府执行力、服务力和公信力。

*加强法治政府建设。*认真执行区人大及其常委会的决议，做好专项工作报告。自觉接受区政协的民主监督，积极听取各民主党派、工商联、无党派人士和人民团体的意见。认真办理人大代表议案、建议和政协委员提案。坚持科学民主决策，强化法律顾问作用，严格执行重大行政决策六项制度。规范行政执法行为，加强执法检查监督。

*加强服务政府建设。*完善行政服务平台体系，推进电子政务服务建设。加强调查研究，到群众中去，拜人民为师，问政于民、问需于民、问计于民。强化对基层科队站所的监督管理，努力提高窗口单位的服务意识、服务能力和服务水平。继续做好国际友城、区域合作和对口支援工作。

*加强效能政府建设。*坚决贯彻落实市委、市政府及区委的决策部署，确保政令畅通。建立健全督查工作网络，强化审计监督、立项监察、效能监察、执法监察和行政巡察，建立倒排工期督查台账，严格执行责任追究制度，切实提高督查工作实效，确保各项工作部署全面落实。进一步加强公务员队伍建设与管理，积极稳妥分类推进事业单位改革。

*加强廉洁政府建设。*落实党风廉政建设责任制，坚决贯彻“三重一大”制度。严格执行代建制和便民工程建设管

理办法。深化政务公开，建立健全政府信息公开工作机制，积极稳妥推进财政预决算公开。严格控制一般性支出，打造法治财政和效益财政。继续实施“阳光工程”，加强行业监管工作，真正做到为民、务实、清廉。

各位代表，新的宏伟目标激励着我们，新的历史征程召唤着我们，我们面临的任务艰巨而繁重，我们肩负的使命重大而光荣。我们坚信，通过全区人民的共同努力，在不远的将来，一个经济发达、文化繁荣、社会和谐、人民富裕的现代化首都新城区，必将展现在全区人民面前。让我们更加紧密地团结在以胡锦涛同志为总书记的党中央周围，高举中国特色社会主义伟大旗帜，在区委的正确领导下，解放思想，求实创新，团结拼搏，开拓进取，以经济社会又好又快发展的优异成绩，迎接中国共产党第十八次全国代表大会的胜利召开！

北京市石景山区人民代表大会常务委员会工作报告

——在北京市石景山区第十五届人民代表大会第一次会议上

(2011年12月22日)

北京市石景山区人大常委会主任 赵玉民

各位代表：

我受石景山区第十四届人民代表大会常务委员会的委托，向大会报告本届常委会的主要工作，并对下一步工作提出建议，请予审议。

过去五年工作的回顾

本届常委会任期的五年，是我区面对国际金融危机和首钢涉钢产业搬迁调整带来的双重压力，攻坚克难，奋力拼搏，经济社会转型发展取得显著成效的五年；也是监督法颁布施行后，人大工作不断完善、取得新进展的五年。五年来，在中共石景山区委的领导下，常委会坚持以邓小平理论和“三个代表”重要思想为指导，深入贯彻科学发展观，全面落实人代会决议，围绕中心，服务大局，依法履职，圆满完成了本届人大常委会的历史使命，为推进我区经济社会转型发展，建设现代化首都新城区做出了积极贡献。

一、坚持人民代表大会制度，保障人民当家作主

人民代表大会制度是我国的根本政治制度，是实现人民当家作主的重要途径。常委会作为人民代表大会的常设机关，坚持党的领导、人民当家作主和依法治国的有机统一，认真履行宪法和法律赋予的职权，为保障人民当家作主、行使国家权力、管理国家和社会事务发挥了重要作用。

圆满完成区人大代表换届选举任务。实行民主选举是社会主义民主政治的基础，是保障人民行使国家权力的重要途径。在区委的正确领导下，按照市人大常委会关于换届选举的工作要求，常委会把加强党的领导、充分发扬民主和严格依法办事有机统一起来，精心组织，周密安排，广泛激发和调动了选民参加选举的政治热情和积极性。在各级选举机构和全体选民的共同努力下，依法登记选民297772人，登记率为99.7%。有294977人参加了投票选举，参选率达99.06%，依法选举产生了185名石景山区第十五届人民代表大会代表，为顺利召开新一届人民代表大会奠定了基础。

成功召集区人民代表大会会议。人民行使国家权力的机关是各级人民代表大会。常委会认真做好每次人民代表大会会议的组织筹备工作，积极为人大代表执行职务服务，有力保证了大会各项预定任务的顺利完成。五年来，依法召集了6次区人民代表大会会议，在大会主席团的主持下，代表们群策群力、认真履职，听取审议了区人大常委会和“一府两院”的工作报告，审查批准了国民经济和社会发展“十二五”规划纲要以及年度计划、预算；选举了区人大常委会组成人员，“一府两院”的领导人员以及石景山区出席北京市第十三届人民代表大会的代表，充分体现了人民当家作主。

认真执行决议对人民代表大会负责。常委会坚持对区人民代表大会负责并报告工作，根据代表大会决议和法定职能，制定年度工作计划，依法行使重大事项决定权、监督

权和人事任免权。五年来，共举行常委会会议 37 次，完成议题 195 项。其中，行使重大事项决定权，作出决议、决定 23 项；行使监督权，听取审议“一府两院”专项工作报告 48 项，听取审议国民经济和社会发展计划执行情况、预算执行和决算情况报告，以及财政收支审计工作报告 26 项，开展执法检查和视察 39 项次；行使人事任免权，任免国家机关工作人员 264 人次，贯彻落实了本届人民代表大会的各项决议。

依法监督计划和预算执行情况。审查批准国民经济和社会发展计划以及财政预算是人民代表大会的职权之一。加强对计划、预算执行情况的监督，就是要确保党和国家大政方针的贯彻实施，有效实现最广大人民群众的根本利益。在预算监督工作中，每年听取和审议区政府关于半年预算执行、决算以及下一年度预算初步安排意见的报告，促进政府不断完善预算管理制度，提高财政资金的使用效益，增强公共财政的保障能力。在计划监督工作中，听取和审议了区政府关于“十一五”规划纲要实施情况的中期评估报告以及半年计划执行情况的报告，推动“十一五”规划目标任务顺利完成，促进“十二五”规划实现了良好开局。

积极督办代表议案和建议。提出议案和建议是宪法和法律赋予人大代表的一项重要职权，是代表参与管理国家和社会事务、依法执行代表职务的重要形式。本届人民代表大会期间共审查确立了 30 件议案，涉及我区经济转型发展、城市建设管理、教育卫生事业、保障和改善民生等方方面面。为推动议案办理工作取得实效，常委会以听取审议专项工作报告和视察的方式，加大议案督办力度，听取和审议了 21 项议案办理情况报告，对 9 项议案办理情况进行了视察。在常委会和区政府的共同努力下，通过议案的办理，较好地推动了相关工作的开展，促进了人民群众关心、关注问题的解决。

常委会加大代表建议督办力度，创新督办方式，积极推动建议落实。坚持年初开好代表建议集中交办会，提出办理工作要求；年中加大督办检查力度，促使建议办成率不断提高；年底听取审议区政府关于建议办理情况的报告，推动政府加强和改进建议办理工作。建立了常委会主任、副主任牵头，代表联络室协调，常委会各工作委员会负责的重点督办建议机制，完善了建议督办工作。注重发挥人大各街工委的作用，组织代表视察、检查建议办理情况，加强代表与承办单位的沟通协调，提高了建议办理质量。本届人民代表大会期间收到的 492 件代表建议全部办复完毕，办复率 100%，代表满意率达 93.7%。

二、坚持依法讨论决定重大事项，推动区域转型发展

重大事项决定权是宪法和法律赋予人大及其常委会的一项重要职权。常委会坚持在区委的领导下，抓住我区转型发展、法制宣传教育等重大事项，深入调研，认真审议，适时作出决议和决定，为我区转型发展提供了有力的支持和保障。

审议批准 CRD 建设行动规划。为全面贯彻区第十次党代会精神，加快我区调整转型步伐，实现“打造北京 CRD，构建和谐石景山，建设现代化首都新城区”目标，常委会依法履职议大事，凝心聚力谋发展，在听取审议区政府有关工作情况报告的基础上，作出了《关于批准区人民政府关于<北京市石景山区首都文化娱乐休闲区（CRD）建设行动规划>的决议》，将区委提出的 CRD 建设“三步走”战略，通过法定程序转化为全区人民的共同行动。经过全区上下的共同努力，CRD 建设第一步走目标顺利实现，第二步走战略正在稳步推进。

审议批准银政合作。根据我区加快基础设施和重点项目建设的需要，常委会听取审议了区政府关于银行综合授信贷款使用管理及审计情况的报告，先后作出批准政府与北京银行续签综合授信合同，以及进一步加强银政合作扩大授信额度的决议，支持政府拓宽融资渠道，加大投融资力度。同时，要求政府加强信贷资金管理，严格控制信贷风险，科学确定贷款规模和投资结构，并定期向常委会报告贷款使用管理情况。区政府认真执行常委会决议，规范了信贷资金的使用管理，努力提高贷款使用效益，推动了重点项目和功能区建设，加快了我区调整转型步伐。

审议批准“六五”普法规划。提高全民的法治观念和法律素质，是全面落实依法治国方略的一项重要的基础性工作，也是营造经济社会发展良好法治环境的保证。常委会在听取审议了区政府关于实施“五五”普法规划和制定“六五”普法规划情况的报告后，作出进一步加强法制宣传教育的决议，动员全区各单位把依法履行职责、推进经济社会转型发展与法制宣传教育有机结合起来，弘扬法治精神，倡导公平正义，普及法律知识，严格依法办事，为我区转型发展营造良好的法治环境。

五年来，常委会还依法对召集人民代表大会会议、选举人大代表、审查批准决算等重大事项作出决议、决定，有力地保障了全区重大工作的开展。

三、坚持依法监督重实效，促进经济社会又好又快发展

人大常委会依法行使职权，积极开展监督工作，是推进社会主义民主政治建设，实现人民当家作主的重要体现。常委会按照“围绕中心、突出重点、注重实效”的监督工作思路，综合运用听取和审议专项工作报告、执法检查、视察，以及跟踪监督“一府两院”落实常委会审议意见等方式，加大监督工作力度，推进法律法规的贯彻实施，促进“一府两院”依法行政、公正司法。

围绕推动区域经济发展开展监督工作。常委会着力促进我区经济转方式、调结构、上水平，先后对国家可持续发展实验区、国家服务业综合改革试点区建设，高新技术产业、文化创意产业发展，以及苹果园交通枢纽商务区、银河商务区等重点功能区的建设情况进行了视察。听取和审议了区政府关于西部开发、中关村科技园区石景山园建设、促进中小企业发展等工作情况的报告，提出了有针对性、建设性的意见和建议，支持政府加快转变经济发展方式，促进区域经济结构进一步优化。

围绕提升城市现代化管理水平开展监督工作。常委会以筹办奥运和国庆60周年为契机,促进政府从环境整治入手,努力构建环境综合治理长效机制,不断提升城市现代化管理水平。听取和审议了区政府关于建设高标准国家卫生区、城市应急能力建设等工作情况的报告。视察了迎奥运城市景观建设、节能减排及永定河绿色生态发展带建设情况,对水污染防治法、大气污染防治法的贯彻实施情况进行了检查。通过持续不断的监督工作,推动了我区城市环境建设和管理向高水平、精细化迈进。

围绕保障和改善民生开展监督工作。常委会一直重点关注民生领域的工作情况,先后听取和审议了区政府关于促进基础教育优质均衡发展、加强中小学校建设、落实学前教育条例等工作情况的报告,每年开展义务教育执法检查,政府依法保障了教育经费的"三个增长",我区教育事业取得了较大发展。坚持开展食品安全执法检查,不断提升食品安全监管的能力和水平。持续关注"菜篮子"工作,组织代表进行视察和检查,政府不断推进"农超对接"等流通模式,建成了16家社区便民菜站,较好地解决了群众买菜难问题。常委会还听取审议了我区保障性住房建设、社区卫生体系建设、物业管理、药品监管等工作情况的报告,推动了政府优先保障和改善民生。

围绕促进司法公正和依法行政开展监督工作。对司法工作的监督是人大监督的重点之一。常委会努力探索实践,把督促检察机关依法履行法律监督职能作为加强司法监督的重要措施,分别听取审议了法院和检察院关于审判及法律监督等工作情况的报告,促使"两院"的内部监督作用得到更好发挥。为推进法治政府建设,连续两年听取审议了区政府贯彻落实国务院《全面推进依法行政实施纲要》情况的报告,促进政府不断提高依法行政的能力和水平。注重加强信访工作,将其作为发挥人大监督职能的重要内容,五年来共接待处理了394件次群众来信来访,努力推动"一府两院"改进工作、维护群众合法权益。

围绕实施监督法改进和加强监督工作。按照监督法的要求,常委会逐步规范了听取和审议专项工作报告、执法检查等工作。在听取和审议专项工作报告方面,修订了常委会议事规则,改进了议题提出、调研、审议等环节的工作,坚持会前对专项工作报告进行初审、会后向"一府两院"交办审议意见等制度,完善了监督工作程序,增强了人大监督工作的权威性。在执法检查方面,规定执法检查方案由主任会议研究确定,执法检查组由常委会及相关工作委员会委员、人大代表共同组成,组长由常委会主管副主任担任,采取政府部门自查、执法检查组分组检查、常委会集中视察、执法检查组复查相结合的办法,加大了执法检查力度。

四、坚持完善机制重服务,代表工作迈上新台阶

人大代表是人民代表大会的主体,代表人民行使国家权力。做好代表工作,发挥代表作用,是坚持和完善人民代表大会制度的重要内容,对推进新形势下的人大工作具有重要意义。常委会认真贯彻中央9号文件和区委第三次人大工作会议精神,推动代表工作取得了新成效。

健全制度,代表工作更加规范。常委会努力把握代表工作的特点和规律,不断创新代表工作机制,完善代表工作制度。出台了《中共石景山区人大常委会党组关于进一步加强人大代表工作的若干意见》,建立了重要工作征询人大代表意见机制,形成了常委会统一领导,区人大代表联络部门综合协调,常委会各工作委员会密切配合,人大各街工委、联组为基础的代表工作格局,强化了代表履职的服务保障工作。修订了代表建议办理办法、代表视察办法,进一步完善了代表集中活动制度、常委会组成人员联系代表制度、代表联系选民制度、人大街工委工作制度,使代表工作更加规范有序。

加强联系,代表作用更加突出。坚持邀请代表列席常委会会议、参加视察和执法检查、督办议案和建议,扩大了代表对常委会工作的参与。密切与代表的联系,通过"主任走近委员、委员走近代表"的"双走近"活动,及时了解群众关心的热点难点问题,征询代表对常委会工作以及经济社会发展的意见和建议。畅通代表知情知政渠道,举办代表培训会、政府工作通报会,建立手机信息平台,为代表履职提供信息服务。组织代表参与常委会调研活动,积极发挥代表的专业和行业优势,加强对难点问题的研究,并提出高质量的意见和建议,充分发挥了代表的主体作用。

注重实效,代表活动更加丰富。代表在闭会期间开展活动,是代表履职、发挥作用的重要途径,也是代表工作的重要内容。在组织形式上,常委会坚持代表集体活动的原则,指导各代表联组围绕全区中心工作和人大重点工作制定联组活动计划,每季度开展主题活动。在活动方式上,着重抓好代表联系选民、集中视察、专题调研、建议督办等活动。五年来,通过代表联系选民活动,处理解决了700多个群众关心、关注的问题,代表活动成效显著。在活动载体上,建立了"人大代表之家"、"人大代表社区联络站",为代表联系选民、交流体会搭建了平台,丰富了代表活动的内容。

五、坚持改进作风强素质,自身建设进一步加强

自身建设事关人大及其常委会职权的正确行使和作用的充分发挥。五年来,常委会坚持把自身建设摆在突出位置抓紧抓好,倡导团结、学习、调研、创新的工作作风,履职的能力和水平不断提高。

以主题活动为载体,加强思想建设。结合学习实践科学发展观、创先争优等主题教育活动,紧密联系人大工作实际,认真学习贯彻了党的十七大和中央历次全会精神,以及市委、区委重大决策部署,不断增强坚持党的领导、坚持和完善人民代表大会制度的自觉性与坚定性,统一了思想,提高了认识,达到了学习提高、推动工作的目的,确保了人大工作正确的政治方向。

以增强实效为着力点,加强作风建设。常委会坚持以人为本,把实现好、维护好、发展好人民群众的根本利益作为人大工作的出发点和落脚点,密切联系人大代表和人民

群众，把调查研究贯穿于工作的全过程，深入基层、深入群众、深入调研，自觉接受人大代表和人民群众的监督，不断提高决议、决定和审议意见的质量和水平，增强了工作实效。

以提升水平为目标，加强能力建设。坚持常委会集体学习制度，通过届初培训、会前学法、专题讲座、视察调研等形式，不断提高常委会组成人员的理论水平和履职能力。坚持机关学习日制度，深化对政策理论、法律法规和人大知识的学习，提高机关干部的业务水平。坚持人大工作研讨会制度，在理论和实践两个层面探讨改进工作的方式方法，履职能力和水平得到了明显提升。

各位代表，回首过去五年，面对我区诸多大事难事、挑战和机遇，常委会在区委的领导下，扎实工作，积极进取，为促进经济社会转型发展发挥了不可替代的作用，也积累了宝贵经验。我们深刻体会到：

必须坚持正确的政治方向。坚持党的领导是人大工作必须遵循的基本政治原则，是做好人大工作的根本保证。人大及其常委会自觉接受党的领导，通过法定程序使党的主张成为国家意志，是由人民代表大会制度的鲜明特点决定的。常委会只有围绕中心、服务大局，坚持重大事项向区委请示报告制度，自觉贯彻党的意图，实现党的主张，坚持正确的政治方向，才能发挥应有的作用。

必须服从服务于改革发展稳定大局。地方人大及其常委会是地方国家权力机关，在维护地区改革发展稳定大局中具有重要作用。人大及其常委会只有积极关注改革、融入发展、维护稳定，着力促进解决事关全局的突出问题，才能更好地发挥地方国家权力机关的作用，才能使人大工作取得实实在在的效果，做出实实在在的贡献。

必须依法依程序行使职权。依法办事是人大工作的基本特点和根本准则。人大及其常委会只有牢固树立宪法和法律意识，弘扬法治精神，严格按照宪法和法律的规定行使职权，不断规范和改进工作的程序和方法，才能维护人大工作的权威，更好地发挥地方国家权力机关在政治、经济、社会等各个领域中的重要作用。

必须充分尊重代表的主体地位。人大代表是国家权力机关的组成人员，充分发挥其主体作用是做好人大工作的基础。实践证明，人大及其常委会在讨论决定重大事项的过程中，在依法监督的工作中，在参与地区的重大活动中，只有充分发挥代表的主体作用，人大工作才不会脱离人民群众，才能取得成效，保持旺盛的生命力。

各位代表，过去五年常委会工作取得的成绩，是区委正确领导，区人大代表和常委会组成人员共同努力，“一府两院”和全区人民大力配合支持的结果。在此，我代表区第十四届人大常委会，向各位人大代表，向所有关心、支持、帮助人大工作的同志们、朋友们，表示崇高的敬意和衷心的感谢！

在总结成绩的同时，我们也清醒地认识到，常委会的工作与科学发展观的要求，与坚持和完善人民代表大会制度的需要以及人民群众的期望相比还有差距。主要是：人大监督工作的方式方法还需要进一步完善，监督实效需要进一步增强；保障代表执行职务的履职服务工作还需要进一步深化；人大机关工作人员的能力素质还要进一步提高。这些不足，需要在今后的工作中认真加以改进。

今后五年和2012年工作的建议

各位代表，今后五年是石景山区坚持科学发展、深化全面转型的关键时期，是实现“十二五”规划和CRD建设第二步走战略目标的重要时期。党的十七届六中全会作出了推动社会主义文化大发展大繁荣的战略部署，为我区带来了难得的发展机遇。刚刚召开的区第十一次党代会，明确了加快建设现代化首都新城区的目标任务，对人大工作提出了新的更高要求。面对新形势、新任务，新一届人大常委会要在中共石景山区委的领导下，高举中国特色社会主义伟大旗帜，以邓小平理论和“三个代表”重要思想为指导，深入贯彻落实科学发展观，以科学发展为主题，以加快转变经济发展方式为主线，坚持“大调整、大建设、大发展”的工作主基调，把握由传统工业石景山向绿色生态石景山转型的总方向，与时俱进，开拓创新，履行好宪法和法律赋予的职责，落实好区委第三次人大工作会议精神，为加快建设现代化首都新城区做出新贡献，谱写人大工作新篇章。

坚持党的领导，增强做好人大工作的使命感和责任感。深入学习领会党的十七届六中全会精神，深化对社会主义文化建设重要性、紧迫性的认识，努力践行社会主义核心价值体系和“爱国、创新、包容、厚德”的北京精神，贯彻执行中央和市委、区委关于社会主义文化大发展大繁荣的各项决策部署，努力发挥文化在推动转型发展中的引领作用。全面落实区第十一次党代会精神，紧扣“坚持科学发展，深化全面转型，加快建设现代化首都新城区”的目标任务，增强时不我待的紧迫感和“小发展就是大退步”的危机意识，依法履行职责，为加快建设发展强劲、创新活跃、生态宜居、人文和谐的现代化首都新城区，发挥好地方国家权力机关应有的作用。

加大监督力度，着力促进经济社会科学发展、全面转型。人大监督工作的目的，是确保宪法和法律得到正确实施，确保行政权和司法权得到正确行使，确保公民和法人的合法权益得到尊重和维护。要继续深入贯彻实施监督法，坚持依法有效开展监督工作。围绕我区“十二五”经济社会发展目标、CRD建设第二步走战略任务，综合运用听取审议专项工作报告和计划预算执行情况报告、执法检查等形式开展监督工作，促进“一府两院”依法行政、公正司法。继续完善监督工作方式，加大对常委会审议意见落实情况的跟踪检查力度，不断增强监督工作实效。

坚持以人为本，维护人民群众根本利益，充分发挥代表的主体作用。坚持把维护人民群众的根本利益作为人大工作的出发点和落脚点，顺应人民群众对美好生活的新期待。

保持与人大代表和人民群众的密切联系，充分反映民意，广泛集中民智，高度重视民生，切实维护民利。深入贯彻落实代表法，进一步强化代表工作是常委会基础性工作的观念，不断完善代表工作格局，支持和保障代表执行职务，拓宽代表知情知政渠道，扩大代表对常委会工作的参与，加大代表议案、建议督办力度，增强代表工作实效，使代表的主体作用得到充分发挥。

牢固树立执政为民理念，加强履职能力建设，不断提高工作实效和水平。加强思想政治和业务素质建设，牢记全心全意为人民服务宗旨，按照“政治坚定、业务精通、务实高效、作风过硬、团结协作”的总体要求，深入开展学习教育活动，不断提高履职的能力和水平。加强作风建设，继续深入基层、深入群众，多层次、多方位、多渠道开展调查研究，提高人大工作的民主化、科学化水平，增强工作实效，充分发挥人大及其常委会作为地方国家权力机关的作用，使人大及其常委会成为全面担负起宪法赋予的各项职责的工作机关，成为同人民群众保持密切联系的代表机关。

各位代表，2012年是新一届人大常委会的届首之年，建议按照“抓重点、求实效、打基础”的原则，妥善安排常委会的工作，做到“五个着力”，实现新一届人大工作的良好开局，为今后的工作打下坚实基础。

着力促进区域经济平稳较快增长。围绕加快转变经济发展方式，推进区域经济结构调整，听取和审议区政府关于计划、预算执行和财政收支审计工作情况的报告，审查批准财政决算；听取和审议区政府关于促进电子商务产业发展情况的报告。视察现代金融产业发展情况，跟踪“三区”建设、中小企业发展，以及我区特色产业集聚区建设等工作情况。

着力促进城市精细化管理水平提升。围绕加强城市环境建设和管理，推动政府不断完善城市综合服务功能，结合国家卫生区复审迎检工作，检查区政府贯彻实施《北京市市容环境卫生条例》情况；视察2012年区重点工程及永定河绿色生态发展带建设情况；跟踪我区城市管理长效机制运行情况。

着力促进文化发展、民生改善。围绕社会事业发展，推动政府不断加强和改善民生，听取和审议区政府关于实施文化兴区战略、推进文化惠民工程情况的报告，关于保障性住房建设管理工作情况的报告，关于贯彻实施残疾人保障法情况的报告；检查食品安全法贯彻实施情况；视察社区卫生服务体系建设情况；跟踪义务教育法、学前教育条例贯彻实施情况。

着力促进依法行政、公正司法。围绕维护社会和谐稳定、促进社会公平正义，听取和审议区法院关于知识产权审判工作情况的报告；选择行政、民事、刑事三类案件，有计划地组织代表旁听法院公开审理案件，促进提高审判、公诉和行政应诉水平；跟踪我区维护妇女、儿童、老年人权益等方面工作情况。

着力加强代表工作。抓好新一届代表培训，不断提高代表的履职能力；抓好闭会期间代表活动，组织代表年中听取政府工作情况报告、年底听取政府部分职能部门工作汇报，邀请代表列席常委会会议、参加视察和执法检查，开展代表联系选民月活动，组织人大街工委、首钢代表联组分片联合开展主题活动；抓好代表议案、建议督办工作，进一步提高督办实效；抓好人大街工委建设，充分发挥“人大代表之家”、“人大代表社区联络站”作用，不断提高街道、社区为代表服务的水平。

各位代表，石景山区第十五届人大常委会即将选举产生。展望未来，任重道远。相信新一届人大常委会一定能够在中共石景山区委的正确领导下，不辱使命，继往开来，以更加开拓进取的工作精神、更加求真务实的工作作风、更加富有成效的工作成绩，进一步开创人大工作新局面，为加快推进我区现代化首都新城区建设、全面实现“十二五”规划宏伟目标，做出新的更大的贡献！

中国人民政治协商会议
北京市石景山区第八届委员会常务委员会工作报告

——在区政协九届一次会议上的讲话

(2011年12月19日)

石景山区政协主席 倪国锋

各位委员,同志们:

我受八届政协常委会的委托,向大会做工作报告,请予审议。

五年工作回顾

过去的五年,是石景山区发展进程中极不平凡的五年,面对国际金融危机和首钢搬迁调整带来的双重压力,中共石景山区委团结带领全区人民攻坚克难、奋力拼搏,取得了经济社会发展的显著成就,在转型发展的道路上迈出了坚实步伐。五年来,八届政协在中共石景山区委的领导下,高举中国特色社会主义伟大旗帜,坚持以邓小平理论和"三个代表"重要思想为指导,深入贯彻落实科学发展观,紧紧把握团结和民主两大主题,围绕中心,服务大局,认真履职,为加快推进我区经济社会全面转型、科学发展作出了积极贡献。

一、加强学习、增进共识,提高履职能力

八届政协的五年,我们秉承了人民政协注重学习的优良传统,不断创新学习方式,增强学习实效,为委员履行好职责奠定了坚实的思想基础。

深入学习十七大精神,全面落实科学发展观。按照中央和市、区委统一部署,八届政协认真组织好十七大精神和科学发展观的学习,把学习与落实市、区十次党代会精神紧密结合起来;与解放思想,开拓创新,推动区域发展紧密结合起来;与发挥优势,积极履职,建言献策紧密结合起来,进一步提高了认识,统一了思想,改进了作风,团结民主的政治基础更加巩固,建设中国特色社会主义的信心更加坚定。

落实政协会议精神,推进政协事业发展。八届政协期间,区委召开了两次政协工作会议,对进一步加强我区政协工作、推进民主政治建设有着十分重要的意义。区政协认真学习会议精神,及时研究部署,深入学习讨论,带头贯彻落实,并就会议精神的落实和需要政协开展政治协商的重大事项,积极与有关部门进行沟通,确保了会议精神落到实处。

加强政协理论学习,提高委员履职水平。八届政协始终把理论学习作为提高履职水平的重要内容,组织政治理论、时事形势和市情、区情报告会70余场,举办调研、提案、社情民意等学习讲座30多期,保证了中央和市、区大政方针的贯彻落实,使委员丰富了知识,开阔了视野,了解了区情,提高了参政议政能力。

二、围绕中心、服务大局,推动科学发展

八届政协的五年,我们认真贯彻落实科学发展观,坚持围绕中心,服务大局,为推动经济社会发展作出了贡献。

积极开展前瞻性调研,为科学决策提供参考。过去的五年,是我区经济社会调整转型、爬坡上行的关键时期。针对这一区情,八届政协充分发挥人才荟萃、智力密集的优势,围绕加快首都西南区域发展、永定河整治开发、首钢搬迁调整、中关村科技园区石景山园建设、西部地区开发建设等涉及我区经济社会发展全局的重点课题,深入调查研究,组织专题研讨,综合运用政协提案、建议案、社情民意、理论研讨、专题议政等形式,提出大量具有建设性、前瞻性的意见建议,促进了我区经济社会又好又快发展;与北京西南四区政协共同创办了"首都西南区域经济发展论坛",并以"开放合作、创新发展"为主题,成功举办了第二届论坛。论坛取得重要成果,出版了《首都西南区域经济发展研究》专著,五区政协联名签署了《关于推动北京西南区域经济又好又快发展的建议》,五区旅游局签署了《关于推动北京西南部

地区旅游合作协议》,在2011年论坛总结大会上,我区政协获得重要理论成果奖、集体组织奖、最佳成果奖。在市政协十一届二次会议上,我区还代表西南五区政协就论坛形成的联合建议作了大会发言,得到了市、区领导和有关部门的高度重视,推动了北京市启动永定河绿色生态发展带建设和促进京西地区战略转型重大决策的进程。2010年,市政府投资170亿元对永定河流域进行分期治理。2011年初,市政府在《关于加快西部地区转型发展的实施意见》中明确提出,围绕生态重建和经济转型两条主线,突出首钢搬迁调整区和永定河绿色生态发展带两个重点,全力推进生态环境、重点区域、现代产业、基础设施等六大提升工程;选择事关我区"十二五"时期发展的重要问题,组织委员进行深入调研和专题研讨,形成了专题报告和对我区"十二五"规划的若干建议,为科学编制"十二五"规划提供了重要参考;针对今年首钢搬迁调整逐步到位,我区经济社会全面转型进入关键时期,组织专家、委员开展调研,完成了《后工业城市战略转型研究》的课题,为推动我区和首都西南区域转型发展提供了思路。

调动委员政治热情,服务全区工作大局。在服务保障北京奥运会、庆祝新中国成立60周年等重大政治任务中,在应对金融危机和首钢搬迁调整双重挑战中,八届政协发挥了应有的作用。围绕安全保卫、环境卫生、食品安全等工作,组织了调研视察、专题议政和反映社情民意,促进了奥运和国庆保障等相关工作的完善;积极参加社区志愿者、奥运火炬传递和奥运文化广场等活动,践行了"我参与、我奉献、我快乐"的奥运精神。部分委员踊跃捐款33万余元,走访慰问一线工作人员,振奋了精神,鼓舞了士气;围绕后奥运时期奥运场馆的开发利用开展调研,推动了西五环体育产业带的形成;以《团结? 民主颂》为主题,举办了庆祝新中国暨人民政协成立60周年文艺晚会和书画摄影展,营造了团结和谐的氛围;围绕"保增长、保民生、保稳定"开展专题调研和议政,形成了《当前经济形势下我区实现经济保增长目标的对策研究》等关系经济发展的建议,为我区有效应对金融危机和战略转型的挑战作出了贡献;积极响应区委区政府关于开展招商引资的号召,向全体委员发出了"大力开展招商引资工作,促进我区经济增长"的倡议,形成"领导带头招商,委托团体招商,搭建平台招商,委员自主招商"的工作模式,促成了中国电子科技情报研究所"电子信息产业基地"和金顶街"青年创业园"引资平台的成立。五年来,共引进企业193家、注册资金30多亿元,入区库6714.12万元。

关注群众利益诉求,大力促进社会发展。八届政协坚持把实现好、维护好人民群众的根本利益作为政协工作的出发点和落脚点,把关注民生、履职为民、促进社会和谐作为政协的重要任务。围绕社会管理创新,推进社会建设进行了专题议政,积极建言社会发展;组织委员对我区农转居后续工作、劳动就业、保障性住房建设、"城中村"拆迁、弱势群体救助等民生问题,深入街道社区、驻区企业和农工商公司进行了调研,切实推动问题解决;在支援抗击汶川地震、南方冰雪灾害和救助贫困地区活动中,政协委员捐款438万余元,有些委员还亲临灾区抢险救灾,体现出高度的社会责任心和使命感。

三、发挥优势、开拓创新,增强履职实效

八届政协的五年,我们充分发挥人民政协自身的优势,积极探索,勇于实践,不断创新工作机制,使政协履职水平有了新的提高。

积极开展政治协商,不断拓展协商渠道。八届政协坚持围绕全区重大决策和重大问题,开展了多渠道、多层面、全方位的政治协商。政协班子成员积极参与区委区政府重要工作决策和重大活动协调指挥体系,主动做好相关工作的落实与推进;先后召开5次全体委员会议、32次常委会议、44次主席会议,就我区"十二五"规划的制定、产业调整转型、强化功能区建设和国家服务业综合改革试点区、国家可持续发展实验区、中关村国家自主创新示范区特色园区建设的进展情况,认真开展协商,积极建言献策;选择"加快我区西部地区开发建设进程"等22个事关全局、贴近民生的课题进行深入调研,形成5件常委会建议案、17件主席会建议案,提交区委区政府决策参考;协助区委制定了《关于加强人民政协政治协商制度建设的意见》,政治协商工作得到进一步规范。

创新民主监督形式,增强民主监督实效。八届政协围绕我区经济社会建设,开展了多领域、多形式的民主监督活动。常委会和主席会议就我区党风廉政建设、行政执法、"三重一大"等事项,听取专题汇报,提出意见建议;各专委会围绕《劳动合同法》执行情况、北京台湾街、中国动漫游戏城、阜石路工程、苹果园交通枢纽建设等重点工作开展视察调研,推动了相关工作的开展;区政协财政预算民主监督小组和社会治安综合治理民主监督小组,围绕全区重大投资项目的落实、涉及民生资金的使用、社会治安综合治理等方面情况,开展了专项监督;部分委员和特约工作人员参与了保障性住房选号、行政执法检查、"五五普法"验收、拆迁听证会、处级干部公开选拔等民主监督活动,并将民主监督向科队站所等基层窗口单位延伸,政协民主监督工作得到进一步加强。

发挥政协整体效能,提高参政议政质量。八届政协积极拓宽参政议政的渠道,把参政议政建立在广泛深入的调查研究基础上。五年来,各专委会组织委员开展了大量的调研,撰写了《关于我区进行"大调整、大建设、大发展"阶段的几点建议》等100余篇调研报告,提交有关部门参考;协助市政协完成了《关于永定河流域治理及开发建设的专题调研报告》,其主要观点被吸收到市政协常委会《关于编制北京市十二五规划的若干建议》中;征集提案950件,审查立案807件,办复率100%,委员满意率92%,所提问题得到解决、采纳或者列入区委区政府工作计划的达85%;反映信息600余条,编辑《社情民意》370期,市、区领导批示160余条次;召开5次政协工作理论研讨会、40次专题议政会,就一些重大问题提出建议;特邀有关专家、学者对我区史料

开展收集、挖掘、整理工作,编辑出版《石景山文史? 专辑》6册、150余万字。这些工作,形成了履职合力,提升了政协参政议政的水平。

四、团结各界、凝心聚力,促进民主和谐

八届政协的五年,我们紧密联系各界委员,发挥人民政协在建设和谐社会中凝聚人心、汇聚力量的重要作用,促进了我区社会的和谐发展。

突出团结民主主题,营造政通人和局面。五年来,八届政协牢牢把握团结和民主两大主题,把团结各界、凝聚人心、促进民主、共建和谐的工作摆在突出位置。充分发挥人民政协作为党和政府联系各界的桥梁纽带作用,加强了同各民主党派、工商联、无党派人士、各人民团体和各族各界人士之间的团结合作;及时向区委区政府反映有关社会和谐的意见建议,协助做好协调关系,化解矛盾,凝聚民心的工作;定期走访各民主党派、人民团体,帮助解决实际问题,增进友谊,加深理解,营造了团结民主的和谐氛围,维护了生动活泼的政治局面。

重视党派团体作用,促进多党合作共事。八届政协认真贯彻"长期共存、互相监督、肝胆相照、荣辱与共"的方针,坚持民主协商、平等议事的原则,不断完善和拓宽建言渠道。每年政协全会前召开党派、团体协调会,协助做好大会发言的准备工作;对各党派、团体提出的提案和反映的社情民意高度重视,认真办复;以专委会为依托,邀请各民主党派、人民团体开展联合调研和视察等活动,形成了合作共事的良好局面。

广泛开展交友联谊,积极扩展对外交流。五年来,组织委员到上海、天津等外省市进行了学习考察,形成考察报告20余篇;接待全国政协港澳台侨委员会、市政协老委员、外省市和兄弟区县政协来访80余批、1400余人次,增进了友谊,促进了合作,宣传了石景山的发展环境。

五、夯实基础、完善机制,加强自身建设

八届政协的五年,我们大力推进人民政协履行职能工作的制度化、规范化和程序化,始终把强化自身建设摆在突出位置,为政协科学履职提供了重要保障。

加强政协"三化"建设,不断提高服务水平。八届政协积极贯彻落实区委《关于进一步加强人民政协工作的意见》、《关于加强人民政协政治协商制度建设的意见》,修订完善了会议、提案、调研、社情民意等30余项工作制度,推动了政协各项工作的制度化、规范化、程序化建设。以"学习实践科学发展观"活动为契机,全面加强领导班子和机关队伍思想作风建设,为政协履行职能提供了坚强保证。加大对机关干部的培养使用和交流力度,调动了工作人员的积极性。重视做好老干部工作,得到老干部的充分肯定。

加强政协专委会建设,发挥委员主体作用。八届政协高度重视专委会的基础作用,建立健全工作制度,明确工作职责,改进工作方法,提高服务水平,专委会对口联系工作更加规范、有序。注重发挥委员的主体作用,加强对委员履职的服务和引导,围绕全区重点工作和转型发展中的难点问题,有针对性地组织委员进行视察,为委员提出意见建议畅通渠道、搭建平台;开展了政协委员街道联组试点工作,为委员参与社区建设开辟了新的领域。

加强政协宣传工作,营造事业发展氛围。八届政协注重加强与宣传部门、新闻媒体的联系合作,不断拓宽宣传领域,突出宣传重点。五年来,先后召开5次宣传信息工作协调会,在中央和市、区新闻媒体报道我区政协工作800余篇次,与石景山区广电中心合办《政协之窗》专题节目37期,与《石景山报》合办《参政议政》专刊110期,编辑印发《石景山政协信息》40期,《委员参考》16期,进一步扩大了人民政协的社会影响。

五年工作体会

各位委员,八届政协的五年,是坚持解放思想、创新发展的五年,是求真务实、团结奋进的五年,我们在继承中发展,在发展中创新,在创新中提高,通过实践,有以下几点体会:

一、区委的坚强领导、政府的大力支持,是做好政协工作的根本保证

五年来,八届政协始终把坚持区委领导作为开展工作必须遵循的政治原则,认真贯彻落实区委的重大决策和部署,切实做到与区委思想同心、目标同向、行动同步,不断增强政协常委会的政治把握能力和工作向心力、凝聚力。工作中积极争取政府的支持,围绕全区中心工作议大事,想全局,力求提出的意见建议有助于推动石景山区各项事业的发展,有助于化解社会矛盾,有助于促进问题的解决,使政协工作形成了党委重视、政府支持、政协主动的良好局面。

二、围绕中心、促进发展,是做好政协工作的第一要务

五年来,八届政协始终把围绕中心、服务大局作为政协工作的重要原则,着力在促进科学发展上下功夫。我们坚持从实际出发,力求把政协工作做实、做深、做好。坚持把促进发展作为履行职能的第一要务,每年都根据区委区政府的工作重点,选择具有战略性、全局性、前瞻性的课题,开展调研,积极建言,使政协工作在推动区域发展中有所作为。

三、心系群众、履职为民,是做好政协工作的内在要求

五年来,八届政协始终坚持履职为民、服务民生的工作原则,牢固树立情为民所系、利为民所谋,言为民所建的工作理念,把认真听取群众意见、反映群众诉求作为政协工作的一项经常性、基础性的工作,紧紧围绕群众关心的热点、难点问题,深入基层,了解民意,及时向区委区政府提出解决问题的意见建议,为石景山区的社会和谐做出应有贡献。

四、与时俱进、开拓创新,是做好政协工作的不竭动力

五年来,八届政协坚持解放思想、开拓创新,正确处理继承传统与创新发展的关系,根据新的形势和石景山区的实际,创造性地开展工作,通过与兄弟区县联合创办"首都西南区域经济发展论坛",进一步拓展了履职平台,加强了

区域合作；通过将政协建议案由书面答复，改为主管区领导率有关部门当面答复，推进了基层政协工作机制的创新，增强了政协工作活力。

五、团结民主、真诚合作，是做好政协工作的重要基础

五年来，八届政协牢牢把握团结和民主两大主题，把真诚合作作为开展工作的重要基础。我们紧密团结各党派、团体和各界委员，结合我区转型发展的工作实际，认真听取他们的意见和建议，使委员在民主氛围中参政议政，在和谐氛围中畅所欲言，为广大委员更好地履行职责、发挥作用提供了广阔的舞台，巩固发展了我区大团结、大联合的良好局面。

各位领导、各位委员，八届政协在过去的五年工作中，为促进我区经济发展、社会建设做出了贡献。这些成绩的取得，是中共石景山区委坚强领导，区人大、区政府大力支持和市政协有力指导的结果，是全区各部门积极配合、社会各界广泛参与的结果，是区政协各参加单位、广大政协委员和机关干部共同努力的结果，是历届政协不懈努力、辛勤耕耘的结果。在此，我代表八届政协常委会表示衷心的感谢，并致以崇高的敬意。在肯定成绩的同时，必须清醒地看到，我们的工作与党和人民对我们的期望，与新时期政协工作的要求还有差距，主要是履行职能的制度化、规范化、程序化建设需要进一步加强；调动委员履职积极性、主动性的办法需要进一步改进；专委会和界别作用发挥需要进一步提升；政治协商、民主监督和参政议政水平需要进一步提高，这些问题需要在今后的工作中引起高度重视。

今后工作建议

未来五年，是北京市全面启动中国特色世界城市建设任务的重要时期，也是我区坚持科学发展、深化全面转型的关键时期。新形势、新任务对做好政协工作提出了新的要求，同时也为政协履行职能提供了广阔的舞台。我们相信，新一届政协在中共石景山区委的领导下，一定会大有作为，为把我区建设成为发展强劲、创新活跃、生态宜居、人文和谐的现代化首都新城区作出新的更大贡献。为此，我代表八届政协对新一届政协提出如下希望和建议：

一、加强学习，增强履行职能的责任感

学习是政协的优良传统。建议新一届政协结合换届后新委员较多的特点，认真抓好学习、培训，为更好履行职能奠定基础。要深入学习贯彻胡锦涛同志在庆祝中国共产党成立90周年大会上的重要讲话，中共十七届六中全会精神和将于2012年召开的党的十八大精神，把学习贯彻中央精神作为区政协的首要政治任务；要全面学习政协统战理论知识，使广大委员熟悉人民政协的性质、地位和作用，了解政协章程、工作程序和履职形式；要加强对市情、区情的学习，为委员有针对性地履行职责打好基础。通过学习，进一步坚定高举中国特色社会主义伟大旗帜的信心，增强履行职能的责任感、使命感，努力开创政协工作新局面。

二、认真履职，推动经济社会科学发展

促进发展是政协履行职能的第一要务。建议新一届政协以助推我区经济社会全面转型、科学发展为重点，准确把握“十二五”规划的目标任务，按照区委确定的“大调整、大建设、大发展”工作主基调，找准履职的切入点，充分发挥政协人才荟萃、联系广泛的优势，围绕我区转型发展中的重大课题，围绕全区发展稳定的重大决策，围绕事关人民群众切身利益的重大问题，认真履行政治协商、民主监督、参政议政职能，为推动和谐石景山、绿色石景山、智慧石景山建设作出积极贡献。

三、发挥优势，营造团结民主和谐氛围

人民政协具有团结各界、凝聚力量、促进和谐的优势。建议新一届政协牢牢把握团结和民主两大主题，充分发挥人民政协作为爱国统一战线组织的优势和作用，坚持求同存异、体谅包容的原则，加强与各界人士的联系，着力在促进民主、增进团结、协调关系方面下功夫，营造民主和谐、生动活泼的良好氛围。坚持把实现好、维护好广大人民群众的根本利益作为政协工作的出发点和落脚点，引导广大委员深入基层，联系各界，认真听取意见，积极反映民声，巩固和促进我区大团结、大联合、大发展的政治局面，推动我区和谐发展。

四、开拓创新，提升政协整体工作水平

创新是推动工作前进的动力。建议新一届政协继续坚持解放思想，实事求是的作风，发扬与时俱进，开拓创新的精神，积极探索政协工作的新形式，不断推动政协工作向前发展；要积极完善委员服务与管理工作，进一步推进工作的制度化、规范化、程序化建设，充分调动委员在履职中的政治热情和参与活动的积极性，使政协工作真正体现时代性，把握规律性，富于创造性，促进九届政协各项工作再上新台阶。

五、固本强基，不断加强政协自身建设

打好基础是做好工作的保障。建议新一届政协全面贯彻中央和市、区委关于加强人民政协工作的精神，切实加强政协常委会、专委会、委员队伍和机关队伍建设，进一步明确职责任务，充分发挥常委会的领导作用，专委会的基础作用，委员的主体作用和机关的服务作用，为提高政协工作的整体水平提供保障。

各位委员、同志们，石景山区发展前景美好，“十二五”蓝图催人奋进，做好政协工作任务艰巨、责任重大、使命光荣。衷心地希望区九届政协在中共石景山区委的领导下，同心同德，锐意进取，为开创政

协事业新局面，实现“打造北京CRD，构建和谐石景山，建设现代化首都新城区”的宏伟目标，做出新的更大的贡献。

专　文

关于打造新首钢高端产业综合服务区的对策研究

建设新首钢高端产业综合服务区(以下简称“首钢新区”),是北京市“十二五”规划作出的战略部署,是在建设中国特色世界城市的目标下,全面贯彻落实科学发展观,加快转变经济发展方式,进一步优化首都高端产业发展空间布局的重要举措。如何加快推进首钢新区的规划建设,构建起科学高效的运作模式,是当前亟待研究解决的重大问题。为此,石景山区成立专项课题调研组,重点对首钢新区的基本内涵、发展现状、面临机遇与挑战等进行了深入分析,并且提出了相应的对策建议。

一、关于建设首钢新区的相关概念及战略意义

(一)基本概念

1. 高端产业的概念界定

高端产业是在现代产业基础上出现的一个新概念。目前,虽然“高端产业”这个词出现的频率比较高,但针对高端产业的概念尚无定论,有的观点认为高端产业就是指高技术产业或高新技术产业;有学者认为高端产业是指技术含量高、利润率高、附加值高、资源消耗低的产业;有学者认为高端产业的核心是具备先进性和控制力。综合理论界的研究成果及各方观点,我们认为对高端产业的识别主要包括三个方面:一是从内涵上看,高端产业是指以高新技术为核心,以创新为手段,以高端产品为标志,以价值增值能力的高端化为方向的现代产业体系。二是从范围上看,高端产业是第一、第二、第三产业在高端层次上的发展,代表着现代产业发展趋势和结构调整方向。三是从特征上看,高端产业具有高技术含量、高附加值、高成长性、高市场占有率和低资源消耗、低环境污染等特点,其发展程度已逐步成为衡量一个地区综合竞争力和现代化水平的重要标志之一。

2. 高端产业功能区的概念界定

目前,国内很多城市把打造高端产业功能区作为拉动地区经济增长、提高区域竞争力、实现跨越式发展的重要方式,并制定了建设高端产业功能区的规划。但是,各城市对高端产业功能区的提法不尽相同,有的城市明确称之为高端产业功能区,有的称之为高端产业集聚区,有的以地理命名为发展新区,也有的沿用传统称谓名之为高新技术开发区、工业园区等。但是,无论怎么命名,从其实质上看,都是以发展高端产业或推进产业高端化发展为主要战略,在一定空间内打造形成的高端产业聚集区域或区域性空间载体。其基本特征主要体现在以下四个方面:一是高端要素高度聚集。表现为与核心功能相关的社会资源的密集分布,即对人才、信息、资本、物质要素、技术等社会资源的高势能吸纳和高效率利用,是城市集聚效应的最集中的体现,可以在相对有限的地域空间中创造出巨大的经济产出。二是辐射扩散效应明显。其辐射扩散功能体现在:扩张自身市场性权利的作用范围;构筑更大空间的集聚协作体系;扩散功能区的优势能力,如技术、管理、观念、资金等,向周边地区渗透,带动周边地区发展。三是经济社会效益显著。高端产业功能区的主导产业通常都具有较高经济效益,而且具有多层次、长产业链的特征,是区域比较优势和核心竞争力的现实表现,是城市经济发展的动力源泉,是推动经济增长的引擎,是区域主要的收入来源,对就业、增收等具有很强的拉动作用。四是“城市名片”象征突出。高端产业功能区往往是一个城市最有代表性的地区,是一个城市的品牌和现代化程度的象征与标志。高端产业功能区的成功建设,对于提高城市的知名度和美誉度,扩大城市的影响力,提升城市的文化品味,都具有十分重要的意义。

3. 首钢新区研究的空间范围

首钢新区作为北京西部最大的产业发展空间,跨石景山区、门头沟区和丰台区,总面积约43平方公里,分为核心区、围合区和协作发展区三大区域。其中,在石景山区范围内面积为23.36平方公里,另有近20平方公里属于门头沟区和丰台区。规划中的首钢新区位于石景山区部分是本课题的重点研究区域(见图1),其面积包括:核心区863公顷,围合区215公顷(不含核心区),协作发展区1257公顷(不含围合区)。

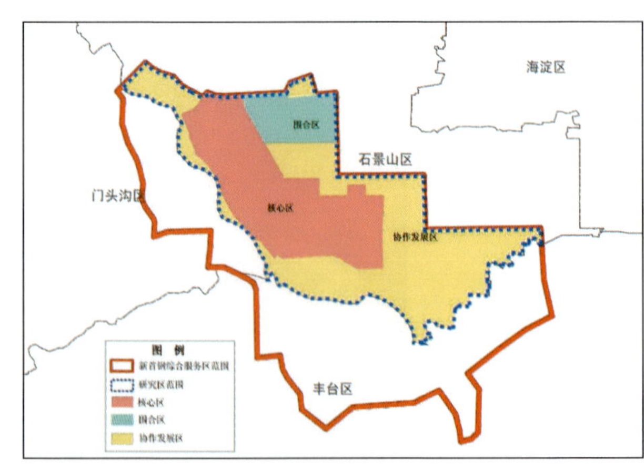

图1　首钢新区空间布局图

首钢新区的核心区(主要是首钢原主厂区)已先期启动制定规划,根据2011年4月北京市规划委公示的《新首钢高端产业综合服务区规划》,整个核心区呈L形,划分为工业主题园、文化创意产业园、综合服务中心区、总部经济区和综合配套区五个功能区,重点发展以制造业高端环节、生产服务、文化创意为特色的现代产业。长安街从文化创意产业园和综合服务中心区中间横穿。沿永定河的一侧,建

设一条从东南贯穿向西北的综合生态休闲带，结合厂区内工业遗存和现在开敞空间分布，建设一条贯穿五大功能区的"L"型公共活动休闲带（见图2）。

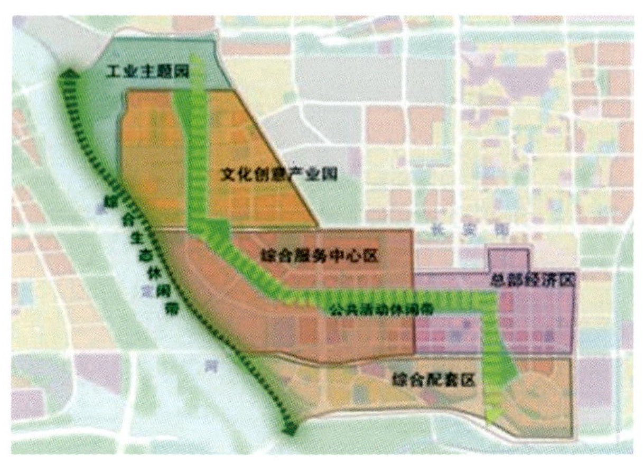

图2　首钢新区核心区空间布局图

（二）战略意义

建设首钢新区，无论是对于推动中国钢铁业结构调整，还是提升首都城市功能、推进石景山区转型发展，都具有十分深远的影响和重要的战略意义。

1. 从国家层面看，打造首钢新区是实现国家战略决策的重要体现，对我国工业城区的转型发展具有"示范"效应。经过改革开放30多年的发展，我国许多城市进入新的发展阶段，原有产业布局不合理，面临转型调整的压力。按照2005年2月国务院的批复精神，作为我国大型企业集团的首钢启动实施了涉钢产业搬迁调整方案。首钢涉钢产业搬迁调整不仅对自身发展具有重要的战略意义，而且对北京地区经济转型、环境改善将产生重大影响。特别是作为国家推动中国钢铁工业结构调整、优化钢铁工业布局的一项战略决策，首钢搬迁调整是我国钢铁产业政策的全面体现。首钢涉钢产业停产搬迁后，如何根据新形势、新任务的要求，搞好老工业区的规划建设，事关首钢搬迁调整这一国家战略的全面落实，也成为市区政府和社会各界关注的焦点。通过改造旧厂区，实现新定位、新规划、新发展，建成后的首钢新区不仅赋予首钢新的生机与活力，也将为国内大型钢铁企业转型发展、为中心城区搬迁调整大型传统工业企业提供鲜活经验，发挥良好的示范作用。

2. 从全市层面看，首钢新区是北京高端产业发展的重要载体，对提升首都城市功能和促进首都全面协调可持续发展具有"助推"作用。北京市"十二五"规划明确提出，围绕提升高端产业功能区辐射力，积极培育高端产业功能新区，构建"两城两带、六高四新"的创新和产业发展空间格局。首钢新区作为"四新"之一，与通州高端商务服务区、丽泽金融商务区、怀柔文化科技高端产业新区等相关功能区一并被纳入到了北京城市经济高地范畴，成为促进全市高端产业发展的重要载体和重要力量。同时，明确首钢新区作为北京西部地区重点打造的"一核"，未来在疏解中心城区功能、培育新兴高端产业等方面举足轻重，将成为未来带动京西地区转型发展的核心区域和重要增长极。由此看来，作为未来北京高端产业发展的重要载体，首钢新区在拓展首都经济发展空间、提升首都经济总体规模和综合竞争力方面将发挥重要作用，成为彰显北京建设中国特色世界城市的新地标。

3. 从区域层面看，首钢新区是石景山区加快地区转型发展的重要引擎，对加快我区经济发展方式转变、促进区域经济转型升级具有"突破"意义。某种意义上，石景山区的功能与产业发展史折射出了首钢企业发展史，也浓缩了首都工业发展史。近年来，为充分利用首钢搬迁调整带来的有利机遇，积极削弱因首钢搬迁调整造成的经济总量降低、财政收入锐减等不利影响，确保石景山区在新的起点上更好更快发展，区委区政府审时度势，确立了"打造北京CRD、构建和谐石景山、建设现代化首都新城区"的发展目标和"大调整、大建设、大发展"的工作主基调，提出了"高端、高效、高标准"的发展总原则，提出了由传统工业石景山向绿色生态石景山转型的总方向，使区域经济在首钢搬迁调整的形势下实现了平稳、持续、健康发展。但从总体上看，虽然石景山区明确提出CRD建设的五大支撑产业，近年来第三产业的比重大幅提升，但是尚未形成具有较强带动作用的主导性产业支撑，也没有形成必要的产业聚集，还不足以替代原有钢铁产业来支撑区域经济发展。首钢新区拥有巨大的空间资源，是城区少有的可大规模、联片开发的区域，是区域转型发展可利用的核心空间。首钢新区还将围绕钢铁制造上下游环节，聚集国内外知名钢铁、制造、能源企业总部、职能总部和区域总部，大力发展文化创意、商务服务、节能环保、现代商业等产业，努力建设高端要素集聚、创新创意活跃、总部特征明显、生态环境优美的高端产业新区。由此可见，首钢新区是加快经济转型升级的新空间，是培育大产业、大项目的新载体，对于加快石景山区战略转型与发展必将产生深远影响。

二、建设首钢新区的现状分析

打造首钢新区必须充分认识其发展现状，包括存在的优势和劣势、机遇和挑战，从而将首钢新区建设与北京市发展大局、区域内部资源、外部环境有机整合，更好更快地推动规划建设，实现科学发展。

（一）优势条件

1. 北京市委市政府的高度重视，为打造首钢新区提供了坚强保障。打造首钢新区，从战略提出到前期规划，得到了北京市委市政府的高度重视。2005年北京市成立了首钢搬迁调整工作协调领导小组，顺利实施和推进了首钢搬迁调整。2010年5月，成立了由郭金龙市长担任组长的首钢地区规划建设及产业调整工作领导小组，加快产业发展政策和相关规划的研究，重点推进首钢地区开发建设及重大基础设施项目实施。北京市"十二五"规划也将打造首钢新区纳入"两城两带、六高四新"的创新产业发展格局，明确提出积极打造首钢高端产业综合服务区，推进石景山国家服务业综合改革试点区建设。2011年初，北京市出台《关于加快西部地区转型发展的实施意见》，将首钢新区确定为北京西部发展“一核两区三带”空间布局中的“一核”，明确指出将首钢地区逐步建设成为高端要素聚集、创新创意活跃、总部特征明显、生态环境优美的新首钢创意商务区，将其打造成全国首个“制造业总部集聚区”，并制定了从组织、资金到人才等多项保障措施。北京市委市政府的高度重视和支持，为打造首钢新区提供了重要保障。

2. 前所未有的聚焦优势，为打造首钢新区营造了良好氛围。建设首钢新区，事关我国工业城区转型发展的思路引领，事关北京市全面实施“三个北京”战略和建设中国特色世界城市，事关石景山区未来百年发展大计，其影响深远、意义重大，无疑会使首钢和石景山区前所未有地成为国内外关注的重点，成为社会各界广泛关注的焦点，这将有利于得到国家政策的大力支持，有利于吸引各方资本进入，势必为打造首钢新区营造一个良好的氛围，带来难得的发展良机。

3. 得天独厚的区位优势，为打造首钢新区提供了有利条件。良好的区位优势在打造产业功能区中显得尤为宝贵。首钢新区坐拥长安街，背依永定河，位于长安街西延线和永定河绿色生态走廊交汇处，是北京市发展“一轴”“一带”的西部节点，是连接门头沟、石景山和丰台三区的重要枢纽。长安街西延线、京原路、阜石路、五环路、六环路以及地铁1号线等多条线路均抵达该区，建设中的城铁S1线、规划中的轨道交通M11、R1、M6线也将贯穿新区，便利的交通条件使首钢新区与主城区近在咫尺。

4. 难得的空间优势，为打造首钢新区带来了巨大潜力。首钢新区包括首钢涉钢产业停产后腾退出的8.63平方公里核心区、北边13.67平方公里围合区域以及周边20.7平方公里的协作发展区，是北京西部地区最大的产业发展空间，是城区少有的可大规模、联片开发的区域，具有难以复制的空间资源优势。丰富的土地资源使该区域的综合改造优势和整体开发前景光明、潜力巨大，大规模的产业载体建设空间，为承接优质产业资源转移、加快培育新兴主导产业奠定了坚实基础，在未来的经济发展中具有较强的后发优势。

5. 良好的生态环境，为打造首钢新区赢得了发展良机。宜居的生态和绿化环境，是现代高端产业功能区的一大显著特征。首钢新区的核心区坐落在石景山区，其协作区包括了门头沟滨河地区和丰台的河西地区，具有良好的生态环境优势。石景山区绿地面积近40平方公里，全区绿化覆盖率达48.6%，是北京绿化率最高的城区。北京市规划建设的永定河绿色生态发展带的城市段，就处于首钢新区的协作发展区内，目前已完成由门城湖、莲石湖、晓月湖、宛平湖构成的全长14.2公里的“四湖一线”整治工程，总面积550万平方米，其中水面面积270万平方米，滨河带面积280万平方米。这一城市滨水景观带的建成，为未来建设首钢新区创造了良好的生态环境。除此之外，近年来石景山区生态环境质量显著改善，2010年二级和好于二级天数达到247天，创历史最好水平；生活垃圾无害化处理率达到100%；城市污水集中处理率达到90%。这些都将使首钢新区的生态环境更加优美、更加宜商宜居，将对未来高端产业入驻和集聚产生强大的吸引力。

（二）劣势条件

1. 土地权属复杂不利于统一开发。从首钢新区的土地利用权属看，既跨行政区划（跨石景山、门头沟、丰台三区），又有国有土地和集体土地之分；在国有土地中，既有首钢等企业的权属土地，又有区政府及市属事业单位的权属土地（具体见表1）。土地权属关系十分复杂，涉及众多利益主体，这在北京市乃至全国的高端功能区建设中都属特例，完全没有经验可寻。2011年市政府1号文件明确了由首钢承担主厂区的土地一级开发，但对于多个主体间的利益分配问题，特别是对开发建设中政府与企业之间的权责关系还没有明确具体的规定，这将直接影响到后期一系列开发建设工程的有序推进，是首钢新区建设面临的重要问题。

表1 首钢新区（石景山区划内）土地利用现状表 （单位：公顷）

现状地类		核心区（首钢主厂区）		围合区		协作发展区		合 计
		国有土地	集体土地	国有土地	集体土地	国有土地	集体土地	
农用地	耕地	0.00	0.00	0.00	4.71	13.80	7.62	26.13
	园地	0.00	0.00	0.00	0.00	8.99	18.76	27.76
	林地	7.89	0.00	0.01	3.60	85.57	28.03	125.10
	其他农用地	0.00	0.27	0.03	0.91	6.47	9.10	16.78
	小计	7.89	0.27	0.04	9.21	114.83	63.52	195.77
建设用地	商服用地	2.07	15.80	6.25	17.22	46.96	65.23	153.54
	工矿仓储用地	734.70	23.95	105.45	7.39	150.60	52.03	1074.12
	住宅用地	6.37	1.03	26.08	6.42	84.78	74.10	198.78
	公共服务用地	5.56	0.34	9.52	0.32	122.18	27.00	164.92
	特殊用地	0.00	0.00	0.00	0.00	8.54	0.23	8.77

续表

现状地类		核心区（首钢主厂区）		围合区		协作发展区		合　计
		国有土地	集体土地	国有土地	集体土地	国有土地	集体土地	
建设用地	交通运输用地	56.97	0.66	18.09	5.31	211.69	25.05	317.77
	其他建设用地	0.59	2.64	0.17	3.75	6.50	29.62	43.28
	小计	806.25	44.42	165.57	40.42	631.25	273.26	1961.18
未利用地	河流水面	4.40	0.00	0.00	0.00	172.71	0.00	177.10
	其他未利用地	0.00	0.23	0.00	0.00	1.30	0.36	1.89
	小计	4.40	0.23	0.00	0.00	174.00	0.36	178.99
合　计		818.54	44.92	165.61	49.63	920.08	337.14	2335.93

注：本表数据统计截止到2011年5月

2. 区域内主导性产业相对缺乏。目前，石景山区正处于主导产业培育的关键时期，“十二五”规划确定了文化创意、高新技术、商务服务、现代金融和旅游休闲五大主导产业，但从北京市总体看，石景山产业规模相对较小，产业集群效应还不明显，产业优势并不突出，缺乏支撑CRD的产业品牌，对首钢新区的辐射带动能力有限，特别是对于经济发展具有更大推动作用的生产性服务业来说，这一定位的吸引力则较为有限，对于整个地区的经济转型及财力方面的增长支撑不足。主导产业接续问题是影响和制约首钢新区发展的最突出、最核心问题，是关系其发展成败的关键因素。能否成功引进和培育符合区域功能定位的主导产业、如何壮大生产性服务业尚需更多筹谋与思考。

3. 基础设施和公共服务资源比较优势不足。基础设施是区域经济发展的基础，在功能区建设中处于重要的先导地位。近年来，石景山区紧抓举办奥运会等历史机遇，不断加大基础设施投入改造力度，交通条件有所改善，但是基础设施建设仍然相对滞后，配套设施不完善，区域发展不平衡，水、电、气、热、通信等公共生活配套设施与其他城市核心区相比仍存在较大差距。地区软环境建设也相对比较滞后，教育、医疗等公共服务条件与其他城区相比还存在明显差距。

4. 高端人才资源十分短缺。人才是高端产业发展的第一资源。长期以来，首钢地区以重工业闻名全国，拥有大批优秀的产业工人和技术人员，但文化创意产业、生产性服务业以及高技术产业发展亟需的创意创新人才却极端匮乏，远远不能支撑新区建设的需要。在由传统重工业向文化创意产业、生产性服务业等新兴产业转移过程中，高素质的创意创新型人才严重短缺，已经成为高端产业引入、加快首钢新区建设的主要瓶颈。伴随人才短缺而来的问题是自主创新能力不强，企业缺乏核心竞争力，缺乏内生驱动力，缺乏高端产业培育、孵化的氛围，尚未形成完整的产业链，不利于首钢新区的产业集聚。

5. 科技、金融、中介等要素资源薄弱。科技、金融、中介等要素服务资源是衡量高端产业功能区的重要标准，也是支撑产业发展的重要力量。近些年来，石景山区加快推进“首都文化娱乐休闲区”（CRD）建设取得了重大进展，品牌知名度和影响力不断提升，但支撑CRD建设的科技、金融、中介等要素资源相对薄弱，同海淀、朝阳等城区相比存在明显差距，尤其是对高端要素的吸引力有待进一步增强。中关村石景山园主要依靠引进外来企业，自身科技研发能力不足；全区金融机构主要以银行为主，缺乏风险投资机构；能够提供专门服务的中介组织少之又少，难以满足高端产业发展要求。

（三）面临的机遇

1. 经济全球化提供了国际平台。当前，全球经济进入新一轮发展的战略机遇期，经济全球化趋势不断增强，新技术革命方兴未艾，国际产业转移从制造业向服务业特别是向高端服务业转移的态势日趋明显，经济全球化带来了产业结构调整和优化的机会，无论是吸引外资的流入，还是引入先进的科学技术，都为高端产业的发展注入了新的活力。作为全球第二大经济体的中国在创新、人才、市场方面为企业发展创造了条件。全球科技革命和新兴产业发展的大趋势，为发展高端产业营造了良好背景，有利于高端产业聚集区的建设和发展。

2. 北京建设世界城市带来重大机遇。随着北京建设中国特色世界城市目标的提出，首都经济、社会进入了新一轮大招商、大开发、大建设、大发展的新阶段，市委市政府推出了经济发展和城市建设的一系列重大举措，包括开发区整合、行政区调整、高端功能区拓展、京西地区转型发展、以及“两城两带、六高四新”发展的新格局，等等。这一系列战略的实施，为促进高端产业的发展提供了重要契机，必将给首钢新区的打造带来诸多机遇。

3. 一系列政策支持呈现重大利好。2010年以来，石景山区先后获批“国家服务业综合改革试点区”、“国家可持续发展实验区”、“中关村国家自主创新示范区特色园区”。“三区”建设的相继启动，有利于争取更多市级优惠政策和资金支持，促进文化创意产业、生产性服务业和战略性新兴产业发展壮大，将为首钢新区建设注入强大动力。

4. 京津冀经济圈带来市场空间。京津冀经济圈是我国经济社会发展的重要区域，京津冀地区的整体发展在为

北京城市持续发展提供支持的同时，也给我区发展带来了机遇，主要体现在为老首钢重工业企业调整提供广阔的转移腹地的同时，也为首钢新区发展带来更大的市场空间。

（四）面临的严峻挑战

1. 全国各地掀起争夺经济科技制高点的新竞争。综观全国，很多地区的“十二五”规划纷纷把争夺经济科技制高点作为战略重点，把增加科技创新投资、发展高技术及高技术产业作为带动经济社会发展的战略突破口，把新能源、绿色经济、低碳经济、信息产业的发展提升到战略高度大力扶持。这样的发展新潮流和新趋势，必将引发新一轮产业调整、转移和升级，带来发展方式的深刻调整。在这种情况下，首钢新区是否具备明显的先导优势，能否成功应对资源环境方面的严峻挑战，为经济持续增长提供持久动力，是需要深入研究和破解的重要问题。

2. 全市其他高端产业区带来巨大竞争压力。综观北京市，中关村、亦庄、CBD、金融街、奥林匹克中心区、临空经济区六大高端产业功能区，均起步较早，基础设施和产业政策等软硬件条件相对完备，目前集聚了全市四成左右的GDP和资产，实现了四成以上的利润和税金，已经形成对资金、人才等集聚效应。在大量高端产业和人才分布在北京东部、北部及中部的情况下，首钢新区的建设将面临“六高”的巨大竞争压力。“四新”中的通州高端商务服务区、丽泽金融商务区和怀柔文化科技高端产业新区前期建设均已启动，主导产业已经确立，各方面均走在了前面。传统的“六高”和其它三大高端产业新区将为首钢新区的资源集聚、招商引资带来巨大竞争压力。

3. 区域产业结构调整任务十分艰巨。打造首钢新区的核心是发展产业，必须尽快解决首钢涉钢产业搬迁后区域主导产业缺失的问题。近年来，石景山区加快推进首都文化娱乐休闲区（CRD）建设，文化创意等新型产业培育取得重大进展，产业结构不断优化，但相比其他城区而言，还有很大差距，加快产业结构调整的任务仍然十分紧迫。区域主导性产业在短期内难以形成优势，也将在一定程度上影响首钢新区的产业引进和产业集聚。

表 2　2010 年城六区第三产业中规模占比前三大领域一览表

城区	前三大领域
东　城	金融业（18.2），租赁和商务服务（13.3），批发与零售业（11.9）
西　城	金融业（41.2），租赁和商务服务业（7.2）
朝　阳	批发与零售业（25.9），租赁与商务服务（14.8），房地产业（10.5）
海　淀	信息传输、计算机服务和软件业（22.9），科学研究、技术服务和地质勘察业（12.9），批发与零售业（10.6）
丰　台	批发与零售业（12.8），科学研究、技术服务与地质勘察业（11.3），房地产业（10.1）
石景山	信息传输、计算机服务与软件业（11.1），房地产业（7.3），批发与零售业（7.1）

4. 基础设施建设面临重负。打造首钢新区对城市基础设施建设提出更高更新要求。一是规模大。首钢新区仅核心区用地总体容量为 1060 万平方米，市政基础设施中的交通、水、气、热、雨污水、中水等供应能力要全部跟进。二是任务重。规划路网全部为新建，总里程约占全区道路总里程三分之一，资金需求巨大。核心区及周边城市主干路历史欠账多，规划实现率低。首钢搬迁调整后全区五分之一部分供热的承接、水质改善、生态修复、以及厂区大规模拆迁与工业遗产保护关系是现阶段首钢新区建设的重点也是难点问题。三是要求高。新区高端产业的高端形态，对基础设施建设提出了充分考虑未来城市发展的高品质要求。以上种种都将对首钢搬迁调整后石景山区城市建设工作带来压力。

5. 社会建设任务依然十分繁重。伴随着首钢的搬迁调整，数十年来首钢“企业办社会”所承担的大量公益服务职能将分离出来，转而由政府承接。由此带来的一系列社会建设和管理的任务，诸如就业和社会保障、社会救助服务，基础教育服务，文化体育服务，居民管理和社区服务，大市政（包括水、电、气、道路）服务，等等。对于这些社会事务能否做到有效对接、良性发展，直接影响地区的民生改善和社会稳定，进而也会影响到首钢新区的开发建设进程。

通过以上分析可以看出，打造首钢新区既面临大好机遇，又存在诸多制约因素，这些都需要市区两级政府和首钢等相关企事业单位共同努力，把潜在机遇转为现实优势，化不利因素为有利条件，通过科学谋划、合力推进、高效运作，确保首钢新区这一宏伟工程能够如期实现高标准的规划目标，焕发出强大的发展活力。

三、加快推进首钢新区建设的对策建议

建设首钢新区，是一项艰巨复杂的系统工程。建设过程中，需要面对一系列重点难点问题，包括该功能区的发展定位、产业选择、空间布局、科技人才、基础设施、运作机制、政府引导，等等。根据对打造首钢新区现状的分析，课题组提出如下对策建议，为推进首钢新区建设提供决策参考。

（一）坚持高标准定位，明确首钢新区的发展目标

首钢新区的建设，应瞄准北京建设中国特色世界城市的战略目标，结合市委市政府加快北京西部地区转型发展的战略部署，以及石景山区 CRD 发展定位，坚持高标准、高站位，着力提升该区域的建设发展层级。

1. 努力打造成为加快转变经济发展方式的示范区。北京市“十二五”规划纲要提出，首钢高端产业综合服务区将重点发展文化创意产业、高技术产业、生产性服务业等产业，吸引制造业总部和研发中心落户，努力成为产业转型升

级的示范区。作为北京市重点发展项目，首钢新区应充分利用这一机遇，加快推动区域产业结构优化升级，大力发展低能耗、低排放、高效益的现代服务业和科技含量高的战略性新兴产业，努力打造北京新的高端产业功能区，成为北京市乃至全国产业转型升级的标杆，成为加快转变经济发展方式的示范区。

2. 努力打造成为首都生态文明建设的重点区。全市正在大力实施绿色北京发展战略，建设宜居城市。按照北京市建设"三个北京"和中国特色世界城市的战略要求，石景山区也在积极探索由传统重工业区向绿色生态石景山全面转型的途径与方法。首钢新区的全面启动，将彻底改变我区原有的重工业污染的城市形象。因此，在建设过程中，需要我们始终坚持产业发展和环境保护并重的原则，以建设"国家可持续发展实验区"为契机，通过大力发展绿色经济、低碳经济和循环经济，努力打造绿色的生产体系、消费体系和环境体系，使首钢新区不仅成为一流的高端产业功能区，更要成为引领北京的资源能源利用、生态和谐发展的重点区。

3. 努力打造成为首都经济创新驱动的核心区。科技创新从一定程度上代表了一个区域发展的潜力和深度。北京市在"十二五"规划纲要中提出，未来将整体塑造"北京服务"和"北京创造"品牌，作为新兴的高端产业功能区，首钢新区必须坚持走以创新驱动为主的发展道路，尽快提升科技创新能力。借助中关村国家自主创新示范区先行先试的相关政策，进一步加快完善和提升区域创新服务体系建设，积极创造有利于承接首都科技创新资源和人才资源的基础条件，更好地推动各类创新要素向新区聚集，为加快战略转型和发展提供强大的动力引擎。

4. 努力打造成为引领西部地区转型发展的综合服务中心。现阶段北京市正在努力促进经济结构由服务业主导向生产性服务业主导升级，着力打造服务区域、服务全国、辐射世界的生产性服务业中心城市。首钢新区作为北京市生产性服务业的重要战略支点，在建设过程中，我们要充分利用建设"国家服务业综合改革试点区"的契机，大力发展服务经济，不仅要做大服务业，更要做强服务业，形成服务业占主导地位的产业格局，既要考虑服务首钢，还要基于服务周边，更要立足于服务首都，要从高站位高标准来谋划，把首钢新区建设成为北京西部的城市副中心，成为带动西部地区转型发展的重要增长极。

（二）坚持科学高效、集中统一的原则，着力创新首钢开发建设的体制机制

首钢新区的建设是一项长期而又重要的战略任务，完善的体制机制是推进开发建设的重要保障，按照科学高效、集中统一的原则，探索建立一套全新的推进机制是当前急迫需要解决的问题。

1. 建立完善领导机制和工作机制。首钢新区与北京市其他高端功能区相比有其特殊性，由于该区域土地权属复杂，开发主体和利益主体多元化，在开发建设上没有现成模式可寻，需要进一步创新领导体制和工作机制，加大统筹协调力度，以此来实现开发规模与进度的有序控制、功能布局与结构的良性引导、局部建设与区域发展的合理统筹。为此，建议在北京市已经成立首钢新区规划建设和产业调整工作领导小组的基础上，新组建一个高规格的实体性工作推进机构，由该机构统一负责首钢新区规划建设任务的推进落实，加强与市有关职能部门、有关区县及首钢等企事业单位的协调沟通，统筹负责开发建设、产业发展和社会和谐等工作，确保首钢新区建设实现重大突破，在一定时期内取得明显成效。

2. 构建科学高效的土地开发新模式。推进首钢新区的开发建设，建立有效的土地开发模式是重点。目前，北京市已明确授权由首钢承担主厂区的土地一级开发，对以首钢为主体的首钢主厂区内重点产业项目，根据其实际功能定位和用途，按照现行政策进行供地。但是，由于首钢新区的规划范围不仅包括首钢原主厂区（核心区），还包括周边的"围合区"和涉及丰台、门头沟部分区域的重点协作区，采取单一土地开发模式显然行不通。为此，我们建议应在借鉴其他高端功能区建设经验的基础上，结合首钢新区自身的土地权属特征，探索建立具有地区特点的土地开发和管理的新模式。具体讲，这一新模式应体现以下几方面的要求：一是充分发挥"规划引领、区域统筹、全面协调"的功能。无论由谁来担任土地一级开发的主体，都需要加强市、区两级政府对土地一级开发的监管，发挥宏观调控作用，全面落实规划，确保规划目标的实现，特别要确保满足产业发展的用地需求。二是采取灵活的土地供应形式。根据土地利用性质，对不同地块分别采取土地划拨、协议出让、市场招拍挂等多种供地形式，尤其是要充分发挥市场配置土地资源的基础性作用。三是科学安排土地开发时序。依据各项规划，充分考虑开发资金周转、开发难易程度等因素，根据土地用途和用地布局，提出明确的土地开发时序安排，尤其是要优先安排好启动区的建设进程，发挥其先行先试和示范引领作用。

3. 加快完善多元化投融资体制。首钢新区的开发建设对资金的需求巨大，单纯依靠政府或企业单一主体，难以保障资金运作跟上开发建设步伐，必须探索建立多元化的投融资体制。一是积极争取政府财政支持，建立市区联动的投资机制，争取市财政资金对首钢新区市政基础设施和公共服务设施建设的支持，争取国家市政债在首钢新区的试点，建立市、区、首钢等联合投入机制，为各项建设顺利推进提供基础性资金保障。争取北京市加大对首钢地区主导产业的专项资金扶持，以补助、贴息等多种形式支持主导产业发展。同时，深入研究基金运作模式，充分发挥好"北京服务·新首钢"股权投资基金的规模作用。二是实行投资主体多元化，积极引导民间和国际资金的介入。探索融资方式的创新，通过BOT模式、BT模式、集合债券、集合信托等吸引民间资金和国际资本参与区域一些重大基础设施建设以及各种经营性社会公共服务设施项目建设，形成政府引

导，社会主体的多元化、高效益的投入体系，提供多渠道的资金保障。

4. 积极构建政策支持体系。首钢新区要取得“突破”和“示范”效应，不仅取决于我们的工作态度和努力程度，还取决于国家、北京市的扶持力度和倾斜政策。要抓住建设“国家服务业综合改革试点区”、“国家可持续发展实验区”和“中关村国家自主创新示范区特色区”的有利时机，利用先行先试的优势和机遇，借鉴中关村的优惠政策，早日酝酿提出首钢新区的优惠政策，争取国家和北京市的支持。尽快配套完善相关政策，搞好各类政策的深化、细化、延伸、创新和集成，尽快形成有利于新区发展的政策体系。应加强与国家和市有关部门对接，多请示、多汇报、多沟通，积极争取国家、北京市在战略定位、统筹协调、功能区建设、重大项目引进与基础设施配套等方面的全面支持与政策优惠。

5. 加强多方面的战略合作。一是要完善区政府与首钢等企事业单位之间的合作机制。在首钢新区建设过程中，区政府与首钢等其他开发主体之间，需进一步强化合作意识，按照“共谋发展大计、共建美好家园、共创美好未来”的原则，在规划建设、招商引资等方面建立多层次、多领域、全方位的合作协调机制，实现多方共赢、联动发展。按照“建园区就是建城市”的理念，以经营城市的模式来经营该区域，实现集物业管理、商业管理、资产管理于一身的综合管理，提升区域价值。二是加强与周边区域的战略合作。首钢新区的协作发展区跨越石景山区、门头沟区和丰台区。要打造好这一区域，必须进一步整合相关区域资源，加强沟通协作。市政府今年以 1 号文的形式印发的《关于加快西部地区转型发展的实施意见》，为加强西部地区间协作发展奠定了重要基础。石景山区作为首都西部发展的核心区域，应以新区建设为契机，站在北京市区域协调发展的高度，积极探索并建立跨区县合作模式与合作机制。

（三）坚持高端、高效、高辐射的发展方向，做好区域重点产业细分

首钢新区作为北京“六高四新”之一，应充分利用首都科技、文化、金融和总部的优势和自身区域优势，重视差异化竞争，避免低水平重复竞争，避免与其他区县产业发展同质化，全力构建以文化创意产业为特色，以生产性服务业为主体、以高新技术产业为支撑的现代产业体系。

1. 大力发展总部经济。总部经济是北京服务全国、带动区域、辐射全球的具体有效的经济形态。在首钢新区建设中，也必须把总部经济作为未来高端产业布局的基本形态。一是要引总部。以首钢总部作为核心引子，加快类首钢、联首钢和服务首钢这三类制造业和服务业企业的集聚。着力引进重大项目，塑造品牌。以大项目、大品牌带定位、带政策、带资金。二要显特色。把这些年培育的文化创意企业总部集聚起来，引入研发、设计，使石景山文化创意、动漫产业研发、设计、结算互相配套，支撑发展。三要育总部。把石景山的企业做大做强，实施总部企业走出去战略，包括一些枢纽型和载体型企业，如中国动漫游戏城、科技园区建设公司，在做成功基础上向外辐射。

2. 积极发展文化创意产业。首钢新区是石景山区实施“首都文化娱乐休闲区”（CRD）发展战略的核心空间，也是发展文化创意产业的重要集聚区域。为此，提出两点建议：一是在首钢新区的滨河区域和永定河城市段，打造“首都文化创意核心区”。目前，在全市分布有 30 多个文化创意产业集聚区，但没有一个核心区域。充分利用首钢新区的优质空间和永定河城市段的良好生态环境，在这一地区打造“首都文化创意核心区”，使其成为繁荣中华文化、弘扬中华文明、体现北京现代文化和国际交往功能的重要区域，构成北京建设世界城市的一个有机板块，从各方面考虑都是十分必要，也是切实可行的。二是把首钢新区建设成为北京“设计之都”的核心区。依托北京丰富的设计人才、专业高校资源，包括首钢现有的人才和技术优势，吸引一批工业企业的产品设计中心，以及国内外知名专业设计企业和设计机构，重点发展工业设计、建筑设计、城市设计、环境设计、时尚设计，打造高端设计产业园区，充分彰显北京建设“设计之都”的城市功能和产业优势。

3. 加快发展生产性服务业。发展商务服务业。充分利用首钢品牌资源，重点发展企业管理服务业，打造以冶金、能源为特色的中国制造业总部集聚区；围绕总部企业的发展需求，积极培育法律服务、知识产权服务、咨询与调查服务、广告业等专业服务业。发展现代金融。重点推进贵金属交易所等要素交易平台建设，着力引进投资基金、证券投资、信托投资、财务管理等金融投资理财企业；努力吸引金融租赁、金融信息服务、典当、担保等中介机构；鼓励金融机构紧密围绕产业发展需求开展绿色金融、科技金融、电子商务金融等新型金融业务。发展旅游会展业。立足首钢特有的集工业遗址、人文古迹、自然景观于一体的多重优势，通过总体规划和合理开发，精心打造包括工业遗产旅游、滨河休闲、生态观光等在内的特色产品和活动品牌。加强会展业基础设施建设，以品牌化、专业化、国际化为导向，引进和培育一批会展品牌，积极举办特色展会。

4. 积极发展高技术产业。发展新一代信息技术。充分发挥“智慧石景山”优势，积极引进物联网技术、三网融合领域的开发及应用企业和研究机构。紧抓物联网快速发展契机，积极发展通信光电、计算机及智能交通以及软件和集成电路等信息产业。发展新材料、新能源产业。充分利用首钢品牌效应对新能源、新材料企业的集聚带动作用，积极引进国内外大型新能源、新材料、企业总部和研发机构进驻，打造集新能源、新材料研发、设计、运营、管理功能于一体的产业基地。发展节能环保产业。依托石景山区打造“中国绿能港”的机遇，加快节能环保产业的引进和培育，重点倾向工业节能、建筑节能、余能利用、资源综合利用、智能电网、储能等领域发展。

（四）坚持优化空间布局，推动首钢新区高端产业集群发展

在市规委发布的新版《新首钢高端产业综合服务区规

划》征求意见稿中，对首钢新区核心区的空间布局进行了初步规划。未来核心区的建设将以首钢原主厂区约7.07平方公里土地为基础，东起北辛安路和体育场西路，西至永定河，北起广宁路，南至京原公路，规划总用地约为8.63平方公里，总建筑规模约1060万平方米。核心区将呈L形，从西北往东南被划分为五大功能区，依次是工业主题园、文化创意产业园、综合服务中心区、总部经济区和综合配套区，长安街从文化创意产业园和综合服务中心区中间横穿，沿永定河的一侧，还将建设一条从东南贯穿向西北的综合生态休闲带。建设一条从东南贯穿向西北的综合生态休闲带，结合厂区内工业遗存和现在开敞空间分布，建设一条贯穿五大功能区的“L”型公共活动休闲带。在各功能分区开发建设过程中，应本着为各相关要素和主体营造专业、舒适的产业发展空间的原则进行建设。

1. 工业主题园。工业遗产和文化集中保护地区，主要发展旅游休闲产业，充分展示近现代工业文化的独特魅力。包括首钢工业遗产体验园和石景山文化公园。

2. 文化创意产业园。以首钢创意坊、群明湖公园、首钢桥头艺术实践区、钢铁记忆特区、后工业理想城和首钢低碳示范区为核心，打造工业设施改造与产业协调发展的特色地区，主要发展数字娱乐、创意研发设计、文化传媒、教育培训等产业。

3. 综合服务中心区。以首钢地标区、桥头公园、首钢老场坊、绿色建筑实践区、新产业特区(部分)、首钢未来公园(部分)为主要区域，打造生产性服务业密集地区，主要发展工业主题的高端商业、商务服务、金融服务、综合会展等产业。

4. 总部经济区。企业总部和研发中心集中地区。主要发展总部经济、总部商务科技研发、高档酒店、会议中心等，包括高端总部经济区、新产业特区(部分)、首钢未来公园(部分)、生态公园。

5. 综合配套区。公共服务设施集聚地区。主要发展公共服务、居住和休闲产业，包括滨河公园、活力社区、城市能源谷、厂南SOHO、体育公园、生态膜结构建筑实践区。

(五)坚持发挥科技引领作用，提高区域自主创新能力

要坚持自主创新、重点跨越、支撑发展、引领未来的方针，抓住首钢核心区将整体纳入中关村示范区范围的有利契机，依托“中关村国家自主创新示范区”的品牌效应，充分发挥示范区先行先试政策引领带动作用，积极引入和聚集创新资源，完善自主创新服务体系，提高新区自主创新能力。

1. 加快构建“产、学、研、用”相结合的自主创新体系。逐步建立和完善以市场为导向、产业化为目的、企业为主体、高等院校和科研院所为依托“产、学、研、用”相结合的区域创新体系。要充分发挥首钢集团及新区的多重优势，着力建设文化创意、工业设计、节能环保、新能源等产业的企业孵化器，扶持和吸引具有自主知识产权的高新技术企业和重大科技产业项目落户首钢新区。鼓励企业与国内外各高等院校和科研机构开展合作，组建研发中心、开放式实验室，提升行业整体研发能力。支持高等院校、科研院所以技术入股方式衍生新企业或参与股权收益分配，促进重大科研成果落地转化。依托一批优势骨干企业技术研发中心，在重点领域建设一批技术创新支撑平台，瞄准世界科技发展制高点，突出关键技术，实施重点突破，实现研究成果产业化。

2. 完善科技创新政策支持体系。发挥政府的战略导向、综合协调和服务功能，加快科技体制改革，建立以政府投入为导向、企业投入为主体的多元科技创新投入体制。积极推行首钢新区自主创新财政政策，进一步探索财政支持产业发展的创新方式，积极争取北京市对区域转型的创新扶持政策，重点支持区域自主创新、产业发展、投融资和信用体系改革试点以及重点基础设施建设。充分发挥政府采购示范作用，加大政府采购力度，及时调整采购指导目录，助推重点科技企业做大做强。

3. 加大创新人才引进力度。充分把握“千人计划”、“北京市海外人才聚集工程”的契机，以产业发展需求为导向，加快首钢新区创新人才聚集。建立健全人才引进、培养、任用、评价制度，充分调动人才创新积极性。要打造好高层次人才集聚区、青创园、留创园等平台载体，建立高科技人才动态数据库，完善人才在企业、高等院校、科研院所之间的双向流动机制，提高创新人才吸引力。加大政府对高、精、尖人才资源开发的投资，支持产学研联合培养符合市场需求的科技创新人才。着力优化创新人才发展环境，建立健全创新人才引进绿色通道，在落户安居、医疗保险、子女入学、户籍管理等方面提供相应政策支持，吸引符合区域高科技产业发展需要的具有创新精神的产业领军人才、企业家和高科技创业团队。

(六)坚持配套设施适度超前，不断优化区域发展环境

完善的配套设施是实现区域经济健康稳定发展的重要保证。目前来看，无论是石景山区内还是首钢主厂区内现有配套设施还不足以满足新定位的需要。因此，在新区建设过程中，必须坚持适度超前原则，做好基础设施、公共设施、环境建设统一规划、统一实施、统一管理，进一步推进新区基础设施建设和公共服务设施建设、加强生态环境建设和环境保护力度。

1. 加快基础设施建设。完善的基础设施是企业发展的先决条件，为吸引企业进入园区，在新区开发初期，应加大投入力度，高标准、高水平规划、建设区内基础设施。特别是要针对目前首钢基础设施相对滞后的现状，解决突出问题。加快交通体系建设，加强与市有关部门配合，推进首钢集团主厂区及周边主干路前期工作，提高园区路网密度，完善路网结构，提高园区内道路标准，尽快形成首钢集团主厂区内部“三横两纵”的骨架路网，实现与外围交通的快速联接；尽快启动轨道交通M11、R1、M6开工建设。加快水、电、气、热等市政基础设施保障工程建设，尽快启动实施供水设施改造及首钢地区变电站建设等，为首钢新区提供能

源和生活保障。创新基础设施开发体制,探索建立由国家、地方政府、金融投资机构、开发主体参与的协同开发模式,解决基础设施投入大、开发周期长的难题。

2. 完善公共服务和商务配套设施。鼓励社会资本积极参与公共服务设施开发建设,按照建设一流国际化社区标准和要求,加快推进医疗卫生、教育培训、文化体育、信息通信以及公园、城市景观系统等公共服务设施建设,提升公共服务供给能力和水平,营造舒适的工作和居住环境。注重商务配套设施的超前谋划,高标准建设一批商务楼宇、酒店、餐饮、娱乐、会展中心,尽快形成新区功能完善、服务齐全、充满活力的良好氛围,吸引企业及高端人才入驻。

3. 加强生态环境建设。切实加强生态修复力度,尽快对主厂区内受污染严重的土地进行修复,综合治理永定河沿线周边生态环境;在治理清除原来工业造成的污染的同时注意采取措施预防新的污染。注重园区环境建设,园区的发展应树立生态、人本理念,注重景观和生态环境的美化、注重各功能分区风格的协调和公共空间的营造,特别要做好区域内综合生态休闲带和公共活动休闲带规划建设,从而实现生产、生态交相辉映,产业、城市和人的发展和谐相融的良好局面。

做好首钢新区的规划和开发建设是一篇大文章,是需要未来横跨两个五年规划、持续加以推动的重大工程。目前,首钢新区的规划尚处于最后审定阶段,本课题研究所取得的成果只是初步的,课题中一些不成熟的观点和设想还需上级领导、有关专家和社会各界进行批评指正。

课题组长:荣　华
副 组 长:王文光　田利跃
责任单位:区委区政府研究室
执 笔 人:姚茂文　李月萍　张德俊　陈雯卿

关于将石景山区建设成为“首都绿色转型示范区”的研究

石景山区是北京传统的重工业区。一直以来,以首钢为核心的重工业在石景山区经济社会发展中占有重要地位,首钢每年对石景山 GDP 的贡献率在 50%左右,首钢的稳定发展为石景山区经济增长提供有力保障。随着首钢涉钢部分减产搬迁,石景山区主导产业出现“真空”,经济总量锐减,区域经济持续快速发展面临着前所未有的压力和挑战。首钢的搬迁调整也带来了严峻的就业和社会保障问题,城市建设也将随着首钢涉钢部分的搬迁调整、新主导产业的培育发展做出较大调整,石景山区进入了全面转型发展阶段。

在深入研究石景山区发展中面临深层次问题的基础上,“十二五”规划纲要提出了将石景山区建设成为“首都绿色转型示范区”的发展定位。在“十二五”规划纲要的指导下,按照“首都绿色转型示范区”发展定位的总体要求,积极探索城市转型发展的适宜模式,深入研究加快培育新的主导产业、大幅提升城市综合承载能力、全面改善区域生态环境、妥善处理和解决全面转型期各项社会问题的具体实施策略,对于保持石景山区经济社会又好又快发展势头,推动经济社会向更高水平、更高层次迈进,加快推进“三个北京”建设,在北京建设中国特色世界城市进程中承担更多的责任和义务、发挥更大的贡献作用,具有重要的现实意义。

一、传统工业区转型理论与国内外借鉴

国内外许多传统工业区在转型升级的实践中,探索出了一些较为典型的转型模式,积累了许多成功的经验和做法,对石景山区全面转型发展具有重要的借鉴意义。

(一)传统工业区相关概念界定

1. 传统工业区的内涵及特征

传统工业区主要指一些重工业部门的地理集中地。这些区域人口密度、中心规模及工业基础设施水平高于所在地区平均水平,区域经济有少数大企业支撑,企业与劳动力的区域流动性较低。从地缘经济的形成机理来看,传统工业区可分为两种类型:一类是在丰富的煤、铁等矿产资源以及劳动力资源的基础上,以一个或几个大型纺织、煤炭、钢铁、机械、化工等工业企业为核心逐渐发展起来的工业地域①。另一类是城市中心已形成的、面临着物质形态与功能结构调整更新的城市旧工业区②,其功能结构需要重新调整定位以适应社会、经济、文化、土地等各方面发展条件,尤其是所在地段土地价值的变化。

从我国及世界主要传统工业区发展历程来看,传统工业区一般具有以下几个显著特征:一是对全球产业发展趋势反应不灵敏;二是工业技术水平相对落后,不能适应生产力不断提升的要求;三是区域功能较为单一;四是区域生态环境较差。

①北京市社科院总部既经济研究中心.总部经济推动传统工业区转型升级.2011
②王美飞.上海市中心城市旧工业地区演变与转型研究.2010

专栏 1　世界及我国主要传统工业区布局

世界上主要的传统工业区大多是依托优越的自然资源条件、良好的区位交通以及丰富的劳动力发展起来的，包括欧洲西部工业区、北美工业区、俄罗斯—乌克兰工业区、中国—日本工业区等。

我国传统工业区分布地域极广，以东北、华北、华东、中南、西北等区域为主，形成了四大工业基地(辽中南重工业基地、京津唐综合性工业基地、沪宁杭综合性工业基地、珠三角轻工业基地)和三大工业带(东南沿海工业带、长江沿岸工业带、陇海—兰新沿线工业带)。

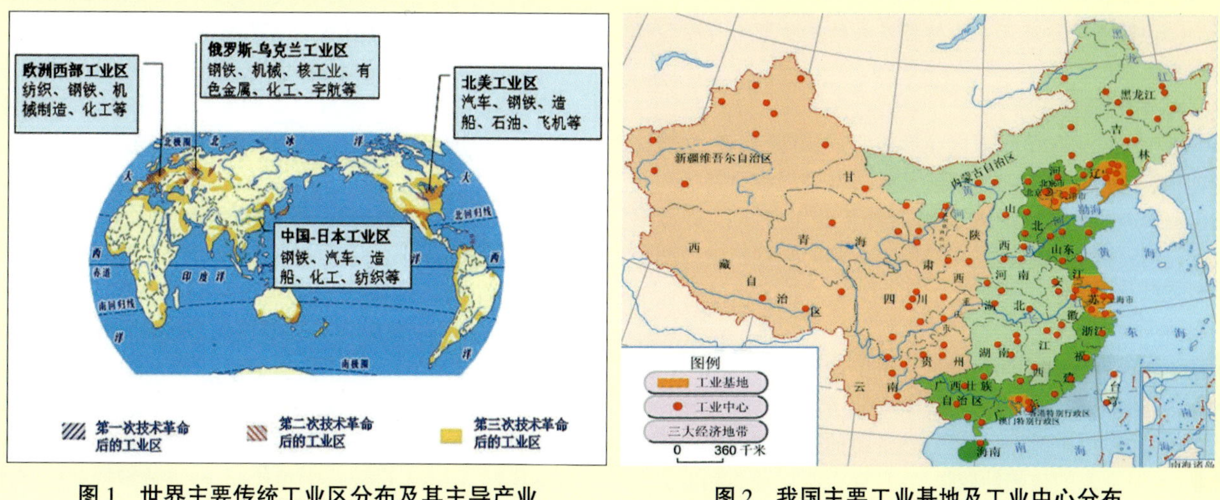

图 1　世界主要传统工业区分布及其主导产业

图 2　我国主要工业基地及工业中心分布

2. 对石景山传统工业区内涵及特征的认识

石景山传统工业区形成较早，工业化程度较高，工业是国民经济主导产业的重要组成部分，工业产出在国民经济中占有较大比重，首钢等大型企业对区域发展的支撑作用较强，是我国典型的传统工业区。从石景山区形成与发展的历史沿革来看，石景山区符合城市旧工业区的典型特征，其自身一部分功能和性质不符合首都产业发展方向，不能满足首都建设世界城市及其自身内部发展的要求，转型发展是石景山区在新的历史时期实现首都增长极目标及谋求自身跨越发展的必然选择。

(二)传统工业区转型发展的理论基础

1. 经济转型理论

经济转型研究是近年来国外学者和经济学家关注的热点问题。当代西方的转型经济理论大体上包括两种类型：华盛顿共识(激进转型理论)和演进—制度学派(渐进转型理论)。华盛顿共识认为，转型是“大爆炸式”的、激进的、“休克式”的，其基础理论为一般均衡理论、货币理论、比较经济体制和公共选择理论。Jeffrey Sacks 是激进转型理论的代表人物，其倡导的“休克疗法”在治理玻利维亚经济危机中取得了成功。但是，华盛顿共识在俄罗斯等前苏联国家转型的实践中并未取得预期效果。这说明不同国家、不同的初始条件有不同的制度演化道路和方式。演化—制度学派的理论基础为新制度经济学演化理论、怀疑论，主张渐进式的经济转型模式，即人和组织都不会是无限理性的，其经济行为仅是有限信息量中的“理性”。因此，改革是一个“边干边学”的过程，改革的策略是应该并且也可以随着情况的变化而不断调整的。

2. 经济可持续发展理论

可持续发展是一种新的发展战略和发展观，其各种思想和理论正在探索中。各国专家学者分别从资源与环境、区域生态、区域经济发展、空间结构与社会学等不同的角度进行了深入的研究。专家学者对于区域如何追求经济可持续发展的研究，主要集中在提高经济活动的环境效率、发展可持续的工业、使用新型能源、发展绿色经济和环保产业、开展经济空间规划、调整区域经济结构——发展高新技术产业和第三产业、实施交通规划和智能交通系统、实施绿色(环境)标志产品工程、提倡绿色消费③等方面。这些研究为城市经济转型提供了丰富的理论基础和经验借鉴。

3. 区域产业结构理论

世界各国经济发展的经验证明，经济发展的目标不仅仅是经济总量的扩大，合理的产业结构能够保持经济总量的快速增长，对一个国家和地区的长期可持续发展起到决定性作用。区域经济学家把产业结构相关理论分为区域产业结构分类理论、区域产业结构配置理论、区域产业结构演

③许光清.城市可持续发展理论研究综述.

进理论、区域产业联系理论以及区域产业组织理论等。美国经济学家罗斯托[④]首先提出了主导部门(leading sector)的概念,奠定了主导产业理论的坚实基础。赫希曼在《经济发展战略》中提出了"产业关联度基准"的概念,他指出具有较高产业关联度的产业,对相关产业的后向关联、前向关联、旁侧关联相应较强,政府应当优先扶持具有较强带动作用的产业,以促进整个经济的发展[⑤]。日本产业经济学家筱原[⑥]从动态分析的角度提出了区域主导产业选择的两条——需求收入弹性基准、生产率上升率基准。

(三)国内外传统工业区转型发展的成功案例与经验借鉴

1. 案例研究

由于不同的传统工业区在形成背景、资源优势、发展历程、区域环境等方面存在差异,其在转型过程中的路径和模式也有所差别和侧重。根据国内外传统工业区的资源禀赋、形成条件和发展特点,我们将工业区的转型归纳为两种类型,即以资源开采利用为主导的传统工业区和以工业加工制造为主导的传统工业区。

以资源开采利用为主导的传统工业区,如英国蒂斯区、欧洲萨尔区、德国鲁尔区和我国大庆、阜新、鸡西、鹤岗等,主要依托煤炭、矿产、石油等自然资源的开发利用形成关联产业,其对资源的依赖性较强,容易受资源耗竭性和生态环境脆弱性的制约。这类传统工业区大都采取以下两种途径实现产业和区域转型:一是摆脱对原来不可再生耗竭性资源的依赖,通过发展工业旅游、文化创意等替代产业实现转型。二是以资源产业为依托,延伸产业链,发展接续产业和替代产业,实现城市经济稳步转型和可持续发展。

以工业加工制造为主导的传统工业区制造业基础雄厚,生产配套体系相对较为完善,如鲁尔区杜伊斯堡、北京石景山区、沈阳铁西区、成都成华区等典型工业区,这类工业区与转型模式主要包括产业价值链提升、高端服务业培育、区域功能转型等,其转型路径可以总结为以下三种类型:

(1)由城市传统工业区向以总部聚集为主导的高端综合商务中心区(CBD)转型

传统工业区向综合商务区(CBD)转型的方式,最早出现在大城市中心区的传统工业区,该模式的突出特点是从低端的、大范围的厂房、设备聚集向智能化、高端化的企业总部大楼聚集转型;从劳动力密集的低端加工制造基地不断向知识资本、人力资本密集的高端商务企业演进;从以加工制造为主的工业经济向以商务服务为主的现代服务经济转型。

以北京朝阳区CBD为例。新中国成立后,朝阳区逐渐形成了以电子、纺织、机械等为主的传统工业区。改革开放后,在城市经济布局和区域产业发展亟待调整的战略环境下,朝阳区经济社会发展进入了转型升级的关键时期。大批工业企业整体外迁,并利用腾退出的大量空间资源,朝阳区规划建设一批商务楼宇,聚集了大量的高端服务资源,商务中心区(CBD)雏形逐步形成。进入21世纪以来,朝阳区逐渐进入了产业集聚与辐射并重、区域功能快速提升的发展阶段。目前,CBD区域内已建成78个写字楼,税收过亿的有22座。聚集了埃克森美孚、壳牌、惠普、三星、巴黎银行、瑞士银行等数百家著名跨国公司地区总部和外资金融总部。其中世界500强企业177家,跨国公司800多家,外资金融机构240余家。2009年CBD地区实现生产总值占全市的11%;实现税收占全市的6%。在各类总部企业的聚集和辐射下,CBD及所在区域形成了以金融、商务服务、文化创意等高端服务业为主导的现代产业体系,成功实现了产业结构升级和区域整体功能转型。

以杜伊斯堡为例。杜伊斯堡位于在鲁尔河注入莱茵河处,19世纪末航运业的发展受到机动车交通的竞争,其功能由枢纽港口转变成为了鲁尔区的粮食转运和加工中心。20世纪六七时年代,杜伊斯堡的粮食加工业和重工业陷入了长期的结构性衰退,就业人数从1976年的22.5万集聚减少到了2002年的15.9万人,平均失业率达到14%。面对这一状况,自二十世纪八十年代起,经济转型特别是有计划的增强第三产业被作为应对措施提上了日程。1989年北威州政府资助了杜伊斯堡三大工业用地改造项目(共计89公顷);1990年起政府根据新的城市发展规划,确立了将内港区域转变成为多功能的第三产业集聚区的目标,实施了调整城市发展空间格局、加强交通、公共环境基础设施、规划多功能的城市配套设施等一系列措施。到2008年城市转型在执行超过40项城市更新措施后全面完成,杜伊斯堡成功地由闲置的工业基地转变成了一个集"工作、居住、休闲文化"于一体的以服务业为主导的综合新区。

(2)由城市传统工业区向先进制造业与服务业融合发展的产业新区转型

随着高新技术及先进制造技术在我国制造业领域的广泛使用,布局在大城市尤其是中等城市近郊区域的加工制造型传统工业区大都采取此种发展模式。此种转型模式的实施路径为:依托原有制造业基础,一方面通过高新技术引进、自主产品创新、企业兼并重组、经营理念创新、政府重点扶持等途径促进传统制造业向先进制造业升级;另一方面通过发展生产性服务业、生活性服务业等,加强区域综合服务功能提升,实现从单一的制造生产功能向城市综合功能的拓展转型,形成新的城市产业新区。

以青岛四方区为例。四方区是青岛市的传统工业城区,长期以来形成了以机械制造、棉纺织、化学工业等为主导

④罗斯托.经济成长的阶段[M].北京:商务出版社,1995.

⑤赫希曼.经济发展战略.北京:经济科学出版社,1991

⑥筱原三代平.产业结构论[M].北京:中国人民大学出版社,1990

的产业格局。随着青岛城市化的推进,四方区采取了以下发展策略:一是采用先进技术改造传统产业,发展高端制造业产业集群和高新技术研发基地,推动工业集约发展;二是通过转移制造环节,延伸和占领技术含量和附加值较高的产业链环节,促进生产性服务业发展;三是大力发展生活和公共服务业,推动传统优势产业转型升级。四是加快发展方式转变,逐步优化产业结构和税源结构,全面推动全区加速转型、跨越发展⑦。

(3)依托工业企业特色厂房设施,发展创意经济,打造文化创意产业集聚区

传统工业区及所在区域在对腾退土地进行新的产业发展和建设规划时,往往立足"就地转型"原则,充分利用老厂房、老仓库及仓储用地,采用"以旧做旧,以旧换新"的方案对原有厂房及设备设施等进行改造和开发,着力培育能充分利用现有资源的创意设计、动漫游戏、工业设计等文化创意产业,打造若干个独具特色的创意工场和艺术区,实现向由工业经济向创意经济的转型升级。国内的北京798、751艺术区等也都是按照这一模式与路径实现传统工业区向高端创意设计聚集区转型升级。

以纽约苏荷区为例。苏荷曾是随着纽约步入工业化时代兴起的一个工业区。二战后,随着纽约制造业的衰退,许多工业企业开始纷纷搬出苏荷区,留下大量的企业仓库、厂房,以其空间大、租金便宜的优点吸引艺术家们纷纷租用,并把它们改造成艺术工作室、创意设计工场,苏荷也因此成为世界创意地产策源地。

以北京798艺术区为例。为了配合城区规划改造和功能转型,北京798艺术区所在区域——北京七星华电科技集团有限责任公司实施了产业迁出战略,腾退出大量的闲置厂房。由于厂区具有有序的规划、便利的交通、风格独特的厂房设施等优势,大量艺术家工作室和艺术机构以租用的方式进驻,开始成规模地改造闲置厂房,打造成画廊、艺术工作室、文化公司、时尚店铺等。目前,北京798艺术区已成为中国文化艺术重要的展览、展示中心,成为国内外具有影响力的文化创意产业集聚区,汇集了文化文艺,文化旅游,广播、电视、电影,设计策划,文化休闲娱乐服务等200多家文化创意企业和机构⑧。

图3 北京798艺术区所在区域改造前后对比

2. 经验借鉴

以经济转型为引擎带动城市全面转型。石景山是北京市形成较早的城市传统工业区,首钢涉钢部分搬迁调整导致区域经济总量锐减,产业转型和快速城市化带来了沉重的就业、社会保障压力。国内外成功的经济转型案例提供了一般性的经验,经济转型是推动区域转型的重要引擎,能够带动就业、城市建设等方面,从而实现区域全面转型。以青岛四方区为例,随着青岛城市化的推进,与其他城区相比,四方区作为城市中心传统工业区,转型升级的任务显得更加紧迫。在这一过程中,四方区通过产业转型,由传统工业区打造成为宜商宜居的新兴城区,进一步提升青岛主城经济发展承载力,探索出一条加速区域全面转型、跨越发展的道路。由此可见,经济转型不仅是城市转型的重要引擎,也是区域全面转型中的重要抓手,以经济转型为引擎带动城市全面转型的发展模式值得石景山区借鉴。

以新型主导产业引领经济转型升级。从北京朝阳CBD、杜伊斯堡等城市传统工业区转型的成功经验来看,以产业高端化、集聚化发展带动区域整体功能转型值得我们借鉴。一方面要扶持新产业,重点发展高端的新兴产业和引进产业的高端环节,另一方面要充分发挥产业政策的导

---

⑦资料来源:鲁露,《传统工业基地产业结构调整研究——以青岛四方区产业调整为例》,中小企业管理与科技(上旬刊),2010年第11期

⑧资料来源:聚集区5:北京798艺术区,http://finance.sina.com.cn/hy/20070808/17313863936.shtml

向作用。石景山区应把握好“大建设、大发展”的宝贵机遇，用足用好现有国家自主创新示范区的各项政策、不断创新招商引资等激励政策，依托新首钢高端产业综合服务区、中关村石景山园等重点产业功能区积极发展文化创意、高新技术等新型主导产业。

优越的文化环境、完善的基础设施，增强了区域对高端要素的承载力和吸引力。以纽约苏荷传统工业区为例，随着制造业的衰退，闲置的厂房和仓库吸引了一大批年轻的艺术家，成为了创作、展示和经营文化创意产品的场所。“苏荷”(SOHO)也因此成为了闻名于世的文化创意产业集聚地和世界上通用的当代艺术代名词。同时，纽约城市中心的传统工业区的转型也得益于纽约城市完善的基础设施和配套环境。四通八达的立体交通网络大大提高了城市的物流水平，打破了区位因素对产业发展的限制，为各种产业规模化、集约化发展创造了良好基础，丰富的文化、体育和娱乐设施为聚集在纽约公司总部的高级员工提供高品质的生活服务。长期以来，石景山区中西部地区市政基础设施和公共服务设施建设相对滞后，尤其是西部地区还处于城市化水平较低。未来石景山区应加快基础设施建设，着力提升区域文化软实力，以优越的基础设施环境和文化软实力提升区域品牌形象，提升对高端要素的吸引力。

注重改善城市生态环境，统筹经济发展与环境保护。加强城市生态环境建设，创造宜居宜业的生活环境，是推动区域转型，尤其是传统工业区转型的重要工作之一。各转型区都充分意识到，优美、舒适的生活和工作环境是吸引投资和就业，从而复兴本地经济的重要条件，因此在调整产业结构和发展经济的同时，高度重视环保和城市的美化。石景山是北京形成较早的重工业聚集区，曾经给人“灰蒙蒙的天，四处有烟囱”的感觉。经过多年治理，石景山的绿化覆盖率达到47.38%，居城六区之首。未来，石景山区应继续深度实施环境综合整治，落实环境治理和修复后的管理和维护工作，着力提升监管能力，用青山绿水为石景山打造一张转型发展的“新名片”。

二、“首都绿色转型示范区”总体定位的深化研究

明确总体定位建设的实施路径和具体策略，需要对定位的内涵进行深入分析，结合北京市经济社会发展的最新趋势要求，进一步明确支撑总体定位的具体职能定位。

(一)定位深化研究的主要视角

1. 要考虑到北京市对城市功能拓展区承担职能的总体要求

2005年出台的《关于区县功能定位及评价指标的指导意见》将北京市从总体上划分为四类区域，石景山区被赋予了城市功能拓展区的功能定位。2006年公布的《北京市“十一五”时期功能区域发展规划》进一步明确了各类功能区的主要职能与重点任务。其中，城市功能拓展区的主导功能是体现北京现代经济与国际交往功能的重要区域，主要承担大力发展社会事业、大力发展高新技术产业、建设商务中心区和次商务中心区、保持社会和谐稳定、加快城市化建设等具体职责。

未来石景山区应按照北京市对城市功能拓展区具体职能的总体要求，结合石景山区实际，重点围绕“城市职能中心”、“综合服务中心”和“文化娱乐中心”深化具体职能，积极吸引和聚集国家级国有企业总部、国家主要金融、保险机构和相关社会团体，建设高新技术创新、研发与生产基地；着力发展现代服务业，打造高端产业功能区，发挥在西部地区产业结构优化升级中的引领、辐射作用；深入挖掘区域特色优势，积极挖潜创意资源，大力发展现代娱乐旅游和生态休闲旅游，打造北京市特色鲜明的旅游服务基地和旅游区。

2. 要考虑到国家级服务业综合改革试点区建设的总体要求

国家高度重视服务业发展，出台了一系列促进服务业发展的政策措施。2010年，国家发改委在全国开展了服务业综合改革试点工作，并鼓励各地自主开展省、市级试点。按照国家服务业综合改革试点工作要求，北京市积极开展服务业综合改革试点建设，并推荐石景山区申报国家级服务业综合改革试点。2010年8月17日，石景山区被确定为全国首批服务业综合改革试点区。2011年初，北京市将“服务业综合改革试点实施意见”列入当年市委、市政府议题计划，遴选了CBD、金融街等一批服务业特色改革试点区，力争通过国家级、市级服务业综合改革试点区建设，推动全市服务业快速发展。

石景山区作为国家级服务业综合改革试点，相对于全国其他省市的试点区和北京市一些区县，服务业发展基础相对较差，服务业综合改革重点工作主要集中在规划、建设和发展等方面。未来将在审批、财政、信贷、土地和价格等方面制定先行先试的优惠政策，探索破解制约服务业发展的体制机制障碍，探索适宜服务业发展的模式和路径，充分释放服务业发展活力，加速推动石景山区由传统制造业向现代服务业的全面转变，在全市服务业发展格局中起到重要的推动和促进作用，为北京市、全国服务业快速发展提供示范和借鉴。

3. 要考虑到首都西南区域转型发展对石景山区的总体要求

北京奥运会的成功举办加速了首都城市空间结构战略性调整步伐，北京市确立了“两轴—两带—多中心”的城市空间结构，积极推动城市多中心网络型发展。近年来，北京市高度重视首都西部地区发展，出台了《关于加快西部地区转型发展的实施意见》等重要文件。今后北京将全力推进首都西部地区生态环境、重点区域、现代产业、民生保障等六大提升工程，持续推进产业转型升级，着力改善基础设施和公共服务条件，着力提高转岗就业和居民生活水平，将首都西部地区打造成为全国加快转变经济发展方式的示范区、全市生态文明建设的重点区和首都功能拓展的重要承载区。

石景山区既是北京西部发展带的重要节点，承担着北京赋予的“一区三中心”的功能定位，同时作为西部地区的

发展重心，要在提升经济总量、转变发展模式、促进区域经济社会与生态环境协调可持续发展等方面，为京西南地区提供示范和经验借鉴。未来石景山区应发挥西部地区的龙头引领作用，在区域新的主导产业培育等方面下大力气，转变依靠资源投入推动经济发展的模式，探索出一条推动经济发展、社会建设、城市建设、生态环境建设全面转型的新路径，带动西部南部地区全面发展。

（二）定位内涵

从国家、北京市对石景山区转型发展的总体要求来看，石景山区的转型不仅仅是依托服务业发展推动经济转型，而是观念创新、功能转型、资源替换的过程，是经济发展、社会建设、城市建设、生态环境建设和体制机制创新“五位一体”的全面转型。具体而言，石景山区“首都绿色转型示范区”建设，应进一步创新管理和服务理念，打造适宜服务经济发展的体制机制环境；加快推进产业结构优化升级，转变工业经济对资源的“畸形”吸引，大力发展现代服务业、高技术产业、战略性新兴产业等低碳高效产业，抢占产业制高点；加快城市建设，补足设施短板，优化生态环境，转变城市空间形态，促进生产、生活、生态空间协调融合；构筑优质均等的社会公共服务体系，着力改善民生质量，为经济社会全面转型创造良好社会环境。实现经济、社会、生态环境的和谐、可持续发展。力争在推动区域由依靠资源投入的粗放式发展向依靠创新驱动的绿色发展转变、由以工业经济为主导的单一职能城区向以服务经济为主导的综合性现代化城区转变等方面，为全国传统工业区转型升级探索道路、积累经验，使石景山区成为全国绿色转型的示范区。

（三）具体职能定位

综合上述分析，石景山区在加快服务业发展的同时，要着力探索创新驱动的发展模式，全面推进城市基础设施建设、生态环境建设和社会建设。总体上看，石景山区“首都绿色转型示范区”的总体定位应主要体现在以下几个方面的具体职能：

1. 服务经济新载体

服务经济是北京重点发展方向。“十一五”期间，北京市在全国率先完成了由工业经济主导向服务经济主导的全面转型，形成了服务经济为主导的经济格局。将石景山区职能定位确定为“服务经济新载体”，强调了石景山区紧密结合北京市产业发展方向，对北京市发展战略的落实，体现了石景山区大力发展服务业的产业结构调整总体思路。石景山区要把握建设国家服务业综合改革试点区的有利契机，按照高端化、服务化、绿色化的产业发展趋势，加快推进区域产业结构优化调整，大力发展现代服务业。

同时，这一职能定位明确了全面转型后石景山区在全市发展中的地位。经过多年建设与发展，北京市逐渐形成了中关村、CBD、金融街等一批高端功能区，服务业集群带动效应进一步凸显。将石景山区定位为“服务经济新载体”，是基于对石景山区未来服务业发展空间资源、重点发展方向、产业规模等方面的总体判断。通过与北京市其他服务业重点功能区的对比分析，石景山区在规模体量、在北京市的作用和地位等方面将与其他功能区大体相当，将成为北京服务业发展格局中的一个“新载体”，成为全市服务经济发展大格局中的重要支撑。

2. 创新创意新高地

石景山区的转型，是由以重工业为主要基础支撑的社会形态向以服务业为主导的社会形态的转变。从“工业经济”到“服务经济”，虽是两字之差，但发展的动力机制和发展模式截然不同。在转型前的“工业经济”时期，石景山区在一定程度上是依靠追加原材料、资本等物化投入促进经济发展，这种发展模式对区域能源、资源、交通、生态环境等城市运行的各个方面都带来了巨大压力。随着首钢涉钢部分的搬迁调整，现代服务业将成为支撑石景山区发展的主导。在转型后的“服务经济”时期，石景山区域发展模式也应随之转变，由原来的生产要素驱动向创新创意驱动。“创新创意新高地”这一职能定位明确了石景山区转型发展的动力机制，突出创新、创意的重要地位，在经济社会各项建设中广泛融入创新理念，将创新、创意作为区域发展的核心驱动力，积极转变发展方式，实现由资源投入型向创新驱动型转变。

以创新为区域经济发展主要驱动力已经成为北京各区县的共识，海淀、朝阳等区县在创新引领发展方面走在了全市前列，成为北京创新创意的“高地”。石景山区依托中关村石景山园着力聚集高端资源要素，依托中关村创新、创意资源大力发展数字娱乐、数字媒体等文化创意产业和新能源、新材料、节能环保等战略性新兴产业，形成一定基础。首钢涉钢部分搬迁后，首钢主厂区有望纳入中关村政策范围，中关村创新优势将辐射全区，并通过首钢的引领作用影响首都西南区域甚至北京市的发展，石景山区将在京西南地区乃至首都发展方式转变中起到重要推动作用，成为支撑创新创意发展的“新高地”。

3. 生态文明新典范

北京奥运会成功举办后，全社会的生态意识、环保意识大大提高，北京市更加关注生态环境建设，促进经济，社会，人口，环境协调发展成为北京关注的重点方面，城市建设与发展进一步向生态文明方向推进。石景山区山水生态资源丰富，在全区84.38平方公里的总面积中，绿化覆盖率达到47.2%，人均占有绿地73.18平方米，在城六区中排名第一，是“中国十佳绿色城市”。“生态文明新典范”这一职能定位突出了石景山区所独有的“城市山水”这一资源优势，突出了生态文明建设在全区发展中的地位。尤其是首钢涉钢部分搬迁调整后，石景山区城市生态环境将进一步改善，将石景山区定位在“生态文明新典范”，就是要强调未来石景山区应发挥城市山水的特色资源优势，以永定河、西部地区为重点，全面推进生态环境建设，营造绿色、低碳的人居环境，成为北京市乃至全国生态文明建设的典范。

4. 和谐宜居新家园

石景山区的转型是经济建设、城市建设、社会建设等多

个领域的全面、同步转型。在石景山区城市建设发展过程中，以首钢为代表的传统重工业一直是石景山区城市建设和经济社会发展的核心推动力量。几十年来，石景山区围绕重工业发展形成了既有的城市发展格局和城市肌理。总体上看，当前的市政基础设施建设不能满足区域转型升级需求，与建设现代化新城区的要求还有很大差距，支撑服务业综合改革与发展的能力还有很大的提升空间。同时，产业转型带来了就业、社会保障的巨大压力，一次性农转居以及大规模拆迁也带来了一系列问题，不能满足"和谐石景山"建设发展目标的总体要求。"和谐宜居新家园"这一职能定位重点突出了石景山区转型发展过程中在城市建设、社会建设两大领域的任务和目标，明确了今后应加快推进城市基础设施建设，全面提升公共服务水平，集中解决全面转型期的突出社会问题，补足城市基础设施和公共服务设施短板，打造现代化、高品质、文明祥和、安定团结的首都新市区。

四个具体职能定位是对"首都绿色转型示范区"这一总体定位的深化和分解，四个"新"紧密结合"转型"的结果，分别从经济发展、发展模式、生态环境、城市建设与社会建设等方面对总体定位进行支撑，体现了石景山区全面转型后的新面貌、新地位。

三、石景山区建设"首都绿色转型示范区"的现实基础和需要解决的关键问题

(一)现实基础

石景山区不断探索新的发展定位，积极培育新的主导产业，逐步转变发展方式，努力改善区域形象，持续提升城市综合服务能力，在城市建设和经济社会发展等各方面不断开展新的探索和尝试，取得积极成效，为今后的全面转型发展奠定了坚实基础。

1. 全区上下对区域转型发展的思路达成共识

石景山区深入贯彻落实科学发展观，按照首都城市功能拓展区发展要求，不断探索转型发展的战略思路。2005年石景山区确定了"打造北京CRD，建设首都新城区"的长远发展思路，以建设现代、绿色、文明首都新城区为目标，以发展现代服务业、高新技术产业为先导，大力营造生态良好的城市环境和健康时尚的文化氛围，努力打造集文化娱乐、商务办公、科技服务、旅游观光等功能为一体的——首都休闲娱乐中心区。《石景山区国民经济和社会发展第十二个五年规划纲要》进一步明确了"首都绿色转型示范区"的发展定位，提出了"统筹推进主导产业培育、城市建设提速、社会建设创新、生态环境优化"的"四位一体，转型升级"战略，为石景山区全面加快区域转型，建设经济发展强劲、创新创意活跃、绿色生态文明、现代和谐宜居的首都新城区奠定了坚实的思想基础。

2. 服务业在区域经济发展中的地位不断增强

按照转型发展战略思路，石景山区坚持以培育主导产业为重点，整合资源、挖掘潜力，加快服务业载体建设；优化发展环境，加大服务业政策支持力度，服务业在区域经济发展中的地位不断增强，全区服务业呈现出强劲的发展态势。

服务业发展初见成效。2009年石景山区第三产业实现增加值134.5亿元，占地区生产总值的比重达到51.7%，首次超过50%。2009年石景山区第三产业同比增长19.8%，比北京市10.3%的平均水平高出9.5个百分点，增速位居十八个区县之首。其中，信息传输计算机服务和软件业、租赁与商务服务业发展尤为快速，同比增速分别达到76.1%、50.9%。2010年，全区第三产业比重达到55%，较"十五"末上升了近26个百分点。

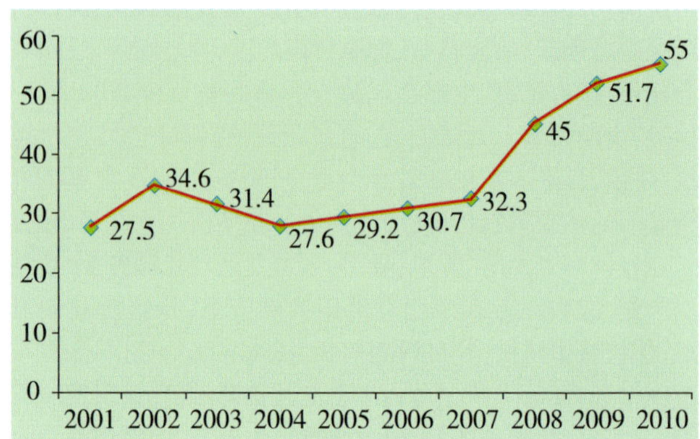

图4 2001～2010年石景山区第三产业占地区生产总值比重情况

加快服务业发展载体建设。加快建设银河综合商务区等功能区建设，形成一批支撑区域经济发展的重要载体。稳步推进北京数字娱乐产业示范基地，"北京数字娱乐产业示范基地"、"中国动漫游戏城"获批成为两个市级文化创意集聚区，成为国家"数字媒体技术产业化基地"和"网络动漫游戏产业发展基地"的组成部分，为相关产业的集聚发展创造了有利条件。

加强服务业政策支持。石景山区积极推进产业结构调整，狠抓新兴产业培育，加强服务业发展政策引导，设立了产业发展专项资金，出台了《促进商务金融产业发展暂行办法》、《石景山区知识产权奖励暂行办法》和《关于扶持北京青年创业园石景山园企业发展暂行办法》等政策措施，为现代金融、文化创意、高新技术等区域主导产业发展提供了有力支持。"国家服务业综合改革试点区"和"国家可持续发展实验区"的正式批复，为石景山区促进区域可持续发展，加快推进服务业综合改革提供了宽松的政策环境。

3. 首钢涉钢部分搬迁调整提供了服务业发展新空间

空间资源紧张是制约石景山区经济持续增长的一大瓶颈。在石景山行政辖区内，首钢总公司占地共计11.85平方公里，占全区总面积的14.12%，其中可重新规划利用的土地资源为7.07平方公里。在可利用资源中，除了少量住宅用地外，绝大部分比例将规划为产业用地。首钢涉钢部分的搬迁调整，为石景山区未来经济发展提供了宝贵的发展新空间。随着首钢生产环节的停产，首钢主厂区已经开始搬迁，部分设施也已开始拆迁，腾退区域开发建设的规划研究等工作也在有序推进，这些都为首钢空间资源的再开

发再利用奠定了良好条件。

4. 区域整体形象和品牌影响力不断提升

近年来,石景山区不断完善城市基础设施体系,稳步推进以永定河治理为代表的环境整治、改善工程,深入挖掘区域软环境资源,加大 CRD 宣传推介力度,区域品牌形象不断提升。

交通、市政、信息等基础设施体系更加完善。“二高二快六主”的城市主干道和“五横五纵加半环”的内部交通网络结构基本形成,区域通达性进一步提高。积极推进五里坨污水处理厂、自来水厂和热力管网等项目建设,市政基础设施进一步完善。启动“三网融合”示范工程,推动物联网应用,完成“智慧北京”物联网基础设施试点工程,实现有线电视信号和 3G 全覆盖。

“城市山水”的区域形象进一步彰显。永定河绿色生态发展带建设取得重要进展,高井排洪沟渠综合治理和小流域治理工程基本完成,五里坨、天泰山等重点区域的开发建设有序推进。节能减排工作成效显著,荣获“中国改革十大低碳示范单位”称号。区域绿化覆盖率达到 48.6%,空气质量不断提升,“城市山水”的区域形象进一步彰显。

强化 CRD 品牌宣传,区域品牌效应逐渐显现。石景山区立足国际化传播视野,整合报纸、网络、广播、电视等多种强势宣传媒体,深入挖掘自然、人文资源,积极参加京港洽谈会、中国改革与发展论坛等高端活动,深拓渠道推介 CRD 区域品牌形象。经过不懈努力,与 CRD 品牌密切关联的山水生态城市环境、京西文化逐渐深入人心,CRD 知名度和美誉度持续提高,对资源要素的集聚力不断增强。

(二)重要机遇

1. 北京加快城南地区发展,全面实施西部地区转型发展战略

为进一步推动区域统筹协调发展,北京市作出了促进城市南部地区加快发展的战略部署,出台了加快西部地区转型发展的实施意见。在《北京城市南部地区发展实施规划(2010-2020 年)》中,永定河绿色生态发展带被明确提升为市级四大战略重点之一,首钢搬迁调整也作为重大产业项目纳入其中,这将为石景山区在永定河生态环境治理和沿岸开发建设、首钢空间资源的再开发再利用等方面获得土地、政策、资金的支持创造有利条件。根据 2011 年出台的《关于加快西部地区转型发展实施意见》,石景山区将在产业发展、新首钢等重点区域建设、民生保障、基础设施建设和生态环境改善等方面获得北京市的政策支持,将有一批带动性强的重点项目落户石景山区,为“首都绿色转型示范区”建设注入强大发展动力。

2. 新首钢高端产业综合服务区上升为北京市级高端产业功能区

《北京市国民经济和社会发展第十二个五年规划纲要》将新首钢高端产业综合服务区确定为“十二五”时期积极培育的市级高端产业新区,纳入加快发展的重点地区,将从市级层面上在土地审批等方面给予政策支持,为功能区实施一批事关长远的重大项目、加快首钢搬迁调整区改造升级、推进石景山区服务业发展创造有利条件。此外,永定河绿色生态发展带的开发建设将加强石景山与门头沟等周边地区的合作联动,提升石景山西部地区基础设施和公共服务设施水平,为石景山区打造首都绿色转型示范区提供有力支撑条件。

3. 国家加快转变经济发展方式,大力推进服务业综合改革

服务业是国民经济的重要组成部分,服务业的发展水平是衡量现代社会经济发达程度的重要标志。国家把加快发展服务业作为推进经济结构调整、加快转变经济增长方式的主要方向。北京市根据《国务院关于加快发展服务业的若干意见》、《国家发展改革委关于开展服务业综合改革试点工作的通知》,出台了《中共北京市委、北京市人民政府关于进一步促进服务业发展的意见》,加快推进服务业综合改革试点区建设,着力提升北京服务经济的规模与效益,彰显北京服务品牌。石景山区作为首批国家级服务业综合改革试点城区,将在服务业管理体制与工作机制创新、服务业土地利用、投融资、服务业载体建设、服务业发展生态环境打造等方面享受国家先行先试政策。在此背景下,石景山区应紧抓依托首钢搬迁调整的良好机遇,充分利用国家及北京市服务业综合改革的相关政策,积极争取中关村自主创新示范区的配套政策,加快推进服务业改革创新,不断增强服务业发展活力,提升区域服务经济的质量和水平。

4. 国家强化自主创新,加强中关村国家自主创新示范区建设

国家坚持把科技进步和创新作为加快经济发展方式转变的重要支撑,把增强自主创新能力贯穿到现代化建设各个方面,加快创新型国家建设。2009 年 3 月,国务院批复中关村科技园区建设国家自主创新示范区,赋予中关村核心区在体制、机制、政策、金融等方面先行先试的权利。作为中关村自主创新示范区的重要组成部分,中关村科技园区石景山园将在发展新机制和新模式方面迎来更多机遇,为高端产业集聚发展和升级提供更多政策支持。随着中关村石景山园园区调整,政策覆盖范围将进一步扩大,将更加有利于企业的发展和引进,为石景山区推动高技术产业发展,加快产业结构调整和“首都绿色转型示范区”建设发挥重要引领和支撑作用。

(三)重点问题与制约因素

1. 空间资源开发利用难度较大

石景山区可自主开发利用的土地资源较少。在石景山区土地总面积中,山林绿化面积已经超过 47%,大型国有企业、事业单位以及部队占用了大量用地,独立工矿用地和军事等特殊用地比重很大,石景山区可自主支配的土地非常有限。同时,复杂的土地权属等因素也影响和制约了空间资源的开发利用。例如,首钢搬迁调整将腾退出 7 平方公里左右的土地资源,但这些空间的利用需要开展厂房设备搬迁、生态环境修复等大量的土地整理工作,同时土地的

再开发、再利用也需要建立市、区、厂多方联合协调机制。石景山区平原与山地交接带的78%为部队用地，这种用地性质使周边土地综合开发利用受到比较严格的限制；永定河沿岸及西部浅山区，绿隔用地较多，产业用地较少，不利于大规模产业开发以及重大项目的引进；丰沙线铁路将首钢和永定河分隔开来，严重影响了周边土地的开发利用。

2. 基础设施和配套服务体系有待进一步完善

石景山区是北京传统的重工业区，长期以来石景山区形成了服务于重工业发展模式的城市格局，居住、交通成为工业企业发展供给补养的配套服务项目。随着首钢涉钢产业的搬迁调整和服务经济的不断快速发展，现有的城市基础设施不能满足区域转型发展的需要，主要表现在以下几个方面：

一是与服务业发展相适应的基础设施和配套设施体系尚未建立起来。服务业发展依托的载体和服务业企业选址考虑的因素与工业差别很大。一般来说，服务业尤其是高端服务业发展的主要载体是高品质楼宇等，看重区域便捷的交通条件，优质的公共服务，以及较为完备的停车场等配套服务设施。近年来石景山区道路交通等基础设施条件不断改善，但仍然存在着路网密度低、路网结构不合理，干支路不配套(存在断头路、瓶颈路)等问题，当前的基础设施体系和配套服务设施体系与现代化新城区的要求还有很大差距。

二是部分小区基础设施有待改造升级。石景山部分老旧小区水电气热设施老化严重，存在安全隐患。如八角地区就有八角北路、八角北里、公园北等6个老旧社区没有物业管理，水电气暖设施老化，严重影响了居民正常生活，影响区域整体形象。

3. 各种社会矛盾的解决面临很多挑战

受首钢涉钢产业搬迁调整的影响，石景山区城镇登记失业率一直高于全市平均水平。随着区域经济转型的逐步深化，石景山区将面临着更加严峻的就业与社会保障压力。在需要分流安置的首钢富余人员中，相当比例年龄偏大、技能水平较低，再就业难度较大。城市化建设过程中，一次性农转居及大规模拆迁也带来一系列社会问题。另外，区域流动人口的大量聚集也对流动人口的管理和服务也带来诸多挑战。若不能妥善解决这些社会问题，有可能产生新的不稳定因素。

4. 对高端要素的引入面临诸多竞争和挑战

中关村科技园区、北京金融街、北京商务中心区等六大高端功能区集聚了全市90%的高技术产业、80%的现代制造业、55%的生产性服务业和52%的文化创意产业⑨。“十一五”时期，北京市进一步加大对六大高端产业功能区建设的支持力度，批准CBD、金融街等重点功能区扩区计划。其中，CBD东扩新增面积约3平方公里，新建总建筑面积约480万平方米，同时增加了约3.97平方公里的规划控制区作为预留发展空间。金融街将向南北两个方向扩展，德胜科技园和广安产业园将纳入金融街的政策辐射区⑩。依托已经形成的品牌优势与扩区后的空间优势，CBD、金融街等功能区配套功能将进一步完善，将有效满足总部型企业对高品质写字楼和定制型楼宇的强烈需求，对高端要素的吸引力进一步增强。

同时，通州高端商务服务区、丽泽金融商务区等新兴功能区瞄准高端商务、金融、文化创意等产业方向，不断加快基础设施建设，提升对高端要素的承载能力，呈现良好发展势头。北京市也高度重视新兴功能区的建设和发展，在市级层面给予了多方面的支持。例如，为加快通州新城建设，北京市成立了由常务副市长任组长、3位副市长任副组长、涉及29个市级委办局的“通州新城建设领导小组”，全力推进新城建设；围绕丽泽金融商务区开发建设，北京市出台了《关于加快推进北京丽泽金融商务区开发建设实施的工作意见》，在土地征用、投资平台建设、专业人才引进等方面给予了政策支持。此外，北京市将通州高端商务服务区、丽泽金融商务区等功能区建设列入“十二五”规划纲要，作为未来重点建设的新兴功能区，这进一步增强了新兴功能区对高端要素和产业资源的吸引力。

四、石景山区建设“首都绿色转型示范区”的总体思路和实施路径

国内外传统工业区转型的探索和实践为石景山区转型发展提供了经验借鉴，未来石景山区要紧密结合转型发展过程中面临的主要问题和制约因素，把握国家服务业综合改革试点区建设和中关村国家自主创新示范区建设等宝贵机遇，坚持科学发展主题，以发展理念的转变为先导，以文化创新发展为特色，以经济转型为基础，以城市建设与社会管理创新为支撑，以民生改善为根本，以维护安全稳定为保障，积极构建市区联动、政企合作、高效运作的体制机制，加快重点功能区建设，强化高端要素集聚，完善城市功能配套，提升公共服务品质，打造宜居宜业、文明和谐的发展环境，力争在主导产业培育上有新建树，在城市建设上有新气象，在社会建设上有新跨越，在生态环境建设上有新面貌，使石景山区成为全国绿色转型的示范区。

(一)抓住“四个一”，全面推进服务业综合改革试点区建设

1. 设立一个机构：探索组建石景山区服务业发展委员会

加快推进服务业综合改革，大力发展现代服务业，首先要在思想和认识上高度重视，在思维和理念上有所转变，在管理和服务机制上进行创新。石景山区作为国家级服务业综合改革试点区，在探索服务业发展管理机制，提高服务业管理和服务效率方面应当走在全国前列。在服务业管理体制创新方面，我国部分地区已经开展了积极尝试，比如大连

⑨“本市六大高端产业功能区：北京经济的强力引擎”，北京日报，2011年9月6日

⑩金融街将南拓北扩两园纳入政策辐射范围，千龙网：http://beijing.qianlong.com/3825/2011/01/13/1520@6537811.htm

市成立了服务业委员会，统筹推进服务业管理服务工作。石景山区可借鉴这种模式，积极转变政府服务理念和思路，探索组建“石景山区服务业发展委员会”，整合分散在不同部门的服务业管理与服务职能，形成促进服务业发展的合力，推动政府角色由“划桨者”向“掌舵者”转变。同时要着力引进和培育一批掌握服务经济发展规律、了解服务业企业发展需求的管理人才，组建一支专业的服务业管理队伍，推进服务业快速发展。

专栏2　大连市服务业委员会

大连市创新服务业发展管理模式，整合大连市发改委、经委、商业局等部门对服务业的管理服务职能，成立了促进服务业改革发展的专门机构——服务业委员会，统筹推进服务业管理与服务工作。大连市服务业委员会的主要职责包括：

- 参与制定全市服务业发展规划
- 组织制定促进全市服务业发展的政策措施
- 负责全市服务业发展绩效考核评价工作
- 组织协调解决服务业发展中的重大问题
- 综合研究服务业集聚区布局、城区服务业发展以及服务业重大项目推动等重大问题，提出相关对策和建议
- ……

2. 建立一批基金：建立一批服务业改革发展专项基金

石景山区是一个传统的重工业区，今后加快推进产业转型升级、大力发展现代服务业，必须进一步完善城市基础设施和公共服务设施，加大载体建设和重点项目引进力度。这些工作的开展，都需要大量的资金作为支撑。为此，石景山区设立了“石景山区服务业发展专项资金”，首年资金金额3亿元，重点支持服务业重大项目落户、品牌企业培育、服务市场推广，以及诚信体系、标准化等。

专项资金的设立为石景山区服务业大发展搭建了良好平台，未来的工作重点是要用好、用活这一专项，最大限度地发挥专项资金的作用。在全面推进国家级服务业综合改革试点区建设过程中，石景山区应进一步加强资金保障力度，积极筹划建立一批基金。例如依托石景山区服务业发展专项资金设立“石景山区服务业综合改革基金”，充分发挥基金的杠杆作用，吸引机构资金、社保基金、保险资金等中长期资金等社会资本，撬动和引导社会资本广泛参与服务业改革与发展。积极支持驻区企业、社会资本建立服务业专项领域产业基金，如动漫游戏产业基金、创意设计产业基金等，引导社会资本广泛参与服务业改革与发展。同时要科学使用基金，委托具备投资能力的专业创投机构作为基金的管理与运营主体，甄选优质项目进行投资，有针对性地扶持重点企业，提高基金使用效率和专业化管理水平。

3. 打造一批载体：打造一批现代服务业综合体等复合型载体

近年来，服务业表现出集聚化、便利化、网络化的发展趋势，商务办公、高端商业、休闲娱乐等服务功能在空间上呈现出集聚发展态势，建设集商务、商业、文化娱乐等综合服务功能于一体的现代服务业综合体等复合型载体，成为各地吸引和承载高端服务要素的新的重要途径。未来石景山区应积极顺应服务业发展的总体趋势，依托新首钢高端产业综合服务区、京西会展商务区等重点功能区，集中建设一批现代服务业综合体，集成高端商业、办公、餐饮、会议等多种功能，营造适宜服务业发展的产业生态环境，实现各种功能、各种业态相互依存、相互促进、融合发展。

4. 推进一批项目：创建适宜服务经济发展的良好条件

加强与市政府相关部门的沟通协调，重点引进一批具有较强影响力的重大服务业项目，探索灵活的服务业产业供地方式，推广重大项目与周边配套项目联动开发建设模式，统筹推进重点产业项目建设与配套服务设施建设，促进服务业重点项目与配套服务产业联合、融合发展。加强与大型央企的沟通协调与合作，着力引进一批央企，发挥央企的作用，促进高端服务资源集聚发展。同时要进一步强化软性基础设施建设，高水平推进一批投融资平台、交易市场等专业服务平台建设，增强信息化、信用体系、标准化等软性基础设施支撑能力。

（二）建立多方合作机制，加速新首钢高端产业综合服务区建设

1. 建立市、区、厂多方合作机制，明确各方职责推进新首钢开发建设

加强与北京市、首钢等相关主体的沟通与协调，在首钢地区规划建设及产业调整工作领导小组框架下，围绕土地资源利用、市级重大项目建设、招商引资与产业发展方向等重点领域，建立市、区、厂多方联动的合作发展机制，明确相关主体职责分工，合理确定开发建设时序，统筹共建、利益共享，推进各项工作的顺利开展。首钢可围绕厂房拆迁、土地一级开发、产业发展载体建设等重点开展相关工作；石景山区在公共服务领域、市政基础设施建设与管理领域、经济管理领域承担起应尽的责任和义务，为首钢开发建设提供服务。

表 1 首钢与石景山区政府开发建设工作重点

	工 作 重 点
首 钢	* 厂房拆迁、污染土地修复
	* 土地一级开发、产业发展载体建设等
石景山区政府	* 公安、消防、科教文卫体等公共服务
	* 水电气热暖等市政基础设施建设与管理
	* 商业网点管理、工商行政管理、明确商务区产业发展方向、规定开发建设时序等

2. 打造“京西商务成本洼地”，增强对高端要素的吸引力

新首钢的开发建设，在进一步完善扶持政策、优化服务环境的同时，要着力控制商务成本。一方面要建立市、区、厂多方统筹协调机制，选择好二级开发商，保证土地资源能够合理、充分、及时地利用起来；另一方面要加强对商业地产的监管，避免投机资本进入商业地产，严格控制商务楼宇价格，打造“京西商务成本洼地”，增强对高端服务要素的吸引力。

专栏 3 上海市挖掘“商务成本盆地”

2003 年，上海市为应对不断上涨的商务成本，在西部郊区的松江、嘉定和青浦 3 区开展了“商务成本盆地”试点，主要措施有：

❀ 改进用地制度，实施批次供地，增加年度建设用地指标，降低用地成本

❀ 减免行政审批与收费，2003 年原有的 2027 项行政审批已有 1000 多项被取消或调整

❀ 机场和航运交易所 7 天工作制，为企业提供永不关闭的报检报关服务

❀ 不再以“区内企业开工率、资金到位率和投资达标率”来考核工业区，而是先期评估项目投资量和预期产出量，优选投资项目

❀ 把中心城区闲置的旧厂房改造为成本较低的都市型工业园区

❀ ……

3. 积极协调有关部门加快推进相关规划的确定与落实

国家批复首钢涉钢部分搬迁调整后，不同部门、不同主体在首钢主厂区开发建设、工业遗产保护与开发等方面已经编制了多个相关规划。几年来，这些规划一直处于探讨和完善阶段，尚未形成得到各方共识、可批复施行的规划文件。这对首钢主厂区搬迁调整和开发建设的快速推进产生了不利影响。石景山区应加强与北京市、国家相关职能部门的沟通协调，加快推进首钢地区相关规划的修改完善工作，尽早明确规划内容，出台规划文件，保障新首钢开发建设的快速推进。

（三）推动科技创新与文化创新，实现双轮驱动发展格局

1. 坚持创新引领，加快战略性新兴产业培育

实现创新驱动，大力发展以战略新兴产业为代表的高技术产业是石景山区加快推进区域转型发展，实现“首都绿色转型示范区”总体定位的具体抓手。首石景山区应瞄准高新技术产业发展前沿，发挥石景山科技园的品牌和政策优势，实施“领军企业带动”战略，依托龙头企业聚集产业链上下游相关企业，形成特色产业集群；鼓励跨国公司、国内知名企业在石景山区设立技术研发中心，支持各类型企业和科研机构设立开放实验室，引进创新能力强的战略性新兴产业项目；加强与科研院所的对接与合作，鼓励入园科技成果转化。探索以“总部经济”模式促进科技成果转化，积极与北京市共同搭建行业性创新平台，支持总部企业申请国家级、市级企业实验室。进一步优化创新创业环境加快建立市场导向的技术开发和转移机制，逐步完善科技成果转化激励机制，提升新材料、电子信息、新能源、节能环保等优势行业领域的自主创新能力。落实股权激励、税收优惠等中关村科技创新优惠政策，定期开展高新技术企业政策指导、上市融资培训等咨询活动，重点引进产业链高端环节企业或科技创意型企业总部入驻。

2. 促进文化科技融合，重点发展文化创意产业

立足石景山区文化特色和国家级基地品牌资源，抓住国家实施文化产业振兴规划的契机，发挥骨干文化创意企业的引领作用，实施差异化产业发展战略，紧抓优势细分行业，重点发展网络游戏、影视动漫、数字媒体、工业设计等领域。积极吸引一批国家级文化创意项目落户，聚集一批国内外知名文化创意企业和机构，着力打造“中国数字娱乐第一区”和“设计之都”。深入挖潜古韵京西特色文化，打造文化旅游新亮点。依托八大处、天泰山、永定河文物文化资源开辟京西禅林文化旅游线路；整合模式口大街附近的寺庙、古民居资源，开办民俗体验馆，设立民俗雕塑、主题壁画墙等，营造浓郁的传统文化氛围；依托法海寺壁画、永定河传

说、八大处等历史文化资源，筹备编创舞台演出剧目和文艺作品，促进艺术创作与文化创意产业、旅游业发展的有机结合。

3. 打造京西文化品牌，推动文化事业繁荣发展

加强转产后首钢工业遗产保护与利用。抓紧编制首钢工业遗产保护规划，积极探索首钢工业遗产保护性再利用的合理渠道与途径。对首钢厂区内不同地段的文化遗存，采取不同的保护与利用方式。对首钢厂区北部的文物古迹进行整体保护，对文物建筑进行保护修缮或遗址展示，并对社会有序开放；对首钢厂区中部的早期工业遗产本体和环境进行整体保护与展示，成为独具特色的工业遗产公园；对首钢厂区南部现代工业厂房建筑内部进行合理改造，建设中国工业博物馆、博物馆、创意产业园区等文化设施，吸引各类文化机构入驻。

专栏4　法国借遗产保护打造文化品牌

作为文化大国，法国是最早提出、制定文化遗产保护法律和设立“文化遗产日”的国度。每年9月第三个周六、周日为“文化遗产日”。“文化遗产日”期间，法国所有公立博物馆免票，私立博物馆门票减价并给予税收优惠。该活动把国民的求知热情引向对文化遗产的认知，大大提高了民众对文化遗产保护的意识，群众性文化遗产保护活动此起彼伏，文化遗产学校、文化遗产基金会、文化遗产保护协会等纷纷建立。这种对遗产的保护和对文化的崇尚行动彰显了法国民众的文化品位，提升了国家文化的品牌效应，特别是对促进法国旅游经济的发展起到了积极作用。拥有6000多万人口的法国，2006年接待了7800万外国游客，其中中国游客60多万人，当年的旅游收入达350亿欧元，继续蝉联世界第一旅游目的地国称号。文化遗产给法国带来了巨大的社会效益和经济效益⑪。

积极开展新一批非遗项目普查和申报工作，进一步深入挖掘整理非遗项目资源和京西文化内涵，建立完善非物质文化遗产资源数据库，大力推进非物质文化遗产保护工作。切实推进“文化惠民”工程，创建和培育一批具有石景山区特色的文化活动品牌。全力推进文化活动品牌建设和艺术创作，推动主题文化活动向集约化、精品化、规模化方向发展。成立文化工作研究会，汇聚文化名人和有关专家，通过定期举办文化高端论坛等形式，营造广泛调研和深度研究的浓郁氛围，加大对区域文化建设的研究。

专栏5　文化品牌是伦敦塑造城市形象、提升文化国际影响力的重要依托

伦敦四大文化节

- 设计节——全球最具影响力的设计盛事之一
- 时装周——被公认为四大时装周中最新锐的伦敦时装周
- 游戏节——欧洲游戏的中心，世界著名的游戏城市
- 电影节——英国最重要的主流电影节，欧洲优秀电影节区

设计节

为打造设计之都形象，Creative London和London Development Agency联合策划了“伦敦设计节”。设计节是一个“全民设计现象”，伦敦各地举办上百个展览和活动，包含数个顶级设计展览和设计论坛，世界各地的设计师、商家、游客、设计爱好者都在此云集，展出内容几乎涵盖了所有设计门类：陶瓷、家具、平面设计、珠宝、灯饰、摄影、产品、布艺等，浓缩了英国设计界的创意精华。2007年第五届伦敦设计节在10天内展示了来自30多个国家的200多个参展项目，观众人数超过30万人次⑫。

(四)建管并举，建设智能化新城区

1. 建立与服务经济发展相适应的城市格局、基础设施网络

建立市、区、首钢及相关部门的多方联动机制，加强与首钢集团、铁道部、市规委、市园林局等相关主体的沟通协调，围绕长安街西延线、苹果园交通枢纽、S1线建设以及丰沙线入地工程等重大项目建设，积极做好服务工作，推进重点交通设施建设。同时，要研究西部重大基础设施建设工作，加强西部地区与北京骨干路网的连接工作。同时要进一步强化新首钢、中关村石景山园等功能区的市政设施建设。

---

⑪ 数据来源：“国外文化遗产的保护和利用”，新浪网，http://news.sina.com.cn/w/2007-06-08/030011984331s.shtml

⑫ 数据来源：“四大文化节日带动产业升级”，经济日报，2008年2月21日

加强与市政府相关部门的沟通，加快推进新首钢高端产业综合服务区周边道路、中关村石景山园北Ⅱ区周边市政设施建设，完善重点功能区的道路微循环系统，以原有道路升级、改扩建为主，提升路网的集散能力和通达性。尽早组织开展首钢停产后设备拆迁、环境污染整治等工作，加快推进土地一级开发。加快新首钢高端产业综合服务区启动区建设，按照国际标准配置商务办公、生活服务等设施，尽早形成总部企业入驻的条件。

2. 大力实施信息化应用工程，推进城市智能化管理

充分利用科技手段完善信息化管理体系，积极推进物联网等现代信息技术在城市管理方面的示范应用，推进智能社区试点工作，建立覆盖社区的物联网通信平台，促进社区综合管理和智能物业管理。一是依托新首钢、中关村石景山科技园和苹果园交通枢纽建设，加强智能交通技术应用和管理。二是实施若干重大信息化工程，加快"智能石景山"、"无线城区"建设，重点实施智能交通工程、数字城管工程、电子政务工程等，推进城市管理和公共服务信息化，提升城市运行效率和管理服务水平。

专栏6 社区智能化

社区智能化采用控制网络和管理信息网络两层网络平台模式，即社区综合管理和综合监控管理。以控制网络和管理网络为基础，建立三个系统和一个核心，即IBMS、IPMS、BMS系统和家庭智能化的核心。

智能社区是城市智能化的基本单元，通过家庭智能化业务，将智能社区打造为中高档小区和楼盘的标签，可以迅速扩大规模和客户群体。

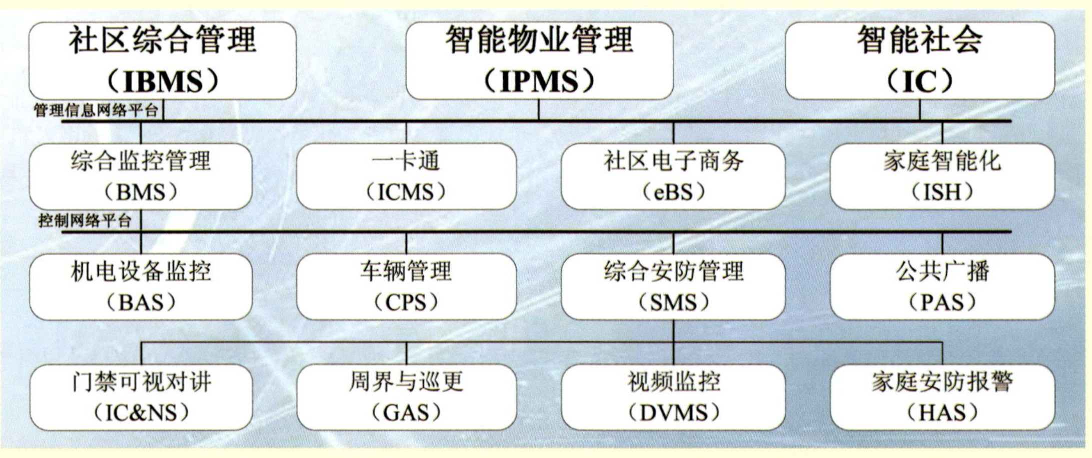

专栏7 东京"无所不在"计划

"东京无所不在计划"倡导移动观光与RFID导游，采用泛在的ID识别技术，将东京市内所设"场所"及"物品"赋予唯一的固有识别码，由后台系统自动识别，用户通过移动装置读取实体位置或物体上的资讯标签，将可获取到便捷、个性化的资讯服务。

该计划于2007年开始在银座、新宿等地购物区进行了成功的RFID导游项目部署。其中，"东京银座购物区试验计划"范围涵盖其地面商场及地下街道，并可提供英、日、韩、繁体中文、简体中文5种不同语言操作。整个银座区域内设置上万个RFID标签，系统平台可将道路方向、商店折扣及餐厅菜单等资讯，用信号台传送到游客或消费者的手持式接收器上，手持接收器配有3.5寸OLED触摸屏，具备RFID识别、红外线扫描、429MHz无线传输、Wi－Fi及蓝牙传输功能。

(五)人本为先，推进和谐社会建设

1. 着力改善和提升社会公共服务质量

从近年来服务业发展的实践经验来看，服务业企业，尤其是高端服务业企业在选址时越来越重视区域公共服务资源情况，公共服务资源的数量、质量和分布等情况，成为区域引入高端服务要素的重要因素。就石景山区而言，由于发展基础、开发时序、开发重点等原因，石景山区东、中、西部地区公共服务资源在数量上和质量上都存在很大差异，中、西部地区公共服务资源相对较少，质量相对较差，对高端资源元素的引入产生不利影响。未来石景山区应重点加

强中西部地区教育、医疗、文化等公共服务领域的投入力度，积极承接中心城区转移的高等院校、医疗卫生、名校分校等优质公共服务资源，提升城市综合服务功能。例如在教育方面，可借鉴其他区县的成功经验，探索建立多层次、全覆盖的学校联盟，鼓励东、中、西部地区学校结对联盟，实现全区中小学教师统编、课程统排、资源共享；探索建立驻区职业教育学校联盟，推动全区职业教育学校实现集团化管理。

2. 解决全面转型期的突出社会矛盾和问题

石景山区在转型发展过程中还存在许多社会矛盾和社会问题，其中一次性农转居后社会保障问题、大规模城市建设与拆迁的补偿安置问题，尤其是首钢搬迁调整后下岗失业人员的安置问题，是石景山区需要重点解决的突出社会矛盾，影响着经济社会全面转型大局。石景山区要紧密围绕上述重点人群的实际情况，着力解决全面转型期各项突出社会矛盾和问题，创建平安幸福城区。丰富和完善下岗失业人员、需安置农转居人员信息档案库，结合首钢富余人员等掌握一定工业技能的特征，有针对性地开展就业辅导、就业培训、制定就业政策，对接周边区县工业企业促进异地就业，提高安置人员就业率，确保就业长期稳定性；设立困难人群社会保障专项资金，扩大社会保险覆盖面，将下岗失业人员、农转居人员等重点人群纳入社会保险覆盖范围。

3. 着力提升老旧小区社会服务水平

石景山区中西部地区还有很多小区、特别是很多首钢附属小区建设年代较早，道路、管线等硬件设施严重老化，配套服务不完善，管理也存在一定问题。比如首钢社区多数是建成于上世纪七、八十年代的老旧楼房，配套建设的公共服务设施总量严重不足，小区内硬件基础设施已严重老化，亟待更新改造。这些老旧小区与“和谐宜居石景山”的建设发展目标存在很大反差。石景山区要以中西部地区老旧小区改建为重点，积极承接首钢转移的配套服务职能，推进首钢社区配套服务由企业提供向政府提供平稳过渡，为首钢的顺利转型做好服务；重点开展西部浅山区老旧居住区拆迁和市政基础设施建设，提升西部地区城市化水平，按照现代化标准建设一批高品质新社区。

4. 创新社会管理理念和模式

在社会管理方面，石景山区可借鉴其他区县的成功经验，完善网格化社会服务管理模式，建立健全区级社会服务管理综合指挥中心、街道社会服务管理综合指挥分中心、社区社会服务管理综合工作站“三级平台”。继续推进以“居站分离”为核心的社区规范化建设，强化“一分三定”的运行架构，构建社区党组织为领导核心，社区居委会基础，社区工作站为平台，社区的社会组织和广大居民广泛参与的现代多元治理模式，建立政府、社会、公民共建、共治、共享的社会管理新格局。进一步强化“枢纽型”社会组织在社会管理中的作用，鼓励和支持社会组织参与“和谐石景山”建设。

专栏8 东城区网络化社会服务管理模式⑬

网格化社会服务管理，就是构筑区级社会服务管理综合指挥中心、街道社会服务管理综合指挥分中心、社区社会服务管理综合工作站“三级平台”和区、街道、社区、网格“四级管理”体系，推进社会管理的精细化。早在2004年，北京市东城区在城市管理方面探索开展网格化管理。东城区将城市管理网格化的成功经验用于社会管理方面，探索出网格化社会服务管理模式，即：在每个网格均配齐7种力量，包括以社区工作者为主的网格管理员；以社区民警为主的网格警员；以社会工作者为主的网格助理员；以街道处、科级干部为主的网格督导员；以网格党员中选出的网格党支部书记；以法官、检察官、司法干部为主的网格司法人员；以消防员为主的消防力量等。七种力量按照职责分工承担了解社情民意、维护安全稳定、开展环境监督、整治治安重点、做好群众工作，排查化解矛盾，落实社区矫正和安置帮教工作等职责，同时开展好社区困难群体、社会组织等方面的公共服务工作。

目前，东城区的社区网格划分工作已经完成，基础信息数据库也已建立，三级平台已搭建，七种力量均已到位。按照每个网格“一格一助理员”的要求，从区流动人口、计生、工会、人保、司法等方面的850名协管员力量中，经过考试，选拔出196名作为网格助理员，又从社会招聘404名大学生，组成一支600人的东城区社会服务管理的新型队伍，覆盖全区17个街道205个社区589个网格。

5. 加强流动人口调控力度

随着石景山区城市建设和经济发展的不断加快，社会公共服务的日益完善，石景山区、尤其是中西部地区聚集了大量流动人口，这对区域交通、就业、安保和公共服务带来了巨大压力和挑战。未来石景山区应以中、西部地区为重点，加强区域环境整治，规范和清理整顿违法出租房屋、地下居住点，清理低端产业和私搭乱建。依托西部地区良好的生态资源，建设一批低密度、高品质的住宅小区，完善高端配套服务功能，以房控人，调整人口数量和结构。

（六）合理利用生态资源，强化环境建设与管理

1. 合理开发利用生态资源

积极策划一批体育休闲、度假休闲、佛教文化旅游等高

⑬ 资料来源：“北京市东城区：网格化精细管理”，新华网，http://news.xinhuanet.com/politics/2011-07/14/c-121669026.htm

端旅游休闲项目。探索重大功能性基础设施、文化旅游类项目的土地流转、置换和开发利用机制。加强浅山区道路、市政基础设施建设,提升西部地区产业承载力。结合产业结构调整,开展热电、建材等工业行业清洁生产审核,制定新建项目的节能环保准入标准,加快工业企业清洁生产改造力度,推进重点耗能企业节能节水技术和环保改造。积极推进商务楼宇、产业园区的建筑节能改造,通过资金补助等方式鼓励新建工程采用高于地方节能标准的环保产品。逐步推进路灯、垃圾处理场等市政设施的节能环保改造。进一步完善老旧小区、商务楼宇、产业园区的绿化配套。

2. 着力打造绿色低碳城区

结合产业结构调整,开展热电、建材等工业行业清洁生产审核,制定新建项目的节能环保准入标准,加快工业企业清洁生产改造力度,推进重点耗能企业节能节水技术和环保改造。积极推进商务楼宇、产业园区的建筑节能改造,通过资金补助等方式鼓励新建工程采用高于地方节能标准的环保产品。逐步推进路灯、垃圾处理场等市政设施的节能环保改造。进一步完善老旧小区、商务楼宇、产业园区的绿化配套。

3. 深度实施环境综合治理

深入实施清洁空气行动计划,加快推进20万吨以上燃煤锅炉房的清洁能源改造工程,严禁新建、扩建燃煤锅炉,尽快启动高井西北热电中心项目。强化机动车尾气排放监管,推行公共交通优先发展战略,加强"五重三查"执法检查,加大对黄标车的淘汰更新管理和限行管理力度。深入开展专项整治,建立挥发性有机物排放重点企业台账,强化全区重点餐饮业油烟污染监管。积极推进水环境综合治理,强化西部清洁小流域治理,在永定河后期管理维护过程中加强区县间的合作。加大地下水源保护力度,制定分层次的、有针对性的保护治理措施,确保水源水质安全。加快五里坨、首钢再生水厂一期建设。继续开展生态修复工程,针对不同类型区域实行有重点、差异化的生态管制与引导策略,实施首钢搬迁调整后的土壤、植被生态修复工程,加强新首钢低碳生态示范区建设。强化西部开发建设过程中的生态环境保护,加快垃圾处理场及其周边地区的生态修复,严格控制西部开发建设中的污染排放。

4. 着力提升环境监管能力

加强环境质量监测网络建设,建立重点污染源及空气质量自动监测站,健全水环境自动监测网络,应用物联网等先进技术逐步实现各类污染源的实时自动监控,加强危险废物的全过程监管。定期开展重点空气污染源、地下及地表水环境、土壤环境修复等各项专项调研。健全环境安全管理与环境事故应急处置体系,完善应急响应体系与应急预案。

五、石景山区建设"首都绿色转型示范区"的保障措施

(一)明确建设任务,分阶段实施各项重点工作

根据石景山区城市建设与经济社会发展基础、首钢涉钢部分搬迁调整进度安排以及其他重点功能区开发建设的实际情况,石景山区"首都绿色转型示范区"建设大致可分为三个阶段:

1. 项目带动,搭建框架(2011-2013年)

加快重点功能区开发建设。以首钢启动区开发建设为突破口,加强与北京市、首钢集团的沟通协调,做好服务工作,加快推进首钢涉钢部分厂房拆迁、搬迁区水生态环境整治工程、基础设施建设与改造以及丰沙线入地工程等工作,做好停产转换期内水电气热等能源资源保障,为新首钢高端产业综合服务区全面开发建设奠定良好基础。着力推进石景山科技园北Ⅱ区西井地块、北Ⅰ区国际创意谷、动漫游戏城一级开发等一批重点开发建设项目,进一步优化中关村石景山园发展环境。实施银河综合商务区剩余地块土地一级开发、雕塑园地下商务区开发等工程,加快"多支点"的拆迁改造与基础设施建设。

着力实施一批重点产业项目。依托中关村石景山科技园、银河综合商务区等开发建设较为成熟的重点功能区,结合新首钢高端产业综合服务区、京西会展商务区、苹果园交通枢纽商务区等功能区的土地开发建设进程,推进石景山游乐园梦幻世界建设、新媒体基地建设、新能国际大厦建设等一批重点产业项目建设,提升重点功能区承载力。围绕石景山区重点发展的产业领域,多途径、多渠道着力开展招商引资工作,全面推进服务业综合改革试点区建设。

加强基础设施和公共服务设施建设。积极协助市有关部门,加快推进S1线、长安街拓宽及西延、锅炉厂南路西延、京门新线等对外交通联络线建设,加强石景山区与周边地区的连接。规划建设西黄村路、希望公园南侧路等城市支路建设,完善城市道路微循环系统。以中、西部地区为重点,着力推进市政基础设施和公共服务设施建设,在项目安排、资金投入等方面重点向中、西部地区倾斜,加快五里坨九年一贯制学校、五里坨污水处理厂、京门路供热管线、石景山区西部医院建设等项目建设,提升中西部地区综合服务能力。

第一阶段,首钢启动区建设、首钢主厂区搬迁与基础设施改造基本完成。服务业综合改革取得明显成效,服务业体制机制改革取得突破性进展。城市生态环境进一步改善,首钢富余人员、农转居人员、拆迁户等得到妥善安置。

2. 扩大规模,加速推进(2014-2015年)

高标准建设产业发展载体。以新首钢高端产业综合服务区为重点,集中建设现代服务业综合体等一批高质量、高水准的生态智能型商务楼宇,对接国际商务楼宇设施与服务标准,同步推进楼宇配套服务设施建设。推进以首钢等重点企业和石景山科技园区为主体的研发型主题楼宇、孵化器、要素交易平台等项目建设,提升产业发展载体品质和高端服务资源承载力。加大功能区产业引进和培育力度,引进和培育一批龙头企业,推进五大主导产业集聚发展。

构筑完备的城市基础设施和公共服务设施体系。按照现代化、生态化首都新城区建设目标,围绕区域主导产业培育发展的要求,进一步深入细化城市基础设施和公共服务

设施建设，重点推进首钢厂区内水厂、石景山体育健身中心、老旧小区电网改造、变电设施、社区服务综合配套楼等项目和工程建设，高水平规划建设支撑服务业发展和区域转型的城市基础设施与社会公共服务体系。

第二阶段，首钢开发建设任务将完成80%左右，形成一批高水准的生态智能型商务楼宇等复合型载体。城市基础设施与公共服务设施日益完善，重点功能区建设基本完成，区域综合服务功能显著提升。引进和培育一批行业龙头企业，服务业发展取得突破性进展，第三产业增加值比重达到70%，区域转型发展成效显著。

3. 提高效益，基本建成（2016－2020年）

引导重点功能区、主要产业发展载体进行空间资源的集约利用和腾退置换，不断提升资源的利用效率和发展效益。按照国内外城市建设发展的最新趋势，持续推进城市基础设施和公共服务设施的升级改造，不断增强城市综合服务功能承载能力。进一步转变政府服务理念，创新服务模式，逐步构建起有利于服务经济全面快速发展的管理体制，主导产业发展规模和效益日益提高。城市经济社会协调快速发展，基本实现全面转型。

（二）挖掘资源潜力，推进空间资源集约化利用

1. 促进土地集约节约利用

石景山区土地资源紧缺，提高土地集约利用水平是突破土地资源制约瓶颈的有效途径。石景山区建设用地的集约利用水平与北京市城六区相比还较低。2010年，石景山区建设用地地均GDP为5.40亿元/平方公里，在城六区中排名第五，仅高于丰台区。未来要重点加强土地资源的集约、节约利用，提升资源利用效率。一是把握好土地开发利用方向，按照“公地不能私用、贵地不能贱用、整地不能零用”的原则，切实调整土地供应结构，严格控制住宅地产开发，努力提升商务地产和商业地产比重，尽可能满足现代服务业快速发展对土地资源的需求。二是推进存量建设用地再开发利用。健全闲置土地的动态监管机极制和措施，开展闲置土地的清查整理工作，对由于各种原因形成的闲置用地，采取限期开发、调整项目、土地回收等多种途径促进盘活。同时，运用行政、经济等手段控制建设项目占用新增建设用地，盘活存量建设用地。

表2　2010年城六区建设用地集约利用水平对比表

	建设用地地均GDP（亿元/平方公里）	建设用地地均GDP增长率（%）	新增建设用地地均固定资产投资（亿元/平方公里）
东城区	30.31	9.87%	—
西城区	41.36	9.50%	—
朝阳区	7.82	11.88%	2943.74
丰台区	3.35	12.01%	608.13
石景山区	5.40	15.44%	2204.39
海淀区	11.31	11.34%	548.08
石景山区排名	5	1	2

2. 建立入区企业评估指标体系以及企业退出机制

加强土地管理工作对石景山区建设绿色转型示范区的作用重大，合理利用好土地资源，提高土地利用效益，是实现经济社会又好又快发展，构建和谐社会的必然要求。石景山区应结合“全国节约集约模范县创建活动”，构建符合石景山区实际情况的节约集约指标体系及标准，在企业用地过程中定期对其土地节约集约水平进行评价，监督节约集约利用状况，对于利用水平低、产出效益差、不符合区域产业发展要求的企业，责令整改，或者引导其退出园区土地利用，通过逐步提高企业入区门槛、加强监督和动态调整等手段，提高土地的投资强度和产出效应。

3. 加强对土地利用活动的监管

加强对土地利用活动的监管，对供地情况、项目建设情况、土地市场运行情况及时进行跟踪监管，促进区域土地的节约集约利用和区域规划的有效落实。区发展改革、建设、规划、监察、房管、环保等部门要积极会同区国土资源部门定时对全区国土资源节约集约状况进行考核，重点查处严重破坏、浪费、闲置土地资源的违法违规案件，依法依纪追究有关人员的责任。同时将企业违法用地、闲置土地等信息纳入有关部门信用信息基础数据库。

（三）创新招商模式，探索高端要素引入新路径

1. 整合优势资源开展定向招商

依托石景山区“城市山水”特色资源、京西历史文化资源和CRD品牌优势，整合现有产业扶持政策，围绕商务服务、现代金融、文化创意等未来重点发展的产业领域，由区领导牵头成立招商引资小组，针对大型企业主动出击，围绕企业在入驻、发展过程中的现实需求，制定个性化的扶持政策，重点引进一批行业龙头企业。

2. 通过大型企业开展以商招商

建立与戴德梁行、仲量联行、世邦魏理仕以及大连万达、华润集团等大型开发商、投资商的合作关系，与其签订委托招商合同，结合大型服务业综合体建设，通过开发商的影响力引进大型生活性服务业企业，推进载体建设、招商引资一体化运作，提升城市综合服务功能。着力吸引国内外知名的战略性生产性服务企业龙头企业入驻，依托龙头企业吸引产业链上下游相关企业及配套服务企业入驻。

3. 调动多方积极性开展协同招商

发挥“首钢”品牌影响力和政府在资源调配、综合协调、

社会公信力等方面的优势，建立和完善政企合作的联合招商机制，充分利用“新首钢投资服务中心”招商平台，厂区合作开展联合招商，引导新首钢向政府支持的方向发展。与一批专门为跨国公司地区总部选址服务的国际性中介服务机构建立长期合作机制，积极吸引跨国公司地区总部和分支机构入驻石景山。与相关产业的行业协会建立紧密联系，发挥行业社会组织的资源优势和推介作用，吸引战略性龙头企业入驻。建立招商引资与楼宇开发企业、楼宇业主、楼宇招商主管、物业等收益相挂钩的激励机制，充分调动相关主体的积极性，促进楼宇招商与政府招商方向一致，放大招商效果，形成发展合力。

（四）强化资金保障，着力构建投资融资新机制

1. 设立“石景山区西部开发建设基金”

基础设施建设工程量较大，区政府财力有限，资金很难保证，因此要引入多元投资主体。石景山区可筹备设立“石景山区西部开发建设基金”，明确资金增长与基础设施滚动开发模式，重点支持石景山区西部地区重大基础设施与公共服务设施建设项目。

2. 充分利用资本市场进行直接融资

把握国家级服务业综合改革试点区建设的宝贵机遇，积极争取国家发改委、证监会等监管部门的政策支持，放宽石景山区企业募集资金投向的项目立项要求等企业债券发行条件，简化企业债券发行程序。组织有融资意向的大型骨干企业、中小企业等与金融监管部门进行对接，强化政府为企业融资的担保，为企业资本市场直接融资提供服务和便利，引导企业通过发行公司债、企业债、中小企业集合债和集合票据等途径进行融资。

专栏9 浙江省支持民营企业债券融资

为进一步推动企业债券融资，2011年9月6日，浙江省召开“十二五”企业债券融资对接会。会议提出，“十二五”期间，浙江省企业债券融资工作将进一步完善债券发行主体结构，扩大发债主体范围，在推动大型国有企业、大型融资公司债券融资的同时，支持更多的民营企业发行债券。同时将进一步提升债券审报工作效率，重视中介机构功能发挥，发挥商业银行积极作用，通过加强协调配合，形成推动债券融资的工作合力。

3. 鼓励和引导民间资本进入城市建设发展重点领域

贯彻落实好《国务院关于鼓励和引导民间投资健康发展的若干意见》，加强与民间资本团体的沟通联系，鼓励和引导民间资本以独资、控股、参股等方式投向基础产业和基础设施、市政公用事业、社会事业、金融服务等石景山区经济社会发展的薄弱环节。加快编制和完善促进民营经济健康发展的配套政策，积极争取国家、北京市相关部门政策支持，允许民营资本在合资企业中享有专营、独立核算等自主经营权利。进一步放宽市场准入，使民营企业与国企、外企等享有同等的实际准入条件。

（五）加强品牌建设，开展特色资源宣传与推广

1. 积极策划、组织和参与品牌宣传活动

积极与周边区县及大型企业合作，抓住项目推介会、永定河景区宣传、园博会等大型活动机遇，以服务品牌、高端功能区品牌、生态品牌塑造“科技石景山、绿色石景山”新形象，引导商务、金融等现代产业和资本、人才、等高端要素集聚．积极组织文化论坛、文化节、企事业单位文化宣传、社区文化建设等各类文化宣传和实践活动，以文化建设提升全民素质，塑造文明形象。

2. 充分发挥母亲河品牌的要素吸引力

依托莲石湖等水岸空间，积极组织文化节、展览、演艺类文化娱乐活动，充分发挥水岸公共活动空间的生态、景观和游憩功能；注重永定河与首钢遗址公园的联动发展，高标准建设长安街西延线永定河跨河大桥，打造一批具有时代意义和人文价值的标志性建筑，营造环境优美、宜居宜业的发展空间，进一步增强区域对高端要素的吸引力。

3. 加强区域整体品牌形象设计与营销

深入挖掘区域文化内涵，通过互联网、电视、报刊、杂志、广播等多种渠道，加强整体宣传与品牌推广力度。充分发挥好政务信息网站的“信息窗口、服务平台”作用，统筹做好信息发布、在线咨询、文化理念传播等各项工作。

课题组长：夏林茂
副 组 长：王春杰
责任单位：发改委 政府办 区委宣传部 科委园区
执 笔 人：高 明 富大鹏 王铁峰 胡志勇 徐培培

大事记

2011年石景山区大事记

1月

5日 “全面转型、科学发展——石景山区‘十一五’成就和‘十二五’规划主题展览”在北京国际雕塑园开展。

11日 中国电子竞技运动馆投入使用，举行竞游ECL电子竞技冠军联赛年度总决赛。

12日 区政府与北京军区政治部、北京工业职业技术学院签署《强军育才培训合作议定书》，启动“强军育才接力工程”。

13日 首钢北京石景山钢铁主流程顺利实现全面停产，中共中央政治局委员、国务院副总理张德江出席仪式并讲话。中共中央政治局委员、市委书记刘淇颁发“功勋首钢”纪念牌。市长郭金龙致辞。

18日 区佛教协会在八大处公园四处大悲寺挂牌。

19日 中国游戏产业年会在万达铂尔曼酒店召开，本区荣获特别贡献奖和产业支持奖。

21日 北京军区司令员房峰辉、政委刘福连一行与区领导座谈，并参观区“十二五”规划展。

30日 副市长苟仲文带队夜查区域烟花销售网点安全管理工作。

2月

10日 刘淇、郭金龙就“加快转变经济发展方式，推动首钢产业结构调整”开展主题调研。

15日 “北京服务·新首钢”股权投资基金设立方案确定。首期10亿元投资于3月前全部到位，并正式运作。

17日 区第十四届人大常委会第三十次会议接受周茂非辞去石景山区人民政府区长职务的请求。任命夏林茂为石景山区人民政府副区长，并决定其为代理区长。

18日 区政府获“‘十一五’国家科技计划组织管理优秀组织奖”，是全市16区县中唯一获此殊荣的单位。

25日 区重点招商引资项目集中签约仪式举办。

27日 首届大学生绿色网络游戏动漫设计大赛颁奖典礼在本区举行。

3月

2日 纪念“三八”国际劳动妇女节101周年表彰大会召开。

14日 苟仲文对本区交通工作进行调研。

16日 石景山区交通委员会成立。

24日 全国政协副主席、台盟中央主席林文漪一行就北京台湾街及台湾文化创意商务区发展情况到区调研。

29日 “清明赋·家国情”第四届北京清明诗会在石景山体育馆举办。

31日 区青联四届一次全会召开。

※ 与市测绘院签订战略合作仪式。

4月

2日 “缅怀革命先烈，继承光荣传统”北京市清明节红色公祭活动在八宝山革命公墓任弼时广场举行。

8日 深入推进创先争优活动大会召开。

12日 经济发展暨国家服务业综合改革试点区、国家可持续发展实验区推进大会召开。

13日 全国政协委员赴首钢石景山厂区就“转产后首钢工业遗产保护与利用”工作进行调研。

19日 市委常委、市委统战部部长牛有成调研社会领域统战工作。

22日 本区获得市年度调研工作先进单位，由荣华、周茂非、倪国锋共同牵头主持的调研报告《首都西南区域经济发展研究》获市优秀调研成果二等奖。

28日 第十届“八大处中国园林茶文化节”开幕。

29日 “北京台湾文化艺术节”在北京台湾街开幕。

※ 首个国家级全民健身中心揭牌，在全国率先启动“健身储蓄”和“健身积分”试点。

5月

4日 副市长夏占义调研永定河莲石湖工程。

11日 举行纪念“5·12”国际护士节暨优质护理服务推进大会。

12日 《石景山报》出版1000期座谈会在万商花园酒店举行。

24日 区不动产商会成立。首批会员中铁建设集团、万商投资发展有限公司等15家优秀商务楼宇单位。

28日 中央统战部领导调研社会领域统战工作。

30日 全区严肃换届纪律工作动员部署大会召开。

6月

1日 在全市率先出台关于贯彻落实中关村“1+6”系列先行先试改革政策的办法。

※ 国家国防教育办公室副主任郭增奎带队检查指导国防教育工作。

9日 中国传记图书馆在区图书馆揭牌。

12~26日 民革、民盟、民建、民进、农工党、致公党、九三学社区工委及工商联相继召开换届大会，产生新一届民主党派区工委及工商联领导班子。

17日 第三届中国企业责任年

会在本区召开。

20日 纪念建党90周年书法美术摄影集邮展在北京国际雕塑公园展出。

21日 市人大常委会副主任刘晓晨率市人大文化创新能力和文化体制改革与政策完善专题调研组到区实地考察文化创新产业发展基本情况。

27日 召开庆祝中国共产党成立90周年大会，表彰50个先进基层党组织、100名优秀共产党员和50名优秀党务工作者。

28日 为期4天的全国高新区第十三届党建工作交流会在京燕饭店召开。

29日 庆祝中国共产党成立九十周年文艺晚会《光辉的旗帜》在区广电中心举行。

7月

3日 牛有成调研城乡结合部建设整治项目进展情况。

7日 市人大常委会副主任马振川率队调研民族宗教事务。

8日 区政府与首钢总公司招商合作启动大会召开。签署《建立联合招商合作机制协议书》，“新首钢投资服务中心”正式揭牌。

20日 刘淇、郭金龙就“大力发展文化创意产业，提升首都文化实力和竞争力”主题开展调研。

21日 外交部高级外交官创新实践委员会考察团到区考察。

22日 水务改革发展工作大会召开。

30日 “新首钢杯”北京国际柔力球交流大会在首钢篮球中心举行。

8月

2日 苟仲文就早高峰道路通行情况到区调研。

11日 科技工作会暨园区建设推进大会召开，为获得2010年度区科学技术奖的单位颁奖，为获得2011年度区重点实验室与创意工作室授牌。

23日 “转型发展战略与路径选择”专家研讨会召开。

29日 区人民代表大会换届选举工作全面铺开，分五个阶段，11月中旬结束。

9月

8日 以“味觉印象·咫尺台湾”为主题的第二届北京台湾美食文化节开幕，历时一个月。

9日 为期一个月的“2011京西消费节”正式启动。

※ 联合国可持续发展大会高级别研讨会参会代表到区考察。

14日 夏占义调研永定河绿色生态发展带石景山段建设情况。

20日 第七届全国城市运动会石景山代表团成立大会暨圣火迎接、传递仪式在游乐园举行。

22日 副市长丁向阳就旅游业发展工作到区调研。

28日 “北京西部知识产权教育基地”揭牌仪式在北方工业大学举行。

29日 莲石湖建成开放，刘淇等参加“永定河四湖一线开放日”主题活动。

※ 北京市第二届登山大会暨第二十六届石景山区金秋体育盛会在八大处公园开幕。

※ “服务创一流、巾帼展风采”活动启动。

30日 中国动漫游戏嘉年华活动在本区举行。

10月

5日 丁向阳到寿山福海养老服务中心慰问在院老人。

10日 石景山区、满洲里市与俄罗斯赤塔市在铂尔曼大饭店签订两国三地友好交流与合作协议。

11日 中国少年先锋队石景山区第五届代表大会召开。53个少先队大队的259名代表及列席队员400余人参加会议。

※ 北京石景山CRD标识正式发布启用。

17日 由本区发起的两地十城市体育发展论坛在江西南昌市召开。

20日 全国电子竞技精英赛式在电子竞技馆开幕。

21～25日 第12届世界漫画大会暨2011北京国际动漫周举办，是第六届北京国际文化创意产业博览会的重要组成部分。

22日 刘淇、郭金龙围绕“贯彻落实党的十七届六中全会精神，推动首都文化大发展大繁荣”主题调研第十二届世漫会暨2011北京国际动漫周活动开展情况。

23日 全国人大常委会副委员长、全国妇联主席陈至立，原全国妇联主席顾秀莲，为北京万商花园酒店运动中心颁发“国家全民健身活动中心”颁牌。

25日 由古城第二小学、古城高级中学、古城外国语学校组建的北京古城教育集团正式挂牌成立。

※ 第十五届京港洽谈会石景山区首钢专题推介会举办。

11月

3日 市人大常委会副主任赵凤山率队检查人大代表投票选举准备工作。

8日 市区县、乡镇两级人大代表换届选举投票日。区四套班子领导分别到所在选区参加投票并慰问工作人员。

11日 牛有成调研重点村建设工作。

12日 第四届新媒体节开幕式暨中关村数字媒体产业联盟成立仪式举行。

17日 教育部副部长、党组成员郝平调研音乐教育实验项目。

21日 中央电视台《对话》栏目关注首钢搬迁和本区产业转型，区领导参加节目录制。

22日 中组部老干部局局长陶治国带队调研退休干部服务管理工作。

23日 “企业家俱乐部”揭牌。

29日 “无线城市 智慧石景山WLAN应用示范工程”开通仪式在瑞达大厦举行。

12月

1日 区“常青藤”高端人才集聚区在中关村青年创业园揭牌。

3日 刘淇、郭金龙以“发展惠民生，喜迎十八大”为主题进行调研。

6～8日 召开中共北京市石景山区第十一次代表大会。会议选举产生中共石景山区第十一届委员会和区纪律检查委员会。在8日举行的区委十一届一次会议上，选举产生新的区委常委和区委书记、副书记，通过区纪委一次全会选举结果报告。

13日 英国前首相布朗的夫人莎拉·布朗、英国上议院议员阿兰·达希勋爵来到区，就高新技术产业发展政策及首钢搬迁后医疗、卫生、高新产业领域的发展规划进行考察。

19～23日 政协北京市石景山区第九届委员会第一次会议召开。岳德顺当选区九届政协主席。

20～24日 北京市石景山区第十五届人民代表大会第一次会议召开。会议选举赵玉民为区第十五届人大常委会主任、夏林茂为石景山区人民政府区长、王忠华为石景山区人民法院院长、王春风为石景山区人民检察院检察长。

22日 经济转型发展专项课题研讨会召开，聘请5位中央及有关部委专家为区专项课题顾问。

年末 苹果园交通枢纽最终建筑方案确定。该项目是本区规划建设的唯一大型综合交通枢纽，建成后将成为连接北京西部地区与城区的重要交通集散中心。

中共石景山区委员会

中共北京市石景山区委员会(简称区委)是中国共产党在石景山区的领导机关。区委设纪委、办公室、组织部、宣传部、统一战线工作部、政法委员会、研究室、机构编制委员会办公室、直属机关工作委员会、社会工作委员会等10个工作机构。年内,区委团结带领全区广大党员和干部群众,认真贯彻落实中央和市委的决策部署,着力调结构、上水平、保民生、促和谐,真抓实干,砥砺奋进,圆满完成区十次党代会确定的各项任务,取得经济社会转型发展的显著成绩。全年实现地区生产总值322亿元,是2006年的1.4倍,年均增长7.6%,其中第三产业比重达到62%,比2006年提高31个百分点;一般财政总收入完成50.8亿元,是2006年的2.5倍,年均增长20.1%;一般预算财政收入完成22.7亿元,是2006年的2.2倍,年均增长16.7%;社会消费品零售额完成162.1亿元,是2006年的1.2倍,按可比口径年均增长12%;固定资产投资完成130.9亿元,是2006年的1.8倍,年均增长12.8%;居民人均可支配收入达到31936元,是2006年的1.8倍,年均增长12.1%。统筹区域协调发展,西部地区进入全面建设的启动阶段。加快城市建设步伐,城市综合服务功能更加完善。深入实施精细化管理,城市现代化管理水平明显提升。坚持经济社会"两手抓",在社会建设领域形成一批理论成果、制度成果和实践成果。人民生活水平显著提高,民主法治建设、科教文卫各项社会事业扎实推进,安全稳定局面进一步巩固。以庆祝建党90周年为契机,全面加强党的建设。12月,召开区第十一次党代会,完成区委班子换届工作,选举产生第十一届区委,明确提出未来五年地区发展总思路和目标任务。

(张文超)

主要工作和重大活动

【区委常委会】 区委坚持科学决策、民主决策,全年共召开36次区委常委会,围绕经济建设、政治建设、文化建设、社会建设和党的建设中的重大事项审议议题192个。

区委常委会会议一览表

序号	会议时间	会议名称	主要议题
1	1月10日	10届112次	听取区综治工作要点 听取老干部工作情况汇报 听取关于本区中长期人才发展规划纲要(2010~2020年)及"十二五"时期人才发展规划修改意见的汇报 听取关于首钢富余人员分流安置措施工作情况的汇报 听取关于上年度机关事业单位工作目标督查考核工作情况汇报 研究关于开展上年度区、处两级干部年度考核工作的实施意见
2	1月24日	10届113次	研究区委常委会当年议题计划 听取区委年度党务工作会议筹备工作的汇报 关于全市组织部长会议主要精神和本区当年组织工作要点的汇报 听取关于宣传思想工作要点的汇报 听取纪检监察工作要点的汇报 关于贯彻《中共北京市委关于实施〈中国共产党巡视工作条例(试行)〉的暂行规定》实施意见和当年巡视工作要点的汇报 关于全市统战部长会议主要精神和本区当年统战工作要点的汇报 听取调查研究工作要点和重点调研课题计划的汇报 听取社会建设工作要点的汇报 关于推进派出所社区民警驻区制工作的汇报 关于首都综治委、市流管委第一次全体(扩大)会议主要精神及综治工作考核情况的汇报
3	2月14日	10届114次	关于召开第十四届人大常委会第三十次会议的请示 区人大常委会工作要点 区政协常委会工作要点 听取春节、全国"两会"期间应急、维稳、安全生产工作的汇报 关于党风廉政建设宣传教育月活动计划 干部任免
4	2月26日	10届115次	荣华传达全市领导干部会议精神

续表

序号	会议时间	会议名称	主要议题
5	2月28日	10届116次	关于做好两会期间维稳工作情况的汇报 关于调整区委系统相关工作领导小组情况的汇报 关于区领导分工负责部分重大项目建设实施方案的汇报 关于做好纪念建党90周年有关工作的汇报 关于纪念建党90周年评选表彰工作方案的汇报 关于区处两级党委(党组)中心组学习计划的汇报 关于建立健全惩治和预防腐败体系任务分解方案的的汇报 关于召开区工会第九次代表大会的请示
6	3月14日	10届117次	关于加强人民政协政治协商制度建设的意见 区委党的建设工作领导小组工作要点 本区创建文明城市工作意见 关于本区推荐市“五五”法制宣传教育先进集体和先进个人情况的汇报 关于推荐评选首都劳动奖状、首都劳动奖章和市工人先锋号工作情况的汇报 关于全区处级干部上年度奖励情况的汇报 关于开展公开选拔处级领导干部工作情况的汇报 关于开展处级非领导职务人选遴选工作情况的汇报 干部任免
7	3月28日	10届118次	关于第五次经济发展暨“国家可持续发展实验区、国家服务业综合改革试点区”推进大会筹备情况的汇报 关于本区社会服务管理创新行动方案的汇报 关于各民主党派、工商联、侨联换届工作有关情况的汇报 关于进一步提升组织工作满意度工作情况的汇报 干部任免
8	4月11日	10届119次	关于“十二五”时期绿色石景山行动计划的汇报 关于上年招商引资有关奖励情况的汇报 关于进一步加强审计工作的意见 关于建立党委新闻发言人制度和网络发言制度的实施意见 关于严肃换届纪律工作方案的汇报 关于上报全国、市“七一”表彰候选先进基层党组织和“双优秀”人选的汇报
9	4月18日	10届120次	关于召开区第十四届人大常委会第三十一次、三十二次会议的请示 关于街道配备80后处级干部相关工作情况的汇报 人事任免
10	4月25日	10届121次	关于第一季度信访情况的汇报 关于京石科园公司相关情况的汇报 关于教育工作会议筹备情况的汇报 关于加强和改进新形势下工商联工作的实施意见 关于精细管理美化市容工作大会筹备情况的汇报
11	5月3日	10届122次	关于区级领导年度考核工作情况的汇报 关于干部交流任职、挂职锻炼工作情况的汇报 关于处级后备干部集中调整工作方案的汇报 关于公开选拔处级领导干部工作情况的汇报 干部任免
12	5月16日	10届123次	关于推荐全国文明单位的请示 关于一季度经济社会运行情况的汇报 关于推进智慧石景山建设的实施意见的汇报 关于开展党政机关公务用车问题专项治理工作以及清理和规范庆典、研讨会、论坛活动工作的实施方案 干部任免

续表

序号	会议时间	会议名称	主 要 议 题
13	5月30日	10届124次	荣华宣布市委关于干部任免的决定 关于制订《石景山区“十二五”规划实施方案》有关情况的汇报 关于深化医药卫生体制改革工作情况的汇报 关于关心下一代工作委员会调整充实工作的汇报 关于《街道系统开展“三定”规定修订工作实施方案》的汇报 关于区侨联换届工作情况的汇报 关于区各民主党派换届工作情况的汇报 干部任免
14	6月13日	10届125次	关于科技工作会暨园区建设推进大会筹备工作情况的汇报 关于加强新形势下全区党建带团建工作的实施意见 关于“七一”表彰有关工作情况的汇报 干部任免
15	6月27次	10届126次	关于制定《中共石景山区委关于加强和改进新形势下党史工作的实施意见》及相关情况的汇报 关于本区流动人口和出租房屋服务管理工作的汇报 关于推荐全国爱国拥军模范单位和个人的汇报 关于处级后备干部集中调整工作的汇报
16	7月11日	10届127次	关于认真学习贯彻《胡锦涛同志在庆祝中国共产党成立90周年大会上的讲话》的通知 关于召开区第十四届人大常委会第三十三次会议的请示 关于 “八一”期间开展双拥月活动的通知 关于对苹果园街道、发改委巡视工作的报告
17	7月18日	10届128次	关于区委十届十五次全体(扩大)会议筹备工作的汇报 关于本区当年国民经济和社会发展计划上半年执行情况的汇报 关于在全区开展法制宣传教育的第六个五年规划和实施“五五”普法规划和制定“六五”普法规划情况的报告的汇报 关于筹备召开区第十一次党代会相关情况的汇报 关于因公出国(境)工作的汇报 干部任免
18	7月21日	10届129次	研究确定换届人选考察对象
19	8月1日	10届130次	关于第二季度信访工作的汇报 关于工商联换届工作情况的汇报
20	8月8日	10届131次	关于区第十一次党代会代表选举安排及代表名额分配的汇报
21	8月15日	10届132次	关于召开区第十四届人大常委会第三十四次会议的请示、区人民代表大会换届选举工作的请示、做好区人民代表大会换届选举工作的意见 关于促进中小企业发展情况报告的汇报 关于永定河绿色生态发展带石景山段建设情况的汇报 关于城市环境精细管理美化市容工作情况的汇报 关于上半年十项重点工程和城乡结合部建设整治项目进展情况的汇报 关于保障性住房建设进展情况的汇报 关于土地储备项目进展情况的汇报
22	8月27日	10届133次	干部任免
23	9月5日	10届134次	关于召开区第十四届人大常委会第三十五次会议的请示 关于区政协换届工作有关情况的汇报 关于友好城市合作及对口支援工作情况的汇报 关于本区海外高层次人才首批认定工作方案的汇报 干部任免

续表

序号	会议时间	会议名称	主要议题
24	9月13日	10届135次	干部任免 关于给予李某开除党籍处分的请示
25	9月26日	10届136次	关于完善交通路网建设情况的汇报 关于国家服务业综合改革试点区建设情况及下一步工作思路的汇报 关于就业和再就业工作情况的汇报 关于文化事业发展情况的汇报 关于推荐区妇联为全国妇联系统先进集体的汇报 关于严厉整治干部选拔任用工作中行贿受贿行为有关文件精神的汇报 干部任免
26	10月9日	10届137次	关于召开本区第十五届人民代表大会第一次会议和第十四届人大常委会第三十六次会议的请示 关于分类推进事业单位改革工作情况的汇报 关于人口调控管理工作情况的汇报 关于区总工会、团委、妇联工作情况的汇报
27	10月18日	10届138次	关于召开年度区级班子民主生活会情况的汇报 关于区各党派、各人民团体联合推荐区第十五届人大代表候选人情况的汇报 关于确定“两委”委员候选人推荐办法和区委提名的党代会代表候选人名单的汇报 关于区级班子换届人事安排预批方案情况的汇报 干部任免
28	10月25日	10届139次	关于深入学习贯彻十七届六中全会精神有关安排的汇报 关于三季度经济社会发展情况的汇报 关于新首钢高端产业综合服务区建设进展情况的汇报 关于中国动漫游戏城项目建设进展情况的汇报 关于三季度信访情况的汇报 关于召开区政协第九届委员会第一次会议的请示 关于“两委”委员候选人推荐情况和考察建议人选的汇报
29	10月31日	10届140次	关于区领导近期重要会议及活动安排的汇报 关于区九届政协委员建议人选的汇报 关于“两委”委员候选人初步人选考察及预备人选有关情况的汇报 干部事项汇报
30	11月7日	10届141次	关于财政支出预算变动情况和财政收支预算初步安排意见的汇报 关于区属国有企业改革发展情况的汇报 关于西部地区开发建设进展情况和下一步重点工作的汇报 关于招商引资工作情况的汇报 关于衙门口综合改造项目申请市级应急风险资金的汇报
31	11月14日	10届142次	关于济困工程实施情况和下年计划安排的汇报 关于安全生产工作总结及下年工作思路的汇报 关于下年绿化美化工作的汇报 讨论区第十一次党代会报告 关于区第十一次党代会相关材料的汇报 关于推荐市基层双拥工作示范单位的汇报 关于推荐评选年度文明单位情况的汇报 关于年度计划分配军转干部安置工作方案和工作进展的汇报 干部任免

续表

序号	会议时间	会议名称	主 要 议 题
32	11月21日	10届143次	关于当年便民工程实施情况和下年计划安排的汇报 关于区政府工作报告的汇报 关于召开区第十四届人大常委会第三十七次会议的请示、区第十五届人民代表大会第一次会议议程草案及有关名单草案、区人大常委会工作报告的汇报 关于区政协常委会工作报告的汇报. 关于区纪委工作报告的汇报 关于区法院工作报告的汇报 关于区检察院工作报告的汇报 关于区九届政协委员建议名单和常委候选人建议名单、区九届政协一次会议主席团成员名单、选举办法草案的汇报
33	11月28日	10届144次	关于区十项重点工程当年进展和下年计划安排及城乡结合部建设整治项目进展情况的汇报 关于全社会固定资产投资和争取资金完成情况及下年计划安排的汇报 关于国民经济和社会发展计划执行情况与下年国民经济和社会发展计划草案的汇报 关于区第七届“人民满意的政法干警(单位)”评选表彰活动实施意见的汇报 关于区委十届十六次全会和区委十届十七次全体(扩大)会筹备工作情况的汇报 关于区第十五届人民代表大会第一次会议选举办法有关情况的汇报 关于开展年度“一报告两评议”工作情况的汇报 关于组织召开各政党、各人民团体民主协商会有关情况的汇报 干部任免
34	12月5日	10届145次	听取各代表团讨论情况
35	12月13日	11届1次	关于海外高层次人才首批认定工作情况的汇报 关于贯彻落实党风廉政建设责任制、推进惩防体系任务完成情况的报告及专项检查方案的汇报 干部任免 关于区委常委分工的汇报
36	12月27日	11届2次	关于学习贯彻全国政法工作电视电话会议精神进一步做好当前政法工作的汇报 关于十一届区委常委分工方案的汇报 关于调整区委系统相关工作领导小组情况的汇报 关于下年市政道路建设及大中修计划的汇报 关于进一步规范评比达标表彰活动的实施意见的汇报 关于下年元旦春节期间开展双拥活动的汇报 关于贯彻落实《2010～2020年干部教育培训改革纲要》实施意见的汇报 关于推荐提名党的十八大代表人选工作方案的汇报 干部任免

(张文超　柯　宏)

【区委十届十四次全体(扩大)会】 6月7日召开。会议传达学习市委十届九次全会精神,对加强和创新社会管理工作进行部署。强调要统一思想、提高认识,高度重视加强和创新社会管理工作。全区各级党组织和广大党员干部要紧密结合工作实际,深入研究、深入思考中央和市委关于社会管理创新重要指示精神,立足本职、着眼全局,扎实推动本区社会建设与管理。要加大力度,狠抓落实,全面推进社会建设的重点任务。重点要在改善民生、服务群众,促进和谐、维护稳定,强化基层、打牢基础上下功夫,不断提升本区社会管理科学化水平。要加强领导,整合力量,完善社会建设工作格局。要进一步完善社会管理体系,健全“党委领导、政府负责、社会协同、公众参与”的社会管理格局,整合社会管理资源,努力形成社会建设人人参与、人人共享的良好局面。区四套班子领导、区委委员、候补委员和部分单位主要领导参加会议。

(张文超)

【区委十届十五次全体(扩大)会】 7月28日召开。荣华讲话,夏林茂作关于全区经济社会发展工作的报告,李文起作关于召开区第十一次党代会的决议(草案)说明。会议学习贯彻本市上半年经济形势分析会精神，总结全区上半年工作，部署下半年任务，表决通过《关于召开中国共产党北京市石景山区第十一次代表大会的决议》。区四套班子领导、区委委员、候补委员、区纪委委员和各单位党政主要领导参加会议。

(张文超)

【区委十届十六次全体(扩大)会】 11月30日召开。全会由区委常委会主持，荣华讲话。会议听取并审议通过十届区委工作报告(审议稿)、纪委工作报告(审议稿)，决定将两个报告提请区第十一次党代会审议；听取十一届区委委员、候补委员和区纪委委员候选人预备人选相关情况说明；通过党费收缴、使用和管理情况报告；通报区第十一次党代会筹备工作情况；审议通过区委全会决议(草案)。区四套班子领导、区委委员、候补委员、区纪委委员出席会议。

(张文超)

【区四套班子联席会】 全年召开2次区四套班子联席会。3月29日，召开第一次四套班子联席会。听取关于国家服务业综合改革试点区建设、国家可持续发展实验区建设和贯彻落实中关村"1+6"政策的工作情况。区人力社保局提交关于做好首钢富余人员分流安置的工作情况作为会议书面材料。7月4日，召开第二次四套班子联席会，传达市委关于区县领导班子换届工作部署会精神。

(张文超)

【第十一次党代表大会】 12月6~8日，中共北京市石景山区第十一次代表大会举行。大会审查通过中共石景山区第十届委员会工作报告和区纪律检查委员会工作报告。306名党代表出席，以差额无记名投票方式选举产生中共石景山区第十一届委员会37名委员、8名候补委员和29名区纪律检查委员会委员，完成各项预定任务。大会明确提出今后五年全区工作的总体思路和奋斗目标，作出"坚持科学发展、深化全面转型，加快建设现代化首都新城区"的战略部署，顺应发展大势，切合地区实际，符合党员和群众愿望。53名列席人员应邀参加开幕式。

(张文超)

【区委十一届一次全体会】 12月8日召开。以差额无记名投票方式先选举产生11名常委，再以等额无记名投票方式选举荣华为书记，夏林茂、吴克瑞为副书记。新一届区纪委一次全会以差额无记名投票方式选举产生9名常委，再以等额无记名投票方式选举产生书记、副书记，选举结果经十一届区委全体会议通过。区委委员、候补委员参加会议。

(张文超)

【市委领导调研】 2月10日，刘淇、郭金龙就"加快转变经济发展方式，推动首钢产业结构调整"开展主题调研。市领导了解首钢科技创新成果和首钢及周边地区规划情况，听取首钢集团工作汇报。刘淇指出，新形势对首钢转型和下一步发展提出新的要求。首钢要发挥自身强大的人力、科技资源和创新能力优势，深入挖掘企业在钢铁、新材料研发、装备制造、建筑等领域的发展潜力，努力创新，锐意进取，在主厂区再造一个新首钢，实现跨越式发展。他要求要做好首钢主厂区的规划，要找准产业定位和发展方向，坚持高端发展方向，引进一批可以产业化的高端科技项目、高端研发项目和高端企业总部入驻。要瞄准绿色产业发展方向，按照人文北京、科技北京、绿色北京发展战略的要求，寻找产业发展着力点，大力发展新材料、工业设计、文化创意产业、节能环保产业、高端装备制造等。要做好首钢停产的后继工作，把职工安置好，实现平稳转产。市领导蔡赴朝、吉林、李士祥、苟仲文、陈刚参加调研。7月20日，刘淇、郭金龙就"大力发展文化创意产业，提升首都文化实力和竞争力"进行主题调研。市领导到中国华录集团实地察看集团的音视频终端、内容和服务三大产业板块研发应用情况，听取集团负责人关于企业发展情况的汇报，刘淇勉励企业参与构建行业标准体系，推广自己的成熟技术标准，保持在行业中的先发优势。在中国动漫游戏城"首意工坊"项目现场，市领导详细了解动漫游戏城项目的进展情况。刘淇要求相关部门加大支持力度，解决项目建设中存在的问题，要加大招商力度，坚持首善一流标准，着力引进高端文化创意企业入驻。市领导李士祥、鲁炜、陈平一同调研。9月29日，刘淇视察永定河莲石湖，听取永定河绿色生态发展带石景山段工程建设的汇报。市领导李士祥、牛有成、陈钢、夏占义陪同调研。10月22日，刘淇、郭金龙围绕"贯彻落实党的十七届六中全会精神，推动首都文化大发展大繁荣"主题调研第十二届世漫会暨2011北京国际动漫周活动开展情况。察看中国动漫游戏城西区项目建设及设施改造情况，了解石景山、首钢集团加大老旧厂区升级改造力度，加快推进中国动漫游戏城项目建设进度等情况。随后到铸钢车间(L厂房)，察看北京动漫游戏企业"新技术、新产品、新成果"展、出版行业展、Cosplay(角色扮演)表演、全球电子竞技精英赛、动漫同人展等5项活动开展情况。市领导李士祥、鲁炜、陈平陪同调研。市委常委、市委统战部部长牛有成分别于4月19日、7月3日、11月11日，到区进行3次调研。

(张文超)

【匡正换届风气】 当年是换届之年。做好换届工作，是地区政治生活中的一件大事，干部关心、党员关注。4月11日，区委常委会研究通过严肃换届纪律工作方案，成立严肃换届纪律工作领导小组，3次组织召开严肃换届纪律保证换届风清气正工作会。区委明确严肃换届纪律工作的总体思路，即立足"早"，早教育、早警示、早预防；立足"严"，严监督、严查处、严考核；立足"实"，摸实情、用实招、求实效。在5月30日全区动员部署大会上，荣华对严肃换届纪律工作作整体部署。在换届启动前、换届考察中向全区区级领导、处级干部和后备干部及"两代表一委员"等发放《严肃换届纪律学习读本》，向区属单位所有干部群众和换届有关人员发放严肃换届纪律的宣传品，并以知识测试、知识竞赛等方式组织各单位学习中纪委和中组部“5个严禁、17个不准和5个一律”换届纪律要求。先后三次通过手机平台向新一届“两代表一委员”发送换届纪律规定短信；在大会期间布置警示展板；分系统对换届知晓率进行督促检查，协调巡视组进行重点抽查，确保换届纪律要求知晓率达到100%。通过有线电视、《石景山报》、石景山政务网三位一体进行宣传。在区有线电视台《记者视线》栏目进行专题访谈，以公益广告等形式宣传各项要求，在《石景山报》开设宣传专栏。按照市委组织部部署，组织完成严肃换届纪律实物展。荣华就严肃换届纪律和正确对待进退留转等问题，在换届启动前、换届考察中酝酿初步人选时、市委预批换届人事安排方案后等各关键节点，先后6次与区四套班子成员、拟新提拔进班子考察人选、区级副职后备干部和全区处级正职以上领导干部进行谈心谈话。区委要求区处级领导以承诺书形式遵守换届纪律，形成人人遵守换届纪律、执行换届纪律的良好局面。区委巡视组采取明察暗访形式，督查学习知晓效果。5月底，市委换届风气督查组到区进行督促、指导和检查，对本区营造风清气正换届环境取得的成效给予肯定。在整个换届中段和结束，采取测评、明察暗访形式了解和总体评估换届风气。

（张文超）

【评选表彰展先进风采】 “七一”前夕，组织以“评先、承诺、歌颂”为主线的庆祝建党90周年活动，全区1544个基层党组织、45144名党员参与。量化“五好”基层党组织、“五带头”优秀共产党员评选标准，坚持优中选优，集中评选出近年来全区各条战线涌现出来的50个先进基层党组织、100名优秀共产党员和50名优秀党务工作者。其中，1人被评为全国优秀党务工作者、1个组织被评为市先进基层党组织、4人被评为市优秀共产党员或者优秀党务工作者。6月27日召开全区庆祝建党90周年大会，对受表彰的基层党组织、优秀党员和优秀党务工作者代表进行颁奖；崔章程、王春艳、岳林华、门美子4位先进典型代表在会上作发言；荣华号召各级党组织和广大党员对照先进找差距，鼓舞干劲促发展，形成比学习、比工作、比奉献和学先进、赶先进、当先进的浓厚氛围。多角度开展先进宣传。整合区内宣传渠道，构建立体式宣传网络，发挥政务信息网、组工网、石景山有线电视、《石景山报》等媒体作用，持续宣传优秀典型事迹，提高知晓率、扩大影响力。整理编发《群众心目中的好党员风采录》、拍摄《十年一“箭”》、《笑看夕阳歌晚霞》优秀党员事迹DV、策划《与党旗对话》系列访谈节目，多渠道展示先进风采，唱响主旋律，激发党员干部工作热情。

（张文超）

【主题实践承优良传统】 组织全区各级党组织和党员干部群众开展“我是党员我承诺、我为党旗添光彩”主题实践活动。引导党组织和党员干部以承诺、履诺、践诺的实际行动，践行党的宗旨，强化党性修养。分类承诺：引导机关系统、街道社区、非公经济组织、社会组织中的党员、入党积极分子、各级党组织，分别围绕服务保障民生、改进工作作风、服务企业发展进行个人和集体承诺，增强承诺的针对性和可行性；丰富载体：依托机关党组织与社区党组织“共建双承诺”活动、党员设岗定责、党组织关爱工程等载体，将承诺转化为结对帮扶、志愿服务、义务巡逻、政策解答、法规宣传等具体行动，切实为党员群众办实事、做好事；强化考核：确保实效性。建立上级党组织考评、同级党组织互评、下级党组织参评、广大党员群众参与打分的“四评”考核机制，定期对承诺工作进行测评，确保承诺事项落到实处，取得实效。

（张文超）

【丰富活动创良好氛围】 以党员乐于参加、群众乐于接受为出发点，开展丰富多彩的庆祝活动，营造喜庆热烈、感人聚心的浓厚氛围。一是抒感怀、颂党恩。在全区举办庆祝建党90周年文艺晚会、座谈会、“党在我心中”巡回宣讲、编写本区纪念建党90周年丛书，全面回顾党的丰功伟绩，生动追述90年来党建工作历程。引导各基层党组织举办书画摄影展、红歌会、主题党日等党员群众喜闻乐见的活动，抒发爱党爱国情怀。二是学党史、强党性。依托区处两级中心组学习，举办党史主题报告会，书记“学党史、讲党课”活动，深化对党章、党的理论、方针政策的理解。各级党组织采取党史知识竞赛、组织党员观看“一切为了人民”主题展览、发放《建党伟业》图书等方式，引导广大党员干部学党史，增强党性观念。三是寻足迹、强信念。开展重温入党誓词、寻访延安、西柏坡等革命

建党90周年“七一”晚会 （区委组织部供稿）

圣地活动，进一步坚定广大党员干部的理想信念，增强服务意识、大局意识和奉献精神。

（张文超）

【民主法治社区建设】 依照"成熟一个，建立一个，带动一片"的原则，建立社区法治广场，实现社区法制宣传"点面结合、大小结合、集散结合"。发挥社区法律服务室作用开展法律咨询与服务，构建贴近群众、增强互动、高效便捷的法律服务绿色通道。推广社区法治楼门建设。发动居民在楼道内设置普法宣传栏，进行针对性强、效果明显的法律法规普及教育，使社区居民在潜移默化中养成学法、守法、护法的良好行为方式。建立"社区社情恳谈会"制度，以"小事不出社区，大事不出街道，矛盾不上交"为目标，把群众问题解决在萌芽状态，畅通社情民意渠道。开展新居民法律服务。将流动人口视为户籍人口同服务、同管理，举办流动人口法制大课堂。

（张文超）

【承办全国高新区党建交流会】 6月28～30日，由中国高新区协会、中关村管委会、区委区政府主办，区委组织部、宣传部、园区党工委承办的全国高新区第13届党建工作交流会在京燕饭店举行。中国高新区协会副理事长兼秘书长张序国主持会议，中关村管委会主任郭洪、区委书记荣华致辞，中央党建研究会副会长、中组部组织二局、国家非公经济组织创先争优指导组办公室副主任、中央建立学习型党组织办公室常务副主任等出席并讲话，来自全国84个高新区、中关村"一区十园"代表300余人参加会议。会议期间，代表们围绕"加强高新区党建理论调查研究，推动高新区党建工作创新发展"主题进行研讨，杭州高新区、长春高新区、大连高新区、石景山园区分别作汇报交流，其他高新区作书面交流，168篇论文参加交流评选，产生优秀论文一、二、三等奖共30篇，形成全国高新区第十三届党建工作交流会优秀论文集。会上，为中关村党建联席会成立举行揭牌仪式，会议还组织代表参观瑞达大厦社会工作站和园区企业趣游公司。中央电视台、《人民日报》、中央人民广播电台、国际广播电台、《光明日报》、《科技日报》、北京电视台、《北京日报》等20余家新闻媒体参与会议报道。

（韩 娜）

【人才发展规划】 落实人才强国战略和首都人才优先发展战略，服务北京建设中国特色世界城市和区域经济社会全面转型升级，经区委常委会审议通过，区委区政府联合制发"中长期人才发展规划纲要（2010～2020年）"和"'十二五'时期人才发展规划"两个文件。明确本区中长期和"十二五"时期人才发展的战略目标、总体思路、政策措施，旨在打造一支服务转型、支撑转型、引领转型的高素质人才队伍，确立区域人才竞争比较优势，抓住历史机遇，促进经济社会转型升级。

（张文超）

【"智慧石景山"建设】 在"数字石景山"的基础上深化信息化与经济社会的全面融合，深入推进国家服务业综合改革试点区、国家可持续发展实验区、中关村国家自主创新示范区特色区建设，加快向"智慧石景山"转型发展。经区委常委会研究同意，区委区政府联合制发关于加强"智慧石景山"建设的意见，对指导思想、发展目标、重点任务、保障措施予以明确，全面推进"智慧石景山"建设，促进本区经济社会的科学发展。

（张文超）

【推进党务公开】 7月6日，召开党务公开工作推进大会。荣华参加会议并讲话，刚杰作开展党务公开工作情况报告。会议发布实施方案和党务公开目录，标志着党务公开工作进入全面推进阶段。会议要求各级党组织根据实施方案，结合各自实际，制定具体的工作方案，对公开的内容、形式、程序、范围、时限、制度等作出安排。公开目录针对不同层次和类型的党组织，分别制定八个类别的公开目录，一级目录36条，二级目录134条，三级目录196条，并确定苹果园街道工委、卫生局疾控中心党支部、八角南路社区党委、区留学生创业园党支部等4个单位作为党务公开试点单位，把自上而下的指导和自下而上的探索结合起来，对全面推进党务公开工作进行探索和实践。

（张文超）

【莲石湖建成开放】 9月29日，刘淇到永定河莲石湖主景区，与各界群众共同畅游莲石湖，参加在这里举行的"永定河四湖一线开放日"主题活动。莲石湖是永定河绿色生态发展带"四湖一线"工程之一，湖段全长5.8公里，郊野公园面积550公顷，相当于两个颐和园。该工程是市政府"2011年为市民办的30件实事"之一，主要景观展示"山"、"水"、"莲"、"石"四元素的相互交融、相互渗透。继承奥运遗产而建设的环湖自行车道，长达10余公里，游人可以骑车环游整个湖区。莲石湖工程自上年7月26日开工以来，区委区政府主要领导多次召开专题会研究部署工作，并深入工地一线检查指导。作为工程建设主体，举全区之力，全力推进莲石湖工程建设，投入资金4.67亿元、劳务人员36.2万人次、机械设备17.6万台次，用13个月时间，建设河道总长度5.8公里，治理面积226万平方米，形成水面100万平方米。莲石湖的建成为地区由传统工业向绿色生态石景山转型发展奠定基础。

（张文超）

【聘5位专家为专项课题顾问】 12月22日，召开经济转型发展专项课题研讨会。区委区政府聘中央政策研究室经济局副局长白津夫，科技部办公厅副主任、研究室主任胥和平，中宣部改革办副主任高书生，工信部政策法规司副司长李国斌，中组部研究局副局长李京峄，国家发改委处长欧阳进为区专项课题顾问，区领导荣华、夏林茂向各位专家颁发聘书。夏林茂介绍地区经济社会发展情况，各位专家就经济转型发展提出自己看法，并提出建议。

（张文超）

【开展专题调研】 荣华先后以首钢职工分流安置工作、重大项目建设推进情况、促进非公经济发展情况等为主题，开展专题调研。主要调研活动见下表。

荣华主要调研情况一览表

时间	主题	单位	主 要 内 容
2月16日	首钢职工分流安置工作	人力社保局	指出要负责任做好工作,了解和掌握解除合同人员的思想动态和求职意向,高度关注潜在的矛盾和问题,及时做好各类突发事件的应对和化解工作的要求。
2月22日	“八大处生态文化旅游新区”项目	八大处公园八处姚家寺塔、八大处公园管理处	强调深入挖掘西山生态环境资源,做好八大处大景区的前期规划,加快修复文物遗址,保护文化资源;推动西部地区转型、提升旅游生态休闲功能;加强与市区有关部门和北京军区的沟通协调,争取各方支持。
3月1日	行政服务中心工作开展情况	行政服务中心	提出要发挥行政服务中心的最大效力,继续提高依法行政工作水平,提高办事效率、缩短审批时限,按照依法行政的要求做好各项服务管理工作;要增强服务手段,加强对基层指导,发挥好监督效能;要加强队伍建设。
3月10日	首钢富余人员的服务和安置工作	金顶街街道	肯定金顶街街道、苹果园街道、古城街道、八角街道和老山街道的工作。强调要继续耐心细致地做好首钢富余人员的安置工作;组织“枢纽型”社会组织为分流安置工作给予支持和帮助;梳理首钢搬迁调整过程中的矛盾纠纷,信访部门要建立台账,进行专题研究,化解矛盾。
3月16日	重大项目建设推进情况	住建委	提出在“十二五”期间要进一步深化研究,细化工作方案,扎扎实实推进各个重大项目;做好各个项目的基础性工作;围绕五大产业发展方向,做好前期工作,建立科学的运营机制,确保各项目资金保障到位;梳理归口,统筹安排,深入推进“十一五”期间已经立项但尚未完成的重大项目;通盘考虑发展中的基础设施建设工作;关注民生工作,解决“拆迁难”的问题,加强公益服务项目建设。
3月21日	中关村石景山园贯彻落实国务院关于中关村“1+6”政策工作情况	科委园区	要求要抓住新机遇,找准突破点。建成“国家服务业综合改革试点区”、“国家可持续发展实验区”和“中关村国家自主创新示范区特色园区”;要加快与中关村“1+6”政策对接,从产业入手找到转变经济发展方式的突破点;全面贯彻落实中央、市委有关政策。对原有政策进行再梳理,进一步优化区域政策环境;要进一步拓展工作思路,促进转型发展,建立和完善符合市场规律的工作运行机制。
4月7日	西部开发建设工作	西建办	指出要继续推进西部地区转型发展,确保“天泰山·水岸绿都”主题定位的落地实施;尽快确定运作模式和机构;要进一步明晰产业定位;同步考虑公益项目建设;创新社会管理体系。
4月14日	地下空间开发利用和安全管理工作	玉泉西里二区、远洋山水社区、区机关B3防空防灾指挥室	提出提高对地下空间安全管理利用工作重要性的认识,建立健全长效机制,发挥地下空间的重要作用;切实加大对地下空间的安全管理,尤其是管理盲区和单位工程;加强居住安全宣传教育,不断提高安全管理水平。
4月19日	社会管理创新基地建设情况	社会工委、残联、老山街道、八角街道	指出要完善机制,要加大扶持力度,创新工作,增强自我创新的能力和水平,加大对流动人口、残疾人等特殊群体的服务和管理,引导培育社会组织参与社会服务和管理。
5月19日	促进非公经济发展情况	工商联	指出工商联要确定重点服务方向,加强队伍建设,建好区总商会,发挥好商业楼宇“五站合一”工作平台作用;加快推进产业载体建设,与政府部门合作,做好非公企业思想政治工作,共同克服暂时硬件条件不足的困难;进一步优化非公经济发展环境,政策环境,人才发展环境,落实好各项政策;维护企业的合法权益。
6月1日	创先争优活动情况	八宝山街道永东北社区、苹果园中学、环保局	提出紧密结合中心大局,加强基层组织建设;街道社区创先争优要紧贴群众需求,着重化解基层矛盾;教育系统创先争优要激发队伍活力,打造高水平教师队伍,发挥党员先锋模范作用,提高教育教学质量;机关党建要发挥表率作用,加强组织建设,发挥组织作用。

续表

时间	主题	单位	主要内容
6月8日	基层创先争优活动情况	金顶街街道模西中社区、八角街道八角北里社区	提出发挥主动性、调动积极性、增强创造性，把握自身特点，创建载体、开展活动，建设有特色、有活力的和谐社区，要落实社会管理和创新、庆祝建党90周年、强化组织建设、军地融合式发展的工作。
6月14日	精细管理美化市容工作	老山东里小区、时代花园小区、八角北路小区	落实市委市政府指示精神，实现“出标准、灭死角、落责任、提水平”的目标，加强制度建设；要进一步做好宣传发动工作，宣传社区建设的新做法、新经验；要树立“以人为本”的工作理念。
7月14日	落实食品安全三级管理体系建设工作情况	龙海添一农副产品市场、区工商分局	提出高度重视食品安全工作，切实解决群众反映突出的热点、难点，完善食品安全工作体制、机制建设，加大防控和监管力度；提高食品安全的监管水平。
8月3日	防汛工作情况	南马场水库永定河绿色生态发展带	指出做好附属工程配套建设工作，要充分考虑到设施便利性，要加强水库后续管理工作，把安全作为首位，做好水库的建管衔接工作。实地察看永定河绿色生态发展带莲石湖工程现场，指出做好景区开放后的管理工作，维护现有环境。
8月8日 8月18日 8月31日	街道基层政权建设情况	各街道办事处、鲁谷社区	指出加强基层政权建设，提高党建的科学化水平，不断提升做好群众工作的能力，要不断扩大公共服务职能，提升公共服务水平，增加公共服务项目，把党和政府相关政策落到实处。
9月7日	职业教育发展情况	黄庄职业高中	提出紧跟社会发展形势突破创新，在专业设置上突出特色，做强、做全、做精、做新；加强教学改革，提高教育质量；要加强职业教育教师队伍建设。
10月26日	人大代表换届选举工作情况	苹果园街道办事处	提出要加大宣传力度，增强自觉性，正确行使民主权利，全力推进选举工作；要引导发挥好选民的参与意识，保护好参选积极性；要认真做好矛盾排查和调解工作，维护良好的社会环境。
11月1日	人大代表换届选举工作情况	金顶街街道办事处	提出要继续加强选举工作的组织领导和具体指导；要维护和发扬好选民的参选热情；要确保投票选举阶段的社会和谐稳定，保证选举的顺利成功。
12月28日	社区医疗卫生服务情况、北京九中新疆班办学情况	远洋山水社区卫生服务站、金顶街社区卫生服务中心、北京九中	视察社区卫生服务站医疗服务情况，看望并慰问北京九中新疆班师生。

（张文超　柯　宏）

区委日常事务

概　　述

区委办公室作为区委的综合办事机构和参谋服务机构，是区委系统的中枢环节，是区委工作运转的重要依托，是区委对外形象的直接载体。下设4个组、2个室，分别为综合组、秘书组、信息组、会议组、督查室和机要室。其中，会议组于年内成立，主要负责区党代会和区委其他重要会议的组织筹备工作。年内，围绕区委中心工作，发挥职能作用，服务发展大局，圆满完成各项任务和队伍建设，实现参谋献策有高度、综合协调有广度、督查落实有力度、服务保障有精度四个目标。

地址：石景山路18号
电话：88699711　88699771
邮编：100043

（张文超）

【信息编报】　围绕建设世界城市目标和“三个北京”发展战略及全区战略转型，编发各类信息刊物486期，全面反映全区重点工作，为市、区两级领导科学决策提供信息参考。其中，普刊143期，增刊126期，报送市委专报252期，业务通讯12期，市、区领导批示44条，市委信息采用81条。“石景山区全面评估首钢北京厂区停产切换期风险点”、“弘扬志愿精神、创新激励机制，石景山区开展公益反哺家园活动试点工作”、“创新发展模式、树立特色品牌，石景山区大力推动文化创意产业发展成效显著”等信息，均被市委北京信息采用并评为市级优秀信息。

（赵　枫）

【文秘工作】　向市委报送“关于打好

‘三张牌’推进区域战略转型工作情况的报告”等文件,在《北京工作》等刊物发表文章6篇,将区委工作及时向市委反映;起草、修改、整理区委重要文件、领导讲话共计260余篇、300余万字。规范发文流程,实现公文运转严谨、规范、高效,制发文件111件,发挥区委文件对全区工作的指导作用。

(张文超)

【综合协调】 配合市委办公厅组织协调安排市委领导调研等重要活动6项,100余人次;完成中央、市有关部门和外省市领导考察接待任务16批,200余人次;周密安排区委主要领导参加各类活动120余次。全年完成1000余项各类电话和会议通知的记录落实工作,处理信访来信来电近300件,办结人大代表建议案、政协和党派提案20余件,整理归档各类存档文件400余份。

(冯雅男)

【会议服务】 针对区第十一次党代会标准高、环节多、衔接多的特点,坚持看在前、谋在先,做到落实岗位职责,协调工作进度,把握时间节点,保证党代会期间预备会、开闭幕式、主席团会等23次会议顺畅衔接,有序进行。全年组织筹备区委常委会36次、区委全会3次、区委专题会7次、区四套班子联席会2次、区委电视电话会10次等,区委重要会议共计60余次,从把关会议材料、做好会务两大方面保证区委重要会议顺利进行。在办会实践基础上制定完善进一步规范区委专题会相关工作的暂行办法等4项会议制度,有效推动区委会务工作的制度化、规范化。

(伍双剑)

【强化督查】 围绕重要会议、重大决策和民生事项,在督查中坚持抓大事、督难事、办急事,把握督查工作方向,不断提高督查工作的执行力。全年完成100余个督办事项。其中,常委会督办10余件、专题会督办10余件、书记调研督办20余件、区委专题工作汇报会督办10余件;围绕中央、市委决定事项督办6件;人大代表建议案3件,政协委员、民主党派和工商联提案23件。流转、登记、办理书记书信访件259件,其中重点督办50余件。

(王晓华)

7月25日,新进班子人选考察对象民意调查大会 (区委组织部供稿)

【机要密码】 落实“工作抓细节,服务要延伸,能力要适应”的要求,探索新形势下机要工作规律,注重从日常工作入手,制订完善规章制度,规范工作流程,改善服务态度,转变工作作风,机要工作水平得到较大提升。传送领导批办件1100余件,收送电报300余份,未出现纰漏。

(张文合)

组织工作

概述

中共北京市石景山区委组织部(简称区委组织部)是区委的重要职能部门。行政编制35人,比上年增加3人。年内,坚持以服务工作大局为中心,以推进组织工作科学化为主线,超前谋划、精心组织,服务保障区级班子换届顺利进行;注重统筹、务求实效,扎实开展建党90周年庆祝活动和创先争优活动;立足实际、着眼长远,加强领导班子和干部队伍建设;突出特色、巩固成果,干部教育培训工作取得新成效;突出重点、整体推进,干部人事制度改革呈现新亮点;严明纪律、匡正风气,有序推进干部监督管理服务工作;坚持创新、规范运行,基层党建科学化水平不断提升;健全制度、拓宽渠道,党内基层民主建设焕发新活力;整合资源、强化合作,人才工作开创新局面;提升效率、丰富文化,组织部门自身建设树立新形象。

地址:石景山路18号
电话:88699810
邮编:100043

(王　浩)

【处级干部队伍情况】 截至年底,全区有处级干部548人。其中,处级领导干部475人(正处172人,副处303人)。女干部170人,占31.1%;少数民族干部22人,占4.0%;党外干部16人,占2.9%。研究生209人,占38.1%;大学本科302人,占55.1%;大学专科35人,占6.4%;中专及以下2人,占0.4%。35岁以下30人,占5.5%;36~45岁147人,占26.8%;46~54岁289人,占52.7%;55岁及以上82人,占15.0%。

(崔　乐)

【换届考察服务保障】 在换届考察工作中,协调相关部门落实市委组织部换届相关会议精神,做好考察工作所需材料的准备和收集工作。配合考察组做好统筹协调,先后组织区委常委扩大会、全区领导干部大会、纪委系统干部会、民意调查会、新进班子人选考察对象民意调查会等5次大会。组织

174名处级以上领导干部、“两代表一委员”与考察组个别谈话，完成对区四套班子及现任班子成员、法检“两长”、纪委副书记的测评、考察，开展新一届区四套班子成员、法检“两长”、纪委副书记全额定向民主推荐。抽调精干力量成立接待小组，在食宿、交通、实地考察等各个方面为考察组提供服务和保障。

（陈　鹏）

【人事方案酝酿和选举】 做好相关人选酝酿、程序安排设计及大会选举组织等工作。根据市委预批的换届人事安排方案，经区委常委会研究，在征求意见基础上，准备人选名单等材料，起草各项候选人预备人选的请示。做好“两委”委员人选酝酿、民主推荐、组织考察等工作。组织召开3次各政党、各人民团体民主协商会，做好部分人大代表、政协委员中党员人选和人大常委、政协常委人选的酝酿、协商、推荐工作。组织筹备大会选举，严格按照《地方组织法》、《选举法》等相关规定，研究起草选举办法，制定工作流程及任务分工，扎实准备人选简介等各项会议用材料，完成换届选举工作任务。

（崔　乐）

【干部队伍与班子建设】 贯彻落实2010～2013年党政领导班子建设规划纲要，提拔调整交流处级干部13批165人次，其中提拔正处级干部22人，副处级干部63人，交流调整处级干部80人次，为商务委等单位选派补充干部，配齐配强班子。按照全市加强年轻干部队伍建设、优化干部队伍经历和来源结构的部署要求，择优为9个街道(鲁谷社区)各配备一名“80后”副处实职领导干部。9名“80后”干部总体呈现年纪轻、学历高、来源广、素质高的特点，构成比较合理，符合市委规定。

（许海静）

【干部选拔任用】 完善以“资格准入、考任分离”为基本特点，以“双推、双考、双公示、双票决”为主要内容的干部选拔任用工作机制，听取分管区领导等各方面意见、任职前书面征求区纪委意见和针对职位定向民主推荐考察等做法规范化、制度化。从3名初步人选中差额推荐每个处级正职岗位拟任人选，组织全体区委委员、候补委员和其他区级班子成员进行差额定向民主推荐。截至年底，对33个处级正职岗位拟任人选在全体区委委员、候补委员和其他区级班子成员中进行差额民主推荐；对50名提拔任职干部征求区纪委意见并进行2次民主推荐和考察。

（崔　乐）

【处级后备调整】 开展年度处级后备干部集中调整和非中共优秀干部遴选工作。此次调整和遴选包括民主推荐、组织推荐、资格审查、统一笔试、组织考察、公示等环节，涉及全区80个单位和部门。各单位上报符合条件组织推荐人选470人，440人参加统一笔试，427人进入组织考察，组织2618人参加民主测评，与1686人进行个别谈话，公示后确定人选418人，其中正处级后备干部145人，副处级后备干部247人，非中共优秀干部26人，取得相应任职资格。组织开展处级非领导职务人选遴选工作，经组织推荐、资格审查、统一笔试、组织考察、决定任用等环节，将5名干部通过竞争方式提拔到处级非领导职务岗位。

（陈　鹏）

【领导干部公选】 年内两次确定17个处级领导职位面向全市和本区开展公开选拔。市、区联动公开选拔中，5个职位有278人报名、审核通过254人、参加笔试197人。从报名情况来看，平均50人竞争1个职位，其中公园管理中心副主任职位报名人数达165人、位列全市处级职位第二。面向区内公开选拔中，12个职位共有433人报名、审核通过427人，参加笔试401人。两次公开选拔确定17名任用人选，呈现年龄结构梯次配备、学历层次高、综合素质好、干部群众认可等特点。

（杨昆仑）

【挂职锻炼培养】 做好全市干部交流任职和挂职锻炼“三个一百”工程(即以任职、挂职或轮岗三种方式进行各约100人交流)，接收6名干部到区挂职，选派4名优秀处级干部分别到市委巡视组、市住建委、国家开发银行和甘肃文县挂职。继续组织实施“百名青年培养计划”，选派17名青年干部到建党90周年创先争优、综治维稳等单位和部门挂职。扎实做好援藏、援疆、援青和内蒙古挂职工作，增选1名优秀年轻干部赴青海玉树开展对口支援；从区法院、检察院先后抽掉2批4名干部到信访办挂职。做好外省区干部到区挂职工作，接收四川、新疆、重庆等地挂职干部3批8人。

（杨昆仑）

【日常管理服务】 519名处级干部参加公务员年度考核，其中考核优秀103人，称职416人。29人记三等功，105人获嘉奖。26名处级干部参加事业单位考核，其中考核优秀4人，合格22人。严格按照中央和市有关政策，顺利安置军转干部23人，其中副师职1人，团职22人。强化干部日常管理，扎实开展干部谈心谈话工作，区委书记和组织部长与52名正处职以上干部进行任免职谈话，与“80后”街道副职干部和公选干部进行集体谈心谈话；组织部长和分管干部工作的副部长与90名副处职及非领导职务干部进行任免职谈话。开展干部走访慰问活动，看望、慰问援藏、援疆、援青和内蒙古挂职干部及其家属，了解干部生病住院、家庭出现重大变故等情况，帮助干部解决实际困难。

（杨昆仑）

【落实监督制度】 贯彻落实干部选拔任用工作四项监督制度(即中央办公厅印发《党政领导干部选拔任用工作责任追究办法(试行)》、中央组织部印发《党政领导干部选拔任用工作有关事项报告办法(试行)》、《地方党委常委会向全委会报告干部选拔任用工作并接受民主评议办法(试行)》、《市县党委书记履行干部选拔任用工作职责离任检查办法(试行)》)和两项法规(即中央办公厅、国务院办公厅印发《关于领导干部报告个人有关事项的规定》和《关于对配偶子女均已移居国(境)外的国家工作人员加强管理的暂行规定》)等各项报告制度，对8名(2人到龄改任，6人交流调整)的党委(党组)书记履行干部选拔任用职责进行离任检查;1月31日前完成个人有关事项首次报告工作。全区33名区级干部和513名处级干部均进行个人有关事项和配偶子女移居情况报告,占应报告人数的100%;所有区处级干部均没有需要报告配偶子女均已移居国(境)外的情况。强化领导干部经济责任审计工作力度;对4名行政"一把手"部署开展经济责任审计;完成5名处级正职领导干部离任经济事项交接。严格执行处级干部任职公示制度,对85名提拔任职处级干部通过内部办公网、区有线电视和公示进社区等形式进行公示。共对56名提拔任职处级干部实行一年试用期,对31名试用期满干部进行转正民主测评和组织考察。

(许海静　梁　汉)

【坚持"一报告两评议"】 11月29日,区委召开干部选拔任用"一报告两评议"(即区委常委会向全委会专题报告年度干部选拔任用工作情况,并在区委委员中对该项工作进行民主评议,评议结果报市委组织部;区委委员对新提拔的正处级党政主要领导干部进行民主测评)专题会议,由区委常委会向区委全委会(扩大)报告年度干部选拔任用情况,进行民主评议;对年度新提拔交流的正处级领导干部进行民主评议;区委常委、组织部部长代表区委常委会作年度干部选拔任用工作情况报告。区委委员、区委候补委员、其他区级班子成员、纪委常委、区检察院代检察长及处级单位主要领导参加会议。年底,对选拔任用过正科级干部的23家基层单位开展"一报告两评议"工作,参加评议人员850人,被评议干部102人。

(梁　汉)

【开展大规模培训干部工作】 全年举办主题培训班5期,培训领导干部192人,其中,举办3期处级干部进修班,培训处级干部119人,举办中青班1期,培训副处级后备干部32人,举办新任副处级干部培训班,培训副处级干部41人。与北京大学联合举办第14期公共管理高级研修班,培训优秀年轻正处级后备干部4人;与英国诺森比亚大学联合举办一期商业服务与科技园区建设高级人才境外培训,培训19人;与区妇联举办女处级领导干部培训班,培训处级女干部28人;指导各系统开展各类培训班49个,培训8150人次。

(王　军)

【干部教育培训改革】 加强制度建设,制定贯彻2010~2020年干部教育培训改革纲要实施意见,以区委文件下发全区各单位,通过文件规范教育培训工作、加强培训改革力度、创新培训内容及方式方法。在3期处级干部进修班中,以为区域建设建言献策"千字文"作为结业考核,形成建言献策"千字文"3本、119篇,其中房屋拆迁的几点建议等多篇文章具有借鉴意义;推荐200名处级干部参加市委组织部22个专题班选学,举办"社会群体突发事件应急与危机管理"等7期领导干部大讲堂,培训处级干部1118人次。

(王　军)

【科级干部管理】 制定科级干部选拔任用管理暂行办法、关于进一步加强全区科级干部选拔任用管理工作的意见、科级干部选拔任用工作记实办法(试行)、科级干部选拔任用工作流程图等文件规定,严格规范科级干部选拔任用工作程序,加大竞争性选拔干部力度,提高干部选拔任用准确度和选人用人公信度。8月30日,组织召开全区科级干部管理工作会议,交流各单位教育培训、挂职锻炼、选拔任用、队伍建设等方面经验,下发科级干部工作文件选编,就加强科级干部队伍建设等方面工作进行部署。

(梁　汉)

【公务员统计情况】 年末,全区各党政机关有公务员2673人。其中,女性1165人,占43.6%;少数民族127人,占4.7%;中共党员2158人,占80.7%;研究生学历508人,占19%;本科学历1753人,占65.6%;大专学历350人,占13.1%;中专、高中及以下学历62人,占2.3%。35岁及以下958人,占35.8%;36~40岁333人,占12.5%;41~45岁440人,占16.5%;46~50岁509人,占19%;51~54岁278人,占10.4%;55岁及以上155人,占5.8%。公务员统计工作连续第七年获市"优秀统计单位"荣誉。

(刘明君)

【完成党代会筹组工作】 区第十一次党代会于12月召开,完成党委、纪委换届。从筹备到完成分为六个时段。第一时段:7月初起至7月底,研究召开大会的筹备工作安排,形成初步意见,召开全会做出决议,向市委报送筹备召开大会的请示(一报)。第二时段:8月初至9月底,成立筹备工作机构,分配代表名额,拟定代表选举办法,组织代表选举工作,启动工作报告起草工作,组织酝酿新一届区委、区纪委组成人员候选人预备人选,向市委呈报关于新一届区委、区纪委组成人员候选人预备人选的请示(二报)。第三时段:10月初至10月底,编制代表名册,提出大会主席团和秘书长等建议名单,准备大会各种材料,召开全会审议大会各项筹备工作,向市委报送关于召开区第十一次党代会的请示(三报)。第四时段:11月初至12月初,做好大会各项筹备工作。第五时段:12月5~8日,召开区第十一次党代会。第六时段:同月9日至月底,做好大会材料整理、归档等工作,于16日前向市委报送选举结果报告(四报)。

(谢　葵)

【纪念建党90周年活动】 3月4日,下发关于做好纪念中国共产党成立90周年有关工作的通知,明确活动基本内容和重点工作,提出工作要求。6月22日,举办庆祝建党90周年座谈会,区四套班子领导、驻区大单位代表和优秀党员代表观看专题片《复兴》;战友文工团原副团长朱宝光、区政协原副主席孙克刚、搜狐畅游公司副总裁黄纬、区检察院助理检察员门美子、区工商联主席马丽萍和区公安分局巡警支队一中队队长丁大文结合各自亲身经历,从不同角度畅谈个人体会和感受,4个单位代表和4名党员代表进行书面交流。同月29日,举办《光辉的旗帜》纪念建党九十周年主题文艺晚会，约30万党员群众收看节目。组织参观中华世纪坛“一切为人民”主题展览，成立保障小组，从领队、行程、医疗等方面提前谋划，完成20场次的整体安排、200辆车的协调调度和1万余人的后勤保障。以“我为党旗添光彩”为主题，开展《与党旗对话》主题党日活动，展现全区共产党员的时代风采和对党组织的深情厚谊。与区广电中心合作，在区有线电视台开设专题系列报道，共同策划《与党旗对话》5期系列访谈节目，《动态新闻》、《信念》、《时代先锋》三大板块系列报道，反映不同行业、岗位的先进人物或集体以及各条战线普通党员的事迹和经历，展现基层党员平凡中的闪光点。设计《纪念建党90周年专题邮票珍藏册》2册。

（谢　葵　朱　梅）

【深化创先争优活动】 扎实推进党员领导干部“领航工程”、基层党组织“聚力工程”、共产党员“先锋工程”和“承诺活动”四项重点工作，为“十二五”开局攻坚助力、为党的生日献礼。4月8日，召开深入推进创先争优活动大会，荣华讲话，区委社工委、京源学校、区国资委、八角街道特钢社区、区直机关工委5个单位作典型发言。6月9～10日，分别召开专题会和第三次领导小组会。9月19日，召开窗口单位和服务行业为民服务创先争优推进会，制定下发在全区窗口单位和服务行业深入开展“创服务品牌、树党员形象”活动的通知，提出工作要求。11月，启动“共建双承诺”活动。12月14日，召开共建双承诺推进会。决定在机关、国资、教育、卫生、集体经济等系统全面开展与社区的“共建双承诺”活动，具体安排结对单位。截至年底，全区45144名党员，参加“我是党员我承诺，我为党旗添光彩”主题实践活动达到37414名，占党员82.88%，提出承诺66824条，兑现66016条，兑现率达98.7%。

（谢　葵）

【党员教育培训】 全年举办新党员培训班，街道、机关系统和“两新”组织党组织书记培训班，大学生社工党员培训班等3个班次，涵盖街道社区、机关系统、企事业单位、“两新”组织等基层党组织负责人、党务工作者、新发展预备党员、大学生社工党员等共计490余人，人均培训时间40学时。确定“一个中心、两个强化、三个到位、四个结合”工作思路，坚持以加强党性修养为中心，注重强化区级层面和各党（工）委两级组织的引导和管理，突出思路载体、师资阵地、资金设备三到位，结合理论学习、调研考察、重大活动、实际需求等四个方面，强调与时俱进开展培训。同时，整合资源开展党员技能培训，组织全区各级党组织培训党员2545人次。

（刘　远）

【发展党员325名】 研究制定2011～2015年发展党员工作规划。以“关于试行发展党员责任制”为专题进行调研，制定出试行发展党员工作责任制的暂行办法，推行发展党员责任制试点工作，全年发展党员325名。把握“四个倾斜”（向非公有制经济组织负责人、技术骨干倾斜，向就职于社区的高等院校毕业生倾斜，向流动人口倾斜，向妇女、少数民族倾斜）和“五个坚持”（坚持围绕中心，服务大局；坚持党员标准，严格工作程序；坚持改善结构，保持均衡发展；坚持教育引导，做好基层工作；坚持求真务实，与时俱进，为做好发展党员工作奠定坚实思想基础），突出“四个环节”（学透文件、深入思考、认真落实、及时指导）、“五个不批”（对发展党员过程中材料不齐全的不予批复，程序不规范的不予批复，未经政审的不予批复，未参加培训的不予批复，公示期间党员群众反映意见强烈的不予批复）。指导古城街道党工委推行“入党答辩制”，制定关于发展党员答辩制度的实施办法（试行）；指导苹果园街道党工委试点推行发展党员监督机制，制定事前报告制度、民主推荐制度，做好人员备案、材料入档工作。

（刘　远）

【落实党内帮扶】 在全区街道社区、机关系统、企事业单位、教育系统、卫生系统等党组织中确定24名市级困难党员、122名区级困难党员和1273名一般困难党员，拨付专项资金112.25万余元。区委加大对建国前入党老党员生活情况的关怀力度，在市级400元补助标准基础上，将补助标准增至每名老党员600元标准，划拨专项资金19.44万元；为每人增发慰问款1000元。春节和“七一”期间，区委对建国前入党老党员、优秀共产党员和生活困难党员开展走访慰问活动，区领导分别到26名老党员、困难党员家中探望。针对苹果园街道困难党员刘秀英、八角街道金色亲情服务队员薛登全突发疾病的情况，为其申请红十字会专项帮扶资金，安排街道党工委负责人到家中慰问，将帮扶工作推进到社区日常工作中。

（朱　梅）

【提高党代表任期制认知】 各代表组分别采取座谈交流、通报情况、视察调研、参观学习等形式，组织党代表开展活动，增强党代表履职意识和对推行任期制、完善党代表大会制度的认知。区委组织党代表视察莲石湖建设工程。全区各单位主动邀请党代表参加相关会议、参与各项活动、征求意见建议。年内，200余人次党代表应邀列席区人代会、区委全委会，参加“十二五”规划征求意见会，严肃换届纪律大会、军民联欢会、区级领导班子考察征求意见会区级层面的会议，28名代表担任公开选拔处级领导干部、全区年度考核测评等工作的评委。

（赵立辉）

【开展网络党建】 4月，市“双学双比双提高”网络宣教活动评比表彰揭晓，区委教工委、八角街道党工委被评为“先锋集体”，金顶街街道大学生社工袁芳馨被评为“先锋个人”。7月初，与区委社会工委联合制定下发组织大学生社区工作者登陆北京长城网进行注册并开展相关工作的通知，220名在岗大学生社工100%注册“北京长城网社工之家”。8月上旬，制定下发关于通过北京长城网深入开展网络党建工作的通知。全区在“北京长城网”的注册用户达445个，在《红色港湾》、《双学双比双提高》专栏发帖近600篇，宣传、

10月26日，海外高层次人才首批认定评估 （区委组织部供稿）

交流基层党组织工作情况。

（陈洛湘）

【扩大远程教育范围】 4、6月两次摸底统计，建立社区电教播放站点工作台账，为党员干部现代远程教育进社区做好前期准备。8月下旬，启动党员干部现代远程教育进社区工作，区财政拨付专款。年内，为社区党员电教播放点配备高性能投影设备102套、专用计算机118台、电视机8台。通过区政务外网，开通党员干部远程教育网。网站开设领导讲话、专题教育、基层党建、党史知识、党员风采、美好家园等11个栏目。网站内容突出地区自身特色，增强基层党员电教工作的针对性和吸引力。截至年底，网站上传视频256部，总时长8412分钟。

（陈洛湘）

【海外高层次人才建设】 9～12月，组织开展本区海外高层次人才首批认定工作，经过筹备、组织申报、专家评估、信用评估、企业实地考察等工作程序，最终认定北京通融通信息技术有限公司CEO唐彬、北京华巍中兴电气有限公司总经理魏巍、北京天山新材料技术股份有限公司研发室主任刘川3人为首批海外高层次人才，对认定人选落实一次性20万元奖励以及相关优惠政策。建立海外高层次人才工作联席会，成员单位由16家单位组成，负责相关工作落实。研究制定常青藤高端人才集聚区管理办法，创新高端人才引进模式、服务模式和成长模式。12月1日，荣华出席常青藤高端人才集聚区成立仪式，为集聚区揭牌并颁发50万元支持资金。截至年底，已集聚中央“千人计划”人选1名，市“海聚工程”人选7人，中关村“高聚工程”人选7人。集聚区采取天使资金主导的运营模式，创新以色列孵化体系，通过“百万服务”、“项目融资”、“社会网络”、“网络营销体系”、“创业导师辅导”、“AAMA与摇篮计划”、“天使投资”等管家式服务，为高端人才创业发展提供支持帮助。

（邹 斌）

【加强区校合作】 4月14日，与清华大学公共管理学院签署新一轮人才培养合作意向书。在人才培训、社会实践锻炼、课程实践、名师讲学、专家咨询等五个方面明确合作意向和具体要求。与第一期合作意向相比，增加名师讲学部分，人才培训方面从青年干部扩展到党政干部人才、社会工作人才等多方面。8月，接受清华大学3名研究生到科委（园区）和鲁谷社区进行为期四周的挂职锻炼。同时邀请清华大学社会工作、人力资源等领域6名专家为社区人才专题培训班授课。第一期交流合作意向书于2006年4月签署，合作时间为5年。

（邹 斌）

【社区人才成长工作室】 作为人才培养重点项目，社区工作人才成长工作室以3年为周期，围绕社区工作岗位需求，通过集中培训、实践课题研究、主题活动等多种培养形式，加强对大学生社区工作人才培养力度，并以点带面，促进社区工作人才整体队伍的发展。6月20～24日，举办为期一周的专题培训班，聘请清华大学社工研究领域的5位知名专家前来讲学。组织开展研究式学习活动，以小组研讨选题方式确立一批研究课题，确保参训学员学有所获，学有所用。

（顾爱华）

【政工职称评定】 7月5日，组织召开思想政治工作中级专业职称评审委员会。会议认定获得政工师资格4人，同意推荐申报高级政工师3人，经市思想政治工作高级专业职称评审委员会评审，2人获得高级政工师资格。9月26日，向全区转发有关政工职评文件，组织机关、企事业单位思想政治工作人员参加本市申报政工专业职务人员辅导考试及继续教育培训。

（顾爱华）

【党建研究会开局良好】 根据成立社会团体的法定程序、申请步骤以及条件要求，完成区党建研究会登记备案。3月，召开党建研究会第一次领导小组会，制定下发年度工作要点和重点课题。将调研课题分为重点、自选两类，涉及街道（社区）、区委有关部门、法检等22个单位，确定23个年度重点研究课题。年末，根据课题价值、课题实施、课题水平、课题效益等情况，对当年完成的课题成果进行综合评审，评出优秀调研课题一等奖1篇，二等奖4篇，三等奖9篇。区党建研究会承担市年度指导课题“关于社区党建工作实施项目化管理的调研与思考”，得到专家和同行高度认可，获市党建研究会“优秀党建调研课题三等奖”和3万元资金支持。

（张晓东）

【组工信息工作不断加强】 结合组工信息工作特点，提炼形成“流水线工作法”，将整体工作划分为统筹策划、沟通约稿、起草修改、联系反馈、上报印发等五个环节，完善各环节流转步骤，增强信息工作预见性和统筹性。坚持信息要点预告、季度通报和年度考核制度，提升信息工作整体水平。制作信息工作联系名单、组织召开3次工作研讨会、整理编发学习资料，围绕强化信息意识、拓宽工作视野、提升写作能力，全面加强信息员队伍建设。全年编发《石景山组工信息》131期，简讯38条，其中被中组部落实干部人事制度改革《规划纲要》简报采用1期，被市委组织部《组工动态》采用35期，信息采用量和采用率均位于全市前列。

（宋　薇）

【组工调研工作扎实推进】　整合全区组织系统调研力量，加强组织工作科学化，特别是人才工作与经济社会协同发展、社区党建实施项目化管理、关于从基层一线选拔干部问题的调查与思考等重大问题的调查研究，全年形成高质量、针对性较强的调研报告12篇。"关于促进人才工作与经济社会协同发展机制的研究"、"关于社区党建项目化管理的调查与思考——以石景山区八角街道为例"等重点课题，分别被列为市委组织部下年度重点调研课题和市党建研究会年度指导课题。继续加大调研成果实际应用力度，使调研成果及时成为各级领导的决策文件、工作意见或工作方案，成为领导决策重要参考依据。"关于进一步完善干部选拔任用机制提高选人用人公信度的实践与思考"、"坚持四个注重推动干部工作科学化"等调研文章，分别被《组织人事报》、《北京组工通讯》、《执政党研究》等刊物采用。

（朱继功）

【组工外宣工作稳步提升】　围绕区级班子换届、建党90周年、干部选拔任用、基层党建创新、人才队伍建设等重点、亮点工作，主动发表言论文章、宣传工作亮点、展示工作成果。组织策划《中国组织人事报》对荣华的专访，并以《起点公平、选拔公正、结果公信——北京市石景山区委书记荣华谈"双推双考双公示双票决"干部选任机制》为题进行专题报道。全年在各级媒体刊登外宣稿件28篇，其中《中国组织人事报》等中央级媒体刊载5篇，《北京日报》、《前线》、《北京组工通讯》等市级媒体刊载23篇，"'四轮驱动'营造风清气正换届环境"、"在改革创新中推进组织工作科学化"先后被《中国纪检监察报》、《组织人事报》等多家媒体刊发。加大网络宣传力度，研究制定关于加强网络宣传和舆情应对工作的实施意见，组织开展网络宣传和舆论引导工作。

（朱继功）

宣 传 工 作

概　　述

中共石景山区委宣传部（简称区委宣传部）是负责全区宣传思想工作的职能部门。年内，新设立舆情组。全区宣传思想文化战线全面贯彻落实党的十七届五中、六中全会及市委十届十次全会精神、区第十一次党代会精神，坚持"高举旗帜、围绕大局、服务人民、改革创新"，以加快转变经济发展方式为主线，大力弘扬和践行北京精神，积极打造地区新形象，为完成"十二五"开局之年各项任务，加快建设现代化首都新城区提供有力的思想保证、精神动力和舆论支持。中国特色社会主义理论学习宣传呈现"三个深入"，即深入开展理论学习、深入开展理论宣传和深入开展理论研究。社会主义核心价值体系建设做到四个推进，即推进"北京精神"宣传和践行，推进纪念建党90周年宣传文化活动，推进三项传统节日品牌活动，推进"六大文明引导行动"。新闻宣传和舆论引导实现"五个突破"，即宣传效果、宣传形式、区域形象、基层报道、舆论引导取得突破。文化创意产业繁荣发展，实现"三个进一步"，即品牌效应进一步提升、集聚区建设进一步推进、产业促进服务系进一步完善。策划荣华与首钢集团董事长朱继民同做客中央电视台财经频道《对话》栏目，就首钢搬迁调整以及本区转型等热点话题进行深度对话。

地址：石景山路18号
电话：88699827
邮编：100043

（赵　亮）

【区处两级中心组学习】　年初，下发区级党委（党组）中心组学习计划和处级党委（党组）中心组学习计划，对学习内容、学习形式、具体安排和学习要求作出相关规定。全年举办区处两级中心组学习15次，其中7次为区级中心组参加市委市政府理论学习中心组（扩大）会议的电视电话会。3月23日，召开区级中心组学习研讨会，邀请国家行政学院教授龚维斌作"加强和创新社会管理"报告，荣华、赵玉民等区领导参加会议并进行讨论。7月15日，组织区级中心组到中华世纪坛参

1月5日，主题展览开展　（区委宣传部供稿）

加“一切为了人民”——北京市纪念建党90周年展览和主题党日活动。

（李静荣 周 丰）

【举办主题规划展】 1月5日，在国际雕塑公园蝴蝶厅举办全面转型科学发展——“十一五”成就和“十二五”规划主题展览，历时两个半月，10余万人参观。展览分“把握机遇 推进发展”、“经济建设 成就斐然”、“改善民生 构建和谐”、“党的建设 全面加强”、“规划未来 开启新篇”五大部分。展览采用图片千余张，文字1.5万余字，总结“十一五”成就，描绘“十二五”蓝图。

（赵 亮）

【新闻宣传与培训】 高度重视新闻宣传工作，突出“三个把握”（把握政治坚定性；把握新闻宣传的规律；把握市委、区委工作精神），坚持正确导向，服务中心工作，贴近群众需求，打造宣传精品，提升新闻宣传工作舆论引导能力和水平。全年在主流媒体刊发各类稿件2146篇（条）。其中《人民日报》13条，《北京日报》362条。《北京日报》头版53条，其中头版头条5条，报眼1条。突出对强军育才工程、叠加式“服务超市”、世漫会的报道。9月，举办为期两天的新闻宣传干部业务培训班。特邀《北京日报》、《北京晚报》资深编辑记者，就新闻写作、摄影技术等内容对各单位宣传部门负责人、通讯员进行封闭式培训。

（凡 喆）

【区“两会”宣传报道】 1月，3篇区“两会”宣传报道分别刊登在《北京日报》、《北京青年报》、《北京参考》一版，相关报道10余篇。“两会”期间，组织召开媒体记者见面会，区长和17个委办局领导接受10多家媒体记者采访，集中发布年度重点工作，解读政府工作报告中重要内容；1月6日《北京青年报》、《新京报》、《京华时报》分别以“首钢将跳出房地产超越CBD”、“首钢主厂区未来将超越CBD”、“产业转型首钢打创意牌”为题刊登区长访谈；《北京日报》、《北京晨报》、《北京晚报》、《北京青年报》、北京电台、北京电视台等媒体刊发有关报道65篇。

（赵 亮）

3月29日，第四届北京清明诗会 （区委宣传部供稿）

【“党在百姓心中”宣讲】 与区委组织部、区委社会工委、区文明办联合举办，为庆祝建党90周年系列活动之一，2～6月举行，分初赛、培训和决赛三个阶段，开展10余场活动，受众2000余人次。各系统、各单位广泛动员，精心选题，认真准备，征集各类线索100余个，重点选题50余篇。4月13～15日，来自各行业54名普通百姓，分三个赛区参加初赛，600余人观看比赛，选拔出11名优秀宣讲员，由社区学院组织为期5天的宣讲技巧培训。5月5日，在区科技馆举办决赛，由鲁谷社区选送的刘旭，区工商分局选送的张文峰，游乐园选送的冯婧等6位选手分获一、二、三等奖，参加6月初举办的市级宣讲大赛，其中1人进入市宣讲团。同时组建区百姓宣讲团，12名宣讲员分赴全区各街道和机关进行巡讲。被评为市级“党在百姓心中宣讲优秀组织单位”。

（王向东）

【形势宣传教育】 3～4月，在全区集中开展形势宣传教育活动。以经济发展和社会普遍关注的住房、医疗、教育、物价、就业、社会保障等民生问题为重点，深入宣传中央和市委关于形势的科学判断和区委关于全区发展的准确把握，全面宣传“十一五”时期全区发展成就和经验，广泛宣传全区“十二五”时期经济社会发展的目标、任务和举措。开展“回顾与展望”活动。各单位组织以回顾“十一五”发展成就，展望“十二五”美好未来为主题的形势任务报告会和系列宣讲活动，开展进机关、进学校、进企业、进社区、进楼宇的“五进”宣讲活动，举办宣讲活动6场，受众600余人。开展“百姓话民生”宣讲活动，牵头组建百姓宣讲团进社区，通过老百姓亲历、亲为、亲闻的故事，展现本区美好前景，受众200余人。

（王向东）

【清明系列活动】 3月29日，第四届北京清明诗会在石景山体育馆举行。以“爱党”、“爱国”、“爱家”、“爱人”为主题，分为“天地清明”、“家国情深”、“春天畅享”三个篇章，由志愿者、社区居民、中小学生、环卫工人、文艺工作者、驻京部队官兵、大学生村官及公务员共2000余人组成方阵，与7个业余合唱团体以及40多位朗诵界、影视界老艺术家，共同唱响春天的诗句，追古怀远，抒发豪情。4月2日，在八宝山革命公墓任弼时广场首次举办公祭英烈活动。夏林茂宣读市清明节红色公祭祭文，主办及承办单位领导、大中小学生、驻区部队和群众代表等约500余人参加。清明公祭活动每年都将在八宝山革命公墓开展，通过广泛组织各界群众参与，扩大活动知晓率和渗透力，增强公众对活动的认同感和影响力，使公祭活动成为清明节品牌文化活动。

（赵　亮）

【编制文创规划】　“十二五”时期文化创意产业发展规划于5月编制完成。此项规划从产业现状、规划总则、产业格局、空间布局和保障措施几个方面做深入研究，提出“十二五”时期本区文化创意产业坚持创新驱动型经济发展模式，不断培育新的业态和产业增长点，把文化创意产业打造成为战略性支柱产业。经济总量每年以20%以上速度提升，到2013年产业增加值占地区GDP达到13%以上，2015年达到15%以上。不断完善体制机制，激发文化创意产业发展活力，切实推动重大载体和服务平台建设，吸引国家级文化创意项目落户，聚集国内外知名文化创意企业和机构，将本区打造成为产业规模较大、产业特色鲜明、创新能力强劲、创业环境优良、专业人才集聚、知名品牌众多、产权保护到位、公共服务完善的文化创意产业集聚区，建设成为文化创意产业特色鲜明的石景山板块，步入文化、科技、金融等互动融合的文化创意产业发展新阶段。

（冯爱洪）

【编制人文石景山规划】　5月，编制完成“十二五”时期人文石景山发展建设规划。规划目标明确、内容翔实，是深入贯彻落实科学发展观、全面践行人文北京发展理念、进一步推进人文石景山建设的纲领性文件。规划分为10个部分56个小项，第一部分为指导思想、基本原则和总体目标，第二部分为大力保障和改善民生，第三部分为扎实推进社会主义核心价值体系建设，第四部分为率先建成完备发达的公共文化服务体系，第五部分为加快发展文化创意产业，第六部分为全面提升市民文明素质和城市文明程度，第七部分为积极推进历史文化资源保护与利用，第八部分为加快文化体制机制改革创新，第九部分为深入推进社会建设和管理创新，第十部分为保障措施。

（王向东）

【网络发言团队培训】　8月23日，举办首期网络发言团队培训班。特邀人民网舆情检测室副秘书长、舆情问题专家彭铁元就网络舆情传播、突发舆情事件的应对、提升工作技巧、互联网对传统政治的挑战及提高对虚拟社会的管理水平等方面进行培训。并对全区74家建立网络新闻发言团队的单位提出把握形式、提高认识；加强领导、落实任务；明确职责、主动工作；健全制度、完善机制；加强学习、提高能力的五点要求。培训旨在提高职业素养和处置网络舆情突发事件的能力，提升网络发言团队成员的专业技能。

（赵　亮）

【“CRD”标识发布启用】　北京石景山CRD标识征集活动，自上年3月25日正式启动，历时130天层层选拔，4轮严格专业的评审，在大陆及台湾地区举行33场命题巡讲会，来自大陆、港澳台、马来西亚、新加坡等国众多华裔设计师参与报名投稿，收到1450件标识参赛作品，得到3大行业组织鼎力支持，40家主流媒体举行新闻宣传报道，在5家专业媒体进行21次广告发布，7位亚洲顶尖级设计大师总决审，有16件作品最后入选并获得奖项。经过区内评选与讨论，最终选定一件作品，以此为蓝本，由创意设计师进行修改、润色与完善，最终形成北京石景山CRD的标识。10月11日，在万达伯尔曼酒店举行发布会。夏林茂等区领导及北京奥运标志设计者张武出席发布会。本次发布的标识设计灵感来自本区代表性建筑——八大处灵光寺佛牙舍利塔，环环相扣、步步高升的CRD字母，取自Culture&RecreationDistrict的首字母。整体logo的设计采用3D数字化立体造型，呼应打造中国数字化第一区的目标，字母D为基座，字母R为中体，字母C为顶层，由下往上大小递进设计，呈现出全新的CRD——首都文化娱乐休闲区。

（凡　喆）

【世界漫画大会暨动漫周】　10月21～30日，第十二届世界漫画大会在本区举办。大会由国际漫画家大会中国委员会等单位主办，区委区政府、北京出版集团、中国东方文化研究会连环漫画分会、首钢总公司等单位承办。作为第六届北京国际文化创意产业博览会的重要组成部分，活动设开闭幕式、论坛峰会、推介交易、展览展示、主题活动等五大版块20余项内容。来自20多个国家和地区的200多名优秀漫画家及漫画工作者参会；40多个国家和地区的近千名漫画家的3000多幅世界顶级漫画作品参展。期间，同时举办以“动漫带来欢乐和梦想”为主题的“2011北京国际动漫周”。推出由60余家国内顶尖动漫游戏企业参加的“新技术、新产品、新成果”展；组织商务交易会，达成意向交易额度23.86亿元；举行动漫游戏人才招聘会，实现近千人就业。树立本区在全市全国动漫网游的文化创意产业特色形象，推动北京数字娱乐产业示范基地被文化部评为“年度十大最具影响力国家文化产业示范基地”。此活动与传统节日主题教育活动被市委宣传部评为“市宣传系统年度优秀工作”。

（赵　亮）

【舆情组成立】　5月成立，负责有关本区社会舆情和网络舆情的监测和汇报工作，加强与市委宣传部舆情处、市互联网办公室、区公安分局网安大队联系。职责为收集、整理、研判下级各单位以及舆情公司报送的互联网舆情信息，以《互联网舆情报告》形式通告本周有关本区互联网舆情状况；遇到敏感或突发紧急事件，撰写《互联网舆情内参》并报区主要领导；对特大互联网舆情事件做出《新闻应急处置情况分析报告》；定期向市委宣传部舆情处汇报本区社会舆情动态。出台互联网舆情工作相关制度，包括报告格式、审校标准；舆情监测、报送、处理办法；舆情报告制度；新闻发言人团队管理办法；网络发言团队、网评员工作职责。截至年底，刊发《互联网舆情报告》60期，《互联网舆情内参》20期。

（孙　焱）

【周末社区大讲堂】　与区文委、区委社会工委共同承办，5月启动，每月在区图书馆安排2场专家讲座。内容以弘扬中国文化为主，也包括生活和健

康方面的讲座，如孔子与儒家文化、北京的文脉——中轴路、北京四合院文化、职场礼仪、传统养生与科学健身等。其中，分别邀请北京师范大学教授万安伦主讲“北京精神与北京”、中国书店出版社总编辑马建农主讲“琉璃厂文化漫谈”、世纪阅报馆馆长李润波主讲“从老报刊中解读党史”。截至年底，举办12场讲座，听众千余人。

（赵　亮）

【建党90周年丛书出版】　与区委组织部、区文联组织编写《石景山区纪念中国共产党成立90周年丛书》。3月下发征文启事，5月截稿，11月由同心出版社出版。丛书分为《创新实践》、《闪光足迹》、《感悟抒怀》三册。《创新实践》分为纪实篇、经验篇、思考篇，概述深入开展学习实践科学发展观和创先争优活动，推进基层党建工作创新实践的情况，特写各级党组织和广大党员在筹办奥运、庆祝新中国成立60周年活动和“大调整、大建设、大发展”的突出事迹，表现广大党员在投身现代化首都新城区精神中的的崭新风貌；《闪光足迹》分为革命篇、建设篇、发展篇，是一册新编故事集，采编为本区革命建设和改革发展作出突出贡献的先进党组织和优秀共产党员故事77篇；《感悟抒怀》是一部文学作品集，以小说、散文、诗歌、随笔等形式见证和记录在党的领导下发生的变化。

（赵东松）

【人大换届选举宣传】　8～11月，制订宣传提纲，下发选举问题解答和宣传标语，广泛宣传，深入发动，为区人大换届选举工作营造良好民主氛围。在选举工作展开时，采取挂横幅、贴标语、制作展板、办宣传橱窗和流动宣传车等形式，宣传换届选举重要意义、指导思想和方法步骤。在选民登记中，采用张贴和上门发放致选民公开信等办法，着重宣传选民的民主权利，教育和引导选民主动进行登记。在正式代表候选人名单公布后，通过制作候选人简况彩版、播放候选人基本情况等措施，扩大选民知情权。各选举分会结合地区优势，上下呼应，形成合力，开展各具特色、浓重热烈的宣传活动。组织秧歌队自编自演宣传节目，穿插选举知识问答；利用网络优势，编发工作简报，及时公布选举工作动态；发放实用性宣传物品，利用电子显示屏等多种手段，宣传选举法律知识和工作程序。

（凡　喆）

【理论研究成果】　申报市哲学社会科学应用对策研究基地规划项目3项，被批准立项，其中重点项目2项，一般项目1项。完成重点项目《关于将石景山区建设成为‘首都绿色转型示范区’的研究》子课题——关于提升首都绿色转型示范区品牌形象的研究及2项区重点课题。完成上年度“丹柯杯”优秀理论研究成果申报参评工作，上报15篇优秀成果，4篇获二等奖。

（王向东）

【学习型党组织建设】　12月30日，举行学习型党组织建设经验交流会。区法院、八宝山街道、区直机关工委、中关村石景山园管委会、八角街道、市政市容委等6家单位介绍本单位开展学习型党组织建设的做法和经验。区检察院获“建设学习型党组织工作示范点”授牌；八宝山街道玉泉西里中社区获“建设学习型党组织工作品牌活动”授牌。

（周　丰）

精神文明建设

概　　述

北京市石景山区精神文明建设委员办公室（简称区文明办）是区精神文明建设委员会的办事机构。年内，全区精神文明建设工作，在区委区政府领导下，在首都文明办指导下，根据首都文明委工作部署和区委创建文明城市工作意见，围绕推进“人文北京、科技北京、绿色北京”和中国特色世界城市建设，以社会主义核心价值体系为根本，以“共创文明城市，同享美好生活”为主题，深入广泛开展“做文明有礼的北京人、石景山人”、群众性精神文明创建和未成年人思想道德建设等主题实践活动。坚持惠民生、求实效、抓特色和创品牌，着力在巩固成果、提高水平、拓展深化、增强实效上下功夫，促进市民文明素质、城市文明程度和市民幸福指数提高，为庆祝建党90周年营造文明和谐的社会环境。推荐2人登上“中国好人榜”；推荐苹果园街道田村体彩网点店主赵书兵获“第三届首都道德模范”称号。

地址：石景山路18号

电话：88699862

邮编：100043

（董　湘）

【公民道德建设教育】　围绕纪念建党90周年、《中共中央关于加强社会主义精神文明建设若干重要问题的决议》颁布15周年、《公民道德建设实施纲要》颁布10周年，在全区开展社会主义核心价值体系教育实践活动。采取理论中心组学习、干部培训班、市民学校、大讲堂等形式，进行理想信念、国情区情、形势政策以及中国革命史、中共党史等教育。深化社会主义荣辱观学习实践活动，开展人生观、价值观宣传教育，加强社会公德、职业道德、家庭美德、个人品德建设。坚持把北京奥运会、新中国成立60周年庆祝活动成果，作为社会主义核心价值体系教育的生动教材，组织党员干部重温入党誓词，重读红色经典，重访革命前辈。以社会主义核心价值体系引领社会思潮，尊重差异，包容多样，和谐相处，形成社会共识。

（董　湘）

【“党在我心中”百姓宣讲】　2～7月，联合区委宣传部、组织部、社工委，在全区开展“党在我心中”百姓宣讲活动。活动分基层宣讲选拔、全区宣讲比赛、参加市级宣讲比赛、开展巡回宣讲四个阶段。宣讲内容突出真实性、典型性、教育性、故事性。以成就宣讲为主线，忆历史、话成就、说变化、话感受。通过各条战线党员群众讲述亲历、亲闻的鲜活生动故事，从不同侧面反映建党90年光辉历程和丰功伟绩，讴歌时代楷模，抒发爱党情怀，鼓舞干部群众的热情和斗志。

（董　湘）

【首都道德模范评选】 3月2日，启动第三届首都道德模范评选活动。发动基层单位和广大群众参与推荐活动，以“诚实守信”类别推荐的苹果园街道田村体彩网点店主赵书兵，经层层选拔和严格把关，获得“首都道德模范”称号。6月底，在区青少年活动中心剧场举行“首都道德模范故事汇”基层巡演活动。由周末相声俱乐部演员冯巍讲述以赵书兵感人故事为原型的《诚信无价》，引起反响，区直机关干部、文明单位及社区居民代表近400人观看演出。以“讲故事”等群众喜闻乐见的艺术形式，深入基层传播善行义举，赞颂高尚情操，激发公民道德意识，在全区形成人人向善向好，树立崇尚、热爱、学习、争当道德模范的氛围。

（董　湘）

【推荐评议身边好人】 组织开展“我推荐、我评议身边好人”活动。通过手机短信、报纸、网络等载体，按“助人为乐”、“见义勇为”、“诚实守信”、“敬业奉献”、“孝老爱亲”五个类别，引导市民踊跃参加“中国好人榜”投票活动。通过推荐身边的凡人善举和先进典型，发挥传播文明、引领风尚的作用。本区先后有2人荣登“中国好人榜”。

（董　湘）

【“我们的节日”主题活动】 继续开展“我们的节日”优秀传统文化教育普及活动，秉承文化办节理念，营造欢乐喜庆、祥和文明的节日氛围。春节、元宵节期间，组织开展网上大拜年、猜灯谜等活动；清明节期间，组织未成年人诵读中华经典，缅怀英烈、继承遗志，弘扬传统美德；端午节期间，将民俗与文化活动有机结合，增加大众化趣味和群众参与性，让群众在参与中享受节日乐趣；重阳节期间，各单位开展慰问老年人、登山等活动，营造“敬老、亲老、爱老、助老”社会风尚，丰富节日期间群众文化生活。

（董　湘）

【推进礼仪文明引导行动】 通过开展“做文明有礼的北京人、石景山人”活动，引导人们践行文明礼仪，养成科学文明的生活方式和文明礼貌的行为习惯。依托市民学校、社区活动中心等基层宣传教育阵地，利用多种媒体，运用公益广告、知识竞赛等多种形式，宣传普及礼仪知识。开展“邻里一家亲”活动，通过楼门文化建设、邻里俱乐部、“邻里节”等多种形式，倡导邻里之间文明礼貌、和睦友善、守望相助文明新风。开展来京务工人员与首都文明同行活动，推广苹果园街道经验，深化新市民活动，开展“文明新市民”评比表彰活动，受到来京务工人员好评。

（董　湘）

【推进环境文明引导行动】 把垃圾分类作为提升城市文明素质的标志性行动抓紧抓好。投入资金4300余万元，实施垃圾楼改造，配置厨余垃圾运输车，配备各类生活垃圾分类桶12万个，发放户用环保垃圾袋4500万个。张贴生活垃圾分类提示海报，系统公示表，发放指导手册，开展宣传活动。招募“绿袖标”指导员500名，全部上岗到位。推进绿色北京行动计划，组织植树造林，绿化美化石景山活动，开展绿色办公、绿色旅游、绿色包装、绿色校园、绿色市场等活动，让全区生活环境更美好更宜居。

（董　湘）

【推进秩序文明引导行动】 在“让座日”、“无车日”、“路德日”等活动基础上，确定每月22日为“文明出行推动日”。在华联商厦广场举行“做文明有礼的北京人——绿色出行文明交通从我做起”主题宣传实践活动。活动贯穿全年，分阶段分专题开展：2～3月为公交出行月，4～5月为健康步行月，6～7月为绿色骑行月，8～9月为路口畅行月，10～11月为文明行车月。结合“文明路口”创建等活动，让居民出行减少堵车之苦。倡导居民3公里步行、5公里骑车、10公里公交、远距离绿色驾驶，老年人错峰出行，引导市民开文明车、行文明路、做文明人，自觉遵守社会公共秩序，形成文明礼让、安全有序的社会氛围。古城东行站等被命名为“自觉排队示范站台”。

（董　湘）

【推进服务文明引导行动】 服务文明建设进一步实现常态化、制度化、规范化管理。在党政机关开展争创文明机关、争当“人民满意公务员”活动，促进为民、务实、清廉、高效的政风初成。在窗口行业开展“诚信行业”活动，引导人们恪守职业道德，维护行业信誉，提升服务水平。在企业开展做“诚信产品”、创“诚信单位”活动，引导企业员工和经营业户爱岗敬业、诚实守信。在市场开展“诚信市场”、“诚信业户”活动，规范服务行为和市场秩序，倡导文明经营。加强师德医德建设和业务技能建设，展示行业文明服务水平。万千百货和当代鼎城店被评为“无假冒商标示范单位”。

（董　湘）

【推进观赏文明引导行动】 开展“文明观赛——做文明有礼的北京人”宣传引导活动，引导群众克服在观赛、观演、观展等方面的不文明行为。通过比赛知识培训、观赛口号设计、赛场行为引导、文明观赛评比等多种措施，提高群众文化素养，培育一批热情懂行的文明观众。文明礼仪教育与纪律教育相结合，组织共青团、少先队代表到三军仪仗队，参加本市首家青少年国防教育基地授牌仪式，观看队列、欢迎仪式表演，走进战士宿舍，了解官兵生活。文明礼仪教育与审美教育相结合，把文明观众的培养由赛场拓展到影剧院、展览馆、博物馆和学术报告厅等处，展示首都群众的文化品位。

（董　湘）

【推进网络文明引导行动】 开展文明网站创建活动，以文明办网、文明上网为荣，自觉抵制网络低俗之风。加强文明上网宣传教育，完善网络文明公约，健全“妈妈评审团”、网站自律专员等工作制度，建立网络义务监督志愿者队伍，构建专群结合的网络文明社会监督机制。开展网络文学作品创作赛、网络文明大讲堂等活动，发展健康向上的网络文化。按照首都文明委要求，组建网络文明传播志愿者队伍，参加中央文明办组织的专门培训。

（董　湘）

【推进文明单位创建活动】 根据年初制定的工作意见，有序开展首都文明标兵、首都文明单位、首都文明街道、首都文明社区考核推荐工作。组织评

选推荐小组,深入各单位和街道、社区重点考核验收,扩大文明单位创建活动的参与率。发挥社区党组织、居委会、服务站作用,引导居民遵守社会公德,依法履行应尽义务。开展科教、文体、法律、卫生、交通、环保、国防“七进社区”活动,社区形成管理有序、服务完善、文明祥和的社会生活共同体。探索“两新”组织开展创建活动的途径,建立健全创建体制和长效运行机制。在全区窗口行业和行政执法部门开展规范化服务活动,进一步完善职业道德教育和服务规范培训体系,推动行业服务质量和社会服务水平提高。

(董　湘)

【开展军(警)民共建】 发挥驻区部队多、领导机关集中的优势,开展以联片共建为主要内容的首都军(警)民共建活动,军(警)民在相互影响下,优势得到互补,形成双赢局面。立足党建资源融合、社区建设融合和服务保障融合,推进辖区军民融合式发展。军(警)民共建不断创新,内容不断丰富,形式精彩纷呈,方法日臻完善,领域逐步拓展,做到月月有活动、季季有亮点,群众参与热情越来越高,社会效果越来越显著,为实现全国“双拥模范城”五连冠奠定基础。年内,举办第八届少年军校军事训练成果汇报会,对7所先进少年军校进行表彰。

(董　湘)

【推动志愿服务】 推广苹果园街道公益反哺家园活动试点经验,坚持面向基层、贴近群众,调动社会各类团体、个人参与公益活动的积极性。搭建志愿者平台,规范志愿者招募注册,加大青年志愿者、社区志愿者、职工志愿者、巾帼志愿者、公共文明志愿者、治安志愿者、科普志愿者、环保志愿者、红十字志愿者等各类志愿者队伍建设,弘扬“奉献、友爱、互助、进步”的志愿精神,广泛开展多种形式的志愿服务活动,满足百姓多层次、多样化需求。打造优秀品牌,推动志愿者队伍不断发展壮大。

(董　湘)

【青少年思想道德教育】 推动未成年人思想道德建设,通过组织升国旗仪式、入队入团仪式、成人仪式,开展评选美德少年、爱国歌曲大家唱、红色经典和优秀传统经典诵读等活动,营造核心价值体系的文化氛围。深化道德实践活动,组织青少年参与小楼门长、文明小宣传员、文明小引导员、环保小卫士、爱心小使者、家庭小孝星等“六小”实践活动,引导未成年人在家庭孝敬父母、在学校尊敬师长、在社会奉献爱心,从小养成良好道德品质。完善中小学生回社区报到制度,参与“争当社区文明小使者”、“道德模范进校园”、“寻找身边的道德榜样”、“少年先锋岗”等活动。开展“寻找党的足迹”、“红领巾心向党”故事会、“童心向党”歌咏活动等丰富多彩的爱党、爱国教育。

(董　湘)

【净化社会环境】 大力整治网吧接纳未成年人的违规行为,坚决取缔“黑网吧”,引导中小学生文明上网、健康上网。加强校园周边环境治理,组织专项检查,不断优化未成年人成长的社会文化环境。支持优秀少儿歌曲创作,丰富青少年精神文化生活。推进学校、家庭、社会、网络教育有效衔接,发挥家庭教育基础作用,引导家长主动走进学校、融入社区,支持孩子参加学校和社区活动。健全家长学校、母亲课堂、“新蕊计划——石景山区家庭教育公益大讲堂”、家庭道德实践月等制度,以街道为单位,整合辖区青少年教育资源,发挥老干部、老战士、老专家、老教师、老模范作用,开展经常性活动。健全和完善区关心下一代工作委员会工作机构。

(董　湘)

【抓好阵地建设】 采取重点扶持、重点投入等举措,抓好文明市民学校示范校建设,把市民学校打造成提升市民文明素质的教育实践基地。按照示范宣传栏、示范文化墙的标准加大投入,统筹街道、社区精神文明宣传栏等设施建设。结合修订完善《首都市民文明公约》,开展“市民公共文明行为”评议、“市民文明生活提示语”征集等系列活动,动员群众献策出力。完善长效机制,推进工作常态化发展,营造“我参与我奉献我快乐”氛围。调动各方面积极性,形成精神文明建设整体合力。

(董　湘)

统一战线

概　　述

中共北京市石景山区委统一战线工作部(简称区委统战部),是区委主管统一战线工作的职能部门,与区台办合署办公。团结和引领全区统一战线各界人士,统一思想、坚定信心、不断开创统一战线工作新局面。会同区委组织部制定下发工作方案和工作意见,召开委员推荐工作会议,确定175名九届区政协委员。被评为年度“首都统一战线创新工作先进单位”、区级“文明单位”,获区“招商引资工作突出贡献奖”等。

地址:石景山路18号
电话:88699232
邮编:100043

(侯世玺)

【民主党派换届】 区委高度重视7个民主党派区级组织换届工作,从3月开始筹备,制定下发关于协助民主党派做好区级组织换届工作的意见,经过民主推荐、人选考察、公示和选举等环节,圆满完成5年一次的换届工作。按照“坚持原则、明确标准、优化结构、规范程序”等要求,协助各民主党派市委对7个区工委班子开展述职评议工作,对86名换届人选在政治、工作等方面的情况进行考察,并与各民主党派市委协商,拟定换届人选方案。经民主推荐、酝酿协商、考察公示、组织任命等环节,6月12～26日,民革、民盟、民建、民进、农工党、致公党、九三学社区工委相继召开换届大会,产生各民主党派新一届区工委领导集体,顺利实现新老交替和政治交接。各党派区工委主任、副主任、委员候选人全部以高票或较高票顺利当选,一批政治素质好、工作能力强、作风过得硬、成员信得过的民主党派成员被选入区

6月28日，区领导与民主党派区工委新老主委座谈　（区委统战部供稿）

级组织领导班子和领导机构。新一届领导班子保持民主党派优势特色，政治素质和文化水平较高，年龄梯次结构合理，符合新区域功能定位和产业布局发展需要，得到各党派成员认可。市委统战部副部长、党派处处长分别应邀出席九三学社和民建区工委换届大会，荣华等区领导应邀出席各民主党派区工委换届大会。各民主党派市委领导傅惠民、李昭玲、马大龙、于雪鹰、李霭君、刘玉芳、任学良、李焕喜、王报换、赵荣国、沈小红、王琳分别出席各民主党派区工委换届大会。

（贾晓智）

【主题教育活动】　组织各民主党派、工商联和侨联负责人参加区委建党90周年座谈会和电视晚会，召开统战系统学习贯彻“七一”讲话精神和中共十七届六中全会精神座谈会。组织开展辛亥百年纪念系列活动，编印纪念辛亥革命100周年邮票集。组织统战代表人士参加区中心组学习和政府工作会议，编辑《石景山报》“党派之声”栏目24期，引导统一战线各界人士理解和把握“十二五”时期任务和目标要求，继续树立和践行社会主义核心价值体系，坚持走中国特色社会主义政治发展道路，进一步巩固多党合作的政治基础，在围绕中心、服务大局中，保持与区委政治上同向、思想上同心、工作上同步，把更多力量凝聚到地区加快发展上来，为推动地区科学发展作出贡献。

（于　娟）

【建言献策活动】　引导和支持统一战线成员，主动适应新形势新任务要求，发挥各自优势，围绕转变经济发展方式以及落实“十二五”规划等各方面热点难点问题，组织开展大量专题调研、科学论证工作。为地区经济社会发展献计献策、知情出力，开创党派工作新局面。各民主党派发挥人才荟萃、智力密集、联系广泛的特点和优势，各尽所能、各展其长，提出合理化意见、建议260条，形成调研报告15篇，编报统战信息160条。其中，市、区部门采用90条，市、区领导批示3条，获评市、区级优秀信息3条，成为助推地区经济社会各项事业建设又好又快发展的强大动力。获评区“十二五”规划建言活动单位优秀组织奖、市年度“统一战线理论研究和调查优秀组织单位”、市“统战系统信息工作优秀单位”。

（于　娟）

【招商引资活动】　凝聚统一战线力量，创新招商引资工作机制，宣传推介本区政策优势、区位优势、环境优势和发展优势，起到聚心、聚智、聚才、聚力的独特作用。协助做好以“汇聚海外英才，共建世界城市”为主题的第二届“北京海外论坛”，在区投促局和园区协助下，制作区情概况和拟引进外资项目的展板、提供800份招商资料和5个引资重点项目，为论坛期间来京参加国庆活动的港澳台海外700余嘉宾作重点宣传推介。全年统战系统开展招商引资活动30余次，引进企业25家，其中注册资金百万元以上的10余家。

（侯世玺）

【“两新”组织联络联谊】　宣传第三届“优秀社会主义事业建设者”先进事迹，加强与新经济组织和新社会组织的联络联谊，组织召开优秀社会主义事业建设者座谈会、新社会阶层人士座谈会等，拉近党与“两新”组织的距离。推荐7名社会阶层代表人士担任新一届社会阶层人士联谊会理事，成立“企业家俱乐部”。

（杨　雯）

【社会领域统战工作】　落实市委意见，制定下发关于加强和改进社会领域统一战线工作的实施意见（试行），成立由27个单位、部门参加的社会领域统战工作领导小组。明确基层工作的“七有”目标，在党委中设立统战委员，建立健全街道、社区统战信息员工作队伍，建立区、街道（园区）、社区（楼宇）三级组织网络和三级统战人士基础台帐，依托商务楼宇“五站合一”工作站，将统战工作网络向“两新”组织横向拓展，形成“一街一典型、一区一特色”统战工作典型经验和党建带统战的社会领域统战工作的大格局。做好理论创新，提出社会领域统战“双融入双服务”工作理念。荣华在全国社会领域统战工作现场会上以书面形式进行经验交流并多次接受采访；岳德顺在中央统战部社会领域统战工作座谈会上分别作典型发言。荣华撰写《坚持“双融入双服务”深化社会领域统战工作》获首都统战系统纪念建党90周年征文活动二等奖，《八角街道社区统战工作实现新四化》、《八宝山街道城市流动人口统战工作“互助服务”新模式》被统一战线服务社会管理全国交流研讨会采用，《提高认识、扎实工作，不断开创社会领域统战工作新

局面》和《立足街情、争创特色，扎实推进社会领域统战工作》两篇信息被市委统战部杂志《首都统战之窗》第2期刊登。

（刘景柱）

【海外联谊会】 召开海外联谊会第三届理事会第二次会议，向海外联谊会全体理事发出“提一条建议、引一个项目、办一件实事”的“情系石景山、三个一活动”的倡议。年内，建立海联会信息平台，畅通理事参政议政渠道，向区委区政府反映8条信息。组织活动10余次，邀请有实力的企业家和有影响力的学者来区考察和洽谈投资，活跃海外联谊工作。

（杨 雯）

【调研和宣传】 围绕加快转变经济发展方式、新形势下统战工作面临的机遇和挑战等专题开展调研，增强统战工作的针对性、有效性和创新性。编辑出刊《学习参考》6期、《统战简报》11期，指导有关部门和组织开展统战工作。组织基层100余人参加市社会领域统战工作示范班和培训班，使基层党组织负责人认识到工作重要性，学习掌握社会领域统战工作的方式方法。在《中央统一战线》杂志发表文章1篇、简讯1篇，在《首都统战之窗》发表文章8篇、简讯4篇，在《石景山工作》发表文章2篇。

（王 佳）

对台工作

概述

中共北京市石景山区委台湾工作办公室、北京市石景山区人民政府台湾事务办公室（简称区台办）是区委区政府主管对台工作的职能部门，与区委统战部合署办公，承担全区涉台工作的组织、指导、管理、协调职能。年内，全区对台工作以胡锦涛总书记“12·31”重要讲话和党的十七届六中全会精神为指导，贯彻市对台工作会议精神，综合利用区域内对台工作资源和力量，开展各项对台工作，为中央和市对台工作大局服务。确立创新发展，统筹协调产业支撑和空间布局完善及合理规划建设的主题，提出建立对台文化商贸交流中心。完成对台折子工程5项交流任务，审批立项22个团组赴台交流，举办19次行前指导工作。编辑《北京的台湾街巷——北京台湾街》在海峡两岸发行。台资企业发展现状调研报告获市统战系统调研课题二等奖。

地址：石景山路18号

电话：88699233

邮编：100043

（牛利华）

【落实对台工作会议精神】 3月25日，在市对台工作领导小组扩大会上，荣华作题为“服务大局 互利共赢 不断开创石景山区对台工作新局面”的大会发言。介绍区委区政府抓住两岸关系和平发展历史机遇，开拓创新，打造北京台湾街对台交流新平台。特别是落成开街后，区委区政府强化服务、落实政策，支持台湾街健康发展，开展对台交流，使北京台湾街成为两岸民众了解台湾、认识台湾的新窗口，彰显积极政治影响和品牌效应。

（牛利华）

【全国政协领导调研】 3月24日，全国政协副主席、台盟中央主席林文漪一行对北京台湾街和台湾文化创意商务区进行调研。听取荣华关于经济社会发展情况及北京台湾街开街以来涵养发展和台湾文化创意商务区规划筹备情况汇报，对本区把握机遇，吸引台资、服务台资的举措给予肯定。年内接待上级领导到区调研考察5次。

（牛利华）

【扶持台资企业】 制定开展对台专项工作措施，拿出部分资金解决台湾街台湾商户流动资金不足的困难，扶持台湾品牌发展。按照专项工作要求，加强对台资企业走访力度，加强与台湾商户沟通，维护区域内和全市涉台稳定。截至年底，全区台资企业24家，其中独资企业19家，合资企业4家，合作企业1家。

（牛利华）

【化解矛盾纠纷】 北京台湾街经营一年多，处在业态调整和矛盾纠纷高发期。针对出现问题，参加区领导召开的工作协调会23次。1～11月，接到信访5件、电话访百余次、投诉4个；处理涉台突发事件1件；台办接待上访台胞17批38人次；协调企业与台商、台商与台商之间矛盾纠纷百余次。8～12月，北京台湾街台商之间因欠款造成多起停业纠纷，引起两岸各界人士高度关注。台湾媒体连续报道，负面反映对北京台湾街造成不良影响。配合国台办、市台办针对台湾媒体开展工作，先后两次召开驻京台湾媒体记者座谈会发布政府多方面支持北京台湾街健康发展情况，平台企业（国新商投）优惠台商扶植台湾特色成长，让台湾媒体把真实情况介绍给两岸四地民众。

（牛利华）

【校际结对】 按照市台办对台四年规划纲要和本区实施意见，落实两岸校际结对工作。帮助黄庄职高与台湾明台高级中学结为对子。3月，促成区黄庄职高教师团赴台交流，参加台湾明台高级中学艺术、餐饮国际交流活动，并对台湾新竹忠信学校、高雄高级餐旅学校进行考察，明确两校合作方向和在职业教育发展中互动互学共助共赢。

（牛利华）

【对口交流助推合作】 推进全市物联网基础设施建设，提升政府服务和管理水平。5月，协助区经信委组团赴台湾考察学习。与台湾建研展示中心、网多所等部门开展研习讲座和讨论活动；召开物联网发展推介会，与台湾研华股份、晶彩科技等企业进行座谈交流。另外，协助驻区企业北京方正众邦数字医疗系统有限公司、北京经卫联合医药信息研究所等企业赴台开展医疗系统物联网交流，为区域经济发展服务，扩大和深化对台交流积累经验。

（牛利华）

决策研究

概述

中共石景山区委、石景山区人民

政府研究室(简称区委区政府研究室)是负责全区综合性政策研究,为区委区政府科学决策服务的区委工作部门。年内,加强对事关地区发展重大问题的调查研究并取得一批新成果,全区完成调研报告1253篇,其中区领导牵头的重点协作课题24个,处级党政正职领导完成调研107篇;编印优秀调研报告文集,编发《决策参考》19期;高质量完成一批重要文稿起草任务,全年起草各类报告、讲话等综合文稿30余篇20余万字。本区获市年度“调研工作先进单位”,由荣华、周茂非、倪国锋共同牵头主持的调研报告《首都西南区域经济发展研究》获市“优秀调研成果二等奖”。研究室被评为区“文明单位”、年度“目标督查考核工作创新单位”。

地址:石景山路18号

电话:88699721

邮编:100043

(赵秀华)

【确定调研课题】 贯彻落实区委十届十三次全会和区十四届人大六次会议精神,根据当年调研工作要点部署,制定重点协作调研课题24个。包括:关于打造新首钢高端产业综合服务区、推进石景山国家服务业综合改革试点区建设的研究,关于推进军民融合式发展的研究,关于将石景山区建设成为首都绿色转型示范区的研究,关于区政府依法促进本区学前教育事业发展情况的调研,关于经济战略转型的研究,关于构建人民内部矛盾大调解工作格局的实践与思考,关于新形势下公安机关如何加强互联网虚拟社会管理的研究,关于创新社区卫生服务模式的思考和研究,关于建立健全党风廉政建设责任制的实践与思考,关于促进人才工作与经济社会协同发展机制的研究,物联网建设及应用相关问题研究,关于“中国动漫游戏城项目”服务平台建设的研究,关于研究起草区十一次党代会报告的基础性调研,关于保障性住房建设情况的调查报告,关于区法院贯彻落实市人大常委会法律监督工作决议情况的调研,关于中小企业发展现状的调研,关于区第十四届人大代表建议工作的调查与思考,关于控制扬尘污染改善环境空气质量的调研与思考,保障性住房建设对策研究,产业转型与可持续发展研究,关于打造特色商圈、增强石景山消费吸引力和辐射力的对策研究,关于台资企业发展现状的调研,关于首钢涉钢产业搬迁后环境保护工作的调研,关于建设高标准国家卫生区的建议。3月10日,召开区重点协作调研课题工作部署会。

(赵秀华)

【完成综合文稿】 起草报告、讲话等综合文稿30余篇、20余万字。主要包括:9~12月,牵头完成区第十一次党代会报告起草工作和报告说明、名词解释、大会决议等多项材料的撰写任务。服务区委班子届终述职工作,起草十届区委领导班子工作总结。服务重要会议,完成区委第三次政协工作会、区委十届十七次全会、区委十一届一次全会等重要会议领导讲话稿等。服务社会建设工作,完成中央统战部现场工作会材料——坚持“双融入双服务”不断深化社会领域统战工作,编辑推进社会服务管理创新实践案例汇编,参与人民网“加强和创新社会管理”典型案例征集活动。

(赵秀华)

【综合服务区研究】 “关于打造首钢高端产业综合服务区的对策研究”是区重点协作调研课题和全市关注课题,也是申报市“十二五”哲学社会科学的研究课题。该课题由荣华主持,研究室、经信委、发改委等8个部门参与。课题组制定具体实施方案,明确各部门职责和任务。4月12日开题,4~10月,课题组赴重庆大渡口区学习考察,召开课题研讨会,形成1个总报告,8个分报告,共计12万字,总课题报告分为三个部分:关于建设首钢新区的相关概念及战略意义;建设首钢新区的现状分析;加快推进首钢新区建设的对策建议。

(赵秀华)

【编印重要文件选编】 9月,编印区第十次党代会以来重要文件选编。全书分为上、下两册,收录173项事关本区经济社会发展的重要文件,编列三个部分:区十次党代会、区委全会、区人代会的重要文件;经济建设、城市建设、社会建设方面的重要文件;全面加强党的建设方面的重要文件。本书所收文件、领导讲话文稿,均来源于区委区政府以及区委办公室、区政府办公室正式发文。

(赵秀华)

【调研成果转化】 荣华主持的关于打造首钢高端产业综合服务区的对策研究在《北京调研》(2011年10月)以《专辑》刊发,刊发优秀调研成果9篇,10余万字。夏林茂主持的关于将石景山区建设成为首都绿色转型示范区的研究在《北京调研》(2011年12月)以《专

8月23日,“转型发展战略与路径选择”研讨　　(区委研究室供稿)

辑》刊发，刊发优秀调研成果12篇，11余万字。评选出上年度全区优秀调研报一等奖10篇、二等奖20篇、三等奖47篇。以优秀调研报告为基础，编印"2010年优秀调研报告文集"，收录区领导主持的区重点协作调研课题25篇以及上年部分重要文件。

（赵秀华）

机构编制管理

概　　述

北京市石景山区机构编制委员会办公室（简称区编办）是区机构编制委员会（简称区编委）的常设办事机构，在区编委领导下，负责本区行政管理体制和机构改革以及机构编制管理的日常工作，既是区委工作机构，又是区政府工作机构，列入区委机构序列。年内，起草事业单位清理规范工作实施方案，组织召开工作部署会，在全区开展事业单位清理规范工作；紧跟全市改革发展步伐，围绕全区经济发展方式转变和重点功能区建设，做好新形势下机构编制工作；围绕和谐稳定大局，发挥机构编制效能作用。

地址：石景山路18号

电话：88699276

邮编：100043

（甄瑞霞）

【街道"三定"规定修订】 根据中央关于加强和创新社会管理的指示精神和市委市政府关于深化市行政管理体制改革的实施意见要求，上半年完成街道系统（不含鲁谷社区）"三定"规定修订工作。深入金顶街等4个街道开展调研，组织召开4次街道书记、主任座谈会，了解街道运行现状及存在问题，听取加强和完善街道运行机制的意见建议。走访调研区市政市容委、环保局等多个街道职能相关部门，了解街道与职能部门在职责分工和协调配合方面的问题。拟定街道系统开展"三定"规定修订工作实施方案，提出街道主要职责、内设机构和人员编制配备意见。拟制职能部门与街道办事处职责划分明细表，明确街道与区住房城乡建设委等16个部门在21项工作中的职责分工。拟制街道"三定"规定（草案），书面征求32个相关部门意见，依照相关法律法规及文件，逐条分析31条修改建议，对《草案》修改完善。召开街道系统"三定"修订工作动员部署会，修订并印发规定，完成人员定岗安置工作；明确街道职责，强化街道服务区域经济发展、指导社区建设及综合治理、维护稳定、安全、信访、住保等方面职能。

（甄瑞霞）

【机构编制调整】 组织召开三次编委会，研究42个单位61个机构编制事项，形成86个批复文件。在区政协机关增设专委会工作五室，核增行政编制及处级领导职数。在区市政市容委加挂"石景山区交通委员会"牌子，相应增加内设机构、编制及领导职数，完善交通管理体制。明确区政府房屋征收部门和房屋征收实施单位，将住房城乡建设委征收拆迁管理科更名为房屋征收补偿科，增设房屋征收审核科，并相应增加编制。区西部建设办公室由区政府自设机构转为区政府派出机构，核发"三定"规定。为苹果园街道社保所增加事业编制。重新核定区投促局内设机构，调整发改委内设机构及编制。在住房保障服务中心加挂"公共租赁住房发展中心"牌子，核增事业编制。为区卫生局办公室增加行政编制及科级领导职数，为区人力社保局所属医疗保险事务管理中心增加事业编制。加强学前教育公共服务及内地新疆班管理工作，在区教委增设麻峪小学幼儿部和北辛安小学幼儿部、北京九中内地新疆高中班增加事业编制、区教委增加聘用编制，负责本区关心下一代工作委员会办公室日常工作。调整动物卫生监督管理体制，通过改挂牌子及整建制划转机构、编制及人员等措施，将动物卫生监督管理职责由集体经济办转为卫生局承担。为残联机关及所属事业单位增加编制。加强社会治安综合治理、来信来访处理、网络舆情监控等工作，及时为综治办、信访办、宣传部等部门补充编制，调整机构设置。根据经济社会发展需要，为司法局核增政法专项编制及职数并成立阳光中途之家。加强基层单位纪检监察组织建设，为园林绿化局、统计局等部门增设监察科。

（甄瑞霞）

【政府机构改革评估】 上半年，对2009年区政府机构改革方案落实情况及涉及改革的29个政府工作部门和一个部门管理机构的"三定"规定执行情况进行全面评估检查。下发开展区政府机构改革评估工作的通知，对评估内容、范围、要求做出具体部署。以各部门自查为基础，重点选取区市政市容委等10个职责调整较大、服务对象较多及新组建的部门进行评估抽查，形成区政府机构改革评估报告。注重评估成果运用转化，掌握区政府各部门实际运行情况，查找出管理体制和运行机制方面存在问题，推动体制机制完善创新，为探索建立评估工作长效机制奠定坚实基础。

（甄瑞霞）

【事业单位登记管理】 完成全区350家事业单位年检工作。包括区机构编制部门批准设立的事业单位302家，其他组织利用国有资产举办的事业单位48家。完成事业单位法人设立、变更、注销登记工作及证书补领36家。

（甄瑞霞）

老干部工作

概　　述

中共北京市石景山区委老干部局（简称区老干部局）由区委组织部管理，是负责贯彻落实党的老干部政策，为本区离休和副处级以上退休干部服务的职能部门。现归属老干部局服务管理的离退休干部748人，其中有离休干部205人，易地安置离休干部16人，平均年龄82.6岁，按参加革命时期划分：抗日战争时期的53人，解放战争时期的152人。副处级以上退休干部527人。离退休人员按所在单位性质划分：党政机关536人，事业单位145人，企业单位67人。其中区职离退休干部37人。全年去世24人。贯彻落实市、区第24次老干部座谈会精神，以落实老干部政治、生活待遇为重点，结合纪念建党90周年，开展“颂党恩，抒豪情，展风采，乐晚年”主题活动。另外，组织多种形式政治文化、体育健身活动，完成全年工作任务。

地址：古城东街113号

电话：68845174

邮编：100043

网址：www.sjslgb.cn

（王　欣）

【走访慰问】 对全区723名离退休干部普遍进行走访慰问。元旦、春节期间区四套班子领导对39名14级以上离休干部和区职退休干部进行走访慰问并发放慰问品。对10名生活有特殊困难的离退休干部每人给予0.1万元补助；对96名企事业单位的处级退休干部每人给予400元补助；对16名易地安置离休干部每人给予400～600元补助；对13名因患重大疾病造成生活困难的离退休干部，根据病情和使用自费药情况，给予0.3～1万元补助，看望慰问生病住院离退休干部260人次。继续开展“进百家门、知百家情、暖百家心”入户走访100名老干部活动。

（王　欣）

【健康体检】 3月下旬，在石景山医院体检中心对区属586名离退休干部进行健康体检。9月，与区卫生局联合组织“九九重阳专家义诊活动”，邀请区属医疗机构十几名专家为老干部及家属提供现场诊疗。举办健康知识讲座活动；保健室继续开展日常为老同志测量血压、健康咨询服务。

（王　欣）

【参观疗养】 5月，组织100余名离退休干部赴山西、陕西参观疗养。5月，组织全区老干部400余人参加“我看新北京”一日游活动，参观抗日战争纪念馆。7月，组织89名高龄离退休干部到房山疗养。10月，组织局职退休干部赴广西南宁参观疗养。

（王　欣）

【支部建设】 年初，召开老干部党支部书记年会，通报上年度工作及本年度工作要点。继续在全区离退休干部党支部和党员中开展创先争优活动。“七一”前夕，组织召开全区离退休干部庆祝建党90周年暨表彰大会，对5个离退休干部先进党支部和40名离退休干部优秀党员进行表彰。全年举办区老干部党校学习班4期，300余名老干部参加学习；为离退休干部党支部书记和14级以上离退休干部及老干部理论小组成员购买《中国共产党党史》1、2卷，组织各类专题报告会8场、举办老干部党校学习班4期。5月27日，与北京军区通信总站女兵六连党支部联合开展“忆党史、话传统、颂党恩”特色党日活动。

（王　欣）

【服务管理】 召开全区“利用社区资源做好离退休干部服务工作”经验交流会。在街道建立利用社区资源做好离退休干部服务工作的三级网络，形成街工委领导主抓、相关科室联动、社区抓好落实的工作机制。把老干部服务工作列为社区党组织规范化建设的一项重要内容。11月中旬，中组部老干部局局长陶治国一行在市委组织部副部长、市老干部局局长薛菡等人陪同下到区就退休干部服务管理工作进行调研。以“大力推进离退休干部党员管理与社区党建双促共赢”为题进行情况交流。

（王　欣）

【健康老人】 8月，在全区离休干部和75岁以上退休干部中开展年度评选“十佳”健康老人的活动。在全区28名候选人中，经公示评选出张日旺、王子田等10名健康老人。重阳节，在老干部局活动中心举行颁奖仪式。

（王　欣）

【文体活动】 1月中旬，在万达铂尔曼宴会厅举办春节团拜会。区领导向全区老同志致以新春问候，450多名离退休老干部参加并观看节目；全年组织老干部观看主旋律影片12场。“重阳节”前夕，组织年度老干部自赛活动，老干部活动中心象棋、乒乓球、舞蹈自管组织在9月上旬分别组织11项自赛活动，为期4天，约300人次参加。举办新老四套班子领导中秋座谈会。区四套班子领导与原区职老领导20余人一起座谈，老领导参观永定河流域石景山段改造景观，听取区市政市容委关于永定河发展情况汇报，夏林茂通报全区经济社会发展情况和下一步工作重点，老领导代表就地区各项事业发展发表意见。组织老年书画研究会成立20周年庆典活动及全区老年书画创作成果展，出版专题书画摄影集《辉煌》。6月15～17日，书画研究会举办纪念中国共产党成立90周年书画展，展出书画作品200余幅；10月17日，与区文联在区图书馆举办“纪念辛亥革命100周年书画展”，老年书画研究会创作书画作品100幅，进行为期七天的展出。

（王　欣）

8月31日，老干部参观永定河石景山段　　（区委老干部局供稿）

保密工作

概述

区委保密委员会办公室(简称区委保密办),是区委保密委员会的办事机构。以新修订的《保密法》及其配套法规为遵循,围绕全区工作大局,加大保密工作领导力度,深入开展保密宣传教育,建立健全保密规章制度,规范保密工作管理方式。将当年定为保密检查年,制定检查计划,进行保密检查,加大技术防范和监管力度,不断推进保密工作规范化、制度化、科学化、法治化发展,完成各项工作任务。

地址:石景山路 18 号
电话:88699872
邮编:100043
邮箱:baomiju@bjsjs.gov.cn

(王志坚)

【完善保密组织】 年初,调整充实新一届区委保密委员会成员,保密委委员由各有关部门一把手组成。各级保密组织按照区委保密委工作部署和要求,调整和完善保密领导小组成员。形成区委保密委、区委保密办、各单位保密领导小组和保密协作组立体交叉的保密领导网络。发挥保密领导小组组长和协作组组长的领导、协调和督查作用,强化保密管理力度,确保全区保密工作管理不出现死角。

(王志坚)

【法制宣传教育】 全区各单位利用集中学习、知识测试、专刊专栏、办公网络、板报挂图、宣读辅导等方式开展保密法制宣传教育活动。区教委、各街道等单位深入学校、企业、社区开展保密宣传。在全区开展保密格言警句征集活动,55 个单位上报 1745 条保密格言警句,30 个单位主要领导参加征集活动,评选出优秀组织单位 16 个,优秀格言警句 15 条。加强学刊用刊工作,征订《保密工作》杂志 310 余份。应各单位邀请,深入全区基层单位开展保密讲座 10 余次,听课人数 1000 余人;在全区领导干部培训班、新任科级干部培训班、初任公务员培训班、军转干部培训班中开设保密课程,对相关人员进行保密教育培训。

(王志坚)

2 月 18 日,保密委员会全体会 (区委保密办供稿)

【加强有效监管】 摸清全区机关单位门户网站底数,加强门户网站保密管理,对全区党政机关、企事业单位门户网站情况进行调查统计。截至年底,全区党政机关、企事业单位有门户网站 72 个。加大对包括高考、中考、自考和成考在内的国家教育考试试卷保管使用情况监管力度,在考试期间每天检查保密室不少于 2 次,试卷运送过程中全程押运,交接过程中履行手续。区国家保密局年内对区考试中心试卷保密室以及 12 个考点 200 多个考场进行检查,确保各类考试试卷保密安全。

(王志坚)

【信息安全培训】 8 月 8~9 日,联合区经信委,举办信息安全保密培训班,全区各党政机关、企事业单位保密办主任、保密员、网管员共 230 余人参加 5 个专题的培训。邀请信息安全和网络公司技术人员就网络安全、技术窃密进行讲解和演示,通过理论讲解、实例演示、业务辅导、知识测试等方式,认清当前严峻形势,增强保密意识;掌握保密法律法规以及保密理论和基本要求;学习现代科技保密方面的知识和技能,特别是当前保密与窃密及保密检查的新技术、新知识和新技能。

(王志坚)

【保密档案制度】 在全区推广实施保密档案制度。统一制定档案模板,按照规章制度,工作台账,工作计划、方案、总结,工作会议、活动、信息等类别,将保密工作中产生的所有图文资料进行收集整理。保密档案形象、直观、全面反映出各单位保密工作开展情况,明确保密工作方法,规范保密工作流程,提高保密工作水平,为年度保密工作考核提供依据。

(王志坚)

【实行分级管理】 落实《保密法》,提高保密行政管理效能。根据保密工作形势需要,坚持突出重点、精确定位、便利工作、确保安全的原则,在管理模式上进行探索和创新,研究制定加强涉密单位分级管理工作的实施意见,经区委保密委全体会议审议通过。《实施意见》将全区各党政机关、社会团体,企事业单位按照涉密程度和涉密数量分为三个等级,确定一级涉密单位 12 个,二级涉密单位 29 个,三级涉密单位 66 个。对不同等级的涉密单位,采取不同工作标准,不同管理方式和考核办法,把涉密程度深、涉密数量大的单位作为管理重点,提高保密管理精细化和科学化,确保国家秘密安全。

(王志坚)

【涉密载体管理】 加强移动存储介质和内部文件资料保密管理。在全区开展涉密载体清理工作,建立健全涉密载体台账制度和涉密设备档案制度，确保离岗、离职涉密人员持有涉密载体的清退，所有涉密载体管理责任落实到人。坚持实行涉密载体集中销毁工作，新建存放涉密载体的仓库，全年集中销毁11次，销毁硬盘25块，U盘18个，录像带30余盘，磁带50余盒，光盘600余张，纸介质文件资料近30余吨，保密局全程监销，杜绝销毁环节失泄密问题。

（王志坚）

【开展保密检查】 3～11月，依法对计算机信息系统、互联网络、保密要害部门部位保密管理、涉密载体管理、政府信息公开审查，保密宣传教育落实等情况进行专项检查。涉及全区107家单位、11个保密要害部门、116个保密要害部位，410台计算机。对检查中发现的问题当场出具执法检查反馈单，督促68家单位进行整改，复查4家单位。5月，市专项保密检查组到区，对党政机关、涉密单位密码电报管理、涉密文件信息资料管理、计算机网络保密管理情况进行专项检查。听取保密工作情况和专项保密检查自查汇报，对本区保密工作给予肯定；指出本区在保密工作中领导重视、管理规范、工作落实、效果明显。

（王志坚）

【目标督查考核】 坚持落实目标督查考核制度，继续把保密工作列入年终目标督查考核之中。采取单位自查、协作组互查方式，用近一个月时间，组织全区107个单位，在8个保密协作组协调下开展目标督查考核。重点考核涉密人员教育、管理制度及其落实情况，要害部门、部位保密管理制度及其落实情况，涉密载体保密管理制度及其落实情况，涉密计算机及其网络管理制度及其落实情况，《保密工作档案》建立情况，考核覆盖率达到100%。

（王志坚）

企业党建

概　述

中共北京市石景山区人民政府国有资产监督管理委员会委员会（简称区国资委党委）履行区委规定的职责。截至年底，系统有党员799人。年内，以庆祝建党90周年活动为契机，为“十二五”规划开好局、起好步进行广泛宣传动员，围绕国企改革发展和国资监管这两个中心任务，全面推进国资委系统党的建设、干部人才队伍建设、宣传思想工作和党风廉政建设，为实现国有企业科学、较快发展提供政治保证、思想保证和组织保证。

地址：杨庄东街59号今尊大厦10层
电话：68883490
邮编：100043

（陈晓魁）

【组织系列活动】 组织全系统开展“我是党员我承诺、我为党旗添光彩”主题实践活动、特色党日、学习教育、外出参观、典型学习、表彰晚会等系列活动。将党组织、党员承诺与服务经济社会发展转型升级相结合，鲁谷供热厂党支部组织党员承诺做好夏季检修；石开公司党总支将党员承诺书上墙公示；建筑公司党委通过党员“安全争第一，质量创佳绩，岗位做奉献”等具体活动践行承诺。特色党日活动引导党员干部立足本职，发挥先锋模范作用。芳星园物业党总支以“学习先进，营造氛围，争创佳绩”为主题，以“推动科学发展，促进社会和谐、服务人民群众”为目标，开展“戴党徽亮身份”服务活动，全体党员在半月园公园捡拾白色垃圾；宏润公司嘉和市场党支部组织全体党员利用业余时间彻底清理市场卫生，开展义务劳动。结合学习型党组织创建活动，开展党史知识教育、专题讨论等活动，石开公司党总支为全体党员和入党积极分子购买《建党伟业》、《历史的轨迹——中国共产党为什么能》和《党史细节——中国共产党90年若干重大事件探源》等书籍，通过撰写读书心得、座谈讨论等形式，引导党员群众学党史、颂党恩，牢记党的宗旨；宏润公司举行“学习型领导、学习型员工”评比活动，组织征文、观看《建党伟业》；古城宾馆党支部组织开展“从日本地震看社会主义制度的优越性”专题讨论。以“重走英雄路，争做爱国人”为主题，引导各级党组织带领党员重温历史，体验艰苦奋斗革命历程。物资总公司党总支赴河北狼牙山开展红色教育之旅，宏润公司机关党支部赴贵州参观遵义会议会址和息烽集中营；万商公司党总支赴井冈山参观学习。组织系统全体党员开展向先进典型学习活动，参加全国优秀共产党员网上投票评选，北京市百万党员“寄心语”、向杨善洲同志学习、“双百人物”事迹主题党课等活动。举办庆祝建党90周年表彰大会暨文艺晚会，荣华、倪国锋等区领导出席并为在创先争优活动中涌现出的18个先进基层党组织、49名优秀共产党员、10名优秀党务工作者颁奖。全系统有3个基层党组织、3名党员、1名党务工作者被评为区级先进党组织和优秀个人。

（综　合）

【开展创先争优】 深化创先争优活动、丰富活动内容和载体，推动科学发展的能力增强。全系统各级党组织围绕中心工作，明确活动主题，结合企业实际，精心设计活动载体，把创先争优同“我是党员我承诺”活动、党员责任区、党员示范岗、党员志愿服务等活动有机结合；落实区委要求，在全系统开展领导点评创先争优工作，根据各级党组织实际情况，分类指导，解决实际问题；依托《石景山国资》和企业自办刊物等平台，以选举党代表、庆祝建党九十周年、创先争优等重点工作为主题，宣传报道系统涌现出的先进基层党组织、优秀共产党员和党务工作者的先进事迹。

（陈晓魁）

【夯实基层建设】 发扬党内民主，构建开放民主的党务工作新机制，在全系统基层党组织中全面推行党务公开工作。各级党组织成立领导小组，制定实施方案和公开目录，设立公开载体，规范有序推进党务公开工作。围绕“我是党员我承诺、我为党旗添光彩”活动主题，通过“承诺、履诺、践诺”，系统内12个党组织与12家社区党组织签订共建承诺书，开展组织共建、党员共育、资源共享、发展共赢的

国资委系统庆祝建党90周年表彰大会暨文艺晚会 （岳星 摄）

“共建双承诺”活动。组织“共产党员献爱心”活动，全系统712名党员、36名入党积极分子和504名群众捐款6万余元。召开国资委系统第二次党代表大会，选举产生区第十一次党代会代表22名。与区人大、政协和相关街道沟通协调，推荐国资委系统新一届人大代表6名，新一届政协委员3名。严格把好党员发展各个环节，确保发展党员质量，年内发展党员15人，预备党员转正21人。组织优秀入党积极分子参加区委组织部培训。做好党内统计分析，规范国资委系统党费的收缴、管理和使用，全年走访慰问困难党员10余人次，发放慰问金3万余元。

（陈晓魁）

【干部人才队伍】 组织对监管的14家一级企事业单位、2家二级企业领导班子和班子成员开展考察工作。了解和掌握班子执政能力、经营管理能力和廉洁从业情况；重点开展系统后备干部推荐工作，经民主推荐、谈话、笔试和公示，确定13名正职后备和30名副职后备。根据企业发展实际，调整宏润公司、万商公司、石开公司、海特饭店等企业领导班子，对万商公司和宏润公司董事会人员进行补充和调整，新提拔3名优秀后备干部进入实兴腾飞公司、国资公司和建筑公司的领导岗位。

（陈晓魁）

【完善惩防体系】 坚持把惩防体系植入企业管理系统之内，把防腐倡廉要求体现到企业经营管理流程之中，惩防体系得到完善。系统各级党组织和纪检部门发挥监察职能，对各项重点工程项目严格把关，执行“三重一大”制度，落实领导干部廉洁从政若干准则和国有企业领导人员廉洁从业若干规定，推进纪委参与全程监督的工作模式，各重大项目未发现违规、违纪现象。召开系统党风廉政建设大会，层层签订党风廉政建设责任书。组织开展党风廉政建设宣传教育月活动，系统各单位推进廉政文化进企业、进班组、进家庭活动，组织职工前往西柏坡、井冈山等廉政教育基地参观。围绕“五类风险”，采取自上而下和自下而上相结合方式，继续深入排查廉政风险点，确定风险等级，制定防控措施。针对两个物业合并、五里坨组团开发项目等风险防范重点，围绕重点环节建立廉政风险档案库，控制和化解各类风险。对照在“小金库”专项治理中已经找出的风险点开展“回头看”工作，完善廉政风险防范管理工作网络。下发《严肃换届纪律学习读本》，组织国资委领导班子成员、监事会成员和系统各单位主要负责人专题学习，确保“5个严禁、17个不准和5个一律”知晓率达到100%。

（陈晓魁）

转居地区党建

概　　述

中共北京市石景山区委农村工作委员会（简称区委农工委）是负责全区农村系统党的建设、思想政治工作和干部管理工作的区委派出机构，与集经办合署办公。截至年底，全系统有党总支13个、党支部47个，党员565人。年内，加强党组织建设和党员教育管理，全面加强领导班子和干部队伍建设，落实党风廉政建设责任制和廉政风险点的防控，加强理论学习，进一步理清工作思路、明确发展方向，关心群众利益，提高政务能力，营造良好换届氛围，保持农转居地区稳定。

地址：杨庄西口
电话：68861910
邮编：100043

（胡　浩）

【基层党组织建设】 落实基层领导班子及其成员监督管理的实施办法。监督景阳天昊投资管理公司做好董事长调整工作，协调做好动物卫生监督所党支部向区卫生局移交工作，完成集经办机关党总支和农工委直属8个党支部换届选举工作，组建集体经济发展服务中心党支部。选派基层12名后备干部参加区青年干部培训班为期3个月的系统培训。配合区委组织部做好处级后备干部调整工作，3名副处级和5名科级干部进入全区处级、副处级后备干部库。对全系统基层后备干部进行年度考核和补充调整，现储备后备干部47人。完成农工委党员代表大会代表、农工委出席区第十一次党代会代表的推荐、选举工作。

（胡　浩）

【党风廉政教育】 以岗位职责及廉政风险点为依据，以党风廉政责任书为内容，构建党风廉政建设责任体系。组织全系统党员干部学习廉政法规，开展党风廉政教育。突出重点单位，对工作相对薄弱的单位加强督促指导，规范基础工作；突出重点事项，全程参与和调研黑石头农工商公司产权制度改革，重点监察对外投资数额较大的单位。修订集体经济系统廉政风险防范管理实施细则，修订完善各类廉政风险点，按照风险严重程度进行等级划分，实行分级防控。确定两个重点防控项目，梳理工作流程，分析重要环节风险，进行多部门联合防控。将党务公开作为保障党员群众的知情权与参与权的重要形式。分4个层次制定农工委、机关党总支、公司党总支以及党支部党务公开目录，明确公开程序，确定公开范围，制作公开载体，稳妥推进党务公开。

（胡　浩）

直属机关党建

概　述

中共石景山区委直属机关工作委员会（简称区直机关工委）是区委的工作部门。编制数9人，实有11人。负责领导和管理区直属党、政、群机关基层党组织。截至年底，区直机关有57个基层党组织，其中：党委2个，党总支7个，党支部48个，党员1861人；区直机关工会分会57个，会员2329人；机关团工委团支部6个，团员61人。年内，推进机关党建工作创新；围绕庆祝建党90周年，推进创先争优活动；切实加强机关作风建设和反腐倡廉建设，使机关党的建设更好服务大局、促进发展，为“十二五”时期开好局、起好步提供坚强组织保证。选举产生王军辉等56人为区第十一次党代会代表。全年召开8次机关工委会议，研究决策党建重大事项21项。建立11本基础台帐。接收预备党员26名，24名预备党员转为正式党员。举办3期党务知识培训班；其他各类培训班6期，累计培训人员300余人次。

地址：石景山路18号
电话：88699175
邮编：100043

（张守余）

【开展8项纪念活动】　以创先争优为主线，以凝聚党心民心、落实“十二五”规划为目标，在区直机关系统开展八项纪念活动。系列活动包括召开庆祝表彰大会，对25个先进党组织、100名优秀共产党员、25名优秀党务工作者进行表彰；开展“我是党员我承诺，我为党旗添光彩”机关基层党组织与社区居民党组织共建“双承诺”主题实践活动；举办纪念建党90周年征文活动，共收征文101篇，评出一等奖2名，二等奖3名，三等奖6名，纪念奖90名，优秀组织奖11名；组织党员开展学习党的历史，做好本职工作的“重温光辉历程，立足岗位作贡献”主题有奖问答活动；开展“读书、荐书、评书”活动；举办红色歌曲大家唱活动，组建机关合唱团参加区红歌献给党歌咏比赛，获优胜奖；开展廉政主题教育月活动；开展“转变机关作风、争做廉勤表率”主题活动，对照《廉政准则》找差距强化机关作风，以治庸提能力、以治懒增效率、以治散正风气。八项活动在内容上互为依托，时间上衔接紧密。到“七一”前夕，在区直机关系统形成纪念活动高潮。

（张守余）

【“共建双承诺”活动】　启动机关党组织与社区党组织“共建双承诺”活动，为机关和社区加强资源融合，实现优势互补，提升党建水平。基层机关党组织共开展活动144次，对社区支持资金5.44万元，物品498件，走访慰问特困党员和群众1154人次，为社区解决实际问题80件，社区党组织为机关党组织提供88项服务。

（张守余）

【建立党建宣传阵地】　在《石景山报》刊发“共建双承诺”专版4期、“机关家园”专栏6期，各类新闻20条。建立区图书馆机关分馆，投入资金购置书籍，藏书近5000册。借助这一平台，举办机关摄影展，有机关干部100余幅摄影作品参展。落实党报党刊征订工作，占全区总任务量11.5%。

（张守余）

【开展党风廉政建设】　在机关党员干部中开展“评书、交流”系列活动。为基层党组织购买《党风廉政建设责任制学习读本》、《机关党的工作实用手册》等工具书140余套。利用机关图书馆搭建学习平台，设立“廉政图书专栏”，购置廉政教育图书500余册。开展警示教育活动，组织基层党组织负责人120余人次，到市反腐倡廉警示教育基地和天津市“新中国反腐败第一大案展”进行参观。抓长效机制，推进廉政风险防范管理。引导廉政风险防范管理向机关各单位及其所属科、队、站、所延伸，围绕加强组织领导、规范权力运行、监督检查、考核评估等关键环节，组织基层党组织负责人及纪检委员培训班2期，准确排查廉政风险，建立健全制度防线，形成以积极防控为核心、以强化管理为手段的科学

10月27日，区直机关党代会　　（区直机关工委供稿）

防控机制,为从源头上防止腐败提供制度保障。开展机关各基层党组织党务公开工作,增强透明度。建立"三早"机制,即:早发现、早提醒、早纠正。畅通信息渠道,加强信访监督,采取会议培训及定期与基层党组织沟通等多种形式,查隐患、抓苗头,做到防患于未然。年内区直机关系统党员没有违纪违法案件发生。

(张守余)

【发挥群团作用】 区直机关工会组织机关大楼全体干部职工开展春节团拜活动。举办区机关"五一"、"十一"主题升旗活动。组建区直机关乒乓球队、足球队、篮球队,乒乓球队参加区第五届"和谐杯"比赛,获1个二等奖、2个三等奖及优秀组织奖,足球队在区第26届金秋体育盛会足球比赛中,取得第2名。举办网球培训班、游泳班、瑜伽练习班、共5批次,培训人员150余人次。组织区直机关"健康杯"游泳比赛、"金秋登山"活动等,600余人参加。组织区机关楼内556余名科级及以下干部职工进行体检,为77人接种"流感"疫苗。机关团工委在"五四"青年节组织青年联谊会活动。

(张守余)

党校工作

概　　述

中共北京市石景山区委党校(简称区委党校)是在区委直接领导下培养党员领导干部和理论干部的学校,是区委的重要部门及培训轮训党员领导干部的主渠道。区委党校兼有区行政干部学校、区社会主义学院、区团校的职能。现有教职工34人,其中,专职教师5人,内有高级讲师3人,讲师1人,助教1人。全年累计举办24个类型38个班次干部培训,受训学员3899人。其中:组织部培训10个类型18个班次1831人;人力社保局培训3个类型4个班次248人。连续18年被评为"首都文明单位"。

地址:八角北路9号
电话:68870925
邮编:100043
传真:68870931

(方南火)

【处级干部培训】 以"提高领导科学发展能力"为主线,采取深化理论学习与研究实际问题相结合方式,分别于3月31日~4月29日、5月12日~6月14日、6月16日~7月15日,举办三期处级干部进修班,受训学员123人。主要培训专题包括:《共产党宣言》导读、毛泽东思想基本问题、当代中国的民族问题、中国社会转型与政府管理改革、当前国际形势与国家安全、社会转型时期公民有序政治参与研究、以制度和机制建设创新社会管理、提升执政能力、预防职务犯罪讲座、领导干部问责制、区域经济与打造首都经济圈、本区文化创意产业的发展情况等。9月14~16日,举办处级女领导干部培训班,受训女领导干部28人。主要培训专题包括:女性领导的领导艺术、公文写作、心理讲座(加一点温暖的力量)、时尚生活职业裸妆等。10月17~21日,举办新任副处级干部任职培训班,受训学员40人。本期培训对学员的学习和表现情况进行考核,考核情况记入国家公务员培训证书。

(方南火)

【中青年干部培训】 3月31日~6月28日,举办第17期中青年干部培训班,受训学员32人。培训分为拓展训练与军训、理论培训、异地培训三个阶段。理论培训包括基础理论与党性修养、领导能力、公共管理、依法行政、调查研究和知识拓展等六个模块。旨在夯实中青年干部理论基础,增强党性修养,优化知识结构,培养战略思维。

(方南火)

【科级干部培训】 9月15~29日、10月14~28日,举办两期科级干部任职培训班,受训学员85人。通过树立正确的政绩观、科长的职位分析与素质要求、当前国际形势分析和国家战略、从依法诉讼角度谈依法行政工作、传统文化中的修身与做官、《党史》二卷辅导、廉政教育、行政公文与信息写作、会议安排与行政礼仪、科级干部心理健康与心理调节、紧急避险与逃生、《保密法》解读的学习,提升科级干部的思想理论水平、职业道德修养和实际工作能力,加强科级干部队伍建设。

(方南火)

【公务员初任培训】 4月8~22日举办公务员初任培训班,全区32个单位92名初任公务员参加。培训由拓展训练、专题讲座、实地参观、讨论交流等组成。内容包括:公务员的职业精神和服务能力、会议安排与行政礼仪、初任公务员职位分析与素质要求、心理调适与健康、区情介绍、《保密法》解读、新闻信息摄影要求与方法、公务员行为规范、政府机构功能与公文写作、当前经济形势、《公务员法》与行政执法、自救互助讲座与实操演练、《党史》二卷辅导等专题。

(方南火)

【团干部培训】 8月8~12日,举办第二期团干部培训班,受训学员20人。培训内容主要包括:"七一"讲话精神辅导、媒体沟通、"十二五"发展规划解读、新时期共青团重点工作介绍等。

(方南火)

【专题培训】 3月16日,举办第三期面试考官培训班,受训学员71人。开设结构化面试的原理与技巧、结构化面试的基本知识、评分的主要技巧及面试考官的资格和纪律要求专题讲座。6月20~24日,与区委组织部、区社工委联合举办"社区工作人才成长工作室专题培训班",受训学员27人。培训专题主要包括:社区建设专题研究、社会群体突发事件应急与危机管理、社区社会组织培育与发展、人才发展规划解读、新型社区管理中的信息技术应用、社会调查方法、社区形象管理、健全和完善新型社区的社会保障和服务机制等。

(方南火)

【领导干部大讲堂】 贯彻落实新一轮大规模培训干部工作部署,首次尝试自主选学式的培训模式。10月28日~12月2日,与区委组织部联合举办领导干部大讲堂,全区53个单位754人次参加。开设关于台湾问题的战略思考、心理调适、细节管理、中国文化的反思及其现代启示、社会群体突发事件应急与危机管理、关于体检结果中反映出的心脑血管病情分析、依法行政的理论与实践等七个专题。

(方南火)

【协助办班】 利用区委党校干部培训优势和现有资源,协助委办局举办9个类型14个班次培训,受训学员1741人,协助外省市异地培训2个类型2个班次共79人。区内办班主要包括:第三期入党积极分子培训班,受训学员131人;新党员培训班,受训学员158人;区机关系统和两新组织党组织书记培训班,受训学员170人;市交管局石景山管理处公务员初任培训班,受训学员26名。异地培训办班包括:四川省资阳市第五期大学生选调生班,受训学员30人;四川省资阳市第17期科级干部异地培训班,受训学员49人。

(方南火)

【学历教育】 年内,学历教育毕业学员80人。分为三个系列:一是中央党校在职研究生班,在校生83人,包括2009级行政管理专业班53人,2010级社会学专业班30人;二是市委党校学历班(2010级行政管理本科班)在校学员50人;三是北方工业大学学历班7个班次,在校学员212人,开设计算机信息管理、会计学、经济信息管理三个专业。

(方南火)

【科研成果】 坚持"以科研促教学、以科研带队伍"工作思路,加强科研工作。年内完成论文24篇,其中,完成市级调研课题1篇,公开发表论文9篇,"社区党建项目化管理的调查与思考"被市党建研究会评为优秀调研成果三等奖。出版党校内部刊物《干训专报》7期,刊载文章、信息70余篇。指导第17期中青年干部培训班调研报告和建言献策千字文115篇,形成《建言献策成果集》三册、14万余字。

(方南火)

党史资料征集

概　　述

中共北京市石景山区委党史办公室(简称区党史办)是区委主管的职能部门。年内,成立区委党史工作领导小组,完成《中国共产党北京市组织史资料石景山卷(1987－2010)》编纂,筹办《见证石景山》,面向社会各届征集各类稿件。"石景山党史网"及时发布更新,百度搜索党史网页点击率排在全市前三位。

地址:石景山路18号
电话:88699320
邮编:100043

(程怀宇)

【组织史资料编纂出版】 按照市委要求,查阅、复印5000余件、600万字的档案资料,形成600万字初稿,后期进行数十次审核、校对,形成400万字终稿。完成《中国共产党北京市组织史资料石景山卷(1987－2010)》编纂任务。

(程怀宇)

【党史工作领导小组成立】 根据区委下发的关于加强和改进新形势下党史工作的实施意见,落实党委领导党史工作制度,成立区委党史工作领导小组。组建由各级党组织组宣委员或党办主任近百人组成的基层党史工作联络员队伍,由党史办进行业务指导。

(程怀宇)

【党史资料开发利用】 围绕建党90周年,配合做好相关服务工作。配合市委宣传部、市委党史研究室举办的中华世纪坛建党90周年展览,帮助提供第一支北京垦荒队队长杨华相关实物等材料。配合区委推进学习型党组织建设,以区、处两级中心组为龙头,以处级以上领导干部为重点,举办主题报告会,深入学习党史。与团区委共同组织党团知识竞赛活动。为"党在我心中"百姓宣讲、"创先争优"专题片拍摄、"给党的一封信"和纪念建党90周年美术、书法、摄影综合展览等一系列纪念庆祝活动,提供相关文字资料和图片支持。

(程怀宇)

【口述史抢救】 采访中科院院士毛汉英、区退休干部韩毅、杨华等老同志共30余人次,在《北京党史》、《当代北京研究》等刊物发表多篇口述史文章。

(程怀宇)

中共北京市石景山区第十一届委员会

书　　记　荣　华(女)
副 书 记　夏林茂　吴克瑞
常　　委　荣　华(女)　夏林茂　吴克瑞　刚　杰　高道忠　李文起　王文光　文　献　田利跃　陈　强　富大鹏
委　　员　(按姓氏笔画为序排列)
王文光　王军辉　王宏芬(女)　王忠华　王金龙　王春风　文　献　田利跃　邢俊毅　吕秀艳(女)　刚　杰(满)　刘亚泉　齐　兵　孙　钢　李　艳(女)　李文起　李桂珍(女)　杨东起　肖　平　吴克瑞　张　帆(女)　陈　强　岳德顺　赵玉民　荣　华(女)　种　磊　侯宝华　夏林茂　高　明　高洪雁(女)　高道忠　郭景明　崔恩平　崔章程　梁建新　韩　冰(女)　富大鹏(达斡尔)
候补委员　(按得票多少为序排列)
李元涛　杨贵宝　宋　平(女)　陈　伟　岳林华　宋世媛(女)　李金柱　王亚兰(女)

石景山区委工作机构主要负责人

办公室主任　田利跃（12月免）
　　富大鹏（12月任）
办公室常务副主任　徐亚玲（女）
组织部部长　李文起
组织部常务副部长　郭绍华
宣传部部长　王文光
宣传部常务副部长　肖　贝（3月免）
　　王铁峰（3月任）
文明办主任　刁国强
　　李秀国（9月任）
统战部部长　岳德顺（兼，12月免）
　　李文起（兼，12月任）
政法委书记　岳德顺（兼，12月免）
　　吴克瑞（12月任）
政法委常务副书记　王景泉
政法委副书记　赵福奎（兼，6月免）
　　陈　强（兼，6月任）
　　刘道东（兼）

综治办主任　刘道东
610办公室主任　张德玉
研究室主任　姚茂文
区编办主任　杨立华（女）
社会工委书记　沈代平（副区级）
机关工委书记　郭　婧（女）
教工委书记　邢俊毅（副区级）
中关村科技园区石景山园工委书记　李　艳（女）
农工委书记　李金柱
老干部局局长　宁慧娟（女）
党校（行政干校）校长　李文起（兼）
党校（行政干校）党委书记、常务副校长
　　侯宝华（副区级，9月任）
党史办公室主任　迟志禹（9月免）
　　李金克（9月任）
保密办主任　王雪颖（女）
广电中心主任　魏志安

石景山区政府、人民团体、党政分设工作机构党委（党组）书记

检察院党组书记　苗生明（10月免）
　　王春风（10月任）
法院党组书记　王忠华
总工会党组书记　李桂珍（副区级，女）
妇联党组书记　王宏芬（女）
工商联党组书记　王亚兰（女）
发改委党组书记　高　明（12月免）
　　王书重（12月任）
经信委党组书记　李元涛
文委党委书记　高洪雁（女，8月免）
　　翟培新（8月任）
住建委党委书记　姚尚志
市政市容委党委书记　裴士信
商务委党组书记　侯建设（7月免）
　　宋世媛（女，9月任）
卫生局党委书记　李俊岭（副区级）

体育局党总支书记　韩孟荣（12月免）
司法局党组书记　郭景明
民政局党组书记　侯宝华（副区级，9月免）
　　李凤莲（女，9月任）
环保局党组书记　岳林华（8月免）
　　张瑞龙（副区级，8月任）
人力社保局党委书记　刘志明
财政局党组书记　刘亚泉（12月免）
审计局党组书记　仲长军（女，12月免）
　　严　光（副区级，12月任）
城管大队党委书记、政委　王志信（副区级）
园林绿化局党组书记　付建国
公园管理中心党总支书记　王金兰（女）
国资委党委书记　王金龙
环卫中心党委书记　张玉国
石景山医院党委书记　苏砚军

石景山年鉴 SHI JING SHAN NIAN JIAN

石景山区人民代表大会

北京市石景山区人民代表大会常务委员会(简称区人大常委会)是本区人民代表大会的常设机关,由区人民代表大会选举产生。在区人民代表大会闭会期间,依法行使地方国家权力机关的职权,对区人民代表大会负责并报告工作。年内,区人大常委会认真贯彻党的十七届四中、五中全会和市委、区委第三次人大工作会议精神,牢牢把握"大调整、大建设、大发展"工作主基调,依法履行职能,服务发展大局,做好监督工作,发挥代表作用,加强自身建设,圆满完成区十四届人大六次会议确定的各项任务,为加强地区民主法制建设、促进经济社会全面转型和科学发展作出重要贡献。顺利召开区第十五届人民代表大会第一次会议,选举产生区十五届人大常委会主任、副主任、委员,区人民政府区长、副区长,区法院院长,区检察院检察长。全年召开8次常委会会议,17次主任会议,听取和审议"一府两院"7个专项工作报告和有关工作情况报告,作出4项决议决定和审议意见,开展8项视察和执法检查,依法任免国家机关工作人员52人次,受理人民群众来信来访46件次。

地址:石景山路18号
电话:88699578
邮编:100043

(包和平)

重要会议

【区十四届人大六次会议】 1月4~7日,北京市石景山区第十四届人民代表大会第六次会议在万商花园酒店举行,会议应出席代表184人,实出席162人。会议听取和审议周茂非关于区人民政府工作报告;审议本区国民经济和社会发展第十二个五年规划纲要草案,审查和批准规划纲要;审议上年国民经济和社会发展计划执行情况与当年国民经济和社会发展计划草案的书面报告,审查批准报告与当年计划;审议区上年财政预算执行情况和当年财政预算草案的书面报告,审查批准报告和当年财政预算;听取并审议区人大常委会主任赵玉民关于区人民代表大会常务委员会工作报告、区人民法院院长王忠华关于法院工作报告、区人民检察院代理检察长苗生明关于检察院工作报告,并通过各项工作报告决议。会议期间,区政府有关委办局负责人接受代表询问。大会收到代表提出议案6件,经大会议案审查委员会审查,大会主席团审议批准后确定为5件,其余1件作为建议、批评和意见,交由区人民政府及其他有关部门研究办理。大会收到代表提出的建议、批评和意见48件。

(包和平)

【区十五届人大一次会议】 12月19~24日,区第十五届人民代表大会第一次会议在万商花园酒店举行。会议应出席代表185人,实出席181人。会议听取和审议夏林茂关于区人民政府工作报告;审议当年国民经济和社会发展计划执行情况与下年国民经济和社会发展计划草案的书面报告,审查和批准当年国民经济和社会发展计划执行情况的报告与下年国民经济和社会发展计划;审议当年预算执行情况和下年预算草案的书面报告,审查和批准当年预算执行情况的报告和下年预算;听取并审议赵玉民关于区人民代表大会常务委员会工作报告、王忠华关于法院工作报告、苗生明关于检察院工作报告;并通过各项工作报告的决议。大会选举赵玉民为区第十五届人大常委会主任,付生柱、石玉贵、张文华、范北燕、马丽萍为区第十五届人大常委会副主任;选举夏林茂为区人民政府区长,文献、田利跃、李艳、司马红、杨东起、刘亚泉为副区长;选举王忠华为区人民法院院长;选举王春风为区人民检察院检察长。会议期间,区政府有关委办局负责人和区法院、区检察院接受代表询问。大会收到代表提出议案18件,经大会议案审查委员会审查,大会主席团审议批准后确定为5件,其余13件作为建议、批评和意见,交由区政府及其他有关部门研究办理。大会收到代表提出的建议、批评和意见98件。

(包和平)

【区人大常委会第三十次会议】 2月17日举行,区人大常委会组成人员22人出席。会议讨论通过区人大常委会当年工作要点;决定人事任免事项;接受周茂非辞去区长职务的请求,并报区人民代表大会备案;会议决定:任命夏林茂为副区长、代理区长。

(包和平)

【区人大常委会第三十一次会议】 4月27日举行,区人大常委会组成人员19人出席。决定人事任免事项;会议接受张力兵辞去副区长职务的请求,并报区人民代表大会备案;会议决定:任命库热西·吐尔逊为副区长(挂职)。

(包和平)

【区人大常委会第三十二次会议】 5

1月4日,区人大十四届六次会议 (区人大供稿)

石景山区人民政府

北京市石景山区人民政府(简称区政府)是北京市石景山区人民代表大会的执行机关,是石景山区国家行政机关,对本级人民代表大会及其常务委员会和上一级国家行政机关负责并报告工作。设置政府工作部门29个、部门管理机构1个。年内,在市委市政府和区委领导下,在区人大、区政协监督和支持下,以科学发展观统领经济社会发展全局,全面贯彻落实中央大政方针、市委市政府指示精神及区委决策部署,围绕"打造北京CRD,构建和谐石景山,建设现代化首都新城区"的战略目标,紧抓机遇,不等不靠,增强凝聚改革发展动力、掌握市场经济规律和驾驭复杂局面的能力,应对产业空心化严峻挑战,着力转方式、调结构、强主业、促增长,实现区域经济平稳较快发展。坚持高水平建设、精细化管理,城市综合承载力和现代化水平进一步提高。坚持以人为本、执政为民,全面落实属地责任,着力保障和改善民生,社会建设管理水平全面提高,人民群众安全感、幸福感和满意度不断提高。坚持法治政府、服务政府、效能政府和廉洁政府建设,不断提高统筹力、执行力、服务力和公信力,圆满完成区十四届人大五次会议确定的各项任务,"十二五"规划和CRD战略第二步开局良好。地区生产总值完成322亿元,第三产业比重达到62%,一般财政总收入完成50.8亿元,一般预算财政收入完成22.7亿元,社会消费品零售额完成162.1亿元,固定资产投资完成130.9亿元,居民人均可支配收入达到31936元,城镇登记失业率为2.6%。

主要工作和重大活动

【政府常务会】 召开政府常务会全年14次(见下表)。

序号	会议时间	会议名称	会议议题
1	3月16日	第1次	学习国务院《国有土地上房屋征收与补偿条例》 区发展改革委关于"绿色石景山"行动计划编制情况的汇报 区环保局关于环保十件实事计划项目的汇报
2	4月14日	第2次	区财政局关于报审上年财政决算的请示 区审计局关于报审上年预算执行和其他财政收支的审计工作报告的请示
3	5月4日	第3次	区发展改革委关于一季度经济社会运行情况的汇报 区经济信息化委关于推进智慧石景山建设实施意见的汇报
4	5月18日	第4次	区发展改革委关于制订本区"十二五"规划实施方案有关情况的汇报 区教委关于贯彻实施《北京市学前教育条例》促进学前教育事业发展情况的汇报 区卫生局关于深化医药卫生体制改革工作情况的汇报
5	6月1日	第5次	区发展改革委关于"十二五"重点专项规划编制情况的汇报
6	7月13日	第6次	学习《中华人民共和国人民调解法》 区财政局关于上半年财政预算执行情况的汇报 区发展改革委关于上半年经济社会发展情况的汇报 区司法局关于《"六五"普法规划》和《实施"五五"普法规划和制定"六五"普法规划情况的报告》的汇报
7	8月3日	第7次	区经济信息化委关于促进中小企业发展情况报告的汇报 区市政市容委关于永定河绿色生态发展带石景山段建设情况的汇报 区住房城乡建设委关于上半年十项重点工程和城乡结合部建设整治项目进展情况的汇报 区住房城乡建设委关于保障性住房建设进展情况的汇报 科委园区关于"十二五"期间推进园区发展(Ⅰ期)十项重点工程的汇报
8	8月24日	第8次	学习《加强渎职侵权犯罪预防工作,促进我区依法行政能力建设》 区卫生局关于《区属公立医院近期改革实施方案》的汇报
9	9月21日	第9次	区发展改革委关于石景山国家服务业综合改革试点建设情况及下一步工作思路汇报 区文化委关于文化事业发展情况的汇报 区体育局关于贯彻执行《体育法》和《全民健身条例》情况的汇报
10	9月30日	第10次	区编办关于分类推进事业单位改革工作情况的汇报 区人口计生委关于人口调控管理工作情况的汇报 区统计局关于第六次全国人口普查工作暨年度人口抽样调查安排的汇报

续表

序号	会议时间	会议名称	会 议 议 题
11	10月24日	第11次	学习《中华人民共和国行政强制法》 区政府办关于办理区人大代表建议、批评和意见工作情况的汇报 区发展改革委关于三季度经济社会发展情况的汇报 区经济信息化委关于新首钢高端产业综合服务区建设情况的汇报 区经济信息化委关于中国动漫游戏城项目进展情况的汇报
12	11月2日	第12次	区财政局关于财政支出预算变动情况和下年财政收支预算初步安排意见的汇报 区国资委关于区属国有企业改革发展情况的汇报 区旅游局关于报审《加快推进旅游产业发展的实施意见》的请示 区西部建设办关于西部地区开发建设进展情况和下一步重点工作的汇报
13	11月9日	第13次	区发展改革委关于便民工程管理实施情况的汇报 区住房城乡建设委关于区十项重点工程进展、下年计划安排及城乡结合部建设整治项目进展情况的汇报 区民政局关于济困工程实施情况和下年计划安排的汇报
14	11月16日	第14次	区发展改革委关于全社会固定资产投资和争取资金完成情况与下年计划安排的汇报 区发展改革委关于国民经济和社会发展计划执行情况与下年国民经济和社会发展计划草案的汇报 区政府办关于《政府工作报告》的汇报

（李　威　卢瑞华）

【区长办公会】 全年召开区长办公会27次(见下表)。

序号	会议时间	会议名称	会 议 议 题
1	1月13日	第1次	区委组织部关于人事任免的请示 区市政市容委关于成立区交通委员会和交通工作领导小组的请示 区市政市容委关于报审市政工程建设计划的请示 区园林绿化局关于报审绿化美化重点工作计划的请示 石景山医院关于医疗楼扩建工程追加资金的请示
2	1月30日	第2次	区商务委关于落实当代商城鼎城店扶持资金的请示 区投促局关于重点招商项目推进情况的汇报 区国资公司关于公安分局指挥中心及附属用房项目结算和验收情况的请示 区信访办关于信访工作情况的汇报
3	2月23日	第3次	科委园区关于科学技术奖励办法及实施细则修订工作的汇报 区法制办关于贯彻落实国务院《关于加强法治政府建设的意见》的情况汇报 区住建委关于《区领导分工负责部分重大项目建设实施方案》的汇报 区政府办关于调整区相关领导小组组长的情况汇报 区政府办关于本区人民政府折子工程的汇报
4	3月16日	第4次	区发展改革委关于按照市节能指标任务开展节能工作的汇报 区发展改革委关于设立“北京服务？新首钢”股权投资基金有关事项的汇报 区监察局关于行政巡察计划及对十项重点工程开展立项效能监察工作的汇报 区政府办关于上年区政府常务会议和区长办公会议议题计划落实情况及议题计划制定情况的汇报
5	3月23日	第5次	人事任免有关事项区审计局关于报审《关于进一步加强审计工作的意见》的请示 区社会办关于报审《石景山区社会服务管理创新行动方案》的请示 区商务委关于消夏露天餐饮管理工作情况的汇报 区政府办及相关单位关于第五次经济发展暨“可持续发展实验区、国家服务业综合改革试点区”推进大会准备情况的汇报

续表

序号	会议时间	会议名称	会议议题
6	4月14日	第6次	区工商联关于《加强和改进新形势下工商联工作的实施意见》的汇报 区体育局关于备战第七届全国城市运动会情况的汇报 区信访办关于原西客站石景山段拆迁安置人员信访问题的情况汇报 科委园区关于调整京石科园公司资产关系及完善管理体制的请示 区商务委关于举办台湾文化艺术节的请示 区法制办关于清理行政规范性文件的请示
7	4月20日	第7次	人事任免有关事项;区教委关于教育大会筹备情况的汇报 区信访办关于一季度信访情况的汇报 区环保局关于环保工作会筹备情况的汇报 区环保局关于环保宣传月方案的汇报 区市政市容委关于筹备召开精细管理美化市容工作大会的汇报 区安全监管局关于一季度安全生产工作情况的汇报
8	5月4日	第8次	区经济信息化委关于信息化工作要点及投资计划安排情况的汇报 工商分局关于食品安全工作情况的汇报 区市政市容委关于供热计量改革工作方案的汇报 区教委关于校舍安全工程情况的汇报 区教委关于《学前教育三年行动计划》的汇报 区科委关于第十四届科博会参展筹备工作情况的汇报
9	5月18日	第9次	人事任免有关事项 区编办关于《街道系统开展“三定”规定修订工作实施方案》的汇报 区教委关于义务教育阶段入学工作方案的汇报 区城管大队关于加强土地管理制止违法建设暂行规定的汇报
10	6月1日	第10次	区国资公司关于组建中国动漫城运营公司的情况汇报 区外办关于下半年因公出国(境)工作的汇报 区住房城乡建设委关于老旧居住区实施物业服务试点工作方案的汇报 国土分局关于国土资源节约集约利用考核办法的汇报 科委园区关于区科技工作会暨园区建设推进大会筹备工作情况的汇报
11	6月15日	第11次	人事任免有关事项 区国资委关于区政府与市热力集团供热合作框架协议的汇报 区流管办关于流动人口和出租房屋服务管理工作的汇报
12	7月13日	第12次	人事任免有关事项区人力社保局关于其他事业单位绩效工资实施方案的汇报区住房城乡建设委关于拟将铸造村一区1号楼搬迁腾退住房作为公租房的请示 区住房城乡建设委关于新建改建居住区公共服务和市政基础配套设施建设管理暂行办法的汇报 区科委关于科学技术奖评审情况和重点实验室与创意工作室评审情况的汇报
13	7月20日	第13次	区社会办关于开展政府购买公共服务工作的汇报 区社会办关于《社会建设拟办实事项目》的汇报 区信访办关于第二季度信访情况的汇报 区安全监管局关于上半年安全生产工作情况的汇报 区政府办关于《夏林茂代区长在区委十届十五次全会上的报告》的起草情况汇报
14	7月27日	第14次	人事任免有关事项
15	8月10日	第15次	区经济信息化委关于《促进软件和信息服务业发展的实施意见》的汇报 区监察局关于《行政监察信息化平台建设工作方案》的汇报 区市政市容委关于城市环境精细管理美化市容工作情况的汇报 国土分局关于土地储备项目进展情况的汇报 区商务委关于《“促消费、保增长”奖励办法》的汇报

续表

序号	会议时间	会议名称	会议议题
16	8月24日	第16次	区经济信息化委关于《贯彻进一步促进中小企业发展实施意见》的汇报 规划分局关于编辑出版《北京人文地理·石景山卷》工作情况的汇报 区商务委关于《2011京西消费节活动方案》和《第二届北京台湾美食文化节活动方案》的汇报
17	9月13日	第17次	人事任免有关事项
18	9月21日	第18次	区人力社保局关于就业与再就业情况的汇报 区人力社保局关于部分绩效管理奖金改为按月发放的会议精神汇报 区市政市容委关于完善交通路网建设情况的汇报 区集体经济办关于八大处农工商总公司改制问题的汇报 区法制办关于加强行政调解工作的情况汇报
19	9月30日	第19次	区住房城乡建设委关于苹果园交通枢纽H地块廉租房项目建设情况的汇报 区住房城乡建设委关于《已建住宅楼房信报箱更新补建工作实施方案》的汇报 区投资促进局关于参加第十五届京港洽谈会及举办本区专场投资说明会的汇报 区法制办关于行政规范性文件清理工作的汇报
20	10月12日	第20次	学习李源潮讲话《到群众中去,拜人民为师》 人事任免有关事项 区市政市容委关于《进一步加强水务改革发展意见》的汇报 区安全监管局关于三季度安全生产工作情况的汇报 区住房城乡建设委关于《房屋建筑抗震节能综合改造工作方案》的汇报
21	10月20日	第21次	人事任免有关事项
22	10月24日	第22次	区信访办关于三季度信访情况的汇报 区社会办关于报审《社区、商务楼宇、枢纽型社会组织“三定”方案》的请示 国土分局关于开展农村集体土地确权登记颁证工作的汇报
23	11月2日	第23次	区安全监管局关于安全生产工作总结和下年工作思路的汇报 区财政局关于衙门口村使用市财政应急风险资金还款承诺书有关问题的汇报 区发展改革委关于拟调整下年北京国际雕塑公园第四届新春文化庙会期间门票价格的请示 区投资促进局关于招商引资工作情况的汇报 区商务委关于报审《加快电子商务发展的若干意见》和《促进电子商务发展暂行办法》的请示 区政府办关于《区政府领导分工方案》的汇报
24	11月9日	第24次	区商务委关于建议区政府给予当代商城鼎城店度扶持资金的汇报 区人力社保局关于计划分配军转干部安置工作方案和工作进展情况的汇报 区人力社保局关于本市年度绩效管理奖金发放有关情况的汇报 区发展改革委关于报审《石景山区增收入降价格工作方案》的请示 区发展改革委关于报审《加强石景山区经济适用住房价格管理的通知》的请示 区发展改革委关于本区国家税务局新址办公楼立项工作的汇报 区园林绿化局关于下年绿化美化工作的汇报
25	11月30日	第25次	区监察局关于贯彻落实《北京市行政问责办法》情况的汇报 区监察局关于报审《进一步规范评比达标表彰活动的实施意见》的请示 区政府法制办关于报审《加强法治政府建设工作规划(2011—2015年)》的请示 区发展改革委关于报审《重点建设项目管理办法》和《关于进一步加强政府投资建设项目管理工作的通知》的请示 区市政市容委关于报审下年市政道路建设及大中修计划的请示 区商务委关于提前支取北京台湾街下年财政支持资金的请示

续表

序号	会议时间	会议名称	会议议题
26	12月26日	第26次	区政府办关于《区政府领导分工方案》的汇报 区政府办关于调整区政府系统相关工作领导小组情况的汇报
27	12月28日	第27次	区委宣传部关于度文化创意产业项目专项资金使用情况的请示 区体育局关于报审《石景山区全民健身实施计划(2011—2015)》的请示 国土分局关于妥善解决有关集体经济组织边角地的请示 国土分局关于给予集体经济组织特殊经营停产停业损失补偿的请示

(李　威　卢瑞华)

【政府工作会议】 3月4日召开。会议对当年政府工作进行全面部署。夏林茂谈到本区工作的三点感受:一是风气正,广大干部群众风清气正、团结向上、脚踏实地、敢闯敢拼,开创CRD建设事业的新局面;二是基础好,经济发展充满活力、城市建设亮点频现、社会事业扎实有效,各方面工作取得显著成就;三是机遇多,首钢搬迁调整、加快西部转型发展和推进永定河绿色生态发展带建设等,为本区赢得发展的后发优势。并就做好全年工作强调四点意见。区相关领导,区政府各委、办、局、处,垂直管理机构领导,各街道办事处党政主要领导,区属国有企事业单位负责人、各农工商公司经理、各行政执法单位科、队、站、所有关负责人,各民主党派主委、工商联会长,部分人大代表、政协委员,各社会团体负责人和法院、检察院、武装部有关负责人参加会议。

(李　威　卢瑞华)

【第五次经济发展推进大会】 4月12日,召开经济发展暨国家服务业综合改革试点区、国家可持续发展实验区推进大会。会上发布全市唯一的“国家服务业综合改革试点区、国家可持续发展实验区”实施方案。方案内容涉及首钢搬迁改造遗留问题政策,其中包括首钢搬迁改造后,其所办的中小学校、医院等将与生产经营主体分离并保留下来,同时,与首钢解除劳动合同人员,创业并纳税的,将获得每年最高2万元的补助,青年创业者还将获租房补贴。大会还发布促进现代金融产业发展暂行办法、鼓励企业上市暂行办法、促进文化创意产业发展的试行办法和服务重点企业办法等一系列促进经济发展的政策措施。大中电器、中国华录等区域经济发展突出贡献单位、纳税百强单位、稳定就业岗位业绩突出单位以及新增重点企业共100余家企业参加会议,73家中小企业领取专项帮扶资金,荣华、夏林茂讲话,赵玉民、倪国锋等出席会议。

(李　威　卢瑞华)

【推进园区建设】 8月11日,召开科技工作会暨园区建设推进大会。会议对“十二五”时期科技工作和园区发展进行部署,区领导为获得上年度区科学技术奖的单位颁奖,为获得当年度区重点实验室与创意工作室授牌;区委组织部、区经信委、区市政市容委代表区委区政府部门,首钢总公司和北京航天测控技术有限公司代表驻区院所、企业作大会交流发言。荣华讲话,夏林茂主持会议,赵玉民、倪国锋等以及区科技领导小组和园区建设领导小组成员单位及有关部门负责人,驻区各大专院校、科研院所、驻区企业和园区重点企业负责人及区科学技术奖、重点实验室与创意工作室获奖单位代表近300人参加会议。同月,发布推进科技园区发展“十二五”一期工程,分别为:“两大一特”招商引资工程、“个十百”企业培育工程、创意产业集聚区建设工程、北Ⅰ区创意谷建设工程、南区开发建设工程、北区城市干道修建工程、北Ⅱ区生态园林改造工程、北Ⅱ区亮丽工程、创意人才特区建设工程、人才公租房建设工程。工程紧密围绕区委区政府赋予园区的区域发展“龙头引擎”和“转型支柱”的历史使命,着力解决载体匮乏、配套薄弱等突出问题,明确责任,形成合力,推进园区发展。

(李　威　卢瑞华)

【招商引资上新台阶】 1月22日,举办“3G应用产业研讨会暨移动互联网

7月8日,石景山区与首钢总公司招商合作启动大会　(区投促局供稿)

CEO沙龙”。腾讯无线、中搜网等多家行业龙头企业表达到本区3G产业示范基地落户发展的意向。2月25日，举办区重点招商引资项目集中签约仪式，李艳代表区政府分别与河北东旭投资集团有限公司、国药控股北京天星普信生物医药有限公司、中联控股集团、卓尔控股有限公司、公安部第三研究所、北京视博数字电视科技有限公司、华润置地(北京)股份有限公司签署战略合作框架协议。7月8日，与首钢总公司招商合作启动大会成功举办。双方共同签署《建立联合招商合作机制协议书》，合作成立的“新首钢投资服务中心”正式揭牌。9月7～11日，在厦门举办第十五届中国国际投资贸易洽谈会(简称投洽会)上，本区“三区”建设首次亮相投洽会，区投促局及驻区企业代表参加会议。10月20日，举办第十五届京港洽谈会首钢专题推介会。推介会上，市规划委、发改委、区政府和首钢总公司就新首钢高端产业综合服务区规划、入驻政策、区域环境和优势等作阐述。12月27日，电子商务主题楼宇招商座谈会召开，会议对京西盛景国际广场电子商务主题楼宇情况进行推介，库巴、电玩巴士、西街网、铁血网等知名电子商务企业参加会议，并就企业发展所需的政策、办公、人才等支持进行深入座谈。

(李　威　卢瑞华)

【强军育才接力工程】　1月12日正式启动。北京军区副司令员黄汉标等军区首长、国家教育部、市政府相关部门领导和区四套班子领导出席启动仪式。区政府与军区政治部、北京工业职业技术学院共同签署《强军育才培训合作议定书》，拉开“强军育才接力工程”序幕。该工程由区委区政府与北京军区共同发起，旨在依托地区教育资源为驻区部队义务培训专业技术人才，实现官兵“入伍即入学、在伍有作为、退伍即成才”目标，使双拥工作在传承中巩固、在创新中发展、在发展中提高，用全新的双拥工作理念，坚持内拓外展，搭建新的双拥工作平台。

(李　威　卢瑞华)

7月19日，“强军育才接力工程”培训班结业　(区武装部供稿)

【区交通委员会成立】　3月16日，区交通委员会成立并举行揭牌仪式。夏林茂等区领导为区交通委员会揭牌。其主要职责是组织编制本区交通基础设施建设的中长期发展规划和专项规划，提出交通发展的建议和措施；统筹协调交通基础设施建设、养护、管理；协调交通运输管理及交通秩序管理和交通战备等工作，负责个体出租、人力三轮客运的管理工作及静态交通管理工作。

(李　威　卢瑞华)

【台湾文化节举行】　4月29日，“2011北京台湾文化艺术节”在北京台湾街开幕。通过海峡两岸书画作品展、邓丽君音乐主题系列活动、“台湾街一周岁”主题大众摄影大赛、宝岛风情推介图片展、台湾风情专场演出、台湾特色商品展卖、消费者网络参与互动等八大亮点活动，丰富商业文化内涵，为北京民众奉上原汁原味的台湾文化，扩大台湾街的知名度和影响力，促进京西地区经济社会发展。海协会副会长张铭清、国台办、市台办、市台资企业协会有关领导和邓丽君基金会董事长以及区领导荣华、夏林茂等出席开幕式。市台办主任希望北京台湾街继续在密切京台两地经济文化联系、增进两地同胞情感上发挥独特的作用，成为京台交流的基地和坐标。9月8日，第二届北京台湾美食文化节在北京台湾街隆重开幕，旨在打造吃、喝、玩、乐、购一站式的台湾休闲体验。

(李　威　卢瑞华)

【新首钢股权投资基金设立】　2月15日，“北京服务·新首钢”股权投资基金设立方案确定。首期10亿元投资3月前全部到位，并正式运作，规模为10.1亿元。其中首钢总公司、市发改委委托市工程咨询公司、区政府委托区国资公司，以及京煤集团作为有限合伙人分别出资4亿元、2亿元、2亿元和2亿元，北京京西创业投资基金管理有限公司作为普通合伙人出资1000万元。该基金是第一只由市、区政府和特大型国企共同发起的股权投资基金。10月完成首个项目(首同公司节能环保服务项目)投资，用1000万元投资撬动9000万元社会资本跟进，年底前实现收入1.5亿元、净利润3500万元。第二个项目也获得审批通过，年内储备项目达到150个。

(李　威　卢瑞华)

【动漫游戏城建设】　根据规划，中国动漫游戏城原计划4月开工，由于建设地点首钢二通厂位于丰台区界内、建设单位首钢总公司注册地在本区，致使项目工期推进缓慢。在相关部门协调下，中国动漫游戏城土地一级开发和厂房改造于6月启动，意味着全国最大的动漫产业基地有了实质性进展。该项目规划面积83公顷、总建筑规模120万平方米左右。项目"核心区"有面积约40公顷的区域作为工业特色建筑集中保留区,其中老厂房、老机车等作为工业遗产予以保留。首个被改造的厂房是4600平方米的原铸钢清理车间,已改造成集办公、会展、餐饮、商业、休闲等功能于一体,多业态的综合样板工程;其他区域的土地一级开发也已启动,正在进行居民拆迁和定向安置工作。相关招商工作如期展开,吸引超过500家全国各类文化企业报名。市政府设立中国动漫游戏城发展专项资金每年1亿元,实施关于动漫城发展、网游产业发展和动画产业发展的三项政策,奖励扶持动漫游戏产业的发展。9月30日,中国动漫游戏城开启暨首届中国动漫游戏嘉年华活动开幕。以"科技、艺术、娱乐"为主题,以"大动漫、新磁场、新媒体、新能量"为口号,实现动漫、游戏、音乐、体育、电影、戏曲等跨产业、跨领域的融合。目前中国动漫游戏城项目已吸引包括巨人和久游网在内的意向入驻企业达400余家,区域内网游动漫和数字媒体的企业也达到700多家,国内网游"旗舰"企业大部分落户于此,"中国数字娱乐第一区"雏形已现。

(张文超)

【专家研讨会召开】 8月23日,区委区政府召开"转型发展战略与路径选择"专家研讨会。北京国际城市发展研究院院长、教授连玉明,市社科院副院长、中国总部经济研究中心首席专家赵弘,市委研究室副主任胡雪峰,市发改委副主任赵磊,市经信委副主任王学军等6位专家受邀参加,并就地区未来五年发展战略和路径选择以及新首钢高端产业综合服务区开发建设等提出意见建议,夏林茂等区领导出席座谈会。

(李 威 卢瑞华)

【联合国代表到区考察】 9月9日,联合国可持续发展大会高级别研讨会参会代表到区考察可持续发展建设情况。联合国副秘书长、2012年联合国可持续发展大会秘书长沙祖康,加拿大、印度、英国、墨西哥、沙特、刚果(布)、埃塞俄比亚、波兰、泰国、土耳其等国约40名与会代表参加考察活动。考察活动中,代表们参观首钢陶楼一楼展厅。随后,登上石景山,实地考察并了解首钢厂区规划情况和永定河环境治理情况。荣华致欢迎辞并介绍本区推进可持续发展工作情况,回答代表提问。国家发改委、外交部、市发改委、首钢总公司及区相关领导参加考察活动。

(李 威 卢瑞华)

【古城教育集团成立】 10月25日,由古城第二小学、古城高级中学、古城外国语学校组建的北京古城教育集团正式挂牌成立。三校是本区中部地区的传统品牌学校,历史感厚重,组建后的北京古城教育集团整合三校的教育资源,实现区域内资源共享、优势互补,合作互动和共同提高,为学生营造高品质的教育环境,打造高起点规划、高标准定位、高水平建设的名副其实的地区绿色教育品牌。集团实行理事会领导下的校长负责制,理事会是由成员单位派出一定数量理事组成的常设机构,校长在理事会的领导、监督下,依法行使办学自主权。作为教育发展共同体,该集团不是简单的归并、重复的叠加,而是从全新视角出发,推动区域教育品牌升级,扩大优质教育资源覆盖面,满足区域转型和人民群众对优质教育资源的迫切需求。

(李 威 卢瑞华)

9月9日,联合国可持续发展大会参会代表到区考察 (区外办供稿)

【第四届新媒体节】 11月10~13日,区政府与文博会组委会办公室、新传媒产业联盟、新传媒网联合多家权威机构联合主办"2011第四届新媒体节"。作为第六届中国北京国际文化创意产业博览会的重要活动之一,本届新媒体节以"微世界、新趋势、新格局——新媒体变革趋势"为主题,成功举办新媒体年度盛典、开幕式主题报告会、新媒体报告会、微博大会、移动互联网论坛、电子商务营销论坛、新媒体教育培训研讨会、投资年会、推介展示、交易洽谈、微视频大赛、微博优秀案例报告等十余项活动。国家有关部门、行业协会、地方政府等有关领导及业界1000多名代表参加新媒体节开幕式及相关活动。在大会开幕式上举行中关村数字媒体产业联盟成立仪式。新媒体节成为中国新媒体产业高层次、高规格、内容丰富的最具影响力的新媒体年度盛会。新媒体节连续两届在本区举办,石景山已经发展成为新媒体与文化创意产业发展的重要区域。

(李 威 卢瑞华)

【WLAN应用示范工程开通】 经过5年筹备和建设,"无线城市·智慧石景山WLAN应用示范工程"于11月29日正式投入使用。通过搭建专有WLAN配合互联网介入的方式,构建布局合理、应用便捷的无线宽带通信网络,极大提升地区信息化基础设施,提供个利民、惠民、便商、利商的公共信息服务环境。由于本区在信息化工作方面开展较早，进展较快，所以被选为率先试点“高带宽无线城市”的地区。该工程实现在瑞达大厦、万商大厦、万达广场、北京台湾街、鼎城、西山汇、北方中惠广场等7大核心区共计70多万平方米的范围内，企业、市民可免费享受1G以上的带宽服务，成为北京公共区域无线网络的最大带宽，是“智慧石景山”发展建设重要里程碑。区委区政府有关部门，工业信息化部电子科技情报所、京能热电、大唐国际、工商银行、北京银行、趣游科技、易宝支付等52家驻区企业单位，《北京日报》、《北京青年报》等主流媒体共120人参加在瑞达大厦举行的开通仪式。

（李　威　卢瑞华）

政府日常政务

概　述

石景山区人民政府办公室（简称区政府办）是区政府的综合协调部门和办事机构。年内，围绕区委区政府中心工作，锐意进取，团结拼搏，圆满完成各项工作任务，确保全年各项工作的顺利开展。围绕人大、政协联络服务抓提高。办理全国、市“两会”建议、提案20件，区人大议案5件，人大代表建议42件，政协委员提案126件，办复率100%。

地址：石景山路18号
电话：88699600
传真：88699611
值班电话：88699600
邮编：100043
办公时间：9：00－17：30

（李　威）

【文稿起草与公文档案】 以提高领导满意度、基层认同感和对实际工作的指导性为原则，力求出好文、出精品，主动参与全区发展，服务于领导实施决策和指导工作，先后完成夏林茂“在区政府工作会上的讲话”、“政府工作报告”等各类综合文稿150余篇、100余万字。同时完成区地方志长编、初稿和区组织史政府部分概述初稿、16万字。不断完善FTP综合资料库，收录各类材料100余万字。坚持从精、及时、实效原则，规范办理标准，完善审核程序，自觉执行档案制度，加强保密意识，公文办理质量明显提高。全年制发500余件各类公文，字数达100多万字，其中正式文件300余件，办理上级各类文件和区属单位上报区政府的各类批办件、相关文件等13860余件。收集整理上年组室归档文件767件，归档实物档案16件，移交区直机关档案管理中心。

（李　威）

【信息编报与公开】 编发《石景山政务》普刊102期、专刊74期，《石景山快讯》63期，区领导批示40条，处理信息6600余条。向市政府信息处报送信息1000余条、采用152余条。“石景山区三级食品安全管理体系取得成效”的信息被国务院办公厅采用，作为全国食品安全工作的成果反映。督促区各重点部门公开“十二五”时期各类规划、财政预决算报告、重点工程等社会关注度高的政府信息。全区各级行政机关主动公开政府信息2586条，向市区两级政府信息查阅点移送纸质信息492份，接受咨询327人次，答复政府信息申请公开51件。

（李　威）

【调研工作】 安排区领导调研工作，完成区长对50家单位和全区重点项目的调研工作60余次。围绕区领导关注重点和难点问题组织开展专题调研，形成“关于首都绿色转型示范区建设的工作基础及面临的难点研究”等12篇高质量的调研成果，为领导决策提供有效参考。

（李　威）

【会议服务保障】 全年组织区政府常务会议15次，区长办公会25次，对146个重大议题进行研究，组织区长务虚会、区政府工作研讨会、区政府领导班子民主生活会各1次，接转市区各级会议1900多件。组织内事接待工作，细化接待流程，节约接待经费，完成市领导及市相关部门到区调研检查、友城交流、重大会议等活动的等接待服务保障工作50余次。

（李　威）

【应急管理】 编制“十二五”时期应急体系发展规划，制发“突发事件应急预案管理办法”，归档整理专项应急预案16份、部门应急预案59份。全年参与和协调处置6·23特大暴雨事件、抢购食用盐等各类突发事件125件，发布预警信息18件。完成重点节假日、重大活动及重点时期的值守工作，加强值守68天。《值班专报》刊发140期，增设首钢专刊3期。“气象预警”信息8条，区领导批示155条。非紧急救助中心与应急指挥中心双中心联动，共受理各类反映问题8637个，接听群众呼声电话5924个，办理市非紧急救助中心交办件4052件，同比增长105.43%，办理区长信箱20件。

（李　威）

【专项督察】 推进市政府重要决策督促落实，承办市政府折子工程和为民办实事合计36项，接收办理市政府其他决策督查件19件，内容包括城乡结合部重点村整治、“绿色北京”行动计划等工作。接转市、区领导批示100余件，其中市政府领导批示6件，区委主要领导批示5件，区政府领导批示90件。办理《北京城市管理广播》群众所反映事项36件，办复率100%。与区委督查室、区监察局和相关部门全年开展联合督查20余次，对9个街道办事处和区发改委、住建委等部门进行联合检查，实地查看工程现场10余次，参加工程调度会10余次。

（李　威）

政府法制工作

概　述

北京市石景山区人民政府法制办公室（简称区法制办）是区政府主管法制工作的办事机构，对区政府法制工作负有指导、协调、组织和监督责任。年内，全区各行政机关以科学发展观为指导，围绕建设“法治政府”目标，贯彻落实国务院《全面推进依法行政实施纲要》和《关于加强法治政府建设的意见》，以体制机制创新为突破口，以增强领导干部依法行政意识和能力为重点，以规范行政权力运行为着力点，加强组织领导，认真履职，发挥作用，推进依法行政，为保障和改善民生，维护社会和谐稳定，提供坚强有力的法治保障。

地址：石景山路18号
电话：68607189
邮编：100043

（安先光）

【领导学法】 区政府始终将依法行政列为政府工作的重要议事日程，第1次区长办公会专题听取贯彻落实国务院关于加强法治政府建设的意见的工作汇报，明确区法制办主任全程列席政府常务会和区长办公会。年初制定领导干部年度学法计划，以常务会、区长办公会和中心组学习为依托，开展《人民调解法》、《行政强制法》等4次新法学习，并就预防渎职侵权犯罪和国有土地房屋征收与补偿进行专题研讨。与区委组织部坚持领导干部任职前法律知识测试制度，将依法行政培训纳入处级领导干部和中青年干部培训，开展法律知识闭卷考试。

（安先光）

【规范性文件管理】 建立关于文件合法性审查与上会讨论衔接的协商机制，明确严格把关机制——凡是法制办有不同意见或经审核未予修改的文件，政府办不予安排上会。年内，审查规范性文件29件。坚持定期清理，以《行政强制法》等新法实施为契机，对现行有效的规范性文件进行专项清理，清理行政规范性文件117件，建议保留68件、废止28件、宣布失效17件、修改4件。

（安先光）

【行政执法】 各行政执法部门以塑造“严格、规范、公正、廉洁、文明、高效”的执法形象为目标，树立“服务型执法”理念，探索行政指导等柔性执法方式。通过开展宣传培训、听取群众意见、树立标兵岗、执法技能大比武等方式营造和谐、以人为本的执法环境，提高执法工作的社会满意度。严格贯彻行政执法人员的资格准入制度。7月7日，邀请市政府法制办执法监督处领导，组织对申请办理执法证件的新任执法人员开展通用法律知识培训。138名新任执法人员通过全区统一组织的通用法律知识考试，通过率达100%。11月22日，组织全区行政执法人员集中开展《行政强制法》学习培训；12月9日，区属行政执法单位法制干部进行《行政强制法》集中学习；同月16日，集中组织开展全区行政执法人员考试，区属21个行政执法单位825名具有行政执法资格的执法人员均参加考试。各行政机关严格依法履行职责，查处无照经营20134起、药品类违法行为138起、食品安全类案件155件、涉烟违法案件185件、安全隐患120余条、小广告停机3659台等。

（安先光）

【行政案卷评查】 8月8日，全市首创与海淀区合作组织开展行政处罚案卷互评。在市推进依法行政领导小组组织的案卷评查活动中，抽取区发改委、住建委、文委、卫生局、人保局、安监局、统计局、民防局、环保局、城管大队制作的案卷，全部被评为优秀案卷。本区以平均99.5分的成绩名列全市第一。

（安先光）

【依法行政考核】 10月17～28日，由主管副区长带队，12个领导小组成员单位组成联合考核组，邀请人大代表、政协委员对全区42个行政执法部门和9个街道办事处开展依法行政目标督查实地考核，发现问题，协助改进，就检查情况进行通报。12月9日，迎接市推进依法行政工作领导小组到区依法行政工作检查。市检查组听取当年依法行政工作情况汇报，查阅相关资料，对上网、上墙的公示项目进行实地查看。本区以101.1分通过检查。

（安先光）

【行政复议】 区政府严格依照《行政复议法》和《行政复议法实施条例》规定，创新行政复议案件“同步合议”、“分步合议”的审理方式，发挥复议委员会非常任委员作用，实现公开、公正，提高政府的公信力。3月18日，区政府邀请北京大学法学院教授姜明安、湛中乐，中国人民大学法学院教授杨建顺，北方工业大学教授韩红兴等行政法学界专家学者，就创新行政复议案件审理方式召开研讨会。6月5日，应国务院法制办行政复议司和应松年等教授共同组成的《行政复议法》修改专家课题组的邀请，介绍本区创新行政复议审议方式的情况。全年办理行政复议案件55件，同比增长175%，其中经调解申请人主动撤回申请的案件占77.4%。

（安先光）

【行政诉讼案件通报】 区政府和区法院坚持行政诉讼案件定期通报制度，

2月28日，首次公开审理行政复议案件 （区法制办供稿）

召开2次联席会议通报行政诉讼和非诉执行情况，主管副区长，区政法委、法院、政府办、法制办等部门主要领导及相关人员参加通报会。会议指出区属行政机关在执法过程中存在的问题并提出改进建议。当年行政诉讼案件16件，同比下降51.5%。全年无败诉案件，行政机关出庭应诉率达到100%。

（安先光）

【启动行政调解】 9月29日，召开行政调解工作会。会上下发全面推进行政调解工作实施方案、行政调解工作部门联席会议制度和行政调解信息报送制度。主管区长明确要求，认识行政调解工作的重要性，增强做好行政调解工作的责任感；提高行政调解工作能力，发挥行政机关在构建和谐社会中的作用；贯彻落实行政调解各项制度，推进行政调解工作。各行政机关建立相应机制和制度，确定73名行政调解工作联络员，行政调解工作网络基本形成。

（安先光）

【行政监督】 组织党风廉政监督员和特约监察员、群众代表千余名，开展明察暗访42次，召开座谈会、对话会、公开述职、走访调查等各类活动50余次，评议大会9次，对全区19个政府部门、10个公共服务单位、51个基层站所、17个重点服务窗口开展群众民主评议工作，获得群众意见及建议310余条，受理“政风行风热线”826件，信件处理满意率为97%。办理全国、市“两会”建议、提案20件，区人大议案5件，人大代表建议42件，政协委员提案126件，办复率100%。

（安先光）

民族·宗教·侨务

概　述

全区有46个民族，少数民族人口2万余人，街道属民族幼儿园1所，民族团结教育试点校3所，民族养老院1所。有伊斯兰教、基督教、天主教、佛教4种宗教，信教公民约1.5万余人，其中天主教的信徒1000余人，基督教信徒约2000余人，全民族信仰伊斯兰教的回族、维吾尔族群众5000余人，进寺礼拜400余人，佛教信徒7000余人。北京市石景山区人民政府民族宗教侨务办公室（简称区民宗侨办）是区政府主管民族宗教侨务工作的职能部门。贯彻执行国家关于民族、宗教工作的方针、政策和法律、法规；监督检查民族、宗教政策执行情况，加强正面宣传引导少数民族群众做好服务工作，积极营造民族团结氛围；坚持依法规范管理宗教界人士，注重工作实效，努力维护宗教领域和谐稳定；搭建引资引智平台，着力凝聚侨心，积极开拓侨务工作新局面。依法保护归侨、侨眷的合法权益，对有关部门和社会团体开展的侨务工作进行统筹和协调。年内获市侨务工作优秀单位。

地址：石景山路18号
电话：88699260
邮编：100043

（付国龙）

【参与慈善公益事业】 1月24日，在金顶街街道举办“我们和你在一起”帮扶困难家庭爱心捐助活动。连续三年与区佛教协会联合举办，帮助本区西部地区特困少数民族及归侨侨眷50户，每户送去500元慰问金和慰问品。区佛教协会会长常藏大和尚代表出资方感谢政府为他们提供献爱心的机会。受助方代表感谢区委区政府关心和爱护，感谢社会各界爱心人士帮助。9月12日，在西山八大处举办“慈悲情怀 利乐众生”中秋慰问特困群众专场慈善晚会。区宗教界捐出善款10万元，帮助少数民族困难家庭30户。

（付国龙）

【宗教节日活动】 5月10日（农历四月初八）是佛教“浴佛节”。区佛教信徒在八大处灵光寺、大悲寺举行宗教活动，2.3万余名信徒参加浴佛节的各项活动。8月31日，回族等10个少数民族庆祝开斋节。12月25日为天主教和基督教的圣诞节，在平安夜宗教庆祝活动前夕，区委区政府主管领导相继对天主教老山弥撒点和基督教古城聚会点进行安全检查，并走访慰问宗教教职人员和信教群众代表，分别送去慰问金。期间，区民宗侨办、公安分局国保支队均派专人在活动现场值守。各项宗教活动场所秩序良好，平稳有序，没有发生安全事故。

（付国龙）

【民族健身操舞大赛】 5月28日，第三届民族健身操舞大赛暨颁奖仪式在鲁谷社区新华社多功能厅举行。在全区推广普及民族健身操舞基础上，组织全区性大型群众参与活动，来自全区街道系统、教育系统、区直机关系统和政法系统18支代表队20个作品、400余名健身操舞爱好者参赛。7月2日，组织17支队伍参加市第六届民族健身操舞大赛。各队经过3个月刻苦训练，通过层层选拔，参赛作品以自编自创的健身套路为主，带有浓郁民族特色，其中本区有3支队伍分别获得少儿组和社区组金奖。参赛队员年龄最小的6岁，最年长的73岁。区民宗侨办获优秀组织奖。

（付国龙）

【民族团结月宣传】 5月，在全区开展民族团结月活动，以民族团结进步创建活动为基础，在居民群众中开展宣传教育活动。其中古城街道、金顶街街道、八角街道利用在社区宣传栏等载体，悬挂宣传横幅、专题板报等50余幅；展出由小区内少数民族居民书写“民族大团结”的板报。给社区居民发放《民族宗教侨务知识手册》等宣传手册，同时利用广播、宣传栏、座谈会等多种形式广泛宣传党和政府有关民族政策、法律等。广宁街道通过街道办事处电子显示屏有重点、有层次地向来访群众宣传民族政策。八宝山街道编排话剧《开斋节的早晨》，体现“民族团结一家亲”景象。

（付国龙）

【寻根之旅夏令营】 8月7日，接待来自美国密西根州安华中文学校的20名华裔青少年，组织“寻根之旅——相约北京”活动。带领他们参观法海寺，与礼文中学师生进行探讨交流，一同动手包饺子，相互切磋篮球球艺。该校赠送“热忱服务，情暖侨心”锦旗一面。

（付国龙）

【清真网点升级改造】 争取市民族经济发展资金45万元,支持福华肥牛、古香粮店等清真网点升级改造,丰富清真食品供应。9月底,确保国庆期间清真食品安全,杜绝"清真不真"问题出现,逐一对区内42家清真网点进行集中检查和治理。对取得清真食品经营许可保持经营状态的38家餐厅和摊点进行全面普查,组织部分商户开展"放心清真承诺"活动,统一制作明示板,鼓励清真食品经营场所在醒目位置悬挂负责人及关键岗位负责人的姓名、民族、所在岗位等情况,明示所使用和出售的牛、羊、鸡等肉禽的进货厂家名称、地址、联系电话以供监督;对辖区自挂清真标识的4家餐厅和摊点进行清理整顿,符合清真经营条件的1处办理许可手续,1处暂时未能提供相关证明,暂缓登记,责令2家不具备清真食品经营条件的自挂标识餐厅和牛羊肉摊点摘除清真标识。

(付国龙)

【民族体育活动】 4月底,在本区民族团结教育试点校——西黄村小学举办"民族体育节",制作民族团结画廊,编排《爱我中华》大型团体操,集中展示民族团结教育成果。11月12日,本区首届民族传统体育项目比赛在区体育中心举行。全区120余名运动员以"更快乐、更强健、更和谐"为理念,参加6个项目的竞赛角逐。

(付国龙)

行政服务

概　述

北京市石景山区行政服务中心(简称中心)是政府统一、集中、联合办理行政许可和行政审批事项工作的组织、协调、指导、监督机构。年内,以深入学习领会"十二五"规划精神为先导,以区政府年度工作会议提出的五项要求为工作着力点,坚持实行一科统办、一厅经办、重点特服、核定规程、编制流程、严谨告知、案卷评查、立体考核、政务公开等九项机制,努力提升行政审批行为规范、运转协调、廉洁高效水平,为深化行政审批制度改革,优化发展环境,打造北京CRD,建设和谐石景山,创造良好的政务环境做出贡献。25家具有行政审批职能的政府部门61人进驻办事大厅,进厅行政事项290项,其中即时事项33项,限时事项257项;行政审批类事项275项,服务类事项15项。驻厅单位全年接待办理行政审批服务事项135586人次,办理咨询事项63403件,受理行政许可服务申请72183件,审定行政许可服务事项69520件,送达行政许可服务决定69520件,行政收费774253元,接受感谢信19封,锦旗13面,有效行政投诉率为0;群众参与满意度测评满意率100%。

3月1日,区领导现场调研　　（区行政服务中心供稿）

地址:八角西街16号
电话:68862780
邮编:100043

(段　娜)

【梳理行政许可(审批)】 对全区37家具有行政许可审批职能单位的行政许可和审批事项进行新一轮梳理。梳理出全区37家单位469项行政许可审批事项,其中许可事项328项,审批事项141项,进驻行政服务中心办事大厅办理的事项275项,并将审批权限纳入行政审批事项目录管理要素,完善目录管理内容。

(段　娜)

【优化服务环境】 按照"保障一般,优待重点"原则,加强对重点企业和项目服务。明确重点范畴。将科技园区筹建登记、招商办代办的注册资金100万元以上和区政府各部门组织建立生产经营场所入驻的需进行经营项目审批的企业,纳入本区行政审批服务设立企业重大项目范畴。加强组织协调。组织有关行政审批职能部门会商办理意见,各部门根据会商意见向相关企业提供行政审批指导意见和办理相关行政审批事项。快速进行办结。各行政审批部门受理有关审批事项后,对申办主体进行指导,除报上级机关审批和经审查需进行整改的项目在法定时限内办结审定外,其他审批项目规定在正式受理后5个工作日内办结审定。注重监督回访。按照重大项目实施单位对办事效果的反馈及对本区行政许可环境的意见和建议,提出对承办单位服务重大项目的奖惩意见。接待首钢集团、物美集团、中铁建设集团、当代商城、华录传媒集团、东标电气股份公司、东土科技股份公司、阿尔西制冷股份公司等近百家重点企业,涉及环保许可、餐饮许可、生活饮用水卫生许可、公共场所卫生许可、企业标准备案、特种设备使用权登记、刻章备案、组织机构代码登记、税务登记、统计登记、审批非京生源户口进京、审批工作居住证等12类200余项行政审批业务办理。

(段　娜)

【加强基层指导】 走访8个街道、1个

社区居民事务大厅，对街道居民事务大厅运行情况、建设规范进行调研；会同区监察局开展评议驻厅单位和街道居民事务大厅工作。10月19日，召开区街道居民事务大厅建设座谈会。针对“一次性告知、政务公开、展示人员精神风貌、提高办事效率”等方面的典型做法进行交流。全面深化政务公开及政务服务规范化建设，加强一次性告知、操作规程制定、信息公开，形成高效的街道居民事务大厅规范。发挥中心组织、指导居民事务大厅工作职能，促进街道居民事务大厅进驻部门与上级主管部门关系协调。

（段　娜）

【政府信息公开】 通过计算机网络、工作手册、操作规程索取卡和多媒体四种载体，对驻厅单位的组织机构、操作规程、文书范本进行公开；接收并对外公开全区各单位纸制主动公开文件。接收本区39个委、办、局及街道办事处提供的主动公开文件及国务院公报、政府公报共837份，整理成册，供办事人员查阅。

（段　娜）

【争先创优活动】 通过抓制度落实，强化督查力度，调动驻厅部门积极性。统计各驻厅单位工作亮点23项。如卫生局发放增加许可时限的告知条，让申请人明确具体办理时限，接受申请人的监督；公安分局采用“可以吗?”、“好吗?”、“请您拿好”等柔性语言，全力做好服务工作；民政局建立“一口审批”绿色通道，为要成立登记的社会组织联系寻找业务主管单位，及全部行政许可事项实现10个工作日内办结或作出不予办理决定，缩短时限60%以上；环保局落实“CRD绿卡”企业服务措施，完善企业服务机构，对重点项目平均审批时限压缩80%；商务委运用电子邮件及时与申办人沟通，发送标准格式文本；药监分局制发企业政府联系卡。同时，采取前、后台同时审核申请材料，专人负责接待咨询、答疑一次性告知和指导网上申报等，缓解排队等候现象，节约申请人时间；住建委规范审批工作，加强窗口服务与委内各科室工作衔接，做到受理人、转件人、办理人分离，分别签名登记。

（段　娜）

【非驻厅单位管理】 落实非驻厅单位季度工作会和月报表制度，加强与非驻厅审批单位间联系，了解非驻厅审批单位的审批情况。全年非驻厅单位共接待办理行政审批服务事项8247人次；咨询行政许可和服务事项5953件；受理行政许可服务事项申请2294件；审定行政许可服务事项2294件；送达行政许可服务事项决定2285件；行政收费13375.8元。

（段　娜）

信 访 工 作

概　　述

中共北京市石景山区委、石景山区人民政府信访办公室（简称区信访办）是区委区政府负责组织协调信访工作、处理信访问题、人民内部矛盾纠纷排查调处和人民意见征集的职能部门。截至年底，内设综合办公室、来信办理科、来访接待科和督查督办科；人员编制为15名。全年受理群众信访3892件21996人次，同比件次上升58%、人次上升69%，其中办理来信2426件，同比上升47%；接待来访1466批15744人次，同比批次上升43%、人次上升82%；集体访523批14246人次，同比批次上升127%、人次上升92%。区领导阅批信访659件，占总量17%。初信初访化解率为95%、重信重访化解率为92%、历史积案化解率为100%，实现全年无重大重复上访户、无信访群体性事件、敏感时期无非正常上访的工作目标。全年利用矛盾排查专项化解资金225万元，化解疑难复杂信访问题28件。年内，获市年度“信访工作目标管理考核工作优秀奖”。在全市信访系统开展评选“十佳”、“四优”办信员、接谈员、督查员、信访工作者工作中，李振玲、石裕国、赵欣、张福江、张宝庆、李建方、孙海梁、赵俊社、唐志远、王彦明当选。

地址：石景山路18号
电话：68607140
邮编：100043

（范金慧）

【群众信访】 群众信访集中反映的突出问题是：申诉类660件，占信访总量的17%；求决类2608件，占67%；批评建议类163件，占4.2%；揭发检举类146件，占3.8%；其它类315件，占8%。

（范金慧）

【领导接访】 坚持区委常委会、政府常务会每季度听取全区信访工作汇报制度，及时掌握全区信访动态；坚持区委区政府主要领导参加的信访专题会议制度，研究解决复杂疑难信访问题。年内，区委书记、区长主持召开信访专题会议5次，研究解决突出信访问题。区级领导50人次到信访办接待上访群众148批4772人次，分别占来访总量的10%和30%；阅批群众来信511件，占来信总量的21%，其中荣华阅批281件；区级领导约访10次；专题调研2次；召开重点信访专题会议10次。处级党政领导干部317人2090人次于每周一、三上午在本单位、本部门接待上访群众1424批8399人次，化解各类信访问题1160件。

（范金慧）

【信访件办理】 建立健全首办责任制，规范信访事项办理程序，加大对初信初访问题的化解力度，对信访事项的办理情况实行有效跟踪、及时催办。全年办结中央和市、区领导转办的信访督办件12件，结案率为100%；受理复查复核信访事项22件，维持基层答复意见18件，重新答复3件，变更1件。

（范金慧）

【信访宣传】 4月22日，开展“依法信访，畅通有序”主题宣传日活动。主宣传站设在八角北路社区文化广场。主管区领导到主宣传站巡视检查、发放市信访条例、宣传折页和现场解答咨询。宣传日活动设宣传站10个，悬挂横幅30条，发放宣传材料2000余份，发放印制宣传口号的环保购物袋5000个。编辑《信访工作动态》4期、《领导接待情况通报》50期、《信访专报》17

期。

（范金慧）

【排查调处】 区级层面进行4次矛盾纠纷排查，排查各类矛盾纠纷163件，全部落实主责单位和协办单位并确定化解时限。人民调解组织调解矛盾纠纷3087件5457人次，其中，调解成功2933件5105人次，成功率95%；信访办通过窗口接待、集体会商147次、约访280次、下访6次，化解矛盾纠纷2335件，将29件有越级上访倾向的信访问题吸附在本区。

（范金慧）

【双基建设】 强化信访基层基础建设。对全区30多个信访量较大的单位进行“市长信箱”、市信访信息系统的安装、使用培训，实现责任单位网上受理、网上答复。信访人就办理情况可进行网上跟踪、网上查询结果。为每个街道增设一名信访科长；召开街道信访干部和信访信息员座谈会，交流工作体会，提高基层信访干部化解矛盾纠纷的能力和水平。组织全区60名骨干信息员参加市信访办业务培训。坚持后备干部和新提拔干部到信访部门锻炼的制度，把信访部门作为培养锻炼干部的重要基地。区法院、检察院定期选派处级后备干部到信访办挂职锻炼形成长效机制。

（范金慧）

【与首钢信访对接】 区首钢职工信访接待小组积极畅通首钢职工诉求表达渠道，就地、就近化解矛盾，解决问题。加强与首钢信访处的信息沟通，互相支持，联合处理信访问题。凡涉及首钢问题的信访事项，由区信访办通报首钢信访处，由首钢方面派人到区政府现场接待处理；每周三区领导接待日，首钢派1名专职信访干部到区政府信访接待室，与区领导一起联合接待，直接解答和处理涉及首钢问题的信访事项，形成处理涉钢信访问题的合力。年内，接待涉钢信访76批137人次，其中集体访6批35人次。

（范金慧）

档案工作

概　述

北京市石景山区档案局、档案馆（简称区档案局馆）为一个机构，两块牌子，是区委区政府负责档案工作的主管部门。11月，与区地方志办公室合署办公，编制30名。年内，全区档案工作把握档案事业自身发展和服务区域经济社会发展两条主线，突出争创国家一级档案馆、城市面貌记录和重要档案资源监管三大重点，加强服务能力、基础业务、档案法制、干部队伍四项建设。制定下发《关于认真做好纪念中国共产党成立90周年活动档案工作的通知》等3个指导性文件，举办各类档案业务培训6次，培训学员近500人次，开展专项和综合档案执法检查2次。档案馆接收档案4908卷（件）、政府公开信息文本1032件，扫描各类档案13万页（张），形成目录5万条。全区各级档案部门接待利用者9380人次，提供利用档案25122卷次。参与研究的“档案工作者教育培训网建设与实施研究”获国家档案局优秀科技成果奖，档案信息化工作经验在市“档案信息化建设高端论坛”上进行交流。

地址：杨庄东路69号
电话：68833005
邮编：100043

（刘爱君）

【城市面貌记录】 年初，出台《关于进一步加强城市面貌记录工作的意见》，确立“无缝隙、全覆盖”工作目标，形成“区政府领导、档案局馆牵头、全区各部门配合”工作机制。各相关单位围绕功能区建设和重点项目进行跟踪拍摄，收集整理照片9000余张。10月，以“保存城市记忆，服务科学发展”为主题，推出《北京市石景山区城市面貌记录工程成果》大型展览和画册，通过462幅照片，记录本区城市变迁和经济社会转型的历史进程。画册在区党代会、人代会、政协会上发放，展览在全区9个街道（社区）及首钢集团展出，接待参观者5000余人。

（刘爱君）

【档案安全管理】 3月，与各立档单位主管领导签订档案安全保密责任书；更新各立档单位档案安全台帐内容，对有安全隐患单位跟踪检查。7月，开展档案安全专项检查，在各单位自查基础上，重点抽查区住建委、地税局、金顶街街道等9个单位，跟踪监督指导有关单位整改情况。10月，以“档案安全工作重于泰山”为主题，举办档案执法联络员培训班，全区80多个立档单位90余名档案员参加培训。

（刘爱君）

【档案学会工作】 年初，召开区档案学会一届三次理事会，对学会领导机构成员进行改选，张相明当选为理事

10月16日，第三届“档案馆日”活动　（区档案局馆供稿）

长。6~8月，组织会员参加国际档案学术报告会、赴中央档案馆、山东省档案馆等地学习考察。年底编印《石景山区档案学术论文集》，收录业务论文21篇。

（刘爱君）

【“档案馆日”活动】 10月16日，与首钢档案馆联合举办以“档案为您服务”为主题的第三届“档案馆日”活动。活动在八大处公园、石景山游乐园设立分会场，包括查询体验、参观展览、档案讲座、咨询宣传等8大项活动内容。推出城市面貌记录大型展览及画册，首次提出“档案馆月”概念，并通过短信平台、档案微博等形式进行宣传和互动。活动期间接待参观者1万余人，《中国档案报》、《北京日报》等10家媒体给予报道。

（刘爱君）

【重点工程档案管理】 年内，对2009~2010年重点工程未竣工项目牵头单位实行专人跟踪监管，要求牵头单位监督代建、监理、施工等各方共同做好档案收集工作。对区市政市容委永定河莲石湖项目、园林绿化局阜石路两侧绿化带工程和区教委“校安”工程(即校舍加固)等重点工程档案进行现场检查指导。截至年底，收集整理2个绿化带、16所学校、26个标段的重点工程档案500余卷。

（刘爱君）

【拆迁档案管理】 根据新颁布的城市房屋征收管理条例，提前介入指导区住建委房屋征收管理机构档案工作开展。对不同层次的2个拆迁主体、4个实施主体、20余家拆迁公司进行业务培训和指导，现场检查验收永定林工商拆迁项目档案324卷。与住建委拆迁办联合对市政市容委拆迁档案进行检查验收，重点检查拆迁档案为本区重点工作服务的成效。

（刘爱君）

【档案法制建设】 11~12月，联合区法制办依法对全区108个立档单位开展档案行政执法检查和档案安全专项检查，结合区工作重点，对新建、机构改革、迁址等单位以及形成重要档案单位进行重点抽查。根据检查情况，下发档案执法检查通报，对被抽查单位提出反馈与整改意见。

（刘爱君）

【民生档案管理】 理顺区、街两级住保档案管理机制，与区住建委联合下发关于加强保障性住房档案管理的意见，召开2次区街两级住保人员档案专题培训会，40余人次住保人员参加培训，区住保办完成5000余卷档案整理任务。监督社保中心开展档案全面清理工作，清理1986~2010年社保档案、资料7000余盒。加强民政局社团档案、殡葬档案监督指导，完成2000余卷(件)档案规范化整理。4月，召开社区档案工作会，表彰上年社区档案工作先进社区，对9个街道130余名社区档案员进行业务培训；12月，通过案卷评查会的形式对社区档案工作进行典型抽查和观摩培训，9个街道17个社区参加评查。

（刘爱君）

【档案资源建设】 以区委办和政府办名义出台档案馆档案收集范围的规定，规范档案接收工作。档案馆接收名册涵盖学校、社区等101个立档单位，民生档案和反映区内重大活动、重点工程档案被列为接收重点。发挥档案资料义务收集员作用，开展“留住城市记忆”等档案史料征集活动，征集照片、实物、文字资料1598件(张)。反映龙烟铁矿石景山炼厂历史等一批珍贵资料被征集进馆。

（刘爱君）

【电子文档中心建设】 区电子文件(档案)备份中心一期项目通过验收。包括建成内网层服务数据库及相应业务系统，完成相关数据导入；完成档案和电子文件收集系统、查询系统、运行维护系统等多项系统功能的开发；初步整合“区档案管理系统”、“区档案馆档案管理系统”和“区OA门户系统”。该项目在技术上采用新的系统架构，实现电子文件及档案原文的多点利用查询，为向数字档案馆过渡打下基础。

（刘爱君）

【纪念档案事业发展30年】 10月，编印《春华秋实三十载，续写兰台新篇章——北京市石景山区档案事业发展三十年画册》，通过300多张照片，纪念和回顾档案事业发展进步的奋斗历程。12月2日，召开区档案事业发展30年座谈会，局馆在职及退休老同志、基层档案员、合作单位和档案义务收集员代表40余人参加座谈，11位代表结合工作经历畅谈感想和心得体会。

（刘爱君）

地方志工作

概　　述

北京市石景山区地方志办公室(简称区志办)为区政府直属全额拨款参照公务员管理事业单位，与区档案局馆合署办公。内设机构增设区志科(挂年鉴科牌子)。年内，通过返聘、借调等方式，新增5名编辑，分配到所需部类。发布地方志工作规划纲要(2011~2020年)，明确本区今后10年地方志事业的发展目标和重点任务；第二轮修志工作按计划有序推进；按五年九个阶段的整体部署，完成初稿撰写等关键性任务，资料长编基本到位，基层志稿陆续验收。11月，《北京石景山年鉴》(2011)出版发行，编纂质量提升，参编范围扩大；2010鉴获“第五届全国年鉴编校质量检查评比二等奖”，为第三次获得全国性奖项。区志办被评为市地方志系统先进集体，张耀中、李文玲获市级先进工作者，区内地方志系统4人获市级先进。

地址：八角西街27号
电话：68880579
邮编：100043

（杜京珊）

【资料长编收尾】 参与二轮修志的100余家承编单位提交资料长编近千万字，占应缴总数的95%，全部验收完成。编辑部按照单位自查、领导复审、反复校核、申请验收、组织验收的步骤，依据验收标准对资料长编进行审读。主编会对部分篇目进行研讨把关，提出修改意见，及时反馈承编单位，要求在规定时限内修改补充资料。全年指导100余家单位。

（杜京珊）

3月17日，召开二轮修志业务培训会　（区志办供稿）

【志书初稿撰写】 制定审查验收办法，确保志书初稿编写质量。6月，准时进入志书初稿撰写阶段。截至年底，95%的单位以纸质或电子版形式上交初稿，全区共收集初稿20编280万字。部分单位在编辑部指导下，对初稿进行修改完善。主编会严格掌控编修进度，及时修改篇目设置、确定记述重点、明确记述主线。各部类副主编、编辑与承编单位主管领导和主笔人反复沟通，进行一对一指导，确保志书初稿观点正确、体例严谨、资料翔实、内容全面、记述准确、特色鲜明、表述通顺，文风端正。

（杜京珊）

【完善篇目设置】 在反馈资料长编修改意见和指导志书初稿撰写过程中，与各承编单位沟通互动，志书篇目逐步成型。随着资料不断丰富完善和对十五年各项事业、事物发展脉络进行梳理，参照部分省市、区(县)续志篇目设置，结合地区特色和时代特点，反复研讨、修改篇目，全书框架结构调整为30编、191章、793节。

（杜京珊）

【开展初稿试写】 以点带面，试点先行，推进基层初稿编写工作有序展开。编辑部依据篇章特点、行业特色、时代特征，选取区人大、文委、审计局、民政局等12家承编单位作为志书初稿撰写试点。各试写单位通过研读首轮志书、参考其他市区已完成的二轮志书，补充完善资料，与编辑部多次沟通，多数完成初稿。7月底，摘取区台办、歌华有线、区文委部分章节内容作为样本发放。

（杜京珊）

【业务培训与宣传】 召开地方志工作会暨业务培训会、第二轮志书试写工作研讨会、初稿验收部署暨强化培训会等全区培训3次。培训内容包括解决资料长编存在问题、如何撰写志书初稿、编写大事记、人物收录标准和图片收集范围等。召开牵头会20余次，讲解培训会、督导会、协调会百余次，培训修志人员千余人次。会同牵头单位深入各承编单位培训指导业务，协调推进落实。编辑、刊发《第二轮修志工作简报》13期；在《石景山报》开办“修志园地”，每月一期。

（杜京珊）

【2011鉴出版发行】 继续坚持“科学设计框架，丰富栏目设置，活跃版面形式，加大信息含量，突出年度特点，彰显地域特色”的办鉴方针，做到常编常新，年年出新。6月29日，北京年鉴社组织《北京年鉴》常务副主编赵庚奇、全国版协年鉴工委秘书长苏伯华等专家，对本区报送的2011鉴征求意见稿从政治用语、框架结构、条目标题、条目编写等各方面进行综合评审，提出多方面意见。7月上旬面向全区120余家供稿单位征求意见。本鉴一级目“财税·审计”改为“财税·金融”；增加纪检、监察、文化、传媒四个二级目；规范条目标题和删减条目内容；完善英文目录4页、索引28页。11月由中华书局正式出版发行，向全区各单位发放1200余册。

（杜京珊）

集体经济

概　　述

北京市石景山区集体经济办公室(简称区集体经济办)是主管全区集体经济各项工作的区政府职能部门。年内，集体经济系统不等不靠、主动作为，坚持以提高集体经济增长质量和效益、增强发展协调性和可持续性为目标，以提升集体经济创新发展能力和管理水平为重点，以开发重点项目建设、招商引资为抓手，强化经济运行监督，实现集体经济平稳较快发展。全系统实现增加值36207.1万元，比上年同期增长12.7%。其中：第三产业完成32564.2万元，同比增长20.2%，高于全区指标预期8.2个百分点；第三产业比重占89.9%，高于全区指标预期29.9个百分点。应交国家税金5906.4万元，同比增长7.7%；人均劳动所得达到24023.4元，同比增长16.5%。完成金宝山投资管理公司的工会组建工作；对集体经济系统所属各单位安全重点部位和隐患重点进行排查梳理，确定428处可能存在安全隐患的重点部位；加大整改力度，切实做到整改措施、责任、资金、时限和预案“五到位”，确保全年未发生安全生产事故。

地址：杨庄西口
电话：68861910
邮编：100043

（胡　浩）

【重点项目推进】 截至年底，古城创业大厦E座和主楼续建项目完工；八大处绿色产业服务中心主体工程完工进入装修阶段；欣安天成综合市场完成建设投入运营；景阳综合市场改造项目正在办理建设相关手续，其余项目也均有所推进。同时，重点产业项目受规划开发、土地储备、批建政策等多方因素影响，推进艰难。

（胡　浩）

【招商引资喜人】　按照“劲不能减、心不能散”工作要求，全系统实际引进企业16家，注册资金5022.5万元。新引进企业中，注册资本金100万元以上的规模企业6家，其中注册资本金1000万元以上企业1家。在区第五次经济发展大会上，集体经济办被评为“招商引资工作突出贡献单位”，5家企业被评为“纳税百强企业”，4家企业被评为“重点企业”。

（胡　浩）

【推动改制攻坚】　结合改制攻坚阶段的特点和维稳大局需要，审慎推进改制，集中精力破解八大处公司改制难题。在调研基础上归纳特殊性问题，研究方案；注重工作推进的计划性，把握推进节奏和主动权；制定矛盾化解宣传计划，遏制群体访势头。截至年底，黑石头农工商公司完成企业资产处置和股权量化，进行新公司注册和挂牌筹备工作。尚未启动改制的八大处农工商公司，改制工作方案经区政府区长办公会原则通过，改制基准日确定为上年12月31日，具体实施意见经区政府专题会批准后实施。

（胡　浩）

【加大监管力度】　规范和加强集体土地管理，一方面结合土地资源锐减的现实，指导集体经济组织开发使用土地；另一方面为集体经济组织争取权益和发展空间，引导集体经济组织关注大局，支持本区重点工程和城市现代化建设。结合土地储备后各公司征地补偿资金大量入账的现实情况，审计、监察双管齐下，特别加强对征地款使用的监督管理。严格执行集体经济组织对外投资管理办法，对未经请示的投资事项立即叫停、采取补救措施，确保资金安全。

（胡　浩）

【加强信访维稳】　随着旧村拆迁改造进入全面实施阶段和集体经济体制改革进入攻坚阶段，维稳任务十分艰巨。年初提出“五个强化”要求做好信访工作，减少不安定因素。从落实责任制入手，强化对信访工作领导，实施信访维稳责任考核办法，夯实各公司党政一把手落实维稳的第一责任。以预防预警为先导，执行矛盾超前化解机制。在重大节日和“两会”等敏感时期，下基层、访民情，掌握解决矛盾、稳控局面的主动权。每周形成信访情况通报、每季度召开信访排查会议，及时互通有无、商讨对策。年内接待来访168批、2252人次，其中集体访64批、2085人次。

（胡　浩）

【转居人员就业】　围绕经济发展和项目开发，多渠道开发就业载体和就业岗位，建成几十个产业项目，吸纳3000多名农转居人员就业，永辉超市向社会提供就业岗位2500余个。坚持和夯实农转居劳动力就业专项资金补助和奖励机制，年初下达安置农转居劳动力就业指导性指标，投入专项资金近90万元。全年新安置上岗职工2239人，完成实现就业1000人的任务目标；就业率达到91.2%，超出市就业率60%的指标。

（胡　浩）

【完成民兵整组】　年内，完成区委区政府和区武装部下达的民兵整组任务。基干民兵任务数256人，其中应急营营部1个、40人，主要编在集体经济办机关，反恐连一个120人主要编在神农庄园酒店。步兵连1个、60人，主要编在11个农工商公司。预备役指挥排2个36人，其中华美宏信有限责任公司16人、景阳天昊投资管理公司20人。民兵整组编制体现相对集中、便于收拢集结的原则要求。4月27日，接受区武装部民兵拉动检查验收。

（胡　浩）

西部建设

概　　述

石景山区西部建设办公室（简称西建办）为区政府临时机构和派出机构。内设项目推进科、规划发展科和综合办公室，另增设“工程管理办公室”，挂在项目推进科。实有人员9人，其中，副主任2名，科级干部（含副主任科员）6人。年内，以北京市大力促进西部地区转型发展为契机，以推进“首都绿色转型示范区”建设工作为抓手，按照区委区政府工作部署，高起点开展专项规划研究，高标准抓好在建工程项目落实，在部门统筹协调、项目统筹推进、区域统筹规划等方面取得阶段性进展。完成五里坨建设区、广宁地区规划调整；消防中队项目获市发改委立项批复；五里坨医院和学校项目正在进行规划调整，区卫生局和教委正与相关优质医院、学校进行合作洽商；完成“十二五”时期西部地区发展规划。被评为区“文明单位”。

建设中的五里坨定向安置用房　　（区西建办供稿）

地址：五里坨车站路1号
电话：88907327
邮编：100042

（杜玉敏）

【开发运行模式研究】 7月4日，与区金融办、国土分局、国资公司、实兴腾飞公司联合抽调力量成立西部开发建设运作模式筹建工作组，进行集中办公，正式启动以“基金和基金管理公司运作模式”推进西部开发建设的前期筹建工作，并按照“政府主导、统筹实施，市场运作、合作开发，招商引资、持续发展”的原则，对基金管理公司的基金募集方式、基金规模和管理方式等问题开展深入研究。8月，召开西部开发建设领导小组会。加大地区资源、工程建设等方面的统筹协调力度，抓紧完成西部开发建设基金管理公司运作模式研究，尽快完成西部地区规划调整，妥善安排地块上市工作。深入研究地区外部交通解决方案，完善基础设施建设。高标准开展公租房方案设计，加快保障性住房推进速度。统筹研究集体经济组织产业发展问题，并严格控制集体土地违章建设。

（张文超）

【文保方案研究】 协同区文委、园林局、规划分局、国土分局等相关单位，对西部地区20处重点文物古迹进行系统调研。分类制定保护措施，形成方案，成立工作组，推进影响地块上市或路网建设的关帝庙等四处文物的迁移工作。在拆迁过程中收集和保护文物及民俗用品，设立微型民俗博物馆。

（杜玉敏）

【旅游规划研究】 发挥西部地区资源特色，体现南马场水库景观作用，开展五里坨地区水资源环境利用规划研究。在重新梳理西部地区五涧三湖水资源特征基础上，提出“蓝风重生、城水共进”的规划设计理念；组织开展天泰山风景区旅游规划设计研究，建设单位捆绑设计单位共同参与风景区规划建设的招投标研究工作。

（杜玉敏）

【市政设施建设】 五里坨路北段道路工程完工；五里坨西路延长线（工程兵大院段）大修工程完工通车；新隆恩寺路工程开工建设。五里坨污水处理厂工程完成基础施工；供水厂项目正在办理市发改委立项审批等前期手续。五里坨地区热力主管线工程完成投资1.5亿元，完成16座暗挖竖井施工，干线隧道累计完成80%。五条支路管网以及燃气、电信、上下水等管线也正随路铺设。协调区国土分局等相关部门，研究二级开发中的大市政配套设施问题。

（杜玉敏）

【推进拆迁工程】 收集高井和麻峪村近百余宗土地权属、地上物现状、人口数量等数据，完成高井和麻峪地区拆迁成本及规划调整的方案。截至11月底，五里坨建设组团拆迁工作完成居民拆迁量的95%；五里坨农工商公司完成93%；黑石头农工商公司完成76%。

（杜玉敏）

【保障房建设项目】 站前小区保障性住房项目全面竣工，完成小区庭院绿化，物业管理部门进驻。五里坨22栋定向安置房项目开工建设，23栋未开工；南宫小区12万平公租房建设项目开工建设；金谷香郡项目结构封顶并开盘销售，销售均价为19500元/平方米。

（杜玉敏）

【工程安全管理】 建立健全西部地区工程安全管理联动机制，强化施工现场安全生产管理，维护地区的安全稳定。建立健全合同审批及建设资金管理办法，执行“三重一大”民主决策制度，保证资金使用的廉洁、高效、安全。截至年底，累计完成投资约67亿元。

（杜玉敏）

外事·港澳工作

概　　述

北京市石景山区人民政府外事办公室（简称区外办）是负责本区外事和港澳事务的区政府工作部门。年内，按照首都建设中国特色世界城市和“人文北京、科技北京、绿色北京”战略的总体部署，贯彻落实中央外交方针政策和市外事工作会议精神，围绕“大调整、大建设、大发展”工作主线，履行外事参谋、统筹、协调、管理、服务和保障等职能，服务现代化首都新城区建设大局，不断优化区域涉外环境，拓宽对外交流与合作的广度和深度，加快推进区域国际化水平，外事工作取得新成绩，为区域经济社会全面转型发展做出新贡献。和相关部门配合，承担协调服务和接待保障工作，保障本区经济社会领域“走出去”和“请进来”国际化工作需要。获“首都国际语言环境建设工作优秀组织单位”、“‘新首钢杯’北京国际柔力球交流大会优秀组织单位”、区“文明单位”、“世界漫画大会优秀组织单位”、“政府信息公开优秀单位”、首批“五好”基层党组织等先进荣誉。

地址：石景山路18号
电话：88699516
邮编：100043

（吴芝蒸）

【完善领导机制】 根据外事工作新特点和本区发展实际，修改完善“十二五”时期外事工作发展规划，明确未来五年全区外事工作的发展定位、战略目标和主要任务。年内，就因公出国（境）管理与服务等重点工作向区领导汇报4次。完善各级外事工作沟通机制，加大对本区涉外单位业务指导、组织协调和政策支持力度，做好外事工作决策的跟踪反馈、重大事项的通报和成员单位间的协调联络工作，形成以外事部门为主、各部门通力合作、社会各界广泛参与的外事工作新格局。

（吴芝蒸）

【因公出国（境）专项治理】 加强与区纪检、监察、组织、财政等部门的协调配合，坚持市关于“量力而行、按需派出、注重实效、精简节约”的工作原则和“严格管理、有保有压、提高质量、促进发展”的工作要求，加强因公护照集中规范管理，收缴率达到100%。全年为41批115人次的顺利出访提供服务，涉及国家和地区30余个，公示因公出访自组团19批115人次。按照出访团组的必要性、实质性和针对性做好因公出访工作，全年形成具有实践意义的出访报告19篇，境外培训干部28人次。定期与市外办和各兄弟区县外办沟通分析工作中存在的实际问题,就开展因公出国(境)公示工作的做法和经验进行交流和总结。

(吴芝蒸)

【国际友好城市交往】 以"突破常规,为我服务"为原则,加强对国际友城工作的统筹规划。3月,夏林茂就日本东北地区发生大地震,并引发海啸和核安全问题,向国际友好城市东京都板桥区、墨田区发去慰问信。7月,本区少年足球代表团到韩国首尔特别市麻浦区友好访问,与该区少年足球队进行友谊赛,开展参观交流活动。9月,麻浦区少年足球代表团一行27人到区访问,拜会区领导,与本区少年足球队进行友谊赛。10月,区领导率团赴韩国访问,庆祝与韩国首尔特别市麻浦区签订友好交流协议十五周年。

(吴芝蒸)

【国际友好联系区交往】 截至年底,有国际友好联系区18个,新增俄罗斯后贝加尔边疆区赤塔市。5月16~25日,区人大领导率团赴匈牙利,考察并推进与匈牙利布达佩斯市十一区间的友好合作关系。7月5日,夏林茂代表本区与俄罗斯联邦后贝加尔边疆区赤塔市市长米哈廖夫 A.Д. 在内蒙古自治区满洲里市签订《中华人民共和国北京市石景山区与俄罗斯联邦后贝加尔边疆区赤塔市开展文化、教育、体育、青少年领域交流与合作协议》。8月3~8日,区教育工会领导率团赴日本国岛根县浜田市进行青少年友好交流。10月10日,协议签约仪式在本区举行。协议确定,两国三地将在经贸、旅游、科技、文化、教育、卫生、体育、青少年等多领域开展交流与合作。三方协议的签署,打破国际交流固有模式,活跃多边交往,促进经济、文化、旅游、教育等领域多元化交往。10月29日~11月3日,以日本国岛根县浜田市教育委员会教育长山田洋夫先生为团长的浜田市学生国际交流访问团一行16人到区,拜会区政府,参观访问北京师范大学励耘实验学校、京源学校,并在中方学生家中开展寄宿家庭文化交流活动,体验中国传统文化。

(吴芝蒸)

7月5日,签订文化、教育等领域交流与合作协议 (区外办供稿)

【外事接待活动】 全年接待国际园艺协会主席、希腊前国务大臣兼政府发言人、奥地利萨尔茨堡州中国事务特使、比利时驻上海总领馆经济及商务领事、俄罗斯赤塔市市长等来自近40个国家和地区的36批580余人次高规格境外团组,先后接待联合国副秘书长沙祖康、6位驻外大使和23位驻外参赞为成员的外交部高级外交官创新实践委员会考察团、联合国可持续发展大会高级别研讨会考察团等重要团组,精心安排与区领导会见座谈,借助高层交往深化在招商引资、教育、文化、金融等领域的务实交流与合作。10月23日,下一届世界漫画大会承办地日本国鸟取县平井伸治知事为团长的鸟取县政府代表团到区访问,代表团一行参观第十二届世界漫画大会暨2011北京国际动漫周的主要展览,并与区领导进行交流座谈。12月13日,应全国友协邀请,根据中国人民外交学会及市政府外办安排,英国前首相布朗的夫人莎拉·布朗偕英国上议院议员达希勋爵及英国凯谱国际基金会执行董事等一行4人到区访问,就高新技术产业发展政策及首钢搬迁后医疗、卫生、高新产业等领域的发展规划等情况进行考察。

(吴芝蒸)

【涉外管理与服务】 全年为5批36家境外媒体82位境外记者到区采访提供接待和服务。完善本区涉外服务保障工作机制,加强对各单位指导和培训力度,落实对境外人员、境外媒体和境外非政府组织的服务措施,创造性地整合利用外宣资源,展示本区经济和社会发展的新成就,提升国际知名度和美誉度。

(吴芝蒸)

【对接企业需求】 发挥外事工作外联渠道广、涉外信息灵、国际人脉足的特点,帮助和为永泰(北京)科技有限公司和九州羽翔(北京)贸易有限公司等驻区企业联络沟通,申请办理外国人来华邀请,努力促成企业产品出口。做好外事工作服务经济发展需求的调研,详细了解企业在资金、人才、政策支持等方面要求,以调研推动重大项目落实,体现外事部门在企业"引进来、走出去"中的独特优势。为辖区"实力强、信誉好、需求大"的企业相关人员申请办理APEC旅行卡,为经常前往APEC经济体的企业人员提供便利,支持企业拓展海外业务。

(吴芝蒸)

【涉外突发事件应急处置】 修改涉外突发事件应急预案,完善长效管理机制,加强部门协调配合,确保涉外安全稳定。做好全国"两会"、十七届六中全会、国际自盟场地自行车世界杯赛、北京国际柔力球交流大会、世界漫画大会、人大代表换届选举和重大节日期间

涉外服务保障工作，参与近15起涉外事件的协调处理。深化外交为民理念，日本发生3·11地震后，做好本区机构和人员有关境外领事保护工作。

（吴芝蒸）

【国际化语言环境建设】 制定本区落实首都国际语言环境建设工作规划（2011～2015）方案，推进市民讲外语和双语标识标牌规范工作，举办市民讲外语活动周分会场活动、“学好英语畅游世界”和“新起点”市民英语骨干培训；以“市民公益英语教育”为切入点，开展“我是英语志愿者我献课”活动，截至年底，累计培训旅游、卫生、商业等窗口行业人员和社区居民近8万人次；加大涉外礼仪知识的普及力度，提高市民文明素质。

（吴芝蒸）

【外交官组团考察】 7月21日，以外交部创新委主任、原驻卢旺达大使孙树忠为团长的外交部高级外交官创新实践委员会考察团一行29人到区进行调研考察，考察团由6位原中国驻外大使、23位原中国驻外参赞组成。考察团一行与市政府外办和区领导会见并进行交流和座谈，座谈结束后参观八大处二处灵光寺佛牙舍利、石景山园留学生创业园以及首钢总公司。

（吴芝蒸）

石景山区人民政府区长、副区长

区　　长　周茂非（2月免）
　　　　　夏林茂（2月代，12月任）
副 区 长　王春杰（10月免）　付生柱（12月免）
　　　　　吴克瑞（12月免）　石玉贵（12月免）
　　　　　文　献（10月任）　田利跃（12月任）
　　　　　李　艳（女）　　　司马红（女）
　　　　　杨东起（10月任）　刘亚泉（12月任）

石景山区人民政府工作机构主要负责人

政府党组成员、办公室主任	富大鹏
发改委主任	高　明
经信委主任	李元涛
教委主任	叶向红（女）
区教育督导室主任	刘志成
集体经济办公室主任	孙金生
区动物卫生监督管理局局长	孙金生（兼）
市政市容委主任	刘建国
水务局、地震局局长	刘建国（兼）
住建委主任	肖　平
商务委主任	侯建设（7月免）
	宋世媛（9月任）
金融办主任	杨京春
外事办公室主任	梁建新（9月免）
国资委主任	司尚国
科委主任	王亚迅
知识产权局局长	王亚迅（兼）
人口计生委主任	宋　平（女）
监察局局长	许景山（兼）
文委主任	高洪雁（女）
信访办主任	杜　涛
研究室主任	姚茂文
区志办主任	张相明（兼）
民防局主任	高庆伟（9月免）
	崔　泽（9月任）
法制办主任	张培莉（女）
民宗侨办主任	韩　冰（女，3月免）
	肖　贝（4月任）
社会办主任	沈代平（副区级）
体育局局长	徐春生
卫生局局长	葛　强
旅游局局长	吴海龙
档案局（馆）局（馆）长	张相明
财政局局长	刘亚泉
审计局局长	仲长军
安全监督局局长	杨文明
统计局局长	陈　伟
人力社保局局长	赵一名（9月免）
	梁建新（9月任）
环保局局长	岳林华
园林绿化局局长	付建国
民政局局长	王军辉
投促局局长	徐　涛
环卫中心主任	高殿亮
流管办主任	刘道东（兼）
维稳办主任	王景泉（兼）
行政投诉中心主任	许景山（兼）
行政服务中心主任	李景利
区城市管理监督指挥中心主任	吴克瑞（兼）
区城市管理监督指挥中心常务副主任	刘建国（兼）
城管监察大队大队长	冯重北
西部建设办主任	宋世媛（女，9月免）
机关行政事务管理处处长	张建刚
石景山医院院长	付　锐
公园管理中心主任	王金兰（女）
八大处公园管理处主任	王金兰（女）

石景山年鉴 SHI JING SHAN NIAN JIAN

政治协商会议石景山区委员会

中国人民政治协商会议北京市石景山区委员会(简称区政协),是中国人民政治协商会议北京市石景山区地方组织。区第八届政协常委会组成人员34人,其中主席1人、副主席7人、秘书长1人、常委25人。12月23日,区第九届政协常委会成立,组成人员33人,其中主席1人、副主席6人、秘书长1人、常委25人。下设7个办事机构,行政编制26人。年内,在区委领导和市政协指导下,在区政府和社会各界大力支持下,区政协常委会贯彻落实科学发展观,把握团结和民主两大主题,依靠各界委员,围绕全区中心任务和政协换届工作,履行各项职能,完成八届五次会议部署的各项任务,为促进区域经济社会又好又快发展作出贡献。全年召开全体会议2次,常委会会议4次、主席会议8次,开展4项专题调研,形成主席会建议案4个,八届五次收到提案175件,经审查立案155件,办复率100%,九届一次会议收到提案196件,经审查立案176件,全年收集信息400余条,经整理向市、区信息部门报送200余条,编辑《社情民意》108期,其中市、区信息部门采用30余条,市、区领导批示30余条(次)。

地址:石景山路18号
电话:88699212
邮编:100043

(李如松)

重要会议

【八届五次会议】 1月4~6日在京燕饭店召开,倪国锋主持。会议审议并通过倪国锋代表八届政协常委会所作的工作报告,张守信所作的八届政协提案工作情况报告,通过八届政协第五次会议政治决议和八届政协第五次会议关于常委会工作报告的决议。列席区第十四届人民代表大会第五次会议,听取并协商讨论政府工作报告和其他重要报告;举办委员咨询活动;9名委员作大会发言;收到委员提案175件,立案155件。市政协副主席熊大新出席会议;荣华出席闭幕式并讲话。

(李如松)

【九届一次会议】 12月19~23日召开,岳德顺主持。会议审议并通过倪国锋代表八届政协常委会所作的工作报告,以书面形式审议并通过八届政协提案工作情况报告,审议通过第九届委员会第一次会议期间提案审查情况报告;通过九届政协第一次会议政治决议和关于八届政协常委会工作报告的决议。选举岳德顺为九届区政协主席,刘国庆、司尚国、刘建国、赵继新、高杰、于秀云为副主席,刘福利为秘书长,选举苏文颖等25人为常委会委员。列席第十四届人民代表大会第六次会议,听取并协商讨论政府工作报告和其他重要报告;举办委员咨询活动;9名委员作大会发言;收到委员提案196件,立案176件。荣华出席并讲话。

(李如松)

【常务委员会会议】 年内召开4次常委会。1月26日,倪国锋主持召开第29次常委会。会议通过第八届委员会常务委员会当年工作要点(审议稿);通过人事任免事项;通过调整八届区政协委员建议人选名单。4月28日,第30次常委会议听取党风廉政建设情况通报,传达区委第三次政协工作会议精神。9月22日,第31次常委会听取区政府关于国家可持续发展实验区、中关村国家自主创新进步示范区和国家服务业综合改革试点区建设发展情况汇报;通过第八届委员会工作总结;会议通过于惠兰任免职决定。11月24日,第32次常委会审议并通过区八届政协常委会工作报告;区八届政协常委会提案工作报告;区九届政协委员建议名单、九届一次会议主席团成员、秘书长建议名单;九届一次会议选举办法(草案)、有关文件(送审稿)、会议议程(草案)、日程(草案)、提案审查委员会委员建议名单(草案)、秘书处秘书长、副秘书长建议名单(草案)和小组召集人建议名单(草案);通过关于蒙树红任免职决定。

(李如松)

【主席会议】 年内召开8次主席会议。1月26日,倪国锋主持召开第38次主席会。审议政协第八届委员会常务委员会当年工作要点(审议稿);审议人事任免事项;审议调整八届区政协委员建议人选名单;会议同意以上事项报区政协常委会审议。3月15日,第39次主席会审议并通过各专门委员会当年工作计划(送审稿);听取并原则同意八届五次会议提案情况分析报告;审议并通过八届五次会议驻会领导督办提案方案;审议通过八届政协优秀提案。7月14日,第40次主席会审议并通过关于构建本区高端教育培训产业平台的调研报告和建议案;审议并通过关于“中小学校校舍安全工程”代建制的调研报告和建议案;审议并通过关于供热管网节能技术应用推广的调研报告和建议案;审议并通过关于整合资源,努力打造旅游文化节庆品牌的调研报告和建议案。9月15日,区政协领导与部分政协常委进行区政协第41次主席会视察。倪国锋一行到五里坨定向安置房建设工地,了解安置房建设情况,听取西建办负责人关于西部开发建设工作进展情况汇报。在永定河莲石湖工程现场,听取区市政市容委负责人关于莲石湖建设情况的汇报。随后对夜景照明设置情况进行检查,重点检查长安街沿线(石景山路)、阜石路(石景山段)主干道路灯架设安装、亮灯率和其他夜景照明设置情况。同月22日,第42次主席会审议并通过政协第八届委员会工作总结、各专委会工作总结、于惠兰任免职决定、第31次常委会议程。10月13日,第43次主席会听取并审议“关于构建石景山区高端教育培训产业平台的建议案”、“关于我区中小学校校舍安全工程代建制的建议案”、“关于石景山区供热管网节能技术应用推广的建议案”和“关于整合资源,努力打造石景山区旅游文化节庆品牌的建议案”办理情况的汇报。11月11日,第44次主席会审议第八届委员会常务委员会工作报告(送审稿);审议关于八届期间提案工作情况的报告(送审稿)。同月24日,第45次主席会审议并通过区九届政协委员建议名单、区政协九届一次会议主席团成员、秘书长建议名单;审议通过区政协九届一次会议选举办法(草案);审议通过区政协九届一次会议有关文件(送审稿):会议议程(草案)、日程(草案)、决议起草委员会建议名单(草案)、小组召集人建议名单(草案)、提案审查委员会委员建议名单(草案)、委员、列席单位分组名单(草案)、秘书处秘书长、副秘书长建议名单(草案)、秘书处各组负责人名单(草案)和大会秘书处各组职责(草案)。

(李如松)

【八届政协总结大会】 11月10日召开。总结区政协第八届委员会五年来的工作,成为八届政协最后一次全体大会。倪国锋作区政协八届委员会工作总结。荣华讲话,夏林茂、赵玉民等出席大会。八届区政协在区委领导下,坚持围绕中心、服务大局,牢牢把握团结和民主两大主题,认真履行政治协商、民主监督、参政议政职能,发挥自身优势,为促进地区全面转型、科学发展作出重要贡献。五年来,坚持加强学习、把握重点,保持正确政治方向,切实做到在思想上与区委同心,目标上与区委同向,工作上与区委合拍,投身地区转型发展的各项事业中;坚持围绕中心、服务大局,积极献策出力,共撰写100余篇调研报告,提交807件提案,反映1000余条社情民意,很多建议转化为现实成果。当年市委市政府作出加快京西地区转型发展的重大部署,这是区政协通过西南五区论坛联合其他四区首先发出的倡议。与此同时,大力开展招商引资和安商抚商工作,引进企业193家、入区库税收达到6700多万元;坚持发挥包容各界、联系广泛的特点和优势,凝心聚力,促进社会和谐。广大政协委员深入民众,体察民情,了解民意,及时准确地捕获和表达各界群众的利益诉求,做了很多得人心、暖人心、稳人心的工作,做了很多减少阻力、增强助力、形成合力的工作;主动适应形势和任务要求,坚持固本强基、开拓创新,加强自身建设。创办“北京西南五区经济发展论坛”,搭建政协履职新平台,开创区域之间横向联系新模式。

(李如松)

专门委员会

【提案委员会】 对区政协八届四次会议以来立案的158件提案进行分析、交办,办复率为100%,委员满意率97%。对“关于发展永定河水岸经济的几点建议”等8件重点提案进行专项督办;坚持围绕区委区政府重视和人民群众关注的难点、热点问题反映社情民意,全年收集信息400余条,经整理向市、区信息部门报送200余条。编辑《社情民意》108期,其中市、区信息部门采用30余条,市、区领导批示30余条(次)。

(李如松)

11月10日,八届区政协总结会 (区政协供稿)

【经济科技委员会】 完成“关于构建石景山区高端教育培训产业平台的建议”专题调研报告,形成主席会建议案上报给区委区政府。承担“石景山区社会经济转型的思路和对策”专项研究课题管理工作。荣华担任课题总负责,完成课题主报告的编撰工作。策划由周茂非、倪国锋担任主编的《后工业城市战略转型研究》一书,组成研究团队历时2年完成,年内由经济管理出版社出版发行。市政协主席王安顺对该书出版工作十分重视,邀请时任市政协主席的阳安江作序。该书分为专题篇、专家篇和建言篇,汇集著名经济学家刘世锦、杨开忠,社会学家李强等30多位专家学者的论文,是关注市情区情,创新履职形式的有益尝试。发出“大力开展招商引资工作,促进经济增长”倡议书,发动委员和社会力量广开招商引资渠道,开展招商引资工作。多次接待来自国内外的20多家企业到区考察。引进企业22家,注册资金12460万元。引进企业入区库税额五年累计实现6714.12万元,连续两年被评为区“招商引资工作突出贡献单位”。40名专委会委员提交个人提案32件,联名提案9件,撰写社情民意46条。财政预算民主监督小组履行政协民主监督职能,于年中和年底召开专门会议,听取并讨论当年财政执行情况和下年财政预算情况,形成评议报告。先后到中国华录集团、趣游公司等企业视察走访,了解企业发展需求,为委员搭建了解区情的平台。接待市政协及相关部门、兄弟区县政协、天津市政协、广东省韶关市政府等十余批次访问团。加强自身建设,推行委员履职考核制度,实行委员履职量化管理,建立委员履职档案,创建经科委委员网络互动群和微博,搭建委员网络通知信息平台,提高委员管理与服务规范化、科学化水平。

(李如松)

【城建环保委员会】 全年组织活动11次,委员出席人数近200人次。协助完成八届五次会议的筹办工作。对八届五次会议城建环保类提案进行提案分析,形成“城建环保类提案分析报告”，推荐重点督办提案和优秀提案。组织委员视察、调研共6次。邀请区环保局领导通报环保形势和工作情况。深入区市政管委、鲁谷供热厂等单位走访座谈。围绕“关于供热管网节能技术应用推广的调研报告”，组织委员学习考察301医院、北汽福田供热系统运行情况，就供热节能等问题进行探讨和交流。经过征求委员和相关职能部门意见进行多次修改，完成“关于供热管网节能技术应用推广”及建议案，并提交区政府。牵头和协调相关部门完成“首钢搬迁调整后石景山区环境保护工作对策”调研报告。完成“关于加强我区夜景照明建设管理的建议“重点提案的督办工作。完成八届城建环保委员会五年工作总结，多次征求委员意见，提交政协党组会审议。组织委员参加“十二五”发展规划讲座，参加换届严肃纪律会议；参与政协地方志编写工作，协助区政协学习与文史委员会，完成《政协参考》委员投稿、编辑等工作，与经信委联合接待韶关市政府领导到区参观考察。

（李如松）

【教文卫体委员会】 召开对口联系部门工作情况通报会暨专委会工作会。邀请区教委、卫生局、体育局、文委、旅游局领导向委员们通报本部门上年工作完成情况和下年工作思路。委员对专委会当年工作计划和调研方案进行讨论。围绕“利用节庆优势推动旅游文化事业发展”与旅游局开展调研。调研小组成员听取区文委、八大处公园、石景山游乐园、国际雕塑公园相关领导关于“节庆活动现状、存在的问题及困难以及打造新的节庆活动品牌想法”的情况介绍。就“关于整合旅游文化资源努力打造节庆品牌”调研课题前往房山区、朝阳区考察调研。就进一步贯彻全民健身条例落实情况，与区体育局座谈。与提案委员会委员到八宝山第一社区卫生服务站进行视察，并对“关于以社区预约转诊服务为契机，建立初级区域医疗网络的建议”重点提案进行督办。与区人保局就社会保障卡执行情况座谈。关于整合旅游文化资源努力打造节庆品牌的调研被评为区年度“优秀调研报告二等奖”。参加画册编辑工作会议并收集整理专委会5年工作照片。

（李如松）

【社会法制与民族宗教委员会】 年内组织调研课题小组。确定“关于中小学校校舍安全工程代建制的调研”课题，明确调研步骤、时间、执笔人等。加强与宗教界沟通，赴双泉寺、大悲寺对佛教文化及佛教旅游文化开发进行视察、座谈。赴兰州、甘南等地就“佛教旅游文化”产业进行考察、座谈。组织委员担任“2011年公开选拔领导干部面试”、“公开选拔副处级干部面试”工作群众评委，参加区司法局组织的“六·五普法规划”意见征询、区法制办组织的全区依法行政考核工作。组织委员参观中国国家博物馆和中国邮政邮票博物馆。与民革区工委联合开展专题调研，组织对区经信委、教委及相关学校进行调研。分别听取相关单位工作汇报，区发改委主管领导及代建公司负责人对目前校安工程代建制的设置、招投标过程及内容，代建公司的代建程序、代建项目及如何理顺代建公司与政府、建设和使用单位关系等方面情况的介绍。教委相关领导对校安工程代建中教委担负的责任、已经完成和计划进行的代建项目及如何理顺代建公司关系等方面情况的介绍。按照调研与落实相结合的原则完成对去年形成“关于流动人口服务与管理工作的调研”落实情况的追踪。区流管办领导围绕建议案落实情况，流管工作进展，存在主要问题等几方面向委员进行专题汇报。就委员普遍关心的“西部开发拆迁和建设”情况进行视察。完成八届五次会议交由社会法制与民族宗教委提案分析情况报告，根据多数委员提案所关注的问题，确定重点提案；联合提案委对由区政协秘书长重点督办的牛露玫等四位委员联合提出“关于加大首钢园区开发进程，加快解决首钢职工分流安置问题的建议“的提案办理情况进行检查督办。听取区综治办领导对上半年综治形势、综治办开展的具体工作和今后的工作计划等方面向委员做的专题汇报。

（李如松）

【学习与文史委员会】 分析八届五次会议期间教育文化类提案23件，完成提案情况分析报告，推荐重点督办提案。听取区教委、区卫生局、区体育局、区文委、区旅游局领导关于上年部门工作情况通报和当年工作思路，部署专委会工作。组织委员参观新华网和新华社金融信息交易所，实地参观视察804数字频道开播情况和三浦灵狐动画设计有限公司。马刚带队，学习与文史委员会和教文卫体委员会部分委员一行22人赴陕甘宁地区学习考察，与当地政协进行沟通交流，对本区文化文物发展情况进行宣传介绍。

3月23日，区政协常务副主席考察新华网 （区政协供稿）

邀请经济学博士，城市和产业发展规划专家刘世能为全体政协委员、民主党派人士做关于“十二五”规划解读报告。从国家、市“十二五”规划编制背景、经济方式转变、改善民生和发展文化产业等方面做出解读，并对区“十二五”规划进行分析和思考，提出在今后的发展中要重研究、重规划、要强化和突出区域特色。召开文史工作总结与文史资料受众情况调查会，组织参观京西古道博物馆。组织编辑小组人员做好征集组稿工作，注重发挥委员特长。全年编印刊物四期，刊登委员文章10余篇，2万余字。根据市政协要求，协助征集并报送关于首都文化创意产业发展论坛稿件2篇（赵继新、徐远平）。参加市政协纪念中国共产党成立90周年，推进人民政协理论建设专题报告会及市政协文史委组织的学习参观活动。为全体委员和机关人员订阅《学习》内部参考读物。组织委员参加区第三次政协工作会、区严肃换届纪律保证换届风清气正工作会议和公开选拔副处级干部面试工作。参加画册编辑工作会议并收集整理专委会5年工作照片。

（李如松）

中国人民政治协商会议北京市石景山区第九届委员会

主　　席　岳德顺

副 主 席　刘国庆　司尚国　刘建国　赵继新　高　杰　于秀云（女）

秘 书 长　刘福利

常务委员　王　强　王亚迅　王明生　王泽群　毛　轩　左小兵　白德骏（回）　刘志成　魏志强　王智勇　刘东晖（满）　杨学兵　苏文颖　李凤芹（女）　汪礼俊　张　文　张　杰　张军柱　张春禄　陈文彰　赵　红（女）　赵建平　释常藏　秦玉山　郭绍华

石景山区政协专门委员会负责人

经济科技委员会主任	刘卫东
社会法制与民族宗教委员会主任	刘丙杰
城建环保委员会主任	孙立忠
学习与文史委员会主任	杨玉玲（女）
教文卫体委员会主任	胡丰华
提案委员会主任	王智勇

石景山区政协工作机构负责人

区政协秘书长	王书重（12月免）
	刘福利（12月任）
区政协副秘书长、办公室主任	刘福利
政协研究室主任	陈　勇（1月免）
	蒋志谋（1月任）
政协专委会工作一室主任	刘卫东
政协专委会工作二室主任	刘丙杰
政协专委会工作三室主任	孙立忠
政协专委会工作四室主任	杨玉玲（女）
政协专委会工作五室主任	于惠兰（女，9月任）

补　白

中国人民政治协商会议北京市石景山区委员会专门委员会简介

区政协专门委员会(简称专委会)是在常委会和主席会议领导下,组织委员进行经常性活动的工作机构。由界别组成,重视发挥界别作用,是人民政协组织的显著特色和政协工作的突出特点。政协专委会正是本着有利于联系各界、各方面人士,自愿、协商和便于组织经常性活动的原则所设立的。专委会主任、副主任的设立由常委会决定,设主任一人(在主任由不驻会政协委员兼任时任命或聘任区政协机关一人担任专职副主任),副主任若干人;设委员若干人,由主席会议决定。专委会根据需要可设小组进行活动。

专委会是政协工作的重要基础,是政协履行职能的重要方式。专委会根据政协章程要求以及本届区政协委员会全体会议和常委会工作要点提出的各项任务,从实际出发开展工作。其主要内容是:组织委员学习、宣传国家的方针政策和法律;就国家的大政方针、本市、本区政治、经济、文化和社会生活中的重要问题,人民群众普遍关心的问题,选择其中具有综合性、全局性、前瞻性的课题,深入开展调查研究,了解本市本区政治、经济、文化和社会生活各个方面的情况,提出意见、建议、提案和建议案;团结和联系委员及各族各界人士,积极收集和反映社情民意;维护社会稳定和民族团结,促进祖国和平统一,加强同全国各地人民的友好往来和合作;组织各种活动,积极为政协委员知情出力、履行职能创造条件。

区政协第五届(1996 年 1 月起)到第八届委员会(2010 年 12 月)的 15 年中,根据政协章程规定和本区政协工作实际,区政协工作机构撤消工作组设置,增设或合并部分专委会,从组、委并存发展到以专委会为开展政协工作的基础单位。专委会的设置,各届不完全相同,随着形势和任务的变化不断调整。以下是各届专委会的设置情况。

第五届委员会

第一次常委会议(1994 年 3 月 14 日)决定设:学习委员会、提案委员会、经济科技委员会、城建城管委员会、教育文化委员会、医卫体委员会、社会和法制委员会、文化经济联络委员会、文史资料委员会。

第十二次常委会议(1995 年 12 月 20 日)通过《区政协机构改革方案》,经中共石景山区委批准,区政协由 9 个专委会改设为 6 个专委会:保留现有的提案委员会(14 人)、学习委员会(21 人)、经济科技委员会(31 人)、城市建设和城市管理委员会(26 人)、社会和法制委员会(22 人);原教育文化委员会、医卫体委员会合并为教文卫体委员会(33 人);原文化经济联络委员会并入社会和法制委员会,原文史资料委员会并入学习委员会。这一重要改革符合精简、统一、效能的原则,更有利于政协活动的开展。

第六届委员会

第一次常委会议(1999 年 3 月 2 日)决定设置六个专委会:提案委员会(15 人)、学习指导委员会(11 人)、经济科技委员会(45 人,下设经济组、科技组)、教文卫体委员会(32 人,下设教育组、文化体育组包括文史资料、医疗卫生组)、城市建设和管理委员会(29 人,下设城市建设组、城市管理组)、社会和法制委员会(25 人,下设民宗侨组、法制组)。

第七届委员会

第一次常委会议(2004 年 2 月 24 日)决定取消学习和指导委员会,设置文史委员会,共设置六个专门委员会:提案委员会(15 人)、文史委员会(7 人)、经济科技委员会(39 人)、教文卫体委员会(35 人)、城市建设和管理委员会(29 人)、社会和法制委员会(24 人)。

第八届委员会

第一次常委会议(2007 年 1 月 16 日)决定设置六个专委会:提案委员会(17 人)、学习与文史委员会(25 人)、经济科技委员会(41 人)、城建环保委员会(30 人)、教文卫体委员会(32 人)、社会法制与民族宗教委员会(32 人)。

(注:各届各专委会人数不是固定的,本届当中会随着委员的增减或变动进行调整)

纪检·监察

中共石景山区纪律检查委员会机关(简称区纪委)和北京市石景山区监察局(简称区监察局)合署办公,在区委区政府和市纪委监察局双重领导下开展工作。内设10个职能部门,区行政投诉中心挂靠在区监察局。全区有42个基层单位设置纪检监察机构,其中有14个纪委、12个纪工委、16个纪检组。区纪委有委员29人。年内,围绕中心工作,坚持党要管党、从严治党方针,切实履行《党章》赋予的职责,努力构建惩防腐败体系,深入推进党风建设和反腐败斗争。加强对市、区重大决策部署落实情况进行监督检查,确保政令畅通。与区政府督查室等7家单位和区政府特约监察员组成联合监察组,重点对项目招投标、资金管理使用、建设质量及施工进度等关键环节开展监督检查;对住建委等14家承担保障性住房管理和建设任务的单位开展效能监察;对重点村城市化工程任务推进情况、项目审批、质量安全、财务审计等情况进行督促检查,通过市纪委检查组专项验收。落实关于严肃换届纪律保证换届风清气正的通知精神,按照“5个严禁、17个不准和5个一律”要求,做好严肃换届纪律相关工作推进政风行风建设,纠正损害群众利益的不正之风。组织区、处两级领导班子开展专题民主生活会。对行政服务大厅等17个服务窗口和税务所等51个基层站所开展民主评议。全年受理群众来信938件,全部办结,解决一批群众关注的热点难点问题。加大对领导干部的教育和监督力度,促使领导干部廉洁自律。开展“聚精会神抓廉政,一心一意谋为民”主题教育月活动。组织全区党员干部开展学廉政法规、唱廉政歌曲、做廉政表率等系列活动200余场,受教育党员近7000人次。推进党务公开工作。对学习落实《廉政准则》情况进行自查自纠,处级以上领导干部签订廉洁从政承诺书。制定加快推进电子监察项目建设工作方案,启动区行政监察现代化工程。坚持向区人大常委会、政协常委会、民主党派和工商联、离退休老干部通报党风廉政建设情况。严肃查办违法违纪案件,维护党纪政纪严肃性。全年查办违法违纪案件8件,与区检察院建立联席会议制度、案件(线索)移送制度、协同办案制度和办案人才交流制度等工作机制,提高办案效率。推进廉政风险防控管理工作,加强对权力运行的监督和制约。开展廉政风险防范“回头看”活动,针对机构、岗位人员变化中出现的风险点,进一步完善防控制度。推进组织人事、财政管理、行政审批制度的改革。开展专项治理工作,着力解决群众反映强烈的突出问题;治理“小金库”,清理规范庆典、研讨会和论坛活动。加强纪检监察干部队伍建设,不断提高履职能力。开展创建“学习型、廉洁型、服务型”三型机关活动。贯彻市纪委15号文件精神,在全市率先出台加强纪检监检察机关及基层纪检监察组织建设的实施意见,重新拟定“三定”方案,机关十室一中心设置全部到位。全年受理信访举报121件次,同比减少3件次,下降2.4%。区纪委信访室被评为区“信访工作先进单位”;纪委案件检查室11·04案办案组获“集体三等功”;纪检监察干部获中纪委嘉奖1人,市纪委表彰3人。

地址:石景山路18号
电话:88699315
邮编:100043

(全 韬)

纪 检

【区纪委换届】 12月8日,中共北京市石景山区第十一届纪律检查委员会第一次全体会议召开,区纪委委员29人出席。会议通过选举办法,宣读市委组织部批复并对区纪委常委、书记、副书记候选人建议名单作说明,选举产生第十一届区纪委常委、书记、副书记,报区委十一届一次全会通过。刚杰当选为区纪委书记,许景山、仲长军、韩孟荣当选副书记,张新东、高维华、王朴、杨春华、田成立为区纪委常委。

(全 韬)

【十届九次全会】 11月9日召开。对工作报告进行说明,各位委员对报告内容进行讨论。刚杰强调,要高标准抓好反腐倡廉工作任务的落实,组织开展对党风廉政建设责任制贯彻落实情况的监督检查,加强对廉政制度执行情况的监督检查。组织好区纪委换届选举工作,按照区委和市纪委有关要求组织筹备、履行义务,确保区纪委换届顺利进行。模范遵守换届工作纪律,加强监督检查,为换届工作圆满完成提供纪律保证。发挥有效监督的职能作用,协助党委做好换届选举工作,对换届工作中组织人事纪律的执行情况进行监督检查,及时纠正违反规定的行为。

(全 韬)

12月8日,区纪委十一届一次会议 (岳星 摄)

【党风廉政建设责任制】 2月28日，制定下发当年建立健全惩治和预防腐败体系任务分解方案，明确14个单位牵头的38项具体任务。11月，下发关于对全区各单位落实党风廉政建设责任制、推进惩防体系任务完成情况进行专项检查的通知，要求各单位进行自查自评，写出自查报告。12月中下旬，区责任制领导小组6位区委常委成员分别带队，对区教委、区人力社保局等6个重点单位落实完成情况进行检查，将检查情况向被检单位进行书面反馈。

（牛秋娟）

【廉政风险防控管理】 4月13日，下发廉政风险防范管理工作要点，在全区普遍开展“回头看”活动。根据机构变化、人员调整“回头看”；对照已经找出的风险点“回头看”；开展完善制度“回头看”；开展加强考核修正“回头看”。全区各单位各部门按照分级负责、分类管理原则，开展廉政风险防控“回头看”活动，约4.2万多名党员重新查找廉政风险点。经梳理归类，查找出廉政风险点约21.8万个，制定防控措施38万余条。

（牛秋娟）

【推进党务公开】 7月6日，召开党务公开工作推进大会，下发关于推进党务公开工作的实施方案，对组织领导、工作步骤、目标要求等作出具体安排，确定苹果园街道等4个有代表性的党组织作为试点单位。9月底，党务公开工作领导小组组成3个组深入30个基层党组织就党务公开工作开展情况进行检查。

（牛秋娟）

【区委书记讲党课】 6月14日，荣华以“廉洁从政给力全面转型，风清气正助推科学发展”为主题，为全区处级以上干部讲党课。从廉洁从政是世界各国政党和全面转型发展面临的重大政治课题、切实增强廉洁从政的责任感与紧迫感，在全面转型中筑牢坚实的思想防线、坚持为民务实、廉洁高效，推进本区全面转型科学发展等几个方面阐述加强党风廉政建设的重要性。区四套班子全体领导及部分学校和国资企业负责人近300余人参加党课教育活动。

（杨浩宇 吴展标）

5月25日，公车治理工作部署会 （区纪委供稿）

【查办案件】 全年查办违法违纪案件8件，其中大要案7件，结案7件；处分7人，其中6人受到党纪政纪双重处分，包括处级领导干部2名。年内，以换届工作和基层党风廉政建设为重点，推进廉政风险防范管理，制定并下发关于严格执行党员干部和行政监察对象违法违纪问题上报规定的通知。发挥查办案件组织协调作用，与区检察院联合制定关于进一步加强案件查处工作协作配合的意见，形成联席会议、信息通报、案件移送、资源共享等工作机制。健全完善查办党员领导干部违纪违法案件组织协调工作办法，加强与区委组织部、区检察院、区法院、区公安分局等单位协作。完成案件管理系统升级和全年案件统计、分析工作。对案件检查的各项工作进行全面自查，修订、完善案件检查工作责任制、案件管理工作办法等相关规章制度，确保案件检查工作程序化、规范化。

（刘铁飞）

监　　察

【公务用车专项治理】 加强和规范党政机关公务用车的配备、使用、管理，在全区开展公务用车专项治理工作。成立公务用车问题专项治理工作领导小组，刚杰担任组长，领导小组办公室设在财政局。5月25日，召开全区开展党政机关公务用车问题专项治理工作部署大会，下发开展党政机关公务用车问题专项治理工作的实施方案。对全区349个单位进行清查，登记车辆1275辆。

（牛秋娟）

【重大工程建设监督检查】 3月16日，制定并下发关于对十项重点工程建设开展立项效能监察实施方案及监察通知书。成立由区监察局、行政投诉中心、区政府督查室、区发改委、住建委、审计局、财政局、区政府特约监察员组成联合监察组，借鉴在奥运工程建设过程中监督管理经验，形成“三查”监督机制，重点对工程进度、资金管理使用、工程质量、工作人员依法履职等情况进行检查。

（李永丰）

【工程建设领域专项治理】 截至年底，本区第一、二、三批专项治理项目总计94个。规划建设用地面积322.8万平方米，总投资264.1亿元，完成投资41.2亿元。其中，政府投资项目39项，总投资72亿元；国有投资项目39项，总投资160.7亿元；社会投资项目16项，总投资31.4亿元。通过自查和排查没有发现涉嫌违纪案件；项目决策科学民主、项目审批依法合规、项目管理规范有效、行政监督畅通有力；23

个项目建设手续存在不规范、不到位现象，检查出46个问题，整改率100%。

（李永丰）

【民主评议】 3月，制定民主评议重点服务窗口工作实施方案和民主评议基层站所工作实施方案。4月，召开动员部署会，开展全区重点服务窗口和基层站所自查自纠工作。5～10月，组织20名区党风廉政监督员和特约监察员，开展明察暗访42次。在8个街道办事处及鲁谷社区，召开座谈会、议事会、对话会、公开述职、走访调查等各类形式活动50余次，评议大会9次。对全区19个政府部门、10个公共服务单位、51个基层站所、17个重点服务窗口开展群众民主评议工作。通过对990余名群众代表调查走访，获得群众意见及建议310余条。

（穆志斌）

【纠风工作】 全年受理政风行风信件938件，全部办结。12月在市“政风行风热线”年度考核中，热线办理成绩在全市16区县排名第一。参加北京电视台“走进直播间”节目，对本区在保障性住房建设方面开展的政风行风建设工作及成效进行直播访谈。4～11月，完成对区委系统、政府系统、街道系统、社会团体等6大类、79家处级单位的庆典、研讨会、论坛活动清理和规范工作。3月、9月分别在13所中小学、直属单位，开展春季和秋季清理教育乱收费工作的检查。12月制定关于进一步规范评比达标表彰活动管理办法(试行)，强化评比达标表彰活动管理工作。

（穆志斌）

【保障性住房立项监察】 制定关于对住房保障工作开展立项效能监察(督查)的实施方案，下发监察通知书，重点对本市城市廉租住房管理办法和本市经济适用住房管理办法(试行)的贯彻落实情况及定向安置房分配进行监督检查。成立由区监察局、行政投诉中心、政府督查室、区特约监督员组成的联合检查组，采取听取汇报、查阅资料、明察暗访、反馈结果、督促整改等步骤，实行定期检查和随机抽查、全面检查与重点抽查相结合方式，对14个被监察单位、10个保障性住房审核窗口和相关建设工程开展检查。9月对住房保障资格审核窗口规范化服务进行专项检查，召开情况通报会，将各类问题及时通报有关部门，督促整改落实。

（李 颖）

【行政投诉】 全年接待投诉75件，属于受理范围38件，直接调查12件，全部办结。做好市行政投诉中心批办、交办的行政投诉件，协调指导各基层纪检监察机构做好受理行政投诉工作，对重大、有影响的行政违规违法事件进行直接调查；做好投诉人思想工作，稳定情绪、化解矛盾。对反映所属政府部门及其工作人员比较重大、有影响的投诉件，会同有关基层纪检监察机构联查联办，维护纪律严肃性。开展行政投诉结果分析运用，编写行政投诉分析4期，对倾向性问题进行分析，提出改进建议。

（李 颖）

中共北京市石景山区第十一届纪律检查委员会

区纪委书记	刚 杰	区纪委常委	张新东
区纪委副书记	许景山		高维华
	仲长军(女，12月任)		王 朴(女)
	韩孟荣(12月任)		杨春华
			田成立

2012 石景山年鉴 SHI JING SHAN NIAN JIAN

民主党派·工商联

中国国民党革命委员会石景山区工作委员会

概　述

中国国民党革命委员会北京市委员会石景山区工作委员会(简称民革区工委)是民革市委的派出机构。年内,发展党员9人,共87人,党员中有市人大常委1人,区人大副主任1人,区人大常委1人,区政协常委2人,区政协委员8人。年内,以换届为契机,全面加强自身建设,提高党员素质;通过换届,继承和发扬优良传统,增强履行参政党职能的自觉性,进一步改善领导班子整体结构,提高班子成员综合素质,围绕全区中心工作,着眼群众普遍关心的热点难点问题,与民革市委、区政协等单位开展联合调研,为区委区政府决策提供高质量、有价值的意见建议;积极报送信息,反映社情民意;发挥自身优势,热情服务社会,努力建设理论上清醒、政治上坚定、组织上巩固、制度上健全的参政党。

地址:八角北路民主党派办公楼一层

电话:88927998

邮编:100043

(张　旭)

【信息工作】 反映社情民意,协助区委区政府做好理顺情绪、化解矛盾、维护稳定工作。下发关于信息报送积分奖励暂行办法,就加强信息工作作出部署。年内报送信息150余条,其中被区委统战部采用52条,被民革市委采用59条,在全区各民主党派中排第一。其中陈光和张旭各有一条信息被刘淇批示,陈光被民革中央评为参政议政先进个人。8月,组织部分骨干在北戴河举办信息工作培训班,增强参政议政热情和能力。获上年度区统战系统信息工作先进单位特等奖,陆德山、陈光、柯玲、张旭获上年度区统战系统优秀信息员称号,"党外人士对杜青林接见达赖喇嘛私人代表的反映"等三条信息被评为统战系统优秀信息;"关于加强北京台湾街建设管理的建议"等4条信息被评为区政协优秀社情民意一等奖;"在新兴媒体中加强维稳工作的建议"等2条信息被评为区政协优秀社情民意二等奖。

(张　旭)

【参政议政】 与区政协社法委联合围绕校园安全工程全程代建制开展调研。先后听取区发改委、教委关于开展校安工程代建制的情况汇报。到实验中学和实验小学等单位视察代建制落实情况。9月,到前门台湾会馆和前门台湾文化商务区就台湾街建设问题进行调研,市台联党组书记刘宪苏介绍台湾会馆情况,台湾文化商务区负责人介绍台湾映像运营情况。参加区政协八届一次会议以来十大优秀提案评选活动,"关于改变我区西部开发的总体思路,探索开发新模式的建议"入选十大优秀提案。调研报告"关于我区流动人口服务与管理工作的调研"形成区政协主席会议建议案,获区政协优秀调研报告评比二等奖和区委统战部优秀调研报告评比二等奖。

(张　旭)

【思想建设】 举办形式多样的学习活动,提高领导班子成员和广大党员的思想政治素质和理论水平,增强接受中国共产党领导的坚定性和自觉性。3月22日,民革区工委党员王琴音、专职干部张旭参加民革中央召开的理论建设调研座谈会,就开展理论建设情况以及存在的困难和问题发言。7月4日,组织部分党员参观在中华世纪坛举办的"一切为了人民"展览。同月26日,召开学习胡锦涛同志"七一"讲话精神座谈会,传达民革中央和民革市委通知精神,与会人员畅谈感想并针对促发展、促稳定工作提出具体建议。8月30日,在海航大酒店举办暑期学习班,全国政协常委、民革中央副主席、市政协副主席、民革市委主委傅惠民等应邀参加。9月13日,召开民主党派参政议政外部环境调研座谈会,首钢统战部、区科委、北师大励耘实验学校,丰台区文化馆等单位负责人,与民革市委宣传处和区工委相关党员就做好本职工作与党派工作关系等问题进行座谈。11月18日,召开学习贯彻中共十七届六中全会精神座谈会,学习民革市委通知和民革中央主席周铁农讲话精神。

(张　旭)

【辛亥革命百年活动】 区工委二支部和三支部相继组织党员到辛亥滦州起义纪念园举行"辛亥革命100周年纪念活动"。区工委党员、滦州起义重要领导人白雅雨之孙白绳武介绍滦州起义革命先烈英勇事迹和重要影响。年内,白绳武、李慧玲、陈光等陆续参加民革中央、民革市委和市社会主义学院等单位组织的不同主题的纪念辛亥革命百年座谈会并发言。白绳武陆续接受海峡之声、中国华艺广播公司、《新京报》、《天津日报》、《人民政协报》、《团结报》、唐山电视台、中央电视台九频道等媒体专访。10月9日,组织6名党员参加在人民大会堂举行的纪念辛亥革命100周年大会。区工委事先通知全体党员收听收看纪念大会实况转播,并布置信息报送工作。

(张　旭)

【换届工作】 按照组织程序,陆续召开本届领导班子述职评议会、区工委委员提名人选民主推荐会、领导班子民主生活会、基层组织负责人座谈会、新一届工委委员建议候选人说明会等会议。6月24日,召开换届大会。听取并审议区工委工作报告;选举产生新一届领导班子,李凤芹为主任,马丽萍、肖红、杨学兵、李智勇为副主任,顺利实现新老交替和政治交接。7月10日,召开主任会议,明确新一届区工委领导分工。成立参政议政工作委员会,肖红任主任;成立社会服务工作委员会,杨学兵任主任;成立祖统与经济工作委员会,李智勇任主任。

(张　旭)

【组织活动】 逐步确立以支部和专委会为活动主体的基层活动方式,增加凝聚力和向心力。9月28日,社会服务专委会在苹果园街道西山枫林社区开展医疗服务进社区活动,工委委员宁煜作老年人保健讲座;组织参观区民防宣教基地,给老党员展示并讲解灾害到来时的应急措施、以及科普教育和健康保健等知识。10月16日,举行重阳节敬老活动,邀请60岁以上老党员登山赏红叶;二支部组织党员到云居寺、周口店猿人遗址进行文化考察活动。组织部分党员赴河南平顶山进行文化交流活动,参观宝丰书画研究院,在笔会上,王燕丰、傅玉鹏、周宜雪的作品被研究院收藏。

(张　旭)

中国民主同盟石景山区工作委员会

概　　述

中国民主同盟石景山区工委(简称民盟区工委)是民盟市委的派出机构,截至年底,共有8个支部,盟员223人,其中女盟员100人。在职盟员129人,占57.8%;离退休盟员94人,占42.2%,平均年龄54.2岁。高教界盟员90人,占40.4%;普教界41人,占18.4%;科技界18人,占8.1%;医卫界20人,占9%;公有制经济22人,占9.9%;新社会阶层14人,占6.2%;其他18人,占8.1%。高级职称(正高和副高)112人,占50.2%;中级职称77人,占34.5% 。盟员中有现任市政协委员1人,区人大常委1人,区政协副主席1人,区政协常委1人,区政协委员6人。年内,发挥政治超脱、渠道畅通的优势,不断提高参政议政的能力和水平,在推进民主政治建设上实现新作为,在贯彻科学发展观、投身全区经济社会建设上取得新成绩。深入开展调研,认真建言献策,积极服务社会,做了大量卓有成效的工作,被民盟中央评为"先进集体",盟员陈家葆、杨卫东被评为"先进个人";参与盟市委统战理论研究课题两篇,完成论文12篇。

地址:八角北路民主党派办公楼
电话:88924684
邮编:100043

(张　慧)

【完成换届】 成立换届工作小组,深刻理解和全面把握民主党派换届的基本方针和原则,制定工作计划,认真履行推荐、测评、考察、公示等工作程序,做到组织到位、认识到位、程序到位、协商到位、纪律到位、支持到位。6月25日,区工委换届大会召开,听取并审议通过五届区工委工作报告,推选产生新一届领导班子。赵继新当选为新一届区工委主委;毛轩、许保国、杨卫东当选为副主委;张慧为秘书长。此外,所属7个支部分别进行支部换届,并对原综合支部进行调整,新成立科技支部;8个支部产生29名支部委员。

(张　慧)

【思想建设】 当年是中国共产党成立90周年、民盟成立70周年、辛亥革命100周年、中共中央召开十七届六中全会、"北京精神"发布年,区工委按照民盟中央及民盟市委部署和要求,组织各支部开展各种学习活动,组织盟员100多人次参加盟市委和区级报告会、座谈会,参与各类征文20余篇。北方工业大学支部举办纪念辛亥革命100周年座谈会,北方工大支部、北京工业职业技术学院支部分别召开学习中共中央十七届六中全会精神座谈会。

(张　慧)

【组织发展】 按照区工委《组织发展盟员工作程序》,强化组织发展工作的制度化、规范化。年内,发展新盟员19人,平均年龄38.3岁,发展率9.3%,净增率8.8 %。其中,女盟员7人,占36.8%;大学以上学历19人,占100%;高级职称6人,占61.6%;中级职称8人,占42.1%;教育界7人,占36.8%;科技界2人,占10.5%;医卫界2人,占10.5%;新闻出版界1人,占5.3%;政府机关1人,占5.3%;新社会阶层人士6人,占31.6%。

(张　慧)

【参政议政】 在区政协九届一次全会和区人大十五届一次全会上,区工委主委赵继新当选为区政协副主席,副主委毛轩当选为政协常委,副主委许保国当选为区十五届人大常委,杨卫东、刘智勇、祝智军、沈昕平、吴玉兰、张慧任政协委员。区工委领导多次参加区委区政府召开的通报会、协商会、座谈会,参加区第五次经济发展推进大会、区九次党代会征求意见会、《政府工作报告》征求意见会、学习贯彻中共十七届六中全会精神座谈会等,参会前搜集整理盟员建议;向区政协九届一次全会提交党派提案2件,个人提案18件。

(张　慧)

【调研工作】 围绕地区经济社会发展,完成3篇调研报告。分别为:"以发展文化创意产业为引领,实现文化强区"转化为向区政协九届一次全会提交的党派发言和党派提案;中学支部的"关于本区中小学教师幸福感指数的调查",转化为向区政协大会提交的个人提案"关于以人为本,让我区中小学教师更加爱岗乐教的建议";科技支部的"关于在黑石头垃圾消纳场原址建设本区生态科普博物馆的调研报告",并形成个人提案上交区政协。年内,获区"调研工作先进单位",7篇调研报告获奖,其中"关于整合资源,在永定河沿岸发展休闲产业的可行性分析及政策建议"获一等奖。

(张　慧)

【信息宣传】 全年盟员报送信息数量408条,同比增加160多条,参与盟员67人,同比增加27人。被区委统战部采用信息48条。赵继新和孙道银报送的信息"关于在永定河改造中,预留河堤自行车道的建议"被市政协采用,并得到落实。科技支部盟员赵长坡和张慧报送的信息"对公交专用道及站牌提示信息等加以改进的几点建议"被副市长苟仲文批示。年内,获区统战系统"信息工作先进单位一等奖",赵继新、张慧、杨卫东被评为"优秀信息员"。向民盟市委网站上传稿件79篇,被《北京盟讯》采用稿件34篇,被《石景山报》采用十余篇。

(张　慧)

【社会服务】 继续开展"优质服务惠姐妹,民盟专家进社区"活动,年内3位盟员专家到苹果园街道举办讲座,分别作婚姻法讲座(秦红岭)、"对中医保健的辩证思考"(梁斌强)、"婚姻法解释三"(彭慧)。综合支部坚持到顺义太阳村看望失依儿童,带去生活和学习用品;科技支部慰问区交通支队,会同区内多家企业举办"就业困难人员"招聘会;综合支部盟员任燕扉热心社会公益事业,向北京志愿服务基金会捐款10万元,用于"志愿北京之蓝天行动"、"关

爱农民工子女”志愿服务项目。

（张　慧）

中国民主建国会石景山区工作委员会

概　述

中国民主建国会北京市委员会石景山区工作委员会（简称民建区工委）是民建市委的派出机构，成员主要由经济界人士组成。区工委现有会员182人，其中男性会员115人，女性会员67人。研究生以上学历27人，占会员总数的15%；大本学历81人，占45%；大专学历52人，占29.4%。会员平均年龄54岁，其中40岁以下29人，占15.9%；41～50岁59人，占32.4%；51～60岁44人，占24%；61～70岁14人，占7.7%；71岁以上36人，占19.8%。43人具有高级职称，占26.9%；中级职称49人，占26.9%；初级职称14人，占7.7%。民建市委委员2人，其中常委1人；市人大代表1人；区人大代表3人，其中常委1人；区政协委员14人，其中常委2人。年内，把握团结和民主两大主题，认真履行参政党职能，积极参与地区大政方针、经济建设等重大问题的协商，围绕区委区政府中心工作开展调查研究，积极建言献策，反映社情民意，自觉服从服务于经济社会发展大局，切实加强自身建设，提高会员素质，为地区经济和社会各项事业又好又快发展献计出力、贡献力量。

地址：八角北路民主党派办公楼

电话：68822161

邮编：100043

E－mail：mjsjsgw@163.com

（李　蕾）

【组织发展】　全年发展会员5名，其中男会员4人，女会员1人，平均年龄34岁，均为40岁以下且具有本科学历；吸纳会友10名。成立企业专委会、参政议政专委会和文化宣传专委会。

（李　蕾）

【换届选举】　4月8日，成立区工委换届工作小组，召开各级会议，工委第六届领导班子成员依次述职，接受民主评议；各支部推荐新一届工委人选；民建市委公示提名委员。6月23日，召开换届大会，周泽向大会报告六届区工委工作完成情况，新当选的区工委主任司马红作题为《团结合作、不负众望》的发言。7月2日，召开第七届工作委员会第一次全委会，讨论制定工作制度，按照组织发展联络、参政议政、社会服务、学习宣传四项内容进行分工，制定半年计划。针对个别支部极少活动、名存实亡的现状，讨论对现有支部进行全面调整的工作设想。成立以工委主任为组长的换届工作领导小组，启动支部换届调整工作。按照特色调整为7个支部：经法、工商、科教、综合、直属、退休、家访支部。换届后，各支部制定下半年工作计划并以多种形式开展活动，包括：座谈信息热点，组织学习；参观会员企业，瞻仰滦州革命纪念塔，缅怀辛亥革命先烈等。通过新年团拜会和考察莲石湖等大规模活动，各支部间沟通和凝聚力得到很大提升。

（李　蕾）

【思想建设】　建立民建QQ群，在网络平台上开展学习、讨论、分享等活动。工委领导班子先后学习“七一”讲话精神、中共十七届六中全会精神，组织会员学习讨论。组织参加民建市委纪念中共建党90周年和纪念辛亥革命100周年征文活动，其中《浅谈毛泽东早期多党合作思想》、《论毛泽东对人民政协创建和发展的重要贡献》、《毛泽东的人民政协作用与特点》分别被民建中央网站、市政协《政协研究》、民建市委《北京民建》采用发表。《论毛泽东对人民政协创建和发展的重要贡献》一文在市政协理论与实践研究会三届五次理事大会上宣读，得到市政协理论研究专门委员会高度评价。会员完成9幅作品参加市委统战部庆祝建党90周年书画展；编发3期内部刊物，下半年调整版面，修订栏目，并以彩色设计、添加图片等方式，尝试以jpg、pdf格式文件，纸质印刷品多种形式发给会员和有关部门；编辑会务、活动等信息报发民建市委官方网站，获市委官方网站工作先进集体奖第二名。

（李　蕾）

【参政议政】　7月起，先后召开参政议政半年工作计划讨论会、参政议政工作研讨会，商讨解决参政议政工作机制、社情民意信息撰写及调研提案方向等问题。举办社情民意信息写作专题讲座，组织会员参加民建市委培训班。全年向各系统累计报送信息103条，其中社情民意62条，会务活动41条。社情民意分为社会、经济、科教、政治等类别；被民建中央采用2条，中共市委采用1条，民建市委采用21条，市政协采用2条，市委统战部采用4条，区政协采用5条，区委统战部采用19条。其中“提高农业发展信息化水平，刹住菜价这辆过山车”，得到牛有成批示；“关于推进我区电子商务产业发展的建议”为区统战部所关注，得到相关领导批示，刊登在区委信息专报，列入区政府重点工作报告，区政府为此制定相关实施意见和政策措施。完成调研报告“北京市物联网发展应用建议”和党派提案“关于推进我区国家服务业综合改革试点区建设的建议”。“北京市物联网发展应用建议”作为民建界别市政协委员个人提案带到市政协十一届五次会议上提交。

（李　蕾）

【社会服务】　建立短信平台，便于会员通知和提醒；增进会员间相互熟悉，重新整理制作全体会员通讯录，更新个人自然情况，补充企业经营范围、工作研究领域、个人兴趣爱好特长等信息，添加彩色照片，通过颜色设置区分所属支部。继续开展公益事业，为社会奉献爱心。会员企业“温暖工程北京地区工作委员会”启动新居民培训班，首钢分流人员就业帮扶，温暖工程创业与成功等项目，通过职业教育和培训、职业指导和介绍，为社会弱势群体提供服务。与中国红十字基金会、市民族联谊会共同援建延庆县民族小学幼儿园，工商支部“爱心基金”和日东升投资有限责任公司捐款2万元；会员企业“北京一夫唐人广告有限责任公司”联系区民政局和区慈善协会，为河北唐山乐亭县新寨镇敬老院捐赠

700余套全新衣被。

（李　蕾）

【关爱会员】　工委领导及驻会干部利用新春佳节走访慰问区工委老主任、老会员，送去慰问金和礼品；到医院、家中看望生病的会员。1月23日，工委在万商花园酒店召开新春联欢会，90多名会员参加。驻会干部坚持每月为会员寄发生日贺卡，并自制贺卡，为会员书写生日祝福、加盖公章，此项工作已持续多年。

（李　蕾）

中国民主促进会石景山区工作委员会

概　述

中国民进促进会北京市委会石景山区工作委员会(简称民进区工委)是民进市委派出机构。6月12日顺利完成换届，第六届工作委员会由主委1名、副主委4名，委员8名组成。会员中民进市委常委1名、市政协委员1名、区人大常委1名，区政协委员10名(其中副主席1名，常委1名)。第四届区青联委员2名，区特邀监察员1名，区政协特约文史委员1名。年内，以树立和践行社会主义核心价值体系和弘扬“爱国、创新、厚德、包容”北京精神为主要内容，以政治交接为主线，围绕换届工作开展一系列学习和实践活动，在加强党派自身建设，履行参政党职能，发挥党派人才和智力优势，开展调研研究，撰写社情民意及社会服务活动等方面取得长足进步。

地址：八角北路民主党派办公楼

电话：88924685

邮编：100043

E－mail：mjsjsgw@126.com

（于书江　杨朝红）

【完成换届】　3月，成立以史慧生为组长的换届领导小组，学好换届文件，熟悉换届程序，制定实施方案，抽调精干力量，按照规定程序要求，保证换届工作顺利圆满完成。4月17日，召开换届述职测评会，史慧生代表工委作任届五年工作总结和个人工作述职报告，25名与会骨干会员进行无记名测评，民进市委和区委统战部领导参加。5月，换届领导小组根据各支部意见，向民进市委推荐新一届工委会人选；向老主委通报推荐人选并征求意见；公示委员人选名单，征求会员意见。6月12日，换届大会在太阳岛宾馆召开，产生新一届区工委领导班子，于秀云为主委、张杰、金丽花、岳强、仲达文为副主委。

（于书江　杨朝红）

【组织建设】　针对新一届工委领导班子人数增多，知识层次相对提高和年轻化的特点，发挥集体作用。分工明确责任到人，除于秀云抓全面外，4位副主委分别负责组织、宣传、社会服务和会务工作，每项工作有1～2名工委委员协助；健全制度活动规范，按照市委要求，制定一系列有关工委学习、活动制度，信息、支部活动奖励制度，财务以及档案管理等多方面规章制度；加强支部建设，各支部采取由工委委员兼任支部主任，或由工委委员负责联系所在支部的方式完成改选。8月7日，发挥经济界会员优势，区工委经济支部成立。古西支部、金苹支部合并为金苹古西支部。年内，发展新会员7名，转入3名。

（于书江　杨朝红）

【参政议政】　区工委组成调研组，就教育均衡、优化教育格局问题进行调研。“关于未来五年我区教育事业发展的几点思考和建议”被评为区统战系统优秀调研报告。各支部取得一批调研成果：金苹古西支部“关于进一步搞好全民健身活动的建议”；古东永乐支部“高职人力资源管理专业毕业生就业能力跟踪调研”和“北京市孤残儿童学前教育状况调查”；北京九中、退休支部“关于进一步完善莲石湖公园设施的建议”；文化界会员“关于文化强区的几点思考”。12月9日，召开人大议案和政协提案研讨会，明确工委分工并研究下年工作思路。信息工作获区委统战部二等奖，2名会员被评为“优秀信息员”。

（于书江　杨朝红）

【组织活动】　1月15日，组织30多名会员前往八宝山革命公墓，吊唁享年106岁的民进中央荣誉主席雷洁琼。各支部开展活动缅怀雷老光辉事迹，继承雷老革命精神。同月29日，新春联谊会在万汇源宾馆召开，表彰先进支部2个，优秀会员15名。5月13日，30多位骨干会员赴白洋淀红色旅游；6月26日，组织唱红歌活动。春节、中秋节期间，看望老领导、走访身体欠佳和家庭生活较困难的会员，送去组织的关心和温暖。金苹古西支部、古东永乐支部参观平北抗日纪念馆和永宁古镇，重温革命历史；经济支部组织《智慧型领导力》讲座，参观百年品牌龙徽酒厂；北京九中支部组织会员到西部调研；教育分院支部结合党派建设组织多次学习、外出活动；北方之星青年支部结合学习十七大六中全会和践行北京精神，开展学习并结合幼教工作编写歌谣，与幼儿家长互动。退休支部于6月21日组织座谈北京中轴线的申遗和保护问题；10月10日，张怀丽主讲辛亥革命简史，开展书画笔会。

（于书江　杨朝红）

【社会服务】　9月25日，金苹古西支部在杨庄北区组织医疗咨询进社区活动，34名医务人员为居民进行11项咨询答疑，110多名居民参加。10月21日，古东永乐支部慰问杨庄福利院孤儿，赠送儿童床、童车、尿不湿和食品。会员康杰多次为下岗职工讲授插花技艺，为“全国十佳企业”广州真朴苑压花有限公司设计的压花获奖。尹玉生、张连英参加纪念中国共产党成立90周年和辛亥革命100周年书画笔会活动；春节期间尹玉生还参加八角北里各社区和门头沟区蓝龙家园为居民写春联送春联活动；张连英利用暑期为望京社区居民办国画、剪纸学习班，每周授课4次，40多人参加；在参加望京街道举办的第二届国际老邻居节上，张连英为国际友人绘制京剧脸谱，进行文化交流。

（于书江　杨朝红）

中国农工民主党石景山区工作委员会

概 述

中国农工民主党北京市委员会石景山区工作委员会(简称农工党区工委)是农工党市委派出机构,成员以医药卫生界高、中级知识分子为主。截至年底,区工委有党员103人,76%来自医药卫生界。其中:男43人,女60人;在职人员61人,退休人员42人;平均年龄56.1岁。党员中,硕士研究生以上学历17人,占党员总数17%;大学学历(含大专)78人,占76%;中专以下学历8人,占8%。高级职称55人,占53.4%;中级职称42人,占40.8%;初级职称4人,占4%。市政协委员1人,区人大代表4人,其中区人大常委1人;区政协委员8人,其中政协副秘书长1人,区政协常委2人;区政府特约监察员4人。年内,区工委深入学习中共十七届六中全会精神和“七一”重要讲话精神,抓住换届有利时机,加强组织建设,充实一批政治素质好、有较强参政议政能力和组织领导能力、有群众基础和代表性、年富力强的领导骨干,提高班子整体素质;举办纪念农工党市委成立60周年,纪念辛亥革命100周年等活动;进一步加强理论武装,推进政治交接,带领广大党员继承和发扬农工党与中国共产党团结合作的优良传统,继续开展树立和践行社会主义核心价值体系活动;自觉维护全区团结稳定大局,积极协助区委区政府,为构建和谐社会作出应有努力,努力建设适应新形势新任务要求的高素质的参政党。

地址:八角北路民主党派办公楼

电话:88927996

邮编:100043

(王明生 魏志强 王秀荣)

【参政议政】 1月4~6日,8名成员参加区政协第八届五次会议,魏志强作“统筹解决人口问题,合理调控人口规模”大会发言。会议期间提出“关于调控我区流动人口规模的建议”和“关于苹果园中学初中部搬迁的建议”提案。与区政协城建环保委员会联合完成的“关于促进永定河石景山段水岸经济发展的调研报告”、与区政协教文卫体委员会联合完成的“关于打造石景山区高端教育的调研报告”获二等奖,“关于我区控制人口规模的调研报告”获优秀奖,“关于我区西部地区土地储备问题的建议”获优秀提案奖。魏志强“关于整合医疗卫生资源推进我区十二五期间医疗卫生事业建设的建议”获优秀社情民意二等奖。同月5日,4名代表参加区第十四届人大六次会议。4月2日,区委统战部表彰区统战系统信息工作先进单位、优秀信息员、优秀信息和优秀调研成果,区工委获信息工作先进单位二等奖,“关于我区控制人口规模的调研报告”获优秀调研报告三等奖,工委“贯彻落实十七届五中全会精神”、魏志强“建言区‘十二五’规划”、郑师方“关于拓宽我区居家养老服务券使用范围的建议”获优秀信息奖,魏志强、郑师方获优秀信息员。10月25日,农工党市委通报年度社情民意信息工作情况,工委党员8人撰写社情民意信息,5篇信息被采用并在会上表彰。12月19日,区政协九届一次会议召开,8名政协委员参加会议,王明生作“关于‘十二五’期间举全区之力推进科技园区建设的建议”大会发言。同月20日,4名代表参加区十五届人大一次会议。

(王明生 魏志强 王秀荣)

【组织建设】 4月8日,向农工党市委提出扩大第五届工作委员会规模的请示(第五届区工委由9人组成,其中主任委员1人、副主任委员3人、委员5人),同月13日,农工党市委同意规模扩大到12人。14日,成立换届调整工作小组,召开述职测评会,指定实施方案,推荐候选人,15名党员代表参加评议。5月6日,区换届调整工作小组召开各支部负责人会议,征求对候选人的意见;部署各支部改选工作,确定支部规模为5人。5月27日~6月2日农工党市委及区工委、区委统战部分别对第五届区工委人选公示。5月11日~6月8日,各支部选举产生各支部主任、委员。6月19日,工委换届大会举行,党员代表55人听取审议工作报告。市委会组织处负责人宣布第五届区工委班子任命书:王明生任第五届委员会主任,苏同泳、李敏任副主任,魏志强、康雅楠、杨国军、李亦军、焦彦生、张炜、魏淑兰、纪富水、李长征任委员。29日,区工委第五届第一次会议召开,领导班子成员进行分工,工委委员、各支部委员16人参加会议。年内,发展党员5人,调人2人。

(王明生 魏志强 王秀荣)

3月28日,农工党党员参观西柏坡博物馆 (农工党区工委供稿)

【思想建设】 6月29日,工委召开“庆祝中国共产党成立90周年”座谈会,工委委员、各支部委员、党员代表参加会议。围绕如何更好地凝心聚力、促进发展作交流发言。7月12日,学习“七一”讲话精神座谈会,30余名党员参加,会议要求党员把学习收获内化为投身本区跨越式发展的思想认知与行动上。8月26日,农工党市委成立60周年纪念大会,10名党员受到大会表彰,工委委员焦彦生撰写纪念文章“缅怀农工党先驱邓演达先生”在大会上发表,该文获纪念农工党市委成立六十周年征文活动一等奖。10月11日,区工委召开纪念辛亥革命100周年座谈会,要求党员坚定不移地坚持中国共产党领导,自觉维护多党合作的政治格局,立足本职岗位,不断提高自身素质,为促进祖国和平统一大业,实现中华民族的伟大复兴贡献自己力量。12月9~10日,4名党员参加农工党市委理论工作会议,学习农工党中央宣传思想工作会议精神,区工委获得“树立和践行社会主义核心价值体系”学习教育活动先进集体。

(王明生　王秀荣)

【社会服务】 4月24日,古城地区支部与区中医医院联合举办纪念建党90周年义诊活动。9名党员参加义诊,接待咨询人员178人次,发放健康宣传材料231份,健康盐勺145把。7月29日,区工委和石景山医院医护人员到银河消防中队开展“警民共建送温暖”拥军慰问活动,向部队赠送医疗急救箱及药品、防暑饮料等,并为全体官兵体检和健康知识培训。年内,纪富水在招商引资工作中引进11家企业,注册资金0.51亿元。

(王明生　魏志强　王秀荣)

【组织活动】 1月23日,召开上年度工作总结表彰会,表彰8名优秀党员,42名党员参加会议。3月24日,八宝地区支部举行联谊活动。8月27日,工委组织34名党员参观以岭药业。同月28日,组织34名党员参观革命圣地西柏坡,接受革命历史教育。11月6日,八宝地区支部13名党员参观和考察延庆新农村建设情况。同日,古城地区支部与首钢支部开展交流互动活动,向预备党员介绍工作内容,学习中共十七届六中全会精神,理解文化创意的深刻内涵,25名党员参加活动。12月1日,石景山医院支部通报区工委换届情况和组织分工;总结本年度支部工作情况,23名党员参加会议。

(王明生　魏志强　王秀荣)

中国致公党石景山区工作委员会

概　述

中国致公党是以归侨、侨眷中的中上层人士和其他有海外关系的代表性人士组成,具有政治联盟特点的、致力于建设有中国特色社会主义的政党。中国致公党市委员会石景山区工作委员会(简称致公党区工委)是致公党北京市委的派出机构。现有3个支部,党员69人,其中男党员34人,女党员35人,少数民族4人;大专以上学历61人(其中硕士以上14人),占党员总数的88%;40岁以下19人,占26%,40岁以上50人,占74%;归侨、侨属、侨眷、留学归国人员49人。有全国政协委员1人、市人大代表1人、区人大代表1人、区政协委员8人、区青联委员3人。年内,加强思想建设,坚定政治方向,夯实政治交接基础;加强组织建设,提升党员素质,增强组织凝聚力;加强工委、支部班子建设,积极建言献策,切实履行参政职能;发挥“侨”、“海”优势,群策群力,扎实开展侨务对台工作;借助共建平台,做好本职工作,更好服务社会。坚持同心同行,继续发扬优良传统;坚持致力为公,围绕中心履职尽责;坚持精诚团结,不断树立致公党良好形象。

地址:八角西街民主党派办公楼
电话:88928001
邮编:100043

(刘　可)

【思想建设】 坚持以学习开眼界,以学习拓思路,以学习促提高。年初,组织党员学习全国和市“两会”相关文件,向党员介绍区“两会”情况及区政府工作重点。“七一”重要讲话发表后,及时向班子成员传达,确保学习实效性,要求大家以撰写心得体会和理论文章形式进一步领会精神、统一思想;党的十七届六中全会召开后,组织部分班子成员参加区委统战部召开的民主党派领导班子学习座谈会;分别组织干部和党员在致公市委各类培训班上系统学习;高杰主委撰写“学习胡锦涛七一重要讲话的感想和体会”和“高举中国特色社会主义伟大旗帜 坚持中国共产党领导的基本政治制度”文章在《石景山报》发表。关心老龄党员,节日之际,工委主委和干部看望所有70岁以上的老党员,为10名老党员订阅《石景山报》。

(刘　可)

【组织建设】 换届后的新一届领导班子召开以加强领导干部作风建设为主题的专题生活会,明确各级干部分工,提出工作要求。年内,举办迎端午座谈会;组织男声合唱团参加致公中央、致公市委庆祝中共建党90周年红色经典歌曲演唱会,获“优秀组织奖”;组织党员参观书画展、文化博览会和市委年度干部培训班及中青年党员学习班。发挥支部作用,各支部主委、委员按照本支部特点和工作计划,积极开展工作。三支部与致公党西城区工委二支部缔结友好支部,共同组织党员参观大觉寺。

(刘　可)

【参政议政】 发挥党员主体作用和专委会及支部基础作用,深入搞好调研,履行参政议政、民主监督职责。经与区政府领导协商,确定工委调研专题,成立由高杰亲自带队的调研小组,对调研报告进行多次研讨和修改,“关于进一步挖掘石景山区文化内涵,积极推动石景山区文化旅游发展”的建议在区政协九届一次会议上作交流发言,并被区委统战部评为优秀调研报告。区工委被致公市委评选为“2010~2011年上半年反映社情民意信息工作先进单位”,被区委统战部评为“统战信息工作先进单位一等奖”;高杰主委反映的信息“关于中央电视台新闻频道任用新疆、西藏等少数民族播音员的建议”、“北京应力争成立ILC承建地”分别被中央统战部、全国政协采用;三支部主委周斌反映的信息“要警惕‘三赎’基督教在农村蔓延”被中央统战部、市委统战部采用,同时得到市委领导牛有成的批示。

(刘 可)

【服务社会】 大力开展社会服务工作,增强党员凝聚力,提高致公党社会影响力。一支部与区民盟工委综合支部联合组织京郊太阳村父母双亲被劳教的孩子送温暖活动,送去旧衣物60余件。二支部举办“温暖冬季月的活动”,发出向我国西部地区捐献过冬所需衣物和学习用品倡议,区工委全体党员向青海和四川省的学校和社区捐赠千余件学习、生活物品,其中爱华英语学校教职员捐献700余件衣物。区工委响应区委领导关于民主党派开展进入社区参与社会管理与服务的要求,与结对共建单位爱乐实验小学举办换届之后第一次共建座谈会,为学校解决实际问题、创建学校品牌发挥作用。响应致公党中央号召,开展“联系贫困学生、结对帮扶送温暖”活动。党员高杰、王泽群、陈曦、屈斌、周斌、逯根龙、漆纳丁、祖英杰、刘爱芬对9名贫困学生开展一对一帮扶。

(刘 可)

【海外联谊】 发挥本党特点和优势,做好海外联络工作。致公党市委副主委、区工委主委高杰率代表团于11月15~26日走访英国致公总堂,英国利物浦华人商会和中国留学生联合会、比利时青田同乡联谊会、欧洲侨爱基金会、旅荷华侨总会、荷兰中国和平统一促进会等近30个侨社,慰问侨胞,拜访利物浦市市长,向他们介绍中国近年来在经济、文化、科技等方面发展情况,宣传多党合作和政治协商制度。访问团受到当地侨团、留学生热烈欢迎,得到我驻外使领馆高度评价。区工委委员、八大处公园培训中心总经理逯根龙得知曾驻中国外交官后回国做过外交部长的麦克马龙先生死后将其生前在中国拍摄的老照片及影像资料全部捐献给美国普林斯顿大学的消息后,委托党员屈斌几经周折将其当年所摄石景山特别是八大处的老照片的影像资料翻拍后带回祖国,对研究和复建古迹作出贡献。高杰成功运作将荷兰裔友好人士休伯特·华士先生祖父华士·胡博先生创作的6幅生动再现晚清重臣乃至民国要人神态,内含许多重要历史信息的肖像油画无偿捐赠给首都博物馆。

(刘 可)

九三学社区工委换届 (九三学社区工委供稿)

九三学社
石景山区工作委员会

概 述

九三学社北京市委员会石景山区工作委员会(简称九三区工委)是九三学社市委的派出机构。在社市委和区委领导下,在区委统战部支持下,学习贯彻中共十七届六中全会精神,始终保持政治方向不变、优良传统不变、优势和特点不变,坚持以科学发展观为指导,加强理论武装,推进政治交接,紧扣全区经济社会发展中具有全局性、战略性的重大问题,改革发展中凸显的热点、难点问题,民生改善中群众关心的切身利益问题,广泛了解民情,全面掌握舆情,真实反映民意,积极建言献策。团结带领广大社员,多做献计出力、资政为民的工作,多做凝聚人心、团结鼓劲的工作,多做协调关系、化解矛盾的工作,多做联系群众、促进稳定的工作,完成全年工作计划和上级布置的任务。

地址:八角北路民主党派办公楼

电话:88927995

邮编:100043

(张建国)

【思想建设】 加强思想建设,更有效地履行政治协商、民主监督和参政议政职能。组织学习“七一”讲话及中共十七届六中全会精神和科学发展观;学习社中央全会精神;开展学习、践行“北京精神”主题教育活动;参加向杨佳同志学习活动。参加社市委、区委统战部以及其他活动达90人次。系列思想教育活动提高区工委及广大社员接受中国共产党领导、围绕中心参政议政的自觉性和主动性,增强社员奉献精神。

(张建国)

【组织建设】 成立换届领导小组,制定工作方案,按照社章程和组织程序,把握换届工作的政治方向、方针政策和领导人选的筛选、考察、协商和确定。4月8日,召开民主评议会,搞好民主测评,执行民主推荐程序,配合做好公示等工作,严肃换届纪律,做到5个严禁、17个不准、5个一律,保证换届风清气正,实现平稳交接。6月21日,召开换届大会,由主委左小兵,副主委陈文彰、何云飞、吴瑕以及林宋等7名委员组成新一届区工委。换届后,各支社也进行相应的换届和调整,增选支委委员。全年召开工委会及扩大会10次，组织学习社史社章，完善基层组织制度。结合工作需要，充实专委会和支委会人员组成，增加经济专委会。按照区委统战部要求完成社员信息采集工作，建立人员数据库，并编制社员联系手册。年内发展新社员7人，截至年底，有社员113人，其中女社员56人；有高级职称87人。

（张建国）

【参政议政】 在区政协九届一次全会上，区工委提交“树立科学理念加快本区城市建设”等3篇党派提案，提交15篇个人提案，3篇提案被评为优秀。“关于石景山区集体土地开发利用过程中的有关民生问题”等4篇调研报告被评为优秀；3篇社情民意被评为优秀。区委统战部采用信息35篇，其中3篇被评为优秀信息，林宋被评为优秀信息员。安排社员参加区政协组织的区情通报会；邀请区发改委工作人员向全体社员深入解读“十二五”发展规划。9月17日，组织召开区工委参政议政研讨会，系统探讨在调研、提案、社情民意等方面如何发挥自身优势，做好参政议政工作。部分社员参与民主监督工作，陈庆梅担任社市委城建专委会成员，何云飞为社市委思想理论研究会成员，左小兵为区建委及石景山医院特约监督员，何云飞和金斗担任首钢总公司党政廉风建设监督员，张建国为区政府特邀监督员，赵百旺为区公安局警风监督员。何云飞当选为十五届区人大代表、区人大常委。左小兵、林宋、陈文彰、吴瑕、张建国、赵平、赵百旺、刘喜波、李惠、丁丽霞当选为区九届政协委员，左小兵、陈文彰为区政协常委。

（张建国）

【社会服务】 关心弱势群体，到鲁谷社区为居民进行科普宣讲。参加“市西南部五区区域经济发展论坛”筹备会议活动。4月8日，在九三学社市委会成立60周年庆祝大会上，林宋等7位社员被评为优秀社员、首钢支社被评为先进基层组织。郭金服与3位社员共同创作大型纪念国画作品，参加市政协书画展览并被收藏；与其他画家合作的大型国画“燕山胜景图”被市政协收藏。协助清华大学支社联系首钢有关部门参观首钢老厂区。9月16日，组织社员到新建成的莲石湖湿地景区参观考察；组织社员到爱国主义教育基地参观学习，开展爱岗、爱社、“创造五好基层组织”活动。10月22日，老龄委组织部分社员参加延庆古崖居景区秋游赏红叶联谊活动。

（张建国）

石景山区工商业联合会

概　　述

石景山区工商业联合会（商会）是在区委区政府领导下，面向工商界，以非公有制企业和非公有制经济人士为主体的，具有统战性、经济性、民间性的人民团体和商会组织，是党和政府联系非公有制经济人士的桥梁纽带，是政府管理和服务非公有制经济的助手。年内，区工商联以中央、市、区关于《加强和改进新形势下工商联工作的实施意见》为指导，围绕中心，服务大局，创新机制，汇聚资源，夯实基础，强化服务，积极打造招商引资推进平台、资源汇聚服务平台、参政议政调研平台、社会事业促进平台，通过四大平台建设，努力为非公经济提供政策、资金、人才、法律、维权等方面的服务，全面提升新形势下工商联的工作水平。

地址：八角北路民主党派办公楼
电话：68833579
邮编：100043

（徐艳丽）

【组织建设】 2月18日，召开七届八次常委会。会议选举马丽萍为区工商联七届执行委员、常务委员、主席。7月28日，召开七届六次执委会，传达市、区关于工商联换届工作的文件精神，马丽萍通报区工商联换届筹备工作情况，民主推荐新一届工商联副主席人选，形成“关于召开第八届会员代表大会的决议”为工商联换届做好前期准备。8月19日，第八届会员代表大会召开，大会审议并通过第七届执委会工作报告，选举产生区工商联第八届执行委员会、常务委员会。马丽萍当选为第八届常务委员会主席、区商会会长。

（李孟琦）

【参政议政】 9月26日，经研究决定推荐16位思想品质优、社会贡献大、公众形象好、参政议政能力强的非公经济代表人士为区政协第九届政协委员。10月27日，会员企业北京丰辰加油站董事长李莉作为八宝山街道辖区非公经济的代表，当选为区第十一次党代会代表。

（李孟琦）

【经济服务】 11月23日，区“企业家俱乐部”揭牌。该俱乐部为企业家提

8月19日，第八届会员代表大会召开　　（区工商联供稿）

供一个学习、交流、咨询、休闲的平台，通过组织休闲、联谊、科学养生、信息交流、旅游考察等活动，实现企业间的经验传递、资源共享，更好地促进企业发展。俱乐部将着力增强规范意识、开放意识、服务意识，发挥五个平台（交流、学习、联合、服务、培训）作用，开阔广大企业家的眼界和思路。区主管领导及相关单位领导参加揭牌仪式。

（李孟琦）

【教育培训】 5月12日，组织会员企业参加市工商联在北京健一公馆举办的“育林计划”走进北京中小企业——精确化管理专题讲座。6月9日，多家会员企业参加市工商联在北京大学百周年纪念讲堂举办的“梅耶中国行”世界情商大师大型演讲会。8月26日，多家会员企业参加由市联与民建市委联合举办的以“中小企业精确管理”为主题的“建华大课堂”，解读党和国家最新的产业政策；介绍相关部门开展的企业管理提升工程；帮助会员企业拓宽融资渠道，促进经验交流，发展项目合作。12月16日，组织召开工商联系统开展法制宣传教育五年规划座谈会，多家律师事务所的主任、律师讨论交流非公企业发展过程中遇到的法律难题及工商联如何在企业中开展法制宣传培训等议题，并提出建设性意见。

（李孟琦）

【开展调研】 牵头与政府相关职能部门组成“促进非公经济发展对策研究”课题小组，对区内重点非公企业展开调研，汇总调研结果，为制定本区促进非公经济发展对策提供依据。10月28日召开开题会，11月10日，召开重点企业座谈会，区内多家重点科技及文化创意企业，围绕课题研究，深入交流非公企业发展历程及经营情况，提出制约经营发展问题，听取同行业者的建议。

（李孟琦）

【企业评选】 区工商联副主席、京汉置业集团董事局主席田汉作为唯一一名地产行业者获“全国五一劳动奖章”。6月，组织会员企业参与市工商联开展的“十佳标兵”会员企业评选活动，引导在转变发展方式、开展技术创新等方面取得突出业绩及名列本行业龙头的企业参评。经与各相关部门审核，推荐会员企业北京天山新材料技术股份有限公司、北京丽贝亚建筑装饰工程有限公司参加市级评选。9月中旬，组织会员企业参评市工商联“就业与社会保障先进民营企业”，与区人力社保局和总工会三方共同评审，北京日东升投资有限责任公司、趣游（北京）科技有限公司、北京永辉超市有限公司、北京天山新材料技术股份有限公司、北京国服信奥兴汽车有限公司等5家企业通过审核，参加市工商联评选活动。

（李孟琦　徐艳丽）

石景山区各民主党派、工商联负责人

中国国民党革命委员会北京市委员会石景山区工作委员会主任委员	陆德山（6月免） 李凤芹（6月任）
中国民主同盟北京市委员会石景山区工作委员会主任委员	赵继新
中国民主建国会北京市委员会石景山区工作委员会主任委员	周　泽（6月免） 司马红（6月任）
中国民主促进会北京市委员会石景山区工作委员会主任委员	史慧生（6月免） 于秀云（6月任）
中国农工民主党北京市委员会石景山区工作委员会主任委员	魏志强（6月免） 王明生（6月任）
中国致公党北京市委员会石景山区工作委员会主任委员	刘文萍（6月免） 高　杰（6月任）
九三学社北京市委员会石景山区工作委员会主任委员	林　宋（6月免） 左小兵（6月任）
区工商业联合会主席	王　林（2月免） 马丽萍（2月任）

人民团体

石景山区人民团体主要有石景山区总工会(简称区总工会)、共产主义青年团石景山区委员会(简称团区委)、石景山区妇女联合会(简称区妇联)、石景山区科学技术协会(简称区科协)、石景山区文学艺术界联合会(简称区文联)、石景山区归国华侨联合会(简称区侨联)、石景山区红十字会(简称区红会)等。这些团体结合自身特点和优势,围绕中心,服务大局,发挥主体作用,夯实社区基础,维护群众权益,加强思想工作,发挥党与群众联系的桥梁和纽带作用,团结带领辖区广大职工群众、团员青年、各界妇女、科学技术人员、残疾人、侨界和文艺界人士,积极投身两个文明建设,在经济和社会发展中作出积极贡献。

区总工会是职工自愿结合的工人阶级群众组织。职能从"维护、建设、参与、教育"调整为"组织、引导、服务、维护"。按照科学发展观要求,贯彻党的全心全意依靠工人阶级的方针,服从服务于改革、发展、稳定的大局,发挥工人阶级主力军作用。指导工会工作,拓宽职工民主参与渠道,不断加强基层工会组建和民主制度建设;突出维护职能,完善服务体系,开展"送温暖"、"再就业"工作;弘扬劳模先进精神;开展职工之家活动,推进工会自身改革和建设。面对地区经济结构不断调整、新经济组织大量涌现、劳动关系日益复杂、职工需求日趋多元的形势,全区各级工会组织贯彻落实《劳动法》,把维护职工利益作为工作重点,依法协调劳动关系,深化平等协商、签订集体合同工作。建立预防劳动争议协作组织和劳动关系三方协商机制(以政府劳动行政部门为代表、以工会组织为代表和以企业组织为代表),集体合同制度,帮困长效机制。推进厂务公开、工资集体协商制度,促进和谐劳动关系。推进再就业工程,帮助下岗职工实现再就业。组织各级工会成立多种形式的帮困基金、互助基金,实施多种形式的帮困举措,改善职工生活。工会组织不断发展壮大,工会会员达到61931名。区总工会先后被授予全国职工互助保障工作先进单位、首都文明单位等称号。

团区委以服务党的中心工作、青年人生成长和时代发展需求为出发点,深入开展岗位实践和社会实践教育活动,引导广大团员青年树立正确的世界观、人生观和价值观,大力培养优秀青年典型,加强青年人才培养和管理。以多种方式加强基层组织建设,着力抓好基层党建带团建、团干部队伍建设、团员队伍建设和基层试点等工作,主动把团的建设纳入党的建设总体规划,紧密结合党建工作来开展团建工作;坚持团建创新,探索社会主义市场经济条件下共青团工作新的运行机制,谋划和推动区域青年工作实现新发展,立足区域特点,突出青年特色,服务青年成长、成才。不断推出适应时代要求、符合青年特点的工作与活动,不断扩大团组织对青年的组织、工作、思想覆盖,切实增强团组织吸引力、凝聚力和战斗力。坚持整体推进,进一步扩大争创工作面,使团组织和团员青年加入到"双争"系列活动中来;坚持立足基层,以增强基层团组织活力、提高团员整体素质为目的,促进基层团的建设、活跃团的工作。在地区两个文明建设及各项事业的发展中,较好地发挥党的助手和后备军作用。

区妇联实行代表联系制和团体会员制,在区委领导下,依照妇联章程开展各项工作,同时接受市妇联的业务指导。全区各街道、社区均建有妇女联合会。团结教育广大妇女积极参与两个文明建设,代表维护妇女权益,促进男女平等活动,推进妇女儿童事业发展;组织开展"双学双比"和"巾帼建功",教育引导广大妇女增强自尊、自信、自立、自强精神;加强自身建设,使妇联组织服务大局、服务群众能力得到提高。被国务院妇女儿童工作委员会授予"全国儿童工作先进区"称号(2000年),被市妇联推荐为北京市唯一一个基层组织建设先进单位接受全国妇联检查(2004年)。全区共有女性户籍人口27.8万人,有街道妇女联合会9个,社区妇联139个。

区科协由全区性学(协)会、街道科协、驻区单位科协和高校科协组成。2001年10月单独设置。围绕科技兴区和可持续发展战略,整合社会科技资源,与所属团体动员组织全区科技工作者进行学术交流,开展科技周、科普之夏、科普行动日、家庭数码大赛、青少年科技创新教育等系列活动,依托"金桥工程",搭建科技项目开发和交流平台,促进科技成果转化与应用。创建全国科普示范区,贯彻落实《全民科学素质行动计划纲要》。获全国科普示范区、全国科普"站栏员"(科普活动站、科普宣传栏、科普宣传员)建设先进单位和首都科技、文体、法律、卫生"四进社区"活动优秀组织奖等多项荣誉。

区文联成立于2002年8月,是区委领导下的由全区各文艺工作者协会联合组成的人民团体。区文联第一次代表大会于2004年5月召开,以后每五年举行一次。区文联所属文艺家协会12家:作家协会、书法家协会、美术家协会、摄影家协会、音乐家协会、舞蹈家协会、戏剧家协会、曲艺家协会、民俗文化协会、老年书画研究会、楹联学会、集邮协会。各协会共有在册会员1500多人,其中国家级文艺家协会会员40余人,北京市文艺家协会会员180余人。区文联主要职责是负责所属文艺家协会的联络、协调、服务和管理工作,组织、推动本地区文学艺术活动的开展。

区侨联于2001年正式成立。认真履行维护侨益、坚持以人为本、为侨服务的宗旨,凝聚侨心、汇集侨智、发挥侨力,在宣传党的政策,加强基层侨联组织建设和招商引资、海外联谊、维护侨益方面做了大量工作。全区有归侨108人,侨眷3103人。9个街道(社区)均成立侨联。

区红会于1995年独立建制。以保护人的生命和健康、发扬人道主义精神、促进和平事业为宗旨,协助政府开展人道领域的工作,包括救灾救助、自救互救、红十字青少年、社区服务工程。全区所有社区居委会和中小学、职业高中100%建立红十字会组织,有基层组织213个,会员12297名,其中成人会员5385人,青少年会员6912人;有红十字志愿工作者7873人。

石景山区总工会

概　述

年末，全区已建工会组织693个，涵盖单位2622家(有职工80771名)，会员69160人。石景山区总工会(简称区总工会)是在区委和市总工会领导下，职工自愿结合的工人阶级群众组织，是党联系职工群众的桥梁和纽带。年内，围绕经济社会发展大局，落实市总“1+6”文件要求，发挥枢纽型社会组织的作用，团结带领全区职工，开拓创新，拼搏进取，推动工会工作进一步发展。被授予“全国职工互助保障先进单位”、“全国工会女职工培训示范学校”、“首都文明单位”、市“职工互助保障工作优秀代办处”、市“敬老爱老为老服务示范单位”、“第八届首都职工文化艺术节优秀组织单位”等称号。

地址：石景山路42号
电话：68863687
邮编：100043

(康　楠)

【第九届代表大会】　9月14～15日在京燕饭店召开。来自全区各条战线的201名代表、92名特邀代表参加会议。大会总结过去五年全区工会工作经验，明确今后五年奋斗目标，选举产生区总工会第九届委员会和区总工会新领导班子。荣华、岳德顺分别在大会开幕式和闭幕式上讲话，李桂珍代表第八届委员会作工作报告。大会审议通过区总工会第八届委员会工作报告、财务工作报告、经费审查工作报告，以不记名投票方式选举产生35名第九届委员会委员和9名经费审查委员会委员。本次选举产生新一届两委委员全部具有大专以上学历，其中大学学历占比61.3%，研究生学历27.3%；女委员38.6%；市级以上劳动模范2.3%。随后举行的九届一次全体委员会议民主选举产生区总工会第九届委员会主席李桂珍，副主席王智勇、尹群、孙晖及5名常务委员。

(康　楠)

【八届十三次全委(扩大)会】　8月18日召开。会议审议并原则通过区工会第九次代表大会筹备情况的报告和三个工作报告，通过代表资格审查委员会建议名单、大会议程(草案)、大会主席团、秘书长建议名单、大会选举办法(草案)等。区总工会第八届委员会全体委员参加会议，经费审查委员会委员列席会议。

(康　楠)

【送温暖工程】　完善困难职工档案，及时录入帮扶信息，实现动态管理。争取区政府30万帮扶资金，申请中央财政专项资金一次性救助款4.45万元对生活困难的首钢分流职工进行救助。全年慰问和帮扶困难职工969人次，发放济困救助金29万余元，帮助48名困难职工家庭脱困。编制和发放工会帮扶工作宣传手册5000本，使送温暖工程深入人心。

(康　楠)

【劳动争议调解】　成立区劳动争议调处工作领导小组，年内召开4次联席会议。健全和完善劳动争议调解五方联动机制，建立联席会议制度、案件移交制度、数据统计和信息通报制度等。区劳动争议调解中心全年受理案件1340件，结案1324件，结案率达98.8%，调解成功1096件，调解成功率82.8%，涉及金额439.1万元。调解成功案卷一次性送检合格率达到97%。坚持开展律师志愿者“一月一街两日”活动，组织全区性法律知识培训2次，提供免费法律服务14.5天，接受各类咨询814人次，法律服务效果显著。

(康　楠)

【三级服务体系建设】　规范三级服务体系(即市、区两级服务[帮扶]中心和街道工会服务站)建设、运行和管理，区职工服务中心、街道工会服务站不断完善。面向社会公开招聘专职工会社会工作者21人，将服务职能向商务楼宇、社区和企业延伸。提高工会会员信息采集率和会员办卡率，年内，采集会员信息57132人，采集率82%，办理会员卡36820张，办卡率64%。开发苏宁电器等企业加入京卡特约商户，随卡赠送两项保险使10名会员获得赔付3万余元。承办12351职工服务平台法律服务派单9件、困难帮扶2件，24小时接单率、规定时限办结率、职工回访满意率均达100%。发挥职介作用，采集有效用人岗位信息50个、求职个人信息26个，推荐11人次。服务首钢分流职工再就业，在职工服务中心设立专门窗口，招聘11名首钢分流职工为专职工会工作者，配合保安公司招聘协警11人。与劳动部门联合举办专场招聘会，组织36家企业参与招聘，450人达成就业意向。

(康　楠)

【“五一”庆祝大会】　4月26日，230余名优秀劳动者代表在中国电子竞技运动发展中心集会，庆祝“五一”国际劳

4月26日，“五一”劳动节庆祝大会　(王祝炫　摄)

动节。市总工会、区四套班子领导为获得全国五一劳动奖章、首都劳动奖章的6名先进个人以及获得首都劳动奖状、市工人先锋号荣誉称号的3个先进集体颁奖。获得全国五一劳动奖章的京汉集团董事局主席田汉代表劳模向全区劳动者发出倡议,职工表演自编自导的文艺节目,为庆祝大会营造热烈氛围。

（康　楠）

【劳模管理和服务】 1月25日,区总工会在京燕饭店举行新春劳模座谈会,来自全区各条战线的全国劳动模范、全国五一劳动奖章获得者和省级、市级劳动模范近百人参加。10月1日,本区30名全国和市劳动模范代表,在天安门广场与党和国家领导人及首都各界群众,向人民英雄纪念碑敬献花篮。同月25~26日,组织全区各行业劳动模范代表及部分身为首钢迁钢公司职工家属的社区工作者共计60余人,赴迁钢公司参观休养。

（康　楠）

【举办职工技能比赛】 召开经济技术创新工程推进大会,以"当好主力军,建功十二五"为主题,组织开展形式多样的劳动竞赛。组织51名职工参加汽车维修钣金工、汽车修理工、汽车驾驶员等5个工种的市级技能大赛,22人进入复赛,14人进入决赛,13人获1至5级技术工种资格证书,被评为市"第一届职工技能大赛优秀组织单位"。组织汽车修理、餐饮服务、多媒体课件制作等8个工种的技能比赛,参与职工1640人次。以技能比赛为平台,建立工会系统技能人才档案,1019名技能人才登记入册。评选5家区级"职工创新工作室",推荐3家市级"职工创新工作室"。

（康　楠）

【职工互助保险受欢迎】 年内新增参保会员3707人,全区累计有30696名会员加入职工互助保险,占会员总数的43%;保费总额达159万余元,保费收入在上年基础上递增36%;出险职工628人,获得赔付金额达72.5万余元。推出《在职职工住院津贴互助保障计划》等新险种,增设9个社区代办点,力求最大限度分担职工风险,发挥互助保障作用。困难职工是互助保障工作重点关注对象,连续7年拨专款为全区困难和特困女职工投保《女职工特殊疾病互助保障计划》。本区连续三年被评为"全国职工互助保障工作先进单位",区职工互助保险代办处连续多年被评为市"优秀代办处"。

（康　楠）

【推进工资集体协商】 确立工资集体协商季度汇报会制度。分别于3月17日和7月20~26日,召开工资集体协商和职工状况分析季度汇报会,一季度,各基层工会基本完成辖区内企业建会及职工工资情况摸底调查,90%被调查企业符合本市最低工资执行标准,部分企业将工资基数直接定在标准线上;同时存在招商引资、拆迁改造带来迁移流失企业多,小、散、新企业多,一些行业以计件劳动量支付工资等特点。4月,针对非公企业工会组织基础薄弱、职工协商代表不足以及"工资低、物价高、流动性大"等现实问题,在全区公开、公平、择优招聘5名工资集体协商专业指导员,经市总培训后上岗。每名指导员都有自己联系的街道工会和直属企业工会,负责进行情况分析、续签督促、提供参考范本、进行合同文本把关等全程"1对1"指导。除专业指导员外,在基层企业工会、劳资等岗位上还活跃着110余名工资集体协商工作人员,年内已接受3次培训。以区域性、行业性集体合同为突破口,进一步扩大集体合同工作覆盖面。苹果园街道将辖区规模以下小企业分成东西南北四个区域联合会,再以联合会形式洽谈工资集体协商问题,签署的合同协议涵盖454家企业,覆盖职工1953人;大面积拆迁改造的五里坨街道将新迁入8人以下的"小、散、新"62家企业成立工会联合会,与其签订工资集体协商合同,有效避免漏签、拒签现象;八角街道仅泽洋大厦一个楼宇就集中签订工资集体协商合同22份;古城宾馆在改制成写字楼后招商引进20家企业,租赁入驻之初就一并洽谈签订工资协议。截至年底,全区建会企业工资集体协商签约率已达80%。

（康　楠）

共青团石景山区委员会

概　述

全区有基层团组织787个,同比增长362个,增长率为85.2%。其中,团区委直属二级团组织42个,包括团工委15个,团委5个,团总支17个,团支部5个。共青团领导机关数据采集系统录入1172名团干信息,其中女性团干部615人,占团干部总人数的67.2%;少数民族团干部55人,占6.0%。录入10586名团员信息,同比增长20.7%。14~28周岁青年人数为14065人,其中18周岁及以下6523人,占总数61.6%;19周岁及以上4063人,占38.4%。女团员6313人,占59.6%;少数民族团员591人,占6.0%;全年推优入党团员数21人,占0.2%。中国共产主义青年团北京市石景山区委员会(简称团区委)是受中共石景山区委领导、经团的地方代表大会选举产生的团的地方领导机关,负责全区共青团工作,领导少先队区工委,指导区青年联合会,是全区先进青年的群众组织,是党联系青年的桥梁和纽带。年内,全区各级团组织将落实"两个全体青年"(力争使团的基层组织网络覆盖全体青年,使团的各项工作和活动影响全体青年)要求作为全团工作的根本目标,从强组织、建机制、聚人才、扩阵地、树品牌五个方面,全面推进共青团工作开展,团结带领全区广大青年为区域经济社会发展作出积极贡献。

地址:石景山路18号
电话:68607210
邮编:100043

（隗　婉）

【区青联四届一次全会】 3月31日在万商花园酒店召开。张帆受第三届常务委员会委托向大会作工作报告,回顾过去六年发展历程,明确未来五年工作重点和方向。本届青联由7个界别8个组构成,195名委员,大会选举产生第四届委员会领导班子，张帆当选主席。团市委、市青联负责人及区有关领导、各人民团体主要负责人及区青联全体委员参加会议。

（隗　婉）

【青年志愿服务】 进一步整合区内外高校、企业青年志愿者团队资源，以重点项目为主干，以日常活动为辅助，服务全区群众，扩大志愿服务品牌影响力。推进“蓝天行动——关爱农民工子女”项目开展，协调青年志愿者队伍与区内8所农民工子弟学校对接，定期提供学业辅导、感受城市、自护教育等方面的服务，实现全区农民工子弟学校志愿服务全覆盖。开展“爱心相伴 快乐成长”——关爱首钢周末家庭未成年子女志愿服务项目，指导北师大大学生志愿者与区内20户首钢周末家庭结对，提供一对一学业辅导和亲情陪伴。组织老山街道社工志愿服务队以“蓝立方”志愿服务岗亭为阵地，为广大市民和游客提供信息咨询、语言翻译、应急服务等各种便民服务。“两节”期间，开展青春健康使者火炬行动、志愿服务高潮日、便民服务进社区等活动。3月5日，向全区团组织、团员青年发出学雷锋志愿服务倡议，联合高井热电厂志愿者队伍开展主题宣传。5月12日，组织5·12防灾减灾日主题宣传。同月22日，组织“绿色出行我行动，共建和谐石景山”全民健身节。在12月国际志愿者日前后，组织青年志愿者开展“弘扬北京精神，志愿促进和谐”主题宣传活动以及法制志愿宣传、慰问社区应急志愿者等活动，推动志愿理念、北京精神进一步深入人心。年内还在国际禁毒日、法制宣传日组织志愿者开展禁毒、法律、自护等方面宣传。

（隗　婉）

【推进非公团建】 非公有制企业和社会组织团建工作取得良好进展，新增非公企业团组织236家，同比增长83%，为目标任务112%，新增新社会组织团组织25家，同比增长50%，为目标任务125%。该工作开展两年以来，新覆盖35岁以下青年人数1万余人。年内，联合9家街道（社区）及与

7月4日，关爱农民工子女志愿服务站揭牌　（区团委供稿）

非公有制企业和社会组织联系密切的相关委办局，成立非公有制企业和社会组织团建工作领导小组。6月8日，召开工作推进会，就推进非公有制企业和社会组织团建工作作出具体安排。同月10日，团市委副书记刘震率团市委组织部、社区部到区调研，参观非公团组织代表趣游科技有限公司团委，考察瑞达大厦团建工作站建设情况。

（隗　婉）

【青年创业就业】 以北京青年创业园石景山园为载体，把促进青年创业就业作为服务青年工作的重心，发挥枢纽型组织的沟通协调作用，服务青年创业就业。截至年底，完成“个十百千”发展规划目标，建设一个青年创业园、十个青年创业楼、百个青年创业室、推动数千人就业。十个青年创业楼分别为：金顶青年创业楼、首特青年创业楼、华海青年创业楼、宏昌青年创业楼、茂华青年创业楼、崇新青年创业楼、古城青年创业楼、北工职院青年创业楼、瑞达青年创业楼及青创园主楼，入楼企业932家。

（隗　婉）

【社区青年汇】 加强团的终端组织建设，服务社区青少年。成立18家社区青年汇，下辖社团和自组织40余个，场地面积达到5万平米，累计组织活动近500场次，可联系覆盖青年10万余人。4家社区青年汇参加第八届北京青年学习节，冠坤会客厅社区青年汇作为全市代表单位参加北京青年创新创业博览会。

（隗　婉）

【组织青少年活动】 春节期间，组织人文北京体验活动，为200名农民工子女赠送舞台剧演出票。组织5场京剧进校园活动；组织青少年、志愿者参加中央电视台、北京电视台等媒体节目录制，观察电视节目制作过程。寒、暑假开展“假期回社区报到”活动，举办“快乐暑期，伴我成长”趣味生活技能大比拼，提高思考动手能力。组织学生参加“远离毒品”、“远离香烟”夏令营，建立金顶街民防宣教基地法制、自护展室，提升青少年综合素质。

（隗　婉）

【开展扶贫助弱】 更新区内弱势青少年群体相关信息，整合各方爱心资源，开展帮扶救助。年内，发放各类善款、物资价值近80万元，直接资助或间接帮扶各类弱势青少年0.5万余人次。“两节”期间，走访慰问25户首钢特困家庭，看望在押未成年人，发放爱心基金2.4万元，资助60名经济困难家庭青少年。3月和5月，相继举办100365首善行动之“北京日东升爱心助学”和“东方爱婴早教进社区”，筹集善款10

万元,资助100名高中生,为200名社区儿童赠送早教产品。6月,组织“我和北京在一起”六一体验,带领农民工子女参观国家博物馆。7月,举办希望工程工作站建站五周年活动,联合派克兰帝公司为500名农民工子女赠送服装。发放希望之星1+1奖学金8.78万元,资助学生108人。9月9日,与区教委、万千百货公司联合启动“华奥学子,万千栋梁”秋季公益活动,为华奥学校64名师生发放奖金3万元,联系挪威石油中国公司捐赠价值15万元的电脑。

(隗　婉)

【青少年权益维护】 召开预防青少年违法犯罪与未成年人保护工作会,调整两委组成人员,下发任务分工。增补区流管办、红十字会为新的成员单位,增强流动青少年管理、自护教育等工作的力量。9月,表彰31名优秀法制副校长,完成第六届法制副校长换届工作,聘任64名法制副校长与全区所有中小学对接,实现法制教育全覆盖。制作法制副校长工作手册,聘请专家对法制副校长、各学校主管德育领导及两委成员单位工作人员进行培训,提高未保预防工作水平。推动维护青少年合法权益律师团成员与各街道对接,为街道提供法律咨询等服务;整合区内各“优秀青少年维权岗”资源,统一开展主题宣教活动。

(隗　婉)

【创新团队建设】 11月18日,团市委副书记黄克瀛带队到区调研“团建十佳”、“千优带队”创建工程进展情况。在石景山中学,团教工委汇报“团建十佳”创建工程进展情况,京源学校等首批创建校团委书记汇报学校开展的特色工作。与会领导观看中学生机器人社团和柔道社团展示,随后,到实验小学听取区少工委办公室“千优带队”争创工程汇报,外语实验小学等首批争创校大队辅导员介绍相关情况和存在问题。之后,参观学校大队部等校园文化展示。团市委对本区“团建十佳”、“千优带队”创建工作进展给予肯定,认为计划落实到位、工作基础扎实、活动富有创新,并对团队干部建设和组织建设提出具体要求。团市委中少部全体人员、团区委、教工委相关负责人参加调研。

(隗　婉)

石景山区妇女联合会

概　述

全区有街道社区妇女联合会9个,社区妇代会139个,社区妇女小组4879个,各类妇委会14个;企业女职工委员会136个,区级妇女工作研究机构2个,行业和特殊群体女性联谊组织5个;区、街两级专兼职妇女干部36人,女性志愿者1.5万人。北京市石景山区妇女联合会(简称区妇联)是在区委领导下的社会群众团体。年内,围绕建党90周年、构建和谐社会主旋律,开展“巾帼建功”、“五好文明家庭”、“创先争优”等主题活动,带领全区妇女为建设现代化首都新城区而奋斗;夯实妇联组织基础,加强能力建设,增强妇联组织活力;以“十二五”时期妇女儿童发展规划编制发布为契机,加大维权工作力度,创新维权工作形式,接待和处理妇女群众来信来访,依法维护妇女儿童合法权益,全共接待信访405件。7月11日,在领袖大厦成立首个商务楼宇妇女工作站。

地址:石景山路18号
电话:68607200
邮编:100043

(战　菲)

【纪念“三八”妇女节】 3月2日,在中铁建设大厦三层报告厅召开纪念“三八”国际劳动妇女节101周年表彰大会。表彰2009~2010年度“三八”红旗手及“三八”红旗集体;优秀女性代表宣读“巾帼创新功、岗位争优秀”的倡议并做出岗位建功承诺。同月5日,在石景山游乐园举办以“巾帼群星耀京西,欢乐无限‘妇女节’”为主题的“三八”红旗手游园会启动仪式。市、区领导为先进女性代表赠游园票;市妇联副主席沈洁发表讲话。7日,在眉州东坡酒楼举办“华彩人生”庆祝“三八”101周年女领导干部联谊会,荣华为新当选的“妇女之友”颁发奖杯;夏林茂代表四套班子向女领导干部致以节日问候。

(战　菲)

【送温暖活动】 1月18日,在区政府南楼101会议室举办“营造温暖之家 共享美好生活”送温暖活动。为全区174名单亲贫困母亲、纯老年人生活困难妇女每人发放600元爱心款;为3名抗日战争时期就从事妇救会工作的3位老妇救会主任每人发放800元慰问金并入户走访;为6名生活困难妇女提供免费妇科治疗。市、区领导走访慰问老山街道贫困单亲母亲周志金,送去爱心款和慰问品。3月8日,区妇联领导看望慰问身患重病却仍然坚守

3月2日,“三八”妇女节表彰会　　(王祝炫　摄)

岗位的优秀女性代表、区三八红旗手标兵崔兰。5月10日，联合爱心企业北京古城阳光妇科医院启动“同一片蓝天，同一份关爱”流动妇女“两癌”免费筛查公益活动。为流动妇女提供“两癌”免费筛查服务，医务人员深入社区开展女性健康知识讲座，提高流动妇女的健康意识和自我保护意识。同月28日，与全国妇联妇女发展基金会会同五芳斋公司及区民政局等单位领导到杨庄福利院，举办“分享幸福的味道”活动。给社区福利院的孤寡老人和6名孤残儿童送去1000个粽子和毛绒玩具。

（战　菲）

【五好文明家庭创建】 加强宣传动员，组织开展“五好文明家庭”创建活动，弘扬和谐、平等、文明的治家理念，宣传绿色、低碳、环保的生活意识。以低碳、环保为主题，在各个街道组织开展家庭低碳环保知识竞赛，号召全体家庭成员树立绿色生活理念，学习低碳生活技巧；在全区树立一批表现突出的绿色家庭、和谐家庭和学习型家庭，发挥典型家庭的示范带头作用；组织社区家庭参与市妇联主办的“和谐家庭 健走北京”活动。5月21日，在老山街道社区服务中心启动以“家庭心向党，邻里创和谐”为主题的第三届和谐家庭邻里节活动。开幕式上公布“五好文明家庭”命名决定及名单，现场授予10户家庭“五好文明家庭标兵”称号，授予90户家庭“五好文明家庭”称号。各街道陆续开展家庭知识大讲堂、家庭环保知识竞赛、家庭齐唱红歌、家庭心向党征文等主题活动，历时两个月。

（战　菲）

【儿童节活动】 5月18日，在区妇女儿童活动中心举办“同成长 共欢乐”流动儿童庆“六一”亲子游园会。来自黄庄、华奥两所外来打工子弟学校的学生和家长参加亲子共读书、绘画、儿童游艺、儿童DIY手工制作系列活动。中国国际广播电台肯尼亚记者对儿童友好家园项目等进行采访，并在国际广播新闻中播出。同月31日，“花儿朵朵向太阳”——庆祝“六一”国际儿童节主题活动在青少年活动中心举行。荣华向关心下一代委员会主任臧中凯颁发聘书；市关工委主任索连生、秘书长滕毅、区领导倪国锋向“五老”代表（老党员、老专家，老教师，老战士、老模范）敬献鲜花；区领导向四所幼儿园、学校捐赠慰问款。会后与孩子进行游戏体验活动，观看无线电测向、机器人、彩陶制作、橡皮篆刻、魔术等精彩表演，并赠送节日礼物。

（战　菲）

【“妇女之家”建设】 在上年“妇女之家”实现全覆盖后，年内在全区139个社区、35个商务楼宇统一挂牌。八宝山、苹果园街道率先挂牌并完善规范化管理制度，在全市进行“妇女之家”信息管理系统试点和应用。12月13日，区看守所举行“妇女之家”揭牌仪式，市妇联权益部部长李静等到会发言并揭牌。借助“妇女之家”这个平台为女干警们提供心理疏导、婚姻家庭咨询、家庭教育等方面服务；围绕女性在押人员的实际需求和回归社会的迫切愿望，组织专家和巾帼志愿者走进看守所，配合看守所开展特色宣传教育、维权服务、就业培训、法律咨询、心理疏导等帮教活动。

（战　菲）

【交流活动】 7月27日，房山区妇联就“妇女之家”建设到区进行交流考察。参观八宝山街道永东北社区“妇女之家”、“巧娘工作室”和苹果园街道西山枫林一社区及金顶街街道二区特色“妇女之家”阵地，两区就商务楼宇“妇女之家”建设情况进行探讨。11月28日，浙江省嘉兴市南湖区妇联一行11人就“妇女之家”建设进行考察。

（战　菲）

【“服务创一流巾帼展风采”启动】 9月29日，“创先争优作表率，巾帼建功展风采”——石景山区纪念“巾帼建功”活动二十周年交流座谈暨“服务创一流、巾帼展风采”活动启动会举行。市妇联、区相关领导出席会议。大会总结近年来开展“巾帼建功”活动情况，听取部分单位工作汇报，并为获得上年“全国巾帼文明岗”的单位颁发奖牌。会议还部署在全区窗口单位、服务行业中深入开展“服务创一流、巾帼展风采”活动。会后组织参会人员参观获“全国巾帼文明岗”先进单位——区城市管理监督指挥中心。

（战　菲）

石景山区科学技术协会

概　　述

石景山区科学技术协会（简称区科协）是区委领导下的人民团体，是地区科学技术工作者的群众组织和区委区政府联系科学技术工作者的桥梁和纽带。有区属学、协会12个，街道（社区）科协9个。年内，贯彻落实《全民科学素质行动计划纲要》，巩固全国科普示范城区成果，动员组织全区科技工作者进行学术交流，开展科技周、科普之夏、科普行动日、金桥工程、青少年科技创新教育、家庭数码大赛、公众科学素质大赛等系列活动，获市“家庭数码大赛组织工作一等奖”、市“公众科学素质大赛优秀奖”、市“科学素质大赛第三名”，市科协系统“信息工作先进单位”，全国科协系统“先进工作者”、市科协“先进工作者”等多个奖项。

地址：石景山路18号
电话：68607102
邮编：100043

（于　娜）

【实施科学素质纲要】 坚持以领导干部、公务员、城镇劳动人口和青少年等重点人群的科学素质行动，带动全体公民科学素质的整体提高。围绕“节能、环保、安康”等主题，借助“科技周”、“科普之夏”、“全国科普日”等系列主题活动，向全体公民大力宣传科学发展观。结合现代服务业建设和首钢转产需求，加大对城镇劳动者和社区待业人员职业技能培训力度，增强其创业就业能力。按照建设学习型领导班子和学习型机关要求，提高领导干部和公务员的科学素质。同时，搭建青少年科技教育平台，推动青少年科学素质教育。以青少年科技创新大赛为龙头，抓好“青少年科技节”、“百万家庭数字生活技能大赛”、“大手拉

城县红十字“博爱家园”建设和新疆和田县助学项目11万元。

（刘润荣）

【防灾应急】 普及卫生救护和防病知识，进行初级卫生救护培训，组织群众参加现场救护。年内，组织应急救护培训150余期，7042人取得初级急救员证，普及应急救护知识8.5万余人。在金顶街金顶阳光社区、高井中学和京源学校开展红十字防灾避险应急演练活动。为蓝天救援队京西分队补充8000元救援器材。

（刘润荣）

【社区服务】 通过政府购买公共服务项目，新建12个社区服务站，对2万余名社区居民进行应急救护和逃生避险知识技能培训。向市红会争取资金10万元，为9个街道（社区）红十字工作者、2个样板社区和10个普通社区配发电脑、急救包、体重计和应急手册，分别按照社区总人数的80%和60%，开展“红十字宣传传播进社区进家庭”活动，发放宣传材料2万余份。组织卫生和防艾知识普及志愿服务进社区、进工地、进校园、进敬老院行动，义务卫生咨询、诊疗和防艾知识普及2.5万余人。

（刘润荣）

5月5日，红十字应急救援队演练（区红会供稿）

【红十字青少年】 促进学校素质教育，举办12期“我是急救互救小行家夏令营”活动，1600名学生参加。制定并实施“防艾工作从小抓”活动方案，会同有关部门对10所创建“健康促进学校”的单位进行3轮督察和5区互查验收，组织中学生应急演练活动，红十字青少年亮点工作落实到位。

（刘润荣）

【公益宣传】 筹资5万元新建“金顶阳光”社区宣教基地。在社区设立11块红十字公益宣传栏，更新90余块宣传展板。会同有关部门开展12次集中宣传活动，发放宣传品3万余份，多家新闻媒体报道150余次。

（刘润荣）

石景山区群众团体负责人

区总工会主席	李桂珍（副区级）
常务副主席	王智勇
共青团石景山区委书记	张　帆
区妇女联合会主席	王宏芬
区归国华侨联合会主席	张　文
区文学艺术界联合会主席	宋青松（3月免）
	郭　明（9月任）
区科学技术协会主席	佟长江
区残疾人联合会理事长	崔　宁
区红十字会会长	田春生（副区级）
常务副会长	郭增辉

政　法

全区政法工作围绕“大调整、大建设、大发展”工作主基调和社会矛盾化解、社会管理创新、公正廉洁执法三项重点工作，全面履行职能。

全力维护社会稳定。一是构建“大维稳”工作格局。调整充实包括35个成员单位的区维护稳定工作领导小组，形成“分工明确、上下统一、条块结合、运转高效”的指挥领导体系，各级党组织核心作用凸显，四级维稳“中心”作用得到有效发挥，“大维稳”格局初步形成，为做好维稳各项工作提供坚实的政治和组织保障。二是做好首钢停产稳定工作。在区“首钢北京厂区停产维稳工作协调小组”领导下，区政法各单位密切关注首钢涉钢产业停产可能引发的不稳定因素，与首钢及相关单位密切配合，做好停产稳定工作。区委政法委多次牵头召开与首钢工作对接会、“五位一体”会商会，研究对重点人、重点事的稳控和疏导措施；区法院与首钢有关部门召开法律座谈会，进一步研讨首钢停产、职工分流安置涉法问题；区检察院深入研究首钢停产设备拆除期间有关犯罪问题，积极做好应对工作。全年妥善处置3起首钢职工闹访事件，首钢停产、职工分流工作顺利完成，实现“稳定停产”工作目标。区维稳办撰写的《认真组织风险评估，确保首钢停产维稳工作取得实效》一文被中央维稳办和市维稳办全文转发。三是做好重大节日、重要节点的安全稳定工作。圆满完成全国“两会”、建党90周年、十七届六中全会等期间的安全保卫任务；连续挫败煽动非法聚集和“守望教会”户外敬拜活动；平稳度过“元旦”、“春节”、“五一”、“十一”等重大节日和“九一八”事变80周年、辛亥革命100周年等时期。确保第十二届世界漫画大会暨2011北京国际动漫周活动、区人大代表换届选举及区党代会安全、顺利进行，实现政治安定、社会稳定目标。

认真履行政法职能。一是围绕区域发展大局全面履职。区委区政府主动肩负维稳第一责任，发挥组织领导、统筹协调作用。公安分局全力开展对敌斗争，加强社会治安清理整治和社区防控工作，严厉打击刑事犯罪活动，命案破案率连续六年保持100%。区检察院全面履行检察职能，加强惩治职务犯罪工作机制建设，不断强化诉讼监督，有力促进司法公正。区法院创新调解机制，完善审判管理模式，加强文化建设，民商事案件调撤率连续五年达到65%以上，审判质量和效率不断提高。区司法局构建社会矛盾多元调解体系，不断提高社区矫正和帮教安置工作水平，扎实推进“六五”普法工作，为区域法制建设作出重要贡献。区民政局牢牢把握大民政建设主线，做好社会救助、社会福利、双拥优抚安置等工作，促进民政事业科学发展。驻区武警部队围绕全区工作大局，主动承担重大安保任务，与政法维稳部门密切协作，连续奋战，为区域稳定和发展作出突出贡献。有关委办局结合自身职能，在信息共享、工作协同、力量衔接等方面配合政法维稳部门，有效化解涉及本部门、本系统各类矛盾纠纷，促进“大维稳”工作格局形成。各街道、各地区落实属地责任，排查不稳定因素，协助主责单位化解大量社会矛盾。社会各界和人民群众大力支持、主动参与，积极投身治安巡逻、矛盾化解、社会管理等工作，为维护区域稳定提供坚强后盾。二是认真化解挂账涉法涉诉积案。政法各单位通过开展“清理执行积案”、“清理进京重复访案件”、“化解人民群众向永康同志来信积案”等专项活动，办理中央政法委、市委政法委交办案件5批56件。通过开展自查自纠活动、领导交办信访案件办理、专业信访工作部门接待处理等方式，办理一大批涉法涉诉信访积案，化解一大批社会矛盾，做到“案结事了、息诉罢访、人民满意”。坚持“综合协调各方、落实明确责任、强化督查督办、实施合理救助”，促进社会管理方式创新；通过纠正错案，追究有关人员责任，完善工作程序，促进干警公正廉洁执法。三是抓好大案、要案协调工作。全年召开“三长会”17次，协调案件24件，妥善处理2起涉疆故意伤害案等一批影响全区稳定的大案、要案，受到市、区领导充分肯定。

强化基层基础工作。一是深入开展人民内部矛盾排查化解。全区统一安排人民内部矛盾排查调处4次，排查各类重点人1404名，其中高风险重点人1名，重点事88件。健全完善党委政府主导的“大调解”工作体系，完善人民调解、司法调解、行政调解三位一体、衔接联动机制，较好发挥区、街道、社区、楼门四级调解组织作用，在拆迁重点地区完善“十横十纵”工作网络，全面落实领导干部开门接访、带案下访、解案约访、结案回访“四访”工作制度。全年排查150件各类矛盾纠纷，化解率95%，信访形势总体平稳可控。二是强化维稳情报信息作用。全年14次启动战时情报信息会商机制，发挥3140名实名制维稳情报信息员作用，落实“急事急报、一事一报、会商研判、协调处理”工作措施，确保信息收集、研判、预警的及时、准确及协调、处置的时效性。在重要节点及敏感时期，坚持每天报告、集中会商、当天处理制度，使各类问题得到及时有效解决。全年根据提供的情报信息，及时妥善处理不稳定因素50余起。三是拓展延伸风险评估领域。按照先试点后延伸再铺开的工作思路，先后对首钢停产、职工分流安置(试点)，老古城拆迁改造(试点)，衙门口村拆迁改造项目，弘禾新园与万商公司合同纠纷案件，防止东方森茂案受害人聚集上访，第十二届世界漫画大会暨2011北京国际动漫周等6项工作实施社会稳定风险评估，最大限度地预防和消除重大工程、重大项目、重大决策进程中的不稳定因素。四是加强社会面防控。适时启动社会面防控等级，坚持专群结合、条块结合，适时启动“一级、二级加强、二级”社会面防控方案，重要节点全区每天投入社会防控力量1.6万余人，警力500余名，以强力的社会面防控保证社会秩序良好。深入开展专项清理整治活动，全年联合有关部门开展百余次清理整治，较好地净化社会环境，针对社会秩序存在的痼疾顽症开展百日整治行动，取得初步成效。强化社区安全防范，发挥社区民警驻区制作用，通过开展社区社情恳谈会、"开门评警"等活动，深入开展安保宣传发动工作，营造"各界群众齐参与、共保平安促和谐"的良好氛围。五是加强社会管理创新，深化推进加强流动人口服务管理的"新居民互助服务站"、发挥基层维稳中心作用的"社区社情恳谈会"、整合社会建设资源的商务楼宇"五站合一"等创新模式，发挥基层首创精神，探索一批鲜活的实践案例，交流经验，推广试点，提升理论，区委区政府及时加以总结并向全区推开，进一步指导实践，收到良好成效。

加强政法队伍建设。当年是全市政法系统开展"发扬传统、坚定信念、执法为民"主题实践活动年，全区政法队伍建设围绕着全市队建工作主题和政法工作中心，规范执法活动，强化队伍管理，不断提升政法队伍整体形象。一是重温红色记忆，传承革命精神。以建党90周年为契机，在全区政法系统中开展"重温入党誓词，重读红色经典、重走红色之路"活动，组织第六届"人民满意的政法干警"赴延安外出考察，使干警进一步树立"为谁入党、为谁从警、为谁掌权"的政治意识，树立执法为民的公仆意识。二是坚持典型引路，营造良好氛围。在政法系统基层党组织和共产党员中继续深入开展创先争优活动和"人民满意的政法干警(单位)"评选表彰工作，激发队伍活力。政法系统涌现出以80后检察官门美子(全国政法系统优秀共产党员、市优秀青年知识分子)为代表的一批优秀干警，引起强烈反响，政法队伍中形成立足本职、埋头苦干、开拓创新的氛围。三是加强从严治警，推动工作进步。年初，根据市委政法委要求，区委政法委制定"解放思想找差距，创新发展争一流大讨论"活动方案，政法各单位广泛征求意见、深入分析研讨、认真总结规划，切实查找自身工作薄弱环节，制定整改措施，有力推动工作进步。下半年在政法系统开展为期三个月的公正廉洁执法警示教育活动，进一步促进公正、廉洁、文明执法。四是深化从优待警，激发队伍活力。继续贯彻从优待警"四项制度"，进一步畅通干警就医渠道；为干警家属就业提供信息300余条；为多名武警官兵解决子女入学困难；全年慰问特困干警13名、奖励有功单位3个，发放关爱金13.8万元。

加强党对政法工作的领导。加强对政法机关贯彻落实党的路线、方针、政策的领导，确保政法工作正确的政治方向。加强各级班子建设，通过在全系统党委、党组中开展专题党日活动，教育培训活动等培养团结向上、勤政廉政、开拓创新的领导集体。强化执法监督，全年处理涉及政法工作方面的来信来访100多件次，针对个别案件暴露出来的干警执法瑕疵进行教育整改，严肃执法作风。

(宋　薇)

政法委员会

概　述

中共北京市石景山区委政法委员会(简称区委政法委)是区委领导政法工作的职能部门。年内，围绕区委区政府中心工作，做好维护社会稳定和服务区域经济社会发展工作。落实三级维稳工作机构，强化预警风险责任，探索多元化化解社会矛盾的手段；牵头做好首钢停产稳定工作；挫败煽动非法聚集和"守望教会"户外敬拜活动；确保全国"两会"、建党90周年、第十二届世界漫画大会、人大代表换届选举、区党代会的安全稳定。领导、协调政法机关办理中央政法委、市委政法委挂账案件5批56件；妥善处理82起重点、敏感案件，确保政法机关正确履职。全年排查各类重大矛盾纠纷150件，化解率95%；14次启动战时情报信息会商机制，及时、有效处置各种不稳定因素；先后对首钢停产等6项工程实施社会稳定风险评估，最大限度地预防和消除重大工程、重大项目、重大决策进程中的不稳定因素；深入开展政法队伍主题实践活动和创先争优活动，坚持从严治警，深化从优待警"四项制度"，慰问特困干警13名、奖励有功单位3个，发放关爱金13.8万元。

地址：石景山路18号
电话：88699118
邮编：100043

(宋　薇)

【维稳工作部署】　2月28日，召开全区领导干部会议，传达市领导干部会议精神，通报当前维稳形势，明确工作目标和工作原则，并对下步维护稳定工作进行详细部署，荣华讲话。3月2日，召开指挥部全体会议，紧急传达中央和市全国"两会"维稳会议精神，区委政法委(即指挥部办公室)、区综治办、公安分局等单位领导分析通报近

9月28日，部署国庆期间安全维稳工作　(区政法委供稿)

期维稳工作形势，强调下一步工作安排和工作重点，指挥部指挥长荣华讲话。同月4～6日、8日接连召开指挥部会议，通报工作情况，并就进一步做好社会面、关键节点维稳工作及宣传舆论工作进行部署，荣华、夏林茂等提出工作要求。22日，召开全国“两会”维稳工作总结会，决定将区全国“两会”维护稳定工作指挥部更名为区防止和处置煽动非法聚集指挥部，原指挥层领导和成员不变，办公室设在区维稳办。指挥部下设综合协调组等8个职能工作组，建立健全情报信息收集报送判研机制等7项工作机制，按照平战结合原则开展工作，平时由办公室负责日常工作，重要敏感时期启动应急机制，全力开展工作，荣华等提出工作要求。4月1日下午，召开清明节期间维稳工作会，传达、学习市委有关指示精神，就做好清明节期间维稳工作进行部署。5月30日上午，召开区维稳工作领导小组（扩大）会议，部署敏感时期维稳工作，荣华讲话。9月28日，召开全区部署国庆期间安全稳定工作会议，传达市工作会议精神。

（宋 薇）

【政法队伍建设】 在全区政法系统中开展“重温入党誓词，重读红色经典、重走红色之路”活动。6月20日，组织区第六届“人民满意的政法干警”赴延安学习考察。同月29日，市委政法委副书记、首都综治办主任腾盛萍到区检察院看望“全国政法系统优秀共产党员”、市“优秀青年知识分子”门美子及其母亲。此前，区委政法委作出决定，要求全区政法干警向门美子学习，努力做好各项政法工作。7月11日，岳德顺到公安分局慰问“市人民满意政法干警”、“首都劳动模范”、市“群众心目中的好党员”巡警支队三中队副中队长丁大文；8月24～25日，岳德顺分别走访慰问公安分局国保支队干警和交通支队两位特困干警，并送去“关爱金”。

（宋 薇）

【开展禁毒工作】 6月13日，召开禁毒委员会（扩大）会议，市禁毒办常务副主任、区有关领导参加会议并提出工作要求。会议传达市禁毒工作电视电话会议精神；总结上年禁毒工作，部署当年禁毒工作；表彰区财政局等16个禁毒工作先进单位和先进集体；金顶街街道、八角街道分别作禁毒工作和“向日葵社区”创建工作经验介绍。

（宋 薇）

【首钢停产维稳】 自1月始，区委区政府先后召开2次区委会、2次区长办公会，专题研究首钢停产分流职工安置和社会稳定工作。在区委十届十三次全会、区“两会”和各专项工作会议上，都把分流职工安置和维护稳定作为重要工作任务进行部署。春节前，区委区政府安排由区人保局、社工委、民政局等委办局牵头，组织各街道，对分流安置职工家庭和在外地职工留守家属，分户登门进行慰问、看望。按照市首钢搬迁协调领导小组办公室的要求，区维稳工作协调小组制定总体工作方案和“清理整治”、“重点人管控”、“巡逻防控”、“应急处置”4个分方案，明确各成员单位职责、任务、完成时限、标准和工作要求。建立健全区与市有关委办局、首钢有关部门定期对接工作机制，情报信息收集、报送、会商、分处机制，信访接待、矛盾调处化解机制，形式研判、应急处置机制，使各环节、各时间段上各类不稳定因素都在掌控之中，首钢停产以来发生的4起到市和首钢总公司群体访200人次均做到及时发现、及时疏导、妥善处置。

（宋 薇）

社会治安综合治理

概 述

北京市石景山区社会治安综合治理委员会办公室（简称区综治办）是区委区政府解决社会治安问题的常设办事机构，承担维护社会稳定和社会治安综合治理“打击、防范、教育、管理、建设、改造”6项工作任务。年内，本区社会治安综合治理工作围绕年初制定的工作思路，以科学发展为主题，总结20年来社会治安综合治理的基本经验，以“平安石景山”建设为载体，以社会管理创新为主线，服务于“大调整、大建设、大发展”，围绕区委区政府工作重点、社会服务管理难点、人民群众关注热点，推进大综治格局构建、流动人口有序管理、社会矛盾排查化解、社会管理模式创新、治安防控体系建设，提高统筹协调、服务管理、矛盾化解、开拓创新和群众工作能力，评选出30个上年度社会治安综合治理先进街道和先进单位。

地址：石景山路18号
电话：88699106
邮编：100043

（张桂清）

【综治帮扶联系点】 发挥区综治委成员单位在社会治安综合治理工作中的作用，开展基层社区综治工作定点帮扶活动。5月11日，区综治委召开第二次全体（扩大）会议，审议通过关于建立第一批综治工作联系点的通知，确立联系点9个，涉及社工委、住建委、法制办、市政市容委、统计局、环卫中心、民政局、总工会、安监局9个成员单位，明确帮扶工作责任，将各项指标任务逐一分解落实到帮扶领导、帮扶科（室）和帮扶人员。根据首都综治委部署，市妇联对口帮扶鲁谷社区、市广电局对口帮扶苹果园街道。9月16日，市广电局以提升基层地区综治维稳工作为切入点，向苹果园街道投入16万元用于建设街道综治维稳工作中心指挥系统，实现辖区内32个重点点位实时监看，提高综治维稳工作中心的指挥、调度和防控能力。

（张桂清）

【社区安全防范总结表彰】 1月18日，召开社区安全防范工作总结表彰大会。对获得上年度“十佳”社区民警、优秀社区综治委主任、先进治保积极分子、先进治保标兵、优秀治安巡逻志愿者，先进流管工作服务站、先进技防小区监控室、先进治保会等共198名先进个人和89个先进集体进行表彰。上年社区“三类”案件立案317起，同比下降17%，实现“社会治安环境不断改善，群众满意度持续提升”工作目标，在全市考核中名列前茅。

（张桂清）

【社会面等级防控】 以社会面防控为重点，深入开展社会治安重点地区排查整治，确保全区社会稳定。全年启动社会面防控等级9次，历时60天，累计出动专群力量120余万人次。确保全国"两会"、十七届六中全会等重大政治活动安全顺利举行；确保清明、"七一"、"八一"、国庆等重要节日、重点时段平稳度过；确保国际动漫周成功举行。

（张桂清）

【社会面网格化防控】 成立区构建网格化社会面防控体系领导小组，以综治委名义制定下发构建网格化社会面防控体系维护安全稳定的工作意见和构建网格化社会面防控体系的工作方案，建立区级层面、街道层面、社区层面、网格层面的领导机制。以社区为基础网格，结合民警驻区制、站巡制模式，按照"完整性、便利性、均衡性"原则，全区139个社区细化为259个防控网格，其中住宅类112个、商务商业11个、商住混合61个、机关企事业单位18个、旅游景点5个、驻区部队8个、人员密集场所2个，其他42个。综合考虑社情民意、人口分布、治安状况、社会秩序、地理位置等因素，将网格划分为严密管控型、重点关注型、日常管理型三个层级。以社会治安综合治理责任制为依托，以现代信息技术手段为载体，以"人、地、物、事、组织"等各类服务管理对象为重点，加强对重点地区、要害部位及危险物品的管控，对矛盾纠纷、安全隐患、城市秩序等社会管理事件的查控，明确网格单元力量配置，组织、协调相关专业执法力量和社会力量，对社会面防控实施精细化管理。

（张桂清）

【综治维稳中心宣传月】 发挥街道综治维稳工作中心作用，提高群众知晓率，增强社会影响力。按首都综治办部署，将10月定为综治维稳工作中心宣传月。10月15日，9个街道综治维稳中心同时开展集中宣传日活动，分别在主要繁华地段设立宣传点，各街道工委书记、办事处主任主持宣传仪式。全区印制宣传折页1.6万余册、《致居民一封信》1.1万份、联系卡0.8万张，制作宣传展板79块、横幅46条，定制综治宣传购物袋0.1万个、圆珠笔0.5万个，设立宣传橱窗21处。宣传点悬挂横幅46条，摆放展板79块，发放宣传材料近1万份，发放纪念品0.2万份，受众近1.5万人次；公安、城管、工商、消防、卫生、安监等11个部门的基层科队站所派出112名专职工作人员参与宣传活动，设立现场业务咨询台32个，接受咨询近100人次。

（张桂清）

【重点地区排查整治】 采取"市、区、街"三级挂账方式推进社会治安重点地区排查整治工作，年内确定三级挂账重点地区11个。5月11日，召开排查整治工作推进大会，制定下发工作方案。区委常委会、区长办公会先后3次听取综治办专题汇报。各相关部门发动群防力量22.4万人次，出动执法力量2万多人次，发动宣传1200多次，执法车辆1.2万余辆次，组织各类排查工作730次，拆除违法建设5.96万平方米，查处各类非法营运车辆1057辆，查处非法运营及无照游商668起，处罚非法运营人员668人。年底，全区三级挂账18个重点地区完成销账。

（张桂清）

【流动人口管理服务】 截至年底，全区流动人口21.3万人，较上年（22.82万人）下降6.7%，其中男11.4万人，女9.9万人；农业户口15.3万人，非农业户口6万人，无户口76人；流动人口多为初高中文化水平，共17.1万人，占80.3%；流动人口居住半年以上19.8万人，占93%。出租房屋1.95万户，与上年持平，其中平房0.64万户，楼房1.29万户。全年组织市区挂账重点流动人口聚居区大型集中排查整治工作5次，检查流动人口聚居大院126处、废品回收站15处、"五小"门店（即经营面积在150平方米以下的小餐馆，经营面积在20平方米以下的小美容美发店，30床以下的宾馆、旅店、招待所，就浴50人以下的洗浴、桑拿浴、淋浴、足浴场所，经营面积在500平方米以下的歌厅、舞厅、卡拉OK厅）等各类重点场所105处，发现并消除各类安全隐患37起、非法行医8起、关闭无照经营场所26处；检查群租房1315户次，发现无消防通道大院2处，地下室安全隐患5处，废品回收大院安全隐患3处，大院内私扯电线3处，填写问题报告单23个。全区建立新居民互助服务站188个，其中平房大院62个，楼房区113个，商务楼宇4个，集贸市场6个，普通地下室3个，有1822名互助队员，惠及流动人口156083人、占流动人口总数的74.6%，出租房屋18104户、占出租房屋总数的93.1%。完善流动人口党建工作。以老山街道为代表，建立"流动人口党支部"，探索"以党的组织为阵地、以群团组织为配套、以志愿组织为补充"的流动人口自治管理途径。年内，全区流动人口党员1249人，建立流动人口党支部3个。通过建立流动人口图书角、"益民读书会"等形式，引导流动人口参与社区文化活动。通过流动人口"阳光服务站"、"爱心超市"、"小小餐桌"等载体，创新服务形式，延伸服务范围，增强流动人口的归属感和认同感。通过新居民互助服务站，把基础调查、代办证件、计划生育、子女入学、劳动保障等日常服务管理全部纳入这一平台，实现流动人口自我服务。联合区妇联开展流动人口妇女免费两癌筛查活动；与区计生委合作为全区居住半年以上、初次生育的流动人口孕妇提供一次免费体检服务；开展为流动儿童免费进行免疫疫苗查漏补种工作。设立便民服务点，免费为流动人口提供应急药品、修车工具、文体用品等便民服务。

（张桂清）

公安工作

概　述

北京市公安局石景山公安分局（简称公安分局），内设职能机构36个，下属14个派出所。年内，坚持"民意主导警务"的工作理念，将人民群众的需求作为公安工作的风向标，将民情民意作为公安工作着力点，将人民群众满意度作为公安工作出发点和落脚点。坚持

6月22日，开展法制宣传　（公安分局供稿）

主业意识，全力开展打击破案工作。命案发案后72小时全警联动、打抢劫防命案、治安前置掌握易被侵害人群等多个工作方法组成的"命案攻防"机制，破案率连续六年保持100%；相继破获彝族人系列入室盗窃、蒙古币系列诈骗等重大案件。完成第一批竞争上岗选拔人员任职工作，调整领导干部63人，全年对55名领导干部进行交流调整。考核干部134人，民主测评6510人次、谈话4020人次。组织完成"三项重点工作推进队"队员选调和接收工作。看守所实现队伍管理"零违纪"和监所安全"零事故"的"双零"指标。强化情报掌控和预警工作，被评为市局十佳情报信息3篇，被公安部采用情报信息39件。被市局评为"组织推动执法规范化建设成绩突出集体"，入选第一届"我最喜爱的首都人民警察"先进集体；获市第七届"人民满意的政法单位"荣誉称号；1人被评为全国先进典型；2人被市局评为"爱民模范"；2人被市局评为"公安机关先进个人"；5个单位被市局评为"爱民模范集体"；先后推树46个分局"两节两会"、"国庆安保"专项安保之星。

地址：古城南里甲1号

电话：68873814

邮编：100043

（路庆华）

【履行维稳责任】　全力维护本区政治稳定、社会安定。按照"科学应对，确保当前；立足大局，确保长远；管理网络，引导舆论；查清源头，主动防御"的维稳工作总体要求，结合辖区实际，开展清理检查及滚动摸排，严厉打击各种敌对活动。破获"法轮功"专案及万达广场散发法轮功宣传品案；依法处置各类群体访批次人次分别同比上升97.2%和140.4%。

（路庆华）

【打击破案增长8%】　将市局党委提出的"打击破案与经济增长同步、打击破案达到并超过8%"作为刚性目标，分局刑侦支队依托"春季攻势"、"铁拳行动"、"321"打防管控一体化专项行动，完成市局"打击破案总量同比增长超过8%"的刚性目标。

（路庆华）

【严重刑事案件下降21.6%】　全区八类危害严重刑事案件（杀人、强奸、绑架、抢劫、放火、爆炸、劫持、伤害）同比下降21.6%。分局坚持打大攻坚，强化专案打击效果，破获八类危害严重刑事案件157起，相继破获"8·20"拦路抢劫强奸案、"10·17"抢劫案、礼文中学抢劫案等一系列重特大恶性案件。

（路庆华）

【打击涉黑涉恶犯罪】　按照市局打黑除恶"惊蛰行动"部署，加强对寻衅滋事、聚众斗殴、敲诈勒索等案件打击力度，全年打掉各类涉黑犯罪团伙4个，刑拘犯罪嫌疑人29名，破获各类刑事案件7起。

（路庆华）

【缉毒打击任务增长8%】　完成全年缉毒打击任务同比增长8%的工作目标。在第四季度"秋风"行动中，破获涉毒案件11起，抓获涉毒人员26人，收缴各类毒品9000余克，市禁毒委给予通报表彰。

（路庆华）

【网上追逃清网率66.7%】　发挥公安信息化在打击、防范、控制等方面作用，建立集图像监控、机动应急通信等专电专网等系统在内的多种信息化通信保障体系。按照全国公安机关网上追逃专项督察统一部署，6月1日～12月15日，开展网上追逃"清网行动"，清网率为66.7%。

（路庆华）

【城市秩序百日整治】　严格方案制定、台账落实等环节，明确辖区整治目标、重点、方法，保障与相关部门定期会商、联勤联动、带班责任、联动指挥等机制高效运行。全区出动执法力量2.7万余人次，批评教育1064人，取缔查处无照游商2448摊，查扣黑车969辆，全区重点点位黑车、黑摩的占道趴活、非法运营现象明显减少，无照游商、散发小广告、流浪乞讨问题初步得到控制。

（路庆华）

【"打四黑除四害"专项行动】　发挥"第一推动"作用，开展社会治安清理整治。狠抓方案制定、台账落实等环节，牵动和整合各种社会资源，确保定期会商、联勤联动、带班责任、联动指挥等机制高效运行。依托专项行动，持续开展"打四黑除四害"等社会治安清理整治专项行动。通过"专业打击、内部联动、外部打捆"的工作模式，边摸边打，打掉团伙13个，窝点77个，取缔、关停无照经营场所62家，检查足疗发廊等休闲服务场所723家。全区110治安警情同比下降48.4%。

（路庆华）

【后勤保障工作】　完成社区民警驻区

制保障工作。执法办案场所功能分区设置及视音频监控系统建设;警犬基地建设工程;涉案赃证物中心建设工程;基层派出所等窗口单位立案公开技术保障系统建设;新古城派出所、鲁谷派出所、八角派出所、模式口派出所、金顶街派出所、八大处派出所房屋维修工程和分局永久用电工程。

（路庆华）

【整治流动人口聚居村】 针对市、区两级挂帐的重点地区和高发案社区,组织相关部门依据职责分工齐抓共管,对流动人口聚居地区反复开展整治工作;组织派出所每周对流动人口聚居区和治安重点地区开展治安整治。开展安全检查73次,检查出租大院147个,检查出租房屋7230户,审查流动人口2.7万人。通过清理新发现登记流动人口2658名,发现解决安全隐患217起。

（路庆华）

【企事业单位安全检查】 按照企事业单位保卫工作方案部署,一方面组织各单位主要领导和保卫人员进行自查自检,另一方面组织警力对全区金融、水、气、热、通信、邮政、商场超市、加油(气)站、餐饮企业等单位进行集中检查,对一般性企事业单位进行抽查。全年投入警力698人次,组织单位领导365人,保卫人员622人,检查单位469家,发现解决问题18件,及时消除各类安全隐患。

（路庆华）

【开展火灾隐患亮剑行动】 组织开展联合检查25次,检查社会单位100余家,发现火灾隐患50余处,责令单位当场整改火灾隐患40余处。出动警力200余人次,检查居民社区139个,发现并整改火灾隐患210余处,清理可燃物107吨,发放宣传材料5万份。

（路庆华）

【立案公开项目建设】 根据市局对基层派出所等窗口单位立案公开工作的要求,对需要公开场所安装15部落地式立案公开触摸查询机,并完成全部查询机的安装与调试。

（路庆华）

【涉案财物管理】 按照公安部、市局统一部署,开展涉案财物管理问题专项治理。建立分局涉案财物管理中心,研发涉案财物管理系统,采取分区编号“物证流”管理模式,对涉案财物实行精细化管理;制定出台涉案财物管理工作规定等一系列规章制度,推动分局涉案财物管理工作制度化和规范化。8月16日,公安部副部长、纪委书记、督察长刘金国在部专项简报第212期上作出批示:“对北京石景山分局专项治理工作经验要总结,推向全国。”根据局属等办案单位有关涉案财物管理需求,成立涉案财务管理中心,建立一套直观、动态的涉案财务全程网上管理平台。

（路庆华）

【涉外基层基础工作】 完善出入境外事民警与社区民警捆绑清查、出入境清查检查、指导派出所清查的三级清查检查工作机制。全年检查涉外旅店发现错单213张,平均登记率为99.97%,平均准确率为99.54%。截至年底,受理各类出入境证件49149份,发放各类证件50011件,同比增长45%。

（路庆华）

案例举要

【破获特大系列诈骗案】 10月16日,抓获一名诈骗犯罪嫌疑人,破获系列诈骗案件22起。9月12日,在银星宾馆内发生一起诈骗案,一名自称张姓男经理以组织到蒙古国旅游兑换蒙古币为由诈骗事主现金、手机、MP4、护照等物。经工作,黄××(男、1972年出生、无业、福建省人)有重大作案嫌疑。10月16日11时,侦查员在丰台火车站北斗通宾馆门前将嫌疑人黄××抓获。侦查员在其福建、厦门的家中起获蒙古币1.5万元、人民币16448元、美元6500元、加拿大元9500元、手机16部、笔记本电脑3台。11月23日,黄××被分局依法逮捕。

（路庆华）

【破获系列楼道抢劫案】 12月5日,经过缜密侦查,多警种联合作战,破获系列楼道抢劫案件。9月以来,本区接连发生多起重大抢劫案件,事主均为女性,案发时间均集中在晚22时,且多在小区附近发生。针对此情况,刑侦支队立即组建专案组,对该系列案件开展专项侦查工作。12月5日15时,侦查员在东城区某大厦将犯罪嫌疑人崔××(男、汉族,1988年10月出生,吉林省白山市浑江区八道江区,无业)抓获,收缴部分被抢赃物。经审查,崔××交代其在本区实施暴力抢劫的犯罪事实(现已初步核实3起)。

（路庆华）

【侦破8·20拦路抢劫强奸案】 8月20日21时30分,事主吴×(女,37岁)从海淀区世纪金源乘车回北辛安暂住地,下车后独自步行路过金安桥南侧

9月9日,启动摩托车携犬巡逻　　（公安分局供稿）

铁道时,被人从后方勒住脖子,拖拽到铁路旁一草丛内先后被两名男子强奸,并抢走其随身携带人民币400元现金、一张公交IC卡等物品。接报后,现案队侦查员立即开展工作。同月25日11时,事主在暂住地附近发现将其强奸的其中一名男子,侦查员接报后立即前往将王××(男,1985年4月出生,房山区良乡镇罗府街人,暂住北辛安和平街平房,无业)抓获。经工作,犯罪嫌疑人王××交代:8月20日21时,其与朋友张××(因涉嫌多起抢劫案被门头沟分局逮捕)在金安桥南侧铁道相遇,二人因身上缺钱一拍即合决定抢劫,最终等到一名女人,二人临时兴起对该事主实施抢劫强奸。11月23日,犯罪嫌疑人王××被分局依法逮捕。

(路庆华)

【破获涉嫌侵犯著作权结伙案】 12月2日,分局经侦大队与网安大队配合,网上、网下联合作战,破获搜狐公司网络游戏被侵犯著作权案件,打掉一个侵犯著作权的犯罪团伙,抓获犯罪嫌疑人2人。8月10日,北京畅游时代数码技术有限公司(搜狐网络)的代表到经侦大队报案称:在淘宝网上发现有人销售其公司版权所有的《鹿鼎记》网络游戏的外挂程序,销售金额累计超过10万元,给公司造成重大损失。经侦大队查证:3月以来,有人利用在淘宝网上注册的“妞妞联盟”网店,销售北京畅游时代数码技术有限公司享有版权的网络游戏《鹿鼎记》的两款外挂程序。11月29日,在浙江杭州将嫌疑人孔××(男,1988年出生,汉族,浙江杭州人,无业)抓获。孔××对自己非法销售外挂程序、侵犯畅游时代公司著作权的犯罪事实供认不讳。根据孔××交代,12月2日,在湖南省吉首市湘西自治州将嫌疑人文×(男,1978年出生,土家族,湖南吉首市人,无业)抓获,文×交代:其利用自己的计算机非法编制《鹿鼎记》网络游戏的两款外挂程序——“鹿鼎记星爷辅助”和“自动答题”,并通过互联网卖给嫌疑人孔××进行销售,非法获利15万余元。

(路庆华)

【破获系列入室盗窃案】 10月25日,在市局有关部门配合下,刑侦支队联合巡警支队、新古城派出所一举破获爬楼钻窗系列入室盗窃案,抓获四川彝族籍爬楼钻窗入室盗窃犯罪嫌疑人7名。9月以来,区境爬楼钻窗入室盗窃案件高发,刑侦支队组织精干力量专案攻关。对每一起入室盗窃案进行现场勘查,经技术比对,20余起案件足迹认定同一。10月25日13时,在老古城某出租房内将四川彝族籍爬楼钻窗入室盗窃犯罪嫌疑人木基子布(男,1977年出生,甘洛县新市坝振鲁格村平巫组82号)、阿二约支(男,1981年出生,岳西县新乡乡依觉村4组5号)、俄里车合(男,1986年出生,岳西县大花乡深沟村1组81号)、俄里车达子(男,1984年出生,四川省岳西县大花乡深沟村1组84号)、吉都木呷(男,1981年出生,岳西县中所镇新大街58号附278号)、俄里依古子(男,1984年出生,四川省岳西县大花乡瑞元村4组143号)、木乃铁布(男,1983出生,四川省甘洛县新市坝镇则沟村高衣组17号)7人抓获,起获被盗手机7部,相机2部。经初审,初步认定这是一伙以盗养吸的盗窃团伙。现场痕迹认定入室盗窃案件20余起。11月25日,木基子布、俄里车达子、木乃铁布取保。12月2日,阿二约支、俄里车合、吉都木呷、俄里依古子被分局依法逮捕。

(路庆华)

【破获一起重大贩毒案件】 11月10日,刑侦支队禁毒队在市局禁毒总队指导和直接参与下,与鲁谷、八角派出所协同作战,破获一起重大贩毒案件,抓获吸贩毒嫌疑人6名,收缴毒品大麻9.26公斤。在丰台区宋家庄政馨园小区抓获涉嫌贩毒的嫌疑人余×(男,1980年出生,青海省人,无业)及吸毒人员杨×,并在余×暂住地起获毒品大麻9.26公斤。根据前期掌握线索及余×供述,侦查员先后将吸毒人员郭×等4人抓获。12月12日,余×因涉嫌贩毒被分局依法逮捕,另3人因吸食毒品被分局依法行政拘留。

(路庆华)

【破获一起特大运输毒品案】 12月7日,在市局禁毒总队缉控大队和十二总队大力配合下,刑侦支队禁毒队会同鲁谷派出所破获一起特大运输毒品案,抓获吸贩毒嫌疑人4名,收缴毒品冰毒278.53克。当日,分局刑侦支队根据涉毒线索,在衙门口鑫谷市场南门抓获涉嫌运输毒品的嫌疑人魏××(男,1974年出生,山东省人,无业)。当场收缴快件一个,内有电饭锅一只。在电饭锅底部夹层内起获可疑晶体三包,经市公安局法医中心鉴定为苯丙胺类毒品,净重140.6克。根据魏××交待,侦查员又将嫌疑人魏××(女,1974年出生,辽宁省人,无业)、王××(男,1969年出生,辽宁省人,无业)、孙××抓获。经审查,魏××(女)承认其伙同魏××乘飞机前往四川购买大量冰毒,并以快递方式从四川向北京运输毒品冰毒的犯罪事实。根据魏××(女)供述,侦查员在CCES快递公司北京集散地,将快件起获,发现可疑晶体三包,经鉴定为苯丙胺类毒品,净重137.93克。犯罪嫌疑人魏××(女)、王××被分局依法逮捕;魏××不捕取保;嫌疑人孙××因吸食毒品被行政拘留。

(路庆华)

【侦破9·20敲诈勒索案】 9月20日10时,一名自称杨×的男子数次拨打110报警,称其朋友刘××被人绑架,并索要赎金1.5万元。侦查员找到报警人杨×和重要关系人张××。经询问,张××因在河北廊坊市赌博欠“牌友”1.5万元,被“牌友”李××等人开车拉至本区要求还钱。期间,张××的朋友刘××通过电话约其在鲁谷公交车站附近见面聊天。在鲁谷公交车站张××趁“牌友”李×等人不备溜走。李×(男,1965年出生,吉林省人,无业)等人遂将刘××拉上车作为人质带离。张××随后接到对方人员电话索要赎金,并告知汇款帐号。经查,锁定几名涉案嫌疑人。正当侦查员全力组织营救工作时,被“绑架”人刘××在被迫写下5万借条后被放回并自行到鲁谷派出所报案。9月26日凌晨,在大兴区太阳岛旅馆将犯罪嫌疑人李××(男,1989年出生,吉林省人,无业)抓获。李××供述其他几名嫌疑人基本情况。随即在大兴区矿林庄山山豆制品加工厂、黄村林海园、礼贤镇大马坊将4名犯罪嫌疑人李×(男,1971年出生,吉林省人,无业)、伊××(男,1979年出生,吉林省人,无业)、李×、马×(男,1986年出生,北京大兴人)抓获。经审查,5名犯罪嫌疑人对以上犯罪事实供认不讳。11月2日,以上5人被分局依法逮捕。

(路庆华)

检察工作

概 述

北京市石景山区人民检察院(简称区检察院)是国家的法律监督机关,在辖区内依法独立行使检察权,接受市人民检察院和区委领导,对本级人民代表大会及其常务委员会负责并报告工作。行政编制137人,实有131人。其中检察官81名,包括检察长1名,副检察长4名,检委会专职委员1名,检委会委员15名,检察员56名,助理检察员36名,书记员21名,司法警察9名。事业编制11人,实有人数11人。年内,落实市院和区委各项部署,围绕"强基础、上台阶、创一流"三步走奋斗目标,加强业务建设和队伍建设,全面履行检察职能,积极服务首钢停产搬迁,保障区域经济发展。会同首钢纪监委制定阳光拆迁工作计划,促进廉政搬迁;制定"服务首钢 阳光拆迁"专项工作实施方案。作为检察系统唯一代表入选市化解社会矛盾工作经验报告会,向全市政法系统展示检察系统围绕三项重点工作、化解社会矛盾所取得的成绩。连续四届十二年获全国检察机关"文明接待室"殊荣;院驻所检察室被被高检院授予"第三届全国检察机关派驻监管场所一级规范化检察室"称号;机关党委被授予市"建设学习型党组织工作示范点"称号。公诉二处助理检察员门美子被中央政法委评为"全国政法系统优秀党员干警";被市委市政府授予"优秀青年知识分子"荣誉称号;被市委政法委授予"群众心目中的好党员"称号。田某故意伤害案专案组被授予集体一等功。赵广静获"首都精神文明建设奖"。

地址:古城南里甲1号
电话:59734588
邮编:100043

(李 菲)

【贯彻刑事政策】 批准逮捕360件498人,提起公诉427件602人。成立检察机关适用宽严相济刑事政策专项课题小组,研究构建宽严相济刑事政策制度体系。加大对重大敏感案件打击力度,依法办理"7·27"涉疆互殴案件、"7·16"特大制造贩卖假药案、本市某区公安分局民警徇私枉法案、何××拒不执行判决裁定、职务侵占、挪用资金、骗取贷款案。依法对轻微犯罪从宽处理,严格执行办理审查逮捕案件适用逮捕必要性条件的实施意见和快速办理认罪轻微刑事案件工作方案,对没有逮捕必要的不予批准逮捕50人,对情节轻微的决定不起诉23人。

(李 菲)

【惩治职务犯罪】 初查贪污贿赂案件线索35件,立案9件9人。办理渎职侵权案件线索24件,立案1件1人,介入安全生产事故调查6件。制定关于职务犯罪举报线索不立案答复、宣布工作办法,规范职务犯罪举报线索不立案答复工作。制定"答复举报人征求意见单"制度,明确规定答复举报人工作流程。与区工商分局共同签署关于加强案件协作配合的工作意见,建立案件线索双向移送制度、办案协作联动制度、定期工作联系制度,建立通畅、高效的信息查询和交流平台。

(李 菲)

【强化诉讼监督】 当年为"诉讼监督年"。侦查监督部门监督侦查机关立案8件,追捕犯罪嫌疑人66人,其中追捕到案并获有罪判决14人。针对办案中发现的犯罪嫌疑人户籍信息存在错误的问题,分别向重庆市巫山县、甘肃省镇原县、康县公安局发出检察建议并获整改回函。依法提起刑事抗诉4件,办理民事行政申诉案件43件,向区看守所发出口头建议35份,向区公安分局、吉林省长春市朝阳公安分局发出检察建议3份,向山东省滕州监狱发出纠正违法通知书1份。开展社区矫正工作,审查监外减假保案件30件。对诉讼监督事项向同级党委、人大报告备案制度进行专题研究,根据检察建议工作实施细则落实情况,完成检察建议综合分析报告。

(李 菲)

【化解社会矛盾】 开展排查化解专项活动,检务接待1000余人次,受理信访98件。做好群众工作化解矛盾纠纷"四步工作法",对不服公安机关的重复访,通过检察长接待、多处室联合释法,使其从非正常访进入到立案监督法定程序。制定中层干部大接访工作办法,通过实战锤炼干部的释法说理和接访能力。开展举报宣传周活动,走进社区、市政管委会等单位,制作宣传展板40块,发放宣传材料500册,接待群众300人次。

(李 菲)

【工程建设预防】 2月10日,贯彻市院关于开展工程建设领域预防专项工作的通知,副检察长带领预防处人员与区住建委、区安监局领导就工程建设领域预防专项工作进行专项座谈,经过研究拟将老古城地区保障性住房工程建设确定为专项预防重点领域,其中的施工环节确定为重点环节。计划分三阶段完成此项工作。

(李 菲)

【推动立案监督】 3月,侦查监督处受理一起本院反贪污贿赂局移送的区公安分局应当立案而不立案的案件线索,经过对案件线索认真审查,核实公安机关不立案的情况后,向区公安分局发出要求不立案理由说明,公安机关在接到通知书七日内主动作出立案决定,立案监督取得良好效果。

(李 菲)

【旁听审判教育】 3月1日,职务犯罪预防处与区纪委宣教室共同组织全区22个党政机关、街道工委的100余名领导干部,旁听原宣武区人事局副局长王强受贿案庭审过程。旁听案件审理之后,区属单位领导干部表示要树立

4月15日，启动爱民月活动 （区检察院供稿）

正确的权力观，增强廉洁意识和拒腐防变能力，提高为群众服务的水平。

（李 菲）

【推进"爱民月"活动】 以确立"检察爱民、共建和谐"主题，于4月15日检察开放日启动"爱民月"活动。在八角北路社区服务中心活动现场，检察长向70多名社区居民介绍基层检察机关工作职能，由检察官组成的便民宣讲团结合真实案例为以老年人群体为主的居民们教授防骗技巧。过往行人纷纷观看宣传展板，向咨询台的检察官询问法律上的疑问、领取检务公开宣传手册和检察院编写的《让家庭远离腐败》、《让岗位远离腐败》、《让权利远离腐败》、《让拆迁远离腐败》系列丛书，有的向现场摆放的意见箱中投进意见建议，3名市人大代表和18名区人大代表参加当日活动。检察长还做客正义网接受采访；选取侦监部门近期办理的新型传销案件，联合区司法局、工商分局，面向中央、市、区20余家新闻媒体和9个街道、社区的群众代表举办案件通报会，通过广播、网络、影视、报纸等全方位、立体化的宣传途径，防止群众上当受骗；组织驻区大型国企40余名纪检干部走进区看守所参观，开展反腐倡廉教育。同时把老年人防骗案例制作成动漫，以通俗易懂形式使更多老百姓从中受益。

（李 菲）

【"三学四比"活动】 自5月16日起，贯彻落实市检察机关纪检监察部门深入开展创建学习型、服务型、廉洁型处室活动的实施方案精神，开展"三学四比"活动。"三学"即加强党史、党规、党的重要理论学习、加强业务知识、加强检察工作核心价值体系学习。"四比"即与规章制度比、与先进典型比、与身边同事比、与自己比，通过查问题、找差距，增强处室干警创优争先意识、奉献和表率意识。

（李 菲）

【推进检学共建】 6月17日，与北京大学法学院检学共建签约仪式在院七层会议室举行。双方在检学共建协议文本上签字，并为"北京大学法学院石景山教学实习基地"揭牌。检学共建是促进法律教学研究机构与司法机关沟通交流的有效形式，能够为双方提供相互学习借鉴的深度平台。双方商定拟在课题项目研究、举办学术沙龙、检察官大讲堂、疑难案件联席研讨会等方面加强合作，共建双赢。

（李 菲）

【加强协作办案】 7月25日，与区工商分局签署关于加强案件协作配合的工作意见。进一步加强检察机关与行政机关的沟通和协作，携手打击经济违法犯罪行为，加大查处案件力度，形成打击违法犯罪的整体合力，更好整顿维护市场经济秩序，主要内容包括：建立案件线索双向移送制度；建立办案协作联动制度；建立定期工作联系制度；建立通畅、高效的信息查询和交流平台；加强标本兼治措施的探索和研究。同月，推进涉检信访矛盾化解，与区司法局共同签订"检调对接工作机制"，将矛盾纠纷的调解处理融入执法办案过程之中，畅通检察官参与人民调解的渠道，加大矛盾纠纷源头化解力度。11月10日，与北京住房公积金管理中心石景山管理部签订预防职务犯罪工作机制协议书，发挥检察职能，预防和减少该系统职务犯罪的发生。

（李 菲）

【设立"飞地"联络室】 推动社会管理创新，在河北省迁安矿区建立本市首个"飞地"检察联络室，发挥社区检务工作站作用。落实高检院关于进一步加强和规范检察机关延伸法律监督触角、促进检力下沉工作的指导意见精神，8月18日，驻迁安检察联络室在首钢矿业公司街道揭牌。

（李 菲）

【行政边界管理】 11月，协助市检察院第一分院针对一起行政纠纷申诉案件中存在的边界区域管理问题，向区政府发出的检察建议得到回复。区政府对此建议所涉及到的行政管理问题高度重视，采取三项措施贯彻落实检察建议，推动辖区内依法治界工作。一是建立区界管理沟通协调机制，坚决实行依法治界；二是对重新勘定区界涉及的房屋管理工作深入自查，与相邻行政区域管理部门进行协调沟通；三是与区法院进行沟通，配合区法院把好地域管辖关。

（李 菲）

【执法规范轮训】 高度重视《检察机关执法工作基本规范（2010年版）》集中轮训考试考核工作，着力提高办案质量和执法水平。周密安排、全员参与，突出重点、狠抓落实，组织全院干警参加电视电话会议系统网络专题讲座培训和市院专项业务培训班，利用业余时间开展自学，结合第四届检察业务技能比武活动，规范执法行为，强化岗位技能，使日常培训和岗位练兵有机结合、相互促进。11月，精心组织检察机关执法规范化测试，考场井然有序，所有人员均在规定时间内完成答卷，考试圆满结束。

（李　菲）

【开展帮教活动】 3月8日，联合区妇联和区司法局，在石景山看守所对女性在押人员开展以“温暖你我他，同庆妇女节”的慰问帮教活动。监所干警教育、感化、挽救误入歧途的女性在押人员，稳定情绪，安心改造，为重新返回社会奠定基础。11月，邀请市、区两级人大代表，由主管检察长带队到市女子监狱开展帮教活动，为石景山籍女服刑人员送去学习和帮教物品。帮教团与石景山籍服刑人员进行座谈，鼓励服刑人员正确面对挫折，用理性态度接受教育改造，解答服刑人员就业等方面的问题，嘱咐服刑人员加强学习，掌握一技之长，争取早日回归社会。

（李　菲）

审判工作

概　述

北京市石景山区人民法院（简称区法院）是国家审判机关，依法行使审判权，审判在法律规定范围内的第一审刑事案件、民事案件、商事案件、行政案件并承担相应的执行职责，通过依法审判，严惩犯罪分子，妥善化解民事、商事和行政纠纷。年内，新设诉讼服务办公室。全院干警173人，其中审判员56人，助理审判员20人，书记员67人，行政序列人员11人，事业编人员11人，司法警察8人；具有研究生及以上学历81人，占总人数的46.8%，本科学历76人，占43.9%。年内，区法院坚持“为大局服务、为人民司法”的工作主题，以“保障当事人打一个公正、明白、便捷、受尊重的官司”为工作目标，落实“加强审判管理、深化诉讼调解、强化能力建设”三项重点工作，围绕以抓审判为核心，以管理促进审判，以调解助力审判，以能力保障审判的思路开展好各项工作，以“小三项”深入推进中央提出的“三项重点工作”。全年受理各类案件7587件，结案率97.1%，一审服判息诉率达84.1%，民商事案件调撤率达到62.5%。推进立案诉讼服务改革，通过诉前调解调处纠纷1008件；发送司法建议17件，帮助相关单位完善制度、堵塞漏洞；丰富司法为民举措，导诉岗接待来访群众3.2万余人次，法律帮助专席义务为400余名当事人提供法律咨询，立案法官提供上门立案、调解工作30余次；妥善化解信访案件38件、递进式化解案件136件，答复政法民生热线案件47件；重视司法宣传，开展案件庭审网络直播93次，在各类媒体刊发稿件1500余篇，其中重要媒体刊发24篇，头版头条2篇；狠抓廉政建设，收到表扬信111封和锦旗14面。连续7届14年获市先进法院称号，魏长朋获“全国政法系统优秀党员干警”称号，8名干警被评为全市百名业务标兵。

地址：阜石路169号
电话：68899888　68899777
邮编：100043

（张　晨）

【主审法官负责制】 在全院范围内推行主审法官审判负责制改革，将审判权集中赋予主审法官行使，主审法官对审判单元承接案件的质量、效率、效果负全责。从全院50余名法官中选出23名主审法官，形成以主审法官为核心的23个办案单元，制定考核办法明确主审法官的权、责、利，设立专门的审判管理机构统一行使对主审法官的审判管理权，实现审判管理精细化、法官队伍精英化、审判案件精品化。《人民法院报》、《法制日报》、《北京日报》等多家重要媒体进行跟踪报道，唐山市中级法院及内蒙古通辽市科尔沁区法院到院调研改革相关情况。年内，上诉案件发回率下降至1.2%，列全市法院系统第一名；上诉案件改判率下降至1.7%，列全市法院系统第二名；法定审限内结案为99%，审判质效提高。

（张　晨）

【抓好诉前调解】 突出抓好诉前调解工作，发挥优势，平复矛盾，缓解审判压力。年初从主要业务庭室抽专人到立案庭开展诉前调解，加大诉前调解力量，能调则调、当立则立，尽可能减少立案；加强各相关部门间的协调沟通会商研判，建立健全各项相关工作流程和工作制度；加强与人民调解、行政调解的衔接配合，发挥人民陪审员、人民调解员、特约调解员、专家、社会机构等调解资源作用，提高调解实效。与区司法局、北方工大共同深化“人民调解暨法律帮助进立案庭”工作。年内诉前调处各类纠纷1008件，化解远洋山水杀妻自缢系列纠纷、涉及300余人的首钢2160项目拆迁等一批社会影响较大、且不易进入诉讼程序解决的纠纷，将矛盾化解在初始阶段，减轻当事人诉累，减少诉讼案件。

（张　晨）

【突出能力建设】 针对“十二五”开局之年和创新审判管理年，吃透市法院院长会精神，结合地区工作大局，为审判工作提供有力的智力支持和人才保障。开展学习型法院创建活动，提高法官综合素养，夯实审判基础。开展法官下基层活动，提高做群众工作的能力和水平，积累工作经验。大兴调研之风，定期邀请专业学者进法院交流研讨案件，中层以上领导带头开展调研，在研究中发现问题、解决问题。加强青年人才培养力度，有计划地将拟提任或刚提任的助审员或法官助理定期派驻街道或相关职能单位挂职锻炼，丰富社会经验及专业知识。开展审判基础技能大比武活动，组织“开优质庭、写优质判决、办优质案件”评选活动，增强干警“赶、学、比、拼、超”意识，打牢基础性审判工作。

（张　晨）

【推进司法拆迁】 严格执行国务院《国有土地上房屋征收与补偿条例》和市高院出台的关于司法强制拆迁案件的规定，加快办案进度，加强院、庭长督办力度，确保拆迁案件“快立、快审、快结”，最大限度地实现案结事了。针对被拆迁人情绪激动、不予配合的情况，到当事人家中，现场送达、现场调解、现场谈话、现场协调，主动争取相关行政机关和居委会等基层组织的支持与配合，及时、妥善处理包括老古城、五里坨等市重点村改造项目和区属重点工程银河商务区三期建设项目在内的拆迁非诉执行案件21件。妥善执结苹果交通枢纽、老古城综合改造等涉重点工程项目案件16件及涉司法强拆案件6件，保证市区重点工程项目建设顺利实施，荣华、岳德顺先后三次对执行工作予以批示。

（张 晨）

【维护社会稳定】 审结大量涉拆迁的分家析产、继承、租赁等类案件，妥善处理涉首钢劳动争议案件147件，审结涉养老机构、教育机构服务合同等群体性纠纷114件，以及3岁幼童手指被电梯碾断要求赔偿等一批案件；强化审执一体意识，协助农民工等弱势群体当庭执结案款数百万元，维护当事人合法权益，平息社会矛盾；执结涉农民工工资及“三费”案件359件，为农民工等弱势群体讨回工资334余万元。妥善化解曹友珍等长期信访挂帐和督办案件38件，递进式化解案件136件，答复政法民生热线案件47件；主动争取党委政府的领导支持，并协调相关部门，为11名信访人发放救助金37.7万元，解决信访人实际困难。

（张 晨）

【多元化调解格局】 引入社会力量参与调解，深化类型化调解工作机制，与区卫生局建立医疗纠纷诉外协调机制，与保险行业协会建立交通赔偿案件多元调解机制，与中国互联网协会建立知识产权案件委托调解机制，定期邀请有相关专业背景的专家学者、人民陪审员参与调解，形成内外配合、多点联合的大调解格局。全年案件调撤率为62.5%，高于全市法院58.4%的平均调撤率；开展刑事附带民事诉讼调解工作，民事部分调解率达85%，维护受害人合法权益。

（张 晨）

【未成年人保护】 被首都综治委、团市委、市高院评为“优秀青少年维权岗”。通过落实未成年犯审前社会调查制度及心理辅导机制，依法对6名未成年被告人判处缓刑，2人给予定罪免刑，并与驻区学校签订协议，使犯罪情节轻微的失足少年重返校园，11名法制副校长坚持定期到辖区学校讲法制课，增强辖区在校生法律保护意识。

（张 晨）

3月1日，组织区属机关领导干部旁听案件审理 （区法院供稿）

【审判监督与管理】 强化审判委员会对审判质量的督导，讨论决定重大疑难案件14件，审查二审发回、改判案件25件。加强审判监督工作，抽查各类案卷835册、庭审20余次，就调解案件引起的再审案件开展专项评查，分析问题成因，提出整改建议；成立集审判质量、审判效率、审判效果管理三大职能为一体的审判管理办公室。

（张 晨）

【普法宣传教育】 每周选取两起典型案件进行网络直播，全年进行网络直播93次；落实裁判文书上网和电子档案对外公开措施，借助信息化手段促进司法公开；采取“走出去、请进来”方式，开展普法宣传教育活动，组织“科技园区讲堂”、“12·4普法宣传”、“法院开放日”多项活动；利用报刊、网络、电视等不同媒体，加大对外宣传力度，全年干警刊发稿件1500余篇，在《人民法院报》、《法制日报》、《工人日报》等重要媒体上刊发24篇，其中《人民法院报》就该院接受监督工作和文化建设情况刊发头版头条2篇。

（张 晨）

【完善司法为民举措】 丰富与完善司法为民工作举措，让当事人感到司法的便捷与温暖。导诉岗耐心、细致接待来访群众，全年接待群众3.2万余人次，法律帮助专席义务为400余名当事人提供法律咨询服务；对于行动不便的当事人，立案法官上门立案、调解30余次；坚持到迁安矿区、五里坨两地巡回审判，到行动不便的当事人家中进行调查取证、开庭和调解。年内，立案庭被市政法委评为“市政法系统执法为民创先争优示范窗口”单位，人民调解工作室获市“先进集体”荣誉称号。

（张 晨）

【监督促发展】 贯彻落实最高人民法院发布的《关于全面加强接受监督工作的若干意见》和《关于加强和规范人大代表、政协委员旁听案件审理工作的若干意见》。重大工作和活动邀请人大代表、政协委员参加，每季度邀请人大代表旁听案件公开审理；定期向人大通报区法院工作，年内制作季度共组通报3期、征求市代表座谈会专刊20余份、区“两会”专刊300份，累计发放700余份，收回意见建议18份；将街道社区联络员季度走访工作机制固定化，累计走访街道社区45次；院党组走访市、区人大代表累计20余人次；接受市高院委托，邀请8名辖区市人大代表召开座谈会，听取对法院工作意见和建议。

（张 晨）

【学术研讨与调研】 借助合作院校法学资源优势，通过邀请专家学者参与调研课题、理论研讨、案例指导等项工作，着力提高干警法学理论水平。年内，7篇论文在全国、本市获奖，10余篇论文、案例被专业刊物刊发。院、庭长及主审法官带头参与调研工作，针对工作中发现的突出问题深入调研，完成重点调研课题30篇，2篇调研报告分获区优秀调研评比二、三等奖，3篇调研被《新华社内参》采用，4篇调研被《北京法院决策参考》采用，3篇调研分别获得市高级法院院长池强，荣华、夏林茂等区领导批示肯定。

（张 晨）

【搭建平台促人才培养】 加大人才培养力度，将青年法官作为法院人才培养的重点。制定切实可行的培养方案，搭建“三个平台”，即以优秀资深法官带教青年后备法官为主要方式的初任法官教育平台；以选派青年法官到立案、信访等特殊岗位轮岗为内容的交流实践平台；以与中国人民大学等4家知名法学院校合作共建为依托的理论学习平台，促进法官业务技能、群众工作经验、理论素养的全面提升，一些青年高素质人才成为法院各项工作的骨干力量。

（张 晨）

案例举要

【电梯碾断男童手指损害赔偿案】 上年9月25日，原告李子泰随其父到大中家用电器连锁销售有限公司鲁谷东街8号店购物，在乘坐自动扶梯时摔倒，因自动扶梯缺齿形成缝隙，原告左手的食指、中指和无名指卡在自动扶梯的缝隙中，随着电梯的滚动三根手指被碾断。后原告将大中家用电器连锁销售有限公司、电梯产权方北京中立全洲科贸公司及电梯维保方北京佰健势机电设备工程一并起诉，要求三被告赔偿原告医疗费22089.8元、护理费42133.64元、交通费105元、住院伙食补助费1200元、营养费3000元、残疾器具费74094元、残疾赔偿金116292元、后续治疗费20万元、精神损害抚慰金50万元，共计958914.44元；判令三被告在《法制晚报》、《新京报》非中缝处，刊登公开道歉声明，具体内容由法院审定；判令三被告承担本案诉讼费和鉴定费。一审法院认为，商场等公共场所的管理人未尽到安全保障义务，造成他人损害的，应当承担侵权责任。被侵权人对损害的发生也有过错的，可以减轻侵权人的责任。最终法院判令：1. 北京中立全洲科贸有限公司、大中家用电器连锁销售有限公司于本判决生效后二十日内连带赔偿李子泰医疗费、护理费、交通费、住院伙食补助费、营养费、残疾器具费、残疾赔偿金共计132445.44元；2. 北京中立全洲科贸有限公司、大中家用电器连锁销售有限公司于本判决生效后二十日内连带赔偿李子泰精神损害抚慰金八万元；3. 驳回李子泰其他诉讼请求。二审法院维持原判。本案具有一定社会影响力，媒体记者对本案进行全面跟踪报告。国家质量监督检验检疫总局高度重视区法院结合本案发出的司法建议，完善自动扶梯检验规范。

（张 晨）

司法行政

概 述

北京市石景山区司法局（简称区司法局）是负责司法行政工作的区政府职能部门，业务上受市司法局指导。新设监察科和1个全额拨款事业单位（区“阳光中途之家”）；全局行政编制58人。年内，完善人民调解组织网络，深化人民调解与行政调解、司法调解相衔接的矛盾纠纷化解平台，抓好日常和重大敏感时期矛盾纠纷排查化解工作。以“平安石景山”建设为中心，推进矫正帮教工作规范化、科学化发展，成立阳光中途之家，确保实现矫正帮教对象教育管控“三防三降一提高”的目标。启动“六五”普法工作。年内，获市“法制宣传教育先进集体”、区委“信息工作先进单位”、“宣传思想工作先进集体”等称号；八角司法所、法援中心被评为市“司法行政系统先进集体”；苹果园联合调解室被评为市“模范联合调解室”；古城联合调解室被评为市“优秀联合调解室”。古城法治文化景园获市“十佳法制宣传教育基地”称号，八宝山街道司法所所长徐长禄获市“十佳普法能手”称号，牛淑珍获市“十佳普法志愿者”称号。

地址：八角北里
电话：68874144
邮编：100043

（代 红）

【调处民间纠纷3307件】 推进人民调解规范化建设，完善“三调联动”工作机制。发挥民间纠纷联合调解室、物业纠纷人民调解委员会、劳动争议案件调解联动机制作用；组建区道路交通事故人民调解委员会，化解因交通事故引发的矛盾纠纷；探索建立互联网纠纷、知识产权领域人民调解组织；“人民调解进立案庭”工作取得成效，诉讼与非诉讼相衔接的矛盾纠纷化解机制不断完善，诉前梳理案件635件，调解158件，成功147件，调解成功率93%；建立“检调对接”工作机制。年内各级人民调解组织调解矛盾纠纷3307件，成功3142件，成功率为95%。

（代 红）

【检调对接工作机制】 7月5日，与区检察院会签关于建立检调对接工作机制的实施办法（试行），标志着检调对接工作机制正式建立。同月29日，召开深化推进“检调对接”工作机制座谈会，双方就开展“检调对接”工作统一思想认识，明确“检调对接”的程序和受理范围，理顺办案流程，发挥各自职能优势，利用人民调解便捷、灵活、经济等优点，帮助当事人定纷止争。同时，畅通检察官参与人民调解渠道，节约相关案件纳入司法程序的成本，提高办案效率。

（代 红）

【“两类”人员管控预防】 加强安全稳定基层基础工作，落实矫正帮教工作制度。建立完善刑释解教和社区服刑人员信息库，工作信息管理平台启用运行，建立“两类”人员（安置帮教人员与社区矫正人员）电子档案，创新“三三工作法”（即在重点人员信息衔接三提前：与监所提前沟通相关信息，掌握

9月2日,"六五"普法启动大会 (区司法局供稿)

情况;与街道及派出所、综治办等矫正帮教委相关成员单位提前沟通本地区在押人员情况,做好重点人员工作衔接准备;与重点人员家属提前沟通情况,在其释放前做通亲属工作,争取支持配合。落实稳控三到位:帮教方案到位;风险防范到位;帮扶措施到位),对"两类"人员加强教育管控。与团区委、610办公室、区禁毒办等相关单位联动开展针对"两类"人员中特殊人群的稳控教育工作:加强未成年"两类"人员矫正工作,做好困难"两类"人员未成年子女帮扶关爱工作。开展刑释解教法轮功人员调研工作,对基本情况、生活状况、思想行为动态摸底调查。对96余名涉毒"两类"人员开展禁毒法制宣传和毒品预防教育。年内从监狱接收重点人员6名,开展入监所帮教7次,出动人员50人次。全区在册社区服刑人员174人,刑释解教人员761人,管控社区服刑人员261人,刑释解教人员936人。矫正帮教组织与社区服刑人员谈话6471人次,走访3193人次,组织学习1875人次,组织公益劳动1100余人次。

(代 红)

【"六五"普法全面启动】 成立由区委组织部、区委宣传部、区司法局等14个部门组成的"六五"普法规划起草小组,制定关于在全区开展法制宣传教育的第六个五年规划(2011~2015)。9月2日,在中铁建大厦三层报告厅召开区"五五"普法总结暨"六五"普法启动大会,区法制宣传和依法治区领导小组组长岳德顺全面总结"五五"普法工作成绩,对"六五"普法工作任务进行全面部署,夏林茂提出要求。会议对"五五"普法期间取得突出成绩的100个先进集体和160名先进个人进行表彰。

(代 红)

【营造法律宣传氛围】 3月,与区妇联组织开展"庆'三八'妇女节法律维权宣传高潮日"活动,进行妇女维权相关法律宣传和法律咨询活动,发放《婚姻法》、《继承法》、《妇女权益保障法》相关法律知识宣传册2000余份,解答法律咨询10人次。7月5日,举办以"远离毒品、珍爱生命、构建和谐"为主题的禁毒法制宣传活动。重阳节,联合区民政局到杨庄敬老院开展"重阳敬老月法律服务宣传活动",燕京公证处公证员和兆泰律师事务所律师结合案例与法条,现场讲解新婚姻法、老年人基本权利、赡养救助等法律知识,针对财产、继承等问题进行法律咨询。

(代 红)

【志愿服务支队成立】 6月13日,区法制宣传志愿服务支队在"志愿北京"网注册成立。动员社会力量参与普法工作,整合各方普法资源,合理沟通分配,为百姓提供切实到位的法制服务。截至年底,法宣志愿者151人。

(代 红)

【12·4法制宣传】 12月4日是第11个全国法制宣传日,宣传主题是"践行'北京精神',弘扬法治文化"。11月中旬至12月,全区各单位、各部门根据市区统一部署,结合实际,开展法制讲座、法律咨询、法律知识竞赛、模拟法庭、送法进社区、送法进企业等内容丰富、形式多样的法制宣传活动。12月2日,区法制宣传教育和依法治区领导小组办公室组织15家相关单位,在老山街道文体中心举办大型法律宣传咨询活动。活动现场摆放司法行政、工商管理、税法宣传、城市管理等各类展板40余块,发放法律服务、婚姻家庭、社会治安、市容环境、计生服务指南、地方税务公告等各类宣传册共计4000余份,300余位社区居民参加活动,现场进行各类咨询30余次。将当年法制宣传活动推向高潮。

(代 红)

【律师管理与服务】 全年办理各类律师行政许可事项35项,其中律师类行政许可26项,律师事务所类行政许可9项。行政许可事项均在法定时间内完成,总平均提效率达73.3%,满意度100%。年内,全区共有律师事务所19个,律师127名。辖区内律师事务所全部通过年度考核,核准注册。筹备组建律师协会党总支,完善律所党支部与党员规范性管理制度,做好律师党员的服务和管理。拓展律师法律服务领域,推动律师服务进社区、进企业活动,安排律师参与区政府信访接待45次。4月15日,设立中关村石景山园知识产权法律保护律师顾问团,为园区企业开展法律咨询,接受企业委托提供案件代理奠定基础。

(代 红)

【公证规范建设】 完成公证机构年度考核工作。以公证规范建设为主题,严防各种以公证为手段的违法犯罪现象发生。办理拆迁、涉农、涉企等公证业务,服务全区经济社会发展。组织公证人员对全区依法实施强制拆除或拆迁的事项提供公证服务，先后为衙门口等地的拆迁整治及京西消费节等重要活动进行公证。年内办理各类公证事项 11563 件，其中国内民事 5355 件，涉外及港澳民事 6208 件。

（代　红）

【中途之家试运行】 阳光中途之家占地面积 1200 平方米，建筑面积 956 平方米，是服务全区社区矫正和安置帮教工作的社会机构，4 月投入试运行。同月 28 日，举办首期社区服刑人员集中教育培训班，一季度新接收的近 20 名社区服刑人员参加培训。试运行以来，坚持"以人为本"理念，以预防和减少重新违法犯罪为首要标准，与监所衔接、与社会对接，协调区公安分局、法院、检察院等相关部门对社区服刑人员进行教育培训，集中公益劳动，不断提高社区矫正工作效果。

（代　红）

【便民法律援助】 法律援助服务打造"半小时法律援助圈"，贯彻调解优先原则，实施"援调对接"，注重通过调解达成和解协议方式，实现利益保护最大化。加强农民工维权力度，对涉及农民工的案件，实行"一站式"服务，1 个工作日完成法律援助案件的受理、审查和审批程序。全年受理审批法律援助案件 233 件，其中民事法律援助案件 176 件，刑事法律援助案件 57 件，接待法律咨询 4202 件，解答网上咨询 20 件。7 月，联合苹果园街道办事处走进西山枫林第一社区开展法律知识专场讲座活动，60 余名社区居民参加。合达律师事务所律师、燕京公证处主任和法援中心工作人员案例与法条相结合，讲解"违法建设、公共安全、法律援助、公证"等相关法律知识，并进行法律咨询。9 月 16 日，在老山街道开展"围绕中心服务重点保障民生法律服务进社区"主题宣传活动，重点讲解新颁布《婚姻法》解释三的有关条款，并就合同、继承、劳动等常见民事纠纷问题进行详细讲解，通过互动形式解答法律咨询 50 人次，发放有关宣传材料 300 余份。

（代　红）

【司法行政开放日】 4 月 15 日，首次举办"司法行政开放日"活动。在司法局设主会场，9 个街道司法所、法援中心设分会场，办公场所全部对外开放。人大代表、政协委员、特约监督员、企事业代表、社区居民共 700 余人参加活动，发放宣传材料 4000 余册，接待群众咨询 30 余人次。活动通过专题片播放区、展览参观区、宣传品发放区、现场咨询区、意见和建议征询区五大板块，向群众宣传司法行政工作，听取社会各界意见和建议。

（代　红）

4 月 28 日，"中途之家"试运行　（区司法局供稿）

案例精选

【劳动争议案】 上年 12 月 23 日，法律援助中心接待 6 名农民工（北京某工贸有限责任公司工人），刚刚被公司解除劳动合同，却没有得到 1 分钱补偿，大家不知道何去何从，就一起来到区法律援助中心，请求中心帮助讨要经济补偿金。一进门，他们就大声嚷嚷，情绪十分激动。中心工作人员连忙进行安抚，了解案情后告之他们马上准备身份材料及相关证据，中心利用绿色通道为他们撑腰，以维护其合法权益。第二天，张×等 6 人带着相关身份证明材料和申请书再次来到中心，中心审核材料后，立即指派北京市京晓律师事务所的左律师为他们代理劳动仲裁。左律师会见张×等人，向他们详细询问在某工贸公司工作情况，并告诉他们如何举证自己的劳动关系和劳动时间。左律师来到该公司调查，与公司领导进行沟通和协调。发现公司之所以不愿意支付经济补偿金是因为他们认为和该 6 名工人只是承包劳务合同关系，不属于固定劳动关系，不需要支付经济补偿金；而 6 名工人则认为自己为公司辛苦工作这么多年，说让走人就走人，1 分钱补偿也没有，更别说加班费和养老保险等"三险"，工人们觉得非常委屈和愤怒。本案矛盾的分歧在于承包劳动合同关系要不要支付经济补偿金。经过认真分析和调查取证，左律师向仲裁庭提出：该 6 名工人与北京某工贸有限责任公司存在劳动关系，虽然公司与六人签订有承包劳动合同，但是该合同只应当判定为公司内部承包合同，而该承包合同又证明公司与六名工人存在事实劳动关系，所以公司应当支付经济补偿金和工人的加班费。由于开庭前做了大量工作，当庭出示证据，仲裁庭最终支持 6 人的经济补偿金，还支持一部分人的加班费，一共得到 3 万多元的补偿。面对文化素质水平不高、法律意识薄弱、不知道如何保护自己的农民工，需要律师做深入细致的工作。本案中，左律师的论点起到关键性作用，他仔细研究案情，透彻剖析案件争议焦点，抓住切入点，为受援人争取最大权益。本起法律援助案件是一

件普通的民事法律援助案件,通过援助中心和社会律师的通力合作维护农民工利益,彰显社会正义。

(代 红)

【利益纠纷调解案】 特钢社区宏鑫家园小区是商品住宅小区,居住252户居民,物业是百胜物业(化名)。年初,百胜物业将小区保安、车辆管理等工作于2月1日承包给第三方停车管理公司,3月1日停车泊位涨价。此事引起小区居民强烈反对,业主认为:1. 物业不能随意将保安、车辆管理工作承包给第三方;2. 停车泊位是全体业主购买的公共设施,停车费不能随意涨价。业主与物业发生争执后,双方互不妥协,致使矛盾激化,造成小区各项物业管理工作无法开展。古城特钢社区人民调解委员会的调解员多次到小区进行调解,并向区住建委等相关部门反映情况。在纠纷双方始终不肯让步的情况下,调委会决定邀请住建委、物业和业主共同参加三方调解会。3月22日,三方调解会在宏鑫家园物业办公室举行。由区建委小区住房办主任主持,3名古城司法所、社区调解委员会调解员参加。调解过程中,双方各自强调各自的理由,一度情绪激动,调解未能成功。4月17日,举行第二次调解会,小区业主代表、房管所、派出所和街道民政科、司法所以及社区调委会委员等共计30人参加调解。在听取双方陈诉以后,人民调解员对双方提出的要求进行逐条解释,并且根据《物权法》和地方法律法规进行阐述,对合理合法的要求进行肯定,对不合法的要求进行解释和劝说;同时,提出对主要问题进行讨论和协商。双方意见基本上达成一致。同月18日,社区调委会进行第三次调解,要求双方本着真诚解决问题的心态和相互体谅,妥善处理好各自利益关系。随后,业主代表和物业公司表示愿意通过调解达成和解。采取"背靠背"方式听取双方意见,业主代表陈述要求、阐述理由和依据,调解人员根据业主代表提出的要求,逐条分析,为双方提出解决问题的建议,双方达成一致意见。1. 与外来的停车公司解除承包合同;2. 继续由百胜物业管理停车位;3. 小区内停车收费标准降低。通过此次社区调解委会的调解和介入,提升社区调委会工作水平,确保小区稳定,社区和谐。

(代 红)

【再婚财产纠纷】 10月27日,一对夫妻为古城街道司法所联合调解室的工作人员带来一面"全心全意,为民排忧;心系万家,共筑和谐"的锦旗,感谢调解工作使他们破镜重圆。妻子王莹(化名,35岁)与丈夫李杰(化名)的结合是她的第二段婚姻。十几年前,王莹在老家曾有过一段婚姻,前夫脾气不好,经常动手打她,她忍受不了家庭暴力,于是结束婚姻,与比她大十九岁的李杰结婚并离开老家。结婚之初夫妻感情较好,后来王莹发现李杰把金钱看得很重,两人为此经常吵架。9月16日上午,李杰直接到王莹所在的公司讨要婚前购房首付款、工资卡现金、股票款等共计6.8万元。王莹对上述欠款予以否认并要求回家再说,李杰就在公司大吵大闹甚至乱摔东西。王莹万般无奈报警,由派出所委托古城联合调解室调解。调解员了解情况后,决定采取面对面、背对背、褒奖和批评教育相结合的方式,寓情于法,耐心调解。调解员高明、任富本着劝和的态度,重点做李杰的工作,先进行批评教育,接着耐心地对其进行两个多小时的开导,引导二人回顾家庭生活的美好时光,两人都留下眼泪。在对王莹谈话时,了解到夫妻间矛盾不断的根源在于她一直担心李杰将来把全部遗产转给他与前妻的儿子,而自己会一无所有。尤其是门头沟区新购楼房,完全是自己个人购买的。因此,她要求订立财产归属协议,自己才没有后顾之忧,才能全心全意的和李杰过日子。夫妻双方在工作上互补性很强,如果离婚,合办的公司也有倒闭的风险,于是调解员先从收入来源的角度作为突破口,二人紧绷的情绪有松动,表示内心还是渴望能够共同经营好以后的生活。后明确对李杰讲清利害关系,有证据证明门头沟新购住房为王莹所有,即便到法院也会判决该房归王莹所有。如果王莹坚决离婚,到时人房两空。在为二人从情理、法理做大量调解工作后,夫妻双方终于当场达成协议:1. 双方重归于好,王莹不再坚持离婚;2. 李杰不再追要6.8万元的婚前财产;3. 王莹在门头沟新购住房所有权属于其个人独有。协议签订后,双方高兴地携手回家。

(代 红)

石景山区政法部门负责人

北京市公安局石景山分局局长	赵福奎(4月免) 陈　强(4月任)	人民检察院检察长	苗生明(10月免) 王春风(10月代)
北京市公安局石景山分局政委	郑燕生	人民法院院长	王忠华
		司法局局长	郭景明

军 事

人民武装

概 述

中国人民解放军北京市石景山区人民武装部(简称区武装部)受北京卫戍区和区委区政府双重领导,主管全区军事工作,行使区委军事指挥机关和区政府兵役机关职能。年内,坚持把民兵思想政治建设摆在各项工作首位,组织民兵认真学习党的十七届六中全会精神,深入开展“坚定理想信念、忠实履行使命”主题教育及建党90周年等系列教育活动,进一步强化民兵的党性修养和理想信念。组织国防教育讲座20余场次,举办国防知识竞赛10余次,协调驻区部队对全区大部分中小学生进行军训,有效提高全民国防观念。围绕首都反恐维稳任务需要,开展专武干部培训,狠抓民兵军事训练,全区后备力量建设实现新发展。组织兵役登记、体检和政治审查工作,圆满完成征兵任务。邀请专家教授讲国防课,组织国防教育宣传活动和领导干部参加军事日活动。加强对武器装备和人员的安全管理,全年无责任事故。

地址:八大处路22号
电话:88962828
邮编:100144

(程华祥 赵国廷)

3月30日,召开民兵预备役工作会 (刘海英 摄)

【民兵整组】 2~4月,完成民兵整组,民兵组织结构进一步优化。本着“压缩规模、调整结构、确保质量”的思路,按照实案化、专业化、科技化要求,调整编组规模布局,大力整合民兵队伍。在总体布局上,重点围绕重要战略目标、主要交通干线、大中型企业和城市乡镇,扩大“块状”、“线状”编组规模,压缩“面上”分散力量;在组织结构上,重点围绕遂行战时任务要求,扩大对口专业分队、专业技术分队等重点分队编组规模,压缩担负一般性任务的步兵分队。与此同时,综合考虑人才、装备、技术等因素,按照突出技术含量、优中选优的原则,把民兵组织向行业系统、高新技术企业和科研院所拓展,提高遂行特殊应急任务的能力。通过整组,较好地落实编制,配齐配强民兵干部,实现各类专业技术分队的结构合理布局。

(程华祥 赵国廷)

【军事训练】 组织民兵训练是贯彻中央军委加紧军事斗争准备、提高首都城市防空能力的具体行动,是不断提升民兵战斗力、不断积蓄专业人才的重要举措,是平战结合的有机体现。年内,结合实际及民兵担负的任务,采取岗位分散训、利用基地集中训、依托部队挂钩训等形式,强化军事训练效果。1月中旬,参加卫戍区组织的冬季适应性拉练。5月初,组织民兵在某训练基地开展双25高炮集训,6月赴某靶场进行实弹射击训练考核,击落两具航模拖靶。6月初,在卫戍区组织的人武部首长机关基础科目训练比武竞赛中,取得全市第一名,被评为卫戍区基础科目训练比武竞赛“优胜单位”。

(程华祥 赵国廷)

【专武干部集训】 5月,采取领导授课辅导、优秀干部传授经验、讨论交流等多种形式,组织专武干部集中培训,提高履行使命的能力素质。组织全区专武干部和民兵干部进行实弹射击训练。

(程华祥 赵国廷)

【国防教育宣传】 4月28日,结合国防教育法颁布10周年,各单位组织开展以“依法开展国防教育、增强公民国防观念”为主题的宣传周活动。邀请国防大学教授王宝付为全区处以上干部作国防形势报告。在《石景山报》、区国防教育网等媒体开设国防栏目、开展国防知识讲座、组织国防知识竞赛和学生军训,增强全民的国防观念和忧患意识。与广宁街道联合制作国防知识宣传展板,分别在辖区4个中小学进行巡展,开展为期一个月的国防教育进校园活动,增强中小学生国防安全意识,领会国防精神的要义,形成“居安思危,不忘国防”的社会氛围。9月17日是第十一个全民国防教育日,以此为契机,开展丰富多彩的国防教育宣传活动。组织辖区单位、学校与居民参与国防教育征文和国防法规网络知识竞赛;在主要街区设立宣传站点,悬挂标语横幅,设置板报展板,张贴宣传画报,社区秧歌队自发到现场烘托气氛,军地领导亲自参与站点宣传,与辖区居民亲切交流,答疑解惑。

(程华祥 赵国廷)

【征兵工作】 9~12月,组织征兵工作宣传,进行兵役登记,组织应征青年体检和政治审查,严把征兵质量关,向部队输送113名新兵,其中男兵100人,女兵13人,完成冬季征兵任务。

(程华祥 赵国廷)

【民兵政治教育】 结合民兵整组训练、建党90周年、征兵等时机,组织基层单位广泛开展爱党、爱国、爱军教育，深入开展国防教育进校园、进社区、进企业活动。八角街道、苹果园街道、古城街道、京西电厂发挥刊授教育及社区民兵之家的阵地作用。首钢总公司武装部依托《首钢国防教育网》、《首钢日报》等平台，深入开展“学英模、学先进”活动。

（程华祥　赵国廷）

【双拥共建】　以争创全国“双拥模范城”六连冠为契机，发挥桥梁纽带作用，协调区相关职能部门为部队解难题办实事，协调驻区部队支援地方经济建设。2月召开军政领导座谈会和军民联欢会；八一前夕，组织区长第29次进军营现场办公。年内，区政府投入6000余万元，先后对军区大院周边进出道路进行拓宽改造，解决“218”工程和军区综合服务楼用水，更换司政大院健身器材，为随军家属举办再就业培训，组织随军家属专场招聘会，为68名随军家属安排工作，为63名自谋职业的随军家属发放补助金189万元。在区内优质教育资源北京九中、京源中学继续开设拥军班，照顾性地解决军人子女40人入学。在全市率先启动“强军育才接力工程”，利用北京工业职业技术学院的资源优势，定期为部队培养专业技能人才，努力实现“入伍即入学、在伍有作为、退伍即成才”目标。协调驻区部队出动1万多人次参加地方绿化植树、护山防火、铲冰扫雪、环保宣传等任务。

（程华祥　赵国廷）

5月11日，全区部分民兵实弹射击训练　（区武装部供稿）

民防工作

概　述

北京市石景山区民防局（简称区民防局）是区国防动员委员会常设办事机构，也是区政府人民防空工作主管部门。负责全区民防指挥通信建设与管理、人防工程建设管理与开发利用、防空防灾知识宣传教育、人防专业队伍建设、民防志愿者队伍建设；承担区政府赋予的应急指挥保障、公用人防工程安全管理等任务。年内，紧紧围绕全区中心工作，突出重点、强化管理、狠抓落实，各项工作取得新成绩。完成2台电声防空警报器安装工作；办理人防工程使用行政许可23件；规划审批人防工程9600平方米，验收人防工程4.1万平方米；开发利用人防工程3处，全部用于社区地下车库。

地址：石景山路18号
电话：88680178
邮编：100043

（崔建国）

【市领导考察民防宣教基地】　5月，苹果园街道西山枫林民防宣教基地被国务院可持续发展研究组确定为本区“国家可持续发展试验区示范项目”。12月3日，刘淇、郭金龙等市领导考察西山枫林社区民防宣教基地。刘淇一行参观地震、计生、消防、红会、民防、科普等多个展厅，亲自体验和观看地震小屋、防高压触电、高层火灾绳结逃生、心肺复苏与人工呼吸等项目，与居民坐在一起听取关于公益反哺、垃圾分类、文明养犬等问题的讨论。

（崔建国）

5月20日，民兵高炮分队训练　（区武装部供稿）

【应急指挥保障】　完成元旦、春节、正月十五、国际民防日、防汛演习、中秋节、国庆节等应急保障任务，出动213移动指挥车、815D卫星指挥车10台次，为市应急指挥中心完成视频会议

的传送任务，参加保障人员 40 人次，备勤 106 人次。

（崔建国）

【民防体系建设】 坚持“四融入”，扎实推进民防体系建设。民防建设融入应急指挥体系。通过完善应急指挥功能，健全区防空防灾指挥中心与街道应急指挥所的对接机制，为应对突发事件提供指挥保障。建立与区政府应急指挥中心 24 小时联通机制，随时提供相关信息、图像。完成鲁谷社区地下民防应急指挥所建设，对金顶街街道地下民防应急指挥所，八角街道、广宁街道、五里坨街道地上应急指挥所扩容改造验收。开展岗位练兵活动和实战演练，形成一专多能、一人多岗、优势互补、能打硬仗的工作局面。民防建设融入城市建设。坚持“平战结合”，把民防建设融入城市建设总体规划，促进民防建设与城市建设的协调发展。以西部开发为契机，统筹兼顾、合理安排，做好人防工程的规划建设，扭转人防工程发展不均衡局面。重点工程建设中，协调有关部门，做好人防工程的规划、建设、监督、验收等，确保重点工程顺利完成。居民小区开发建设中，查处应建未建、少建、劣建人防工程行为，确保人防工程在质量、数量上有新的提高。将人防工程安全管理纳入政府管理平台，逐步形成“政府主导、属地管理、部门联动、齐抓共管”的管理模式，全面提升人防工程安全管理的科学性、有效性。民防建设融入社会建设。根据“公益优先”的原则，从全区实际出发，坚持使用标准，采取多种形式管好、用好人防工程，有效降低空置率。公用人防工程交给街道、社区管理使用，优先用于应急指挥、社区公共安全宣教基地、社区公益服务、文化活动、物资储备。民防建设融入百姓生活。落实“以人为本、民防为民”工作方针，把防空防灾教育融入到社会教育体系。加大公共安全知识“四进入”工作力度，多渠道、多角度地进行宣传教育，使公共安全知识深入人心。加强防空防灾教育的科学性。采取经常性与集中教育相结合、普及与重点教育相结合、理论与行为教育相结合的方式，抓好社区居民和中小学生的宣传教育，提高教育质量。发挥民防宣教基地和民防志愿者队伍的作用，改进教育方法，充实教育内容，保证宣传效果。

（崔建国）

【设施维护管理】 4～10 月，对全区所有警报器逐一进行维护保养和检测。对检测中发现问题的 6 台故障警报器进行检修，排除故障，调整地址码；为 2008 年 7 月以前安装的电声警报器更换电池 88 块。检测期间，动用车辆 40 次，参检人员 100 余人次。完成北京军区一处防空警报设施拆除和选址安装工作，落实新的管理单位和人员。

（崔建国）

【目标防护演习】 8～9 月，参加市民防局在首钢举行的重要经济目标防护演习，完成演习方案及校本审核、演习场地平面图设计、演习现场消防中队协调和演习通信保障等工作。参与电力厂核心部位拆装转移；高炉南侧设置红外诱饵弹和锡箔干扰弹发射阵地；地面设置角反射器和空中角反射器；在石景山顶部开设观察哨并设置定向雷达干扰仪，做好定向压制干扰准备；在电力厂周围设置综合烟雾伪装；在储水池周围开设高炮阵地等实地演习。

（崔建国）

【专业队伍整组】 12 月，依据《中华人民共和国人民防空法》和《北京市人民防空条例》有关要求，完成对抢险抢修、医疗救护、治安、消防、防化防疫、通信、运输等七支人防专业队整组工作，完善人防专业队伍组织机构、增强专业素质和技能，提高遂行战时人民防空和平时抢险救灾任务能力。

（崔建国）

【指挥中心建设】 2 月，安装视频会议系统及各街道指挥所视频会议终端，使防空防灾指挥中心视频会议系统成为区政府应急指挥中的备份系统。对各种设备进行维护维修及保养，使各种设备始终处于良好状态。

（崔建国）

【应急保障演练】 3 月，在苹果园街道西山枫林一社区举办居民疏散掩蔽模拟演练，社区民防志愿者队伍 57 人参加演练。5 月 18 日，组织 20 多名人员进行急通信各种器材实战操作演练，检验各种器材的运行情况和人员实际操作的能力，为做好应急保障工作打下坚实基础。

（崔建国）

【特种救援队组建】 根据市局统一部署，4 月组建北京民防特种救援队石景山分队和首钢分队。4 月 11～12 日对 70 余名队员进行培训，邀请市红十字会培训中心专家从救援理论、原理、案例、实际操作等方面进行讲解和授课。经考试，全部取得市红十字会急救员（初级）证。5 月 10 日，请区消防支队为 30 余名救援队员进行应急救援专业工具使用技能培训，主要对正压式空气呼吸器、便携式万向剪扩钳、日本 HONDA 发电机等新购置救援装备器材的操作方法进行讲解。

（崔建国）

【开展专项行动】 全年开展 9 项专项行动。包括：“两节”、“两会”期间冬春季火灾防控专项行动，组织冬春季火灾隐患排查工作。4 月开展人防工程“打非”专项行动。5 月开展防汛安全大检查活动，开展火灾隐患攻坚整治“亮剑”行动，进行出租住人人防工程清理整治工作。6 月组织“安全生产月”活动，开展可燃物清理专项行动和“消防平安行动”专项活动。成立各专项行动领导小组，制定具体实施方案。与各使用单位签订防火、防汛、设备维护等各项安全使用责任书，层层落实主体责任，建立健全各项应急预案。完善应急疏散图、人防工程应急疏散预案、设备设施维护管理制度、防火制度、防汛制度、卫生制度和治安制度，统一制作标牌并上墙。建立并推行“六套安全系统”（火灾自动报警系统、自动喷淋灭火系统、机械强排烟系统、分户供电系统、应急照明系统和闭路电视监控系统）。其中自动喷淋系统、火灾自动报警系统、监控系统，安装率 100%，部分人员较密集地区安装广播系统。全年开展工程安全检查 85 次，组织街道、相关单位各检查组联合检查 16 次，出动检查人员 1100 余人次，

9月8日，重要经济目标防护演练　（区民防局供稿）

检查工程600余处次，消除各类安全隐患和不安全因素90余件，确保人防工程未发生任何安全事故。

（崔建国）

【人防工程整治】　根据市、区关于地下空间综合整治的工作精神，成立综治工作领导小组，制定散租住人人防工程清理整治工作方案和人防工程综合整治年度计划。先后召开人防工程区、街管理干部会议、人防工程使用人会议、产权单位负责人会议，进行宣传告知和动员；根据整治工作的需要，召开有区住建委、法制办、发改委、市政管委、供电公司、自来水公司等单位参加的协调会，就人防工程关停过程中的停水、停电问题进行研究，达成一致意见。对各街道综合整治统计工作人员进行培训和指导，在前期台帐的基础上，逐一核实、登记，并录入到市地下空间综合整治信息网。向使用人下发人防工程清理整治工作告知书，向工程内租住人员发放停止使用通告以及地下空间综合整治处置意见呈报表、关于协调收缴水、电费的函等。针对杨庄北区26号楼人防工程，未经验收擅自使用，存在消防安全隐患及扰民问题，协调八角街道、信访办、住建委、消防支队、物业、供电公司等单位，完成清退工作。全年关停在用人防工程11处，包括违法使用的人防工程3处，存在严重安全隐患工程1处，使用协议到期7处。

（崔建国）

【人防工程防汛】　5月10日，组织召开街道民防工作会，布置防汛工作。修订人防工程事故应急预案和防汛应急预案；落实一支防汛抢险车队及30人的防汛抢险队伍。与相关单位签订管理责任书，把防火和防雨水倒灌列为重点。对全区在用人防工程落实防汛抢险责任、防汛物资、防汛措施等情况进行检查监督，及时解决工作中出现的问题。成立专业应急抢险队，制定防汛抢险预案。同月12日，组织20名抢险队员在卢沟桥宛平公园进行人防工程防汛演练；6月2日，组织苹果园街道在园区京汉大厦车库进行消防应急疏散演练。召开各街道（社区）民防办、首钢人防办干部会议，部署极端降雨天气条件下人防工程防汛工作，对“6·23”、“7·24”等几次强降雨中的13处工程漏水处及时修缮。7月21日，金顶街街道模式口村居民区1处上世纪60年代末期的防空洞出现塌陷，塌方口部约1米见方，深约2米，可见砖拱，核实后对塌陷处进行遮挡，组织施工队进行处理。

（崔建国）

【街道基地建设】　4月，八角街道公共安全宣传教育基地完成验收，投入使用。6月，金顶街街道公共安全宣传教育基地完成验收，投入使用。11月2日，完成老山街道地上指挥所建设任务。同月24日，完成古城街道地上指挥所建设任务。

（崔建国）

【防灾减灾日宣传】　5月12日，“5·12防灾减灾日”主题宣传活动在国际雕塑公园举行。承担和完成会场落实、应急志愿者队伍表演、车辆安排、出入口安全等任务。郭金龙、夏林茂等市、区领导出席活动，开通“北京市应急网”，为志愿者总队授旗，发放应急包，检查指导13支应急志愿者队伍的服务展示活动等。

（崔建国）

【民防志愿者队伍】　以应急防灾知识宣传教育为切入点，以民防宣教基地建设为依托，以街道和社区为平台，以服务社区居民群众为核心，组建4支共2000余人的志愿者队伍：一是应急防灾宣传志愿者队伍，成员为社区居民和群众，负责为全区居民和群众宣传普及公共安全知识和自救互救知识；二是应急防灾教育志愿者队伍，由17所初级中学开设《公共安全与人防知识》课程的任职教师和学生组成，负责在校学生的公共安全与人防知识学习教育工作；三是应急防灾安全志愿者队伍，由不同类型的企业、不同专业、不同工种的人员组建，负责对重点防范的突发公共事件知识的宣传教育，在企业内部建立宣教基地；四是应急防灾救援志愿者队伍，由全体机关干部组成，定期搞好防火、防汛演练，锻炼出一支达到“准军事化”水平的救援队，遇到突发事件，能够拉得出，用得上，有作为。

（崔建国）

【宣传教育“四进入”】　实施“四进入”，做好公共安全知识宣传教育工作。“进机关”——与区委党校合作，加强对各级干部的应急管理知识培训，熟悉本市应急工作的体制、机制和法规政策，提高应急管理能力和应急指挥决策水平；党校组织科级干部培训班和处级后备干部培训班到西山枫林社区的宣传教育基地参观学习。“进社区”——与街道和社区合作，利用已建成的宣教基地，通过图片讲解、播放专题片、现场互动等形式，使居民基本掌握防灾自救和应对突发公共事件的知识和技能；同区红十字会在金顶阳光社区举办居民高层防火逃生演练，请京西蓝天救援队模拟演示。“进学校”——以中、小学生，职校生为主要对象，继续巩固学校的公共安全教育活动。11月25日，联合区红十字会在高井中学举办“防灾减灾 从我做起”——999校园安全行主题活动。全校师生进行避震疏散演练和头部包扎、心肺复苏等自救互救项目，与会领导向学生发放应急志愿者工作包、《北京市公共安全知识读本》等宣传品；举办“安全应急与人防知识”师资骨干培训班，加强民防师资培训力度。“进企业”——以“应急防灾知识进企业”为主题，与首钢人防办合作建设“首钢防空防灾信息网”。年内，设计、印制2000多册民防知识宣传教育台历，发放到机关单位、街道社区；通过区防空防灾信息网、《中国人民防空》、《华北人防》、《北京民防》等多种媒体进行宣传，刊登稿件和照片50余篇。以“3·1国际民防日”、“5·12防灾减灾日”、安全生产宣传月、北京科技周、《人防法》颁布十五周年和“119”消防安全宣传日等纪念日为契机，向市民宣传公共安全知识，发放《首都市民城市应急避险手册》、“安全应急与自护”等宣传材料和宣传品10万余份。

（崔建国）

石景山区军事机构负责人

人民武装部党委第一书记	荣　华
人民武装部部长	耿振虎
政委	高道忠
石景山消防支队队长	刘海龙（9月免）
	岳爱军（10月任）
石景山消防支队政委	高国富（9月免）
民防局局长	高庆伟（9月免）
	崔　泽（9月任）

综合经济管理

综合经济调控

概　述

北京市石景山区发展与改革委员会(简称区发改委)是负责研究提出全区经济和社会发展战略规划,进行综合平衡,指导本区总体经济改革工作,行使价格行政和监督检查职能的区政府职能部门。年内,是"十二五"规划和CRD建设第二步走的开局之年,也是首钢涉钢产业全面停产后转型建设攻坚年。贯彻中央和市各项调控政策,把握"大调整、大建设、大发展"工作主基调,加快转方式、调结构、促增长、惠民生,全区经济继续保持平稳较快增长态势,各项社会事业和民生工程取得成绩。全年实现地区生产总值322亿元,同比增长9%,实现第三产业增加值199.7亿元,同比增长18.6%,第三产业占地区生产总值比重62%;完成一般财政总收入50.8亿元,同比增长25%,其中一般预算财政收入22.7亿元,同比增长20.2%;全社会固定资产投资130.9亿元,同比增长10%;全年社会消费品零售额162.1亿元,同比增长16.9%;城镇居民人均可支配收入31936元,同比增长13.8%;城镇登记失业率2.55%以内,实现连续五年逐年降低。新引进企业40家,注册资金1.4亿元。

地址:石景山路18号
电话:88699333
邮编:100043
网址:http://www.sjsfg.gov.cn

(邢钦卉)

【推进"十二五"规划落实】 区"两会"期间,发布区国民经济和社会发展"十二五"规划纲要。明确"十二五"时期地区经济社会发展的指导思想、主要目标、战略重点和重大举措。4月,全区经济发展推进大会召开后,区发改委以全面落实"十二五"规划实施为主线,以大事实事为抓手,以重大项目为支撑,做到高起点谋划,高效率推进,高标准转型,高质量保障。发布"十二五"规划实施方案,明确规划落实领导机构、任务分解、监督考评、资金保障等几个关键问题。建立领导机构,加强组织保障;将"十二五"经济社会发展的任务和指标分解到责任单位,确定88项具体任务,明确主管区领导、牵头单位与责任单位;健全以人大为权力监督,以区委区政府为内部监督,以社会公众为外部监督的监督体系,建立定期进展汇报制度,完善考核评价机制;优化财政支出结构,确保财政有效投入,整合专项资金,规范使用管理,发挥财政资金使用效益。

(郭志文)

【统筹规划各项工作】 发挥规划引导调控作用,抓好当年经济社会发展目标任务和重大项目谋划工作,推进规划完善、汇编、下发。做好专项规划与规划纲要以及各专项规划之间的衔接,加快推进专项规划编制、修订、完善、审议工作。7月,陆续发布"十二五"时期节能发展规划、绿色石景山行动计划、产业发展规划、服务业发展规划。加强规划宣传工作,围绕"十二五"规划体系,采用展板、报刊、多媒体等多种形式,使规划确立的发展思路、发展理念等深入人心,促进规划目标、任务和重点工作的顺利完成。

(郭志文)

开展重大项目进展调研　(区发改委供稿)

【推进服务业试点区建设】 4月,召开国家服务业综合改革试点区推进大会。健全服务业试点区建设领导小组,制定关于建设国家服务业综合改革试点区的实施意见及相关细化措施。7月,与市发改委、首钢总公司及京煤集团4家出资设立北京服务·新首钢股权投资基金,首期规模10亿元。完成该基金区域内注册,协助基金完成2.5亿多元项目投资,并储备30多个服务业项目,搭建促进服务业发展最重要的投融资平台。加快编制服务业发展规划,并做好与市相关政策措施的对接。10月,梳理11个方面25条符合国家、市支持的优惠政策,其中12条获市发改委支持认可。

(康乃溶)

【推进新首钢服务区建设】 新首钢高端产业综合服务区是本市"十二五"期间重点培育的四大高端产业新区之一,与中关村国家自主创新示范区、北京经济技术开发区、商务中心区、金融街、奥林匹克中心区、临空经济区以及新规划的通州高端商务服务区、丽泽金融商务区、怀柔文化科技高端产业新区共同构成"六高四新"产业发展空间格局。年内,全力服务功能区建设,做好产业规划与空间规划、土地规划对接,配合市相关部门深化细化首钢工业区改造规划,提出本区具体建议。做好项目对接,统筹安排好区内重点项目,使之与新首钢建设项目相配套,与首钢共同做好引资、引企、引项目等工作。做好首钢富余人员安置和再就业工作,确保首钢搬迁工作平稳、顺利完成。

(郭志文　康乃溶)

【推进永定河发展带建设】 全力推进永定河绿色生态发展带的规划建设,制约水岸经济建设的丰沙铁路入地工程取得实质性突破。京能、高井两大电厂联合建设西北热电中心，新建投产6台35万千瓦级热电联产机组，供热能力3600万平方米。年内，推进永定河河道内工程与首钢搬迁调整工程(包括永定河跨河大桥建设工程)、西北热电中心建设工程，并协调处理好三者时序衔接问题。

(郭志文　康乃溶)

【完成政府采购1236项】 采购金额12754.56万元，节约资金339.4万元，其中公开招标项目62项，招标项目总金额5245.68万元，协议供货1043项，金额5032.95万元。资金节约率为3%。

(赵　亮)

【电力安全】 联合石景山供电公司制定多项措施，做好节日期间电力值守和保障工作。6月，协调区园林绿化局、区公园管理中心，配合市输电公司整治高压线下电力隐患。全年处理电力应急事件50次(件)，协调处理涉电纠纷信访案件20件。

(吕　戈)

【13家煤企通过年审】 5～6月，通过采用现场督查、业务培训等方式，收齐13家煤炭企业年检材料。根据全市开展煤炭企业经营资格证年检工作要求，报送市发改委煤炭处。13家煤炭企业全部通过年检审核。

(吕　戈)

【处置6·23特大暴雨灾害】 6月23日，遭遇34年来有水文监测以来最大一次暴雨。极端天气导致区内1处110KV变电站(带中西部供电)，1处低压配电室(带5500户居民)，多处电杆、通讯杆和树木倒伏。根据应急工作方案，第一时间启动灾害天气应急预案，遏制险情。

(吕　戈)

【节能管理】 4月2日，发布节能专项资金管理使用办法。8月，确定万元GDP能耗不超过1.54吨标煤年度节能目标，同比下降30%。能源消费总量目标控制在430万吨标煤以内。实行重点用能企业能源负责人备案和能源利用状况报送制度。完成全区27家5000吨标煤以上重点用能单位能源负责人备案，初审报送能源利用状况报告。完成区“能源利用状况和发展目标、思路及措施的研究”，分析能源利用状况，确定“十二五”时期能源工作方向。

(康乃溶)

【社会项目】 年内，12次邀请市发改委到区调研指导工作，及时了解市级资金支持政策和具体信息，做好项目储备、推进和对接工作。全年7个项目争取支持资金1.37亿元。截至年底，社会领域项目开复工规模21.21万平方米，完成投资3.12亿元。

(张　青)

【便民工程】 1月，完善便民工程管理办法(试行)；2月，委托政府采购中心通过对外公开招标方式更新便民工程承包商库，组建监理单位库。全年常规便民工程和社区规范化建设资金投入9827.27万元，其中社区用房规范化建设项目投资6535.27万元(区财政投入3087万元，市政府补助3448.27万元)，常规便民工程投资及精细化管理、卫生保洁3292万元。更新、修缮社区道路38条，设立或更新社区各类设施27处，开展小区环境整治9处。

(张　青)

【代建制管理】 4月，委托“投资北京”(即北京市投融资服务平台)面向全国公开招标6家代建机构，组建政府投资建设项目代建单位库。在京源学校实验楼、校安工程、联合业务楼等13个项目中推行代建制，项目总投资141739万元，总建筑面积达到400497平方米。其中，校舍安全加固工程涉及18所中小学33栋校舍整体加固改造，总建筑面积103371平方米，总投资2.75亿元。各中小学加固工程于8月底全部完工。

(张　青)

价格管理

【概况】 年内，面对严峻价格形势，以稳价安民为重点，发挥价格监管在扩内需、促发展、保增长中的重要作用，把稳定价格总水平放在更加突出位置，着力解决人民群众最关心、最直接、最现实的价格问题。建立价格监管协调机制，明确部门分工，落实各项保障措施；加大市场价格监督检查的频次和密度，规范行业价格行为；加强对大型超市、农贸市场和学生食堂的价格监测，及时预警预报；推进社区便民网点建设，为促进本区经济发展和社会和谐创造良好价格环境。

(胡彩霞)

【价格调控】 打造平台，推进价格公共服务。完善信息舆情汇集分析、突发情况应急处置、价格矛盾排查化解、群众利益表达等多项机制，提高化解社会矛盾能力。制定增收入降价格工作方案，确定集贸市场摊位费减免等10条具体工作措施，明确牵头单位和责任单位、具体工作任务和完成时限；建立协调会商机制，每周召开协商调度会议，通报6大类重要商品价格和服务标准在全市排名情况，及时协调解决工作中出现的矛盾和问题；会同相关部门制定集贸市场摊位费减免实施细则，发放补贴资金，建立台账，签订降低价格承诺，调控预期基本实现。

(刘崇光)

【停车收费管理】 以规范停车场收费为抓手，对辖区机动车停车场进行集中清理整顿，探索机动车停车监管新机制。召开69家公共停车场、76家小区停车场负责人的政策提醒告诫会，宣讲停车收费政策，加强机动车停车收费检查与巡查。全年检查、巡查机动车停车场613场次。处罚机动车停车不计时收费、不按规定明码标价7户，罚款4500元。4月1日，本市调整非居住区白天机动车停车收费标准，采取措施确保政策平稳过渡。会同相关部门对停车场收费标准调整进行风险评估，对可能出现的问题提前制定防范措施；集中培训全区所有非居住小区停车企业负责人，辅导有关政策规定和申报程序。同时，会同检查所专门制发占道停车收费速算表，从源头上防范乱收费；核准取得合法资质、提供完整资料的机动车停车场收费标准，取消手续不完备单位；利用区信息网公示停车场相关信息，便于百姓查询和监督；加强停车收费调整实施效果调查。调查显示，停车收费上调后

繁华地区停车数量明显减少。

(刘崇光)

【民办教育管理】 强化教育收费管理,以助推"阳光收费"为切入点,重点研究民办学历教育、公办学前教育收费管理。年内,核准2所民办学历教育学校学费收费标准。核准台京学校、黄庄学校2家民办学历教育学校学费收费标准,缓解学校成本上涨压力,促进民办教育事业健康发展。

(刘崇光)

【价格监测】 稳价安民,完善价格预警机制,提高价格监测分析工作的主动性、超前性和细致性。针对以农产品为主的生活必需品价格上涨较快,突出价格监测预警,加强异常波动商品重点监控,防范价格异动;加强价格监测分析,及时分析价格变动原因,发挥"分析员"与"情报员"作用。

(刘崇光)

【经适房价格管理】 制定经济适用住房定价原则、办法和程序。强化政府调控作用,突破"保本微利"定价原则,确定"以解决低收入家庭住房困难为目的,保持经济适用住房价格与配售群体经济承受能力相适应;以加强政府调控为手段,保持经济适用住房价格相对稳定;以成本价格为参考,保持区域内经济适用住房与商品住房差价合理"的定价原则。与相关部门沟通,全面了解各区县经济适用住房项目价格情况,及时了解配售人群反映,审核成本价格,对拟定价方案进行充分论证,为领导决策提供重要参考依据。

(刘崇光)

【行政事业收费管理】 4月7~22日,开展辖区行政事业收费年审。审核62家行政事业性单位,年审金额2.11亿元,未发现价格违法行为。公布取消项目,涉及本区4个部门5项行政事业性收费,每年减轻企业负担100多万元。

(刘崇光)

【发挥市场监管效能】 严格执法,维护市场价格秩序。与工商、质监、商务等部门通力协作,发挥联动优势,开展联合巡查,组织开展生活必需品市场价格检查,重点查处恶意囤积、哄抬价格行为,以及其他变相涨价、串通涨价、牟取暴利的行为,增强处罚针对性,加大处罚力度。开展医药卫生服务价格专项检查,检查二级以上医院7家,查处违纪金额30多万元。开展教育收费、商品房明码标价、殡葬服务收费、餐饮行业收费等专项检查。开展为期三个月的居民生活必需品市场价格检查,查处超市价格欺诈、不规范明码标价行为,处罚超市14家,罚款2.90万元。至年末,检查1494户次,查处价格违法案件26件,经济制裁总金额5.142万元,其中罚款3.5万元,退款1.642万元。群众来信、来访、来电691件,其中,受理价格举报81件,价格核查违法问题54件,协调退款3.11万元。

(胡彩霞)

【价格鉴定】 本年度完成价格鉴定2602件,鉴定金额650万元,业务领域有所拓展。

(袁 坤)

经济和信息化

概 述

北京市石景山区经济和信息化委员会(简称区经济信息化委)是负责本区工业、软件和信息服务业发展、服务首钢搬迁建设、推进中小企业发展和信息化工作的政府工作部门。年内,以加快转变经济发展方式为主线,着力调结构促发展,全力打造"石景山服务"品牌,优化产业发展环境,加强"智慧石景山"建设,全面推动"新首钢高端产业综合服务区"和中国动漫游戏城建设,力推全区经济信息化工作上新台阶。引导社会资金6亿元,提升全区信息化基础设施建设,推进电子政务发展。成立区促进中小企业发展领导小组,出台进一步促进中小企业发展的实施意见。全年,区规模以上工业企业累计实现利润29.6亿元,同比增长35.5%。软件信息服务业实现收入超过140亿元,利润突破20亿元。

地址:石景山路18号
电话:88699890
传真:88699665
邮编:100043

(许 明)

【工业企业效益】 规模以上工业企业累计实现利润29.6亿元,同比增长35.5%;主营业务收入774.1亿元,同比下降20.5%;应交税金21.5亿元,同比下降2.6%;累计实现出口交货值29.5亿元,同比增长16.6%。全区79家规模以上工业企业累计完成现价工业总产值379.6亿元,比上年同期减少44.4亿元,同比下降39.2%。

(李雅娜)

【18家亿元企业实现增长】 累计产值超亿元企业28家,实现工业总产值361.9亿元,同比下降38.5%,占区工业总产值95.3%。其中,18家企业实现增长,累计完成工业总产值301.7亿元,同比增长14.2%,占区重点企业工业总产值79.1%。

(李雅娜)

【高端产业产值实现增长】 现代制造业企业累计完成工业总产值48.7亿元,同比增长4.9%,占全区工业总产值13.9%。高新技术产业企业累计完成工业总产值16.5亿元,同比增长1.8%,占全区工业总产值8.4%。

(李雅娜)

【软件信息服务产业快速增长】 全区软件信息服务业实现收入超过126亿元,利润突破28亿元。规模以上企业69家,畅游时代、梦龙软件、暴风网际、智远天下、蓝港在线、完美时空、千橡网景、东土科技、天地正阳、金石威视、中娱在线等十几家企业通过双软认证。东土科技、华谊嘉信、东宝亿通、久其软件、完美时空、东方信联一批企业在国内外上市。

(巨冉冉)

【促进中小企业发展】 4月,区帮扶企业应对国际金融危机领导小组变更为"促进中小企业发展领导小组"(以下简称领导小组),负责组织、统筹、指导、督促、协调促进中小企业工作。成员单位有区发改委、科委(园区)、商务委、投促局等17个职能部门。领导小组办公室设在经信委,负责牵头综合协调、督促落实全区中小企业促进工作。8月24日，经第16次区长办公会研究同意，印发进一步促进中小企业发展的实施意见，提出优化发展环境、拓宽融资渠道、服务体系构建、协调保障机制等促进中小企业发展工作方向，与市级政策形成衔接和互动。9月，完成区“十一五”时期中小企业发展情况报告。全年发放扶持中小企业资金1702.9万元，支持项目78个，涉及企业73家。企业数量比上年增长55%、支持资金增长12%。5家中小企业获集合信托融资1.2亿元，比上年增长216%。

（张颖莉）

【6家企业入围全市30强】 10月31日，“2011北京信息网络产业新业态创新企业30强榜单”发布。驻区企业北京通融通信息技术有限公司、中国瑞达系统装备公司、北京网元圣唐娱乐科技有限公司、趣游（北京）科技有限公司、北京麦格天宝科技发展集团有限公司、呈天游（北京）信息技术有限公司6家企业入选30强榜单。

（巨冉冉）

【推进“智慧石景山”建设】 通过“四个紧抓”，着力推进“智慧石景山”建设。紧抓顶层设计——落实《智慧北京发展纲要》要求，出台关于加强智慧石景山建设的意见，组织开展关于加强智慧石景山建设发展战略研究调研。紧抓沟通协调——与国家、市及区属单位沟通协调，组建4个工作组共同推进。争取市发改委固定资产投资3000万元。紧抓重大项目——组织编制本市城市安全和应急管理领域区县物联网综合示范应用建设方案及城市安全和应急管理领域区县物联网综合示范应用项目建议书。推进市“城市安全运行及应急管理领域物联网综合应用”示范工程，开展供暖、供水、高层建筑防火、森林防火、节能降耗、有线电视防插播、空气质量、噪声、永定河水质、校园安全、重大危险源、辐射源、污染源、生活及餐厨垃圾、公共卫生等领域物联网应用。紧抓重点应用——先期开展“智能交通示范区”规划研究，开展“城市生命线—水资源物联网综合应用”、“城市环境卫生物联网综合应用”、“八大处地区综合安全保障”、“八宝山地区清明节期间及重大警卫任务综合保障”等重点物联网应用建设。水资源和环境卫生物联网应用投入使用。

（巨冉冉）

【提升信息化基础设施水平】 引导社会资金投入6亿元，争取市财政补贴672万元，提升全区信息化基础设施承载能力。扩展无线物联数据专网覆盖范围，优化网络信号，提高覆盖能力。银河商务区实现无线宽带专网；万达广场、瑞达大厦、台湾街、西山汇、鼎城等重点地区建设无线局域网（WLAN），政府负责购买基本服务，实现企业、商户及公众免费无线宽带互联网接入服务。推进“智慧八大处”、“水资源物联网应用”、“智能交通”等信息化基础设施建设项目。

（巨冉冉）

【完成高清机顶盒推广】 作为北京地区试点，11月10日，完成全区高清交互机数字电视机顶盒推广。为全区30143户（包括上年超额完成任务转入当年的6685户）配送高清交互机顶盒，并进行线路改造升级，累计完成高清交互数字电视推广104293户。区财政补助资金583.2万元全部到位。

（巨冉冉）

【石景山信息网建设】 结合“大调整、大建设、大发展”区域特点，全面改版石景山信息网，重点推出“2.5D游乐园”、“特色服务”、“投资经济”和“公共服务图库”等一系列展示石景山特色、聚焦百姓关注热点的栏目；完成42个委办局467项行政许可事项、798个办事指南、281个表格下载，完成6个街道237个办事指南、23个表格下载。结合各单位业务需求，新建和改造8个应用系统（老龄事业管理信息系统、计生前台办公系统、文化执法信息系统、招商引资管理平台、社区卫生服务中心信息化示范工程、舆情监测与数字报刊制作系统、服务业运行监测和发展服务系统及城市管理监督智慧系统智能化升级改造）。整合公共服务资源691项，涵盖区内文物古迹、学校、医疗机构、加油站、邮局、银行、煤水电暖和政府部门等11类。推出“区公共服务图库”，提供地图定位、公交路线查询服务。

（王　闪）

【修订信息安全应急预案】 完成修订电子政务网络与信息系统应急保障预案并正式启用。包含四个专项预案：政务外网物理环境应急保障专项预案、政务外网网络系统应急保障专项预案、政务外网信息系统应急保障专项预案和政务外网网站系统应急保障预案。

（张　兰）

10月25日，网页游戏产业联盟成立　　（区经信委供稿）

【电子政务云计算平台建设】 10月，利用虚拟化、刀片服务器等先进技术，历经5个月完成平台雏形搭建，电子政务云计算平台启用。14个应用系统向虚拟机迁移。通过实际运行，各应用系统运行情况良好，各项硬件资源利用率较项目实施前有所提高，节约能耗效果显现，解决机架式服务器普遍存在的硬件资源利用率低、占用机房空间较多、管理分散、电量消耗大等问题。

（万　晨）

【电子政务运维服务】 增加审核环节，实施“服务台”运行维护模式。重点解决电子政务运维工作中流程不统一、工作量无法统计、运维质量跟踪存在困难等问题。结合IT基础架构库(ITIL)管理规范，梳理申请类流程7个，故障处理流程10个，通过集中运维管理系统实现自动化。5～12月处理工单789件，完成率100%。

（由　凡）

【服务首钢搬迁调整】 4月18日，新版“新首钢高端产业综合服务区规划”公示。根据规划，在面积约8.63平方千米土地上，建设“五区两带”，即工业主题园、文化创意产业园、综合服务区、总部经济区和综合配套区，滨河综合休闲带、城市公用活动休闲带。7月8日，区政府与首钢总公司成立“新首钢投资服务中心”，建立招商合作机制。参与设立“北京服务·新首钢”股权投资基金，重点支持西部地区服务业企业和产业园区发展。

（许　辰）

【推进动漫游戏城项目】 与中国动漫集团、首钢总公司建立联合招商机制，全程代办企业进驻服务。支持5000平方米办公场所；落实市1亿元专项资金；组织实施动漫游戏城产业先导孵化促进体系、动画产业公共服务平台、网络信息服务平台、首意工坊产业促进服务平台4个重大项目建设；建立动漫城中小企业孵化培育体系。建设公共技术、网络、IDC机房等硬件设施，完善信息交流和软环境服务，构建中国动漫游戏城产业服务体系。举办首届中国动漫游戏嘉年华活动及第十二届世界漫画大会暨2011北京国际动漫周活动。

（许　辰）

统　计

概　述

北京市石景山区统计局、经济社会调查队（简称区统计局、调查队）是区政府负责综合统计和国民经济核算的职能部门，受区政府和市统计局双重领导。年内，围绕提高统计能力、提高统计数据质量、提高政府统计公信力，做好统计月报和年报工作，开展专项调查和统计监测，完成第六次全国人口普查工作各阶段任务和评比表彰工作。全年完成进度类和专题类分析38篇，调研报告8篇，报送信息778篇，被采稿122篇。区人口普查办公室被评为第六次全国人口普查国家级先进集体、市“‘十一五’妇女儿童工作先进集体”、“首都文明单位”；陈伟、张惠霞等22人被评为市“人口普查先进个人”；获区“依法行政标兵单位”、“招商引资工作突出贡献单位”、“综治工作先进单位”、“档案工作先进单位”等称号，党总支被评为“先进基层党组织”，鲁谷统计所被评为市“统计系统先进单位”。

地址：杨庄东街71号
电话：88920357
邮编：100043

（刘　泽）

【完成人口普查任务】 年初，完成人口普查表的光电录入汇总工作，并代表本市通过国务院普查办验收。经逐级上报审核，发布第六次全国人口普查公报。同时，对比第五次人口普查主要数据及近年区划调整变动情况，开展分析研究，发布数据解读。

（武洪敬）

【完成统计调研46篇】 加强对全区宏观经济形势和重大经济问题的分析研究，及时提供准确的统计数据和分析资料，增强对全区经济社会发展的预见性、科学性和针对性。全年完成进度类和专题类分析38篇，调研报告8篇。“统计数据质量控制研究”中标市级重点课题。“石景山区经济增长转型研究报告”获国家统计局城市社会调查优秀统计分析二等奖、“石景山区工业全要素生产率变动的实证研究”获市第十六次统计科学讨论会论文评比三等奖、“立足数字娱乐产业基地，石景山打造‘中国数字娱乐第一区’”获市优秀统计分析报告评比三等奖、“关于新首钢高端产业综合服务区实现千亿元收入目标的路径分析”、“关于石景山人口发展现状及问题研究”获区优秀调研报告一等奖。

（徐毅娟）

11月1日，2%人口抽样入户登记　　（区统计局供稿）

【执法检查329家】 全年执法检查329家，超额完成49家。立案53家(其中当场处罚25家，一般程序28家)，罚款金额2.87万元。督导案卷获全市案卷评比第五名。使用“执法检查单机版”升级版软件及后期处理网络版软件，提升执法效率和案卷质量；采取督导与常规执法相结合检查方式，帮扶企业提升统计工作水平，从源头把控数据质量；向受查单位发放统计调查问卷，互动查找执法、培训工作不足。

(刘秋涛)

【统计数据利用】 发挥统计部门监测预警作用，及时跟踪和监测各项指标完成进展情况，为各级领导提供完整的指标动态分析。协调区内20余个部门，健全统计经济社会全方位服务体系，及时掌握经济指标完成动态，实现信息共享；开通人大代表经济数据手机短信服务平台。开发利用统计资料，每月印发经济运行情况简报，为各部门决策提供依据。编发《经济发展统计月报》，编制统计年鉴、《数据看发展，精彩石景山》、《R&D资源清查资料汇编》等综合性统计资料。

(张彦丰)

【完成价格监测】 采集34种规格品(规格品数量和内容随着监测重点的改变随时调整)。生活必需品价格与居民消费价格统计规格品相融合，实行PDA采价器，国家统计局数据采集平台统一审核。1～11月价格监测频率为旬报(每月10、20、30日进行价格监测)。12月因物价上涨明显，国家统计局统一调整为5日监测(每月逢5、0的日期进行价格监测)。数据采集汇总审核后，上报市局相关处室及区领导，全年撰写价格监测报告12期。

(张　波)

【开展在地统计】 在完成定期报表任务基础上，开展居民消费价格在地统计。全力部署实施国际比较项目调查；启动“增收入、降价格”应急调查，开展六大类商品和服务项目重点调查；实施区政府“降价格”措施跟踪调查；开展分区县居民消费价格指数编制工作。实地采集规格品价格通过“CPI手持数据采集器”(PDA)数据上报，通过“CPI手持数据采集管理系统”审核，上报市局(队)。

(盛　洁)

【更新统计登记】 年内，梳理行政办事事项，更新统计登记行政管理工作手册。加强与工商、民政、税务等部门沟通联系，实时掌握地区基本单位变动情况，做好基本单位名录库动态维护管理。整理反馈各部门提供的最新基本单位名录资料，对名录更新维护资料进行终级审核，汇总全区基本单位新增、变动和注销情况资料。全年办理新增单位统计登记1772家，迁出单位32家，迁入单位49家，注销单位95家，换补、变更单位9159家。

(孔　岩)

【完成专项调查】 完成全国组织工作满意度民意调查、市组织工作满意度民意调查、市党风廉政建设和反腐倡廉民意调查、市部分单位反腐倡廉建设民意调查、市城镇居民食品安全民意调查、市非公有制企业(单位)人才资源状况调查、区组织工作满意度民意调查等7项调查。涉及全区190个党政机关、企事业单位，2442个调查样本，260个居民户。

(杨福江)

【能源统计监测】 根据市《新能源与可再生能源利用统计调查》要求，开展新能源与可再生能源利用调查。摸清20个新能源项目，17家区内企事业单位主要新能源与可再生能源利用现状。在全区37家单位中开展市能源人才资源统计调查。年末，3家规模以上大型工业企业完成第二次循环经济试点调查工作，详实统计主要资源利用现状。

(田　超)

【完成16项调查】 全年完成各项抽样调查16项，其中，常规性调查6项。分别为：城镇居民家庭生活情况日记账跟踪调查、城镇居民低保家庭生活情况日记账跟踪调查、北京市城镇住户粮油消费日记账调查、北京市城镇居民国内旅游调查、城镇居民生活能源消费情况跟踪调查、北京市城镇居民家庭用水器具情况调查；临时性调查3项：北京市城镇居民出行调查、北京市城镇居民家用汽车使用情况调查、石景山区居民家庭基本情况调查。

(邢瑞华)

【推进统计执法】 制定统计执法案卷评比考核办法，明确执法程序和案卷标准。全年办理《统计登记》迁入40家，迁出27家，新增1370家，注销1061家，变更1911家；办理统计从业资格认定，报名852人，同比增长17.4%。办理10个统计调查证，其中换证3个，新办证7个。审查27件拟给予处罚的行政执法案件。5～9月，组织年度全国统计从业资格考前辅导、报名报考及考试工作。852人报考，362人合格，及格率高于全市平均水平。按照国家统计局批复，受市局委托，11月1日起，全程办理统计从业资格认定。

(熊婧伊)

国有资产监督管理

概　述

北京市石景山区国有资产监督管理委员会(简称区国资委)监管和非监管企业、事业单位71户，其中监管企事业单位54户，非监管企业单位17户。年内，围绕“大调整、大建设、大发展”工作主基调，以转变发展方式为主线，以提高国有经济发展质量和效益为核心，严格按照《企业国有资产法》履行职责、强化监管，特别是国资监管体制机制创新方面等具体做法，走在区县国资委前列。不断探索国资监管工作的规律和特点，大力支持和促进监管企业发展，通过不懈努力，本区企业国有资产基本实现保值增值的平稳发展态势。西部五里坨建设组团、西井、西黄村综合改造、衙门口、苹果园交通枢纽商务区、融景城、银河商务区K地块拆迁及重点工程建设中心承担各项重点建设项目稳步推进。“北京服务·新首钢”股权投资基金、“创业投资引导基金”两个基金规范运营；石金小额贷款公司、贵金属、保险交易所、华游竞界公司均按计划实现目标。编制并实施“十二五”国有经济发展规

划,有序推动国企改革发展,完成两个物业企业合并、恒辰公司托管及二建公司第三工程队改制剥离,积极推进海特饭店托管、鲁谷供热厂划转。出台国有经营性房屋管理暂行办法等5个规范性文件,完善企业法人治理结构,增强国有资产监管能力。履行国企社会责任,推进民生工程建设,五里坨定向安置房、苹果园廉租房、融景城"两限房"、杨北幼儿园等工程取得阶段性成果。抓好企业安全生产,做好企业信访维稳,年内未发生重特大安全生产事故。

地址:杨庄东街59号今尊大厦10-11层

电话:68880498

邮编:100043

(李 滢 杨 洁)

【国有经济平稳发展】 监管和非监管企事业单位全年主营业务收入13.6亿元,实现净利润1.3亿元,实现税收1.3亿元。截至年底,区属国有企业资产总额116.4亿元,净资产35.7亿元,实现国有经济平稳发展。

(杨 洁 简耀先)

【加强产权管理】 开展国有资产产权登记年检和国有产权转让年检工作,规范企业产权登记,防止国有资产流失。年检涉及国有及国有控股企业99家(含13家注销企业),其中办理占有登记86户,涉及国家资本金5.4亿元,国有法人资本金14.7亿元,国有资产总额20.4亿元。年内办理产权变动登记4家,产权注销登记0家,新设占有登记3家。严把国有资产评估核准、备案关,通过产权登记、年度检查、数据汇总,及时掌握和了解企业国有资产总量、分布和变动情况。加强产权管理,规范产权交易,推动产权规范流转,优化资源配置。

(简耀先)

【重大建设项目】 西部五里坨建设组团项目完成拆迁总量的95%;西井与西黄村综合改造项目联动拆迁,启动西井非住宅拆迁;衙门口项目拆迁准备工作完成。推进苹果园交通枢纽商务区项目建设,F地块达到上市条件,G地块实现开工建设。融景城项目竣工交付面积12.8万平方米,二期商品房及配套小学、幼儿园交付使用,四期融景广场项目开工建设。推动银河商务区K地块拆迁工作,工业厂房腾退完毕,电子市场按照协议启动拆迁。深化大东北酒楼、古城宾馆综合改造规划的可行性研究,星座商厦改造方案初步形成。杨北幼儿园主体结构完工。稳步推进重点工程建设中心承担的各项重点建设项目。国资公司累计投入5.81亿元,用于阜石路、公安分局、苹果园南路建设和西现代城电力改造等重点工程、公益性项目。

(李 滢)

8月24日,召开创投基金第一次理事会 (区国资委供稿)

【引领CRD核心项目】 国有资本向CRD核心产业领域集中。受托出资设立"北京服务·新首钢"股权投资基金,基金规模10.1亿元,首期出资2.5亿元,成立京西创业投资基金管理有限公司参与运营基金。配合区金融办出台相关制度,规范"创业投资引导基金"管理。向现代金融产业转型发展,石金小额贷款公司运行良好,贵金属和保险交易所规范经营行为,逐步扩大市场影响,盈利模式开始确立。提升国企在新兴产业发展的影响力,华游竞界公司成功举办竞游ECL电子竞技冠军联赛,完成增资工作,有序推动股份制改造工作。参与中国动漫城运营公司组建,配合相关单位举办第十二届世界漫画大会暨2011北京国际动漫周活动。

(李 滢)

【完成招商指标】 全年利用国企资源引进企业34家,其中注册资金1000万元以上企业6家,新增区库收入累计达231万元。通过房屋租赁引进企业15家,其中注册资金100万元以上企业7家,50万元企业2家,50万元以下企业6家。

(邓智勇)

【推进国企改革】 有序推进国有企业改革,优化国有经济布局和结构。基本完成芳星园物业中心、实兴金海物业中心两个物业企业的合并以及恒辰公司托管等改革任务,芳星园物业中心完成改制大部分工作,更名为北京盛景嘉和物业管理有限公司,待实兴金海物业与市热力集团完成西井锅炉房部分资产和人员划转工作后,即可实现两物业企业的合并重组。委托宏润公司对恒辰公司进行托管经营;完成二建公司第三工程队改制剥离工作;完成对海特饭店的清产核资。按照区政府与市热力集团供热合作框架协议要求,完成西井锅炉房并网改造工程,着手鲁谷供热厂整体划转前期准备。房地产集团组建和石景山游乐园公司制改革等工作进入调研准备阶段,启动房地产集团公司组建方案,研究游乐园公司制改革方案。

(张 鹏 李 滢)

【经营业绩考核】 组织开展经营业绩考核，针对企业经营业绩责任书各项指标及工作任务完成情况，按时完成考核各项工作，兑现考核薪酬。6月20日，按照《国有及国有控股企业负责人经营业绩考核办法》，完成实兴腾飞公司、国资公司、宏润公司、芳星园物业、鲁谷供热厂5家国有企业负责人上年度经营业绩考核和兑现工作，并确定企业考核定级情况如下：A级企业暂缺，B级企业占20%，C级企业占60%，D级企业占20%，无E级企业。

（杨 洁）

【夯实企业监管】 切实履行好国有资产出资人职责，进一步健全国资监管制度体系，完善企业法人治理结构，增强国有资产监管能力。出台国有经营性房屋管理暂行办法等5个规范性文件，促进企业依法经营；加大董事派出力度，向宏润、万商两家公司派出董事4名。把财务监管作为国资监管的重中之重，规范财务基础管理，明确财务总监工作规范，履行例会、报告职责；落实外派监事会工作制度；推行企业法律顾问制度，参与企业重大决策；规范产权管理，推动信息化建设；加强国有资产运行分析，完善动态监控报表体系，初步建立财务预算、动态监测和财务决算的管理体系；有序推动试点企业的新会计准则转换工作及年度财务决算、审计工作。监管企业完善内部分配机制，推进企业负责人薪酬考核，完成企业年度工资总额调查，研究企业职工工资增长指导意见。

（李 滢）

【承担社会责任】 区属国有企业履行社会责任，加大民生工程建设力度。五里坨定向安置房开工面积占总面积的52%，苹果园廉租房完成工程总量的60%，融景城“两限房”交付使用，杨北幼儿园主体结构完工。房屋和市场中心有序推动既有建筑节能改造工程，惠及居民近300户。系统物业单位借助城市管理公共服务平台，所辖400多万平方米居民住宅、直管公房的物业管理服务水平提升。不断深化和谐国企建设，严格落实企业安全生产主体责任，专项检查和企业自查相结合，加大安全隐患排查和整改、治理力度，堵塞安全管理漏洞，提高企业应急处突能力，全系统年内没有发生重特大安全生产事故。加大对历史遗留问题和现实问题的解决力度，海特音乐酒吧、古城地铁拆迁等一批有影响的信访案件得到妥善处置。全年接待到访人员237人次，区信访转办单61件，便民转办单37件，全部办复。

（司丽君 李 滢）

北京市石景山区国有资产经营公司

【概况】 北京市石景山区国有资产经营公司（简称区国资公司）有出资企业14家，其中全资子公司3家，控股公司5家，参股公司6家。主营业务涉及商务金融、现代服务业、电子竞技产业等领域。年内，按照区政府授权，发挥政府唯一对外投资主体的重要作用，履行“五个平台”职能定位：一是推动区域经济和社会发展，实现区委区政府战略意图的投资平台；二是以市场方式进行资本运作的融资平台；三是持有全部出资或部分出资企业的股权管理平台；四是推动国企改革重组、实现国有资本有序进退的产业整合平台；五是促进先导产业发展和企业科技创新的创业投资平台。全年实现经营收入2825万元，其中投资收益332万元，完成预算指标的117.72%；实现利润737万元，完成预算指标的105.24%；上缴税金265万元。华游竞界公司、银河嘉业公司、石金小额贷款公司三家出资企业实现合并利润624万元。合并报表利润（含7家出资企业）4333万元。年末，公司资产总额53亿元，负债总额39亿元，所有者权益14亿元。获年度区“先进基层党组织”并被推荐为年度区级廉政建设联系点。

地址：杨庄东街59号今尊大厦8－9层
电话：68887260
邮编：100043

（张 霞）

【重点项目进展】 CRD休闲广场及地下停车场项目是区十项重点工程之一，作为实施主体单位，协调相关部门推进工作开展。完成土地使用证办理，取得市园林局绿地方案批复，完成地下管线盲测和现场地质勘察测绘，完成地块内供电线路改造、绿树移植、场地平整及围挡喷绘等前期工作。项目前期手续办理取得明显进展，取得区政府南侧环境改造合理开发利用部分地下空间的批复。

（张 霞 刘俊杰）

【完成资产重组】 落实区长办公会精神，推进国资公司、京石科园置业公司、京石科园投资公司资产重组方案的实施。将京石科园置业公司在中关村发展集团的股权由生产力促进中心无偿划入国资公司，完成国有资产产权交接手续，正式成为北京中关村发展集团股份有限公司股东，拥有其1.32%的股权。完成7365.8万元的注资工作，将京石科园投资公司正式变更为国资公司出资的全资子公司。西山汇A3号楼正式命名为“朗元金融中心”，作为区中小企业金融服务平台申请补助资金，已通过市发改委评审，等待国家发改委审批。该楼交接招商装修全面启动，开展市场调研、广告宣传、手续办理等前期工作。

（张 霞）

【基金运行良好】 配合“北京服务·新首钢股权投资基金”运作，北京京西创业投资基金管理有限公司于2月18日注册成立。首期到位资金2.5亿元，国资公司注资5000万元，参股基金管理公司注资1000万元。年末，基金累计投资24080万元，涉及节能环保、金融服务、高新技术产业。“创业投资引导基金”完成9家意向合作机构申报材料审核，2家企业初选为合作机构。国资公司作为引导基金受托管理机构，配合区金融办完善创投基金制度建设。

（张 霞）

【投融资平台整改】 根据银监会要求，投融资平台整改工作取得阶段性进展。协调沟通银监局及相关银行，借鉴其他区县整改经验，对现有资产进行分析，制定符合地区实际情况的平台整改方案。梳理平台贷款，评估优质资产，调整经营性资产现金流，完成现金流覆盖。年内，投融资平台累

计支出9.25亿元，其中用于阜石路、公安分局、苹果园南路及西现代城电力改造等重点工程和公益性项目5.81亿元。

（张 霞）

【华游竞界扭亏为盈】 北京华游竞界科技发展有限公司首次实现扭亏为盈，收入224.50万元，利润5.56万元。成功举办ECL2010电子竞技冠军联赛总决赛及年内四个赛季比赛，完善赛事运营体系，开拓新的比赛项目，整合高校资源和网吧资源，做好赛事直播初步制作。包装《竞游天下》栏目，开通竞游网手机站。办理广播电视节目制作许可证和网络文化经营许可证，具备节目制作和游戏运营功能。10月完成增资，注册资金达到2500万元。正在寻找战略合作伙伴，进一步完善公司治理结构，规范财务内控制度，成立股改领导小组和工作小组，初步拟定股改工作方案，与3家公司初步形成投资意向。

（张 霞 刘俊杰）

【银河嘉业扭亏为盈】 北京银河嘉业商务管理有限公司实现扭亏为盈，收入211.10万元，利润6.15万元。年内，管理"两会"期间政府周边停车、台湾街消夏节和文化艺术节活动期间周边停车及交通疏导。完成停车费上调期间内部管理衔接，通过市发改委物价检查，实现"零投诉"。同时拓展业务范围，完成增资，启动EBC预付卡项目。

（张 霞）

【服务中小企业】 北京石金小额贷款股份有限公司是本区首家经市金融工作局批准设立的专业贷款机构。由市农业投资有限公司与区国资公司、宏润投资经营公司、北京长安投资集团有限公司、北京理想产业发展有限公司5家企业共同发起成立，注册资金1亿元。年内，利用公司自有资金及融资资金，面向区内微型企业、科技型中小企业，提供信贷服务和融资新渠道，解决企业发展资金不足、融资困难等问题。实现年利息收入2905.10万元，完成年计划的161.39%；税后净利润1514.11万元，完成年计划的178.13%。

（张 霞）

区国资委系统主要负责人

区国资委主任、党委副书记 司尚国
区国资委党委书记、副主任 王金龙
区国有企业监事会主席 时才仁
区国资委党委副书记、纪委书记 高 竹
区国资委副主任 王彦明
区国有企业监事会调研员 韩若姮
区国有企业监事会专职监事 李念之
区国有企业监事会专职监事 郑朝阳
区国有企业监事会专职监事 许志顺
北京市石景山区国有资产经营公司
　董事长、党委书记 杨贵宝
　总经理 邵立文
北京实兴腾飞置业发展公司
　董事长、党委书记 陈 新
　总经理 明万富
北京宏润投资经营公司
　董事长、党委书记 张继忠
　总经理 秦玉山
北京石景山游乐园
　总经理、党总支书记 刘景旺
北京万商投资发展公司
　董事长、党总支书记 毛 盾
　总经理 李海涛
北京市石景山区房屋经营和市场管理中心
　主任、党总支书记 李茂生
北京石开房地产开发有限公司
　董事长、党总支书记 陈 新
　总经理 王志刚
北京鲁谷集中供热厂
　厂长 侯来福
　党支部书记 李瑞平
北京盛景嘉和物业管理有限公司
　董事长、党总支书记 张恕峰
北京市石景山物资总公司
　总经理、党总支书记 米庆中
北京市石景山区建筑公司
　党委书记 王铁峰
　总经理 吴庆敏
北京市石景山区第二建筑工程公司
　经理、党总支书记 张宗富
北京海特饭店
　党支部书记 贾 静
北京燕金源置业有限公司
　董事长 陈 新
　总经理、党支部书记 刘成林

工商行政管理

概　述

北京市工商行政管理局石景山分局(简称工商分局)主要管理面积约86平方千米,有各类市场主体43701户,其中内资企业17223户,外资企业494户,个体户25984户。年内,以构建良好市场生态环境为目标,坚持“扎实精细求效能,务实创新促发展”原则,强化特色职能服务和辖区市场监管,努力当好市场准入“看门人”、市场秩序“守夜人”和消费者权益“守护人”。以“促发展、强监管、重服务、保安全”为重点,抓机遇,迎挑战,迎接自身工作跨越式发展。全年开展各类专项整治124项,查处案件346件,罚没款600.5128万元。取缔涉嫌传销窝点7个,清查教育遣散传销人员320人次,开展各类行政指导4789次。

地址:实兴大街64号
电话:88791318
邮编:100041

(孙　琳)

【市场主体发展】 年末,全区有各类市场主体43701户,同比增长5%。其中内资企业17223户,同比增长15.86%;外资企业494户,同比增长7.26%;个体工商户25984户,同比降低1%。新设各类市场主体9789户,同比增长46.65%。其中,新设内资企业3232户,同比增长4.73%;新设外资企业66户,同比增长13.79%;新设个体工商户6491户,同比增长84.25%。其中,中关村园区石景山园新入驻企业2400户,同比增长11%,累计入驻企业6478户,同比增长52%。登记千万元以上企业229户,同比增长19.27%;注册资本合计432131万元,同比增长23.24%。期末实有千万元以上企业1082户,注册资本合计2226926万元。其中:上市企业4家(搜狐畅游在美国纳斯达克上市,大唐新能源在香港上市,合康变频、华谊嘉信2家企业在创业板上市)。易华录、东士科技递交创业板上市申请,

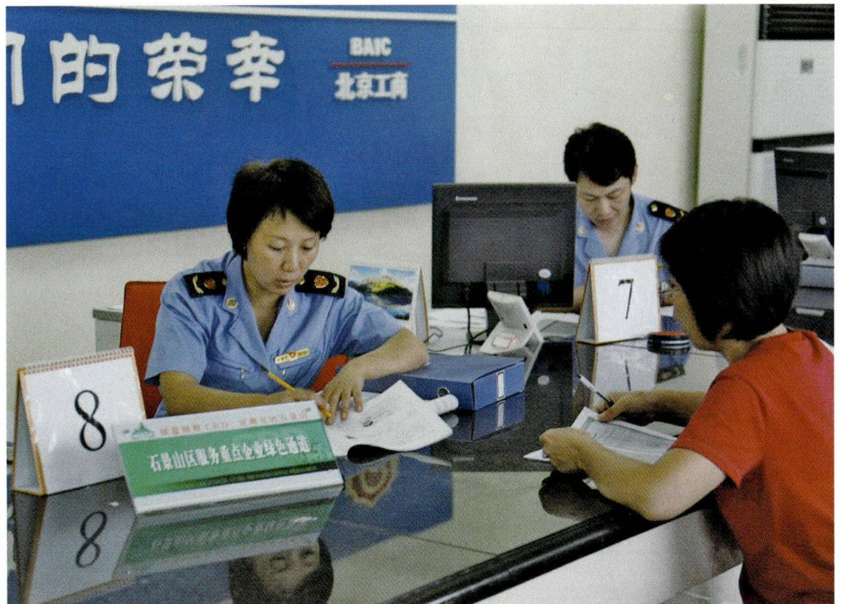

服务重点企业绿色通道　　　　(工商分局供稿)

北京暴风网际科技有限公司等6家企业完成改制。

(孙　琳)

【区域经济发展】 出台促进区域经济发展实施办法,深化准入服务绿色通道建设,支持国有企业重组改制,拓宽企业融资渠道,提高企业年检服务效能,引导企业发展商标品牌战略。与相关部门协同制定经济发展行业管理规划,细化适应区域经济发展产业扶持、限制和禁止等相关措施。制定集中办公区管理办法,扶持守法企业,惩处违法企业,提高招商引资企业质量。与区国资委联合成立改制联络小组,帮助企业策划改制方案,解决企业实际困难。开展股权激励创新政策登记注册,试点股权激励登记注册。对部分经营主体不再收取企业年检费,属于石景山园高新技术且未列入重点审查的企业试行报备式年检。提供商标注册咨询服务,加大注册商标企业知识产权保护力度,培育驰名、著名商标。

(孙　琳)

【综合执法平台】 3月7日,综合执法平台试运行,通过不断摸索修正,平台运转顺畅有序,工作执行力和效能显著提升。通过平台召开20次局务会,发布10期月公示,开展4次季考核,编制4份辖区经济发展和市场秩序分析。按照“科学决策、信息交流、考核督导和服务基层”原则,利用电视电话会议系统和OA办公系统等,串联“周局务会、月公示、季考核、年奖评”四大模块同步运行,实现“工作统筹、任务部署、数据归集、信息服务”一体化。

(孙　琳)

【三级食品安全监管】 完善“区、街道、社区”三级食品安全管理平台,将食品安全监管触角延伸到基层。在上年苹果园街道先行试点基础上,1~4月,在其他7个街道和鲁谷社区139家社区居(家)委会,建立街道食品安全管理委员会和社区食品安全监管组织。按照“分级负责、逐级提升”管理模式,以社区为基本单位实行区域精细化管理。全区划分139个食品安全监管网格,聘请400余名社区工作人员担任基层食品安全监督员,配合执法人员开展日常监管。聘请具备一定食品安全维权意识居民参与食品安全监督,扩大社会监督网络覆盖面。通过上述措施,逐渐探索出一套“政府牵头、部门监管、企业自律、群众参与、社会监督”的食品安全监管模式,取得初步成效,得到副市长程红高度评价,并被国办专报刊发。

(孙　琳)

【分流职工再就业】 随着首钢涉钢产业搬迁调整,约2.21万人面临分流安

置。年内，首钢居住区集中的金顶街、八角、古城地区分流人员激增，各工商所登记平台受理下岗分流人员营业执照申请，平均日咨询量为400余人/次，受理量200余人/次，同比增加50%以上。在与社保所、居委会建立信息互通机制的基础上，特设立绿色通道，采取咨询、指导和受理"三提前"模式，为下岗分流人员办理营业执照3693户，占全区同期个体工商户开业数66.68%。举办就业政策指导班、培训班106期，受益人数2000余人；协调7个用工单位提供就业岗位300余个，推荐成功241人；办理失业登记2852人、职业指导2400人、开发就业岗位600个。

(孙　琳)

【基层社会化管理】　坚持"专业化监管和参与式监管相结合"思路，在合理配备执法资源、不断完备调度执行体系基础上，不断挖掘、整合辖区社会资源，提高市场巡查效率和质量，探索建立以"六互"为核心的基层风险发现管理机制。实现职能部门"互联"，注重与政府相关部门合作、联动，确保各部门依据职责有效连接。实现职能部门工作"互融"，建立网格责任人与管片民警联系制度、日常巡查定期通报制度、案件线索双向移转制度；加强行政执法与刑事司法有效衔接，加强与公安、检察机关沟通协调，建立案件协作机制，定期报备移送案件情况，同时做好规范移送和接收案件程序以及案件核审中的严格把关。实现部门间资源"互通"，工商所与相关部门协调配合，坚持"周登门、季汇总、半年研判"工作制度。对发现问题及时甄别，符合刑事追诉标准、涉嫌犯罪的案件线索，填写移转函及时将案件线索向派出所移转。实现部门职能"互补"。属地牵头、联合执法，取缔无照经营等综合治理，发现不属于本部门职责范围违法行为或隐患，坚持痕迹化监管，及时函告相关部门。实现社会化机制建设"互惠"，实施联动机制，区监察局和政府督查室负责监督考核。实现工商部门与百姓"互动"，建立一支以居(家)委会人员及热心群众为核心的兼职信息员队伍，对各社区及边角(落)存在的涉嫌违法信息，及时进行搜集反馈，弥补执法力量少、任务重、难以及时发现问题或隐患的不足。

(孙　琳)

【完善商务楼宇监管】　实现辖区商务楼宇科学化、规范化和精细化监管。制订商务楼宇监督管理办法，建立联席会制度，明确监管责任、日常监管基本工作要求，所长、网格责任人工作职责，进一步规范监管行为。结合辖区实际，对辖区商务楼宇进行相应调整，对已拆迁或改变楼宇性质的写字楼进行删除，对新增的楼宇进行添加，并指导各所做好楼宇主体匹配等相关工作。将商务楼宇监管与党建、工会、团建、妇联、社会事务"五站合一"工作对接，制作展板及宣传资料，完善已建站楼宇内工作指导基本内容。借助政府、街道、楼宇物业管理部门或产权单位力量，建立合作共管机制，每半年对商务楼宇进行一次全面清理整顿，及时发现、消除楼宇内经营主体的违法行为和违法隐患的发生。

(孙　琳)

【广告行业增速显著】　年末，辖区广告经营单位395家，其中广告公司362家、期刊社11家、报社9家、电视台2家、广播电视1家、其他类10家；其中360户为私营企业。广告从业人员约1300人，纳税额约2707万元。广告经营单位经营额约50690万元，其中，私营企业40296万元，国有企业3939万元，国有事业单位3496万元，外商投资企业2764万元、集体企业、个体工商户195万元，广告经营额同比增长142%；其中，私营企业广告经营额增长379%。传统媒体广告经营额同比减少26%；现代新媒体广告经营额同比增长408%。

(孙　琳)

【首件驰名商标申报成功】　6月，辖区企业北京冲击波电子有限责任公司"冲击波SHOCKWAVE"注册商标，被国家工商总局认定为"中国驰名商标"，成为本区首件申报成功驰名商标。该企业是2001年注册在八大处高科技园区的一家民营企业，于2009年成功争创"北京市著名商标"，认定后第一年业务收入提高20%、出口额提高15%、纳税额提高12%。年末，企业拥有注册商标17件，其中国内14件，国外3件。

(孙　琳)

【扶持商标品牌发展】　加大商标品牌扶持力度，引导企业实施商标战略，辖区商标品牌发展初见成效。辖区有国内商标注册3760件，国际申请、注册3件。商标注册增长幅度连续三年年均22%左右。年末，辖区有"北京市著名商标"8件，其中：从事生产自主品牌企业5家，从事服务业企业3家。通过对著名商标企业的走访，企业在被认定后的主要经济指标均有大幅提升，主营业务收入平均提高40%；总资产平均提高45%；利润平均提高47%；纳税额平均提高58%；广告投放量平均提高40%。

(孙　琳)

【流通领域食品监管】　落实专项整治，维护百姓餐桌安全。采取日检查、周汇总、月通报等措施，加大对地沟油、塑化剂、食品添加剂等检查整治力度。检查经营食用油2638户次，检查塑化剂、食品添加剂2106户次。各类食品安全整治出动执法人员9126人次，检查各类市场主体13623户次，捣毁各类制售假冒伪劣食品黑窝点21个。发放宣传材料3000余份，与食品经营者签订承诺书946份，建立7家经营范围中含有食品添加剂经营主体监管档案，建立经营调味品经营主体台帐214户。督促核减对经营范围中含有食品添加剂实际不经营经营者6户，办理涉及滥用食品添加剂案件31件，罚没款12.25万元。联合执法，捣毁制售假酒黑窝点5个，查扣各类假酒388公斤，立案查处酒类违法案件12件，罚没款31.37万元，移送司法机关1件。制定酒类经营监督管理办法，规范酒类经营行为。办理食品流通许可设立登记1143个，其中，企业食品流通许可315个，个体流通许可828个；办理变更登记172个，注销登记70个。办理乳制品流通许可152个，其中企业98个，个体工商户54个。

(孙　琳)

【流通领域食品检测】 有针对性地对高风险食品进行检测，运用定量定性分析检测数据等手段，提高监管效能。年内，自检、快检、抽检和监测流通领域熟肉制品、豆制品、水发产品、糕点及面包、调味料等18大类33小类高风险食品5460件样本，不合格食品总计153件，总体合格率97.2%。办结各类食品违法案件85件，罚没款78.15万元。各工商所快速检测乳制品、鲜肉、酱腌菜等食品样本2315件，不合格样本73件，合格率96.85%。快检检测不合格食品，抽样送检样本436件，不合格样本43件，合格率90.13%。抽检不合格食品全部予以立案查处。物美等6家超市建立自检室，全年检测蔬菜、乳制品、饮料、水发产品等26种食品样品2209组，37组不合格，合格率98.3%。自检不合格食品，均在第一时间下架。

（孙　琳）

【食品安全专项整治】 结合食品添加剂专项整治及夏季食品安全监管，不断整合执法资源，进一步强化辖区食品安全监管。召开食品经营者动员会6次，张贴公告300余份、发放宣传材料3000余份。建立食品添加剂经营主体、调味品经营主体监管台帐，强化巡查经营户力度。整治无照经营、露天烧烤、大排档等。推进9家超市“临近保质期销售专区”等六项经营管理规范，引导企业诚信自律。检查食品经营主体318户，查处经营不合格调味面食制品店34户，不合格面制品511袋，责令其暂停销售，就地封存；查处无照、假冒、超范围经营食品案件10件。

（孙　琳）

【“打四黑除四害”行动】 结合全市开展的严厉打击违法生产经营建设专项行动、打击流通环节食品非法添加行为等重要专项整治，全面排查“黑作坊”、“黑工厂”、“黑市场”及“黑窝点”。分局、工商所制定两级工作方案，加强对“四黑四害”场所排查，加强源头管控，及时发现违法线索，协同相关部门实现打防管控同步推进。发挥工商工作站、食品安全监管平台、消费维权志愿者等队伍作用，开展“打四黑除四害”入社区、入企业、入场所、入校园宣传活动，营造全民自觉抵制“四黑四害”良好社会氛围。利用分局综合执法平台、主管所长及巡查组长培训会、所务会等，以“信息沟通、案源移转、会商研判、合成作战、重点督查”五项制度作保障，狠抓重点，消除风险隐患。

（孙　琳）

【百日万人集中大执法】 贯彻“百日整治打防管控一体化”要求，集中开展“清街面整秩序万人集中大执法”行动。一是集中开展印刷品广告整顿。针对暑期旅游旺季及夏季食品安全监管，严厉打击非法一日游、旅游商品及北京特色食品广告整治力度。与城管、街道办、卫生等相关部门加强沟通、协调，对其移送的违法印刷品广告，及时交接、迅速查办。疏堵结合，检查一户告知一户，提示企业印刷品广告发布真实、合法。二是严格排查无照经营。各工商所对公交地铁车站、地下空间、网吧、服务休闲场所、修车洗车场所等无照经营行为进行排查，尤其针对永引渠附近、鲁谷村等重点地区开展集中整治，取缔4户无照餐饮、1户无照洗车点。三是主动出击快速执法查窝点。联合公安部门，在鲁谷西富港写字楼内查获一涉嫌非法销售保健品窝点，暂扣商品96盒。

（孙　琳）

【行政调解见成效】 健全消费申诉行政调解机制，制定受理12315投诉举报处置工作规范，全年受理消费纠纷539件，调解成功412件，调解成功率76.44%；受理合同争议行政调解266件，涉及合同金额49.61万元，解决争议金额35.85万元。创建消费争议解决“绿色通道”，全区绿色通道企业112家。以绿色通道企业为载体，建立小额消费纠纷先行赔付机制，引导企业建立先行赔付保障金制度。建立科、所两级合同争议行政调解机制，全区建合同调解站23个。联合区法院、区消协及北京市华联律师事务所，成立合同格式条款争议论证委员会。解决合同格式条款日常监管中重大、特殊或疑难问题，规范合同格式条款制定，提高合同履约率和行政调解效能。

（孙　琳）

【3·15突出“消费与民生”】 与区消协围绕“消费与民生”主题，以“优化消费环境，乐享和谐生活”为主线，开展以“宣传消费政策、推进消费维权、提高消费信心、服务经济发展”为目的的3·15系列活动。3月11日，联合教委、物美集团举办第九届“物美杯”青少年消费维权知识竞赛。与教委组建青少年维权知识课堂，将消费维权青少年教育工作常态化。苹果园所联合区消协，以“走近企业，了解企业文化”主题，组织地区食品安全监督员、协会食品行业小组会员，赴王致和集团参观学习。金顶街所组织消费者、社区居民代表参观西黄村牧业公司，了解生猪屠宰过程。八角所组织辖区市场主办单位、维权志愿者及社区居民代表召开恳谈会。鲁谷所、金顶街所深入辖区部分社区，为居民、官兵开展消费知识讲座。古城所在辖区消费密集处，开展宣传并现场接待群众咨询。

（孙　琳）

【开展知识产权宣传】 采取多种形式开展世界知识产权日宣传活动，提升辖区企业商标知识产权保护意识。4月25日，金顶街所在辖区爱玛裕购物广场开展题为“远离假货，绿色消费”知识讲座，普及知识产权保护相关知识，现场解答经营者在商标使用方面的问题，并发放知识产权保护宣传材料，市场内50多名经营者和管理人员参加讲座。苹果园所组织辖区有形市场、商城、商业企业及园区企业代表等6支代表队，开展“保护知识产权知识竞赛”，普及商标注册、续展、保护知识，提升企业自我维权意识。

（孙　琳）

【开展商标系列整治】 查处利用互联网销售假冒“绿A螺旋藻精片”案件。当事人通过网店交易200余次，销售金额近10万元。当事人因涉嫌犯罪被公安机关收审。分局在西黄村五环桥西一出租平房，查获一制售假酒的窝点。现场暂扣52度五粮液、53度茅台、水井坊、国窖1573、钓鱼台国宴酒等近10种高档成品及半成品白酒198

箱,多种高档白酒标识及包装物300多套,初步估算案值近50万元。

(孙　琳)

【解决柔婷美容集体投诉】 自3月以来,陆续接到26名消费者关于柔婷化妆品(北京)有限公司石景山美容店不能提供服务、要求退还预付款的投诉。分局采取多种措施,妥善化解矛盾。涉及该店的投诉全部解决(包括10名到法院诉讼者全部撤诉),为26名消费者挽回经济损失356991元。

(孙　琳)

【购物无障碍退货】 在当代商城鼎城店召开现场会,推进消费者购物无障碍退货制度。辖区30家大型商场、超市及37家有形市场,联合向社会承诺,消费者购物金额500元以下商品,不影响二次销售,一个月内可办理退货。制订小额消费无障碍退货规范,明确无障碍退货金额额度、企业受理消费者退货程序、无障碍退货种类和时间等。各商业企业在卖场显著位置设置无障碍退货服务台,专人办理退货。聘请100名维权志愿者和社会义务监督员,监督企业落实承诺情况。

(孙　琳)

质量技术监督

概　述

年初,全区在用特种设备9542台套、占全市22万套特种设备总量的4.5%。其中锅炉234台,压力容器2813台,电梯2878台,起重机械2693台,场内机动车辆860台,游乐设施63台,客运索道1条,压力管道376.7公里,气瓶1万余只。北京市石景山区质量技术监督局(简称区质监局)由市质监局垂直管理,统一管理和组织协调辖区内计量、标准化、质量和特种设备工作。年内,坚持"以人为本、安全发展"理念,按照提升质监水平、服务区域经济发展、构建质量首善之区总体要求,累计开展行政执法活动639起,完成计划的160%。结案查处案件37起,立案处罚案件23起,罚没款数额234077元。办理投诉举报33件、咨询服务166件,办理行政许可531家、1768台件,办结率100%。完成周期强制检验12670台件计量器具,累计检验特种设备5298台件,压力管道在线检验18026米,全面检验8349米;培训特种设备作业人员205人次。全年组织机构代码办理7329件,行政许可531家1768台件,办理证卡18289套,年审548份。未出现行政复议、行政诉讼案件及国家赔偿案件。

地址:杨庄东路73号

电话:88921698

投诉电话:68827817

邮编:100043

(王慧琴)

【特种设备安全监察】 树立事故预防意识,加大现场检查力度,防患于未然。与区安监局、旅游局、消防支队、有关街道办事处等部门多次联合检查,重点监察石景山游乐园、八大处公园、首钢总公司、北重公司、鲁谷供热厂等重点单位。1月25日,对完成停产工作的首钢特种设备进行安全监察,针对7000多台特种设备面临停用、注销、报废、移装和从新定性等问题,提出建议。年内,用两周时间重点对游乐园游乐设备、八大处索道、滑道、滑索进行拉网式检查,检查在用游乐设备59台,客运索道1条,发现存在问题7处,下发特种设备安全监察指令书3份。完成重要时期、"两会"驻地、国际电影季保障检查。全年办理开工告知153余项、534台,注册登记许可123项、269台。停用86项、1913台,注销89项、417台,全区未发生大的特种设备事故。

(王慧琴)

【电梯安全隐患排查】 全区有自动扶梯注册登记单位39个,180台设备;自动人行道注册登记11个单位,32台设备,所有设备均在检验有效期内。7月5日上午9时36分,北京地铁4号线动物园站A口上行扶梯突发故障。根据京质监特设发(2011)241号文件要求,出动检查人员14人次,分别对辖区内地铁、星座商厦、当代商城、沃尔玛、东方家园在用的69台自动扶梯进行安全检查,发现和指出存在问题5处,责令使用单位和维修保养单位立即整改。同月6~17日,出动检查人员78人次,检查自动扶梯120台,自动人行道32台,发现和指出存在的问题10处,印发安全隐患排查紧急通知51份,下达整改指令书2份,上报检查信息2份。执法检查显示,全区各类电梯使用管理情况总体较好,市民乘坐电梯安全。8月16日,会同区安监局对万达广场、万千百货、家乐福鲁谷店在用40台自动扶梯、自动人行道进行联合检查。电梯运行良好,管理比较规范,维护保养制度落实较好,同时也存在演练针对性不强,轿厢对讲失灵,安全标志不明显等问题。

(王慧琴)

【开展法规宣传】 6月12日,参加区"安全生产月"咨询日活动,制作展板3块,发放特种设备宣传资料0.35万份、"关注特种设备、关爱生命安全"宣传袋800个。8月31日,参加市安全生产条例咨询日活动,开展八大类特种设备安全使用、安全生产、安全乘坐等知识宣传,发放资料1200多份、安全袋400多个,制作展板6块。9月27日,在金顶街五区社区广场举办题为"推进首都标准化战略,构建质量首善之区"的质量月进社区宣传服务活动,发放宣传资料100余份,解答群众咨询问题20余个,制作宣传展板18块,组织有奖问答互动活动。年内还组织危化品条例宣传,制作展板5块。全年培训各类操作人员、管理人员205名;发放宣传材料0.5万余份;主管领导参加首钢电视台安全生产宣传活动,扩大宣传力度。

(王慧琴)

【食品安全专项整治】 贯彻《食品安全法》,建立食品生产领域监管长效机制,开展七项专项整治。检查饮水罐企业,检查10家,7家合格、3家停产。开展"瘦肉精"原料专项检查,驻区1家,未发现质量问题。开展食品违法添加罗丹明B专项检查,未检出非法添加物质。开展打击非法添加和滥用食品添加剂专项整治,本区无添加剂生产企业,重点检查使用单位进货台账、添加剂供方资质、企业生产记录、添

11月1日，检查家具生产企业　（区质监局供稿）

加剂标识标注及“三库一室”(原料库、辅料库、成品库及实验室)。开展增塑剂专项整治，排查辖区内食品包装容器生产企业及涉及包装物食品生产企业，涉及3家，均为合格。开展“打四黑除四害”，配合工商部门整治2家涉嫌质量问题黑窝点。开展打击地沟油提炼加工使用行为专项行动，未发现违法行为。

（王慧琴）

【清新居室百日行动】　以木家具、人造板、涂料等装饰装修材料为重点，主要抽查既往有质量违法记录生产企业，涉及家具制造企业7家，人造板生产企业1家，涂料生产企业1家，未发现违法行为。建立重点产品生产企业质量档案，更新获证企业质量档案52份。

（王慧琴）

【规范生产行为】　3月，对全区涉及强制性产品认证生产企业进行集中检查，涉及低压电器、汽车防盗器、车载定位器等生产企业，出动执法33人次，检查11家企业，重点检查企业是否存在无证生产情况，是否冒用、超期、超范围使用强制性产品认证，对正常生产的企业质量档案进行整理，提高企业责任和质量诚信意识。9月，根据市局“打四黑除四害”紧急通知要求，执法人员对产品涉及人造板、电线电缆、钢材等生产企业进行集中检查，并对人造板生产企业进行重点检查，要求企业重视生产原料的采集和检验程序记录，帮助分析生产环节中容易出现甲醛超标、用的粘合剂不符合标准要求等因素及预防方法，进一步完善企业质量管理制度。

（王慧琴）

【提升质监水平】　加强对生产企业日常监督管理和定期监督抽查，建立监管有序的长效机制，做到重点突出，监管到位。监督抽查粉煤灰、矿粉生产企业3家，电线电缆1家、橡胶密封制品1家、特种劳动防护用品1家、危险化学品1家、床上用品1家、儿童服装1家、商用燃气灶具2家，未发现违法行为。开展汽车零部件产品生产企业专项检查，涉及生产企业2家，防伪标识企业1家，低压电器企业5家，重点产品1家，未发现违法行为。

（王慧琴）

【企业年审核查】　接收审查工业企业自查报告资料21家，各项资料350份；接收审查食品及相关产品企业自查报告资料21家，各项资料650份。办理29家工业企业生产许可证的换证、发证及现场实地核查工作。

（王慧琴）

【优化服务窗口】　优化窗口服务，提高办公效率。派专人、专车定期对行政许可事项进行交换。受理组织机构代码7329件，其中新办单位3284家，变更单位3305件；年审单位548家，注销单位188家；制作IC卡4661张；发出代码证6302套；为财政收取代码费174750元。扫描电子档案7326套。交换行政许可文件受理459家，1592台件。

（王慧琴）

【推进诚信计量】　率先在物美西黄村店等17家商业企业和金顶街大鸭梨烤鸭店等5家餐饮业企业开展诚信计量自我承诺活动，初步建立起以经营者自我承诺为基本框架的诚信计量体系，各类计量违法案件得到有效遏制，市场计量环境秩序明显改善，形成“以经营者自我承诺为主、政府部门推动为辅、社会各界监督”三位一体的诚信计量运行机制。9月28日，市质监局推进商场超市诚信计量现场会在物美西黄村大卖场举行。年内，综合平衡测试重点用能单位1家，证后监管实验室20家。集中开展“保民生、促和谐”计量大检查、世界计量日和各专项检查活动，重点对超市、集贸市场、眼镜制配场所、定量包装商品、加油站、医疗卫生单位、餐饮场所等开展各类计量监督执法检查。全年出动执法人员210人次，检查单位105家，立案处罚4起。

（王慧琴）

【发挥标准化作用】　监督检查有效期内138份标准文本，对5份存在问题企业标准责令限期修改，注销企业标准1份。企业执行标准登记19项。复审企业标准中重新备案企业2份。监督检查7家超市商品条码，有问题4家，全部立案调查处理。检查辖区10家家用电器商店平板电视、微波炉、空调等七大类191个规格、3595件商品能效标识，无违法发生。会同区民政局制定养老服务机构开展星级评定工作实施方案，推进养老服务标准化工作，区内现有9家不同规模的养老机构，其中2家正在申报星级评定。全年执法检查95起，出动执法人员190人次。查处案件21起，其中现场处罚17起；立案查处4起。

（王慧琴）

安全生产监督管理

概　　述

北京市石景山区安全生产监督管理局(简称区安全监管局)是区政府行使安全生产综合监督管理的职能部门。年内,全区安全生产工作在市安委会、市安监局指导和区委区政府领导下,坚持"安全第一、预防为主、综合治理"方针,牢固树立科学发展、安全发展理念,贯彻落实国务院和本市关于进一步加强企业安全生产工作的通知精神,围绕"安全生产年"这条主线,以实施安全生产"六安工程"(安全生产专项整治、安全生产隐患排查治理、安全生产月、安全生产教育培训、安全生产标准化、安全社区创建)为目标,以开展"打非"(严厉打击非法违法生产经营建设行为)专项行动和隐患排查治理为重点,狠抓企业主体责任落实,集中攻坚,深入整治,坚持依法监管,严格责任追究,夯实安全基础,不断加大执法检查力度,各项工作稳步推进,安全生产事故亡人指标得到有效控制,全区安全生产工作保持平稳有序发展的良好态势。年底,在市安委会组织的综合考核中,被评为"安全生产先进区县"。

地址:石景山路 18 号
电话:68607186
邮编:100043

(李江宁)

【安全生产事故情况】 市安委会下达各类事故年度控制死亡指标为 24 人,其中生产安全 9 人,道路交通 12 人,火灾 1 人,铁路交通 2 人。年内,全区发生交通、消防、生产安全事故 4014 起,伤 1865 人,死亡 18 人。与上年同期比,事故起数减少 1882 起,下降 32%;伤人数减少 376 人,下降 16%;死亡人数增加 2 人,上升 12%。其中:发生交通事故 3905 起,伤 1862 人,死亡 11 人。与上年同期比,事故起数减少 1878 起,下降 32.35%;伤人数减少 379 人,下降 17%;死亡人数与去年持平。发生火灾事故 103 起,伤 3 人,死亡 0 人,直接经济损失 31.3 万元。与上年同期比,火灾起数减少 6 起,下降 5.5%。发生生产安全事故 6 起,死亡 7 人。与上年同期比,事故起数增加 2 起,死亡人数增加 2 人。全区未发生铁路亡人事故。全年死亡人数占市安委会下达控制指标的 75%。

(李江宁)

【危险化学品安全监管】 根据阶段性、季节性等特点,采取多种方式,对危化从业单位加强监管。在重大节日、全国"两会"期间及汛期之前,及时召开危化单位安全工作会议,提出工作要求,确保措施到位。对加油站等重点单位,将监管责任分解到人,加大检查频次,定期收集情况,组织应急演练,确保不发生安全事故。加强涉氯、涉氨使用单位安全监管。对全区 3 家使用单位进行专项执法检查,重点检查罐装储存、库房通风、压力容器、作业场所、使用流程、应急措施、值班值守、视频监控、规章制度、员工上岗培训以及防静电、防渗漏等方面,建立信息互通机制,及时掌握动态情况。加强加油站安全监管,采取现场听汇报、看资料、查设施设备等形式,对 14 家加油站进行"覆盖式"隐患排查,重点检查储油区、加油区、服务区和卸油装置、加油装置、消防设施、监控设备、配电设备、应急物资等硬件设施,以及应急预案、巡检记录、培训记录、交接班手续等,消除一批安全隐患。严厉打击危险化学品非法经营、储存行为。5 月 27 日、8 月 20 日,牵头组织相关单位联合查处广宁、衙门口地区非法储存危险化学品案件,消防部门对非法储存的危化品进行暂扣,司法部门对主要责任人行政拘留。8 月 25 日,发现天大建材市场未经许可经营危险化学品,责令其立即整改并对违法单位罚款 2 万元。

(李江宁)

【烟花爆竹安全监管】 重点放在行政许可审批、签订安全责任书和现场监控检查上,确保烟花爆竹安全监管任务到岗、责任到人、层层落实。全区 74 个烟花爆竹销售网点统一用房标准,用单层轻体钢制板房取代帆布大棚,网点设置更加规范,配备 2 个以上防冻水基灭火器,必须使用防爆灯具,五环路以内的零售店,还要求统一安装视频监控系统。每个零售点缴纳 10 万元风险抵押金,未发生违法行为及安全事故,抵押金将全额退回,一旦发生安全生产事故,这笔资金将直接用于相关处罚。同时还实行安全生产黑名单制度。元旦、春节期间,向网点负责人发送安全短信 900 余条,发放安全宣传挂图 6000 张。在除夕、初一、初五、十五等 4 个销售、燃放集中时段,采取"分组包片、高频率、全覆盖"检查方式,联合街道对烟花爆竹销售点进行全时监管。顺义、平谷发生燃放亡人事故后,对各销售网点进行"地毯式"检查,并保持高压监管直到销售结束。成立 3 支应急分队随时待命应对突发事件。全区累计检查烟花爆竹零售网点 1110 家/次,出动检查人员 3670 人/次,确保安全。

(李江宁)

【重点单位(时段)隐患治理】 从年初开始,加大对首钢拆除过程中隐患排查治理力度。强化信息沟通,及时掌握拆除进度,加强安全监管。1 月 1～3 日,对京燕宾馆、万达铂尔曼、家乐福超市等 10 家大型宾馆、商场、超市进行全面检查,督促企业克服侥幸心理和麻痹思想,严格履职尽责,落实各项安全制度,同月 17 日,协同旅游局到老山运动员公寓、京燕饭店、海航大酒店,对国际自行车世界杯赛运动员住地进行安全检查,及时发现整改问题隐患 2 起。26 日,联合区消防支队、八角街道,对八角辖区综合楼宇、人员密集场所、地下空间和烟花爆竹销售网点等重点行业企业节前安全生产管理情况进行联合检查。发现部分单位存在无操作规程、存放可燃物、配电箱无警示标识等安全隐患 18 处,现场整改 12 处,责令限期整改 6 处。2 月 9～25 日,集中力量、集中人员、集中时间,通过采取调查摸排、专项检查、联合检查等方式,对"两会"驻地北京万达铂尔曼大饭店周边 200 米范围内及行车沿线生产经营单位进行"拉网式"检查。出动 39 人次检查 51 家次,填写现场检查记录40份，下达责令限期改正通知书31份，询问约谈1次。及时发现和治理一批安全隐患。9月27～29日，牵头联合区综治办、商务委、住建委、旅游局、城管大队、卫生局、质监局、消防支队等有关部门负责人组成检查组，由区领导带队，兵分三路对部分商(市)场、公园、建筑工地、危化企业等70余家企事业进行节前安全生产检查。年内，完成南马场水库大坝安全隐患治理，通过市安委会验收。10月20日，组成4个专项检查小组，对第十二届世界漫画大会暨2011北京国际动漫周的11个活动场地进行安全检查。对发现问题提出整改建议。同月22日、23日，出动执法人员26人次，执法车辆10台次，分别对大会主会场、铂尔曼大酒店、电子竞技馆、游乐园CRD剧场和区青少年活动中心等场所进行全面、细致的安全检查，及时发现并整改隐患5处。

（李江宁）

【危化从业单位隐患排查治理】 年初，对从事危化品经营单位开展全面普查。准确掌握全区危化品生产、经营和使用情况，进一步完善全区涉危企业基本情况台帐、非药品类易制毒化学品经营备案和监督管理。对申请危化品从业单位严格审查，严把市场准入条件，从源头上消除隐患。5月中下旬，在对21家(不含票据公司)危化品生产、经营、储存及液氯液氨使用单位进行重大危险源备案的基础上，通过各企业报表统计，对符合重大危险源条件的大唐高井热电厂和首钢冷轧镀锌薄板厂进行填报备案登记，对其他不构成重大危险源条件的相关单位进行基础数据填报。针对部分加油站与周边单位安全距离存在隐患，于年初召开专题会议，部署加油站进行阻隔防爆系统(HAN)改造，截至年底，全区11家加油站完成改造工程，3家加油站制定年内改造计划，有效防止火灾爆炸事故发生。

（李江宁）

【重点行业(领域)隐患治理】 进一步加大交通秩序管理执法力度，重点针对严重违规行为进行专项整治。深入重点单位及违法超标单位进行重点检查；抓好专业运输单位监管工作，强化安全行车动态监控，严肃查处超员、超速、超载(限)、疲劳驾驶等行为；加大对严重超标的社会单位处理力度。在建筑施工各个环节开展工程质量、施工现场安全生产检查和专项整治，重点对起重机械设备、深基坑、高支模等危险性较大的工程及设施方面存在隐患进行排查。以治理火灾安全隐患为重点，加大重大火灾隐患整改力度，开展高层建筑、地下空间、公众聚集场所专项整治活动；对非法经营和不具备消防安全条件，威胁公共消防安全的单位、场所和其他易燃易爆场所加大整治力度，重点整治消防安全管理、消防安全设施、装修装饰、疏散通道、应急管理和消防安全培训教育等方面的问题。

（李江宁）

【其他行业领域隐患治理】 质监、工商、旅游、教育、文化、市政、电力等部门结合自身特点，开展相关行业(领域)安全专项整治。加大对锅炉、压力容器、游乐设施等特种设备监管力度；加强景区(景点)安全管理，进一步完善旅游安全应急预案；开展对学校、幼儿园校舍安全和学生道路交通安全以及班车安全检查和专项整治，实验二小危墙隐患得到妥善解决；加强对电力企业、电网改造和水力工程改造过程中的安全监管。

（李江宁）

【“12350”举报投诉处理】 全年通过“12350”举报电话，受理各类群众投诉举报52件，举报办结率达到100%。年初进行工作部署，统筹安排人力，保证群众举报投诉及时查处。明确专门科室负责登记、受理和反馈；其他科室负责各自职责范围内举报投诉办理，对不属于安监职责范围的，及时转交相关部门办理。对每一件投诉举报事项都认真核实，对情况属实的举报严肃查处，并及时向举报人反馈情况。

（李江宁）

【应急救援体系建设】 加强安全生产应急救援体系建设，提高安全生产保障能力。年初，结合地区实际修订生产安全事故应急救援预案和危险化学品应急救援预案，增强预案的科学性和可操作性。组织成员单位开展应急演练，区安监局、住建委、集经办、国资委、民防局、旅游局、消防支队等行业部门和各街道分别组织开展以消防灭火、人员疏散、伤员救治、紧急逃生等为内容的各种应急演练397次，提高企业员工和社会公众应对各类突发事件的意识和处置能力。强化应急机制，加强能力建设，严格落实24小时值班和应急小分队值守制度。建立重大节假日应急小分队，及时处置突发事件。除组织重点企业每季度进行应急演练外，还督促加油站每月进行一次预案演练。4月13日，在首钢动力厂二加压站，组织针对处置煤气泄露的大型应急演练。5月12日，组织中石化应急救援队在石美泉加油站开展综合应急演练，模拟加油站汽油泄漏衍生火灾及犯罪分子抢劫场景，检验应急预案实用性和可操作性，锻炼各专业应急队伍，加强各部门协调联动机制。组织相关行业、街道、企业，利用“安全生产月”、“安康杯”等群众性活动，开展应急常识进社区、进企业、进学校、进家庭活动。依法建立安全生产应急指挥机构，做到机构、职责、编制、人员、经费五落实。加强规章制度建设，定时对应急救援队伍、救援装备、技术专家等资源情况进行普查登记，建立应急资源数据库，加快专、兼职救援队伍建设。

（李江宁）

【人员密集场所安全检查】 4月12～30日，按照市、区重点执法检查计划安排，会同行业部门深入开展人员密集场所专项执法检查。出动执法检查人员808人次、执法车辆220车次，检查人员密集场所470家次，查处安全隐患968处，均按要求整改完毕，实施行政处罚21起，罚款7.6万元，查处举报2起(均予以及时回复)，临时查封8家单位，有效净化人员密集场所的安全生产环境。

（李江宁）

【开展“打非”专项行动】 大兴“4·25”火灾后，区委区政府对“打非”工作高度重视,区安委会办公室建立全区“打非”台账,下发专项行动方案,各相关部门分别建立专人专管工作机制和日报告制度。期间,鼓励群众举报非法违法生产经营建设行为,4月下旬至9月底,处理非法建设举报5起。开展宣传培训活动27场次,发放宣传材料2500余份,悬挂横幅20余条,设置宣传板报60块,张贴宣传标语300余份,回复安全咨询问题100余条,受众2万余人。发挥行政执法合力,按照标本兼治、注重实效,立足当前、着眼长远,抓住关键、统筹推进的原则和“四个一律”(即对非法生产经营建设和经停产整顿仍未达到要求的,一律关闭取缔;对非法违法生产经营建设的有关单位和责任人,一律按规定上限予以经济处罚;对存在违法生产经营建设行为的单位,一律责令停产整顿,并严格落实监管措施;对触犯法律的有关单位和人员,一律依法严格追究法律责任)要求,结合人员密集场所专项执法检查以及消防平安行动、“亮剑”行动,对8个重点行业(领域)开展执法检查。落实“日巡查、周检查、月督查”要求,不断加大检查频次和惩治力度,严厉查处各类违法行为。全区在“打非”专项行动中,查处非法违法生产经营单位434家/处;关闭、取缔生产经营单位302家/处;停产(业)整顿132家/处;拆除违法建筑4万余平方米;罚款290.1万元;治安拘留71人。

(李江宁)

【批零市场执法检查】 在全区开展批零市场安全生产专项执法检查行动。3月21日召开部署会,成立领导小组,制定下发实施方案和执法检查计划。3月22日~4月7日,组织相关行业部门和街道,对全区批零市场摸底调查,按照所属行业类别进行分类,建立台账,进一步明确行业和属地管理责任。4月12~13日,区安办先后组织消防支队、工商分局、集经办等部门,对重点批零市场进行联合执法检查,检查批零市场30家,查处安全隐患18处,全部整改完毕。

(李江宁)

【废品回收站点整治】 6月20日~7月20日,以“疏堵结合、标本兼治”为工作思路,以“打造清洁石景山、品质石景山、平安石景山”为工作标准,坚持摸排到位、宣传到位、检查到位、监督到位的工作原则,开展废品回收站点安全专项整治。排查整改安全隐患186处,取缔无照站点4个,终止无证废品回收行为21起,处罚4家,罚款5150元,专项整治达到预期成效。

(李江宁)

【建筑工地安全检查】 10月15~30日,针对季节特点,利用半个月时间,加大对区内建筑施工工地的监督检查力度。出动执法人员63人次,车辆21台次,检查施工工地31家次,发现安全隐患20余处,行政处罚3家。督促落实各项安全生产规章制度,杜绝重特大生产安全事故发生。

(李江宁)

【特种作业专项行动】 11月20日~12月15日,深刻吸取吉林、上海发生的重特大火灾事故教训,贯彻落实市安委会“11·16”紧急会议精神及市局通知要求,在全区范围集中开展特种作业管理情况的专项执法检查行动。执法人员深入建筑企业、人员密集场所、工业企业等重点行业、领域,检查企业电工作业类、金属焊接切割作业类、高处作业类、制冷作业类等特种作业证件管理情况。及时发现管理制度规定不健全、教育培训落实不到位等方面问题45例,下达执法文书16份。

(李江宁)

【开展联合执法检查】 发挥综合监管效能,适时进行联合检查,形成行政执法合力。针对检查中发现的难点问题,及时协调相关部门到场解决,必要时召开联席会,商讨研究解决方案。先后联合区商务、工商、公安、交通、城管、质监、消防等部门和街道,对综合楼宇、人员密集场所、地下空间和烟花爆竹销售网点等进行安全检查,联合燃气办对燃气使用单位进行检查,联合旅游局对全区重点宾馆饭店进行安全检查,联合商务委对台湾街文化艺术节进行安全检查。

(李江宁)

【坚持日常执法检查】 坚持盯着问题查,每次检查前做好充分准备,熟悉相应法律法规和标准,增强执法检查针对性,检查后及时进行统计和梳理,分析倾向性问题的原因及对策,为加强安全监管提供依据。现场督导整改,执法检查人员坚持立说立行、立查立纠,能立即整改的,现场盯着整改落实,做到解决问题不离场、消除隐患不过夜;对需要时间整改的,明确责任人和整改时限,并按时复查;对不属于监管范围的及时移交有关部门加以解决。利用执法检查过程,传达上级要求,通报事故案例,宣传违法生产经营的危害,讲解安全防护常识。年内,区安全监管局共检查生产经营单位1718家,查处各类隐患2082处,已全部整改完毕。下达执法文书894份,行政处罚81家,处罚金额73.9万元。

(李江宁)

【职业健康安全管理】 1月初,开展作业场所职业危害申报单位复核工作。各街道在2007年普查数据基础上,对辖区内存在职业危害因素的企业进行重新申报和进一步核实。经复核,全区有涉及职业危害企业158家,被列为职业卫生监控重点。4~5月,对153家部工业、汽修和家具、印刷企业开展职业卫生专项检查。查处事故隐患165处,下达文书35份,行政处罚3家,罚款金额2万元。此类企业普遍规模不大,多为家族式企业,部分企业管理比较混乱,法人安全意识不高,法律知识匮乏,不能对企业职工进行安全知识教育。针对这些隐患,要求企业限期进行整改,通过复查均按要求完成整改。5月31日,下发关于进一步建立健全职业健康安全管理制度的通知。

(李江宁)

【有限空间专项整治】 进一步加强有限空间作业安全生产工作,消除有限空间安全隐患、严控有限空间急性中毒窒息等事故发生。3月30日下发治理工作方案,4月15日召开动员部署会。制作《有限空间作业作业案例警示教育片》、《有限空间作业安全知识》等光盘1000张,下发社区和企业。出动216人次,对全区91家企业(作业单位6家，物业公司85家）进行执法检查136次，下达执法文书40份，排除隐患90处。全区化粪池清掏和污水处理等作业全部承包给有资质的单位进行，其中80%的单位委托区环卫中心进行作业。

（李江宁）

【市政府40号文专题培训】 2月16日、18日，区安办和区安全生产协会分别组织全区34个单位主管领导和科长近100人以及108家会员单位安全生产负责人，参加学习贯彻市政府40号文件培训工作会议。请市安监局专家就市政府关于进一步加强企业安全生产工作的通知，从文件出台的背景、目的、内容及重要特点等方面，采用大量事实案例和理论分析，对其中20多项条款及50余个关键词进行解读。

（李江宁）

【安全生产宣传教育培训】 从年初开始，每月举办一期特种设备作业培训班，累计受训人数达2万余人。8月31日，在万达广场开展《北京市安全生产条例》及《北京市消防条例》咨询活动，公众参与5000余人。9月中旬，组织街道、行业部门、驻区企业及全区所有危化从业单位130余人对国务院新颁布的《危险化学品安全管理条例》和市安全生产条例进行学习培训。组队参加市安全生产知识竞赛，获优秀组织奖。在安全歌曲"学、唱、传"活动中，八角街道自创曲目"安全社区之歌"获全市二等奖。区商务委结合季度安全形势特点，在全区举办3场大型消防安全培训，通过聘请专家授课，采取政策宣传、案例分析、法律法规解读等形式，对企业法人和安全负责人进行培训，受众300余人次。区文委组织市场安全宣传日活动，向市民散发宣传册3000余份，现场展示安全生产展版40余块，接受市民咨询50余人次，其他行业主管部门也结合各自实际，开展安全宣传教育培训工作。

（李江宁）

【开展"安全生产月"活动】 部署实施第十个"安全生产月"活动各项任务。活动主题为"安全—万事为先，责任—重于泰山"，分四个阶段进行。5月30日～6月5日为安全警示教育周，6月6～12日为安全知识宣传周，13～19日为应急预案演练周，20～26日为隐患排查治理周。"安全生产月"在全区各街道办事处（鲁谷社区）、各行业、各企业同时开展，部分活动贯穿全年。5月30日，区主管领导发表电视动员讲话。6月12日在沃尔玛前广场举办以"落实企业主体责任，服务CRD建设，喜迎建党90周年"为主题的"安全生产月"宣传咨询日活动，全区45个单位参加集中宣传教育活动，15个咨询台共发放各种安全生产宣传资料、挂图、手册2500余份，宣传展板190余块，对消防器材和紧急救护进行现场讲解和演练，社会各界近4000名群众参加活动。自6月起到年底，每天通过区有线电视台播放安全生产宣传片。在市安委会表彰评比中，区安监局、八角街道、八宝山街道被评为优秀组织奖；区安全监管局、教委、苹果园街道被评为最佳实践奖；区广电中心被评为优秀报道奖。

（李江宁）

8月26日，安全生产标准化会议　（区安监局供稿）

【工业企业标准化建设】 6月3日上午，召开全区工业企业安全生产标准化建设动员部署会。60余家企业负责人、安全管理人员和班组长200余人参加会议。会议提出总体要求和目标任务，确定43家工业企业为首批开展标准化工作的对象，对实施进度进行跟踪督查。年内，督促企业落实隐患排查治理"五到位"（措施、责任、资金、时限和预案到位），在达标建设过程中做到"六个结合"（与深入开展执法行动相结合，与安全专项整治相结合，与推进落实企业安全生产主体责任相结合，与促进提高安全生产保障能力相结合，与加强职业安全健康工作相结合，与完善安全生产应急救援体系相结合）。

（李江宁）

【危化品企业标准化建设】 4月中旬以来，多次召开会议进行部署，并邀请相关咨询机构人员对危化品企业安全生产标准化三级评审标准、标准化咨询评审流程和要求等重点内容进行培训。通过抓认识、抓组织、抓培训、抓流程、抓跟进等工作落实，全区16家（加油站14家，生产单位1家，储存经营单位1家）按照规定的时间节点，在咨询公司具体指导下，建立并启动安全标准化体系试运行系统。截至年底，全部签订试运行启动决定书或发布令。

（李江宁）

【加快"科技兴安"步伐】 建立安全生产隐患自查自报系统，推进安全生产信息化建设。协调各相关部门，广泛发动街道、社区、企业力量，安排专人专机专管，摸底调查生产经营单位相关信息，采集各项数据，建立基础台

账。7月，将全区936家20人以上的生产经营单位纳入自查自报系统。9月，组织进行系统填报前培训，制作发放操作使用光盘1000张，指导生产经营单位对42项数据逐一核实、填报。至10月底，隐患自查自报系统首次填报工作基本完成，上报率为46%。第四季度组织第二次填报，全区纳入填报企业调整为773家，实现填报380家，上报率49%。

（李江宁）

审　计

概　述

北京市石景山区审计局（简称区审计局）是负责本区审计工作的区政府职能部门，向区政府和市审计局负责并报告工作。年内，全体审计干部认清形势，把握机遇，将审计工作更好地服务于区经济发展。开拓审计新思路、新方法，积极开展财政预算执行、政府投资重点建设项目和经济责任审计，加大对富民惠民、社会热点等相关专项资金审计力度，大力推进效益审计，不断提升审计服务和监督职能，提高政府投资效益，促进社会资源优化配置。全年完成审计项目20项，其中：预算执行审计3项，效益调查2项，审计专项调查4项，经济责任审计5项，财务收支审计4项；年度内完成的监督重点工程项目2项，核减工程造价6565万元，其中审计局自己立项承担的工程审计项目核减额2729万元。提出审计建议48条，发挥审计保障经济健康运行"免疫系统"功能和"经济卫士"、"决策谋士"作用。提交"检查预算执行单位收入真实、合法性审计方法"等9项审计方法，经逐级评审，入选国家审计署计算机审计方法目录，并在全国审计系统推广应用。在各区县审计系统中入选数量最多，走在全市前列。

地址：八角西街甲32号
电话：68861879
邮编：100043

（代　蓉）

【政府性债务审计】 分批次选派9名能手参加本市地方政府性债务摸底审计。按照"摸清规模、分清类型、揭示问题、分析原因、提出建议"工作要求和"见账、见人、见物，逐笔、逐项审计"原则，分级次、分年度摸清政府性债务的规模、结构，深入分析债务成因和偿债风险，揭示和反映债务管理中的突出问题，促进规范政府性债务管理，提高债务资金使用效益，健全风险控制机制。向区领导作专题汇报，协调成立常务副区长任组长，财政、国资、土地等相关部门为成员的政府性债务审计协调领导小组，负责日常工作协调，保证政府性债务审计工作顺利实施。

（代　蓉）

7月14日，经济责任审计现场　（区审计局供稿）

【预算执行审计】 履行《审计法》和《预算法》赋予的监督职责，针对审计过程中发现的问题，提出审计建议，严肃财经纪律，保证资金安全。通过决算会审，利用"京OA（区县升级版）"和"AO审计软件"两个平台，对自查单位现金收支合规性、固定资产购置入账等8个方面问题进行审核，前置预算执行审计关口。以构建财政审计大格局为理念，全面核实、摸清区财政收支状况，披露、反映区财政收支中存在的主要问题，着力从制度和管理上分析原因，提出审计意见和建议。对区属42家单位开展预算执行情况自查自纠工作，涉及预算资金5.5亿元，并对区财政局、地税局、教委等6个单位和部门进行预算执行审计。

（代　蓉）

【固定资产投资审计】 采取加强内部控制、完善操作程序，对发现问题追根溯源，整合审计资源、强化联动审计等三项措施，进一步加大审计监督力度，提高审计效率，核减节约大量财政资金。全年监督区重点建设项目金额11.5亿元，审减额6565万元。

（代　蓉）

【重点投资项目审计】 规范、细化重点工程监督。召开由审计、财政、发改委、国资公司、住建委、市政市容委参加的区政府投资重点建设项目联席会议，确定《重点监督建设项目名单》，共计20个项目。加强审计项目质量控制，对外更加明确社会中介机构的义务，对内制定相关制度，使复核工作留有痕迹。开展校舍安全加固工程审计，8月完成校安工程全部审计工作，通过建设单位、监理单位、施工单位、设计单位四方验收，并出具审计报告及审计决定书。该工程共涉及16所学校的26个标段，最终实际完成建筑面积为106196平方米，实际完成投资2.31亿元，核减工程造价2564万元。

（代　蓉）

【民生资金审计调查】 组织实施民生资金审计调查项目8项，涉及8个单位、18个部门，确保民生资金安全，质量优良，发挥最大的经济效益和社会效益。在对全部民生工程分期分批全面审计的基础上，重点加大对涉及面广、建设周期长、资金量大、选址招标等工作程序复杂项目的审计监督力度。针对审计调查中发现带有普遍性、倾向性和苗头性的问题，深入分析研究，提出有针对性、可操作性意见和建议，同时加大审计整改和处罚力度，健全和完善责任追究制度，保障民生资金合理、合规、合法，高效使用并发挥其最大效益。

（代　蓉）

【深化经济责任审计】 进一步深化经济责任审计作用，提高领导干部经济责任意识，规范其履职行为。会同区委组织部召开处级领导干部离任交接布置会，向第一批符合《领导干部离任经济事项交接暂行办法》规定的领导干部及其所在单位下发交接通知和交接清册，提出交接要求。完成区委组织部委托的4项经济责任审计，突出对重大经济决策和财务管理事项的审计，揭示一些具有普遍性的问题，区委区政府主要领导分别作出批示。

（代　蓉）

【内部审计成效显著】 坚持服务大局、强化监督、促进发展的工作思路，树立科学审计理念，加大审计查出问题的纠正和改进力度。加强内部审计人员的学习教育、内审宣传和内审调研工作，与市局联合举办继续教育培训班，全区60个企事业单位的144名内审人员参加培训，进一步提高内审服务意识，提高工作质量和效率。全年，各内审单位完成各类审计项目78个，审计总金额84.47万元，提出意见建议被采纳149条，建议给予行政处分2人。京汉置业集团股份公司审计部、公安分局审计室、教委审计科、集体经济办审计科4个单位被授予市“内部审计先进集体”称号，赵新才、关明广、李玉平、朱梦伟4人被评为市“内部审计先进工作者”。

（代　蓉）

烟草专卖

概　述

北京市石景山区烟草专卖局（公司）负责辖区烟草专卖管理和卷烟批发经营，维护“统一领导、垂直管理、专卖专营”的烟草专卖管理体制。年内，践行“国家利益至上，消费者利益至上”行业共同价值观和北京烟草“服务别人就是服务自己，提高效率就是提高效益”企业核心理念，以“精细管理 规范创新 团结协作 奋发有为”工作方针为指导，严谨求实、扎实工作。获“首都精神文明单位”、市公安局“内部安全保卫工作集体嘉奖”，区“重点企业”、“纳税百强单位”、“依法行政工作先进单位”及北京烟草年度“培育知名品牌建功立业活动先进单位”、北京烟草系统“五四红旗团支部”等荣誉称号。

地址：古城西路170号
电话：88708315
邮编：100041

（甄　珍）

【卷烟销售】 全年销售卷烟24807箱，比上年降低2.70%。一、二类烟销量4615箱，占总销量的19%，比上年增长35%。实现税利8845万元，同比增长13.18%。单箱销售额21263元，同比增长17%。成本费用率3.88%，比计划费用率3.83%高0.05个百分点。全年费用支出1752万元，是年计划的96%。上缴各项税金总额5400万元，同比增长8.10%。

（甄　珍）

【品牌培育】 开展知名品牌营销，加强品牌培育。全年销售28个知名品牌19302箱，占总销量的78%，比上年增长3.41%；销量前十五名的品牌，销售15590箱，占总销量的63%，同比增长5.49%；销售收入前十五名的品牌，销售额44534万元，占全年总销售额的84%，同比增长16.68%；低焦油卷烟销售3238箱，同比增长8%。

（甄　珍）

【网上订货592户】 开展两次网上订货客户培训，网订客户培训面100%。制作《网上订货简易操作流程》，推广网订工作，网订客户592户，占正常经营户的64%。提前实现网订客户达到60%年度量化考核指标，网订成功率97%以上。

（甄　珍）

【市场监管】 采取“先行试点、认真总结、逐步推开”监管方式，在西山枫林先行试点，逐步推广到鲁谷路、古城北路、杨庄路三条示范街。8月初至11月底，联合质监、工商、公安等部门在全区范围开展打击假冒卷烟和规范烟草市场专项行动，查处无证经营烟草制品、生产销售没有注册商标的卷烟、雪茄烟、有包装的烟丝和生产销售假冒他人注册商标的烟草制品等违法行为，加大对非法印制烟草制品商标标识的查处力度。全年错时执法260小时，占总执法时间的23%；，取缔无证户12户；新办许可证95个、变更11个、歇业48个、注销许可证246个；有效许可证户数959户，其中正常经营户934户，非正常经营户25户，占

5月15日，烟草法制宣传　　（区烟草专卖局供稿）

2.6%;加快新办许可证审批速度,许可证办理平均用时控制在7个工作日内。

(甄　珍)

【打网办案185起】 全年查处各类违法案件185起,比上年增长54.20%,超额完成全年180起的任务;其中简易程序案件118起,同比增长90.30%,完成全年150起任务的78.70%。一般程序案件67起,同比增长15.50%,超额完成全年30起的任务。查获5万元以上大要案11起,同比增长57.14%,完成全年10起的任务。涉案总金额198.10万元,罚没款11.01万元,同比增长229.6%,罚没变价款45.63万元,移送公安部门涉烟案件3起,刑事拘留3人。

(甄　珍)

【探索柔性执法方式】 坚持"打管疏服、刚柔并济"工作方针,以"四项要求"探索柔性执法方式。一是在执法前明确执法对象具体情况。根据不同情况,调节"刚"、"柔"比重,对态度恶劣,屡教不改的零售户多"刚"少"柔",多举实例,说明违法后果,建立执法威信;针对态度较好的零售户,重教轻罚,利用自行裁量权,感化零售户,提醒、劝解零售户自觉守法。二是在执法时思路清晰,着装整齐,法律法规朗朗上口,态度和顺,让人心悦诚服;在处罚过后要积极给予指导、建议,让零售户远离违规经营,自觉守法经营。三是在执法后适时进行复查,了解零售户存在的实际困难,帮助其解决,在源头上断绝零售户违法经营的不良念头。四是围绕市场检查开展法律法规宣传,让守法经营理念入心入脑,成为一种习惯,确保每月至少开展一次针对违法零售户的宣传再教育。全年举办培训23期,1012户参加,零售户参训率98%。

(甄　珍)

财税·金融

财　政

概　述

北京市石景山区财政局(简称区财政局)是主管全区财政收支、财税政策、会计管理和财政、财务监督管理工作的区政府职能部门。年内,围绕区委区政府中心工作,立足区情、真抓实干,组织财政收入,控制财政支出,深化财政改革,提高财政资金使用效益。完成一般财政总收入508318万元,一般财政支出458673万元,实现财政收支平衡。

地址:阜石路167号
电话:68872800
邮编:100043

(付皓飞)

【财政收支平衡】 本区一般财政收入226571万元,是预算180000万元的125.9%,同比增长20.2%。市追加专项补助88728万元,转移支付补助等159073万元,加上上年结余33946万元,一般财政总收入508318万元,增长10%。财政支出按照"统筹兼顾、有保有压、突出重点、推动发展"原则,一般财政支出458673万元,结余46365万元,实现财政收支平衡。

(付皓飞)

【经济建设投入】 投入资金50807万元,重点支持文化创意、高新技术、商务服务、现代金融、旅游休闲五大产业发展,促进"国家服务业综合改革试点区"建设;落实"招大商、引大资"策略,保障招商引资政策资金落实到位,巩固税基,涵养税源;以项目补贴、奖励、贷款贴息等方式支持文化创意产业发展;发挥中小企业发展专项资金作用,帮扶中小企业发展壮大;投入区级及市追加专项资金70000万元,加强城市基础设施建设、环境整治及永定河绿色生态发展带等重点工程建设。

(付皓飞)

【民生投入加大】 按照完善公共财政体系要求,优化财政支出结构,资金重点投入方向倾斜到基础教育、社会保障、就业、医疗卫生等公共领域。坚持"科教兴区"战略,投入71216万元,保证教育经费依法增长,落实"两免一补"等助学政策,保障校舍安全等重点教育工程实施,支持教育结构优化和学校布局调整;社会保障、就业及医疗卫生支出122807万元,支持以低保为基础,临时救助、医疗救助为补充的社会保障体系建设,实现应保尽保。促进就业、再就业工作,支持疾病预防控制、卫生监督等公共卫生事业发展;文化、科技、体育、传媒事业支出15261万元,推动特色品牌文化建设和全民健身活动开展;便民工程和政府购买公共服务等支持社会建设工作专项资金6679万元,解决社区和居民实际困难;投入4664万元,加快推进住房保障工作。

(付皓飞)

1月21日,中标企业签订采购协议　　(区财政局供稿)

【部门预算管理】 坚持"科学化、精细化"原则,加强部门预算管理。收集市及各区县部门预算资料,利用历年决算数据,逐步推进定额标准科学性和合理性。强化单位结余资金管理,提高财政资金使用效益。加强与资产动态管理系统和财政支出绩效评价工作衔接与配合。规范基础数据,推进市区统一预算平台相关工作。做好部门预算信息公开,提高部门预算透明度。

(付皓飞)

【国库集中收付】 启用新版本集中支付系统,从功能架构、业务种类、资金支付三方面提升国库工作管理水平。根据市财政局要求,建立财政资金安全管理长效机制。扩大非税收入收缴制度改革试点范围,区建委、人力社保局、民政局3家单位纳入非税收入收缴制度改革,实现"单位开票、银行代收、财政统管、收缴分离、统一平台"收缴管理模式。

(付皓飞)

【创新政府采购】 完善制度体系建设,创新监管方式,推进政府采购管理。一是制定区政府采购项目档案管理补充办法、区政府采购进口产品管理工作有关问题的通知等规范性文件。二是优先安排自主创新产品政府采购预算,细化进口产品采购审核管理,支持国内相关产业发展,提高节能环保产品采购比例。三是完善"事前审查、事后抽查、定期考核"监督管理体系,建立常态考核评价机制,实行公开考核。四是实现采购系统网上上报和审批。年内,完成政府采购立项1401个,完成采购项目1226个,政府采购预算金额为31873.21万元,实际采购金额为30868.02万元,节约资金1005.19万元,节约率3.15%。

(付皓飞)

【绩效评价良好】 深化财政支出绩效评价,提高财政资金使用效能。创新考评方式,改进考评指标体系,提高绩效评价工作质量。围绕科技、民生等重点项目开展财政支出绩效评价，及时反馈考评结果，促进项目单位提升资金管理水平。年内，对区环卫中心黄标车更新、教委系统校舍安全改造、街道基层公益事业补助金3个项目开展考评，考评结果均为良好。

（付皓飞）

【财政监督管理】 开展年度“小金库”专项治理。采用接受群众举报、单位自查与财政部门全面复查相结合方式，检查全区56户行政单位、159户事业单位、47户国有控股企业及61户社会团体，清理处罚“小金库”1个。开展会计信息质量检查。结合财经法规宣传、专项资金使用管理、“小金库”专项治理、政府信息公开及财政队伍自身建设，增强财会人员法制观念、提高政策理解和解决问题能力。开展上年市专项资金检查。市财政局追加本区各项专项资金120947万元。截至年底，拨付资金120786万元，结转金额161万元。

（付皓飞）

【加强会计管理】 组织培训8次，内容涉及内控制度、财政支农政策、会计基础工作。组织会计考试，全年会计从业资格考试安排笔试考点2个，考场128个；安排电算化考场2个，组织考试28场；应考人数5319人。会计初级专业技术资格考试安排考场60个，应考人数1139人。采取规范审批流程、主动信息公开、规范档案管理等手段强化代账管理。推动会计人员管理信息化进程，采集会计人员基本信息，开展会计从业资格证书注册登记。全年办理调转、变更、补证、注销等430项，延期注册登记9449件。

（付皓飞）

【家电汽车以旧换新】 办理淘汰黄标车及汽车以旧换新车辆1368辆，其中236辆汽车车主领取国家汽车以旧换新补助243.77万元，1132辆汽车车主领取市政府补助资金556.76万元；拨付大中家用电器连锁销售有限公司、物美集团有限公司、沃尔玛有限公司及库巴（北京）科技有限公司四家企业家电以旧换新资金13700万元，享受补贴家电44.2万台。

（付皓飞）

税　务

国家税务

【概况】 石景山区国家税务局（简称区国税局）隶属北京市国家税务局，下设13个科室、1个直属机构、2个事业单位、6个派出机构（税务所）。主要负责大中型国有企业、联营企业、股份制企业、外资企业及私营、个体集贸税收征管工作。辖区征管户15014户，其中：私营以上企业12072户，港澳台企业135户，外资企业138户；个体工商户2942户、集贸市场39个。缴纳增值税户8436户，其中一般纳税人2700户、小规模纳税人5736户，占总户数56%。年内，积极应对首钢停产压力，坚持以组织收入为中心，深化挖潜增收，以推进税收专业化、信息化管理为重点，坚持依法治税，强化科学管理，推进纳税服务，组收工作取得显著成效，圆满完成市局和区级收入任务，总收入和区级收入均实现历史新高。累计完成税收收入321018万元，同比增加29652万元，增长10.18%；完成区级收入47570万元，同比增加6231万元，增长15.07%，完成区级收入任务45000万元的105.71%，超收2570万元。年内获“首都文明单位”称号。

地址：老山西街5号
电话：88972125
邮编：100049

（杜志刚）

【增值税管理】 按照市局“规范征管一线，发展评估和稽查两个侧翼”（一线两翼）新征管模式，落实值税纳税资格认定、纳税申报、专用发票、纳税评估等11项岗责管理，印发各种文件33件。根据《增值税一般纳税人管理意见》，实施分层清理、抓大控小，加强对税源管理。开展增值税一般纳税人低税负的清理，对18户企业留抵税额大户展开调查。经努力，留抵税额由46478万元下降为30036万元，减少16442万元。420户重点企业开展自查，自查补税326.94万元，调减留抵税额71万元，滞纳金16.6万元。加大增值税小规模纳税人无税申报综合治理，进一步提高申报有税率，年正常申报增值税小规模纳税人5673户，有税率93.41%，同比提高10.55%；户均纳税额3276.67元，同比2661元提高615.67元。加强消费税分析和预测，按季度完成消费税分析报告，做好源头认定，消除漏征漏管户。对已有消费税税种企业，强化依据申报和账务处理情况监管，年内应纳消费税纳税人47户，同比增加12户；申报缴纳税款额2163万元比同期申报1906万元增加257万元，增长13%。稳步推进金税工程，把好数据采集关，确保运行质量，管理一般纳税人2645户，其中防伪税控企业2292户，有效提高增值税管理科技含量和工作效率。依托运用综合数据平台、CTAIS管理系统和征前审核系统得数据查询统计功能，加强日常评估、分析、筛选，评估27户次，补缴增值税19.90万元。通过科所协作，明确指标，强化回馈方式，对6户企业开展调研式评估，补缴增值税0.28万元，进项税额转出83.18万元。落实各类减免税优惠政策。严格增值税专用发票审批，加强后期核查，进一步提升增值税专用发票规范化管理。

（杜志刚）

【所得税管理】 企业所得税收入规模首次突破十亿元大关，全年累计入库145300万元，同比增加46117万元，增长46.50%。除电力行业略有下降外，各行业企业所得税均实现增长。加强企业办税人员培训，举办培训班5个、上门或电话咨询1000余人次，确保各项政策贯彻到位。统筹安排，做好上年度所得税汇算清缴。加强内外培训，编发所得税汇算清缴宣传手册5000册；依托市局“企业所得税管理系统”及自主开发“所得税申报辅助系统”，提高汇算清缴数据审核和申报质量。上年度汇算清缴企业为6771户，申报企业6634户，未申报企业137户，申报率为97.97%；实现汇算净入库24327万元，同比增加11761万元，增长93.59%，入库税额创历史新高。以

做好企业所得税核定征收为突破口，加强对中小企业所得税管理。按市局要求，制作企业所得税核定征收鉴定表、企业经营情况说明表，提高所得税核定征收质量，年应核定4016户，实核定4007户，完成率为99.77%。落实分类管理模式，对按月申报、年入库所得税占全局所得税收入的60%以上的21户重点企业，加强动态监控管理，21户重点企业年入库59404万元，占实际完成的133207万元的45%。加强所得税纳税评估工作，自主开发“所得税申报辅助系统”加强征前审核，共调整425户次，调增应纳税所得额6691万元，补缴所得税额141万元。年评估有10户有问题企业，调增应纳税所得额876.3万元，补缴所得税348.4万元，加收滞纳金68万元。规范所得税基础工作，制定《企业所得税减免税管理工作规程》，研发日常管理风险点预警提示系统，所得税风险防范步入信息化管理阶段。

（杜志刚）

【出口退税管理】 应对金融危机对外贸出口影响，帮扶企业摆脱困境。严格按照市局出口退税工作流程和三级审批制层层把关审核。分阶段制定出口退（免）税计划需求，加快退税进度，改每月一次为两次审批，同时审批与办理退库、调库手续同步进行，审批全程不超30天。全年所辖出口退税登记户数98户，累计办理出口退税17806万元。利用出口货物税收函调系统，加强疑点函调，严防骗局。年发核实函31件，涉及发票197份；接收外省市核实函34件，涉及发票148份。所有复函均在规定时限内完成。开拓工作思路，将应征出口货物税款与征前审核结合，对每笔视同内销的出口货物应审核的数据都在征前审核系统加以提示。制作征退税衔接联系单，出口认定、核查、办理情况等事项明确记录，提升征退税衔接工作质量与效率。全年办理转内销手续53户次，转内销收入3123万元，计提销项税额531万元；追回已退税款7.6万元。

（杜志刚）

【大企业和国际税收管理】 落实各项政策，加强对内对外政策宣传培训，重点就企业共性的政策依据、操作流程、附送数据和办理时限等问题进行详细介绍和说明。同时针对不同企业、不同业务类型及个性化规定和需要企业着重注意的事项作出具体明确。作好直属分局迁入的8户企业售付汇工作顺利衔接，开展一对一纳税辅导服务。进一步规范售付汇业务相关操作流程，为开展国际税收管理和纳税服务奠定基础。采取事前宣传辅导、事中提醒跟踪、查找催促和事后总结提高等四项措施，完成上年关联申报工作。上年度企业关联申报3274户，征期关联申报率实现100%。加强非居民企业管理，科所协同开展各项审核。对关于合同备案登记的时限与法律责任及涉及的政策依据等重点进行整理和提示。全年开具税务证明583份，涉及征税的税务证明494份，涉及不予征税的税务证明89份，共代扣代缴预提所得税5198万元，同比3804万元增长1394万元，增长36.65%。加强对企业售付汇合同审查力度，严防税款流失。通过审核，发现一企业报送的一份不予征税售付汇申请资料企业存在未报送完整资料及主体付汇合同的问题，经企业补充合同后，认定该企业为该项付汇行为，补缴税款2.7万元。根据非居民企业特许权使用费业务日益增多和复杂化，加强对纯地税户售付汇证明开具的监管，严格企业售付汇数据的完整性、售付汇情况真实性、税款计税依据合理性等方面核查，降低执法风险。完善流程制度，加强业务培训。制定对外支付出具税务证明管理规程、非居民企业享受税收协议待遇、境外劳务不予征税对外支付出具税务证明管理制度和非居民承包工程和提供劳务税收管理制度，并组织科所集中培训。开展同期资料检查。确定大企业监控范围，完善大企业信息登记管理工作，大企业和非居民企业规范化管理水平进一步提升。

（杜志刚）

【个体税收管理】 按照专业化管理规范集贸市场管理、强化集贸市场税收征管、促进税收稳步增长。针对个体户分散、集贸市场管理薄弱，调整管理员管户，成立市场管理组，实行专人专业化管理，明确管理人员每月至少不低于一次到市场了解情况和解决问题；每两个月对39个市场摸底调查，同时加强市场税收政策宣传。按照规范委托代征市场代征范围，简化委托代征市场的缴税方式原则，对市场进行清理。对市场内已办税务登记且已达到起征点的一律办理银税联网由银行划缴扣税；对应办未办理税务登记的，补办税务登记和银税联网；对临时经营的由市场逐笔代征税款税务机关核实后到银行缴税。通过清理，调增税额率达72%，年增加税收264万元。全区个体达到起征点的比例由年初71%上升到98%，列全市第一。为集市场经营、联合经营于一体的大型购物中心北京市喜隆多购物中心有限公司办理税务登记、一般纳税人认定、发票领购等涉税事项。按照市局要求，对烟草行业税收进行专项清理，在调查取证基础上，以阳光评税方式对烟草经营者逐一进行评估，重新核定税额。经过评估核定，全区229户经营烟草的个体户，月核定应纳税额为28万元，同比实际缴纳每月由4万元增加24万元。经过市场的清理和烟草的清理，个体税收月增税款46万元，年增税收552万元。11月，按照市局规定，个体税收起征点由原来0.5万元调整为2万元。起征点调整后，达到起征点的个体工商户由原来2697户下降到56户，下降98%；征收税款由原来每月94万元下降到5万元，月锐减89万元，减少94.7%。调整思路，做好新政策衔接和落实工作，确保政策变化后个体税收管理正常进行。全年累计组织个体税收1100万元。

（杜志刚）

【税务稽查】 以推行一级稽查体制为主线，改进管理方式。建立和完善稽查案卷评查制度、税务案件集体审理办法、重大税收违法案件管理等项制度。按照“一级稽查”要求，加强稽查人员业务培训。参加全市稽查系列企业电算化培训及考试，取得平均分82.65分，居全市稽查系列第三名。按市局要求，开展废旧物资、广告业、出口退税企业等专项检查；抽查九大行业发票自查情况；对建筑、金融、保险、房地产等六大行业发票使用情况开展检查。与地税、公安联合开展“打假发票违法犯罪宣传日”活动；开展餐饮行业发票与税收专项检查；做好17户重点企业自查工作；维护经济秩序，整顿非法使用发票违法行为。加大欠税清理，全年稽查清理欠税92万元。加大涉税违法案件特别是重大涉税违法案件查处力度，打击发票违法犯罪活动。全年稽查立案检查63户，结案63户，有问题62户，问题率98%；自查企业25户，有问题12户，累计稽查入库14163万元。其中：增值税356万元，所得税7336万元，滞纳金2897万元，罚款3574万元。税收稽查“以查促收、以查促管、以查促查、以查促改”成效显著。

（杜志刚）

4月11日，开展税收宣传（区国税局供稿）

【税收法制和宣传】 依法做好行政处罚听证、行政复议及行政诉讼工作。严格执行听证程序，发挥听证程序作用，尊重纳税人合法权益和意见，注重与纳税人就争议问题沟通，讲解政策。坚持“以人为本、复议为民”，落实税务行政复议规则，依法及时化解税收争议，维护纳税人合法权益，促进社会和谐。全年举办税务行政处罚听证会1件，参加行政复议1件，实现零诉讼。开展主题为“税收·发展·民生”的宣传月活动。联合区地税、园区管委会举办“税企携手谱新曲·税法护航创和谐”园区文化创意企业税收宣传辅导会。开展送税法到企业、进军营、入社区等系列宣传。在区政府网设置税收宣传专栏，加大区有线电视台等媒体税收宣传活动，税法社会宣传面进一步扩展。

（杜志刚）

【纳税服务】 以满足纳税人的实际需求为着眼点，加大税收政策及时性宣传。定期将税收常识、办税流程、最新政策、热点难点问题等发送到重点企业、一般纳税人邮箱，便于企业了解掌握最新税收政策，年发送9期，每期纳税人900余户。以解决咨询解答准确性和统一性等问题为重点，健全和完善12366服务热线为主，科所电话咨询、网络咨询、办税服务厅咨询服务为辅的税务咨询系统，进一步优化纳税服务。规范办税服务厅全方位纳税咨询事项。办税厅实行“一窗通办”后，坚持征期征各科所领导值班制度，征期后由第一税务所负责纳税服务。纳税服务部门定期整理汇总咨询常用问题及答案，及时在网上、办税服务厅大屏幕、触摸屏发送，全年更新20次；电话方式查询发票流向业务约4000余个。加大手机短信、电子邮件等方式通知提醒及最新相关政策公布。作好网上办税宣传和办理。全年网上办税4875户次。其中：网上即办税务登记变更2189户次；出口退税预审470户次；网上转办2216户次。以满意度调查活动为契机，进一步调整完善业务流程，优化征管工作和纳税环境，强化内部服务监督。开展纳税信用等级评定，经与地税严格评审，评定60户“A”级企业并授牌表彰，发挥示范引领作用。

（杜志刚）

【信息化建设】 全力做好系统运维工作，保证税收工作顺利开展。加强局6个网络节点、38个应用系统、21台服务器、307台内网计算机、79台外网计算机、63台笔记本设备的运维管理。提高技术服务效能，年共完成和处理CTAIS系统各类提交单335份。完成机关办公场所迁址老山西街5号后新机房设备安装调试、10条光缆迁移和网络调试等工作，为税收业务正常开展提供信息技术保障。根据部门业务需求，完成各类数据需求单160份，为决策支持、管理监控、综合税源查询提供数据支持服务。以加强内控建设为目标，依托电子技术，自主研发税收日常管理风险点预警提示系统，加强各所梳理出的62项税收执法风险点的信息化预警和监控，编写税收执法业务风险提示手册人手一册。该系统分为待办任务、征管质量和系统管理三个功能模块，涵盖税收各项业务及全过程，获市局年度创新成果奖。

（杜志刚）

地方税务

【概况】 北京市石景山区地方税务局（简称区地税局）隶属于北京市地方税务局，在市局和区委区政府领导下，行使地方税收管辖权。年末，税务登记户数32621户，比上年同期29405户增加3216户，增长幅度10.94%。从企业经济类型看，内资企业16879户，港澳台及外商投资企业300户，个体工商户15442户；从企业行业分类看，商业、餐饮业11318户，占税务登记户总数

34.70%，社会服务业15046户，占税务登记户总数46.10%，制造业597户，占税务登记户总数1.80%，科教文卫业3254户，占税务登记户总数10.00%，建筑业757户，占税务登记户总数2.30%，交通运输、仓储及邮电通信业861户，占税务登记户总数2.70%，房地产业418户，占税务登记户总数1.30%，其他行业370户，占税务登记户总数1.10%。全年新增税源户4254户，因吊销、注销及转出等原因造成税源户减少1319户，净增加税源户2935户。全年开展税务讲堂主题教育讲座21期次，2453人次参加。

地址：八角南路28号

电话：88911059

邮编：100043

（高文玲）

【税收收入】 落实各项组收措施，坚持实行组收责任制和收入通报制度，开展收入预测分析，预测准确率97%，超过全市规定标准2个百分点。做细税源监控，全面掌握特殊因素对税收收入增减的影响，应对首钢搬迁税收收入发展点，落实组收联动工作机制，形成各部门协调配合组收合力，强化重点税源监控，分析重点税源，抓住税收新的增长点。截至年底，全区组织地方税收451261万元，比上年同期增收121376万元，增长36.80%，完成地方一般预算收入349469万元，同比增收78591万元，增长29.00%，完成年度计划273000万元的128.00%，提前83天完成全年任务。

（高文玲）

【税收征管】 建立“一册代评”制度，征管质量通报增加考核排名表、登记率、在途户报到率、申报率、入库率等13项通报内容，登记率、申报率、入库率保持99.99%以上。加强税务登记管理，加大待登记户、变更户、在途户、新登记户信息、跨区县局迁移户、注销税务登记管理。年内对1204户待登记户进行核销、核查及问题反馈，对212户变更户进行上报核销处理。建立发票三级抽查管理机制。从发票事前管理、事中管理和事后管理三个层级中选取购票浮动值、首次购票数量、对卡报数授权情况、发票预警处理情况、发票种类核定、发票数量核定、最高开票限额核定、代开发票情况、异常发票处理、发票缴销十个监督管理点进行抽查通报，规范税收管理员执法行为，规避发票管理风险。建立“两个减负”长效工作机制。成立“服务基层、服务纳税人”工作领导小组，明确具体减负事项，完善征管状况监控分析通报，设计编发设立税务登记、变更税务登记、税务所初次报到、领购普通发票、申报缴税五个基本涉税事项一次告知书。修正部分征管业务流程，明确一线税收工作人员岗位职责，以及存款账户报备事项、纳税人跨区县迁出事项、减免税审批管理、个体定额核定事项、发票核定五项具体工作业务规程。

（高文玲）

5月20日，税政指导工作启动 （区地税局供稿）

【纳税服务】 完善纳税服务机制，改善税收征纳关系。开展税法宣传活动。联合国税局、投促局、园区管委会，组织“税企携手谱新曲、税法护航创和谐”税法宣传活动，帮助企业规避纳税风险，解决涉税问题，提高守法意识。推出包括税务登记、变更税务登记、税务所初次报到、领购普通发票、申报缴税五个基本涉税事项一次性告知书。推出“工作联系卡”服务指南，编写纳税服务联络卡、税务所服务联系卡和新版纳税指南。落实纳税服务承诺制度。与国税局协调配合，开展纳税信用等级联合评定，提升A级纳税企业示范作用。为办税服务厅配备电子显示屏、触摸屏、叫号机等设备，完成功能区域划分、电子窗口标识设置、办税公开设备、排队叫号系统，增设综合窗口承担个人所得税税法宣传和完税证明开具、减免税退税等事项的受理。把握首钢搬迁后五大高端产业区建设，成立服务重点企业工作领导小组，监控重点税源变化。

（高文玲）

【纳税评估】 深化纳税评估，夯实税源及税款基础信息管理，促进日常评估效果，开展房产税与土地税税款钩稽关系比对、流转税所附征城建税及教育费附加关联比对，以及无税申报户评估核实，发挥税源管理指导作用。完善行业评估自查指导手册，通过制发行业评估案例汇编，启发和指导评估人员工作思路，规范行业评估。全年组织开展纳税评估346户，发现问题171户，补缴税款、滞纳金和罚款518万元，入库率100%，评估户数和补缴税款同比分别增长24%和7%。

（高文玲）

【税政职能】 建立税政指导工作机制，围绕“一课、一册、一平台、三项制度”开展落实。召开税政公开课10余次，编发《税政指导》专刊3期，税种税收政策平台投入使用；召开4期科所联席会，解决4项复杂涉税问题；基层开展税政实地指导10余次，解决一批涉税问题。完成600余户个人独资和合伙企业税收核定工作；开展企业所得税汇算清缴宣传辅导4560户；受理

8105人次个人所得税12万元纳税申报工作；制作残疾人就业保障金审核代征事项一次告知书；残保金审核12793户，审核金额4280万元，入库4307万元。落实个人所得税新法工作，细化六项具体工作目标，指导个税新法落实。坚持开展货运企业专业化管理。年内走访20余户货运自开票纳税人了解情况。实行财产税备案制度，强化重点税源管理。制定财产税税源登记备案管理工作方案，实行财产税税源备案管理制度。完成7个地区税务所、140户重点税源户登记备案，涉及房产税15531万元，占房产税入库总额93.60%，涉及土地税5889万元，占土地税入库税额95.70%。

（高文玲）

【税务稽查执法】 落实"检查精细化、审理法制化、执行实效化、干部能力化"工作模式，开展房地产业、建筑安装业、交通运输业、广告业、高收入者个人所得税、资本交易项目4个行业2个项目专项检查，对20件涉税违法举报案件实施立案稽查。开展打击发票违法犯罪专项整治行动，对娱乐业、餐饮业、运输业等发票专案案件实施执法检查。全年实施税务稽查224户，有问题216户，有问题率为96.42%，实现查补收入1336.12万元，是上年同期查补收入的11.6倍，执行入库1412.02万元，入库率105.68%。

（高文玲）

金融服务

概述

年末，全区有现代金融机构80余家。银行机构存、贷款余额895.16亿元、356.06亿元，同比增长7.7%、12.9%；证券机构实现证券交易额288.8亿元；首家融资性担保公司获批成立，当年实现贷款担保额1.5亿元；小额贷款公司累计放贷额3.82亿元，同比增长17.2%；现代金融产业增加值17.8亿元，同比增长1.5%。新入驻传统金融机构和股权投资、创业投资、融资性担保等金融企业17家，同比增长142%；累计注册资本金50.78亿元，单个企业注册资金亿元以上8家，占全区新引进亿元以上企业总数14.3%。石景山区金融服务办公室（简称区金融服务办），是负责促进商务金融产业发展和金融服务工作的区政府管理机构。年内，紧扣"大调整、大建设、大发展"主题，以完善金融政策为支撑点，推进金融模式优化创新。出台促进现代金融产业发展的意见等多项政策，建立现代金融政策体系，提升现代金融产业影响力及竞争力。成立现代金融工作领导小组，全面推进现代金融功能区、载体和重大项目发展建设。设立全区首家以政府为主导的创业投资引导基金，吸引外资参与区域经济建设。成立企业上市工作领导小组，组织政府行政部门服务拟上市企业。以政银企合作为主题，举办3期金融家俱乐部活动，与驻区13家银行及金融机构交流探讨促进现代金融产业发展。以"点亮石景山，成就新金融"为主题参加第七届北京国际金融博览会，提升地区现代金融产业影响力。截至年底，实现金融产业增加值17.8亿元，GDP贡献率5.5%，位居全区第三产业14个业态第三位，金融产业占区财政比重5%。在2月召开的"中国金融生态区品牌年会"上，中国金融业协会、中国品牌管理协会等六大金融品牌机构联合授予本区"最具投资环境金融生态区"称号，成为本市唯一获此殊荣的区县。

地址：石景山路18号
电话：88699584
邮编：100043

（于　培）

【加快发展现代金融产业】 针对地区产业升级对金融发展要求，不断健全完善现代金融产业服务体制和机制，推进载体建设，优化发展结构，拓展发展空间，现代金融产业贡献度不断增强。经3月23日第5次区长办公会研究通过，印发促进现代金融产业发展的意见。年内还出台促进现代金融产业发展暂行办法、鼓励股权投资业发展暂行办法、鼓励企业上市暂行办法以及促进现代金融产业发展暂行办法实施细则，鼓励股权投资业发展暂行办法实施细则，多措并举促进现代金融机构集聚。加大招商引资力度，挖掘整合区域资源，发挥政策引导作用，全年引进现代金融机构数同比增长20%。推进保险、贵金属和特许经营权交易所建设，落实扶持政策。做好小贷公司、融资性担保公司以及驻区保险、证券公司服务工作，引导企业健康发展。调动社会中介积极性，引进符合现代金融产业发展方向的企业和机构，促进现代金融产业快速集聚。

（于　培）

【现代金融领导小组成立】 7月26日，成立区现代金融工作领导小组。区长担任组长，常务副区长担任副组长，成员单位包括区发改委、区金融办等14个相关单位。在8月24日召开的首次会议上，明确领导小组职责与任务，审议通过促进现代金融业发展暂行办法实施细则、鼓励股权投资业发展暂行办法实施细则等。年内，按照区委区政府决策部署，统筹谋划，因势利导，推进现代金融产业快速发展。

（于　培）

【"十二五"规划发布】 与市社科院金融研究所合作，编制完成区"十二五"时期现代金融产业发展规划，于7月1日发布。规划总结分析区域金融产业"十一五"期间发展状况，结合北京城市发展规划和金融业发展与定位、区域经济现实与外部环境，提出"十二五"期间推动区域现代金融产业发展的指导思想、基本思路、发展目标及重点措施。

（于　培）

【加大扶持力度】 召开年度创业投资引导基金理事会第一次全体会议，确定启迪控股股份有限公司和北京富莱晨思投资管理有限公司为创业投资引导基金首批合作机构。召开"三通"工程终端机发布工作会，在全区范围发放便民自助缴费终端160个。向北京三浦灵狐动画设计有限公司、北京丽贝亚建筑装饰工程有限公司及北京超炫广告有限公司集合票据发行企业发放担保费等补助71.5万余元。落实中广核产业投资基金管理（北京）公司

市、区两级一次性补助1000万元。落实北京保险交易所、北京贵金属交易所、北京特许经营权交易所共150万元,用于要素市场信息化及市场建设。

(于 培)

【优化服务环境】 在已建立的政银企沟通交流机制和区领导联系重点金融机构制度的基础上,进一步拓展和完善与驻区金融机构的服务联动工作机制,加大跨部门统筹协调力度,促进金融机构与政府间信息沟通。对符合“石景山绿卡”条件的金融机构,开设“绿色通道”,推行“一网式、一站式”服务。对企业改制上市过程中遇到的问题,根据企业需求,采取“一企一议”的办法研究协调解决,对于注册地、纳税地新注册或新迁入本区的金融机构及企业,对区财政年贡献额在50万元(含)及以上的,三年内每年按其对区财政贡献额的40%、45%或50%提供企业技术改造和技术创新资金支持。

(于 培)

【8家企业上市】 建立促进企业上市工作联动机制,成立以主管常务副区长为组长的联动机制领导小组,统筹领导全区促进企业上市工作,协调解决工作中的实际问题。5月发布鼓励企业上市暂行办法。鼓励企业利用资本市场开展直接融资,不断扩大经营规模。发挥区创业板企业培育中心优势,组织相关企业参与市、区两级企业上市专题培训班10余期,协调市金融局等相关部门多次走访拟上市企业,推动企业上市。截至年底,上市企业8家,分别为纳斯达克2家、纽交所1家、香港联交所主板和创业板各1家、深交所创业板3家。

(于 培)

【参加第七届金博会】 11月3~6日,以“点亮石景山,成就新金融”为参展主题参加第七届北京国际金融博览会。展台累计接待观众3000余人次,发放政策汇编等宣传资料4000余册,接待咨询300余人次,均创历届参展之最。期间,郭金龙在夏林茂陪同下莅临展位参观指导。

(于 培)

【私募管理培训】 与北京股权投资基金协会合作,开展私募股权投资基金方面的培训。11月23~25日,“PE(私募)管理系列培训”第二期在万商花园酒店举办。培训班将基金募集到项目退出的整个基金运作周期,设置成“基金募集”、“基金投资”、“基金投资项目后管理”及“基金投资的退出”四个模块,同时增加政府政策解读模块。讲师们分别就各自专业领域,通过理论讲解、案例分析和现场讨论等方式传授给学员。会计师事务所与律师事务所合伙人也针对PE管理尽职调查以及PE管理所涉及的最新相关法律文件与学员进行深度探讨。60余家股权投资企业参与培训,70余位学员获得结业证书。

(于 培)

驻区金融机构

概 述

自首钢规划搬迁以来,区委区政府及早谋划产业转型方向和转型重点,确立现代金融产业地位,鼓励商业银行、证券公司、保险公司等金融机构总部或分支机构入驻,发挥现代金融产业在全区“大调整、大建设、大发展”和推进“首都绿色转型示范区”建设中的支撑作用,以填补首钢搬迁后导致的产业空心化、主导产业缺失等问题。年内,区域内现代金融机构数达到80余家。中国工商银行、中国农业银行、中国银行、中国建设银行、交通银行、北京银行、华夏银行、中国光大银行、北京农村商业银行、兴业银行和中国邮政储蓄银行等11家银行在本区设立分支机构及营业网点。年末,银行机构存、贷款余额为895.16亿元和356.06亿元,同比分别增长7.7%和12.9%。非银行金融机构、创新型准金融机构快速发展,全区保险机构9家、证券营业部9家、创业投资及股权投资机构22家、担保公司22家、小额贷款公司1家、典当公司14家。

(于 培)

中国工商银行股份有限公司北京石景山支行

【概况】 中国工商银行股份有限公司北京石景山支行(简称工行石景山支行),隶属中国工商银行股份有限公司,是国有股份制商业银行。年末,有员工499人,其中在岗员工417人,柜员合同工22人,网点从业人员347人;下辖网点有八角支行,玉泉路支行,高井支行,北辛安支行,黄楼支行,八角北支行,古城东街支行,鲁谷支行,苹果园支行,八大处支行,游乐场支行,金顶街支行,重兴园支行,古城分理处,四平台分理处,五里坨储蓄所,第一储蓄所,星座储蓄所。12月,远洋山水支行开业,支行网点达到19家。其中,综合网点16个,单一网点3个。全部网点中包含财富管理中心1个,贵宾理财中心10个。年内,被工行北京分行授予“文明单位”称号。

地址:石景山路63号
电话:68874128
邮编:100043

(郇 玉)

【信贷业务】 本外币存款347.84亿元,同比增加20.15亿元,增幅为6.15%;日均存款额310.75亿元,同比增加43.51亿元,增幅为16.28%。本外币贷款余额111.57亿元,同比增加18.03亿元,增幅为19.28%。

(郇 玉)

【个人理财】 各网点营销流动资金贷款、银行承兑汇票、投行、履约保函等业务。发放新流程下北京分行首笔个人信用贷款,个人信贷服务向高端客户群延伸。个金人民币理财销售150.47亿元;代理基金业务12.74亿元;代理保险业务销售4.16亿元;新增网上银行客户35058户;新增个人客户证书42336户;新增手机银行(WAP)客户32552户;累计发放牡丹灵通卡83374张;信用卡业务全年新增发卡56614张,收单交易额81.16亿元;电子银行交易额2431亿元。

(郇 玉)

【中间业务】 全年实现账面中间业务收入1.19亿元,加上各项返还实际收入1.73亿元,增长50%。中间业务收入占利润总额27%。贵金属销售493.68公斤,其中:积存金25.49公斤;黄金积存401.2公斤;如意银及代销银92.45公斤。

(邬 玉)

中国农业银行股份有限公司北京石景山支行

【概况】 中国农业银行股份有限公司北京石景山支行(简称农行石景山支行),隶属于中国农业银行北京市分行。下设7个部室、11个二级支行、3个分理处,在职员工353人。年内,在宏观形势复杂多变、市场竞争愈加激烈、内部控制力度加大的环境下,围绕分行提出的"市场入主流、同业创一流"战略目标,以有效发展为指导,以客户建设为核心,以员工素质能力和内部管理为支撑,推动各项业务快速发展。组织正职岗位、助理岗位及大堂经理、个人客户经理、对公客户经理竞聘工作,开展人力资源改革,机关人员得到有效精简,网点劳动组合得以明显优化,人力资源使用率进一步提升。年末,全行本外币全口径余额183.24亿元,同比增加19.05亿元;各项贷款余额58.56亿元,同比增加21.72亿元;实现国际业务结算量5.86亿美元;新增信用卡8392张;新增自助设备9台,其中,ATM机7台,自助缴费机2台。获年度区"纳税百强单位"、"重点企业"、"巾帼服务品牌"等称号。

地址:八角南路18号

电话:68863907

邮编:100043

(张 钰)

【区域建设】 针对城中村改造项目专门研发"城乡一体化综合建设贷款"产品,有效解决"一村一策"原则带来的信贷投放难问题,截至年底,对该项目累计审批贷款20亿元,累计投放16.1亿元。积极践行"文化兴区战略",提供600万元贷款全力支持首届"动漫游戏嘉年华"活动。同时,秉承"金融服务产业、产业促进金融"方针,探索多途径、多渠道的金融服务文化创意产业模式,助力"中国数字娱乐第一区"建设。

(张 钰)

【企业服务】 以存贷款业务为主体,做大对公业务。发挥金融作为现代经济的核心作用,以结算业务和优质服务为载体,为市一中院、区法院、石景山医院、供电局、中铁建设、中铁建二十二局集团、万达广场商业管理公司、区国资公司、石开房地产、畅游网络等区内重点企事业单位提供优质金融服务,实现农行业务发展与地区重点企业发展的互促共赢。

(张 钰)

【个人服务】 完成2个营业网点装修改造工作,通过加强网点"软"服务建设,全面开展标杆网点转型和导入。结合"城中村"建设中拆迁居民财富骤增现象,为拆迁户提供各种专属理财方案,进社区上门服务,为居民开展金融知识宣讲、防诈骗宣传等活动,协助政府引导拆迁居民树立正确财富消费和投资理念。通过个贷投放,做好远洋山水、融景城等项目按揭放款,通过优质高效的按揭业务办理满足广大居民的购房需求。

(张 钰)

【风险把控】 以信贷制度化、程序化、规范化创建为重点,将风险把控贯穿于日常信贷工作中。细化岗位责任,不良贷款余额和占比创历史新低,达到"三化一无"(年末无法人当年新增逾期贷款和垫款、年末无法人不良贷款、年末无不良信贷资产余额)水平。出台并实施柜员岗位轮换制度,重点发挥合规部内控作用,打牢案防基础。开展集中性案防教育,历时一个半月,组织4批235名员工赴大兴参观市反腐倡廉警示教育展,营造案防高压态势,提升全员合规意识。通过加强内部管理,继续保持内控评价一类行水平。

(张 钰)

中国银行股份有限公司北京石景山支行

【概况】 中国银行股份有限公司北京石景山支行(简称中国银行石景山支行),隶属于中国银行股份有限公司北京市分行。内设办公机构5个,下属经营性机构9家,分别为营业部、长安支行、翠微支行、西翠路支行、莲花池西路支行、鲁谷支行、银河大街支行、杨庄东路支行和门头沟支行。截至年底,职工总人数194人,平均年龄31.6岁,大专以上学历186人,占95.87%。4月4日,从原址海淀区复兴路甲14号搬迁至中铁建设大厦,新办公地址面积1693.15平方米。年内,加强网点建设,深入推进创新转型,全力支持地区经济建设,各项业务取得长足发展,逐步成为区域实力强、金融品种多、功能全、网点设置广的银行。获区"三八红旗集体"、"纳税百强单位"和"重点企业"称号。

地址:石景山路20号中铁建设大厦

向居民宣传如何识别假币 (北京银行石景山支行供稿)

电话:57832009
邮编:100043

(曾海河)

【网点建设】 着力推进网点建设,年内,新建网点2家,迁址网点1家。其中,莲花池西路支行于9月19日开业,银河大街支行10月24日开业。提升新网点功能性、合理性建设。完成门头沟支行选址、装修和开业报批手续,11月24日迁址开业。

(曾海河)

【业务推广】 推出儿童礼仪存单、个人双享贷、个人多宝格、中银·FESCO账户一站通、中银速通卡、银医合作项目、期限匹配型中银集富理财等20余项新产品,涵盖个金、国结、信用卡、公司等领域,满足客户需求,取得较好经济效益。

(曾海河)

【特色服务】 全年累计为区内中小企业发展提供融资贷款3500万元,开办公司和个人金融业务100余种,新开立企业客户1105户。利用外汇业务优势,全方位服务区域"走出去"的企业,提供进出口企业汇出汇入汇款、信用证、保函、跨境人民币结算等各类国际结算服务。针对不同客户行业特点,创新业务,推出融易达、融信达等供应链融资产品,从结算速度、结算品种上满足客户需求。开展以"让您尊享微笑服务,使您感受规范送语"为主题的质量月活动,进一步规范送别客户流程,加强日常礼貌用语规范,全面提升客户满意率。

(曾海河)

中国建设银行股份有限公司北京石景山支行

【概况】 中国建设银行股份有限公司北京石景山支行(简称建行石景山支行),隶属于中国建设银行股份有限公司北京市分行,是国有股份制商业银行,为二级分行。有中长期劳动合同员工219人,其中本科及以上学历人员98人,占员工总数的44.7%。党员58人,内设机构4个,下辖西永乐支行、古城支行、鲁谷大街支行、杨庄东路支行、模式口支行、玉泉西里支行、八角北里储蓄所、西山枫林储蓄所。截至年底,实现本外币账面利润总额22967万元,本外币全口径存款时点余额53.60亿元,本外币各项贷款余额为96.75亿元,中间业务净收入2854万元。信用卡新增2408张。被评为"区域经济发展突出贡献单位"和"纳税百强单位"。

地址:石景山路22号
电话:51993506
邮编:100043

(苗一聪)

【扩大存款业务】 从维护传统客户存款稳定、寻找现有客户新的存款增长点和增加新开户营销工作三方面入手,扩大存款规模和提高存款质量。不断追踪传统存量客户经营发展动向,掌握资金运作模式,提高企业存量存款掌控能力。以支行核心企业为依托,大力拓展相关企业存款业务,挖掘存款贡献度较高的客户。年内,支行为中昂地产(集团)有限公司发行"中诚隆利1号"信托理财产品,募集优先受益权资金50000万元。

(苗一聪)

【安置款代发】 承接首钢总公司员工下岗安置资金代发,总人数7000多人,总款额19.3亿元。通过公私联动办理个人人民币理财业务2.5亿元,个人定期存款新增3.5亿元,代理保险0.56亿元。

(苗一聪)

【机构优化调整】 逐步推进运营机制优化工作。内设部室由综合部、营业部、公司部变更为公司银行部、零售银行部、综合部、营业部。成立理财中心,加大中高端个人客户营销力度。银行部通过公开岗位双选竞聘,组建5支专业化营销团队,营销不同细分客户群体。

(苗一聪)

交通银行北京石景山支行

【概况】 交通银行北京石景山支行(简称交行石景山支行)隶属于交通银行北京西区支行管辖。年末,有员工25人,包括行长3人,客户经理4人,大堂经理1人,综合柜长1人,综合柜员13人,引导员3人。作为网点级支行,公、私贷款业务均由管辖行统一办理,且不单独考核利润。

地点:石景山路29号京燕饭店西配楼一层
电话:68876307
邮编:100043

(田未来)

【在线交易】 下半年推出交银商城,为开户企业和个人免费搭建线上交易平台。该平台根据供应商诚信档案,提供个性化网络融资服务。目前包括企业馆(B2B)、商品馆(B2C)和收付馆(线上代收),上线企业已突破300家。

(田未来)

【网银服务】 推出联合在线企业网上银行管理平台。在企业网银中融入个人网银服务,同时将公司和个人业务联合办理,支持企业对公账户与法定代表人个人账户资金互转,实现网银在线电子化开户及在线签约增值业务。

(田未来)

北京农村商业银行股份有限公司石景山支行

【概况】 北京农村商业银行股份有限公司石景山支行(简称农商行石景山支行)隶属于北京农村商业银行总行。设立综合管理部、人力资源管理部、授信审批部、资产风险管理、个人金融部、支行营业部6部,在编员工(含协议工)150人,大专及大专以上学历人员111人,占职工人数的74%,中级职称10人,占6.7%。主要从事吸收公众存款,发放短期、中期和长期贷款,办理国内结算、票据承兑与贴现,代理发行、兑付、承销政府债券、收付款项及保险业务,从事银行卡业务,提供保管箱服务等业务。年内,支行部室经理、非管辖支行行长分别签订年度绩效合约书、党风廉政自律责任书、安全保卫工作目标责任书、案件防控治理工作责任书、维护稳定工作责任书。截至年底,储蓄存款余额41.85亿元,银行卡消费额4.18亿元,新增个人VIP客户数288户,个人理财及对公理财产品销售额突破4亿元。荣获区公安分局授予的“集体嘉奖”和4个个人嘉奖。

地址：杨庄东路78号
电话：68841937
邮编：100043

（蒋丽丽）

【专题调研】 与银团贷款牵头行国家开发银行北京分行、项目实施主体区土储分中心共同对衙门口“重点村”综合改造银团贷款项目进行专题调研。就银团贷款项目推进情况、存在问题及解决意见进行深入讨论与交流，在进一步加强合作、细化分工、协同推进、实现共赢等方面达成共识，对目前授信业务合作状况表示满意。

（蒋丽丽）

【安全保卫】 成立支行“安全生产月”现场检查小组，落实人防、物防、技防和消防以及交通安全。制定安全保卫管理考核办法，层层签订安全保卫目标责任书、消防安全管理责任书、安全维稳工作目标责任书。组织防范电信诈骗宣传活动及消防演习和防抢演练。

（蒋丽丽）

【公益宣传】 作为北京首家零碳倡导银行，开展“绿色金融低碳生活周”主题宣传活动，宣传低碳绿色生活新理念，营销绿色低碳相关业务，不出家门也不用到银行排队便可办理转帐业务及缴纳各项中间业务费用，快捷及时又低碳环保。同时制作废旧电池回收箱供市民投放，树立绿色银行、低碳银行公益形象。

（蒋丽丽）

北京银行股份有限公司石景山支行

【概况】 北京银行股份有限公司石景山支行（简称北京银行石景山支行）是北京银行在本区设立的唯一一家管辖行，辖京源路支行，下设公司业务部、零售业务部、石景山营业部、京源路营业部、办公室等5个部门。年内，以“为客户创造价值，为股东创造收益，为员工创造未来，为社会创造财富”为使命，实施“服务地方、服务中小、服务市民”发展战略，支行存、贷款规模继续扩大，综合竞争实力不断提升，成功发放一笔2亿元的委托贷款，为北京丽贝亚建筑装饰工程有限公司累计开保函近4000万元、为北京通融通信息技术有限公司累计开保函近2100万元。截至年底，新增日立存取款一体机2台，医保取款机2台，个人贷款余额突破3亿元，个人存款余额达到21.4亿元，信用卡办理数量1349张；实现利润8472万元。

地址：石景山路42号
电话：68878220
邮编：100043

（朱汉京）

【深化银政合作】 支持打造CRD核心区，银政合作授信额度提高到28亿元。将信贷资金和优质服务投向最需要的地方，为区土地储备分中心授信20亿元，支持区内重点工程和项目建设，实现与区域经济共赢。

（朱汉京）

【服务中小企业】 坚持以服务中小企业为市场定位，年内为5家中小企业操作信托贷款买断业务，金额9100万元。加强与区金融办、发改委、投促局、中关村科技园区石景山园沟通，共同搭建中小企业融资服务平台，制定专门的客户经理为招商引资企业提供贴心、优质服务。为中小企业提供包括“小巨人”、融信保等优质的产品品牌，发放文化创意、知识产权质押等贷款，支持中小企业发展。

（朱汉京）

【拓展金融服务】 不断丰富信用卡品种，满足不同层次客户需求。年内推出包括品质海淀卡、时尚西城卡、I Do联名卡等特色信用卡。为北方工业大学、北京工业职业技术学院提供非税业务服务，指定专人每天往返于单位取送支付令、开学时帮助学校收取学费。推出适合个体工商户和中小企业主的“短贷宝”业务，具有“贷款申请简易快、担保方式多样化、一次授信循环用、授信额度有保证、资金到账讲速度”五大优势。全年实现短贷宝放款42笔，贷款金额6600万元，助推小微企业发展。

（朱汉京）

【发放助学贷款】 坚持关注公益活动、体现人文关怀理念。继续为北方工业大学、首钢工学院、北京工业职业技术学院等3所高校开办国家助学贷款业务。年内发放助学贷款300余笔。截至年底，助学贷款余额达1024万元，帮助数千名贫困学子完成学业。

（朱汉京）

【提供贴心服务】 坚持“服务市民百姓”的市场定位，秉承“真诚，所以信赖”的服务理念，打造“市民银行”品牌。针对拆迁客户购房、购车、装修、养老、增值等不同方面需求，为客户量身定做理财计划，提供一对一的客户经理理财服务，在保证资金安全前提下，使客户获得更大收益和保障。完善网点零售销售流程优化项目，通过低柜建设、人员优化等措施，突破传统经营管理模式，挖掘网点效能，建设新型现代银行网点。

（朱汉京）

中国光大银行股份有限公司北京石景山支行

【概况】 中国光大银行股份有限公司北京石景山支行（简称光大银行石景山支行），是中国光大银行北京分行在本区唯一分支机构。设有办公室、营业室、公司业务部、零售业务及24小时自助银行，有员工26人。年内，参与新经济、新产业发展，支持地方建设，为辖区内企业和群众提供优质金融服务。形成各主要业务条线均衡发展、零售业务员贡献度不断提升、风险管理逐步完善、创新能力日益增强经营格局。成为首批中小企业试点行，有效增加核心中小企业客户数15户、新增中小企业贷款额2.54亿元。获“上半年储蓄业务特别贡献奖”、“零售客户经营特别贡献奖”。

地址：阜石路166号泽洋大厦北座首层101室
电话：52638610
邮编：100043

（张　丽）

【零售业务】 代理销售国债52706万元，代理销售基金18.5万元，代理销售保险1133万元；第三方存管客户

205户，销售人民币理财产品3亿元，发放信用卡2850张；个人网上银行客户2656户；储蓄存款余额4.8亿元。发放个人贷款3263万元。

（张 丽）

【公司业务】 支行对公时点存款余额18.1亿元，贷款余额49.1元，贸易金融业务包括国内信用证累计开证金额69.21亿元；进口信用证累计开证金额2.9亿美元；进口信用证押汇累计金额4.28亿美元；货押业务累计金额5.6亿元。

（张 丽）

【全程通业务】 作为中小企业试点行、全程通业务特色行，年开票量约为8亿元，占分行开票量的17%。授信客户合计20户，授信额度5.375亿元。其中：年营销新客户40户，取得新增授信批复15户，营销成功率38%。新增授信额度4.02亿元，新增量占全程通总授信额度75%。全程通网络客户数量在分行名列前茅，网络单一客户在分行排名第一。

（张 丽）

华夏银行股份有限公司北京石景山支行

【概况】 华夏银行股份有限公司北京石景山支行（简称华夏银行石景山支行），行政上归属首钢总公司领导，业务上接受中国人民银行指导和检查。年内，服务首钢及其下属单位，为首钢公司及其职工提供金融服务。支持区域民营经济发展，为辖区内民营企业提供信贷支持。用信贷、结算等多种金融产品支持中小企业发展，开展水费、电话费、燃气费、有线电视费等代理收费业务。以“保稳定、抓机遇”为出发点，顺应形势，适时调整发展策略。年末，存款余额34.66亿元，个人客户金融资产总量21亿元。完善金融设施，改善用卡环境，新增离行式自助设备4台，累计40台。

地址：石景山路66号
电话：68830863
邮编：100043

（安 侠）

【战略协议】 与北京京西创业投资基金有限公司签订战略合作协议，建立创新型银行与创投基金“托管＋融资＋融智”的合作关系。根据协议内容，为该公司提供全方位综合金融服务，包括资产托管、创投选项及管理、融资及投资配套资金、投资监管咨询等。双方建立“创业投资基金与银行贷款联动”发展模式，向公司提供人民币20亿元融资支持。

（安 侠）

【个人理财】 全年个人金融资产总量达到21亿元，累计销售人民币稳盈、增盈、创盈等个人理财产品14.6亿元。年内，方便辖区客户绿色出行、便捷出行，发行速通卡6000多张。

（安 侠）

【金融服务】 年内，着眼于服务中小企业，以联保联贷、房屋抵押、票据质押、供应链融资等方式开展中小企业信贷业务，支持辖区内中小企业发展。

（安 侠）

中国邮政储蓄银行北京西区支行

【概况】 中国邮政储蓄银行北京西区支行（简称邮储银行西区支行）作为中国邮储银行北京分行下属一级支行，内设办公室、财务会计部、个人金融业务部、公司业务部、信贷业务部、风险稽查部、渠道科技部七大部室及19个一类支行、26个二类支行、30个代理网点。辖区网点75个，横跨东城区、西城区、海淀区、石景山区、丰台区五大城区，其中区内有网点20余个。年内，西区支行创新交叉销售模型，实现个金、公司、信贷三大业务板块合力发展，个人储蓄存款余额40.7亿元，比上年增长6.5亿元；公司存款日均18.7亿元，同比增长3.4亿元；贷款余额9.5亿元，比上年增加3.7亿元，信用卡发卡5300张，新增自助渠道76台。获分行“优秀管理经营单位”。

地址：西城区阜成门北大街17号
电话：68332868
邮编：100035

（曾 伟）

【代发养老金】 每月代发养老金数额2亿元，涉及435家企事业单位、近6万人，占辖区代发总人数的三分之二，其中首钢集团月发放额1.2亿元。为全体养老金客户免费开办短信通知业务，配套创新电子银行业务。与社保部门联合开展“银政联手，金融便民，创先争优”养老金客户服务专项活动，发挥网点优势，搭建养老金客户服务网络。

（曾 伟）

【服务地方经济】 秉持“进步与您同步”理念，为中小企业发展提供全面金融服务。年内发放中小企业贷款、个人商务贷款和小额贷款三种贷款总额占总贷款规模比重60%以上。与区私个协签署个体私营企业金融服务合作协议，为中小企业客户和创业园青年

11月15日，邮储银行技能大赛 （邮储西区支行供稿）

创业者累计提供10亿元零售贷款，缓解中小企业资金困难，帮扶青年创业，推动区域经济发展。

（曾　伟）

【服务民生】 依托邮政金融遍布城乡、贴近百姓生活的优势，为企业客户终端消费者、活期客户的资金领取者提供代收、代付服务。已为水、电、燃气、通信、交通等多种大型客户提供代收代付等服务，并为众多政府部门提供各项税费补贴资金（包括涉农补贴资金），社保资金（包括新型农村社会养老保险资金）的代收、代付等安全便捷的服务。

（曾　伟）

新华人寿保险股份有限公司北京市石景山支公司

【概况】 新华人寿保险股份有限公司北京石景山支公司（简称新华保险石景山支公司）隶属新华人寿保险股份有限公司北京分公司。内设行政后援室、教育训练室，有8个营业部，在职外勤员工288人，在职内勤员工7人，其中大专以上7人，占职工人数的1.4%。年内，业务增速稳步增长，顺利完成全年任务。

地址：石景山路23号院中础大厦A座七层

电话：68684603

邮编：100043

（李　莹）

【保费收入】 加强员工基础管理，提升队伍素质，强化风控管理，促进业务稳健发展。截至年底，实现保险费收入2249万元。

（李　莹）

【保险理赔】 通过全国统一服务电话95567实行7×24小时不间断理赔报案受理服务及后续理赔服务咨询。年内，实现理赔金额500元以下的理赔案件30分钟内结案，理赔金额500元以上5000元以下的理赔案件3个工作日内结案。

（李　莹）

信达证券股份有限公司北京古城路证券营业部

讲解理财知识，发放宣传材料　　（北京银行石景山支行供稿）

【概况】 信达证券股份有限公司北京古城路证券营业部（简称信达证券古城路营业部）是信达证券下属分支机构。成立于2008年6月，前身是“金谷证券北京古城路证券营业部”。内设电脑部、财务部、交易部、客户服务部、市场营销部、行政综合部等6个部门，正式员工78人，平均年龄28岁，其中本科学历以上员工47名，占员工总数的60%。年内，秉承“崇德敬业，诚信为本，规范经营，创新发展”经营理念，为投资者提供优质、个性化金融服务，促进区域金融企业间交流合作。全年新开客户4013户，股票成交额407.79亿元；累计客户数4.7万户，累积客户资产38亿元。获行业创新项目“现金宝”全国首批试点单位。

地址：八角西街68号

电话：68843741

邮编：100043

（周建民）

【战略合作】 与金融机构密切沟通合作，扩大合作范围，合作银行覆盖整个区域。同时，加大与非银行金融机构（如信托公司、基金公司等的）交流合作，年内取得阶段性成果。

（周建民）

【投资理财】 持续关注提高客户满意度和业务创新，满足投资者个性化需求，成为行业创新项目“现金宝”全国6家首批试点单位之一。对中小投资者开办“陪你看盘”周末理财课堂及投资者风险教育等活动，为客户规避风险，学习科学投资方法提供交流平台。为机构客户和高端客户开通大宗交易平台，引进伞形信托、定向理财、对冲基金专户等行业领先产品和服务模式。

（周建民）

【服务民生】 青年员工前往门头沟区养老院，探望孤寡老人，捐赠电视机6台，丰富老人们生活。举办爱心义卖会，义卖善款千余元，由员工亲自送往顺义区赵全营镇板桥“太阳村”。加入古城街道办事处主办的“千百十”便携家园计划，为社区居民提供优惠服务。

（周建民）

国泰君安证券股份有限公司北京鲁谷路营业部

【概况】 国泰君安证券股份有限公司是首家进驻本区的大型综合类券商，由原国泰证券有限公司和原君安证券有限责任公司通过新设合并、增资控股，于1999年8月组建成立，目前注册资本47亿元，第一、二、三大股东分别为上海国有资产经营有限公司、中央汇金公司和深圳投资管理公司，是国内规模最大、经营范围最宽、机构分布最广的证券公司之一，经纪业务连续多年位居行业前三甲。国泰君安北京鲁谷路证券营业部成立于2009年12月,上年2月9日正式开业,是国泰君安证券在京设立的第7家营业部,也是本区第1家国内双A级券商营业部,依托总部从事证券经纪业务,辐射范围覆盖整个京西地区。年末,有在岗员工29人,其中正式员工20人,经纪人9名。30岁以下员工16人,占职工人数的55.17%;30~40岁员工10人,占34.49%;40岁以上员工3名,占10.34%;拥有硕士学历员工2人,占6.9%;本科学历22人,占75.86%;大专学历5人,占17.24%。年内,秉承“诚信、亲和、专业、创新”的司训,以为客户创造价值为己任,为客户提供种类齐全的证券投资产品。拥有金卡客户289户,银卡客户156户,证券交易额7亿元,增幅超过20%。营业部总经理获公司“青年岗位能手”及北京分公司“先进个人”称号。

地址:鲁谷路35号电科大厦一层
电话:88687066
邮编:100043

(吴长峰)

【证券投资服务】 营业部功能设计不同于传统服务模式,设立多种金融产品体验区,为投资者展现更加专业的金融服务能力。提供宽敞舒适的业务办理环境,满足大资产量投资者对于现场交易的需求。不断开发市场,拓展各项经纪业务,以营业部为中心,辐射周边各大中型商铺,采取与商铺合作办法进行营销。针对不同客户设计适合的行情软件,富易交易软件安全、无障碍运行。

(吴长峰)

【新三板业务】 成功运作北京金声玉润珠宝有限公司“新三板业务”(全称为深交所中关村园区非上市股份有限公司进入代办股份系统),成为国泰君安北京分公司首个完成“新三板业务”的营业部。新三板业务分为四个部分,第一部分为交易系统,在深交所完成,与深交所其他交易市场为一个体系;第二部分为中关村园区一区十园;第三部分为非上市股份有限公司;第四部分为“代办股份转让”,由证券公司代办。

(吴长峰)

【融资融券业务】 稳步推进融资融券业务开展,向客户出借资金供其买入证券或出具证券供其卖出证券,分为融资交易和融券交易两类。年内,有40多个客户具备开立条件,为9名客户开通融资融券帐户,完成率22%。

(吴长峰)

2012 石景山年鉴 SHI JING SHAN NIAN JIAN

中央市属驻区企业

年内，受首钢涉钢产业搬迁调整及石景山钢铁主流程停产影响，全区工业生产大幅下滑。全区79家规模以上工业企业累计完成现价工业总产值379.6亿元，同比下降39.2%；完成主营业务收入774.1亿元，同比下降20.5%；实现利润29.6亿元，同比增加35.5%；应交税金21.5亿元，同比下降2.6%；出口交货值29.5亿元，同比增加16.6%；累计生产钢材91.4万吨，同比下降84.7%；累计发电量89.6亿千瓦小时，同比下降8.1%；累计生产集成电路2.5亿块，同比下降2.1%；规模以上工业企业综合能源消费量287.4万吨标准煤，较上年同期下降51.6%；万元工业产值能耗0.757吨标准煤，较上年同期下降20.4%。

首钢集团

概　　述

首钢集团是以钢铁业为主，兼营矿业、电子、机械、建筑、服务业和海外贸易的大型企业集团，以首钢总公司作为母公司，下属13家子公司及其他独立经营单位；7家国内其它钢铁企业，4家香港上市公司。年内，分流安置北京钢铁主流程停产人员，改造北京首钢工业区，开发高端产业综合服务区取得进展。全年实现利润18.9亿元，与上年持平；销售收入2334.98亿元，同比增长18.21%；资产保值增值率100.5%，生铁产量3051.9万吨，粗钢产量3004万吨，钢材产量2812.18万吨；钢产量（扣除北京停产400万吨）同比增加275万吨。钢铁业挖潜增效43.2亿元，其中降低成本增效31.5亿元，依靠调整结构增效11亿元。全年开发新产品60项，共13.7万吨；完成科技成果94项。首钢总公司获得“全国用户满意企业”称号。实施大客户代表制，向中石油等17个重点战略客户派驻代表。承担863课题“钢渣活性固化与资源化利用技术研究”，获国家资金支持。编制完成《新首钢高端产业综合服务区规划方案》，高端产业综合服务区纳入中关村政策覆盖范围。中国动漫游戏城建设项目取得土地一级开发授权及项目外部路段实施主体授权，完成实验区西区厂房改造和重点景观建设。首钢集团在岗职工人均年收入5.23万元，同比增长10.6%。

地址：石景山路首钢厂东门
电话：88293520　68873606
邮编：100041

（李淑萍）

【钢铁生产】 首钢集团全年生铁产量3051.9万吨，粗钢产量3004万吨，钢材产量2812.18万吨。其中高附加值、高技术含量名优拳头产品产量1028万吨，同比增加202万吨。热卷产品实现大批量稳定生产；冷轧汽车板、家电板产量99万吨，同比增加72万吨，汽车板拥有16大类18个品种；150毫米高强水电用中厚板实现国内首次生产。2月9日，迁钢公司4号、5号转炉采用首钢自主集成的“一键式”自动化炼钢核心技术，冶炼出第800炉优质钢水。京唐钢铁公司建成1000万吨规模生产基地，顺义冷轧公司全年产量173万吨，首秦公司4300毫米粗轧机、3号铸机6月竣工投产，中厚板覆盖到桥梁、造船、容器、管线用钢等54个品种。

（李淑萍）

【石景山主流程停产仪式】 首钢北京石景山钢铁主流程圆满完成历史使命，顺利实现全面停产，标志着首钢进入全新的产业调整与转型发展阶段。1月13日，停产仪式在文馆举行。中共中央政治局委员、国务院副总理张德江出席仪式并讲话；刘淇为首钢总公司颁发“功勋首钢”纪念牌；郭金龙在讲话中向国家各部委对首钢搬迁调整工作给予的大力支持和帮助表示衷心感谢。董事长朱继民宣布，首钢北京石景山钢铁主流程实现安全、稳定、经济停产，兑现了对国家和人民的庄严承诺，这座有91年历史的钢城光荣退役。首钢职工代表发言。国务院有关部门和市领导肖亚庆、刘铁男、王晓初、卢春房、黄丹华、吉林、李士祥、苟仲文出席停产仪式。仪式由王青海主持。停产仪式结束后，张德江一行来到已经熄火的首钢炼铁三高炉，慰问一线职工并和大家合影留念，刘淇讲话，祝愿首钢再创辉煌。首钢是北京最大的市属国有企业，是国有企业改革发展的一面旗帜。几十年来艰苦创业，创造我国钢铁工业史上的多个第一，为国家钢铁工业发展和首都经济社会发展作出历史性巨大贡献。1994年，首钢钢产量达824万吨，居全国之首。随着北京城市扩张，首钢的位置已从“北京西郊”变成北京城区，污染问题也越来越被外界关注，首都地域和环境容量限制了首钢发展。2005年2月，国家发改委正式批复首钢搬迁方案，同意首钢实施压产、搬迁、结构调整和环境治理，在河北唐山曹妃甸建

迁钢公司厂区　（首钢集团供稿）

设一个新首钢，在顺义建设冷轧薄板生产线，至上年底完成搬迁。将一个年产800多万吨的钢铁企业整体停产，需要安置分流职工6.47万余人，规模大、难度高、工作繁重复杂，在我国乃至全世界史无前例，成为60年代以来国内最大规模的一次工业迁移。市政府已通过《首钢工业区改造规划》，“十里钢城”旧址上将建设一座新城，定位为“城市西部综合服务中心”和“后工业文化创意产业区”。

（李淑萍）

【停产职工分流安置】 石景山钢铁主流程停产涉及职工2.2万余人。年内，首钢按照“骨干有岗位、职工有渠道、分流有政策、安置有秩序”四项原则，调查北京厂区生产单位人员分流安置意向，收集职工的身体状况、家庭状况、职业技能、分流意向等，制定分流安置相关政策。形成停产职工分流安置的“四个特定”政策，制定11条分流安置渠道。首钢第17届二次职工代表大会通过《首钢北京钢铁主流程停产职工分流安置方案》。部分职工将被派遣到首钢顺义冷轧厂、首钢河北迁安厂区以及曹妃甸新建设的京唐钢铁厂；年龄较大、身体条件不允许和家庭有困难的职工，自主选择退休或提前退休，领取补助和退休金。全年分流安置职工3.02万人，其中钢铁主业1.81万人，非钢单位1.21万人。转移钢铁新基地和新产业安置8879人，从事留守护厂巡逻、设备及设施拆除等3433人，办理退休和内部退养1336人，职工与企业协商解除劳动合同1.02万人。

（李淑萍）

【停产机构调整】 机构调整工作涉及机关行政系统18个职能管理部门，机关行政部厅定员从2269人调整到1577人，压缩692人，减幅30.5%。北京主厂区停产单位整合为铁区、钢区、轧区留守处和动力厂。下发首钢总部职能转化指导意见、关于开展管理职能转化机构调整工作的通知、新首钢高端产业综合服务区管理体系方案，设立和完善首钢建设投资公司和高端产业开发部，成立“首钢总公司新首钢高端产业综合服务区管理委员会”，下设立管委会办公室、二通实验区办公室和特钢园区办公室。

（李淑萍）

京唐钢铁公司能源控制中心 （首钢集团供稿）

【钢材产品销售】 全年钢材销售量1733万吨，其中热轧972万吨，冷轧467万吨，中厚板236万吨，长材58万吨；拳头产品销售999万吨，其中管线钢销售111万吨，家电板销售118万吨，冷轧汽车板销售91万吨，中板50毫米以上特厚板销售51.65万吨；全年销售收入766亿元，降低物流费用46.1万元。上海、广州、山东区域分公司全年完成订货435.34万吨，比上年提高143.14万吨，增长49%。广州分公司实现中板销售“零”的突破，山东分公司3月注册成立，6月份投入运行，全年钢材销量18.36万吨。首钢汽车板落料压力成型线项目于5月投产。全年各加工配送中心完成销量45.86万吨，加工量35.9万吨，全部实现盈利。全年首钢汽车板市场占有率9%，与国内排名前10位的汽车企业集团建立合作关系，向20家整车生产企业和零部件配套企业供货，成为北汽福田、北京现代、长城汽车、吉利汽车、通用五菱等汽车企业主要供应钢厂。8月，镀锌汽车板向神龙汽车供货。年内，首钢向中石油等17个重点战略户派驻12名大客户代表，并指派63名产品工程师和研发工程师，为重点战略客户提供“一对一”服务。全年出口钢材100.7万吨。组织完成年度进口贴息申报，获得国家拨发贴息资金3726万元。

（李淑萍）

【钢铁产品进出口】 全年出口创汇8.59亿美元，钢铁产品出口量100.81万吨；首钢集团进口矿石量2262.55万吨。全年进口焦煤68.3万吨，保证钢铁主业对焦煤资源的需求。全年冷轧产品出口量34.23万吨，比上年增加16.25万吨；境外企业秘铁公司全年矿产品产量936.9万吨，销售量946.4万吨，销售收入11.1亿美元，实现税前利润7.6亿美元，均创历史最高水平。首钢控股（香港）有限公司（简称香港首控）发行10亿元人民币债券，是第一例钢铁行业债券在香港人民币债券市场上发行，也是香港首控历史上第一次债券发行。香港首控经营的首长国际对澳洲吉布森矿石包销量增加至500万吨/年。全年铁路发运429.46万吨，公路发运568.19万吨。先后同美国斯坦科公司、韩国斗原公司、意大利CLN集团等进行接洽，达成长期合作意向。全年签订设备进口合同89个，签约金额3.13亿美元；备件进口合同39份，签约金额1090万美元；设备进口到货149批，到货金额2.56亿美元，办理减免税3410.29万元人民币。印度布山烧结、印度JCL60万吨/年球团、印度JSW700万吨/年料场和1000万吨料场在内的7个项目先后竣工投产。7月21日，签约马来西亚综合钢厂建设项目，合同金额14亿元人民币，全年承揽额2.29亿美元。

（李淑萍）

【提高自主创新能力】 全年热轧拳头产品732万吨，同比增加173万吨；冷轧拳头产品272万吨，同比增加143万吨。冷轧汽车板90万吨，市场占有率9%，其中镀锌汽车板10万吨，同比增加4.9倍；高强钢10万吨，同比增加5.7倍。汽车板已成为北京现代、长城汽车、北汽福田和长城汽车的最大国内钢板供应商；家电板产量118万吨，市场占有率15%；家电板成功进入海尔、美的、格力等著名家电企业；管线钢111万吨，市场占有率30%；集装箱钢57万吨，市场占有率22%。全年开发新产品60项，13.7万吨，包括直径21.4毫米X80卷板管线钢、超高强海工钢E690和合金化镀锌板DX56D+ZF等；12项产品实现小批量试制。通过德国奔驰供应商评审，汽车板通过北汽有限域胜007整车认证；X70抗大变形管线钢首批通过中石油的产品鉴定，700MPa级高强工程机械用钢通过中联重科和三一重工两家龙头企业的认证，直径20毫米以上X70管线钢通过制管企业的认可。年内，新增5个"金杯奖"产品，总数28个；2个产品获得"冶金行业品质卓越产品"称号；首钢总公司获得中国质量协会授予的"全国用户满意企业"称号。全年短平快项目实施19项，年直接经济效益6398万元。全年完成科技成果验收评估94项，"京唐钢铁工程技术创新"获得市科学技术一等奖。全年申请专利370项，同比增长32%；获授权专利222项，其中发明专利120项。"一种解决连铸小方坯疏松缩孔偏析的轧制方法"获第13届中国专利奖优秀奖，"复合闪烁磁场精选机"获市"发明专利奖"二等奖。在国家认定的729家企业技术中心评价中，首钢排名第8位，冶金行业排名第3位。

（李淑萍）

【矿产业资源开发利用】 首钢矿产资源业全年自产精矿粉480.66万吨，销售收入212.4亿元，利润6.4亿元。主要可比技术经济指标保持行业领先。7月，杏山铁矿主井提升系统建成投入试生产，日产1万吨以上。全年入选矿石210万吨，是上年的2.11倍。水厂铁矿实施矿石破碎站下移、采场下盘运输公路改造、东帮界外矿石回收等工程，改善采场技术状况。大石河铁矿对裴庄、二马及马兰庄、杏山区域内可利用的土线资源、边角矿进行挖潜回收，完成干选处理量1647万吨，入选矿石154万吨；水厂铁矿利用回收排土场、尾矿库的资源生产精矿粉85万吨。扩大沙石料生产规模，对裴庄4号干选生产线进行磁尾筛分及料台扩能改造，新增采磁尾筛分生产线，改造建筑砂生产线。自主兴建水曹铁路专线项目，进入政府审批程序。津唐地区与多家公司建立长期合作，全年销售资源再利用产品148.25万吨。废弃物深加工利用取得进展，新建蒸压砖、加气混凝土砌块生产线。丹东硼铁公司形成铁、硼、铀综合利用格局，铁精粉产量稳步增长，硼、铀资源实现综合回收，全年实现利润1.7亿元。全年完成科技创新项目55项、管理创新项目63项；11项科技成果申请国家专利；"露天地下相互协调安全高效采矿工艺技术研究"获国家冶金科技成果一等奖，磁铁矿尾砂综合利用技术被命名为"中国尾矿综合利用先进适用技术"、尾矿库尾砂再选项目被认定为"国家金属尾矿综合利用先进适用技术示范工程"。

（李淑萍）

【房地产业项目开发】 首钢高端产业综合服务区开发完成整体定位、产业定位、空间规划布局、实施思路等策略研究工作；总体规划方案完成公示，获市政府批准；开展工业遗产保护与利用研究；4个城中村拆迁完成总建筑面积的80%，其中厂区庞村及养马场村拆除完毕。中国动漫游戏城项目取得土地一级开发授权。9月，首钢创投公司注册成立，开展二通实验区环境治理、工业文物景观建设等工作。河北大厂回族自治县首钢装备业制造基地项目，完成工业项目招商3000亩，合同总金额近亿元。同时完成700亩房地产一级开发工作，收回结算资金近亿元。北京三期集资房建设项目已启动2号、3号住宅楼基础施工，完成部分管线拆改。金顶阳光学校工程竣工，首钢房地产公司进入"中国房地产百强企业"，连续6年获"质量信得过品牌"称号。

（李淑萍）

【信息化项目建设】 首钢汽车板信息化项目包括在线质量判定、产品综合查询、一体化质量管控、一体化计划排程项目取得进展。4月，启动迁钢冷轧信息化项目，包括一体化质量管控体系建设、三级系统建设、四级系统建设以及IT基础设施建设等。硅钢一体化质量项目已完成主要功能开发、ERP蓝图设计和系统配置、MES主要功能点开发、IT基础项目等阶段性工作。实施首秦公司MES二期项目。将该公司的设备纳入钢轧MES系统，建立统一的计划和生产执行平台。完成首钢客户营销服务平台项目并投入运行。该平台系统共授权用户576个。完成首钢ERPSAP系统升级和信息安全评估项目。加强信息系统运维管理，邮箱系统进行更新改造；结合拆迁工作，组织对北京地区三、四级系统用户和电话进行清理工作，MES三级用户封闭400多个，ERP四级用户封闭160多个。首钢集团"信息管理平台实现一业多地运营"，被工业和信息化部纳入《信息化与工业化深度融合——案例选编》。

（李淑萍）

【能源环保】 伴随着石景山钢铁主流程全部停产，首钢排放的空气污染物从最高时的近9000吨，剧减至零，从根本上消除对大气的污染。年内，实施拆除现场监察474人次，发现并处理污染隐患41次。配合市城市放射性废物管理中心，完成焦化厂、炼铁厂、源库共46枚放射源的收储工作。组织降低北京厂区能源消耗，减少费用支出。通过改变供电方式、改变用电性质和加强电能监测等手段，每月减少电费支出446万元。减少蒸汽及新水用量。修订能源环保专业管理制度28项，建立和完善能源环保计划统计管理、清洁生产审核、能源环保监测、项目建设管理等制度体系，建立和完善适应多地专业管理的应急机制。组织国内能源专家开展首钢各钢铁基地全流程节能诊断活动，举办首钢能源管理高级培训班。成立“迁安地区能源协调组”，提高煤气利用量，提高自发电比例，降低外购电费用。迁钢自发电比例三季度达到50%。4月15日，河北省首钢迁安钢铁有限公司结构调整项目环境影响报告书获得国家环保部批复同意建设。首钢迁安循环经济产业园平稳运行，首钢固废资源综合利用继续保持全国冶金企业先进水平。高炉矿渣微粉、尘泥集中资源化利用、废塑料型煤示范工程、渣罐隔板回收铸余渣钢等项目陆续投产，推进煤气制乙醇、氧化铁红磁性材料、废耐材综合利用等项目，产业园经济效益、社会效益、环境效益逐步显现。组织开展9项科研课题研究，其中国家863计划“钢渣活性组分固化与资源化利用技术研究”、“钢渣显热回收及快速稳定化技术研究”等4项前瞻性课题，获得国家科技资金支持1800万元。

（李淑萍）

【建筑垃圾资源化利用项目】 结合北京厂区拆迁产生大量建筑垃圾，在首钢原钢渣处理厂156亩土地上，利用已停产的原钢渣处理生产线及公辅设施建设首钢建筑垃圾资源化利用项目。项目设计年处理规模150万吨，建设年产80万吨的固定式破碎筛分生产线、年产70万吨的移动式破碎筛分生产线、年产40万吨的预拌干混砂浆生产线、年产6万立方米的节能及装饰砌块生产线。截至年底，完成焚烧间1号炉14米层和4号炉8米层结构混凝土浇筑施工，50个烟气净化间厂房独立柱基础施工，生产区结构部分施工基本完成，进入设备安装阶段。北京首钢生物质能源科技有限公司组织完成主体设备采购招标工作。垃圾焚烧炉和余热锅炉、汽轮发电机组、垃圾抓斗起重机、烟气处理系统等主体设备采用公开招标方式。已完成勘察、设计、监理、土石方施工招标工作。设备招标共完成26项，包含焚烧炉和余热锅炉系统、汽轮发电机组、垃圾抓斗起重机、烟气处理系统、空冷系统、综合水处理系统等。

（李淑萍）

【废塑料生产线调试成功】 5月10日，利用焦炉处理废塑料生产线在首钢迁安循环经济产业园调试成功。首钢承担社会责任，开展焦炉处理废塑料的研发工作。该生产线于2009年9月28日开工建设，采用首钢自主开发的专利技术4项、自主研发的新设备2项、技术改造升级的设备2项。每年可以消纳废塑料垃圾1万吨，生产炼焦用原料5万吨。焦炉处理城市废塑料垃圾技术杜绝传统处理技术的二次污染问题，降低炼焦成本、减少焦化废水排放等，对国内钢铁企业及焦化企业起到示范作用。

（李淑萍）

【非钢产业效益增长】 全年各子公司、独立单位实现利润20.9亿元。杏山地采铁矿8月建成投产；扩大承德地区磷、铁、钛综合生产能力，在丹东形成硼、铁、铀资源综合利用格局，霍邱铁矿深加工项目顺利推进，在曹妃甸建成秘鲁矿深加工生产线并打出设计水平。房山减震器厂已具备向奥迪等高端客户供货条件并批量生产，与北汽福田合资生产的汽车空调器实现批量供货。锂电池隔膜中试及产业化技术研究通过专家评审，制造安装纳米纤维锂电池隔膜生产示范线。北京首钢工业区土地开发、园区工程建设，开展规划设计、工业遗产保护与利用、招商引资等工作。组建首钢创意产业投资公司。与中国钢铁工业协会对接中国冶铁历史博物馆筹建工作，完善首钢博物馆方案设计和布展大纲，开展工业文化遗产、历史文物普查与征集工作，对重点文化遗产进行挂牌保护。

（李淑萍）

【高端产业综合服务区】 2月10日，刘淇、郭金龙一行到首钢调研，明确建设“新首钢高端产业综合服务区”的定位。制定首钢北京地区产业转型发展的实施意见，健全北京首钢工业区改造管理体制。其中汽车板、家电板产量增长，质量水平提高；精密合金、高温合金和特殊不锈钢材料，高中温电热合金钢丝、微晶非晶带材和机动车尾气净化器金属载体材料等，制定发展规划；首批减震器样件生产成功。房山汽车减震器厂正式投产并批量供货；鲁家山垃圾焚烧发电项目进展顺利；“绿能港”北京国际绿色展示推广中心、科技大厦项目达成落户协议；“中国动漫游戏城”完成实验区西区厂房改造和重点景观建设，参与举办首届中国动漫游戏嘉年华、第12届世界动漫大会暨北京国际动漫周活动。

（李淑萍）

【职工培训】 全年职工培训18万人次。开展转岗培训，职工转移新基地培训班13个，培训职工2136人。组织停产单位开办电子商务、高低压电工、外语、电气焊、计算机、金融理财等再就业培训班11个、多技能培训班26个。开办“高端服务园区高级研修班”、“高端产品销售高级研修班”、“首钢生物质能源培训班”和面向技师、高级技师为培训对象的数控加工、汽车、电工、钳工、焊工技师研修班。开展以TS质量管理通用知识、专业操作知识和岗位素质标准为内容的培训。通过国家人力资源和社会保障部质量管理体系认证专家组的审核评估，成为本市第一家通过评估的职业鉴定站。全年开展技能鉴定7464人。

（李淑萍）

【开放合作】 年内，与中国建设银行股份有限公司、中国银行股份有限公司签署新的5年期战略合作协议。分别与北汽公司、长安汽车公司、一汽集团公司、广西柳工机械公司、中国银行、中铁物资公司等签订战略合作协议，与北京工业设计院联合建设马来西亚东钢集团综合钢厂项目。与本区建立联合招商机制，建立信息沟通、招商合作、服务共享、政策共享平台。

（李淑萍）

【光伏屋顶项目获批复】 5月，首钢中国动漫游戏城2兆瓦太阳能光伏屋顶项目获得国家能源局、财政部联合批复，年内在园区内开工建设，项目被列入北京国家级金太阳示范工程之一，成为本市首个与文化高端创意产业紧密结合的新能源项目。2兆瓦太阳能光伏屋顶发电工程通过采用用户侧并网的方式实现发电自用，是太阳能光

伏发电建筑一体化在工业厂房上的典型示范应用。

（李淑萍）

【首钢集团跻身世界500强】 7月7日，美国《财富》杂志发布世界500强排行榜，首钢集团首次跻身其中，名列第325位；也是市属国企首次跻身世界500强。"全球最大五百家公司"由美国《财富》杂志以上年度企业营业收入为依据排出。年度世界500强名单中，中国上榜企业由上年的54家增加到69家，其中钢铁行业5家企业，另外4家是宝钢集团、河北钢铁集团、武汉钢铁和江苏沙钢集团，分别名列211位、278位、340位和366位。

（李淑萍）

【建立联合招商合作机制】 7月8日，举行首钢总公司与区政府招商合作启动仪式。首钢总公司副总经理孙永刚和夏林茂分别代表双方在《建立联合招商合作机制协议书》上签字，并为新成立的"新首钢投资服务中心"揭牌。此举在全市开启政、企合作招商的新模式，双方实行"双进入"合作方式，即招商平台、政策平台、信息平台和载体平台共享，实现优势互补和资源利用最大化。当日，11家企业签署"北京服务·新首钢"股份投资基金有限合伙协议、中国绿能港项目等4个重点项目。

（李淑萍）

【重机厂厂史馆揭牌】 9月27日，北京首钢重型机器厂厂史馆揭牌。史馆由铸钢准备车间改造而成，展览分7部分，由工业文物、历史照片、实物与资料结合投影、厂区原貌沙盘及存放着1万多名职工信息的1台65英寸触摸屏组成。该厂始建于1958年，为北京第二通用机械厂，1992年成建制划归首钢总公司，1997年分立法人更名为北京首钢重型机器厂。先后为国家电站、船舶、矿山、冶金、建筑、石油、化工、国防等基础建设，提供2000多种大型铸锻件热加工产品和1万多台套机械设备。

（李淑萍）

【获荣誉称号】 10月15日，北京首钢机电有限公司机械厂机械制造高级工程师、"卫建平工作室"主任——卫建平在第7届北京市全民终身学习活动周开幕式上被授予"首都市民学习之星"荣誉称号。12月15日，首钢总公司党委书记、董事长朱继民获第五届北京影响力"影响百姓经济生活的十大企业家"奖。活动由北京电视台、《北京日报》、《北京青年报》、新浪网等13家媒体共同主办，市委宣传部、市新闻出版局等政府机构给予支持。活动于7月正式启动，全部候选者名单在主办媒体上公示，北京及兄弟省市各界群众通过报纸选票、短信和网络投票。从投票启动到结束，短短一个月时间里，网络投票、短信投票、报纸选票投票超过1600万张。朱继民在北京展览馆剧场举行的"魅力首都、世界北京"第五届北京影响力评选活动颁奖盛典上发表获奖感言。

（李淑萍）

北京北重汽轮电机有限责任公司

概　　述

北京北重汽轮电机有限责任公司（简称北重公司）是以生产经营火力发电机组（包括电站汽轮机、汽轮发电机及其辅机）为主导的电力装备制造企业。公司注册资本7.6亿元，现有员工2200余人，其中工程技术人员300余人；拥有以数控设备为主的加工设备800多台（套），占地面积26万平方米，其中建筑面积18万平方米。年内，面向国内外发电设备细分市场，以"清洁高效、制造精良，成为在细分市场中具有竞争优势的发电设备制造和服务的供应商"为使命，形成以亚临界、超临界300MW～360MW湿冷、空冷、单双抽供热火电机组和超超临界660MW机组等大机组，以及余热利用、生物质发电、热电联产、垃圾发电、工业汽轮机等领域小机组为主导的产品系列，具有年产5000MW火电机组的生产能力。为客户提供660MW及以下汽轮发电机组改造、技术咨询以及电厂节能降耗全面解决方案，具备电站设备成套、工程总包业务能力。公司秉承"客户至上、质量第一、服务永恒"的经营理念，以健全完善的ISO9000:2008版质量管理体系标准和严格精细的工艺纪律为保障，以专业的用户服务机构和完善的服务网络为基础，为用户提供高质量产品和满意服务。公司生产的300MW等级及以下机组在"全国发电可靠性火电300MW级金牌机组"及"全国火电300MW级机组竞赛"评比中获多项荣誉，产品遍及国内各大发电集团和地方（企业）电力公司众多电厂，并出口到印度、印尼、越南等国家。公司遵循"有现金的利润和有效益的规模"的管理原则，以提高组织能力、打造竞争优势为目标，持续推进"以6S管理为载体，数字化管理为主线，财务、质量、安全管理为重点，人才队伍建设为支撑"的重点管理工作，培育企业愿景和共同价值观，不断促进各级经营管理者和全体员工行为观念转变，带动各项工作向精细、规范的深度推进，建设先进企业文化，促进企业和谐发展，实现组织与员工共同成长。通过高新技术企业认证（证书编号GR201011000331，有效期三年）。连续多年被评为"区域经济发展突出贡献单位"、"纳税百强单位"，华能淮阴发电厂6号机组获国家电监会颁发的"全国发电可靠性火电300MW级金牌机组"称号，公司团委获市"五四红旗团委"荣誉称号。

地址：吴家村57号
电话：68632552
传真：68639675
邮编：100040
邮箱：office@bzd.cn
网址：http//www.bzd.com.cn

（唐　艳）

【主要指标完成情况】 主营业务收入完成12.65亿元；利润总额完成2506万元；应收账款净额完成4.49亿元；新增订货完成14.37亿元；主营货币收入10.69亿元。产品产量包括：电站汽轮机大机组6台/2070MW、小机组8台/308MW；汽轮发电机大机组7台/2400 MW、小机组13台/530MW；汽轮机改造4台/1050 MW。辅机330MW冷凝器6台、低加6台、机座5台，

600MW冷凝器2台、低加1台。

(唐 艳)

【运营机制创新】 总结经验,向先进企业学习,先后在小机组、大机组业务上推进项目制运营模式,初步建立"以市场为导向、以项目管理为核心"的运营机制。4月编制并实施小机组运营模式创新方案,8月制定并实施关于推行项目制运作的方案,配套实施新的采购管理制度,调整梳理相应职能及流程,确保项目制顺利落实。

(唐 艳)

【市场营销】 大机组业务完成新增订货10.38亿元。在京城控股"产融结合、双轮驱动"战略引领下,加强与国电集团300MW等级供热机组项目合作;海外市场方面,获得3台印度300MW等级机组、2台印尼110MW汽轮机订单。小机组业务完成新增订货1.47亿元。全年中标13个项目/16台套机组;特别是签订华电九江分布式能源项目配套1×25MW高温、次高压汽轮发电机组,成功进入分布式能源领域,抢占市场先机。服务业务完成新增订货2.52亿元,与京城国际融资租赁公司协同合作,运用融资租赁新模式,签订京博益仁纸业1×50MW汽轮发电机组工程总承包项目,实现总包业务突破。开拓机组改造、修理、备品配件、分包等服务业务市场,签订元宝山电厂2#机600MW机组低压缸通流改造项目。

(唐 艳)

【科技开发】 自主开发超超临界660MW汽轮机通过专家评审,继660MW发电机通过外部审查之后,在新产品开发方面取得又一重要进展。300MW等级机组系列供货合同按要求执行,机组模块陆续产成发运,实现四个"第一":第一台亚临界360MW机组—茌平1号机组、第一台旋转隔板330MW汽轮机—鲁能哈密1号机组、第一台运用八级回热系统的330MW汽轮机—右玉1号机组、第一台超临界350MW机组—大开1号机组全部顺利运行。年内,完成巴陵石化50MW双抽凝汽汽轮机、阜新和实联化工新型抽背汽轮机、元宝山600MW级汽轮机改造等21项合同产品的开发;完成超临界350MW抽凝机的技术整顿、工业抽气机组设计等8项储备产品的开发;完成660MW汽轮机高温材料开发、调节系统动态特性分析等6项科研项目开发。发电机产品,完成山东广富60MW空冷发电机等15项合同产品的开发;完成水氢氢660MW发电机的优化设计、60HZ/60MW发电机技术设计等5项储备产品开发,330MW双水内冷发电机的开发取得积极进展;60HZ/60MW发电机护环强度分析、330MW双水内冷发电机端部磁场计算及定子全出风通风系统研究等6项科研项目开发。

(唐 艳)

【数字化管理】 结合公司新的运作模式,梳理预算编制、平衡、调整流程,初步完成项目预算编制。配合三维CAD在技术开发中的应用,对产品生命周期管理(PLM)进行升级,完成信息系统质量损失统计模块、人力资源管理模块的二次开发,提升系统应用功能。

(唐 艳)

【成本管理】 对标同行业企业进行成本对比分析,剖析成本动因,提出成本改进措施及目标。同时落实采购管理制度,加强价审,推动降成本工作。在国家持续收紧货币政策下,与银行洽谈,继续享受"双免"(免抵押、免担保)信用条件及优惠融资政策。探讨多渠道融资,推动首个总包融资租赁业务。利用各项国家政策,及时提出各种退免税及贴息申请,获批退税资金3300多万元。

(唐 艳)

【质量管理】 一次通过14项计量标准复核工作,通过特种设备(压力容器)设计、制造许可证换证鉴定评审工作。制定质量事故处理制度,适应项目管理要求完善质量管理相关制度。结合叶片加工质量改进项目,引入六西格玛管理理念,减少叶片加工误差,提高叶片装配一致性。

(唐 艳)

【重大设备投入】 9月,完成XKA2850×170数控桥式动梁龙门镗铣床在发电机重型厂房的安装及调试,正式投入试生产,主要生产汽轮机低压内缸等零部件,项目总投资2590万元。该机床具有承载大、刚性好、精度高、速度快,工件安装方便,占地面积小等优点,公司制造能力进一步提升。

(唐 艳)

中铁二十二局集团有限公司

概 述

中铁二十二局集团有限公司是铁路工程施工总承包特级,公路、市政公用、水利水电、房屋建筑施工总承包一

中铁22局集团 (中铁22局供稿)

级,公路路基、桥梁、隧道、钢结构工程专业承包一级,地质灾害治理工程甲级和城市轨道交通工程专业承包资质企业;拥有对外工程和境内国际招标工程的经营资质、外派遣实施境外工程所需的劳务人员特许经营权的集团公司。年内,更新设备仪器 1087 台(套),金额 8745 万元,节约资金 278.4 万元。至年末,在建项目 159 个,合同总投资 636 亿元,剩余投资 338 亿元。完成主要实物工程量:路基土石方 4175 万方,桥梁 94 成桥公里,隧道 56 成洞公里,房屋建筑 58 万平方米,铁路制 T 形梁及箱梁 3326 孔,公路制梁 3303 片,铁路架梁 3297 孔,公路架梁 3189 片,铺轨 770 公里。12 项科技成果通过省部级鉴定和股份公司评审;4 项获省部级“科学技术奖”;1 项获国家级二级工法,13 项认定为企业级(三级)工法。获中国施工企业协会“科技创新先进企业”。张石公路化稍营至蔚县(张保界)段高速公路 L15、L16 标黑石岭隧道获“国家优质工程银质奖”,沈阳地铁一号线、哈尔滨市道外二十道街松花江大桥及引道工程获中国“建筑工程鲁班奖”,省级“优质工程奖”5 项,部级“优质工程奖”4 项,省级“文明工地”1 项。集团公司获年度股份公司“安全生产先进单位”。

地址:石景山路 35 号
电话:51889839
邮编:100043

(万红梅)

【主要经济指标】 年内,新签合同 143 个,合同总额 171.28 亿元。完成企业总产值 161.32 亿元。国有资产保值增值率 124.57%,应上交款完成率 100%。全年集团公司上缴利税总额为 4296.86 万元,其中上缴企业和个人所得税为 3522.41 万元,上缴地税总额为 774.45 万元。

(万红梅)

【太原至中卫铁路制梁工程完工】 利用亚行贷款新建太原至中卫(银川)铁路制梁工程,合同投资 32857 万元,2007 年 7 月开工,是年 10 月完工。主要实物工程量为 1171 孔预制预应力混凝土 T 梁。

(万红梅)

【万源至达州公路标段工程完工】 万源(陕川界)至达州(徐家坝)高速公路 D17 标段工程,合同投资 27788 万元。2008 年 12 月开工,是年 12 月完工。标段起讫里程:K127 + 830 ~ K139 + 943.526,全长:12.114 公里。主要实物工程量:路基土石方 279.6 万方;桥梁 11 座共 2399.95 延长米;涵洞通道 45 座 1771.56 横延米;隧道 4 座 1982.8 延长米。

(万红梅)

【晋江双龙路工程完工】 福建省晋江双龙路东拓工程及浦沟路工程,合同投资 22867 万元。上年 5 月开工,是年 7 月 28 日完工,9 月 5 日通过竣工验收。主要工程包括:双龙路东拓段道路等级为城市Ⅰ级主干道,设计车速采用主线 60 公里/h,辅道 40 公里/h,预留远期拓宽至城市快速路可能。双龙路东拓段位于晋江市中北部、主城区以北,西接梅岭街道的和平路(现和平北路与泉安北路交叉环岛),向东跨双沟渠,穿泽沟村,双厝村民居和工业区,交规划和平路(机场北连接线)后,再穿双厝居民居和工业区,终于陈埭镇境内的陈泉路,道路全长约 2.3 公里。全线共设桥梁两座:双沟大桥 7 * 20 米、南低干渠中桥 2 * 20 米;路基填方 13 万立方米、挖方 17 万立方米、C15 素砼桩 40 万米、土工格栅 16 万平方米、碎石垫层 7 万立方米、雨水管道 6907 米、污水管道 4789 米、路面工程 7.8 万平方米。河滨路(浦沟路)道路等级为城市Ⅱ级次干道,设计车速采用 40 公里/h,双向四车道。河滨路西起梅岭街道的泉安路。向东穿泽沟村,双厝村民居和工业区,终于横板村西侧村道一号支路,道路全长约 2.35 公里。全线共设桥梁两座:泽沟中桥 2 * 20 米、南低干渠中桥 2 * 20 米,箱涵两座、路基填方 2.8 万立方米、挖方 6.9 万立方米、C15 素砼桩 20.5 万米、C30 预制方桩 11.5 万米、土工格栅 10.4 万平方米、碎石垫层 4.4 万立方米、雨水管道 3649 米、路面工程 5.7 万平方米。一、二、三号支路基本位于横板村内,总长约 1.38 公里,道路等级为城市Ⅱ级支路,设计车速采用 20 公里/小时,双向两车道。

(李　坛)

【永宁高速 A11 合同段完工】 工程合同金额 213011694 元。2009 年 6 月开工,是年 8 月完工。工程主要包括:路线全长 7.950 公里(K83 + 990　K91 + 940),起于宁化内乌石村,起点桩号 K83 + 990。其中大桥:1773.5 米/10 座,涵洞 802.77 米/12 道;互通式立体交叉 1 处(宁化互通);分离式立体交叉 92 米/1 处;通道 607.94 米/12 道。

(李　坛)

【平庄至赤峰段公路工程完工】 丹东至锡林浩特高速公路平庄(辽蒙界)至赤峰段公路工程,合同金额 97234893 元。2009 年4月 20 日开工,是年6月 30 日完工。标段起讫里程:K149 + 850 ~ K155 + 500,全长:5.65 公里。工程概况:全长大、中桥 4 座,通道小桥 7 座、涵洞 8 道。混凝土约 5 万立方米,砂砾填筑约 11 万立方米,片石砌筑约 4.2 万立方米。

(李　坛)

【晋江市陶东路工程完工】 工程合同金额 6200 万元,2010 年 8 月 20 日开工,是年 8 月 20 日完工。工程主要包括:陶东路位于晋江市西部山海交接平丘地带,道路主要为西东走向,西起于磁灶镇延泽街,东终于牛山互通线,道路全线长约 3.18 公里,道路标准路面宽 40 米,分左右两幅,双向六车道,设计车速为 60 公里/小时。道路车行道采用水泥砼路面。施工主要包括道路工程、桥涵工程、排水工程(含雨、污水)、交通工程等。主要工程数量:路基挖方 566736. 76 立方米、路基填方 584611.1 立方米、5% 水泥稳定层 116407.2 平方米、碎石垫层 120095.8 平方米(厚 15 厘米)、RC 盖板涵 9 座、1 座桥梁工程(3 × 20 米)、各类雨水管道共 7630 米、各类污水管道共 3595 米、路面工程 107985.7 平方米(砼路面)。

(李　坛)

【完成莲石湖三标施工任务】 从上世纪 70 年代末开始,永定河河道断流成为干河,不少河段逐步成为垃圾填埋场。莲石湖工程从上年 8 月开始施工,不到一年就全部完成。工程全长

14.2公里,总面积达550公顷,相当于两个颐和园,蓄水564万立方米。沿湖建有亲水生态走廊、野营区、运动区、科普区等,给市民提供一处绝佳休闲娱乐空间。集团一公司承建莲石湖三标施工任务,在施工过程中遇到土方及减渗施工时间短、工序复杂,工程量大;多种水工构筑物工程与减渗结构搭接穿插、工程护坡结构多样化,施工现场土含沙量高,成分复杂,且混杂大量建筑垃圾,土壤贫瘠,不适合植物生长;蓄水后水生植物栽植需要水下作业,整体施工完全平行交叉互相制约严重等多个难题。参建人员敢打敢拼、攻难克险,针对施工难点,周密策划出详尽的施工对策,克服无水无电、天寒地冻、高温酷暑等困难,连续作业,按时完成节点工期,保证景区如期向市民开放。9月29日,刘淇等市领导参加景区开放活动,对参建单位给予高度赞誉。集团公司董事长刘国志、副总经理陈宏伟、一公司董事长徐冬青、总经理杨金有等受到刘淇接见。

(万红梅)

【安全质量】 坚持"安全第一,预防为主,综合治理"和"百年大计,质量第一"方针,牢固树立"质量建企,安全稳企"理念,以标准化建设为主线,风险控制为关键,确保结构安全为重点,落实终端责任制为支撑,严格、精益管理,加大安全质量投入,着力构建安全质量长效机制,提供可靠的安全质量保障。集团公司逐级签订安全生产包保责任状,各级实行层层承包,实现安全目标。明确安全生产目标责任,加大奖罚力度,形成上下联动的安全质量管理网络。开展"全国安全月"和"全国质量月"活动,召开专题视频会议,以重难点工程为重点,深化安全质量专项整治和隐患排查治理,集团公司九次组织全局范围内的安全质量大检查,构建安全质量长效机制,遏制安全质量事故的发生,保持安全生产稳定的局面。安质部先后组织6期、216人的安全质量培训、再教育和取证工作,其中企业主要负责人、项目负责人、专职安全生产管理人员再教育46人,注册安全工程师延期教育40人,注册安全工程师新取证8人,质检员取证122人。9次组织安全质量大检查,重点围绕隧道与地下工程、深水大跨高墩的桥梁施工、既有线施工、铺架作业、火工品的安全管理、拌合站的质量管理和冬季施工七个重点及汛期防洪、防地质灾害等,遏制安全质量事故的发生。哈尔滨市道外二十道街跨松花江特大桥工程Ⅰ标段工地荣获国家级安全文明标准化诚信工地奖——中建协AAA级安全文明标准化诚信工地。

(万红梅)

【科技成果】 年内获"中国施工企业协会评为科技创新先进企业"。12项科技成果通过省部级鉴定和股份公司评审,其中鉴定4项,股份公司评审8项,成果水平评价为国际领先水平1项,国际先进水平4项,国内领先水平6项,国内先进1项。获省部级科学技术奖4项,其中复杂地质条件下大断面海底隧道施工关键技术研究获市"科学技术一等奖";盾构先行条件下拓建地铁车站施工关键技术研究获中国施工企业协会"科学技术一等奖"、铁道部"科学技术二等奖";整体移动式梁柱支架现浇高铁箱梁施工技术研究获铁道部"科学技术三等奖"。申报股份公司科学技术奖7项、获奖6项。其中大型站房桥合建综合施工技术创新研究及其在广州南站中的应用获评一等奖;岩溶地质倾斜岩面钻孔桩施工技术、干旱山区隧道施工地下水环境保护技术研究、整体移动式梁柱支架现浇高铁箱梁施工技术研究获评三等奖。城市轨道交通先隧后站逆序施工工法获国家级二级工法。申报股份公司优秀工法7项,获评6项。其中,海底隧道穿越浅滩富水砂层地下连续墙分仓止水、仓内井点降水施工工法、深水隔舱式双壁钢吊箱围堰施工工法、跨四线提梁机配合运架一体机架梁施工工法、深水裸岩、岩溶钻孔桩基础施工工法获评一等奖;瓦斯突出隧道揭煤施工工法、隧道仰拱整体式移动模架浇筑施工工法获评二等奖。工程公司申报工法34项,评审认定13项企业级(三级)工法。年度授权专利7项,其中发明专利1项,实用新型6项。累计授权专利28项,其中发明专利1项,外观设计1项,实用新型26项。另外著作权1项。集团公司年度优秀论文申报107篇,评选一等奖8篇;二等奖12篇;三等奖32篇。其中筛选12篇推荐参评股份公司优秀论文,获评股份公司一等奖2篇;二等奖3篇。参编铁道部行业标准——铁路给水排水工程施工质量验收标准、铁路隧道防排水设计规范、铁路混凝土现浇梁支架法施工技术规程。其中铁路给排水工程施工质量验收标准(TB10422-2011)于5月3日通过铁道部批准正式颁布执行。铁路隧道防排水设计规范、铁路铁路混凝土现浇梁支架法施工技术规程完成报批稿。筹建科技专家库,科技专家信息收集完毕,完成初审工作。申报高新技术企业,确定56项高新范畴科研立项、归集研发经费4.8亿元,占销售收入的3.56%,满足高新3%标准要求。8月19日,上报申报资料至区管委会,年内通过市审查、公示程序。

(万红梅)

北京巴布科克·威尔科克斯有限公司

概　述

北京巴布科克·威尔科克斯有限公司(简称北京巴威公司或B&WBC)是美国巴布科克·威尔科克斯有限公司与北京京城机电控股有限责任公司各投50%组建的国内首家合资电站锅炉制造企业,集产品开发设计、生产制造、试验检测、售后服务于一体,产品范围涉及工业锅炉、中压、高压电站锅炉、200MW、300MW、600MW等级RBC及"W"火焰锅炉、600MW及百万千瓦等级的超临界、超临界锅炉、烟气脱销等相关产品。年生产能力达到800万千瓦,总资产52亿元。年内,启动600MW超临界"W"火焰电站锅炉产业化项目,并通过验收。被国家专利局认定为专利试点企业,获6项实用新型专利;市科委认定为高新技术企业。

600MW 超临界"W"火焰电站锅炉 （北京巴威公司供稿）

获企业信用等级评价"AAA"级称号及中国机械工业安全卫生协会认定的"安全生产标准化一级企业。"

地址:石景山路 36 号
电话:68862244
传真:68861336
邮编:10043

（曹　红）

【市重大项目通过验收】 600MW 超临界"W"火焰电站锅炉产业化项目被列入本市重大工业项目,3 月 17 日通过验收。该项目主要是利用巴威公司现有场地、工装和设备,通过技术改造,实现 600MW 超临界"W"火焰电站锅炉产品产业化。

（曹　红）

【合资 25 周年庆典】 8 月 5 日,北京巴威合资 25 周年庆典晚会在石景山体育馆举行。作为北京首批走上合资发展之路的企业,以及国内电站锅炉行业首家合资公司,北京巴威经历合资初期中西方文化的融合,经营险阻时期的"生死工程"以及近五年来的飞速发展,最终赢得在差异化市场竞争中的行业领先地位。25 年间,销售收入增长 70 倍,产品等级从十万飞跃到百万,实现锅炉岛成套能力的打造,发展成为年产值 28 亿元,总资产 51 亿元的国际化电站锅炉成套设备供应商,创造了合资企业的典范。获得多个国内首台和世界首台的傲人战绩:1987 年,首台 20 万千瓦锅炉新海发电厂项目启动;1990 年首台 20 万千瓦锅炉在新海发电厂通过 72 小时考核运行;2000 年,实现国家首台超临界锅炉出口,在中国制造史上写下浓重一笔;2009 年,成功签订首个锅炉岛项目——越南 Vung Ang 项目,实现整机直接出口;2010 年,签订浙江舟山 2×1000MW 超超临界锅炉机组及 SCR 项目合同,实现百万千瓦等级超超临界锅炉技术投入实际应用。在 25 年发展进程中,公司通过引进、消化、吸收和再创新,走出一条独具特色的发展之路,经过自主研发,持续改进,成功研制出世界首台 600 兆瓦 W 火焰超临界锅炉,跻身世界电力装备先进技术行列,世界上已投入商业运行的 4 台 W 火焰超临界锅炉机组均由北京巴威公司设计生产。公司向国内 27 个省、市、地区,国外 9 个国家提供 500 余台各类型大容量锅炉,成为美国巴威公司全球最大的生产基地和研发中心。

（曹　红）

【RBC 自然循环锅炉】 全套引进美国巴威公司 70 年成熟 RBC 锅炉技术,设计制造 RBC 自然循环锅炉。在热负荷高的区域采用内螺纹管,有效防止膜态沸腾,传热恶化。具有结构独特、技术先进、煤种适应广、NOx 排放低,燃烧效率高、可用度高、环保等优点,在国内广泛应用。

（曹　红）

【科技研发】 启动重大科技项目研发工作,即 W 火焰锅炉制粉系统及燃烧设备研究、W 火焰超临界锅炉水循环及受热面 Kf 研究、1000MW－VTUP 和 1000 MW 塔式锅炉研发项目、CFD 技术在锅炉燃烧系统设计上的(阶段性)应用。年内,被认定为专利试点企业,获得 6 项实用新型专利。

（曹　红）

【国家一级安全生产标准化】 投入整改资金 3461 万元,开展国家一级安全生产标准化企业创建工作。改造设备设施、开展作业现场"5S"管理等措施,提升安全管理水平及全员安全责任意识,促进安全生产工作走向规范化、制度化和标准化。12 月 22 日,公司以 962.34 高分通过国家一级安全生产标准化企业现场考评,经中国机械工业安全卫生协会认定为安全生产标准化一级企业。

（曹　红）

【企业信用等级】 启动企业信用等级评价,涵盖企业素质、经营能力、获利能力、履约情况、发展前景和信用管理体系等。将有关资料汇编成册,向中国电器工业协会提出企业信用等级评价申请,经前期资料审查和现场审核阶段,12 月 8 日正式通过企业信用等级评价,获得企业信用等级评价中最高的"AAA"级称号。

（曹　红）

商业贸易

商　务

概　述

北京市石景山区商务委员会(简称区商务委)是负责本区内外贸易和对外经济合作的区政府职能部门。年内,完成"十二五"时期商务服务业发展规划、"十二五"时期商业服务业发展规划的调整完善,并于6月正式对外公布。全年完成社会消费品零售额162.1亿元,完成市下达16.9%的增长目标,增速位列16区县第五位。围绕建设国际商贸中心大力发展便民、利民服务,扩大内需、促进经济发展,继续推进台湾街运营步伐,加快功能区建设,推动商务服务业发展,着力做好行业安全生产,强化服务,优化环境,创建外向型企业发展提供新的服务平台。商业服务业取得长足进步,从规划布局上形成以万达、万商为核心的东部区级商业中心和以沃尔玛、当代商城为核心的中部区域级商业中心,对周边中小商业业态发挥整合和引领的重要作用。商务服务业发展迅速,楼宇经济形成一定规模,万商大厦、长城大厦和瑞达大厦三个楼宇被认定为市商务服务业主题楼宇。初步建立电子商务发展的政策环境。

地址:石景山路18号
电话:68607225
邮编:100043

(董　华　张　焰)

【发展商务服务】 随着产业结构不断调整,商务服务业总体规模和实力稳步增长,已成为地区产业转型升级的五大主导产业之一。以银河综合商务区为核心,逐步形成多个商务服务业主题楼宇,为商务服务业企业集聚发展提供优质的载体资源。年内,万商大厦、长城大厦和瑞达大厦三个楼宇被认定为本市商务服务业主题楼宇,获得专项支持资金319万元。截至年底,全区规模以上商务服务业企业73家,累计资产总额达到217.2亿元,解决就业9299人。

(于金锁　徐　沫)

【发展电子商务】 区政府将电子商务行业确定为区域经济结构转型的先导产业,明确纳入建设"国家服务业综合改革试点区"重要产业内容。年内出台关于加快电子商务发展的若干意见和促进电子商务发展暂行办法,初步形成电子商务发展的政策环境。截至年底,已吸引库巴科技、酷运动、易宝支付、电玩巴士、亿邦动力等近百余家电子商务企业落户。

(于金锁　徐　沫)

【促消费保增长】 落实市政府扩大内需、拉动消费、保障经济增长的要求,确保实现社会消费品零售额年度目标。面对"汽车限购政策"和"统计口径变化"两大制约零售额增长的因素,联合区统计局,对任务缺口进行测算和分解,采取政策奖励、促销活动、发展电子商务等一系列应对措施,使地区社会消费品零售额实现逐月提升。特别是由区政府主导、京西商业企业联手打造的"京西消费节"(已连续举办两届)、"北京台湾文化艺术节"和"北京台湾美食文化节"活动,进一步扩大消费增长势头。全年实现社会消费品零售额162.1亿元,完成本市下达16.9%的增长目标,增速位列16区县第五位,获市"促消费突出贡献奖"。

(刘　珊　刘　颖)

【商业布局初现端倪】 首钢搬迁,CRD"接棒"石景山产业主导,区域商业市场进入快速追赶时期。万达广场2008年入驻掀开区域商业扩容大幕,随后鼎城商业中心、CRD银座、台湾街等商业大盘相继进入,加上区域内数量不菲的底商,据不完全统计,从2008年至今,区域内新增商业、写字楼体量超过百万平方米。以万达、万商为核心的东部区级商业中心初具规模,以沃尔玛、当代商城为核心中部区域级商业中心也已初步形成,对周边中小商业业态发挥整合和引领的重要作用。喜隆多奥特莱斯品牌折扣店、爱玛裕家居购物广场等商业形态的出现,进一步丰富本区的商业品类和商业形态。9月,西黄村新开的1.4万平方米物美大卖场,是物美在本区开设的首家大卖场,填补当地大型超市的空白。12月24日,天兰尾货在苹果园开业,商城定位于京西首家惠民生活综合商场。越来越多的商家看重石景山这块"价值洼地",目前区域内写字楼均价在2.2~2.4万元/平方米左右,普通商铺价格也仅为3万元/平方米左右,而东五环以外的项目已超过这一均价。全区商业总面积约80万平方米,仅当年新增商业面积就达40余万平方米,逐步形成较完善的商业体系,成为北京西部正在崛起的新商圈。截至年底,全区有物美、大中、沃尔玛、永辉等石景山注册知名连锁企业5家,万平以上综合百货店4家,综合型购物中心1家,市级特色商业街1条,仓储式会员店1家,10万平大型家居购物广场1家,专业店7家,千平以上超市18家。

(刘　珊　刘　颖)

【打造特色商业街】 4月,北京台湾街被市商务委授予"北京市特色商业街"称号并挂牌。以此为契机,促成邓丽君音乐主题餐厅、佰乐迪KTV、王月要珠宝旗舰店以及台湾旅游咨询站等台湾文化休闲主题业态相继开业。举办"2011北京台湾文化艺术节"和"2011北京台湾美食文化节"活动,商街知名度和影响力进一步提高。加强对北京台湾街的工作指导和政策扶持,做好扶商、安商、养商工作,申报市特色街改造项目,获得750万元资金支持。

(刘　珊　刘　颖)

【菜篮子工程建设】 继续推进"菜篮子"工程。完善以社区菜市场为主、生鲜超市和社区便民菜站为重要补充的蔬菜三级供应体系,并在此基础上积极探索蔬菜流通新模式,保证蔬菜供应、稳定蔬菜价格。推进周末车载蔬菜市场试点,日均配送蔬菜品种达15种以上,销售蔬菜2000余斤,销售价格一般低于周边其他市场15%左右,受到居民欢迎。落实本市"增收入、降价格"措施,对8家减免蔬菜、鸡蛋、粮食、猪肉摊位费的市场和1家直营直供市场给予资金奖励共计63万元。推进永辉和物美"农超对接",并为2家企业争取市商务委资金支持,共计198万元。

(刘　珊　刘　颖)

【举办京西消费节】 由市商务委、区政府共同主办的“2011京西消费节”，9月9日在万达广场启动，10月9日在爱玛裕家居购物广场落下帷幕。本届京西消费节以“惊喜在京西”为主题，涵盖时尚品牌购物、家居购物、汽车消费、京西美食、共享佳节五大主题活动，参与企业涵盖百货、超市、家装、电器、汽车、特色商业街，直接参与的本区企业超过40家，吸引房山、丰台等区的资和信百货、久隆百货、华冠超市、红星美凯龙等众多京西企业参加。消费节还推出全新网上消费节，通过点击消费，团购、电子优惠券下载、实时活动发布，实现双线互动，吸引大量消费者前来购物。历时一个月的消费节，直接拉动参与企业销售额增长15%以上。万达广场、当代商城、万千百货、华联商厦等百货企业销售额增速更加明显，增长幅度最高超过60%。已成为面向北京，覆盖京西的大型商业节庆品牌活动。

（刘　珊　刘　颖）

【北京台湾文化艺术节】 4月29日～5月15日，区政府和市台办联合举办。通过周年庆典、海峡两岸书画艺术展、黄木村教授师生创作展、邓丽君音乐主题活动、台湾民谣与校园歌曲演出、台湾庙口文化展示、宝岛风情推介图片展、“台湾街一周岁”主题大众摄影大赛、台湾特色商品和图书展卖、街头艺术展演等活动，塑造北京台湾街文化名片形象，搭建两岸文化交流平台。活动期间，前来台湾街的人流量达到7万余人，台湾街所有的商户营业额与平日相比增长40%左右。

（刘　珊　刘　颖）

【北京台湾美食文化节】 9月7日～10月9日，区政府与市商务委、市台办联合举办。活动以“味觉印象·咫尺台湾”为主题，通过台湾那魂、台湾那味、台湾那调三个板块活动，将台湾文化展、台湾美食促销、台湾民谣主题表演等活动贯穿起来，中间穿插节日祈福、两岸爱心姐妹联谊会和宝岛夜市爱心慈善活动，使得北京台湾街形象、品质得到整体提升，扩大影响力，促进京西消费市场繁荣。

（刘　珊　刘　颖）

9月9日，京西消费节开幕　（区商务委供稿）

【完成粮食平衡调查】 4月，调查城镇居民64户、粮食经营企业30个（含国有粮食经营企业1家）、粮食转化企业3家、单位食堂30家，形成年度粮油供需平衡调查报告。基本掌握全区粮油产品供给量、需求量、库存量等基础性数据，为进一步提升物资保障水平及应急响应能力提供依据。

（杨　光　邓　磊）

【粮食统计执法检查】 10月，开展全区粮食统计执法大检查。纳入检查范围的主要单位包括，1个粮食行政管理部门，1个国有粮食经营企业，6个重点非国有粮食经营企业及1个重点非国有粮食转化企业。经检查，统计调查对象均不存在统计违法行为，提供的统计资料及时、准确、完整、合法。粮食统计人员队伍建设情况良好，人员配备合理；国家粮食流通统计制度执行情况良好；2009年以来统计调查经费落实、拨付和使用符合规定。

（杨　光　邓　磊）

【开展“双打”行动】 1～6月，牵头25个相关部门开展打击侵犯知识产权和制售假冒伪劣商品专项行动。以保护著作权、商标权以及专利权等为重点内容，以产品制造集中地、批发市场等商品集散地、侵犯知识产权和制售假冒伪劣商品案件高发地为重点整治地区，以新闻出版产业、文化娱乐业、高新技术产业为重点整治领域，以图书、音像、软件、大宗出口商品、汽车配件等特别是食品、药品、通讯类产品为重点查处产品，加强对展会、进出口环节和网络购物、电视购物的监管，遏制规模性侵犯知识产权行为，大力净化市场环境。

（杨　光　邓　磊）

【典当行业年检】 4月，完成上年度本市典当企业核查工作，全区9家典当企业审核全部通过，被评为A类企业（最高级）。

（杨　光　邓　磊）

【成品油行业年检】 8月，完成上年度成品油站点经营资质检查，13家加油站提交的年检材料通过审查并换发新证，其他3家加油站因为申请变更事项推迟年检。

（杨　光　邓　磊）

【构建社区便民服务体系】 11月中旬，会同区社会办、9个街道（社区）等15个单位，成立“推进社区商业便民服务全覆盖工作领导小组”。形成政府引导、市场化运作、企业投入、社会参与的社区商业便民服务体系建设机制，至年底完成首批38个规范化达标社区的全覆盖任务，为推进“一刻钟社区服务圈”建设夯实基础。

（杨　光　邓　磊）

【消除安全隐患】 年内，结合“打非”、

“火灾隐患”、“烟花爆竹”、“燃气隐患”等专项排查行动，开展商务行业“抓安全、查问题、改隐患”安全大检查活动，做到周周有检查，月月有执法，实现日常监督执法常态化。全年共出动检查人员792人次，检查企业372家次，发现问题隐患109处，隐患整改率100%。5月26日，结合大兴4·25火灾事故教训，商务委聘请国家级安全生产专家郭魁建教授对商业、餐饮业企业150名法定代表人进行专业培训。结合新修订的《安全生产法》等法规开展培训，培训企业安全责任人400余人。

（迟小丽　张　弋）

对外经济

概　述

年内，本区获得市“年度外资工作先进单位”荣誉称号。全年完成实际利用外资6767万美元（不含投资公司），同比增长6.5%；新批外商投资企业53家，投资总额11055.6万美元；注册资本8280.5万美元；合同外资总额7120.0万美元；平均投资规模208.6万美元。开业外商投资企业新增投资总额1.4亿美元，其中外方增资1.1亿美元。投资总额1000万美元以上的大项目2个，合计投资总额3845.6万美元，注册资本2545.6万美元，合同外资总额1859.4万美元，分别占全部新批项目的34.8%、30.7%和26.1%。对外投资新设立企业7家，对外增资980万美元。对外贸易经营者备案91件。完成进出口总额7.6亿美元，同比增长18.6%；其中出口额5.3亿美元，同比增长29.3%。在第八届中国游戏行业年会上，被评为“中国动漫游戏行业2011年度全国促进产业发展先进单位”。外资企业北京游戏谷信息技术有限公司、蓝港在线（北京）科技有限公司游戏龙头企业分获中国动漫游戏行业优秀企业、产品研发先进单位等荣誉称号。北京畅游公司开发的《天龙八部2》获得优秀网络游戏奖。

（刘玉杰　崔晶雪）

【外贸进出口】 根据市商务委员会提供的数据，本区全年完成进出口总额7.6亿美元，同比增长18.6%。其中出口额5.3亿美元，同比增长29.3%，占全部进出口总量的69.7%。出口商品以工业制成品为主，主要销往美国、香港、南非、日本、新加坡、荷兰、英国、德国等8个国家和地区。进口总额2.4亿美元，同比增长0.3%。

（刘玉杰　崔晶雪）

【外资结构】 截至年底，开业外商投资企业261家。按企业生产方式划分，生产型企业70家，非生产型企业191家；按合作方式划分，合资企业83家，独资企业175家，合作企业3家。累计投资总额18.1亿美元，注册资本11.1亿美元，合同外资7.3亿美元，企业平均投资规模695.0万美元。

（刘玉杰　崔晶雪）

【外资来源】 年内，伊朗首次在本区投资设立外资公司，使地区累计外资主要来源增至32个国家和地区。企业数量最多的为中国香港，设立“三资”企业124家，外资额为3.2亿美元；其次为美国，设立“三资”企业21家，外资额为1351.1万美元；位居第三的为日本，设立“三资”企业17家，外资额为1.1亿美元；三个国家和地区的投资企业数分别占全区外资企业总数的47.5%、8.0%和6.5%。

（刘玉杰　崔晶雪）

【新批外资规模】 年内，新批外商投资企业53家；投资总额11055.6万美元；注册资本8280.5万美元；合同外资7120.0万美元；平均投资规模208.6万美元。开业外商投资企业新增投资总额1.4亿美元，其中外方增资1.1亿美元。

（刘玉杰　崔晶雪）

【新批外资结构】 新批“三资”企业中，从企业类型上分，合资企业12家，投资总额2975.6万美元，注册资本2533.2万美元，合同外资总额1372.7万美元；独资企业41家，投资总额8080万美元，注册资本5747.3万美元，合同外资总额5747.3万美元。从产业结构上分，新批“三资”企业全部符合本区产业发展定位。其中，商务服务类企业占新批企业的58.5%。投资涉及的主要行业有科技研发、商业批发、商务咨询、节能环保等。

（刘玉杰　崔晶雪）

【外资大项目】 新批项目中，投资总额1000万美元以上的大项目2个，合计投资总额3845.6万美元，注册资本2545.6万美元，合同外资1859.4万美元，分别占全部新批项目的34.8%、30.7%和26.1%。

（刘玉杰　崔晶雪）

【外经发展】 全年审批对外投资企业8家，创地区企业对外投资历史最好水平，累计对外投资企业14家；境外直接投资额9481万美元。涉及主要行业有批发零售、软件研发、投资咨询、矿产开发、工业生产等方面。投向国别主要有美国、日本、新加坡、印度、维尔京群岛、香港、澳门等国家和地区。

（刘玉杰　崔晶雪）

【外贸扶持资金初审权限下放】 年内，本区获得市中小企业国际市场开拓资金初审权限。该项资金主要用于支持中小企业走出国门，开拓国际市场，是本市实施“走出去”战略的重要支持政策。全区共有8家企业报送资料，申报待审批项目27个，涉及实际拨付金额42万元。其中境外展览会项目7个、境外市场考察项目6个、产品认证项目7个、国际市场宣传推介项目5个、电子商务项目1个、广告商标注册项目1个。拥有自主知识产权和自主创新产品1家。

（刘玉杰　崔晶雪）

招商引资

概　述

北京市石景山区投资促进局（简称区投促局），是区政府组织、管理、协调、指导全区招商引资工作的职能部门。年内，以转变经济发展方式为中心思想，把握由传统工业区向绿色生态区全面转型的核心脉络，明确“夯实基础，改革突破；打造精品，发展高端；整合资源，创新体制；提高素质，强化服务”的总体工作思路，全面推进招商引资工作向纵深发展。符合 CRD 产业方向发展的企业持续增加；文化创意、高新技术产业品牌效应持续提升；旅游休闲、商务服务产业新增亮点持续呈现；现代金融环境持续优化。实现招商引资和形象宣传两个突破：全年新引进企业 1708 家，累计注册资金 87 亿元，全区累计新增企业 6439 家，实现税收 23.7 亿元，入区财政 8.35 亿元，经济总量不断提升，财政收入稳步增加；以提升区域形象美誉度为目标，紧抓“三区”建设契机，继续以搜狐网站为平台，全面宣传 CRD 建设行动规划，中国数字娱乐第一区新形象广告累计访问量 3500 万人次。全年组织举办和参加“第十五届京港洽谈会石景山首钢专场推介会”、“中国游戏产业年会”、“中国企业责任年会”等大型宣传活动 15 次，接待巴拉圭商会、中日经营者协会、美中经贸科技促进总会等投资考察团 14 次，进一步提升区域知名度和影响力，塑造绿色生态区域经济新形象。以建设服务型政府为目标，围绕服务重点企业进行大量调研和解困工作，积极应对国际金融危机，竭力帮扶中小企业度过危机；结合区情实际，研究制定促进地区商务金融产业发展政策措施，编印出版集文化创意、高新技术产业为一体的政策汇编，设计出版中、英、日、韩文版《投资政策指南》，改版区情介绍 PPT，制作中、英文版《携手石景山》招商引资宣传片，编印促进商务楼宇经济发展的暂行办法、规范“一企一策”决策机制的意见，改版领导联系重点企业工作手册。坚持以培育新兴主导产业为重点，全面整合资源，招商引资成效明显。引进河北东旭、中植集团等具有较大影响力的企业，与华润置地、中煤地质等公司签署战略合作协议，永新视博、中联集团、中节能、海航实业、公安部三所等龙头企业入驻本区。

地址：石景山路 18 号南楼
电话：88683088
邮编：100043

（张　涛）

【新引进企业 1708 家】 承担政府 37 项折子工程，其中牵头 12 项。分别占区政府折子工程总数的 29% 和 9%。年内全区新引进企业 1708 家，同比增长 13%；引进企业中，注册资本金千万元以上规模的企业突破 600 家；注册资本金亿元以上规模的企业 58 家。全年实现税收 23.7 亿元，实现区级财政收入 8.35 亿元，同比分别增长 36% 和 52%。

（张　涛）

【文创产业发展态势良好】 多项举措助推文化创意产业发展。截至年底，以数字娱乐为代表的文化创意企业达到 3000 多家。东方印、盛世藏和万载文化等领军文化创意企业纷纷入驻，搜狐畅游、完美时空等企业继续保持良好发展势头。

（张　涛）

【企业认定系统成功上线】 9 月 15 日，招商引资企业网上认定系统平稳上线。382 家企业完成网上认定，全区招商引资企业累计达 6439 家。该系统上线，实现对全区招商引资服务企业相关数据信息的输入、查询、统计、分析和导出等功能，保障数据信息的安全性和准确性，实现信息共享，效率提高 60%，避免企业重复认定情况的发生。

（张　涛）

【搭建四大平台】 与各行业协会建立行会协作平台——加强与中日经营者协会、中国民营科技实业家协会、中国电子商务协会等各行业协会的联系，利用其优势资源和影响力，进一步拓宽招商引资渠道，提高招商工作效率。与市各有关部门建立市区联动平台——参加第十五届京港洽谈会、第二届北京海外论坛、动漫游戏产业发展国际论坛等各项活动，开展招商引资，强化区域投资环境的宣传，提升区域知名度。与首钢总公司成立联合招商合作平台——召开与首钢总公司招商合作启动大会，正式运营新首钢投资服务中心，进行政企合作联合招商，共同组织接待中国电信、北京印象等 20 余家企业，举办“京港合作新亮点——绿色石景山·新首钢·新商机”专场推介会，全面推进新首钢高端产业综合服务区建设。与著名会计师事务所建立专业对接平台——先后联系安永华明、普华永道、毕马威、德勤和中瑞岳华五家著名会计师事务所，就如何搭建招商引资和财税服务平台等内容进行讨论，通过建立企业信息共享机制，实现互利共赢、共同发展。

（张　涛）

【不动产商会成立】 5 月 24 日，区不动产商会成立大会暨揭牌仪式在中铁建设大厦举行。商会首批会员包括北京中铁建设集团、北京万商投资发展有限公司等区内优秀商务楼宇 15 家单位。商会的成立，将统筹社会资源，

1 月 19 日，中国游戏产业年会召开　　（区投促局供稿）

搭建不动产相关机构与投资商之间的桥梁，建立与政府主管部门的沟通渠道，协助商务楼宇业主落实区相关优惠政策和相关资金奖励，发挥各个商务楼宇自身特色，全面加强政企合作，为行业发展和区域经济转型作出贡献。

（张　涛）

【拓展海外招商】 采取多项措施拓展招商引资渠道，助推海外招商。围绕本区重点项目，以扩大对外经贸交流为重点，挖掘海外优势资源，提升招商效果；加强对外的上下左右连横，向上多争取，对外多联络，积极搭建更高层次的交流平台；加强与海外行业协会的合作，建立经常性的会晤互访机制。全年组织接待美中经贸科技促进总会、新加坡考察团、巴拉圭商会考察团、日立集团等考察活动10余次，加强合作交流，吸引更多企业落户。

（张　涛）

【重点项目签约】 区政府出台鼓励民营总部经济发展暂行办法，设立专项奖励资金，鼓励企业发展。为吸引企业落地，拿出西长安街周边的土地，专门用于吸引中国500强的民营企业总部入驻，企业可以单独或捆绑的模式，选择土地建设企业总部大厦。2月25日，举办“重点招商引资项目集中签约仪式”。区有关领导分别与河北东旭投资集团有限公司、国药控股北京天星普信生物医药有限公司、中联控股集团、卓尔控股有限公司、公安部第三研究所、北京视博数字电视科技有限公司、华润置地（北京）股份有限公司领导签署战略合作框架协议。此次签约的7家企业中，有2家央企，5家知名民营企业，产业发展方向涵盖生产性服务业、文化创意产业、高新技术产业、现代金融产业、生物医药产业等领域，符合CRD定位，与区域发展具有良好的契合性。年内，启动5个重点项目，建成后每年将带来税收近5亿元。

（张　涛）

【中国企业责任年会】 6月17日，由中国外商投资企业协会、中国保护消费者基金会、中国民（私）营经济研究会、中国环境新闻工作者协会和区政府共同主办的“2011（第三届）中国企业社会责任年会”在本区成功举办。年会组委会及80家中外知名大公司倡议从明年起，将每年的6月16日确立为世界“企业社会责任日”。海航集团有限公司执行副总裁高荣海代表与会企业宣读倡议书。大会组委会明确承诺通过有关机构，将倡议书及企业签名文件转呈联合国秘书长潘基文先生和联合国全球契约办公室总干事乔治·科尔先生，推动“企业社会责任日”的尽早设立。会议还发布“2011（第三届）中国企业社会责任榜”，有80家公司因履行社会责任的优异表现进入该榜。区重点企业首钢总公司、沃尔玛获社会责任特别大奖，海航集团获社会责任优秀企业称号。上海复星高科技集团、辽宁依生生物制药有限公司等知名企业对本区投资发展环境给予高度评价。

（张　涛）

10月20日，首钢专场推介会举行　（区投促局供稿）

【联手为“新首钢”招商】 7月8日，由首钢搬迁协调领导小组办公室、市发改委、市经信委、市投促局、首钢总公司、区委区政府共同承办的石景山区与首钢总公司招商合作启动大会成功举办，标志着政企双方共同建设首钢高端服务区的又一个崭新起点。会上，区政府与首钢总公司签署建立联合招商合作机制协议书，同时，新成立的“新首钢投资服务中心”正式揭牌。双方建立起的联合招商合作机构由区招商办和首钢招商办构成，区招商办负责研究、制定全区招商引资和服务企业的相关政策，搭建招商平台，营造良好投资服务氛围；首钢招商办负责高端产业项目和新首钢高端产业综合服务区招商合作的组织、协调和项目落地工作，对接产业政策，完成政策的最终落实。

（张　涛）

【协办总部经济论坛】 7月29日，区投促局、科委园区和新首钢高端产业开发部的有关人员赴成都参加由市社会科学院主办，本区参与协办的“第七届中国总部经济高层论坛”。该论坛以“新格局、新使命、新跨越——总部经济助力城市转型升级”为主题，重点围绕总部经济推动城市转型和传统工业区改造升级、加快经济发展方式转变等热点问题进行深入探讨。本区作为一个传统工业区改造的特殊案例，被授予“中国总部经济发展实践研究基地”称号。

（张　涛）

【首钢专题推介会】 10月20日，“第十五届北京·香港经济合作研讨洽谈会”在本区举办首钢专题推介会。本次推介会以“京港合作新亮点——绿色石景山·新首钢·新商机”为主题，以“新首钢高端产业综合服务区”全面建设为核心。目的是促进京港经贸联系，加强京港商贸商务合作，为地区产业转型和新首钢高端产业综合服务区的开发建设创造新机遇,带来新发展。会上,市规划委、发改委、区政府和首钢就新首钢高端产业综合服务区规划、入驻政策、区域环境和优势等分别作阐述。市、区相关部门领导以及国内外300名知名企业家出席活动。

(张　涛)

【绿色通道服务质量】 10月25日,区招商办联合纪委监察局对区教委、住建委和卫生局等单位服务重点企业的工作效能和服务质量进行监督检查。通过检查,本区各单位“绿色通道”标牌摆放规范醒目,服务重点企业台账记录完整清晰,严格规范、落实服务重点企业暂行办法和服务重点企业各部门工作规则等制度,全区“绿色通道”服务企业体系各成员单位工作效率有所提高,区域服务环境进一步优化。

(张　涛)

【世漫会期间招商引资】 11月21~25日,借助第十二届世界漫画大会平台,大力开展招商引资。策划制作中、英、日、韩四种语言版本《投资指南》,进一步提高招商引资针对性。期间,发放2000多份招商资料,与200多家企业进行洽谈;搜集、整理驻区龙头文化创意类企业logo60余家,设计、制作logo墙,为文化创意企业搭建宣传平台;在各个会场置放“三区建设”主题展板和“十二五”规划易拉宝,设立招商引资咨询台,安排专人进行对接;邀请中日经营者协会、中国电子商务协会等国内外50余家文化创意类企业、行业协会人员参加活动。其中,天公瑞丰公司6名日方动漫人员专程赴会洽谈,对本区投资环境给予肯定,并明确投资意向。

(张　涛)

【中国手机游戏企业高峰论坛】 11月24日,“中国软件协会游戏分会手机游戏专业委员2011年度会议”暨“2011中国手机游戏企业高峰论坛”在万达铂尔曼大饭店举行。会议详细阐述支持动漫游戏、网络游戏和文化创意产业的扶持政策。12580、百度、易宝支付等业界代表围绕投资政策、市场规模、商业价值以及手游产品的服务模式、营销理念等,对手机游戏行业的未来前景进行广泛交流。工信部、文化部、中国软件行业协会等300多位代表参加会议。

(张　涛)

万商酒店　(敬万合　摄)

企业经营

北京万商投资发展有限公司

【概况】 北京万商投资发展有限公司(简称万商公司)是一家以酒店经营、物业管理和资产运营为主的大型国有企业。下设万商花园酒店、万商物业公司、万商如一酒店管理公司、石景山机动车检测场等多家子公司。年内,持续深化改革、努力减亏增效。依照区国资委“调结构、抓改革、谋发展、促转变、增实力、上水平”的整体目标,坚持以维护企业稳定、规范管理为基础,以减亏增效谋发展为重点,持续提高服务质量及管理水平,全面推动经营发展,全年实现营业收入1.65亿元,向国家缴税1365万元,成功实现扭亏为盈,扭转企业自成立以来接连亏损的被动局面,创历史最好成绩。

地址:石景山路22号
电话:68681188
邮编:100043

(卿　亮)

【营业收入16465万元】 公司总部加强外围商用资产管理,加大欠租清缴力度,挖潜扩大出租面积,全年实现营业收入3871万元。万商大厦写字楼收入2073万元,创历史新高。万商花园酒店围绕以会议接待为主、商散为辅、团队为补的市场定位,实现营业收入4642万元。万商运动中心坚持不断完善基础工作,对外开拓市场,对内强化管理,实现营业收入958万元。万商物业公司持续扩大写字楼招商力度,全年出租率达到95.3%,租金收缴率达到99%,实现营业收入1364万元。万商如一酒店管理公司深入节能降耗、严控人工成本、努力降低设备设施维修费和原材料使用,实现营业收入3920万元。机动车检测场年内验车5.4万辆,实现营业收入1150万元。

(卿　亮)

【K地块拆迁有进展】 11月18日,与京西电子城签订合同终止协议,K地块拆迁谈判工作全部完成。其中工业厂房部分移交区国土分局。K地块由工业厂房和京西电子市场两部分组成,占地面积19169平方米。自上年4月根据区建委、区国土中心拆迁要求,经过多次与租户谈判工作,历时18个月,拆迁谈判圆满完成。

(卿　亮)

【物业停车场改造】 在区交通支队、园林局、市政市容管委等部门协助下,完成华联前广场停车场改造工程并启

用。停车场改造面积为1700平方米，新增停车泊位65个，引进使用电子智能收费系统，并配套安装各种指示标牌、统一标志标线，加装停车场专用监控系统等，增加40人的就业岗位。

（卿　亮）

北京市永定林工商公司

【概况】　北京市永定林工商公司（南大荒苗圃）隶属于北京市园林绿化局。占地总面积141万平方米，其中苗木用地124万平方米，工副业用地17万平方米，办公厂房建筑2.2万平方米，有都西景河绿化公司、林业送变电工程公司、永定金属材料厂、永定液压件厂、永定化工厂、龙泰基药业公司等9个直属单位，所属企业总注册资金3021万元。有职工500余人，其中高级技术人员3人，中级技术人员25人，中高级技术工人90人。党委建制下分8个党支部，有党员67人。年内，坚持贯彻“提高领导水平，坚持科学发展，努力建设经济强圃、人文新圃”的战略方针，谋发展、促党建、凝众心、构和谐，带领干部职工以经济效益为中心，以推进南大荒森林休闲公园项目落实为重点，探索公司未来发展之路，经营、党建等各项工作取得一定成效。全年实现经营收入1.73亿元，上交各种税金740万元。

地址：京原路55号
电话：88958104
传真：88957379
邮编：100043

（刘慧敏　巩云鹏）

【公园项目立项】　按照市政府对永定河区域规划的发展需要，负责建设132.18公顷的南大荒森林休闲公园项目。年内，全力推进，取得实质性进展。向市园林绿化局、发改委、水务局、首规委、区政府等各级政府部门汇报项目规划方案，不断修改完善项目内容，取得各相关部门认可批示，与各专业部门联系，不断充实完善项目前期各项准备工作。包括咨询资深园林设计专家，完善公园规划方案；完成可研报告编制；着重对项目门区、主广场等重点区域进行专题设计；完成项目环境影响评价报告编制；委托编制水土保持方案；协调做好公园项目与周边项目、园林部分和水利部分的划分和衔接，做到过渡自然。项目可研已于8月上报市发改委进入立项流程。

（刘慧敏　巩云鹏）

【资源整合利用】　面对首钢搬迁和电力行业调整影响，公司支柱企业经营效益受到较大影响的不利局面，引导企业积极应对，加快转型，创造收入，完成年度经营任务。4月，向区国土分局申请办理部分属地土地证，并与永定河管理处、北京铁路局等相关单位确认协调，取得单位办公区、东厂区土地证。利用原有下属单位执照变更，注册北京市都西景河园林绿化公司，并整合公司绿化一队、二队相关资源，办理三级园林绿化资质；金属材料厂与首钢联系，加速场地周转利用，同时修复厂房，寻找新的合作伙伴；林业送变电工程处拓展业务，取得良好经营收入；永定化工厂利用闲置厂房引入2家合作单位，增收50余万元。

（刘慧敏　巩云鹏）

【做好绿化养护】　继续做好二道绿化隔离带养护管理工作。定期对苗木数量、生长情况进行排查，及时掌握圃内苗木生长状况，按时组织养护工人对林木进行浇水、打药、打草、剪枝、涂白及林木整形等，全力做好林木防火和病虫害防治。

（刘慧敏　巩云鹏）

【开展环境整治】　3月底，对苗圃地沿线、莲石路南侧南大荒段单位门前责任区等相关区域进行全面环境整治。重点治理属地内遗撒、白色垃圾、树挂等问题，清理白色垃圾约45袋、遗撒废料垃圾约25吨，净化莲石路西侧环境，确保干净整洁。

（刘慧敏　巩云鹏）

【住房补贴发放】　召开六届五次职工代表大会，审议通过住房补贴发放方案。成立发放领导小组，面对住房补贴发放资金额度大，生产企业流动资金减少，发放人员数量多且结构复杂等多种困难，全面统筹协调，做好统计、审核、公示、资金筹措和发放事宜。为550名职工，发放住房补贴2626.4万元。

（刘慧敏　巩云鹏）

北京市星宇商贸有限公司

【概况】　北京市星宇商贸有限公司（简称星宇公司），隶属于北京市供销合作总社。上年7月，与北京市诚至物业管理有限责任公司进行经营管理体制调整，组建成立北京世欣宇成资产经营管理有限责任公司并持有本公司总股本的51%，成为公司控股股东。公司占地总面积2.1万平方米，其中可运营资产面积2.3万平方米。有核算单位3个，即北京市星宇商贸有限公司、北京市石景山区供销合作社、北京星宇京西物资回收有限公司。业务经营范围包括：房屋租赁，物业管理，销售金属材料、机械设备、电器设备、五金交电、劳保用品、建筑材料、烟花鞭炮、旧自行车，废旧物资收购等。年内，围绕中心工作，强化管理、巩固创新、内强素质、外树品牌，深入挖潜，适时调价，增收节支。继续提高服务质量，经济运行健康发展，实现收入总额1764.5万元，实现利润530.7万元，维护企业安全稳定，全年安全无事故。

地址：杨庄东路128号
电话：68863473
传真：68823474
邮编：100043
网址：www.xysm128.com.cn

（周　烈）

【企业发展】　打破传统模式，拓宽经营思路，优化资源配置，星宇京西物业一、二期改建工程年内全部投入运营并获得收益。引进嘉禾一品粥、学而思教育、ABC英语等具有一定社会知名度的注册企业。公司整体发展态势良好，各项经济效益不断提高，实现收入总额1764.5万元，投资收益270.9万元，成本及税费总额1233.8万元，实现利润530.7万元，利润比上年同期增长15%，上缴国家财政总额235.5万元，经济运行健康稳定。

（周　烈）

旅游业

旅 游 管 理

概 述

石景山区是一座风光秀丽的园林艺术宝库,旅游资源丰富,自然环境优美,文物古迹众多。区委区政府坚持以打造首都文化娱乐休闲区为主线,全面加强“东部现代娱乐旅游区、西部生态休闲旅游区”建设,着力推进由观光旅游向购物、休闲游转变,由传统旅游消费向综合性消费转变,有效促进区域旅游产业快速发展。全区有主要景点8个(其中石景山游乐园和八大处公园为4A级景区),星级宾馆7家。品牌旅游活动春季有八大处中国园林茶文化节,夏季有北京狂欢之夏,秋季有北京重阳登高节,冬季有北京洋庙会。众多景点构成优美的游乐休憩环境,是北京小西山及永定河游览区的重要组成部分。北京市石景山区旅游局(简称区旅游局)是负责本区旅游行业管理的区政府工作部门。年内,随着首钢涉钢产业全部停产,地区进入战略转型、爬坡上行的关键时期。确立大旅游发展理念,有效整合区域旅游资源,按照“旅游资源多样化、旅游服务便利化、旅游管理精细化、旅游市场国际化”的指导思想,进一步开拓思路,突出特色,创新发展,增强旅游项目的个性化和品牌化,不断完善配套设施,加强市场管理,推动旅游业再上新台阶。全年旅游接待人数突破千万,达1140.8万人次,同比增长22.1%;实现旅游综合收入18.23亿元,同比增长22.5%;增幅在全市排名分别为第4位和第7位,旅游接待总人数和综合收入均创历史新高,初步确立旅游的支柱产业地位。

地址:石景山路18号
电话:68607216
邮编:100043

(丁 玥)

【春节接待游客97.11万人】 春节期间,旅游综合收入实现“开门红”。接待游客人数达97.11万人次,同比增长44.70%。实现营业收入1781.80万元,同比增长7.36%;其中游乐园第十一届北京洋庙会接待游客35.30万人次,同比增长15.40%,实现营业收入1138万元,同比增长18.50%;雕塑公园接待游客37.58万人次,同比增长89.30%,实现营业收入61.25万元,同比增长18.08%;八大处公园接待游客24.02万人次,同比增长21.30%,实现营业收入107.97万元,同比增长11.00%。纳入区假日旅游统计范围的重点住宿单位,实现营业收入244.24万元,接待游人1810人次,平均出租率为18.5%。

(丁 玥)

【清明节接待游客23.37万人】 4月3~5日“清明”小长假期间,到石景山游乐园、八大处公园和国际雕塑公园等景区(点)游览的各地游客及旅游团队络绎不绝。主要旅游景区接待游客23.37万人次,实现旅游经营收入338.55万元。其中石景山游乐园实现经营收入271万元,接待游人3.80万人次,同比分别增长31.55%和33.33%;八大处公园实现经营收入55.89万元,接待游人10.50万人次,同比分别增长7.60%和9.72%;国际雕塑公园实现经营收入11.66万元,接待游人9.57万人次,同比分别增长102.43%和157.77%。

(丁 玥)

【“五一”接待游客19.62万人】 “五一”小长假期间,本区旅游环境秩序安全、有序。各景点接待游客19.62万人次,实现旅游综合收入745.83万元。其中住宿业综合收入273.3万元,接待游人0.28万人次,同比分别增长59.28%和13.02%;景区点综合收入451.49万元,接待游人19.33万人次;游乐园综合收入408万元,接待游人5.7万人次;八大处综合收入37.54万元,接待游人8.1万人次;雕塑园综合收入5.95万元,接待游人5.53万人次。

(丁 玥)

【端午节接待游客13.75万人】 端午节假期,三大主要景点接待游客13.75万人次,实现综合收入267.18万元,同比分别增长0.52%和8.63%。5家市级住宿监测点实现营业收入17.36万元,接待游客317人次。区假日旅游工作领导小组成员单位出动执法人员2675人次、执法车辆472车次,查处无照经营及无照游商214个,检查文物景点及文化娱乐场所33家,确保旅游环境秩序安全、有序。

(丁 玥)

【“十一”接待游客75.24万人】 “十一”黄金周期间,接待游客75.24万人次,同比增长18.12%,实现综合收入1664.7万元,同比增长6.84%。其中石景山游乐园接待游客28.1万人次,同比增长7.66%,综合收入998万元,同比减少3.11%;八大处公园接待游客34.63万人次,同比增长4.91%,综合收入92.41万元,同比减少8.5%;北京国际雕塑园接待12.06万人次,同比减少19.32%,综合收入13.23万元,与上年同期持平。其他景点,慈善寺、冰川馆、田义墓等也接待大量游客。住宿设施监测点接待游客4461人,综合收入561.06万元,同比增长11.2%。星级饭店服务质量和接待能力有较大提高,接待游客2861人,综合收入250.34万元,分别增长17.8%和32.3%。

(丁 玥)

【与安康市达成合作协议】 3月25日,区旅游局与安康市旅游局,北京四达之旅旅行社与安康市蓝天旅行社签订两地旅游合作协议书。区政府代表团与安康市旅游局、林业局、平利县政府等单位,就两地旅游市场开发合作、旅游宣传促销合作、旅游人才和文化的交流、旅游产品开发合作、信息交流合作等五个方面深入交换意见,并实地考察瀛湖风景区和平利县旅游乡村示范镇。

(丁 玥)

【建立完善旅游咨询体系】 3月,由区旅游局设计制作的新版“石景山旅游一册通”、“石景山区旅游地图”(中英文版)正式印制完毕,面向广大游客发放。11月,利用可移动房屋先后在北京台湾街、国际雕塑公园、八大处公园建立三处旅游咨询流动服务站点。向到区参观旅游的中外游客推荐区内旅游资源,在此基础上,提供旅游咨询、信息查询等服务。

（丁　玥）

【旅游行业应急救护培训】　4月7日至年底，全区旅游行业在区红十字会支持下，共组织培训10个批次，听课人数1200人，涉及旅游经营单位13家。参加培训的学员取得由市红十字会颁发的《初级急救员证》，进一步提高全区旅游行业的应急救护能力和水平。

（丁　玥）

【参与"中国旅游日"活动】　5月19日，组织石景山游乐园、八大处公园等旅游经营单位参加在天坛公园举行的"中国旅游日"（北京）启动仪式——"美丽北京欢迎你"活动。活动当日，石景山游乐园及八大处公园两个4A级景区也分别在景区内设立分会场，策划主题活动。在天坛公园举行的启动仪式上，区旅游局及区内参加单位发放旅游资料5000余份。新制作的"石景山旅游一册通"、"石景山旅游地图"受到游客一致好评。

（丁　玥）

【第二届CRD国际啤酒节】　8月12日，第二届北京CRD国际啤酒节在石景山游乐园拉开序幕。国际节庆协会亚太区副总裁、中国区总裁，区旅游局以及石景山游乐园相关领导出席开幕式，与现场游客共同见证这一京城休闲文化盛事。本次活动历时17天，最大特色就是荟萃全球多个啤酒品牌，让消费者一站式体验到中国乃至世界的优质啤酒。主办方推出精彩的"啤酒大赛"、化妆舞会，以及每日送出的幸运大礼。

（丁　玥）

【参与第六届北京公园节】　8月18日～9月30日，为期44天。公园节开幕当天，区公园管理中心在所辖的八大处公园、国际雕塑公园、古城公园、八角雕塑公园、老山郊野公园、法海寺公园内展开宣传活动。"美丽、安全、绿色、文明、和谐"的条幅格外醒目，身着北京公园节服装的志愿者及景区工作人员，在门区、游览主路等地义务向游客发放北京公园节绿皮书、北京公园分类及标准研究等资料2000余套。

（丁　玥）

【参加中国旅游产业博览会】　9月2～4日，区旅游局带领区属企业石景山游乐园赴天津参加2011中国旅游产业博览会暨第十六届中国北方旅游交易会。展会上，首钢搬迁后地区"十二五"期间的旅游发展成为天津市民询问焦点。展会期间，发放中英双语旅游地图、石景山一册通、CRD旅游环保袋、石景山游乐园导览图、卡通图片等宣传资料2000余份，接待洽谈咨询近3000人。

（丁　玥）

【市领导调研旅游业发展】　9月22日，副市长丁向阳带队就到区调研旅游产业发展情况。实地视察灵光寺佛牙舍利塔，并乘坐缆车查看八大处公园整体建设情况，并前往石景山游乐园了解相关项目规划、建设情况。随后在区政府机关办公楼召开调研座谈会，听取有关旅游工作开展情况的汇报。当了解到区政府与深圳发展银行创新机制，成功发行"北京CRD卡"，以旅游为切入点，实现金融、商业、文化、娱乐等产业的有效融合，2009年8月以来，已发卡14万余张，直接拉动消费9亿多元后，丁向阳表示这个做法应在全市范围内推广，指出要牢固树立旅游是世界第一大产业理念，把大力发展旅游产业作为加快转变经济发展方式的重要抓手，强调旅游资源多样化，旅游与文化融合的重要性，注重旅游人才培训，同时表示大力支持本区发展大马戏演艺项目。市旅游委主任鲁勇及市发改委、市公园管理中心、市民委有关领导，区领导荣华、夏林茂等陪同调研。

（丁　玥）

【莲石湖建成开放】　9月29日，在有本市"母亲河"之誉的永定河河道内建成的第一个大型郊野公园门城湖、莲石湖、晓月湖、宛平湖和循环管线工程"四湖一线"景观向市民免费开放。处于石景山段的莲石湖总体景观系统格局为"一轴二心三组团"，一轴即以永定河为主体的水域景观空间带状轴，以及延河孕育的景观湿地和生态环境；两心即莲石湖长安街西延及莲石路西延的两处生态湿地型景观湖；三组团分别指以莲石湖为中心，结合三大不同主题的滩地休闲运动景观组团。主景区分为引水文化、防洪文化、植柳文化、治水工具及人物以及亲水平台5部分。引水文化主要包括戾陵堰、车箱渠等景观；防洪文化主要包括十八蹬古石堤、如意池（金元明清北京水系图）、莲花逐水等景观；植柳文化包括堤柳文化、燕翅林等景观；人物及治水工具景观有刘靖父子、石夯、石磨等。永定河莲石湖的建成为地区由传统工业向绿色生态石景山转型发展奠定基础。

（丁　玥）

【CRD旅游网改版上线】　11月1日，北京CRD旅游网正式改版上线。通

8月12日，第二届啤酒节开幕　（区旅游局供稿）

过四个特色构建旅游信息平台，为政府、旅游企业、游客提供便利服务。一是旅游介绍首创新，网站图文并茂的介绍区域旅游资源，并首次运用先进的2.5D技术，立体化展现石景山游乐园106个游乐项目；二是开通领导信箱、投诉建议、网上调查、石景山旅游论坛等互动形式，形成良性双向沟通渠道；三是旅游服务专业化，继续深化与艺龙旅游网合作，细化酒店和机票预订服务，此合作模式已应用到市旅游委和其他区县网站；四是旅游政务公开化，开通政务、党务、信息公开平台，辅以办事指南、旅游招商、应急管理等栏目。

（丁　玥）

【获批建设动漫娱乐区】　为推进旅游功能区规划建设，调整旅游产业布局，转变旅游增长方式，提高旅游产业集聚效应，经区政府申请，11月1日，市旅游发展委员会正式发文批准建设石景山数字动漫娱乐区，并拨付旅游发展专项资金300万元用于整体功能区规划和骨干项目规划。开始着手编制《石景山数字动漫娱乐区发展规划》，“游乐园数字动漫体验综合体”、“区域智慧旅游服务示范平台”、“数字娱乐旅游平台”、“中国动漫游戏城配套项目”、“小轮车赛场改造”等骨干项目建设，以及完善旅游标识系统、旅游信息系统等公共服务设施项目工作有序展开。

（丁　玥）

【旅游咨询日活动】　12月18日，带队组织八大处公园、石景山游乐园、法海寺、冰川馆等单位，参加在奥林匹克公园庆典广场举办的“迎2012年新年旅游咨询日”活动。工作人员为游客发放宣传品，并现场回答游客关心的问题。共接待旅游咨询者2000余人，发放旅游宣传品3000余份。

（丁　玥）

北京石景山游乐园

概　述

北京石景山游乐园是一座以童话世界、梦幻乐园为主题，亚洲地区游艺项目最多的大型现代化游乐园。年内，以“打造品牌增效益”为中心，按照“改革、改造、发展、创新”思路，努力提升品质与档次，增强吸引力，提高社会知名度和美誉度，创造良好的经济效益与社会效益，实现企业健康、快速、可持续发展。全年购票入园人数145万人次，同比增长10%；综合经营收入10146万元，同比增长11.14%。被评为“全国精神文明建设工作先进单位”、“全国先进游乐园”，“首都文明单位标兵”、“首都文明旅游景区”、市“交通安全先进单位”、“无偿献血先进单位”、区“三八”红旗集体、“基层工会建设先进单位”、“厂务公开民主管理工作先进单位”、“法制宣传教育先进集体”等殊荣。

地址：石景山路25号
电话：68876016
邮编：100043

（刘鸿静）

【第十一届北京洋庙会】　2月3～9日举办，入园人数31.5万人次，经营收入1380多万元。活动以“中西合璧异域风情‘北京洋庙会’”，“吃喝玩乐激情狂欢石景山游乐园！”为主题，以2011名洋人逛洋庙会、五洲风情盛装花车行进表演、“北京洋庙会”摄影大赛等10项活动为主要内容，以亚洲游艺项目最多的大型现代化主题乐园为载体，形式新颖，内容丰富，受到游客喜爱。广告宣传力度和声势为历年最强，做到电视上有影，电台有声，报刊和网络上图文并茂。期间共播报、刊登“洋庙会”信息1500余次；公交视频车辆1.6万余辆；悬挂长安街道旗760面；《信报》发行70万份。

（刘鸿静）

【第十一届春之韵游园会】　4月30日～5月7日举办。是游乐园“五一”国际劳动节期间所举办的品牌大众文化娱乐活动，被全国假日旅游办列为最受老百姓喜爱的热门文化娱乐活动。本届游园会以“走进石景山游乐园，走近春天！赏花、踏青、科普游，低碳健康伴你行”为主题，百余项游艺设备开放，推出花车巡游表演、文艺演出以及“玉树藏族孤儿畅游童话世界”公益行、百名劳动模范游园、首个中国旅游日及青少年社会实践大课堂等活动。

（刘鸿静）

【第八届环球宝贝联谊游园会】　5月28日～6月1日，与中国国际友好文化节组委会、五洲风文化艺术中心共同举办以“亲情无限，爱心相连”为主题的“环球宝贝庆六一”联谊游园会活动。活动举办期间，数十个国家使节、夫人及孩子与数千名小朋友汇聚游乐园CRD大剧场，上演的节目有民族歌舞、诗歌朗诵、儿童游戏、卡通剧表演以及欢乐游园会，并为小朋友们提供童话火车、皇家转马、魔镜迷宫、4D飞翔等70余项丰富的游戏大餐。

（刘鸿静）

【第八届北京狂欢之夏】　7月9日～8月31日举办，入园人数同比增长6.39%，经营收入同比增长7.37%。除保留以往梦幻夜光花车巡游表演、经典游艺狂欢活动、中西合璧的美食以外，新引进“飞炫云霄”、“变异危机”、“魔幻演绎”等数十种高科技大型主题娱乐项目，带给游客新的刺激。同步开展为期56天的以“打造品牌增效益”为中心，以“安全、优质、高效”为主题，以“三比、三赛”为主要内容的第二十二次劳动竞赛活动，同时开展晚场经营。

（刘鸿静）

【中秋节游园会】　9月10～12日举办。喜逢教师节、中秋节两节同庆，游乐园推出以“中秋满园情、旅游团圆惠”为主题的中秋游园会，将传统与时尚多种元素融为一体，内容包括“金秋桃李情，感恩教师节”等多项活动，教师凭有效证件可享受免门票入园等优惠。《北京娱乐信报》于10日举办首届秋季旅游展，中青旅、康辉国旅、众信旅游等近20家知名旅行社亲临活动现场推介旅游产品，并开设旅游、摄影知识大讲堂。

（刘鸿静）

【第十二届欢乐金秋游园会】　10月1～7日举办，以“金秋欢聚石景山，动感时尚游乐园”为主题，活动内容丰富，动感时尚元素突出。活动围绕国庆，将游园会演绎成老百姓喜闻乐见的集休闲、观光、游览、参与体验于一体的特色品牌文化活动。内容包括秋日浪漫"童话故事"晒幸福、"九九重阳"登高赏秋晒团圆、憧憬美好未来涂鸦晒欢乐等九大活动，以及石景山游乐园建园二十五周年系列优惠活动。百余项经典游艺项目全部开放，特别是新上项目"能源风暴"让游客在座椅上体验自下而上180°半圆周倾翻运动带来的刺激，成为游客"新宠"；"五洲花车行进表演"由造型新颖、色彩绚丽、风格卡通梦幻的6辆彩车和百名中外演员组成，新推出甜美温馨的"白雪公主"花车、欧洲复古风的南瓜花车，演员与游客互动。在市假日办每日发布游客接待量排行榜中，游乐园以接待量大榜上有名。中央电视台新闻频道、《中国旅游报》、《北京日报》、《北京晨报》、《北京晚报》、《午报》、《京华时报》、北京电视台等众多媒体对本届游园会进行播报，游乐园品牌效应进一步扩大。

（刘鸿静）

【设施更新改造】 改善游园环境，对部分老项目进行更新改造，拆除"深海潜艇"、"超级太空船"、"云海冲浪"、"章鱼"等老项目，新上"飞炫云霄"、"时来运转"、"太空大战"、"能源风暴"等趣味性、娱乐性、参与性较强的新项目。同时投资数十万元对园内道路设施进行改造，拆除蓝桥东侧铁桥和正门小石桥，使园内游览通道更加通畅，消除重大节日期间客流集中的安全隐患。

（刘鸿静）

【游园信息】 入园开放时间4月1日至10月31日每天9:00～17:30；11月1日至3月31日每天9:00～16:30；节假日期间正常营业，闭园时间根据当日具体情况适当延长，持老干部离休证、残疾证和身高不足1.2米的儿童可免门票入园。

（刘鸿静）

八大处公园

概　述

八大处公园是国家AAAA级景区、本市一级一类公园。年内，公园深入贯彻落实科学发展观，以推进景区基础设施建设为中心，以强化行业管理为重点，以提升美誉度和感召力为目标，狠抓综合治理、目标管理和绩效考核，深入开展创优争先活动，大力培育优质服务意识。全体员工积极进取，扎实工作，圆满完成各项任务。公园全年接待游客445万人次，同比增长8.5%；门票收入1566万元，同比增长6.7%；综合经济收入3376万元，同比增长4.4%。年内被市政府和市教委分别确定为市"模范爱老敬老为老服务示范单位"和"中小学生社会大课堂资源单位"。

地址：八大处路3号

电话：88964661

邮编：100144

网址：http://www.badachu.com.cn

（于长林）

7月12日，狂欢之夏游园会　　（游乐园供稿）

【第十届园林茶文化节】 4月28日～5月10日，由区政府、中国国际茶文化研究会、北京市旅游行业协会、大韩佛教天台宗茶文化研究保存会等联袂举办。历时13天，活动期间接待游客24万余人次，门票创收51万元。本届茶文化节首次引进中国台湾风情嘉年华，台湾乌龙茶、宝岛风味小吃和特色手工艺品齐集二处大盘道；与韩国继续合作，引进韩国僧俗两界茶道茶礼零距离展演，为京城游客带来极高品位的"高丽皇室茶礼和皇后善愿成就祈愿茶礼"盛装演示，吸引大量游客驻足观看。五处"龙泉井开井盛典"、"中国园林茶文化魅力讲座"，受到许多茶客关注和喜爱。活动期间，组委会对来园300位游客进行调查，结果显示：品尝小吃人数占总调查人数的23%，对公园自然风光表演满意的占22%，在受访者中对公园总体满意度达到86%。公园服务人员的从业素质、接待水平、服务意识都受到游客广泛好评，但在基础设施等方面还略有欠缺，停车场不畅成为游客关注的焦点。

（于长林）

【第二十四届重阳游山会】 作为第六届北京公园节系列活动之一，由区政府、区公园管理中心、区佛教协会、北京领拍婚纱摄影有限公司、八大处公园等于9月27日～10月16日联袂主办。接待游客57万人次，门票收入约150万元。公园特意设计占地7000平米的大型山体景观——喜庆重阳，9月19日正式挂上虎头山。数万盏红灯悬挂在三山八刹各个角落，近万株菊花争相绽放。组委会一如既往推出深受人们喜爱的登山健身四条路线：沿寺庙步步登高游、跑大道强健体魄游、访"石刻"寻幽探险游、观印章林间吸氧游。会事期间，区文联推出"重阳诗

会”;区老龄委运作“老年人艺术节”;领拍婚纱摄影主办“登山摄影活动”,三处茶社笔会和棋牌比赛;五处茶社文化论坛等群众参与性、互动性强的文化活动。

(于长林)

【基础设施改造】 3月,完成接待中心地下一层东侧建筑内部装修工程。项目包括:建筑装饰、强弱电、给排水、排风机、通风空调、消防设施(设备)等,工程总投资约122万元。8月,完成雨季抢险修缮工程。修缮项目包括:八处证果寺部分墙体、办公楼东侧墙体、公园山门牌楼拆除及地面恢复、三处三山庵古建房屋抢修、七处宝珠洞电缆抢修,工程投资约44万元。9月,完成六处香界寺修缮工程。项目包括:培训中心东西配房,藏经楼及其部分配房、院落,行宫院(含大戏台);培训中心院落和藏经楼院落地面铺装,投资约556万元。11月,完成七处宝珠洞公厕建设,建筑总面积147平方米。外表呈仿古形式,内部设施达三星等级,投资91万元。10月11日,八大处游客服务中心项目破土动工,工程总投资约3000万元,建筑规模约3300平方米,主要使用功能为游客服务中心、文化演示厅、观演厅、其他配套管理用房。主建筑采用仿古清式作法,外观为重檐盝顶形制。

(于长林)

【区佛教协会挂牌】 1月8日,区佛教协会挂牌仪式暨大悲寺揭匾仪式在公园四处大悲寺举行。岳德顺和区佛协会长常藏法师为佛教协会揭牌,司马红和区佛协副会长演道法师为大悲寺揭牌,区民宗侨办主任向常藏法师颁发宗教活动场所证。标志着区佛教协会有正规的办公场所,也为信教群众开辟出新的宗教活动场所。

(于长林)

【灵光寺圣像开光庆典】 5月21日,中国佛教协会北京灵光寺全寺圣像开光典礼暨供佛斋僧法会在著名佛教圣地灵光寺举行。国家、市宗教局领导,中国佛教协会会长传印长老、中国佛教协会咨议委员会副主席根通长老,中佛协副秘书长广济寺方丈演觉法师、灵光寺方丈常藏法师、雍和宫住持胡雪峰法师,以及大韩天台宗总务院院长朱正山长老、日本临济宗妙心寺派灵云院住持则竹秀南长老,缅甸联邦共和国宗教杜拉吴敏貌(音译)部长,老挝、缅甸、柬埔寨、印度、尼泊尔、越南、泰国、日本、斯里兰卡、韩国等国驻华使节、首都佛教界四众弟子及各界嘉宾3000余人出席大法会。海内外高僧分别为佛牙舍利塔,大雄殿、玉佛殿、新卧佛殿、地藏殿、龙王殿、综合楼铜佛雕墙、心经墙、五百罗汉、新卧佛殿、许愿台等殿堂佛像诵经开光。开光法会结束后,举行自建国以来北京佛教界首次供佛斋僧法会,来自国内外的1000名高僧参加斋僧法会。经国家宗教事务局和中国佛教协会批准,5月21日~6月11日,举行灵光寺佛牙舍利朝拜活动,满足首都佛教界信众朝拜瞻礼佛牙舍利的信仰需求。

(于长林)

【举办经藏迎请大法会】 9月9日,公园六处香界寺藏经楼《藏经》迎请大法会举行。北京各大寺院9位知名高僧、60名贵宾、200名功德主应邀出席。倪国锋应邀致辞。法会所迎经书总计1730卷,原为香界寺藏经楼珍藏,属国家重要文物。

(于长林)

【中秋专场慈善晚会】 9月12日,由区佛协主办,区民宗侨办、北京灵光寺、八大处公园协办,以“慈悲情怀·利乐众生”为主题的2011年中秋专场慈善晚会在北京灵光寺天王殿前广场上举行。灵光寺佛乐团与身怀绝技的艺术家们为大众献上古朴典雅的佛乐,若干困难群众获得晚会主办方捐赠的慰问金。

(于长林)

【八大处茶艺代表团赴韩】 9月25日,八大处公园茶艺代表团应邀出席大韩佛教天台宗总务院主办的“上月圆觉大祖师诞辰100周年纪念天台国际茶文化大会”。开幕式在韩国总本山救仁寺大祖师殿前举行。领队代表八大处公园和中国国际茶文化研究会园林茶文化研究中心致贺辞,八大处茶艺表演队为大会献上中国茶道。

(于长林)

石景山年鉴 SHI JING SHAN NIAN JIAN

规划建设

规 划 管 理

概 述

北京市规划委员会石景山分局(简称规划分局)是北京市规划委员会派出机构,负责组织实施区内的规划编制、审批和监督工作。年内,高起点进行规划设计,按照世界城市要求逐步对重点路段、街区、节点以及主干河道实现修建性详规全覆盖;引进外脑对政策性住房、市区绿通工程、重点工程等项目实行规划设计招投标制,促进规划设计竞争机制的形成,不断提升规划品位和水平。高标准建设基础设施,推进轨道M11线、S1东段(M6)规划实施,做好重要道路、立交、交通节点规划建设。高质量做好规划服务,在重要项目审批前,提早开展公众参与工作,加大服务力度,通过公示、听证外的座谈会等补充形式搭建规划公众参与平台。高水平开展规划编制,大力推进中关村园区石景山园南区规划方案编制工作;推进市级挂账重点村整治工作及主干道两侧遗留地块整治工作。全年受理并核发行政审批服务事项137件,其中建设工程规划许可证63件,建设用地规划许可证8件,规划意见复函29件,规划意见书27件,建筑物命名7件,地名命名1件,临时建设工程规划许可证2件。规划验线8件,规划验收15件,发现违法建设95件,面积6.7万平方米。承办区人大代表和政协委员建议、提案19件,涉及整合办公场所、在永定河水岸建设地标式会展中心、S1线施工时保护古建筑群等多方面内容。办复率和满意率均为100%。

地址:八角南路9号

电话:报建大厅 68863815

办公室 68870345

邮编:100043

(杨 琳)

【城市规划工作研究】 落实区委区政府关于规划部门加大对市政设施、交通规划、存量土地挖潜等方面研究力度,切实结合地区实际,发挥规划对转型发展引领作用的要求,组织编制"十二五"期间城市规划工作研究。内容包括:依据"十二五"时期CRD发展要求,开展地区职能转变和提升的对策研究,完成"首都功能拓展区"发展研究;梳理全区剩余资源,整合公共设施资源,挖潜增效,全面破解空间制约,力促土地增值,实现节约集约用地和促进经济发展的双赢;完成长安街延长线景观设计研究。经过前期调研、走访、拍照、分析,以及统筹国土、教委、民政等部门专业意见,通过从土地可用储备资源、公共资源整合等方面入手,分析"十二五"时期规划战略重点及面临的机遇与挑战,并对长安街延长线进行景观研究。目前尚未按照规划指标实施控制性详细规划(2006~2020)建设的用地,全区共计535.9公顷,建筑面积812.1万平米。根据区控规指标在当前形势下具备调整需求和可能性的用地,共计329公顷,2006版控规建筑面积600万平米,估算调整后可增至1100万平米。另有首钢、特钢、锅炉厂可优化用地917公顷。至9月,规划研究工作基本完成。

(杨 琳)

1月21日,向北京军区首长介绍城建发展规划 (区双拥办供稿)

【完成市政设施调研】 发挥规划引领作用,加强对市政设施、交通规划等方面研究力度。配合市规划委深化M6线规划方案的研究和制定,开展苹果园交通枢纽及部分站点"一体化"调研,深入研究轨道S1线站点、跨河大桥、穿山隧道方案,继续深化西北热电中心规划方案,对原有厂址用地性质进行研究。同时配合市规划院完成北京中心城各区综合交通现状及对交通信息平台需求的调研,具体内容包括:地区2000~2010年道路建设、投资、运营和管理情况,公交场站和停车场建设管理情况,轨道交通接驳情况等。配合市规划委和市规划院完成上年和当年保障性住房开工及竣工项目外部市政基础设施调研。进行北辛安路提级研究,拟将其由城市主干路提升为快速路。完成地区综合交通规划修编工作方案,并发至区政府相关委办局进入实质实施阶段。

(杨 琳)

【严控政府折子工程进度】 积极推进主责的区政府折子工程进度。其中中关村科技园石景山园北区项目,完成居民拆迁90%,集体土地上的非住宅已与农工商公司签约,完成拆除80%。明确修建性详细规划设计工作方案,完成意向用地企业需求调查。加大促迁力度,重点办理征地手续,由二级开发主体负责实施修建性详细规划。该项目已完成控规调整方案设计,完成一级开发成本测算和开发时序分析,进行交通影响评价和市政承载力研究工作。将控规调整方案上报市规划委,年底前完成控规调整。市级挂账村整治工作方面，完成衙门口村一级开发意见书，待落实衙门口定向安置房控规调整后，及时办理定向安置用房规划条件。

（杨　琳）

【签订合作协议】 3月31日，与市测绘设计研究院签订战略合作协议。协议明确，双方在数据共享、数据制作及数据库建设、三维地理信息应用、系统开发以及测绘工程服务等方面建立稳定、长效合作机制，共同开展有关地区现状专题数据库建设、市地理信息共享服务平台的应用推广、本区数字城市地理空间框架建设、三维仿真技术在城市规划管理中的应用研究与系统建设、编制《北京人文地理·石景山卷》等工作。夏林茂等区领导，市测绘设计研究院院长温宗勇、党委书记郝赛英等参加签字仪式。

（杨　琳）

【编写北京人文地理·石景山卷】 7月，《北京人文地理·石景山卷》开编。作为《北京人文地理》杂志的一个分卷，依托区域丰富的地理信息资源，通过深入挖掘石景山历史文化资源、探索城市社会独特人文地理风貌，为本市规划建设与发展提供历史依据。规划分局多次与相关部门沟通协调，做好组稿工作，9～10月收稿59篇、约18万字、300余张图片。对稿件进行整理，10月10日，邀请中国地图出版社编辑及作者代表对投稿进行初步编辑整理，确定框架，分六大部分，37篇文章12万字，报请区政府批准转入编辑环节。同月19日，召开“燕都仙山”——《北京人文地理·石景山卷》主题书法笔会，邀请市、区级著名书法家10位，创作书法作品31件，优秀作品作为该卷内容一并收录，以提升期刊文化气息，增加艺术内涵和可读性。11月底编辑完成，12月20日召开出版新闻发布会。

（杨　琳）

【教育类用房建设审批】 根据控制性详规，梳理全区教育资源现状，并根据实际需求完善教育资源规划。年内，核发区年度重点工程——北京九中新疆班项目及杨庄北区幼儿园项目规划条件，总建筑规模约1.72万平方米；核发实验幼儿园翻扩建项目、第三幼儿园加建项目、师范学校附属幼儿园加建项目等自有用地规划条件；完成区教委中小学校舍安全工程共计约20个项目的规划条件前期准备工作。

（杨　琳）

【保障性住房项目审批】 11月，燕山水泥厂保障性住房项目规划许可全部审批通过。该项目为当年度最大的在建保障性住房项目，位于京原路68号，总用地面积约31.81公顷，是市绿通重点项目之一和区十项重点工程之一。主持召开项目设计方案专家评审会，特邀5位规划方案评审专家、北京金隅嘉业房地产开发有限公司及设计单位对方案进行审查，认为方案充分考虑对周边环境影响及滨河景观，考虑居住环境的均好性；规划布局合理，立面处理简约明快，居住品质较高；建议进一步深化小区步行系统设计，考虑小区出入口与公交场站布设间距，在公交场站周围通过设置绿化带、采用密闭性好的外窗等措施隔离噪音干扰等。根据专家意见建议，督促设计单位进行方案设计优化调整。加快推进项目进度，分局各部门通力协作，抽调精兵强将，在最短时间内完成项目全部建设工程规划许可事项文件的审批工作，所有规划服务事项审批均未超过7个工作日，完成规划用地面积约25公顷及建筑规模55万平方米审批工作。

（杨　琳）

【安置房项目审批】 老古城综合改造定向安置房项目获审批通过。规划用地性质为二类居住用地，项目四至为：东至古城二号路，南至古城社区北街，西至古城西街，北至古城村北路。建设工程规划许可证审批通过的项目是10号、1－A号、1－B号住宅楼及2号地下室、2号开闭站等项目。建设用地面积84206.225平方米，建筑规模37571.96平方米。五里坨定向安置房项目设计方案复函审批通过。该项目为五里坨建设组团01号地块定向安置房项目，用地四至：东至规划五里坨中街、西至三家店东街8号院、南至京门公路新线、北至京门公路。规划用地性质为二类居住用地及居住区配套教育用地。总用地面积187552.67平方米，总建筑面积584827.58平方米。

（杨　琳）

【加强规划监督】 完成规划验线8件，总建筑面积10.6万平方米；规划验收13件，总建筑面积14.5万平方米。加大执法力度，监督开发单位及时拆除逾期临建项目，避免其改变使用性质、违法出租等带来的安全隐患。加强监督执法人员的日常巡查，及时发现新生违法建设，并通过区查违办组织联动查处。在全区范围内，通过不定期规划检查、巡查，发现违法建设95件，面积6.7万平方米，完成规划查档复函73件，违法建设协查函25件，经规划认定均为无证的违法建设，根据市政府职责分工，全部移送区城管查处。做好卫星查违核查工作，利用科技手段及时发现并查处区内新生违法建设，全年进行6次卫星监测，现场核查29处。加强部门联动，配合相关部门做好违法建设的认定，经确认14处为无证违法建设，其中7处为程序违法，建议尽快完善相关手续，另4处无证违法建设移送城管查处。开展重点地区环境整治，推进城乡一体化及重点挂账村建设，通过规划实施，促进区域建设。

（杨　琳）

国土资源管理

概　述

北京市国土资源局石景山分局（简称国土分局）为市国土资源局的派出机构。年内，履行国土资源管理职能，加快土地储备项目运作，推动土地上市交易，共运作土地储备项目38个，项目总用地面积885.07公顷，建筑规模867.83万平方米。稳步落实供地计划，经营性用地中苹果园1606－613地块已完成上市交易。政策性住房用地实现4个项目供地，总用地面积51.73公顷，超额完成42公顷的市级保障性住房供地指标。严厉查处违法用

12月13日，检查安置房建设情况（国土分局供稿）

地行为，立案查处国土资源违法案件14件，罚款金额共计455.67万元，没收地上建筑物和构建物12.64万平方米。圆满完成各项任务。

地址：八角西街66号方地大厦
电话：68861188
邮编：100043

（综　合）

【完成地籍更新调查】 城镇范围为5267.69公顷，占全区总面积的62.4%。其中商服用地353.21公顷，占辖区土地6.71%；工矿仓储用地1391.77公顷，占辖区土地26.42%；住宅用地1373.75公顷，占辖区土地面积26.09%；公共管理与公共服务用地970.81公顷，占辖区土地18.43%；特殊用地约558.65公顷，占辖区土地10.61%；交通运输用地550.38公顷，占辖区土地10.45%；其他土地69.12公顷，占辖区土地1.31%。

（齐　鲁）

【建设项目用地预审】 完成20个建设项目用地预审，用地面积约112.39公顷。完成6个建设项目用地预审初审，用地面积约28.36公顷。完成2个建设项目用地预审意见延期批准工作。

（崔茜倩）

【土地供应总量】 全区土地实际供应总量为40.44公顷。划拨项目4个，用地面积12.24公顷（其中市局办理项目1个，划拨面积1.17公顷，分局办理项目3个，划拨面积11.07公顷）；出让项目6个，用地面积28.2公顷。

（孟　婧）

【工程专项治理】 开展工程建设领域突出问题专项治理第三阶段项目排查。市局排查项目28个，区政府排查项目12个。经排查，所有项目均未发现违规问题。同时，继续落实专项治理第一、二阶段问题项目的整改。

（崔茜倩）

【绿色通道审批】 截至年底，全区纳入市政府绿色审批通道的项目83个。其中，不需供地项目10个，已落地项目11个，涉及用地预审的项目76个，已完成用地预审项目50个；涉及征地审批项目52个，已完成征地项目16个。

（崔茜倩）

【土地储备项目】 运作土地储备项目38个，项目总用地面积885.07公顷，建筑规模867.83万平方米。启动拆迁项目的住宅拆迁累计走户率达83%，非住宅拆除累计完成65%。年内土地储备项目累计实现投资33.94亿元，完成预计总投资31.86亿元的107%。

（王　昆）

【土地一级开发】 累计取得土地一级开发手续33件。其中，市长专题会会议纪要1件，一、二级规划条件5件，拨地钉桩成果4件，授权批复2件，用地预审4件，立项批复1件，征地批复6件，环评意见5件，建设用地批准书1件，控规调整批复3件，林地征占批复1件。

（王　昆）

【土地上市交易】 经营性用地中苹果园1606－613地块已于3月30日完成上市交易。正在办理京西商务中心、北京国际雕塑园、苹果园交通枢纽商务区F地块等项目上市相关工作。

（王　昆）

【土地登记业务】 全年受理各类业务753件，办结各类业务599件。其中：土地登记101件、抵押登记36件、抵押注销登记28件，小业主土地登记93件、抵押登记54件、抵押注销76件，地籍调查确认单及土地权属审核53件，用地预审19件，征地7件，数套商品房出让10件，划拨2件，信息公开114件，其他业务6件。另外，在日常工作中严格执行退件制度，全年累计退件120件。全年完成发证194宗，其中国有初始登记57宗（出让9宗、划拨40宗、政府储备8宗），变更登记137宗，抵押登记90宗（大业主21宗、小业主54宗、政府储备14宗、大业主抵押变更登记1宗），完成31个项目的权属审查告知业务。

（胡晓明）

【集体土地征收】 上报建设用地项目8个，共申请建设用地101公顷，其中集体土地101公顷；办理1个项目的征地初审（西黄村C地块）上报，征收集体土地总面积公3.46公顷。为五里坨建设组团02、06、07号地块项目、老古城综合改造项目、天泰山旅游A地块项目、煤气厂西路道路工程项目、刘娘府C1地块土地一级开发项目共计7个项目取得市政府用地批复并办理征地结案，申请结案的土地面积共计177.88公顷。

（陈　晶）

【商品房土地出让】 全年受理数套商品房土地出让申请9批次，已办结9批次（30套），出让面积共计2886.05平方米，收取出让金89.12万元。

（陈　晶）

【矿产开发管理】 配合市局开展矿产资源许可、延续等方面的行政许可。依法负责矿产资源有关费用的征收。对涉矿企业开展年检。组织对矿泉水企业开展生产源水检测，检查是否超层越界开采。到年底，全区具有《采矿许可证》的矿产资源开采企业6个，全部为开采矿泉水企业。

（赵晓宾）

【矿产储量勘查】 配合市局开展地质资料的管理、勘查矿产资源许可等方面的行政许可。目前区域已探明的矿产资源有无烟煤、凝灰岩、陶粒岩、铸石辉绿岩、砂石、矿泉水、地热等矿产资源。

（赵晓宾）

【地质灾害防治】 区域内存在7处地质灾害隐患点，灾害种类有泥石流、崩塌、滑塌三种，涉及4个街道办事处。在被国土资源部授予地质灾害防治“十有县”基础上，编制应急预案、工作方案，在地质灾害隐患点设立警示牌、与有关街道签订地质灾害防治责任书、发放地质灾害预防明白卡、建立应急通讯录。年度区域降水量是往年的1倍，由于地灾防治落实到位，确保安全度汛。

（赵晓宾）

【执法监察巡查】 国土资源执法监察巡查132天、264人次，巡查总里程2706公里，发现土地违法用地16宗，违法面积共计210.04亩，其中耕地面积7.91亩。

（李　佳）

【卫片执法检查】 按照国土资发〔2011〕37号文件有关要求，开展上年度土地矿产卫片执法检查验收工作。本区没有涉矿卫片图斑，利用国土资源部2010年度土地卫片开展执法检查工作，共56块图斑，面积400.70亩；通过核查发现24块违法用地图斑，面积为185.50亩；按立案方式处理违法图斑6块，非立案方式处理违法图斑18块。

（李　佳）

【违法案件查处】 对上年度土地卫片核查违法用地图斑中，立案查处违法用地案件14件，均已作出行政处罚决定，共计处罚款金额455.67万元，没收在非法占用土地上新建的建筑物和其他设施12.64万平方米。

（李　佳）

建设管理

概　　述

北京市石景山区住房和城乡建设委员会(简称区住房城乡建设委)是负责全区城市开发建设、建筑业行业管理、房屋管理、住房制度改革、保障性住房建设和管理的区政府职能部门。根据区机构编制委员会办公室9月29日批复，北京市石景山区住房和城乡建设委员会加挂北京市石景山区人民政府房屋征收办公室牌子，为区政府房屋征收部门，负责组织实施本区的房屋征收与补偿工作。同时，区住房城乡建设委征收拆迁管理科更名为房屋征收审核科、增设房屋征收补偿科。内设机构13个，下属12个直属事业单位。年内，围绕“大调整、大建设、大发展”主基调，牢固树立“大城市建设”理念，全面推进城市现代化建设。继续抓好房地产调控，确保房地产市场平稳健康运行；大力推进保障性安居工程建设，使群众居住有改善、生活得实惠；申请获批的保障房家庭已达2.6万户，申请量在全市位居首位，其中有1.4万保障房得到解决。扎实做好农民工工资清欠和质量安全等工作，切实维护群众合法权益。房地产开发业实现开复工面积291.07万平方米，占年计划的104%，同比增加1%，其中新开工面积133.7万平方米，占年计划的103%，同比减少2%；竣工面积61.42万平方米，同比减少44%；完成投资64.42亿元，同比增加71%；完成商品房销售收入30.46亿元，同比减少65%。按计划完成全年房地产开发建设任务。年内引进13家企业，注册资本金58609万元。

地址：八角西街66号方地大厦
电话：68829989
邮编：100043

（何艳珺）

【重点工程建设进展顺利】 经区委区政府研究决定，确定当年十项重点工程建设，总投资169.85亿元。分别为：1.燕山水泥厂等保障性住房建设工程，位于燕山水泥厂、西山木材厂等地，建筑面积50万平方米，工程总投资约32亿元。项目于上年7月开工建设，部分工程主体结构已封顶；西山木材厂廉租房项目于上年11月开工建设，主体结构已封顶，正在进行内部装修施工。2.刘娘府、衙门口综合整治工程，整治面积110万平方米，工程总投资100亿元。其中刘娘府综合整治项目6月完成全部搬迁工作，定向安置房部分已开工建设，正在进行主体结构施工和装修施工；衙门口地区由于受总参短波发信台搬迁和项目整体资金平衡等原因影响，相关手续办理滞后，尚未启动建设整治工作。3.阜石路高架路两侧道路美化绿化工程，绿化面积17.7万平方米，工程总投资1650万元；永定河左侧美化绿化工程，绿化面积120万平方米，工程总投资2.4亿元。前者于3月开工建设，年内完工；后者为莲石湖续建工程，已完成全部绿化任务。4.五里坨建设区热力主管线建设工程，全长2000米，工程投资约2亿元。于3月开工建设，正在进行管沟暗挖。5.老旧小区电网改造工程，包括永乐、鲁谷等老旧小区，涉及居民8000户，投资约1亿元。于5月开工建设，已完成部分外电源建设及线表更换等工作。6.中关村石景山园新材料研发中心建设工程，建筑面积1.7万平方米，工程总投资约1.03亿元，8月开工建设。7.北京九中改扩建工程和杨庄北区幼儿园建设工程，工程总投资约7500万元，分别于7月和8月开工建设，均在进行土方施工。8.大唐集团商务楼工程，建筑面积5.6万平方米，预估总投资8亿元，11月2日开工建设，正在进行树木伐移和土方施工。9.CRD休闲广场及地下停车场建设工程，建筑面积4.6万平方米，总投资2.5亿元，11月28日开工建设。10.长安街西延长线建设工程，由古城大街至区界，全长6.4公里，预估总投资20亿元，完成道

路规划方案设计工作，正在编制可研报告，准备申报立项手续，并落实建设资金。重点工程在选择、推进过程中，始终服务于“首都绿色转型示范区”发展定位，按照“十二五”规划总体要求，服务于产业培育、城市建设、社会建设和生态环境四个战略重点，通过重点工程的实施，以低碳、绿色的发展理念推动区域经济社会全面转型。

（闫晓辉　贾　洁）

【房地产企业资质管理】　为44家房地产开发企业办理开发资质升级、延续、变更等手续。截至年底，全区有房地产开发企业64家，其中一级资质企业4家，二级资质企业3家，三级资质企业5家，四级资质企业19家，暂定资质企业33家。

（闫晓辉　贾　洁）

【保障性住房建设】　保障性住房开工项目2个，其中南宫小区公共租赁住房项目建筑规模13.8万平方米，建设公共租赁住房2257套；燕山水泥厂限价房项目建筑规模25.2万平方米，建设限价商品房3210套，以上项目总计开工建设保障性住房5467套，超额完成全年开工任务指标。竣工保障房项目3个，分别是衙门口限价房、远洋山水公租房项目和衙门口东路北侧配建廉租房项目，竣工总面积8.8万平方米、1213套，超额完成全年竣工任务指标。

（张　明　郭家麟）

【在建保障性住房项目】　站前小区0.6万平方米经济适用房项目和1.6万平方米廉租房项目基本完工；燕山水泥厂25万平方米经济适用房项目、京原路7号地15万平方米公共租赁住房项目及第二水泥管厂5万平方米经济适用房项正进行主体结构施工，部分楼座已封顶；苹果园交通枢纽H地块2万平方米廉租房项目正进行主体结构施工；西山木材厂商品房配建0.5万平方米廉租房项目正进行室外小市政工程。老古城、刘娘府及五里坨定向安置房项目正进行主体结构施工，部分楼座已封顶；第二水泥管厂定向安置房项目正进行二次结构施工；上述四个项目共建设定向安置房114.2万平方米。

（张　明　郭家麟）

【廉租住房管理】　落实廉租房相关政策，完成廉租住房申请家庭的应保尽保工作。审核廉租申请311件，报市住房保障办公室311件，全部复审合格。金顶阳光廉租实物住房全年收缴租金26.91万元，租金收缴率达到97.3%。截至年底，全年先后为2149户家庭发放租金补贴2390余万元；在拆迁地区落实廉租住房政策，2002年至今有2户家庭通过租金补贴还贷解决买房难的问题；2002年至今对466户家庭进行实物配租。

（王晓庆　左静伟）

8月17日，南宫公租房项目奠基　　（区住建委供稿）

【经济适用住房管理】　落实经济适用住房政策，严格标准。全年审核经济适用住房申请838件，报市住房保障办公室备案通过838件。举行一次经济适用住房摇号配售活动，其中有2106户申请家庭与开发商签订购房意向书。

（王晓庆　左静伟）

【限价商品住房管理】　落实限价商品住房政策，做好限价房管理。全年审核限价商品住房申请5159件，报市住房保障办公室备案通过5159件。举行一次限价商品住房摇号配售和选房签约活动，其中有346户申请家庭与开发商签订购房意向书。

（王晓庆　左静伟）

【公共租赁住房】　落实公共租赁住房政策，对三房轮候家庭进行登记，并在全市率先开展公共租赁住房摇号配租工作，为452户家庭摇出选房顺序号。

（王晓庆　左静伟）

【城乡结合部建设整治】　为彻底解决衙门口地区环境脏乱差和治安隐患等问题，改善群众居住环境，区政府决定将衙门口地区全部纳入建设整治范围，涉及居民院落1366个、12948人、约29.6万平方米。成立区政府房屋征收办公室，负责衙门口项目房屋征收与补偿工作。项目已取得项目土地预审意见和建设项目规划条件（土地储备前期整理），发布房屋征收暂停公告，完成项目公益性论证，公开选定房地产价格评估机构，成立鲁谷街道牵头的衙门口项目“十横”片区工作组，项目征收补偿安置方案和社会稳定风险评估报告已基本完成。房屋征收工作现正积极推进中，先期签订衙门口南社区全部79个居民院落的配合项目启动意向书，并完成1宗国有土地收购及其地上694平方米非住宅房屋拆除工作。年内完成衙门口南社区拆迁院落79个、344人，约1.8万平方米。

（李建方　武　月）

【加快推动拆迁】　年内，在建拆迁项目38个，均为上年结转项目。涉及被拆迁户2882户，有1102户协议搬迁，走户率为38%；受理行政裁决72户，对其中40户做出行政裁决；实施行政强制拆迁3户，司法强制拆迁5户。加快清理拆迁滞留项目，减少新政实施后遗留问题，采取"合力协调、以裁促迁、以新带旧"推进方式全力清理滞留项目，其中北八渠特钢段北侧周边"边角地"环境整治项目顺利结案，另有南宫住宅小区土地一级开发项目完成住宅拆迁。

（李建方　武　月）

【企业资质管理】 完成18家次企业申报资质的审核和协调审批。其中3家企业实现资质晋级、5家企业获得资质增项、4家企业取得资质证书。完成41家企业涉及企业名称、注册地址、注册资本金、企业法人、技术负责人等资质内容变更的审批工作。完成二级建造师187人的初审，其中初始注册73人，变更注册101人，注销11人，遗失补办2人。完成全区行管建筑业企业"安全生产考核合格证书"续期初审，涉及A证38本（企业法人、经理安全证）、B证161本（项目经理安全证）、C证190本（专职安全员证），共计389本证书。完成3家企业资质（1家市政一级，1家钢结构一级，1家特种专业工程）迁入本区。

（李万生　杨慧宇）

【完善劳务管理】 全年累计使用外地施工队伍180余支、农民工2.5万余人。年内，进一步明确建设工程劳务管理职责和规范管理内容，逐步完善主动防控机制、联动响应机制，增强应急处置能力和协同配合能力。出动劳务检查执法力量270人次，覆盖全区所有在建工地，对合同履约、工程款、劳务费及农民工工资支付等情况进行全面检查，及时排查矛盾、纠纷，严防因拖欠工资等发生群体事件，全区备案工程总体处于受控状态。年底，市住建委、人保局联合督察组到区"无拖欠工资工作"落实情况进行督导检查，受检工地评价合格。

（李万生　杨慧宇）

【建筑节能改造】 研究制定推进建筑节能工作的实施意见（讨论稿），确定26.6万平米既有居住建筑节能的改造对象，落实改造资金，完成市住建委下达的年度节能改造任务指标。依据市政府下达的供热计量及节能改造任务，签订工作任务书。对101.29万平方米的新开工程实施节能设计备案38项、材料采购备案14家、材料供应备案4家。对73.25万平方米的新竣工工程项目实施节能专项验收备案20项；收缴"两费"基金（即城市建设项目行政事业性收费和政府性基金）1039万元，对满足返退条件的项目返退490万元。各项备案率及两项基金收缴率均达100%。完成对在建工程节能日常检查、专项检查和联合检查共计200余人次。

（李红印　刘　旭）

【工程质量监管】 严格履行监管职责，根据开复工面积配置监督人员，加大建筑工程质量监督的人力投入，确保建筑工程质量。全年开复工工程116项，建筑面积334万平方米。全区在监工程87项，建筑面积246万平方米，其中住房工程25项，建筑面积163.1万平方米；公建工程49项，建筑面积75.9万平方米；完工未验收工程9项，建筑面积6.98万平方米；市政工程4项，投资金额3348万元。全年收监工程51项，建筑面积109.8万平方米；验收工程29项，建筑面积88.1万平方米；办理竣工验收备案23项，建筑面积150.1万平方米。

（曹　宇）

【建设工程招标】 完成建设工程承发包交易中心的升级改造，完善基础设施，购置设备，升级监控系统，在全市率先达到市、区招投标一体化的硬件条件。全年办理建设工程施工招标76项（其中公开招42项，邀请招标34项），招标工程建筑面积136.06万平方米，中标造价397401.63万元；办理建设工程监理招标36项（其中公开招标24项，邀请招标10项），中标监理费6072.24万元；办理施工合同备案项81项，建筑面积136.07万平方米，备案造价398774.91万元，办理监理合同备案40项，监理合同价款6085.41万元。

（张洁民　高相波）

【施工安全管理】 全面推进施工现场标准化管理，有效控制建筑工地各类生产及非生产安全因素。结合工程实际和季节特点，强化行业监管和科学指导；突出保障房建设重点，严格重大危险源管理；开展"打非"专项行动，排查治理建筑施工安全生产隐患；健全安全管理制度，强化起重机械安全管理；推出《施工安全警示录》，加强行业宣传教育。全区在建工程各参建单位规范工程建设安全生产管理行为，强化对安全生产各关键环节的验收签证和安全设施落实情况的监督检查。全年施工安全形势处于平稳受控状态，涌现出以京原路7号公租房项目等为代表的一批全市"绿色施工"管理先进典型。

（杨剑海　白　石）

【办理房改售房】 核准批复房改售房方案21件，其中农转居人员购买安置住房售房方案5件。对121个单位次（含退件30件）的房改售（调）房进行审核备案，共售（调）房屋747套，4.94万平方米（其中中央19个单位次售75套，0.56万平方米；市属33个单位次售291套，1.88万平方米；区属23个单位次售169套，1.05万平方米；办理调房16个单位次212套，1.45万平方米）。受理8个产权单位申请支取售后公有住房公共维修基金，审核支取售后公有住房公共维修基金78.48万元；审核单位支取售房款用于维修工程1件，核准资金19.93万元。

（安建恒　戚金章）

【做好住房补贴】 全面推进住房分配货币化，做好全区住房补贴申报数据、材料的审核汇总。全区参加本次住房补贴申报的单位218个（含二级预算单位），申报职工14366人，涉及补贴资金约6.8亿元。补贴资金全部核发到位。

（安建恒　戚金章）

【汛期安全检查】 开展历时2个多月的全区城镇房屋及设备安全检查工作，涉及各类房屋建筑面积1830.99万平方米，比上年增加84.88万平方米，检查城镇私有房屋8680户，42009间，建筑面积约54.62万平方米，其中查出危房200平方米，全部在上汛前得到解危。6月1日～9月15日，整个汛期接到各种险情报告1400多起，发现

平房漏雨490间,楼房漏雨1126幢,院落积水73处,出现雨水进屋797间,地下室倒灌40余起。针对每一起汛情,均在第一时间进行处理,其中95%以上的汛情在第一时间得到解决。实现“不塌房,不死人”的任务目标。

(张　欢　郭倩楠)

【物业日常监管】 全面做好《北京市物业管理办法》及相关配套文件的宣传贯彻落实工作,分层次、分批次组织专题培训学习;在全市率先完成物业项目备案工作。截至年底,在本区登记注册的物业管理企业有56家(其中一级资质2家,二级资质9家,三级资质41家,三级暂定4家),另有67家在外区注册登记的物业管理企业在本区有管理项目。全区备案实施物业管理的项目137个。全区物业管理覆盖率继续呈上升趋势。

(张欢　郭倩楠)

【户内管线检测】 3月9~22日,克服人员少、部分业主不配合等诸多不利因素,与各街道城建科、社区居委会、管房单位及禹通市政公司密切配合,按期完成南水北调户内供水管线检测。检测样本楼20栋,检测率46.5%。测点385个,截管16根(样本楼中,有3栋已对管线进行改造,1栋因技术原因无法取样)。

(张　欢　郭倩楠)

【经纪机构监管】 全区有房地产经纪机构181家(经纪机构49家,分支机构132家)。年内,突出《商品房屋租赁管理办法》、《房地产经纪管理办法》和《北京市房屋租赁管理若干规定》等新法规文件的学习宣传,开展房地产经纪行业专项执法检查,加大群租房综合治理力度,严查房地产经纪机构违法违规行为,有效整顿和规范全区房地产经纪服务、存量房交易、房屋租赁市场秩序。全年巡查房地产经纪机构296家次,发责令整改通知书66份,对北京安信瑞德房地产经纪公司等7家经纪机构进行立案调查处理,处罚9.5万元。办理房地产经济机构初始备案证明36件(经纪机构6件,分支机构30件),办理变更(续期)备案证明99件(经纪机构53件,分支机构46件);办理注销备案32件(经纪机构3件,分支机构29件)。截至年底,处理房地产经纪行业投诉20件(网上投诉8件,电话投诉7件,直接投诉5件);办理非居住房屋租赁登记备案33件,面积18582平方米。

(张继奎　董　静)

【房屋权属管理】 全年登记26892件,建筑面积为420.38万平方米。其中所有权登记18983件,建筑面积281.83万平方米;抵押权登记7780件,建筑面积136.14万平方米;预告登记11件,建筑面积0.14万平方米;其他登记118件,建筑面积2.26万平方米。预售许可初审9件。各项登记件数与上年度基本持平。

(果雪梅)

【建筑市场监管】 贯彻落实国办发〔2011〕1号、京政办发〔2011〕8号、京建发〔2011〕65号等文件精神,严格监管销售企业对购房资格的审核,掌控预售房源一房一价政策的执行。商品房预售资金监管政策试行后,完善商品房预售管理制度,维护购房人权益,对实施资金监管的预售项目进行实时监察,保证预售资金全部存入商品房预售资金监管专用账户,并严格按照办法规定管理、支出。全年进行常规检查、日常检查、重点检查22次,处理市建委监管平台投诉30余次,办结率100%,满意度90%。

(果雪梅)

【信访排查调处】 围绕职能,落实制度,与各相关部门通力配合,及时化解各种矛盾。登记处理信访事项298件,监察投诉事项60件,区便民热线转办件283件,政民互动316件,市长信箱177件。完成市、区级矛盾排查4次、委内矛盾排查1次。对信访突出问题,深入排查,细致梳理,让矛盾隐患在第一时间得到有效控制,抑制事态扩大。对潜在可能引发的群体性矛盾,制定防范和超前化解工作预案。将排调、防控相结合,做到重点事项排查不落项、不漏人,调处不留积案,消除矛盾隐患,化解民忧,为民谋利。

(果雪梅　李国成　何　丹)

【行政处罚准确公正】 进行行政处罚13起,处罚金额12.6万元。其中一般程序行政处罚11起,分别为对经纪机构监管的行政处罚10起、违章开工行政处罚1起;简易行政处罚2起,均为施工现场安全管理行政处罚。配合区法院执行司法强拆5户;配合区政府对3户执行行政强制拆迁。

(李国成　何　丹)

【7项公建工程竣工】 1. 公安分局指挥中心和附属用房工程,位于古城南里2号,建筑面积3万平方米,地下2层,地上11层,框剪结构,工程总投资17156万元,4月竣工。2. 南园大厦工程,位于八角村,建筑面积7.72万平方米,地上19层,框剪结构,工程总投资6900万元,11月竣工。工程总投资6900万元。3. 新能国际大厦工程,位于鲁谷路,建筑面积6.6万平方米,地下2层,地上15层,框架结构,工程总投资14200万元,11月竣工。4. 实兴大街教育科研罚没资产处置项目A1研发实验楼工程,位于实兴大街东侧,建筑面积4.59万平方米,地上12层,框剪结构,工程总投资6899万元,12月竣工。5. 实兴大街教育科研罚没资产处置项目A2楼等2项工程,位于实兴大街东侧,建筑面积2.6万平方米,地上10层,框剪结构,工程总投资2966万元,12月竣工。6. 实兴大街教育科研罚没资产处置项目C4楼等3项工程,位于实兴大街东侧,建筑面积3.4万平方米,地上12层,框剪结构,工程总投资4343万元,12月竣工。7. 配套学校工程,位于金顶街三区,建筑面积2.53万平方米,地上5层,工程总投资4060万元,12月竣工。

(郭庆珍　王　蕊)

【4项市政工程竣工】 衙门口社区路道路改造工程位于朝阳医院京西院区北街,包括衙门口社区路500米、衙门口社区路雨污水管线工程893米、医院北街道路改造工程317米、医院北街雨污水工程650米,工程总投资540万元,3月竣工。由市土地整理储备中心石景山分中心建设,京联设计事务所设计,韩建集团有限公司施工,北京建宇建设监理有限公司监理。

(郭庆珍　王　蕊)

【7项住宅工程竣工】 1. 衙门口居住公建用地项目C-2、C-5、C-6号工程，位于五环路西人民渠南，建筑面积5.42万平方米，地下2层，地上26层，框剪结构，工程总投资8335万元，5月竣工。2. 鲁谷G804地块住宅及配套项目5栋住宅楼，位于鲁谷半月园，建筑面积7.3万平方米。其中，1号楼地下3层、地上25层，2、3、4号楼地上27层，5号楼地下2层，框剪结构，工程总投资12160万元，11月竣工。3. 石槽居住项目（远洋山水东区E04地块）4项工程，位于石槽西，包括1～10号住宅楼及地下车库，建筑面积17.66万平方米，其中，1、2、3、6、7号楼及地下车库地下1层，地上18层，4、5号楼地下2层，地上23层，8、9、10号楼地下1层，地上24层，框剪结构，工程总投资25912万元，11月竣工。4. 衙门口东路北侧居住及配套项目（部分廉租房）工程，建筑面积2.3万平方米，地上9层，框剪结构，工程总投资3117万元，11月竣工。5. 老古城定向安置房项目A1地块7号楼等4项工程，位于古城西街，包括7、12～14号楼，建筑面积5.04万平方米，其中7、13号楼地下1层，地上21层，12、14号楼地下1层，地上19层，剪力墙结构，工程总投资8629万元，12月竣工。6. 老古城定向安置房项目A1地块3号楼等5项工程，包括3、4号楼及1号地下室，建筑面积4.72万平方米，其中，3号楼地下2层，地上20层，4号楼地下2层，地上21层，1号地下室地下2层，地上1层，剪力墙结构，工程总投资9479万元，12月竣工。7. 衙门口居住公建用地项目A-1、A-2、A-4号及A-K1号车库工程，建筑面积5.79万平方米，地下2层，地上26层，框剪结构，工程总投资9651万元，12月竣工。

（郭庆珍　王　蕊）

9月20日，京源路7号公租房项目开展劳动竞赛　　（区住建委供稿）

房地产开发

北京石开房地产开发有限公司

【概况】 北京石开房地产开发有限公司（简称石开公司），是主营房地产开发建设、商品房销售的房地产开发资质一级企业。年内，在“以工程建设为中心，保安全，重服务，树品牌意识，立责任意识”经营思路指导下，把握市场变化，调整经营策略，寻找突破点，拓展公建商业市场，提升产品竞争力，协调银企关系促回款。实现营业收入90338万元，实现净利润10548万元，实现销售签约43441万元，销售回款70229万元，项目全年实现纳税2.21亿元。获“首都文明单位”、“区域经济发展突出贡献单位”、区“纳税百强单位”等称号。融景城项目获“第十一届中国房地产发展年会2011中国投资价值典范楼盘”；“2010年度地铁族最具人气楼盘”；“蓝筹地产年会中国蓝筹地产最具品牌价值楼盘”；“2011中国居住创新典范”；“中国住区建筑设计·创新示范楼盘”等荣誉。

地址：体育场路2号
电话：51810266
邮编：100043

（马　光）

【创新管理园林先行】 针对当年房屋多在夏、冬季交付的实际情况，打破“先主体，再市政，后园林”常规做法，首次提出小市政提前进场、园林提前施工的管理理念。公司统筹安排工序，协调总、分包关系，限价房在楼内二次结构砌筑完成后就穿插小市政施工，利用冬季总包施工停顿时大面积进行施工，在3月以前基本完成小市政施工，为园林提前施工奠定基础。提前进行苗木储备，利用春季园林最佳种植季节，进行大型乔木种植。因地制宜，设计高标准，施工关注细节，着力打造一流园林品质。数次去山东、河北选苗，把控苗木的分支点、冠幅和形状，施工现场先验收，后种植，不合格苗木坚决退场。引种白蜡70棵，银杏40棵，法桐53棵，玉兰40棵，云杉70棵，国槐50棵。提高苗木成活率，打造一流园林品质，保证交房时的园林效果。

（马　光）

【严把交付质量】 融景城年内有近1200套房需交付，公司坚持“多层次分阶段严把质量关，高标准严要求保交房关，质量瑕疵零容忍”，加强过程控制，采用四段式严格内验，确保成品套房交付质量。即由公司、总包、监理对样板层联合验收；房屋竣工前，先后由公司物业对项目联合验收，聘请第三方独立验收，最后由金融街控股组织六方内验。对反映出来的问题及时修复，对现场施工质量瑕疵零容忍，总包每天调剂500～600人、高峰期700人，用20余天对质量瑕疵进行整改，保证交房率。年内交付2862套房，一次性

交房率均为100%。

(马　光)

【加大营销力度】 面对挑战,不等不靠,及时调整营销策略,拓展商业及写字楼客户。同时,打开销售渠道,开放房源,采用多家代理公司,制定激励政策,鼓励全员销售,全年完成商业销售1.3亿元,销售率85%,超过年初计划,弥补其他销售业绩的缺口。尤其是C地块商业销售,在销售环境不利情况下,对意向客户进行全方位服务,最终完成签约,为公司结利超额贡献近1300万元的净利润。

(马　光)

【日开盘热销9000万】 依托融景城50万平方米大盘,作为区域内备受关注的标杆项目。融景广场10月16日开盘,当天即认购商铺15套,面积约2700平方米,金额近9000万元。

(马　光)

【融景城二期收房率100%】 融景城二期住宅项目于12月28日开始交付业主使用。公司制定三级验收制度:项目部和总包内验-客服部和物业公司内验-第三方独立内验,并制定整改计划,由公司领导跟踪监督施工单位完成工程整改,确保交付质量。截至年底,二期交房342户,收房率100%。

(马　光)

【提升客户满意度】 确定"客户为导向贯穿公司发展"原则,建立与业主沟通渠道,以客户价值为核心创造更多潜在价值。建立客户档案,及时监控客户服务信息,从通知客户入住开始,对客户每一个沟通节点进行记录,尽可能掌握客户更多信息,及时了解维保进度。引入第三方维修队伍,重新梳理完善维保流程,提高维修及时率。建立首问负责制,所有客户投诉由客服部负责处理。在客户投诉无法界定责任时,本着客户第一原则,由公司牵头维修或赔偿,第一时间解决客户投诉,防止客户投诉升级。从6月开始,每两个月随机对小区内50户业主进行满意度调查。定期对客户满意度调研,内容包括对小区产品意见、对小区施工质量意见、对物业工作意见等,及时了解客户需求,发现存在隐患,尽量把客户积怨消除在萌芽状态。第三季度,公司单独或与物业公司一起组织多次业主联谊活动,加强客户关怀,传递项目信息,提升客户满意度。建立缺陷反馈机制,把融景城前期开发过程中发现的设计、工程、销售问题,及时反馈给相关部门,梳理融景城整体开发流程,为后续发展形成经验积累。物业、业委会一体化管理,客服部牵头定期检查物业公司,形成月检报告,由物业签收,对于检查中发现的问题要求物业限期整改,整改后进行复检,并报长城物业备案。同时配合物业,做好经适房业委会工作。

(马　光)

【安全工作常抓不懈】 坚持"安全第一,预防为主,综合治理"方针,确保不发生甲方主体责任事故为目标。相继开展2月消防安全专项检查、春节后复工安全检查、4月建筑起重机械专项检查和"五一"节前安全检查、6月"安全生产月"活动;7、8月雨季施工专项治理、基坑施工专项检查、11月冬施计消防专项检查等。对融景城项目进行安全检查126次,下发整改通知84份,检查出安全隐患478项,隐患整改率92%,与相关单位签订安全生产协议29份。

(马　光)

北京实兴腾飞置业发展公司

【概况】 北京实兴腾飞置业发展公司(简称实兴腾飞)注册资金6000万元,总资产13亿元,为二级房地产开发资质,是本区最大的国有房地产开发企业。下属八家子公司,包括五家全资子公司(北京实兴金海物业管理中心、北京实兴建材公司、北京实兴腾飞酒店物业管理有限公司、北京天泰兴业置业发展有限公司、北京鎏金置业有限责任公司),一家参股子公司(北京石海兴业置业发展有限公司),一家控股子公司(北京西部联合置业发展有限公司;一家代管公司(北京金鼎园大学生公寓物业管理中心)。年内,公司(考核范围内,含本部及金海物业、酒店、建材)全年实现经营收入25807万元,其中本部收入18781万元,公司全年实现利润总额6060万元,净资产收益率19.16%,成本费用利润率30.69%。与区国资委下达的考核指标(利润总额5000万元、净资产收益率13.2%、成本费用利润率10%)相比,利润总额超额完成1060万元,净资产收益率超额完成6%,成本费用利润率超额完成20.69%,实现资本保值增值率123%。

地址:杨庄东街59号
电话:68880853
邮编:100043

(张小军)

【五里坨建设组团项目】 年内,住宅拆迁完成95%,拆迁产权户3434户,剩余213户,拆除房屋建筑面积36.7万平方米,占总量的90%;完成2275户选房工作,发放2615户拆迁补偿款约29亿元。完成07地块、南宫住宅小区全部产权户签约,达到上市条件,07地块正在进行结案,南宫住宅小区完成结案。非住宅拆迁,国有土地拆迁共计14家,完成拆迁4家;集地拆迁五里坨农工商完成93%,黑石头农工商完成76%。五里坨建设组团定向安置房建设,截至年底开工面积30.4万平方米,占总面积52%,工程进度完成已开工部分的46%,实际完成工程产值约4.2亿元。回迁选房进展顺利,确认销售回迁房4393套,建筑面积35.97万平方米。

(张小军)

【教育基础设施建设】 杨庄北区幼儿园是当年区十项重点建设工程之一,位于杨庄北区教育小区西北角,地上建筑面积5875平方米,地下建筑面积1457平方米,总投资2300万元。园区分为幼儿班、亲子班及后勤服务等三个功能区,设13个幼儿班和1个亲子班,可招收学生500余名。建成后将成为本区最大的公立幼儿园。由中铁建设集团有限公司承建,于7月29日开工,年底主体结构完工,开始二次结构施工。

(张小军)

【项目开发子公司】 天泰兴业公司主要项目站前小区保障性住房项目,年内主要完善各项前期手续，完成小区庭院绿化，经济适用房销售完成选房。苹果园交通枢纽H地块廉租房项目完成12层结构施工。五里坨路道路工程完成一号和三号桥桥梁、各专业管线、大部分路段铺油及人行步道的施工，北段已全部贯通。五里坨热力主管线工程3月下旬正式开工，截至年底完成隧道初衬约2250米，防水工程累计完成1870米，二衬施工完成1642米，热机管道安装完成983米。黑石头村路建设工程道路、雨污水、桥梁、热力管道工程全线完工。五里坨西路完成南段热力管道、天燃气管道及道路工程，北段排洪沟工程主体工程完工，全线道路具备通车条件。黑石头垃圾消纳场环保治理工程进入收尾阶段。田村路、煤气厂西路、衙门口社区路及永引渠桥正在做竣工决算及全面审计。S1线、杨庄大街一期及北辛安路北段拆迁工程因相关单位的前期手续未办完，拆迁未能启动。京石客运专线非住宅拆迁已全部完成，住宅拆迁完成71%，完成投资额4.6亿元。阜石路二期非住宅拆迁全部完成，住宅拆迁中公房完成81.7%、宅基地完成84%，完成总投资约10.77亿元。铸造村一号楼搬迁工程已签订搬迁协议的47户居民中的31户取得限价房资格，选房工作已经完成。4月，公司收购八大处房地产公司持有鎏金置业剩余的30%股权，鎏金置业变为全资子公司。该公司负责开发的西黄村综合改造项目没有实质性进展。西部联合置业公司衙门口项目因部队搬迁问题严重阻碍进度，未能实现年内启动。石海兴业公司进一步完善西井项目拆迁方案，拆迁各种前期准备已基本就序。因安置房与西黄村项目捆绑解决，拆迁受到牵制，无法全面启动，先期启动非住宅拆迁，部分农工商公司商户搬离。

（张小军）

【物业类子公司】 实兴金海物业利润-395万元，物业收费率为75%，房屋出租率为100%，租金回收率100%。西井锅炉房划转给热力集团一项，直接造成400万元利润损失。起诉立案欠费用户500余户，追回物业费50余万元。争取到海特花园26号楼、27号楼女儿墙的维修资金70万元。建材公司实现经营收入2235万元，利润总额4万元。销售钢材7000吨，销售总额3400万元；房屋出租率和租金收缴率均达到100%。酒店物业全年实现营业收入3243万元，成本总支出3097万元，利润总额146万元。今鼎时代广场先后接待国务院、市、区领导考察调研近20次；配合区相关部门完成“三八巾帼齐相聚，荟萃京西当代城”、人口普查启动仪式等系列活动。大学生公寓物业管理中心经营收入700万元，实现利润10万元。

（张小军）

石景山区建筑公司

【概况】 北京市石景山区建筑公司（简称建筑公司），是区属全民所有制建筑企业。具有房屋建筑工程施工总承包二级资质，城市及道路照明工程专业承包三级资质。下属8个土建分公司，1个电气分公司，正式职工162人，工程技术及专业管理人员114人。其中具有高级技术职称的3人，中级技术职称的23人。截至年底，累计获本市建筑工程最高质量奖“结构长城杯”和“长城杯工程奖”15项、市“优质工程”6项、市“文明安全工地”16个，连续多年获区“百强企业”，连续被评为重合同、守信誉企业。年内，五里坨站前小区经济适用房1～3号楼工程如期竣工；第二水泥管厂经济适用房项目、河北香河京汉君庭住宅小区16号、17号楼工程相继开工建设。完成营业收入21780万元，上缴税金719万元，开复工面积21.8万平方米，竣工面积3.4万平方米。公司质量管理、环境保护、职业健康安全三体系及《工程建设施工企业质量管理规范》运行情况通过方圆标志认证中心的认证审核。

地址：西井路15号静洋科技大厦五层
邮编：100041
电话：68863898
传真：68829495

（贾海艳）

【五里坨经适房工程竣工】 该工程位于五里坨车站路1号，2009年10月开工建设，建筑面积26479平方米，合同造价3974万元。工程为全现浇剪力墙结构，包括3栋6层住宅。建设单位是北京天泰兴业置业发展有限公司，由本公司第一、二分公司联合承建，于年初竣工。

（贾海艳）

【承建京汉君庭小区16～17号楼】 该工程位于河北香河县秀水街南侧，4月开工建设，建筑面积25211平方米，合同造价3751万元。2栋住宅楼均为全现浇剪力墙结构，地上18层，地下2层。建设单位是香河京汉房地产开发

衙门口居住、公建用地项目商品房二期工程 （区住建委供稿）

有限公司,由本公司第六分公司承建。

(贾海艳)

北京燕金源置业有限公司

【概况】 北京燕金源置业有限公司(简称燕金源公司)是本区国有控股的房地产公司,注册资本4.5亿元,具有房地产开发三级资质,负责实施苹果园交通枢纽商务区土地一级开发项目的建设工作,配合市、区相关部门进行苹果园交通枢纽项目的规划、建设工作。年内,确定苹果园交通枢纽新方案,上报市政府。同期进行规划条件调整上报和交评工作,相关单位正和有关部门沟通项目启动及开发建设模式。城铁S1线石景山段完成施工图设计,开始征地拆迁;轨道交通M6线西延石景山段完成设计方案,正开展环境影响评价。公司获得本区重点企业、精神文明单位、纳税百强企业、区域经济发展突出贡献单位。苹果园交通枢纽位于地区中部,是地铁1号线的西端站点。作为重点开发项目,规划占地规模为4.77公顷,建设规模为31万平方米,总用地面积8.7公顷,总建筑面积31.19万平方米,枢纽客流规模约24万人次/日。建成后,汇集M1线、M6线和S1线三条轨道交通,数十条公交线,7种交通方式(轨道交通、快速公交、常规公交、出租车、小汽车、自行车、步行)相互衔接,拥有15万平方米公共服务设施,将成为本市最大、同时也是最复杂的综合客运交通枢纽。苹果园交通枢纽商务区土地一级开发项目总用地面积52.81公顷,总建筑控制规模55.14万平方米。其中,建设用地20.16公顷,代征绿地与道路32.55公顷。年内,初步确定苹果园交通枢纽方案,同期进行规划条件调整上报和交评工作,相关单位正和有关部门沟通项目启动及开发建设模式。城铁S1线石景山段完成施工图设计,开始征地拆迁;轨道交通M6线西延石景山段完成设计方案,正开展环境影响评价。

地址:杨庄北区甲12号楼底商二层
电话:68868123
邮编:100043

(孙　蕊)

【枢纽建筑方案初步确定】 年末,苹果园交通枢纽最终建筑方案初步确定。由区政府、市规划委、市公联公司联合组织概念性建筑方案征集,经专家评审选出北京城建设计研究总院和清华城市规划设计研究院联合体完成的设计方案为优胜方案。按照市、区领导要求,以打造城市客厅的设计理念,借鉴香港青衣、九龙等具有代表性的枢纽成功经验,区规划分局组织对优胜方案进行一体化深化设计与完善,结合地区实际和商业结构布局进行多次研讨,建筑方案初步确定。垂直换乘楼建筑5~6层,高度为100米。在地上两层实现换乘,地铁公交换乘距离平均130米;地下三层,提供600多个车位。

(孙　蕊)

【完成F地块拆迁】 完成宏润公司所属日杂商店、副食楼和首钢海顺市场的拆迁。F地块总拆迁面积12151.45平方米,已全部完成拆迁。

(孙　蕊)

【推进管线改移】 保证M、N、F三个地块顺利上市,制定各地块管线拆改计划。在做好管线权属等前期调查基础上,审计部门提前介入进行方案及预算审核,稳步推进三个地块内热力、燃气、上水、电力、电信等管线的改移工作。由于施工期恰逢汛期,确保改移施工安全,回填质量合格,公司严密部署,每日有专人到现场督查,完成商务区南区各地块已探明的管线改移任务。

(孙　蕊)

【部分市政和绿地移交】 按照土地一级开发监管协议约定,已完成拆迁的地块应移交相关部门管理。3月,将代征绿地整体降方后,与区园林绿化局完成S1线两侧和P、Q、J地块周边的代征绿地移交手续,共计54869.202平方米。区园林绿化局将L、K地块绿地作为当年唯一的市民义务植树点。4月,将Q地块市政用地移交给市热力集团。该地块占地0.083公顷,规划建设面积831.56平方米。已由热力集团纳入交通枢纽市政配套设计方案中,用以建设热力设施配套工程。

(孙　蕊)

【G地块开工奠基】 9月,苹果园交通枢纽商务区G地块举行开工奠基仪式。G地块四至范围是:东至苹果园大街,南至苹果园中街,西至苹果园四区,北至金苹路。G地块占地面积6586平方米,建筑面积2.45万平方米,规划建设为商业金融用地。

(孙　蕊)

城市管理

市政市容管理

概　　述

北京市石景山区市政市容管理委员会(简称区市政市容委),是主管全区市政基础设施建设与管理、爱国卫生、城市环境整治的区政府工作职能部门。随着区城市管理监督指挥中心、区水务局、区地震局、区环境办、区交通委的相继组建,又赋予市政市容委全区水务一体化管理、信息化城市管理、震情保障和交通管理的新职能。根据区委区政府安排,市政市容管理委员会、交通委员会、城乡环境建设委员会办公室、爱国卫生运动委员会办公室、水务局、地震局、城市管理监督指挥中心合署办公。区市政市容委下设22个职能科室,8个直属事业单位。随着区域经济战略转型、科学发展步伐不断加快,城市基础设施建设与城市管理水平不断提升。同时,新首钢高端产业综合服务区、五里坨地区开发建设又对城市承载能力和城市环境质量提出更高要求。坚持建管并举、重在管理的"大市政"理念,求真务实、开拓创新,以重点工程建设带动市政基础设施完善,构建便捷、畅达的市政设施体系,区域承载力与吸引力进一步增强。与市、区有关部门沟通联系,推进长安街西延、五里坨路等城市主干路和微循环道路建设。着力做好城市交通工作,推进缓解交通拥堵各项措施。在银河商务区开展智能交通试点项目建设,加快推进道路微循环系统建设,推行错峰停车、建设临时停车场、改造老旧小区停车设施,有效缓解停车难问题。绿色出行比例大幅提升。加快推进永定河绿色生态发展带莲石湖二期工程建设,完成高井沟两处污水处理站建设工程,消除污水对永定河的生态安全隐患。加强供水、排水工程建设,新开凿水源井2眼,完成86项供水工程。启动供节水信息平台建设,完成8项排水改造工程。推进五里坨水厂前期工作。加大水环境综合整治力度,强化节水监管。扎实做好防汛工作,全面排查安全度汛隐患,妥善处理险情,确保全区安全度汛。完成南马场水库大坝消隐加固工程,对人民渠(八宝山桥至衙门口桥)进行绿化整治。突出重点攻坚,消灭城市卫生死角,组织对市区挂账确定的48处脏乱死角实施专项整治,加强环境卫生保洁情况监督检查,强化垃圾渣土规范化管理,治理乱堆乱倒的违法行为。加大对无照经营、非法营运等五大突出问题的治理和防控力度,有效改善城市环境。加强集贸市场及其周边环境整治,确保市场规范有序。推进区循环经济产业基地和古城漫水桥非正规垃圾填埋场治理工程。购置道路清扫新工艺车辆23台,完成19座垃圾楼、14座公厕升级改造,完成45个小区生活垃圾分类达标工作。推进环境建设的人文化,提升城市景观水平,完成莲石东路、中关村石景山园等夜景亮丽工程,完成石景山路、八角东街广告牌匾改造。推进翠园西街等13条道路架空线入地,铺设管线12公里。完成苹果园中学等社会单位"拆墙透绿"工程。将市政管理、交通管理、环境建设、水务管理、爱国卫生、防震减灾等职能有机统一,逐步转变城市管理方式,不断健全与首都世界城市社会经济发展相适应的城市管理体系,进一步提升城市建设管理的精细化、常态化、法制化、社会化和专业化水平,城市市政基础设施和环境建设质量在建管并重中得到显著增强,为区域经济社会又好又快发展奠定坚实基础。

地址:杨庄东路9号

邮编:100043

电话:68881555

(石　硕)

【水务基础设施建设管理】 以永定河绿色生态发展带建设为重点,加强水务基础设施建设,构建产业高端、功能完善、环境优美、宜居宜业的城市水环境,水务保障能力进一步增强。投入资金2亿元,出动机械设备16.1万台次、施工人员22.2万人次,加快推进永定河绿色生态发展带莲石湖二期续建工程建设,投入资金1000万元,完成高井沟两处污水处理站建设工程,改善污水对永定河的生态安全隐患。加强供水、排水工程建设,投入资金1200万元,新开凿2眼水源井。其中,位于西山枫林的28号井井深1800米,于8月投产;燕山水泥厂水源井于4月成井,井深1601米,完成抽水试验、水质化验、泵房建设及安装设备。投入资金1800万元,完成京汉旭城三期、新媒体基地上水工程、衙门口C地块(两限房)工程、衙门口商品房二期工程等86项上水工程,铺设管道11197.3米。到年底,区自来水公司供水总体能力为10.6万吨/日,供水人口31.2万人,供水面积30平方千米。投入资金600万元,对全区150个用水量较大的非居民用户进行远传智能流量计(智能化水表)的改装,启动供节水管理信息平台建设,成为国内首个政府水务部门与供节水单位联动的管理平台,全年更换智能水表370套。投入资金570万元,完成古城路、古城东街等8项排水改造工程,改造管线2000米。推进五里坨水厂前期工作。强化节水监管,向1020家单位下达用水指标270万立方米。"百日整治行动"检查用水单位283家、洗车站点81个。加大自备井管理力度,与21个自备井供水单位签订安全供水责任书,确保供水安全。

(石　硕)

【莲石湖主景区工程完工】 莲石湖工程总投资4.67亿元,建设河道总长度5.8千米,治理面积226万平方米,形成水面102.5万平方米,相当于半个昆明湖。2月17日,莲石湖二期续建工程开工建设。3月25日,请专家对上游水质改善项目实施方案进行评审,确定对上游高井沟水源进行水质改善处理。4月6日,经区四套班子领导协商确定莲石湖主景区设计方案,主景区正式开工建设。同月14日,经验收莲石湖减渗分部工程完工,经验收全线合格。15日,区党代表视察莲石湖工程。19日,莲石湖上游水质改善工程启动。5月5日,高井沟污水治理工程设备试运行,召开工程协调会。同月26日,上游水质改善工程试运行初见成效,组织工程验收。7月26日,市水务工程监理专项检查组对工程三个监理单位进行检查。8月10日、15日、19日,莲石湖第三标段、第二标段、第一标段防洪、河道亲水、绿化等18个分部工程,分别通过由业主、监理、设计等组成的验收组验收。同月16日,水务改革发展第二次监督检查组对莲石湖进行重点工程检查。24日,高井沟项目2000吨处理池及集水井、500吨处理池及集水井等5个分部工程通过验收。9月1日,组织单位工程验收及竣工技术预验收,参加验收的专家有黄河、王万鹏、陈铁、李京辉、过孝国。同月28日,完成莲石湖主景区建设,建设面积为6.5万平方米,铺设园路及环湖自行车道10千米,正式向市民开放。莲石湖通过12座跌水形成连续的水面与溪流景观,形成"直曲相融、开合有序、岛屿相间、流水有声"的总体湖泊形态格局;通过合理搭配乔、灌、草及水生植物,形成110.6公顷的绿化面积,彻底还清河道,改善沿河环境,构建休闲设施,使永定河旧貌换新颜。12月19日,国家财政部检查组对莲石湖工程建设及资金使用情况进行为期两周的大检查。

(石　硕)

【市领导调研莲石湖】 5月4日,副市长夏占义调研永定河莲石湖工程,要求各相关部门将莲石湖后期管理作为一个重要课题加以认真研讨,杜绝"重建轻管"现象,确保莲石湖建成后,成为带动经济发展新的增长点。9月14日,夏占义就永定河绿色生态发展带石景山段建设情况进行调研,要求相关部门在莲石湖试运营期间研究管理办法,加强流域管理。

(石　硕)

【多措并举监管齐抓】 开展"水务百日专项整治活动"。由公安分局、区国土分局、住建委、教委、体育局、永定河管理所、水政大队等单位组成联合执法检查组,通过每日对辖区内河段巡查,加大盗采砂石检查力度,整治期间未发生盗采砂石现象。通过加大执法力度,劝阻非指定区域游泳、钓鱼人员,有效遏制辖区违法行为。同时,加大洗车行业节水检查力度。提高洗车站点节水意识,改善洗车站点周边环境,杜绝沿河占道洗车现象。同时,对区内用水单位进行排水检查,累计检查用水单位290个。

开展节水检查　　(区市政市容委供稿)

(石　硕)

【水务改革发展工作大会】 7月22日召开。大会学习领会中央水利工作会议和市水务改革发展工作大会精神,研究部署本区水务发展改革工作。荣华讲话强调,实行最严格的水资源管理制度,大力推进节水型城市建设,促进水务工作可持续发展,为全区经济社会全面转型、科学发展提供有力保障。制定关于进一步加强水务改革发展的意见,明确目标任务和各相关单位职责,提高水资源统筹利用能力,提高水务工作标准,规范水资源管理制度,促进水务工作可持续发展。

(石　硕)

【推进首次水务大普查】 普查标准时点为12月31日,时期资料为2011年度。涉及各类普查对象691个,涵盖境内所有河流湖泊、水利工程、供排水设施、水务机构以及重点社会经济取用水户。按照"一主线、两任务、三阶段、四节点"总体工作思路,稳步推进各项工作。成立由25个相关委办局组成的水务普查工作领导小组及办公室,组建80名普查指导员和普查员队伍,扎实做好前期准备工作。组织普查人员参加国普办和市普办各类专项培训,确保普查工作在统一标准下开展。3月10日,区政府下发石政发〔2011〕8号通知。区水普办在《石景山报》刊登专文,同时印发宣传资料,制作宣传袋,选择在人员密集的繁华地段进行普查宣传。开展清查登记、台账建设和现场调查等工作,包括地下取水井、水土保持、社会经济用水等9个专项普查内容。对年用水5万立方米以上的单位用户进行地毯式普查,对年用水在5万吨以下的单位用户按照30%的比例进行抽查,对公务员、教师等不同职业的居民家庭用水习惯进行抽样入户调查。获取普查数据11167个。

(石　硕)

【落实责任安全度汛】 汛前召开全区防汛工作大会,严格落实防汛责任制,全面排查安全度汛隐患,做好汛前清淤、清障和清掏。根据汛期防洪抢险需要,调整、优化、充实各防汛抢险队伍,补充物资储备,实现储备充足、随时调用。应对6·23、7·24等强降雨过程中,及时启动应急预案,出动巡查抢险人员4900人次,妥善处理险情,确保全区安全度汛。投入资金2150万

元，进行南马场水库大坝消隐加固工程建设，水库流域面积1.1平方千米，原设计库容20万立方米，属于小(2)型水库，主要任务是防洪、供水和灌溉，是本区目前唯一的水库，是防汛重点之一。工程内容包括对大坝进行加固防渗、水库清淤扩容等，于上年9月18日开工建设，当年7月完工，1个月时间的降雨蓄水达8万立方米。投入资金700万元，对人民渠(八宝山桥至衙门口桥)进行绿化整治，总长度2860米。落实应急值守制度，确保24小时通讯畅通，接到气象部门雨情预报或指挥部指令，应急队伍进入待命状态，降雨后密切关注辖区情况，做好重点部位雨中巡查，随时处理各类险情。

（石　硕）

【节水宣传周系列活动】 3月22日是第十九届“世界水日”，3月22～28日是第二十四届“中国水周”。围绕“城市用水，应对都市化挑战”、“严格管理水资源，推进水利新跨越”主题，在全区开展节水进校园、进社区、进医院、进单位活动。做好宣传和便民服务工作，倡导居民节约用水，鼓励使用节水器具。组织学生走上街头宣传节水知识、节水器具，观看节水视频；在重点区域利用公共宣传栏，视频滚动宣传普及节水常识、节水公益广告；在《石景山报》刊载节约用水法律规章。开展供水安全生产大检查，对区自来水公司自备井管理情况、京城旭汉物业及小天使幼儿园使用中水及生活用水情况、辖区洗浴中心、洗车装饰行等非生产行业高耗水情况进行专项检查。邀请专业人士开展节水专管员培训，普及节水知识，提高对水资源忧患意识的认识。每月开展一次联合执法专项检查和宣传活动，提升市民节水意识。

（石　硕）

【夏季城市供水保障】 全力保障夏季用水高峰时期城市供水，确保水量充足。对水源井作全面调试，合理分配水源，科学调度保障水压平稳，实现安全足量供水。受气温波动影响，日用水总量起伏较大。自来水公司及时掌握管网运行状况，通过科学调配，适时平衡管网压力，保障供水管网安全稳压运行。加强供水设备设施检查、巡视，对杨庄水厂、老山加压泵站机泵和重要机电设备进行全面检修维护，同时加强主要供水管网及附属设施巡查力度，对重点管网、主要输水管线、水源房井泵房等进行全天候巡视，发现隐患，及时排除。管网水质检测由原来的每月两次增加为每月三次46项常规检测，密切关注四系井水质变化情况，提早发现问题，提早解决。组织相关人员对供水突发事件应急预案等4套预案进行学习及演练，应急抢修小组24小时待命，做好抢修准备工作，做到反应迅速、抢修及时，保证第一时间恢复供水。由专人受理高峰供水期间的用户咨询与投诉，及时解决市民用水困难。

（石　硕）

【城市道路建设管理】 加强与市、区有关部门沟通联系，推进长安街西延、五里坨路等城市主干路和微循环道路建设。投入资金5200万元，完成44项道路大中修工程，总长度7千米，总面积11.4万平方米。加大市政设施养护力度，完成道路铺油3.2万平方米，整修步道1万平方米，清理雨水口、检查井1万余座，清掏排水边沟12千米，确保市政设施运行良好。做好辖区地下管线及检查井监管工作，开展打击破坏地下管线非法施工行为专项行动。强化交通战备及铁路道口管理，做好道口监控设备升级改造工作，检查道口110次，全年安全无事故。

（石　硕）

【开通564路公交车】 3月28日，开通绿谷雅园至鲁谷公交场站的564路公交车。解决巨山路、阜石路辅路1.7公里道路有路无车问题，惠及周边绿谷雅园、碧桐园等小区的居民出行。年内增设公交线路、通勤快车3条，施划公交专用道1.2千米。

（石　硕）

【停车设施改造与专项检查】 区交通委选定苹果园三区作为老旧小区停车设施改造试点，增加停车泊位288个，重新划定消防车通道、提高小区绿化水平。通过严格规范备案前置条件和流程，增加停车泊位供给，全年新增备案停车场26个，新增停车泊位7700个。开展错时停车，有14家单位夜间对外开放，提供停车泊位3115个。年内，完成地铁苹果园站、八角站、古城站自行车停车棚改扩建工程，增加自行车停车位600余个。8月25日～9月10日，由区交通委牵头，交通支队、石景山运输管理处等单位参加组成联合检查组，对辖区4家占道经营企业、20个路侧停车场进行专项检查，企业经营行为得到进一步规范。

（石　硕）

【市领导调研交通情况】 3月14日，副市长苟仲文到区实地调研交通工作，查看苹果园地铁站周边、阜石路杨庄路口交通情况，听取物联网技术和交通工作汇报，就全面提升地区交通管理工作水平做出明确指示。8月2日，苟仲文视察高峰道路交通通行情况，指出要加快推进实施西五环八角桥出口、五景桥出口匝道拓宽工程，提高道路通行能力；统筹考虑早高峰交通出行需求和通行特点，进一步优化公交线路，充分发挥大容量公交出行的优势。

（石　硕）

【加强市容环境管理】 按照刘淇提出的“出标准、灭死角、落责任、提水平”总体要求，贯彻首都城市环境精细管理美化市容工作动员部署大会精神，扎实做好精细管理美化市容工作。针对环卫作业、园林绿地和施工工地管理等15项工作，分别细化管理标准、作业标准、质量标准和费用标准，将全区划分为三个管理等级，施工工地实施5个100%控制指标。制定环境卫生考评工作实施方案，从履职效能、重点任务、日常检查三个方面对16个环境卫生相关单位实施考核，构建以管理为主体、作业为基础、执法为保障、评价为手段的环境卫生综合考评体系。推进综合整治的协同化，突出重点攻坚，消灭城市卫生死角，组织对市区挂账确定的48处脏乱死角实施专项整治，加强环境卫生保洁情况监督检查，检查道路1600条次、密闭式清洁站960座次、公共卫生间1352座次。强化垃圾渣土规范化管理，治理乱堆乱倒的违法行为。加大对无照经营、非法营运等五大突出问题的治理和防控力度，查处无照经营、占道经营40余起，清理小广告500余万张，有效改善城市环境。加强集贸市场及其周边环境整治，确保市场规范有序。落实属地管理责任，充分整合街道城管干部、相关政府部门、环卫保洁员、城市管理监督员、城管执法队员、辖区企事业单位力量，推进“六位一体”模式，在街道层面建立地区环境建设委员会，明确街道属地统筹职责。落实“门前三包”规定，明确社会单位的基本职责，实行市容环境卫生责任区告知书公示管理。推行卫生保洁试点和联片承包责任制，排查背街小巷、没有物业的老旧小区、城乡结合部地区等区域230万平方米，逐项核查责任归属，明确街道保洁的兜底职责。推进区循环经济产业基地和古城漫水桥非正规垃圾填埋场治理工程。投入资金1395万元，购置道路清扫新工艺车辆23台。投入资金2500万元，完成19座垃圾楼、14座公厕升级改造。投入资金2650万元，完成45个小区生活垃圾分类达标工作。投入资金2000万元，完成莲石东路、中关村石景山园等夜景亮丽工程。投入资金480万元，完成石景山路、八角东街广告牌匾改造。推进翠园西街等13条道路架空线入地，铺设管线12千米。完成苹果园中学等社会单位“拆墙透绿”工程。加快推进永引渠南侧“边角地”环境整治项目。

（石　硕）

【夏季市容集中治理】　稳步推进夏季市容环境集中治理工作。对市督察处和首环办挂账的39处脏乱死角进行清理整治，加强环卫作业质量监督检查，严格落实质量标准，针对道路清扫保洁、公厕服务、垃圾清运等各项环卫作业开展日常检查，发现问题及时督促整改。针对夏季雨后推水、风后软包装清理等开展专项检查，督促落实。继续加强乱倒垃圾渣土的治理，加大执法检查力度，发现问题及时处理，先后在7、8、9月组织相关单位开展联合夜查，在古城大街、京原路漫水桥、莲芳桥、高井电厂等处设点，检查渣土运输车辆30余辆，均不具备渣土消纳证、渣土准运证，不具备密闭、苫盖等环保措施，全部由城管部门进行处理，罚款2.8万元。落实市容环境卫生责任制，整治户外广告、标语条幅，规范门头牌匾，对石景山路、鲁谷路、鲁谷大街等主要道路进行检查，清除违规条幅143条、充气拱门3个、宣传汽球18个。

（石　硕）

【强化防震减灾工作】　全面提升地震监测水平，建设前兆监测站，丰富监测手段。继续做好震情监测及跟踪分析。加强地震监测台网管理，做好地震前兆系统及震情速报系统维护。开展形式多样的防震减灾宣传教育，发挥青少年国防教育基地的宣传效应，建设防震减灾教育基地，继续推动防震减灾科普示范校建设，建立宣传教育长效机制。配合相关部门做好抗震排查及加固工作，推进应急救援体系建设，完善预案体系建设，加强避难场所管理。组织学校、社区开展地震应急疏散演练，推进地震应急演练常态化。

（石　硕）

【信息化平台建设】　以信息化城市管理平台为依托，加强指挥协调，发挥网格管理优势，理顺城市管理体制，整合区、街道和社区城管资源，城市精细化、信息化管理效能进一步提升。以万米单元网格为依托，完成信息化城市管理平台升级改造工作，采用地理信息技术，将环卫、园林绿化、水务、铁路、工地等责任区的四至范围划分清楚，完善和落实各相关单位在责任区内定岗、定责、定人、定点、定时的管理体系，实现横到边、纵到底、全方位、多层次的无缝隙对接。对环卫承担的707万平方米保洁范围、园林管理的560万平方米绿地、153个物业小区、76个在建工地和拆迁项目、100个备案的再生资源回收点、3079个“门前三包”责任单位等分类建立台帐，标图定位，为231台环卫车辆安装GPS设备，实现实时监控、综合调度和信息化管理，提升协调处理问题的能力。落实好联席会、会商会等工作制度，针对难点热点问题，采取现场协调会、联席会、电话沟通、重点问题承办单等方式深入磋商，确保监督发现、上报、派遣、处置、核查、考核评价等网格化管理系统各个环节正常有序运转。全年立案1.98万件，结案1.89万件，结案率95.5%。修改完善监督员管理制度，组织监督员开展“市容类法律法规培训”等专项培训。

（石　硕）

【开展爱国卫生运动】　推进健康城区建设，提高生态环境质量和群众健康

清除街头小广告　　（李文明　摄）

生活水平，爱国卫生基础性工作成效明显。利用月末周五在138个社区开展城市“清洁日”、4～5月“卫生月”等系列活动，累计参加活动达50万人次，清理街巷300条、卫生死角5200处、绿地15万平方米，清运垃圾800吨，全区市容环境明显改善。健康社区工作稳步推进，明确健康社区标准，加强培训，制定工作计划，组织开展健康知识讲座，举办健康风采大赛，年内申报的9个社区顺利通过市健康社区验收。病媒生物防治工作广泛开展，制定病媒生物防治方案，加强除“四害”业务知识培训，落实病媒生物防控计划，有的放矢地清除蚊蝇孳生地，组织开展春季、冬季灭鼠活动，对60个单位灭鼠设施进行改造，全区公共场所外环境灭鼠设施投放率达90%。组织开展夏季灭蚊蝇和灭蟑工作，蚊、蝇、蟑密度控制在国家卫生区标准以内。禁烟控烟工作水平显著提升，与教委、卫生局一起在学校开展控烟工作制定“关于进一步加强公共场所禁止吸烟工作的通知”，推动无烟单位、无烟学校、无烟医院建设，加强公共场所、学校、医疗单位日常监督检查，促进群众健康生活水平不断提高。

（石　硕）

【加强供热燃气管理】 圆满完成2010～2011年度供热工作。发放补贴资金2837万元，发放1385吨燃煤、13万立方米天然气的燃料实物救助。投入资金1.69亿元，推进首钢物业、北重电机厂、鲁谷供热厂老旧供热管网改造。加强区属燃气企业的行业管理，开展燃气安全隐患排查治理百日行动，落实燃气事故应急处置预案。

（石　硕）

【春节期间供热保障】 组织各供热单位进行安全生产隐患自查，确保各项设施设备运转良好，规章制度健全，操作流程规范。同时配合市燃气集团相关部门，督促做好区内天然气及液化石油气安全保障工作。要求各居民供热单位在确保安全前提下适当提高供、回水温度，全力保证供热质量。召开供热、燃气行业节日期间安全生产工作会，严格落实各项相关应急预案，以及各相关单位部门应急抢险队伍人员、物资配备，加强应急值守。对供热及燃气行业各相关单位设备运行工况、规章制度制定和落实情况、责任主体履责情况、关键和薄弱环节、人员培训教育以及应急预案等进行专项检查。

（石　硕）

【春节市容环境保障】 确保春节期间市容市貌干净整洁。环卫中心出动大型扫车268车次，中型机扫58车次，小型机扫52车次，其他车辆36车次，出动2015人次，加强对石景山路、政达路、银河大街、鲁谷路、鲁谷东街、八大处路、香山南路等20余条重点道路的机扫作业和人工保洁。出动公共厕所作业人员2150人次、清洁站作业人员343人次，确保重点区域内密闭式清洁站、公共卫生间各类设施正常运转。出动人员203人次，加大施工现场管理力度，施工单位在节日期间均采取防尘降尘措施，按规定使用冲刷设备，杜绝扬尘作业和运输车辆车轮带泥出现场等违规现象。小广告冲刷队出动8车次，24人次，清除非法小广告1.5万张。加强夜景照明情况检查，对节日期间照明未开启或有坏点的设施及时上报有关部门。重视庙会周边环境卫生检查，在人流高峰期间加强垃圾清理和公厕保洁，清理烟花爆竹残屑285吨。由于风力较大白色污染较多，便道和路面有树叶和其他污染物，树挂多、绿地不洁，及时与相关单位进行反馈解决。

（石　硕）

【烟花爆竹安全管理】 部署节日期间相关安全保障工作，确保重点部位安全。下发通知，召开工作会，坚持工作有方案、阶段有部署、部署有会议、贯彻有督察，确保各项工作分步骤、有重点，稳步、有序推进。开展供热、燃气重要部位及周边各类可燃物清理，进行必要地阻燃预防。在隐患排查上做到发现隐患坚决，整改措施坚决，复查结果坚决，逐级反映坚决，盯住进展坚决。各供热、燃气单位在燃放时段内实行领导带班的24小时全天候值班制度，落实岗位责任制，开展巡视检查，重点位置和区域要增派力量看护，加密巡查，及时、准确报送信息。配合消防、街道等部门做好对违规燃放烟花爆竹群众的劝阻工作，确保保障位置周边不出现不正确的燃放行为。

（石　硕）

【“两会”环境保障】 结合全国“两会”期间环境保障要求，以代表驻地为重点保障区域，2月21～24日，对代表驻地周边市容环境情况进行摸底，对存在问题登记备案，制定相应保障方案，协调相关部门进行解决。2月25日～3月16日，进入全面保障阶段，重点对代表驻地周边、“两会”车辆行驶路线加大日常检查力度，出动检查人员120人次，拆除条幅55条。在全区范围开展渣土管理保障月活动。3月9日晚，组织区城管大队、环保局、交通支队等部门，在莲玉桥设置检查点，对渣土运输车辆进行检查，检查渣土运输车辆15辆，其中违规车辆4辆，由城管部门进行处理。加强小广告冲刷作业，调整作业时间和频次，作业时间调整为早7:00～晚7:00；作业频次为不间断巡回作业，确保代表驻地周边非法小广告随时发现随时清理。期间清除非法小广告6万余张。加强景观照明设施检查力度，每晚18:00～23:00安排检查人员对长安街沿线及重点活动场所景观照明设施开启情况、运行维护情况进行检查，发现问题及时上报景观建设办进行解决。

（石　硕）

【清明祭扫服务保障】 全面做好清明节八宝山祭扫活动服务保障工作。3月26日～4月5日，开辟可容纳约3500辆机动车12个临时停车场。联合区发改委以及交通支队等部门做好临时停车场经营管理的监督和检查。及时清理重点保障区域的非法小广告，每天4次冲刷作业，扫墓高峰日期间不间断巡回作业。对八宝山革命公墓周边、老山公墓周边、福田公墓周边等重点保障区域进行道路清扫保洁。在3月26～27日、4月3～5日扫墓高峰期间，实行领导带班责任制，安排检查人员巡查。

（石　硕）

【“五一”市容保障】 确保“五一”期间市容环境干净、整洁、靓丽、有序。成立由区市政市容委、城管大队、各街道办事处、环卫中心等相关部门为成员的节日环境卫生保障工作领导小组，制定节日期间保障方案，明确职责，确保各项保障工作落到实处。加强环卫专业作业力度，节日期间出动大型机扫车60辆，中型机扫车21辆，其他车辆36辆，出动保洁人员1542人，做好城市道路保障；出动作业人员1015人，确保公共厕所运行情况良好；出动作业人员148人，确保密闭清洁站运行良好。5月1日针对大风天气，启动扬尘预案，加大水冲降尘作业力度。区城管大队出动134人，车辆33台，处罚违法行为18起，规范“门前三包”单位52起。对全区36个施工现场进出口路面硬化、车辆冲洗设施、防尘污染设施以及不能外运渣土苫盖情况进行全面检查，施工单位严格执行建设工地环境卫生责任标准，大风和沙尘天气停止施工。节日环境卫生保障工作领导小组每天安排专人对保障情况进行检查，发现问题及时解决。节日期间出动检查人员105人。

（石 硕）

【国庆节市容保障】 国庆节期间，落实各项保障工作，营造整洁优美、欢乐祥和的节日气氛。以繁华商业区、旅游景点、重要交通枢纽等群众集聚地区为重点，严格实施环境卫生作业标准和工作责任。按照清扫保洁新工艺要求，增加作业频次，并做好道路扬尘污染控制工作；道路保洁工作，做到定人定段定时、巡回保洁不断线；做好重点区域、主干道环境卫生清理保洁、公共厕所的保洁管理以及责任范围内非法小广告的清除工作。同时，特别加强应急队伍组织管理，做好道路遗撒、风后软包装清理捡拾、乱堆乱倒垃圾渣土应急处置等应急工作，及时清除道路两侧乱倒遗撒垃圾渣土。强化一线作业人员、作业车辆安全运行管理，对环境卫生突发事件、群众反映的热点难点等问题迅速进行处理。加强餐厨垃圾清运，按照垃圾分类工作进展程度，做好新设示范小区收集、清运前期准备工作，开展及时清运，规范化密闭运输。确保全区生活垃圾日产日清，清运率100%。加强全区200多个公厕管理，加大节日清洁和清运力度，保证良好如厕环境，确保全区粪便100%日产日清、无害化处理。加强道路清扫保洁，机械、人工有效配合，提升作业效果。

（石 硕）

【预防煤气中毒做到三个100%】 1月12日，成立全市第一支预防煤气中毒志愿者服务队，由1000余名大学生、网友及各街道退休老人组成。对存在隐患的重点户、新来京或返京的取暖户等重点住户进行安全检查，发放宣传材料，保障取暖居民平安过冬。10月28日，召开2011～2012年度预防煤气中毒工作部署大会。在供暖前、春节前、春节后、撤火前组织4次“温暖”系列全区性集中宣传检查行动，依次张贴黄、红、橙、绿色安全提示贴。做到入户宣传见面率100%，与取暖户、出租房主和企事业单位负责人签订安全责任书100%，检查炉具，隐患整改100%。全面推广安装一氧化碳报警器，对使用煤火取暖的单位员工宿舍、低保户、优抚对象、历年事故频发的流动人员聚居区实现全覆盖安装。

（石 硕）

园林绿化

概　述

截至年底，全区实有绿地3937.33公顷，实有树木471.53万株、古树1462株、草坪1072.59万平方米，绿地率46.89%；绿化覆盖面积4165.28公顷，绿化覆盖率49.6%；人均绿地面积107.58平方米；公共绿地总面积1043.3公顷，人均公共绿地面积28.51平方米。区属公园9个、占地面积315.34公顷。街旁绿地98.99公顷，道路绿化面积153.38公顷，居住区绿地面积129.27公顷，单位附属绿地面积569.32公顷，防护绿地面积2035.11公顷。石景山区园林绿化局（区绿化办）是负责本区园林绿化的区政府工作部门。年内，全区完成绿化面积126.66公顷，其中新建86.99公顷，改造39.67公顷，植树7.49万株，铺草29.8万平方米。重点完成节假日期间，主要道路、重点地区的花坛布置任务，栽摆花卉108.21万盆（株）。北京茂华物业服务有限公司璟公阁等5个单位被评为“首都绿化美化花园式单位”，八宝山街道远洋山水西里北社区等3个单位被评为“首都绿化美化花园式社区”，广宁街道办事处等3家单位被评为“首都绿化美化先进单位”。本区连续9年荣获市级“森林防火先进区县”称号。

地址：杨庄路6号
电话：68875258
邮编：100043

（郑文靖）

【森林防火】 春节期间，全区出动森林防火巡护力量1077人次、森林专业消防大队60人和两支半专业森林扑火队共计100人（专业队节日期间备勤700人次）、出动巡逻、巡护及备勤车辆161台次、巡逻里程5250公里。“两会”期间，3月2日～15日，出动护林员1428人次，专业森林消防队员840人次，巡逻队一支84人次，检查及备勤车辆98台次。区森防办、区森林公安处出动车辆56台次、警力42人次。3月25日～4月10日清明期间，出动巡护人员5600人次，出动车辆320台次，设森林防火检查站、宣传站5处、发放防火宣传材料1.8万余份，在散坟上压放防火宣传材料4000余份。2支森林专业消防队60人坚守值班岗位24小时备勤，重点日出动警力48人次、巡逻里程约2030公里。林区内制止违章用火行为502起，其中吸烟482起，与往年相比呈上升趋势；上坟烧纸、烧香20起，与往年相比呈下降趋势。10月1～7日，出动民警21人次；护林员714人次；专业森林消防队员420人次；备勤车辆56台次。各防火阶段，区森林公安处不定时抽查各单位应急值守和护林员上岗到位情况，并对夜间值守进行检查，各单位值班员均在岗到位，期间均未发生森林火灾。

（周瑞立）

对绿化项目精细修剪 （王秀芬 摄）

【打击非法贩卖野生动物】 2月2～9日，林政部门联合区城管大队多次在八大处公园周边开展打击非法贩卖放生鸟的违法行为专项执法检查。检查中对非法贩卖放生鸟的违法人员进行批评教育，查获珠颈斑鸠8只，喜鹊6只、麻雀30只，打击非法贩卖放生鸟的违法行为。2月25日，在八大处公园周边地区联合进行打击违法销售利用野生动物执法检查，发现并收缴一批非法销售的野生鸟类，并将其科学放生。

（丁建新）

【全民义务植树】 4月2日，首都第27个全民义务植树纪念活动日，在苹果园交通枢纽组织大型义务植树活动。市区领导、驻区部队官兵、驻区中央及市属企业事业单位干部职工、劳模代表和大中小学生等67个单位的2181人参加活动。挖树坑0.1万余个，种植银杏、白皮松、雪松、法桐、国槐、栾树、玉兰等12余种树木，共计0.1万余株。当天，全区有4万人参加各种形式义务植树劳动，挖坑3万余个，养护树木10万株，植树3万余株，清扫绿地、平整土地25万平方米。在各街道、社区、国际雕塑公园设立站点，悬挂横幅近200条，发放绿化美化宣传材料及宣传品3万余份、发放“致全区人民的一封信”5万份。

（郑文靖）

【爱鸟周宣传】 4月23日，联合中国野生动物保护协会、北京野生动物保护协会、北京爱鸟协会，在北京国际雕塑公园举办“我随鸟儿去旅行—爱鸟护鸟南北行活动”北京地区启动仪式。相继开展百块展板进社区、机关、学校宣传活动；组织全区志愿者观鸟活动；根据鸟类由南及北的迁徙规律开展专题宣传周活动。本次活动发送宣传资料0.3万余份、宣传单及宣传页2万张、展板241块、受教育群众2万余人。

（蒲子雯）

【应急抢险】 6月23日、7月24日，本市经历百年不遇的暴雨，影响范围、强度之大罕见，排水系统遭受严重考验，全区倒伏树木数量大。接到区政府、区防汛指挥部紧急通知及暴雨预警后，立即启动应急抢险预案，全力应对可能出现的突发事件。6月23日，因暴雨造成全区倒伏树木651株，其中专业绿化队统计共倒伏树木413株、树杈折断487株，群植单位倒伏238株，及时排除道路堵塞6处。全区出动车辆438台次，抢险人员1486人次。7月24日，全区倒树3株。

（张莉非）

【三次防控美国白蛾】 5月3日～9月25日，在全区重点林段开展三次美国白蛾普防行动。突出防控重点，迅速组织开展2010年发生美国白蛾的地区、2011年监测到成虫的地区、重点景区、重点路段和敏感地区的普防。准确把握最佳防治时间，大力推广使用生物制剂和无公害防治技术措施，认真排查可能出现的灾害隐患。加强检查巡查，协同做好各种病虫害防治，防止春尺蠖、国槐尺蠖等常发性林木有害生物灾害发生。出动防控队伍16支、累计投入人工6387人次、出动2609车次、动用防治机械18台套，使用药剂8.19吨、预防面积16.45万亩，有效控制疫情扩大。

（蒲子雯）

【60余万盆鲜花迎国庆】 区园林绿化局及各街道办事处、驻区社会单位在区内各主要道路沿线及重要节点地区栽摆风仙、万寿菊、百日草、矮牵牛、彩叶草等十余个品种。八角桥西侧、区政府院内及周边、八角西街路口摆放3处主题立体花坛——分别为“溢彩花韵”、“心情的狂欢节”、“宫灯”。全区共摆放、入地花卉60余万盆株，其中专业绿化部门摆放、入地花卉34.96万盆株，各街道办事处、驻区社会单位摆放花卉26万盆。

（郑文靖 张莉非）

【完成森林资源清查】 10月，第八次森林资源一类清查工作圆满结束。涉及9个街道包括山区、平原在内的23块样地。由7名技术骨干组成外业调查队，精确测定、录入、填写8420项调查因子。

（丁建新）

【森林防火宣传】 11月1日，区森林防火指挥部办公室在万商大厦广场举办主题为“森林防火靠大家，遵章守法我先行”的森林防火宣传日活动。设1个主会场和5个宣传站点，发放宣传品1万余份，包括森林防火宣传环保布袋2000个、压缩毛巾2000个、扑克牌2000副、鞋擦500个、森林防火宣传帽子1000顶、围裙1000个、市森林防火办法500册、台历1000册，制作森林防火展板20余块、横幅12条，出动宣传车5辆，受教育群众达1.3万余人。

（周瑞立）

公园管理

概述

根据市编办批复（京编办事〔2010〕11号）和区政府审核批准，设立北京市石景山区公园管理中心（简称区公园管理中心），为区政府直属相当正处级全额拨款事业单位，其主要职能是负责本区区属公园和所属单位相关管理工作。历经数月筹备，区公园管理中心于1月1日正式成立，并接管原区园林绿化局管理的北京国际雕塑公园、古城公园、八角雕塑公园、老山城市休闲公园、法海寺森林公园及原区政府直属单位八大处公园。中心所属6个公园占地总面积574.57公顷，绝大部分为山地林区。3月14日，经区委组织部批准，成立中心党总支，下设中心机关、国雕与古城、八大处公园机关、八大处综合经营部、八大处综合管理部等5个支部，有正式党员74人，预备党员4人。4月28日，依据区政府相关指示精神，中心机关从临时办公地海特饭店迁至八大处公园办公楼，与八大处公园合署办公。之后，初步完成领导班子搭建、职能部门设置和人员充实调整，进入常态化办公。中心设职能科室6个，即行政办公室、计划财务科、人力资源科、安全保卫科、综合管理科和开发办公室。中心及所属单位有编制职工193人（机关21人，下属单位172人）。年内，围绕区委区政府中心工作，紧扣“大调整、大建设、大发展”主基调，克服组建遇到的种种不利条件，平稳有序展开工作，全面完成区政府“折子工程”和各项计划指标，经济收入稳中有升。截至年底，接待游人总量达1059万人次，同比增长11%；门票收入达1815万元，同比增长8%。获“首都精神文明先进单位”、“首都文明旅游景区”等市级荣誉。

地址：八大处路3号
电话：88961698
邮编：100144
邮箱：sjsgyzx@163.com
网址：http://www.sjsacp.org.cn

（于长林）

【建章立制求稳定谋发展】 中心成立后，快速进入角色、高效履行职能、管理手段更加科学规范。5月13日，中心主任与基层部门负责人签订目标管理责任书，明确各基层部门工作目标和重点；对工作效益提出奖惩标准。根据实际情况，相继制定出台一系列规章制度：3月4日颁布行政会议制度，4月25日颁布公章使用与管理规定，5月16日颁布机关考勤管理制度，7月25日印发行业管理考核办法，9月9日印发夜班管理规定。确保中心稳定过渡、健康发展。

（于长林）

【举行森林防火实战演练】 1月12日，组织下属基层单位近300名职工，在八大处公园二处广场举行森林防火实战演习。区消防支队派出警员做现场讲解指导，基层单位扑火队员针对水带灭火进行专项演练，北京军区警卫营消防分队为此次演练支援专业消防车1辆。树立“首都无小事”、“防火无小事”的意识，通过技能练兵、实战演练，使防护队员保持良好备防状态。

（于长林）

【采取科学举措防治虫害】 5月，做好以美国白蛾为主的危险性林木有害生物防控工作。组织专职人员对八大处公园、老山城市休闲公园、法海寺森林公园进行两次全面普查。对美国白蛾采取防治措施：安装诱捕器、黑光灯，打药0.68吨，释放周氏啮小蜂1亿5千万头，出动人工696人次，防治面积2.12万亩，防治效果理想。

（于长林）

【承办“5·12”宣传活动】 5月12日是第三个全国防灾减灾日。“5·12”防灾减灾日主题宣传活动在北京国际雕塑公园举行。市长、市应急委主任郭金龙主持开通“北京市应急网”，并为刚刚成立的市应急志愿者总队授旗。与会领导为24支志愿者队伍代表发放应急包，检查指导13支应急志愿者队伍的服务展示活动。吉林、梁伟、刘敬民和夏林茂等市、区领导参加活动。

（于长林）

【国雕通过精品公园复核】 7月7日，市园林绿化局依据《精品公园评定标准》，对北京国际雕塑公园管理情况进行复查。内容涉及规划设计与施工、绿化管理、卫生管理、设施管理、服务管理、安全管理、档案及资料管理等7个方面。经严格复查，检查组对园内各种便民措施、安保措施、优质服务给予高度评价，同时授予“精品公园复查”三等奖。公园按照《公园设计规范》和服务规范要求，在景区内设置座椅252处、垃圾桶136个、灯具1300盏、音响202个；建成开放厕所4处；牌识导向系统包括雕塑说明牌、导向牌、公园简介牌近200个，全部实现中英文对照；设小卖厅3处；全园铺设广播、监控系统并投入使用；为游人提供残疾人轮椅11辆，实现无障碍通行；完成应急避难场所建设，并达到市级要求。年内还调整绿地管理措施及养护方法，新增雪松等树木30余株，加大对草坪、花卉施肥力度，修剪草坪1.5万余平方米。公园调整养护时间，打药、灌溉等工作避开游客高峰期，最大程度保证园内正常游览秩序。公园员工坚持对配电室、用水管线、泵房、小游艺区、器械健身区等重点部位每日例行检查，对园内水电线路、设备设施进行定期维修检查。同时，公园多次和区体育局、健身器材生产厂商共同对园内健身器材进行实地考察，更换健身器材，保证游客正常使用。

（于长林）

【系列宣传活动】 在4月2日北京第27个全民义务植树日，中心所属6个公园均在园门广场或公园显著位置设置宣传点，以摆展板、设咨询台、发宣传品等形式向游客宣传绿化、低碳生活理念及养护花草的科普知识。8月18日，组织开展以“创建美丽、平安、绿色、文明、和谐公园”为主题的第六届北京公园节宣传活动。所属公园设置咨询台，通过悬挂横幅、派发宣传册、现场咨询等形式，向游客宣传公园文化，推动绿色公园普及工作，增进与游人间的沟通交流。工作人员着统一工装，在各宣传点站向往来游客发放宣传材料0.1万余份。

（于长林）

高压水车路上作业　　（区环卫中心供稿）

【国雕举办汽车节】 10月15日、22日两天，北京国际雕塑公园与搜狐网联袂举办“第四届搜狐汽车月京城购车节”。沃尔沃北京海之沃、进口大众北京中进众旺、进口起亚天利翔源等24家4S店应邀参与活动，推出的现场咨询和试驾深受车迷欢迎。活动现场，看车用户热情高涨，认真了解车型，当场参与试乘试驾，购车意向较高，直接订车居多。

（于长林）

【古城公园电力改造】 11～12月，古城公园管理处投资46.43万元完成电力改造。工程涉及改造配电室、安装景观灯、更换防雨落地箱等，排除安全隐患，保障电力正常运行。

（于长林）

【国雕配电系统改造】 北京国际雕塑公园对东园配电系统进行改造。项目包括：主进柜迁移、地下配电柜迁移、防雨箱更换、配电室改造、商业房电缆敷设。工程总投资67.63万元。

（于长林）

市容卫生

概　　述

石景山区环境卫生服务中心（简称区环卫中心）是区政府全额拨款直属事业单位，负责承担全区主要道路清扫保洁、垃圾清运及粪便抽运、公厕管理等职责。年内，以“精细管理美化市容”为重点，推进环卫基础设施建设、设备更新改造，提高专业作业服务水平，圆满完成全年各项任务。完成道路及绿地清扫、保洁面积707.3万平方米，对全区113条主要道路实施机械化清扫和水冲作业，对94条主要道路实施高压降尘，全区垃圾、粪便清运继续保持100%无害化处理。坚持对近300间公厕、临时卫生间设置专人进行高效管理、保洁、维修，保证全区公厕洁净度，方便群众使用；坚持对全区环卫产权的47座密闭式垃圾清运站、2000多果皮箱进行专人作业标准质量检查，促使其作业质量提高；坚持卫生标准认真排查，杜绝各种安全隐患，保证作业车辆安全行驶、环卫设施满负荷运行。深入开展经济技术创新活动，不断提高职工队伍素质和作业服务质量，全年无重大安全生产事故发生。公厕粪肥管理处粪便消纳站班组被授予市“工人先锋号”，1名职工获得“首都‘五一’劳动奖章”，4名职工被评为市年度“环境卫生工作先进个人”。

地址：杨庄东路65号
电话：68862378
邮编：100043

（张　才　王　曦）

【精细管理美化市容】 根据市、区两级精细管理美化市容工作方案，结合“环卫管理年”活动，转变管理观念，创新与实践并举，将精细管理与完善各项制度相结合，结合中心实际运行状况，废除不适用条例，修订现行管理制度，对部分制度重叠，无序情况进行有效整合、分类。配合全区环境卫生责任区划分，在明确管理部门与作业部门职责的基础上，落实责任，实现环卫中心与市容环境相关单位（街道、园林、建委、市容）四个无缝对接。通过细化作业模式，规范作业流程、标准，实现科学、精细作业，杜绝重复浪费，消除作业盲点和漏洞；实施市、区、中心三级检查和考核机制，实现监督、检查、反馈、整改制度化；层层落实管理责任，修订专业作业考核评比标准，通过现场检查和利用科技手段相结合方式，对作业质量进行全方位、全天候检查，发现问题及时整改，形成常态化管理目标。

（张　才　王　曦）

【清扫保洁707.3万平方米】 按照本市城市道路清扫保洁质量标准，对全区113条主要道路实行机械化清扫，日机扫面积92.3万平方米，机扫率38.4%；对全区主要道路和重点路段实施水冲作业，面积242.5万平方米，水冲率99%；水冲便道及中心隔离带作业面积46万平方米；高压降尘作业面积31.2万平方米。在设备、人员配备紧张的情况下，对道路专业作业模式进行调整，细划道路作业等级标准，发挥新工艺作业以及多功能洗地车作用，确保责任区内道路洁净度，提升道路作业水平。落实扬尘污染防控工作，加大机械化清扫保洁力度，增加水冲降尘面积，优化降尘作业工序，保证道路光洁度，使主要干路降尘率降到最低。

（张　才　王　曦）

【垃圾清运日产日清】 全面落实本市城市垃圾处理设施规划建设，加强垃圾分类，推进垃圾减量，实现垃圾密闭收集清运、资源化利用和无害化处理。全年处理生活垃圾13.4万吨，承接社会委托清运渣土4.5万吨，全部进行规范处理。对厨余垃圾分类试点小区进行规范化收集运输，全年清运厨余垃圾1100余吨；采取干路土、炉灰以及其他建筑弃土与生活垃圾分别收集、清运的作业方式，实现垃圾减量1.4万吨。全区生活垃圾全部实现日产日清，密闭式收集清运，压缩转运处理，垃圾、粪便无害化处理率均为100%。

（张 才 王 曦）

【设施设备更新改造】 加大环卫基础设施设备更新的投入，继续完善环卫硬件设施建设。借鉴国内外先进经验，在公厕建设中注重人性化服务功能及基础设施的保养维护。年内新建、改造高类别公厕16座，改建达标公厕8座，新建移动公厕1座。接收改造无主公厕3座，解决9座高类别公厕冬季采暖及40座公厕防水渗漏问题。利用市级划拨资金，强化产权公厕保洁和设备维护，提高公厕服务水平。在密闭式清洁站建设改造中，改进外观装修，更新设备工艺，注重建筑与周边景物相协调，全年完成19座密闭式清洁站改造工作，全部更新为技术先进的移动压缩设备及配套垃圾容器。在设备更新改造中，购置新工艺清扫车23台；除雪设备78台及多功能除雪车6辆；完成20辆黄标车报废与更新；购置不锈钢垃圾箱35个。完成环卫GPS作业监督指挥系统及主中心、分中心管理平台建设，通过环卫车辆安装GPS定位系统和视频监控系统等先进技术，实现环卫作业车辆科学管理，该系统已进入试运行，效果良好。

（张 才 王 曦）

【完成重要活动保障】 在确保全区环境卫生日常保洁水平不断提高的基础上，重点做好重大活动、重要时期的服务保障工作，提前部署，分工明确，形成一整套应急保障机制。圆满完成永定河开湖仪式、第五届国际教育论坛会议以及北京国际动漫周等应急保障工作。全年出动作业车辆585车次，大型车辆95台班，提供移动公厕39坑位，作业人员1196人次，清理垃圾渣土3000余吨。在冬季扫雪铲冰突击作业中，对主要大街主、辅路按照“先立交、后道路”，“先重点、后一般”和“先打开一条路，再向两边扩展”的顺序进行作业；除雪作业采取“雪前准备，雪中除雪”与“雪后迅速恢复市容环境整洁”多措并举方式进行，保证除雪效率。减少融雪剂使用量，提高机械化除雪能力，做到雪后主要道路“2小时融通，4小时打透”，保证市民安全出行。

11月25日，21个环保志愿者分会参加城市清洁公益活动（区环保局供稿）

（张 才 王 曦）

【有效应对暴雨天气】 6月23日16时30分，骤降暴雨，全区城市道路普遍严重积水。环卫中心做好应急准备，备班备岗人员700余人、车辆39台（扫车12台、挤压车10台，抽车17台）。在降雨过程中，协助市政部门进行雨排的疏通清淤和排查。同时，安排垃圾清运队对垃圾收集设施进行检查，加强对全区公厕巡视和保洁力度及频次，放置沙袋阻止污水倒灌，加大抽车抽运频次。应对垃圾普遍含水量大等情况，垃圾转运站增加渗滤液抽运。雨后环卫各项作业正常进行，尽量降低暴雨天气对市容环境影响，第一时间出动千余人及车辆设备，全力进行环境恢复。对道路进行全面推水作业，通过“先人工清除、后水冲机扫”模式，加快积水、污物清除速度，出动突击队员对淤泥堆积较为严重的金顶北街、模式口及等地区进行集中清理。出动作业人员373名连续作业，清扫及其他车辆150台次、清理污染物近200余吨，尽快恢复道路通畅。对暴雨造成无法正常收集的东下庄等垃圾楼及时进行抢修，尽快恢复垃圾楼的使用，并就近分流倾倒垃圾。加派挤压车进行应急作业，加快垃圾清运力度。延长垃圾楼作业开放时间，确保生活垃圾及时收集。与此同时，做好垃圾出区通道的清理工作，增派转运车辆，做好填埋场入场防滑措施，确保垃圾安全转运出区。加大公厕巡查保洁力度，对进水公厕进行全面冲刷及消毒作业，对因暴雨造成的设施损毁情况进行及时抢修，尽快恢复正常使用。同时，针对雨后满井、冒井多等情况，增加抽车抽运频次，延长粪便消纳站运行时间，确保粪便100%无害化处理。

（张 才 王 曦）

环境保护

概　述

石景山区环境保护局（简称区环保局）是负责环境保护工作的区政府组成部门。年内，围绕科学发展主题，攻坚克难，创先争优，完成“四项确保”任务。即：确保完成全年空气质量二级和好于二级天数达到71%目标，确保完成二氧化硫削减20%、氮氧化物削减10%的减排任务，确保完成投资2.93亿元的十件环保实事，确保地区大调整、大建设、大发展过程中的环境安全,实现“十二五”良好开局。首钢涉钢企业全部停产,加快传统工业区向绿色石景山的转型发展,为保护环境带来新机遇。辖区大气污染物大幅度减少,环境净化污染能力增强,环境保护的各项污染数据明显下降。

地址:古城路8号

电话:68876190

邮编:100043

(卫　桐)

【空气质量五年持续改善】 全年空气质量有效监测天数为362天,空气质量二级和好于二级天数261天,达标率72.1%,比去年增加14天,增加3.3%,是全市改善幅度最大的站点之一。空气质量一级天数达59天,比上年增加24天,增幅达68.6%,为西南四区空气质量状况改善之首。可吸入颗粒物、二氧化硫、氮氧化物等大气污染物浓度分别下降7.1%、10.7%、31.1%,降尘量同比降幅达34.5%。与“十一五”开局之年相比,可吸入颗粒物降低26.0%,二氧化硫降低56.9%,二氧化氮降低15.0%;三项污染物浓度皆低于2008年举办奥运时的水平,创历史新高,实现空气质量五年持续改善。

(卫　桐)

【污染减排成效显著】 首钢涉钢项目关停和十件环保实事的完成,减少全区燃煤消耗328万吨;削减二氧化硫1.5万吨、氮氧化物1.09万吨,分别占“十二五”削减任务指标的69.2%和29.6%。污染减排量全市领先,超额完成市政府下达本区削减指标20%和10%的任务。

(卫　桐)

【完成十项环境治理】 总投资2.93亿元,完成包括实兴金海物业管理中心燃煤锅炉改造工程、京能热电股份有限公司供热蒸气改造工程、麻峪地区燃煤锅炉清洁能源改造工程、高井电厂脱硝系统改造工程、五里坨污水处理厂建设一期工程、高井沟污水处理站建设工程、医疗废水处理设施改造工程、区环境安全物联网建设工程、空气质量子站建设工程、永定河两岸美化绿化工程及阜石路高架桥两侧绿化美化工程。项目完成可减少燃煤消耗1.6万吨,削减二氧化硫排放136吨,氮氧化物47吨;全区二级、三级医院医疗污水稳定达标率提高20个百分点,实现100%达标排放;全区绿地覆盖率由48.56%增加到48.6%。

(卫　桐)

【环境监察】 对执法人员进行500余人次的法规培训。全年出动4479人次,对1773家辖区单位进行环境监察,处理违法单位94家/次,其中立案查处10件,实施行政处罚5.1万元。处罚机动车112辆,罚金1.12万元。全年无行政诉讼及复议案件,在区法制办案卷抽查中,环保局4起行政处罚案卷均被评为优秀案卷,26项指标均获满分。

(卫　桐)

【辐射安全监管】 首钢搬迁全面进入尾声,其中45枚放射源暂贮存在源库内,3枚放射源在线使用。全区共计51家辐射工作单位,拥有各类放射源226枚,各类射线装置130台。按照辐射突发环境事件应急预案要求,组织对涉源单位、有射线装置单、重点固废、危废、涉氨、涉氯、化学品和重金属单位的监督执法检查和专项执法监察。完成各类执法检查187家次,出动执法人员374人次;限期治理15家。年内,新增涉源项目环境许可审批,完成辐射审批35件。处理各类群众涉源信访案件15件。加强重大节假日、敏感日前的辐射安全监管,继续坚持节日期间零报告制度,保证辖区环境安全。10月13日,市局辐射处和监察总队一行7人到区调研,深入国内首家合资电站锅炉制造企业北京巴布科克·威尔科克斯有限公司,该公司使用4台γ射线探伤机(含4枚Ⅱ类放射源)、23台X射线探伤机及2台直线加速器进行工业探伤作业。现场检查重容器探伤室、放射源库和视频监控系统,对其辐射防护工作提出整改意见;检查组还听取区辐射安全管理工作报告,对物联网监控、电磁信访、辐射宣传等方面工作取得的成绩和做法给予肯定。

(卫　桐)

【环保专项行动】 继续开展“整治违法排污企业,保障群众健康”环保专项行动。区环保局、住建委、卫生局、工商分局、城管大队、安监局等部门累计出动执法人员6085人次,检查单位1520家次,对施工扬尘、道路遗撒、无照经营、违法排污等违法行为进行行政处罚,处罚金额49.9万元。对中铁建设集团有限公司商品混凝土分公司粉尘无组织排放扰民案件、中国医学科学院整形外科医院医疗废水处理设施改造工程和北京朝阳医院西区医疗废水处理设施改造工程实施挂牌督办。

(卫　桐)

【信访案件增加272件】 全年接到各类污染投诉件565件,增加272件,同比增长79.4%。其中大气污染类投诉276件,占总量的48.8%;噪声污染投诉263件,占46.5%;水污染投诉14件,占2.5%;辐射污染投诉8件,占1.4%,其他污染投诉4件占0.7%。信访量激增主要是由于重复访情况较多,表现为一事多人、一事多投,如首钢焦化厂洗苯塔拆除过程中的异味扰民举报就达60件次,金顶阳光餐饮扰民举报也达到53件次。吉日格勒冷库噪声扰民、鲁谷74号院西侧地下车库排风设备噪声扰民等4件信访案件被“12369”评为优秀信访件。

(卫　桐)

【机动车污染治理】 深化“五重三查”机制,在重点地区和交通流量大的路段对重点车型进行尾气排放和环保标志检查。全年路检、夜查、入户检查机动车6.47万辆,遥感监测机动车17.11万辆,对112辆尾气超标排放的机动车车主实施行政处罚,汽车尾气超标率由上年的1.3%降低到0.2%,累计转出报废和强制淘汰车辆3544辆。对辖区16个在用加油站油气回收系统进行巡检609个次,出动1175人次,对41项违法行为责令整改,对1家加油站进行处罚。

(卫　桐)

【控制扬尘污染】 按照区扬尘污染控制工作方案,建立上下联动、区县联动、部门联动、科室联动四级联动平台,采取重点与一般、日常与专项相结合的方式开展扬尘污染综合治理。全年出动执法人员500余人次,检查工地160余家次,对38家工地依法实施处罚,处罚金额12.1万元。针对污染严重、整改措施不到位的4家企业和工地,约谈单位领导,提出整改要求,落实主体责任。对远洋山水工地、五里坨保障房等15家存在问题的工地实施挂牌督办,使扬尘污染问题得到有效解决。

(卫　桐)

【排污收费下降89.7%】 依据排污申报登记结果,依法对23个单位征收排污费46.19万元,同比减少403.77万元(上年为449.96万元,其中首钢涉钢企业达424.49万元)。由于首钢搬迁,新增排污单位规模较小,污染物排放总量大幅下降,使排污收费大幅度缩减。

(卫　桐)

【环境统计企业13家】 辖区内环境统计工业企业13家,同比减少20家,取消医院统计20家。污染物排放来主要来自13家工业企业,同比大幅度减少;二氧化硫排放量从"十二五"开始计算方法改变,故有所增加。

环境统计主要污染物排放量统计表

项目 年份	燃煤量(万吨)	SO_2排放量(吨)	烟粉尘排放量(吨)	工业废水排放量(万吨)	COD排放量(吨)	氨氮排放量(吨)	固废产生量(万吨)	综合利用量(万吨)	利用率(%)
2011	613	7548	1066	106.89	35.06	3.62	186.95	186.95	100
2010	959	4090	3663	372.44	182.64	20.71	510.36	509.89	99.91
对比	-346	3458	-2597	-265.65	-147.58	-17.09	-323.41	-312.94	0.09

(卫　桐)

【环境监测数据8115个】 对辖区内14个大气降尘监测点、3个地表水监测断面、7口地下水水井、139个区域环境网格噪声和35条道路路段交通噪声等常规环境质量监测;报出手工监测环境数据2196个,自动监测噪声数据5919个。对辖区12家市控重点污染源和15家区控重点污的废气、废水进行监督监测;监测132台次锅炉烟尘、二氧化硫和氮氧化物的监测,监测废水100多次;对不具备监测资质的项目进行委托监测2次;报出数据1058个。信访监测15次、油烟监测24台次、锅炉监测7台次和医院废水监测9家次;报出数据200余个。

(卫　桐)

【网上审批项目202件】 全年审批各类建设项目202件,项目投资总额32.33亿元。其中审批基础设施建设类项目25件(项目投资总额22.88亿元);生产加工类项目43件(项目投资总额6.87亿元);餐饮、娱乐、服务类项目134件(项目投资总额约2.58亿元)。在各类建设项目中,报告表项目96个,登记表项目106个。为18个CRD绿通项目和17个入园企业提供高效便捷的审批服务;否决不符合环保准入规定的建设项目52个。完成13个引资项目,注册资金总额1260万元,同比增加1.68倍。

(卫　桐)

【6个监测子站建成运行】 在国际雕塑公园、老山街道办事处、永定河管理所、北京工业职业技术学院、八大处高科技园以及八角雕塑公园建成6个环境监测站(PM10站点),于4月同时投入试运行。8月30日全系统通过市局专家组验收,全部技术参数符合国家相关规范要求。11月完成配套自动气象站,采用芬兰维萨拉公司生产的气象六参数仪。针对大气温度、相对湿度、气压、风向、风速和降水六项气象参数进行实时监测和气象历史数据统计分析,绘制大气污染源气象移动图,实现预期建设目标,环境信息化应用水平得到提高。

(卫　桐)

【五个方面推进环境宣传】 创新思路,全力举办第七届环保宣传月;广泛报道,围绕中心工作推进新闻宣传;规范引导,促进环保志愿者协会建设;完善机制,搭建多方位宣传平台;公众参与,积极策划专项宣传活动。第七届环保宣传月组织宣传活动40场次;组织培训21场次,参与人数达2500余人次;接待阿拉伯、拉美等17个国家环境官员考察46人次;邀请、接待媒体记者80人次。报刊报道50余条;电视新闻报道累计47条;完成电视专题节目19期;BTV-9《空气质量播报》2期,配合制作3期电视访谈节目;发布空气质量数据700余条。

(卫　桐)

【大气环境质量好转】 大气环境质量同比好转,大气污染物明显下降。降尘9.3吨/平方公里.月,同比下降4.9吨/平方公里.月;其他污染物见下表。

大气环境中污染物年均浓度值统计表

(单位:毫克/立方米)

年度	总悬浮颗粒物	可吸入颗粒物	二氧化硫	二氧化氮	一氧化碳
国标二级	0.200	0.100	0.060	0.080	4.00
2011	—	0.131	0.025	0.051	1.5
2010	0.333	0.141	0.028	0.050	1.5
对比%	—	-0.010	-0.003	0.001	0

(卫　桐)

【声环境质量改善】 区域声环境质量在国家标准之内;交通道路声环境质量同比有所改善,降低2分贝。

交通道路噪声监测统计表

年　份	监测路段数(条)	监测路段长度(公里)	平均车流量(辆/小时)	交通噪声分贝(标准70)
2011年	35	74.44	3010	72.0
2010年	35	74.44	2595	74.2
对比	0	0	415	-2

区域环境噪声监测统计表

年　度	监测网格数(个)	网格(米)	监测面积(平方公里)	环境噪声(分贝)标准:55
2011年	112	500×500	28.00	51.0
2010年	112	500×500	28.00	52.0
对比	0	0	0	1.0

(卫　桐)

【水环境质量】 地下水环境质量除硬度绿略有超标外其他指标均在国家三级标准之内;地表水环境质量没有改善,超过国家三类水体,为劣四类水体。

地下水环境质量监测主要项目数据统计表　(单位:毫克/升)

年　度	测点＼项目	总硬度	高锰酸盐指数	氨氮	亚硝酸盐　氮	硝酸盐氮	氟化物
	三类国标	≤450	≤3.0	≤0.2	≤0.02	≤20	≤1.0
2011	首钢物业苹果园	490	0.6	<0.025	<0.003	12.4	0.30
	杨庄水厂深水井	294	<0.5	<0.025	<0.003	1.90	0.32
	杨庄水厂浅水井	530	0.8	<0.025	<0.003	14.2	0.30
	永定林工商公司	502	0.8	<0.025	<0.003	14.2	0.43
	黑石头深水井	—	—	—	—	—	—
2010	首钢物业苹果园	468	0.6	<0.025	<0.003	9.38	0.41
	杨庄水厂深水井	298	<0.5	<0.025	<0.003	1.28	0.39
	杨庄水厂浅水井	528	0.8	<0.025	<0.003	15.4	0.36
	永定林工商公司	478	1.0	<0.025	<0.003	8.48	0.49
	黑石头深水井	58.8	0.6	0.864	0.005	0.24	0.58

地表水环境质量监测主要污染物数据统计表　(单位:毫克/升)

年度	测点＼项目	石油类	高锰酸盐指数	生化需氧量	氨氮	氟化物	执行类别
	二类国标	≤0.05	≤4	≤3	≤0.5	≤1.0	
	三类国标	≤0.05	≤6	≤4	≤1.0	≤1.5	
	四类国标	≤0.5	≤10	≤6	≤1.5	≤1.5	
2011	麻峪村桥	0.51	25.2	51.4	25.2	1.03	三类国标
2010	麻峪村桥	2.18	22.60	38.50	17.50	1.07	三类国标

(卫　桐)

城市管理监察

概　　述

北京市石景山区城市管理监察大队(简称区城管大队),是一支集中行使行政处罚权的专司行政执法的队伍,主要行使工商、园林、规划、市容、市政管理、公共事业等13个方面、近289项的行政处罚职能。年内认真履行职责,严格依法行政,全面开展城市环境秩序百日整治,狠抓街面管理,创新查违方式,强化民生保障。全年查处各类违法行为35846起,收缴罚款145.17万元;拆除违法建设359处,面积7.36万平方米;热线举报率同比下降11.09%,群众满意率同比上升10.66%。在市"百日整治工作简报"和"区县动态"51次对非法大排档管理、精品街区管理、农用机动车治理等主要做法与经验进行介绍。

地址:八角西街32号

电话:68862289

邮编:100043

(吴英莉)

【监督考核】 坚持"街面秩序精细化督察、重大活动专项化督察、执法风纪常态化督察、值班盯守随机督察"机制。在时间上,督察考核向8小时以外延伸;在方式上,实行督察与现场考核相结合;在考核周期上,由月考变为季考;在考核内容上,与市执法局考核内容靠拢。全年考核459次,发送考核单240件,督促解决问题514个。对违反考核规定的3名执法人员进行通报批评,并扣除绩效奖金。在第三季度城市环境执法绩效综合考评中,名列城六区第二名。

(吴英莉)

【百日整治 净化街面】 按照"春风行动"、"夏季攻势"和"秋风行动"三个百日整治方案要求,围绕全区5类重点地区、7类违法行为、23个重点点位,集中治理影响城市秩序的突出问题,最大限度地净化街面秩序。期间,出动执法人员37650人次,车辆9412台次,设立宣传点位845个次,宣传横幅640条,发放宣传材料11.65万份,共查处违法行为68574起,收缴罚款234.53万元。其中对非法小广告停机3659台,处罚720起,没收25万余张,清除非法张贴、喷涂小广告近300万张;查处用于违法经营三轮车366辆、摩的115辆、非法营运车540辆;查处违法建设326处,拆除5.96万平方米;完成各类专项执法78次,大型环境保障98次,联合执法332次;设立市容环境精品街30条、精品社区25个,新开便民市场30处、设立信息栏158处。

(吴英莉)

【建设便民网点】 在30个重点地区开辟公益市场和便民菜市场,新增便民市场30处,设立社区信息栏158处。截至年底,全区有社区商业网点3329个,累计营业面积45189平方米。其中大型超市112个、便利店592个、便民菜点和菜市场149个、洗衣点116个、再生资源回收网点125个、家政服务网点31个。做好农超对接,已建立3个京郊农超对接基地,面积超过1.7万亩,同时建立3个鲜活配送中心。

(吴英莉)

【环境秩序保障】 年内,参与联合执法、强制拆违、节日保障、日常值班人均累计达1386小时。全员加班加点,完成全国"两会"、元旦春节、清明、五一、十一、中高考等542次各类环境保障任务。全国"两会"保障期间,老山分队果断处置玉泉路口附近的无主密码箱事件,市执法局在全系统通报表扬。

(吴英莉)

【城市精细化管理】 落实市政府关于"出标准、灭死角、落责任、提水平"城市管理要求,组织全区成员单位55人到朝阳区实地学习,制定精细化管理标准和"精细管理,美化市容"工作方案。加大对违法建设、"黑车"、小广告、无照经营等执法难点的治理力度。对15个老旧小区、2片老旧平房区、15条街巷胡同开展综合整治工作,建立全区30条精品街、25个精品社区、8个治安乱点的精细化管理基本信息库,打造石景山路、八大处路等一批样板街,修整道路9494平方米、改造各类管线2044米、规范广告牌匾115块、清理非法经营346起、绿化补种4800平方米、清理垃圾渣土160余吨。

(吴英莉)

【查处无照经营】 针对一些维族、羌族、藏族等少数民族人员经常在游乐园、地铁口周边等重点地区从事无照经营活动,发出致全体市民的倡议书,号召市民不买、不问、不靠近非法经营者,并利用流动宣传车不间断宣传广播,压缩违法人员经营空间和利润额度,收到一定效果。加大巡控震慑,由巡警、特警和武警组成专业巡控力量,做好执法保障工作,对维族、羌藏族经营者发放中文及少数民族文字的双语告知书,对重点区域、重点点位进行风险评估,制定具体的风险防范机制,坚决取缔违法行为。对不服从管理的,在公安部门强力支持下,先后依法对新疆维吾尔族穆萨江·买买提等7起少数民族无照经营行为进行罚款。

(吴英莉)

【施工工地管理】 组织环保、住建委等部门对全区施工工地进行拉网式检查,建立完备、详实的工地执法台帐。严格落实"五个百分百"要求;城管、交通、公安等部门,在进行土方作业企业、渣土运输车辆主要途经路段进行巡查监控和设卡检查,严查道路遗撒、无准运证、车辆未覆盖等违法行为。年内,出动执法人员4200余人次、执法车辆1100余台次,召开工作会议9次,开展综合检查和联合执法行动118次,查处各类违法行为466起,检查工地250余家次,查扣违法车辆355辆。

(吴英莉)

4月3日,开展冥币换鲜花活动 (区城管大队供稿)

【重点整治“黑车”】 对交通枢纽、繁华商业区等重点区域的非法运营情况,加强前期摸排,梳理残疾人残摩台账,完善基础台帐,细化整治任务。各街道每天6时至22时,组织城管、公安、交通等多部门,分三个班组,组成联勤联动执法队,对全区的8处重点点位落实人盯车巡,实施阵地控制;对影响街面环境秩序的“黑摩的”,强化警示告知,深入全区800余户备案残疾人家中宣传告知,对违法运营、屡教不改的进行严肃处理。全区共查处“黑”车540辆,“黑”摩的115辆。

(吴英莉)

【文明养犬宣传】 在全区139个社区、重点点位,设置宣传站点,悬挂宣传横幅,摆放宣传展板,营造文明养犬的良好舆论环境;对各辖区内养犬户、经营性犬类养殖、养犬服务专营商店进行逐一摸排,注册登记;组织城管、公安、工商、畜牧局、养犬协会等部门对“美化社区、文明养犬”活动进行规范、指导和查处;设宣传站点527个次,出动宣传人员11400余人次,设立宣传展板145块,发放宣传材料24680份,发放文明养犬手提袋2400个。

(吴英莉)

【校园周边整治】 对辖区132所中小学校及幼儿园周边违法行为进行专项整治,通过认真排查、严密布控、联合整治,有效净化街面环境秩序。年内,走访130余所中小学校及幼儿园,征询意见建议180余条,查处各类违法行为1168起,清除非法小广告520余处,清理校园周边垃圾脏乱点45处。

(吴英莉)

【捣毁黑加工点】 紧密配合公安“打四黑除四害”专项行动,11月7日,组织公安、城管、工商、卫生、动物检疫等部门一举捣毁衙门口村一售卖未经检疫猪肉的黑加工点,查扣未经检疫问题猪肉7000余斤。同时严查餐饮行业,对非法使用“地沟油”行为进行严厉打击。

(吴英莉)

【行政决策和执法追究】 重大案件审查委员会集体审议案件156件,邀请市、区级法制部门参与大队重大事项咨询论证8次,就行政执法案件中疑难问题请园林、规划、国土、集经办等部门鉴定、论证344件次,确保决策程序规范合法。建立专家论证和大队决定相结合的行政决策机制,增加行政决策的科学性和透明度,杜绝领导决策随意性。完善错案和执法过错追究实施办法,将执法主体、执法依据、工作职责、法律责任等从上到下落实到具体岗位、具体人员,从事后监督的角度进一步保障和加强依法行政。严格把关,防止错案发生。全年结案950件案件,没有发生错案。

(吴英莉)

【社会监督】 邀请社会监督员44人,包括市人大代表、市政协委员、社科院专家、律师、教授等各行业代表。社会监督员每季度对大队进行一次评查,听取汇报。大队主动增加热线回访、回复跟踪等程序,制定出台热线工作管理办法,对10284件举报案件查办情况进行随机回访,使举报处理形成闭合回路,不断督促分队依法文明地解决好群众反映的问题。大队96310热线回访满意率逐月上升,从6月的66.7%上升至9月的90%,热线回访满意率为全系统第一名。

(吴英莉)

【城管宣传】 编辑《石景山城管动态》普、专刊28期。区委区政府、市局信息部门采用信息137条次。在市级以上媒体刊登宣传稿件117条,其中,“石景山城管开展冥币换鲜花活动”被中央电视台新闻直播间和北京电视台“北京您早”栏目进行现场直播。面向社会发放宣传材料3万余份,组织开展“城管开放日”和“城管市民面对面”活动,与区台合作制作每月一期专题节目《城管在身边》,让社会各界走进城管、了解城管。结合时间节点,进社区、进学校、进企业、进工地,联系群众、组织群众、服务群众、接受监督,起到较好舆论效果。

(吴英莉)

【城管信访】 全年接待来信来访513人次,办理市区督办事项368件,开展9次矛盾排查化解工作。信访案件结案率100% 。收到人大代表6件建议、政协委员8件提案。包括无照经营、违法建设、施工土地管理、居住小区排水设施管理等多方面问题,全部办结。其中主办件全部实现满意答复。

(吴英莉)

交通管理

概　　述

北京市公安局公安交通管理局石景山交通支队(简称交通支队)是本区道路交通的管理部门,对道路交通依法进行管理。截至年底,在编干警180人,支队下属7个职能科室,1个执勤大队。年内,围绕“平安北京交通、微笑北京交警”奋斗目标,瞄准“世界城市,一流警务”,以推进“三项重点工作”(社会矛盾化解、社会管理创新、廉洁公正执法)和“三项建设”(执法规范化、公安信息化、构建和谐警民关系)为载体,以预防和减少道路交通事故、推进信息化应用为重点,全力以赴保稳定、保安全、保畅通,为构建和谐社会创造良好道路环境。坚持科学管理、严格执法、高效服务,取得指挥调度、交通管控、安全监管、规范执法、队伍建设等五个方面能力的明显提升,有效确保各项重大活动交通安全、万无一失,全区道路交通安全稳定,交通组织科学高效,路面秩序明显好转。全年处罚各类交通违法行为37.2万余笔,查获酒后驾驶机动车1183起、醉酒78起、非司机184人、涉牌13462起、现场处罚闯红灯175起、行政拘留243人,暂扣电三、残三711辆。接各类报警53790起,其中事故报警18519起,拥堵报警1959起,反映情况报警33312起,群众满意率为95%;利用电视监控系统直接发现问题4455起,故障车辆2022起,拥堵548起,其他情况545起;处理交通事故3952起,其中一般程序125起,简易程序处理交通事故3827起。接人大代表建议、政协委员提案11件,全部按时限完成。其中人大代表建议3件(主办1件、会办2件),政协委员提案8件(主办6件、会办2件),满意率100%。事故科获市交管局"集体三等功",6人立个人"三等功",30人获市局个人嘉奖;128人次获交通支队"岗位标兵"称号。

地址:杨庄路8号
电话:68873720
邮编:100043

(安　妮)

【优化区域交通组织】 结合全区道路实际情况,不断完善各类交通标志、标线及其他各种交通设施,严格审批占路施工申请,排查信号灯位置、配时,普查全区道路停车位资源等措施,改造易拥堵重点区域周边道路,有效缓解交通拥堵。全年审批各类施工122件,进行各类施工检查200余次,申报各类优化渠化方案156项,新增交通标志275面,标线复划120万米,增设护栏4860余扇,完成辖区33所中小学、幼儿园门前交通设施排查工作。

(安　妮)

【打防管控一体化】 本着"突出重点、阵地防控、捆绑执法、综合整治"的原则,把严查酒后开车和大货车治理工作作为预防重特大交通事故的"杀手锏",坚持集中整顿与日常严查严管相结合,发挥执法小分队尖刀连作用,保持对重点交通违法行为高压严管态势。联合区分局、城管、交通执法队等部门,以地铁站点、商业网点和旅游景点等地区为重点,严厉打击"黑车"、"摩的"、"残三"违法占路趴活、非法运营等违法行为,做到"见一辆检查一辆",手续不全的"见一辆扣一辆",实现了辖区"点、线、面"三个层面的有效管控。共组织联合执法行动70次,出动警力累计494人次,共检查"残三"、"摩的"等违法车辆1700余辆,滞留正三轮摩托车、残疾人机动轮椅车、电动三轮车共计711辆。

(安　妮)

【静态交通秩序整治】 按照市委、市政府和市局关于加强静态停车秩序管理的工作部署,本着"突出重点、以点带面"原则,采取多种工作措施加强占路停车秩序整治工作。以石景山路和规范大街、路口为重点,合理调配民警和协管员岗位,发挥摄录像纠违优势,对违法停车和各类交通违法行为进行全面整顿。针对地铁周边、小区出入口周边黑车违法停放扰乱交通秩序的情况,协调市局秩序处、设施处等部门在上述地点加装便道隔离桩,利用各类物理隔离设施,杜绝乱停车交通违法行为。组织民警深入社区,宣传停车秩序整治政策,同时粘贴"宣传告知单",全年粘贴违法停车通知单69431万张,通过电视监控录入违法停车行为12467起。对重兴园小区、古城南路、金顶商务区等违法停车问题集中、群众反映强烈的重点地区和道路开展停车秩序专项整顿,加大执法处罚力度,营造严管氛围。

(安　妮)

【交通事故处理】 坚持重拳打击交通肇事逃逸案件,维护人民群众合法权益。全年支队管界发生肇事逃逸事故24起,其中死亡逃逸事故1起,已全部侦破,并协助河南警方抓获一名潜逃七年之久的网上在逃人员。全年辖区发生死亡事故6起,亡6人,同比减少3人,下降33%。

(安　妮)

【创新勤务指挥模式】 强化日常岗位管理,科学安排警力投量、投向,加大非现场执法力度,为群众出行创造安全、有序的交通环境。针对农历每月初一、十五,八大处公园佛事活动游客增多特点,适时启动八大处个性化交通疏导方案。遇雨、雪、雾等恶劣天气,启动相应等级上勤方案,加大疏导力度,实现警力跟着警情走,增强警力投入的针对性和可行性。加强岗位日常监督检查,严格岗位调整申报制度,采取路面巡视、电视监控、单兵定位等方式,对民警到岗到位进行检查,全年检查岗位2618处,调整岗位62次;完成支队级2处堵点(石景山路玉泉医院西侧、晋元庄路西口)治理工作;进一步加强科技系统应用,全年利用电视监控录入违法行为9853起,113系统录入违法行为139315起。

(安　妮)

【交通安全社会化宣传】 通过采取多种措施,开展交通安全宣传活动。结合"全国文明城区"创建工作,全面部署实施辖区"交通文明行动计划",通过广播、电视、网络等媒介,在全区倡导"六大文明交通行为"(机动车礼让斑马线、机动车按序排队通行、机动车有序停放、文明使用车灯、行人/非机动车各行其道、行人/非机动车过街遵守信号),自觉摒弃"六大交通陋习"(机动车随意变更车道、占用应急车道、开车打手机、不系安全带、驾乘摩托车不戴头盔、行人过街跨越隔离设施),坚决抵制"六大危险驾驶行为"(酒后驾驶、超速行驶、疲劳驾驶、闯红灯、强行超车、超员/超载)。通过学生放假前深入辖区学校讲授交通安全

5月31日,对小学生进行交通安全宣传　　(区交通队供稿)

课、与学校签订预防重特大道路交通事故责任书等形式,加强对中小学生假期交通安全教育。通过在管界内设立宣传站点,设置展板,悬挂横幅、彩旗,发放宣传材料等形式,集中开展以“文明出行,平安春运”为主题的交通安全宣传活动,全力做好春运、春节交通安全工作。利用驾驶员之家,举办各类专题讲座,对私人大客车、大货车驾驶员进行法律法规、驾驶技术、故障排除、安全常识等交通安全教育,不断提高遵法守法、安全出行意识。

(安　妮)

【重点车辆单位管控】 进一步加大对危化运输单位及运输车辆的监管力度。将全区新排查出的危险货物生产、经营、使用单位全部纳入监管视线,在危化货物运输单位中设立交通安全监督员,组成专项检查组深入危化运输、客运、货运单位进行检查,加强驾驶员交通安全法律法规、交通安全常识教育。重视私人大客车、私人大货车源头管理,有效遏制严重违法行为。截至年底,对23辆私人大客车、65辆私人大货车纳入监管,分别占全区私人大客车、大货车总数的76.7%和63.1%,监管率居全市前列。对全区交通违法连续超标、严重交通违法发生率较高和发生过交通事故等重点单位,不断加大安监执法力度,始终保持高压严管态势。全年采取责令限期改正措施604次,对450家单位采取禁止机动车上路行驶措施,对存在严重交通安全隐患的2家专业运输单位给予黄牌警告,对严重交通违法人员进行强制再教育。

(安　妮)

消防工作

概　述

北京市石景山区消防支队(简称消防支队)隶属市公安消防总队,属于武警现役编制单位,在行政业务上归公安分局领导。年内,深入推进“社会矛盾化解、社会管理创新、公正廉洁执法”三项重点工作创新发展,消防安全“五大”(大排查、大整治、大宣传、大培训、大练兵)活动向纵深发展,“四个能力”建设(检查消除火灾隐患能力、扑救初起火灾能力、组织疏散逃生能力、消防宣传教育能力)出硬招见行动。结合地区火灾形势,针对不同时期防控特点,按照提前谋划、逐项分解、逐个落实的方针,开展火灾隐患攻坚除患“亮剑”、“消防平安1号”、“清剿火患”战役等专项整治行动,组织开展人员密集场所、高层地下建筑、彩钢板、出租房屋及居民小区、学校校舍、液化气使用场所等10余项专项整治工作,取得显著成效;完成元旦、春节、全国“两会”、中秋节、国庆节和党的十七届六中全会等一系列重大活动消防安保工作。切实提高全社会火灾防控能力,有效遏制重特大特别是群死群伤火灾事故发生,提升人民群众对消防工作的满意度,为全区消防形势稳定奠定扎实基础。被授予区“执法为民先进窗口单位”称号。

地址:古城大街甲2号
电话:68886208
邮编:100043

(耿增军)

【亮剑行动】 汲取大兴“4·25”火灾事故教训,遏制重特大火灾尤其是群死群伤火灾事故发生,区消防支队重拳出击,在全区范围内开展火灾隐患攻坚整治“亮剑”行动。根据行动方案,4月26日~5月31日,由支队领导带队,分成8个检查组,采取“日查与夜查”相结合方式,对全区社会单位进行“拉网式”检查。出动检查组423组次,警力1027人次,检查社会单位862家,发现消防安全隐患1053处,当场督促整改火灾隐患或违法行为整改878处,下发责令整改通知书171份,传唤单位367家,临时查封问题单位28家,“三停”(停产停业、停止使用、停止施工)单位13家,罚款52起42.9万元,依法拘留47人,曝光141起。对仙鹤楼酒店、北京纵模电子有限公司、北京鸿翔天地台球厅等3家存在严重火灾隐患单位,依法予以临时查封。

(耿增军)

【清剿火患】 结合“构筑社会消防安全‘防火墙’工程”,继续深入开展“清剿火患”排查整治活动,摸清火灾隐患底数,加大执法力度,推动隐患整改,最大限度减少火灾隐患,确保辖区防火形势持续稳定。重点清查校园、医院、宾馆(酒店)、A级旅游景区、文化娱乐场所、商场市场、饭店、洗浴场所、易燃易爆场所、建筑工地等是否具备消防安全条件,指导社区和重点单位成立“网格化”基层消防管理机构,制定防火安全公约。截至12月31日,检查单位15782家,发现隐患8693处,当场改正5298处,下发责令改正通知书3395份,处罚910起,其中查封280家,“三停”233家,罚款277起195.45万元,拘留105起120人。与上年同期相比,检查单位数增加11874家,上升3倍;发现隐患数增加3941处,上升82.9%;处罚数增加706起,上升3.46倍。

(耿增军)

【消防宣传】 围绕年度消防工作重点,针对辖区特点,开展各种宣传教育活动及消防演练。制作专题栏目18个,在重点单位和社区组织灭火逃生演练143场(次),开展消防宣传活动86场(次),编纂消防宣传材料6种,发放宣传画册5.2万份。“亮剑”行动期间,在全区开展消防安全大培训,为全区各委办局、社会重点单位、中控室人员、电气焊工等特种行业人员举办5期培训班,培训2000余人。全年累计举行各类宣传培训、演练263次,发放消防宣传材料31.5万份,基本实现“人人掌握基本消防常识、人人了解火灾的危害、人人会扑救初起火灾、人人会疏散逃生”。11月3~9日,联合相关职能部门在全区开展以“全民关注消防,生命安全至上”为主题的第二十一届“119”消防宣传周活动。在辖区各单位、社区张贴、悬挂横幅、标语,制作板报,提示广大居民和社会单位充分认识严峻的消防安全形势;向社区居民、过往行人发放《北京市消防条例》和《家庭防火40问》等消防知识材料,并热心解答市民提出的问题;组织构筑“防火墙”工程答题问卷活动,展示消防宣传展板和消防器材装备,组织对鳏寡孤独等弱势群体监护人消防宣传教育,灌输消防安全理念,增强全民消防安全意识。全年在中央级媒体刊播信息稿件8篇(条),在市级媒体刊播信息稿件327篇(条),在区级媒体刊播稿件信息161篇(条)。

(耿增军)

【比武竞赛】 区综合应急救援支队和地震灾害应急救援队坚持"首战用我、用我必胜"理念,针对辖区可能出现的各类灾害事故特点、规律,深入开展打铁练兵工作,确保在"急、难、险、重"的特勤任务面前冲得上、打得赢。支队分别于2、4、7、10月举行迎新春长跑比赛、新训冬训比武对抗赛、灭火救援攻坚组比武对抗赛和打造铁军执勤岗位人员比武对抗赛。按照执勤岗位练兵活动实施方案,确定10个练兵岗位,设置业务理论学习、体能、装备操作、情况熟悉、组织指挥、专业培训等12项训练内容,根据不同岗位形成一个多层次、科学、合理的评价体系,完善奖惩机制,鼓励先进,形成一种争先创优的良好氛围。练兵过程中,支队司令部分别于3月15日、9月1日组织开展冬季长跑选拔赛和年度业务大比武活动。通过大练兵,支队官兵对辖区情况做到底数清、情况明,岗位业务素质和灭火救援能力得到明显提升。

(耿增军)

【队站建设】 加大消防基础设施建设,确保消防队站建设与城市发展同步。协调相关部门,推进支队指挥中心及古城消防队改扩建工程顺利实施,截至年底,项目已进入收尾阶段。加强与代建单位沟通协调,落实五里坨特勤消防站工程建设的相关手续和经费保障,年内获市发改委立项批复。瞄准"一年一站"的建站目标,着手谋划首钢消防站前期准备工作。

(耿增军)

【基础调研】 开展辖区高层建筑、地下建筑、轨道交通(含地铁)、大跨度大空间场所、化学危险品、居民平房聚集区等场所的专项基础调研工作。累计出动人员1024人次、车辆189车次,熟悉社会单位655个次。落实消防安全责任制,消除监管空白,制定和修订消防灭火救援预案325份,有效改善消防安全环境。

(耿增军)

消防业务大比武　　（区消防支队供稿）

房屋经营和市场管理中心

【概况】 石景山区房屋经营和市场管理中心(简称中心)围绕"科学发展、改革创新、服务为本"主题,按照年初制定的任务目标,积极开展各项经营管理活动,圆满完成各项任务,取得良好经济效益和社会效益。

地址:古城东街103号
电话:68880771
传真:68861581
邮编:100043

(任　群)

【廉租房管理】 扎实做好金顶阳光保障性住房后期物业管理,制定"廉租房物业服务质量考核标准",具体量化考核内容和考核办法,租金收缴率达96%以上,在全市名列前茅。完成站前小区经济适用房前期部分选房目标任务。

(任　群)

【完善物业管理】 利用科学手段建立信息化管理平台,全年普查房屋总面积70万平方米,其中楼房158栋52万平方米、平房4070间6.7万平方米、托管产12万平方米;房屋鉴定面积29万平方米,为区住建委提出解危决策提供重要依据。对三个换热站的供暖、消防、电梯、空调设备等进行全面普查登记。对星座商厦18、19号楼宇电梯进行全面更换,消除安全隐患。严格落实防汛责任,完善防汛预案,逐级签订责任书,储备抢险物资,建立安全巡检制度。全年完成办理房改售房26件,标(优)改成手续11户、面积变更办证1件,京九铁路拆迁安置房屋产权办理9户。继续做好八角南路、古城南路小区外窗节能二期改造收尾工程,涉及9栋居民楼155户。推进老旧小区外窗节能三期改造工程(6~12月),总面积约10.2万平方米。涉及八角北路共计22栋居民楼227户,已安装15栋楼,住户95户。

(任　群)

【规范测绘管理】 制定测绘成果质检规定、月考核具体实施方案等管理制度。完成各项测绘业务。累计完成各类房屋测绘面积26万余平方米,房产发证111件、个人售房644户、住宅楼18栋、公正、翻建7件,其他业务31件。

(任　群)

【依法推进拆迁】 完成年初制定的目标任务。6个主要拆迁项目(铸造村一区1号楼、粮食局职工宿舍楼、第二水泥管厂、琅山苗圃、永定林工商公司宿

舍楼、五里坨组团项目），涉及成套楼房拆迁636套，建筑面积38450平方米，已完成263套动迁工作；搬迁项目涉及成套楼房313套，建筑面积16826平方米，已完成262套动迁工作；平房拆迁项目302个产权户，建筑面积为37222平方米，已完成281户；非住宅拆迁面积为约6万平方米。

（任　群）

【处理信访26件】 针对市、区两级政府十分关注的鲁谷村京九铁路拆迁历史遗留问题，配合区相关部门做好调查、回复、接待和劝访，及时化解矛盾纠纷。全年收到各类信访件26件，其中政风行风热线转办单1件、便民电话转办单17件、信访转办件8件。除3个信访转办件之外，均已办结。

（任　群）

【长安家园应急供暖】 因长安家园原物业公司撤出，供暖无人接管。根据10月13日区信访办协调会议精神和区领导批示，明确由中心负责长安家园今冬供暖。对长安家园供暖设备、设施进行排查，发现供热管网设备设施老化严重且超期服役，投入大额资金，人员加班加点，对长安家园主要供暖设备设施进行维修、更新。11月15日，中心在规定供暖时间内把热源送到住户家中。

（任　群）

气　象

概　述

北京市石景山区气象局是科技型、基础性社会公益事业单位，受市气象局和区政府双重领导。年内，按照全市气象工作要点有关要求，全面完成地面气象观测、公共气象服务、气象科普宣传、气象依法行政等各项任务，取得显著社会效益，连续六年获得区“文明单位”称号。同时进行气象科研服务，对地区气象灾害进行收集和上报。

地址：杨庄大街20楼9单元201室
电话：68887008
邮编：100043

（王琳琳）

【气候评价】 年度气温较常年偏高，降水偏多。年平均气温为13.1℃，较常年（12.4℃）偏高。年极端最高气温36.2℃，出现在7月31日，常年平均值为37.4℃。年极端最低气温为－11.4℃，分别出现在1月15日、17日和26日，常年平均值为－14.1℃。年总降水量700.5毫米，比常年（558.0毫米）偏多，较2010年458.6毫米偏多5成。一日最大降水量为139.3毫米，出现在6月23日。本年度年平均气温较常年偏高0.7℃，全年12个月当中仅1月较常年偏低，8个月的平均气温均比常年偏高，其中11月偏高最明显（偏高2.1℃），其他3个月接近常年。全年温度变化特点为：春、夏、秋三季温度均比常年偏高，冬季略低于常年；本年度总降水量较常年偏多2成半。降水时间分布特点为：春、秋两季偏少，夏、冬两季偏多。降水集中在夏季，其中6月降水量是常年同期的3倍；年无霜期203天，较常年213天偏少；年日照时数较常年略多；年内主要气象灾害为夏季暴雨，年内无大风，大雾日数2天。

（王琳琳）

【重要天气】 6月23日普降大暴雨，日降水量达139.3毫米，仅次于1985年8月25日的145.4毫米，为1977年建站以来历史同期最大值。模式口自动站过程降雨量为215.9毫米，为全市最大值；局地出现大风和冰雹；广宁地区出现一处轻度山体滑坡；多出路段严重滞水，其中金安桥下积水深度达2.5米。

（王琳琳）

【气象服务】 常规气象服务：坚持每旬向政府、区应急办等部门转发长期预报和重要天气信息，为区防汛抗旱指挥部、区扫雪铲冰指挥部的领导和成员提供中、长期天气预报服务和短期预报的电话、传真服务。汛期气象服务：6月1日～9月15日，向区应急办、区防汛办和3个防汛指挥部发送气象信息专报（节假日预报）3期，共12份。天气预报、预警、降雨情况通报95期，共380份；通过手机短信平台向区各级防汛部门领导和下属防汛联系人、气象信息员和社会公众发送天气预报预警短信息152次，共72739条；通过信件向区防汛有关部门领导发送长期预报12期，共300份；通过电话转发天气预报335次。

（王琳琳）

【依法行政】 6～10月期间，参加市局组织的联合执法，检查宾馆4家、4S售车处5家、建筑施工工地4家。全年现场检查施放气球情况5次，防雷安全检查7次，参加市局防雷安全联合检查2次，参加区联合检查2次。全年报批升空施放气球140份，施放升空气球3100个。全年接报审验图纸两件，审核竣工验收一件。

（王琳琳）

【气象宣传】 3月23日，世界气象宣传日活动中，在杨庄北区展出20块展板、发放500份宣传资料；组织气象科普及法律法规宣传活动，发放气象公共服务公众满意度调查问卷100份，收回有效问卷100份，并向社区居民赠送科普书籍等；组织苹果园第二小学师生到石景山国家气象观测站参观学习，并给学生们赠送气象科普书籍600册。

（王琳琳）

石景山年鉴

SHI JING SHAN NIAN JIAN

科学技术

科学管理

概　述

石景山区科学技术委员会(简称区科委)是区政府主管全区科技工作的综合职能部门,与知识产权局和园区管委会合署办公,对内简称"科委园区",现有编制60人。年内,贯彻落实区第五次经济发展推进大会精神,紧抓中关村国家自主创新示范区建设机遇,实施"1559"行动计划,即把握"打造特色园区,创新驱动转型,引领区域发展"一条主线,实现"保增长、快开发、调结构、促创新、优环境"五大目标,在"龙头引进培育、资源整合集聚、产业环境提升、人才特区打造、非公党建工作"五个方面取得突破,全力推进"招商引资、安商富商、开发建设、品牌塑造、转型引领、项目推进、科技创新、科学普及、党建工程"等九项重点任务,通过2009～2010国家科技进步考核,连续第3次获得"全国科技进步先进区"称号。开展产业转型和可持续发展研究等课题调研,为新首钢高端产业综合服务区建设和全区可持续发展提供决策支撑。"国家无线电监测中心检测中心"等单位的33个项目获得2010年度区科学技术奖,评出5家区级重点实验室和5家创意工作室。96家企业和6家中介机构获得各类资金支持1.16亿元。制定科技石景山"十二五"建设规划和"十二五"科普发展规划,完成全国科普统计工作,新认定8家企业为区"创新科普工作室",启动第二届科普节,举办科普活动126个。全年专利申请量1814件,同比增长24.5%,其中发明专利886件,专利授权量达1206件,同比增长18.2%;企业登记合同479份,技术交易额16.29亿元;新增知识产权试点企业40家,33家企业65项产品纳入市自主创新产品目录。编制"十二五"科技人才规划,启动建设常青藤高端人才集聚区,建成青年创业楼宇10座,4人被评为"中关村高端人才",累计11人入选中关村"高聚工程"和市"海聚工程",2人入选市委组织部"优秀人才资助项目",3人被评为区"海外高层次人才"。

地址:八角西街40号
电话:68863659 68863626
邮编:100043
网址:http://sjskw.bjsjs.gov.cn
邮箱:sjskw@263.net.cn

(岳继华)

【获国家科技计划优秀组织奖】 国家科技部在2月18日召开的"全国科技工作会议"上,表彰一批"十一五"国家科技计划实施过程中涌现出的先进集体和个人,区政府获"'十一五'国家科技计划组织管理优秀组织奖"。该奖项旨在表彰"十一五"国家科技计划实施过程中做出突出贡献的科技主管部门和基层县(市),本区是全市16区县中唯一获此殊荣的单位。

(高延娜)

【4家企业获科技部创新基金】 2月25日,国家科技部公布2011年度第1批创新基金立项企业名单。园区企业北京海斯迪克新材料有限公司、嘉丰永道(北京)科技有限公司、品耀光电科技(北京)有限公司、中兴国通通讯装备技术(北京)有限公司4家企业立项成功,获批支持资金200万元,项目涉及新材料、电子信息、光机电一体化领域。

(崔海霞)

【第二批创新科普工作室授牌】 3月17日,在科普工作联席会上,授予北京财智星空品牌文化有限公司、音乐梦工场文化传媒、兵源文化发展有限公司、大舜普世健康有限公司等8家企业第二批"石景山区创新科普工作室"称号。至此,区"创新科普工作室"已达20家。

(裴菊芳)

【科普基地与社区对接】 3月29日,科普基地与八角中里社区健康咨询义诊活动拉开帷幕,大舜普世、兵源文化等园区企业和创新科普工作室及市社会心理中心、区疾控中心、消防支队、环保局、计生委、地震局等单位参与活动。现场设专家咨询、专家义诊、问卷调查、综合科普知识资料发放、科普知识展览等多个区域,社区近400名居民参与问卷调查、咨询与义诊等活动。年内,响应市科委"百家科普基地服务百家社区活动"号召,中国第四纪冰川遗迹陈列馆、中科院高能物理研究所和区科技馆分别与周边社区开展科普对接活动。结合公众关心的热点问题,制作科学认识核安全、全民健康知识等展板、印制宣传材料;特邀专家与居民进行面对面的交流;相关局处为社区居民带来消防安全、防震减灾、低碳生活、节能减排、计生常识等方面的宣传资料;倡导公众科学生活、健康生活、绿色生活的理念,在基地与社区对接的科普平台上实现科普资源共享。

(裴菊芳)

4月15日,知识产权法律服务平台签约　　(区法院供稿)

【法律服务平台签约】 按照“服务主导,创新驱动,绿色发展”原则,4月15日,在知识产权联席会议上,举行中关村石景山园知识产权法律服务平台签约仪式。平台在园区管委会、区法院、区司法局以及中国互联网协会调解中心等单位努力下,为园区企业提供设计研发、营销推广及运营服务等法律帮助。对获得上年度区“知识产权工作先进单位”的首钢总公司、搜狐畅游、华录文化、银河长兴等10家企业颁发奖励证书,为获得“北京市著名商标”的合康亿盛、银建、冲击波3家企业颁发奖励资金。授予区律师协会为“中关村石景山园知识产权法律保护律师顾问团”。

(耿　璐)

【14个项目获市科学技术奖】 4月28日,在市科学技术奖励大会上,驻区企业北京暴风网际科技有限公司的暴风影音－中国互联网视频平台等14个项目获得市级科学技术奖,奖励金额共计95万元。(见下表)

2009～2010年度北京市科学技术奖获奖项目

序号	获奖编号	项　目　名　称	完 成 单 位	主要完成人	获奖等级
1	2009基－1－002	直接醇燃料电池纳米催化剂的设计,制备及表征科学	中国科学院高能物理研究所等	夏定国	一等奖
2	2009电－2－001	同步辐射高温高压实验平台的建设及应用	中国科学院高能物理研究所	刘　景	二等奖
3	2009工－2－001	2008北京奥运会、残奥会主火炬系统关键技术研究与应用	北京首钢建设集团有限公司等	于建平	二等奖
4	2009计－3－005	暴风影音——中国互联网视频平台	北京暴风网际科技有限公司	冯　鑫	三等奖
5	2009计－3－006	首钢矿业公司矿山数字化	首钢总公司等	郝树华	三等奖
6	2009电－3－001	500MHz超导腔高功率输入耦合器	中国科学院高能物理研究所	潘卫民	三等奖
7	2009中－3－001	凉血化瘀方抑制老年性黄斑变性新生血管生长及分子机理研究	中国中医科学院眼科医院	唐由之	三等奖
8	2009中－3－005	密蒙花川芎对糖尿病视网膜病变血管内皮细胞增殖与凋亡的影响	中国中医科学院眼科医院	高健生	三等奖
9	2009中－3－010	中国冠心病二级预防研究－血脂康调整血脂对冠心病二级预防的研究	北京大学首钢医院等	陆宗良	三等奖
10	2009城－3－005	国家体育场设备安装、装修装饰及开闭幕式工程关键施工技术研究	北京首钢建设集团有限公司等	徐贱云	三等奖
11	2009工－3－006	首钢大规格高强度钢绞线用钢的研制	首钢总公司	钱　凯	三等奖
12	2009工－3－007	首钢Ⅲ型无料钟炉顶装备技术	北京首钢国际工程技术有限公司等	徐　凝	三等奖
13	2009工－3－008	非微合金化HRB400钢筋生产技术研究	首钢总公司	王全礼	三等奖
14	2009基－3－002	科技考古研究的若干进展	中国科学院研究生院	王昌燧	三等奖

(石桂莲)

【亮相第14届科博会】 5月18～22日,以“创新驱动发展 科技引领转型”为主题的第14届中国北京国际科技产业博览会在北京国际展览中心召开。本届科博会凸显“自主创新”、“战略性新兴产业”和“低碳绿色经济”三大核心内涵,20余家本区参展企业集中展示10余款优秀互动游戏作品、动画影视作品和智能交通等高科技产品,使观众直观了解和感受到石景山文化创意和高新技术产业的发展成果。石景山展台获得本届科博会组委会授予的“最佳组织”、“最佳展示”两项大奖。

(盛丽霞)

【促进“1＋6”政策落地实施】 6月1日,在全市率先出台关于贯彻落实中关村“1＋6”系列先行先试改革政策的办法,推动区域经济社会全面转型和科学发展。明确从科技创新和产业化、科技创新环境建设、科技金融发展、创意人才特区建设四个方面对企业发展给予支持。其中,支持重大科技成果产业化,一般支持总额最高为200万元;对区域产业转型提供支撑的重大项目,最高支持总额为500万元;支持创新型组织、科技中介、公共服务平台建设,最高补贴为50万元;对新上市企业给予一次性奖励资金50万元。

(岳继华)

【园区企业获“中国驰名商标”】 5月27日,北京冲击波电子有限责任公司的“冲击波SHOCKWAVE”注册商标,被国家工商总局认定为“中国驰名商标”，成为园区首家获此殊荣的企业。该公司成立于1996年，经过15年经营发展，逐步成为国内音响领域的行业领导品牌。至此，园区企业有“中国驰名商标”企业1家、“北京市著名商标”企业8家。

（耿　璐）

【第二届科普节举办】 5月21日，以“体验科技北京·畅想世界城市”为主题的第二届科普节在鲁谷社区半月科普园拉开序幕，至9月结束。通过特色咨询服务、科普主题系列展览、科技产品展示、现场互动、专题研讨、科普人文考察、科普培训、网络互动、校园原创作品展示及论坛、科普基地和社区对接等多种形式，展现科普事业新风采。主要活动有：组织创新科普工作室、科普基地及科普示范校代表一行30人参观曹妃甸首钢新基地和迁钢现代化炼铁、轧钢流程；举办科普工作者培训班，128人参加，40课时，为全市十六区县首家；开展中小学生“体验科技北京 畅想世界城市”夏令营活动，全区中、小学校100余名科技爱好特长生参加。

（孙爱强）

【区县科技进步考核评审】 7月21日，区县科技进步考核专家评审会召开，听取区领导从“特色科技园区建设、整合资源创新驱动、营造创新创意氛围、加快科技成果应用”四个方面汇报2009～2010年科技工作的做法、效果及科技投入情况，展示科技推动区域经济社会全面转型、科学发展的特点和成效，并开展专家质询。11月22日，通过2009～2010年度全国科技进步考核，连续第三次被科技部评为“全国科技进步先进区”。

（盛丽霞）

【知识产权教育基地揭牌】 9月28日，北京西部地区首个知识产权教育基地落户北方工业大学。市及京西四区（石景山、门头沟、丰台和房山）知识产权局领导以及参与基地建设的企事业单位近百人参加“北京西部知识产权教育基地”揭牌仪式。基地将运用高校优质资源对周边企业进行知识产权专业培训，逐步解决京西地区存在的知识产权人才总量较小、人才层次较低、企业意识较弱、中介服务机构较少等问题，从而打造一支西部经济转型急需的知识产权人才队伍，助推京西四区经济发展方式转变。《光明日报》、《北京日报》、《北京青年报》、北京人民广播电台及区电视台等10余家媒体对成立仪式进行报道。

（耿　璐）

5月18～22日，参加14届科博会　　（区科委供稿）

【科技政策法规宣讲团开讲】 11月8日，北京科技政策法规宣讲团在北方工业大学开展大型宣讲活动。活动由市、区科委主办，北方工大承办，针对企业、高校主体，结合石景山发展情况，围绕“十二五”科技北京发展规划、实验室认定优惠政策、科技项目管理办法以及科技型中小企业技术创新资金政策和首都科技条件平台政策进行解读，来自北方工大和园区重点企业的150余人参加。

（高延娜）

中关村科技园区石景山园

概　述

中关村科技园区石景山园（简称园区），是中关村科技园区“一区十园”重要组成部分。年内，园区贯彻落实区第五次经济发展推进大会精神，紧抓中关村国家自主创新示范区建设机遇，大力实施“1559”行动计划，完成“招商引资、安商富商、开发建设、品牌塑造、转型引领、项目推进、科技创新、科学普及、党建工程”等九项重点任务。率先在全市出台关于贯彻落实中关村“1＋6”系列先行先试改革政策的办法，全年新引进企业超过900家，注册资本73亿元，其中注册资本过千万企业183家，过亿企业15家。园区建设取得进展，北一区完成控规优化、住宅拆迁量达90%；北二区新媒体基地全面竣工，60亩创意产业基地完成上市交易，新材料研发中心开工建设；南区完成控规调整方案。园区经济总量提升，全年实现收入突破600亿，税收突破16亿，同比增长30%以上，增速位居中关村“一区十园”前列，在区域经济总量中的比重由“十五”末的不足5%增长到20%。高新技术和文化创意产业融合发展势头良好，带动全区文化创意产业实现收入突破200亿元，占全区经济比重突破12.5%。中关村高新技术企业增至2075家，国家高新技术企业增至117家，龙头企业“千橡人人网”在纽交所上市、“易华录”登陆创业板、“赛德丽”实现新三板挂牌，园区上市公司总数达8家，新三板企业3家，北京数字娱乐产业示范基地荣获文化部授予的"2011年度十大最具影响力国家文化产业示范基地"称号。出台加强和改进园区非公企业党建工作的意见、加强非公企业统一战线工作的实施方案，构建"一网一报一刊一群一视频"信息平台，制作"三会一课"和创先争优宣传片，被中组部办公厅评为"基层党建教学片优秀奖"。新建党支部20家，新建工会88家，团支部19家，党建"1234"凝聚力工程被市委创先争优领导小组评为"优秀基层党建工作创新项目"。

地址：实兴大街64号 八角西街40号
电话：88794457 68863659
邮编：100041 100043
网址：www.zgc－sjs.gov.cn
E－mail：sjskw@263.net.cn

（岳继华）

【创新发展环境】 年内，编制发布"十二五"时期科技石景山发展建设规划、"十二五"时期中关村国家自主创新示范区石景山园发展规划、"十二五"知识产权发展规划等一批规划。在全市率先出台贯彻落实中关村"1＋6"系列先行先试改革政策的办法，制定常青藤高端人才集聚区管理办法、重点实验室与创意工作室认定与评选的暂行办法等一批政策办法，修订区《科学技术奖励办法》及实施细则，发布推进园区发展"十二五"一期工程，为发挥"国家服务业综合改革试点区"、"国家可持续发展实验区"和"国家自主创新示范区特色园区"品牌作用，吸引重大项目和龙头企业落户，优化提升区域创新环境提供政策支持。

（高延娜）

【重大项目进展】 年初，中国华录集团北京研发和产业基地落户园区。作为国务院国有资产监督管理委员会直接管理的中央企业，华录北京研发和产业基地的入驻对发挥区文化创意产业优势具有重要意义。7月，"中关村石景山园新材料研发中心"开工建设，该项目是区十项重点工程，位于园区双园路5号院，建筑面积1.7万平方米，工程总投资约1.03亿元。12月1日，西山汇新媒体基地举行竣工暨开盘典礼，该基地是园区开发建设重点项目，总建筑面积26万平方米，国家无线电监测中心检测中心、华谊嘉信等10余家重点企业已相继入驻。作为石景山园加入中关村后首个启动的大型综合产业地块，该项目以"企业绿洲，生态家园"为设计主旨，项目的落成标志着园区载体开发建设进入新的发展阶段，为本区文化与科技融合发展拓展新的空间。

（高延娜）

【3企业入围中国潜力企业榜】 1月10日，世界知名商业杂志《福布斯》中文版在上海发布其年度首份榜单——"2011中国潜力企业榜"，有200家优秀高成长型中小企业入选该榜。这是福布斯中文版第7次对中国中小企业进行全面、独立调研。北京有48家企业入围，位居地区排名之首，其中中关村入围企业33家。园区企业有3家入选，分别是东宝亿通（排名53位）、东土科技（排名67位）和合康变频（排名35位），其中东宝亿通和东土科技是2009年登陆中关村"新三板"的企业。东宝亿通主营业务为高灵敏度气味识别功能的化学感应设备制造与应用。东土科技主营业务为工业光数据传输设备制造与销售，曾获"2010德勤高科技、高成长亚太区500强"。合康变频于上年初在创业板成功上市，主营业务为高压变频器。

（岳继华）

【承办中国游戏产业年会】 1月19日，由新闻出版总署、工业和信息化部、区政府支持，中国出版工作者协会游戏出版物工作委员会主办，中国计算机世界传媒集团、区投资促进局、园区管委会共同承办的2010年度中国游戏产业年会在万达铂尔曼酒店开幕，年会主题为"挑战 创新 发展"，新闻出版总署副署长孙寿山，工业和信息化部、共青团中央、北京市等中央和地方单位相关领导出席大会，吸引"盛大"、"腾讯"、"网易"、"完美时空"、"畅游"、"巨人"等主流游戏企业在内的近200家游戏企业的企业负责人、80多家媒体参会，参会人员达500多人。会上，园区获得"2010年度中国游戏产业支持奖"殊荣，园区企业"搜狐畅游"、"蓝港在线"等获年度"十大游戏运营商"等多个奖项。

（岳继华 赵 莹）

【举办3G应用产业研讨会】 1月22日，由区政府主办，园区管委会、区3G产业促进办公室、3G应用人才创业创新大赛组委会、中日3G应用研究院联合承办的3G应用产业研讨会暨移动互联网CEO沙龙在神龙庄园酒店举办。研讨会旨在通过探讨3G应用行业发展、3G应用产业示范基地建设等问题，加快国家3G应用产业的推广和普及，推进区国家3G应用产业示范基地建设。《人民邮电报》、上海贝尔、英特尔、大唐电信等相关领域的研究学者、业内知名企业总裁及高管、投资专家等与会人员针对基地建设、3G技术应用与发展等问题进行研讨。

（付 琦）

【《劳拉的星星在中国》上映】 4月30日，由园区企业北京郑致光三维动画设计有限公司制作、华纳兄弟娱乐等公司联合出品的《劳拉的星星在中国》在全国上映。该片改编自德国著名儿童作家克劳斯·鲍姆加特的小说《劳拉的星星》，此书曾被翻译成52种语言，在全球拥有1000余万读者，是欧洲儿童文学经典力作之一。《劳拉的星星在中国》由郑致光三维动画公司与德国Cartoon－Film公司联合制作，是第一部由华纳投资和第一部进入世界主流市场的中国动画作品。通过主角劳拉和玲玲邂逅的故事展现老北京过年的民俗和风情。国际钢琴巨星郎朗和世界顶级交响乐团柏林爱乐乐团为其创作并演奏配乐。

（曹 洁）

【2企业新上市】 5月4日，人人网（NYSE：RENN）在美国纽交所上市交易，成为首家在美上市的中国社交网站，融资金额达7.4亿美元，创造中国互联网企业赴美IPO募资的新高。其运营公司千橡网景于2008年注册园区。5月5日，园区企业易华录在深圳证券交易所创业板成功上市，成为本区第三家创业板上市公司。易华录公司于2001年4月成立，2007年入驻园区，是中国华录集团有限公司旗下的

控股子公司，主要从事于智能交通应用。至此，园区境内外上市公司总数达到8家，其中境内3家，境外5家。

（耿 璐）

【2企业获首批《支付业务许可证》】 5月26日，中国人民银行公布首批颁发《支付业务许可证》的27家企业名单，其中园区企业北京通融信息技术有限公司、网银在线（北京）科技有限公司获得证书。上年6月，央行非金融机构支付服务管理办法规定，未获得许可证的企业自是年9月1日起将不得继续从事第三方支付业务。据统计，第三方互联网在线支付市场来往规模冲破1万亿元，且仍将以每年逾约100%的速度增加。

（曹 洁）

【全球首款虚拟财产保险】 7月6日，中国版权中心主任段桂鉴、区有关领导出席园区游戏运营厂商GAMEBAR（游戏吧）与阳光保险在国家游泳中心水立方召开的战略合作会议，双方联合推出全球首款虚拟财产保险，旗下网游《聚仙》成为首个提供虚拟财产保险服务的网络游戏。保险内容包括“网络游戏运营商用户损失责任险”、“网络游戏玩家意外险”，并首创网游财产虚拟银行“宝物银行”。“宝物银行”由中国版权保护中心托管，保存游戏数据，为保障玩家权益提供公平、公正、公开的数据基础。GAMEBAR（游戏吧）于2009年入驻园区后获得迅速发展，2010年收入已突破6000万元，现拥有多支自主研发团队，主要产品包括《古剑奇谭》、《聚仙》等。

（崔海霞）

【园区发展“十二五”一期工程】 8月5日，区政府出台推进园区发展“十二五”一期工程。分为“两大一特”招商引资工程、“个十百”企业培育工程、创意产业集聚区建设工程、北Ⅰ区创意谷建设工程、南区开发建设工程、北区城市干道修建工程、北Ⅱ区生态园林改造工程、北Ⅱ区亮丽工程、“创意人才特区”建设工程、人才公租房建设工程等10大工程，明确工程牵头单位、责任单位、任务目标和实施进度。工程在加快推进产业发展和人才建设步伐的同时，着力解决载体匮乏、配套薄弱等突出问题。

（岳继华）

【第5届中关村论坛年会创意产业专场】 9月29日，2011第5届中关村论坛年会召开。会议下设六个平行论坛，由园区协办、ACG国际教育联盟等机构联合支持的“创意，让生活更精彩”创意产业专场论坛在北京国家会议中心举行。副区长李艳、中关村管委会副主任于风英出席活动，产业专家、各高校领导、知名企业家和政府官员等300余名嘉宾到场。论坛特别邀请奥斯卡最佳视效奖获得者罗伯特·布莱拉克，法国MAC GUFF LIGNE公司首席执行官Arnauld Boulard阿诺德·布拉赫，国际创意产业影视及视觉预览资深专家塞巴斯蒂安·黑马等多位国际大师级专家出席。暴风网际首席执行官冯鑫、水晶石数字科技董事长卢正刚、北京风灵创景科技首席执行官张磊、国际CG专家罗伯特·布莱拉克和塞巴斯蒂安·黑马、法国MAC GUFF LIGNE首席执行官阿诺德·布拉赫分别作主题发言。论坛有助于提升“中国数字娱乐第一区”的品牌影响力。

（岳继华）

【参与第12届世界漫画大会】 10月21日，第12届世界漫画大会暨2011北京国际动漫周在中国动漫游戏城开幕。园区通过参与9个专项活动，对接首尔传媒集团、马来西亚第一国际艺术学院、江苏凤凰动漫中心等70多家国内外知名文化创意企业和机构，中文在线、游卡桌游等近20家企业明确入驻意向，8家企业进入办理流程。世界漫画大会最初被称为亚洲漫画大会，是1996年由中国、中国香港、中国台湾，以及日本、韩国的漫画行业组织发起的国际性漫画行业高峰会议，从第4届大会开始改称现名。

（王 震）

【中关村网页游戏产业联盟启动】 10月25日，作为第12届世界漫画大会暨2011北京国际动漫周的重要一环，中关村网页游戏产业联盟启动仪式在铂尔曼酒店召开。区经信委代表联盟介绍联盟概况，发布联盟章程。趣游（北京）科技有限公司创始人兼CEO玉红、北京云创时空科技有限公司总经理何程、北京财富联合投资公司高级投资经理祁鑫、北京通融通信息技术有限公司CEO助理周荣勃等企业代表发言，对联盟的启动表示祝贺，同时也表示作为联盟成员将恪守联盟章程，共促成长。

（马海涛）

【数字媒体产业化基地通过复核】 10月31日，经专家评核、答辩，科技部公布国家现代服务业产业化基地本年度复核结果的函：明确北京数字娱乐产业

9月29日，中关村论坛年会分会场 （科委园区供稿）

示范基地通过年度复核，保持其国家级基地资格。作为专业性基地，科技部规范其名称为“北京国家现代服务业数字媒体产业化基地”。

（崔海霞）

【园区企业动态】 11月3日，明诚公司、航天测控、合康亿盛、通融通信等园区12家企业入选中关村“十百千工程”第二批企业名单，园区“十百千工程”企业总数累计达15家。11月8日，由30余家企业组成的园区“企业家俱乐部”揭牌活动在台湾街举行，俱乐部是园区凝聚特色产业企业、促进产业交流合作推出的一个创新服务品牌。同月，中关村园区管委会、市质监局公布首批中关村国家自主创新示范区标准创新试点企业名单，园区天山公司、建筑材料科学研究总院、伏尔特、国电康能等4家企业成功入选，入选企业可参与中关村重点发展领域前沿技术和标准的前期研究等7个方面工作，使企业在国际、国家、行业标准等方面有更多主导权和话语权。

（曹　洁）

【数字媒体产业联盟成立】 11月12日，作为第6届中国北京国际文化创意产业博览会的重要组成部分的第4届新媒体节，在铂尔曼酒店举办。中关村数字媒体产业联盟在第4届新媒体节开幕式上正式成立，联盟由千橡网景、华录文化、暴风网际、北方工大、京西创投等40余家数字媒体领域领军企业、研究机构、知名院校、投资机构等组成，成员覆盖互联网、移动互联网、微博新媒体、动漫娱乐、数字影视等产业链环节。联盟初步建立组织机构和服务体系，按照政府指导、市场运作、企业为主体的创新模式，为企业提供全面专业的服务，推动数字媒体产业蓬勃发展。

（马海涛）

【文化创意企业获新媒体奖】 11月12日，第6届中国北京国际文化创意产业博览会第4届新媒体节颁布2011中国新媒体年度十大人物、年度十大品牌以及领军新媒体等年度大奖。其中，北京华录百纳影视股份有限公司总经理刘德宏、北京千橡网景科技发展有限公司CEO陈一舟等获得2011中国新媒体十大领军人物称号，北京暴风网际科技有限公司CEO冯鑫、趣游（北京）科技有限公司CEO玉红、北京极光互动网络技术有限公司CEO方晓日等获得2011中国新媒体十大新锐人物称号。完美时空等企业获2011中国新媒体十大领军品牌。园区获2011中国最具影响力传媒产业聚集区大奖。

（马海涛）

【常青藤高端人才集聚区揭牌】 12月1日，旨在服务海内外高端人才创业投资、推动科技成果转化的区高端人才创业园——区常青藤高端人才集聚区正式揭牌。根据区“常青藤”人才引进工程有关内容和常青藤高端人才集聚区管理办法，凡是具有博士学位、技术成果具备自主知识产权、获得百万元以上风险投资的，就有资格被认定为“常青藤高端人才”，可进驻常青藤高端人才集聚区发展。已有毕业于美国名校的华巍中兴总经理魏巍博士、毕业于日本国立冈山大学机械设计专业的刘思健博士等8位高端领军人才带领其企业入驻该集聚区。

（王亚智）

【入选游戏行业全国先进】 12月3日，在广州召开的第8届中国游戏行业年会上，本区被评为“中国动漫游戏行业2011年度全国促进产业发展先进单位”，园区企业蓝港在线、游戏谷等游戏龙头企业分获中国动漫游戏行业优秀企业、产品研发先进单位荣誉称号，搜狐畅游开发的《天龙八部2》获优秀网络游戏奖。

（马海涛）

驻区科研单位

中国科学院高能物理研究所

【概况】 中国科学院高能物理研究所（简称高能所）是以基础研究和应用基础研究为主的多学科综合性研究所，主要学科方向是粒子物理研究、加速器物理及技术研究和射线技术及应用研究，并兼顾核分析技术及多学科交叉研究。建有北京正负电子对撞机国家实验室、核探测器与核电子学国家重点实验室（与中国科学技术大学共建），3个院重点实验室（核分析技术重点实验室、粒子天体物理重点实验室、纳米生物效应与安全性重点实验室），2个市重点实验室（市射线成像技术与装备工程中心、网络安全防护技术北京市重点实验室），1个非法人研究单位（中国科学院大科学装置理论物理研究中心）。下设实验物理中心、粒子天体物理中心、理论物理室、计算中心等7个研究单位，挂靠高能物理学会、粒子加速器学会等5个学会委员会，主办《中国物理C》（月刊）、《现代物理知识》（科普双月刊）两个刊物，拥有北京正负电子对撞机、北京谱仪、北京同步辐射装置、西藏羊八井国际宇宙线观测站、大亚湾中微子实验装置等大型科研装置。截至年底，在职职工1283人，其中科技人员1005人、科技支撑人员391人，包括中国科学院院士7人、中国工程院院士2人，其中第三世界科学院院士1人；研究员及正高级工程技术人员160人、副研究员及高级工程技术人员269人；入选中国科学院“百人计划”40人，入选“西部之光”人才1人，获得国家杰出青年科学基金17人，入选国家“千人计划”（国家海外高层次人才引进计划）3人。作为国务院学位委员会批准的首批博士、硕士学位授予权单位之一，本年增列核科学与技术、化学两个一级学科培养点，现设有理论物理等6个理学二级学科（即专业）硕博培养点、计算机应用技术等2个工学二级学科硕博培养点、化学工程（新增）7个全日制工程硕士培养点以及物理学等2个博士后流动站。年末有在读研究生460人（其中硕士生171人、博士生244人、全日制工程硕士生45人）、在站博士后49人。年内，编制完成并启动实施“十二五”发展规划，明确“一三五”的战略目标；研制完成BEPCII备用超导腔，成为国内首台完全自主研制和系统集成的超导高频腔；散裂中子源在广东东莞市开工建设，与中国科技大学联合申请的核探测与核电子学国家重点

实验室建设正式获批，签署包括中美高能物理合作协议在内的6项国际科技合作协议；科研工作获得集体奖项19项，个人奖项34项；物理学（一级学科）和核技术及应用被中国科学院评为重点学科。

地址：玉泉路19号乙
电话：88235008
邮编：100049

（蒙　巍）

【"一三五"战略目标】 编制完成并启动实施"十二五"发展规划，明确"一三五"的战略目标。即一个研究所定位：从事粒子物理研究、先进加速器技术研究与开发应用、先进射线技术研究及应用的大型综合性研究基地；三项重大突破：粒子物理研究取得重要成果，完成国家重大科学装置建设，在基础研究应用与成果转化方面取得重要进展；五个重点培育方向：粒子物理和粒子天体物理的持续发展，先进加速器物理与技术研究，核探测技术与核电子学研究，射线源及核技术在人类健康、环境安全中的应用，放射化学与核相关材料的研究。

（蒙　巍）

【科研工程进展】 北京正负电子对撞机（BEPCII）保持高质量稳定运行，对撞亮度比BEPC提高65倍，积分亮度提高88倍，运行效率大幅提高。北京谱仪（BESIII）超额完成取数计划，获取Ψ(3770)约1900 pb－1（Ψ(3770)的数据总量达到2800pb－1），Ψ(4040)约500 pb－1，数据质量达到国际先进水平，已发表科学论文12篇。北京同步辐射装置专用光、兼用光运行支持近600个课题实验，取得一批高质量成果，基于北京同步辐射装置实验发表的论文166篇。成功研制BEPCII备用超导腔，成为国内首台完全自主研制和系统集成的超导高频腔，实现超导高频腔的自主研制、组装及测试的跨越式发展，达到世界先进水平。8月15日，大亚湾反应堆中微子实验站安装在近点实验大厅的两个中微子探测器开始运行，探测到来自核电站反应堆群的中微子；远点探测器于12月24日完成建设，标志着历时4年设计、4年建设的大亚湾实验正式进入运行阶段，开始科学数据积累和物理分析。散裂中子源预研进展顺利，10月正式在广东东莞开工建设。硬X射线调制望远镜（HXMT）工程正式立项，成为国内第一个空间天文卫星项目。羊八井宇宙线观测站继续取得重要成果，LHASSO计划顺利推动。

（蒙　巍）

【获国家最高科技奖】 2月14日，中共中央、国务院在北京人民大会堂举行2011年度国家科学技术奖励大会。谢家麟院士荣获2011年度国家最高科学技术奖。谢家麟是国际著名加速器物理学家，中国粒子加速器事业的开拓者和奠基人之一，为国家高能粒子加速器从无到有并跻身世界前沿起到至关重要作用，为国内高能物理实验基地的建造作出卓越贡献。谢家麟1943年毕业于燕京大学物理系，1951年在美国斯坦福大学获博士学位，1955年冲破重重阻力回国，先后在中科院原子能研究所和高能物理研究所工作。曾任高能物理研究所副所长、"八七工程"加速器总设计师、北京正负电子对撞机总设计师和工程经理等职。1980年当选为中科院院士。他带领团队研制成功中国第一台大科学装置——北京正负电子对撞机；亚洲第一台自由电子激光装置；中国第一台高能量电子直线加速器；世界第一台以高能电子治疗深度肿瘤的加速器和世界第一台紧凑型新型加速器样机，先后获国家科学技术进步奖特等奖等11项奖励。

（蒙　巍）

【获批国家重点实验室】 11月17日，科技部下发批准建设心血管疾病等49个国家重点实验室的通知，高能所与中国科技大学联合申请的核探测与核电子学国家重点实验室建设正式获批。实验室以建设国际一流的核探测技术与核电子学研究基地为目标，以国家需求为导向，将完成若干重大科研装置的设计与建设任务，参与国际大型探测器的合作设计与研制，以自主知识产权在国际上占有一席之地。实验室重点部署前端电子学关键技术研究，发展大容量高速数据获取与处理系统技术，推动技术转移，为国民经济和国家安全服务。

（蒙　巍）

【12项科研成果获奖】 年内，获得集体奖项19项，个人奖项34项。其中，科研类奖项12项，包括BESIII超导磁体研制、中微子质量起源与轻子味混合的理论研究、北京谱仪II实验发现新粒子等3项成果获市科技奖二等奖；北京谱仪III数据获取系统、微波大功率波导真空阀门、北京谱仪III主体结构研制、北京谱仪电磁量能器读出电子学、北京谱仪III飞行时间探测器等5项成果获市科学技术奖三等奖；北京正负电子对撞机重大改造工程研究集体获中国科学院杰出科技成就奖；低温超导强磁除铁器获山东省专利奖，民用核技术产业化孵化团队荣获"科技成果转化奖"二等奖等。

（蒙　巍）

【签署6项国际合作协议】 年内签署6项国际科技合作协议。包括与美国高能物理合作协议、与欧洲核子研究中心项目管理协议、与土耳其安卡拉大学关于加速器技术与相关应用科学合作谅解备忘录、与欧洲X射线自由电子激光设施合作协议、与美国托马斯杰弗逊国家加速器实验室合作谅解备忘录、与意大利国家核物理研究院合作谅解备忘录等。国外（境外）科学家来访1134人次，应邀参加出国（境）参加国际会议、进行学术交流访问或参加培训班等430余人次，在高能物理学科领域主办国际会议19次。参与的欧洲自由电子激光装置（EXFEL）、欧洲核子研究中心的大型强子对撞机LHC上的ATLAS和CMS实验、丁肇中教授领导的AMS实验、国际直线对撞机（ILC）、BELLE & BELLE II、PANDA等国际合作项目，并不断取得进展。

（蒙　巍）

工业和信息化部电子科学技术情报研究所

【概况】 工业和信息化部电子科学技术情报研究所（简称电子情报所）是工业和信息化部（简称工信部）直属事业

单位，主要从事情报研究和信息咨询服务，代工信部行使情报、成果、期刊、电子知识产权、电子工业档案和工程建设等行业管理职能，并提供媒体出版、声像服务、文献服务、软件开发、数据库建设等多元化服务，同时还是中国电子学会情报分会、国防科技声像服务中心、中国信息产业商会等社团组织的挂靠单位。现有职工 800 余人，专业技术人员占 85% 以上，其中国家级突出贡献专家 2 人，部级突出贡献专家 2 人，享受政府特殊津贴人员 21 人。编辑出版《中国信息产业年鉴》等公开出版物和《世界信息产业与技术发展年度报告》、《世界信息化发展年度报告》、《世界网络与信息安全发展年度报告》、《世界软件产业发展年度报告》、《国外军事电子发展年度报告》等系列研究报告，以及《世界军事电子装备与技术发展研究》等内部刊物。年内，承办中国游戏产业年会、优秀 CIO 颁奖盛典、知识产权、标准与反垄断法国际研讨会、第 11 届信息产业重大技术发明评选发布会等重大会议活动，发起成立中国期刊协会工业期刊分会，拓展科研业务领域，加强信息安全研究，推出众多科研产品。获工信部扶贫办颁发的“扶贫工作成绩突出”和“扶贫工作贡献突出”荣誉，网络与信息安全研究部获全国妇联授予的“巾帼文明岗”称号。

地址：鲁谷路 35 号
电话：68632898
邮编：100040

（赵　莹）

【举办优秀 CIO 颁奖盛典】 1 月 15 日，由《IT 经理世界》杂志社主办的“2010 年度中国优秀 CIO 评选”揭晓最终榜单并举行颁奖盛典。该评选至今是第 9 届，本届评选主题为“IT 新里程——从商业优化到社会变革”。评选活动历时 10 个月，秉承严肃、务实态度，对来自中国大陆、中国香港和中国台湾近 400 份评选问卷进行遴选，由《IT 经理世界》编辑记者、IDC 高级分析师对 200 多位候选 CIO 进行面对面访谈，并通过缜密的案例分析、研究，对候选 CIO 作出客观评价，并交由 20 多位专家组成的评选委员会进行评审，最终选出 50 名“中国优秀 CIO”与 5 名“中国杰出 CIO”。

（赵　莹）

【承办国际研讨会】 5 月 26 ~ 27 日，由电子知识产权中心主办的“第一届知识产权、标准与反垄断法国际研讨会”在中国职工之家 C 座四层多功能厅举行。此次会议是工信部年内知识产权工作推进计划的重要活动之一。工信部、国家发改委、国家工商总局、国家知识产权局，以及来自美国、欧盟、日本的政府官员、国内外企业、科研院所、行业协会和媒体等 200 余名代表参会。来自中国、美国、欧盟和日本相关政府部门负责人和学者就知识产权、标准和反垄断法以及三者交叉的热点问题作主题发言，另有近 20 名专家学者对发言作精彩点评，并与现场参会者互动交流。

（赵　莹）

【工业期刊分会成立】 由电子情报所发起组建的中国期刊协会工业期刊分会，4 月获民政部批准，于 9 月 15 日在湖北宜昌召开成立大会。会议讨论并通过分会章程，推选 17 家常务理事单位、18 家理事单位以及常务理事和理事共 35 人，选举产生会长、副会长、秘书长等分会负责人，电子情报所所长李颖当选为会长。标志着我国工业期刊界建立起一个与国家新闻出版体制相适应的行业交流平台和行业自律机制，对于提高行业期刊的核心竞争力，优化工业期刊发展环境具有重要意义。中宣部、新闻出版总署、中国期刊协会、工信部办公厅和科技司有关领导和工业行业期刊界代表 160 余人参加会议。

（赵　莹）

【承办发明评选发布会】 12 月 29 日，由工信部主办、电子情报所承办的第 11 届信息产业重大技术发明评选结果发布会在京召开。工信部副部长杨学山等领导、获选项目推荐单位和完成单位代表以及新闻媒体代表 80 余人参加会议。评选办公室设在电子情报所，自 2001 年起已连续举办 11 届，申报项目累计达 1000 多项，获选项目总数达到 71 个。本届获选信息产业重大技术发明的项目有 5 项。

（赵　莹）

【拓展科研业务领域】 瞄准行业发展热点，通过相关规划、政策和重点课题研究，在工业经济、两化融合（以信息化带动工业化、以工业化促进信息化）、信息安全、物联网、移动互联网、基础软件、电子认证等关键业务领域取得突破，形成优势。新时期中国工业发展研究、两化融合评估标准规范、信息安全“十二五”发展规划研究、电子认证“十二五”规划、“赛博空间”研究等一批研究成果得到上级领导、业内专家肯定和认可。承办的“两化融合深度行”被列为工信部转型升级行动计划中的六项活动之一，两化融合研究领域的领跑者地位得到进一步巩固。

（赵　莹）

【开展多行业服务】 作为工信部电子知识产权中心，开展电子知识产权领域相关咨询服务工作；作为工信部工程建设管理中心，开展工程建设领域相关工作；作为政府外包服务机构安全认证审查办公室，筹建仿冒政府网站监测举报中心；作为工信部科技司和财政部企业司明确的物联网工作重要支撑单位，开通“中国物联网”网站；开展工业信息化运行形势监测系统，监测企业数量已达 1600 多家；建成国家两化融合评估服务平台。

（赵　莹）

【推出多项科研产品】 研制推出两化融合评估指标体系、新型工业化测评指标体系、城市软件服务业竞争力指标体系等产品。《新型工业化》杂志作为工信部交流刊物得到首肯。新推出一所情报、新一代信息技术词典、中国工业发展白皮书、蓝皮书计划等科研产品，具有自主性、超前性、敏感性和即时性的能力和特点。

（雷晓斌　赵　莹）

【加强信息安全研究】 组织研究人员做好国内外信息安全情报跟踪，及时对有关国家网络安全战略进行解读和研究，向政府主管部门提出对策建议，强化研究人员分析研究能力，课题研究水平显著提升。独立主持承担的国

家信息安全“十二五”规划研究，得到沈昌祥院士和国务院胡本钢参事高度评价，并以“参事专报”形式递交国务院主要领导参阅。“当今发达国家信息安全战略”研究课题得到工信部多位部领导批示。

（赵　莹）

北京建筑材料科学研究总院有限公司

【概况】 北京建筑材料科学研究总院有限公司（英文缩写 BBMA，简称北京建材总院）前身为北京建筑材料科学研究所，成立于 1959 年，2000 年转制为高科技型企业，注册资本 1.2 亿元。隶属于北京金隅股份有限公司，是金隅技术中心研发总部，国家认定企业技术中心。所属北京建筑材料检验中心拥有 5 个国家级建筑材料检验中心、3 个市级建筑材料质量监督检验站以及 2 个专业检验所，是国内检验品种最全、规模最大的检验机构之一，同时也是全国首批获得民用建筑能效测评资质的机构。年内，参与起草、修订国家标准、地方标准、行业标准 29 个，作为标准编制验证试验单位还参与多个行业标准和地方标准制（修）订工作；发表科技论文 50 篇，申请专利 14 项；通过市第一批高新技术企业复审，入选中关村国家自主创新示范区第二批“十百千工程”企业，被纳入“中关村国家自主创新示范区标准创新试点”第一批试点单位，被认定为“鲁班奖工程材料合作伙伴”。获中国建筑业协会材料分会、中国砂浆网颁发的“普通砂浆十大最具影响力品牌”、“保温体系十大最具影响力品牌”两项大奖以及环渤海地区建材行业“AAA 级诚信企业”称号。

地址：金顶北路 69 号
电话：88721857
邮编：100144

（刘　燕）

【科技平台建设】 组织申报“北京市预拌砂浆工程技术研究中心”。经初审、专家会议评审和专家现场评审，通过市科委认定。总院自上世纪 70 年代起就开始对预拌砂浆系列产品进行研究，参加行业几乎所有重大项目研究与攻关，取得 10 多项具有国内领先水平的科技成果，是全国预拌砂浆行业龙头企业和行业技术依托单位。依托总院建立的研究中心，根据行业发展和市场需要，针对重大关键共性技术问题进行攻关，在自主创新和引进技术基础上，持续不断地将具有重要应用前景的科研成果进行系统化、配套化和工程化开发，为企业规模生产提供成熟配套的技术工艺和技术装备，并不断地推出具有高增值效益的系列新产品，推动相关行业、领域的科技进步和新兴产业的发展。

（刘　燕）

北京建材总院　（建材总院供稿）

【科技项目研发】 4 月 22 日，召开“水泥生产替代原燃料中的重金属离子迁移及控制机制研究”课题启动会。课题由总院主持并与中国建筑材料科学研究总院共同承担，属于国家 973“材料复合新技术基础”项目之一。主要研究如何保障废弃物在水泥生产中的安全性、规范协同处置废弃物工艺过程，避免二次污染；首次制订协同处置废弃物在水泥行业生产的国家标准，推动替代原燃料（协同处置废弃物）技术的发展和完善。

（刘　燕）

【科研成果获奖】 4 月 22 日，在人民大会堂召开的首届全国资源综合利用科技大会表彰大会上，总院承担的“脱硫石膏综合利用”获得“中国资源综合利用协会科学技术奖”一等奖。该奖是国家在资源综合利用与循环利用领域设立的唯一奖项。8 月，在区科技工作会暨园区建设推进大会上，“聚羧酸减水剂母液产品开发及复配技术研究”获区科技进步三等奖，同时被授予区“建筑墙体节能保温材料”重点实验室。11 月，在广东顺德召开的“十二五”建材产业发展趋势与政策暨科技促进大会上，“复合玻纤板风管用封棉胶的研制”获“中国建筑材料流通协会科学技术奖（创新类）”二等奖。12 月，自主研发的“ACF 无机纤维棉板外墙外保温系统”通过专家评估。该系统保温层为 ACF 无机纤维棉板，燃烧性能达到 A 级，可应用于混凝土墙体和各种砌体基层，适合防火等级要求较高的住宅建筑和公用建筑，性能指标已达国内领先水平。

（刘　燕）

【新产品开发成功】 年初，总院自主研发“聚羧酸减水剂母液产品开发及复配技术研究”项目通过鉴定，此次鉴定由北京建材行业联合会组织聚羧酸减水剂行业的相关专家、教授组成鉴定委员会进行。产品性能好，高流动、高保坍、不缓凝、不倒塌；质量稳定，与本市场良莠不齐的砂石料相比，表现出良好适应性。

（刘　燕）

【签署合作协议】 1 月，副院长何光明与来访的美国NANO AEROGEL公司董事长Jae Chung在金隅科技大厦签署气凝胶技术合作协议。协议确定双方发挥各自技术优势,共同开发二氧化硅气凝胶应用我国建筑保温领域。8月19日,诺丁汉大学技术转移总监George Rice、校长助理常乐一行与何光明等人会面,双方就先前签署的技术合作协议的进一步实施方案进行深入讨论。

(刘　燕)

【科研项目通过验收】 2月,牵头承担的市科委“促进科研院所发展,建设新型科研体系重大专项——行业研发基地”所属项目《北京固体废物处理处置科技创新研发基地建设》,通过市科委组织的专家验收。项目以固废处置及综合利用产业链关键技术研究的四个项目为纽带,汇聚和整合北京地区固体废物排放、综合利用、终端使用产业链上中下游三方的优势科技资源,建立北京固体废物处理处置科技创新研发基地。严格按照课题任务书中规定的实施目标、实施内容、项目进度、考核指标等要求,组织分课题实施,完成课题任务书中规定的研究内容和经济效益指标。

(刘　燕)

【检验中心获多项资质】 检验中心先后获得市住建委、发改委、环保局等政府主管部门授予的一系列相关资质。分别是:市绿色建筑评价标识技术依托单位、老旧住宅抗震加固检测单位、节能监测机构、能源审计咨询机构、市社会化环境监测机构。此外,还获得人力资源和社会保障部授予的国家建筑材料行业职业技能鉴定站、教育部确认的建筑类专业国家级工程实践教育中心、市科委认可的首都科技条件平台研发实验服务基地。这些无形资质为检验中心可持续发展提供强大助推动力。

(刘　燕)

【检测覆盖1044种产品】 中国合格实验室评定委员会(CNAS)指定11位不同行业专家组成的评审组对检验中心进行年度监督及扩项评审。本次评审涉及认可准则的全部要素,覆盖建材、建筑工程与室内空气、环境、化工、建筑门窗、建筑五金、用水器具、管道、采暖通风、玻璃、建筑构件11类检测领域,以及力学、电学、热学、长度4类校准领域,共1044种产品,190个参数的扩项及变更。

(刘　燕)

【检测资质升级】 国家家具及室内环境质量监督检验中心通过ATCM(关于木质人造板中甲醛释放量的法规)相关方的审核,成为美国CSI在中国唯一的第三方检测实验室,实验室编号TPC-37。美国加利福尼亚州空气资源委员会(ARB)官方网站上对此发布公告。

(刘　燕)

【亮相第5届国际墙材展】 5月12～14日,第5届中国国际建筑保温技术及新型墙体材料展览会在中国国际展览中心隆重举行,本届展览会涵盖墙体保温技术及产品应用的各领域,重点展示建筑保温行业领先企业中最新墙体保温产品、先进低碳建筑技术和装备。总院研发的系列A级防火保温系统亮相展会。该系统解决目前国内建筑外墙外保温系统防火安全问题,又充分发挥保温材料本身的保温性能优势,实现建筑保温节能和安全的“双保险”,对推动国内新型墙体保温材料快速发展具有重要意义。

(刘　燕)

【入选中关村十百千工程】 11月3日,中关村国家自主创新示范区第二批“十百千工程”企业名单出炉,总院入选第二批“十百千工程”企业名单。“十百千工程”是市委市政府提出的在中关村国家自主创新示范区培育一批收入规模在十亿元、百亿元、千亿元级的创新型企业,形成具有全球影响力的创新企业群。

(刘　燕)

北京首钢国际工程技术有限公司

【概况】 北京首钢国际工程技术有限公司(简称首钢国际工程公司)由北京首钢设计院于2008年初改制而成,是首钢总公司相对控股、公司经营团队持股、技术管理骨干参股的国际型工程技术公司。公司注册资本1.5亿元,设有23个专业,投资控股4家公司,投资2家中外合资企业。公司员工1097人,平均年龄39岁,其中研究生以上学历223人,大学学历696人;高级职称343人,中级职称337人;新录用应届毕业生60人(其中硕士以上毕业生30人),招聘社会人才35人,聘用项目制员工43人。年内,公司实施“走出去”战略,强化营销与技术销售一体化,大力开拓市场,精心组织项目实施,开展专业化、职业化、正规化建设,公司管理步入良性轨道,经济运行质量良好,较好完成年度计划任务,实现“十二五”良好开局。获得工程设计综合甲级资质,成为本市首家企业、冶金行业第四家获此项资质的工程技术公司。当年在全国勘察设计企业百强排名中,工程总承包完成合同额位列第25名,其中境外工程总承包完成合同额位列第19名。在《世界金属导报》开辟“首钢国际工程公司技术创新成果展(首钢迁钢基地)系列报道”专版栏目,全年刊发36期。获市级以上成果奖励17项,其中“首钢京唐1号5500m3高炉工程设计”获“全国优秀设计奖金奖”,是目前公司获得的最高设计奖;获“科技进步奖”4项,“冶金行业优秀工程设计奖”11项,京唐钢铁厂项目可行性研究报告获市“优秀咨询奖”1项。

地址:石景山路60号
电话:68872480
传真:88295389
邮编:100043

(白雪松)

【重点工程建设】 开展京唐二期、首贵、首黔和霍邱等项目前期工作,为首钢总公司决策和项目立项提供强有力的技术支撑。迁钢冷轧项目完成二冷轧及冷轧公辅设计,标志着迁钢冷轧工程设计工作全面完成;通钢项目面对老区改造情况复杂、设计难度大等困难,积极开展前期论证和工程设计,烧结、焦化、球团、棒材、热风炉等工程设计全面满足现场施工进度要求。

(白雪松)

【开发国内市场】 实施“走出去”战

略,国内市场实行区域化营销管理。结合区域市场开发情况采取针对性措施,开发、维护、巩固、再开发目标客户,发挥目标客户辐射作用和品牌工程市场效应,成功签订文水海威综合钢厂、山西立恒干熄焦、太钢球团和川威焦化、干熄焦及球团等总承包工程。以公司成熟技术参与项目投标,以先进合理的技术经济性,中标涟钢高炉、包钢2250mm热轧工程设计合同,业绩显著。

(白雪松)

【开拓海外市场】 年初,派团赴巴西和印度驻站开发海外市场,开启海外市场开发工作新模式。通过总结巴西、印度驻站经验,完善驻站模式,国际市场开发思路进一步明确。同时参加印度、美国、德国和俄罗斯国际冶金展,大力宣传企业形象、品牌工程和优势技术,扩大公司的国际市场知名度,项目信息量明显增多。以优势技术开发重点项目,韩国浦项托盘运输、干法除尘项目取得积极进展;采取有效措施,借力社会资源推进伊朗MK球团等项目营销,海外市场开发取得阶段性成果。

(白雪松)

【打造工程品牌】 不断完善总承包管理机制,稳步提高总承包工程质量和效益,打造总承包工程品牌。宣钢8号高炉大修改造工程投产后指标良好,成为宣钢公司运行最稳定的高炉之一。水钢棒线材工程投产后快速通过达产考核,创造良好工程效应。重钢干熄焦工程投产,快速达产达效,其稳定的发电工况和良好的焦炭质量促成高炉稳定运行,获重庆“五一劳动奖状”。巴西球团项目团队严格按照国际标准,精心组织开展设备和材料监制、检验和发运工作,顺利发出6批次货物,项目重心转移至现场调试服务,为海外项目总承包积累宝贵经验。文水海威项目以良好前期策划为基础,设计、采购和施工三条线协调推进,完成阶段性目标任务,成为深化“集中整体、分层能级”机制和项目群片区化管理典型工程。赤城宝龙球团等项目按计划顺利投产,太钢球团、川威焦化和川威球团等项目按计划稳步实施。

(白雪松)

【产值增至49%】 专业设计部门全年签订设计合同2921万元。炼铁、动力、设备开发成套等专业设计部门在“集中整体”资源支持和管理下,通过“分层能级”开发和组织项目,获得良好收益。在年终结算中,专业设计部门自行组织工程设计产值和总承包项目管理产值达到公司总产值的49%。

(白雪松)

【参加科技论坛】 8月9~11日,北京中国国际展览中心与北京金属学会共同主办“高炉热风炉和炉顶系统先进工艺及装备技术交流会”,交流会文集收录论文48篇,公司入选20篇,其中《首钢型无料钟炉顶技术特点及业绩介绍》和《特大型高炉高风温新型顶燃式热风炉的设计与研究》在会上作专题报告。同月22~24日,参加中国钢铁工业科技与竞争战略论坛,作《钢铁厂工程设计创新与实践》的主题报告;26~27日,参加钢铁制造流程优化与动态运行研讨会,作《首钢京唐钢铁厂工程设计创新与实践》的主题报告。10月14~16日,参加第3届中德(欧)双边冶金技术交流会,作《首钢京唐5500m3高炉煤气干法除尘技术开发应用》的报告。

(白雪松)

【科技开发创新】 以产品功能性研究为重点,以市场需求为导向推进科技开发和技术创新工作,全年科技开发课题分两批立项46个(公司级12个,部室级34个),完成课题验收35个。参加中国工程院“提高我国产品自主设计能力的设计资源发展战略研究”课题研究工作,组织完成“首钢京唐钢铁厂工程设计创新和研究与实践工作”课题和“国内外冶金设备设计能力现状分析报告”编写。申报冶金行业专有技术56项;申报专利35项,其中发明10项、实用新型25项,主要有:一种焦化污水深度处理零排放工艺、富甲烷煤气自重整还原铁精粉的气基直接还原炼铁方法、一种多用途的热风炉助燃空气高温预热系统、高炉煤气轴流式旋风除尘器、防爆型转炉煤气布袋除尘器、一种转炉干法除尘灰冷固球团生产工艺、一种电动滑盖式全纤维取向硅钢连铸坯保温炉、高风温旋流喷射扰动熔融还原和预还原联合装置及方法等。

(白雪松)

【成果落地转化】 不断提升科技开发成果应用效率和效益,推动科技成果落地转化。炼铁设计室自主开发顶燃式热风炉技术,达到国际先进水平,形成品牌技术,成功中标涟钢高炉工程设计和通钢热风炉工程总承包。焦化设计室与武汉科技大学开展技术合作,研究、开发和应用6m捣固焦炉技术,并将该技术应用于川威焦化工程,提升焦化专业的市场竞争力。设备开发成套部开发出热轧带钢横切机组成套技术,应用于迁钢20万吨开平机组和京唐30万吨热轧带钢横切机组项目中,装备水平和技术水平达到国外先进水平,工程投资降低20%以上。设备开发成套部和电气自动化室联合开发的重载非接触式供电运输车专利技术在迁钢冷轧项目上成功运用,开创非接触式供电在冶金行业应用先例。迁钢2#热轧电磁感应炉板坯装出钢专用设备成功应用,打破日本公司技术垄断。双排式托盘运输成套专有技术受到韩国浦项公司关注,进入合同洽谈阶段。

(白雪松)

教　育

截至年底，全区有幼儿园38所，小学39所，初中20所，高中8所，特殊教育学校1所，职业高中2所，社区学院1所，街道社区教育中心9所；民办教育培训机构75所，来京务工人员自办学校5所（其中正式审批的3所）。有在校学生58579人，教职工4683人，专任教师2977人。年内，全区教育系统围绕“全面提升教育服务质量，办好人民满意教育事业”的目标，以“绿色教育”理念为引领，坚持教育优先发展，大力实施“科教兴区”战略，各项工作取得新进展，区域教育保持在全市城区中等以上水平。教育优先发展地位全面落实，发布实施“十二五”时期教育事业发展规划，启动实施7项国家级、市级教育改革项目，争创“国家可持续发展教育示范区”。全面实施素质教育，稳步推进课程改革，加强教育教学质量监控，当年高考成绩总上线率达到93.3%。优质教育资源覆盖面不断扩大，推进基础教育集群化发展，扩大京源学校、古城二小办学规模，成立古城教育集团；完成10.7万平方米中小学校舍安全工程，区政府折子工程北京九中改扩建工程和杨庄北区幼儿园建设工程开工。安排专项资金落实义务教育阶段教师绩效工资，推进教育人事制度改革，实施名校长、名教师培养工程，以特级教师、市级学科带头人、市区骨干教师为梯次的核心教师队伍基本形成；重视师德建设，实施“教师身心关爱计划”。各级各类教育协调创新发展，学前教育3岁以上幼儿入园率达90%；义务教育阶段入学率、完成率均保持在100%，中考各项指标居于城区中等以上水平；民办教育快速规范发展，民办教育机构达97所；坚持“两个为主”（以流入地政府为主，以公办学校为主）政策，切实维护来京务工人员随迁子女受教育权利；职业高中学生就业率保持在95%以上，成人教育招生规模连续多年居全市前列；各类学习型组织发展迅速，社区教育志愿服务和学习型社团成为学习型城区建设特色；民族团结教育广泛开展，完成西藏、青海、新疆等地对口支援工作，完成本区内地新疆高中班学生就学任务。

（王明明）

教育行政

概　述

北京市石景山区教育委员会（简称区教委）是区政府主管教育事业的职能部门，负责管理、推动发展全区学前教育、基础教育、职业教育、成人与社区教育、民兵教育等工作。下设科室18个，有公务员77名，下属教育信息中心、青少年活动中心、业余大学等单位12家。年内，围绕“全面提高教育服务质量，办人民满意教育事业”的核心目标，以“绿色教育”理念为引领，稳步实施十大重点工程。加强教育经费管理和规范使用，实施年度部门预算执行工作，积极筹措资金，确保市、区政府实事项目、折子工程等重点项目资金投入。加强对校安工程专项资金监督与考评，确保教育投入依法实现“三个增长”。完成调研报告39篇，主动公开政府信息301条，人大代表议案、建议和政协委员提案按期结案率、满意率均达100%，信访办结率96%。评比表彰16个“先进基层党组织”、“优秀党务工作者”和115名“优秀共产党员”。初步制定“十二五”干部培训规划，成立第一届区党建研究会教育分会，调整充实区关心下一代工作委员会，召开区第五次少先队员代表大会。继续加强“一报、一刊、一网、一台”等教育宣传阵地建设，全年在市级以上媒体刊稿量达到290余条，编辑出版《石景山报·教育导刊》18期、《石景山教育》杂志6期、播出《教育新视线》专题片22部，在教委网站发布新闻700余条，进一步提升石景山教育整体形象。

地址：八角西街95号
电话：68872844
邮编：100043

（王　蕾）

【教育发展规划发布】 在4月26日召开的区教育工作会议上，正式发布《“十二五”时期教育事业发展规划》。明确基础教育实现高标准、高质量发展，职业教育实现特色创新发展，学习型城区形成区域特色，提供更加优质教育的四大发展目标，通过实施学前教育全面普及、义务教育优质均衡发展、高中教育高品质特色发展、职业教育提升与拓展、育人模式创新、教育人力资源建设、学校布局结构优化调整、终身教育体系建设及民办教育品牌创建、教育督导、学校安全保障等十项重点工程，逐年推进各项发展任务的落实。区委区政府本着教育优先发展，统筹协调的工作方针，建立政府教育实事工作机制，每年推出十件教育实事保证重点项目落实。

（王　蕾）

【推动德育创新发展】 被确定为国家教育体制改革试点项目——推进中小学德育内容方法和机制创新项目试验区。制定“十二五”德育规划纲要，以“塑造德育领导力”为首，明确8大工作任务推动规划落实。采取系统化培训、标准化考评、职业化激励促进个性化成长的队伍建设策略，有效提升德育队伍专业水平。举办“做充满活力的德育干部论坛”，筹建班主任工作室，首批评选8名首席班主任。以社会大课堂开发与实践为抓手，开展丰富多彩的德育实践活动。举办区第三届高中生模拟联合国大会、中学生模拟法庭。结合“物美杯”青少年维权知识竞赛，与工商分局合作建设“青少年消费教育课堂”，与环保局共同开展第二届校园环保节活动。以纪念建党90周年为契机，开展“党在我心中”主题教育活动。启动“扬帆工程”（中小学生综合素养培育项目）和“卓越计划”（中小学生生涯规划与领导力培养项目），构建“求真、扬善、创美、健体”为核心的绿色教育课程体系框架。开展阳光体育运动，举办全区中小学生运动会、首届北京京西校园足球节，承办市中学生田径运动会。举办庆祝“六一”国际儿童节“花儿朵朵向太阳”主题活动。开展第24届学生书法、篆刻、手工、绘画作品“四联展”。深入推动阅读工程，举办“阳光下成长”第14届学生艺术节和第28届科技节，开展器乐、舞蹈、戏剧、校园集体舞和科普剧创编、科技作品评比活动。

（王　蕾）

【教育人才队伍建设】 完成第一期“双名工程”（即名教师、名校长培训工程）培养任务。引进优质教育培训资源，吸引高端人才和海归人才落户石景山，为区域教育发展注入活力。年内新进中小学教师150人均达到本科以上学历，其中博士研究生、博士后5人，引进市级学科带头人、骨干教师2人。完成新一届市、区骨干教师、首席班主任和青年教学能手评选工作，评选出市、区骨干教师520余名，保证每一所学校都有区级骨干力量，骨干教师比例进一步提高。推进教师成长阶梯研修计划，完善教师职后培养体系。深化“绿色、生命、爱与尊重”师德教育活动，以“教师仁慈”为主题，开展“我喜爱的教师”评选活动，初步形成区教育系统教师职业道德规范“十要十不要”。进一步落实“教师身心关爱计划”，为全区7000余名教职工体检；“职工之家”建设覆盖90%基层单位，建设教师兴趣社团260余个，教师职业幸福感得到提升。

（王　蕾）

【保障校园安全稳定】 健全安全生产工作机制，狠抓教育系统安全工作手册内容落实。联合公安分局、消防支队、交通支队等单位，开展四次校园安全综合治理工作。以“消费维权日”、“防灾减灾日”、“国际禁毒日”、“消防日”等纪念日为契机，开展安全教育主题教育活动。投入690万元，为学校聘任专职保安员260余人；投入100多万元，新购置、补充、改造校园消防设施，改造32处彩钢板房屋；建成覆盖全区中小学校、幼儿园的联网报警系统和图像信息系统。加强学校食品安全管理，联合区食品办、工商、卫生、街道等相关部门，对10余所打工子弟学校和私立托幼机构的自办食堂进行专项检查。

（王　蕾）

【参展国际教育博览会】 6月17～19日，以“绿色石景山”为主题亮相第8届北京国际教育博览会。展区以图片和文字形式，对本区打造绿色教育实验区以及对绿色教育理念和内涵、绿色课堂、绿色教育目标等内容进行详细介绍。展会现场，石景山中学的机器人表演，古城中学的心理测试、手指操，海特小学的现场篆刻，银河小学的餐盘画等互动表演，有关绿色教育内容的现场有奖问答和赠送印有“绿色石景山”字样的精美软陶笔纪念品活动，吸引上万名中外观众驻足参与。

（王　蕾）

绿色教育发展实验区总结会　　（区教委供稿）

【绿色教育实验区建设】 各项工作稳步推进，新增设两个新项目——区域“绿色教育”课程体系构建项目和学生领导力项目。全年各项目组举办活动118次，其中会议31次、大型讲座15场、下校72轮、听评课154节，参与专家549人次，培训校长教师1290人次，形成各项记录、总结、报告近50万字。品牌学校建设项目组进一步深化合作研究，以学校特点和需求为基础，以问卷调查分析结果为依据，提出各项目校的文化建设改进方案，撰写学校文化建设报告。绿色教育基本理论项目组专家以上年理论研究成果为蓝本，编撰《绿色教育问答》小册子，印制近1000册分发各级学校。学前教育项目组举办“学前名师名园长论坛”。

（王明明）

【推进重点项目建设】 北京九中改扩建工程被纳入区当年十项重点工程，建筑面积8500平方米，工程总投资约5200万元，工程的实施将满足新疆班需要，于8月开工。京源学校教学实验楼、古城外国语学校综合楼建设、古城高级中学与古二小改造等重点建设工程基本竣工，接收地铁家园配套小学为古城二小低年级部。完成18所学校10.3万平方米中小学校舍安全工程；持续推动中小学办学条件标准化建设，95%的义务教育学校主要项目基本达标。初步完成教育设施中长期建设规划制定工作。

（王　蕾）

【第14届学生艺术节】 1～5月举办。本届主题是“阳光下成长”，设有集体项目器乐、舞蹈、戏剧、校园集体舞，个人项目器乐、声乐、舞蹈、戏剧、曲艺、朗诵、软笔书法、硬笔书法、篆刻、绘画、工艺美术、摄影等竞赛项目，全区44所中小学学校参加。北京九中等10所中学，古二小等26所小学获优秀组织奖。来自23所学校的50名同学被评为市“艺术之星”。来自九中、分院附校等5所学校的5名同学被评为市“最佳艺术之星”。

（朱志学）

【第29届学生科技节】 9～12月举办。本届主题是“低碳生活，创造未来”，与区科委、科协、体育局联合主办。设有水火箭、单片机、航空模型、车辆模型、科幻画、叶画、金鹏论坛、航

天知识、天文知识、数独、航天科普剧、科技创新、自然科学知识竞赛等18项竞赛内容。参加中小学46所，评出最佳组织奖22所，优秀组织奖24所，优秀科技辅导员26人，优秀信息员6人；评出科技节科技教师获奖论文共13篇。

（朱志学）

【每天1小时校园体育活动】 9月19日，召开中小学落实教育部加强体育工作电视电话会议，对中小学落实每天一小时体育锻炼活动作出规定。进一步提高认识，加强领导，提出校长是保障学生每天一小时活动的第一责任人；确保学生每天锻炼一小时，将一小时集体体育锻炼列入教学计划；结合实际和学生年龄特点开展具有特色、更能体现学生兴趣的体育活动，确保每位学生都能掌握2项以上体育活动技能；与学生每天一小时校园体育活动紧密结合，推进全面实施《国家学生体质健康标准》；防控与干预肥胖率、近视率，教室照明和桌面光线百分之百达标；成立督察组对学校落实学生每天一小时情况进行督察，建立举报电话。

（孙志国）

【承办市中学生田径运动会】 10月21～23日，承办市第49届市中学生田径运动会，本区21所学校近2000名中小学生展示以"阳光体育"为主题的体育特色活动。本届运动会首次做到比赛成绩实时上传、实现网上比赛成绩的实时查询。北京九中、京源学校、苹果园中学、杨庄中学组成的区代表队获得5块金牌、3块银牌、7块铜牌，取得团体总分第6名好成绩。

（孙志国）

【举办第3届中学生模联】 5月14～15日，举办区第3届中学生模拟联合国大会。大会分设联合国经济和社会理事会、环境规划署和安全理事会共计三个委员会，146名学生参加，最终通过三份会议决议。北京九中崔昊当选为新一届区中学生模联协会秘书长。

（施 爽）

【"媒体进校园"暨媒体答谢会】 12月1日在爱乐实验小学召开。来自《中国教育报》、《北京青年报》、《现代教育报》、《北京晨报》、《北京信报》、《京华时报》和区有线电视台等10余家媒体记者就爱乐实验小学建校3年来的音乐教育实验进行观摩、访谈。校长张竞芳以"让生命因我而动听"为题，就学校以特色音乐课程为依托、实施课程体制改革、构建育人新模式的探索与实践进行简要介绍；媒体记者现场观摩一堂三年级音乐课，以体验音乐中音高、节奏、力度和速度等音乐元素为主要教学内容的歌唱课令记者们大开眼界。

（彭 悦）

八角北路幼儿园会操表演 （区教委供稿）

学前教育

概 述

全区有各类幼儿园40所，其中市立园9所、集体办园2所（街道办园1所）、部队办园4所、企事业单位办园4所、民办园及合作办园21所（民办园12所）。优质园所中，市级示范园5所，一级一类幼儿园16所，市级早期教育示范基地16所。总计在园（班）幼儿10024人（其中外省市户口幼儿2948名）。教职工1681人，其中园长75人，教师892人，保健员55人。总占地面积179583平方米，建筑面积94377平方米。公办幼儿园年经费投入5477.7万元，其中财政拨款3234.2万元，其他资金2243.5万元。全区基本形成以教育部门幼儿园为骨干示范，多种办园模式并存、规模比较稳定的学前教育发展格局。年内，按照"管理促发展、研究促提高、师资兴教育"工作思路，以"发展"为关键词，破解百姓关心的"入园难"问题，落实学前教育三年行动计划，开办麻峪、北辛安和广宁三所普惠性幼儿园。大力推动小区配套幼儿园建设，建成融景城京源幼儿园分园，杨庄北区幼儿园正式开工，审批3所民办幼儿园。师范附属幼儿园、实验幼儿园进一步扩大招生，全年新增学前教育学位1840个。京源学校幼儿部、区一幼通过市"示范园"评审，开展优质园与民办园"手拉手"结对活动，推进街道办园、部门办园达标工程。以"绿色教育"项目研究为引领，通过提高精细、科学、规范化管理工作达到提升保教质量的目的，关注队伍建设，关注幼儿健康快乐成长，关注区域学前教育的内涵发展，促进学前教育事业优质、均衡、可持续化发展。

（黎 铮）

【市级示范园开放观摩】 3月17～18日，区幼儿园、京源学校幼儿部作为新验收的市级示范幼儿园向全市幼儿园举行开放观摩活动。以主题鲜明的环境创设、独具特色的区域活动、尊重幼儿主体性的集体教学、丰富多彩的阳光体育活动，给来自各区县300余名园长、教师留下深刻印象。

（范璐丹）

【园长计划管理培训】 3月31日，组织开展主题为“幼儿园有效管理”的园长计划管理培训。邀请市级示范园验收专家组成员邹静华进行专题讲座，以多年示范园验收的亲身感受为实例，通过典型案例分析，强化管理干部队伍目标管理意识，提高幼儿园精细化管理水平。全区各类型幼儿园园长、业务园长、后勤主任90余人参加学习。

（范璐丹）

【举办观摩研讨活动】 4月27～29日，以“优质办园·均衡发展”为主题的走进市级示范幼儿园、市一级一类幼儿园观摩研讨活动，在区幼儿园、京源学校幼儿部、军区联勤部幼儿园分别召开。全区各类型园所的园长、教师代表600余人次参与半日观摩、经验交流、主题研讨活动。活动以“示范引领”形式，发挥优质园所辐射作用，搭建区域园所交流与沟通平台。11月29日，组织题为“夯实基本功 提高实践能力 提升保教质量”的幼儿园半日活动观摩研讨活动，区幼儿园赵雪飞、实验幼儿园左振红，首钢大地幼教中心老山东里幼儿园范宏钰分别从班级生活活动、活动区活动、教学活动、户外活动四个方面，呈现班级半日活动流程，120余名园长及幼儿园教师参加活动并填写《意见反馈表》，为今后开展区域教师培训活动提出建议。

（范璐丹）

【“名师讲坛”活动】 与北师大学前教育研究所联合举办七次绿色学前教育系列活动之一“走进师大·名师讲坛”。5月11日，第一次宣讲活动在北师大英东楼举行。区师范学校附属幼儿园园长齐景华向师生作题为《管理求精细，质量促发展》的主题汇报；所长霍力岩针对“名师讲坛”活动未来的立足点与出发点与在座师生交流感想。5月25日在英东楼举行第二次宣讲活动，区实验幼儿园园长张艳君主讲《提升教育幸福指数，打造和谐发展的阳光幼儿园》，师大学生结合幼儿园实践工作和健康领域研究表演4套幼儿操。6月22日在英东楼举行第三次宣讲活动，区实验幼儿园老师韩秀荣作《尊重幼儿是实施教育的基本点》的讲座。10月12日第四次宣讲活动，由区师范学校附属幼儿园副园长许亚文作《开展真实有效的园本教研》主题宣讲。同月26日，第五次宣讲活动在北师大教四楼举行，区师范学校附属幼儿园老师田艳作《和孩子们一起感受美、创造美——幼儿园美术教学的实践》主题宣讲。12月7日，在英东楼举行第六次宣讲活动中，区实验幼儿园副园长王斌作《开展园本性体育活动促进幼儿健康成长》主题宣讲。同月13日，区教育分院马炳霞解读《幼儿园教育指导纲要(试行)》，帮助师大学生理解《纲要》中蕴含的儿童观及知识观。

（安亚玲　黎　铮）

【社会志愿者活动】 5月11日，联合世界救助儿童基金会儿童早期发展项目组，启动衙门口儿童早期发展中心幼儿教师社会志愿者招募工作。来自全区6个幼儿园的23名教师为该中心提供4个多月的志愿服务，期间组织活动18次，累计参与活动500多人次。志愿者精心设计的多种活动不仅赢得孩子喜欢，更在与家长交流早期教育理念过程中，改变家长育儿行为。9月29日，项目组在实验中心幼儿园召开阶段总结会，基金会向社会志愿者颁发荣誉证书。志愿服务将连续开展3年，持续为流动人口聚集社区中处境不利的幼儿提供尽可能丰富的早期教育干预。

（安亚玲）

【“手拉手”结对工作启动】 5月25日，在新世界国际幼儿园启动优质幼儿园与民办幼儿园“手拉手”结对工作，下发石教办发〔2011〕7号通知。10所优质幼儿园和10所民办幼儿园签订“手拉手”结对工作协议书。“手拉手”结对工作坚持优势互补、资源共享、互助互利、共同提高的原则，建立计划、互动、指导、学习、档案等工作机制，发挥优质园在管理、教师培养和保教等方面引领作用，提高民办园管理水平、队伍素质和办园质量，促进区域学前教育事业优质均衡发展。

（范璐丹）

【“阳光体育特色园”颁牌】 8月15日，召开区阳光体育活动总结会。总结三年来开展阳光体育活动经验，向14所幼儿园颁发“阳光体育特色园”匾牌，并赠送活动阶段性成果《民间体育游戏案例集》。同日，组织主题为“扎实常态管理，提高园长保教工作能力”的第9期暑期园长培训研讨班，全区40余所幼儿园园长与业务园长80多人参与活动。

（范璐丹）

【论文获全国研讨会一等奖】 10月20～22日，在杭州召开的第8届全国学前儿童健康教育学术研讨会上，区教委学前科撰写的论文《以民间体育游戏为切入点，提高区域幼儿体育活动水平》获一等奖，并就幼儿园实践探索民间体育游戏从行政支持、创新研究、对幼儿发展影响三方面作主题报告，获得专家与全国幼教同行认可。

（安亚玲）

【绿色学前教育研究启动】 依托与北师大教育学部学前教育研究所共建绿色发展实验区的平台，启动“课程建构与教师专业发展一体化”项目暨《绿色活动课程》研究。3月5日，共同召开区项目推进研讨会。区教委、教育分院、基地园与北师大专家团队分析绿色学前教育研究现状，以品牌园打造工程及“雁阵双名”工程为重点，提出课程开发与教师发展一体化工作思路，形成年度绿色学前教育研究方案及工作推进时间表。7月1日，学前教育所专家一行4人到区研讨交流，就项目研究方案中涉及的对象、调研方式等问题提出具体建议。9月21日，召开项目研讨会，学前教育研究所所长霍力岩，密西根大学教授、北师大客座教授Susan Newman博士等10余名硕博研究生参与研讨。11月11日，召开项目研究启动筹备会在北师大英东教育楼，围绕落实工作机制与拓宽思路及实施“双名工程”达成共识。同月30日，启动大会在区教委四层大会议

室召开。会议宣读《绿色活动课程》实施意见和项目研究工作小组名单，为小组成员和实验园成员颁发聘书和证书。北师大教育学部副教授李敏谊作“绿色活动课程——价值、结构与方法”发言，师范附属幼儿园许亚文、第三幼儿园牟蕾分别作“绿色活动课程研究中促进幼儿园优质发展”、“在绿色教育理念引领下快乐成长”的发言，北师大教育学部部长教授石中英和区教委主任提出希望和要求，全区园长及优秀教师代表200余人参加会议。

（黎 铮 安亚玲）

基础教育

概 述

年末，全区有独立小学33所，一贯制学校小学部6所，教学班653个，招生4051（外省市户口借读生2284人），在校生21046人（外省市户口借读生11762人），毕业生3308人（外省市户口借读生1541人）；小学入学率100%，巩固率100%，毕业及格率100%，教职工1616人，其中专任教师1405人。中学25所，其中初中13所，高中4所，完全中学2所，一贯制学校6所；教学班444个，其中初中305个教学班，高中139个教学班；在校生11241人（外省市户口借读生9789人），其中初中6488人（外省市户口借读生793人），高中4753人（外省市户口借读生659人）；招生4909人（外省市户口借读生2965人），其中初中3305人（外省市户口借读生1555人），高中1604人（外省市户口借读生389人）；毕业生4371人（外省市户口借读生1219人），其中初中2873人（外省市户口借读生952人），高中1498人（外省市户口借读生150人）；初中入学率为100%，巩固率为100%，毕业及格率100%，普通高中入学率62.73%，高考上线率98.04%，高考录取率91.6%；教职工4018人，其中专任教师3178人。特殊教育学校1所，10个教学班，招生10人，毕业14人，在校学生100人，残疾儿童入学率100%，巩固率100%，毕业率100%，教职工32人，其中专任教师27人。校外教育单位1个，教职工62人，其中专任辅导员30人。小学教师学历合格率97.6%，初中教师学历合格率98.4%。中小学具有高级技术职务442人，中小学具有中级技术职务1735人。全区中小学图书馆藏书1670190册。校舍总占地面积881486平方米，总建筑面积382465平方米。固定资产总值71646.35万元。全年教育经费投入129190.6万元，其中国拨91323.5万元，自筹37867.1万元。加强资源统筹协调，稳步推进重大项目。启动实施7项国家级、市级教育改革项目，落实市区签署的“推动义务教育均衡发展责任书”各项任务。

（刘 娟）

【持续深化课程改革】 推进中小学内涵发展与特色建设，引导学校校章制定工作。以12所基地校为依托，带动全区中小学深入推进绿色课堂改进行动，提高课堂教学实效。以苹果园中学等5所实验学校为辐射，加强三级课程整合研究与实践。举行全区第5届中小学教育教学研讨月和第9届教育教学竞赛活动，扎实开展教学质量监控与分析。当年高考成绩再次取得新突破，本科上线率75%，同比提高7个百分点，总上线率达到93.3%，教育教学质量稳步提升并得到社会广泛认可。

（刘 娟）

【育人模式改革创新】 启动“扬帆工程”（中小学生综合素养培育项目）和“卓越计划”（中小学生生涯规划与领导力培养项目）。京源学校翱翔计划成为区域转变人才培养方式的示范，教育部副部长郝平考察本区音乐教育实验并给予肯定，多个重点项目齐头并进，搭建起拔尖创新人才成长平台。

（刘 娟）

【推进高中优质特色发展】 完成高中高品质特色发展工程行动计划分项目方案，启动高中学校特色建设调研工作。持续推动基础教育集团化发展成效初显，成立北京古城教育集团，实现区域内资源共享、优势互补，合作互动和共同提高，为学生营造高品质的教育环境。北京九中连续两年承办新疆内地高中班教学任务，包括上年入学的84名学生和当年86名新生在内的170名新疆学生主要来自南疆、北疆和西疆喀什、和田、伊犁、阿尔泰等地区，其中90%以上来自农牧民家庭，特困生、贫困生和非贫困生各占三分之一。新疆班学生学制为预科一年，高中三年。其中预科主要补习普通话和初三知识，以汉语为主要教学语言，基本课程为语文、数学、英语、物理、化学、政治、历史、书法、音乐、体育、信息技术、写字等，每周有4课时进行特长活动。

（刘 娟）

【签约“爱慕希望女童”项目】 1月10日，与区妇联签约“爱慕希望女童”项目。该项目是市妇联与爱慕公司合作的专项助学项目，资助对象为义务教育阶段品学兼优的贫困女童，每年资助金额为1000元/每人，直到女童初三毕业。此次有10名在校女童受到资助。由于在项目的执行过程中，受助学生因升学或回乡就读等原因离开石景山，区妇联按救助方要求及时挑选、更换人选。通过几年运行，项目管理及工作机构运转良好，所有善款均按照投资人的意愿谨慎而节约地用于“爱慕希望女孩”的学习，有25名女童接受项目救助。

（刘 娟）

【开展随班就读系列活动】 转变教育观念，普及先进教育理念，促进随班就读教研工作深入开展。全年开展随班就读教师培训3次，4月2日请市特殊教育教研员、培智中心学校教学主任王丽作“个别化教育的理论与实践”专题报告，11月15日请中央教科所特殊教育与心理研究中心副研究员作“实施差异教学，关注随班就读学生”专题讲座，12月15日请区培智中心学校副校长郝洪雁介绍“创设宽松和谐的学习环境，促进随班就读教学质量”。累计12节课时，培训教师196人次，覆盖小学、初中所有学科，整合课堂观摩、教学研讨，于11月、12月推出“随班就读交流课”、“走进特殊教育学校”等系列活动。4月11～21日，组织31所学校43名教师开展“中小学校随班就读评优课”活动，涉及义务教育阶段语文、数学、英语三个学科，覆盖全区所有随班就读学生，来自区教委机关、教育分院、培智学校、各中小学的15名评委进班听评课，选出随班就读优秀课堂教学一等奖9名、二等奖12名、三等奖12名，随班就读优秀教学设计一等奖9名、二等奖13名、三等奖14名。

（林　臻）

【第25届中小幼四联展】 5月31日～6月10日，第25届中小幼课堂教学成果四联（绘画、书法、篆刻、工艺品）展在区图书馆举办。参赛人员涵盖中学、小学、幼儿园学生及教师，是全区艺术教育成果的集萃。本届“四联展”逢单年，是大展，凸显“创新课程育人模式，促进学生全面发展”主题，展出作品1502件，其中教师作品118件。评出一等奖167名，二等奖296名，三等奖460名。153件作品入选《快乐的成长》作品集。

（刘　娟）

【“走进石景山”现场会】 6月14日，“走内涵提升之路　建初中课程特色——走进石景山活动”在京源学校、古城外国语学校召开。活动由市教委和市教育学会初中研究分会组织，全市各区县教委中教科负责人、150余所初中校校长共240余人参加。两所学校推出各类展示课22节，交流学校在全面育人和办学特色建设中的思考与取得的经验，以展示促反思，以交流促深化。北京教育学会初中研究分会理事长、广渠门中学校长吴甡和北师大心理学院博士卢咏莉对活动进行现场点评，教育部基础教育一司负责人提出指导意见。本区是继西城之后系列活动走进的第二个区县。

（胡光熠）

【教育教学竞赛连办九届】 9月，举办第9届中小学教育教学设计与说课竞赛。竞赛以“强化教师基本功，促进教师专业发展”为主题，分中学、小学两组，分别于17～18日和23～25日进行比赛，970名教师参赛，其中中学405人，小学565人，参赛教师覆盖面达到41%，学科涵盖全区所有中小学的全部学科。竞赛最终评出说课一等奖204人、二等奖318人、三等奖309人，教学设计一等奖205人、二等奖321人、三等奖313人，五星奖学校15所，四星奖学校15所，三星奖学校10所。从2003年开始，教育教学竞赛已开展九届，坚持以竞赛促培训、以竞赛促教研，围绕“提高教师基本功、提升课堂教学实效”核心目标，对竞赛作深入探索和创新，建立一套系统、规范的教育教学竞赛工作机制，形成领导重视、教师积极、全员参与、整体提高的良好氛围。

（林　臻）

【中瑞可持续教育联姻】 10月19～20日，特邀出席第5届北京可持续发展（简称ESD）教育国际论坛的瑞典乌普萨拉市Rosendals高中和Fyrisskolan中学代表，先后对北京九中和苹果园中学进行观摩和考察。《联合国教科文组织教育促进可持续发展十年（2005－2010）国际实施计划》起草小组成员、瑞典教育与科学部原副部长、瑞典联合国教科文组织全国委员会可持续发展教育高级顾问Carl Lindberg先生和中国可持续发展教育委员会执行主任史根东博士随同。通过双方热情坦诚交流，最终，九中与Rosendals高中就学生交换达成协议，苹中与Fyrisskolan中学就教师交流达成协议。两对中瑞友好校正式缔结友好关系，携手推进ESD项目，开启地区教育领域国际合作新篇章。

（刘　娟）

【信息化深层次应用推进】 自2006年开展“基础教育跨越式发展创新试验”以来，在北师大总课题组专家的指导和全体试验教师努力下，年内取得阶段性成果。11月9日，总课题组举行“教育信息化深层次应用推进”项目启动会，区教委和北师大与杨庄中学、分院附校、金顶街二小、杨庄小学、海特花园小学5所项目实验学校相关负责人签署合作协议，三方就项目研究内容、达成目标、实施方式和效果评估以及双方责任等内容达成一致。课题组专家就如何做好教育信息化深层次应用推进研究进行专题培训。12月5日，举办第一次课题实验学校教师集体备课和研讨活动。同月13日，在杨庄小学举行首次公开观摩研讨。

（王贤鑫）

【友善用脑课题结题会】 12月21日、23日，与教育部全国教育科学规划“十一五”课题《友善用脑教育教学实践的基本理论研究》总课题组分别在五里坨小学、同文中学举行结题现场会。来自7所实验学校的代表及相关部门负责人50人听取汇报，观摩展示课。教育部友善用脑课题中心、市教科院作《视角转变——从关注教师到关注学生》评价，对在实验基础上构建区域

社区学院公益大课堂　　（区教委供稿）

模式等方面提出希望。

（王贤鑫）

社区教育

概　述

全区有1个社区市民总校（社区学院），9个市民学校中心校（街道社区教育中心），139个市民学校分校（设在居委会）。下派社区专职教师33名，登记在册社区教育志愿者3768人。年内，落实学院“十二五”发展规划，拓展教育服务功能，加强在职人员继续教育、岗前及再就业培训、市民文化艺术生活培训“三大基地”建设，用丰富的教育内容，多样的教育形式，为市民搭建开放、“超市型”终身学习平台，吸引大批市民来到社区学院，走进社区教育场地，推动学习型城区建设。依托《石景山社区教育通讯》等媒体面向社区宣传终身教育理念；评选、认定并表彰9个区级“学习品牌”、11个区级“学习之星”；加强社区教育管理和考核，建立健全社区教育中心各项管理制度；发挥社区学院龙头作用，举办社区周末大讲堂、全民终身学习活动周、社区学习节、市民公益英语大课堂、“名师送教进社区”、“一街一品”等系列活动，丰富市民文化生活。各街道社区教育中心结合自身条件，发挥自身优势，开展多项文化娱乐活动；街道建立老年大学分校，促进老年教育开展；有效构建青少年家庭教育，确保学校、社区、家庭三位一体教育模式；推动中小学及驻区单位合作，促进社区教育资源共享。全年完成各类社区教育市民培训321132人次，“市民学习圈”被认定为“首都市民学习品牌”。

（姜葵葵）

【第7届社区学习节】 6月22日，召开第7届区社区学习节启动仪式暨学习品牌、学习之星表彰大会。建设学习型城区工作领导小组对社区学院“首都市民学习品牌”市民公益英语，五里坨街道联勤部社区老年大学等9个区级“学习品牌”和区疾病预防控制中心张国磊等11名区级“学习之星”进行表彰。并向市民赠送市民教育系列教材。本届学习节持续一周，主题为“繁荣社区文化，构建和谐家园”，启动市民学校数字生活技能大赛。各街道发挥市民学校主阵地作用，开展市民学习成果交流活动，提高市民学习积极性，在全区营造“学习为荣、创新发展”文化氛围。

（姜葵葵）

【全民终身学习周】 10月23～29日举办。各街道（社区）围绕“人人参与学习、分享学习成果、提升生活品质”的活动主题，通过开展系列读书活动、学习体验、知识竞赛等活动，宣传终身教育、终身学习理念，市民积极参与，形成家庭读书、用书、爱书热潮。有8个家庭被评为“书香家庭”，五里坨街道等9个学习周表现突出单位、在“党的生日”祝福语创作比赛中获最佳创作奖的50幅作品也一并受到表彰。

（姜葵葵）

【市民讲外语活动周】 10月29日～11月4日举办。各街道利用市民学校，采取“自学为主，辅导为辅”方式，组织丰富多彩的外语教育活动，提高市民学习外语、讲外语积极性。活动开幕式上对金顶街街道英语班等7个在市民讲外语活动及公共场所英语标识规范工作中贡献突出的团体和王筱琴等10名学外语典型个人进行表彰，并为踊跃献课的市民讲外语志愿者颁发“我是志愿者我光荣”荣誉证书，同时还向市民代表赠送社区学院组织编写的市民英语教材《英语伴我行》。

（姜葵葵）

【获评首都市民学习品牌】 10月，“石景山区市民学习圈”被市建设学习型城市工作领导小组认定为首都市民学习品牌。市民学习圈项目发挥社区教育志愿者协会优势，实施“健康教育进社区”等8大工程活动，并编写老年教育、市民家庭生活教育、市民英语教育和社区教育志愿者培训等四个系列16本市民教育教材。同时，区环卫中心赵五、鲁谷社区韩春鸣、八宝山街道四季园社区郭桂云、区环保局卫桐等4名同志被认定为首都学习之星。

（姜葵葵）

职业与成人教育

概　述

全区有区属中等职业学校2所，在校生4070人，招生2015人，毕业生1708人，就业率99%，职业资格证书取证率90%。教职工264人，其中专任教师217人，教辅人员47人。专任教师100%具有本科及以上学历，其中研究生学历61人，高级专业技术职务66人、中级112人。聘请校外教师41人，“双师型”教师123人。两校占地面积9.06万平方米，建筑面积7.88万平方米。图书馆建筑面积1600平方米，藏书42.8万册，其中，纸质图书12.8万册、电子图书30万册。固定资产总值12066.63万元。全年教育经费投入2969.7万元，其中财政拨款2629.3万元，自筹340.4万元。学校设有学历教育区、综合培训服务区、实训经营区、合作办学区和住宿生活区5大学区，开设信息科技、旅游服务、金融商贸、美容美发、综合（口腔修复工艺、服装设计与工艺、学前教育）五个学部，共有服装设计与工艺、美发与形象设计和计算机网络技术等11个专业、57个教学班，建有9个校内实训基地、17个校外实训基地，办学条件优良。全区有区属成人高校2所。其中，区业余大学开设会计、电脑艺术设计等12个专业，在校生802人，毕业318人，招生650人；北京电大石景山分校开设工商管理、物业管理等15个专科专业和广告、会计等14个本科专业，在校生3409人，春季招生420人，秋季招生459人，毕业633人。两校实行合署办学统一管理，共有教职工140人，其中专任教师38人，副教授10人，讲师28人。学校有三个教学区，建筑面积24529.41平方米，图书馆藏书133571册，固定资产总值12478.76万元；全年教育经费投入4296.86万元，其中财政拨款2221.33万元。奥鹏远程学历教育开设护理学、工程管理、财务管理、汉语言文学等37个本、专科专业，在读生492人。全年开设短期培训班

1194个,培训学生36041人,开展社区教育培训项目23项,培训人数9390人。年内,推进黄庄职业高中创建国家中等职业教育发展改革示范校工作,完成扩建方案设计。深入开展"绿色职业教育实验",实施"职业教育与CRD互动发展模式"实验项目。

(姜葵葵)

【专业技能大赛获佳绩】 3月26日,黄庄职业高中美容美发与形象设计专业和烹饪专业13名学生参加市中等职业学校专业技能大赛8个项目比赛,取得4个一等奖、4个三等奖的成绩。在4月举办的全国专业技能大赛市第8届中职校专业技能选拔赛中,黄职7个专业35名学生获19个单项冠、亚、季军;团体取得2个一等奖、3个二等奖和1个三等奖,获奖率高于全市,创下连续8年参赛的最佳战绩。6月15日,入学不足一年的7名高一学生参加市商务行业"青工竞技岗位建功"行动启动仪式暨"四美国际杯"第25届发型、化妆大赛"卷杠组"比赛,2人夺冠,3人获亚军,2人获季军。同月24~27日,黄庄职高代表本市参加全国职业院校技能大赛美容美发、动漫、服装、烹饪等4个专业6个项目的角逐,获得3个一等奖、2个二等奖、2个三等奖。其中"女士中发翻翘发式"、"男士无缝吹剪"、"新娘化妆"获一等奖,"服装CAD板型制作、放码与女式时尚合体样衣(夹里)缝制"获二等奖,"数字影音后期制作技术"分获二、三等奖,"果蔬雕刻"获三等奖。5月6~9日,黄庄职高旅服专业5名学生夺得"神州视景杯"第3届全国旅游院校服务技能大赛北京地区第一名。7月1日,在2010~2011学年全国及本市各项技能大赛中获奖学生71人次,接受学校颁发的"技强奖学金"和获奖证书。

(姜葵葵)

【接受中职示范专业评估】 5月11~12日,市中职示范专业评估专家组依据市教委《关于中等职业学校示范专业建设的意见》精神,对黄职申报的美容美发与形象设计专业进行评估。通过听取报告、听课、与各方代表座谈、查阅档案等方式,肯定黄职专业建设成果,认为该专业定位准确,职教特色鲜明;开展"以工作过程为导向"课程改革,教学质量明显提高;整合资源,打造校内外多功能实训基地,有效支撑专业建设发展;深入开展校企合作,行业专家进课堂,效果显著;重视师资队伍建设,师资水平不断提高。区教委及黄庄职高认真落实专家意见,以示范性专业评估为契机,全面推进专业内涵式发展,提高专业品牌效应。

(姜葵葵)

【中职校说课比赛】 6月20日,举行中等职业学校公共基础课单元教学设计说课比赛,20位中职校语文、数学、英语三科任课教师参加比赛。参赛教师进行现场说课、说课课件演示、单元教学设计编写等环节,最后评选出一等奖2名、二等奖3名、三等奖5名。

(姜葵葵)

【开展"双证书"教改】 开展"学历+职业资格"的"双证书"教学改革,增强职业教育吸引力。结合国家有关部门要求,调整教学内容,创新课程模式,明确要求2011级新生用"计算机等级证书"替代《计算机基础》课程考试、"北京英语口语考试"替代《大学英语》课程考试。年内有197名学生考取会计证、助理物流师、保育员证、普通话等资格证书,有123人参加导游证、英语口语考试等。

(向左霞)

【招生1662人】 业大成人高考报名确认697人,录取650人,连续11年完成市教委招生计划指标。电大春秋两季招生879人,处于全市47所电大分校第五名。奥鹏远程教育招生133人。年末,有学历教育在校生4703人,开设50个本专科专业,124个教学班。

(向左霞)

教育督导

概 述

石景山区人民政府教育督导室(简称区政府教育督导室)由区教委代管,有督学和督政双重职能。截至年底,有专职督学7人,兼职督学14人,特约督学14人,挂职督学3人。年内,以教育法律法规为依据,坚持监督与指导并重,发挥教育督导的监督、保障、导向和激励作用,完成小学规范化建设工程12所学校的督导验收和复查回访,就两支队伍建设、办园特色等完成2所幼儿园督导随访,就初中内涵建设要求完成对6所初中学校督导随访,以调研高中多元化学校课程建设为重点完成对2所普通高中的特色建设工作随访,完成黄庄职业高中德育专项督导复查以及2所民办幼儿园和12所民办教育机构的督导随访。重新修订民办学校办学水平综合评价方案(试行),开展教育法律法规执行情况督导检查自查,加强对区属相关部门履行职责、落实素质教育目标等情况监督检查,组织开展义务教育实施情况监测和义务教育均衡发展督导评价。开展人民满意学校测评工作,为35所"人民满意学校"颁牌。

(王桂洋)

【督导验收12所小学】 3月10日,召开第三批19所小学校长参加的小学规范化建设工程督导验收工作培训会,重申督导验收工作方案的指导思想、督导原则、工作目标、督导任务和验收程序。年内,完成对金顶街第二小学、西黄村小学等12校的小学规范化建设督导验收。12月,对上年接受小学规范化建设督导验收的电厂路小学等12所学校进行复查回访。

(千文芳 魏 莉)

【督导随访】 4月,对国家体育总局老山汽车摩托车驾驶学校、华大天下教育研究培训中心、巨人文化艺术培训学校进行督导随访。内容包括近年来办学基本情况、专兼职教师配备及队伍建设情况、办学规模与办学质量、社会效益与经济效益、办学中的困惑、问题研究及对策建议等,与学校领导交换意见,提出办学建议。6月,对区幼儿园和实验幼儿园进行督导随访,听取园长汇报,了解基本情况,观看区域活动、集体教育活动和户外活动,查看档案,就发现问题与幼儿园领导沟通交流。10～11月，依据初中内涵建设工作要求，分别对分院附属学校、实验中学、京源学校进行督导随访，针对办学过程中出现的新问题提出改进建议。

（张寿山 千文芳）

【人民满意学校调查】 4～6月，在全区范围内进行人民满意学校问卷调查。该调查委托北师大教育学部教育统计与测量研究所对调查数据进行分析、评价，撰写评价报告。调查对象涵盖全区除高三外所有中、小、幼、职学生的家长，中学生和4～6年级小学生及派出所、街道和社区人员。设计幼儿园家长、中小学生家长、中小学学生、街道和派出所等5套问卷。内容包含对学校的总体评价、学校管理、家校沟通、教师、教学和环境设施等。向家长、派出所、街道和社区发出问卷28731份，回收有效问卷27223份，问卷有效率为94.75%；发出学生问卷13312份，回收有效问卷13195份，问卷有效率99.12%。总体有效回收率为96.13%。统计结果表明，全区整体满意率达到92.31%。12月15日，召开人民满意学校评价工作总结暨表彰大会，35所中小学幼儿园被评为“人民满意学校”。

（王桂洋）

【小学图书馆情况调研】 4～10月，结合小学规范化建设督导验收，开展小学图书馆情况调研。通过问卷调查、学校自查、实地查看、召开座谈会等形式收集数据，了解全区各小学图书馆工作人员基本情况、图书馆基本配置、馆藏文献情况，12月完成调查报告。调研结果表明，近年来区教委对各小学图书馆投资力度加大，硬件建设取得初步成效。书库面积、藏书量达到本市中小学校办学条件标准细则的小学分别占统计总数的94%和88%；所有小学均能做到开架借阅图书，设置数字图书馆的小学有23所，占70%；82%的图书馆人员达到大专以上学历。部分学校还存在阅览室内办公设备落后，存书数量、质量以及种类的补充和更新还不能满足学生阅读需要等问题。

（千文芳）

民办教育

概述

全区有经审核批准的各级各类民办教育学校97所。其中民办普通中学3所，民办幼儿园14所，民办职业高中1所，外地来京务工人员自办学校3所，其他各类文化、教育、技术等非学历培训学校75所。各类培训机构全年注册人数达83898人，其中民办普通中学在校生1685人，民办幼儿园有幼儿2733人，已批准的来京务工人员自办学校在校生3312人。各类学校教职工合计2382人，其中专任教师1263人。另有2所尚未批准的打工子弟学校，在校学生959人。年内，规范民办教育秩序，严格审批程序。各民办学校把握机遇，结合自身办学条件找准市场定位，注重口碑，规范管理，加强宣传，热心公益，树立良好形象，努力创办品牌学校。

（周晓敏）

【优秀民办机构表彰】 1月11日，审定优秀民办教育培训机构，提出“关于表彰优秀民办教育机构的建议”。5月13日，督导室与区教委联合召开民办教育工作会，授予北方艺校、西郊汽车驾驶学校、爱华外语研修学校、中意汽车驾驶学校、华夏英才培训学校等5所民办学校“优秀民办教育培训机构”称号。

（厉 丽）

【安置打工子弟入学】 6月，刘娘府地区开始整体搬迁和改造，该地区涉及外来务工人员自办的打工子弟学校3所（红星希望小学、太和小学和春蕾小学），学生600余名。主管区长召开协调会，研究打工子弟学校拆迁工作。区教委严格执行“三先三后”工作原则，即：先拆迁民居，后拆迁学校；先有安置分流方案，后实施拆迁；先分流学生，后拆校舍。根据区公办学校现有校舍和场地情况，努力扩大公办学校收生能力，制定分流方案，最终将符合政策的459名学生全部安置到11所公办学校就读，其中蓝天一中接收300余名随迁子女。

（郭燕艳）

7月11日，中丹学院科研教育中心成立揭牌 （中科院研究生院供稿）

驻区高校

中国科学院研究生院

【概况】 中国科学院研究生院（简称研究生院）是经国务院批准由中国科学院创办的国内第一所研究生院。由设在北京的3个集中教学园区（玉泉路、中关村、奥运村）、5个教育基地（上海、武汉、广州、成都、兰州）及分布在全国各地的117个研究生培养单位(中国科学院各研究所、中心、台、站等)组成。研究生院在“统一招生、统一教育管理、统一学位授予”和“院所结合的领导体制,院所结合的师资队伍,院所结合的管理制度,院所结合的培养体系”的办学方针指导下,实行在集中教学园区完成为期一年的课程教学、进入研究所跟随导师在科研实践中开展课题研究并完成学位论文的“两段式”培养模式。研究生院设有数学科学学院、物理科学学院、中丹学院等14个直属教学机构和数据与通信保护研究教育中心、虚拟经济与数据科学研究中心、科技资源管理研究中心等3个直属研究机构。教师队伍由专任教师、任课教师、论文指导教师组成,其中,专任教师345人(教授研究员133人、副教授副研究员154人),论文指导教师10559人,任课教师1574人。年内,研究生院录取研究生12792人,其中,博士研究生5520人,硕士研究生7272人;在学研究生38320人,其中,博士研究生18659,硕士研究生19661人;毕业研究生8131人,其中,博士研究生4734人、硕士研究生3397人。授予4832人博士学位,3898人硕士学位。在学外国留学生149人,其中博士研究生121人,硕士研究生10人;在学港澳台学生47人。外国留学生毕业16人,均为博士研究生;港澳台学生毕业4人,其中博士研究生2人,硕士研究生2人。研究生院办有《中国科学院研究生院学报》、《自然辩证法》、《管理评论》、《工程研究——跨学科视野中的工程》4个公开发行的学术期刊以及内部刊物《研究生院》。

地址:玉泉路19号(甲)
电话:010-88256030
传真:010-88256006
电子信箱:po@gucas.ac.cn
网址:http://www.gucas.ac.cn
邮编:100049

(尚　颖)

【学科授权点分布】 39个博士学位授权一级学科点,分布在教育、理、工、农、医、管理六个学科门类;硕士学位授权一级学科点53个,分布在哲学、经济学、法学、教育、文学、理、工、农、医、管理十个学科门类,覆盖54个一级学科。另有工程和工商管理硕士等8类专业学位授权点。研究生院成为电子与信息领域工程博士首批试点单位,5个研究生培养单位将开展工程博士授权试点。增列学科专业博士培养点25个、硕士培养点52个,全日制工程硕士培养点81个。完成学位授权点对应调整工作,“生态学”等3个博士学位一级学科授权点获国务院学位委员会审批通过。

(尚　颖)

【研究生开课1534门】 春季学期640门,夏季学期255门,秋季学期开设课程639门。2010~2011学年参加公共必修课程学习的博士研究生1524人次,315名学生参加“跨学科课程兼修计划”学习。依托北京集中教学园区的17个教学实验室,开设实验课37门。启动首批精品课程建设立项申报工作,评选出4门精品课程。评选出校级优秀课程51门,夏季学期课程特别奖5门。

(尚　颖)

【科研项目在研865项】 其中,国家自然科学基金项目175项,中国高技术研究发展计划(863)项目重点课题2项、专题12项,国家重点基础研究发展计划(973)项目课题8项、专题19项,科技支撑计划项目课题2项、专题8项,中科院创新方向性项目4项、专题28项,科技部软科学项目6项,国家社会科学基金项目12项,教育部留学回国人员基金12项,地方委托项目27项,企业委托项目99项,国外委托项目11项。研究生院院长基金A类49项,研究生院院长基金B类45项。新增国家科技重大专项课题2项、专题2项。

(尚　颖)

【首次招收直博生】 年内,获得直接攻读博士学位研究生招生试点资格,12个培养单位录取直博生79名。新增通过高校下达招生计划的联合培养博士生试点单位5个,新增联合培养博士生试点高校2所,争取由研究生院下达的联合培养博士招生指标100名。

(尚　颖)

【签署学生交流协议】 2月25~26日,与沙特阿卜杜拉国王科技大学签署学生交流协议。根据协议,双方确定设立联合培养项目,双方在互认课程学分、共同指导的基础上,阿卜杜拉国王科技大学将为研究生院学生提供奖学金和赴该大学学习的机会。参加此项目的学生将获得研究生院和阿卜杜拉国王科技大学两名导师的指导,学习结束并通过答辩后,学生可获得研究生院和阿卜杜拉国王科技大学分别颁发的毕业文凭和相应学位。首批有20名学生参加该项目。

(尚　颖)

【文物科技评估中心成立】 我国文物市场正处在高速发展阶段,而与之密切相关的鉴定领域则处于一个无序状态,科技手段的实际运用很不广泛,90%以上的文物鉴定还是单纯靠传统眼学。3月31日,中国科学院研究生院文物科技评估中心揭牌,并向孔祥星等20余位顾问委员会专家颁发聘书。该中心由研究生院科技史与科技考古系王昌燧教授担任主任,顾问委员会由中国科技大学张裕恒院士担任主任,著名青铜鉴定专家孔祥星和南京博物院研究员、著名陶瓷鉴定专家张浦生担任副主任。中心的性质是科研机构,不以盈利为目的,采用多学科协作方式开展工作。钱币冶铸史专家周卫荣作题为“失蜡工艺与青铜器鉴定”报告。与会专家一致认为,文物鉴定必须“眼学与科学并重,传统与科技结合”,文物鉴定方法应与时俱进,加快推进现代科技方法在文物鉴定中的应用。

(尚　颖)

【首获哈佛大学校友成就奖】 5月14日,盲人教授杨佳获哈佛大学肯尼迪学院校友成就奖。杨佳是获得该奖项的中国大陆第一人。该奖项于1997年设立,表彰在某领域作出重要贡献并使人们生活得到改善的杰出校友。在曾获得该奖项19人中,包含15名美国政府官员,美国人占获奖者总数的3/4。杨佳10年前毕业于哈佛大学,是哈佛建校300多年来第一位获公共管理硕士学位(MPA)的外国盲人学生。

(尚　颖)

【信息化项目通过验收】 5月20日,"十一五"信息化建设专项"教育信息化"项目通过验收。该教育信息化项目于2008年9月立项启动,项目经费1900万元,从中国科学院"跨地域、网络式、集中分散相结合的客观布局"出发进行建设,以服务教育管理和创新、促进科研教育资源融合为目的,以实现教育的科学管理和知识的充分共享为目标,建成较为完备的集成化、网络化的平台体系,主要包括研究生教育管理、继续教育培训和协同学习服务三大平台以及教育信息化门户共16个系统。该系统已面向中科院100多个研究院所和研究生院的研究生、教职员工等10万用户提供服务。

(尚　颖)

【承办市级演讲比赛】 5月22日、12月10日,分别举办2场本市研究生英语演讲比赛决赛。两场决赛分别以"social commitment"和"发展与安全"为主题,分为主题演讲和回答评委提问两个环节。经过初赛和复赛,来自清华大学、中国人民大学、中科院研究生院等近40所高校的36名选手进入2场比赛的决赛。决赛设三等奖9名、二等奖6名,一等奖3名。

(尚　颖)

【举办国际研讨会】 5月29~30日,举办数据学与数据科学国际研讨会。研讨会主题为"探讨数据科学的原理、结构与应用",议程分为专题报告和交流讨论两个部分。会议邀请来自美国、加拿大、澳大利亚、日本、西班牙等国家的12位国际专家和20余位国内同行,围绕数据分析、数据结构、数据库管理、数据挖掘、知识发现、智能知识与知识管理等多个角度作学术报告。国内外知名学者、高校学生近100人参加会议。

(尚　颖)

【签订联合培养协议】 5月30日,材料科学与光电技术学院与美国卫理公会医院研究所(The Methodist Hospital Research Institute, TMHRI)签定联合培养研究生的协议。根据协议,双方自6月1日起,开展为期6年的医用材料及相关领域的研究生联合培养计划,材料学院每年遴选数名优秀研究生及青年教师到美国卫理公会医院研究所进行为期两年的学习研究,获选研究生由中美双方导师共同指导,毕业时由研究生院授予学位。研究生或青年教师在美国学习研究期间,享受美方提供的高额资助和其他优厚待遇。

(尚　颖)

【举办全国论坛】 6月18日,举办全国首届科技哲学应届毕业研究生论坛。该论坛由中国自然辩证法研究会和研究生院主办。论坛收到推荐论文18篇,15名应届毕业研究生作大会报告,其中博士研究生7人,硕士研究生8人;每个报告由一位教师点评,均安排有提问和回应的互动环节。学生报告认真,点评教师客观中肯,师生互动,同学互动,真正做到教学相长。科技哲学专业应届毕业研究生提交研究论文,在全国尚属首次。来自中国科学院、中国社会科学院、北京大学、清华大学、中国人民大学、北京师范大学、中央党校、北京航空航天大学等10余所高校60余名研究生和导师参加论坛。

(尚　颖)

【中丹学院科研教育中心】 7月11日成立。该学院为研究生院的非营利性二级学院。先期发展的学科领域包括水和环境、可再生能源、纳米科学与技术、生命科学、社会科学。教师分别来自研究生院相关学院、培养单位和丹麦哥本哈根大学等8所大学。实行中丹双导师制,采用全英文教学的课堂面授形式,培养中丹双学位硕士和博士。

(尚　颖)

【葛洲坝集团培训基地挂牌】 7月13日,葛洲坝集团培训基地在三峡电力职院举行揭牌仪式,同时召开院企合作座谈会。基地立足于研究生院专家资源、科技成果资源、教育品牌资源,针对葛洲坝集团各类人才的培训需求,与该集团公共教育培训中心合作开展个性化、创新化培训项目。主要提供三种类型培训:一是引领式培训,以创新讲堂为载体,面向集团领导干部和业务骨干,进行科技前沿、政策动态、管理创新等方面培训;二是咨询式培训,以脱产集中培训和实地现场培训为主要形式,面向集团的各类人才,设计具有针对性的个性化培训方案,提供满足现实需求的培训服务;三是行动式培训,以行动学习为主要形式,面向集团领导者,结合具体工作任务特别是战略任务,实现培训过程与任务完成过程的结合。当天,基地启动第一个项目——"创新讲堂"开讲,中国科学院院士、工程热物理学家徐建中,国家发改委能源研究所副所长王仲颖分别讲座半天,葛洲坝集团公司350多名中高层管理人员和技术骨干参与培训。

(尚　颖)

【免费举办10期暑期学校】 7月18日~8月1日,举办10期全国优秀大学生暑期学校。每期7~10天,内容涵盖数学、物理、化学、环境、信息、管理、地球、人文、材料、生命等近50个学科专业,分别由10个相关专业学院承办,招生对象为全国高等院校优秀高年级本科生,一律免收学费,由中科院研究生教育基金会提供200万元经费资助。采取讲座报告、团队研讨、参观考察、师生联谊等形式,帮助学生开拓学术视野、培养科研兴趣、激发科研潜能。期间举办讲座254场,来自149所高校的1107名大学生参加暑期学校学习。此前,研究生院已先后承办行业应用软件、粒子物理与核物理、生物化学与分子生物学、管理科学与工程、量子信息、化学等不同专业领域的6期全国研究生暑期学校,取得良好效果。

(尚　颖)

【思想政治理论课改革】 7月5日,召开学生思想政治课程统筹改革培训动员会议,各学院辅导员以及工作组成员200余人参加。经过春季学期试点、秋季学期全面推开,目的是改变传统授课内容与形式,改变思想政治教育与学生实际脱节、效果不佳的现状。思想政治课改革后包括"中国特色社会主义理论与实践研究"、"自然辩证法与科研伦理"和"中国马克思主义与当代"三门课程，每门课程增加课堂讨论和社会调查等环节，使学生成为课程教学主体，加强学生对现实问题的关注，引导和启发学生针对现实问题提出解决方案并进行讨论，并配备辅导员及相关教师参加学生课堂套路环节。采用大班授课、40人小班讨论的方式，课程成绩分梯度，由学生公开评定成绩。5000余名研究生参加课程学习，非常满意和比较满意的占到90%以上，其中非常满意的比率比春季试点班级提升一成多。学生满意的地方依次是："课程贴近社会历史与现实，培养学生分析与解决问题能力"、"课堂讨论形式很好"、"集中授课与学生讨论相结合"。

（尚　颖）

【签署合作谅解备忘录】 10月19日，英国阿斯顿大学校长Julia King教授一行3人到访。与阿斯顿大学签署合作谅解备忘录，并为Julia King教授颁发客座教授聘书。根据备忘录内容，两校将在交换学生、交换教师和行政人员等方面进行多层面合作和交流。阿斯顿大学坐落在英国第二大城市伯明翰市的市中心，成立于1895年。该大学以商科及工科专业尤为出色，MBA课程综合教学质量在全英排名前十名。学校拥有9500名学生，包括本科生和研究生，在英国属于前20～30名的学校，学校在促进学生就业方面是英国的典范。Julia King是英国皇家工程院院士，英国大学委员会委员，现为阿斯顿大学校长。上年11月，经英国首相任命，她成为英国低碳商务大使。

（尚　颖）

【青年教师获国际大奖】 研究生院工程教育学院教师邵婧婷的研究成果The impact of program managers' leadership competences on program success and its moderation through program context（项目群情境调节下项目群经理领导力与项目群成功之间的关系研究）获得"2011年度国际项目管理学会青年研究者杰出研究贡献奖"。这是国内项目管理研究人员首次获得该级别国际大奖。国际项目管理协会（IPMA）成立于1965年，总部设在瑞士，是全球第一个项目管理领域的专业组织，也是第一个对项目经理进行专业资质认证的国际机构。

（尚　颖）

【续签学术交流新协议】 11月15日，与澳大利亚格里菲斯大学签署学术交流新协议。新协议增加2项内容：格里菲斯大学每年资助本校学生人数由1人扩大至5人；合作领域由生命、资源与环境2个领域扩大到双方感兴趣的各个领域。2008年10月28日，已与该校签署联合培养博士生有关合作事宜的协议。格里菲斯大学是澳大利亚的公立学校，其环境科学、亚洲研究等专业为传统强项。此外，音乐教育、酒店管理和经济学在澳洲也位于前列。近年来，该校重点发展生物科学、信息科技和多媒体艺术等领域的教学与研究。

（尚　颖）

【设立志愿者基金】 11月19日，获得建筑设计研究院60万元捐赠，设立"中科院设计院志愿者基金"，用以支持国内各高校志愿者协会等公益组织和团体。清华大学、天津大学、西安建筑科技大学、北京建筑工程学院等5所院校获该基金首批资助，计划开展"12·5"国际志愿者日系列活动、关爱农民工子女——"梦想课堂"、关爱社区老人——"爱在社区"等志愿者活动，每所高校至少资助1万元专项用于志愿者活动。

（尚　颖）

【"菁英计划"试点】 12月17日启动。"菁英计划"作为中科院与教育部系列科教行动计划的一部分，主要针对本科生教育，由中科院相关研究所（培养单位）对口联合高等院校，在高等院校的相关专业开办具有学科优势的特色班，特色班原则上以相关专业中中科院著名科学家冠名，即"XX菁英班"。各研究所（培养单位）与合作高校共同研讨确定"菁英班"的培养方向、培养目标、培养方案和教学大纲，共同为"菁英班"量身定制与国际接轨的现代课程体系和培养方式。研究所（培养单位）可根据实际情况，介入"菁英班"的招生选拔、教学、培养、学术指导等各个环节，为"菁英班"学生科研实习提供实践基地。30个中科院研究所（培养单位）作为牵头单位，先行开展试点工作。

（尚　颖）

【提出研究新方法】 年内，苏刚教授及其博士生李伟等人提出一个用于研究量子多体关联系统热力学性质的新方法，被命名为"线性张量重整化群（LTRG）方法"。新方法的主要思想是：首先，通过Trotter－Suzuki分解将一个D维的量子格点模型的配分函数变换为D＋1维的经典张量网格；然后，采用无穷时间演化块消减算法技术来逐层线性地收缩该张量网格，进而计算出系统的自由能和各热力学量。LTRG算法能用于计算两维六角晶格上海森堡模型的热力学性质，且无量子蒙特卡罗算法遇到的"负符号"问题。这一新方法为研究量子多体关联系统的热力学性质提供一种新的途径，并有望在研究一些至今尚未深入AAA的强关联量子多体系统的物理性质方面发挥重要作用。该研究结果已发表在国际期刊《物理评论快报》（Physical Review Letters 106，127202（2011））。

（尚　颖）

【入选世界考古十大发现】 科技史与科技考古系有关新疆吐鲁番苏贝希墓地2400年前的小米面条的研究成果，被美国考古界权威杂志《Archaeology》评为本年度"世界考古十大发现"之一。该研究成果于年初发表于科技考古界权威杂志《Journal of Archaeological Sciences》（考古科学）。由于面食已经过加工，仅凭肉眼难以鉴定其原料，研究人员从形态结构稳定的植硅体（Phytolith）及淀粉粒（Starch grain）入手鉴定面食原料，通过蒸、煮、烤等模拟实验判断面食加工工艺。研究结果表明，古代面条与点心均为黍（亦称为小米、糜子）制成，前者经过水煮，而后者则经烤制而成。

（尚　颖）

【全国研究生短期学校】 “地球物理学”全国研究生暨国际研究生短期学校是教育部研究生教育创新计划项目之一，由教育部学位管理与研究生教育司和国家自然科学基金委员会资助，研究生院承办。8月开始筹备，陆续收到全国地学类专业各培养单位大量申请，最终录取来自武汉大学、中国地质大学、中国地震局地震研究所、中科院地质与地球物理研究所等18家培养单位的45名优秀学员，绝大部分是在读硕士、博士研究生，还有一些博士后。依托中科院计算地球动力学重点实验室等优势资源，由中国科学院研究生院地球科学学院负责实施，11月11～21日举办，课程包括专题系列讲座、学术交流会、实验室参观和野外考察。

（尚 颖）

【研究生教育工作研讨】 11月30日，由全国工程管理专业学位研究生教育指导委员会和中国工程院工程管理学部联合主办，研究生院承办“第一届全国工程管理专业学位研究生教育工作研讨会”举行。研讨会以“正确把握工程管理人才培养方向，不断提高工程管理专业学位培养质量”为主题，中国工程院工程管理学部主任王基铭院士，全国工程管理专业学位研究生教育指导委员会主任委员、清华大学常务副校长陈吉宁教授，中国工程院朱高峰院士、何继善院士，清华大学研究生院常务副院长贺克斌教授、工业工程系主任郑力教授，同济大学经济与管理学院副院长王广斌教授，中科院研究生院工程教育学院执行院长于华教授等8名专家学者，围绕工程管理的教育与培养分别作大会报告。来自国务院学位办专业学位研究生教育处、中科院及研究生院、全国工程管理专业学位研究生教育指导委员会、中国工程院工程管理学部，以及包括11名院士在内的全国高校工程管理教育专家和学者近200名代表出席会议。

（尚 颖）

【承办国际会议】 12月1～2日，由中科院发起，美国环境保护总署(EPA)和中国地质调查局协助推进，研究生院承办的2011地下水污染与水系统安全国际会议在万商花园酒店举行。议题涵盖地下水污染调查、监测预警与应急、地下水与地表水相互转化时空演变与定量评价、地下水污染模拟新进展、地下水污染人体健康与生态风险评估、全球变化与地下水环境响应、地下水污染控制与修复新进展、地下水风险管理平台与法律法规建设和地下水污染流域尺度水环境系统优化调控等，组织主题报告46场。来自中国、美国、加拿大和孟加拉等国内外研究机构和院校的近300名专家学者及研究人员参加会议。

（尚 颖）

【设立中生奖励基金】 12月8日，中生北控生物科技股份有限公司为中科院研究生教育基金会捐资50万元设立“中生奖励基金”。签约仪式在昌平科技园区中生北控总部举行。基金用于支持中科院生物物理所研究生教育，包括奖励优秀学生；资助学生开展学术交流、资助社会实践；资助贫困学生和奖励有突出贡献的导师、科研人员。中生北控公司的前身由生物物理所组建，主要从事生化诊断试剂的研制、开发和生产经营。

（尚 颖）

5月20日，承办全国高校教学研讨会 （北方工大供稿）

北方工业大学

【概况】 北方工业大学(简称北方工大)是一所以工为主，文理交融，理、工、经、管、文、法协调发展的多科性大学。学校占地面积480亩，建筑面积36.4万平方米。固定资产总值69456.27万元，其中教科仪器设备总值32196.21万元。全年教育经费投入52438.82万元，其中，国家拨款40108.57万元、自筹经费12330.25万元。设有8个学院，14个教学实验中心，30个研究设计院(所)；开设32个本科专业，19个一级学科硕士授权点、50个二级学科硕士授权点、11个专业硕士学位领域、同等学力人员申请硕士学位资格，1个第二学士学位点。有3个国家级特色专业，5个市特色专业，4个市品牌专业，1个市重点实验室，5个市实验教学示范中心，7个市重点建设学科。截至年底，有教职工1288余人，其中专任教师748人。专任教师中，教授92人，副教授229人；硕士生导师281人；享受政府特殊津贴专家4人，外籍教师12人。全年毕业4365人，其中全日制硕士研究生442人，普通本科生2376人(本科2356人、第二学士学位20人)，成人教育本专科生1547人(本科961人、专科586人)。全年招生4373人，其中，全日制硕士研究生550人，普通本专科生2643人(本科2623人、第二学士学位20人)，成人教育本专科生1180人(本科生578人、专科442人)。全校有在校生13942人，其中全日制硕士研究生1476人，普通本科生10109人(本科10068人、第二学士学位41人)，成人教育本专科生2357人(本科生1248人、专科1109人)。本科毕业生就业率95.17%,高考招生北京地区提档线一本理科484分,二本理科465分、文科501分。留学生毕业138人,招生168人,在校生152人。图书馆面积19652平方米,馆藏图书128.50万册,其中,电子图书110.98万册。获"北京高校后勤社会化改革先进院校"、"中国有色金属工业科学技术工作先进单位"、第6届"挑战杯"首都大学生课外学术科技作品竞赛"优秀组织奖"等荣誉。

地址:晋元庄路5号

电话:88802114

邮编:100041

网址:www.ncut.edu.cn

(杨嵩松)

【获国家科技进步二等奖】 1月14日,国家科学技术奖励大会在京举行,信息工程学院李晋宏教授完成的《铜冶炼生产全流程自动化关键技术及应用》项目获国家科学技术进步二等奖。李晋宏带领知识工程研究所科研团队,长期从事有色金属行业生产智能技术研究与推广应用,近十年来先后获省部级科技进步一等奖4项、国家科技进步二等奖2项,开发的生产智能软件在国内10多家大型有色企业得到推广应用。

(杨嵩松)

【19个硕士学位升级一级学科】 3月,经国务院学位委员会第28次会议审议,学校申请增列的14个硕士学位授权一级学科全部获得批准。分别是:应用经济学、法学、马克思主义理论、外国语言文学、数学、机械工程、电气工程、电子科学与技术、信息与通信工程、控制科学与工程、计算机科学与技术、建筑学、土木工程、工商管理。5月,根据国务院学位委员会(学位办[2011]51号)文件精神,新增统计学、城乡规划学、风景园林学、软件工程、设计学等5个一级学科硕士学位授权点。截至年底,有19个一级学科硕士学位授权点,实现硕士学位授权一级学科零的突破,学科涵盖工学、理学、法学、经济学、管理学、艺术学、文学等7个门类,形成较为完整的硕士层次人才培养体系。

(杨嵩松)

【与承德市政府签订合作协议】 5月9日,与承德市政府合作框架协议签字仪式在承德市举行。根据协议精神,发挥学校教育、科研、技术优势,以"两化融合"为核心,在人才培养、科研成果转化、产学研示范基地建设、"两化融合"示范工程推广等方面进行全面合作,推动承德市工业和信息化发展,促进高校与地方政府的产学研合作。

(杨嵩松)

【变频技术研究中心揭牌】 6月17日,电力电子与电气传动工程研究中心举行变频技术市工程研究中心揭牌仪式暨北京运通传动技术研发中心挂牌仪式。与北京东镖公司、中国22冶金建筑集团公司等单位签订合作协议,并将陆续在该中心挂牌,专门研发冶金企业用吊车变频器和轧钢机传动用变频器的研制。该中心在李正熙教授带领下,形成由15名年轻博士教师组成的团队,以电气自动化本科教学(市优秀教学团队)、研究生教育(有近50名电气传动学科研究生参与工作)和电力电子电气传动技术研发为一体,形成良好的产学研体系,目前与北京多家企业以及与韩国、英国等国企业合作研发高水平的变流装置和设备,多项技术在国内处于领先水平。

(杨嵩松)

【DCI技术联合实验室揭牌】 8月30日,中国版权保护中心、北方工大共同建立的DCI技术联合实验室揭牌,标志着中国第一家基于DCI技术的数字版权科研机构正式成立。DCI(Digital Copyright Identifier,数字版权唯一标识符)体系目前处于总体技术规划阶段,DCI实验室将围绕数字作品版权登记模式及流程研究、建立数字作品元数据模型、数字版权费用结算等方面展开研究,在DCI技术研究、标准制定、系统和应用推广方面开展工作,有利于保护著作权人合法权益,促进作品广泛传播,减少侵权盗版行为。人民网、新浪网、《中国新闻出版报》和《中国知识产权报》等媒体对揭牌仪式进行全程报道。

(杨嵩松)

【市属高校招生计划工作会】 3月11日在本校召开。各市属高校主管招生工作的校(院)长、民办高校校(院)长、招办主任等百余人参会。会议提出各校在招生计划编制过程中要突出"四个结合",即计划编制要与国家和本市中长期教育改革和发展规划纲要相结合、要与构建现代高等教育体系相结合、要与本校"十二五"规划目标相结合、要与加大为首都经济建设和社会发展服务力度相结合。会议部署本年市属高校招生计划编制的基本原则和有关要求,下达各校当年普通高等教育招生建议规模。副校长罗学科作题为"着眼学校事业发展,认真做好招生计划编制工作"的经验介绍。

(杨嵩松)

【承办全国高校研讨会】 由全国高校形势与政策分教学指导委员会(分教指委)主办,北方工大承办的全国高校《形势与政策》课程建设与教学研讨会,于5月20日召开。会议传达胡锦涛总书记等中央领导加强大学生思想政治教育的重要指示精神,对加强和改进形势与政策课教学工作提出希望和要求。来自全国多个省区领导、专家和高校教师50多人参加会议。

(杨嵩松)

【获批研究生培养基地】 9月7日,根据市教委《关于增补北京高校产学研联合及国内外联合研究生培养基地的通知》(京教函[2011]496号),电气与控制领域产学研联合培养研究生基地获批北京高校产学研联合研究生培养基地。基地结合学科实际,探索高层次人才培养新途径,提高高校研究生教育质量。

(杨嵩松)

【举办高校棒垒球锦标赛】 5月7~29日,中国大学生棒垒球锦标赛北京赛区第16届首都高校棒垒球锦标赛在北方工大举行。本次比赛吸引北京体育大学、中国政法大学、北京理工大学、中国传媒大学等16所高校的14支棒球队和10支垒球队参加,是首都高校棒垒球比赛历史上规模最大的一次

赛事。经过4周9天共60场角逐，北方工大包揽棒球甲组和垒球甲组两项冠军，清华大学获得棒球乙组冠军，首都经济贸易大学获得垒球乙组冠军。

（杨嵩松）

【承办集成电路设计大赛】 9月18日，举办国内首个大规模集成电路设计大赛“北京大学生集成电路设计大赛”。大赛得到京津两地包括清华大学、天津大学、南开大学、北京交通大学、北京理工大学、北京航空航天大学、华北电力大学、北京工业大学、中国传媒大学、北京信息科技大学等10余所高校积极响应。大赛每年举行一次，是北京地区唯一专门针对微电子学专业的学生竞赛活动。本次大赛指导委员会由王守觉院士、欧阳钟灿院士等组成，学术委员会由周润德教授等组成，组织委员会由北京电子学会和北方工大联合组成。大赛由北京集成电路设计园有限公司协办，北京华大九天软件有限公司为比赛提供软件支持。比赛分为笔试和上机设计两个环节，经过前期筛选，最终有220人进入决赛。北方工大获大赛“最佳组织奖”，2名教师获“优秀指导教师”，3名同学获一等奖，12名同学获二等奖，21名同学获三等奖。

（杨嵩松）

【国际《自然》杂志引用教师论文】 理学院数学系刘波博士发表在2008年国际杂志IEEE《Transactions on Automatic Control》第53卷第4期的论文《Controllability of a Leader – follower Dynamic Network with Switching Topology》被顶级期刊《自然》(NATURE)杂志2011年5月第473卷引用。刘波毕业于北京大学，主要研究方向为控制理论、复杂网络、网络化系统与群体智能等，公开发表学术论文40余篇，其中三大检索30余篇。主持多项市自然基金项目、市属高校人才强教计划资助项目、市优秀人才项目等。

（杨嵩松）

【入选教育部培养计划】 年内，入选教育部“第二批卓越工程师教育培养计划”(教高函[2011]17号)高校名单。该计划实施期限为2010～2020年，参与该计划的全日制工科本科生将占当年毕业生总数的10%，全日制工科研究生将占当年毕业生总数的50%。“卓越计划”具有三个特点：一是行业企业深度参与培养过程，二是学校按通用标准和行业标准培养工程人才，三是强化培养学生工程能力和创新能力。加上首批入选卓越计划的61所高校，通过审批的“卓越计划”的高校共194所。

（杨嵩松）

【10课题获市基金资助】 年内，10项课题获市自然科学基金资助。分别是：郑权申请的“非线性微分方程及其非线性方程组的高效数值解法”，王静波申请的“卡尔曼滤波平滑技术估算航空重力测量中的载体垂直加速度方法研究”，赵全亮申请的“压电式面内水平运动MEMS微驱动器的研究”，谭晓兰申请的“多铁材料微传感器的稳健设计原理与方法研究”，温春雪申请的“直驱式风力发电系统并联变流器关键技术研究”，马东超申请的“基于云计算与物联网的动态路径规划关键技术研究”，张键红申请的“车载通信网络中实现隐私保护的轻量级签名技术研究”，戴澜申请的“电流舵型数模转换器电流源单元失配自补偿技术研究”，宋小软申请的“FRP增强水泥模板－混凝土复合剪力墙的抗震性能研究”，潘素昆申请的“北京企业技术获取型对外投资模式选择与风险防范战略研究”。

（杨嵩松）

【承办全国大赛总决赛】 12月23～24日，“国信长天杯”第3届全国电子专业人才设计与技能大赛全国总决赛在北方工大举行。大赛自4月报名启动，来自全国近300所院校，4000余名电子信息类专业的大学生于10月在40多个城市同时举行的分赛区展开选拔赛，113所高校的630多名同学进入决赛。决赛分为电子设计与开发、单片机设计与开发、嵌入式设计与开发三个赛场。北方工大获北京赛区一等奖7项、二等奖8项、三等奖20项，在参赛的31所北京高校中，一等奖数量和获奖总数均名列第二。大赛组委会还在总决赛期间，面向参赛的240余名指导老师，组织技术论坛、实践教学交流和院校参观活动，100余名到京的指导教师参观北方工大实验设施，并与实验室教师进行学习交流。

（杨嵩松）

【获批3项教育部重点课题】 文法学院袁凤识、高越、王亚非3位教师主持申报的全国教育科学“十二五”规划外语专项课题成功获批。课题名称分别是：“幼儿英语教材适用性研究”(袁凤识)、“中国EFL教学环境下基于非英语专业大学生和大学英语教师群体的二语动机策略实证研究”(高越)和“基于Wiki等网络技术的大学英语互动合作学习模式研究”(王亚非)。本年度文法学院申报13项，成功获批3项，课题级别均是教育部重点课题。

（杨嵩松）

【2教师入选市新星计划】 12月14日，机电工程学院老师王力、韩飞入选市科技新星计划(B类)人员名单。市科技新星计划由市科委组织实施，从全市中央、市属科研单位、高校和企业研发机构中选拔35岁以下的青年科技人才。年内，全市各系统有110人获科技新星项目资助，其中高校系统入选30人。

（杨嵩松）

【8教材获评市精品教材】 根据市教委《关于公布2011年北京高等教育精品教材评审结果的通知》，北方工大推荐的9部教材中，8部获评市高等教育精品教材，获评率为全市高校之首。本次获评的8部教材分别为：《现代电路实验综合教程》、《计算机通信网络技术》、《机械电气专业英语》、《计算机控制系统》、《复变函数与积分变换》、《计算机辅助产品造型设计》、《国际私法》、《数控加工工艺》(第二版)。

（杨嵩松）

【在校师生获多个奖项】 经管学院“北京小哪吒记忆成长体验乐园”代表队获首届市大学生创业设计竞赛三等奖；参加第2届全国学生规范汉字书写大赛，获全国二等奖1项，北京赛区二等奖1项、三等奖1项、优秀奖15项；理学院统计学系老师陈云的博士论文获第10届全国统计科研优秀博士论文二等奖；黄厚军同学作为全市唯一一名来自普通院校的选手参加第二届全国大学生数学竞赛决赛，获全国二等奖。11件作品参加第6届“挑战杯”首都大学生课外学术科技作品竞赛获奖，其中特等奖1项、二等奖2项、三等奖8项；信息工程学院学生张佳宁、张道宁、刘晓凯在刘红老师指导下的设计作品《基于GSM的智能车载系统》参加第7届“博创杯”全国大学生嵌入式设计大赛全国总决赛，获本科组全国三等奖；派出6支参赛队参加第6届“飞思卡尔”杯全国大学生智能车竞赛华北赛区比赛，获华北赛区三等奖4项、优秀奖2项；参加第4届全国大学生广告艺术大赛，数字媒体艺术专业张光子老师指导的学生作品《加加酱油必备物品篇》获影视广告作品北京赛区一等奖；日语系杨征远同学参加由日本驻华使馆主办的本市大学生日语演讲比赛获特等奖。

（杨嵩松）

北京工业职业技术学院

【概况】 北京工业职业技术学院（简称北工职院）是一所以工科教学为主，涵盖工、管、经、法等专业门类，独立设置的公办普通高等职业技术学院。学院前身为北京煤炭工业学院，1994年正式改制为职业技术学院。学院占地24.01万平方米，建筑面积19.25万平方米；图书馆5868平方米，藏书117.08万册，其中纸质图书49.11万册，电子图书67.97万册。固定资产总值53441.60万元，其中教学、科研仪器设备总值31343.21万元。全年教育经费投入33076.75万元，其中国家拨款29099.78万元，自筹经费3976.97万元。学校信息化经费投入1236.97万元，拥有计算机4651台，多媒体教室242间，网络信息点数3060个，校园网出口总带宽340Mbps，电子邮件系统用户数418个，上网课程数146门，数字资源量17672.04GB，管理信息系统数据总量40.05GB。设有7个系部，开设工程测量技术、机电一体化技术、通信技术和安全技术管理等高职专业35个，其中国家级重点专业5个，市重点专业7个；国家级精品课程10门，市级精品课程11门。教职工479人，其中专任教师332人，包括教授及教授级高级工程师7人，副教授及高级工程师以上121人；博士10人，硕士235人；“双师型”教师202人。外聘教师322人。毕业生1862人，其中高职生1761人，中职生11人，成人教育专科生14人，成人教育中专生76人；毕业生一次就业率99.77%，一次签约率80%。招生2149人，其中高职生1480人、中职生500人，成人教育专科生169人。高考北京地区提档线文科150分、理科152分，单考单招170分。在校生6649人，其中高职生4711人、中职生1680人，成人教育专科生157人，成人教育中专生101人。

地址：石门路368号
电话：51511004
邮编：100042
网址：www.bgy.org.cn

（谢光辉　刘建新）

【入选十大教育新闻人物】 1月30日，院长陈建民入选年度“首都十大教育新闻人物”。陈建民，工学博士，从2003年11月起担任北工职院院长。近年来，陈建民积极推进学院教育教学改革与发展，提出并坚持“校企互动、产教对接、学做合一”的办学理念，走“内涵式、精品化”发展道路，带领学院教职工以建设国家示范性高职院校为契机，深化校企合作办学机制和工学结合人才培养模式改革，学院综合办学实力、教育教学水平、人才培养质量和社会服务能力显著增强，取得突出的办学成绩。“首都十大教育新闻人物”评选由市教委主办，每年评选一次。

（刘建新）

【“强军育才接力工程”开班】 3月10日，首期“强军育才接力工程”职业技能培训班正式开班。“强军育才接力工程”由北京军区政治部、区政府和北工职院共同发起，培训任务主要由学院承担。根据三方签署的《强军育才培训合作议定书》规定，共开设计算机操作、汽车维修、汽车营销、通信和速录技术等5大类12项职业技能培训内容，包括网页设计、平面图像处理、CAD技能、中级制图、光纤传输、移动通信、程控交换、数据传输、工程测量等热门课程，每期计划培训3个月，官兵通过相应职业资格考试后可获得国家或行业颁发的职业技能等级证书。7月15日，“强军育才接力工程”首期职业技能培训班结业，开展汽车维修、平面图像处理、网页设计制作三项技能的培训，共培训官兵138人，其中35名学员获得国家人社部和行业部门颁发的《职业资格证书》。

（刘建新）

【获全国比赛奖19项】 在校学生年内参加多项全国比赛并获奖。在全国首届速录信息处理大赛暨第48届国际速联大赛预选赛中，获冠军1项、亚军1项、银奖2项；在全国第2届高职高专英语写作大赛获公共英语组特等奖1项、一等奖1项，获英语专业组二等奖1项；在首届“京津冀”高职院校测量技能大赛中获团体一等奖；在第6届全国高职高专“发明杯”大学生创新创业大赛中，获一等奖4项，二等奖3项，三等奖1项。在全国职业院校技能竞赛高职组比赛中，在两个赛项中获一等奖2项，二等奖1项。

（刘建新）

【专业设置与培养方向调整】 4月，学院引进社会第三方评价机构对上届毕业生就业情况进行调研分析，并据此调整专业结构。将原有的33个专业整合为23个专业，整合后的专业涵盖制造、电子信息、土建、资源开发与测绘、安全、财经、法律、文化教育等8个专业大类。其中，工科类专业数占总专业数的69.6%，工科类专业招生数占总招生数的77.1%，专业布局趋于合理。同时，根据区域发展需要，对部分专业培养方向进行调整，“共平台，多方向”的培养体系成为此次调整的主要趋势。如依托计算机应用技术专业建立动漫设计与制作专业；安全技术管理专业从“煤矿安全”管理方向转向“建筑施工安全”管理、“市政施工安全”管理、“工矿安全”评价方向；市场营销专业向会展营销方向、媒体营销

方向和商贸零售方向的发展等。

（刘建新）

【获批教学资源库项目】 8月23日，由本院主持申报的“国家高等职业教育工程测量技术”，获得教育部高等职业教育专业教学资源库立项。该项目是教育部在高等职业教育领域实施的一项共享性教学资源建设措施，体现以学习者为中心的理念，能有效整合行业企业生产一线优质资源，具有持续更新机制、学习过程管理及相互交流等功能。项目建设资金由中央财政拨款，北京市1:1配套和建设单位自筹等形式组成，建设成果归国家所有，供全社会共享共用。项目以主持单位牵头，多家单位联合的形式开展，该项目共联合16所职业学校和21家企业，建设周期为3年。

（刘建新）

【实施特色专业建设工程】 7月1日，主动适应全市重点发展现代制造业、现代服务业和高新技术产业及本区重点发展文化创意产业、高新技术产业和生产性服务业的新形势、新要求，建设机电一体化技术、通信工程等10个特色专业。通过组织特色专业建设研讨会和聘请部分国家特色专业负责人、特色专业项目专家进行指导，旨在打造一批在全市乃至全国有影响力的特色品牌专业，为形成“重点专业引领、主体专业支撑、特色专业带动、短线专业补充”的专业布局奠定基础。

（刘建新）

【获云南省科技进步一等奖】 7月4日，云南省政府下发关于科学技术奖励的决定，薄志毅教授主持研究的“布沼坝露天矿五期扩建安全控制关键技术的研究”获云南省科技进步一等奖。该项目着重研究如何控制边坡变形与安全生产的关键技术，并取得许多创新性研究成果：1. 创建复杂荷载作用下露天开采过程边坡滑移场搜寻技术与安全评价方法，解决边坡前期加固工程适用的有效开采深度，以及边坡前期加固设计如何兼顾后续开采安全不失效的问题；2. 创建边坡三维实体变形预测模型，提出边坡相对危险区域的划分与评价方法，建立组合预测模型、滚动组合预测与长期预测方法，提高预测精度和可靠度；3. 建立爆破震动对岩体力学参数损伤计算方法，并在边坡稳定性评价与分析中进行应用；4. 提出边坡三维变形与刚体极限平衡评价方法，根据变形与极限平衡组合控制技术，解决深部煤层与挂帮矿开采的安全问题，应用于深部煤炭资源安全开采。

（刘建新）

【1人获教学名师奖】 9月5日，教育部印发《关于表彰第六届高等学校教学名师奖获奖教师的决定》，机电工程系老师牛小铁榜上有名，成为全市高职院校中唯一获此殊荣的老师。牛小铁长期从事专业基础课程的教学及教学改革工作，主编或参编教材6部，主持开发或课程改革5门；近年主持完成市教委以上课题5项，公开发表学术论文10篇；2002年被评为市优秀中青年骨干教师，2004年被评为市优秀教师。

（刘建新）

【职业教育分级制试点】 9月起，通信技术、建筑工程技术两个专业正式开展职业教育分级制试点工作。在对试点方案进行充分论证的基础上，通信技术专业新生入学即开始全面的职业教育分级制试点，建筑工程技术专业继续完善试点方案。此项试点工作是本市为适应现代化建设对于技能型人才需求的层次性、专业性和发展性对职业教育提出的现实要求，根据社会分工的复杂性和用人结构的层次性对职业人才应当具备的职业素养、技能水平和文化知识的不同要求，将职业教育从1级到5+级，分六个级别。以上两个专业主要围绕职业教育4级水平展开试点。

（刘建新）

【社会培训6200人次】 发挥国家示范院校资源优势，主动为地区社会经济发展服务，开展测量技术人员培训、建筑类职业培训、数控培训、汽车维修技术培训等岗位培训项目18项，全年完成社会培训6200人次。其中，学院作为国家级安全培训机构和市矿山安全生产培训基地，开展京煤集团基层管理人员培训工程、昊华能源公司千名采掘班队长安全培训工程、矿山救护大队安全培训工程，历时8个多月，分25期，累计培训1236人次。通过军事化训练、安全技术培训、急救知识强化、拓展训练等形式促进受训学员安全意识、事故处置能力、团队意识和执行力等综合素质的提高。

（刘建新）

2012 石景山年鉴

SHI JING SHAN NIAN JIAN

文化·传媒

文　化

概　述

北京市石景山区文化委员会(简称区文化委),是负责全区文化艺术、文物、博物馆、文化娱乐、新闻出版和广播电影电视行业管理工作的区政府工作部门。年内,着眼文化之都建设和转型发展大局,坚持文化引领和文化创新,推进文化惠民工程,促进“文化兴区”战略,探索文化发展新路。举办“古城之春”艺术节、“夏日文化广场”等特色主题活动和220场庆祝建党90周年系列活动等群众文化活动,承办第4届北京“清明诗会”、北京重阳诗会、国际柔力球交流大赛文艺汇演、国际动漫周动漫舞台剧展演、第7届“舞动北京——群众舞蹈大赛”等10余项大型文化活动,争取市财政专项资金近千万元扶持街道、社区文化建设,启动区文化中心建设项目,建立中国首家传记图书馆。争取市级修缮资金和社会资金1000余万元,完成皇姑寺二期、龙泉寺、双泉寺、承恩寺西大墙等修缮工程,启动崇兴庵、满井茶棚修缮工程,对莲石湖、天泰山、模式口历史文化保护区的开发建设提出文物保护方案;开辟法海寺壁画鉴赏展室,完成承恩寺京西文化传播平台一期建设;举办第2届“聚缘法海古寺 相约金秋赏月”、“慈善寺民俗文化庙会”、“相约承恩古寺 品味京西文化”、“矿物晶体标本、古生物化石精品展”等主题活动。建立健全科学化、人性化的文化市场管理服务体系,对台湾街文化节、国际动漫节等重点文化项目和重点文创企业实施重点服务;启动文化市场信息化建设项目,组织开展出版物市场检查、整治擅自安装使用卫星电视广播地面接收设施“小耳朵”等各类专项行动10余个,立案60起,收缴盗版图书8000余册,盗版光盘2万余张,电子出版物2千余张,非法报刊1千余份,收缴卫星电视地面接收天线20套,出动执法人员1800余人次,取缔“黑网吧”7家、“黑游戏厅”14家,扣押电脑主机23台,赌博游艺机174台,确保文化经营场所安全有序、文化市场日益繁荣。获得“全国文明单位”、“首都文明标兵单位”等荣誉称号。

北京九中金帆舞蹈团“阳光路上”获决赛金奖　　(区文委供稿)

地址:石景山路18号
电话:68607158
邮编:100043

(张春蓓)

群众文化

【概况】 截至年底,辖区有国家二级文化馆1座,建筑面积3989.9平方米,街道文化站9个,社区文化室138个,各类文化广场127个。基层群众业余文艺团队411支,常年参与人数达万余人。年内,按照区域文化发展要求,围绕“大调整、大建设、大发展”工作基调,以提升区域文化软实力、丰富群众文化生活为目标,以提高公共文化产品供给能力、营造和谐良好的区域文化氛围为重点,以弘扬京西文化、“庆祝建党90周年”为主线贯穿全年群众文化活动,举办军民春节联欢晚会、第28届“古城之春”艺术节、第4届“清明诗会”、“舞动北京”群众舞蹈大赛等主题文化活动。加强公共文化服务体系建设,推动“文化兴区”和“文化惠民”战略实施,优化“文图三馆”、街道社区文化基础设施设备建设,健全完善非物质文化遗产档案资料建设,文艺创作推陈出新,促进群众文化工作再上台阶。

(黄　杰)

【军民春节联欢晚会】 1月28日晚,在区体育馆举行军民春节联欢晚会。晚会以“古韵京西”、“和谐家园”、“腾飞石景山”为主线,以综艺节目的表演形式反映源远流长的京西文化、人民和谐幸福的生活图景和区域CRD建设日新月异的时代风尚。推出《曼妙天香》、《首钢·跨越》等一批原创文艺节目,400余名军地演员同台献艺喜迎新春。北京军区、驻区企业和区四套班子领导同部队官兵以及来自全区各条战线的1600余名观众观看演出。

(黄　杰)

【第28届“古城之春”艺术节】 4月下旬至6月中旬举办,观众达10万余人次。4月29日在游乐园CRD剧场开幕。各界群众文化精英汇聚一堂,歌曲舞蹈、时装表演、民乐演奏精彩荟萃。本届艺术节是地区庆祝建党90周年系列活动的重点文化活动之一,各项活动围绕“唱响京西 群心向党”的主题,无论从活动策划安排、演出环境布置、节目创编演出等集中突出庆祝建党90周年的时代主旋律。艺术节活动不同于往年主要以文艺类赛事为主要活动的组织形式,而是在同一主题下,各街道、各系统组织承办“唱支山歌给党听”系列文艺展演活动,并通过评比的方式开展艺术节活动。除此之外,举办千人歌咏会、中小学生故事会、红歌歌手比赛、文化遗产日非遗展示活动等一系列群众喜闻乐见、内容丰富多彩的群众文化艺术活动,形成全区多层面、多形式的群众文化活动参与格局。本届艺术节活动专业性和群众性的结合力度和广度得到进一步加强。

（黄　杰）

【"颂歌献给党"千人歌咏会】　6月21日，"颂歌献给党"庆祝中国共产党成立90周年千人歌咏会暨第28届"古城之春"艺术节闭幕式在区体育馆举行。市委宣传部、市文化局、北京军区有关领导及荣华、赵玉民、倪国锋等区领导与3200余名部队官兵及各界群众观看演出。活动分为《没有共产党就没有新中国》、《唱支山歌给党听》、《永远跟党走》3个篇章，选取我党各历史时期广泛传唱的颂歌进行演唱。演出以合唱歌咏为主要表演形式，通过热烈喜庆的环境布置、多彩绚丽的多媒体背景、专群结合的演出形式、全场参与的互动环节，热情讴歌中华民族伟大复兴的奋斗历程和党的丰功伟绩。歌唱家刘斌、耿莲凤参加演出。此次活动由区文化委与北京军区政治部战友文工团共同承办，双方从活动策划、节目创编、灯光舞美制作、演出组织等方面开展深入合作，实现军地双方文艺资源共享，提升全区文化活动整体水平，是军地融合发展的一次文化创新与探索实践。

（黄　杰）

【北京合唱节闭幕式】　7月16日，由市文联、北京音乐家协会、北京文化艺术活动中心、北京音乐台主办，区文化委承办的"唱响中国 我心中的歌"纪念中国共产党成立90周年系列合唱活动——北京合唱节闭幕式在国际雕塑园举行。来自东城、大兴、通州、石景山等区县的13支优秀群众合唱团队参加演出，曲目都是脍炙人口的经典之作，既有革命传统的《告别》、《娄山关》、《保卫黄河》、《太行山上》、《没有共产党就没有新中国》，也有建党90周年大庆前夕评定出的《唱响中国——群众最喜爱的新创作歌曲36首》中的《走向复兴》、《卢沟谣》，还有群众喜爱的《在灿烂的阳光下》、《辉煌的历程》；既有表现我国西部风情的欢快的《去一个美丽的地方》，也有表现少数民族情意绵长的爱情歌曲《嘎哦丽泰》；既有令人回味的特定历史时期所出现的合唱《交响乐沙家浜》，也有把各民族歌曲组合在一起的《颂歌联唱》。近千名各界群众观看。

（黄　杰）

【夏日文化广场活动】　8～10月上旬举办，丰富百姓夏日文化生活，惠及群众7.5万余人次。活动以广场演出、艺术培训等活动为主要形式，相继举办开幕式演出、"激情夏日 文化共享"公益性演出活动、文化馆品牌团队基层示范性文艺演出、周末剧场系列演出活动以及各街道依托基层文化广场、文化室开展各类艺术比赛、展览、演出等群众性文化活动百余场次。7月26日，第28届"古城之春"艺术节优秀节目展演暨2011年夏日文化广场开幕式活动在八角文化广场举行，集中展演艺术节中涌现出的优秀文艺节目，并对优秀单位和节目进行颁奖。区有关领导与500余名各界群众观看演出。

（黄　杰）

【"舞动北京"群众舞蹈大赛】　9月23日，由区文化委承办的第7届"舞动北京—群众舞蹈大赛"社会团体复赛在国际雕塑公园举行，全市各区县和社会团体的23支群众舞蹈团队参赛。本届大赛是历届规模最大、群众参与面最广、参赛作品最多的一次，9位舞蹈界专家担任评委，来自全市16个区县和共青团、工会、民委等3个系统，总计760余件作品参与初赛，仅参与表演的群众就达到1万余人。在组别和奖项设置上有所创新，采取按年龄段分为少儿组、成年组、中老年组和广场舞组的比赛形式，让群众舞蹈团队在全市规模的大舞台上有机会相互学习和交流舞蹈技艺，充分展示各队的风采。10月10日晚，该项赛事决赛暨颁奖晚会活动在区体育馆举行，从109件复赛作品中精选出16支精品舞蹈进入决赛，展开最后的角逐，同时评选出10个"十佳表演奖"作品进行展示。北京九中金帆舞蹈团的《阳光路上》获群众舞蹈大赛决赛金奖、最佳创作奖、青少组金奖，区文化馆金枫舞蹈团《扇舞翩翩》获广场舞组铜奖，广宁街道艺枫舞蹈团《沙漠玫瑰》获老年组铜奖。区文化委完成参演团队接待、场地保障、安全保障、千余名观众组织以及餐饮保障等工作，获群众舞蹈大赛团体金奖和优秀组织奖。

（黄　杰）

【北京重阳诗歌会】　10月5日，由区委区政府与市委宣传部、首都文明办、市文化局、市文联共同举办的北京重阳诗歌会在八大处公园举行。朗诵艺术家殷之光领衔的北京朗诵艺术团，选取古今经典重阳主题诗词和朗诵作品，集合诗歌朗诵、歌舞、器乐表演、故

6月21日，"颂歌献给党"千人歌咏会　（区委宣传部供稿）

6月10日,非遗宣传活动——太平鼓表演 (区文委供稿)

事讲演等多种艺术形式,"唱重阳"、"赋重阳"、"颂重阳",颇受游客欢迎。整场演出内容包括舞蹈、诗歌、器乐合奏、曲艺、独唱等,演员来自国家话剧院、中央电视台、海政歌舞团、北京歌舞剧院、区文化馆、金顶街街道等团体。通过活动强化市民群众对重阳文化的认同感及民族归属感,弘扬敬老孝亲的传统美德,提升重阳登高节的文化影响力。

(黄　杰)

【国际动漫周舞台剧展演】 第12届世界漫画大会暨2011北京国际动漫周活动于10月21日至11月上旬举办,区文化委承担动漫舞台剧展演活动的组织协调工作。10月22~23日,北京儿童艺术剧院的童话剧《你看起来好像很好吃》、中国木偶艺术剧院的舞台剧《喜羊羊与灰太狼》、《黑猫警长》三台剧目分别在石景山游乐园CRD剧场和区青少年宫剧场上演,1500余名观众观看演出。

(黄　杰)

【区文化中心建设项目】 根据市文化事业发展"十二五"规划要求及CRD建设目标,借鉴兄弟区县和其他省市的成功经验,提出改建正在筹建中的文化馆新馆为区文化中心,增加建设面积,提高建设标准,增加全民健身中心和博物馆等多项功能。区委区政府同意将区文化中心建设项目列入关于推动文化繁荣发展的行动方案和区十项重点工程,并成立工程建设领导小组。区文化中心项目建设理念为"综合高端、科学现代、绿色人文、和谐共享",功能涵盖文化馆、非遗中心、博物馆、全民健身中心等。截至年底,初步功能设计和相关手续逐步推进。

(张　谖)

【"北京精神"原创节目演出】 12月29日,由区委宣传部、区文化委、区总工会主办,八角街道、区广电中心承办的百姓唱响"北京精神"原创节目文艺演出在八角北里社区举办。活动推出歌舞《北京的微笑》、小品《包容》、音乐快板《"北京精神"点点歌》等一批以弘扬"北京精神"为主题的原创文艺作品,提高群众对"北京精神"的理解,增强践行"北京精神"的自觉性。

(黄　杰)

【基层文化设施建设】 提升街道社区基础文化设施建设水平,实施多项文化惠民工程。拨付248.9万元专项经费用于街道文化广场、社区文化室建设改造工程和配备便携式音响、对讲机等文化设备,推进鲁谷社区六合园南人防工程改建文化室的房屋改造和功能设计实施,向市财政争取专项引导资金项目636.43万元,用于基层文化基础设施、文艺团队建设、特色文化活动等项目。

(黄　杰)

【文化馆阵地建设】 丰富服务项目和内容。开展基层业务培训和辅导850余人次,辅导群众7000余人次;举办艺术培训班94期,培训1045人次;10个馆办业余艺术团组织排练活动700余次。馆办金声合唱团代表市参加2011(重庆)中华红歌会,获银奖"黄河杯"。文化志愿者分中心全年招募430名志愿者,参加服务保障1570余人次,并举办第一期文化志愿者培训班。

(黄　杰)

【非遗保护】 召开年度非遗工作会及太平鼓传承工作专题汇报会,推广基层太平鼓保护工作先进经验,扶持鼓励各种形式的太平鼓传承保护工作的开展。初步完成新一轮申报非遗保护重点项目论证报告的初步撰写和申报筹备工作,开展非遗展室的前期设计与布展工作。组织举办文化遗产日宣传展示活动,组织古城村民间老物件展览、翁派脸谱创新服饰展览活动。开展非遗项目和传承人图典资料的搜集整理和统计上报工作。古城村"秉心圣会"传承人常守智被评为市级非物质文化遗产项目代表性传承人。

(黄　杰)

【文艺创作】 依托军民春节晚会等文化活动契机推出《曼妙天香》、《畅游CRD》、《首钢新跨越》等一批精品原创文艺节目;依托法海寺壁画资源,创编景观舞蹈诗《梦幻法海寺》;结合八大处茶文化节、重阳登高节活动,创编舞蹈《茶马古道》、京东大鼓《知足常乐》等主题文艺节目;创编以"庆祝建党90周年"、弘扬"北京精神"为主题的各类文艺作品百余件。

(黄　杰)

图　书　馆

【概况】 截至年底,辖区有国家一级公共图书馆2座:区图书馆和区少年儿童图书馆,建筑面积分别为9042平方米、3236平方米;9个街道全部建有街道级图书分馆,基层图书流通网点64个;在20个社区、部队图书室建设"益民书屋"试点。年内,两馆办理借阅证10872个，接待读者42.6万人次，外借图书43万册次，送书下基层243次、5.8万册次，开展各种讲座、演出、征文、比赛、展览等读者活动255场次，6万人次参加。区图书馆全年代检索课题24项，编制二次文献4种。推进基层文化信息资源共享工程建设，9个公共图书馆共享工程基层点配备视频服务器、电脑等共享工程设备设施，形成区域文化信息共享工程服务网络。区图书馆、区少年儿童图书馆贯彻执行国家关于免费开放的文件精神，取消自习室、电子阅览室、电子读物借阅收费项目，并调整阅览室坐席设施，安装自助网上阅览系统等，提升服务水平，方便读者阅览。

（黄　杰）

【成立中国首家传记图书馆】 区图书馆与中国传记文学学会合作，以“馆中馆”形式成立中国首家传记图书馆。6月9日，举行“中国传记图书馆”揭牌仪式，活动由区文化委、区文联主办。原外交部副部长、国务院参事室参事、中国传记文学学会名誉会长乔宗淮，中国传记文学学会会长万伯翱与市文化局、首都图书馆、区有关领导为“中国传记图书馆”揭牌。共和国领袖后代朱和平少将和沈清分别向中国传记图书馆赠送老一代革命家传记图书。中国传记图书馆成立以来，不仅向区图书馆捐赠近千册传记图书供读者借阅，还联系社会各界名家走进“名家讲坛”，整合区域文献资源，丰富图书馆特色馆藏，对延伸图书惠民的深度与广度具有促进作用。

（黄　杰）

【青少年读者阅读活动】 全年举办各类活动79场，2万多读者参加。区少年儿童图书馆先后开展“红色阅读有你我 快乐读书共分享”主题读书活动、“阳光少年热爱党 童心伴夕阳”全区中小学生尊老敬老故事比赛、“青少年原创科普剧比赛”、“党在我心中”中小学生征文、电脑小报制作等系列活动，并结合“六一”儿童节、图书馆宣传周、科技周、“4·23”世界读书日、寒暑假等重点节假日，组织读者活动。

（黄　杰）

【“感动中国”人物故事大赛】 “古城之春”艺术节期间，区图书馆以英雄模范人物的光荣事迹为内容，举办“感动中国”人物故事比赛。活动历时两周，设街道、部队、图书馆等四个分赛区，60余人参赛，4场比赛的冠军选手参加全区展演活动。让广大读者学习英雄模范崇高精神和品质，为参赛选手和读者提供一次自我教育、自我提高的机会。

（黄　杰）

【爱心送书活动】 5月12日，在第21个“全国助残日”到来之际，区少年儿童图书馆和区残联联合开展“爱心助飞梦想，共读红色经典”助残活动，向区培智学校赠送红色爱国主义图书100册。9月，区少年儿童图书馆联合鲁谷社区妇联在区树仁学校建立“爱心图书室”，配备各门类图书上千册。

（黄　杰）

【重阳敬老家庭灯谜大赛】 9月25日，区图书馆举办主题为“重阳敬老构建和谐社会”的首届重阳敬老家庭灯谜大赛，弘扬中华民族传统文化，丰富广大读者的业余生活。全区14个家庭参赛，评出冠军1名，亚军2名，季军3名。灯谜活动是区图书馆的特色活动之一，定期举办灯谜讲座，并连续举办16届灯谜知识竞猜活动，得到读者广泛好评。

（黄　杰）

文物管理

【概况】 坚持“保护为主，抢救第一，合理利用，加强管理”的文物工作方针，加强文物保护开发，挖掘文物潜在文化价值，在承恩寺建立京西文化研究展览展示平台，成立区文化遗产保护中心。举办“中国文化遗产日”主题宣传活动、“聚缘法海古寺、相约金秋赏月”大型文化活动、天泰山慈善寺民俗文化庙会等特色活动。争取市级修缮资金和社会资金1000余万元，完成皇姑寺二期、龙泉寺、双泉寺、承恩寺西大墙等修缮工程，启动崇兴庵、满井茶棚修缮工程；争取市级资金106万元，安装承恩寺防盗报警监控系统，完成田义墓、慈善寺报警监控设施维修更换工作。开辟绿色通道，优化审批制度，审核建设项目用地内文物遗存，完成行政许可项目5个。完成第三次全国文物普查工作，登记文保单位100个（不含地下文物埋藏区及模式口历史文化保护区）。

（马彦斌）

【文物修缮工程】 6月，承恩寺西大墙抢险修缮工程竣工，市文物局投资95万元；8月，西大墙加固工程竣工，区政府投资96万元。7月，双泉寺修缮工程主体竣工，区佛协出资300多万元，大龙古建公司施工，区文研所委托监管。11月，皇姑寺二期修缮工程完成

修善后的皇姑寺药师阁　　（区文委供稿）

初验,投资530万元,修复四进院药师阁、天王西耳房、观音殿西耳房、观音殿西配殿、西北转角楼等,修缮面积为711平方米。年内,完成崇兴庵主体修缮工程,由社会资金投入360万元。

(马彦斌)

【抢救地下文物】 3月30日,接举报,隆恩寺路某部队院内发现一座古墓,现场收缴青花花鸟纹饰罐一个。此墓为部队平整场地发现,墓东侧现存白皮松一棵,树龄约三百年以上,因该范围内西侧也曾发现过古墓,且白皮松所处位置亦有古墓存在,为保护古树,本着保护现状不主动发掘的原则,区文化委协调部队做好古墓保护工作。因清理中未发现墓志,且地上无遗存其他文物,历史资料也无记载,故该墓有待进一步考证发现。

(马彦斌)

【文物安全工作】 巩固由政府主管部门、文物行政执法队、文保协会及安全监督员组成的文物安全网络,召开全区文物安全会议,与文保单位层层签订《文物安全保护责任书》,责任到人。通过与区安监局、区消防支队联合开展行动,每季度例行检查,敏感时段集中检查,全方位巡视,确保文物安全。1月19日,召开区文保单位年度火灾防控暨烟花爆竹安全管理工作会。4月26日,联合金顶街街道、金顶街城管、模南派出所、石景山急救中心等多部门拆除承恩寺西大墙外违章建房。8月12日,召开区文物系统消防安全培训。12月22日,召开区文保单位下年度火灾防控及烟花爆竹管理工作会。区文化委被市局评为市"文物安全和执法先进单位"。

(马彦斌)

【文物遗存审核】 完成5个工程项目行政许可工作:西黄村苹果园东口商业金融用地土地一级开发项目、东下庄土地一级开发项目、袁氏别墅内部开展经营项目、长安街西延引起丰沙铁路改建工程用地内文物遗存审核工作、北京市中低速磁浮交通示范线(S1线)西段工程石景山段文物保护工作,报送S1线石景山段文物保护意见书。

(马彦斌)

【完成文物普查】 第三次全国文物普查工作按计划全面完成。此次普查按国家文物局统一部署,历时4年,普查126处单位,经市及国家文物局最终确定,共登记100个文物保护单位(不含地下文物埋藏区及历史文化保护区)。其中国保级2个,市保级14个,区保级17个,登记文物67个(其中近现代重要史迹及代表性建筑21个),归档普查文本文件202件,照片资料5000余张。

(马彦斌)

【京西文化展示推介】 6月10日,区文化委在承恩寺建立京西文化研究展览展示平台,引进"燕京八绝"非遗文化展,以此推广京西文化品牌、传播区域文化形象、发挥历史文化资源的辐射作用。市文物局和区有关领导为区文化遗产保护中心、区文物保护协会、区非物质文化遗产保护工作办公室揭牌,聘任中国博物馆协会副会长、中央文史研究馆馆员舒乙、中国人民书画院艺术委员会副主席米南阳、北京石刻艺术馆研究员吴梦麟等7位专家学者为学术顾问。

(马彦斌)

文化市场

【概况】 截至年底,全区有歌舞娱乐场所49家、互联网上网服务营业场所58家、印刷企业25家、游艺娱乐场所3家、出版物发行单位117家、音像制品零售单位45家、电影放映单位2家、文艺表演团体5家、有线电视共用天线设计安装单位7家,其中全国连锁的影剧院1家,800平方米以上的歌舞厅18家,终端机数量200台以上的网吧20家。年内,接待咨询办事人员2500余人次,受理各类行政许可68件,其中新审批场所40家次:游艺娱乐场所4家、音像制品经营单位11家、出版物发行单位25家。受理各类变更事项28家次。完成年度审核换证245家,其中歌舞厅33家、网吧58家、电影院2家、文艺表演团体5家、书店117家、有线电视共用天线设计安装单位7家、印刷企业23家;参加年检的场所中,有限责任、股份制公司等民营及个体企业所占比例为90%。全年出动执法人员2000余人次,执法车辆600余台次,检查网吧、图书音像店、印刷企业、歌舞娱乐场所及重点地区重点部位1500余家次;落实群众举报31起,纠正违规34起,取缔非法游商29人次;立案查处违法违规行为67起,收缴罚款12.87万元,没收非法所得5700元;收缴盗版图书8千余册,盗版光盘2万余张,电子出版物2000余张,非法报刊5000余份;收缴卫星电视地面接收天线30余套,电视棒11个;取缔黑网吧8家,黑游艺厅16家;扣押电脑主机37台,赌博游艺机200余台。北京金百灵艺术团的三台剧入围农村"文艺演出星火工程",区文化委被评为市"扫黄打非"工作先进集体暨文化市场管理工作先进集体。

(赵　勤)

【专题影片放映】 根据市广电局部署,组织纪念中国共产党成立90周年放映活动,放映《建党伟业》、《杨善洲》、《郭明义》、《飞天》等建党90周年优秀国产影片,共放映348场,观影人次达36993人,票房收入167.5万元。10月22~23日,配合国际动漫节组织动漫影片展映活动,放映国内外优秀动漫影片7部,2家影院集中放映9场,观影群众达2500人次。

(赵　勤)

【出版物市场专项整治】 春节前夕,开展为期两个月的出版物市场专项整治行动,累计出动执法人员90余人次,检查场所75家次,取缔贩卖盗版图书、音像制品游商6人,收缴盗版图书200余册,盗版光盘2400余张,立案查处个人非法复制音像制品违规经营行为1起,查处文化传播公司擅自编辑出版出版物违规行为1起,共罚款1.23万元;对1家涉嫌诈骗、非法出版图书的文化公司移送公安机关处理,有效净化区域文化市场环境。

(王艳君)

【五区文化执法联席会】 2月23日,石景山、房山、丰台、大兴、门头沟五区文化委行政执法队在房山区召开西南五区文化执法"永定河工程"第一次工作联席会,会议确定"维护文化市场秩序，捍卫国家文化安全”的共同工作任务和目标，五区将联手依法打击文化市场各类违法行为，净化文化市场环境，维护文化市场政治安全、文化安全和生产安全，为西南地区经济、社会、文化发展营造良好的文化氛围。

（王艳君）

【“世界知识产权日”宣传活动】 4月26日，联合区知识产权局、区商务委、区法院，在沃尔玛超市店前广场举办以“打击侵权盗版行为 维护市场经济秩序”为主题的“世界知识产权日”法制宣传活动。接待咨询者90余人次，展出各类宣传展板10余块，宣传标语3条，发放“绿书签”等反盗版宣传用品、法律法规宣传资料1500余册、各类宣传折页、知识产权知识宣传品500余件，现场接受法律法规咨询30余次。

（王艳君）

【歌舞娱乐场所红歌比赛】 6月17日，与公安分局共同举办全区歌舞厅歌手“唱经典 迎党庆”大赛，来自全区歌舞娱乐场所的28名选手参加比赛。本次大赛以经典红色歌曲为参赛曲目，将经典与时尚、历史的厚重与现实的激情结合在一起。参赛选手演绎《红旗飘飘》、《我和我的祖国》、《爱我中华》等脍炙人口的经典红歌。来自神农庄园KTV、派丽舫歌舞厅的2名选手获一等奖。

（王艳君）

【信息化监管系统】 依据市文化市场行政执法总队信息化建设发展规划的要求，在16区县率先全面规划建设文化市场信息化管理系统，以提高办公效率、文化执法能力和管理水平。该系统由8个子系统组成，分3个阶段完成。年内，完成数据台账综合管理系统、日常检查巡查管理系统、执法办案管理系统、统计分析系统4个系统的建设。

（王艳君）

传　媒

广播电视

9月7日，记者采访京汉希望小学　（区广电中心供稿）

【概况】 石景山区广播电视中心（简称区广电中心）是区属公益性事业单位，下设北京蓝宇文化传媒中心和北京蓝宇星辰广告中心两个经营实体。年内，围绕区委区政府工作重心，把握正确舆论导向，发挥电视宣传职能，为区“十二五”发展开好局、起好步、全面推进CRD建设提供强大的舆论支持，全年《石景山新闻》共播发2110条，《午间新闻》播发801条；推进广电事业创新发展，加强804频道建设，推进新闻高清制作网建设，安全播出17520小时，产业创收保持稳步增长势头，全年实现总收入1958万元（事业收入1065万元），同比增长17.2%。中心获“首都文明标兵单位”，市“纪念建党90周年宣传工作先进集体”、市“安全生产优秀报道奖”、“第7届城市运动会宣传报道奖”等，电视节目获“市广播电视纪念建党90周年优秀节目评比电视类二等奖”、《法治聚焦》栏目获市“广播电视优秀栏目奖”、《石景山新闻》栏目获市“电视节目技术质量三等奖”。

地址：古城大街61号
电话：68849799
邮编：100043

（张　凡）

【新闻栏目制作1316期】 全年《石景山新闻》播发2110条，《午间新闻》播发801条。各栏目制作期数：《石景山新闻》241期，《午间新闻》141期，《新闻盘点》44期，《走进演播室》42期，《百姓明星》38期，《区县风采》280期，庆祝中国共产党建党90周年红色经典系列电影回顾《红色记忆》30期，其他涉及旅游、教育、人口、计生、城市管理、市政市容、社会治安等内容的社教类电视栏目500余期。

（张　凡）

【建党90周年系列节目】 4～7月，通过开展新闻、专题、系列访谈、百姓明星、电影展播、庆祝晚会等系列电视宣传活动，掀起庆祝建党90周年的宣传高潮。《石景山新闻》策划开设《时代先锋》《信念》等板块，制作播出20多个典型事例，全面展现石景山区各个战线基层党组织、优秀共产党员的先进事迹。《走进演播室》栏目开设“与党旗对话”系列访谈节目，专访孔令多、崔章程等先进共产党员；《红色电影展播》精选反映从中国共产党成立至新中国成立前这段风雨历程的30部经典老电影。《百姓明星》栏目紧跟“唱支山歌给党听活动”；以现场直播的形式将区庆祝建党90周年文艺晚会呈现给电视观众。建党90周年系列宣传获市“纪念建党90周年宣传工作先进集体”，获市广电局“庆祝建党90周年宣传活动策划及节目二等奖”。

（张　凡）

【新闻外宣播发375条】 全年在市级以上媒体播发375条（含一条多发），

其中中央台29条,北京台251条,《北京新闻》播发95条。影响比较大的有:中央电视台新闻频道《新闻直播间》播发《首钢3000名职工将由社会安置》、《工业区将变身现代旅游区》;中央电视台整点新闻播发《2011年企业新经济发展高层峰会在石景山区隆重召开》;中央电视台朝闻天下播发《"手拉手心连心"京源学校小学部为玉树捐款送祝福》;《北京新闻》头条播发《记者走一线——石景山:从钢铁巨人向创意新人华丽转身》,全方位宣传石景山。3月,在全国人大召开之日,协调联系中央电视台两会动车组进入本区,关注人民幸福指数,以区电视台百姓明星转播车录制老山居民健身运动为切入点,播出时长近10分钟的专题报道。运作中央电视台《对话》栏目关注首钢搬迁和区产业转型节目"转型表情",节目通过首钢集团董事长朱继民、区委书记荣华的对话,就本区和首钢集团在转型过程中,政府与企业联手如何开发利用首钢土地资源以及发展文化创意产业等话题,进行深入探讨。

(张　凡)

【电视栏目专题片15部】 全年完成15部专题片。主要有:在区党代会和区人大、政协会上播出的政府五年工作专题片《跨越》、《参政议政——政协2010年工作巡礼》、《强军育才、融合发展》、《绿色教育在行动》等,均得到较好反响。

(张　凡)

【大型晚会录制17场】 全年策划录制电视文艺晚会17场。主要有:区军民春节联欢晚会,北京军区"新闻人物颁奖晚会","颂歌献给党——北注协庆祝建党90周年文艺晚会","百姓明星电视大奖赛"戏曲和歌曲晚会,"光辉的旗帜"——区庆祝建党90周年电视文艺晚会。其中"百姓明星电视大奖赛"戏曲和歌曲晚会以及"光辉的旗帜"文艺晚会以现场直播形式播出。

(张　凡)

【"百姓明星"播出38期】 在新闻记者"走基层、转作风、改文风"活动的大背景下,中心将镜头对准普通百姓,为基层文艺爱好者提供展示的舞台。全年录制播出《百姓明星》节目38期,同时拿出近40万元自有资金,组织策划"百姓明星电视大奖赛"戏曲和歌曲两场晚会的现场直播,广受老百姓欢迎,栏目策划水平、社会影响力等均实现突破。

(张　凡)

【有线电视开播20周年】 12月29日,举办区广播电视开播20周年座谈会。邀请区有关领导和电视节目监审员以及新老广电人欢聚一堂,畅谈广电20年发展变化,总结过去工作,共话未来发展。经过20年努力,共举办《石景山新闻》、《记者视线》、《法制聚焦》、《人大之窗》、《政协之窗》、《走进演播室》等多档重点栏目以及百余场大型电视晚会,架设起社会各界沟通桥梁。

(张　凡)

广播电视中心播音室　(广播电视中心供稿)

【新闻高清制作网建设】 按照市局"三年内区县实现制播存高清化"要求,推进新闻高清制作网建设,投入230万元,用于购置高清设备和高清网改造。在全市14个区县中首批实现并利用高清拍摄新闻、制作新闻节目及媒资的存储,初步解决与北京电视台高清节目的对接,搭建外宣工作平台。高清网承担每天《石景山新闻》和《记者视线》栏目的编辑制作任务。

(张　凡)

石景山报

【概况】 《石景山报》为中共石景山区委机关报,由区委宣传部主办。年内,坚持围绕中心服务大局,牢牢把握正确舆论导向,坚持团结稳定鼓劲、正面宣传为主的方针,以深入创新为途径,以"零差错"为目标,为地区改革开放和现代化建设提供强有力的舆论支持,营造良好舆论氛围。坚持"三贴近"方针,增强新闻亲和力、感染力,从"身边事、平常事"入题,从"手头事"改起,从"喜闻乐见"着手,集中力量、提前策划,宣传本区打造北京CRD、建设现代化首都新城区的丰硕成果。全年编辑出版《石景山报》105期,1256版。

地址:石景山路18号

电话:88699820

邮编:100043

(杜　雷)

【《石景山报》出版1000期】 9月,《石景山报》出版1000期座谈会在万商花园酒店举行,夏林茂、倪国锋等和老领导臧中凯出席,《石景山报》老编辑,兄弟区县报社和首钢日报社领导,与《石景山报》合办栏目的单位领导和街道主管领导以及《石景山报》编辑、通讯员、评报员、热心读者代表100余人参加座谈会。在《石景山报》出版1000期之际,荣华、夏林茂、赵玉民、倪国锋等区领导专门为《石景山报》千期特刊

走转改活动中，记者与工人探讨报纸印刷质量　（石景山报供稿）

撰文，对《石景山报》19 年来所取得的成绩给予充分肯定和鼓励。《石景山报》创刊 19 年来，报纸版面从每月一期 4 个版，发展到每周两期 24 个版，发行量从 3000 份发展到 3 万份，版面内容丰富多彩，成为全区各单位工作学习的好帮手，被居民称为“咱老百姓自己的报纸”。

（杜　雷）

【“十大新闻”评选】　“电力杯”《石景山报》上年度“十大新闻”评选活动自 1 月 1 日开始，得到广大热心读者积极响应。共收到读者通过邮寄、手机短信和网络投票 1000 余张，产生 46 名获奖读者。同月 17 日，“十大新闻”评选揭晓。分别是：1. 实现创业板企业零的突破；2. 永定河绿色生态发展带工程启动；3. 台湾街盛装亮相石景山；4. “群众心目中的好党员”评选活动；5. 社会建设推进大会关注民生；6. 大力整合教育资源；7. 获首批“服务业综合改革试点区”；8. 妇女之家全国率先全覆盖；9. 区委全会审议通过区“十二五”规划建议；10. 国家网络游戏动漫产业发展基地落户石景山。

（杜　雷）

【“三会”专题报道】　围绕中心，做好重大会议的宣传报道。第十一次党代会期间，先期用 4 个版刊登候选人情况公示，会中头版头条和重要版面刊登大会新闻报道和荣华重要讲话，会后开辟“学习园地”专栏解读十一届党代会精神内涵、刊载社会各界学习体会、成果及经验。在区十四届人大六次会议、政协八届五次会议期间，派出 10 余名编辑记者驻会采访，集中出版“两会”专版 18 个，专访 30 名人大代表和政协委员，开辟“代表、委员参政议政”专栏，并对当代商城、实兴腾飞公司、蓝港在线、北京合大律师事务所等驻区知名企业进行专访。

（杜　雷）

【开设“走转改”专栏】　在“走基层、转作风、改文风”活动中，编辑部专门召开编务会，统一思想，策划开办“走近基层”专栏，要求每一名新闻工作者都要有基层联系点，人到基层，心到基层，感情投入基层，报道来自基层。用群众的语言写群众身边事，用通俗的语言解读党和政府的方针政策，不用艰涩概念和生僻词语，多说短话、实话、新话，少说大话、空话、套话，让群众喜闻乐见，听得懂、听得进。活动开展以来，“走转改”专栏共刊登专访 8 篇，其中《古城西路北社区敬老服务项目化管理》、《便民菜站深入百姓心》、《培智学校师生情》、《环卫工人的一天》、《打工子弟学校学生是否能尽快融入公立学校》等收到良好社会反响。

（杜　雷）

【开设以案说法栏目】　1 月，与区法院共同开办“以案说法”栏目，通过对案例情况的回放以及法官提示、法条链接，使读者在阅读过此栏目的案例后，了解相关法律知识，增强法律意识，更好地掌握如何通过法律手段来保护自己的合法权益。

（杜　雷）

【建党庆典专题报道】　以庆祝建党 90 周年为重点展开专题系列报道。策划建党 90 周年特刊，用 8 个版的篇幅，以图片专版、典型发言、新闻报道等多种形式，全面展示区纪念建党 90 周年表彰大会、文艺晚会直播、千人红歌

两会期间记者现场直播　（石景山报供稿）

会、社会各界庆祝建党90周年座谈会等重要活动盛况。参与区"党建丛书"的编写工作,完成书稿9篇,近3万字。组织专版20余块,广泛宣传各街道、社区、各委办局组织的纪念活动,营造喜庆热烈的节日氛围。

(杜 雷)

【合办教育导刊】 与区教委合办"教育导刊",隔周四版,分设"要闻"、"综合新闻"、"专题"、"副刊"等四个版块。在扩版的同时增加互动园地,内设热点话题、百姓热线、政策顾问、心理咨询、教育心得、学生天地等栏目。其中"教育心得"栏目与老师、家长进行互动,刊登教书育人题材的文学摄影作品、及家长教子心得,栏目开设后,收到教师和家长大量的文学摄影作品和家教心得投稿,择优刊登后广受教师和家长的好评。"学生天地"重点推出学生习作,与学生和老师互动,刊登学生习作的同时配上推荐老师的评语,提高学生的写作兴趣和积极性。

(杜 雷)

【系列人物报道】 同区委组织部合办"区优秀人才与优秀青年知识分子"系列报道,集中对20名区"优秀人才"和"优秀青年知识分子"的事迹进行通讯报道。开办"创业点亮人生"驻区企业家创业故事系列,通过故事给广大读者以启迪,全年刊登优秀企业家事迹10余期。

(杜 雷)

【民生热点宣传】 年内开辟专栏10个,刊登各类报道120余篇。对有关领导进行专访,组织评论员文章,解读劳动就业、住房保障、医疗、帮困等政策,围绕就业援助月活动宣传就业创业先进典型。加强同有关部门的配合,加强对重大节日各级领导走访慰问送温暖的报道。加大对社区报道力度,开辟社区新闻、社区人物版面,宣传正面典型人物和故事。全年报道社区人物60余名,成为报纸的品牌栏目。开辟卫生健康、民主法制、百姓生活、市民学校、消费维权等版面,对医疗制度改革,食品、药品安全生产,居民文明养犬,黑车治理、烟花安全燃放等群众关注的热点进行重点报道。

(杜 雷)

【百日整治宣传】 围绕"春风行动"、"夏季攻势"和"秋风行动"三个百日整治行动,刊发各类消息100余篇,石景山宣传网同步进行发布,并在重要节点,通过手机短信发布相关信息提示万余条。通过开辟专栏形式,结合各单位工作情况介绍有关法律知识,全年刊发专栏300余期。开辟"维权聚焦"、"民主法制"等专题版面,集中宣传百日整治有关政策法规。同公安分局合办"金盾之窗"专栏,对工作进行深入报道。

(杜 雷)

医疗卫生

截至年底，辖区有各级各类医疗卫生机构197个，其中三级医院4个、二级医院6个、一级医院13个、社区卫生服务中心9个、社区卫生服务站33个，门诊部及以下医疗机构127个、其他卫生机构5个；编制床位4786张，实有床位3975张。全区卫生技术人员6544人，其中执业（助理）医师2482人、注册护士2878人。平均每千常住人口拥有卫技人员10.32人、执业（助理）医师3.91人、注册护士4.54人、床位6.27张。全区有万元以上设备4604台，总价值70158万元，其中，当年新增万元以上设备231台。北京市石景山区卫生局（简称区卫生局）是负责本区卫生工作的区政府工作部门。3月21日，区编办批复区动物卫生管理所和动物卫生管理科整建制从区集体经济办划入区卫生局，增加行政编制2人；根据医改工作要求，区成立医改办并将医改办办公室设在区卫生局，新增医改职能并入办公室，增加行政编制1人。部门行政编制由33人增至36人，工勤编制3人。下设10个科室，下辖13个局属医疗卫生机构。年内，全面落实医改重点工作任务，提升公共卫生服务保障水平，提高医疗质量保障医疗安全，推动社区卫生服务全面发展；加大卫生系统基础设施建设力度，落实安全生产和维稳责任，加强党风廉政和行风建设。全区甲、乙类传染病报告发病率219.81/10万，国家免疫规划疫苗接种率99%以上，重性精神病人规范管理率达100%，孕产妇系统管理率98.29%，无孕产妇死亡，婴儿死亡率4.25‰。辖区居民平均期望寿命83.35岁，疾病死因顺位前三位依次为恶性肿瘤、心脏病和脑血管病。全区医疗机构诊疗总量480.53万人次，同比增长17.21%；门急诊479.7万人次，同比增长17.35%；出院79.53万人次，同比增长10.75%；住院病人手术3.54万例，同比增长10.4%。二级以上综合医院出院者平均住院日11.46天，同比减少0.90天；实有床位病床周转次数28.66次，同比提高2.0次；病床使用率90.10%，同比增长0.06个百分点。社区卫生服务机构总诊疗人次115.36万人次，同比增长36.20%，约占全区总诊疗人次的24.01%，同比增长3.98个百分点。组织无偿献血188.88万毫升，同比增长77.11%；医疗用血165.14万毫升，同比下降35.52%。获"北京地区中医、中西医结合、民族医医疗机构医疗服务信息网工作"三等奖、"第二届北京健康之星评选（大赛）活动优秀组织奖"、市"卫生监督绩效考核优秀单位"、"疾病预防控制工作绩效考核优秀单位"、"无偿献血工作突出贡献奖"、"首都文明单位"等荣誉。

地址：体育场南路6号院
电话：68873891　68879937
邮编：100043

（徐晓光　赵超英）

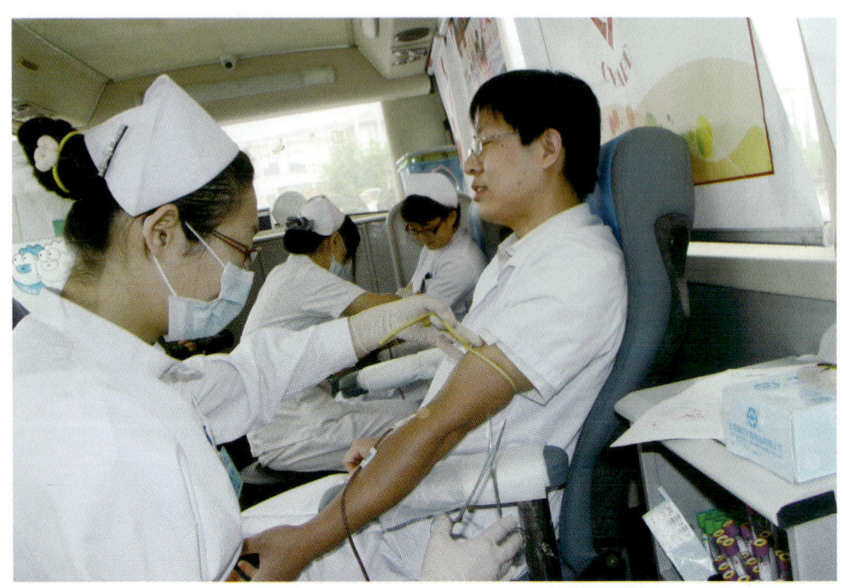
8月25日，区卫生系统开展应急无偿献血　（区卫生局供稿）

卫生改革

概　述

区委区政府主要领导多次调研区卫生事业发展情况，将医改工作作为年度区政府折子工程项目进行推进。年内，评估上年全区医改工作，调整区医改领导小组，成员单位由26个增加到39个。成立区医院管理委员会。制定并下发社区卫生家庭医生式服务工作方案、社区卫生服务中心理事会工作方案、区属公立医院近期改革实施方案、区属公立医院目标管理考评细则等，投入医改资金18565万元，同比增长13.93%。至年底，《医改责任书》中六个方面29项重点工作任务全部完成。

（徐晓光　刘　喆）

【市领导专题调研医改】　3月17日，副市长丁向阳到首钢医院就推进公立医院改革，探索企业医院发展新方式进行调研。实地考察首钢医院基础设施和临床科室，听取医院工作汇报，与医院领导和医务人员座谈。丁向阳对首钢医院工作给予肯定，希望进一步提高综合服务能力，积极探索企业医院发展新方式、新途径，为人民群众提供更加便捷、优质的医疗服务。市医改办、市卫生局、市财政局、市人力社保局、区政府和首钢总公司领导陪同调研。

（赵超英）

【完善基本医疗保障制度】　职工基本医疗保险新参保31183人，完成全年指标445.47%；城镇居民参保57124人，完成全年指标的113.79%。开展城镇居民、灵活就业人员以及外地农民工生育费用纳入基本医疗保险的调研及前期工作。开展全区低收入家庭情况调查，资助困难人群参保，将资助范围从低保对象、五保户扩大到低收入重病患者、重度残疾人、符合医疗救助条件的低收入家庭中的老年人等特殊困难群体。建立城乡特困人员住院押金减免和出院即时结算制度,确定石景山医院及中医医院为区定点医院,为8名低保人员办理住院押金减免和出院即时结算,支付救助金3.44万元。探索开展特重大疾病救助试点,鼓励社会力量参与慈善捐款,建立大病应急救助资金。开展"春雨"应急救助项目,全年救助15人。为80名低保老人办理助老慈善医疗卡。

(徐晓光 刘 喆)

【推进医疗服务体系建设】 加快推进朝阳医院京西院区改扩建工程建设项目。完成改扩建工程环境评估、土地预审、节能登记及改扩建工程可研报告的编报工作,设计方案、可行性研究报告获批,初步概算工程造价4541万元。辖区社区卫生服务机构全部开展家庭医生式服务工作,建立社区卫生服务团队总数83个。累计签约达到23937户、60249人,累计发放"家庭医生服务联系卡"、"宣传海报"、"致居民一封信"等宣传材料81719份。辖区内二级及以上医院全面推行双休日门诊,其中,石景山医院双休日接诊量最大,周六日均门诊量1879人,周日日均门诊量1711人。鼓励二、三级医院与社区卫生服务中心进行双向转诊,引导患者分级有序就医,缓解优质医疗资源供需矛盾。首钢医院、朝阳医院京西院区、石景山医院3家大医院与9家社区卫生服务中心开展免费转诊预约,大医院做到24小时内答复社区卫生服务中心的转诊要求,3个工作日内安排患者就诊时间。

(徐晓光 刘 喆)

【健全公共卫生服务体系】 全面实施居民健康档案、健康教育、预防接种、传染病防治、儿童保健、孕产妇保健、老年人保健、慢性病管理、重性精神疾病患者管理等9类国家基本公共卫生服务工作。辖区居民人均期望寿命83.35岁,国家免疫规划中一类疫苗接种率99.99%,甲、乙类传染病发病率为219.81/10万,重性精神病人管理率100%。0~6岁儿童保健系统管理率98.70%,为0~6岁儿童免费健康体检2.49万人;孕产妇死亡率零,婴儿死亡率4.25‰,孕产妇系统管理率98.29%。老年人诊疗人次数60.27万人次,其中免挂号费3.87万人次,出诊3217人次,免费体检2009人。为适龄妇女进行乳腺癌及宫颈癌筛查6050人,为育龄妇女免费发放叶酸230人份。对4081名适龄儿童开展龋齿筛查并实施窝沟封闭共9115颗牙,在中小学校开展视力普查、"我的视力我做主,健康用眼每一天"为主题的视力保护活动。开展"健康大讲堂",推行低钠盐、高血压患者的干预和规范化用药指导;通过宣传、培训、讲座和开展活动等方式,在社区、学校、机关、企业启动眼病、口腔疾病、高血压等疾病的初级保健和慢性病管理工作。为地区慢性病家庭培养家庭保健员500名,免费为1800名50岁及以上本市户籍居民开展脑卒中危险因素筛查、高危人群随访管理和干预。免费为外来务工人员接种麻疹、流脑疫苗,免费为本市户籍60周岁以上老年人和在校中小学生、中等专业学校学生接种流感疫苗3.63万支,其中60岁以上老年人1.64万支,学生1.99万支。免费为5100名新生儿疾病筛查、2.5万名儿童体检、4000名7~9岁儿童实施窝沟封闭和5900名3~4岁儿童进行口腔检查、氟化泡沫防龋。免费为适龄妇女增补叶酸700人份和两癌筛查4000人,对符合条件的20名低保老人免费镶牙。为贫困重性精神病人实施免费投药1500人次。

(徐晓光 刘 喆)

【推进公立医院改革】 召开全区公立医院改革推进会,印发区属公立医院近期改革实施方案等相关文件,成立医院管理委员会,对区属公立医院进行目标考核管理。以"优化资源、控制数量、提高质量"为原则,起草医疗机构设置规划(2011~2015)(初稿),明确公立医院类别、规模和布局,同时培育多元化的办医结构,扶持起点高、有特色的民营医疗机构,有序引导社会资本投资办医;建设以高水平综合医院为龙头,以特色专科医院为骨干,以社区卫生服务机构为基础的医疗卫生服务体系。完善大医院对口帮扶机制,石景山医院与301医院建立远程医疗系统,方便远程会诊及业务培训。通过"三好一满意"、"优质护理服务"等活动,完善区属公立医院内部运行机制,优化就诊流程,改善患者就医环境,实现优质护理服务试点病区三级医院100%覆盖、二级医院30%覆盖,同时,二级综合医院全部接入114预约挂号统一平台。全区建立"优质护理服务试点病区"的数量由上年3月启动时的8家医院8个病区增加至12家医院72个病区。

(徐晓光 刘 喆)

医疗服务

概 述

加强医疗机构管理,深化各项医疗质量管理控制工作,开展"三好一满意"、医疗质量万里行活动,推进"优质护理服务示范"工程,多部门联动,加大督导检查力度,强化医疗质量和服务质量管理,提升服务水平。开展抗菌药物临床应用等专项整治活动,加强临床路径管理,提高诊疗水平和服务效率。提倡无偿献血,增设街头献血点,无偿献血人数明显增加,全区临床用血达到供需平衡、安全有效。积极排查医疗纠纷与矛盾,促进医患关系和谐,保障医疗安全。全面实施大型医院与基层医疗卫生机构预约转诊工作,推行医院门诊预约挂号、无假日门诊,首钢医院、朝阳医院京西院区、石景山医院与9家社区卫生服务中心签订转诊协议,转诊预约2357人次、转诊成功2357人次,转诊预约成功率100%。引进开展中医药适宜技术,推进中医药事业建设和发展。

(徐晓光 赵超英)

【医疗工作】 全年诊疗4805333人次,健康检查157824人次,其中门诊4500025人次、急诊297018人次。急诊危重抢救4389人次,抢救成功率97.52%;住院危重抢救1130人次,抢救成功率76.02%。入院79588人次,出院79529人次,病床使用率83.22%,病床周转20.40次,平均住院日13.78

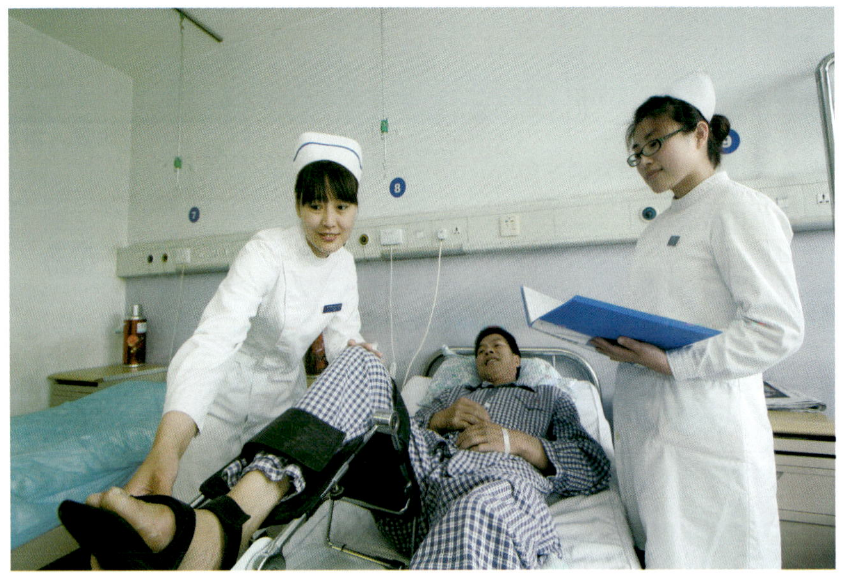

为患者做康复护理 （朝阳医院京西院区供稿）

天，治愈率51.68%，好转率45.20 %，病死率1.84%，临床与病理诊断符合率99.71%，手术前后诊断符合率99.78%。住院手术35442例。

（刘媛媛）

【准入管理】 全年办理医疗机构执业许可225件，审批医疗机构10个，其中医院2个、社区卫生服务机构5个、诊所1个、医务室2个；医疗机构变更登记27家37项；换发一级以下医疗机构执业许可证165个，吊销1个，注销5个，停业10个，年检不合格暂缓校验7个；办理执业医师首次注册87人次、变更注册337人次。

（高 晖 李 卓）

【医疗质量管理】 1月，召开医疗机构管理工作会，对上年医疗机构病历处方评比活动获奖单位及口腔医疗质量管理评估检查中成绩优秀单位进行表彰。4月，召开医疗质量管理工作会。7月，联合区人力社保局对辖区二、三级医院的医疗和医保工作进行督导检查。8~9月，根据市卫生局"医疗质量万里行"、"三好一满意"、"抗生素临床应用专项整治"等活动总体要求，对一、二级医院机构医疗管理、合理使用抗生素、优质护理服务、医院感染控制、急诊急救、临床路径管理、平安医院建设等工作进行现场评估。实行医疗机构不良执业行为积分管理，对37家医疗机构不良执业行为予以积分46起，对不良执业行为积分达到4分以上的医疗机构在《石景山报》进行公示。开展重大节日紧急医疗救治演练5次。10月，对辖区一级医院、门诊部、社区卫生服务中心（站）的500名医务人员进行两期心肺复苏新指南培训。

（乔彦云 李 晶）

【医院感染率1.42%】 对区内设有感染性疾病科医院的院感管理工作进行检查，对玉泉医院、工人疗养院、首钢医院、整形外科医院的院感管理工作进行考核评价，对各级各类医疗卫生机构进行医疗废物管理知识培训。辖区22家一级以上医院全年出院79274人次，医院感染例数1129例，医院感染率1.42%。组织辖区二、三级医院相关人员50人参加卫生部脊髓灰质炎防治视频培训。全年监督传染病防控和疫情报告447户次、消毒隔离316户次、消毒产品303户次、实验室安全66户次。

（乔彦云 刘媛媛）

【优质护理服务】 举行纪念"5·12"国际护士节暨优质护理服务推进大会，并对8个区优质护理服务先进病区进行表彰；制定优质护理服务推广工作方案；组织辖区一级以上医院、设有病区的社区卫生服务中心护理管理部门负责人、护理骨干参观护理文书展览；组织全区优质护理服务工作培训会；对4家二级医院进行优质护理服务检查评价。整形外科医院北二病区、石景山医院内分泌科病区被市卫生局评为"北京市优质护理服务示范病区"。至年底，首钢医院、石景山医院等12家医院的72个病区创建优质护理服务示范病区。

（乔彦云）

【纠纷处理与事故鉴定】 年内，接待医疗纠纷来信、来访、来电217人次。完成医疗事故技术鉴定3起。其中，鉴定结论为三级甲等医疗事故1起、一级甲等医疗事故1起、非医疗事故1起。

（李 卓 曹 静）

【坚持对口支援】 受援社区卫生服务机构专家门诊285687人次，会诊987次，开展培训33次、健康讲座77次。8月，选派3名医务人员到西藏堆龙德庆县医院进行为期一年的医疗技术支援。年内，辖区有关医院向对口支援单位捐赠资金23020元；下乡医疗队401批次；诊治病人4734人次。

（李 卓 贾彩霞）

【完善中医管理】 组织辖区20家有关医疗单位开展《北京市发展中医条例》贯彻实施十周年情况自查；经市中医管理局批准，眼科医院李庆生、区中医医院张振忠为第四批市级老中医药专家学术经验继承工作指导老师，有7人（其中区中医医院3人，广宁社区卫生服务中心2人，五里坨、八宝山社区卫生服务中心各1人）为第四批市级老中医药专家学术经验继承工作学术继承人，并与带教老师签订协议书。

（高 晖）

【医用氧安全管理】 3月16日，石景山医院高压氧舱通过市卫生局组织的实地验收，于17日投入使用。8月，根据市局转发卫生部办公厅关于湖南省郴州市第一人民医院工业氧代替医用氧事件通报的通知精神，以自查与抽查相结合方式，对辖区医疗机构医用氧使用情况进行检查。辖区一级及以上医院及社区卫生服务中心、站26家机构填报"医疗机构医用氧使用情况汇总表"；对随机抽取的10家医疗机构进行医用氧使用现场检查，并对2家有高压氧舱的机构进行检查，未发现使用工业氧(或压缩气体)冒充医用氧的违法行为。

(高　晖)

【信息化建设】 推进地区卫生信息系统建设,建设“北京市社区卫生信息化新系统”,有7个社区卫生服务中心、29个社区卫生服务站社区使用该系统。完善突发事件应急值守系统,实现传染病疫情、食品安全及生活饮用水污染事件、重大动物疫情、非职业性一氧化碳中毒及群体伤亡医疗救治等各类突发公共卫生事件网络上报。石景山医院、玉泉医院、朝阳医院京西院区门急诊大厅视屏信号接入区卫生应急指挥中心。区卫生信息网改版,实现集中式管理,调整和丰富网站的栏目,设一级栏目19个,二级栏目26个,增设区妇幼保健院子站。

(刘媛媛)

【献血管理】 全年组织无偿献血9444单位,其中团体无偿献血2147单位、街头献血7297单位。医疗用血8286单位,其中成分用血8257单位,成分输血率99.65%;血浆4395单位。经批准,解放军总医院在万达广场设立街头献血点。4月1日起实行“血费返还首接负责制”,献血者本人及其配偶和直系亲属就近报销血费。审批报销血费16人次,通过北京市血液信息系统进行登记、录入,报销血费19780元。8月25日,开展主题为“白衣天使,爱心传递”的应急无偿献血活动,有17个医疗卫生单位137人参加无偿献血,献血27800毫升;中央电视台、北京电视台等15家媒体报道此次活动。年内,获市级“无偿献血先进单位”150个、先进个人159人;评选出区级“无偿献血先进单位”120个、先进个人1320人。

(李小洁)

【继续医学教育】 审批区级继续医学教育331项,局属医疗卫生机构获批市级继续医学教育9项。本区“十一五”时期继续医学教育工作接受卫生部、市卫生局专项评估检查,得到肯定。部分医疗机构卫技人员继续医学教育学分达标情况接受市继续医学教育办公室抽检,被抽检168人,其学时和学分达标率均为100%。全区继续医学教育学分达标率98.41%,局属医疗卫生机构继续医学教育学分达标率98.97%。

(叶林书　武凤娇)

【组织科研科普】 承担首都医学发展科研基金项目14项,申报次年首都卫生行业科研项目18项。组织开展“名医进社区”活动、北京地区医疗卫生机构科技调查工作、首都重大疾病科技成果推广工作,举办科普写作、创作、创意大赛入选人员培训。参与市、区科技周活动,举办卫生管理干部现代知识研修班,组织社区中医药大型科普咨询义诊活动。编辑出版《石景山医药卫生》科技专刊,刊载论文40余篇。

(叶林书　李　晶)

【医疗队伍建设】 全年招收应届毕业生34人,招聘社会在职人员30人,内部调整11人。区属卫生事业单位专业技术岗位新聘用186人,其中,正高3人、副高10人、中级65人、初级108人。区属医疗单位1人被列入市“十百千”卫生人才培养对象。选送1人参加市局学科骨干和学科带头人强化培训,选送心内科专家3人参加卫生部组织的适宜技术进社区专项师资培训,选送住院医师9人参加市住院医师规范化培训。全年62人取得全科医师、防保医师等专业岗位培训合格证书。石景山医院与解放军总医院合作开展博士后人才培养项目,已有5名博士进行深造。

(任　爽　李　晶)

【实行绩效工资】 制定公共卫生与基层医疗卫生单位绩效工资方案,按计划在所属事业单位内实行绩效工资。第一批是公共卫生与基层医疗卫生单位,包括广宁社区卫生服务中心、疾控中心、急救站、八角社区卫生服务中心所属站,7月1日起正式实施。第二批其他医疗卫生单位分别制定各自绩效工资管理方案,10月1日起正式实施。

(任　爽)

【卫生设施建设】 总建筑面积29962平方米的石景山医院新医疗楼工程基本竣工。主体建筑高度约60米,地上13层、地下2层,设置病床360张,使医院开放总床位达到800张。新医疗楼主要功能包括住院大厅、药房、检验科、病理科、儿科、重症监护室(ICU)、CCU、手术中心以及9个护理单元。集诊疗、防控于一体的区结核病防治所(区疾控中心应急业务保障用房建设)于年底竣工并投入使用。完成4个新建改建居住区社区卫生服务站配套用房的规划设计、选址确认等,推进五里坨精神病专科医院移址新建项目、西部医院建设项目和区中医院移址新建项目的相关前期准备工作。

(黄旭红)

【年度收支情况】 区属医疗卫生单位上年结余4585.8万元(其中17.4万元为新增单位动物卫生监督所结余)。全年总收入95667.8万元,其中财政拨款21566.4万元(不含基本建设拨款),上级补助9万元,事业收入65300.7万元,其他收入8791.7万元;总支出90557.6万元,收支结余9696万元。基本建设拨款6924.5万元。

(安冬生)

社区卫生服务

概　述

社区卫生服务管理中心(简称社管中心)是隶属于区卫生局的事业单位,负责对各级社区卫生服务组织实施检查、评估和专业技术指导;建设老年病、慢性非传染性疾病防治网络,总结经验并推广。年内,把发展社区卫生事业作为改善医患关系、有效解决群众“看病难、看病贵”问题和构建和谐社会的重要途径。在巩固社区卫生发展成果的基础上,加快社区卫生服务模式转变和能力提升。启动以健康管理为主要内容的家庭医生式服务,促进分级就诊、有序就医格局的形成。完善服务功能,充实人员队伍,增强技术水平,进一步深化和推进“健康北京人—全民健康促进十年行动规划(2009－2018)”和医疗卫生体制改革方案的实施,努力使居民少得病、晚得病、不得病。围绕“为群众提供更便捷、更完善的社区卫生服务"宗旨，按照"提档升级"工作要求，进一步调整社区卫生服务站点布局，完善标准化建设。加强内涵建设，完善社区绩效考核。推行社区卫生理事会制度试点。推进社区卫生信息网络建设，建立居民健康纸质档案481027份，电子化档案360147份。落实"家庭保健员计划"，讲课培训75场，完成培养发证500人，发放《北京市慢性病家庭防治知识300问》等各种书籍3800余本。启动国家卫生部"老年人中医健康指导试点"项目，落实辖区老年人健康管理工作。加强社区常见慢性病管理，体现主动服务原则，探索建立功能社区卫生服务站，进一步拓展社区卫生服务领域和功能，提高社区卫生服务利用率，面向全市公开招聘社区卫生服务管理干部4名，充实社区卫生队伍；举办社区卫生管理干部高级研修班，编辑出版《北京市社区卫生管理干部高级研修班结业论文汇编》，提升社区卫生队伍素质。

（赵超英　贾彩霞）

【服务体系建设】 全区9个社区卫生服务中心、33个社区卫生服务站全年总诊疗1153601人次，其中门诊1100305人次、急诊46381人次；出诊6915人次；急诊抢救22人次，观察病人122243人次；双向转诊9532人次，其中执单转诊6505人次。法定传染病报告1532例，传染病家庭访视2612人次。0～6岁儿童免疫接种172438人次；孕产妇建卡3944人次，产前检查8921人次；0～3岁儿童保健33854人次。建立社区卫生家庭医生式服务团队83个，累计签约达到24056户、60345人。建立居民健康档案481027份，完成电子档案录入360147份。开展健康讲座468次，参加18953人次；开展健康促进活动153次，接受健康教育37699人次。实施慢性病管理，管理高血压患者8716人、糖尿病患者3293人、冠心病患者3677人、脑卒中患者2237人。区内9个社区卫生服务中心和25个社区卫生服务站实行药品零差率销售，销售总额13730万元。

（郝伶敏　贾彩霞）

【建立转诊预约绿色通道】 落实转诊预约工作实施方案，在双向转诊基础上，建立大医院与社区卫生服务机构转诊预约绿色通道；创新开展"VIP服务、免收挂号费、优先就诊、连续诊疗"等6项方便服务。辖区9家社区卫生服务中心分别与首钢医院、朝阳医院西区、石景山医院签订转诊预约关系协议书。全年社区卫生服务机构上转患者为7483人次，同比增加89.40%，下转患者1678人次，同比增长32.75%，双向转诊比率为4.46:1。转诊预约患者2197人次，转诊成功2197人次，转诊预约成功率100%，

（郝伶敏　贾彩霞）

【推行家庭医生式服务】 5月，启动家庭医生式服务工作，年内完成宣传覆盖率和制度覆盖率100%的目标。成立领导小组，印发工作方案和工作手册；召开工作推进会；举办工作培训会3次，对300余名社区团队人员全员培训并进行试卷考核。在全区组织开展"六个一"（一封信、一张卡、一幅图、一个表、一次对话咨询、一次科普讲座）宣传活动，举行区级大型宣传活动15次，在区有线电视台、《石景山报》、《社区健康报》进行跟踪报道30篇次，扩大宣传覆盖面。编印《致居民一封信》6万张、宣传折页2万份、宣传海报600余张、展板50余块、居民联系卡2万张和签约协议书6万份，截至年底，发放各类宣传材料81719份。在生活社区做到家喻户晓，功能社区包括特殊区域和特殊人群人人皆知，提高居民知晓率，使更多居民积极参与家庭医生式服务，辖区所有社区卫生服务机构均提供家庭医生式服务，建立社区卫生服务团队83个，累计签约24056户，60345人。平均每个团队签约家庭290户，居民727人。其中全区65岁以上老年人口签约率达到70%。

（汪　磊）

【门诊延时服务】 自1月开始，辖区8家社区卫生服务中心延长门诊服务时间至晚8时。提供全科医疗、药房、输液等服务项目，并保证"健康通"手机通畅，及时解答居民医疗卫生问题，提供测量血压、健康咨询与指导。全年延长门诊服务时间段内投入医生3629人次，护士3443人次，医技3074人次，其他人员3086人次。延长门诊服务时间段内累计门诊量46515人次，免费测量血压10411人次，咨询7112人次。区财政给予专项补贴227650元。

（汪　磊）

【建立功能社区服务站】 过去机关、学校、企业、社团组织等都有医务室，但仅能提供一些辅助性质的门诊服务。年内，尝试在机关、企事业单位、学校、商务楼宇内建立功能社区卫生服务站。发挥现有社区卫生资源，增加专业医疗设备和人员，作为社区卫

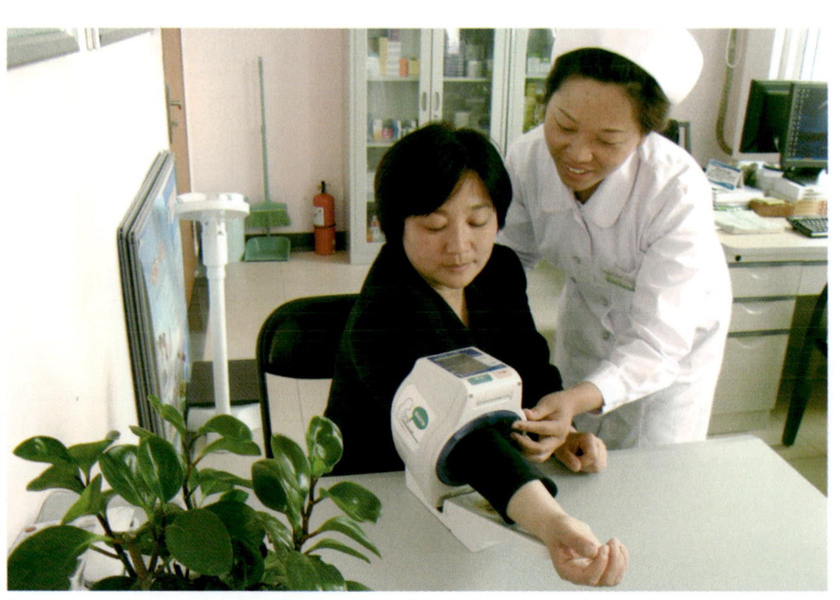

成立首家功能社区卫生服务站　　（区卫生局供稿）

生服务机构的延伸，体现主动服务功能，为党政机关、团体为主的员工提供包括预防、医疗、保健、健康教育、康复、计划生育指导等服务，使其享受基本卫生保健服务。4月，在区政府办公区试点建立卫生服务站，11月，在检察院办公区建立社区卫生服务站。推进在公安分局及首钢总公司办公厅院内建立功能社区卫生服务站，相关工作正在开展中。

（曾玉香）

【推广"社区健康通"】 2月，与14家社区卫生服务中心（站）签订社区健康通使用协议，为所有社区医生配备手机并实行"社区健康通"24小时畅通，实现老百姓随时随地与社区医护人员沟通和联系。下发健康通手机160部，开通"社区健康通"家庭医生咨询服务热线、"社区健康通"无线秘书咨询热线，对外统一公布热线号码。9月21日，出台健康通调整方案，增补健康通手机50部。逐步实现以老年人、慢性病人为管理重点，24小时健康通手机全程服务体系。

（王洪 耿喆）

【推广中医适宜技术】 在广宁、五里坨、八宝山、古城等4家社区卫生服务中心及西黄村社区卫生服务站开展"老年人中医健康指导试点工作"项目。使中医适宜技术在社区得到广泛应用，增强基层中医药服务能力，让群众享受到"简、便、验、廉"的中医药服务，缓解群众"看病贵、看病难"问题。八宝山、广宁、五里坨等3家社区卫生服务中心有4人被市中医管理局批准成为第四批市级老中医药专家学术经验继承工作学术继承人。

（汪磊）

疾病预防与控制

概　述

石景山区疾病预防控制中心（简称区疾控中心）是在原区卫生防病监督管理所、区卫生防疫站、区结核病防治所、区慢病防治所和区性病防治所基础组建成立的区级卫生事业单位，为市禽流感、麻疹、艾滋病及甲型H1N1流感病毒网络实验室，承担疾病预防与控制、应急事件预警与处置、疫情收集与报告、监测检验与评价、健康教育与促进、应用研究与指导、技术管理与服务等重要公共卫生职责。中心位于体育场南路6号院，建筑面积7500平方米，其中实验室使用面积3500平方米；在编职工90人，其中专业技术人员80人：副高及以上6人，中级31人，初级43人。拥有气相色谱仪、原子吸收分光光度计、双道原子荧光光度计、液相色谱仪、离子色谱仪、全自动酶免系统等各种检测仪器设备，可开展各类检验检测278项；具有国家计量认证合格证书以及职业健康检查和职业病危害因素检测与评价的资质。年内，按照传染病防控"早发现、早报告、早隔离、早治疗"的原则，做好艾滋病、结核病等传染病防控，及时处理流感、猩红热、手足口病等传染病疫情，防止疫情蔓延；重点开展对学龄前流动儿童强化免疫和外来务工人员查漏补种及季节性流感疫苗接种工作。推进《健康北京人——全民健康促进十年行动规划》，会同多部门组织社区居民、单位员工开展"健康歌曲大家唱"、"健康知识与健康技能大赛"等一系列群众喜闻乐见的健康促进活动，参加"第二届北京健康之星评选"活动，并取得优异成绩。获市"流感监测先进单位"、"霍乱等肠道传染病防控先进单位"、"信息报告工作先进单位"、"放射卫生工作一等奖"、"疾控系统艾滋病高危人群干预工作质量奖"等诸多市级以上荣誉。

（班玉贞　张艳霞）

【生命统计】 全年出生2589人，出生率7.11‰；死亡2297人，死亡率6.31‰；自然增长率0.80‰。死因顺位前十位依次为：恶性肿瘤，心脏病，脑血管病，呼吸系统疾病，内分泌、营养和代谢性免疫疾病，损伤和中毒，消化系统疾病，传染病，神经系统疾病，肌肉骨骼。平均期望寿命83.35岁，其中男性81.87岁、女性84.96岁。

（张艳霞）

【传染病防治】 全年报告法定传染病17种5006例，发病率为812.66/10万，其中报告死亡5例，均为乙类传染病，包括艾滋病1例、乙肝4例，死亡率0.81/10万，病死率0.10%。甲类传染病1种1例（霍乱），发病率为0.16/10万，无死亡。乙类传染病10种1353例，发病率219.65/10万，其中，细菌性痢疾718例、猩红热218例、肺结核155例、梅毒154例、淋病48例、病毒性肝炎44例、艾滋病7例、麻疹4例、甲型H1N1流感3例、疟疾2例，死亡5例。丙类传染病6种3652例，发病率592.86/10万，其中，报告其它感染性腹泻病2393例、手足口病1107例、流行性腮腺炎94例、风疹41例、流行性感冒12例、急性出血性结膜炎5例。流感样病例监测累计监测门急诊就诊病例1093255人次，其中流感样病例25169人次。全年无脊灰野病毒病例发生，接报处理AFP病例7例；无百日咳、白喉、新生儿破伤风、流脑、乙脑、狂犬病病例发生。

（张艳霞）

【性病和艾滋病防控】 全年新增艾滋病病毒感染者36例，其中艾滋病病人7例，全区艾滋病病毒感染者/艾滋病病人累计131人。筛查检测艾滋病抗体95350人份，阳性者58人，检出率为0.06%；艾滋病哨点监测调查各类人群1604人，检出艾滋病抗体阳性者9人，阳性率为0.6%。艾滋病高危人群干预61025人次，抗体检测1517人，阳性者37人，检出率为2.4%。3个艾滋病自愿咨询检测门诊共接待艾滋病咨询检测者1067人，检出艾滋病抗体阳性者36人，检出率为3.4%。社区药物维持治疗门诊累计治疗人数372人，在治人数211人，维持治疗率为91.3%，治疗人数比上年增加37.9%。开展"中盖艾滋病项目"、"全球基金艾滋病防治项目"及"吸毒人群干预项目"等艾滋病防治项目工作，健全性病艾滋病防治网络，对各级各类医疗机构性病艾滋病防治情况进行督导检查。开展艾滋病防控宣传活动，全年发放有关宣传资料57942份，免费发放安全套168945只。

（班玉贞　张艳霞）

【计划免疫】 召开专业会议和专业培训27期,参加1130人次,其中学校托幼3次,参会173人次。辖区20个预防接种门诊实现预防接种管理信息电子化,电子卡取代纸质卡。全年应急接种MV557人、MR3239人、MMR1054人、水痘疫苗1592人。儿童基础免疫接种96530人次,接种率99.97%;加强免疫接种49266人次,接种率99.99%。学校、托幼园所补种疫苗10种,补种6026人次,补种率95%以上。遵循"知情同意、自愿免费"原则,全区累计接种招标免费流感疫苗36300支,其中60岁以上老年人16423支、学生19877支;接报处理疑似预防接种异常反应2例(均为偶合症)。全年报告疑似预防接种异常反应47例,报告率17.78/10万,达到3/10万的指标;疑似预防接种反应调查及时率、录入完整率、及时审核率及个案调查完整率均为100%,全部达到监测标准。外来务工人员接种流脑A+C疫苗1650人,接种麻疹疫苗1655人。完成学龄前流动儿童强化查漏补种工作,共调查适龄儿童13776人,补卡250人、补证76人、补种疫苗7种443针次。

(班玉贞　张艳霞)

【手足口病防控】 召开全区手足口病医疗救治工作会,通报发病情况和发展趋势,部署相关工作。强化疫情监测与报告工作,编辑流行形势分析9期。对各级医疗机构开展专项检查,全年出动监督检查人员631人次,监督车辆283辆次,督查学校、托幼机构及医疗机构215户次。及时处置手足口病聚集性和暴发疫情,累计完成181起疫情的调查处置。开展手足口病病原学监测工作,全年累计采集检测手足口病咽拭子标本151件,阳性率达65%。访视手足口病1020例,完成个案调查、随访工作。开展手足口病宣传7次,其中现场宣传5次、在《石景山报》刊登防治知识2期;解答群众咨询800余人,发放"致家长一封信"、宣传册、海报、折页等资料5万余份。对学校、托幼机构以及保健科人员进行9次培训,422人次。

(班玉贞　张艳霞)

【结核病防治】 区结核病防治所工程于年底竣工交付使用,就诊环境显著改善,方便患者就医,提高结核病防治能力。结防所全年门诊2255人次,免费查痰1218人次,涂片1218人次,其中涂阳215人次、培养773人次(培阳98人次)。登记管理92人,其中本市38人、外地54人,监化率100%,共投药16860人次,DOTS覆盖率达100%。对大学新生5104人进行结核菌素监测,其中强阳性319例,未发现活动性肺结核。新生儿卡介苗接种758人,接种率100%;PPD监测4415人次,阳转率99%。年内,将结核病追踪管理及治疗管理工作纳入社区,对5家二级及以上综合医院开展专项监督检查工作。

(班玉贞　张艳霞)

【精神疾病防治】 截至年底,登记在册精神病人2376人,其中享受免费服药的贫困病人285人,2013例重性精神病人纳入"中央补助地方重性精神疾病管理治疗项目"(686项目)管理。在重大活动和节日前,对重点(贫困)精神病人进行入户免费投药和送温暖活动,共计入户1000余户次。五里坨医院精神科门诊5087人次,免费发药1502人次;与中国政法大学签订合作协议,成为中国政法大学法律与精神医学研究中心首个临床基地,共同举办法律与精神医学论坛;"精神卫生心理干预咨询热线"进行心理疏导500余人次。开展精神疾病流行病学综合调查研究工作,入户调查人数460人。在"世界精神卫生日",组织50名社区居民参加市卫生局举办的主题为"承担共同责任 促进精神健康"宣传活动;选派4名住院精神疾病康复者参加在回龙观医院举办的市"第二届精神障碍患者职业康复技能大赛";组织辖区6家医疗机构开展"沟通理解关爱、心理和谐健康"主题宣传活动。

(班玉贞　李　靖)

【慢病管理】 针对筛查出的高危人群510人进行随访管理工作,全年督导7次。利用慢病管理软件开展健康管理与慢病综合干预,管理82人,其中一般人群57人、高危人群8人、慢病人群17人,慢病人群占总人数的20.7%。超重且中心性肥胖者人数30人,体重管理率为100%。高血压患者8人并进行分层管理,高血压管理率为100%。累计随访137次,普通随访99次,血压随访8次,体重随访30次。完成FCTC监测ITC中国调查第四轮600户家庭入户登记补充调查工作。开展ITC第四轮现场调查工作,成年吸烟者随访问卷38份,成年非吸烟者随访问卷20份,成年戒烟问卷9份,成年吸烟者补充问卷27份,留取烟头样本6份。成立高血压自我管理小组,招募社区高血压患者10名,组织开展授课及活动9次。在3个社区卫生服务中心(站)对肥胖、高血压、糖尿病患者301人开展干预项目。开展成人慢性病及其危险因素监测工作,共监测职业人群468人、居家人群127人。组织各级医疗机构开展高血压日、糖尿病日等卫生日宣传活动15次,发放宣传材料17种12万余份,发表科普文章60余篇。

(班玉贞　张艳霞)

【公共卫生监测与评价】 全区有101家厂矿企业,检测职业危害场所12家,检测样品267件,合格231件,合格率86.5%。网络直报尘肺病、职业病、疑似职业病和农药中毒28例。对医院职报人员开展职业病网络直报培训2次,对部分医院开展职业病网络直报绩效考核。对医疗单位的射线装置和机房防护进行影像质量检测和场所防护检测,检测113台,合格112台,合格率99.12%。工业X线探伤机专用探伤室防护检测合格率100%,5台非医用射线装置防护检测合格率100%。放射工作人员外照射个人剂量应检单位48个,个人剂量检测应检1089人次,共监测1065人次,检测率为97.8%;检出大剂量照射人员2人次,检出率0.2%。食品委托检测426件,其中419件样品与卫生标准不符无法进行合格判定,7件可判定样品合格6件,合格率85.7%。食品现场抽检11件,餐具现场抽检30件,合格率93.5%。对801户公共场所进行办证和审证的监测,监测22867件,合格

22864件，合格率99.99%。检测自备井和二次供水405件，合格360件，合格率88.9%；检测末梢水120件，合格101件，合格率84.2%；检测地下水18件，合格12件，合格率66.7%。食品从业人员体检38345人，公共场所从业人员体检14519人。

（张艳霞）

【感染防治】 全年监测医疗机构区级以上11个，区级以下18个，诊所45个，学校医务室4个，托幼机构25个。共监测169户次，采样1966件，合格1930件，合格率98.17%；其中物表及工作人员手涂抹采样1057件，合格1930件，合格率98.2%；空气采样230间（件），合格221间（件），合格率96.1%；高压锅监测采样295件，合格289件，合格率98%；其它90件，全部合格。托幼机构消毒监测49户次，采样791件，合格767件，合格率97%，其中物表及手采样496件，合格476件，合格率93.1%；空气采样120间（件），合格119（件），合格率99.2%。传染病病家或疫点消毒13户次，物表消毒面积13991平方米。消毒效果监测采样12件，消毒面积120平方米。现场消毒技术指导3次11人。病媒生物监测：蝇监测共21次，共6类环境每次设点7个场所，共累计布放蝇笼119个。蚊监测共18次，成蚊共监测3类环境每次5个点，共累计布放诱蚊灯180套；幼蚊监测共4类环境每次6个点，共累计检查容器46个，取水样270勺。蟑螂监测12次，每次设点8个场所，累计布放粘蟑板4080张。鼠监测12次，每次设点4个。布粉块600块；鼠夹1300把。开展家蝇、德国小蠊及淡色库蚊幼虫对高效氯氰菊酯、双硫磷、溴氰菊酯、敌敌畏及残杀威等5种药物抗药性监测工作。布放粘鼠板880张，捕鼠30只，鼠心肺标本送市CDC实验室进行出血热抗原抗体的检测。

（张艳霞）

【学校卫生】 制定学生防控近视眼工作规划（2010～2015）、学生防控超重与肥胖工作规划（2010～2015），印制学生超重与肥胖防控工作汇编，制定超重肥胖学生干预方案和自我管理手册，下发至各有关学校。定期对中小学校医进行二级培训，发放折页、手册、挂图、光盘等宣传品3万余份。对32所中小学校开展传染病管理状况调查，完成全区3万学生健康体检和既往病史的筛查和整理工作。组织40余所学校5000余名学生参加“爱眼知识考考你”知识竞赛，征集“爱眼护眼小征文”近千篇。对25所中小学校教学物质环境卫生学指标进行检测，除黑板面照度合格率较低以外，其他各项合格率较往年均有很大提高，课桌椅分配符合率由上年的30%～40%提高到70%～80%。

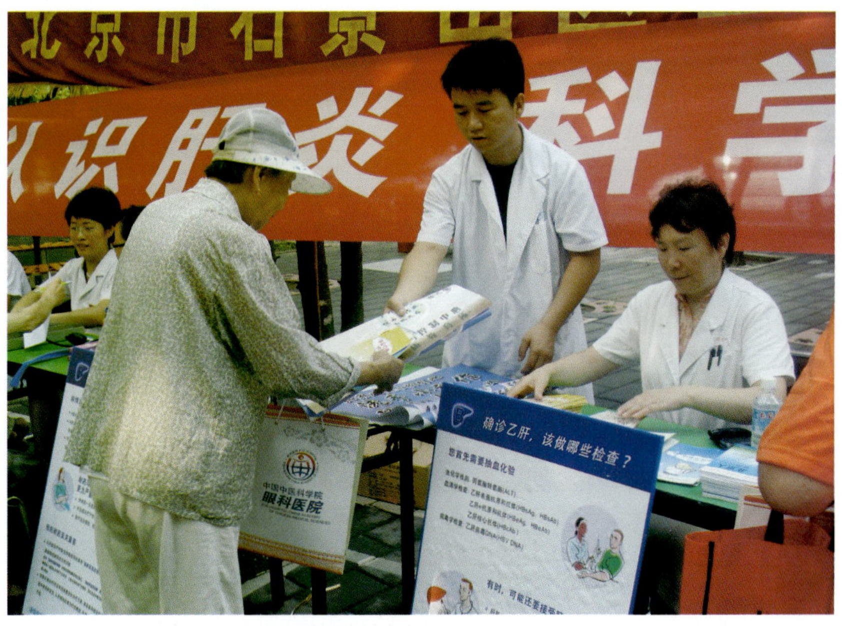

7月28日，进行预防肝炎宣传　（区疾控中心供稿）

（班玉贞　张艳霞）

【健康教育与健康促进】 立足健康北京人十年行动规划，完善健康教育与健康促进工作组织管理体制，深化“预防为主、防治结合，政府主导、部门合作，专业指导、市民参与”的健康教育与健康促进工作格局和工作机制，广泛开展健康促进活动。与区爱卫会联合开展健康促进示范社区创建活动，9个社区获得“健康促进示范社区”称号。开展健康大课堂讲座254场，授课人数13281人。推广使用健康科普知识示范课件及教案，利用U能系列讲座光盘组织讲座7次。开展流感知识调查150人，肠道传染病健康知识调查100人。开展各类卫生主题日宣传活动15次，发放宣传品17种12万余份，咨询2500人次。区内报刊登健康教育科普文章45篇，卫生信息网发表科普文章19篇，首钢报刊登健康知识13篇，区电视台播放控烟、预防流感等FLASH动画公益广告6期，与区广电中心联合制作《健康新干线》节目30期，其中“公益广告”、“检测数据的公示”和“疾病提示”各10期。

（张艳霞　班玉贞）

【卫生应急】 全年处置公共卫生突发事件1起（为1例霍乱散发病例），处置暴发疫情8起，其中风疹1起、水痘5起、手足口2起。处理食物中毒1起，上报犬咬伤多人事件4起（含外区2起），就诊26人。出动疫情处理人员386人次，车辆223车次。组织相关应急人员参加禽流感、鼠疫、紧急灾害救援等内容应急培训19次，开展各项应急演练14次、观摩490人次。年内，修订、完善突发公共卫生事件、安全事故和突发事件医疗救护、防控重大动物疫病等各项应急预案，刊发《传染病与突发公共卫生事件监测周报》43期，《手足口病流行形势分析》3期。

（祁　强）

卫生监督

概述

石景山区卫生局卫生监督所(简称卫生监督所)为区卫生局直属副处级行政执法机构,核定行政专项执法编制64人,内设科室12个。年内,加大卫生监督执法力度,建立食品安全长效管理机制,开展食品、生活饮用水、公共场所、学校、职业放射及医疗安全卫生监督检查10040户次,合格9640户次,行政处罚249起,处罚金额人民币16.48万元,发放卫生许可证1002户;开展“百日整治”、“打四黑除四害”、打击非法行医等专项整治行动,为维护地区稳定创造良好公共卫生环境。全年受理投诉举报249起,其中食品卫生类205起、生活饮用水类11起、公共场所10起、医政23起,结案率100%。全区年内未发生食物中毒和生活饮用水污染事件。获“首都文明单位”、“首都卫生系统文明单位”称号,被中央保健委员会办公室、卫生部保健局授予“十一届全国人大四次会议、全国政协十一届四次会议医疗卫生保障工作”奖牌。

(董　静　张树华)

【卫生行政审批】 全年接待办理卫生行政许可咨询2600余人次,现场审查1966户次,其中现场指导限期整改376户次。受理卫生行政许可申请1341件,其中发放卫生许可证1002件,不予许可93件。执业医师注册许可270件,母婴保健许可36件。

(张树华)

【公共卫生监督】 全区有餐饮单位1256个,其中餐馆688个、食堂352个、现场制售74个、小吃店70个、饮品店37个、快餐店26个、集体用餐配送单位6个、临时许可证2个、未分类1个,餐饮单位建档率100%。监督检查餐饮服务单位4381户次,合格率94.59%,行政处罚180户次(警告154户次,罚款26户次),罚款金额8.52万元。其中,对1家餐饮服务单位发生1起19人细菌性食物中毒事件给予警告、责令停产停业、罚款3万元的行政处罚。对883个餐饮单位实施量化分级管理,其中A级123个、B级370个、C级346个,量化分级完成率95.02%。全区有公共场所经营单位655个,监督检查1540户次,合格率98.51%,行政处罚23户,简易程序7户(警告),一般程序16户,罚款0.84万元。对309个公共场所经营单位进行量化分级管理,其中A级153个、B级103个、C级53个,量化分级完成率100%。全区有供水单位185个,其中集中式供水24个、二次供水161个。监督检查供水单位475户次,合格率94.95%;自备井监督覆盖率100%以上,市政供水、二次供水监督覆盖率200%以上;行政处罚23户,其中简易程序22户次(警告),一般程序1户次,罚款0.5万元。

(张树华)

【学校卫生监督】 辖区有公立中学22所,公立小学18所,大学1所,民办高校5所,其他学校9所;在档托幼机构32所;学校营养餐配送单位3家。全年对学校及托幼机构进行公共卫生监督检查497户次,其中食堂卫生监督329户次,学校卫生监督检查48户次,生活饮用水监督120户次。对学生营养餐配送单位监督检查36户次。对3所学校给予警告的行政处罚,无罚款,2家内外环境不整洁,1家贮存食品原料设备未分类、分架存放。

(张树华)

【职业卫生监督】 辖区有职业危害单位140个,其中重点职业危害单位23个。年内,开展对在册粉尘、高毒作业单位以及市政所属可能接触职业危害的作业单位进行专项检查。全年督查164户次(不含洗衣业排查单位户数),有效监督136户次,重点职业危害单位覆盖率100%;实施行政处罚6起,其中对4家组织职业上岗前体检的单位给予警告,1家职业技术服务机构因出具虚假证明给予警告并罚款0.5万元,1家无职业体检服务机构资质的医疗机构因擅自开展职业体检给予警告并罚款2万元。4月22日,举办《职业病防治法》主题宣传活动,在规模和影响较大的工地开展宣传咨询活动,2300人次参加,发放宣传材料1100份,宣传画300余张,相关单位制作宣传板报6块,横幅3条,展板5块;组织接触职业危害工作的相关人员1100人参加知识竞赛答题,对相关企业负责人、职业卫生管理人员进行大型公开课培训3次。

(张树华)

【放射卫生监督】 全区有放射单位36家,其中放射诊疗工作单位34家,工业探伤单位10家,放射源单位5家。监督覆盖率为100%。全年行政处罚2起,1家单位因进行新改扩工程未进行

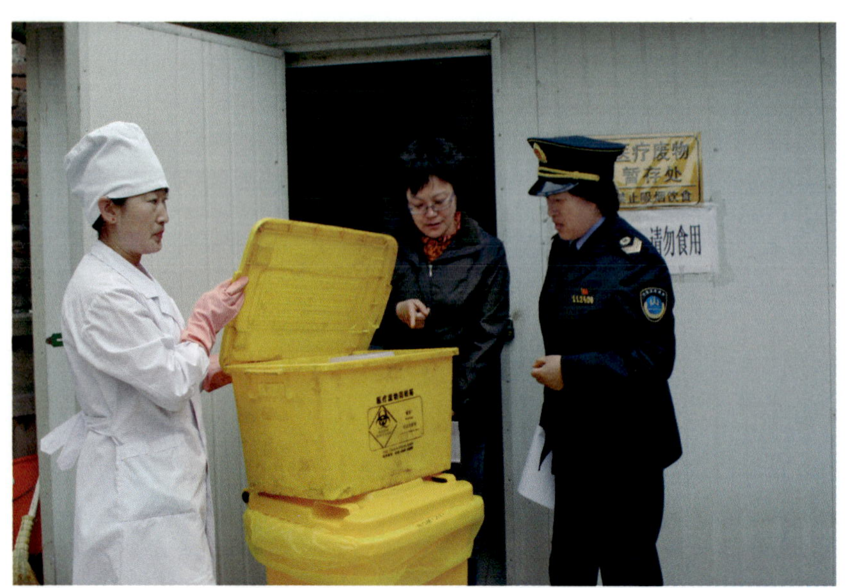

2月13日,医疗废物专项检查　　(区卫生监督所供稿)

预防性审核给予警告，1家因《放射诊疗许可证》未及时年审给予警告、罚款0.3万元。

（张树华）

【医疗卫生监督】 全年对医疗机构和传染病防控等进行监督检查3034户次，合格2919户次，合格率96.21%。行政处罚15户次（一般程序13户次、简易程序2户次），警告6户次、罚款3.82万元。对古城阳光妇科医院超范围执业，吊销其医疗机构执业许可证，对1起不能执行的非法行医行政处罚案向区人民法院申请强制执行，查抄取缔非法行医79户次。

（张树华）

【大型活动保障】 完成节日、全国“两会”及国际动漫周等大型活动卫生保障。全年出动监督员256人次、监督车130车次，监督检查营养餐配送单位3户次、餐饮服务单位760户次、庙会摊点790户次、公共场所单位27户次、生活饮用水15户次、医疗机构78户次，取缔无证餐馆5户。制作现场检查笔录80份，出具卫生监督意见书25份，现场快速检测368件，结果均合格。

（张树华）

【产品抽检】 食品卫生抽检174件（其中，自制饮品40件，果酱12件，糕点12件，冷荤凉菜20件，水产类加工食品40件，餐饮具20件，红葡萄酒、碘盐、食用油各10件），合格167件，不合格7件（餐饮具7件）。对样品检测不合格的餐饮服务单位依照相关法律法规予以行政处罚。生活饮用水卫生抽检36件（市政供水末梢水2件、二次供水30件、自备水源出厂水4件），合格29件，不合格7件（市政供水末梢水），对样品检测不合格的供水单位下达整改意见书。公共场所卫生抽检183件（其中，公共用品用具的消毒效果50件、游泳场所水质48件、集中空调通风系统卫生状况80件、室内空气质量5件），合格165件，不合格17件，对样品检测不合格的公共场所单位予以警告，并下达责令改正通知书限期整改。

（张树华）

动物卫生监督

概　　述

石景山区动物卫生监督所成立于2008年4月3日，隶属于区动物卫生监督管理局，为正科级行政执法机构，编制12人。承担区内动物防疫、检疫、兽医医政、药政和动物及动物产品安全监管的行政执法工作，并受区动物卫生监督管理局委托行使兽药、饲料、种畜禽监督执法工作。3月21日，经区编办批复，动物卫生管理职能从区集体经济办划入区卫生局，区动物卫生监督所和动物卫生监督科整建制划入区卫生局。年内，完成动物卫生监督管理交接工作，同时按照“重心下移、关口前移”的工作方针，以确保不发生区域性重大动物疫情为总目标，加强重大动物疫病防控、应急机制建设和队伍建设工作。区防治重大动物疫病指挥部办公室与21家成员单位签订动物防疫责任书，修订防控重大动物疫病应急预案，创新无主流浪动物收容工作，全年监督检查动物及动物产品各类场所1058户次，依法查处各类动物防疫违法案件63起，查扣并无害化处理违法销售的动物产品5485公斤。荣获市重大动物疫病防控工作先进单位。

（肖可心　杨国平）

【畜牧业存栏】 全区存栏奶牛95头、特禽12只、羊160只、鹿28头、马15匹、注册犬9895条。监管对象1300个，其中养殖户12个，屠宰企业1个，动物产品加工企业3个，动物诊疗机构11个（医院6个、诊所5个），超市、农贸市场、专营店、冷库98个，宾馆餐厅、食堂、饭店1174个，兽药经营企业1个。

（翟君辉　杨国平）

【动物和动物产品检疫】 年内，产地检疫鸽子21603羽、犬53条、猫15只、牛95头、动物产品1222.5吨。屠宰检疫生猪78161头，回收检疫证明4683份、耳标78161枚。

（翟君辉　杨国平）

【动物和动物产品监督】 开展日常监督和绿剑行动等专项行动，监督检查1058户次，查处违法案件63件。其中现场处罚32件，立案处罚31件，结案31件，罚款0.59万元；销毁假劣兽药60盒，查扣并无害化动物产品5485公斤。特别是11月7日，在开展“打四黑、除四害”专项行动中，卫生、食品安全办、工商、公安、城管、消防武警多部门联合查处衙门口村南非法批发病害动物产品案，查扣病害动物产品3741公斤。年内，完善“风险分级、量化监督、档案管理”的长效监管，对具备资质的245个单位进行量化监督，其中达到A级44个、B级182个、C级19个。

（翟君辉　杨国平）

【动物和动物产品安全检查】 抽检动物产品中违禁药品和兽药残留的样品4318份，检测结果全部合格。对西黄村牧业食品公司屠宰的生猪开展“瘦肉精”快速检测，累计抽检生猪6000头，结果全部阴性。

（翟君辉　杨国平）

【动物防疫和检疫】 开展春、秋防疫行动，进行口蹄疫疫苗免疫、高致病性禽流感疫苗免疫。对奶牛进行牛结核、牛布氏杆病检疫，对马进行马鼻疽、马传染性贫血检疫，结果全部合格。年内，注册犬狂犬病免疫率100%，抽取犬血清、唾液各120份进行狂犬病相关监测，结果合格。

（翟君辉　杨国平）

【流浪动物收容救置】 修订无主动物收容管理办法，接举报电话156次，收容动物305条。举办2次依法注册文明养犬宣传活动，发放宣传品1000份。开展“文明养犬进社区”宣讲活动8次。联合公安、城管部门进行流浪动物收容救置80次。年内收容救置犬2832只、猫31只。

（翟君辉　杨国平）

【诚信责任体系建设】 落实市动物卫生诚信责任体系建设精神，召开诚信责任体系培训会，通过电话、电子邮件、现场宣传告知和送达方式将诚信体系责任建设相关文书送达到被监管单位，与120家被监管单位签订责任

书。监督被监管单位面向社会签订承诺书140份、与商品提供商签订协议书90份。

（翟君辉　杨国平）

妇幼卫生

【妇幼保健】　逐步推进高危孕产妇救治工作，在石景山医院设立区“高危孕产妇抢救中心”，制定转会诊及抢救方案，定期组织专家对危重孕产妇抢救病例进行评审。全区产妇分娩5036人，活产5021人，围产儿死亡17例，死亡率3.37‰。监测围产儿5036人，其中本市户口3132人，出生缺陷43例，包括本市户口22例，本市户籍出生缺陷发生率7.02‰。本区户籍出生2602人，产妇2571人，活产数2589人，围产儿死亡18人，死亡率6.92‰；孕产妇系统管理数2527人，孕产妇系统管理数率98.29%。

（祁　强　郭淑菊）

【儿童保健】　活产婴儿2589人，婴儿死亡11人，死亡率4.25‰。5岁以下儿童死亡12人，死亡率4.63‰。新生儿访视6187人次，新生儿疾病筛查5201人次，新生儿疾病筛查率99.84%，新生儿死亡率3.48‰，4个月内婴儿母乳喂养率93.12%。儿童保健系统管理率98.7%，0～6岁儿童听力筛查率89.51%，高危儿智力监测覆盖率100%。0～6岁儿童免费体检24927人次，智力筛查2805人次，听力筛查9140人次，视力筛查339人次，口腔检查6997人，血色素检查10039人次。儿童体质监测128人，为儿童集体实施氟泡沫防龋8290人次。

（郭淑菊）

【女工保健】　妇女病应查11832人，实查11358人，普查率95.99%；患妇女病4958人，患病率43.65%。未发现妇科及乳腺恶性肿瘤。

（祁　强　郭淑菊）

【两癌筛查】　年内，会同区财政局、区妇联、区计生委联合制定《增补叶酸预防神经管缺陷工作实施方案》，会同区财政局、区妇联制定《适龄妇女宫颈癌、乳腺癌免费筛查实施方案》。全年免费为待孕和孕早期妇女增补叶酸230人份；8月至年底，免费为适龄妇女进行“两癌”筛查6050人，乳腺癌转诊可疑病例320人，宫颈癌转诊可疑病例115人；乳腺癌确诊病例3人，未发现宫颈癌。

（祁　强　郭淑菊）

【技术管理】　年内，完成石景山医院（市级评审）、首钢医院、朝阳医院京西院区、玉泉医院、首钢矿山医院5家医疗机构助产资质评审及助产人员的换证工作及石景山医院等3家医疗机构计划生育资质的审批工作，组织石景山医院、朝阳京西医院等5名计生技术人员的笔试考试及个人母婴保健技术合格证书换证工作，对全区15家开展计划生育技术服务的医疗机构进行联合督导检查。全区计划生育手术总数6956例，其中本市户口2788例，外地户口4168例，无节育手术并发症发生。婚前检查1049人，其中男性婚检543人，女性婚检506人；检出疾病55人，疾病检出率5.24%。

（祁　强　郭淑菊）

【业务培训】　组织石景山医院、朝阳京西医院等6家医疗机构9名助产人员参加市局组织的产前筛查（B超、实验室）培训；15人参加市级产前筛查咨询培训，13人参加助产岗前培训；14人参加市计划生育人员岗前培训，12人参加市“中期妊娠及引产过程中胎盘问题的处理”培训。全年组织区级计划生育资质医务人员培训2期共110余人参加。

（祁　强　郭淑菊）

医疗机构

中医医院

【概况】　石景山区中医医院是一所政府举办的非营利性二级中医综合医院，属于市基本医疗保险定点医院。现有职工199人（含社区卫生服务中心、站），其中社区中心35人。卫生技术人员中正高3人，副高12人，中级53人；硕士研究生23人，在读博士2人。设有18个临床科室，5个医技科室，肾病、内科、骨伤、肛肠、针灸5个病区，开放床位120张。年内，深化医疗卫生体制改革，调整医院内部的用人机制、激励机制、内部科室结构；建设基层站所，增设璟都馨园和政达两个社区卫生服务站；以市中医管理局中医医院绩效考核、中医管理年、中医特色回归年、三好一满意督导检查活动为契机，落实医疗安全核心制度，加强质量管理，增强服务意识，从整体上提升干部职工队伍的综合素质；加强科研，申报市中医药管理局51510项目3项，发表论文10篇。同时，吸纳先进诊疗技术，逐步建立以中医为主，中西结合，多学科渗透，多科室广泛参与，多种诊疗手段优势互补的综合性医疗服务体系，取得较好社会效益和经济效益。全年累计业务收入同比增长24.74%，收到群众表扬信35封，锦旗34面。获得市“医疗质量监测工作三等奖”、市“中医医疗机构绩效考核进步奖”及市“无偿献血贡献突出单位”等荣誉。

地址：八角北路
电话：6886290（院办）
88982461（医务科）
68875912（医疗保险科）
邮编：100043
网址：www.sjszyy.cn

（孟林洁）

【医疗工作】　全年门、急诊1668182人次，日均门诊663人次，业务总收入同比增长17.6%。年内，完成第四批名老中医传承协议签署，老中医张振忠教授接收赵宏波、梁彬强、刘宁洲为传承弟子。正式成立骨伤科，设有病床30张。整合成立针灸科，积极引进新技术、新项目，在开展半导体激光治疗、药罐、腿浴、中药熏蒸等已有的特色治疗项目的同时，根据病人实际需要，开展温针灸、隔姜灸、隔物灸、艾条灸等治疗项目。全年抽查病历345份，甲级病历占90%；抽查处方35240张，制定处方处罚补充办法、抗生素合理使用规范，对抗菌素在门诊诊疗行为中的合理使用进行监管。开展院前急救培训，院前急救队及其他临床科室医务人员58人参加培训。开展中药特色治疗，三九贴共治疗患者472余人次，三伏贴共治疗患者1205人次。

（李长征）

【传染病防控】 加强传染病知识全员培训，全年进行鼠疫、不明原因肺炎及流感样病例、维持无脊髓状态、手足口、EV71感染重症病例临床救治、细菌性痢疾等专题讲座5次，参加培训人员达420人次。完善肠道门诊工作制度及流程，全年诊疗患者196人，报卡37人次。发热门诊诊疗421人次，无传染病或重症患者。

（李长征）

【中医文化宣传】 骨伤、针刀、肛肠、针灸等科室在区广电中心"生活座谈"栏目录制4期中医健康知识讲座；骨科、针灸科、针刀科、内科、肾病科、妇科、皮科等科室在区广电中心"生活卫生常识访谈"栏目录制18期中医药卫生知识讲座。4～6月，组织"庆祝建党90周年"义诊活动4次，参加医生47人次，发放宣传材料3000余份，接受义诊咨询1400余人次。10～11月，组织开展"中医专家下社区"活动5次，发放材料4700余份，接受义诊咨询1800余人次。

（李长征）

【护理工作】 持续开展优质护理示范病区活动，加强基础护理管理，提升护理质量，聘请中医护理协会副会长来院进行中医理论知识培训，提高护理水平。5·12护士节开展中医护理知识竞赛活动。全年护理理论知识考核4次，技能考核2次，护理质量检查4次，派3名护理骨干外出学习优质护理服务，2名护士长参加市中医护理技能培训。护理人员继续教育学分全部达标。基础护理合格率93.9%，一级护理合格率93.5%，技术操作达标率96.7%，急救物品完好率100%。全年无护理事故发生。

（陈　涌）

【医疗保险】 升级改造HIS系统，进行急三、慢七的药量限制，最大限度上符合政策要求。加大处罚力度，实时公布医保拒付费用，拒报率明显下降，位于全区第16名，取得明显进步。坚持"四个合理"，严格控制次均费用和总量控制。全年出院人次188人，平均住院日19天，职工平均每人次住院费用10275元，居民基本医疗保险平均每人次住院费用6581元，居全市18所中医院第10名。检查处方1.6万余张，发现问题及时整改。

10月16日，中医专家进社区会诊　（区中医医院供稿）

（范京梅）

【社区卫生服务】 全年门急诊48775人次。制作宣传栏22期，发放健康教育宣传材料13990份，发放健康处方9907份，开展社区健康教育讲座46次。健康咨询10428人次。加强基层站所建设，2月在时代花园小区设立璟都馨园社区卫生服务站，5月，在区政府成立第一家功能社区卫生服务站，中心下属社区卫生服务站累计达7家。6个社区卫生服务站应用新系统开展全科诊疗，慢性病电子化管理更加规范。开展家庭医生式服务，培养家庭保健员40名，团队覆盖率、宣传率达到100%，张贴、发放各类宣传材料份数14095份，健康评估人次数1271人次。参加市脑卒中防控与筛查项目，对八角中里及北里600名居民进行问卷调查、健康体检，筛查出脑卒中高危人群、潜在高危人群544名。对辖区无社会养老保障老年人免费体检161名；辖区400精神病患者全部纳入686项目，开展5次相关知识培训，受教育600余人次。与阜外医院协作项目"城乡前瞻流行病学研究PUER"，对辖区1549名居民免费健康体检。

（周　强）

【妇幼保健】 全年诊治患者7840人次，完成计划生育手术630人次。建立母子健康档案610人次，产后访视460人次，访视率达到100%。对高危孕产妇实行专人负责，专案管理，管理率达100%。完成网络月报，系统管理率98%。两癌筛查1500余人次，共发现20例可疑病例，发放叶酸200余人份。走访麻疹56456人次，监测寻访AFP 68355人次。流感样病历监测45326人次。精神病管理2840人次。儿童计划免疫16675人次，录入小学生免疫信息4129人次，幼儿园计划免疫信息1553人次。老年人流感疫苗接种5027人次，60岁以上老人2190人次，学生2918人次。新生儿访视1049人次，儿童体检5725人次。外地务工人员麻疹、流感疫苗接种280人次。传染病调访557人，发放艾滋病宣传材料1300份。

（柴　华　孙宏岩）

妇幼保健院

【概况】 石景山区妇幼保健院位于依翠园小区，是区卫生局直属的二级妇幼保健机构，承担全区妇女保健、儿童保健、婚前保健、出生缺陷监测及计划生育技术指导与管理工作，是以保健为中心，医疗、科研、健康教育为一体的医疗保险定点专科医院。现有职工52人，其中卫生专业技术人员43人（高级职称2人、中级职称22人、初级职称18人、无职称1人），非卫生专业技术人员3人。医疗设备总价值达399.53万元；新购置医疗设备总值152万元，其中10万元以上设备3台。年内，增设中西医结合科，完成院内HIS、LIS系统改造工程，执行绩效工资方案；妇产科门诊4793人次，计划生育手术219人次，0～6岁儿童免费健康体检24927人次，妇女"两癌"筛查6050人次；分娩总数5036人，活产数5021人，围产儿死亡数17例，围产儿死亡率3.37‰。获"首都文明单位"、市"国民体质检测工作先进单位"和"无偿献血先进单位称号"等称号。

地址：依翠园5号

电话：68625569

邮编：100040

（郭淑菊　于晶晶）

【改革与管理】 开展妇幼保健新项目：儿童视功能筛查、耳声发射法听力筛查、超声骨密度检查和0～1岁儿童早期综合发展门诊，增设中西医结合科。6月，在区卫生信息网建立"妇幼保健"专栏。8月底，完成院内HIS、LIS系统改造工程，通过市医疗保险中心验收。9月，正式执行妇幼保健院绩效工资实施方案。通过社会公开招聘5人，充实临床医疗技术力量。10月，完成医院中药房、口腔科等零星工程改造施工。11月，完成挂号收费系统、门诊医生工作站的更新，解决检验申请单打印项目分类问题、医保上传数据药品换算率问题。完善门诊大厅触摸屏系统，对科室设置、诊疗服务费用、药品价格等内容进行公示。每季度进行患者满意度调查，满意率达98%以上。

（郭淑菊　于晶晶）

【医疗保健】 妇产科门诊4793人次，计划生育手术219人次。妇女保健门诊476人次，口腔科门诊802人次，儿科门诊3587人次，儿童保健门诊3117人次；儿童健康检查11896人次，托幼园所保教人员集体体检1224人次；儿童入幼儿园体检6633人次；预防接种5084人次，社会体检7205人次。

（于晶晶　侯杉杉）

【儿童保健】 实施0～6岁儿童免费健康体检及免费为本市新生儿进行先天性疾病筛查工作。对全区相关医疗机构进行政策培训4次，发放宣传材料500份、免费体检折页0.5万份；制定免费体检制度、免费体检门诊登记，按季度对体检数据汇总；对全区儿童免费健康体检进行质量控制，将新生儿疾病筛查纳入计算机管理系统。完成0～6岁儿童免费健康体检24927人次，智力筛查2805人次，听力筛查9140人次，智力筛查2805人次，口腔检查6997人次，血色素检查10039人次，新生儿访视3235人。全区免费新生儿疾病筛查5021人次，为儿童氟泡沫防龋8290人次。对辖区20个儿童保健服务单位、38个托幼院所进行卫生保健工作绩效考核。西部（广宁、五里坨）地区儿童保健工作已经初步开展，其儿童保健空白问题逐步解决。

（于晶晶　王　红）

【婚前保健】 婚前医学检查1049人，其中男性婚检543人，女性婚检506人，婚前医学检查率11.55%。检出疾病55人，疾病检出率5.24%，以生殖系统疾病为主，对受检者进行婚前卫生指导和卫生咨询。

（于晶晶　侯杉杉）

【女性健康】 年内，对辖区35岁～65岁妇女免费进行乳腺癌、宫颈癌筛查工作，累计筛查6050人，其中，乳腺癌转诊可疑病例320人，宫颈癌转诊可疑病例115人；乳腺癌确诊病例3人，未发现宫颈癌。8月1日，启动妇女免费增补叶酸预防神经管缺陷工作，待孕和孕早期妇女可在辖区内16家负责围产保健工作的医疗机构、社区卫生服务机构免费领取。全年累计发放叶酸230人份。

（于晶晶　翟卫红）

【健康教育】 普及妇女卫生知识，组织各种宣教活动。全年发放宣传材料167种5052份，张贴宣传画56种198张，自制宣传板60块52期；发放健教处方27种1593张；宣传咨询936次，宣传人群2682人次，发放材料133种7933张；举办妇幼健康讲座136次，培训1848人次；到家长学校讲课8次，听课1666人次；孕妇学校发放宣传材料154种2627份，讲课次数63次，听课1251人次。与区计生委合办围孕期妇女"人生课堂"，累计听课1852人次，免费发放叶酸1128盒。

（于晶晶　侯杉杉）

【指标完成情况】 助产机构：分娩总数5036人，活产数5021人，其中剖宫产2473例，剖宫产率49.46%，围产儿死亡数17例，围产儿死亡率3.37‰。产前筛查：孕20～24周B超筛查胎儿4909例，筛查异常115例；血清学筛查5222例，筛查异常357例。围产儿出生缺陷监测：监测围产儿总数5036人，其中本市户口3132人，发生出生缺陷43例，其中本市户口22例，本市户籍出生缺陷发生率7.02‰。孕产妇系统管理：户籍出生数2602人，产妇数2571人，活产数2589人，围产儿死亡18人，死亡率6.92‰；孕产妇系统管理数2527人，孕产妇系统管理率98.29%。计划生育技术服务：计划生育手术总数6956例，本市户口2788例，外地户口4168例，无节育手术并发症发生。儿童保健指标：新生儿疾病筛查率99.84%，新生儿听力筛查率97.51%，新生儿死亡率3.48‰，婴儿死亡率4.25‰，5岁以下儿童死亡率4.63‰，四个月内婴儿母乳喂养率93.12%，儿童保健系统管理率98.70%，0～6岁儿童听力筛查率89.51%，高危儿智力监测覆盖率100%。妇女病体检：妇女病普查率82.48%，妇女病患病率39.60%。各类妇科恶性肿瘤发病率8.55/10万。

（于晶晶　侯杉杉）

五里坨医院

【概况】 五里坨医院位于石景山西部开发区内，是一所集石景山区五里坨医院、石景山区精神卫生保健所、五里坨社区卫生服务中心于一体的医疗机构，承担全区精神病人门诊治疗、住院康复及面向全区开展老年疾病的治疗护理工作,属于市医疗保险定点机构。医院建筑面积11075平方米,人员编制总数183人,实际从业人员183人,其中正式职工126人,聘用57人。床位编制280张。年内,坚持以病人为中心、以全面提高医疗质量为主题、以建立和谐医患关系为目标,严抓医疗规范化和核心制度的落实,从源头防控医疗隐患,创新思维、转变观念,确保医院的各项工作高效有序进行,全面推进医院科学发展。精神卫生保健所承担着全区精神病人治疗、管理及“中央补助地方重性精神疾病管理治疗项目”(简称686项目)工作。配合市精神卫生保健所完成“心理健康状况调查”,入户调查460例居民,并对396例阴性病例进行计算机录入。社区卫生服务中心服务面积26.94平方千米,服务人口2.7万,为辖区居民提供防、治、保、康、健、教、计划生育适宜技术的六位一体社区卫生服务,开设有保健科、全科、妇产科、口腔科、康复科、检验科、中医科等科室。自1997年起连续获区“文明单位”称号。

地址:石门路322号
电话:88902313
邮编:100042

(李　靖)

【精神卫生】 成立以院(所)长为队长,精神病专业医护人员为成员的突发精神病人肇事肇祸事件应急处置小分队,制定精神疾病患者肇事肇祸突发事件应急处置预案,完善应急处置工作制度。截至年底,登记在册精神病人2376人,其中享受免费服药的贫困病人285人。本区纳入“中央补助地方重性精神疾病管理治疗项目”(686项目)新增示范区。在重大活动和节日前,对重点(贫困)精神病人进行入户免费投药和送温暖活动,共计入户1000余户次。精神科门诊5087人次,免费发药1502人次,全年患者住院264人次。全年新登记建档人数为74人。7月,与中国政法大学签订合作协议,成为中国政法大学法律与精神医学研究中心首个临床基地,共同举办“法律与精神医学论坛”。“精神卫生心理干预咨询热线”进行心理疏导500余人次。“世界精神卫生日”,组织住院精神疾病康复者参加市“第二届精神障碍患者职业康复技能大赛”;组织辖区6家医疗机构开展“沟通理解关爱、心理和谐健康”的主题宣传活动,进行现场义诊、咨询、发放各种宣传资料2000余份,现场为居民提供心理咨询服务20余人。“院所开放日”召开医患及家属座谈会。

(薛　云　张春霞)

【社区卫生服务】 社区服务中心在岗医生20人,其中副主任医师占30%,全科医生7人,社区护士9人。特设中医诊疗区,聘请市级中医专家,并配有中草药房,运用针灸、拔罐、帖服、刮痧、水疗、放血疗法、药物疗法等治疗手段服务百姓,向居民宣传“治未病”等中医保健知识,推广“简、便、效、廉”的中医适宜技术,深受老百姓的欢迎。合理拓展服务领域,开设有全科、中医科、口腔科、预防保健科、妇科、康复科等临床科室;检验科、B超、心电图室放射科等辅助科室。

(沈凌霞)

【老年病工作】 老年科收住患有老年痴呆症、抑郁症、脑血管疾病、酒精中毒所致精神障碍的患者共120余人。根据病人病情,做好评估,制定适合每个病人的治疗方案和康复措施,开展心理治疗、行为矫正、各种工娱治疗、理疗、针灸、按摩等康复治疗。开展人性化的服务,护理上针对老年的生理病理特点,制定防跌倒、防褥疮、防噎食、防外跑及各种并发症等具体措施。

(边秋凤　辛建华)

北京市石景山医院

【概况】 石景山医院是区政府举办的集医、教、研、防为一体,以心内科、心外科、神内科、普外科、骨外科、妇产科为重点,运动医学为特色的二级甲等综合医院,是市急救中心石景山分中心、首都医科大学教学医院、市医疗保险A类定点医疗机构、区域医疗中心。在岗职工1270人,在编职工754人,合同职工516人;其中卫生技术人员1042人(含正高24人,副高67人,中级301人,初级师249人,初级士401人)。编制床位600张,实有床位524张,设有32个临床科室,15个医技科室,4社区卫生服务站。医疗设备总价值13137.45万元,万元以上设备843台件;新购置医疗设备总值1157万元,其中奥林巴斯电子十二指肠镜、超声乳化仪等万元以上设备63台件,10万~100万元设备31台,100万元以上设备2台。年内,医院与301医院横向联合,成立区高层次医疗专业人才培养工作室,签定专业人才培养合作意向书,打造高层次医疗专业人才梯队;新医疗楼基本竣工。在“首都医科大学临床护理学院成立揭牌仪式暨高等护理教育50周年庆典和第一届首都国际护理学大会”上被授牌为“首都医科大学临床护理学院石景山护理学系”。在市全科医师规范化培训基地“手拉手”帮带活动中,取得师资考核总成绩第二名,并获得优秀组织奖。获得市“霍乱等肠道传染病防控先进单位”、“医疗保险管理工作二等奖”和“无偿献血工作突出贡献奖”等市级荣誉。

地址:石景山路24号
电话:68668131
邮编:100043
网址:www.bjsjsyy.com.cn

(靳淑琴)

【医疗工作】 全年门急诊109.02万人次(不含社区),同比增长5.7%,其中门诊979173人次,急诊111060人次;急诊危重症抢救759人次,抢救成功率96.97%,同比增长2.1%。全年入院16419人次,同比增长6.84%;出院16453人次,同比增长6.82%;住院病人手术3527例,同比增长0.2%,甲乙级手术比30.6%;病床使用率87.3%,病床周转次数31.4次;平均住院日10.2天,治愈率35.6%,好转率60.3%,死亡率2.3%;出入院诊断符合率100%,三日确诊率94.2%,七日确诊率99.3%,临床与病理诊断符合率99.9%;孕产妇死亡率与新生儿死亡率均为零,围产儿死亡率3.49‰。开展腰椎间盘突出症椎间盘镜手术、经腹肝癌射频消融术等新技术新项目

28项。启动全面医疗质量管理和考评工作;对医疗文书实行质控讨论和质控结果月通报制度。修订医疗技术风险预警机制、围手术期管理制度等6项规章制度,完善各项知情告知内容。确立5个专业11个病种试行临床路径管理。全年检查运行病历480份、终末病历11735份,甲级病历率99.7%。组织院内会诊16次,外院专家会诊30次;外请专家授课20次,组织"三基三严"培训14次。加强感染管理,开展全面综合性监测和目标性监测;修定多重耐药菌医院感染控制制度、手部卫生实施规范;对各科感控工作进行督导检查,对相关数据统计分析;全年取样检测3010份,合格率98.1%;无菌手术切口甲级愈合率99.1%。医院感染率1.18%,同比下降0.47%。向房山区大安山卫生院、琉璃庙镇卫生院派出6批次医务人员完成支农工作,共计81天;选派3名医务人员到拉萨市堆龙德庆县进行为期1年的医疗援助;接收内蒙古赤峰市等西部地区医务人员5人来院进修。全年发生医疗纠纷10例,赔付48.93万元,其中经司法途径解决5例,赔付8.68万元;经第三方调解解决1例,赔付11万元;医患双方协商解决3例,赔付8.25万元;卫生行政部门调解解决1例,赔付21万元。

(靳淑琴)

【医疗服务】 先后投资1000余万元购买数字化放射成像系统、白内障乳化手术系统等先进医疗设备,增加检查治疗手段。对门诊流量大、流程复杂的科室进行适当改造和调整,扩大候诊、就诊区域,增加候诊椅数量,使各诊区的分布与结构更趋于合理。坚持无假日门诊,全年开展错峰门诊,执行停诊后补诊制度;继续开展导医服务,对行动不便的老年人提供全程导诊;利用自助挂号系统,缩短患者等候时间。制定社区患者转诊预约专享服务和社区患者就诊流程,对预约转诊病人做到"零等候",全年转诊病人2679人次。健全突发事件应急机制、应急储备制度,畅通24小时生命绿色通道,加强急救新知识、新技术的培训,全院应急演练4次。全年出动急救车6619台次,接诊转诊患者6882人次。

(靳淑琴)

【预防保健】 完善公共卫生服务体系,加强妇幼保健、健康教育等工作。完成儿童计划免疫接种5096人次,免费流感疫苗接种1242人次;坚持每月一期妇女保健讲座,免费"两癌"筛查1138人次;开展各种咨询180余次,发放宣传材料1万余份,免费测试血糖等4000余人次,近2万人受益。

(靳淑琴)

【社区帮扶】 完成辖区内27794人份的居民入户随访、建档及资料录入工作。开展家庭医生式服务,已签约3783人。社区站开展中草药、推拿按摩等中医类别服务。免费班车接送患者15530人次。

(靳淑琴)

【护理工作】 开展"优质护理服务示范工程"活动,新增加6个科室开展此项活动;修订护理质量检查标准,细化基础护理检查内容,制定优质护理服务评价检查表;内分泌病区成为市100家优质护理病区之一。开展护理技术操作示范及岗位练兵,对低年资护士专门进行急救知识技能的培训考核。坚持护士长例会和护士长夜查房制,组织护理查房6次,护士长管理学习12人次,30名骨干外派学习。加强环节质量控制,重点对新入院、手术前后、存在潜在危险的病人进行督导检查。全年护理治疗处置579.17万人次。

(靳淑琴)

【科研教学】 召开3次大型学术活动,邀请多位国内外知名专家进行学术交流。鼓励广大医务人员开展科研和经验总结,申报院级科研项目15项,获批10项;发表论文131篇,其中SCI论文1篇,中华系列论文2篇;获区科技进步三等奖2项。申报国家中医药管理局"十二五"重点专科项目1项;获首都医科大学教育教学改革立项2项。引进学科带头人及业务骨干3人,接收硕士以上学历应届毕业生19人,获批优秀人才资助1项。与解放军总医院合作的博士后人才培养项目,已有5名博士深造,3个科室与对口部门结成帮扶对子。修订下发继续教育管理规定,24558人次参加各级继教项目229项;外出参加学术会议和学习班79人次、选派9人次进修。承担首医150名临床本科生的临床教学工作。举办临床教师授课比赛,教学水平和综合素质受到首医支教团的肯定。开展教学总结,发表教学论文3篇。成为首医临床护理学院,接收实习生70名。

(靳淑琴)

【信息化建设】 建立基于电子医嘱的临床路径管理系统,开发抗生素统计上报程序,完成急诊留观和门诊特病系统的实施,增添门诊医生工作站处方监控,建立军干所远程医生工作站,研发门诊自动挂号系统和自取化验报告系统,完善固定资产和低值易耗系统。后台服务器优化整合,对历史数据进行迁移。

(靳淑琴)

北京大学首钢医院

【概况】 北京大学首钢医院(简称首钢医院)是一所非营利性三级综合医院和市医保A类定点医院。职工总数1709人(在编职工数1229人、合同制人数480人),其中卫生技术人员数1459人(含正高32人,副高103人,中级519人,初级师349人,初级士154人)。医疗设备固定资产总值21578.31万元;新购置医疗设备总值4673.5万元,其中10万元以上设备50台(套),百万元以上设备8台(套)。血管医学中心门诊新增特色专业门诊——血管病变早期评估门诊。年内,落实深化医药卫生体制改革工作要求,将"三好一满意"活动作为医院"品牌工程",通过整章建制、人员培训、强化管理、持续改进,促进医院整体建设,提高医院管理、医疗质量、医疗安全、医院服务的水平。获得"首都公共卫生文明单位"和市"药品不良反应,监测工作先进单位"、"医疗保险管理二等奖"、"临床安全用药工作组先进集体奖"等市级以上荣誉。院长那彦群教授获得EAU荣誉会员称号，这是EAU首次把EAU荣誉会员称号授给欧洲以外的泌尿外科专家。

地址：晋元庄路9号

电话：57830827（办公室）

邮编：100144

网址：www.sgyy.com.cn

（吴妍彦）

【机构设置】 1月28日，成立胸心血管外科，设置床位39张。2月26日，吴阶平泌尿外科医学中心举行正式启用仪式，3月1日正式启用。3月23日，科教处撤销，成立科研处和教育处。6月3日，成立营养科。6月15日，成立中心实验室，全面承担医院基础科学研究工作。

（吴妍彦）

【改革与管理】 3月30日，第17届职工代表大会第一次会议召开。12月12日，首钢总公司与北京大学医学部共建医院合作协议签字仪式举行，标志着首钢与北京大学新一轮合作的开始。韩启德应邀担任首钢医院新一届医院理事会名誉理事长。重新修订各种规章制度及完善各类应急预案，制定并下发医师定期考核管理暂行办法、抗菌药物临床应用专项整治活动方案，层层签订抗菌药物临床应用专项整治活动责任状，全院执业医师进行抗菌药物临床应用的培训及考核，下发各临床科室使用指标。加强毒麻药品的管理，通过培训及考试，新增部分医师的麻醉处方权资格。全院医务人员拒收“红包”21人次、2.08万元；收到表扬信131封、锦旗74面。

（吴妍彦）

【医疗工作】 全年门诊626197人次，急诊66920人次，急诊抢救1552人次，成功率97.10%，孕产妇死亡率零，早期新生儿死亡率1.21‰，围产儿死亡率4.81‰。编制床位1006张，实际开放794张；住院患者21102人次，出院21081人次；出院病人手术7303例；病床使用率91.47%，病床周转次数26.41次/年；出院者平均住院日12.59天/人，七日确诊率97.99%，出入院诊断符合率99.97%，治愈率43.56%，好转率52.84%，死亡率3.29%。以运行病历实时监控为主，对检查中发现的问题随时反馈；定期抽查全院终末病历及门、急诊病历。甲级病案率94.05%。加强感染管理，医院感染发生率为2.68%；制定细菌耐药监测与预警管理制度、细菌耐药监测与预警管理流程等，并针对制度进行相应的培训和现场督导、检查。全年医保出院人次14375人，出院医保病人总费用220283429.2万元，次均费用1.53万元。全年为首钢公司领导干部健康体检277人，为医院女工健康体检892人，为首钢职工进行健康体检6495人。年内共组织医务人员开展各类宣传义诊活动31次，组织管理健康教育工作，发放健康教育处方6439张；自制宣传材料15000余份。全年保险缴费65.63万元，保险赔付27.62万元；法院遗留案件9起正在审理中，医调委遗留案件5起正在调解中。

（吴妍彦）

【社区医疗】 社区卫生服务管理人口63871户、215862人；提供家庭病床服务床日1460个，上门医疗健康服务804人次；管理高血压病患者29708人次，糖尿病患者6881人次，冠心病患者3797人次，脑血管病患者3085人次，精神病12964人次，恶性肿瘤患者429人次，建立健康档案共175761份。预防接种4.19万人次，Ⅰ类疫苗接种率100%，新生儿管理覆盖率100%。年内，4个社区卫生服务中心完成医院管理信息系统的调试，医生工作站实现电子处方等基本医疗、慢病管理和预约转诊等功能。4个社区卫生服务中心相继召开家庭医生式服务启动大会，成立家庭医生式服务团队，共计签约1.09万户、3.3万人。其中老山社区卫生服务中心签约5998户、19549人；古城社区卫生服务中心签约1676户、5028人；苹果园社区卫生服务中心签约593户、1183人；金顶街社区卫生服务中心签约2419户、7318人。

（吴妍彦）

【医疗援助】 全年组织5支医疗队21名队员分别赴内蒙古丰镇市医院、凉城县医院进行为期3个月的对口支援，开展专题讲座56余次，开展临床手术175例，参与疑难病例会诊70余次，为当地群众义诊约750人次。自上年12月25日，泌尿外科主治医生周哲参加为期一年的第七批援疆工作，在新疆和田县人民医院开展专业门诊、专业会诊、带教、专题讲座、健康知识讲座、健康咨询等工作。每月安排各科室医务人员对口支援社区卫生服务工作，确保古城、苹果园、老山、金顶街四个社区卫生服务中心每天安排主治医师以上人员出诊；定期安排医务人员前往河北省曲阳县第二医院及首钢矿山医院，开展医疗支援工作。

（吴妍彦）

【护理工作】 重新修订完善护理流程和护理制度5项，优质护理服务示范

4月13日，举办北京西部医学论坛 （首钢医院供稿）

病区工作，探索和创新以病人为中心的护理模式、绩效考核及护士分层管理。护理文件书写合格率为100%，护理病历书写合格率为99.02%，基础护理合格率为98.24%，特级护理合格率98.75%，一级护理合格率为98.75%，技术操作合格率为99.02%，急救物品完好率为100%。护理人员在各类期刊上发表论文21篇，其中在统计源期刊发表论文12篇；在研项目2项，新申请首发基金科研项目2项。首次举办市级继续教育项目，并通过市继续教育委员会抽查；举办区级继续教育项目6次；举办院级继续教育讲座12次；全院护理人员继续教育学习达标率100%，通过市局抽查。全年接收护理实习生300余人。对96名新签合同护士进行岗前培训，制订轮转人员规范化培训手册。对新上任的10名护士长进行护理管理相关理论的培训与考核，考核合格率100%。派出护士长和护理骨干参加各种培训41人次，2名护理人员攻读北京大学医学部护理学院在职硕士研究生。

（吴妍彦）

【医疗科研】 在研项目共67项，3项科研项目结题。年内申报课题43项，中标课题4项：国家自然科学基金1项，55万元；市科委项目2项，22万元；中医药管理局项目1项，10万元。2项科研成果获首钢科学技术奖二等奖，1项科研成果获首钢科学技术奖三等奖；1项科研成果获中华医学科技奖二等奖；1项科研成果获区科技奖三等奖。全年发表论文93篇，其中SCI收录2篇，核心期刊80篇，在中华系列杂志上发表论文21篇。血管医学科主任王宏宇荣获“首钢技术专家”称号，神经内科二病区主任高伟荣获“首钢技术带头人”称号。入选中国药学会《医院处方分析》课题组协作项目医院，参与医院合理用药研究及医药市场分析。

（吴妍彦）

【学术交流】 院长、吴阶平泌尿外科医学中心主任那彦群连任市泌尿外科学分会主任委员，神经内科二病区主任高伟当选为第3届北京医学会脑电图及神经电生理学分会委员会委员。2月20日，院长那彦群教授主持由中华医学会泌尿外科学分会与默沙东公司联合举办的第3届“全国前列腺增生高峰论坛”，泌尿外科医学中心副主任张祥华教授作《Ⅰ型与Ⅱ型5α还原酶与前列腺疾病》的学术报告。3月24日至27日，心内科主任唐强作为大会主席团专家在第14届全国介入心脏病学论坛受邀在“与专家面对面病例研讨会”作为点评专家主持并现场交流2例疑难手术病例。同月25日，阜外医院高血压研究所副所长、周围血管介入室主任蒋雄京教授来血管医学科参观并作专题讲座。4月13日，与区医学会共同主办的“北京西部医学论坛”在吴阶平泌尿外科医学中心报告厅召开。同月20日，邀请北京大学第三医院药剂科副主任药师刘芳作关于“循证医学与临床用药”的学术报告。同月23日，由《中华泌尿外科》杂志主办、北京大学吴阶平泌尿外科医学中心协办、中国泌尿外科学院承办的“激光在泌尿外科应用研讨会”在吴阶平泌尿外科医学中心8层学术报告厅召开。7月29～31日，主办第8届中国国际血管医学大会，血管医学中心主任、国际血管学会中国分会主席王宏宇教授出席并主持会议。10月13日，CUA－AUA联合中国泌尿外科专科医师培训计划在吴阶平泌尿外科医学中心正式开班。同月14日，上海交通大学医学院附属瑞金医院张瑞岩教授来血管医学科进行学术交流。12月20日，召开肺癌分子靶向治疗研讨会，多家医院相关专业学科带头人参会。

（吴妍彦）

【医学教育】 本科教育方面，完成北医2007级生物医学英语专业临床教学任务和2008级口腔专业教学任务，共40人，929学时；完成2007、2008级辽宁医学院临床教学任务，共130人、2058学时。培养硕士研究生7人。全年参加市卫生局专科医师规范化培训的住院医师共114人，其中一阶段78人，二阶段36人。参加继续医学教育的医疗、医技人员550人，护理人员720人；接收来院进修生25人。举办短期学习班7次，参加人数575人。本院职工本年度脱产学习78人，到院外进修12人，完成各类业余学历教育22人，其中取得硕士学位4人，本科学历18人。全年录取研究生42人，其中硕士研究生35人，博士研究生7人。

（吴妍彦）

【国际交流与合作】 全年接待国外来访者7次、15人，外出进修2人，外出参加各种国际学术交流40人。1月20日，澳大利亚西澳大学泌尿外科教授何布朗来中心参观并讲学。5月15日，世界泌尿肿瘤联合会执委会会议在美国华盛顿AUA年会期间举行，吴阶平泌尿外科医学中心副主任李宁忱教授出席会议。同月22日，由中国社工协会血管专业委员会和美国高血压学会联合举办的第3届中美血管论坛在美国纽约举行，血管医学中心主任王宏宇作为大会主席与美国心脏协会、美国高血压学会前任主席Suzanne Oparil教授主持论坛。7月8日，欧洲泌尿外科学会创始人Frans M.J Debruyne教授和欧洲泌尿外科学院院长Hein Van Poppel教授来吴阶平泌尿外科医学中心访问。8月3日，台湾阳明大学校长邱文祥教授来吴阶平泌尿外科医学中心参观。8月9日，意大利泌尿外科学会主席访问吴阶平泌尿外科医学中心。10月13日，美国埃默里大学Eaton教授来首钢医院进行学术交流，并在医学影像中心报告厅进行《酒精与高血压》专题讲座。

（吴妍彦）

【信息化建设】 通过HIS系统的开发改造，完成HIS系统与市114预约挂号统一平台的对接和医联码及门急诊信息采集系统的HIS系统改造工作。建立4个社区卫生服务中心及所属保健站门诊医生工作站系统，完成金顶街社区卫生服务中心新址的网络建设及信息设备的搬迁、调试工作。完成物流管理系统的前期调研及与HIS系统的接口改造工作。完成劳资、人事处的人力资源管理系统前期筹备工作，使劳资、人事、财务共享一个信息平台，达到资源共享的目的。完成住院医生站、门诊医生站以及LIS系统的升级改造,为LIS融入HIS奠定基础。

（吴妍彦）

清华大学玉泉医院

【概况】 清华大学玉泉医院(清华大学第二附属医院)是一所向社会开放的二级甲等综合性医院,为医疗保险定点医院,具有高级干部医疗保健资质;被评为“爱婴医院”,妇产科获得三级助产机构资质,在京西地区处于优势地位;加入市社区服务热线呼叫系统(96156)。年内,被市人力社保局定为市工伤保险定点医疗机构。占地面积3.258万平方米,建筑面积5.2万平方米,绿化面积近1万平方米。截至年底,有职工698人,其中卫生技术人员523人(高级职称81人,中级职称155人,初级职称282人),其它专业技术人员14人,行政人员60人,工勤人员60人,停薪人员3人。全年引进各类人员21人,其中副高以上人员2人,博士3人,硕士7人,本科6人;引进设备494台件,总价值427万元,其中万元以上设备37台件。重点学科是神经中心和妇产科。神经中心是清华大学医学院博士后流动站及博士学位授予点,也是清华大学生命科学与医学研究院——脑科学与神经疾病研究所的临床治疗中心。下设功能及微创神经外科、脊髓神经外科、脑瘫及周围神经外科、癫痫研究中心、精神卫生科等多个临床专业组;开设神经外科综合病房,诊治脑膜瘤、胶质瘤、垂体瘤、颅咽管瘤以及脑血管疾病(颅内动脉瘤、颅内动静脉畸形、海绵状血管瘤、烟雾病等)等疾病。妇产科在京西地区处于优势地位,开设普需和特需专家门诊及VIP病房,满足不同医疗需求者,采取医疗与保健相结合的服务模式,提供系统的孕前、孕期、产后一条龙服务。年内,医院门诊195667人次,急诊13685人次,手术6113人次。新开展优质护理服务示范病区3个,全年护理工作总量为139.73万人次,基础护理合格率达到90%以上。招收临床专业研究生(含硕博)5人,接收毕业实习轮转11人。获市“医疗保险管理工作评比”三等奖。

地址:石景山路5号

电话:88257755

邮编:100049

（于殿文）

【医疗服务】 医院门诊195667人次,比上年增长23.6%;急诊13685人次,同比增长26.5%;出院病人8396人次,同比增长10%;平均住院日为12.8天,同比减少1.1天;病床使用率86.8%,同比减少1.4个百分点;病床周转次数为24.8,同比增长1.7次;病房手术人次为5641,同比增加16.6%;门诊手术472人次,同比增加40.1%。全年神经外科各专业共接诊门诊病人9781人次,急诊831人次,出院病人2353人次,手术2327人次。妇产科分娩1746例,较上年增加44.9%。开展门诊预约挂号工作,建立114电话预约、网站预约和院内医院复诊预约挂号,推广分时段预约挂号、就诊。制定玉泉医院临床路径管理工作制度及实施工作方案,成立院临床路径管理委员会、临床路径指导评价小组,建立领导小组专题会议制度、专家组督查制度、分析报告制度和定期评估制度以及培训制度。5月和10月,举办两次医学急救应急演练,提升全员医务人员的急救能力和防控医疗风险水平。10月19日,举办医疗纠纷风险防范培训班。制定抗菌药物临床应用专项整治活动实施方案,成立领导小组,对抗菌药物目录全面梳理,品种达标;调整药事管理与药物治疗学委员会成员名单,完善医院抗菌药物分级管理制度,制定抗菌药物分级目录,明确各级医师使用抗菌药物的处方权限;制定明确的限制使用抗菌药物和特殊使用抗菌药物临床应用程序,完善药物使用率和使用强度控制制度、药物临床应用监测与评估制度及抗菌药物处方点评制度。继续对口支援房山南窖乡卫生院及杨庄社区卫生服务站的医疗工作,新增1家对口支援单位为房山区佛子庄乡社区卫生服务中心。进行软件改造并通过首信公司认证,对全院医护人员进行操作培训,对于医保药品、诊疗和服务项目三大目录库进行维护。全年医保出院2160人次,同比增加21.4%,总费用为2247万元,医保病人次均费用10404元,自费比例4.18%,平均住院日13天,各项指标均控制在合理的水平。医保门诊就医病人74935人次,同比增加55.6%,医保病人占全院门诊的36.5%,全年拒报5人次,拒报费用1648元。

（于殿文）

【疾病防控】 组织6次传染病相关知识的全员培训。按照信息管理要求,每月定期进行信息上报,全年上报14条疾病预防控制信息,12条应急信息。2月份,因院内施工等因素影响,肠道门诊无法开诊,根据实际情况对院门处工作场所进行改建。5月,经有关部门验收合格后,肠道筛查门诊正式开诊。

（于殿文）

【护理工作】 新开展优质护理服务示范病区3个(内一病区、产科五病区、神经外科五病区术后恢复室)。共选派护理骨干外出参加专科培训班13人次,外出参观学习8人,组织院内护理讲座12次,继续教育达标率100%,进行“三基”训练操作考核247人次、理论考试219人次,全院护理查房4次。新护士培训班1次,护士长学习班1次,带教老师学习班1次,完成实习生岗前培训79人次。制定并下发责任护士岗位职责,急救药品、物品管理制度和PICC置管术后护理常规,规范新护士培训考核内容及表格,继续实施“护士行为规范”、“护士长首尾负责制”。护理部各质控组每月分别对全院各科进行护理文书、消毒隔离、基础护理、病房管理、三基训练的检查和督促,全年对各科室进行质控检查168次,护理部进行危重患者访视49人次,护士长夜查岗104人次,全年未发生严重差错及事故。基础护理合格率达到90%以上。举办纪念国际护士节表彰及论文交流会,表彰院级优秀护士23人、优秀带教老师3人、优秀论文5篇。全年护理工作总量为139.73万人次,同比增加5.89万人次。

（于殿文）

【科研管理】 获批项目:国家自然基

金面上项目(55万元)、清华大学自主研究计划(95万元)、NSFC/RGC联合资助项目(45万元)、清华大学教育基金会周大福基金(120万元)、教育部留学基金项目(3万元)。发表学术论文：国内外期刊发表论文73篇,其中SCI收录5篇,国内会议论文22篇,国际会议论文5篇。参与承办首届燕达转化医学高峰论坛,承办国际神经修复学会神经修复标准研讨会,召开"第五届清华大学玉泉医学论坛"。与北京神外所合作建立清华大学临床神经科学研究院临床基地,并举办神经科学转化医学论坛。成立理事会及学术委员会。

(于殿文)

【教学培训】 在清华大学医学院招收临床专业研究生(含硕博)5人,接收滨州医学院、安徽医学高等专科学校、大庆医学高等专科学校等的口腔、检验、临床医学、医学影像等本、专科毕业实习轮转11人。年内神经外科、妇产科、疼痛麻醉科接收进修人员34人次。8月,接收清华大学八年制医学生到医院短期参观学习。

(于殿文)

【信息化建设】 在全院范围内实施医生工作站工程,包括住院和门诊医生站。配合HIS公司工程师完成医生工作站软件的本地化改造,对全院医生进行门诊、住院医生站软件操作培训,制定和规范门诊、住院医生站医生工作流程和注意事项,完善门诊医生站软件功能,通过首信公司医保病人门诊实时结算医生站认证。年内新购进并安装调试工作站计算机150余台,打印机90余台。协助软件公司完成门诊收费子系统按比例收费的改造工作。

(于殿文)

北京康复中心

【概况】 北京康复中心(北京工人疗养院)是一所集医疗、康复、科研、休养于一体的现代化综合性医院,是市总工会下属的全民所有制事业单位。编制床位848张,开放医疗床位428张,占地面积86532平方米。先后被批准为涉外医疗机构、市劳动模范健康体检唯一定点医疗单位、市医疗保险定点医院、市工伤定点医院、市残联小儿脑瘫定点医院、区肢体残疾康复技术指导中心、市工伤康复定点医院和全国工伤康复定点医院。医院设有门急诊科室、住院部、医技科室、康复部、体检中心,有普内科、普外科、中医科、口腔科等12个门诊科室,医学影像科、心肺功能检查科、超声科、检验科等4个医技科室,神经康复科(神经内科)、心脏康复科(心内科)、普内科、普泌外科、骨科等5个病区,还设有院办公室、人事科、财务科、医务科、护理部等12个职能科室。拥有CT、DR、多普勒超声、心电图机、骨密度仪、运动平板、呼吸机、心电监护、高压氧舱、减重步行跑步机、悬吊系统、平衡评价训练系统、言语及吞咽治疗评价系统、起立床、MOTOMED上下肢主被动训练仪、理疗仪器等各种医疗设备和康复设备。医院经过不断发展,将现代康复与中医推拿、药疗、水疗、体育疗法、气功医疗等传统治疗相结合,形成鲜明的专业特色,在骨与关节损伤康复、脊柱脊髓损伤康复、脑卒中及脑外伤康复、脑瘫的康复等领域处于国内先进水平。现有在编职工252人,其中专业技术人员194人(高级职称18人、中级职称75人、初级职称83人),行政后勤人员58人;外聘职工165人,其中专业技术人员118人(高级职称2人、中级职称4人、初级职称112人),行政后勤人员47人。年内,门急诊70306人次,住院1915人次,加强院感管理,推行优质护理服务,传染病管理率、访视率、及时率、访到率、合格率、疫源地消毒率均为100%,地段预防接种率100%。3月,中心改扩建一期工程正式开工。

地址:八大处西下庄
电话:58823388(总机)
邮编:100144
网址:www.bjrrc.com.cn
www.xishanhosp.net

(李鹏宇)

【医疗工作】 全年门诊65764人次,急诊4542人次,急诊危重症抢救84人次,抢救成功率98.81%。入院1915人次,出院1919人次,病床周转4.83次,床位使用率82.83%,平均住院日60天,七日确诊率98.43%,出入院诊断符合率99.95%,治愈率5.58%,好转率90.12%,死亡率2.37%。住院手术73例。8月,首次对全院历年病案进行全面清点,逐步造册完善登记;每月病历逐册登记回收,保证病案48小时回归病案室;定期检查病案借阅登记本,督促借阅病案及时归档。全年共出院基本医疗保险病人863人次,费用金额共1014.5万元,平均每人次住院费用为11755.77元,自费比例3.6%,次均住院费用与去年同期比持平,低于同级同类医院水平;全年审核工伤医保、工伤康复费用清单557份。制定急救轮岗工作方案,组建急救轮岗队伍;定期选派具有中级以上职称医师对口支援西黄村社区卫生服务站;与门头沟区龙泉医院签订支农协议,选派具有中级以上职称医师定期到该院出诊。

(李鹏宇)

【院感管理】 制定多重耐药菌医院感染预防与控制技术指南(试行)、多重耐药菌医院感染预防与控制制度(试行)、非结核分枝杆菌医院感染预防与控制技术指南(试行),规范科室医院感染病例记录本,建立多重耐药菌监测记录本;完成医疗废物合同签订工作,对医疗废物管理情况、紫外线灯使用检测情况进行专项检查1次,对全院消毒隔离管理情况进行季度大检查3次。院内感染率1.15%,全年无一起院感爆发事件发生,住院患者抗菌药物使用率28.21%。

(李鹏宇)

【护理工作】 规范护理记录表格、护理质量控制表格17项,成立伤口护理委员会、护理宣传报道小组,更新护理质量管理委员会、护理科研管理委员会,完善更新护士长手册。进行护理质量季度大检查3次、月检查9次。进行护理管理读书报告会8次,护理不良事件讨论3次,院内护理会诊2次。护理文件书写合格率、基础护理合格率、特级护理合格率、一级护理合格率、技术操作合格率、急救物品完好率均达到100%;设立优质护理领导小组,组织全院护士观看优质护理光盘、进行规范化护理程序表演2次,优质护理经验交流、培训、参观3次。制定护理带教项目安排表、护理带教表格,规范护理带教质量反馈表,修正护理带教管理规定,召开护理带教老师会议、同学座谈会、实习学校老师座谈会8次。进行护理业务大查房4次,护理知识理论、技能操作考核4次,全院护理业务学习3次,应急演练1次。选派1名护士外出学习手术室资格认证,1名护士外出学习肌电图。进行护工培训31次,召开护工管理办公室会议9次,处理护工纠纷事件3起,编制《护理员培训手册(第一册)》。

(李鹏宇)

【科研与教学】 全年在研课题1项,发表论文18篇。在新技术、新项目应用方面,主要开展干眼症及视疲劳的发病人群观察、无张力疝修补术等工作;在中药熏洗、电热针治疗等技术应用上取得新突破。组织继续教育学术讲座和传染病培训35次,举办"京西神经病学沙龙",聘请外院专家来院授课;参加第一届解放军总医院康复医学高峰论坛等学习培训活动共计76次,参与人员约5630人次,接受进修、实习人员共计43名。

(李鹏宇)

【改扩建项目】 由市总工会与市残联共同主持开发,投资总额34989万元的北京康复中心改扩建一期(医疗综合楼等4项)工程,完成前期改造、拆除、新建锅炉房、燃气、基坑支护、移改以及部分综合室外管线。工程建设工期2年,总建筑面积61060平方米,其中新建建筑面积46750平方米,改造现有建筑14310平方米,拆除14764平方米,总床位数400床。年内,先后取得市发改委可研批复、初步设计概算批复、固定资产预备项目转为正式项目通知单;取得市规划委建设用地规划许可证、锅炉房建设工程规划许可证、医疗综合楼等4项建设工程规划许可证;取得市住建委锅炉房建筑工程施工许可证、医疗综合楼等4项建筑工程施工许可证。基坑支护及土方挖运由市机械施工有限公司承担;总体工程由南通启益建设集团有限公司承担;锅炉房及污水管线改造等工程由北京六建集团有限责任公司承担;施工现场勘察由中兵勘察设计研究院承担;工程监理为北京建院金厦工程管理有限公司,工程管理为北京华厦工程项目管理有限责任公司。

(李鹏宇)

中国医学科学院整形外科医院(整形外科研究所)

【概况】 中国医学科学院整形外科医院(整形外科研究所)是中国整形外科事业的摇篮,现为集医疗、教学、科研于一体的整形外科三级甲等专科医院,是国家卫生部直属单位之一、北京协和医学院临床教学医院,设整形外科研究所,负责《中华整形外科》杂志的编辑出版。医院占地10万平方米,是一座中国古典式的园林建筑群,以中国古典特色建筑入选《英国世界建筑大全》。医院现有职工637人(在编职工450人,派遣制员工168人,合同制临时工19人),其中具有正、副高级职称人员89人,中级职称人员180人。开设床位328张,包括普通整形外科、现代美容外科等24个特色中心,并在平安大街开设平安门诊部,在国贸中心开设北京医科整形美容门诊部。研究所设有研究中心,下设分子生物学实验室、细胞生物学实验室、组织与免疫化学实验室、动物实验室和解剖实验室。本院是北京协和医学院整形外科学、麻醉学和生物化学与分子生物学的博士研究生和硕士研究生的培养点,也是卫生部整形外科专业进修生的培训基地,现有博士生导师17人,硕士生导师28人。年内,门急诊84867人次,入院9820人次。举办第三届国际美容整形外科高级研讨会暨第一届中欧整形美容外科会议,来自40余个国家和地区的近400名医师参加会议;举办亚洲乳房美容整形学习班和乳腺癌术后乳房再造及上肢淋巴水肿治疗新进展高峰研讨会;接待来自台北世界贸易中心医疗服务访问团和阿富汗卫生官员培训团一行来访;举办整形美容学习班和科普宣教讲座。荣获"首都卫生系统精神文明单位"、市"药械不良反应时间监测工作先进单位"和"消防安全先进单位"等。

地址:八大处路33号
电话:88964826
邮编:100144
网址:www.zhengxing.com.cn

(郝亚丽)

【医疗工作】 全年门急诊84867人次,比上年增长13.65%;实际床位328张,入院9820人次,比上年减少1.49%,床位使用率83.04%,平均住院日9.73天;门诊手术22658台次,同比增长16.63%;住院手术9366人次,同比减少1.53%;七日确诊率100%,出入院诊断率100%,治愈率66.91%,好转率33.08%,死亡率为0。参加114统一预约平台和全国网络预约平台,对原有咨询电话进行智能化改造。门诊咨询室网上在线与病人有效交流97005人次,预约22999人次,预约后实际到院就诊14305人,预约患者实现手术9129人次。以创先争优活动为契机,制定下发开展"三好一满意"活动方案、抗菌药物临床应用专项整治活动方案、"优质医院创建"活动方案,以及开展临床路径试点工作实施方案。定期举行处方点评和病案质量点评,对重大手术实行院内和院际专家会诊制,共组织院内危重、疑难等病历讨论28人次,外请专家会诊24次。组织完成专业委员会会议及各类专题讲座、交流、培训20次。根据卫生部关于开展临床路径管理试点工作的通知要求,11月正式确定并启动第一批进入路径的9个试点病种。"数字化病案库"管理系统顺利上线,实现在院病人信息网上浏览;在HIS系统内开发麻醉科医师门诊处方系统和药房摆发药系统;完善PACS系统,使本院照相室可以通过信息系统将数码相机拍摄的电子照片直接上传服务器,以供各临床科室及时调阅。与门头沟妙峰山镇社区卫生服务中心达成协议，帮助其开展口腔科诊疗项目，并资助其1万元左右的医疗设备，定期派医护人员赴诊。接受来自全国各地的56名医师来院进修学习。与中华少年救助基金会天使妈妈“爱耳义动”公益项目、中华少年儿童基金会“西部救助基金”、濮存昕基金会“让孩子笑起来”等慈善组织联合开展公益项目，收治唇腭裂、尿道下裂、两性畸形、鼻缺损等贫困家庭患儿31名。出台临床科主任短期出国进修学习计划，继续实行“优秀青年医师人才培养计划”。

（郝亚丽）

【护理工作】 以病人为中心，开展全程责任制护理。以表格形式的入院评估单取代护理记录单，简化并规范护理病案书写。护理文件书写合格率100%，安全护理合格率达99%，特、一级护理合格率100%，急救物品完好率100%。通过设立“优质护理服务专项奖励基金”，患者平均满意度由以前的93%提高到现在的98%。北二病区被评为市“优质护理服务示范病区”。组织护士长赴天津第三中心医院、台湾坜新医院和佛教慈济医院参访，学习先进的护理管理理念。全年发表护理论文16篇，其中1篇为SCI论文。

（郝亚丽）

【科研教学】 中标国家自然科学基金3项，市自然基金2项，北京协和青年基金4项，北京协和教育基金1项，市科委“首都医疗特色项目”1项，高校博士点基金1项，高等学校继续教育示范基地项目和医学相关专业毕业后培养及继续教育网络培训项目1项，外国文教专家经费5项，总计304万元。完成市卫生局“卫生行业发展科研专项需求建议书”申报9项、卫生部专项行业建议申报1项，申报科技体制改革和科研业务经费106.24万元。毕业研究生24人（其中博士生11人、硕士生13人），全部被授予相应学位；获批院校博士生、硕士生导师各6名，并批准口腔临床医学硕士学位授予点1个，招收硕士生、博士生40人。在核心期刊发表论文100篇，发表SCI论文86篇。出版论著、译著3部。申请国家、区县级继续医学教育44项，培训卫生技术人员2800人次。

（郝亚丽）

中国中医科学院眼科医院

【概况】 中国中医科学院眼科医院（简称眼科医院）是集医疗、科研、教学为一体的中医、中西医结合非营利性专科三级医院。有职工291人，其中卫生技术人员219人（正高10人、副高24人、中级46人、初级师81人、初级士51人）。医疗设备总价值5784万元，新购置医疗设备总值266万元，其中10万元以上设备9台（套）。被中央国家机关社会治安综合治理领导小组办公室评为“中央国家机关平安单位”，被国家中医药管理局直属机关党委评为“先进基层党组织”，荣获首届“同仁堂杯”北京中医药文化歌咏比赛优秀奖。“凉血化瘀方抑制老年性黄斑变性新生血管生长及分子机理研究”、“密蒙花川芎对糖尿病视网膜病变血管内皮细胞增殖与凋亡的影响”获市科学技术三等奖，携手工程项目被评为“北京青年健康使者火炬行动优秀志愿服务项目”。年内，门诊14.59万人次，急诊3188人次，住院3422人次，手术5206例；加强院感管理，无院感漏报，开展定期巡查，下发《院感通讯》通报院感情况；开展医疗援助和国际医疗合作，科研项目中标5项。《中国中医眼科杂志》国际国内机构用户3198个，比上年增加118个；影响因子排序在中医类杂志上升5位，全部117种杂志中排名68，在专业类杂志上升2位，在眼科和耳鼻喉科25种杂志中排名12。

地址：鲁谷路33号
电话：68688877
邮编：100040
网址：www.ykhospital.com.cn

（陈结凤）

【改革与管理】 多次召开“十二五”发展规划论证会，形成“十二五”规划中的重大科学问题和研究项目。制订并修订医疗相关管理制度20余项，修订完善管理制度汇编、应急预案管理汇编、公文处理管理办法等，恢复老专家牵头的疑难病讨论制度、名老中医专家查房制度，实行科主任全面负责制。成立处方点评专家组及处方点评小组，针对中药饮片使用比例较低的问题提出整改方案，各科室设计常用的中药汤剂模版。采取对中药饮片的绩效鼓励措施，饮片处方每月统计并公示。科主任指导临床医师合理使用抗菌药物，发现问题及时纠正，监督医师修正治疗方案。坚持每月发放院感通讯，每月公布抗菌药物耐药情况，为临床使用抗菌药物提供依据。加强医德医风建设，制订医德医风绩效考核指标，并纳入考核体系，与个人、科室奖金分配和年终评优相结合。加强医务人员职业道德教育，倡导“尊重患者，关爱患者，方便患者，服务患者”的人文服务理念，患者满意度保持在90%以上，全年收到锦旗36面、表扬信58封，拒收钱物百余次。

（陈结凤）

【医疗工作】 全年门诊14.59万人次，急诊3188人次。实有床位204张，入院3422人次，出院3386人次，床位周转16.6次，床位使用率76.4%，平均住院日16.4，三日确诊率99.8%，出入院诊断符合率99.2%，治愈率57.56%，好转率40.1%，住院手术5206例。五个病区共查运行病历总数为2800份，甲级病历率100%。加强院感管理，全年监测3014人，发生医院感染5人，感染率0.17%，无医院感染漏报；调整医院感染委员会及科室医院感染管理小组，实行每月逐项检查和平时抽查相结合，发现问题及时整改；每月对重点部门的空气、物体表面、手进行轮转监测，并将监测结果汇总、分析，通过《院感通讯》反馈给各科室。全年医保出院1632人次，总费用1877.1万元，次均费用为10229.5元；按季度出版《医保通讯》，印制《北京市基本医疗保险药品目录》，做到医生人手一册。

（陈结凤）

【医疗支援】 派主任医师刘成源赴新疆自治区开展为期3年的援疆工作，继续与10家远郊区县中医医院开展中医药携手网络工程工作，构建北京地区中医、中西医结合眼科医教研一体化网络平台。参加市中医局组织的北京—内蒙古中医携手工作，与呼和浩特国际中蒙医院和满洲里中蒙医院结成帮扶对子，扩大服务范围。继续支援革命老区——湖北麻城乘马岗医院。

（陈结凤）

【护理工作】 开展优质护理服务，修订护理岗位制度与职责30余项，并加强教育与培训。创新临床服务模式，改变功能制护理为责任制整体护理。探索适合眼科医院科室发展的工作模式，实行小组责任制和护士责任包干制。责任护士对所分管的患者实行责任制整体护理，重点做好患者的入院教育、住院护理、出院指导。规范中医特色专科护理，初步开展特色病种的辨证施护。全年召开重点科室护理质量会议10余次；护理质量安全查房400余人次，开展夜查房58次，护理质量分析会议12次，护理技术操作检查考核205人次。护理文件书写合格率95%以上，护理病历书写合格率100%，基础护理合格率≥90%以上，特级护理合格率90%以上，一级护理合格率90%以上，技术操作合格率≥95%以上，安全护理合格率100%，急救物品完好率100%。全年培训30余次，1500余人次参加，接受8项中医护理技术培训，合格率100%。首次举办国家级护理继续教育学习班2次。护士进修6人次，在核心期刊发表论文8篇。

（陈结凤）

【科研工作】 申报课题32项，中标课题5项，其中国家自然科学基金3项，市首发基金课题1项、市科委首都临床特色应用研究专项1项、市中医药科技发展基金项目1项。获奖2项，唐由之研究员的“凉血化瘀方抑制老年性黄斑变性新生血管生长及分子机理研究”和高健生研究员的“密蒙花川芎对糖尿病视网膜病变血管内皮细胞增殖与凋亡的影响”分别获市科学技术三等奖。眼功能实验室梁丽娜获首届中西医结合优秀青年贡献奖。全年发表论文43篇，SCI收录1篇，影响因子2.54。

（陈结凤）

【医学教育】 成立继续医学教育管理委员会，制订《继续医学教育管理办法及实施细则》，专业技术人员完成继续教育学分合格率100%。录取研究生6人，其中硕士生5人、博士研究生1人。接收进修14人。举办国家级继续教育学习班9项，1580人次参加；区级继续教育学习班26项，约1300人参加。脱产学习1人，院外进修3人。

（陈结凤）

【国际交流合作】 全年公派出国（境）7人次，其中1人赴香港参加医院管理培训、3人赴台湾参加中医优势病种与循证医学研讨会、3人赴台湾考察学习。接收外籍住院患者17人次，主要来自美国、马来西亚、印尼、菲律宾、日本、中国香港等国家和地区；门诊诊疗外籍患者70余人次，主要来自朝鲜、印尼、俄罗斯、坦桑尼亚、德国、日本、荷兰、中国香港、中国台湾等国家和地区；接待参观73人次，主要来自巴西、新加坡、马来西亚、越南、俄罗斯等国，其中部级及部长以上级团组2个：巴西卫生部长代表团，越南国防部传统医院代表团；接待学员39人次，分别来自新加坡、马来西亚、芬兰、美国。

（陈结凤）

【信息化建设】 2月，门诊医生工作站上线工作。开展医院档案信息化管理系统建设的先期工作。实施合理用药软件和OA系统。医院信息系统与114预约挂号系统实现对接。开展医院网站建设，督促相关科室配合及二期建设中用友软件的应用。

（陈结凤）

首都医科大学附属北京朝阳医院京西院区

【概况】 首都医科大学附属北京朝阳医院是集医疗、教学、科研、预防为一体的三级甲等综合医院，首都医科大学第三临床医学院，市医疗保险A类定点医疗机构。原中铁建总医院整体划转市卫生局并入北京朝阳医院，正式命名为北京朝阳医院京西院区（简称京西院区），于2005年5月19日正式开院，形成一院两址、东西呼应、资源共享的发展新格局。西区占地面积5.2万平方米，建筑面积6万平方米。医院以呼吸病学、心脏病学、高压氧医学、职业病学、实验医学、急诊医学、泌尿外科学为优势学科，以器官移植、微创手术、介入治疗为技术重点。截至年底，京西院区医疗设备总价值10766万元，其中万元以上设备612台，10万元以上设备192台、100万元以上设备19台。年内新购置医疗设备总值1103万元，其中10万元以上医疗设备24台、100万元以上医疗设备1台。西区实有床位460张，在岗职工947人（在编538人，派遣332人，东派西53人，返聘及劳务24人），其中卫生专业技术人员789人（其中正高33人、副高60人、中级165人、初级师320人、初级士211）。年内，新增共肝病科，从事肝脏疾病的临床、教学及科研工作；完善预约挂号及双向转诊制度，推动建设分级诊疗和有序的就医模式；全年门急诊66.47万人次，住院1.48万人次，手术7349例，甲级病案率96.88%，医院感染发生率1.65%，优质护理病房开展覆盖率达100%，全年护理满意度99.1%；规范医学教育，推荐与接收优秀应届本科毕业生免试攻读硕士学位研究生12人次；发表论文102篇，获教育部“高等学校科学研究优秀成果奖二等奖”1项、市“科技进步三等奖”1项；完善社区医疗，系统开展物理治疗、牵引治疗、推拿按摩、针刺、灸治、拔罐、刮痧、放血疗法等中医技术和康复工作；加强院区建设，美化医疗环境，推进医院改扩建工程建设。

本部地址：工人体育场南路8号
联系电话：85231000
邮政编码：100020
京西院区地址：京原路5号
联系电话：51888114
邮政编码：100043
网址：http://www.bjcyh.com.cn

（郝庆君）

【增设肝病科】 3月底新增肝病科（消化内二科），现拥有功能齐全的病房、门诊及开放性实验室，主要从事肝脏疾病的临床、教学及科研工作。科室

在肝炎、肝硬化、肝脏肿瘤及酒精肝、脂肪肝等疾病研究方面成果显著，曾获得吴阶平医学研究奖及重大科技成果奖多项，发表论文百余篇，是研究生培养点，临床一线医务人员多数具有硕士或博士学位。

（郝庆君）

【改革与管理】 采取措施，完善预约挂号及双向转诊制度，推动建设分级诊疗和有序的就医模式。实行多渠道预约、推广分时段预约、强化实名制就医、实行先诊疗后付费的新型诊疗流程和管理模式，简化就诊环节；成立门诊服务中心，招聘、培训专职人员加强预约挂号、门诊建卡管理；门诊患者就诊预约率36%、复诊预约率65.73%，其中产科和口腔科均达到100%，出院复诊预约率80%。制定并组织落实双休日及法定节假日全天门诊服务工作方案（试行），制定专家门诊管理的各项规定，扩大科室和辅助科室的出诊安排。深入开展抗菌药物临床应用专项整治活动，制定活动方案，签订责任书，要求抗菌药物使用强度控制在40DDD以下。稳步落实DRGs试点“临床路径”工作，申报开展26个科室、涉及36个病种，初步建立“程序化、日程化、流程化、时限性、计划性”的标准化治疗模式与治疗程序。推进优质护理服务工程，改革临床护理模式，实行责任包干制整体护理，优质护理病房开展覆盖率达100%，健康教育覆盖率由90.4%增至95.6%、病房陪住率由63%降至32%、直接护理时间由3.9小时/天增至5小时/天、基础护理合格率由97.9%增至98.7%。血液与肿瘤科病区申报市级优质护理示范病区，干部综合科病区被评为区“优质护理服务示范病区”。

（郝庆君）

【医疗工作】 全年门、急诊66.47万人次（其中院区门、急诊挂号50.52万人次，社区门诊15.95万人次），急诊危重症抢救1918人次，抢救成功率98.02%；入院14830人次，出院14841人次，床位周转32.33次，床位使用率93.29%；平均住院日10.53天，七日确诊率98.79%，出入院诊断符合率99.91%，治愈好转率96.25%，治愈率62.63%，好转率34.22%，死亡率1.97%，住院手术7349例，孕产妇死亡率0，新生儿死亡率0，围产儿死亡率1.7‰。对近1.48万份出院病历进行质量控制工作，甲级病案率96.88%。修订医院感染管理制度，组织医院第三届医院感染防控宣传周活动，召开医院感染管理委员会会议，明确各部门责任，全年医院感染发生率1.65%；医院感染漏报率3.36%，一类手术切口感染率0.06%。全面实施医保住院类业务持卡实时结算工作，重点开展市职工基本医疗保险总额预付试点工作，全年审核申报医保出院10047人次，同比增长24.92%；次均费用15450元，同比下降4.63%。继续开展对房山阎村镇中心卫生院为期一年的医疗定点支援工作，并签定协议书；全年12名医师累计支农服务906天，开展形式多样的义诊及资助活动，受益人数3400人；继续开展对口支援门头沟区中医医院的门诊、查房、手术和健康教育等指导性工作。坚持公益性活动，全年共组织院内各种义诊201次，义诊人数5621人；参加区卫生局组织的社会公益活动6次，义诊人数800余人。全年组织健康讲座170次，涉及28个医疗科室，参与医护人员450人次，听课人数5100余人。成立医疗安全委员会，发生案例及时组织专家讨论，全年共接待投诉97起，处理非诉讼纠纷31起、了结22起，结案率71%。

（郝庆君）

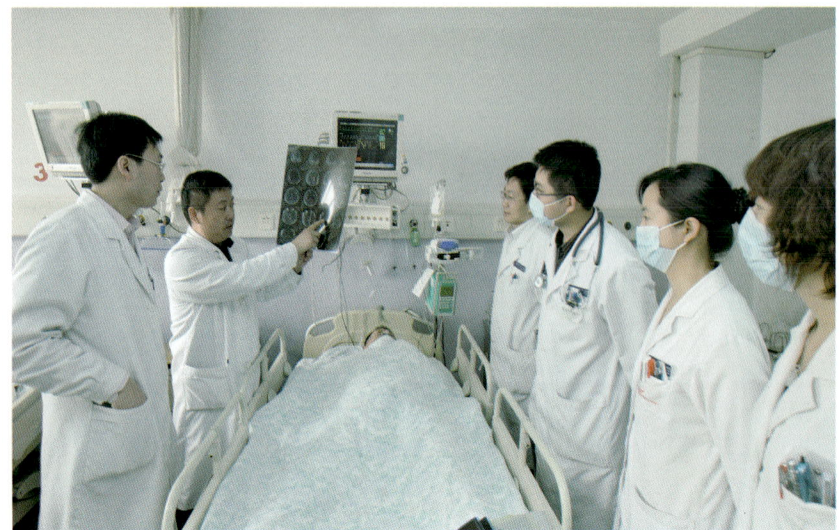

3月18日，神经内科抢救大面积脑梗塞患者　（朝阳医院京西院区供稿）

【护理工作】 规范护理行为和护理工作流程，完善护理风险管理机制，落实患者安全目标，加强对重点科室、重点环节质量安全监控。全年护理满意度99.1%，护理文件书写合格率98.1%，基础护理合格率98.4%，危重病人护理合格率96.9%，急救物品完好率100%，技术操作合格率100%。成立“护理教学科研小组”，进一步规范临床教学，创造良好的护理学术氛围，提高护理教学及科研水平。全年共发表文章15篇，其中核心期刊14篇；接收护理实习生84人，中专生46人、大专生38人，护理进修人员10人；举办护理继续教育各类培训课程14次，参加培训1613人次；选派23名护士参加ICU、急救、产科、妇科等各类专科护士培训学习班。

（郝庆君）

【科研工作】 加强学术学科建设，充分发挥各科学科带头人的优势作用，全年共发表论文102篇，其中核心期刊91篇，中华类26篇，SCI文章4篇；国家自然科学基金资助课题1项，市自然基金资助课题1项，市科技计划重点项目1项。获首都医科大学基础——临床合作课题立项1项、教育部高等学校科学研究优秀成果奖二等奖1项、市科技进步三等奖1项；获市卫生系统高层次卫生技术人才资助项目1项，中青年学科骨干出国研修学习获得资助1人。

（郝庆君）

【医学教育】 建设规范化教学体系，承担首都医科大学公共卫生学院卫生法学专业、首都医科大学第三临床医学院临床医学专业、北京护士学校08级、09级的教学及临床实习工作。举办国家级、市级、区县级继续教育项目12项、院级继续教育项目34项。组织住院医师专业理论及技能培训，制定年度轮转计划。推荐与接收优秀应届本科毕业生免试攻读硕士学位研究生12人次。

（郝庆君）

【社区医疗】 全年门诊15.95万人次，同比增长27%；计免门诊2.28万人次，管理高血压等各类慢性病人3.06万人次，提供各类咨询1.53万人次；健康教育讲座60余场次，参加人数3500余人次，更新宣传板报12块；完成各类辅助检查4.72万人次，上门服务488人次。系统开展物理治疗、牵引治疗、推拿按摩、针刺、灸治、拔罐、刮痧、放血疗法等中医技术和康复工作，完成中心X光室的改造和新引进设备的安装调试工作，并投入使用；增加检验设备，开展新的检验项目；引进人员，开展动态心电、动态血压检查项目等。

（郝庆君）

【基础建设】 加强院区建设，美化医疗环境。全面推进医院改扩建工程建设，完成改扩建工程环境评估、土地预审、节能登记及改扩建工程可研报告的编报工作，截至年底，设计单位已确认，设计方案已批准，可行性研究报告已批复，初步设计及概算批复工程造价4541万元。对已闲置36米高水塔和烟筒进行安全拆除，改造周边停车场，拓宽道路，确保车辆和行人安全。完成住院楼前及污水站绿化及照明路灯改造工作，美化院区环境。完成麻醉科手术间改造工作，缓解临床手术科室紧张的状况。污水改造工程于5月底竣工，经政府相关部门验收合格，已投入使用。

（郝庆君）

首钢矿山医院

【概况】 矿山医院由首钢矿业公司管理，是市二级甲等医院、医保定点医院、工伤医疗定点医院、职业健康检查定点医院、爱婴医院、区大病统筹定点医院、唐山市医保定点医院、华北煤炭医学院定点教学医院。医院占地42202平方米，建筑面积25590平方米，设有临床、医技科室15个，职能管理科室9个，后勤服务科室1个。职工316人，其中卫生技术人员268人，包括副主任医师15人，主治医师35人，医师（士）64人，护士109人，医技人员45人；行政管理人员19人；工勤人员16人；其他技术人员7人；退养及病休5人。有CR机、16排CT机、高千伏X光机等医疗设备182台（件），固定资产原值7525.74万元，净值4186.98万元。年内，新购置医疗设备18台（件），价值203.5万元，其中10万元以上设备3台；组织供电系统改造，完成精神科病房等点位的暖气大修，改善患者就医环境；建立门诊医生工作站，门诊就医实行电子处方，规范医生执业行为；实施第二住院部持卡就医实时结算，解决矿区偏远厂区、生活区职工家属就医难问题；加大门诊持卡就医实时结算系统建设，健全完善工作程序，为矿区本市参保人员就医提供方便；组织管理与技术创新论坛5期，举办管理案例讲坛3期，有11篇论文在国家级核心期刊发表，完成技术攻关项目24项。

地址：河北迁安市首钢矿业公司
电话：0315－7710856　7713124
邮编：064404

（玄　艳）

【改革与管理】 加强对外交流与合作，继续与中医科学院眼科医院等知名医院开展技术合作，聘请专家来院手术等。成立第二住院部，坚持周六、日开设门诊，每周安排技术骨干到水厂区出诊，满足职工家属就诊需求。组织全员学习规章制度，开展岗位职责考试，强化制度落实，提高执行力。开展基础工作大整顿活动，健全、完善基础工作219项，专业管理更加规范化。完善考核分配机制，调整中医科、急诊科核算办法，强化科室综合质量管理，加大量化考核比例，细化考核内容，调动职工积极性。加强服务文化建设，专展专题礼仪培训，举办现场礼仪展示，严格执行医疗服务“零投诉”管理办法，提升整体服务水平。定期召开病区患医座谈会，了解患者需求，开展健康知识宣教育。开展出院病人回访，多渠道征求患者意见和建议，加强医患沟通。持续开展岗位立功竞赛及“微笑服务”活动，全年收到患者表扬信13封，锦旗2面，镜匾2块，医务人员受到患者表扬20余人次，先后有10个先进集体、128名先进个人受到通报表彰。先后组织技术骨干到厂区、社区开展健康教育咨询服务、电视讲座等，受到职工家属普遍欢迎。制订下发禁止医务人员收受“红包”、回扣的规定，围绕药品、物资采购管理开展效能监察。

（玄　艳）

【医疗工作】 全年门诊116259人次，急重症抢救92人次，抢救及时率100%。床位255张，入院3867人次，出院3845人次，病床使用率100%，床位周转16.94次/床，平均住院日25.96天，手术804例。无孕产妇及新生儿、围产儿死亡。发挥质量管理网络监督检查作用，定期组织召开医疗、病案、院感、输血、药事委员会会议定期及医疗质量分析会，强化全员质量意识。增强院前急救技术力量，强化急救理论和操作技能的培训和考试，组织心肺复苏、气管插管应急演练，提高抢救成功率及患者满意率。加强病案质量管理，甲级病案率为90%以上，无丙级病历。增强院感控防措施，购置超声清洗机、高压水枪、气枪等清洗设备，提高手术器械及内镜的清洗效果。配置生物监测仪，对植入物进行消毒监测。提高手术医师感控意识，开展手术切口无菌监测，减少切口感染的发生。年内院感发生率为0.77%。加强医保专业管理，制定住院次均费用控制措施及考核办法，定期召开医保例会分析讲评，合理降低次均费用。加强参保病人管理，严把住院病人资质审核关,加大住院病历审核力度,无超适应症用药、过度检查及私立项目收费等违规问题发生。

(玄　艳)

【护理工作】 加大护理质量监管力度,在部分科室推行责任制护理。提升护理队伍整体素质,在护理岗位全面推行导师带徒工作。加强业务学习和培训,定期组织护理基础知识、专科知识考试及法律法规培训,组织青工技能比赛、急救仪器设备操作演练,全院推广标准化操作。创新优质服务管理模式,以外一科、神经内科护理组为试点,实施优质服务示范工程,规范服务标准,强化服务行为,提升整体护理质量及护理服务满意度。

(玄　艳)

【医学教育】 组织院内专题讲座16次,教学查房10次。选派专业技术骨干到北大第一医院、宣武医院等医院进修培训,参加短期培训班,强化定向培养,提高专科技术水平。扩大导师带徒工作范围,在护理人员中开展导师带徒工作,加快青年人才成长步伐。组织医护知识竞赛、应急演练及青年医师"三基"知识考试,提升医务人员业务能力。加强见习生及参加执业资格考试人员考评管理,发挥机制导向作用,不断健全人才培养工作措施,完善奖励政策,营造良好的学习氛围。年内组织开展管理与技术创新论坛5期,交流课题14项。

(玄　艳)

【体检40050人次】 科学调整体检项目,新增口腔科检查项目,将胸部透视调整为胸部CR检查,提高疾病诊断准确率。新增体检设备,购入LIS体检数据上传及评价软件,提高体检工作质量及效率。改善体检环境,为体检场所安装空调。强化检后服务,开设咨询电话,组织健康知识讲座,建立职工健康档案,异常结果及时反馈。年内完成各类体检40050人次。

(玄　艳)

药品监督管理

概　　述

截至年末,全区有药品企业122家,医疗器械企业372家,保健食品企业236家,化妆品企业763家,各类医疗机构174家。北京市药品监督管理局石景山分局(简称药监分局)是主管本区药品监督的执法机构。年内,严格药品市场准入,强化药品市场监管,加强对全区药械市场秩序的监督执法,全年接受上级批转、群众举报和协查115件,立案23件,做出行政处罚22件,没收物品折合金额18024.53元,没收违法所得10372.79元,罚款241094.00元;受理GSP认证药品经营企业25家,其中16家通过GSP现场认证检查,并签发证书,其中1家未通过,8家正在追踪中;受理各类许可、服务事项366项,其中包括药品经营企业行政许可106项,医疗器械生产、经营企业许可189项,保健食品经营卫生许可71项;完成医疗机构日常监督检查89家次,覆盖率100%,其中一级以上医疗机构46家次、社区卫生服务机构31家次、个体诊所12家次。被评为全国药监系统"'双打'(打击侵犯知识产权和制售假冒伪劣商品)专项行动先进集体"、市药监系统"先进党支部"、区"依法行政标兵单位"、"精神文明先进单位"。"药学知识大讲堂"被评为区"市民学习品牌"。

地址:古城南里16号
电话:68885118
邮编:100043

(胡成杰)

10月1日,检查中药饮片　　(区药监分局供稿)

【药械质量抽验】 完成市局下达的"三品一械"(药品、保健食品、化妆品,医疗器械)抽验666件,其中:药品监督性抽验220件,药品针对性抽验280件,药品基础测试80件,医疗器械抽验25件,保健食品抽验26件,化妆品抽验35件。药检所完成药品针对性检验280件,基础测试80件,检验项目共1790项,平均每百件检验639项,全检率为74.3%。其中,化学药品完成142件,检验项目共927项,每百件检验653项,全检率为73.2%;中药完成138件,检验项目共863项,每百件检验625项,全检率为75.4%,中药饮片不合格12件,保健食品不合格3件。评价性抽验和基础测试全部合格。

(胡成杰)

【审查首批基本药物生产品种】 按照国家、市药监局有关基本药物监管有关精神,加强对基本药物生产工艺和处方核查,涉及基本药物目录9个品种11个包装规格。对辖区龙泰基药业有限公司药品生产企业申请的首批基本药物生产品种进行现场检查和质量抽验,对试生产的三批药品涉及的工艺验证、工艺规程、批生产记录、上报处方以及相关设备验证等进行核查,对关联硬件生产设备、检验仪器、仓储条件等进行现场检查，随机抽取1批样品，送市药品检验所检验，检验结果符合规定。

（胡成杰）

【实施基本药物电子监管】 根据国家药监局有关要求，把基本药物赋码纳入药品生产质量管理体系，督促企业做好基本药物购进、配送环节电子监管码的核注核销工作，实施部分含特殊药品复方制剂的电子监管工作。1月18日，企业成功申请7个在产基本药物品种的电子监管施行赋码，取得数字证书，完成基本药物电子监管网生产线改造，实现与国家药品电子监管网的有效兑接。3月16日，企业电子监管赋码系统正式启用，所有在产基本药物品种都施行赋码和电子监管码统一标识。

（胡成杰）

【中药饮片监督检查】 结合市金银花专项检查工作，加强中药饮片经营企业监管，对辖区内具有中药饮片经营范围的40家药品经营企业，结合日常监督和GSP跟踪检查进行检查，重点对中药饮片经营资质、验收环节、购进环节、储存环节等GSP规范执行情况和购销档案记录进行检查，对中药饮片批发企业组织全覆盖的监督检查，并根据辖区实际组织对中药饮片零售企业的专项重点抽查，覆盖率100%。

（胡成杰）

【打击食品非法添加】 打击食品非法添加和滥用食品添加剂行为，要求企业建立购销台账，实行实名购销制度，执行药品分类管理制度，组织35家药品经营企业参加市药监局专项工作会，签署保健食品、药品安全承诺书，对135家药品经营企业进行抽查，均未发现问题。

（胡成杰）

【特殊药品管理】 全面检查特殊药品使用单位采购资质、验收记录、存储条件、账物管理及安全设施等，重点检查制度落实情况。对科研用特药单位和美沙酮药物维持治疗门诊进行现场检查，重点检查购进、使用、储存等环节。结合电子监管，对二类精神、蛋白同化制剂和肽类激素药品批发企业重点检查药品的购进、销售、储存，针对二类精神药品销售、使用情况开展专项检查，其中检查1家药品经营批发企业，抽查20家医疗机构。对药品经营批发企业全部品种、全部批次特殊管理药品销售流向进行跟踪核实，全年检查医疗机构20家，其中14家使用第二类精神药品，6家未使用第二类精神药品。

（胡成杰）

【药品不良反应监测】 组织全区医、药、护以及药品生产企业负责ADR工作的人员开展药品不良反应监测培训，宣传药品监管法律法规，强化药品不良反应监测报告制度。到年底，辖区医疗机构年度上报不良反应监测报表506份，其中涉及基本药物的报表162份。监测报表分别来自：北京大学首钢医院281份、石景山医院101份、清华大学玉泉医院71份、首钢矿山医院19份、医学科学院整形外科医院14份、工人疗养院8份、中医研究院眼科医院5份、八宝山第一社区卫生服务中心3份、八宝山第二社区卫生服务中心3份、五里坨医院1份。

（胡成杰）

【保健食品监管系统】 完成保健食品信息管理系统开发和推广。系统集信息查询、数据维护、适时监控、打印、网络上报于一体，能够掌握保健食品单一品种详细信息（如产品名称、批准文号、生产单位、出品单位、保健功能、销售企业等）和保健食品生产、经营单位详细信息（如企业名称、企业类别、许可证号、法定代表人或业主、经营范围、销售保健食品品种等），实行动态监控管理，即时变更和调整相关信息，快速查询问题产品，有效监控特殊形态包装产品，形成清晰、便捷、科学、有效、节约型监管模式。8月24日，国家药监局副局长童敏到分局调研，肯定监管系统运行情况。

（胡成杰）

【“三品一械”监管】 药品方面，先后开展药品安全整治、打击侵犯知识产权及假冒伪劣商品、城市秩序百日整治打防管控一体化、中药饮片、含特殊药品复方制剂、药品广告及互联网信息、旅游景点周边药店、食品非法添加专项、金银花等14项专项监督检查和整治行动。保健品方面，对奥露娜牌左旋肉碱银杏胶囊、圣首牌荞芪胶囊、“雪域唐清”假冒保健食品、俏妹牌减肥胶囊、灵芝孢子粉等9项保健品进行专项检查。化妆品方面，对不合格化妆品“中华回春宝”以及“DNA色素细胞转移霜”开展专项检查。医疗器械方面，对医疗器械生产经营企业开展隐形眼镜护理液、“电疗、磁疗、光疗”物理治疗设备、隐形眼镜、心脏植介入类产品等专项监督检查。

（胡成杰）

【药品安全治理整顿】 根据市局通知精神，成立5个打黑分队，在老古城、衙门口等城乡结合部，八角、八大处等繁华街道和旅游景点和二级以上医疗机构等高风险地区，严厉打击黑药店、黑性保健品店、黑诊所、医院周边非法收购、销售药品行为及医院大夫私自销售药品行为。全年出动执法人员212人次，联合外单位出动188人次，检查覆盖率100%，其中高风险地区巡查覆盖率为100%，成人保健品商店检查率为100%，发放告知书58张，取缔成人保健品店售药1起、黑诊所5起、医院周边收药卖药2起，取缔无证经营医疗器械行为2起，10起合计案值近2万元。

（胡成杰）

【集中销毁假药】 始终把维护首都用药安全放在首位，与公安、卫生、工商、城管等部门良性互动，在历次专项行动中摸索出一套行之有效的办案程序和方法，查办一批重大、典型案件。11月10日，召开集中销毁假劣药品现场会，将近年破获重大案件、“打四黑除四害”、“双打”等专项行动以及与辖区各部门联合执法中查获的假劣药品598箱，约6000余公斤，集中环保销毁。

（胡成杰）

【药学知识大讲堂】 以“合理用药，知情选择，您的健康我关注”为主题的药学知识大讲堂进社区系列活动，获区“市民学习品牌”。覆盖辖区9个街道（社区），累计受益群众千余人次，发放宣传册、纪念品达7000份。遴选“关注健康辨识假劣药品”、“安全用药从我做起”、“怎样服药最科学”、“中成药的合理使用”和“走近药品不良反应”等课题，邀请首钢医院主管药师通过PPT授课答疑释惑。讲座现场，分局还接待咨询群众，发放各类宣传资料及宣传品，制作药品法律法规宣传展板，播放分局捣毁制假售假药品案例宣传片以案说法，提高市民防范假劣药品意识。在居民小区和学校设置3处药品安全宣传栏，定期更新宣传内容，印发《安全用药知识读本》、《祝您健康》、《安全用药关爱健康》和《我健康我快乐》等宣传书籍上万册。

（胡成杰）

【药监法制宣传】 宣传“三品一械”法律法规和安全合理用药知识，开展“进社区、进学校、进军营、进机关、进工地”系列药品法制宣传。组织“迎三八妇女安全用药”宣传活动；“五四”青年节到外来务工子女学校蓝天二中开展大型公益宣传，300余名师生参加；到中铁二十二局进行安全用药知识宣传；开展进社区药品法制宣传9次。在星座商厦门前举行打击侵犯知识产权和制售假冒伪劣商品宣传日活动，组织执法人员开展法规知识宣讲，发放宣传材料1500余份，惠及群众600余人。全年在《北京社区报》“药监之窗”专栏刊件25篇，在区有线电视台《记者视线》栏目制作130分钟节目量，滚动播出390分钟，召开三级监督网络人员工作大会3次，“三品一械”企业负责人法律法规培训和以会代训10余次，通过药品回收箱回收的过期药品1100余公斤。

（胡成杰）

【药品安全“百千万”工程】 按照市局“三年时间在全市创建100个药品安全放心街道(社区)、评选1000个质量诚信示范企业、聘任10000名药品安全员”要求，开展药品安全“百千万”工程创建工作。年内，成立领导小组，制定创建方案，以区政府文件形式下发全区；向区政府争取资金20万元，八角、老山两个街道通过“药品安全放心街道”验收，选出26家质量诚信示范企业，聘任290名药品安全员。

（胡成杰）

石景山年鉴 SHI JING SHAN NIAN JIAN

体　育

北京射击馆、老山自行车馆等7个奥运比赛和训练场馆位于本区西五环沿线，成为仅次于朝阳、海淀的第三大奥运场馆群落。截至年底，全区公共体育场地总数289个，占地面积约100万平方米，人均体育占地面积高于全市平均水平。遵循“人口集中、交通便利”原则，先后在各街道、社区配建173处全民健身工程，修建百余条全民健身路径，建成10余处全民健身中心。北京市石景山区体育局（简称区体育局）是区政府主管全区体育工作的职能部门。年内，以“科学发展观”为指导，以满足广大人民群众日益增长的体育需求为出发点，以制定全民健身实施计划（2011～2015）为契机，研究新时期群众体育的发展方向和工作思路，增加对公共体育事业的投入，强化全民健身组织功能，深入开展全民健身活动。加强体育后备人才培养，提升竞技体育水平，代表本市参加第7届全国城市运动会（简称城运会），在比赛成绩、外事交流、宣传工作等方面取得突破。重视体育市场培育，加快八大处网络体育集聚区和西五环体育产业带建设，推进体育产业化进程，提升体育赛事组织力度，打造城市靓丽名片，扩大知名度。

地址：石景山路32号
电话：68878705
邮编：100043

（徐春生　贺琼瑶）

群众体育

概　　述

以满足人民群众日益增长的体育需求为出发点，制定全民健身实施计划（2011～2015），深入开展全民健身活动；将全民健身列入区政府折子工程，强化“三纳入”（将全民健身事业纳入区“十二五”规划，将全民健身经费纳入财政预算，将公共体育设施建设纳入城市建设规划）。全年开展各类全民健身活动50项次，40万人次参与。创建“阳春保健社区体育生活周”和“金秋体育盛会”两大品牌活动，开展职工体育、残疾人体育，组织各系统、行业体协、单项体协举办跳绳、广播体操、健身气功等特色体育项目比赛，吸引更多群众参与健身。区体育局被国家体育总局授予“全民健身活动优秀组织奖”，9个街道（社区）获市“和谐杯乒乓球比赛优秀组织奖”。利用体育彩票公益金，建设便民体育设施，公共体育场馆建设成效显著。万商健身中心被授予“国家级全民健身活动中心”。全区建立21家单项体育协会、132个晨晚练辅导站点、1家市级国民体质测试中心、13家区级国民体质测试点，全年完成体质测试5000人次，培训裁判员300人、社体指导员1056人。

（徐春生　贺琼瑶）

9月29日，第26届金秋体育盛会开幕式　（刘辰阳　摄）

【第26届金秋体育盛会】 9月29日，“九九重阳”北京市第2届登山大会石景山分会场暨第26届区金秋体育盛会开幕式在八大处公园举行。来自工会、协会、街道、行业和教育等系统40多个单位展示第九套广播体操，400余名登山爱好者从公园二处平台出发，分享有氧运动乐趣，欣赏八大处秀丽景色。大会还举办优秀健身项目表演和科学健身知识展览。金秋体育盛会是本区举办的规格最高、规模最大、参赛人员最多的群众体育活动，作为全市重点打造的品牌体育活动之一，在活动期间举办登山、趣味田径、足球、篮球等群众喜闻乐见的体育项目，开展近百项活动，参与人数达到20万人，真正成为“体育的盛会，人民的节日”。

（徐春生　贺琼瑶）

【推行健身储蓄和健身积分】 4月29日，首个国家级全民健身活动中心揭牌仪式在石景山体育馆举行，同时在全国率先启动“健身储蓄”和“健身积分”试点。奥运冠军、国家体育总局自行车击剑运动管理中心副主任王义夫，奥运冠军、著名田径运动员王丽萍，市体育局、区有关领导和嘉宾出席启动仪式。这两项计划以政府购买公共体育服务方式，让体育志愿者和人民群众免费参加健身活动，从而实现体育公共服务的均等化。按照“健身储蓄”办法，志愿者每参加2次市、区级体育志愿服务活动，或每协助街道、居委会组织4次体育活动（活动规模不小于50人）就将获得1笔健身储蓄奖励。此外，晨晚练辅导站的负责人每年也将得到12笔的健身储蓄奖励。而每笔健身储蓄奖励，都可以在石景山体育馆享受1次免费的健身服务。针对“健身积分”计划，将建立一套健身积分系统，群众可自愿向区体育局申领健身积分卡。在辖区内体育经营场所进行体育消费后的群众，其卡内都会得到政府为其提供的健身积分，所累积的积分达到一定数量后，就可以在区内的体育经营场所继续进行体育消费。两项计划先行在区澳瑞特健身俱乐部试点，并逐步向首钢篮球中心、老山自行车馆、射击馆射箭馆等4家体育场所推广实施。《中国体育报》、《北京日报》等30家新闻媒体对此进行报道，群众反响热烈。

（徐春生 贺琼瑶）

【第3届社区千人跳绳大赛】 2月26日，第3届社区千人跳绳大赛在区体育中心举行，来自9个街道共121个代表队参加比赛，占全区社区总数的95%以上。有45个参赛队获得名次，其中古城街道南大荒社区、苹果园街道苹三社区、八角街道八角北里社区等9个社区获一等奖；古城街道特钢社区、广宁街道新立街社区等15个社区获二等奖；八宝山街道青年楼社区、金顶街街道赵山社区等21个社区获三等奖；八宝山街道等9个单位获优秀组织奖。

（徐春生 贺琼瑶）

【第5届“和谐杯”乒乓球比赛】 4月22日～5月28日在区体育馆举行。分预赛、决赛、总决赛三个阶段，历时37天，报名参加比赛人数达到1.8万余人次，参与相关活动人数达到3.5万余人次，创历史之最。比赛分机关系统、工会系统、街道系统、教育系统、政法委系统、部队系统、工商联系统、卫生系统、残疾人系统进行。区教委、公安分局、八宝山街道、金顶街街道获一等奖，区直机关三队、古城街道工会一队、八角街道工会队、古城街道工会二队获二等奖，区卫生局、区司法局、区检察院、区直机关、苹果园街道获三等奖。

（徐春生 贺琼瑶）

【第8届“工会杯”拔河比赛】 4月28日在区体育中心举行，由区总工会、体育局共同主办。经过5轮角逐，区环卫中心获得第一名，园林局获得第二名，城管大队、神农庄园并列第三名。此项比赛自2004年开始延续至今，是本区传统性体育赛事之一，深受机关、企事业单位职工喜爱，影响力逐年增强。

（徐春生 贺琼瑶）

【中老年人健身表演】 5月19日，第8届中老年人优秀健身项目表演赛在区体育中心举行。18支代表队参加，表演内容包括武术类、健身操类、舞蹈类等。比赛评出最佳创编奖1名，最佳表演奖2名，优胜奖5名，优秀奖12名。活动展现中老年人健康向上、追求高质量生活的精神风貌。

（徐春生 贺琼瑶）

【低碳出行活动】 5月22日，低碳出行活动暨第八届全民健身体育节启动仪式在老山城市休闲公园举行。在启动仪式上，3名环保志愿者宣读倡议书，来自全区各系统约300人组成自行车方队和健步走方队，开展“绿色骑行”和“健康步行”活动。此举号召全社会参与到低碳出行中，同时也将“绿色骑行、健康步行”的理念根植到人们心中，让体育回归自然，促进环境改善。

（徐春生 贺琼瑶）

【“八角杯”全民健身运动会】 5月26日，第6届“八角杯”全民健身运动会暨第26届阳春保健社区体育生活周启动仪式在首钢技校体育场举行。来自40个单位和社区的近2000名选手参加13个集体和个人项目的比赛。运动会不仅设置100米、立定跳远等竞技项目，还设有托球跑、钓鱼跑、掷毽球等趣味项目，拔河、4×100米、集体跳绳等集体项目，突出强调团结协作的重要性。本届运动会扩大参赛人群，首次吸收非公经济组织的单位参与，共计10万人次参与本届体育生活周的各项活动，使全民健身运动得到进一步发展。

（徐春生 贺琼瑶）

【民族传统体育运动会】 11月12日，由区民宗侨办、体育局主办，区社体管理中心承办的区首届民族传统体育项目运动会在区体育中心举行，9个街道（社区）122人报名参赛。运动员以“更快乐、更强健、更和谐”为理念，参加踢毽、抖空竹等6个项目角逐，72人分获一、二、三等奖。目前在本区生活着48个少数民族2万余人，占全区人口的3.4%，民族传统体育有着广泛群众基础。几年来，在全区12所小学、5所中学、1所大学和部分社区中普及角球、珍珠球、蹴球等民族传统体育项目，区民族团结健身操舞比赛连续举办3届，10余套富有民族特色的健身套路在各族居民中推广，参与人数达3000多人。

（徐春生 贺琼瑶）

【健身气功展示活动】 11月30日，全国“百城千村”健身气功展示活动暨区健身气功展示表彰大会在区体育馆举办。来自全区20余个活动站点的200余名健身气功习练者，分别展示六字诀、八段锦、大舞和太极养生杖等功法。市体育局、区610办、区体育局等部门负责人为鲁谷社区等10个“区健身气功工作优秀组织单位”、钮金丽等15位“区健身气功工作先进个人”颁发奖杯和证书。本区健身气功自2002年开始推广以来，已发展健身气功活动站点22个，常年参加习练人员上千余人，成为全民健身活动重要组成部分。

（徐春生 贺琼瑶）

【“协会杯”羽毛球比赛】 12月1～2日在区体育馆举行，全区机关、事业单位、街道、驻区企业、医疗机构等15支代表队近200人参赛。比赛形式采取先小组循环预赛，后交叉淘汰制决赛。区体育局、首钢一队、区统计局获得前三名，301医院获第四名，首钢二队、鲁谷社区、区直机关工委、古城街道并列第五名。本次比赛是区羽毛球协会成立后，第2次自主举办的全区性羽毛球赛事活动。在各方支持下，“协会杯”羽毛球比赛已成为本区一项传统性赛事。

（徐春生 贺琼瑶）

【武术协会换届】 12月15日，区武术协会第三届委员会会议在区体育局召开。审议通过第二届委员会工作报告，提请全委会讨论通过第三届委员会名单，包括协会主席1人，副主席7人，委员15人。区体育总会主席颁发聘书，全委会审议通过武术协会三届委员会工作计划及三届一次会议通告。新一届武术协会依照“民族、民间、民俗”方针，选拔、培养、输送武术人才，提升地区软实力。

（徐春生 贺琼瑶）

【公共体育设施建设】 利用体育彩票公益金建设14套全民健身工程，方便市民就近锻炼。截至年底，全民健身工程已覆盖全区9个街道（社区），共计175套，总面积16万平方米。以便民体育设施为重点，加快大型公共体育场馆建设和使用，完善服务功能。加大体育设施对群众开放力度，促进10所中、小学校足球场、篮球场、田径场无偿向群众开放。

（徐春生　贺琼瑶）

【国民体质测试】 组织开展领导干部体质测试赛和社区居民体质测试赛，400多人参加活动。同时利用分布在全区的13个体质测试站，对社区居民、学生进行体质测试，测试人数5000多人次。市民达到《国民体质测定标准》合格率为92%以上，在校学生达到《国家学生体质健康标准》合格率为97%以上，市民体质状况和学生耐力、力量、速度等体能素质明显提高。

（徐春生　贺琼瑶）

竞技体育

概　　述

以打好城运会为契机，夯实竞技体育发展基础。组建300人的体育代表团，代表首都参加射箭、田径等13个项目的比赛，取得3金5银1铜、88人次进入前8的好成绩，创造全市区县参加城运会以来的最好成绩。荣获“体育道德风尚奖”，实现运动成绩和精神文明双丰收。借助城运会这一平台，促成本区与江西南昌市、新余市建立友好城市，发起并举办“两地十城市”城市体育发展论坛，与南昌市开展多项群众体育交流活动，向外界展示石景山，扩大CRD品牌影响力。推进体教结合，研究探索体教结合新模式，整合体育资源，实现学生学习和体育锻炼有机结合，促进教育和体育的均衡发展。依托“国家高水平体育后备人才基地”，调整项目布局，实施“精品工程”，做到科学选材、科学训练。年内，向上级体育部门输送16名优秀体育后备人才，培养邢宇等一批世界冠军，在国内外比赛中崭露头角。

（徐春生　贺琼瑶）

4月29日，全民健身志愿者代表获得首批健身储蓄卡　（区体育局供稿）

【组团参加第7届城运会】 9月20日，第7届全国城市运动会石景山代表团成立大会暨圣火迎接、传递仪式在石景山游乐园广场举行。市体育局领导宣读代表团名单，授代表团团旗；区有关领导作动员讲话。奥运冠军王丽萍将来自南昌的城运会火炬交给夏林茂，随后城运会火炬在嘉宾和运动员中进行传递。代表团由300名教练员、运动员和工作人员组成，代表本市参加射箭、田径、篮球、拳击、击剑、体操、女子手球、跆拳道、网球、举重、国际式摔跤、武术套路、武术散打等13个项目比赛。

（徐春生　贺琼瑶）

【城运会总结表彰】 11月11日，第7届全国城市运动会总结表彰大会在区体育馆举行。区体育局、先农坛体校等12家单位和57名个人荣膺先进称号。市体育局、区有关领导出席大会并为获奖单位和个人颁发奖状。

（徐春生　贺琼瑶）

【城市体育发展论坛】 10月17日，由本区发起和承办的城市体育发展论坛在江西南昌市召开。荣华向论坛发来贺词，付生柱在论坛上致辞并作总结发言。区体育局和上海市奉贤区体育局、重庆市渝北区体育局、深圳市文体旅游局领导发言。天津市东丽区体育局、天津市滨海新区体育局、广州市体育局、南昌市体育局、香港特别行政区代表团、澳门特别行政区代表团作书面发言。“两地十城市”达成“南昌共识”：创新、合作、发展、为民，推动城市体育发展，为加快推进健康城市建设，更好地造福人们群众，为社会和谐发展作出更大贡献。论坛上签署两地十城市体育合作协议。协议内容包括，建立城市定期交流机制、加强全民健身合作、加大竞技体育合作力度、加大体育产业合作、扩大体育赛事交流等。论坛得到全国各大媒体重视，《人民日报》资深记者汪大昭认为：“石景山体育代表团倡议召开城市体育发展论坛，引领城市体育发展新方向，十分有意义。”

（徐春生　贺琼瑶）

体育产业

概　　述

以电子竞技为突破口，做大做强八大处网络体育集聚区。重视市场培育，争取市体育局项目资金，建成中国电子竞技馆，创造具有自主知识产权的民族电竞品牌——ECL电竞联赛，挂牌“中国电子竞技运动发展中心”。充分挖掘奥运场馆资源，发挥集群场馆优势，打造西五环体育产业带，以首钢篮球中心、石景山体育中心为代表的体育产业集聚区，承办高水平体育赛事。同时开展创意体育旅游，开放部分场馆，满足群众健身需求，逐步形成一批具有奥运特色的体育休闲娱乐品牌。全区体育经营企业200余家，涉及项目广泛，体育产业总产值突破2亿元，体育从业人员3000余人，对推动区域经济发展和促进居民文化休闲生活起到积极作用。一条包括体育休闲市场、体育用品市场、体育竞赛表演市场、体育培训市场、体育无形资产市场在内的产业链条初步形成。体育产业成为极具发展潜力的“朝阳产业”。

（徐春生　贺琼瑶）

【中国电竞馆落成】 1月，位于石景山体育中心的中国电子竞技运动馆正式投入使用，成为国内首个、也是目前最大、最专业的国家级电子竞技专业场馆，集赛事举办和国际直播功能于一体，设备设施配置领先于同行业水平。该馆由石景山体育馆的主馆和附馆改扩建而成，建筑面积1.1万平方米，由国际视频直播中心、网站运营中心、产业交流研发中心、运动员裁判员培训中心四部分组成，拥有目前国际最先进的高清直播音视频设备、舞美设备和电子竞技对战设备，可面向全球通过网络和电视对各种电子竞技运动赛事进行同步直播。场馆对战平台分为两部分，可分别满足团队对抗和选手单独对战的不同需要，观众通过中间一块30平方米大屏幕现场观看赛事，屏幕左右两侧的玻璃房间紧邻观众席，选手单独对战时，观众可以清晰看到选手比赛场景。场馆可以同时容纳5000人现场观战，同时场馆内还设有新媒体运营区、电子竞技体验区、新游戏测试体验区等，观众还可以立刻一试身手，有机会率先体验到刚出炉甚至是还未上市的最新电竞产品。

（徐春生　贺琼瑶）

【电子竞技冠军联赛】 1月11～16日，在电竞馆举行竞游ECL电子竞技冠军联赛2010年度总决赛，年度总决赛八强选手名单落锤定音，DOTA高校表演赛由北京理工大学夺冠。12月16～18日，举办竞游ECL电子竞技冠军联赛线下决赛，代表国内最高水平的8支队伍获得参赛资格，进入最后排位赛。比赛实况通过中国电竞中心官方网站竞游网进行高清多角度同步直播，手机用户通过登录竞游网WAP版观看比赛精彩瞬间。期间还举行中国电竞中心与趣游（北京）科技有限公司开发的大型多人在线游戏《龙枪》联运的首发仪式。同月28日，竞游ECL电子竞技冠军联赛年度总决赛拉开大幕，赛事持续四天。总决赛设魔兽争霸和DOTA项目，DOTA项目设专业组和业余组比赛。选手分别从中国电竞中心举办的前四个赛季和高校电子竞技大赛中选拔出来，与国内其他赛事不同，只有参加前四个赛季比赛，才有资格参加年度总决赛。

（徐春生　贺琼瑶）

【场地自行车世界杯赛】 1月21～23日，北京国际自盟场地自行车世界杯赛在老山自行车馆举行。本届赛事由中国自行车运动协会、市体育局、区政府承办，设男、女两组共计17个小项，其中男子组设男子团体竞速赛等9个小项，女子组设女子个人追逐赛等8个小项，来自近50个国家和地区的近400名运动员报名参赛。为做好赛事承办工作，采取四项措施保障比赛有序进行：发挥北京奥运会“双进入”体制，实现场馆运行与外围保障的无缝对接，认真做好安全保卫、交通保障、服务接待等工作；建立赛事应急反应机制和应急预案，确保应对突发事件的及时、高效；广泛宣传场地自行车世界杯赛，将举办赛事与推广城市文化结合；抓好细节，针对天气寒冷、多变等特点，采取各项预防措施，为参加比赛的国内外运动员和官员提供贴心服务，确保赛事顺利进行。

（徐春生　贺琼瑶）

【国际柔力球交流大会】 7月30日，区政府与市对外友协、市体育总会、市残联、市侨联联合主办，首钢总公司和国家外文局特别支持的“新首钢杯”北京国际柔力球交流大会在首钢篮球中心举行。市领导梁伟、刘敬民、李昭玲，区领导荣华、夏林茂等及日本驻华公使、印尼驻华使馆官员等出席开幕式。大会“以球会宾客，友谊传五洲”为主题，分为交流和竞赛两部分，先后进行柔力球规定套路、自选套路集体项目、双人项目及单人项目的比赛。来自中国、日本、印尼、新西兰、美国、英国、法国、德国、保加利亚、埃及、埃塞俄比亚等11个国家和地区的23支代表队、527名运动员同台竞技，切磋技艺。本区“好心情柔力球队”获集体规定套路优秀奖。

（徐春生　贺琼瑶）

【全国大力士王争霸赛北京站】 8月6～7日，全国大力士王争霸赛北京站在首钢篮球中心举行。本次比赛由国家体育总局社体中心主办，区体育局、北京盛行时代体育文化传播有限公司共同承办，旨在推广大力士运动，打造世界级的中国大力士赛事品牌，让更多的人了解和喜爱这项运动。赛事设抱元宝、能量阶梯、翻轮胎、挑重物等6个项目，吸引广大市民和大力士爱好者到场观看。

（徐春生　贺琼瑶）

【西五环体育产业带建设】 依托自行车和射击项目的5个奥运比赛场馆和2个篮球训练馆，打造西五环体育产业带，被列为本市六大体育产业功能区之一。在西五环沿线聚集体育经营企业139家，从业人员3000名，经营游泳、网球、射击、溜冰、健美等25个项目，同时销售各种体育用品。飞碟、小轮车、山地自行车等新兴时尚体育项目被列为发展重点，改造相关场地，培育兴趣爱好者。年内，承办北京国际自盟场地自行车世界杯赛、中国篮球职业联赛、全国大力士王争霸赛等高水平赛事，体育赛事经济初步显现。

（徐春生　贺琼瑶）

【八大处网络体育集聚区建设】 以电子竞技为突破口，争取市体育局专项资金，加快八大处网络体育集聚区建设。以举办电子竞技赛事为核心，重点发展网络体育、体育动漫游戏产业，已聚集搜狐网游等相关企业200多家，成为我国电子竞技运动体验和研发的重要场所。做大、做强中国电子竞技民族品牌——竞游ECL，吸引韩、美、德等十多个国家上万名选手参与角

2月26日，千人跳绳大赛现场 （区体育局供稿）

逐，世界排名前20名的顶级选手几乎每次都来参赛。维护和壮大中国电子竞技门户网站——“竞游网”，被国家体育总局授予“中国电子竞技运动发展中心”称号。

（徐春生 贺琼瑶）

体育执法

概述

强化体育市场监管，整合执法力量，加大体育执法力度。年内，联合卫生、公安、工商、消防等部门对辖区内的体育项目经营单位进行安全规范专项检查，重点检查游泳场馆和地下经营场所，确保群众健身安全；重视体育法规知识培训，依法管理能力不断提高，各项工作走上法治化轨道；抓好体育经营场所安全应急工作，指导体育经营单位制定应急预案，明确岗位职责，逐步完善突发事故快速反应机制，开展体育经营场所应急演练，提高处置突发事件的应急能力。

（徐春生 贺琼瑶）

【体育行政执法】 联合卫生、消防、公安、工商等部门组织执法检查，累计检查53家体育经营单位，累计抽查112次，下发限期整改通知书5份，联合执法处罚4家，封停1家。全年累计查处安全隐患41处，挂账督查整改，经复查，41处隐患整改完毕。7·25天津泳池高压线事故后，立即行动，对全区高压线下体育经营单位进行排查，对存在的事故隐患及时处理。全年，本区体育经营单位无安全事故发生。

（徐春生 贺琼瑶）

【体育法制宣传】 切实提高体育经营单位业主、从业人员和健身群众的安全意识。组织体育经营单位进行安全生产集中培训3次，培训企业法人及员工170余人，指导20多家经营单位健全安全生产管理制度，制作安全生产和依法经营展板10块，发放公共文化体育设施条例80册，发放安全生产材料、宣传折页及挂图3000余份，制作安全生产和依法经营展板10块。

（徐春生 贺琼瑶）

【等级证书审批】 按照国家有关规定，严格审批运动员、裁判员等级注册，公开办事程序。全年审批注册等级运动员26人，其中二级运动员23人、一级运动员3人，新审批裁判员40人，全部通过市体育局网站和区政府信息公开进行网上公示，无一例虚假投诉现象。年内，举办篮球、羽毛球裁判员培训班，共80人次参加；向市级以上比赛推荐并派出各类专项裁判员180余人次，全部出色完成裁判工作，获得好评。

（徐春生 贺琼瑶）

社会事业

民政工作

概　　述

北京市石景山区民政局(简称区民政局)是负责本区民政事业管理工作的区政府工作部门。年内,牢固树立"大民政"理念,坚持"以民为本、为民解困、为民服务"宗旨,着力保障改善民生,着力推进社会管理创新,着力促进军民融合式发展,加快推进民政事业科学发展,在"大调整、大建设、大发展"主基调中,充分发挥维护稳定、促进和谐的职能作用。社会救助力度进一步加大,全年实施救助项目87项,投入资金1.09亿元,惠及全区各类困难人员23.58万人次。社会福利适度普惠进一步推进,继续落实老年人优待办法和"九养"政策,推选出市级"孝星"380名,区级"孝星"220名。双拥优抚安置水平进一步提升,积极协调经费2600余万元,解决驻区部队饮水、道路修缮等实际问题。社会组织建设管理进一步加强,社会组织达到187个,比上年增加11.3%。专项社会事务管理进一步规范,全年办理结婚登记4574对,登记合格率100%。

地址:古城北路
电话:68863615
邮编:100043

(杜海营)

【优待抚恤】 按有关政策规定,为122名重点优抚对象协调解决药费报销问题,为525名优抚对象发放一次性生活补贴42.30万元,为全区536名优抚对象调标55.81万元,为2009年及2010年度本区入伍的现役军人发放义务兵优待金239.40万元。元旦、中秋、春节期间,集中走访优抚对象1061户次,送慰问金和慰问品价值51.66万元。组织25名优抚对象到四川九寨沟疗养。

(杜海营)

【见义勇为权益保护】 年初,召开见义勇为人员新年茶话会。6月,组织全区19名见义勇为人员赴四川九寨沟等地参观疗养。"两节"期间,为50名见义勇为人员送去15.49万元的慰问金及慰问品,为11名见义勇为困难人员发放专项补助金4.0万元。年内,依法确认何磊的见义勇为行为。

(杜海营)

【退伍军人安置】 全区接收退役士兵120名。包括义务兵98名,一期士官13名,转业士官9名;女兵7名,男兵113名。其中,复工复学19人,自谋职业36人,安置65人,全部完成当年安置任务。为51名自主参加技能培训的退役士兵报销培训费14.59万元;为36名申请自谋职业退役士兵发放自谋职业补助金108万元,报销社会保险费21.6万元,发放生活费103680元。

(杜海营)

【社会救助】 年内,城市居民最低生活保障标准经两次调整由原先的430元提高至500元。截至年底,全区享受低保待遇家庭5103户、10518人,全年累计支出低保金和粮油帮困金6355.09万元。全年新审批低保对象444户、821人;停发1079户家庭低保待遇;低收入家庭认定49户。累计审批医疗救助3555人次,支出救助金472.04万元;累计审批大学新生入学救助88人,支出救助金38.95万元;累计实施临时救助84户,支出临时救助金38.65万元;发放燃煤自采暖补贴1031户、41.12万元;发放临时生活补贴209.88万元。修订区"临时救助意见",提高救助标准,由原来的1万元增加到3万元。建立特困人员住院押金减免和出院及时结算制度,确定石景山医院和石景山中医院为特困人员住院押金减免和出院及时结算定点医院。

(杜海营)

【济困工程】 调整区济困工程领导小组成员,增加区老龄办、人口计生委两个单位。全年实施87个项目,资金约1.09亿元,惠及全区各类困难人员23.58万人次。创办《济困工程信息专刊》(每季度出版一期),反映领导小组及各成员单位在济困工程中所做的主要工作和经验做法。

(杜海营)

【防灾减灾】 向各街道下发防灾救灾工作通知,与9个街道主管主任签订防汛责任书。在全区开展"防灾减灾宣传周"活动,并于5月12日"国家防灾减灾日"推向深入。8月,分两期为每个居委会培训2名灾害信息员。9月,下发关于加强自然灾害灾情信息报送管理工作的通知,对街道、居委会灾情信息报送进行规范。严格按照程序,向市民政局推荐5个"全国综合示范社区候选单位"。

(杜海营)

为新人颁证　　(区民政局供稿)

【婚姻登记】 自3月1日起，全市启用新的婚姻登记系统；自4月1日起，全市完成婚姻登记收费非税制度改革，启用新的非税专用发票。年内，共办理结婚登记4574对，离婚登记963对，补办婚姻登记证1896件。收养登记3件。10月，首都文明行业复查考核组召开讲评会议，本区正式通过复查。

（杜海营）

【殡葬管理】 帮助群众协调解决墓地8个，完成1个海葬，实现海葬零的突破。落实属地责任，对首钢医院、石景山医院、朝阳医院京西院区、工人疗养院和玉泉医院太平间及运尸车进行专项检查。配合相关部门对汛期2名外地溺水者遗体做妥善处理。落实革命烈士褒扬政策，部署对零散烈士墓进行修缮。经与家属积极协商，拟将全区现有5个零散烈士墓，集中安葬在革命烈士公墓。

（杜海营）

【清明节祭扫】 突出维稳和服务两个主题，制定周密措施，广泛宣传引导，丰富服务形式，加强应急防控，在9个重点日、7个高峰日严格实行领导带班制度，对火情、群防等突发事件，做到早发现、早报告、早控制、早解决，确保清明节群众祭扫活动的安全顺利，实现"平安，文化，惠民"的目标。

（杜海营）

【行政区划】 组织丰石线界桩和界桩标志物的检查，配合门头沟区民政局完成石门线界桩及界线标志物的联合检查。协助区法院、区环保局进行本区边界线的确认，顺利完成金顶街街道办事处办公地址的报批，与海淀区签订跨界建设项目管理协议书。

（杜海营）

【慈善事业】 "春雨行动"、"共产党员献爱心"两项捐献活动共募集善款90.6661万元。通过"助老慈善医疗卡"，对60岁以上低保老人实施"医保报销、低保救助"。与区委组织部建立"救助困难党员资金"，救助困难党员288人。继续开展"真情援助单亲贫困"项目，救助200名单亲贫困母亲。建立"京汉应急救助资金"、"首钢困难职工救助金"、"恒坤助学"、"光彩助学"等项目。年内，区慈善协会共募集善款238余万元，救助困难群众715人，资助社会福利机构5所、各类学校5所。区慈善协会被评为首都优秀慈善公益组织。

（杜海营）

【接受捐赠】 截至年底，共接受捐款1498516.8元(其中定向捐款101.03万元、募捐月捐款486216.6元、日常接收捐款2000.2元)；日常接受物资4098件，募捐月接收物资68953件。支援内蒙古宁城地区救灾款20万元、支援河北省乐亭县衣被722件。10家"爱心家园"累计救助户数4652户，救助10093人次，向困难群众发放粮油物资36083.45公斤，帮扶困难群众的基本生活。

（杜海营）

【社会组织管理】 在区民政局登记的社会组织187个，其中社会团体61个，民办非企业单位126个；社会组织总数比上年增加11.3%；此外在各街道备案的社区社会组织288家。涉及科技、教育、文化、卫生、体育、生态环境、社会服务、法律等14个领域，初步形成门类齐全、层次不同、覆盖广泛的社会组织体系。设立服务窗口，建立"一口审批"绿色通道。全年办理社会组织行政许可事项51项，社会组织年检参检率达到93%。120个社会组织申报125个服务民生项目，投入资金27.25万元，受益人数达到13.1万人次；向市财政局申报培育、引导社会组织服务民生设备更新项目，争取资金7.85万元。

（杜海营）

【超转地退人员管理】 按照10%的比例对超转人员生活补助进行调整。全年共为市管人员核销医药费4746人次，1176.76万元，为区管人员核销医药费822人次，200.67万元。扩大超转人员就医范围，数量从3家扩大到4家，范围由区扩大到全市。为每名超转老人发放物价生活补助费480元，为超转孤老、病残人员和市区劳模每人发放慰问金100元。全区现有超转人员1636人，其中市管1387人，区管249人。年内，两次增加地退人员节日补贴、职务补贴和生活补贴。全区现有地退人员189人。

（杜海营）

【军休干部安置管理】 新接收军休干部347人，包括退休干部319人、退休士官19人、遗属9人。除新接收的军休干部之外全区有军休干部783人，军休干部遗属312人。从各部门抽调6名业务骨干，成立西山干休所临时服务机构，新的附属办公用房正在筹建中。年内，广泛开展演讲比赛、党史知识竞赛、看红色影片、举办书画诗词摄影联展等12项内容的庆祝建党系列献礼活动；配合庆祝建党90周年系列献礼活动的开展，《石景山军休》设立名为《党旗飘扬》专栏，宣传全区军休工作中涌现出的先进典型的先进事迹。全年共编辑出版12期《石景山军休》，印发1万余份。针对军休干部特点，开展外出疗养、家庭病床、健康讲座、免费义诊、营养配餐预定、房产政策宣讲等亲情化服务。投资74万余元，整治军休住宅楼、小区美化绿化、更换报箱报栏等。为解决军休干部就医不便的问题，主动与石景山医院寻求医疗合作，实现军休门诊部与石景山医院联网，开通诊疗"绿色通道"。

（杜海营）

【军工管理】 全区现有军队无军籍退休职工1286人，分散在8个街道管理。年内，开展门球友谊赛、放映专场电影、组织征文、演讲比赛等丰富多彩的建党90周年庆祝活动，激发广大军工爱党爱国热情。组织军工参观疗养，为每位军工订阅《北京社区报》，为军工补发2010年度年龄和职务补贴共计600余万元。

（杜海营）

【福利企业管理】 现有福利企业4家，均属工业企业，其中1家为集体所有制、3家为股份合作制。4家企业有职工256人，其中残疾职工88人。全年福利企业销售收入3508.9万元，实现利税－83.97万元，减免税合计228.16万元，其中实际已退还164.81万元。4月，对3家福利企业厂长、管理人员及就业的残疾职工进行走访慰

装运救灾物资 （区民政局供稿）

问。7月，对福利企业申请残疾职工岗位补贴进行集中审核。

（杜海营）

【福利彩票销售】 牢记发行宗旨，确保安全运行、健康发展。福利彩票发行稳中有升，共销售福利彩票1.404亿元，其中销售电脑福利彩票1.116亿元，销售即开型福利彩票0.288亿元。

（杜海营）

【服务孤残儿童】 对上年接收的成年孤儿进行妥善安置，其户口、工作、临时住房已落实。2009年接收的4名成年孤儿各项安置政策也于年内全部落实，共发放各种费用21.95万元。按区社会福利院集中养育孤儿每月1600元、散居及视同孤儿每月1400元的标准，发放孤儿生活费，全区共有24名孤儿享受此政策。

（杜海营）

【流浪乞讨人员救助管理】 采取聘请救助协管员等措施，加强重大节日、重点地区的监控，做到发现一人，劝导一人，基本实现重点地区无流浪、无乞讨、无露宿街头的目标。不断提高站内管理水平，切实保障生活无着人员的合法权益。全年救助来自全国各地的流浪乞讨人员264人，其中男性为220人，女性44人。

（杜海营）

【社区便利服务】 实现服务规范统一、服务流程统一、服务标准统一，保证服务项目精品化、规范化服务。以10个社区精品便利服务项目（包括清洗抽油烟机、家政小时工、管道疏通维修、酒后代驾、配送服务、老年人康复医疗器械租赁、票务服务、上门修脚、上门理发）为载体，通过审核整理信息、严格服务商管理、加强服务台坐席员业务培训等途径，强化96156服务平台管理。以纪念中国共产党成立90周年为契机，广泛开展“创先争优，共促和谐”社区系列活动；采取与服务商签约、现场手工编织义卖、免费开放社区娱乐设施等多种形式，组织开展“重阳为老服务月”活动。年初举办“社区之声”文化节活动，区社区服务中心推荐的舞蹈《情满西山》在市中心举办的“社区之声”文化节上获三等奖。

（杜海营）

【养老机构建设】 应对快速到来的老龄化社会，加快建设以居家养老为基础、社区养老为依托、机构养老为支撑的“9064”养老服务格局，满足日益增长的社会养老服务需求。申请运营资助金238.24万元，对8所社会办养老服务机构予以资助。组织养老机构星级评定，首钢老年福养老院通过区星级评委二星级复审，并被确定为区低保家庭不自理老年人定点养老机构，明确入住费用为每人每月1700元，补助标准为1100元。金梦圆老年乐园注重加强医疗建设，10月通过市、区人保局定点医疗机构验收。全区现有养老服务机构10所，其中政府办2所、社会办8所，有床位2885张。

（杜海营）

【与老人共度重阳】 10月5日，副市长丁向阳代表市政府到位于广宁地区的寿山福海养老服务中心慰问在院老人，与老人共度重阳。市民政局局长吴世民、副局长李红兵、市老龄办常务副主任李建国，区领导夏林茂等陪同慰问。丁向阳一行在多功能厅与在院老人进行联欢，向年龄最大的98岁高寿老人马旋崇送上重阳花糕，并为老人们赠送节日慰问品。随后，入户慰问住在颐养区久久园的78岁老人朱干民和照料区七事斋的89岁老人高作民，并与老人亲切交谈。寿山福海养老服务中心是按照星级设施标准，2006年由麻峪工贸公司与恒坤集团投资兴建的民营养老服务机构。占地36亩，有养老床位578张，使用床位520张。2009～2010年，寿山福海养老服务中心累计获得71万元运营补贴。

（杜海营）

【落实“九养政策”】 审批新增符合居家养老（助残）服务券人员1935人，实际结算金额1443.75万元，发放养老券1380.84万元。对全区174家居家养老服务商和11家签约养老机构进行培训。出台“社区养老（助残）餐桌管理办法（试行）”，建立百分考评奖励制度。年初，在广宁街道率先试点建立“乐龄日间照料中心”，探索政府搭台、专业组织运作的运行机制。区财政专项拨款210万元，推进全区社区托老（残）所规范化建设工作。将百岁老人医疗补助制度受惠范围扩大至95周岁。配发新一代“小帮手”1000余部，对全区9个街道150名社区信息员进行新版“小帮手”电子服务器操作及使用功能培训。推选出市级“孝星”380名，区级“孝星”220名，为老服务先进单位44家。建立区、街、居三级老龄事业信息库基本架构，实现对各个年龄段老年人口信息、惠老政策信息、老年人团队基本情况等的动态管理。为2862名60周岁以上老人办理优待证；为4573名65周岁以上老人免费办理优待卡；为674名90周岁以上高龄老人发放高龄津贴75.9万元；为529名高龄空巢老人安装"一按灵"。举办"会员杯"、"长乐杯"两场老年人门球赛和第十二届老年人文化艺术节。区老龄办和各街道办事处均被评为市"敬老爱老为老服务示范单位"。

（杜海营）

双拥工作

【概况】 本区是北京军区机关所在地，驻区部队团以上单位31个。当年是全国双拥模范城（县）评比之年，军地双方坚持以军民融合式发展为主线，坚持推动国防建设和经济建设良性互动的战略思想，适应社会转型和军队变革新形势，积极探索双拥工作发展新思路，不断拓展双拥模范城"五连冠"成果。年内，通过全国双拥领导小组对争创全国双拥模范城的考核验收。启动"强军育才接力工程"，首期职业技能培训班138名学员通过结业考核。全区51所少年军校军训学生6200余人。基层开展国防教育活动100余次，受教育人数达10万余人次。区四套班子领导带领有关委办局负责人到航天科工集团第三研究院参加"军事日"活动。区长第29次进军营现场办公，投入经费2600余万元，协调解决部队用水、用电、修路、治理营区周边环境等问题。区政府拥军优属落实"五个百分之百"，全年妥善接收安置军转干部71人、退役士兵121人、军队退休干部328人、退休士官19人；采取留位保编、开展"军嫂服务月"、组织专场培训招聘会等措施，使25名随军家属就业；为71名选择自谋职业的随军家属发放政府补贴208万元；妥善安排808名随迁子女入学。军休干部享受地方同职级离退休干部医疗待遇做到100%。北京军区联勤部军营社区等55个单位被评为市"基层双拥工作示范单位"。驻区部队开展爱民、助民、惠民等活动，主动为驻地群众做好事办实事，集中力量为驻地群众办

10月25日，十二届老年文化艺术节闭幕　（区体育局供稿）

一至两件有影响的实事。全年组织官兵1万余人次，动用车辆1000余台次，支援地区植树造林和城区绿化建设，植树1万余株。资助共建学校50余万元，对6200余名中小学生进行国防知识教育和军事训练，义务修理电器300多台件，义务放电影20余场次。

地址：古城路民政局206室
电话：68863368
邮编：100043

（张宏印）

【强军育才】 区委区政府着眼在更高层次推动双拥工作创新发展，专题研究出台"关于深化双拥工作推进军民融合式发展的意见"（以下简称意见），把为部队办实事、解难题作为构建和谐石景山、提高部队战斗力的政治任务，纳入地区发展战略布局，想部队所想，急部队所急，帮部队所需，实施"强军育才接力工程"。工程旨在依托地区教育资源为驻区部队免费培训专业技术人才，为提升驻区部队遂行多样化军事任务和官兵参与社会竞争的能力服务，是新时期双拥工作的新创举。北京工业职业技术学院为职业技能培训设计计算机操作、汽车维修、汽车营销、通信和速录技术5大类12项专业科目，均为目前十分热门的专业。首期职业技能培训班于3月10日开学，分三个教学点，开设汽车维修、图像处理、网页制作课程，7月19日举行结业仪式，共有138名官兵完成为期三个月的学业，获得北京工业职业技术学院颁发的《职业技能培训结业证书》，其中有35名学员获得国家人保部和行业颁发的《职业资格证书》，有12名学员获得国际认可、世界通用的《ADOB证书》。

（张宏印）

【走访优抚对象】 "春节"、"八一"前夕，北京军区司、政、联、装四大部首长与区领导先后分四路慰问16户重点优抚对象、残疾和特困家庭，分别给他们每户送去1000元慰问金和价值500余元的食用油、大米、牛奶、饮料、果篮等慰问品。在军地领导走访慰问的同时，区民政局筹集180多万元慰问金和价值40余万元的慰问品，组织各街道对全区650户优抚对象、残疾和特困家庭等进行普遍的走访慰问。

（张宏印）

【军地座谈联谊】 1月21日，举行军地领导会。北京军区司令员房峰辉，政委刘福连，副司令员李少军、段端武，副政委杨建亭、黄建国，参谋长王宁，政治部主任崔昌军，联勤部部长董明祥，装备部部长王小京，政治部副主任廖可铎等军区首长和区四套班子全体领导出席当晚的联谊活动。军地双方就如何做好双拥工作，推进军民融合式发展进行广泛深入的交流与探讨，加深军地友谊。1月28日，在万商

花园酒店召开春节军政座谈会。军区副司令员黄汉标、军区副参谋长李振军、军区政治部副主任廖可铎、军区联勤部副部长张保德、军区装备部副部长吕登高和区领导荣华、周茂非、赵玉民、倪国锋等共70余人参加。同日晚,春节军民联欢晚会在石景山体育馆举行,军地领导和2000余名军民一起观看演出,区长周茂非和军区政治部副主任廖可铎致辞。7月28日,在军区政治部召开"八一"军政座谈会。黄汉标、崔昌军、陈建、廖可铎、李钟铮、吕登高等军区首长与荣华、夏林茂、赵玉民、倪国锋等区领导80余人欢聚一堂,双方互相通报情况,畅谈发展,交流感情,进一步融洽军政军民关系。"八一"前夕,荣华、夏林茂一行到北京军区空军部队,慰问部队官兵,并与北空政委刘振来、副政委张超金、参谋长张义瑚、政治部主任毕沧耕等部队领导进行座谈。

(张宏印)

【慰问子弟兵】 春节前夕,荣华等分别带领区相关部门负责人先后到武警十九支队、区消防支队、预备役高炮四团、区武装部、区交通支队、公安分局和军区体育工作队等基层部队走访慰问,共赠送慰问金290万元和价值6万多元的10台电脑。"八一"建军节前夕,荣华、夏林茂、赵玉民、倪国锋等分别带领区相关部门负责人先后到军区政治部勤务汽车队和武警十九支队、区消防支队、预备役高炮四团、区武装部等基层部队走访慰问,共赠送价值6.5万的12台电脑和慰问金80万元。

(张宏印)

【第29次进军营办公】 7月28日,夏林茂带领区市政市容委、区民政局、区人保局和五里坨、苹果园两个街道办事处等20个相关职能部门负责人专程来到军区机关现场办公,协调解决驻区部队在战备训练和日常生活中遇到的具体问题,为官兵排忧解难。军区司、政、联、装机关首长陈建、廖可铎、李钟铮、吕登高及军区机关有关部门领导出席。会上,针对军区提出的关于解决"218工程"饮水及道路修缮、关于支援帮助66294部队拆建营区围墙等19个具体问题,夏林茂及区相关职能部门负责人现场分别一一作答复,并对暂时无法解决的问题作说明,提出具体处理方案,明确解决时限。夏林茂要求全区各单位、各部门,把为部队排忧解难、推进国防现代化建设作为义不容辞的重大政治任务,确保国防建设与地方经济建设协调发展。区政府各承办单位要加强统筹协调,认真抓好落实,全力以赴解决部队急需协调解决的问题。能解决的,要明确时间进度表和工期倒排表,确保工程质量,按期完成;受政策、条件等原因限制,目前不能解决的,要加强协调,主动作为,创造条件,力争早日解决。把有利于驻区部队发展的事情办扎实,以更好的成绩、更高的标准推进双拥工作,让部队首长放心、让驻区部队满意。

(张宏印)

"八一"建军节,区领导慰问消防支队官兵 (区双拥办供稿)

【开展双拥月活动】 "八一"建军节期间,以军民融合式发展为主题,以新一轮全国双拥模范城评比为动力,主抓三件事,开展丰富多彩的双拥月活动。一是开展以军民融合为主旋律的国防教育活动。运用广播、电视、网络、报刊、杂志、专栏等传媒,宣传军民融合式发展的重大战略思想,真正了解和把握军民融合的内涵、实质和要义。各级领导干部学在前、学深一步,自觉把学习成果内化为转变发展方式、推动科学发展的新理念、新思路、新举措,做推进军民融合的带头人。依托思想政治教育、道德教育和国防教育主阵地,把军民融合式发展作为一项重要内容、一种先进文化,强化各级干部想融合之事、谋融合之策、务融合之实、尽融合之责的主流意识,筑牢富国和强军统一的思想基础。二是开展以军民融合为载体的实践活动。按照"意见"确定的三大领域和八项重点为抓手,以拥军优属"五个百分之百"和拥政爱民"个、十、百、千、万"为内容,开展互访互学活动,使全民了解部队、官兵了解地方。各单位开展送知识、送文化、送健康、送科技、送法律进军营活动;街道社区与驻区部队开展互讲党课、互访老党员等活动。走访慰问优抚对象、残疾和特困家庭,生活困难的转业复员退伍军人,切实帮助他们解决各种困难。三是开展以争创全国双拥模范城为重点的自查自纠活动。各单位和驻区部队依据全国考评标准规定和市"落实全国双拥模范城(县)考评试点工作实施方案",重点对相关政策规定落实情况进行一次普查,发现问题及时纠正解决,确保优抚安置政策落实到位。驻区各部队广泛征求地方政府和人民群众的意见,对官兵执行群众纪律情况进行一次全面检查,发现问题及时纠正。迎检期间,各单位和驻区各部队在各大公共场所、大型建筑、主要道路、公交地铁车站和社区等重要场所，通过悬挂宣传横幅、设置宣传栏等方式，大造声势，大造舆论，营造浓厚的双拥创建氛围。

（张宏印）

殡葬管理与服务

【概况】 北京市殡葬管理处（简称殡葬管理处）隶属于北京市民政局，所属殡仪馆2家、公墓17家，其中直属殡葬事业单位10家，与当地乡村和事业单位联营的公墓8家，合资合作经营的公墓1家。年内，以惠民、利民、便民为核心，落实殡葬惠民政策，深度推进"零百千万"工程（即零消费骨灰海撒、百元骨灰盒、千元殡仪服务和万元骨灰安置），充分满足市民基本殡葬需求。殡葬管理和服务水平得到提升，经济效益和社会效益得到共赢，人民群众得到实惠，殡葬行业形象再次得到重塑。以"平安、文化、惠民"为目标，完成清明节群众扫墓服务保障，推出"一线二免三公祭，百万丝带寄真情"系列活动（一线即"一条热线能办事"：依托96156殡葬公益服务热线，实现殡葬服务、殡葬机构与社区对接，为居民提供"零距离、一站式、一条龙"殡葬服务；"二免"即"两个免费送心意"：胸花、黑纱"两免费"；"三公祭"即红色、绿色、蓝色三大公祭，市委宣传部、首都文明办、市民政局和区政府等多次联合推出系列公祭活动；"百万丝带寄真情"即倡导以系黄丝带方式进行文明祭扫，提倡文化清明）。连续第三年实现安全无事故、服务零投诉的工作目标。民政部在全国清明节工作视频会议上对本市殡葬改革示范单位给予表彰，并向全国推广。开展专项治理，规范整顿全市太平间殡仪服务。规范全市太平间殡仪服务，优化服务流程、规范服务标准、改进服务质量，大力提升服务优质化水平。全市医院太平间60%达到"六个统一"（即统一限价、统一服务标准、统一行风标准、统一服务场所设备设施技术标准、统一服务标识、统一服务人员职业资质）。

地址：石景山路9号
电话：88257779
邮编：100039
网址：www.babaoshan.com.cn

（王　琦　王德东）

【雷洁琼遗体送别】 1月15日上午，著名的社会学家、法学家、教育家，杰出的社会活动家，中国民主促进会的创始人之一和卓越领导人，中国共产党的亲密朋友，中国人民政治协商会议第六届全国委员会副主席，第七届、八届全国人民代表大会常务委员会副委员长，中国民主促进会第七届、八届、九届中央委员会主席和第十届、十一届名誉主席雷洁琼遗体送别活动在八宝山殡仪馆大礼堂举行。胡锦涛、吴邦国、温家宝、贾庆林、李长春、习近平、李克强、贺国强等党和国家领导人及曾经担任党和国家领导职务的老同志，以及社会各界群众参加送别活动。

（曹丽娟　杨秉洪）

【刘华清遗体送别】 1月24日上午，中国共产党第十四届中央政治局常委，原中共中央顾问委员会委员，中央军委原副主席刘华清遗体送别仪式在八宝山殡仪馆大礼堂举行。胡锦涛、吴邦国、温家宝、贾庆林、李长春、习近平、李克强、贺国强、周永康等党和国家领导人及曾经担任党和国家领导职务的老同志，以及社会各界群众数千人参加送别活动。

（曹丽娟　杨秉洪）

【朱光亚遗体送别】 3月2日上午，中国共产党优秀党员，忠诚的共产主义战士，杰出科学家，我国核科学事业的主要开拓者之一，中国科学院、中国工程院资深院士，中国科学技术协会名誉主席、原主席，中国工程院原院长、党组书记，中国人民政治协商会议第八届、九届全国委员会副主席朱光亚遗体送别仪式在八宝山殡仪馆大礼堂举行。胡锦涛、吴邦国、温家宝、贾庆林、李长春、习近平、李克强、贺国强、周永康等党和国家领导人及曾经担任党和国家领导职务的老同志，以及社会各界群众参加送别活动。

（曹丽娟　杨秉洪）

【吴阶平遗体送别】 3月9日上午，著名医学科学家、医学教育家、泌尿外科专家和社会活动家，九三学社的杰出领导人，第八届、九届全国人民代表大会常务委员会副委员长，九三学社第九届、十届中央委员会主席，十一届名誉主席，中国科协名誉主席，中国医学科学院名誉院长，中国科学院、中国工程院资深院士，中国共产党优秀党员吴阶平遗体送别仪式在八宝山殡仪馆大礼堂举行。胡锦涛、吴邦国、温家宝、贾庆林、李长春、习近平、李克强、贺国强、周永康等党和国家领导人及曾经担任党和国家领导职务的老同志，以及社会各界群众参加送别活动。

（曹丽娟　杨秉洪）

4月2日，公祭英烈　　（区委宣传部供稿）

【李德生遗体送别】 5月14日上午，中国共产党的优秀党员，久经考验的忠诚的共产主义战士，无产阶级革命家、军事家，我党我军卓越的领导人，中国共产党第十届中央政治局常委、中央委员会副主席，原中共中央顾问委员会常务委员，中央军委原委员，总政治部原主任，北京军区原司令员，沈阳军区原司令员，国防大学原政治委员李德生遗体送别仪式在八宝山殡仪馆大礼堂举行。胡锦涛、吴邦国、温家宝、贾庆林、李长春、习近平、李克强、贺国强、周永康等党和国家领导人及曾经担任党和国家领导职务的老同志，以及社会各界群众参加送别活动。

（曹丽娟　杨秉洪）

【陈慕华遗体送别】 5月18日上午，中国共产党的优秀党员，久经考验的忠诚的共产主义战士，无产阶级革命家，我国经济工作和妇女儿童工作的杰出领导人，中国共产党第十一届、十二届中央政治局候补委员，第七届、八届全国人民代表大会常务委员会副委员长，国务院原副总理，原国务委员，中华全国妇女联合会原主席、名誉主席陈慕华遗体送别仪式在八宝山殡仪馆大礼堂举行。胡锦涛、吴邦国、温家宝、贾庆林、李长春、习近平、李克强、贺国强、周永康等党和国家领导人及曾经担任党和国家领导职务的老同志，以及社会各界群众参加送别活动。

（曹丽娟　杨秉洪）

【薛明遗体送别】 9月6日上午，贺龙元帅夫人薛明遗体送别仪式在八宝山殡仪馆举行。近百位开国将帅后代、数千名群众和首都各界人士前往送别。

（曹丽娟　杨秉洪）

【警务航队烈士治丧服务】 8月25日，市公安局警务航空总队杜志京、王博、唐国强、邢松波等4名在搜救飞行演习时牺牲的民警遗体告别仪式在八宝山殡仪馆举行。市领导傅政华、刘敬民，公安部、市委、市政府、市委政法委和相关部门负责人，首都公安民警代表以及社会各界群众千余人参加遗体告别仪式。

（曹丽娟　杨秉洪）

【清明服务】 八宝山地区接待35.1万人，疏导机动车4.1万辆。八宝山革命公墓整合服务资源，组建志愿者队伍，推出“百米长卷寄深情、时空邮箱传递爱、红色记忆励后人”等文化活动；与市委宣传部、区委宣传部共同主办大型“红色公祭”活动；在主路两侧及教育基地广场周围树立宣扬清明文化和红色文化的灯箱、展板；出台10项便民新举措。接待祭扫群众20余万人，车辆3万余辆，接待各机关团体、部队、大中小学等集体祭扫80批5000余人，实现“零投诉、零差错”目标，群众满意度达100%。八宝山人民公墓开展黄丝带寄真情、千纸鹤思亲人、时空邮箱等文明祭祀活动，免费发放《八宝山》杂志、殡葬服务指南、清明寄语、零百千万工程折页、96156便利袋等宣传材料。

（综　合）

【业务创新】 八宝山殡仪馆创新推出8项需求性服务项目。一是葬礼策划服务，满足家属选择个别性特色服务的需求；二是特需陪同服务，24小时接待家属，负责来电咨询，解决家属特殊要求、个性化需求；三是单体冷藏服务，增设12间高档独立遗体冷藏室，配备单体遗体冷藏棺，24小时接待来人瞻仰遗体；四是特色告别服务，开设三间不同风格、面向不同类别消费群体的个性化礼厅；五是扶灵礼仪服务，礼仪人员全程进行遗体的迎灵、送灵、请灵等服务；六是贵宾休息服务，增设两间不同档次的休息室；七是影音制作服务，设立影音制作工作室，为家属提供逝者生前视频剪辑的制作服务、葬礼仪式全过程的录制及后期制作服务；八是骨灰悼念服务，在老山骨灰堂增设一大型悼念厅，供家属在逝者忌日、传统祭典日为逝者举办悼念仪式。另外，8月正式成立外事服务部，1～9月办理外事业务87个，国际运尸体业务水平有所提高。八宝山革命公墓于8月1日正式推出追思祭奠礼仪服务，分成请灵送灵（四个环节）、告别祭奠（八个环节）、骨灰安放（八个环节），每天限量举办4～5场。八宝山人民公墓拓展需求性服务项目，探索和研究开展网络祭扫、远程代祭、个性化祭奠仪式、祭奠视频制作等需求性服务项目，开展安葬礼仪、墓碑保洁、贴金、影雕等服务项目。福田公墓做好个性化服务，开展远程代祭服务，加大个性化墓碑的研发与应用力度；增加公墓小商品服务，新增加26种小商品；创新清洗墓碑服务；创新贴金、影雕服务。4月20日举办首届“桃花节”主仪式，主题为“谷雨·桃花·文化·追思”。出版印刷《沧海福田》、《福田印象》等丛书和画册，同时制作“沧海福田”手提袋和“福田文化璧”等文化产品。

（综　合）

【惠民工程】 八宝山殡仪馆1～9月百元骨灰盒累计销售575个，同比增长116个，增长率25.27%；千元殡仪组合提供3726个，同比增长392个，增长率11.76%。清明期间新增10种平价、低价位祭奠商品，5项便民利民措施和4种文明祭扫形式。八宝山人民公墓办理万元以下骨灰安葬业务165个，同比增长16.2%，其中怀思阁骨灰深葬155份，骨灰墙1份，骨灰绿篱撒放9份。清明期间，公墓设置两处志愿服务亭、两个咨询处，为家属提供咨询、指路、发放扫墓物品等服务。开展香纸换绢花，免费提供水桶、毛刷、漆笔、轮椅、手机充电器、擦鞋器，增加休息室，同时新增加三项免费、两项平价便民措施。福田公墓办理“万”字工程业务50份，其中花坛葬35份，生态葬7份，草坪葬8份，比上年增加23份。

（综　合）

【安全保障】 “两会”、清明等重点和敏感时期，开展拉网式安全检查，进行重点布防，全年顺利保障重大治丧活动64起。八宝山殡仪馆、八宝山革命公墓接待党和国家领导人参加安葬、参观、祭扫等活动，安保措施完备、服务规范，得到各级领导肯定。市殡葬管理处被市公安局授予集体二等功，八宝山殡仪馆、八宝山革命公墓获集体嘉奖。同时，被评为消防先进单位。把安全维稳工作作为首要政治任务来抓，多次召开专题会议，研究维稳、消防、交通、应急事件处理等对策，干部职工人人想安全、自觉保安全，安全意识普遍加强。对保安队伍进行评估和人员调整,各单位组织多次应急演练。加大技防力度,福田公墓加装红外周界报警系统,为八宝山殡仪馆配备耳麦对讲机。全处22家单位中有18家已安装监控系统,其中6家与总控室建立网络连接。通过完善技防措施,实现人防、技防紧密结合、互为弥补,确保敏感时期万无一失。

(王 琦 张 青)

【殡葬服务】 零百千万工程取得新进展,惠民举措广受好评。全年骨灰撒海活动举办28次,骨灰撒海达到1047份。截至年底,处属两个殡仪馆百元骨灰盒销售1401个,占总售盒量的10.48%;千元温情送逝者达到7462次,占总业务量26.42%;万元骨灰安置数达2730份,占总安葬量的28.15%。经营理念形成新的突破,业务数量稳步增长。市殡葬管理处转变经营理念,拓展服务渠道,实现“两个结合,三个转变”,即:便民利民与优质服务相结合、保护环境与生态安葬相结合,“资源型”经营向“服务型”经营转变、“封闭型”服务向“开放型”服务转变、“传统型”殡葬向“现代化”殡葬转变,贴近百姓、方便百姓。全年处属殡仪馆火化遗体28276具,办理国际运尸业务126份。处属公墓办理墓穴租赁业务7126份,处属殡仪馆、公墓骨灰堂寄存骨灰7349份。综合服务环境有了新变化,社会美誉度不断提高。福田公墓完成墓区广场东花园建设、假山、水系、鱼池建设、太阳能草坪灯建设、骨灰堂东围墙修缮等,美化服务环境。市属殡仪馆业务管理系统投入使用,提高服务质量和科学化水平,解决手工操作易发生服务差错问题,达到国内同行业领先水平。创新个性化服务项目,服务种类更加多样化。市属殡仪馆开展葬礼策划、特需陪同、人文送别、追思服务等新增个性化服务项目。八宝山革命公墓推出追思活动,采取与礼仪公司合作形式,分成请灵送灵、告别祭奠、骨灰安放三个步骤20个环节,形成一种特色,使活动仪式既庄重肃穆又温馨周到,处处体现人文关怀。

(王 琦 张 青)

7月20日,军属专场招聘会 (区人力社保局供稿)

【太平间规范管理】 清明节前夕,对所涉55家医疗机构太平间,按照“六个统一”进行规范化管理。先后制发规范管理规定、实施方案、服务收费确认单、医院与殡仪馆的托管协议、殡仪馆与个人业务承包合同等有关文件、协议。全市医院太平间60%已达到“六个统一”。其中,规范为A类的太平间40家(允许开展遗体告别服务);规范为B类的太平间6家(不允许开展遗体告别服务);规范服务联络站点9个。

(王 琦 张 青)

【特种职业技能鉴定】 全市有264人参加职业技能鉴定考试,涉及遗体接运工、遗体整容师、遗体火化师、殡仪服务员和墓地管理员5个工种13个级别。市殡葬管理处专门抽派力量组织鉴定工作,完成考前培训、理论考试和实际操作等工作。经过理论和实操考核,219人鉴定成绩合格,合格率83.0%。

(王 琦 张 青)

人力资源和社会保障

概 述

北京市石景山区人力资源和社会保障局(简称区人力社保局)是负责全区人力资源和社会保障工作的区政府职能部门。年内,围绕服务发展、保障民生这一中心任务,贯彻落实市人力社保局和区委区政府一系列部署,圆满完成市政府下达本区的人力社保工作各项目标任务。首钢富余人员分流安置工作圆满完成,城镇登记失业率再创新低。积极搭建人才平台,为区域经济发展提供人才和智力支撑。超额完成社会保险征缴任务,确保各项社会保险待遇按时足额发放。实现“无拖欠工资”目标,区域劳动关系和谐稳定。区人力社保局被评为“全国文明单位”。

地址:杨庄路66号
电话:68861840
邮编:100043

(李艾娟)

【城镇登记失业率创新低】 截至年底,全区城镇登记失业人员总量19719人,当年实现就业13791人,完成市局下达指标的212.17%,其中困难人员实现就业9551人,完成市局下达指标的382.04%。当年认定的108名就业特困人员全部进入社区公益性就业组织实现托底安置,安置率100%。公共职介机构共采集空岗信息27779个,完成市局下达指标的152.63%;推荐失业人员成功就业4116人次,完成市局下达指标的158.31%;开展职业指导23773人次，完成市局下达指标的247.64%。全区认定并消除零就业家庭5家，保持零就业家庭动态为零的工作目标。全区累计实现自主创业865人，带动就业1886人，分别完成市局下达指标的216%和126%。小额担保贷款58万元，完成市局下达指标的105.5%。共认定充分就业社区70个，完成市局下达指标的100%，上报市级充分就业社区2个。全区期末实有城镇登记失业人员4961人，城镇登记失业率控制在2.55%，同比降低0.18个百分点，比控制指标3.4%低0.85个百分点，实现指标连续5年逐年降低。

（李艾娟）

【各项就业措施保障有力】 区委区政府重新调整和充实区社会保障和就业工作领导小组成员，继续实行一把手负责制。从组织机构建设和责任分工等方面入手，强化对就业再就业工作的责任分工，小组成员单位发展到36个，形成按季度会商就业相关情况的长效机制。全面落实促进就业优惠政策，截至年底，向市失业保险基金申请资金总额7774.28万元；向区财政申请再就业资金831.1万元，共惠及19608人，政府扶持就业功能充分发挥。提高公共服务机构工作人员业务水平，以本市举办“春晖杯”职业指导技能大赛为契机，组织全区公共职介机构开展职业指导培训，通过预赛和决赛，八宝山街道社保所张亚琴进入全市前十名，获得个人优胜奖和“高级指导师”资格。全区170名社保所在编工作人员中，有135人获得国家劳动保障协理员职业资格证，持证率达到80%。社区总数139个，聘用劳动保障协管员总数223人。全区9个街道社保所全部达到五星级标准，名列全市第一。继续推进劳动力市场信息系统延伸至社区工作，在上年广宁街道4个社区进行四级网络延伸工作试点基础上，本年度延伸到8个街道的11个社区，运行情况良好，用人单位招聘信息直接进入社区范围逐步扩大。

（李艾娟）

【开展多种形式招聘服务】 区人力资源市场年内举办“军人家属招聘会”、“首钢分流职工专场招聘会”、“北京地区毕业研究生就业服务月”等各种招聘会96场，接待招聘单位2196家，提供招聘岗位50344个。相继开展“就业援助月”，“春风行动”，“民营企业招聘周”等活动。就业援助月期间共采集岗位数1433个，摸底户数868户，确定援助人数383人，各街道社保所在援助月期间开展座谈会、技能培训、上门宣传送政策等各类援助服务咨询活动18场。2月15日～4月30日，在全区范围开展以“促进有序流动，帮您成功就业”为主题的“春风行动专项活动”，区人力资源市场共举办招聘会7场，提供岗位5154个，达成就业意向1207人次。此外，与门头沟区进行“手拉手”就业协作，活动期间提供就业岗位610个，共同促进两区就业工作开展。

（李艾娟）

【首钢富余人员分流安置】 首钢涉钢产业搬迁调整共分流安置6.47万人，其中向社会分流24680人，本区接收15156人，占首钢分流人员总数的61.41%，再就业率达到92%。针对首钢职工分流安置总量较大，年龄结构偏大、技能单一，再就业存在难度等问题，多措并举，确保历时7年的首钢富余人员分流安置工作顺利完成。在组织保障方面，继续发挥区“首钢职工就业服务中心”作用，建立首钢富余人员分流安置监测网络，全面掌握就业与失业动态，及时做出预警预报。在政策保障方面，与区经信委、科委（园区）共同研究制定“支持首钢解除劳动合同人员就业创业办法”，鼓励用工单位招用首钢解合人员并鼓励首钢解合人员通过自主就业形式实现就业。在服务保障方面，区人力社保局抽调7人，与首钢劳动工资部抽调人员一起充实到“服务中心”，为首钢分流职工办理档案转移、职业介绍、就业培训、担保贷款等业务；区职介中心为首钢解合人员集中办理档案转接业务，共接收首钢解合人员档案5264份，转出首钢解合人员档案5696份，办理保险业务增员4383人、减员1048人。区社保中心开设专门窗口，为首钢解合人员打印社会保险转移单。期间办理首钢人员社会保险转移12939人次；合同制工人养老保险补缴180人次；与市局配合完成近1.2万人失业保险后台补录工作；为460名工伤职工办理一次性医疗待遇给付1212万元。在全区范围内开展岗位招聘信息收集整理工作，累计发布招聘岗位信息21291个，涉及3170个职位；3月1日，与区总工会、区妇联、区残联共同组织35家区属及园区企业在首钢篮管中心举办“首钢分流人员专场招聘会”，提供管理岗位1273个，现场达成就业意向459人次，人流量超过1500人次，发放宣传材料1000多份。

（李艾娟）

【高校毕业生就业】 当年度本区生源高校毕业生1457人，其中1391人实现就业，就业率95.5%。应届大中专残疾人毕业生6人全部实现就业，就业率100%。3月15日、22日、29日，区人力资源市场举办“2011年北京地区高校毕业生供需见面、双向选择招聘月”活动，参会单位60家，提供岗位786个，参会1840人次，达成初步意向121人次；5月16～22日，与区教委、总工会、工商联联合举办2011年民营企业招聘周活动，参会单位46家，提供岗位900个，其中适合高校毕业生岗位189个，参会1000余人，现场达成就业意向140人。

（李艾娟）

【充分就业创建活动】 推动本区充分就业创建工作，促进社会就业更加充分。区人力社保局、民政局、财政局、妇联、残联共同组建区“充分就业创建活动工作小组”，制定关于开展充分就业创建活动的实施办法，指导全区充分就业创建活动的开展。年内全区认定充分就业社区70个，占社区总数的50%。推荐金顶街金四社区、苹果园海特第三社区参加市“充分就业示范社区”评选。

（李艾娟）

【发放《就业失业登记证》】 自5月1日起，开始发放全国统一的《就业失业登记证》，取代本市的《低保就业服务证》、《求职证》和《再就业优惠证》，并在全区失业人员管理系统中实现安全转接。召开就业失业登记制度培训会、就业失业管理子系统视频培训会、现场操作培训会、单位招用问题咨询会等多期会议,实现失业子系统和失业人员参加基本医疗保险制度顺利转接。截至年底全区发放就业失业登记证近2万本;失业人员全部纳入基本医疗保险范围。

(李艾娟)

【职业技能培训与鉴定】 区职业技术学校开班培训8期,培训各类人员257人,其中失业人员24人、首钢分流人员123人、残疾人110人。职业技能鉴定考核586人次,其中失业人员94人次;本市农村转移劳动力248人次;在校生194人次;残疾人50人次。办理职业资格证书460人次,合格率78.5%。

(李艾娟)

【退休人员社会化管理】 自3月起,非公有制用人单位退休人员纳入社会化管理。截至年底,全区实行社会化管理退休人员总数19758人,比上年同期(16711人)增加3047人,同比增长18.2%,占当月养老库退休人员总数(105766人)的18.7%,社会化管理退休人员所占比重呈增长趋势。管理退休人员档案18166份,全面完成档案规范整理,完成率达100%,超额完成市劳服中心要求的完成80%的目标任务。年底前区劳服中心对4家非公有制用人单位下达接收批复。全年组织退休人员安全休养5批,休养770人。

(李艾娟)

【劳动人事代理服务】 截至年底,职介、人才共接收委托存档51621份,其中个人委托45067份,1040家用人单位集体委托6554份;为存档人员办理补缴保险审查档案1.6万份,为单位查阅档案1134人次;办理养老、失业、医疗保险增员、减员分别为25472人次、17601人次;办理个人委托存档补缴养老保险9183人次(其中人才1070人次),办理退休手续2374人次。审核街道申报的失业人员跨区就业交通费补贴131人,落实资金6.26万元。

(李艾娟)

【人才引进】 树立"人才强区"观念,做好引才工作。年内,引进硕士以上学历及高级专业技术人才14人,接收安置高级人才随迁家属2人。为区域内高新技术企业专业技术人员和管理人员办理本市工作居住证328人次。首次为区域内高新技术企业海外留学人员办理本市留学人员工作居住证2人次。

(李艾娟)

【高校毕业生接收】 在非京生源进京指标使用上,按照总量控制、专业对口、择优引进的原则,合理分配指标,重点支持区域经济发展重点保障的企业。本年度接收非京生源毕业生132人(不含教育),其中非公经济企业81人,占总指标的74%。做好大学生村官、京外985院校优秀毕业生招聘工作,9家单位提供职位28个,拟招聘本市合同期满大学生村官62人,其中3人被录用为公务员;15家单位提供职位15个,拟招聘京外985院校优秀毕业生15人,录用2人。

(李艾娟)

【机关事业单位公开招录】 在本市各级机关考试录用公务员工作中,上半年本区28家单位44个职位招录65人。招录工作首次实行一次考试两次调剂,并将"985工程"京外院校中获得校级以上"三好学生"、"优秀学生干部"或者一等以上"优秀学生奖学金"的本科以上(含本科)应届毕业生列入参加考试人员范围。报名方式采取网络报名方式进行。报考本区考生共920人,经全市统一公共科目笔试,382人通过测试,合格率41.5%。经过调剂、面试、考察、体检等环节,录用58人,其中43%具有硕士及以上学历。在下半年考试录用公务员工作中,全区19家单位29个职位招录45人。经面试、考察、体检环节,最终录用34人,整个过程坚持民主、公开、竞争、择优原则。根据事业单位补充人员的需要,全年开展四次面向社会公开招聘事业单位工作人员工作。全区共573个职位拟聘用715人,经过笔试、面试、体检、考察等环节,共录用410人。做好选聘社区工作人员工作,与区民政局、区社工委合作共录用20名社区工作人员(其中随军家属、毕业生各10人)。

(李艾娟)

【军队转业干部安置】 充分挖掘岗位潜力,积极安置军转干部。上年本区计划安置军转干部80人,实际报到43人,其中党政群机关及参照公务员法管理单位报到22人,事业单位报到21人。报到人员中行政团职军转干部8人,营连职和技术军转干部35人。当年本区需安置军转干部99人,其中行政团职干部22人,营连职及技术干部77人(含随调家属1人)。经集中审档、沟通见面、综合知识考试、双选、指令性安置等阶段,年底前全部安置完毕。25家行政单位接收军转干部34人、含随调家属1人,20家事业单位接收军转干部64人。实际报到49人,其中党政群机关及参照公务员法管理单位报到22人(含随调家属1人),事业单位报到27人。报到人员中行政团职军转干部8人,营连职和技术军转干部40人,随调家属1人。在全市16区县中率先完成军转干部安置工作。

(李艾娟)

【随军家属就业安置】 采取指令性、双向选择分配和考试考核相结合的举措,对随军家属进行妥善安置。举办随军家属就业培训班1期,召开专场招聘洽谈会2场。全年机关事业单位共接收安置随军家属25人,社区聘用10人。

(李艾娟)

【事业单位人事制度改革】 积极推进事业单位岗位设置管理工作,指导全区事业单位做好岗位聘用管理。截至年底,全区261家事业单位全部完成岗位设置,设置岗位9208个(其中管理岗位1594个;专业技术岗位6164个;工勤岗位1450个)。事业单位全部实行聘用合同制,聘用人员8243人(其中全额单位6588人,差额单位1398人,自收自支单位257人)。签订聘用合同或劳动合同的有8221人,占总人数的99.7%。完成全区45个主管部门所属的事业单位工作人员上年度考核工作,其中7534人(不含内退

或离岗待退)参加考核,63人未参加考核,1115人优秀,6288人合格,1人基本合格,7人不合格,未定等次123人;内退或离岗待退348人。获奖比例为14.8%。

(李艾娟)

【专业职称管理】 组织中学高级教师职称评委会、学科评议组成员确定仪式。通过随机抽取,在评审专家库成员中确定39名学科评议组成员,并从中产生13名评审委员会委员。完成区教师职称评审的检查验收工作,本年度参加评审160人,有139人取得高、中级教师职务任职资格,其中45名中学高级教师全部通过市级检查验收。完成卫生系统高级专业技术人员职称申报工作,申报正高级职称4人,申报副高级职称14人,经市评审,4人通过正高级职称评审,9人通过副高级职称评审。做好事业单位职称审核备案工作,新聘专业技术人员365人,其中高级职称49人、中级职称116人,初级职称200人。

(李艾娟)

【引智与交流】 联合区教委、外办、公安分局,对本区星乐汇培训学校申报聘请外国专家单位资格认可申请进行初审,经市有关部门审批获得聘请外国专家单位资格。截至年底,全区有6家单位具有聘请外国专家单位资格。完成区"商业服务与科技园区建设高级人才培训班"赴英国和"基础教育英语学科高级师资能力提高培训班"赴美国的境外培训总结和渠道评估表的审核上报。完成本区"基础教育骨干教师教学评价与创新实践能力提高班"赴英国境外培训的组织和申报。

(李艾娟)

【高级专家管理】 全面做好高级专家管理服务工作,营造尊重知识、尊重人才的良好氛围。走访和考察重点企业,做好博士后(青年英才)创新实践基地及其工作站的申报工作。向本市申报博士后(青年英才)创新实践基地1家,创新实践基地工作站6家。利用现代化信息技术,完善高级专家数据库,提升管理服务水平,完成129名高级专家的信息采集汇总和上报工作。组织完成全区31名高级专家参加的为期四天的疗养休假活动。

(李艾娟)

【严格工资纪律】 进一步巩固公务员规范收入和工资制度改革成果,确保全区工资分配秩序规范有序。按照国家及本市政策,核定纳入工资规范管理单位工作人员工资,并实行全额财政统发、透明管理,保证工资按时、准确、足额发放。年内完成5家单位参照公务员法管理的工资核定及审批工作。加强科学管理,完善工资统发系统,制定督查考核奖金分配办法,落实奖金核定及审批工作。截至年底,全区有80家单位5900人纳入工资统发,其中在职人员4374人,退休人员1410人,离休人员116人。

(李艾娟)

【实施绩效工资】 稳步推进事业单位实施绩效工资工作。按照"限高、稳中、补低"要求,研究调控措施,调节事业单位收入差距。调整事业单位年终奖金,统一事业单位奖金项目、标准,规范事业单位奖金分配秩序,缩小机关与事业单位之间以及事业单位之间的收入差距,调动事业单位工作人员积极性。按照市政府要求,启动其他事业单位实施绩效工资工作,制定实施方案,进一步清理规范其他事业单位津贴补贴奖金,缓解不同单位之间收入差距较大的矛盾,完成全区50多家其他事业单位绩效工资实施方案的审核备案。年内为事业单位退休人员增加退休补贴。为区义务教育学校、基层医疗卫生机构核增绩效工资总量。在事业单位岗位设置、岗位聘用完成后,按照以岗定薪、岗变薪变原则,做好岗位变动人员工资核定工作。

(李艾娟)

【干部教育培训】 全年举办各类培训班17期,培训人员6500余人次。对新录用的92名公务员进行初任培训。对全区主管教育培训工作的主管领导和人事科长、人事干部110人进行专业培训。完成2期科级任职培训,培训人员94人。举办1期老科长更新知识培训班,33人参加。组织1期面试考官培训,全区27个机关、事业单位的党政领导和人事科长72人参加。组织全区98个机关事业单位和部分企业4042人参加"北京市'十二五'时期经济和社会发展热点问题"公共知识学习和考试。完成新一轮电子政务培训考试收尾工作,全区50岁以下公务员(含处级)新一轮电子政务培训考试工作全部完成。组织全区上年度42名军转干部参加为期2个月的市军转干部培训班,期间组织参加本区3期专题讲座。对全区55家行政机关的依法行政培训工作进行检查考核。加

10月26日,社会化管理企业退休人员义诊咨询活动(区人力社保局供稿)

强对全区专业技术人员继续教育工作的管理，召开“全区专业技术人员继续教育联席会议”和“专业技术人员继续教育工作研讨会”；为全区300多名专业技术人员、事业单位管理人员举办区“十二五”规划纲要专题报告会；举办市级高研班一期。

（李艾娟）

【公务员管理】 严格执行《公务员法》，切实加强公务员队伍建设。完成上年度机关事业单位督查考核工作，全区参加督查考核单位68家，经区领导、人大政协党代表、主管部门打分以及网上互评和系统现场互评等环节，评出“业绩突出单位”、“工作创新单位”和“考核达标单位”。做好上年度区行政机关、参照公务员管理的事业单位、纳入工资规范管理事业单位1944名科及科以下工作人员（含机关工勤）年度考核奖励工作。其中，考核为优秀的380人，称职1472人，不定等次91人，基本称职1人；奖励人员中三等功69人，嘉奖386人。在进行充分摸底和调研基础上，按政策分别完成政府采购中心、区劳动服务管理中心、建设安全监督站、建设工程质量监督站、安监局执法监察队等5家事业单位69名人员参照公务员管理工作。召开全区公务员管理工作会议，以科级干部管理为重点，与区委组织部共同制定科级干部管理办法、科级干部选拔任用工作记实办法（试行）、关于进一步加强全区科级干部选拔任用管理工作的意见等文件，并及时部署和指导全区各单位职位管理工作。指导区发改委、城管大队、人口计生委等多个单位完成科级干部竞争上岗工作，及时维护整理科级干部任免库，协调并指导各单位完成公务员管理库中职务变化、考核、奖励、减员等信息维护工作。截至年底，全区有170余人参加竞争上岗，80余人走上科级领导岗位。全区核定行政公务员领导职数603个，行政公务员非领导职数300个；核定参照公务员法管理单位领导职数54个，参照公务员管理单位非领导职数25个。完成行政单位200余名科级干部任免备案工作。根据市局通知精神，确定本区基层机关范围，并落实定编定岗工作。全区47个单位被确定为基层机关。

（李艾娟）

【军转干部服务】 本年度完成18名自主择业军转干部接收落户、退役金发放和医疗保险申报。积极稳妥解决自主择业军转干部住房补贴问题。组织21名自主择业军转干部进行适应性培训，组织全区自主择业军转干部参加基本医疗保险政策宣讲会，完成267名军转干部社会保障卡发放。审核完成161名自主择业军转干部取暖费发放。

（李艾娟）

【社会保险扩面征缴】 《中华人民共和国社会保险法》于7月1日起正式实施。年内，有10家单位30名外籍人员参加本市社会保险，涉及16个国家。全年办理个人委托存档人员补缴社会保险费9785人次，补缴基金15484.7万元。落实企业职工基本养老保险关系跨统筹地区转移接续政策，全年向外省转出社会保险关系1959人次，转出养老保险基金677.6万元。外省转入社保关系1268人次，转入养老保险基金838.75万元。本年度全区累计征缴社会保险基金33.6亿元，各项社会保险基金征缴率均达到99%以上，全面完成市下达本区的征缴任务。1.养老保险：全区共有6515家单位336800人参加（含离退休人员），收缴基金214938万元，累计基金支出300925万元。2.基本医疗保险：全区5814家单位363100人参加（含离退休人员），收缴基金102635万元，累计基金支出144697万元。3.失业保险：全区6664家单位214600人参加，收缴基金8406万元，累计基金支出17521万元。4.工伤保险：全区6704家单位214600人参加，收缴基金5434万元；累计基金支出7595万元。5.生育保险：全区6006家单位137900人参加，收缴基金4719万元，累计基金支出2142万元。城镇居民医疗保险参保49659人，其中“一老”10290人，“一小”36841人，无业居民2528人；城乡居民养老保险参保2255人，收缴基金548万元。

（李艾娟）

【养老金核准】 全年审批退休人员5593人，其中男3424人，女2169人。退休金总计1421.15万元，人均水平2540.95元，比上年人均水平2185.39元高出355.56元。审核用人单位补缴养老保险费580人。为1～6月退休的人员重新核准养老金并补发差额2654人，调整额合计182.87万元。

（李艾娟）

【工伤保险认定】 全年认定工伤案件538件；未出现行政败诉案件。为51人次工伤职工办理康复手续，完成市局考核指标的182%，名列全市第一。贯彻实施新《工伤保险条例》，通过多种媒介广泛宣传国家和本市工伤保险法规、政策，发挥街道社保所的地域优势，多方位普及工伤保险知识。开展各级对口部门培训2次，深入企业发放宣传材料数万份，组织1场以“宣传、落实新《工伤保险条例》”为主题的宣传活动。

（李艾娟）

【加强社保卡监管】 成立专项小组，实行专人专案负责，统一标准和程序。加强对参保人员医疗费用审核，对医疗费用有疑义的参保人重点筛查，逐一约谈，对40名骗保嫌疑人进行询问笔录，向其中骗保行为较重的12人发布停止社会保障卡使用通告。不断加强医疗保险相关政策宣传，发放医疗保险宣传品8万余份，指导参保人员规范使用社保卡，正确行使参保人权利和义务。截至年底，全区共发放社保卡305364张。

（李艾娟）

【“门诊医生工作站”全覆盖】 加大定点医疗机构监管力度，减少医保基金不合理支出。在全市范围内率先实现定点医疗机构“门诊医生工作站”全覆盖，全区66家“门诊医生工作站”5月20日前全部建立并上线运行。不断完善医生工作站系统，使医院医疗行为更加规范。

（李艾娟）

【医保基金总量控制】 对基本医疗保险基金的费用支出，按照“以收定支、

收支平衡”原则，实行总量控制。采取多项措施，确保医保基金总量控制的改革方案顺利实施。召开医保工作例会，按照医院级别及医保总量控制指标，分别召开辖区定点医疗机构主管院长和医保办主任座谈会17次。广泛听取意见，解读市局文件精神。成立走访小组，深入各定点医疗机构，了解控制费用措施，并将有效措施进行汇总，择优在全区推广。按月分解指标，及时为各定点医疗机构提供数据，与门诊、住院的次均费用指标相结合，对定点医疗机构进行考评。联合区卫生行政部门，通过明查、暗访、夜查等形式，针对实名制就医、合理用药、合理检查、合理治疗、合理收费进行检查，确保各定点医疗机构管好医生手中笔；五是向总额增长过快和住院次均费用过高的9家医疗机构法人下发预警通知书，限期整改，同时暂缓支付门诊实时结算费用并通报全区；六是建立约谈机制，分别约谈费用较高的定点医疗机构院长和医保办主任28人次。截至年底，全区二级医院和一级医院的次均费用整体大幅下降，同6月底数据相比，二级医院出院次均费用下降6.39%，一级医院出院次均费用下降9.24%。全区实名制就医情况良好，未有黄牌警示医院。

（李艾娟）

【基金监督系统上线运行】 做好基金监督系统应用工作，提升监督工作水平。研究制定区“社保、医保基金监督系统上线运行工作实施方案”。6月10日、7月1日分别开通社会保险基金四险（养老、失业、工伤、生育）和医疗监督两套系统，利用系统开展监督检查。截至年底，两套系统运行平稳，自动预警系统累计产生五险疑似问题4109条（其中四险842条，医疗3267条），累计处理完成五险自动预警疑似问题4109条，处理完成率100%。

（李艾娟）

【社保待遇调整】 全年为参保人员137万人次按时足额发放各项社会保险待遇31亿元（不含医疗）。全年按政策规定调整各项社会保险待遇支付14次，其中离退休人员待遇调整6次，机关事业单位退休人员退休补贴调整1次，工伤保险定期待遇调整2次，无保障福利养老金调整3次，城乡居民养老金调整2次。

（李艾娟）

【社会保险稽核】 受理社会保险投诉、举报120件，涉及120人，全部结案。实地稽核85家，涉及缴费人数1850人，查出少缴漏缴社会保险费449人次、少缴漏缴基数1091.5万元，共收回少缴漏缴社会保险费214.85万元。书面稽核596家，事前稽核30家。追缴历年欠费1064.95万元，追缴当年新增欠费2587.34万元。

（李艾娟）

【举办社保大讲堂】 10月起全面推进社会保险网上申报工作，方便单位参保。邀请数字证书公司在社保服务大厅设立数字证书办理窗口，同时针对网上申报业务和社保具体业务为参保单位开设专门培训班，举办“社保业务大讲堂”，每周一课，培训对象涵盖全区所有用人单位。截至年底，业务培训班开设11期，参加单位1187家，培训单位经办人员近2000人。本年度全区开通网上申报查询业务4225家，办理网上申报业务数字证书2153家。

（李艾娟）

【《社会保险法》宣传】 采取多种方式进行《社会保险法》宣传培训，制定宣传方案，成立领导小组，明确各部门分工。举办《社会保险法》及配套法规政策培训5次，培训人员1000人次。组织《社会保险法》知识竞赛，全区人力社保系统、街道社保所、定点医疗机构、定点零售药店所有工作人员、部分企业劳动人事干部6000余人参赛。开展以“人人享有社会保障，共建和谐幸福家园”为主题的《社会保险法》宣传周活动，深入医院和部分企业、机关进行宣传指导，赠送宣传材料。印制社会保险宣传册2万份，发放报纸及各类宣传材料0.8万份。

（李艾娟）

【失业人员医疗费报销】 根据关于领取失业保险金人员参加职工基本医疗保险有关问题的通知（人社部发［2011］77号）文件精神，全力做好失业人员参加基本医疗保险费用报销工作。建立专门“绿色通道”，对相关业务即时办理，减轻参保人负担。及时对辖区内定点医疗机构、社保所、参保单位进行多次培训，帮助医院对医保政策更充分理解，减少医院拒付。对于当月因办理参保手续，产生的费用需要进行手工申报的，由街道社保所与医保中心联系，快速解决。

（李艾娟）

【劳动能力鉴定】 围绕市鉴定中心确定的“规范化鉴定、科学化鉴定、人性化鉴定”工作目标，强化审批程序，规范经办流程，打击弄虚作假行为。劳动能力鉴定指标控制较好，各项工作开展顺利。本年度上门鉴定1次；完成92名首钢富余职工陈旧性工伤的专场鉴定。全年鉴定伤病职工671人，其中工伤鉴定647人，达到伤残等级445人，未达到伤残等级33人，工伤直接导致疾病确认36人；配置、更换辅助器具确认131人，延长停工留薪期确认2人；因病提前退休24人。申报再次鉴定零例，劳动能力再次鉴定结论改变率为零，均未超市局控制指标。

（李艾娟）

【缴费基数采集】 完成四险（养老、失业、工伤、生育）与医疗数据比对工作，完成率99.5%，全市排名第三。对辖区内4943家企业190541人进行五险基数采集工作，采集率100%，缴费基数总额比上年同期增长13%。

（李艾娟）

【履行劳动合同】 全面贯彻落实《劳动合同法》及其实施条例，在用工30人以下的小型企业、民办非企业单位和个体经济组织中开展创建“双百双规范”（百分之百签订劳动合同、百分之百缴纳社会保险，规范工资支付、规范工时管理）单位活动，推动小企业劳动合同制度的实施。在6个街道辖区（古城、八角、苹果园、金顶街、老山、广宁）中开展小企业劳动关系状况入户调查，涉及企业1149家，人数8264人。开展农民工劳动合同签订春暖行动，检查41个建筑工地，涉及企业134家，农民工9000余人。根据第四季度监控情况统计，监控企业95家，涉及职工13003人，其中城镇职工8113人，农民工4890人；签订劳动合同12960人，劳动合同签订率99.6%，其中城镇职工签订劳动合同8071人，劳动合同签订率99.4%；农民工4889人，劳动合同签订率99.9%。劳动合同签订率同比增长2.8个百分点。全年新增集体合同企业52家，涉及职工4422人；续订企业11家，涉及职工17974人。集体合同执行期内企业共410家，涉及职工110277人，其中专项集体合同企业355家，涉及职工28713人。依法审批行政许可事项，审批特殊工时企业32户，其中审批综合计算工时工作制企业30户，涉及职工3198人；审批不定时工作制企业9户，涉及职工7092人。

（李艾娟）

【劳动保障监察】 对辖区内1603家用人单位进行劳动保障监察，涉及职工71314人，完成市局下达指标的160%。其中开展专项检查用人单位574家，日常巡视检查用人单位778家。查处举报投诉118家，对用人单位进行书面审查133家。立案查处各类劳动违法案件180件，其中日常巡查62件；查处职工举报投诉结案118件，结案率100%。做出行政处罚11件，处罚款1.25万元。查处工资类违法案件91件，为劳动者1932人（城镇职工262人，农民工1670人）追发工资1147.89万元。其中处理建筑企业拖欠农民工工资案件38起，为农民工1504人追发工资1082.35万元，实现“无拖欠工资”目标。查处社会保险类违法案件18件，督促用人单位办理社会保险登记9家，督促缴纳社会保险费10家，责令为职工442人缴纳社会保险费92.8万元。查处劳动合同类违法案件13件，督促签订劳动合同102份；清退风险抵押金0.1万元，做出行政处罚1件，处罚款0.1万元。

（李艾娟）

【专项执法检查】 开展“春节”前农民工工资支付情况专项执法大检查。检查用人单位147家，涉及职工5800人，其中农民工5330人，通过专项执法大检查，共为农民工650人追发工资699万元。开展清理整顿人力资源市场秩序专项执法检查。出动执法检查128人次，检查单位77家，其中检查职业中介机构7家，用人单位70家，下达询问通知书12份，责令改正1份，对1家收取求职者押金的企业进行处罚。开展“劳动用工规范一条街”工程。根据本区情况，将鲁谷社区政达路万达广场、八角街道时代花园西街、苹果园街道高科技园区双园路纳入“劳动用工规范一条街”，规范用人单位141家。开展社会保险法执行情况专项大检查。检查中小型企业158家，涉及1.3万余人，检查未依法签订劳动合同2000余人。行政处理19件，其中对15家违法单位下达责令改正，责令支付工资及补偿4件，涉及金额108万元。

（李艾娟）

【劳动人事争议仲裁】 坚持“速立、速结”制度，严格把握案件审限，做到当日申诉当日立案。全年受理劳动人事争议案件1432件（人事争议案件为0），依法做出不予受理89件。在受理的案件中，较上年增加299件，同比上升26%。其中集体劳动争议93起，涉及人数743人，比上年同期增加26起，同比上升39%，涉及职工人数同比上升70%。全部案件中以裁决方式结案592件，占结案的48%；调解或经调解撤诉结案617件，占结案的50%；其它方式结案27件，占结案的2%，超额完成市局下达全年调解率35%以上的任务指标。通过仲裁裁决或调解，企业为劳动者支付劳动报酬184.74万元；经济补偿及赔偿金1432.04万元，有效维护本地区劳动关系和谐稳定。

（李艾娟）

【劳动人事争议预防】 加强劳动争议预防，将争议化解在企业内部。通过庭审观摩、现场指导及经验交流等形式，对首钢和物美两个劳动争议调解中心进行业务指导，使调解中心作用发挥明显。首钢劳动争议调解中心全年受理本企业劳动争议98件，调解成功81件，调解成功率82.7%；首钢各基层调解组织（含中心）全年共受理劳动争议223件，成功调解174件，成功率78.5%；物美劳动争议调解中心全年受理劳动争议10件，调解成功8件，调解成功率80%。加强行政调解，将仲裁工作前置。积极与当事人及其所在单位协调，通过行政调解解决争议，全年通过行政调解解决在立案之前的劳动争议案件达1185件。加大《劳动合同法》、《劳动争议调解仲裁法》及相关配套法规的宣传力度，对用人单位法人、劳资负责人进行专项培训，规范用工制度，预防争议发生。

（李艾娟）

残疾人事业

概　述

北京市石景山区残疾人联合会（简称区残联），是将残疾人自身代表组织、社会服务团体和事业管理机构融为一体的综合性残疾人事业团体，归口区委管理，业务上接受市残联指导。下属2个事业单位，在9个街道设街道残联，138个社区成立残疾人协会，形成区、街道、社区三级工作网络。年内，以残疾人为本，充分发挥桥梁纽带作用，探索“枢纽型”社会组织作用，推进残疾人保障体系和服务体系建设，围绕实现残疾人“人人享有康复服务”、促进残疾人就业、开展群众性文体活动等，努力解决残疾人的实际困难，残疾人生活得到改善，幸福感提高，在全社会营造起尊重、关心、帮助残疾人的良好社会氛围。将培育社会康复机构作为工作着力点，加强残疾人康复保障和康复服务体系建设，把康复服务落实到社区，延伸到家庭，服务到个人，形成政府主导、部门协调运作、社会广泛参与的康复工作格局，3万多人次残疾人享受着全方位、多层次的康复服务。

地址：古城北路
电话：68817247
邮编：100043

（刘会生）

【扶残助残】 落实市、区各项保障政策，保障残疾人基本生活。全区1248名残疾人享受低保，1995人享受残疾人

5月10日,"生命之歌"文艺演出　　（区残联供稿）

生活补助;办理城乡居民养老保险的残疾人916名,补贴金额82.94万元;"两节"、"助残日"、国庆期间走访慰问残疾人8225户,投入资金245万元。为381名残疾人解决廉租住房,其中149人享受实物配租。为320名残疾人配备小帮手电子服务器,为15名残疾人发放一次性临时救助款11.5万元。同时,利用社会力量,开展扶残助残活动。全区有148家服务单位提供居家助残服务,2912名残疾人享受居家养老(助残)券,累计结算金额299.4万元。

（刘会生）

【安置就业110人】　开展"就业活动年",与区人保局启动以"送政策、送岗位、送服务、送温暖"为主题,以登记失业的各类残疾人为重点援助对象的就业援助月活动。走访就业困难残疾人320人,其中登记失业残疾人员152人。举办首钢停产分流残疾人职工专场招聘会等就业服务招聘会8次,提供残疾人就业岗位127个,319人参加,初步达成意向52人。为25名残疾人发放保险补贴10.38万元;为自主创业残疾人杜春雷发放一次性扶持资金4万元。全年举办招聘会15次,介绍成功75人次,进行求职登记48人,并对求职登记人员做到100%推荐,新安置残疾人就业110人。开展全区残疾人就业普查,调查残疾人6700余名。

（刘会生）

【职业培训326人】　挖掘培训项目,开展专项帮扶。与区教委、阳光职业技能培训学校签订培训协议,以满足学员实际需求为培训方向,以切合社会用工需求为培训目标,采取以市残疾人体培中心培训为主体,区人保局职校培训为辅助,区残联自主培训为补充的培训方式,累计培训残疾人326名。与北京远洋基业物业管理有限公司达成中控值机员岗位合作意向,根据企业需求,出资对企业中意的残疾人进行订单式培训,组织14名残疾人参加中控值机员岗位全国统一培训,6人被企业录用。

（刘会生）

【残保金审核代征】　与区地税局等部门联手,在服务深度和广度上下功夫,完成市残联三项审核指标。采取人性化服务,扩充服务窗口,增设电话语音答录和排队等候一米线,在审核大厅、税务办税大厅、各税所宣传栏等显著位置张贴通告,并设置相关指示标语。创建区级信息平台,通过刊播新闻、专刊,多角度报道残保金相关内容及重要性。建立残联、地税数据交换平台,通报已审、已审未缴和未审名单,区地税局按地税所、税管员分层分级进行通告,责任到人,通过地税网站向用人单位发布一次性告知书。提升服务质量,制订四大项29条的残联服务大厅日常规范,上墙公示,接受社会单位监督。年内有12775家用人单位参与审核,审核率92.14%,入库金额4283万元。

（刘会生）

【稳步推进康复服务】　健全康复网络,巩固"人人享有康复"成果。形成以北京康复中心为龙头,以社区康复中心为基地,辐射到残疾人家庭的三级康复服务网络。全年实施白内障复明手术2510例;肢体康复训练1112人,脑瘫儿童训练10人;聋儿听力言语训练50人;智残儿童系统训练51人;成年智障系统训练192人;盲人定向行走系统训练50人;孤独症儿童康复训练22人。45名精神病残疾人入住医疗基地;220名贫困精神病人免费服药。救助儿童49名,救助金额45.57万元;为4名儿童免费升级人工电子耳蜗。

（刘会生）

【重视民办康复服务】　本区民办残疾人康复机构作为公办机构的积极补充,获得较快发展,几年来共为数百名残疾儿童提供服务,取得良好效果。10月,小飞象训练发展中心、太阳花聋儿听力言语康复中心和漂亮妈妈聋儿听力言语康复中心三个机构,分别通过市民办机构评估,达到标准,成为市康复定点机构。帮助民办康复机构健康发展,区社工委、市残联采取以奖代补和购买服务形式,为3家机构提供专门用于残疾人的服务经费30余万元;投资40余万元为开展脑瘫、孤独症、自闭症儿童少年康复服务的小飞象训练发展中心改善环境。民办康复机构相继举办"关爱 感恩 成长"、"太阳花六一欢庆会"、"同在蓝天下共同成长"联欢活动。

（刘会生）

【发展社区康复服务】　3月11日,以八宝山社区卫生服务中心为基地,与北京老年医院、北京康复医院共同组建全市第一家区残联社区卫生康复中心。揭牌当天,北京康复中心的专家为21名残疾人进行辅助器具适配评估。该中心是集康复医疗、残疾预防、康复人才培养和助残人员培训、辅助器具评估试配于一体的综合性康复机构，由康复训练室、辅助器具评估试配室、康复病房等部门组成，建筑面积6000平方米。中心在满足基本康复服务条件下，突出特色，突出优势项目，主要提供针对残障人士、老年人、儿童、心脑血管后遗症患者、腰颈肩腿疼痛及功能障碍患者、工伤、事故伤者的康复医疗与康复训练、残疾评估与预防、辅具适配评估及健康讲座等服务，成为地区残疾人康复医疗与健康管理的服务基地。年内，在全区开展康复服务需求调查，摸清各类残疾人康复需求底数。共调查登记9773名，其中视力1111人，听力言语773人，肢体5798人，智力947人，精神913人，多重231人。

（刘会生）

【高危人群致聋基因筛查】 第二次北京市全国残疾人抽样调查显示，本区有听力残疾人1.2万人，持证聋人831人，0～6岁儿童听障现患率为1.04‰。与区卫生局、计生委共同完成市政府为民办实事项目——高危人群致聋基因筛查，对812名听力残疾人进行筛查，筛查率达97.8%。通过筛查，找到病因，采取治疗干预措施，进行有针对性地用药指导，避免迟发性耳聋的发生，控制药物致聋风险；预防先天性耳聋出生缺陷，对聋人或有聋人亲属的家庭，以及已生育聋儿的听力正常夫妇进行生育或再生育指导，为降低聋儿出生儿率作出贡献。

（刘会生）

【信访与维权】 全年处理残疾人来信来访47件，其中来信7件，来访24件，来电16件，妥善处理和帮助残疾人解决实际困难。为肢体残疾人王艳花发放一次性救助3万元，帮助解决其两个残疾儿子的养老保险补交资金不足问题，解决家庭后顾之忧；为五里坨街道的盲人杜春雷发放自主创业一次性资金扶持4万元，扶持其创办盲人按摩店。苹果园街道残疾人潘玉兰因家中房屋倒塌，生活陷入极度困难，残联领导得知后送去慰问金2000元，并协调多部门为其解决实际困难。

（刘会生）

【宣传残疾人事业】 不断营造扶残助残社会环境，扩大残疾人事业影响力。在《石景山报》、区有线电视台开设专版、专栏，开展“爱耳日”、“助残日”、“爱眼日”等一系列宣传活动，制作电视访谈节目5期，播发新闻报道26条，在《中国残疾人》等刊物上刊登稿件77篇，营造扶残助残良好舆论氛围和社会氛围，在市残联宣传信息工作会上两次介绍经验。

（刘会生）

【丰富文体活动】 不断丰富残疾人文化活动，进一步提高残疾人融入社会生活的能力。举办助残日“生命之歌”大型专场文艺演出，初步搭建起区级残疾人文体活动和技能展示平台。租用中国电子竞技馆的专业场地，举办庆祝全国助残日“生命之歌”专场文艺演出成为文体活动的新靓点。充分利用体育场馆、文化馆等专业场所，举办迎新春电影专场、庆“三八”女子残疾人象棋比赛、男子残疾人象棋比赛、“和谐杯”残疾人乒乓球比赛、区特奥运动会等活动；参加第二届市残疾人文化周活动、市残疾人象棋和乒乓球比赛，组建30人的轮椅舞蹈区级表演队，创编“残疾人轮椅健身舞蹈”，在市残疾人群众体育项目展示比赛中进行展示，“太极柔力球”表演项目获得一等奖。加大古城街道残疾人追梦艺术团扶持力度，培养文体骨干，参与市区文体表演和比赛。

（刘会生）

【创新管理机制】 在老山街道残疾人温馨家园引入“大课堂”管理模式，将原来比较随意的活动方式规范为定时间、定科目、定教员、定效果的专业化管理。采取增加体检医院、开展入户体检、规范流转程序、分类整理档案等四项措施，规范办证程序，方便残疾人办理，全年办理残疾人证1333份。制定示范残疾人温馨家园规范化管理制度和年度考评标准，建立示范残疾人温馨家园固定资产登记制度，加强定期检查和管理，促使示范残疾人温馨家园健康、可持续运行。

（刘会生）

【无障碍服务】 不断改造无障碍设施，方便残疾人出行和居家生活。开展无障碍推动日活动，跨年度为482户听力残疾人免费安装可视门铃，投入230万元对10个小区的街心花园、运动场所的出入口和区残疾人活动中心、服务大厅进行无障碍改造，在原有基础上增加扶手、坡道、盲道等设施的个数和长度，为残疾人服务的整体环境得到进一步改善。组织每季度无障碍宣传推动日活动，加强无障碍知识的宣传和普及。落实市政府办实事工程，对380户家庭进行厕所、门口坡化等无障碍改造。

（刘会生）

【社会各界献爱心】 与中国残疾人福利基金会合作，在“六一”儿童节期间，

12月1日，召开专题人口研讨会　（区计生委供稿）

通过“开心团购”网站，举办残疾人作品全国义卖，义卖区培智中心学校学生及职康站学员制作的绒球玩偶、珠绣作品241件，义卖金额7230元。向长期资助本区残疾人的安利中国日用品有限公司北京、天津分公司送去写有“扶残助残显真情，雪中送炭暖人心”锦旗，达成继续支持地区残疾人事业的意向。争取台湾街台商的捐赠，募集60台轮椅，用于解决60～80岁下肢残疾人的行动不便。

（刘会生）

人口和计划生育

概　　述

年末，全区常住人口63.4万人，比上年增加1.8万人，增长2.9%。常住人口占全市总人口（2018.6万人）的3.1%，所占份额为城六区最低。人口性别结构均衡。常住人口中男性32.5万人、女性30.9万人，男女性别比为105.2（女性＝100）。老龄人口比重有所增加。常住人口中0～14岁人口5.7万人，15～64岁人口51.5万人，65岁及以上人口6.2万人，60岁及以上人口8.8万人。0～14岁少儿人口比重由上年的8.9%上升为9.0%，65岁及以上老年人口所占比例由上年的9.7%上升为年9.8%，15～64岁劳动年龄人口比重为81.2%，总抚养比23.1%。人口自然增长态势基本稳定。全年出生人口5890人，人口出生率为9.42‰；死亡人口2738人，人口死亡率4.38‰；自然增加人口3152人，人口自然增长率5.04‰。北京市石景山区人口和计划生育委员会（简称区人口计生委）是区政府依法负责全区人口和计划生育的职能部门。年内，认真贯彻胡总书记关于人口工作的重要讲话精神，按照“全面做好人口工作”总要求和市人口计生委工作部署，围绕“大调整、大建设、大发展”主基调，坚持以“稳定低生育水平、统筹解决人口问题、促进人的全面发展”为主线，以深入推进人口计划生育转型发展为重点，以加强和创新社会管理服务为契机，统一思想，理清思路，狠抓落实，进一步加强统筹协调，人口综合治理机制得到进一步落实，较好完成年度各项任务，促进人口计划生育转型发展，实现“十二五”时期人口计生工作的良好开局。

地址：杨庄东路甲65号
电话：68863385
邮编：100043

（王　芹）

【人口规划发布】 根据市、区“十二五”规划和各有关专项规划，以及“六普”结果，对规划内容进行进一步的修改和完善，科学调整“十二五”时期地区人口发展的部分指标，6月正式发布。规划共四个部分万余字。第一部分为规划背景；第二部分为指导思想、基本原则和主要目标；第三部分为主要任务；第四部分为保障措施。规划提出有效调控人口规模、着力优化人口结构、提高人口健康素质、提升流动人口管理服务水平、优化老年人口发展环境、提高劳动就业和社会保障水平、促进人力资源开发利用等七项主要任务，明确到2015年底，全区常住人口规模控制在72万以内，其中，户籍人口43万，居住半年以上的流动人口29万的人口调控目标。将规划任务分解到各相关职能部门，督促相关单位抓好落实。

（王　芹）

【人口统计分析】 进一步发挥人口信息在经济社会发展中的基础作用，联合区统计局、教委、人保局、卫生局等部门，编辑本区人口统计分析手册，每半年发布一期。手册分两部分：第一部分为人口状况专题，包括人口的总量、结构、流迁和发展变化趋势，其中重点分析人口结构指标，不仅包括性别年龄结构、也包含人口的婚姻结构、文化结构、产业结构和职业结构等；第二部分为社会建设专题，包含教育、卫生、人力资源开发、就业和社会保障、残疾人和社区六大专题。通过定期、翔实的数据统计分析这个平台，发挥人口计生部门综合职能作用，加强与各有关部门的协调与配合，整合利用“六普”信息资源和成果，反映地区人口发展和社会建设的状况和变化情况，为区领导和各职能部门掌握详细的全区人口和社会建设状况提供依据。

（王　芹）

【人口战略研究】 上半年，研究制定人口研究重点课题筹备方案，召开由19个相关单位参加的课题部署会，确定16个调研课题；下半年，加强对重点课题的跟踪研究，特别在探索人口规模调控的有效途径方面，先后两次召开相关部门主管领导参加的专题协调会，整理汇总人口调控管理工作情况的汇报材料，于9月30日和10月9日分别向区政府常务会和区委常委会作专题汇报。12月1日，举办“聚焦人口发展，促进社会和谐”人口问题研讨会。研讨会由“探索人口特征，深化社会管理”和“破解人口难题，加强人口服务”两个版块组成，每个版块分别由3个单位作主题发言。在“社会管理”专题中，人口计生委围绕人口发展战略选择、住建委以解决人口发展与住房供应矛盾、发改委就调控人口规模推进区域全面转型提出对策和建议；在“人口服务”专题中，人力社保局、民政局和经信委分别就首钢搬迁调整富余人员分流安置、积极应对老龄化和人口地理信息系统主题进言献策。通过探索人口特征，破解人口难题，为统筹解决人口问题搭建起联动平台，探索统筹解决人口问题的有效途径。

（王　芹）

【深化优质服务】 2月23日，召开社区计生（卫生）服务站计划生育工作推进会，对3个先进社区计生（卫生）服务示范站进行表彰。上年9月至当年4月，开展“男性出租车司机生殖健康项目”，以500名男性出租车司机为目标人群，开展健康体检、生殖健康宣传、教育与服务，提高男性保健意识服务等，得到国家、市计生协领导肯定与好评；7月，启动以优生健康教育为主要内容的“金种子”工程，开展包括赠送新婚祝福和优生优育宣传大礼包、举办“金种子”优生大课堂、0～3岁婴幼儿智力开发指导等优质服务活动；9月，组织9名人口计生干部赴南京参加为期9天的国家生殖健康咨询师培训班，57名人口计生干部进入国家预报名库;10月27日，举办“关爱都市白领 创造健康生活 10·28 男性健康日‘走进高科技园区’暨健康火炬传递活动”，为园区白领送去男性健康知识和服务。

（王 芹）

【流动人口管理】 创新流动人口服务管理四种模式。楼宇管理模式，坚持以业管人的原则，开展网络论坛、心理疏导、政策咨询防及计生等基本公共服务。社区管理模式，坚持以站管人的原则，依托新居民温馨驿站，开展健康讲堂、文体活动、义工服务及计生等基本公共服务。市场管理模式，坚持以业管人的原则，依托市场管理中心，开展健康体检、就学咨询、商户一条龙服务及计生等基本公共服务。出租楼房地下室管理模式，坚持以房管人的原则，开展就业咨询、维权保障、防灾减灾知识讲座及计生等基本公共服务。11月10日，召开流动人口服务管理四种模式推介会，确定分别在四个对应单位先行试点。

（王 芹）

【人口文化宣传】 5月25日，在区华奥学校，启动以“流动的图书，爱心的传递”为主题的“爱心图书传递暨青少年性健康教育巡展”活动。将1000册图书在全区10所流动人口学校中按顺序传递，最后图书存放在华奥学校人口国情教育室。第22个世界人口日，在老山东里社区举办为期一周的人口计生30年专题展览活动。展览以“岁月、经历、希冀”为主题，通过展板、摄影作品、书画、老物件、电视片等内容，详细记录自新中国成立以来人民生活的变化和人口计生工作取得的成就。9月23日，以“我们的节日”为主题，举办纪念“9·25”《公开信》发表31周年活动。年内，区计生协还就《成长的烦恼》、《最美的花季》两本青春期教育丛书的宣传推广召开座谈会，举办青少年性健康科普教育巡展等。

（王 芹）

【生育关怀行动】 1月17日，在鲁谷社区举办主题为“温暖国策百里行”人口计生系统春节走访慰问活动启动仪式。启动仪式后，区人口计生委和9个街道计生工作人员同时发车，走访慰问200户计生困难家庭和计生干部，为这些家庭送去6.08万元慰问金和价值5000多元的节日慰问品。年内，区计生协还为全区437户符合参保条件的计划生育特别扶助家庭上意外伤害保险费1.31万元。区人口计生委、首钢计生委、金顶街街道还联合开展“关爱首钢周末家庭”活动，成立“手拉手周末家庭俱乐部”，为319户“周末家庭”提供一个交流互动场所和关爱互助的平台。

（王 芹）

人口文化园 （王丹 摄）

私营个体经济

概 述

北京市石景山区私营个体经济协会(简称区私个协)由全区私营企业、个体经营者及其从业人员组成，下设5个直属分会、4个行业分会。年内，围绕市协会工作部署，以年初提出的“五个提升”为目标，召开第七次会员代表大会，加强组织建设;强化服务理念，解决会员困难;引导食品流通行业自律，构建辖区食品安全环境;宣传联系会员，开展各类活动，打造协会新形象，推动和谐社会建设。

地址:八角西街12号
电话:88708326
邮编:100043

（杨文彪）

【完成协会换届】 经过充分筹备和酝酿，区私个协会于1月12日召开第七次会员代表大会，选举产生新一届协会领导班子。高新科技及现代信息动漫企业包括“畅游”及“蓝港在线”等知名IT企业加入到第七届理事会。大会重新修定协会章程并通过理事会议事规则制度，确定“理事活动日”工作制度。进一步完善理事会领导、沟通与协作的职能作用，搭建理事间交流服务平台。年内开展“环保一日游”、“小学助教共建”、“中秋联谊共建”等多次活动，在引导企业履行社会责任、增强绿色环保理念等方面取得良好效果。

（杨文彪）

【会员小组建设】 按照市协会个体会员建小组、私企会员建专业分会的要求，组织指导各分会推进调整会员小组建设工作。截至年底，建立会员小组183个，吸纳会员5647名，协会号召力与工作执行力明显提高，基本达到市协会提出的“将”头“兵”尾相连，组织成网顺畅的目标。

（杨文彪）

【会员法律咨询】 坚持每周四1～2名律师接待会员咨询及受理相关工作。年检验照期间，中心律师到分会现场接待会员咨询,为会员节约时间、维护利益。有针对性地开展法律培训指导,由律师精心编辑设计"法律服务调查问卷"对会员需求进行调查,并根据调查结果,举办会员法律知识培训系列讲座,有效提高会员相关法律维权水平。同时,中心律师深入到重点企业,主动了解企业情况,解决实际问题。如帮助西黄村牧业公司解决职工保险赔付等事项,会员法律服务取得一定实效。全年开展法律培训 6 次,参与会员 408 人次;接待法律咨询 220 次,为会员挽回损失约 500 余万元。

(杨文彪)

【加强融资服务】 继续与邮储银行加强合作,拓宽服务方式,提升服务产品质量。加强融资服务宣传,年检验照期间现场发放宣传材料 2000 余份。发挥银企之间桥梁作用,在邮储银行支持配合下,为会员提供主动上门、配套服务。截至 12 月底,协会及各分会推荐 321 户会员成功获得贷款,贷款总额约 1.1 亿元。

(杨文彪)

【义务年检验照】 各分会发挥自身优势开展义务服务。苹果园分会协助 118 户高新技术企业会员通过绿色通道办理年检,为中关村石景山园和青年创业园企业现场咨询 350 余户次。全区义务为 4000 余名会员提供义务年检验照,为 17 户行动不便的残疾会员提供上门验照服务。

(杨文彪)

【网络信息平台】 依托市协会"北京私营个体经济网"和"区县私个经济网"开展工作。召开 2 次信息宣传工作培训会,请市协会信息与宣教部部长授课。针对"实名制"会员发展工作,召开动员会、网络使用培训会,并印制 1000 份宣传彩页,向会员介绍网络特色与服务功能。协会网站工作本着信息发布及时,数据更新及时,审核回复及时的原则,确保协会动态常新,信息数据有效、会员服务贴心。年末,已发展普通会员 1000 余名,"实名制"会员 774 名,网络信息平台建设初见成效。

(杨文彪)

【加强行业自律】 11 月,经区政府有关部门批准,协会引导食品行业自律服务项目确定为政府购买公共服务项目。面对当前食品安全监管严峻形势,食品流通行业分会开展有关食品安全法律法规及相关检测判别知识的宣传,全年开设各类培训班及讲座 6 次,发放宣传材料 800 余份,参与会员 600 余人次。"十一"前夕,举办由 80 余名会员小组长及部分会员参加的食品安全知识培训会,区食品办就《食品安全法》重点内容向会员进行讲解,分局食品科针对食品安全监管重点进行介绍,为参训会员免费发放"食品安全快检试剂盒"80 余个。在中秋节前夕,适时召开食品安全自检工作交流暨现场观摩会。理事单位分别就食品安全各自检环节的做法与经验进行交流,通过相互学习,强化企业食品安全自检措施,提高企业自检水平。苹果园分会组织辖区食品安全监督员与食品行业会员 31 人,参加"走进王致和腐乳厂,了解企业文化"活动,拓展会员视野,从经营理念、管理制度与企业文化建设上得到借鉴与启发。行业分会先后制定行业公约与自律规则,号召会员自觉学习遵守。苹果园工商所、私个协分会召开辖区食品行业小组成员会,签订食品安全承诺书,强化会员自律意识,严格落实索证索票制度,严把进货关。会员以小组为单位,会员间开展自我监督与相互检查活动,参与辖区"食品安全达标单位"、"食品安全示范店"、"食品安全示范街"争创活动,发现问题及时整改。

(杨文彪)

7 月 28 日,"一帮一"推广会 (区私个协供稿)

【开展活动 56 次】 年初,制定开展活动实施办法及活动目录,指导各分会有计划开展各项活动,推进协会活动制度化与常态化。全年开展各类活动 56 次,参与会员 1436 人次。3 月 5 日及 10 月 18 日是本市"光彩服务日",组织各分会开展义务服务活动。5 个分会分别组织辖区会员在社区、养老院、军营等地为群众提供义务电器维修、理发、消费知识培训等多项服务活动。金顶街分会组织服务行业会员成立"光彩服务队",除"光彩服务日"外,主动开展 10 余次义务服务活动,为社区、军营、敬老院群众提供义务理发、修理自行车、修理电器等 400 余人次。在"八一"前夕,金顶街分会慰问当地部队官兵;苹果园分会慰问私个从业者中的复转军人,并组织召开座谈会。10 月 28 日,举办第二届"京汉杯"羽毛球比赛,140 余名会员报名参赛。区协会和各分会全年举办各类专业知识培训讲座 10 余次。苹果园分会组织辖区会员参加的"新生活杯"保护知识产权知识竞赛,金顶街、鲁谷分会组织生产企业劳动技能比赛,八角分会、鲁谷分会多次在社区举办消保维权知识

讲座等。

（杨文彪）

【对接帮扶济困】 精心组织，广泛动员，通过一对一、一对多、多对多等形式完成全区低保户与私个会员企业“帮扶济困”对接工作。古城分会率先启动“爱心助残”，与辖区残联沟通，筛选出困难残疾人家庭中有不满12岁子女的20户家庭，作为关爱对象，保证孩子们在18岁成人之前，每天赠予一袋牛奶。其他分会会员有的以现金资助学生就学，有的为低保户学生免费提供运动鞋等，帮扶方式灵活多样，效果明显。帮扶活动中，理事带头、企业党支部带领党员参与，各分会结合实际开展对接。7月28日，召开“帮扶济困 回报社会”一帮一活动签字仪式暨推广大会，有1000余户低保户与私个企业对接成功，帮扶款物合计20余万元，得到区政府有关部门认可和低保户群众高度评价。

（杨文彪）

居民生活状况

概　　述

年内，区统计局、经济社会调查队发挥统计调查部门职能，以提高统计数据质量为中心，不断完善统计基础工作，坚持实事求是，优化服务质量，为各级领导决策提供科学依据，为区委区政府了解和掌握人民生活、收入分配等社会经济发展情况提供调查数据。住户调查的相关民生指标已列入政府全面小康统计监测和科学发展评价考核体系。截至年底，全区有300户常规居民家庭调查户和50户常规居民低保家庭调查户，街道覆盖率分别达到100%和56%。据居民家庭生活抽样调查资料显示，本区常规居民家庭人均可支配收入为31936.39元，同比增长13.8%，居民家庭人均消费性支出为21343.01元，同比增长12.9%，人均存入储蓄款31840.3元，比上年增加6594元；人均社会保障支出3690.45元，比上年增加174元。

（邢瑞华　谭召辉）

【居民收入】 居民家庭人均可支配收入为31936.39元，同比增长13.8%。从收入构成来看，人均工资性收入23839.49元，同比增长12.3%；人均经营性收入135.45元，同比下降57.6%；人均财产性收入390.35元，同比下降6.1%；人均转移性收入12190.74元，同比增长17.1%。人均工资性收入和转移性收入占家庭总收入98.6%，两项收入分别拉动居民家庭总收入增长7.1个百分点和4.9个百分点，这两项收入已经成为居民家庭收入主要来源。工资性收入增长的主要原因：一是元旦、春节、“五一”及“十一”期间，部分单位发放过节费及年终奖金、业务提成对累计工资收入拉动明显，经济形势转好，部分单位发放年终奖金有所提高，1～12月，人均工资性收入大于5000元的人数较上年增长35%；二是单位发放各种购物卡数量及金额均有所提高，购物卡消费直接拉动消费市场；三是最低工资标准从每月960元提高到1160元，增幅超过20%；人均转移性收入增幅有所增长，离退休人员收入增速已经超过在岗职工收入增速，主要原因是政府继续加大转移支付力度，完善社会保障待遇标准与物价上涨挂钩的联动机制，在年初上调企业离退休人员基本养老金、最低生活保障金等各项社会保障标准基础上，自7月起再次上调包括基础养老金、福利养老金、失业保险金、最低生活保障金、伤残津贴在内的多项救助性社会保障标准，并于7月和11月分别向企业离退休人员和低收入人群发放一次性生活补贴。各项社会保障标准连续提高和生活补贴发放促进居民家庭转移性收入快速增长。出租房屋收入增长较快。随着楼市调控政策频繁出台，新住宅成交量明显下跌，楼市转冷的同时，房屋租赁市场则迅速升温。租房需求增大在一定程度上推高租金上涨。居民人均出租房屋收入同比增长5.5%。另外，利率上调带来存款利息收入增长明显。居民人均利息收入83元，同比增长43.6%。

（邢瑞华　谭召辉）

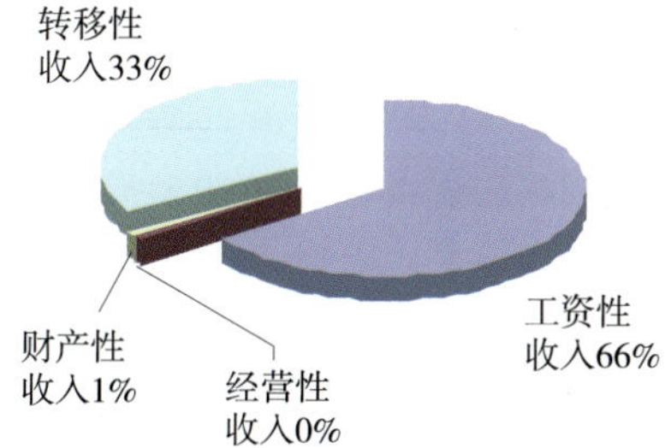

城镇居民收入情况分类示意图

【消费支出】 居民家庭人均消费支出21343元，同比增长12.9%，增速比上年同期上升2.2个百分点。八大类消费七升一降，增长较快的支出分别是其他商品和服务、居住、教育文化娱乐服务三类支出，同比分别增长37.4%、23.3%和22.3%；医疗保健支出在八大类消费中增速最低。食品、教育文化娱乐服务和交通通信支出对消费增长的拉动作用最强，分别拉动消费支

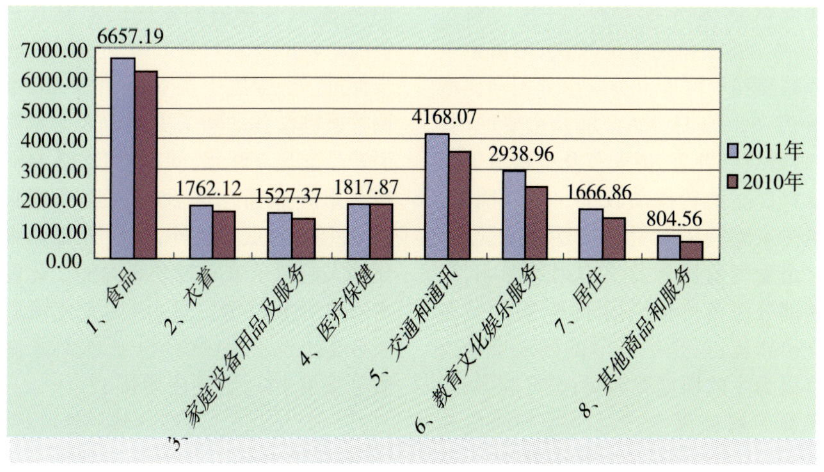

城镇住户2011年和2010年消费情况对比

出增长2.1%、2.5%和2.7%。主要原因:1.受节日促销、食品消费价格指数不断升高及政府扩大内需出台一系列利好政策及单位发放购物卡增多影响,居民消费增长明显,中秋节期间,购物卡消费已经成为居民最常见的消费方式之一。2.家乐福、永辉超市和华普等大型超市推出花样繁多的食品价格优惠活动,对食品消费拉动较为明显,水果高产及蔬菜波动对食品消费起到助推器作用,人均食品支出保持着平稳增长,中秋节期间的月饼热卖更是为食品消费添加新的增长点,情人节和圣诞节期间糖烟酒饮料类消费为食品消费注入新动力。3.随着居民手存现金逐渐宽裕及家电以旧换新政策带动,居民购买家电、交通通讯及娱乐用品积极性增加,并带动居民消费呈现出波浪式增长,居民消费理念和消费模式更加广泛和新颖。4.房屋租赁市场发展迅速,国家出台房屋调控措施虽然对居民购买房产产生抑制作用,但在一定程度上刺激房屋租赁,人均租赁房支出增长明显。5.生活水平提高带动旅游发展,居民外出参观旅游范围不断扩大,尤其是国际旅游线路的不断增加和人民币升值带来出境游费用下降,使居民家庭出国旅游现象日益增多。

(邢瑞华　谭召辉)

【食品支出】　人均食品支出6657元,同比增长7.1%,拉动消费支出增长2.1个百分点。恩格尔系数为31.2%,同比下降1.7个百分点。其中,人均在外饮食支出为1599元,同比增长0.5%。由于价格上涨较快,肉禽蛋水产品类和干鲜瓜果类支出分别同比增长22.6%和11.1%。增长主要原因:一是元旦、春节、情人节及中秋节等节日对食品消费拉动较上年更加明显,居民家庭购买年货积极性逐步提高;二是受气温反常及供应因素影响,年初部分蔬菜价格高居不下,拉动蔬菜支出增长;三是中秋节的到来带动以月饼为主的糕点类消费,肉禽类、奶粉类及干鲜瓜果类产品也受到居民热捧;四是节日文化拉动饮食消费,大型庙会及有春节特色的年夜饭增加在外就餐消费。

(邢瑞华　谭召辉)

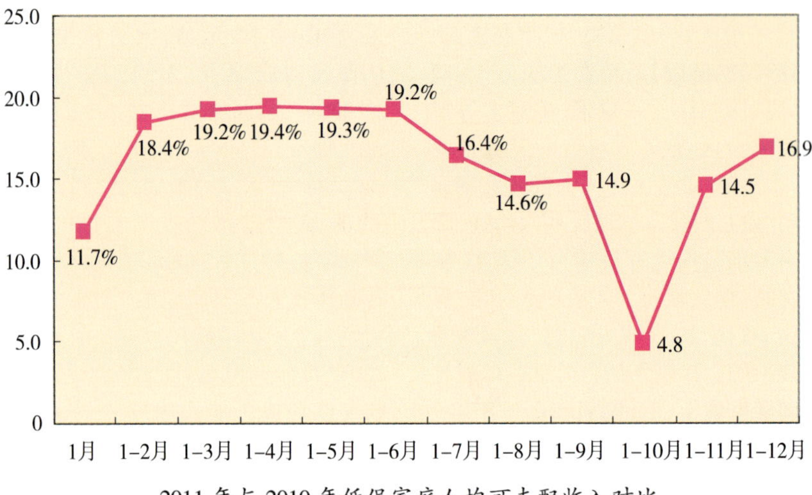

2011年与2010年低保家庭人均可支配收入对比

【衣着支出】　人均衣着支出1762.12元,同比增长11.6%。其中,人均成衣服装支出1292.89元,同比增长15.8%;人均鞋类支出394.94元,同比增长1.7%。1~12月衣着类消费增速提高,居民家庭购买衣着不只数量增加同时更注重提高品质,以成衣服装为例,人均购买衣着数量由上年8.49件增加到当年的8.72件,居民家庭购买衣着单价金额也有所增加。

(邢瑞华　谭召辉)

【家庭设备用品及服务支出】　人均家庭设备用品及服务支出1527元,同比增长13.8%。家庭设备用品及服务快速增长主要由耐用消费品的快速增长所带动。随着居民对生活品质的要求逐步提高,耐用消费品更新换代速度加快,家具及室内装饰品的增置日益普遍。以旧换新政策的继续实施进一步促进居民家庭中洗衣机、电冰箱、空调等家庭设备的购买更新。人均耐用消费品支出749元,同比增长32.1%,拉动家庭设备用品及服务支出增长11.9个百分点。此外,社会分工的细化和人们对于家庭劳动观念的变化促进家政服务市场发展,居民家庭家政服务支出也出现较快增长。人均家庭服务支出130元,同比增长12.4%。

(邢瑞华　谭召辉)

【医疗保健支出】　人均医疗保健支出1817.87元,同比降低0.4%。其中,人均医疗费支出595.93元,同比降低7.9%;人均保健器具支出同比增长3倍。人均药品费支出902.29元,同比降低3%。药品费支出占医疗保健总支出的49.6%,居民购买药品支出仍是医疗保健的主要支点。随着健康意识加强,居民更青睐于购买保健器具。

(邢瑞华　谭召辉)

【交通和通信支出】　人均交通支出3101元,同比增长21.5%,拉动消费支出增长2.6个百分点。其中,人均家庭交通工具支出为1506元,同比上升3.6%。受汽车保有量提高和汽油价格上涨影响,居民车用燃料及零配件支出、交通工具服务支出同比分别增长51.0%和95.7%。人均通信支出1067元,同比上升2个点,其中,通信工具支出同比增长32.4%,购买移动通信工具支出增长是主因;通信服务支出同比下降4.4%,电信费下降是主因。由于居民家庭购买移动电话数量和档次均较上年同期提升,居民人均购买移动电话机支出同比增长28.2%,其中所购买的移动电话机单价同比上涨7.9%。由于运营商通过优化资费套餐、下调漫游资费和超时语音单价、调整宽带费用等方式,进一步降低移动电话资费和上网费,居民人均电信费同比下降3.2%。

(邢瑞华　谭召辉)

【教育和文化娱乐支出】　人均教育文化娱乐服务支出为2939元,同比增长22.3%,拉动消费支出增长2.5个百分点。人均团体旅游、参观游览支出同比分别增长47.0%和18.7%，共同拉动教育文化娱乐服务支出增长8.3个百分点。居民教育费用支出呈现校内学杂费支出持续下降、校外非义务教育支出迅速增长的态势。一方面，由于近几年政府继续加大对教育的投入，教育覆盖面不断扩大，居民家庭教育负担逐步减轻，义务教育和非义务教育阶段学杂费支出明显下降。人均义务教育学杂费同比下降24.8%；非义务教育学杂费同比下降32.9%。另一方面，随着社会平均受教育程度提高和竞争加剧，居民家庭教育观念逐步增强，不仅越来越注重对孩子的教育培养，也更加重视自身素质提高。人均托幼费、家教费和成人教育费同比分别增长2倍、12倍和62.5%，共同拉动教育文化娱乐服务支出增长11.4个百分点。

（邢瑞华　谭召辉）

【居住支出】 人均居住支出1667元，同比增长23.3%，拉动消费支出增长1.5个百分点。居住支出增长主要受住房支出中的租赁房房租大幅增长所带动。房地产市场房屋租赁价格快速上涨推动居民租赁住房支出迅速增加。人均租赁房房租支出129元，是上年同期的2倍，拉动居住支出增长3.9个百分点。另外，人均水电燃料及其他支出727元，同比增长11.5%，拉动居住支出增长4.5个百分点。

（邢瑞华　谭召辉）

喜迎兔年　（陈茂全　摄）

【杂项商品及服务支出】 人均其他商品和服务支出805元，同比增长37.4%。其中，人均购买金银珠宝饰品支出247元，同比增长2倍，拉动其他商品和服务支出增长20.3个百分点。受金银价格快速上涨影响，居民日益注重黄金珠宝等保值性商品的消费。居民购买金银珠宝饰品的支出继续增加，拉动其他商品和服务支出快速增长。

（邢瑞华　谭召辉）

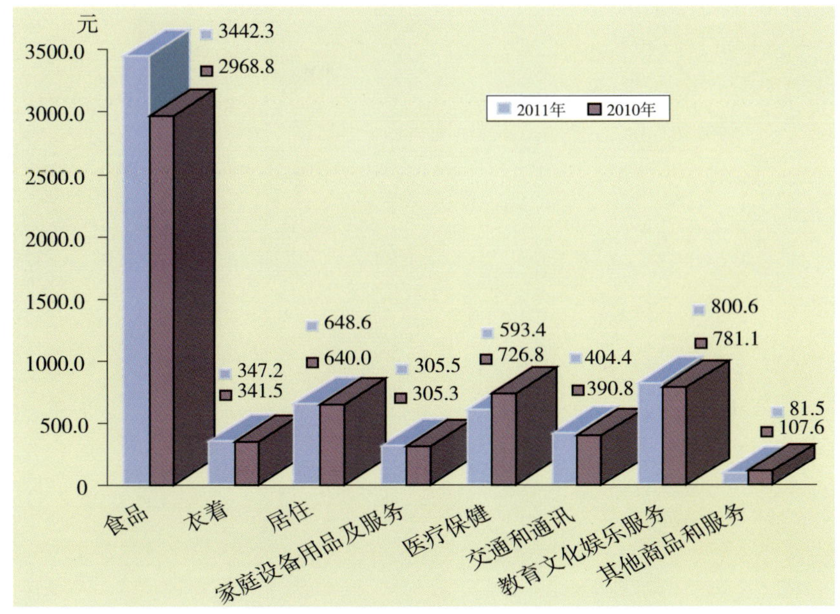

2011年与2010年低保家庭居民八大类消费结构对比

【每百户家庭耐用消费品拥有量】 每百户居民家庭耐用消费品拥有量：家用汽车34辆、洗衣机97台、电冰箱103台、彩色电视机142(其中接入有线电视网络的电视机106台)、家用电脑101台(其中接入互联网的电脑87台)、组合音响16套、摄像机19台、照相机81架、钢琴5台、中高档乐器6件、微波炉86台、空调器167台、淋浴热水器96台、消毒碗柜8台、健身器材7件、固定电话92部、移动电话211部(其中接入互联网的移动电话29部)。

（邢瑞华　谭召辉）

【收入增速加快】 低保家庭人均总收入为8550.4元，比上年增加1179.4元，增长16%；人均可支配收入为7841.9元，同比增加1132.7元，增长16.9%。人均工资性收入1240.1元，增加125.7元，增长11.3%；人均养老金或离退金收入946.3元，增加95.5元，增长11.2%；人均社会救济收入5451.1元，增加1073.7元，增长24.5%，其中，人均最低生活保障收入4854.7元，比上年增加884元，增长22.3%。社会救济占总收入的比重为69.5%，同比增加4.3个百分点。拉动低收入人群收入增长的主要因素有：1.低保标准提高。低保标准由1月份430元提高到480元，7月份又提高到500元，比上年增长16.3%。2.最低

工资标准由960元提高到1160元，增长20.8%。3. 政府在7月和11月先后向低收入人群发放一次性生活补贴粮油补贴及过节费。4. 退休金及福利养老金增加，福利养老金由每人每月200元调高到每人每月230元，增加30元，7月再次上调至250元，增长25%。

（邢瑞华　孙晓亮）

【低保家庭消费“六升二降”】 政府关注民生、提高人民生活水平的政策措施密集实施，低收入群体的收入水平不断提高，家庭生活水平得到明显改善。在家庭主要消费食品、居住、教育和医疗等基本生存资料上呈现特点是，收入增速加快，消费“六升二降”，生活质量不断提高。低保家庭人均家庭总支出为7172.7元，比上年增加369.7元，增长5.4%；人均消费性支出为6623.38元，增加361.5元，增长5.8%。从消费结构看，八大类消费支出同上相比，呈现出“六升二降”。“六升”：人均食品支出为3442.3元，比上年增加473.5元，增长15.9%；人均教育文化娱乐支出为800.6元，同比增加19.5元，增长2.5%；人均居住支出为648.6元，同比增加8.6元，增长1.3%；人均交通和通讯支出为404.4元，同比增加13.6元，增长3.5%；人均衣着支出为347.2元，同比增加5.7元，增长1.7%；人均家庭设备用品及服务支出为305.5元，同比增加0.2元，增长0.1%。“二降”：人均医疗保健支出为593.4元，比上年减少133.4元，下降18.4%；人均其他商品和服务为81.5元，同比减少26.1元，下降24.3%。

（邢瑞华　孙晓亮）

【生活质量提高】 67%的低保家庭有厕所浴室，65%的低保家庭用上暖气，63%以上的低保家庭使用上管道天然气，与上年相比三项指标均提高3个百分点。洗衣机每百户拥有量为71台，电冰箱每百户拥有量为86台，家用电脑每百户拥有量31台、沐浴热水器每百户拥有量63台、移动电话每百户拥有量为73部，分别比上年增加1台、1台、5台、4台和11部。接入互联网的计算机每百户拥有量为28台，比上年增加7台。

（邢瑞华　孙晓亮）

社会建设

社会领域党建及社会建设

概　述

中共石景山区委社会工作委员会(简称区委社会工委)是负责本区社会建设工作的区委派出机构,石景山区社会建设工作办公室(简称区社会办)是负责本区社会建设工作的区政府工作部门。机关行政编制17名,其中:区委社会工委(区社会办)书记(主任)1名,区委社会工委副书记1名,区社会办副主任2名,科级领导职数4正2副;机关工勤事业编制1名,随自然减员逐步核销。年内,以推进社会服务管理创新为主线,以"围绕中心、服务大局、拓宽领域、强化功能、实现社会领域党建全覆盖"为目标,贯彻落实市社会服务管理创新推进大会精神和区社会建设推进大会精神,构建区域化大党建格局;以街道、社区党建联动体制为保障,不断完善工作机制,有效整合力量,创新活动载体,树立党建品牌,提升服务水平,不断深化社会建设理论成果、制度成果、实践成果,努力开创全区社会建设新局面。推进社会领域党建工作创新,完善商务楼宇"五站合一"工作机制,探索社区党委成员"1+X"组成模式,深化"社区联建门店"模式。截至年底,全区有商务楼宇工作站35个、非公基层党组织171个,实现对全区139个社区、35个商务楼宇、规模以上非公企业的全覆盖。开展星级争创活动,对57个五星级党建示范社区、45个星级优秀党务工作者和82名星级优秀党员进行表彰。推进社区规范化建设,完善社区服务设施,90%以上的社区用房达到350平方米的标准,114个社区服务站达到50平米的标准,实现"一门式"服务;加强社区工作者队伍建设,出台《石景山区社区工作者考勤管理及休假制度》,组织社区居委会主任、服务站站长、社区工作者进行培训,完成第一期31名大学生社工人才的培训培养,对上年度"十佳大学生社工"进行表彰奖励,组织近1300名社区工作者进行健康体检。开展"一刻钟社区服务圈"建设,探索"千百十"便捷家园建设,全区有64个社区达到区级"一刻钟社区服务圈"标准,其中市级示范点达到11个。发展社会组织建设,成立3家社会工作事务所,重点开展矛盾化解、为老、助残等便民利民服务;完成474家社区社会组织备案登记工作,推出"公益反哺"志愿服务激励模式,区志愿者联合会下属协会增加至18个,志愿者人数达到3.6万人。

地址:石景山路18号
电话:88699851
邮编:100043

(王　磊)

【规范商务楼宇工作站建设】 1月,正式实施关于加强商务楼宇工作站建设的实施意见。明确党建工作站、社会工作站、工会工作站、团建工作站、妇联工作站职责,规定工作站按照"五个一"基本标准进行配备:一间独立的20平方米左右的办公场所,一套健全的工作制度,一个宣传阵地,一套完善的办公设备,一套规范的工作站标识;规定每个商务楼宇为工作站提供20平方米左右独立的办公场所,各商务楼宇允许工作站共同使用会议场所;规定每个工作站设工作人员3~5人,其中站长1人,规模较大的楼宇可设副站长1人,规模小的楼宇可设联络员1人。站长、副站长、联络员由街道(鲁谷社区)、园区负责选派优秀人员担任;规定区财政每年给予每个工作站3万元作为基础保障经费,确保商务楼宇工作站的办公场所租赁费、办公耗材费、宣传用品费等各项经常性经费支出。营造工作站有人干事、有钱办事、有场所议事的良性运行环境。

(王　耿)

【社会领域党建研讨】 按照继续深化社会领域党建"一月一典型"项目推进成果的要求,全年分区域召开3次研讨会。每次确定一个主题,就基层党建面临难题及"六化"要求(党建工作理念现代化、党建布局合理化、分类指导常态化、载体建设丰富化、工作方式项目化和制度保障体系化),充分交换工作经验与看法,理清工作思路。5月20日,在东片区召开"社会工作党委运行的实践与思考"研讨会,找准定位,统一思想,八宝山街道、老山街道、鲁谷社区作重点发言。8月12日,在中部召开"商务楼宇工作站运行机制及非公企业党建研讨"研讨会,苹果园街道、八角街道、古城街道作重点发言,总结街道、园区好的做法;指出存在问题,集思广益,研究解决办法。12月16日,在西片区召开"强化基层党组织服务职能"研讨会,金顶街街道、广宁街道、五里坨街道作重点发言。总结近几年来各街道完善基层党组织服务职能的做法,分析不足,研讨改进办法。年内,组织开展"关于不断扩大社会领域党建覆盖面的实践与探索"专项调研,被评为区"优秀调研报告二等

8月12日,召开中部研讨会　　(区委社会工委供稿)

奖"。

（王　耿）

【开展星级争创活动】 2月16日，根据关于在社会领域开展"星级争创"活动的通知要求，在社会领域开展星级党建示范社区、星级党员、星级党务工作者争创活动。实行分层创建、分类指导、分档考核、分段推进，通过三个"星级争创载体"，确保活动开展有抓手，活动创建有内涵，并将其作为巩固和拓展深入学习实践科学发展观活动成果的重要举措以及党的建设一项经常性重要工作。6月29日，召开社会领域纪念建党90周年暨党建工作推进会，57个五星级党建示范社区（其中9个由区委表彰）、45个星级党务工作者和82名星级党员获得表彰。对达到"四星级"标准的社区和党员、党务工作者进行街道范围表彰，对达到"三星级"标准以上的社区统一挂牌，营造典型引路、争当先进的良好氛围。

（王　耿）

【41个社区实现规范化建设】 以区政府名义下发社区党组织、居委会、服务站三定方案，合理界定社区党组织、社区居委会和社区服务站的职责任务，进一步细化各自的具体工作和服务项目，合理确定人员编制，科学制定规范的工作流程，奠定社区规范化管理基础。列入社区规范化建设试点的41个社区全部通过市社会建设工作领导小组验收。截至年底，139个社区中114个社区服务站达到50平方米标准，实现社区党组织、社区居委会和社区服务站的相对独立，并与街道综合服务大厅相对接。

（董妍君）

【加强社区办公用房建设】 对全区139个社区中未达到350平方米以上标准用房的41个社区进行实地调研。除建设难度相当大的7个社区外，其余34个社区办公和服务用房项目经区长办公会和区长现场办公后，均列入开工建设项目，区财政拨付建设经费3087万元。截至年底，7个项目已完工，其余项目通过征求居民意见、设计图纸、进行预算等进行前期筹备；参与新建小区前期设计规划并提出建设性意见，10个新建小区社区用房面积均达到和超过350平方米标准。

（董妍君）

【创新社区民主自治模式】 坚持居务公开与民主监督管理，由街道组织居民对社区居委会班子成员进行民主测评，探索社区居委会与业主委员会相互协作沟通的机制。继续推广"新居民互助服务站"经验成果，创新服务方式，拓展服务功能，延伸服务人群。做好社区公益经费的使用和管理工作，实行社区公益经费项目化管理，由社区居民会议讨论通过，拓展使用范围，切实发挥社区公益经费社会效益。推广"市民劝导队"经验做法，与区综治办、公安分局、文明办、民政局、志愿者联合会联合下发相关文件，明确劝导队职责，结合实际组建不同形式的"市民劝导队"，开展"市民劝导队"试点工作，动员社区居民参与社会服务管理工作。

（董妍君）

【完善首钢居民小区服务】 针对首钢搬迁后家属区存在的社会问题，采取多种方式完善首钢居民小区管理和服务。加强社区党组织领导，发挥社区居委会的自治和社区服务站服务居民的职能，重点解决社区物业管理、社会治安、便民服务、社会矛盾疏导等方面问题。加强社区服务设施建设，将首钢小区社区办公和服务用房建设纳入本年度建设项目，使首钢居民生活、服务、活动配套设施得到全面提升。发挥社区公益性就业组织的作用，开发面向社区居民和驻区单位服务以及作坊式的社区就业岗位，使首钢富余分流人员实现多形式的社区就业。通过政府购买服务形式，对首钢"周末家庭"儿童开展日常心理健康教育，对老人开展形式多样的助老、文体活动，解决首钢社区居民的实际困难。

（董妍君）

【"一刻钟社区服务圈"建设】 区委区政府落实市政府折子工程，将"一刻钟社区服务圈"列入为民办实事项目。召开推进会，结合地区实际，有序开展"一刻钟社区服务圈"建设。全年有64个社区达到区级"一刻钟社区服务圈"标准，其中市级示范点达到11个。以"完善公共服务、强化基础设施、扩大便民网络、打造特色精品"为目标，以古城街道推出的"千百十"便捷家园服务模式（即以千米地域和千户居民为基本服务单元，由百家优质商户和百支社区志愿者团队为基本服务队伍，提供10大类社区基本公共服务和社区自选的10项公益服务及特色服务）为试点，打造具有石景山特色的"一刻钟社区服务圈"，使服务圈的服务内容更加丰富，服务功能更加完善，服务机制更加健全，在方便居民的同时吸引更多居民参与。

（董妍君）

【推广公益反哺家园】 3月3日，召开苹果园街道公益反哺家园试点推广会，总结苹果园志愿者协会试点经验，在全区9个街道（社区）推广公益反哺家园的创新实践活动。主要做法是"一卡积分、量化考核、定期奖励、十年反哺"。"一卡积分"是由街道制作公益反哺积分卡，记录志愿者的服务时间、项目，并作为兑现奖励的凭证，同时考评志愿者服务质量；"量化考核"是细化考核量化标准，并依据积分卡情况对志愿者实行星级认定；"定期奖励"是设立公益反哺基金，按照不同的星级对志愿者定期进行奖励；"十年反哺"是对年满70周岁或因病、因残等原因退出平安志愿者队伍的公益反哺家园荣誉志愿者，在其年满80周岁前，由街道通过公益反哺基金为其每月购买服务。

（李明轩）

【实施便民工程129项】 投入资金6500万元，协调实施便民工程129项。按照便民工程管理办法要求，以优化社区环境、方便居民生活为目标，以群众满意为标准，配合区发改委完成定点供应商建库、工程立项、资金预算、招投标、项目实施等工作。进一步统筹资源配置，注重调研创新，工作中把握"一二三"（即修订一个办法，打造两个平台，坚持三个更加注重）三条主线，着力在全区范围内打造一批民心工程、惠民工程和精品工程。

（董妍君）

【购买专业社工岗位】 年初，启动购买专业社会工作岗位试点工作。通过调研，针对社区居民对社工服务需求比较集中的养老服务、心理咨询等方面，在9个街道(社区)和金顶阳光社工事务所进行试点，按照每个岗位每年3万元标准，购买13个社工岗位。通过签订三方协议，明确社工委、用人单位、社工各自职责，并以协议为基础，对社工的工作业绩和服务水平进行评价考核。

(董妍君)

【新建3个社工事务所】 在探索建立金顶阳光社会工作事务所的基础上，先后扶持培育以自闭症儿童康复为主要业务的小飞象社会工作事务所、以参与式养老服务为主要业务的乐龄老年社会工作服务中心、以收治孤残幼儿为主要业务的源泉儿童之家等3家社会工作事务所。基本形成以帮扶老年人、孤残儿童、低收入家庭、重点人群(吸毒、两劳释放)等弱势群体为主要内容的社会工作事务所体系建设。

(李明轩)

【政府购买公共服务】 年初，与区民政局对全区社会组织开展公共服务项目需求和资金需求进行摸底调查。按照购买公共服务领域的界定，对申报项目进行筛选，最终确定47家社会组织的56个公共项目，资金需求2748.854万元。起草关于政府购买公共服务的论证报告，经区长办公会同意，区财政每年拿出300万元专项经费用于购买社会组织公共服务工作。通过项目申报、评审、立项和项目实施等工作环节，购买全区35个社会组织提供的公共服务项目。加强项目管理和专项资金使用监管，制定购买公共服务实施办法、购买公共服务实施方案等文件。同时，通过广泛动员、具体指导，为全区16个公共服务项目申请到市社会建设专项资金125万元。

(李明轩)

【社区工作者队伍建设】 通过在全区层面开展社区党组织书记、居委会主任、服务站站长骨干人员培训，在街道层面开展社区工作者全员培训，进一步提高社区工作者骨干力量的能力和水平。出台社区工作者考勤管理及休假制度，对社区工作者工作时间、日常考勤管理、各类休假及请假审批程序进行详细规定，明确休假待遇、规范管理。根据市民政局部署，面向社会公开招录10名社会工作者；与区人力社保局联合招录10名随军家属到社区工作；与区委组织部共同组织大学生社工人才成长工作室，完成第一期31名大学生社工人才的培训培养。设立“社区图书专架”，有效搭建社区工作人才学习培训、交流沟通、施展才华的新平台。尝试竞聘上岗机制，在试点社区开展服务站副站长职位公开竞聘。成立社区工作者协会，开展各类活动，增强社区工作者的归属感。继续采取大学生社工到区、街相关职能部门挂职等形式，加强对大学生社工的培养、教育、管理，为社区建设发展积蓄后备力量。

(董妍君)

社区党建

【概况】 全区有9个街道，139个社区。建立党组织的社区137个，其中建立党委77个、总支38个、支部22个。街道社区党委、总支下设支部586个，其中居民党支部584个，流动党支部2个；社区在册党员31240名，其中60岁以上党员26195名，35岁以下党员1250名。年内，社区党建以机制建设为抓手，初步形成区、街、居三级区域化党建格局。在区级层面，建立起区委统一领导、组织部门牵头、社会工委具体负责、各有关部门密切配合的分类管理与分级负责相结合的社会领域党建网络化管理体系。在街道层面，在全市率先规范街道社会工作党委，充分发挥统筹协调引领作用，形成以党建资源整合带动多种社会资源整合为特点的“大党建”；探索创建出商务楼宇“五站合一”工作模式，并在全市推广。1月1日正式实施关于加强商务楼宇工作站建设的实施意见，工作站从机制、职责、标识等方面得到统一和规范。在社区层面，探索试点社区大党委模式，建立起社会单位党组织、社区党员民警等参与社区建设的工作机制。针对基层党建面临难题及新形势下如何提高党建工作“六化”要求，组织召开“片区研讨会”，总结经验，培树典型，查找不足，研究办法；深入开展创先争优活动，依托“星级争创”和“共建双承诺”平台，强化创建机制，细化创建内容，量化创建标准，激发社会领域党建活力，努力构建双向促进、双向受益，共同提高的党建工作新格局。

(王　耿)

【“共建双承诺”活动】 3月15日，区社工委与区直机关工委共同举办“共建双承诺”主题活动，57个社区党组织与机关工委下属57个基层党组织结对共建，签订共建承诺书，共同开展党组织活动，构建双向促进、双向受益、共同提高的党建工作新格局。11月10日，根据区“共建双承诺”推进大会精神，将未参加共建承诺活动的80个社区与机关、学校、企业结成对子。至此，全区137个社区党组织与相关单位全部结对共建。

(王　耿)

【“五个红”庆祝建党90周年】 广宁街道工委以市、区关于创先争优活动的指示精神为主线，以加强党的基层组织和党员队伍建设为核心，按照区委“组织创先进，党员争优秀，群众得实惠”目标，结合创先争优活动，开展“五个红”系列活动。举办红色课程，各基层党组织带领广大党员认真学习党章，重温入党誓词，增强党性和为人民服务的意识。组织红色走访，通过结对帮扶、重点关怀等方式，走访慰问老党员和困难党员，帮助解决实际问题，将党的关怀和温暖送到每一名困难党员家中。进行红色表彰，举行纪念建党90周年大会，对6个先进党支部和33名优秀共产党员进行表彰，鼓励学习先进典型，发挥党组织战斗堡垒的核心作用和党员的先锋模范作用。开展红色承诺，结合地区和党员自身实际，围绕“我是党员我承诺，我为党旗添光彩”这一主题开展承诺活动。开展群众性红色纪念活动，各基层党组织开展唱红歌、吟红诗、看红影、说红事等系列纪念活动，为庆祝建党90周年营造良好氛围。

（姜　月）

【创星级示范社区】　广宁街道开展“星级”示范社区创建工作。按照评比条件，制定创建方案，在“星级党建示范社区”创建中，将创建内容细化为组织是否健全、作风是否民主、管理是否规范、工作是否有效、诉求机制是否畅通、活动机制是否新颖、社区服务是否优质、群众是否拥护等5大项20小项。同时，对党组织软弱涣散、发生严重影响社会稳定群体性事件、民主测评满意度低于84%等7种情况实行三星级以上一票否决。结合社区情况采取“纵学、横学”的方式，组织走出去学习其他街道社区工作和街道内社区相互学习交流。通过检查材料、实地检查、群众满意度测评等方式，东山社区、高井路社区、新立街社区通过区五星级党建示范社区验收组的检查验收。在社区开展“星级党员”和“星级党务工作者”评选，与创先争优活动紧密契合，进一步细化“星级党员”“五带头、五争当”标准；将“星级党务工作者”内容细化为模范作用好、党建业务好、创新成效好、工作业绩好、群众反映好。选出“星级党员”4人、“星级党务工作者”3人。

（姜　月）

【创先争优点评活动】　五里坨街道各基层党组织围绕推动首都科学发展、促进社会和谐、服务人民群众、加强基层组织的总要求，以履行职责、兑现承诺、发挥作用作为主要内容，采取会议集中点评、深入社区即时点评、个别谈话重点点评、党员支部相互点评等方式，开展创先争优点评活动。点评内容围绕党支部班子、支部书记和党员在创先争优活动开展以来所取得的成绩和存在的不足等多个方面进行。点评中讲真话、动真格、指缺点、摆问题、提要求。通过点评活动增强基层党组织的凝聚力，提高党员对创先争优活动的认识，进一步深化创先争优活动。9月9日，区委巡视组对街道创先争优活动开展情况进行检查督导，给予充分肯定。

（介卫星）

【全面推行党务公开】　五里坨街道党工委成立党务公开领导小组，明确公开责任，实现领导、机构、人员“三到位”。制定实施方案，健全责任制度、依申请公开制度、审批制度、监督员制度、检查考核制度、意见收集制度、责任追究制度和资料归档制度。7月29日，召开党务公开工作推进大会，明确党内公开以会议、文件、党员活动以及办公网、局域网等形式进行，社会公开以党务公开栏、电子显示屏、电子触摸屏、监督电话、意见箱等形式进行。投资2万余元，更换机关党务公开电子触摸屏，为社区安装党务公开宣传专栏3块、意见箱6个。年内，18个基层党组织（1个机关党支部、11个社区、5个非公经济党支部和1个离退休党支部）全部实行党务公开。

（介卫星）

【“十个一”系列活动】　五里坨街道以“十个一”为载体庆祝建党90周年：通过看展览、知识竞赛等形式组织一次党史教育，组织党员代表、党代表等20余人召开一次庆祝建党90周年座谈会，各社区举办一次纪念建党90周年巡回书画展，以“庆祝建党90年·促进西部大发展”为主题举办一次红歌演唱会，依托“我是党员我承诺”和“双为”工程开展一次特色实践活动，邀请区领导以区“十二五”规划为主要内容作一次主题党课，走访慰问一批困难党员，组织一次捐款活动，向地区广大党员下发一封《倡议书》。

（介卫星）

【探索“小区域大党建”格局】　八宝山街道根据辖区实际，及时分析研究，探索形成“社区党建联席会”、“党建联建”、“流动党员驿站”等特色党建工作方式，较好地解决新形势下社会领域党建的组织平台，形成组织保障、互信共进的“小区域，大党建”氛围，实现辖区党建共赢。

（严　峻）

【创特色星级党建示范社区】　八宝山街道辖区内各基层党组织根据各自不同的特色积极开展创建星级党建示范社区建设活动。将争创活动与构建和谐社区、服务居民群众相结合，延伸开展党员设岗定责、党员示范楼院、党员志愿服务等活动。“将惠民服务进行到底”的永东北社区党委、点燃“幸福的红蜡烛”的四季园社区党委，开创“党建联建门店”的玉泉西里西社区党支部、实施“三联三共”的瑞达社区党总支被评为区“五星级党建示范社区”。

（严　峻）

【创新人才后备制】　鲁谷社区建立并完善党组织书记后备人才“双推一审一考一定一建档”制度，推行“职业化管理、专业化培训、市场化运作”的管理、培养和使用模式，后备人才库建档25人，其中4名入库人才担任居民区党组织副书记。

（马玉秋）

【党建工作新发展】　鲁谷社区按照“党组织找党员、党员找党组织，把党员培养成业务骨干，把业务骨干培养成党员”发展模式，在“两新”组织中新

6月16日，“身边的楷模”先进事迹报告会　　（苹果园街道供稿）

成立党支部1个,发展预备党员9名。利用北京长城网建立党支部空间,发布工作信息和图片500余条。严把好党组织"选民登记、安保维稳、组织宣传、意见征询"四个重点环节,顺利选出14名区第十一次党代会代表、17名街道人大代表。根据区党务公开目录,将社区党务公开目录从18个三级目录细化为58个四级目录,通过党务公开栏、政府信息网、社区宣传平面媒体等渠道及时发布有关信息。策划和开展以"红色庆典、红色记忆、红色荣誉、红色旅程、红色联动"主题的庆祝建党90周年系列活动,激发各级党组织和广大共产党员干事创业的积极性。

(马玉秋)

【社会领域党建】 老山街道召开社会工作党委年度工作会,明确党委工作形式和内容,开展履职交流,确保社会领域党建工作权责明确、有效实施、共同监督。开展非公企业摸底调查,地区有企业58家,有党组织企业1个,党员56人,其中,商务楼宇企业33家,党员23人。承办构建大党建格局现场研讨会,加强与其他9个街道的沟通交流,探索社会领域党建工作模式。

(佘振钢)

【营造和谐政治氛围】 老山街道组织开展庆祝建党90周年系列活动15项。以提高党员政治素养和党务水平为目标,开展建党90周年知识竞赛;以彰显党员、群众对党的拥护为目标,开展"党的光辉历程"征文活动;以增强组织凝聚力为目标,开展走访慰问老党员、老干部和困难党员帮扶活动和"机关党员干部下社区解难题、送温暖"主题党日活动;在党员中开展"党员寄心语"活动;举办纪念中国共产党成立90周年暨"七一"表彰先进和文艺演出活动;组织地区党员560余人参观纪念建党90周年主题展览《一切为了人民》;在长城网建立"社区之家""红色港湾"门户,发表贴子44篇,其中2篇被评为精华文章。

(佘振钢)

【"四相结合"活动】 古城街道注重"四相结合",开展庆祝建党90周年活动:与建设学习型党组织相结合,以开展"回眸入党成长路、践行宗旨创新篇"为主题,组织形式多样的党性教育活动;与建设服务型党组织相结合,对地区建国前入党的老党员、困难党员、困难党务工作者尤其是首钢分流安置中困难党员群众等在"七一"前夕进行集中走访慰问,帮助他们解决或反映实际问题和困难;与建设和谐型党组织相结合,组织地区老党员代表、优秀共产党员代表、部分党代表、社区党组织和非公、商务楼宇党组织负责人代表参加的"感恩祖国热爱党"座谈会,开展"心声向党诉"党员寄语活动;与建设创新型党组织相结合,开展"四个一周"活动,即党史学习周、红歌传唱周、电影观看周、爱心奉献周。

(孔 徽)

【评选身边楷模】 建党90周年之际,苹果园街道组织评选出辖区7位身边的楷模。通过宣讲垦荒英雄杨华、志愿者楷模任增主、社区服务模范梁金才、"艺精德馨"的双拥标兵朱宝光、爱心企业家郝彦田、"群众心目中的好党员"贾树庆、诚实守信的好商户赵书兵等7位楷模事迹,创新教育载体,发挥典型引路作用。

(安 钢)

【基层党建获肯定】 苹果园街道下辖22个社区,地区党员总数达到5690余名。年内,"以评促建 以建促优"开展星级党建示范社区创建,细化66条具体标准(37项制度、办法,34条记录、表格,16项具体数据指标,7项一票否决),将140余页创建标准下发到各社区,组织3次集中整改。首批13个社区全面达到五星级标准,装备部社区成为全区标杆社区。制定《街道组工信息工作考核办法》等制度,建立街道《组工信息》。创新非公党建模式,非公企业星河出租公司党建模式得到市、区认可,抓学习、抓活动、抓服务的经验被市委组织部第21期《组工动态》登载。创新社会领域党建,创建"一核一基多支点"(一核心即街道社会工作党委,一基础即社区党组织,多支点即各社会单位)社会领域党建格局,"'三建三促'加强社会领域党建工作"被第42期《组工信息(专报)》刊发。

(安 钢)

【"四突出"促进社区党建】 八角街道突出分类管理,实现对离退休党员"属地管理"、在职党员"双重管理"、流动党员"动态管理"、下岗失业党员"温馨管理"。突出教育实效,结合区委党校、社区电教中心等教育资源和党员手机短信平台,集中开展党员教育,提高受教育党员覆盖率。突出党建合力,开展"社区书记沙龙",搭建社区党建研讨平台,充分发挥党组织成员"1+X"模式的区域联建作用,与北工大开展党建交流合作。突出服务群众,组织党员根据特长开展志愿岗位认领,推进零距离帮扶解困等服务活动,坚持开展党组织服务群众的品牌项目。

(孔存娣)

【"三个平台"推进党建信息化】 八角街道建立视频对讲系统,搭建党员即时沟通平台,连通街道18个社区居委会和机关内部10个专业部室,为街道、社区、党员网上沟通联络开辟流畅的实时在线视频互动通道。开通社区博客,畅通党员诉求平台,设立"社区论坛"、"社区议事"、"博主问答"等板块,加强与党员群众的交流。开设手机短信移动课堂,创新党员教育平台,建立党员通讯数据库,成立红色短信创作班,每周定时给机关社区广大党员发送创先争优、工作动态、换届纪律等原创短信,实现党员"随身、随时、随地"自主教育。累计发送各类短信万余条次。

(孔存娣)

八宝山街道

概 述

八宝山街道位于本区东南部,东起玉泉路,西至鲁谷大街,南起吴家村路,北至石景山路,辖区面积5.24平方千米。区域道路是四纵(玉泉路、雕塑中街、鲁谷东街、鲁谷大街)四横(石景山路、鲁谷路、莲石东路、吴家村路)，京九铁路、一线地铁从辖区内穿过。辖区常住居民2.5万余户、5.6万余人，流动人口6276余户、2.3万余人。根据区机构编制委员会《关于街道系统开展“三定”规定修订工作的通知》(石编委[2011]2号)精神，街道新增对辖区内业主大会、业主委员会的成立和活动进行指导监督的职责，调整社区建设、综合治理、信访、安全生产等促进和谐城市发展方面的职能；机构设置由原三部三室调整为12个内设机构，增加社会建设科、安全管理科，其中街道工委内设机构4个，办事处内设机构8个，行政编制由56名增至59名(含纪检、监察编制2名)，4名机关工勤事业编制，随自然减员逐步核销。截至年底有工作人员90人，区司法局、统计局设所派驻工作人员4人；下设14个社区。年内，围绕“大调整、大建设、大发展”的基调和建设“世界城市”目标，关注民生，维护社会稳定，主动作为，完成各项工作；坚持招商引资，引进企业147家，注册资金3.2亿元，其中注册资金百万以上的企业56家，完成便民工程15项。开展“作风建设年”主题系列活动。获市级“城市环境秩序百日整治突出贡献奖”、“安全生产月活动优秀组织奖”等荣誉。

地址：鲁谷东街18号
电话：68682169
邮编：100040

(严　峻)

【创建安全社区】 抽调专门人员，成立街道安全社区创建促进委员会(简称安促委)，成为全区首个启动安全社区创建工作的街道。协调14个社区的社会治安综合治理委员会完成元旦、春节、市及全国“两会”、清明、“五一”、“六四”等重要节假日、重大国事政治活动、敏感日的安保工作。全年组织各类整治行动25次，出动执法力量600余人次，出动车辆150余台次，发动群防力量1.2万人次；取缔无照经营45处，收缴非法经营物品150余件，查扣非法运营车辆45辆次，查处违法经营行为176起、非法散发小广告行为125起，收缴小广告2000余张；查收流浪违规犬180条，取缔烧鸡黑

八宝山玉泉西里中社区人口文化苑　　(八宝山街道供稿)

作坊1个，抓获贩售自行车1人；打掉卖淫团伙4个；警告12人，罚款7.5万元。按照“四早”(早排查、早发现、早报告、早处置)原则，进行矛盾大排查5次，排查出各类重大矛盾5起，建立重大矛盾会商机制、处科级领导干部大接访机制、定期排查和重点排查相结合工作机制等多项工作机制，基本实现社区“四无”目标。

(严　峻)

【互助服务站全覆盖】 建新居民互助服务站15个，有新居民互助队员96名，覆盖14个社区和一个新居民居住大院，涉及新居民2.3万人；配备14名计生工作人员和3192名信息员，及时掌握人口和孕情动态变化，形成“街道—社区—楼院长”网格管理的三级体系。配合相关部门开展联合检查18次，发现隐患出租房屋25户，群租房屋53户，签订预防煤气治安责任书385份，安装风斗246个，销毁各种不合格的炉灶具46个，排除各种安全隐患50余起，春冬季供暖期间无重大伤亡事故。

(严　峻)

【整治环境卫生】 开展百日整治“春风行动”、“查处违法建设，消除安全隐患”专项整治行动等活动，成立联勤联动专项执法队。全年出动人员540人次，出动车辆120车次，取缔无照经营、非法小广告86起，大排档8起，其他影响环境秩序问题39起。同时对违章建筑采取高压态势，关口前移，共拆除违建面积4755.59平方米。启动老旧小区规范化试点改造工作。组织发动群众、志愿者、社会单位共计2500余人次参与针对白色污染、卫生死角、积存垃圾为重点的环境清理工作，出动80人次，车辆6台次，共计清除垃圾20余吨。组织出动人员2000余人次，投入扫雪车辆8辆，组织社会单位280余家，对辖区内积雪进行清扫。发放绿化、节水宣传材料22000余份，提倡低碳生活，美化家园。

(严　峻)

【扶贫帮困】 春节期间，为276户低保户560人发放过节费、临时生活补贴共计21.69万元。对60户低保特困人员发放优待购物券合计4.8万元。慰问困难家庭31户，送去慰问金1.55万元及米、面、油等生活用品，为辖区特困居民向区红十字会申请困难补助金2.5万元。维护残疾人的合法权益，对残疾人进行培训和教育，提高残疾人就业率；借助社会力量，活跃残疾人群众性文化体育活动，增强残疾人自强、自立的信心，促进残疾人更好地融入社会。全年发放低保金254万元，报销药费24万元，新审批22户47人，停保81户。审核报销优抚医药费

66人次,7.5万元。审核报销原民政医药费20人次,5.4万元。

(严 峻)

【规范住房保障】 住房保障工作在昕证会制度走在市、区前列基础上,年内又在档案管理、制度规范化建设方面取得成效,住保规范化建设经验在全区进行推广。9月,在区纠风办组织的检查评比中,获得全区第一名。10月,市住保和监察部门领导到街道调研住保档案管理和制度化建设,并在全市推广。全年完成政策性住房审核805户,备案后重新核查54户,公开、公平、公正做好住房保障工作。

(严 峻)

【重视民生保障】 召开3次招工招聘洽谈会,永辉超市、国美电器、首钢物业、万达广场等34家企业参会,提供岗位空缺1000余个,涉及400多个工种,参会人数达1000余人,现场达成意向160多人,发放资料2000多份,现场接待咨询人数累计400多人,发放社保所联系卡2600多张。为社保窗口配备老花镜、针线盒、急救包等物品,完善集规范服务、延伸服务、承诺服务、人性化服务为一体的居民服务办公体系。全年办理就业登记证及再就业优惠证702人次,报销药费178人次45万元,办理领取失业金手续494人次、发放失业金251万元;全年办理65岁以上老年人优待证278张,办理60岁以上老年人老龄证131张,发放高龄津贴30人次3.3万元,办理养老(助残)券服务842人次9.56万元。

(严 峻)

【地区文化建设】 按照抓阵地求发展,抓队伍促提高,抓创作出精品的具体要求,本着坚持为居民办实事、办好事的原则,发挥街道文化站、街道图书分馆、各社区文化活动室及四季园文化广场的阵地作用,多方联系,为社区合唱团、舞蹈队聘请专业老师进行创作、编排动作,为社区文艺骨干团队添置比赛服装并组织开展各类社区文体活动。在市检一分院礼堂、国际雕塑公园组织街道专场演出2次,协助各社区在古城艺术节期间开展才艺展示、舞蹈比赛、读书征文、书画展览、联欢游艺等文化活动15次,参与人数7500余人次。

(严 峻)

【便民工程建设】 投入资金237.7万元,落实便民工程三类15个项目。对永乐小区56、62、63、68、82、83号楼楼前道路进行铺装改造,对三山园、四季园、永东南、鲁谷住宅、情报所等社区服务用房进行装修改造,对永东北、西里南、城管分队南侧道路等分别进行粉刷、门窗更换和塌陷修复,解决老百姓关心的部分热点、难点问题。

(严 峻)

【人口文化苑建设】 年初,街道将人口文化苑建设纳入为民办实事工程。投资30余万元,在玉泉西里中社区建成占地近2万平方米、"环境宜人、品位高雅、特色彰显、生动形象"的人口文化苑。融计生宣传教育、婚育文化、休闲娱乐和体育健身为一体,分人文浮雕区、主题雕塑区、健身休闲区和格言步道区等四大功能区,使社区居民在休闲娱乐中潜移默化地接受人口文化熏陶。

(严 峻)

【文明街道创建】 紧扣"做文明有礼的北京人"核心主题,指导开展群众性精神文明创建活动。重点结合建党90周年和市区"十二五"发展规划,组织开展"党在我心中"征文活动,征集先进党员典型故事10篇,推选3名优秀宣讲员参加区赛宣讲,分获二等奖和三等奖。在辖区举办区、街"'十一五'成就与'十二五'规划"大型形势教育宣传展,组织2338名干部群众参加"北京精神"表述语投票评选活动,举办"北京精神"进社区、进军营专场宣讲报告会。发挥党员志愿服务队、社区文明劝导队、环境志愿服务队、社区普法宣传队等志愿者作用,劝阻不文明行为,维护社区环境,组织开展"爱地球低碳环保"实践推广活动、"绿色出行文明交通时尚达人"活动,征集"我最喜爱的石景山"摄影作品25幅。"乐于助人是他无悔的选择"永东小区千禧贵龙理发店经理王乃贵的事迹载入《文明北京新市民风采录》。

(严 峻)

鲁谷社区

概 述

鲁谷社区位于本区东部,长安街西延长线南侧,东起鲁谷大街,西至五环路,北临西长安街,南与丰台区交界。辖区面积6.19平方千米,总人口10.9万人,其中常住人口9.5万人、流动人口4.2万人。辖区有居民委员会22个,中央、市、区级单位40家,各类商业服务网点800余个,小区物业服务企业21个。京广铁路贯穿而过,石景山路、鲁谷路、莲石路、鲁谷大街、银河大街、五环路等"三横三纵"6条主要街路经纬交错。辖区绿化覆盖面积265.4万平方米,绿化覆盖率40.41%。年内,围绕本区"打造北京CRD、构建和谐石景山、建设现代化首都新城区"的发展目标,以改善民生、构建和谐为根本,以求真务实、创新创优为保证,扎实推进社区各项建设创新发展,完成全年各项工作任务。获得市委"优秀基层党建工作创新项目"、市"环境卫生工作先进街道"等各级各类荣誉表彰22项。

地址:鲁谷南路8号
电话:68622901
邮编:100040

(马玉秋)

【治安防控零事故】 以平安建设为主线,以市区级挂账重点地区综合整治工作为重点,狠抓辖区社会治安防控。对重点地区进行联合排查整治,开展各类专项行动36次,查扣非法运营工具63辆,查抄黑门诊11家,检查无照经营180余家,清理非法小广告330余个。统筹5000人安保力量,打造网格化社区防控体系,做好全国"两会"等重点时段、校园周边等重点地区、铁路护路等重点事件的安全保障工作。采取定期排查、集中排查等方式进行3次矛盾纠纷大排查,受理群众来信来访158件次,调解群众矛盾纠纷221起。严格落实安全生产责任制,开展重点行业企业安全监督,检查生产经营单位689家,排查整改问题隐患

1850条。狠抓预防煤气中毒工作,实现连续四年煤气中毒零死亡报告。

(马玉秋)

【城市面貌新变化】 以精细化管理为重点,开展“百日行动”,创建精品大街,社区城市面貌得到改观。针对乱堆垃圾、乱贴广告、占道经营、无照经营等问题开展“百日行动”专项执法,明确网格联络员职责,与辖区内580家社会单位、物业公司、商业门店签订责任书。突出长安街、银河大街两条“精品街”建设,协调有关单位对高层建筑夜景亮化、对道路两侧空地全面绿化。与石景山供电公司、新华社、长城大厦等社会单位密切协调,完成屋顶绿化3300平方米。通过招募垃圾分拣员、抽调小区联络员、协调分类运输车辆等一系列措施,在久筑、新华社第二工作区、重兴园等7个社区初步实现垃圾减量、再利用的目标,垃圾分类覆盖人数达到辖区人口总数的30%。

(马玉秋)

【为民服务新成绩】 坚持面向基层、服务居民,群众满意度不断提高。争取到127万元市福利彩票资金支持,对社区服务中心大楼进行改造装修,群众活动场地得到改善;免费开放图书阅览室,完善电子联合借阅卡服务拓展功能,实现与全市图书资源的全面对接;利用电脑网络培训教室,免费培训辖区失业人员、离退休人员、残疾人和中小学生200余人次;与20家服务商签约开展6类为老服务,为孤寡、空巢老人提供家政、代购等服务9800小时,为1381位老人发放居家养老(助残)券138万余元;服务弱势群体,发放各类帮扶款项1110万元,审核保障房176户;倡导职康站残疾人分类管理理念,筹建托老(残)所2个,温馨家园被市残联评选为残疾人之家和先进职康站;强化宣传宣教途径,修建人口文化长廊,制作各类宣传折页5种3万余册、人口文化宣传笔5千支。

(马玉秋)

【就业率新增长】 建立空岗申报制度,对辖区范围内单位的在岗、空岗情况逐一摸底,一旦出现空岗,第一时间反馈给求职者。落实就业政策,鼓励失业人员自谋职业、自主创业、灵活就业,在政策上扶持、资金上支援,拓宽就业覆盖面。加强就业指导培训,聘请22名高中级职业指导师,为1300余求职人员进行就业培训,帮助他们明确求职意向、掌握应聘技巧。搭建就业平台,先后协调100多家社会单位召开8场定向招聘会,877人实现就业,完成就业目标任务的125.3%;就业困难对象再就业376人,完成年度目标任务的188.5%。

(马玉秋)

【招商引资6企业】 挖掘利用区域内资源优势,推进招商引资工作。通过完善辖区闲置土地和厂房性质、权属关系等台帐式管理模式,挖掘资源,为引资提供载体。采取多元的工作方法,运用网上招商、委托招商、电话招商、登门拜访等形式,巩固和扩大招商成果。通过加强对商家前期引导性服务,帮助投资企业开展生产经营所需的市场调查和投资环境考察等前期工作,专人协调办理立项、验资、注册、税务登记等各类手续,切实实现“引得来、留得住、服务好、发展快”的招商引资目标。全年引资6家企业,注册资金1528万元。

(马玉秋)

【志愿服务56万小时】 截至年底,鲁谷义工协会有注册义工1050人,团体会员7家,义工累计奉献时间56万小时,社会影响不断扩大。“五芳园护花服务队”、“六合画苑”、“七星文化茶座”等志愿服务品牌项目,广受群众欢迎。志愿服务组织志愿者自觉参加社区环境保护、邻里互助、助老助残、守护家园等公益活动,在居住小区内形成健康向上的人文环境、安居乐业的生活环境、文明礼貌的社会环境。

(马玉秋)

【实施9项便民工程】 投入资金320万,实施9项便民工程。更新维修社区服务中心宣传栏,改建扩建3个居委会办公用房,安装改造残疾人坡道。启动衙门口综合改造,完成项目民意调查、评估机构选定、公益性论证及风险评估等工作。12月9日,社区人大代表、政协委员、社区委员会代表对便民工程项目进行巡视验收及意见征询,获得各方好评。

(马玉秋)

【新建26个新居民服务站】 坚持“新居民互助服务站是新型流动人口自治组织”的建站原则,年内新建新居民互助服务站26个。通过提供更多公共服务,拓展互助服务站功能范围,使其成为新居民的健康关爱站、权益维护站、文化普及站、文体娱乐站、就业指导站、应急救援站、隐患排查站、党建

5月31日,首钢解合人员专场招聘　　(鲁谷社区供稿)

活动站，逐步推动新居民与本地居民公共服务均等化，增强流动人口的归属感和认同感。截止年底，社区共有新居民互助服务站30个，互助队员246人，新居民25955人。

（马玉秋）

【打造特色品牌文化】 传统特色文化活动品牌效应显现，举办第七届“和谐鲁谷”文化节、第八届“鲁谷杯”楹联征集活动，七星文化茶座出版新书《七星茶座——耄耋诗词选》，受到各方关注。发挥优势打造文化阵地，成立本市最大的民间象棋非营利公益组织北京五芳象棋研究会，全年为地区居民、艺术团、义工合唱团提供活动场所240余次，借阅图书790人次，提供电脑网络培训10期200人次，丰富居民的文体生活。开展职工关爱文化活动，在万达广场工作站建立“心理减压室”，在家乐福鲁谷店启动“开心到家”仪式，并出资10万元改善员工工作环境。

（马玉秋）

【计划生育服务】 严格落实目标管理责任制，与辖区居委会、社会单位、综合治理部门签订《计划生育责任书》51份。创建鲁谷社区“快乐爸妈·健康宝贝·和谐家庭”3H俱乐部，发挥专业社会机构、民间组织、志愿者等各方面力量，举办“孕期营养与保健”、“新生儿护理与保健”系列讲座，开设“幼教沙龙”，组织“亲子大赛”，为群众提供优质早教资源和专业化服务。关爱独生子女家庭，发放独生子女父母一次性奖励7万元，为39户独生子女伤残家庭发放特别扶助存折。加强流动人口服务管理，探索建立“依托党建、物管配合、计生指导、单位参与”的商务楼宇人口计生管理模式。发挥计生协会作用，为第十五届“幸福工程——为贫困母亲捐款”筹得善款46719元。

（马玉秋）

老山街道

概述

老山街道位于本区东部，东起玉泉北路，北至田村路，分别与海淀区接壤；南起石景山路，与八宝山街道相连；西至西五环路，与八角街道相接。辖区面积6.1平方千米，常住人口约4.6万人，其中：户籍人口28857人、流动人口7895人。辖区有中央、市属、区属企事业单位179家，农工商公司2个，商务楼宇2座，中小学校各2所。既有知识分子云集的高能物理研究所、中科院研究生院、玉泉医院、国家地震局搜救中心等单位，也有以首钢职工占多数的首钢居民区。根据区有关文件精神，内设机构调整为11个，其中工委4个，办事处机构7个；机关行政编制43人，副处级以上职数9人，科级职数18正2副；工勤编2人，随自然减员核销。街道实有人员70人，下辖12个社区居委会，社区干部95人。年内，围绕全区重点工作，以打造“石景山区东大门，构建和谐新老山，建设人居一流环境”为目标，统筹辖区经济社会各项事业协调发展，全面完成全年工作任务。获市“计划生育红旗单位”、“双拥模范街道”、“环境卫生工作先进街道”、“敬老爱老为老服务示范单位”等诸多市级以上荣誉，“社区社情恳谈会”、“流动人口党支部”被评为市综治管理创新项目。

地址：老山南路18号

电话：88972978

邮编：100049

（佘振钢）

【城市精细化管理】 落实精细管理、美化市容工作新要求，创立“六位一体”工作法。“六位”，即城管执法队员、环卫保洁员、城市管理监督员、街道城管干部、各相关部门、沿街企事业单位；“一体”，即网格化平台一体化。“六位一体”管理模式，就是以网格化为支撑，建立统一、高效、协调的工作机制，针对辖区99个网格分布，完成每个网格基本情况和人员配置一览表，使城市管理更加高效。开通“老山市容微博”，畅通社区百姓与政府的沟通桥梁，全年形成建议类信息28条，问题类信息33条，表扬类信息47条，其他信息68条，回复信息33条。

（佘振钢）

【区人大换届选举】 划分十个选区，设立登记站10个、登记分站90个，应登记选民人数22180人，实际登记22141人，登记率达99.82%。推荐候选人80名，确定正式候选人23名。选举日当天设立投票站20个，流动票箱10个，发出选票21722张，收回21722张，投票率达到98.1%，选举产生区第十五届人民代表大会代表13名，包括各政党、各人民团体推荐3名。

（佘振钢）

【安置首钢分流人员】 首钢搬迁调整，辖区分流人员较多。年内，加大政策落实力度，就业服务向企业、社区延伸，开办首钢分流人员就业再就业政策咨询班，开展职业指导、职业培训、职业介绍和政策指导等，共开设16期，500多人参加。做好组织关系接转工作，更新党统数据库，确保党员信息及时、有效、准确。做到就业与稳定相互依托，与开发同时并举，与保障有效联动，与维权紧密结合，不断提高就业质量。年内，通过单位招工、灵活就业和自由职业等多种方式，将除退休外的首钢分流人员全部安置到位。

（佘振钢）

【实施14项便民工程】 按照“民有所呼，我有所应，民有所需，我有所帮”的服务宗旨，根据居民反映和社区建议，重点围绕公共服务设施、社区功能配套建设和民生需求等确定便民工程14项。包括为7个社区居委会进行办公用房修缮，为公共裸露地面进行绿植铺装，对休闲健身广场改造，人口计生活动苑二期工程等，总投资475.5万元。加强便民工程建设管理，严格执行力度，全程监督工程质量和进度，推行“阳光工程”建设。加强工程竣工验收，严把工程质量关。

（佘振钢）

【服务辖区流动人口】 开展针对外来务工人员的“春风行动”专场招聘会，20余家单位提供24个工种156个就业岗位，吸引外来务工人员300余人，42人达成意向。以流动党员之家为依托，打造流动党员精神家园。全年开展各类流动党员学习培训12次，接受各级领导观摩6次、接待流动党员咨询500多人次。以新居民互助服务站为依托，带动引导流动人口的自我管理，建立新居民互助服务站，制作“新居民服务卡”。继续实行“以图管房，以房管人”和“一户一档”等工作，完善社区信息导航系统，辖区内的流动人口和出租房屋的新登率、更新率、核销率、迁移率，准确率达98%以上。

（余振钢）

【失业人员就业援助】 管理失业人员810人，接转失业档案1770份，办理失业登记913人次，核发求职证、再就业优惠证1835个，再就业优惠证年检注册1869人。空岗信息采集690个，完成指标115%；推荐成功209人，完成指标104%；职业指导745人，完成指标247%；城镇登记失业人员就业763人，完成指标144%，其中，单位招用54人，困难人员就业469人，办理灵活就业与自主创业277人。

（余振钢）

【开展民生保障服务】 发放各类保障金1330万，报销各类人员医疗费160万元，完成“一老一小”及无业大病医疗参保2204人，办理城镇居民养老保险241人，办理和发放社保卡2200张，完成退休人员养老金资格认证3664人，受理、发放丧葬补助25人12.5万。累计医疗救助114人17.2万元，高等教育新生入学救助12人5.25万元，为患重病的3人发放救助金1.4万元，为33位老年人安装“一按灵”自救仪器，节日为560户特困家庭和民政服务对象发放慰问品及慰问金合计金额约13万余元。为353户697人低保对象发放保障金358万元，帮困12.6万元。规范九养老饭桌管理，制定乐龄餐桌管理规定、乐龄餐桌服务公约，发放特殊老年人补贴券125万元，结算补贴金额7.5万元。落实住房保障政策，审核政策性住房222户，其中经济适用房申请家庭65户、限价房申请家庭119户、廉租房申请家庭38户。

（余振钢）

【打造温馨家园品牌】 街道辖区现有残疾人838名，包括肢体残疾、精神残疾、智力残疾、视力、听力、言语及多重残疾。“温馨家园”建设主要以地区公共活动中心为载体，提供服务于残疾人的各类综合性活动，使残疾人不出社区即可得到职业康复劳动、医疗康复服务、生活技能培训以及文化娱乐等各项服务。“老山东里温馨家园是街道助残的特色品牌。年内，成立“同心圆”助残服务队，全部由大学生志愿者组成，帮助残疾人进行康复训练，和他们聊天，陪他们户外活动等。创办残疾人“大课堂”，引入“课堂”式日常管理模式，将康复训练、讲座、培训、手工编织、文体活动、外出游览等适合残疾人的各种活动内容全部纳入“大课堂”范畴中。课程包括：象棋兴趣班、绘画培训班、乐理知识辅导讲座、小乐队、读书会、编织培训班等。辅导老师90%来自“温馨家园”内的残疾朋友，通过自教自乐形式，为社区残疾人提供融入社会、获取知识、展示自己的平台。依托“温馨家园”功能服务升级的契机，整合社区资源，达到“管理规范化、建设标准化、服务综合化、活动经常化”标准，使温馨家园成为爱心的“交汇点”和具有辐射功能的“轴心”，提升残疾人幸福指数。截至年底，160人享受残疾人生活补助，发放生活补助金41万元；221人享受助残券，发放助残券28万元；10人享受扶残助学补助，发放补助金1.7万元。

3月31日，温馨家园残疾人大课堂揭牌 （老山街道供稿）

（余振钢）

【全面推广为老服务】 街道面对老龄化加剧、老年人需求逐步多样化的挑战。以“九养”政策为指导，先后为老人提供家政服务、综合修理、咨询服务、用品配送、网上购物等服务。老年饭桌和日托所做到辖区全覆盖，为空巢老人提供午餐。“两节”期间开展为空巢老人，困难家庭送温暖、送亲情系列活动。整合养老服务资源，完善养老服务工作体系，推进养老服务社会化进程。

（余振钢）

【“红蜡烛”教育小组】 扶持一支由9名退休教师志愿组成的特殊家庭子女跟踪教育小组——“红蜡烛”，小组成员平均年龄70岁。成立10年坚持为来自离异、单亲、贫困等苦难家庭的孩子们辅导课程，架起学校、家庭、社会教育的桥梁，让特殊家庭子女和所有孩子能够同在蓝天下快乐成长。先后有68个孩子接受过小组辅导，其中16人走上工作岗位，11人考入大学，教育小组被社区居民亲切称为“红蜡烛”，被首都精神文明建设委员会评为“品牌文明团队”，受到各方面媒体关注。

（余振钢）

【社区社情恳谈会】 创立并不断深化社区社情恳谈会制度，全年召开近100次，民情民意事件解决率达到82.9%。通过多类人员参会沟通，建立治安类、城管类、民生类和其他类四本台账分类梳理，限定收集问题阶段、会商解决阶段和通报答复阶段三个阶段有问有

答，落实办理单、转办单、催办单和办结单“四单”并用动态督办，确保居民提出的问题有记录、有分类、有落实、有动态、有结果。

（余振钢）

古 城 街 道

概　　述

古城街道位于长安街西延长线上，是地区CRD规划中重要发展项目的聚集区和重要功能承载区。辖区总面积15.5平方千米，占全区总面积的18.2%；人口总数74031人，户籍人口40891人，常住流动人口33140人，多为汉族，还有满族、蒙古族、苗族等8个少数民族；下辖20个社区居委会，辖区企业2009家，其中内资企业1989家，外资企业20家。8月，内设机构调整为12个，其中工委内设机构4个，办事处内设机构8个，增加安全科和社区建设科；机关行政编制66人，副处级以上职数10人，科级职数19正10副。年内，狠抓“十二五”规划和CRD战略第二步目标的落实，完善街区功能，提升环境品质，改善民生保障，促进社会和谐，实现古城新的飞跃。获“城市环境秩序百日整治突出贡献奖”、“防范和处理邪教工作先进集体”等市级荣誉称号，获区级荣誉近百项。在市区以上新闻媒体刊登新闻稿件200余篇，其中在市以上新闻媒体刊登稿件65篇，在区报刊登新闻稿件100余篇。

地址：古城路6号

电话：68872356

邮编：100043

（孔　微）

【首钢分流人员安置服务】 4月2日，首钢分流人员社区保障计划在首钢影剧院正式启动。当年计划安置500余人，多数是“4050”人员。以社区为载体，以街道社保所为依托，确保分流人员不出社区就能得到基本的社会保障和劳动就业方面的便捷服务。在有条件的社区建立就业服务站，同时协调区烟草公司等单位，为有创业意向但家庭困难的人员提供创业资助金。开辟专门场所打造再就业同心家园，提供零距离服务；推出“职业指导私人顾问”特色服务项目，动员具有初、中、高级职业指导师资格的人员成为志愿服务者，义务担任一对一的职业指导顾问，开展就业政策解读、就业问题解答、就业意向分析、就业特长评估、就业岗位推荐等多项服务。关注分流人员心理健康，聘请2位专业资深心理咨询师，通过社区绿色心理疏导服务站，有针对性地为首钢分流人员免费提供心理疏导和情绪疏导服务，帮助他们渡过思想难关。

（孔　微）

【“千百十”便捷家园计划】 作为以首钢老旧家属区为主体、以城乡结合部为特征的地区，打造个性化“一刻钟社区服务圈”，运作具有古城特色的“千百十”便捷家园模式。“千”是服务范围以千米地域和千户居民为基本的服务单元；“百”是服务主体以百家优质商户和百支社区志愿者团队为基本的服务队伍；“十”是服务类别以十大类社区基本公共服务、便民服务和社区自选的十项公益服务及特色服务为基本的服务项目。年内，加盟的63家特约商户通过资格审查、实地考查、居民满意度调查等环节，与街道社区服务中心签约，成为百家商户联盟中的一员，并获得街道颁发的服务站点认证标识，为辖区居民、志愿者、老年人和残疾人等各类人群提供“三优”（优质、优惠、优良）服务。年初，全市“一刻钟社区服务圈”示范点古城路社区举行媒体开放日，接待《北京日报》、北京电视台及《京华时报》等10余家媒体实地考察。11月15日，市人大代表视察团到街道听取“千百十”便捷家园计划汇报，参观街道温馨家园、古城路社区再就业同心家园、心理疏导室及社区居委会办公活动用房等，对街道做法给予高度肯定，并提出建设性意见。

（孔　微）

【社区服务数字化】 利用现有网上业务办理系统，扩展人口计生服务、流动人口管理、社保住保信息和96156等电子平台的服务功能。同时在百度开设“古城街道住保办”博客空间，为申请家庭提供相关政策信息以及各类标准申报表格、资料下载服务，成为区内第一个开设住保网络平台的街道。开博第一天即实现近百人浏览量。此外，自主设计研发区内第一套“人口计生前台办公系统”，实现多项服务功能一体化，并在全区推广。

（孔　微）

【巩固再就业成果】 以“争优创先双结合”为手段，进一步巩固再就业工作成果。争，即争取辖区企业多方支持，搭建范围广、定位准的再就业平台，同时启动创业资金计划，鼓励自主创业。优，即从窗口服务到业务办理，提供贴心优质服务，开设首钢失业人员专门咨询窗口，方便办事群众。创，即创新失业人员职业指导模式，落实职业指导师私人顾问制度，使失业人员享受

4月2日，首钢分流人员社区保障计划启动　（古城街道供稿）

"一对一"职业指导服务，尽快走向就业。先，即依托社区工作站和"一线工作法"，定期到社区和居民家中走访，与失业人员保持长期沟通联系，做到上门服务业务争先。一结合，即再就业工作结合首钢人员社会保障计划，推出招聘活动、政策普及宣传等多项促就业措施。二结合，即再就业工作结合劳动保障系统升级，通过为失业人员换发新证的机会，扩大职业指导、数据库数据更新等工作的覆盖面和精准度。1724名登记失业人员实现再就业，完成年计划的196%。

（孔　微）

【全民动手美化市容】　环境志愿者管理规范化，发动群众成立"绿马甲环境卫士志愿者"队伍，实名登记，统一服装、印制志愿服务计时手册，实行按季度定期定量的奖励机制。纳入"千百十"公益反哺计划，发放志愿爱心卡，凭卡享受到地区近百家商户打折优惠服务。自管街巷作业专业化，对北辛安等整片式城中村规范作业标准，采用市场化方式，实行整体外包；对其他零散式边角地或无物业小区采取劳务派遣方式，成立地区专业保洁队伍。楼门环境维护自动化，建立楼门组长负主责，由楼门住户、积极分子、社区党员担任监督员、宣传员、信息员、劝导员的"1+N"楼门环境自助式管理模式，开展楼门文化建设，制止非法小广告，维护社区环境秩序。社会单位参与辐射化，依托地区"千百十"便捷家园计划项目中的百家商户联盟特约商家，成立地区"精细管理、美化市容、门前三包"自律协会，将商家环境卫生自管自律意识辐射到地区各行业；与城管分队合作，定期评选出一批"门前三包示范门店"，悬挂牌匾，树立典型；制订"门前三包"责任落实奖罚办法，激励一批、震慑一批、影响一批。群众发动多元化，社区老党员、热心的老年群众参与社区环境美化活动；组织地区企事业单位、各类社会单位青年开展市容美化志愿者行动；整合地区中小学校资源，开展"小手拉大手，家人爱家园"雏鹰环境美化行动、校社"1+1"结对活动，通过孩子带动家庭，学校与社区结对，发动更多市民参与精细管理美化城市活动。

（孔　微）

【新居民人口计生服务】　采取"433"模式加强新居民人口计生管理，构建平等计生。采取"四个定期"，即定期开展流动人口摸底调查登记、定期为流动育龄群众发放避孕药具、定期做好流动育龄妇女的孕情访视工作、定期举办流动群众优生优育知识讲座。开展"三项服务"，即为流动育龄妇女建立生殖健康档案服务、帮助流动育龄妇女选择适合的节育措施服务、特困流动育龄群众帮困服务。推动新居民与户籍人口实现"三同"，即同宣传、同管理、同服务。

（孔　微）

【社区服务建设规范化】　坚持"三加强、三全程"原则，推进社区服务规范化。即加强与土地产权单位协调，加强与社区居民协商，加强与主管部门协作，做到社区规范化服务建设管理全程跟进、监督全程落实、群众全程参与。全年申请800余万元资金实施4个居委会规范化建设项目，争取270万元实施14项便民工程，有效改善地区居民生活环境和社区服务设施。

（孔　微）

【招商引资71家】　围绕中关村国家自主创新示范区特色园区的定位，以"三个坚持"着力做好招商引资工作，引进企业71家，总注册资金达9500余万元。坚持以符合园区发展方向的企业作为重点引进对象，挖掘地区资源优势，搭建企业发展合作平台；坚持实施以商招商互利共赢机制、领导定点联系扶持机制、公共服务配套跟进机制；坚持优先美化中关村石景山园南区周边环境，建立"环境责任网格定位"工作机制，打造具有古城地域特色的无缝隙城市环境管理模式，为招商引资提供环境保障。

（孔　微）

【提升社区文化氛围】　通过"五个注重"提升社区文化氛围。注重构建学习型社区体系，形成以社区学院、市民学校、图书室、文化活动站、社区广场为主要阵地，以英语、绘画、书法等长期班和家庭理财、生活保健、卫生急救、家庭教育等短期讲座相结合为主要形式，以科技、文化、法律、卫生"四进"社区为主要内容的多层次、多渠道的学习型社区教育网络。注重社区文化团队建设，以"一社一重点、一区一特色"为目标，发展"天地人"等具有一定规模的民间文艺演出团体5个，"活力健身队"等社区文化团体百余支。注重社区文化品牌建设，以"打造精品，创出品牌"为指导思想，丰富"古城之春艺术节"品牌内涵，形成"年有计划、季有演出、月有活动"的古城社区文化活动特色。注重社区文化资金多元投入，通过"街道投一点、社区筹一点、社会单位帮一点、居民自愿掏一点"的方式，有效解决文化活动场地租赁和服装道具的保障问题。注重非物质文化遗产传承保护，老古城村秉心圣会入选首批市级非物质文化遗产，北辛安太平鼓传人李文学被认定为国家级北京非物质文化遗产传承人，传统文化重焕生机。

（孔　微）

【提高辖区维稳能力】　围绕"国家可持续发展实验区"定位，以"三个完善"切实提高辖区维稳能力。完善"大维稳"工作格局，发动治安巡逻志愿者1130人，成立20人专业巡逻队、50人应急分队加强社会面防控。开展"百日整治行动"，与专业戒毒康复机构合作开展"向日葵社区"创建活动。完善"大接访"工作机制，坚持领导包案、开门接访、主动约访、带案下访、定期回访等工作制度，引导信访人理性、有序、依法信访，引入行政调解，确保地区无重大群体性上访事件。完善"大安全生产"工作网络，自主开展星级安全社区创建活动，组织实施调查摸底基础工作大行动、火灾隐患排查整治专项行动、燃气安全隐患排查整治百日行动和安全生产综合治理行动，加强对出租房屋、地下空间、娱乐场所清理检查，对老古城村、北辛安村和首钢"厂中村"严密查控，摸清底数，消除安全隐患。全年地区无重大安全事故发生。

（孔　微）

八角街道

概　述

八角街道地处石景山区中心地带，辖区面积5.48平方千米，常驻人口11.6万人，其中户籍人口8.2万人、流动人口3.4万人。辖区有19个社区居委会，设有16个党委、3个党总支、2个直属党支部，下辖129个党支部、6447名党员。8月10日，经区委区政府批准，《八角街道工委办事处主要职责、内设机构和人员编制规定》正式实施。内设机构调整为12个，其中工委4个、办事处8个；机关行政编制67人，副处级以上职数10人，科级职数19正10副。年内，围绕全区"大调整、大建设、大发展"工作主基调，坚持全面转型、科学发展，以建设"绿色、健康、人文、和谐"新八角为目标，强化社会领域党建，完成党代表、人大换届选举，实施24项便民工程，创建特困人员住院押金垫付救助"绿色通道"；接受首钢解合人员677人，102人办理退休，557人实现再就业，就业率达97%；化解施工工地民工讨薪、长安家园居民供暖等重点矛盾纠纷38项，拆除违法建设13处1260平方米，查处黑车等非法运营30起、无照游商非法经营957起。获市"敬老爱老为老服务示范单位"、"社区信息化综合示范街道"、"语言文字规范化示范街道"等多项市级以上的荣誉。

地址：八角北路甲36号

电话：88982141

邮编：100043

（孔存娣）

【推进社会领域党建】 采取五项措施推进社会领域党建工作。打造党建品牌，促进党建工作品牌化，以庆祝建党90周年为契机深化创先争优活动，巩固完善"党组织关爱工程"项目化管理，其经验刊登在市委组织部第39期《组工动态》。搭建协调议事平台，促进基层决策民主化，完善社区党委成员"1+X"模式制度，保障社区单位经常性、制度化参与社区决策。延伸党建覆盖范围，促进党建工作规范化，规范商务楼宇综合服务站建设，在泽洋大厦等商务楼宇建设多站合一的服务示范站。加强党员思想教育，促进队伍管理科学化，利用党员电教室、党员活动日、党员手机短信平台等载体，定期对党员队伍开展教育。探索街校共建模式，促进党建工作开放化，加强与北方工业大学、区委党校合作，提高街道党建工作水平。

（孔存娣）

金色亲情服务队为社区服务　（八角街道供稿）

【社会领域统战工作】 采取四项措施加强社会领域统战工作。健全组织机构，成立统战工作领导小组，建立街道、社区、非公经济组织三级统战工作网络。夯实工作基础，制定统战工作例会、学习、慰问等制度，建立辖区统战人士电子档案，实行干部包片联系统战对象制度。创新工作方式，开通中小企业网页，搭建非公经济组织相互了解平台，实现服务信息化。深化双向服务，创建"总裁沙龙"、"人才培养与实践基地"，在新社会阶层聚集社区设立同心苑、温馨屋，开展统战人士"知社情、献良策、作贡献"活动。

（孔存娣）

【与陕西安康平利县合作】 1月18日，与陕西省安康市平利县签订合作意向书。双方达成以下合作共识：双方积极开展招商引资，促进经济合作；进行党建工作交流，增进文化往来，学习交流两地先进经验；共同开发北京到安康的生态旅游线路，推广安康的富硒产品，开展劳务输出。区领导给予肯定，提出双方要加强互惠互利，延伸细化合作内容，打造稳定的合作平台，在经济、教育、医疗卫生等领域开展广泛合作，实现共赢。

（卢瑞华）

【科级干部竞争上岗】 采用笔试、面试、民主测评、组织考察、自我评价与资历评价相结合的方式，选拔4名正科、2名副科级领导干部。借鉴市、区公开选拔领导干部的经验做法，委托市人事考试中心专业机构出题，题目设置科学、合理，贴近基层工作实际；引入资历评价，设定任职经历、工作经历和工作业绩3个项目，并将体现本人工作成果或亮点的立功、获奖情况纳入其中；面试采取"大评委制"方式，设置常任考官和群众考官，常任考官由处级领导组成，群众考官则涵盖机关、社区干部、地区非公人士和"两代表一委员"，面试成绩由两部分考官打分的综合成绩确定；民主测评机关全体干部参加，并组织处科级领导和科室人员40人参与考察，全面反映被测评者的真实情况。笔试、面试、资历评价按4:4.8:1.2的比例计算的综合得分作为任用人选确定的重要依据，同时参考民主测评和组织考察的结果，采用差额票决的方式确定最终的人选。

（孔存娣）

【街校合作人才培养】 推进与北方工业大学合作与交流，通过“三个对接”建立街校合作人才培养模式。干部培训与学校课程体系对接，北方工大制定培训方案，开展机关干部与社区干部培训，通过学校组织考试、街道质量评估，确保培训效果。决策咨询与专家科研课题对接，就“社区党建工作科学考评体系”、“居家养老”、“社区防灾空间调查”等问题，邀请北方工大专家顾问团开展调研，并将研究成果作为决策参考，指导社区实践。社区需求与院系志愿服务对接，18个社区与北方工大7个学院、3家社团全面对接，结合各社区需求和院系专业特点，推出3个社会实践基地、6个合作项目，19个社区品牌志愿服务项目。其中杨南社区五点半培训班、八角南里社区青春课堂、八角路爱心飞扬少年儿童陪护队等8个项目，顺利启动并推广。

（孔存娣）

【实施24项便民工程】 征集居民群众和居委会意见、建议，按照“三优先”（关系居民生活的项目优先、居民反应强烈的项目优先、影响社区安全稳定的项目优先）原则，重点解决居民最关心的问题和社区“老大难”问题。便民工程资金单独列支、独立核算、专款专用，聘请监理公司对工程材料、工艺、进度等进行全程监督，工程竣工实行便民工程领导小组、社区居委会、施工建设单位、监理单位四方验收。全年投资680万元，完成24项便民工程。其中，常规工程21项，投资423万元（自筹43万元）；规范化建设工程3项，投资257万元。

（孔存娣）

【深化地区就业服务】 通过搭建四个平台，深化地区就业服务。搭建企业、求职者对接平台，开展以招聘会为主要形式的就业工程，召开4次就业招聘会，安置失业人员1690人。搭建劳动者培训平台，采取专题和菜单自选式两种培训形式，举办培训班12次，培训失业人员380人。搭建大学生就业指导平台，组织开展“以创业促就业，先就业后择业”的大学毕业生就业安置活动，先后推荐45人实现就业。搭建全方位服务平台，建立健全就业困难人员动态管理和援助长效机制，加强社区就业服务工作站建设，将就业工作延伸到社区。

（孔存娣）

【开展和谐文化建设】 以建设和谐文化为主线，组织花会展示、夏日文化广场、老年艺术节，承办区第28届“古城之春”艺术节优秀节目展演暨夏日文化广场开幕式、全国科普日暨区科普益民服务宣传活动启动仪式等活动，举办“八角杯”全民健身运动会、“喜迎元宵佳节”第四套健身秧歌比赛、“廉政故事大家讲”演讲比赛、健康大课堂等活动。成立八角艺术团，原创歌曲《平安社区之歌》在全市“安全生产歌曲比赛”活动中，获二等奖，在区县排名第一。以八角北路41栋3楼门为标杆，培育推广楼门文化，北京电视台进行宣传报道。全年辖区共组织文体活动百余场次，参与居民2万余人次。

（孔存娣）

【打造“金色亲情”品牌】 全力打造北路特钢社区“金色亲情服务队”，成为地区志愿服务的优势品牌项目。制定服务队章程、管理办法和服务标准，设计志愿服务标识，建立志愿服务人员信息档案。根据居民意愿与特长，吸纳志愿者64人，坚持开展每月集中服务，预约上门服务。累计为居民提供理发服务1.02万余人次、修表7827块、磨刀5416把、医疗咨询2万余人次、修理电器水暖2700多件，“终极关爱小组”为50余名老人及其家庭送去温暖与服务。

（孔存娣）

【“绿色通道”帮扶特困人员】 创建特困人员住院押金垫付救助“绿色通道”。明确救助范围，低保人员和享受低收入救助人员在区定点医院自筹住院押金困难时，可向街道申请垫付救助；设立救助标准，特困人员住院押金由医院减免60%，街道负责垫付20%；规范返还程序，被救助人在完成医疗保险或新农合报销程序后，及时返还街道垫付救助资金；筹集救助基金，设立启动基金5万元，通过垫付—返还—垫付的良性循环确保基金有序运转；加强监督管理，严格救助申请、审批程序，与申请人签订承诺书，规定拒不返还救助金、冒领救助金的处理办法。

（孔存娣）

【完成企业注册55家】 采取三项措施推进招商引资工作，全年完成企业注册55家，注册资金2.1亿元，注册千万元以上的企业10家。优美辖区环境，提升地区人文环境，与投资方协商洽谈，将地区优惠政策宣传到位；提高工作效率，实施服务承诺制和限时办结制，建立绿色通道，开展“一站式”办公，为新注册企业服务到位；实行“全程式”跟踪服务，扎实做好后续服务，对落户企业实行分类管理、动态监测，帮助企业解决困难。

（孔存娣）

苹果园街道

概　　述

苹果园街道地处区北部，东经新四平台、晋元庄与海淀区搭界，南抵京门铁路，西起首钢福寿岭疗养院、礼王坟、金顶山一线，与金顶街街道连接，北依京西翠微、青龙诸峰与五里坨街道隔界，辖区面积13.13平方千米。街道所属社区22个，辖区人口12.45万人。8月10日，经区机构编制委员会审核，报区委区政府批准，《苹果园街道工委办事处主要职责、内设机构和人员编制规定》正式实施，内设机构12个，其中工委内设机构4个，办事处内设机构8个；机关行政编制67人，其中副处以上职数10人，科级职数19正10副；工勤事业编4人，随自然减员逐步核销。年内，以提高人民群众满意度为目标，以推进和谐社区建设为主线，以创新社会管理与服务为突破口，以维护安全稳定和改善民生为着力点，抓重点、破难题、创特色，区党代表与人大代表选举工作圆满完成，公益反哺家园活动在全区推广，深化新居

民互助服务站，完善食品安全监督机制，提高民生服务水平，地区经济社会实现又好又快发展。

地址：苹果园南路23号

电话：68872724

邮编：100144

（安　钢）

【完成两会代表选举】 “四注重四确保”完成党代表选举工作。注重领导，确保选举工作顺利；注重宣传，确保党组织和党员覆盖面；注重指导，确保严格按照程序；注重结合，确保工作长效化。编制的选举工作流程图在全区得到推广，16人当选区第十一次党代会代表。“四步走”完成人大换届选举工作。成立地区选举分会、选区工作组，组建选举工作办公室，设立组织协调组等7个组；采取多种形式开展选民登记阶段；发扬民主，公开透明做好提名工作；加强督察，确保选举顺利。21人当选区第十五届人民代表大会代表。

（安　钢）

【公益反哺家园在全区推广】 完成奥运安保任务后，从老人安全角度考虑，街道原则上不再动员、吸纳年满70岁以上的居民进行治安巡逻，社区巡逻志愿者由原来4836人精简到2500人，很多老人退出后无人管的现象开始出现，“社工荒”也初露端倪。街道党工委针对这个问题，提出建立公益反哺家园的设想，并创建“奉献——反哺——奉献”长效循环激励机制。3月3日，区委社工委召开“公益反哺家园”试点推广会，荣华和市社会办副主任周开让为街道反哺家园揭牌，公益反哺模式在全区正式推开，还在300万元政府购买公共服务资金里拿出62万元作为公益反哺基金，为“公益反哺”提供资金保障。年内，在街道22个社区全面铺开，先后组织22个社区书记、主任、治保主任，部分社区党员和19个社区1500多名平安志愿者进行培训，掌握“公益反哺”计分标准、管理办法及反哺待遇；为295名新增荣誉志愿者发放证书，于4月1日起开始享受公益反哺服务。进一步扩大服务人群与服务范围，动员流动人口、在职职工参加治安巡逻、认养绿地、捐款捐物等社区公益活动；对志愿者实行实名制管理，将服务内容和时间量化积分，录入系统，管理更加规范，社区居民参与志愿服务的积极性得到调动。截至年底，街道认定荣誉志愿者370名，2100人次享受公益反哺服务。活动基础扎实、贴近群众需求，各个环节链接顺畅，形成完整的运行体系，体现奉献——反哺——奉献的宗旨。市委《北京信息》第32期专刊刊发街道做法；12月3日，刘淇在西山枫林社区调研时给予肯定。

（安　钢）

【互助服务站增至20个】 因地处城乡接合部且紧邻轨道交通，辖区内常年居住大批外地来京人员。针对上述情况，创建新居民互助服务站，探索出一个让外来流动人口实现自我管理和服务模式，在认同流动人口社区新居民角色的同时，也让这些新居民更好承担起维护社区稳定义务。年内，扩大新居民服务人群覆盖面，成立20个楼房社区新居民互助服务站，惠及辖区流动人口32680人、出租房屋1812户。拓展提升服务内涵，形成集社区服务、医疗卫生、就业培训、文体健身为一体的长效服务体系，使新居民有效融入到本地生活。成立新居民踢踏舞蹈队、拉丁舞队、合唱团；协同有关部门为患败血病的新疆儿童筹集慈善款5万元，受到维族同胞称赞。

（安　钢）

【规范社工队伍建设】 全面梳理社区制度，制定完善8项社区管理制度，实现对社区人、财、物规范化管理。开展社区居委会班子民主测评活动，公开、透明、民主开展社区领导职位竞争上岗，58人纳入社区后备人才库。邀请5位来自不同领域的专家学者，为211名社区工作者进行为期一周的岗位培训。组织社区工作者参加全国社会工作师资格考试，有10人取得初级证书，1人取得中级证书；推进大学生社工培训工作，新起点大学生社工俱乐部被列入区委组织部人才项目；举办新起点社区大讲堂，为大学生社工提高素质、展示能力搭建平台。

（安　钢）

【安置首钢分流职工】 “四步走”做好首钢分流职工安置工作。做好首钢停产分流职工的信息登记工作，及时将分流职工的特长输入街道人才信息库，开办免费技能培训班，举办首钢停产分流职工专场招聘会。全年接收首钢解合人员档案1197份，约占全区20%，全部办理失业登记手续；举办5次专场招聘会，有1086人以单位录用、自谋、灵活就业、托底安置等形式实现就业。

（安　钢）

【民生服务实现全方位】 落实各项惠民政策，发放失业金1712万元，养老资格认证18964人次，失业登记2306

改造后的西井社区凉亭　　（苹果园街道供稿）

人次，办理社会保险手续2872人次，发掘岗位信息2600个，医疗保险审核4917人次，办理各类住房保障手续1067次，全年服务居民3.9万人。做好弱势群体帮扶与关爱工作，成立温馨家园周末沙龙，聘请心理咨询专家指导工作。推进养老服务工作，举办第一届老年艺术节，开展老年门球赛等活动。组织军工参加疗养、书画、演讲、征文等系列活动，举办第四届军工趣味运动会。创新海一社区的"企业加盟爱心助老"模式，初步形成党组织、党员、志愿者和社会单位多方参与的为老服务格局。

（安　钢）

【基础建设投入245万】 投资24万元为社区配置44台电脑和打印机，社区工作者基本实现一人一台电脑；完成苹三、苹四2个社区办公用房达标任务。投入221万元，完成西山枫林一11号楼地下室残疾人温馨家园基础装修工程、苹四扩建办公用房、海三社区硬化及健身器材安装、西井社区凉亭改造等12项便民工程，其中民生类5项75万元，基础建设类5项124万元，提升城市形象类2项22万元，建成、建好一批利民、便民、为民工程项目，受到地区百姓好评，群众代表向办事处赠送锦旗。

（安　钢）

【建立13支特色文体队伍】 打造苹果园地区文化特色队伍，先后成立"百人太平鼓队"、大学生社工文化特色队等13支特色文体队伍，加强文体协会基础建设，购置太平鼓、踢踏舞服装等道具和社区文化室拉杆箱、对讲机、话筒等，聘请专业老师指导，围绕"唱支山歌给党听"庆祝建党90周年开展系列文化活动。截至年底，街道有文体活动队伍98支，参与活动近2万余人次。

（安　钢）

【军地双拥办实事】 按照"突出攻难点、注重办实事、全力抓落实"工作思路，不断拓展双拥形式。根据辖区驻军较多的实际情况，新年、春节及"八一"双拥月期间，走访慰问辖区部队官兵5次，送去空调、食品等节日慰问品。召开军地双拥座谈会，邀请律师、心理医生为部队官兵解答工作生活中遇到的法律问题及心理问题。组织社区中小学生体验军营一日生活，提高青少年国防意识。经多次协商，军区营院办为军一、军二两个社区解决一间120平方米的社区及军工会议室。

（安　钢）

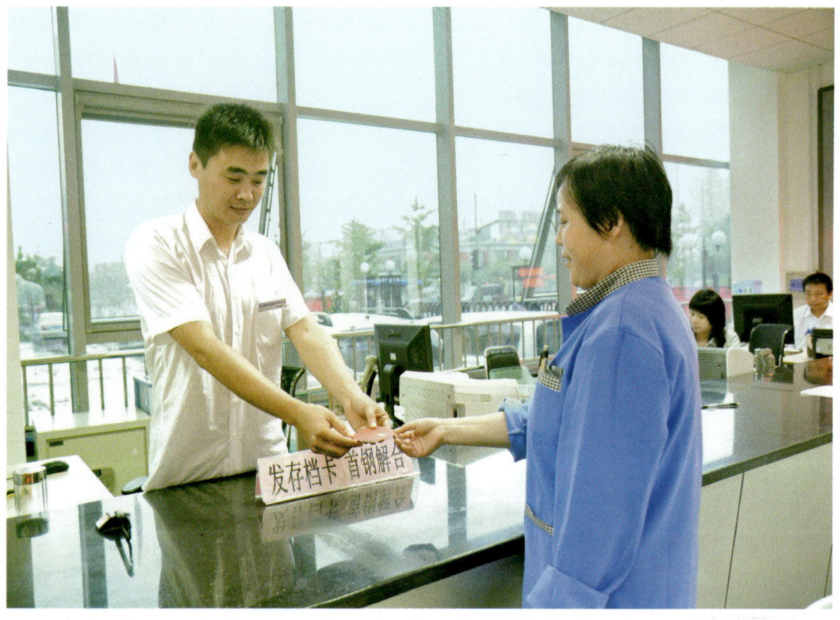

为首钢解合人员发放存档卡　（金顶街街道供稿）

金顶街街道

概　述

金顶街街道位于地区西北部，东以金顶山为界与苹果园街道毗邻，南以京门铁路为界与古城街道相接，西以黑头山为界与广宁街道接壤，北至蟠龙山与五里坨街道相接，辖区面积6.9平方千米，下辖16个社区居委会，地区人口31902户90887人，其中京籍人口78015人（首钢职工及家属约占户籍人口的90%），非京籍人口12872人。辖区内有中央、市、区、街属企事业单位近100家。8月，机构设置由原14个职能科室调整为12个内设机构，其中工委内设机构4个（工委办、组织部、宣传部、综治办），办事处内设机构8个（行政办、民政科、城建科、文教科、计生办、社区建设科、安全管理科、财政科）；机关行政编制68人，工勤事业编4人（随自然减员逐步核销）。年内，以"保民生、促就业，保稳定、促和谐，强管理、展形象，重服务、上水平"为工作目标，建设"五个金顶街"：社会保障和帮扶济困立足民生，建设宜居金顶街；地区维稳突出扎实有效，建设平安金顶街；城市管理实现三个转变，建设魅力金顶街；精神文明建设蓬勃发展，建设文明金顶街；党组织和干部队伍建设务求坚强有力，建设和谐金顶街。获市"社会领域先进基层党组织"、"敬老爱老为老服务示范单位"、"垃圾分类先进单位"、"节水型先进机关"、"第六届民族健身操舞大赛银奖"、"第八届全民健身体育节优秀组织奖"等荣誉称号。

地址：金顶街五区1号
电话：88711860
邮编：100041

（炼立颖）

【服务首钢富余人员安置】 针对服务对象数量多、难度大、任务重的特点，成立领导小组，建立对接、会商两个专项工作机制，做好政策咨询。开辟专门接待窗口，印制流程图，开展一对一职业指导和再就业优惠政策宣传，累计接待首钢分流人员8000余人次。开展以"送政策、送岗位、送服务、送温暖"为主题的入户走访活动，采集失业人员动态信息，把优惠政策宣传、落实、普惠到位。公益岗位优先安置首

钢富余人员，街居两级定期做好动态监测管理，建立跟踪服务机制，做好后期帮扶及各种社会保险知识宣传。年内，接收首钢富余分流人员档案2071份，1739人实现再就业。

（炼立颖）

【成立金顶阳光社工事务所】 创新社会管理模式，成立金顶阳光社工事务所。区政府安排配套资金50万元，采取“政府主导、专家督导、所长负责、社工服务、义工参与”运作模式，通过政府购买服务对社工事务所进行培育扶持，与首师大等高校合作，聘请相关领域专家对社工事务所各个工作环节进行全程督导；协调司法、公安专业力量进行指导，以社会工作者为主体提供专业服务，并动员志愿者帮扶弱势群体，化解矛盾。把保障性住房中低收入弱势群体和刑满释放人员作为重点咨询和服务对象，为重点人群提供帮扶。全年接待居民来访、咨询200余件，开展心理陪护、社区矫正、社区帮扶等工作60余次。

（炼立颖）

【完善社区维稳机制】 发挥网格化社会面防控体系作用，形成以街道综治维稳工作中心为主，社区警民恳谈会、社区内防控网格为基点的社区维稳工作管理精细化机制。中心设4个接待处（综治维稳接待处、城建管理接待处、信访应急接待处和人民调解接待处）及一个“涉钢问题接待处”，协调解决首钢富余分流人员及首钢职工家属的诉求。

（炼立颖）

【城市精细化管理】 成立地区城市管理综合指挥中心，健全细致化、标准化、常态化的“三化”工作机制，突出属地管理和统筹协调，以模式口村环境综合治理为重点，全面开展地区环境整治工作。劝离无照游商300余起，占道经营190余起，规范店外经营130余处，清除堆物堆料230多吨。对新生违法建设“零容忍”，拆除各类违法建设2678平方米。

（炼立颖）

【垃圾分类达标小区创建】 以“宣、教、化”为工作保障，创建3个垃圾分类达标小区。举办“节能减排我先行，环境保护靠大家”、“周四垃圾减量日”等主题宣传活动，提高广大居民的环保意识；以“制度化”为管理途径，推行生活垃圾袋装化制度，建立完善的生活垃圾收运体系；以“长效化”作为最终目标，建立20人的“绿袖标”指导员队伍。居民垃圾分类知晓率达到100%，可回收资源利用率为29%，可分解垃圾袋装化率达80%，垃圾减量率初步达到70%。

（炼立颖）

【深化新居民服务管理】 按照“以房管人、以证管人、以业控人”原则，“帮、查、防”并重，深化新居民服务管理工作。通过新居民互助服务站实现互帮互助，为流动人口提供免费的医疗咨询和体检、送医到流动人口聚居地、免费进行“两癌”检查及疫苗查漏补种；逐户登记、核对流动人口和出租房屋底数，完善重点人员、重点出租房基础台帐，保证信息准确性；抓好预防煤气中毒工作，做到宣传、检查、整改、责任“四个到位”。全年签订责任书2861份，发放整改通知书183份，发放风斗、弯头各1000个。

（炼立颖）

【推进便民工程建设】 征集34条便民工程建设意向，最终确定10项便民工程建设项目，投入资金235万元，其中自筹资金50万元。严格执行便民工程建设管理办法，从立项、施工到完工验收均按区发改委、社区办要求及程序开展工作。金顶西街首钢模西大门外南侧护坡加固工程、赵山九号楼前路口整修工程、模南小区三角地硬化、建居民休闲场所、模西模东老旧小区改造、石门路东侧山体加固护坡工程等10项便民工程年内全部完工。

（炼立颖）

【人口文化活动苑落成】 11月，投资50余万元、占地600平方米的金顶街人口文化活动苑在金二区社区广场正式落成。主要由人口文化主题浮雕和雕塑构成，将地方特色、人文特色和城市元素融合在一起，把人口文化和现代艺术巧妙结合。既富有现代生活气息，又宣传生育政策，同时也提升小区文化品位，凸显和谐社会建设主题。

（炼立颖）

【打造社区服务品牌】 以“立足实际、服务基层、方便群众”为宗旨，围绕“敬老型”、“创业型”、“文化型”等内容，开展“一区一品、提升服务、建设工作一流的特色社区”主题系列活动。推广金顶街四区“快乐大巴”、模西北社区“便民服务型社区”品牌。“夕阳美温馨服务站”、“绿丝带党员服务队”、“老年人日间照料室”等服务载体创新社区服务方式，拓宽社区服务领域；社会领域党建工作站联合房管所、物业、卫生服务站、石景山中学等单位，结对子、建友谊，利用社会资源优势，服务弱势群体。

（炼立颖）

【实施协会服务工程】 社区服务者协会着力实施“暖心、欢心、安心”三心服务工程，成为“党和政府信得过、群众离不开”的社会组织。截至年底，协会党总支拥有太极拳队、合唱队、舞蹈队、书画社队、文学社联合支部等5个党支部和61名党员，会员3000余人，协会团队13支。遵循“发挥组织在构建和谐社会中的协同作用”原则，实施主体、机制、载体“三项”创新，实现规范活动类、健全维权类、壮大服务类、发展救助类的工作目标。

（炼立颖）

【改善民生工作】 低保工作实现应保尽保，为1166户低保家庭、2434人发放低保金及生活困难补助金1436.6万元。住房保障工作全面推进，受理居民保障性住房申请639户，完成683户两限房和414户经适房选房签约工作，发放本市保障性住房配售、配租资格取消通知书264份。做好2062名残疾人生活困难补助及送温暖等工作，举办“海燕艺术团”成立一周年文艺演出等活动。探索地区养老新机制，打造“星光列车”、地区老年人餐桌、家庭式养老、邻里互助式养老、“爱心互助楼”等一系列为老服务品牌。建立便民服务网点，打造“一刻钟社区服务圈”，让居民就近享受“看单点菜”式的社区服务，提升满意度和幸福感。

（炼立颖）

【心系困难家庭】 实施“四送工程”，帮助辖区困难家庭解决实际困难。送政策到户解民忧，16个社区由街道领导以及各科室分别包片，到困难居民家中走访慰问，采取面对面以及电话走访方式解答居民提出的疑难问题，将基础信息及享受优惠政策意向进行采集。把优惠政策宣传到位、落实到位、普惠到位。送岗位到人解民难，针对困难家庭和首钢分流人员就业率低、大中专毕业生就业难等问题，进行摸底排查，协调劳动服务保障中心和用工单位，向困难家庭推荐介绍工作岗位。针对首钢分流人员，通过举办就业政策指导班，加大政策宣传力度，扩大政策知晓率，举办培训班106期，受益人数2000余人。送温暖到心合民意。建党90周年之际，开展“温暖国策百里行”、“为贫困母亲捐款”、“慰问特困老人”、“红十字会送温暖”等走访慰问活动。送服务到家安民心。对行动不便老年和残疾居民家庭登记造册，便民服务队、青年志愿者服务队及社区组织定期上门服务150余次，解决他们生活中遇到的各种问题，尽最大力量满足其服务需求。

（炼立颖）

广宁街道

概　述

广宁街道地处本区西部，辖区面积6.1平方千米，常住人口12212人，流动人口9230人。境内东南是由四平山、黑头山边麓形成的山地，与金顶街街道接壤；西部是沿永定河东北岸干涸的河滩与麻峪工贸公司企业，与门头沟区相邻；四平山北侧是由大唐国际北京高井热电厂及一些中小企业形成的工业区和沿高井排洪渠两岸形成的电厂住宅小区，与五里坨街道相接；南部为广宁村住宅小区。境内有丰沙、京门两条铁路穿过，广宁路、电厂路、双峪路、阜石路（含阜石路高架路）四条为市级主干道，有过境公共汽车线路12条。广宁村、麻峪村、柳林庄、电务三段、麻峪29号院小区及高井是境内6个主要住宅小区，并以此为主形成麻峪、高井路、新立街、东山四个社区。辖区设有一所中学、三所小学。广宁地区是本市电力主要生产基地，北京京能热电股份有限公司、大唐国际北京京西发电有限公司、大唐国际北京高井热电厂3家电力企业比肩立于此地，成为地区支柱产业和经济命脉；北京恒坤集团公司是新崛起的非公经济组织。8月10日，内设机构调整为11个，其中工委4个，办事处7个；机关行政编制39人，副处级以上职数9人，科级职数18正2副；工勤编制3人，随自然减员核销。年内，街道以迎接建党90周年为契机，开展“星级”党建示范社区创建，完成党代表和人大代表换届选举工作；创新社会管理，落实民生政策，维护地区安全稳定，城市面貌进一步改善，招商引资取得成效。获市“第十四届中老年优秀健身项目表演赛金奖”、区“第六次人口普查先进集体”等荣誉称号。

地址：广宁村新立街4号
电话：88992395
邮编：100041

（姜　月）

【开设老年日间照料所】 满足辖区老年人对日间照料的需求，街道与北京乐龄老年文化发展有限公司洽谈合作，于4月22日率先成立全区首家以社区参与互动为特色、社区专业照顾为核心的“广宁街道乐龄日间照料中心”。中心采取政府搭台、企业唱戏、公办民营形式，以“尊老爱老”为服务宗旨，突出“幸福养老、快乐养生”服务特色，按照爱心、细心、耐心、诚心、恒心“五心”工作标准，为辖区老年人提供日间生活照料、家政服务、康复护理、心理慰藉等方面高品质优质服务，使“故土难离”的老年人在家门口就可以感受到生活温暖，安享晚年。中心的成立受到市、区相关领导关注，市级多家新闻媒体进行报道。

（姜　月）

【新居民互助服务站】 注重新居民互助服务站软、硬件建设，按照“三个优先”，即党员优先、有威望者优先、能参加活动者优先，建立一支以流动人口为主的自帮自助志愿者队伍。发放“新居民一卡通”，使新居民能够享受看病、培训、政策咨询等多项服务内容。组织开展走访慰问活动，切实帮助流动人口解决实际困难。完成地区流动人口学龄前儿童的疫苗接种工作。开展流动人口和出租房屋基础调查工作，基础信息录入率、重点项目完整率和准确率均为100%。

（姜　月）

【社区综合管理服务站】 创新社会服务管理工作思路，以居委会辖区为界限，并参考社区类型、面积、历史沿革、人文环境等复杂因素，每1500～3000人（包括外来人口）设立一个综合管理服务站。根据社区特点，麻峪社区试点设立4个综合管理服务站，其中站长1名、网格员4名，做好责任区域内城市管理、流动人口管理、综治稳定和治安防范工作。与社区管片民警对接，提高服务站在社会治安防控、突发事件处理等方面的工作能力；与城管分队对接，及时报送站内违法建设、防汛隐患、环境卫生乱点等情况，为地区群众创造放心的生活、工作环境。

（姜　月）

【成立“新姐妹”协会】 根据辖区外省市户口的婚嫁媳妇数量多、年轻且无工作的较多等特点，组织推选有学历、年轻且热心社区工作的婚嫁媳妇建立“新姐妹”协会。通过问卷调查显示，地区59%婚嫁媳妇愿意参加计生部门“新姐妹”协会。协会活动以计生工作为主要内容，同时开展妇女工作及流动人口相关工作，通过为女性朋友提供全方位服务和帮助，使协会真正成为地区女性朋友的“娘家”。

（姜　月）

【实施13项便民工程】 以“听民声、解民意、办实事”为主题，召开便民工程领导小组会议5次，举办居民听证会3次。全年投资339.98万元，实施东山社区部分路面修缮、高井路文化健身园环境改造、柳林庄主道部分坏损路段改造、高井路两侧休闲座椅安装工程、东山社区三角地附近亮丽工程等便民工程13项。

（姜　月）

4月22日，乐龄日间照料中心揭牌　　（广宁街道供稿）

【严防煤气中毒】　麻峪村封闭院落425户，占全村煤火取暖总数480户的88.5%，是预防煤气中毒重点地区。街道实行处级领导包干、机关干部下片的工作机制，研判分析形势，强化宣传教育，按照"五个规定动作"和"七个必查"工作标准，开展集中联合检查4次，做到签订安全责任书100%、张贴"三表一帖"100%、隐患整改率100%。全年开展集中宣传活动3次，累计发放各类宣传材料8000余份，受教育群众达1万余人次。全年未发生煤气中毒事故。

（姜　月）

【落实救助保障】　按政策完成城市居民低保的走访、审批等日常工作，确保困难居民生活有所依。年内为低保户228户、493人发放低保金255.2万余元，粮油帮困金9.2万余元。对145人实施医疗救助，为80名低保对象申请办理医疗救助，发放医疗救助款12.4万余元；救助3名贫困孕产妇，发放救助款1.2万余元。为134名超转人员、2名地退人员发放生活费181.4万余元、发放医药费93.2万余元。

（姜　月）

【开展安全检查】　树立"安全发展"理念，按照"七个严查"、"七个一律"工作标准，组织各类安全生产检查30余次，发现各类安全隐患20余处，全部整改完毕，未发生安全生产、食品安全责任事故。开展"打非"专项执法行动，落实"日巡查、周检查、月督查"工作要求，检查生产经营单位58家，出动检查人员45人次，出动车辆16台次，配合区消防支队查封生产经营单位2家，拘留无证上岗人员2人，罚款2.5万元。重点加强对易燃易爆场所、人员密集场所、高层建筑及地下空间的消防安全检查，检查具有建筑消防设施的单位19家、高层建筑4处、地下空间14处、其他社会单位30家。

（姜　月）

【实施就业援助】　落实就业优惠政策，开展春风就业援助月、就业宣传月等活动。实施针对性实用性就业培训，多渠道开发岗位，完成首钢分流职工服务保障任务。对登记失业人员、首钢富余分流人员开展普查，了解实际困难，根据每个人家庭及自身情况归类建立档案，在信息服务、岗位提供、保险接续等方面全方位跟踪服务。全年入户走访460人次，采集空岗信息510个，职业指导643人次，失业推荐成功160人，城镇登记失业人员实现就业366人。年内新增灵活就业、自谋职业人员210人，新立街社区被评为区"充分就业社区"。

（姜　月）

【服务计划生育】　办理审核生育服务证91人，其中本地媳妇58人，外地媳妇33人；开具转档婚育证明148人；开具唐氏筛查证明62人；为已孕妇女发放"新生宝宝新生礼"礼物61份；办理独生子女父母光荣证31人；办理围产期保健开具证明118份；上报出生90人，出生男孩52人，女孩48人。为独生子女父母发放一次性奖励31人3.1万元；发放经济帮助2人1万元；为无业育龄妇女报销手术费2549.80元。

（姜　月）

【开展环境整治】　依托联勤联动捆绑执法模式，协调各部门，开展多项、多次专项整治行动及联合执法行动，辖区环境明显改善。全年出动人员636人次，车辆150余辆次；规模性整治乱点1处，宣传告诫312人；打击街头无照流动摊商200多个，查处无照经营212起，罚款4100元；查处露天烧烤2起，查处非法大排档1起；查处夜间施工扰民2起，清除垃圾渣土1800吨；查处违法建设21起，拆除违法建设1255.92平方米；查处黑车5起；清除小广告1200余条，消除卫生死角3处。

（姜　月）

【创建文化品牌】　投资90万元在高井路社区29号院北侧新建一文化广场，为社区居民新增一个健身活动的场所。以街道艺枫舞蹈队为龙头，扶持文化品牌。在区第八届中老年优秀健身项目表演赛中，艺枫舞蹈队以优异成绩获一等奖和最佳表演奖，并代表本区参加全市表演比赛，以健身舞蹈《沙漠玫瑰》获大赛金奖。

（姜　月）

【招商58家企业】　新引入企业58户，其中注册资金百万元以上的16户，注册资金1000万元以上的1户。完善招商引资工作办法和奖励制度，建立地区企业与工商、税务等部门的联席会制度，架起企业与企业间、企业与政府职能部门间沟通的桥梁，切实为企业解决实际困难。

（姜　月）

五里坨街道

概　述

五里坨街道位于本区西北部，辖区总面积21.5平方千米，东与金顶街街道接壤，南与广宁街道相连，西与门头沟区为邻，北与门头沟和海淀区毗连。辖区内109国道石门段由东向西横贯全境，有黑陈路、潭峪路、红卫路等3条市政公路，10条公交运营线路途径地区，设公交站点14个。驻辖区企事业单位240余家、团级以上部队18个，规模较大、级别较高的有北京现代建筑材料公司、北京兴盛恒泰投资管理公司、北京工业技术职业学院、解放军7312工厂和北京军区联勤部等。下辖社区11个，总人口40650人，其中户籍人口22788人、流动人口11471人。机关内设三部三室，下设事业单位4个(社保所、流管办、文化站、社区服务中心)，有工作人员64名。年内，按照“一二三五”工作思路，贯穿一条主线：创先争优活动；抓好两个选举：人大代表和党代表换届；开展“三基”建设：基层、基础、基本功建设；实施五大工程：文化惠民、环境利民、综治安民、帮扶济民、发展富民工程，喜迎中国共产党90华诞，弘扬“北京精神”，创新社会管理，服务群众取得新成效，城市环境发生新变化，服务拆迁建设取得新进展，统筹辖区发展的能力不断增强。获“全国文明单位”、市“双拥模范街道办事处”、“北京精品特色社区”等几十项荣誉。

地址：五里坨车站路1号
电话：88904238
邮编：100042

(介卫星)

【区人大代表选举】 成立选举分会1个，分配代表名额12名。按照每名代表代表的选民比例大体相等的原则，划分6个选区，设立22个选民登记站，参加选举的社会单位22个、社区11个。本市户口应登记选民15970人，实际登记选民15893人，登记率99.52%，非本市户口登记选民3人，总登记选民15896人；划分选民小组310个。选举日当天，设投票站16个，流动票箱34个，出动500余名工作人员参与整个选举工作，参加选举投票的选民15804人，投票率99.4%。选举产生出张文华、富大鹏、韩冰、王永明、白洪涛、于国真、白玫、张鸿雁、张国明、陈建民、许保国、秦兴红等12名区第十五届人大代表。其中民主党派和群众代表占16.7%、少数民族代表占16.7%、基层一线代表占25%、妇女代表占33.3%、连任代表占33.3%，平均年龄46周岁。

(介卫星)

【服务首钢分流人员】 采取“四心”服务首钢分流人员。主动沟通暖人心，第一时间通知本人，面对面交流，对个人意愿和政策需求进行摸底，根据个人需求提供个性化服务；宣传政策聚人心，把如何办理自谋职业、灵活就业和失业金申领手续的小册子发到每一位分流职工手中，使他们知政策、懂政策，会用政策；开发岗位抓人心，利用社会资源挖掘就业新岗，建立岗位储备台账，根据个人特长提供就业岗位和就业信息；服务窗口稳人心，设立专门服务窗口，由职业指导师为分流职工进行一对一职业指导，使分流职工转变就业观念，平稳度过分流期。全年接收首钢分流人员102名，办理自谋职业61人，灵活就业17人，单位招工2人，申请退休4人。

(介卫星)

【热心为老服务】 开展社区老年协会、老年团队发展状况、老年人基本情况、空巢及特困老人调查统计，举办区第十二届老年文化艺术节五里坨街道歌舞专场、第十八届“会员杯”老年门球赛，丰富老年人文化生活。全年，为辖区90岁以上高龄老年人发放津贴117人次3.3万元，为12位高龄空巢老人安装“一按灵”电子门铃，为14位单身空巢老人建立“银龄婚姻家庭俱乐部”信息库，为5位95岁以上老人申报医疗补贴，为340位60岁及65岁以上老年人办理老年优待证和免费乘车卡。

(介卫星)

【做好军工服务】 落实军退、地退职工政治待遇、生活待遇，整理军工档案360份。组织军工参加区军休办举办的书法和演讲比赛，获最佳创作奖。协助区军退办组织50名军退职工外出疗养、30名70岁以上军工到京郊观光游览。“七一”期间组织军工看老电影。全年，为去世军工发放抚恤金5.6万元；慰问军退职工1080人次、8万余元，走访特困和患病军工9人；为360名军退职工办理医保卡，补发工资及节日补贴400余万元。落实为农村籍退役士兵发放老年生活补助政策，全年走访困难优抚对象和单亲义务兵困难家庭8户4800元，发放优抚慰问金及一次性生活补贴43人4万余元，发放优抚慰问品22人次4000元，为28名义务兵发放优待金42万元。

(介卫星)

【完善社会救助】 低保新申请4户8人，复审225户505人，取消55户144人，截止年底享受低保政策的共219户474人；医疗救助40人次，教育救助9人，发放保障金、医疗求助金、教育救

五里坨地区庆祝建党90周年大会　　(五里坨街道供稿)

助和粮油补助等245万余元。辖区890名残疾人中75人享受低保待遇、4人享受重残生活补助，全年发放各类补助金近70万元，帮助22个残疾人家庭进行无障碍改造，为37名听力残疾人安装可视门铃。开展“送温暖·献爱心”社会捐助活动，为灾区和市公益项目募集捐款3.2万元、衣物5077件。

（介卫星）

【推进社区建设】 通过新建、购买等方式，实现社区办公、服务用房面积100%达到350平方米以上标准。修订完善社区工作人员管理办法、社区居委会财务管理等相关规定，推进社区居务公开。成立大学生社区工作者沙龙，制定并实施社区工作者培训计划9次，组织社工开展“走千户、访千人”活动。“一刻钟社区服务圈”全部达标，文明社区创建取得成效。12月，军区联勤部大院社区被中央精神文明建设指导委员会评为“全国文明单位”。

（介卫星）

【落实住房保障】 廉租房受理48户，审核通过13户，复审实物配租6户；经济适用房受理115户，审核通过51户，取得资格40户；限价商品房受理154户，审核通过94户，取得资格86户。街道现有廉租房资格家庭131户，其中实物配租30户、住房补贴86户、35户参加摇号；经济适用房资格361户，配房127户，参加摇号312户，选房309户；限价商品房资格638户，已配房209户，参加摇号283户，参加选房282户；登记公共租赁住房69户，含三房轮候家庭65户，符合公租房申请资格的家庭4户，已参加摇号15户。

（介卫星）

【百日整治行动】 落实属地管理责任，开展“春风行动”、“夏季攻势”、“秋风行动”三个百日整治行动。结合地区实际和季节特点，掀起8次整治高潮，形成“四个结合”（专项整治与日常整治相结合，联合执法与单项执法相结合，属地管理与部门管理相结合，动态巡视与静态盯守相结合）整治模式。出动执法车辆50余台次，200余人次，查处黑车1起，罚款3000元；查处运输车2起，罚款1000元；劝离无照摊贩约50次，查处3起，罚款150元；规范店外经营15次；疏导黑车20余次；清除小广告1000余张，停机处理14起，罚款700元；取缔露天烧烤3处。

（介卫星）

【整顿民兵组织】 本着就近编组、便于拉动、便于集中的原则，完成辖区民兵整组。在北京嘉昌机电设备制造有限公司、全方圆烤鸭店、五里坨海鲜饺子城3家民营企业建立机炮连和步兵连，录入基干民兵133人。从机关人员中挑选符合条件的17人和全方圆烤鸭店职工13人组建30人应急分队；在街道机关建立20人的网络分队，由8个社区共同组建一个民兵营（含3个步兵连），总计编入312人。通过整组，应急分队专业对口率达90%、复转军人比例达70%、党团员达到90%。

（介卫星）

【天泰山大讲堂开讲】 5月19日，天泰山大讲堂揭牌。以讲座培训、论坛交流为主，面向街道机关、社区干部，邀请社会各届专家学者，内容涉及中国特色社会主义理论、现代经济和政治理论、重要会议精神辅导、形势政策解读、党史及党的知识等课程。年内，邀请领导、专家学者开讲3次，重点讲解“十二五”规划、国际国内形势、十七届六中全会精神等。

（介卫星）

【引资2.27亿元】 引进并完成注册企业166家，注册资金2.27亿多元，其中注册资金100万元以上的企业41家，超额完成37%。把招商引资作为统筹辖区发展、服务西部建设的关键环节来抓，按照“引得进、留得住、有发展”工作思路，整合辖区资源，搞好企业服务，取得明显成效。

（介卫星）

石景山区街道（社区）工委办事处负责人

八宝山街道
- 工委书记 崔恩平
- 办事处主任 吴 燕

鲁谷社区行政事务管理中心
- 工委书记 崔章程
- 中心主任 高国强

老山街道
- 工委书记 孙 钢
- 办事处主任 任连田

古城街道
- 工委书记 崔 泽（9月免）
- 　　　　 齐 兵（9月任）
- 办事处主任 陈婷婷

八角街道
- 工委书记 种 磊
- 办事处主任 李路海

苹果园街道
- 工委书记 王春艳
- 办事处主任 齐 兵（9月免）
- 　　　　　 杨旭东（10月任）

金顶街街道
- 工委书记 吕秀艳
- 办事处主任 刘云清

广宁街道
- 工委书记 胡冀民
- 办事处主任 杨旭东（10月免）
- 　　　　　 迟志禹（10月任）

五里坨街道
- 工委书记 张宝权（框）
- 　　　　 韩 冰（3月任）
- 办事处主任 王永明

人　物

全国(含系统)先进集体及先进个人

先进集体

全国文明单位

石景山区人力资源和社会保障局
石景山区文化委员会
石景山区五里坨街道军区联勤部大院社区

国家科学技术进步奖二等奖

北方工业大学

全国妇联组织建设基础示范社区

苹果园街道枫林一社区

先进个人

全国优秀党务工作者

崔章程

全国五一劳动奖章

田　汉　京汉置业集团股份有限公司董事局主席

全国"三八"红旗手

艾红波 石景山区八宝山街道永东北社区妇联主任

全国政法系统优秀党员干警

魏长朋

全国政法系统优秀共产党员

门美子

全国科协系统先进工作者

佟长江

国家科学技术进步奖二等

李正熙　宋志飞　孙世国

北京(含系统)先进集体及先进个人

先进集体

北京市先进基层党组织

苹果园街道党工委

首都文明标兵单位:

石景山区人力资源和社会保障局
工商行政管理局石景山分局机关
石景山区财政局
石景山区教育委员会机关
国土资源局石景山分局
公安局石景山分局机关
石景山区人民检察院
石景山区人民法院
石景山游乐园
石景山区自来水公司
北京古城泰然投资管理公司
石景山区文化委员会机关
石景山区发展和改革委员会
石景山区住房和城乡建设委员会
石景山区科学技术委员会(中关村科技园区石景山园管委会)
石景山区广播电视中心
石景山区图书馆

首都文明单位

石景山区委办公室(石景山区保密办、党史办)
石景山区人民政府办公室
石景山区纪律检查委员会(石景山区监察局)
石景山区人民代表大会常务委员会机关
中国人民政治协商会议石景山区委员会机关
石景山区委组织部
石景山区委宣传部
石景山区总工会
石景山区人口和计划生育委员会
石景山区经济信息化委员会
石景山区机关行政事务管理处
石景山区审计局
石景山区统计局
石景山区质量技术监督局机关
石景山区国家税务局
石景山区地方税务局
北京电力公司石景山供电公司
北京电力公司培训中心
石景山区公安消防支队
石景山交通支队

石景山区档案局(馆)
石景山区司法局
石景山区委老干部局
石景山区民政局机关
社会福利院
老山派出所
北京市规划委员会石景山区分局
石景山区市政市容管理委员会机关
石景山区园林绿化局机关
石景山区公园管理中心
石景山区道路清扫队
石景山区环保局
石景山区少年儿童图书馆
石景山区委党校
石景山区体育局机关
石景山区卫生局机关
石景山区卫生监督所
石景山区妇幼保健院
石景山区实验小学
北京市第九中学
北京市京源中学
石景山区古城第二小学
北京市苹果园中学
石景山区社区学院
石景山区国资委机关
北京石开房地产开发有限公司
北京实兴腾飞置业发展公司
石景山区烟草专卖局
石景山区投资促进局
石景山区商务委员会
北京中防安全印务有限公司
北京畅游时代数码技术有限公司
北京东土科技股份有限公司
石景山区人民政府集体经济办公室
北京华美宏信投资管理公司

首都文明街道

鲁谷社区行政事务管理中心
五里坨街道
八宝山街道
苹果园街道
老山街道

首都文明社区

古城街道
古城街道环铁社区
古城街道古城路社区
古城街道南路东社区
古城街道八千平社区
古城街道西路南社区
古城街道特钢社区
金顶街街道
金顶街街道模式口西里中社区
金顶街街道金四区社区
金顶街街道金五区社区
金顶街街道模式口东里社区
金顶街街道模式口南里社区
金顶街街道模式口北里社区
金顶街街道金三区社区
金顶街街道金二区社区
苹果园街道
苹果园街道苹果园一区社区
苹果园街道苹果园二区社区
苹果园街道苹果园三区社区
苹果园街道苹果园四区社区
苹果园街道海特花园第一社区
苹果园街道军一社区
苹果园街道军二社区
苹果园街道装备部社区
苹果园街道西山枫林第一社区
苹果园街道海特花园第二社区
苹果园街道海特花园第三社区
八角街道
八角街道黄南苑社区
八角街道杨庄南区社区
八角街道地铁古城家园社区
八角街道八角北路社区
八角街道八角路社区
八角街道八角南路社区
八角街道八角北里社区
八角街道八角中里社区
八角街道公园北社区
八角街道古城南路社区
八角街道八角北路特钢社区
八角街道八角南里社区
八角街道杨庄中区社区
鲁谷社区(街道)
鲁谷社区重聚园社区
鲁谷社区新华社社区
鲁谷社区重兴园社区
鲁谷社区五芳园社区
鲁谷社区双锦园社区
鲁谷社区依翠园北社区
鲁谷社区聚兴园社区
鲁谷社区碣石坪社区
鲁谷社区石景山医院社区
老山街道
老山街道老山西里社区

老山街道老山东里北社区
老山街道老山东里南社区
老山街道老山东里社区
老山街道研究生院社区
老山街道高能所社区
老山街道翠谷玉景苑社区
八宝山街道
八宝山街道玉泉西里西社区
八宝山街道玉泉西里北社区
八宝山街道中铁建社区
八宝山街道四季园社区
八宝山街道三山园社区
八宝山街道玉泉西里中社区
广宁街道
广宁街道新立街社区
广宁街道东山社区
五里坨街道
五里坨街道红卫路社区
五里坨街道北京军区联勤部大院社区
五里坨街道南宫社区

首都文明景区

石景山游乐园
八大处公园
法海寺
北京国际雕塑公园

首都劳动奖状

北京东方信联科技有限公司
八宝山革命公墓

北京市工人先锋号

石景山区公厕粪肥管理处衙门口粪便消纳站
石景山区住房和城乡建设委员会行政服务中心

北京市社会领域先进基层党组织

古城街道社会工作党委
金顶街街道社会工作党委
八角街道八角北里社区党委
苹果园街道苹四社区党委
鲁谷社区社会工作党委
五里坨街道联勤部大院社区党委

人口和计生工作先进单位

鲁谷社区行政事务管理中心
老山街道办事处

巾帼文明岗

八宝山革命公墓

先进个人

北京市优秀共产党员

丁大文　北京市公安局石景山分局巡警支队三中队副队长
贾树庆　石景山区保安公司驻实兴金海物业保安分队队长

北京市优秀党务工作者

崔章程　石景山区鲁谷社区党工委书记
高洪雁(女)　石景山区文化委员会党委书记、主任

北京市社会领域优秀共产党员

孔东旭　石景山区老山街道老山西里社区党委书记
吕秀艳(女)　石景山区金顶街街道社会工作党委书记
吴艳虹(女)　石景山区八宝山街道社会工作党委副书记
赵胜云(女)　石景山区鲁谷社区社会工作党委副书记

北京市社会领域优秀党务工作者

王　耿　石景山区委社会工委党建科科长
张秋芬(女)　石景山区苹果园街道社会工作党委办公室主任
胡冀民　石景山区广宁街道社会工作党委书记
崔恩平　石景山区八宝山街道社会工作党委书记

首都劳动奖章

贾树庆　北京市保安服务总公司第五项目部驻北京实兴金海物业管理中心保安分队分队长
张玉武　北京银建汽车修理有限公司车间技术指导
王俊峰　国家无线电监测中心检测中心高级工程师
李富瑞　石景山区道路清扫队职工
王宝录　石景山区市政市容管理委员会自来水公司经理

人口和计生工作先进工作者

崔　莹　田孟云　赵世英　张玉萍　王　梅

北京市优秀青年知识分子

门美子

第三届道德模范——“诚实守信”模范

赵书兵

统计资料

地区生产总值

表 1 单位：万元

项　　目	2011 年	2010 年	增长速度%（现价）	增长速度%（不变价）
合　　计	3206588	2954730	8.5	2.1
第一产业				
第二产业	1218151	1270814	-4.1	-9.3
工业	769852	929055	-17.1	-20.1
建筑业	448299	341759	31.2	19.8
第三产业	1988437	1683916	18.1	10.7
交通运输、仓储和邮政业	57217	52418	9.2	2.0
信息传输、计算机服务和软件业	476941	327607	45.6	45.4
批发和零售业	232271	210926	10.1	6.1
住宿和餐饮业	54476	46449	17.3	8.3
金融业	173793	175321	-0.9	-10.3
房地产业	173186	214707	-19.3	-28.9
租赁与商务服务业	115732	91027	27.1	23.3
科学研究、技术服务和地质勘察	175204	128624	36.2	24.6
水利、环境和公共设施管理业	23747	20638	15.1	5.9
居民服务和其他服务业	40679	32495	25.2	24.5
教育	146802	112648	30.3	15.0
卫生、社会保障和社会福利业	91609	77167	18.7	4.6
文化、体育和娱乐业	95404	81300	17.3	8.0
公共管理和社会组织	131376	112589	16.7	4.6

资料来源：北京市统计局。

财政收入与支出

表 2

单位:万元

项目	金额	项目	金额
一、财政收入总计	230015	二、财政支出总计	572761
公共财政预算收入合计	226571	公共财政预算支出合计	458673
(一)区县固定税收小计	28663	一般公共服务	44801
房产税	13440	国防	270
车船税	6407	公共安全	34326
印花税	7319	教育	71216
资源税		其中:教育费附加支出	19403
耕地占用税	1497	科学技术	8698
(二)共享税收小计	190464	文化体育与传媒	6563
增值税	21471	社会保障和就业	95249
营业税	94654	医疗卫生	27558
城镇土地使用税	1662	环境保护	6535
土地增值税	6113	其中:排污费支出	59
教育费附加收入	5983	城乡社区事务	64040
城市维护建设税(85%)	23656	农林水事务	18652
企业所得税	36925	其中:水资源费支出	279
企业所得税退税		交通运输	
(三)分级收入小计	7444	资源勘探电力信息等事务	49254
国有资本经营收入		商业服务业等事务	19218
国有资源(资产)有偿使	2212	金融监管支出	167
其他收入	1927	地震灾后恢复重建支出	
罚没收入	807	国土资源气象等事务	101
行政性事业性收费	2461	住房保障支出	6778
排污费收入	37	粮油物资储备等管理事务	660
水资源费收入		债务付息支出	
公路运输管理费收入		其他支出	4587
政府性基金预算收入合计	3444	政府性基金预算支出合计	114088
国有土地使用权出让收入	846	文化体育与传媒	258
政府住房基金收入	14	社会保障和就业	2998
残疾人就业保障金收入	2584	城乡社区事务	108381
其他政府性基金收入		其他支出	2451
国有资本经营预算收入合计		国有资本经营预算支出合计	
债务收入合计		债务还本支出合计	

资料来源:石景山区财政局。

银行存贷款情况

表 3

单位:万元

项目	2011 年	2010 年	增长速度%
1、期末银行存款余额	10328551	11183409	-7.6
#单位存款	5954437	6111349	-2.6
储蓄存款	4277340	3654738	17.0
其他存款	65411	1203238	-94.6
2、期末银行贷款余额	3764358	3449118	9.1
#境内短期贷款	1260578	999186	26.2
境内中长期贷款	2463524	2427496	1.5

资料来源:北京市统计局。

现金收支情况(年人均)

表 4　　　　单位:元

收　　金　额	支　　出	金　额	
一、期初手存现金	992.7	五、家庭总支出	28696.0
二、可支配收入	31936.4	(一)消费支出	21343.0
三、家庭总收入	36556.0	其中:服务性消	6051.4
(一)工资性收入	23839.5	(二)购房与建房支	548.9
1. 工资及补贴	23676.6	(三)转移性支出	3064.9
2. 其他劳动收	162.9	其中:1. 交纳的个	649.0
(二)经营净收入	135.5	2. 捐赠支出发	1754.0
(三)财产性收入	390.4	3. 购买彩票	5.6
(四)转移性收入	12190.7	4. 赡养支出	298.0
其中:1. 养老金或	10575.9	(四)社会保障支出	3690.5
2. 赡养收入	134.9	六、借贷支出	32501.7
3. 捐赠收入	442.7	其中:1. 存入储	31840.3
四、借贷收入	24284.7	2. 归	92.8
其中:提取储蓄存款	23346.2	3. 借出款	0.0
		4. 储蓄性保险支出	193.0
		5. 归	270.6
		七、期末手存现金	735.2

消费性支出(年人均)

表 5　　　　单位:元

项　　目	金　额	项　　目	金　额	项　　目	金　额
消费支出	21343.0	4、其他衣着用品	50.9	6、其他	8.0
一、食品	6657.2	5、衣着加工服务费	10.7	五、交通和通讯	4168.1
1、粮油类	713.2	三、家庭设备用品及服务	1527.4	1、交通	3101.1
2、肉禽蛋水产类	1520.5	1、耐用消费品	749.1	2、通信	1067.0
3、蔬菜类	520.7	2、室内装饰品	33.4	六、教育文化娱乐服务	2939.0
4、调味品	110.6	3、床上用品	81.6	1、文化娱乐用品	838.6
5、糖烟酒饮料类	726.8	4、家庭日用杂品	532.9	2、文化娱乐服务	1089.1
6、干鲜瓜果类	763.0	5、家具材料	0.3	3、教育	1011.3
7、糕点、奶及奶制品	649.6	6、家庭服务	130.1	七、居住	1666.9
8、其他食品	53.5	四、医疗保健	1817.9	1、住房	775.7
9、饮食服务	1599.2	1、医疗器具	19.5	2、水电燃料及其它	726.9
二、衣着	1762.1	2、保健器具	121.8	3、居住服务费	164.3
1、服装	1292.9	3、药品费	902.3	八、杂项商品和服务	804.6
2、衣着材料	12.7	4、滋补保健品	170.4	1、其它商品	505.6
3、鞋类	394.9	5、医疗费	595.9	2、服务	299.0

固定资产投资完成情况(建设地)

表 6　　　　单位:万元、平方米

项　　目	计　划总投资	自项目开始至期末累计完成投资	本年完成投资	#住宅	本年新增固定资产	房屋建筑施工面积	#住宅	房屋建筑竣工面积	#住宅
合　计	1050387	721799	527042	316	228775	613772	12246	143927	0
一、按隶属关系分									
1. 中央合计	162565	126943	51742	316	58291	60746	12246	4500	0
2. 市属合计	208609	137629	48134	0	39217	122426	0	53346	0
3. 区属合计	521284	375948	152530	0	94805	229151	0	5771	0
4. 其他合计	157929	81279	274636	0	36462	201449	0	80310	0

房地产开发建设生产情况

表 7

建设单位分组情况	完成投资额（万元）	#商品房及经济适用房	#住宅	房屋建筑施工面积（m^2）	#商品房及经济适用房	#住宅	房屋建筑竣工面积（m^2）	#商品房及经济适用房	#住宅
合　计	782343	518636	422833	3859938	3859938	2276574	397787	397787	158679
一、市属小计	76346	37352	38882	557202	557202	484728	30193	30193	0
二、区属小计	146269	102025	114428	1088246	1088246	789594	183403	183403	137351
三、其他小计	559728	379259	269523	2214490	2214490	1002252	184191	184191	21328

注：1.“本年完成投资”下的“商品房及经济适用房”是由“本年完成投资”减“土地开发投资”减“其他费用”得到的。
2.“房屋建筑施工面积”下的“商品房及经济适用房”是由“房屋建筑施工面积”减非房地产开发项目的施工面积得到的。
3.“房屋建筑竣工面积”下的“商品房及经济适用房”是由“房屋建筑竣工面积”减非房地产开发项目的竣工面积得到的。
4.2010 年年鉴将“市属”和“区属”以外的房地产开发企业归入为“其他”。

户籍人口数

表 8　　单位：人

地　　区	2011 年户籍人口	男	女	2010 年户籍人口
全区合计	366045	189301	176744	361782
八宝山街道	27647	14683	12964	25970
老山街道	28802	15038	13764	28799
八角街道	69009	35731	33278	67971
古城街道	40457	20587	19870	40547
苹果园街道	58372	29120	29252	57805
金顶街街道	54079	27946	26133	53359
广宁街道	12275	6260	6015	12221
五里坨街道	21299	10443	10856	21426
鲁谷社区	40779	20744	20035	40029
迁安矿区	9450	5588	3862	9459
首钢集体户	3876	3161	715	4196

数据来源：北京市公安局石景山分局。

人口出生与自然增长情况

表 9

单位名称	出生人数(人)	死亡人数(人)	出生率(‰)	死亡率(‰)	自然增长率(‰)
合　计	3185	1397	8.75	3.84	4.91
八宝山街道	365	73	13.61	2.72	10.89
老山街道	224	103	7.78	3.58	4.20
八角街道	552	258	8.06	3.77	4.29
古城街道	314	189	7.75	4.66	3.09
苹果园街道	534	217	9.19	3.73	5.46
金顶街街道	387	250	7.20	4.65	2.55
广宁街道	92	65	7.51	5.31	2.20
五里坨街道	209	56	9.78	2.62	7.16
鲁谷社区	444	132	10.99	3.27	7.72
迁安矿	29	51	3.06	5.39	-2.33
首钢集体户	35	3	8.67	0.74	7.93

数据来源：石景山区人口和计划生育委员会。

附　录

中共北京市石景山区委主要文件目录

中共北京市石景山区委文件

京石发〔2011〕1号　中共石景山区委　石景山区人民政府关于印发《石景山区2011年双拥工作要点》的通知

京石发〔2011〕2号　中共石景山区委　石景山区人民政府关于印发《北京市石景山区中长期人才发展规划纲要(2010－2020年)》的通知

京石发〔2011〕3号　中共北京市石景山区委贯彻《中共北京市委关于实施〈中国共产党巡视工作条例(试行)〉的暂行规定》实施意见

京石发〔2011〕4号　中共石景山区委关于印发《区委常委会2011年议题计划》的通知

京石发〔2011〕5号　中共石景山区委关于印发《石景山区2011年建立健全惩治和预防腐败体系任务分解方案》的通知

京石发〔2011〕6号　中共石景山区委关于做好纪念中国共产党成立90周年有关工作的通知

京石发〔2011〕7号　中共北京市石景山区委关于加强人民政协政治协商制度建设的意见

京石发〔2011〕8号　石景山区2011年创建文明城市工作意见

京石发〔2011〕9号　中共石景山区委 石景山区人民政府关于印发《石景山区社会服务管理创新行动方案》的通知

京石发〔2011〕10号　中共石景山区委 石景山区人民政府关于建设国家服务业综合改革试点区的实施意见

京石发〔2011〕11号　中共石景山区委 石景山区人民政府关于印发《石景山区"十二五"时期人才发展规划》的通知

京石发〔2011〕12号　中共石景山区委 石景山区人民政府关于进一步加强审计工作的实施意见

京石发〔2011〕13号　石景山区关于加强和改进新形势下工商联工作的实施意见

京石发〔2011〕14号　中共石景山区委关于贯彻落实《中共北京市委关于加强和创新社会管理全面推进社会建设的意见》的通知

京石发〔2011〕15号　中共石景山区委 石景山区人民政府关于印发《关于加强智慧石景山建设的意见》的通知

京石发〔2011〕16号　中共石景山区委关于加强新形势下全区党建带团建工作的实施意见

京石发〔2011〕17号　中共石景山区委关于加强和改进新形势下党史工作的实施意见

京石发〔2011〕18号　中共北京市石景山区委关于认真学习贯彻《胡锦涛同志在庆祝中国共产党成立90周年大会上的讲话》的通知

京石发〔2011〕19号　中共石景山区委 石景山区人民政府关于印发《"十二五"时期绿色石景山行动计划》的通知

京石发〔2011〕20号　中共石景山区委 石景山区人民政府转发区委宣传部、区司法局《关于在全区开展法制宣传教育的第六个五年规划(2011—2015年)》的通知

京石发〔2011〕21号　中共石景山区委关于中国共产党北京市石景山区第十一次代表大会代表选举工作的通知

京石发〔2011〕22号　中共石景山区委印发《中共石景山区人大常委会党组关于做好区人民代表大会换届选举工作的意见》的通知

京石发〔2011〕23号　中共石景山区委印发《荣华书记在中共北京市石景山区第十一次代表大会上的报告》的通知

中共北京市石景山区委办公室文件

京石办发〔2011〕1号　中共石景山区委办公室 石景山区人民政府办公室转发区委政法委《关于

构建社会矛盾多元调解体系的意见》的通知

京石办发〔2011〕2号 中共石景山区委办公室 石景山区人民政府办公室转发区委政法委《石景山区二〇一一年政法工作折子工程》的通知

京石办发〔2011〕3号 中共石景山区委办公室 石景山区人民政府办公室转发区委区政府研究室《石景山区2011年重点协作调研课题计划》的通知

京石办发〔2011〕4号 中共石景山区委办公室关于表彰2010年度信息工作“三优”的通报

京石办发〔2011〕5号 中共石景山区委办公室关于2011年度信息目标管理考核办法的通知

京石办发〔2011〕6号 中共石景山区委办公室转发《中共石景山区委组织部关于在举办2008年北京奥运会中深入开展“我是党员我承诺”主题实践活动的通知》的通知

京石办发〔2011〕7号 中共石景山区委办公室 石景山区人民政府办公室关于做好全国“两会”期间相关工作的紧急通知

京石办发〔2011〕8号 中共石景山区委办公室 石景山区人民政府办公室关于调整石景山区有关领导小组的通知

京石办发〔2011〕9号 中共石景山区委办公室 石景山区人民政府办公室关于印发《2011年区领导分工负责重大项目建设实施方案》的通知

京石办发〔2011〕10号 中共石景山区委办公室关于转发《中共石景山区委党的建设工作领导小组2011年工作要点》的通知

京石办发〔2011〕11号 中共石景山区委办公室印发《关于建立党委新闻发言人制度的实施意见》的通知

京石办发〔2011〕12号 中共石景山区委办公室印发《关于建立网络发言制度的实施意见》的通知

京石办发〔2011〕13号 中共石景山区委办公室 石景山区人民政府办公室转发区委政法委《应对非法集聚实施方案》的通知

京石办发〔2011〕14号 中共石景山区委办公室 石景山区人民政府办公室印发《石景山区开展党政机关公务用车问题专项治理工作的实施方案》的通知

京石办发〔2011〕15号 中共石景山区委办公室 石景山区人民政府办公室印发《石景山区开展清理和规范庆典、研讨会、论坛活动工作的实施方案》的通知

京石办发〔2011〕16号 中共石景山区委办公室关于调整充实石景山区关心下一代工作委员会的通知

京石办发〔2011〕17号 中共石景山区委办公室关于印发《石景山区关心下一代工作委员会工作规程(试行)》的通知

京石办发〔2011〕18号 中共石景山区委办公室 石景山区人民政府办公室关于印发《石景山区文明交通行动实施方案》的通知

京石办发〔2011〕19号 中共石景山区委办公室 石景山区人民政府办公室转发区志办《石景山区地方志工作规划纲要(2011—2020年)》的通知

京石办发〔2011〕20号 中共石景山区委办公室关于在换届考察期间减少领导干部外出的通知

京石办发〔2011〕21号 撤销

京石办发〔2011〕22号 中共石景山区委办公室关于转发《石景山区关于推进党务公开工作的实施方案》的通知

京石办发〔2011〕23号 中共石景山区委办公室 石景山区人民政府办公室关于转发《关于开展地下空间综合整治工作实施方案》的通知

京石办发〔2011〕24号 中共石景山区委办公室 石景山区人民政府办公室转发区双拥办《关于2011年“八一”期间开展双拥月活动的通知》的通知

京石办发〔2011〕25号 中共石景山区委办公室关于成立石景山区第十一次党代表大会筹备工作领导小组及工作机构的通知

京石办发〔2011〕26号 中共石景山区委办公室 石景山区人民政府办公室关于印发《中共北京市石景山区委老山街道工作委员会北京市石景山区人民政府老山街道办事处主要职责、内设机构和人员编制规定》的通知

京石办发〔2011〕27号 中共石景山区委办公室 石景山区人民政府办公室关于印发《中共北京市石景山区委八宝山街道工作委员会北京市石景山区人民政府八宝山街道办事处主要职责、内设机构和人员编制规定》的通知

京石办发〔2011〕28号 中共石景山区委办公室 石景山区人民政府办公室 关于印发《中共北京市石景山区委八角街道工作委员会北京市石景山区人民政府八角街道办事处主要职责、内设机构和人员编制规定》的通知

京石办发〔2011〕29号 中共石景山区委办公室 石景山区人

民政府办公室关于印发《中共北京市石景山区委古城街道工作委员会北京市石景山区人民政府古城街道办事处主要职责、内设机构和人员编制规定》的通知

京石办发〔2011〕30号 中共石景山区委办公室 石景山区人民政府办公室关于印发《中共北京市石景山区委苹果园街道工作委员会北京市石景山区人民政府苹果园街道办事处主要职责、内设机构和人员编制规定》的通知

京石办发〔2011〕31号 中共石景山区委办公室 石景山区人民政府办公室关于印发《中共北京市石景山区委金顶街街道工作委员会北京市石景山区人民政府金顶街街道办事处主要职责、内设机构和人员编制规定》的通知

京石办发〔2011〕32号 中共石景山区委办公室 石景山区人民政府办公室关于印发《中共北京市石景山区委广宁街道工作委员会北京市石景山区人民政府广宁街道办事处主要职责、内设机构和人员编制规定》的通知

京石办发〔2011〕33号 中共石景山区委办公室 石景山区人民政府办公室关于印发《中共北京市石景山区委五里坨街道工作委员会北京市石景山区人民政府五里坨街道办事处主要职责、内设机构和人员编制规定》的通知

京石办发〔2011〕34号 中共石景山区委办公室 石景山区人民政府办公室关于印发《石景山区关于在所属单位开展清理整顿非法违法生产经营建设行为的工作方案》的通知

京石办发〔2011〕35号 中共石景山区委办公室 石景山区人民政府办公室关于印发《第十二届世界漫画大会暨2011北京国际动漫周组织机构及任务分工》的通知

京石办发〔2011〕36号 中共石景山区委办公室关于十一届区委常委分工的通知

京石办发〔2011〕37号 中共石景山区委办公室印发《石景山区贯彻落实〈2010－2020年干部教育培训改革纲要〉实施意见》的通知

京石办发〔2011〕38号 中共石景山区委办公室 石景山区人民政府办公室转发区双拥办《关于2012年元旦春节期间开展双拥活动的通知》的通知

京石办发〔2011〕39号 中共石景山区委办公室 石景山区人民政府办公室关于转发《北京市石景山区档案馆收集档案范围的规定》的通知

京石办发〔2011〕40号 中共石景山区委办公室 石景山区人民政府办公室关于转发《石景山区关于进一步规范评比达标表彰活动管理办法(试行)》的通知

北京市石景山区人民政府主要文件目录

北京市石景山区人民政府文件

石政发〔2011〕1号 关于印发二〇一一年折子工程的通知

石政发〔2011〕2号 关于做好2010年冬季退役士兵接收安置工作的通知

石政发〔2011〕3号 关于印发《石景山区便民工程管理办法(试行)》的通知

石政发〔2011〕4号 印发《关于建设国家服务业综合改革试点区的实施意见》的通知

石政发〔2011〕5号 关于实施石景山区突发事件总体应急预案的决定

石政发〔2011〕6号 关于组织开展火灾隐患市区级挂账督办工作的通知

石政发〔2011〕7号 关于印发《石景山区科学技术奖励办法》的通知

石政发〔2011〕8号 关于开展石景山区第一次水务普查的通知

石政发〔2011〕9号 关于印发《石景山区国民经济和社会发展第十二个五年规划纲要》的通知

石政发〔2011〕10号 空文号

石政发〔2011〕11号 关于五里坨站前小区项目红线外市政基础设施建设主体确认的决定

石政发〔2011〕12号 关于发放2010年石景山区中小企业发展专项资金的决定

石政发〔2011〕13号 关于印发《石景山区促进现代金融产业发展的意见》的通知

石政发〔2011〕14号 关于印发《石景山区促进现代金融产业发展暂行办法》的通知

石政发〔2011〕15号 关于印发《石景山区鼓励股权投资业发展暂行办法》的通知

石政发〔2011〕16号 关于印发《石景山区鼓励企业上市暂行办法》的通知

石政发〔2011〕17号 关于印发《石景山区常青藤高端人才集聚区管理办法》的通知

石政发〔2011〕18号 关于印发《2011年石景山区环保十件实事》的通知

石政发〔2011〕19号 关于印发《石景山区节能专项资金管

	理使用办法》的通知
石政发〔2011〕20 号	关于印发《石景山区服务重点企业办法》的通知
石政发〔2011〕21 号	关于印发石景山区重点企业名单的通知
石政发〔2011〕22 号	关于开展 2011 年“送温暖 献爱心”社会捐助活动的通知
石政发〔2011〕23 号	关于表彰 2010 年度石景山区区域经济发展突出贡献单位、纳税百强单位的决定
石政发〔2011〕24 号	关于印发《石景山区环境卫生考评工作实施方案》的通知
石政发〔2011〕25 号	关于印发《石景山区精细管理美化市容工作方案》的通知
石政发〔2011〕26 号	关于印发《石景山区 2011 年十件教育拟办实事项目》的通知
石政发〔2011〕27 号	关于落实《北京市清洁空气行动计划(2011－2015 年大气污染控制措施)》实施意见的通知
石政发〔2011〕28 号	关于印发《石景山区“十二五”期间燃煤锅炉清洁能源改造工作方案》的通知
石政发〔2011〕29 号	空文号
石政发〔2011〕30 号	关于印发《石景山区国土资源节约集约利用考核办法(试行)》的通知
石政发〔2011〕31 号	关于印发《石景山区学前教育三年行动计划(2011－2013 年)》的通知
石政发〔2011〕32 号	关于印发《石景山区重点实验室与创意工作室认定与管理暂行办法》的通知
石政发〔2011〕33 号	关于印发《石景山区关于贯彻落实中关村“1＋6”系列先行先试改革政策的办法》的通知
石政发〔2011〕34 号	关于印发《石景山区老旧居住区实施物业服务试点工作方案》的通知
石政发〔2011〕35 号	关于印发石景山区“十二五”时期专项规划的通知
石政发〔2011〕36 号	关于印发石景山区“十二五”时期专项规划的通知
石政发〔2011〕37 号	关于印发《石景山区 2011 年缓解交通拥堵工作方案》的通知
石政发〔2011〕38 号	关于印发《石景山区新建改建居住区公共服务和市政基础配套设施建设管理暂行办法》的通知
石政发〔2011〕39 号	关于 2010 年度石景山区科学技术奖励的决定
石政发〔2011〕40 号	关于成立“石景山区现代金融工作领导小组”的通知
石政发〔2011〕41 号	关于印发《石景山区推进园区发展“十二五”一期工程》的通知
石政发〔2011〕42 号	关于成立“石景山区西北热电中心项目建设协调小组”的通知
石政发〔2011〕43 号	关于印发《石景山区 2011 年“促消费、保增长”资金奖励办法》的通知
石政发〔2011〕44 号	关于印发《石景山区促进软件和信息服务业发展的实施意见》的通知
石政发〔2011〕45 号	关于印发《石景山区进一步促进中小企业发展的实施意见》的通知
石政发〔2011〕46 号	关于印发石景山区“十二五”时期专项规划的通知
石政发〔2011〕47 号	关于表彰二〇一一年教育先进单位和优秀教育工作者的决定
石政发〔2011〕48 号	空文号
石政发〔2011〕49 号	关于开展部分农村籍退役士兵身份核查认定实施方案的通知
石政发〔2011〕50 号	关于印发《石景山区已建住宅楼房信报箱更新补建工作实施方案》的通知
石政发〔2011〕51 号	关于开展 2011 年度人口抽样调查工作的通知
石政发〔2011〕52 号	关于印发《石景山区房屋建筑抗震节能综合改造工作方案》的通知
石政发〔2011〕53 号	关于开展修改完善石景山区综合交通规划工作的通知
石政发〔2011〕54 号	石景山区人民政府 石景山区人民武装部 2011 年冬季征兵命令
石政发〔2011〕55 号	首都科技条件平台石景山工作站建设与运营授权书
石政发〔2011〕56 号	关于表彰 2010 年度在部队立功受奖人员的决定
石政发〔2011〕57 号	关于表彰参加第七届全国城市运动会石景山区代表团先进单位及个人的决定
石政发〔2011〕58 号	关于印发《石景山区人民政府关于进一步加强水务改革发展的意见》的通知
石政发〔2011〕59 号	关于印发《石景山区关于进一步提升邮政普遍服务水平的实施意见》的通知
石政发〔2011〕60 号	关于印发《关于加快石景山区电子商务发展的若干意见》的通知
石政发〔2011〕61 号	关于印发《石景山区促进电子商务发展暂行办法》的通知
石政发〔2011〕62 号	关于北京市帝思矿泉水有限责任公司矿区范围的公告
石政发〔2011〕63 号	关于加强石景山区经济适用住房价格管理的通知

石政发〔2011〕64 号 关于印发《石景山区关于加强法治政府建设工作规划(2011—2015 年)》的通知

石政发〔2011〕65 号 关于印发《石景山区重点建设项目管理办法》的通知

石政发〔2011〕66 号 关于进一步加强政府投资建设项目管理工作的通知

石政发〔2011〕67 号 关于调整区政府领导工作分工的通知

石政发〔2011〕68 号 关于印发《石景山区全民健身实施计划(2011—2015)》的通知

北京市石景山区人民政府办公室文件

石政办发〔2011〕1 号 关于启用“北京市石景山区第一次水务普查工作领导小组办公室”印章的通知

石政办发〔2011〕2 号 《关于开展安全社区建设工作的实施意见》的通知

石政办发〔2011〕3 号 关于支持学大教育在我区开展经营培训活动和协助办理企业注册事宜的通知

石政办发〔2011〕4 号 关于集中开展“消防平安行动”实施方案的通知

石政办发〔2011〕5 号 《关于进一步加强城市面貌记录工作的意见》的通知

石政办发〔2011〕6 号 关于印发《2011 年石景山区人力资源和社会保障工作要点》的通知

石政办发〔2011〕7 号 关于调整石景山区政府系统相关工作领导小组情况的通知

石政办发〔2011〕8 号 关于成立石景山区交通工作领导小组的通知

石政办发〔2011〕9 号 关于在我区街道办事处建立食品安全管理委员会的通知

石政办发〔2011〕10 号 空文号

石政办发〔2011〕11 号 关于启用“北京市石景山区交通委员会”印章的通知

石政办发〔2011〕12 号 关于印发《2011 年区政府联络区人大、区政协工作具体安排》的通知

石政办发〔2011〕13 号 关于印发《2011 年石景山区民族宗教侨务工作要点》的通知

石政办发〔2011〕14 号 关于进一步提高会议工作效率 做好《2011 年区政府常务会议和区长办公会议议题计划》实施工作的通知

石政办发〔2011〕15 号 关于印发《2011 年石景山区清明节群众扫墓服务工作方案》的通知

石政办发〔2011〕16 号 关于启用“北京市石景山区食品安全委员会”印章的通知

石政办发〔2011〕17 号 关于调整和加强石景山区招商引资工作领导小组的通知

石政办发〔2011〕18 号 石景山工商分局《2011 年促进区域经济发展实施办法》的通知

石政办发〔2011〕19 号 关于开展行政规范性文件清理工作的通知

石政办发〔2011〕20 号 关于调整石景山区环境保护委员会委员的通知

石政办发〔2011〕21 号 关于开展 2011 年科技周活动的通知

石政办发〔2011〕22 号 关于印发《石景山区查处违法建设、消除安全隐患专项整治行动工作方案》的通知

石政办发〔2011〕23 号 关于印发《2011 年石景山区信息化工作要点》的通知

石政办发〔2011〕24 号 关于印发《北京市石景山区西部建设办公室主要职责内设机构和人员编制规定》的通知

石政办发〔2011〕25 号 关于启用“北京市石景山区查处取缔无证无照经营行为领导小组办公室”印章的通知

石政办发〔2011〕26 号 关于成立石景山区 2011 年中小学校舍安全工程施工招标工作组的通知

石政办发〔2011〕27 号 关于启用“北京市石景山区深化医药卫生体制改革领导小组办公室”印章的通知

石政办发〔2011〕28 号 关于印发《石景山区供热计量改革工作方案》的通知

石政办发〔2011〕29 号 关于解决园区企业办理工商登记注册的通知

石政办发〔2011〕30 号 关于印发《石景山区“十二五”规划实施方案》的通知

石政办发〔2011〕31 号 转发石景山公安分局《关于派出所社区民警驻区制警务模式推进工作的意见》的通知

石政办发〔2011〕32 号 关于北京祥云润通设备租赁有限公司“5·07”一般生产安全事故结案的通知

石政办发〔2011〕33 号 关于启用“北京市石景山区依法行政工作领导小组办公室”印章的通知

石政办发〔2011〕34 号 关于启用“北京市石景山区法制宣传教育和依法治区领导小组”印章的通知

石政办发〔2011〕35 号 关于印发《2011 年社会建设拟办实事项目》的通知

石政办发〔2011〕36 号 关于印发《石景山区贯彻落实 < 北京市人民政府关于进一步加强企业安全生产工作的通知 > 重点工作分工方案》的通知

石政办发〔2011〕37 号 关于印发《石景山区开展 2010 年度土地矿产卫片执法检查工作实施方

案》的通知

石政办发〔2011〕38 号　关于印发《石景山区行政监察信息化平台建设工作方案》的通知

石政办发〔2011〕39 号　关于启用“北京市石景山区人民政府房屋征收办公室”印章的通知

石政办发〔2011〕40 号　关于编辑出版《北京人文地理·石景山卷》工作方案的通知

石政办发〔2011〕41 号　印发《关于加强行政调解工作的实施方案》通知

石政办发〔2011〕42 号　关于印发《石景山区集中空调通风系统卫生管理工作实施方案》的通知

石政办发〔2011〕43 号　关于行政规范性文件清理结果的通知

石政办发〔2011〕44 号　关于北京日立电梯工程技术服务有限公司“8·07”一般生产安全事故结案的通知

石政办发〔2011〕45 号　关于北京市昊宏信装饰有限公司“8·10”一般生产安全事故结案的通知

石政办发〔2011〕46 号　关于解决区国资委监管企事业单位办理工商登记注册的通知

石政办发〔2011〕47 号　关于印发《石景山区 2011－2012 年度预防煤气中毒工作方案》的通知

石政办发〔2011〕48 号　关于四川林海建筑工程有限公司“8·30”一般生产安全事故结案的通知

石政办发〔2011〕49 号　关于印发《社区、商务楼宇、枢纽型社会组织“三定”方案》的通知

石政办发〔2011〕50 号　关于印发《石景山区 2012 年元旦春节烟花爆竹安全管理工作实施方案》的通知

石政办发〔2011〕51 号　关于印发《石景山区 2011－2012 年扫雪铲冰工作方案》的通知

石政办发〔2011〕52 号　关于转发《石景山区全面排查架空杆线情况及集中消除架空杆线安全隐患专项工作方案》的通知

石政办发〔2011〕53 号　关于启用北京市石景山区劳动人事争议仲裁委员会及办公室印章的通知

区域教育单位名录

石景山区幼儿园名录

学校名称	性质	园长	学校地址	联系电话
北京市石景山区师范学校附属幼儿园	公办	齐景华	永乐小区甲 42 号院	68682877
北京市京源学校幼儿部	公办	白宏宽	京原路 10 号	68645864
北京市石景山区实验幼儿园	公办	张艳君	八角北里小区	68843113
北京市石景山区幼儿园	公办	左丽君	古城南里 17 号	68874902
石景山区第二幼儿园	公办	佟桂香	八角南路东街	68874643
北京市石景山区八角幼儿园	公办	王雅君	八角南路甲 18 号	68874744
石景山区八角北路幼儿园	公办	鲁建平	八角北路甲 18 号	68876355
北京市石景山区第三幼儿园	公办	徐艳	海特花园小区内	88798005
北京市石景山区向阳农工商公司幼儿园	集体办	牛彦玲	衙门口上后街	68684485
古城地区民族幼儿园	集体办	李玉伶	古城西路	68872073
北京市石景山区灵童潜能开发幼稚园	民办	谢承	玉泉路北临一号翠谷玉景苑 15 号楼	58974885
北京市石景山区方舟双语艺术幼儿园	民办	李金霞	西井路 19 号	88798467
北京市石景山区希望之星幼儿园	民办	李兆兰	吴庄重兴园小区	68654023
北京市石景山区新世纪幼儿园	民办	王世兰	京源路 8 区 8 号	68626456
北京市石景山区民办北方之星幼儿园	民办	张焱	鲁谷东街 20 号	68687989
北京市石景山区新世界国际幼儿园	民办	陈继红	石景山路 2 号	68663136－818
北京市石景山区瑞吉欧双语艺术幼儿园	民办	左海燕	八角南路 47 号	68822781
北京金色未来幼教中心金苹果幼儿园	民办	张桂苹	苹果园路七区 16 号	68815812
北京市石景山区首钢大地现代幼儿园	民办	王艳弟	黑石头现代生活小区	51725187
首钢矿山街道居民管理委员会第二幼儿园	其它部门	刘赞芬	河北省迁安市首钢矿业公司滨河村	0315－7713469
首钢矿山街道居民管理委员会第三幼儿园	其它部门	孙兴霞	河北省迁安市首钢矿业公司鸽子湾	0315－7713550
首钢矿山街道居民管理委员会水厂幼儿园	其它部门	张静	河北省迁安市首钢矿业公司水厂	0315－7714091
中国科学院高能物理研究所幼儿园	其它部门	杨红宇	玉泉路 19 号乙	88235964
北京金色未来幼教中心首钢大地老山幼儿园	合作办园	李荣	首钢老山西里小区	88297108
首钢大地老山东里幼儿园	合作办园	王慧	首钢老山东里小区	88973110

学校名称	性质	园长	学校地址	联系电话
北京特钢燕鼎金地幼教中心		高亚丽	八角北路特钢小区	68872802
北京金色未来幼教中心首钢大地古城幼儿园	合作办园	史玉玲	古城小街15号	68872147
北京金色未来幼教中心首钢大地八角幼儿园	合作办园	马　建	古城南路10号	68874088
北京军区司令部幼儿园	部队办	王红霞	八大处甲一号	66399542
北京军区政治部幼儿园	部队办	段春梅	八大处甲一号	66399546
北京军区装备部幼儿园	部队办	杨桂荣	绍家坡驻军一号	66397026
北京金色未来幼教中心首钢大地苹果园幼儿园	合作办园	张立建	苹果园大街151号	88742877
北京金色未来幼教中心首钢大地金顶街幼儿园	合作办园	白　静	金顶街五区	88723422
北京金色未来幼教中心首钢大地模式口幼儿园	合作办园	时进霞	模式口南里小区内	88294056
北京军区联勤部机关幼儿园	部队办	王　青	高井甲32号	66384084

石景山区小学名录

学校名称	性质	校长	地址	联系电话
北京市石景山区向阳小学	公办	李润华	衙门口村大横街	68687838
北京市石景山区玉泉路小学	公办	王建华	玉泉路西何家坟北	88233851
北京市石景山区京原小学	公办	厉左艺	鲁谷路66号	68637153
北京市石景山区师范学校附属小学	公办	王瑞敏	永乐小区甲31号院	68685415
北京市京源学校小学部	公办	李晓军	京原路10号	68623031
北京市石景山区第二实验小学	公办	苑爱红	老山西街21号	88970161
北京市石景山区银河小学	公办	杨丽红	六合园甲24号	68644930
北京景山学校远洋分校	公办	徐秀筠	鲁谷东街22号	88690802
北京市石景山区爱乐实验小学	公办	张竟芳	重聚中街	68656411
北京市石景山区八角北路小学	公办	吴继红	八角北路52号	68830747
北京市石景山区古城第二小学	公办	王英	古城南路	68872963
北京市石景山区古城第六小学	公办	张竟芳	古城南里	68875305
北京市石景山外语实验小学	公办	刘世彬	首钢黄南苑小区内	88996422
北京市石景山区杨庄小学	公办	张美玲	杨庄小区	68813625
北京市石景山区实验小学	公办	叶　艳	八角北里39号院	68862278
北京市石景山区北辛安小学	公办	章　雯	北辛安南岔13号	68872398
北京教育学院石景山分院附属小学	公办	贾洪波	古城小街18号	68872083
北京市石景山区水泥厂小学	公办	蒋景明	京源路68号	88806185
北京市石景山区苹果园第二小学	公办	马　强	苹果园一区甲10号	68872198
北京市石景山区西黄村小学	公办	李晓钧	八大处路102号	88932653
北京市石景山区六一小学	公办	王京兰	八大处路乙2号	88964512
北京市石景山区海特花园小学	公办	吴幼颖	海特花园小区	88798735
北京市石景山区先锋小学	公办	魏春英	邵家坡1号	88722419
北京市石景山区石景山小学	公办	蒋新华	模式口西里甲32号	88992808
北京市石景山区金顶街第二小学	公办	陈凤云	金顶街北路71号	88717111
北京市石景山区金顶街第四小学	公办	陈　娜	金顶街北路	88722510
北京市石景山区石景山第二小学	公办	张国琴	模式口东里	88751011
北京市石景山区广宁村小学	公办	苏银德	广宁村新立街151号	88993222－8000
北京市石景山区麻峪小学	公办	肖印军	麻峪南街51号	88991876
北京市石景山区电厂路小学	公办	傅立新	高井路18号	88953963
北京市石景山区五里坨小学	公办	王迎梅	五里坨车站路7号	88904267
北京市石景山区红旗小学	公办	孔德英	高井甲32号	88902251
北京市石景山区炮厂小学	公办	张立田	黑石头7312厂	88950092

学　校　名　称	性　质	校　长	地　　址	联系电话
北京石景山区黄庄学校	民　办	陈恩显	八宝山街道黄庄村43号	88681197
北京市石景山区华奥学校	民　办	王桂云	永乐东小区	68664165
北京市石景山区台京学校	民　办	刘运贵	衙门口村西南后街	68663821
首钢矿业公司职工子弟学校	企业办	武书育	河北省迁安市杨店子镇滨河村滨西小区	0315－7710094

石景山区中学名录

学　校　名　称	性　质	校　长	地　　址	联系电话
北京市京源学校	公　办	白宏宽	京原路10号	68644124
北京市同文中学	公　办	叶　奔	永乐小区甲8号院	68653297－817
北京教育学院石景山分院附属学校	公　办	赵士雪	古城东街5号	68878146
北京市苹果园中学分校	公　办	于志勇	西井路	88931340
北京景山学校远洋分校	公　办	徐秀筠	鲁谷东街22号	88681812
北京市蓝天第二中学	公　办	王立山	老山西里甲2号	68875051
北京市古城外国语学校	公　办	曹彦彦	八角南路	68871582
北京市古城高级中学	公　办	曹彦彦	古城南路6号	68876325
北京市石景山区实验中学	公　办	冯　岩	八角路40号	68861034
北京市杨庄中学	公　办	李　苹	八角北路53号	68870934
北京市蓝天第一中学	公　办	牛淑英	苹果园三区	88744485
北京八大处中学	公　办	林福森	八大处路8号	88962352
北京市苹果园中学	公　办	于志勇	苹果园南路25号	88932450
北京市石景山区石景山中学	公　办	李先平	模式口西里甲31号院	88293411
北京市第九中学	公　办	郝显军	模式口大街16号	88753160
北方工业大学附属中学	公　办	郝显军	金顶北路八号	88751337
北京市高井中学	公　办	刘福花	高井路26号	88953764
北京市天泰中学	公　办	焦凤儒	石门路342号	88902163
北京市石景山区黄庄学校	民　办	陈恩显	八宝山街道黄庄村43号西南郊苗圃	88681197
北京市石景山区华奥学校	民　办	王桂云	永乐东小区	68664165
北京市石景山区台京学校	民　办	刘运贵	衙门口村西南后街	68663821
北京市礼文中学	民　办	欧阳蒙	老山东里甲19号	88977433
北京市艺考高级中学	民　办	杨东民	八大处杏石口甲2号	82593068
北京佳汇中学	民　办	麻宝山	模式口南里	88296005
首钢矿业公司职工子弟学校	企业办	武书育	河北省迁安市杨店子镇滨河村滨西小区	0315－7710094

石景山区职业教育、高等教育学校名录

学　校　名　称	学校性质	主办单位	法人代表	校长	学校地址	联系电话
黄庄职业高中	公　办	石景山区政府	王彦荣	王彦荣	鲁谷东街	68638293
古城旅游职业学校	公　办	石景山区政府	王彦荣	王彦荣	老古城	68826042
北京盛基艺术学校	民　办	个人	荆　跃	荆　跃	隆恩寺路	88903441
首钢高级技工学校	企业办	首钢总公司	王传雪	王传雪	晋元庄路6号	68871841
北京地铁技术学校	企业办	地铁公司		罗建华	福寿岭	88723440
石景山区业余大学	公　办	石景山区政府	王　松	王　松	八角北路7号	68825782

学　校　名　称	学校性质	主办单位	法人代表	校长	学校地址	联系电话
北京广播电视大学石景山区分校	公　办	石景山区政府	王　松	王　松	八角北路7号	68825782
北方工业大学	公　办	市属市管	王晓纯	王晓纯	晋元庄路5号	88803055
首钢工学院	企业办	首钢总公司	毛　武	毛　武	晋元庄路6号	68871841
北京工业职业技术学院	公　办	北京市教委	陈建民	陈建民	石门路368号	51511004
中国科学院研究生院	公　办	中国科学院	邓　勇	白春礼	玉泉路19号甲	88256030
国家检察官学院	公　办	最高人民检察院	石少侠	石少侠	香山南路111号	61719114
北京中新企业管理学院	民　办		陈建军	陈建军	杨庄路西口	68811520
北京英迪经贸学院	中外合办	市机械工业管理局职工大学	刘宗仁	刘宗仁	苹果园大街161号	88719822

石景山区民办教育机构名录

学　校　名　称	学　校　地　址	负责人	电　话
北京盛基艺术学校	隆恩寺路一号	荆　跃	51511888
北京群星表演艺术学校	黄庄职业高中	吕丽萍	68688730
北京市艺考高级中学	八大处杏石口甲2号	邹　群	62599440
北京市礼文中学	老山东里	欧阳蒙	88977433
北京市石景山区民办北方之星幼儿园	鲁谷西路9号楼	吴　英	68687989
北京市石景山区希望之星幼儿园	吴　庄	李兆兰	68628180
北京市石景山区民办新世纪幼儿园	八宝山街道六合园	王世兰	68626456
北京市石景山区苹果园培训学校	苹果园南路25号	李鸿池	68872390
北京市石景山区信德培训学校	模式口东街	王桂梅	68626114
北京市古城旅游服务培训学校	古城大街23号	文大信	68816869
国家检察官学院培训中心	八大处甲1号	杨迎泽	61731377
北京市石景山区成教培训中心	教育招生考试招生中心院内	张　燕	68817917
北京市石景山区启蒙艺术培训学校	八角北里	王景春	68830104
北京市石景山区劳动与信息技术培训中心	老山西里	张素华	88977009
中国成人教育协会培训中心	晋元庄路6号院	孙永龙	62233254
北京市石景山区育人培训学校	古城高级中学院内	冯燕璞	88706836
北京市石景山区海特艺术培训学校	海特花园	周淑芬	88792445
北京地铁发展培训学校	福寿岭	罗建华	86929264
北京市石景山区统计干部培训学校	杨庄东路71号	董年龙	68826046
中国医学科学院整形外科医院培训中心	八大处路	曹谊林	88703799
首钢工学院培训学校	苹果园地铁站北侧	王　林	88725120
北京市石景山区图书馆培训学校	八角南路2号	王　红	68878503
中国科学院研究生院培训中心	玉泉路甲19号	苗建明	88256422
北京市石景山区金帆艺术培训学校	京源路10号	张玉娟	68644122－840
北京市北方艺术学校	苹果园大街161号	王　松	68861396
中国国际广播电台培训中心	石景山路甲16号	李　萍	68892231
北京市石景山区创新教育培训中心	古城第二小学	张　平	68820786
北京市石景山区阳光培训学校	河北迁安首钢矿业子弟学校	李诚阳	0315－7710094
北京市石景山区非凡培训学校	八宝山南路	刘　冰	68812883

学 校 名 称	学 校 地 址	负责人	电 话
北京市石景山老年大学	八角北路 7 号	王 松	68875723
北京新旅程培训中心	八角北路 9 号	吴献斌	88699833
北京市石景山区业余大学培训中心	八角北路 7 号	王 松	68861127
北京市石景山区青少年文化教育培训学校	鲁谷南路 11 号	孙冰燕	68681406
北京市石景山区精华培训学校	石景山图书馆 4 层	廖中扬	62122020－6230
北京市石景山区瑞博教育培训中心	八角西街 95 号	高世宝	68838533
北方工业大学培训中心	晋元庄路 5 号	罗学科	88803639
北京市石景山区巨人文化艺术培训学校	八角北路甲 14 号	尹 雄	51608188－8444
北京市石景山区裕诚培训学校	苹果园 23 号	毛金铸	88981637
北京市石景山区信实培训学校	依翠园乙 16 号 3 层	张 伦	88748809
北京市石景山区豪斯曼培训学校	第二实验小学	赵云凤	68819739
北京市石景山区沃格办公自动化培训学校	苹果园第二小学	王荣富	86929264
北京市石景山区金晓文化培训学校	苹果园北大街甲 2 号	牛淑和	68821514
北京市石景山区中软培训学校	向阳小学院内	田若珠	68681550
北京市石景山区华特培训学校	西黄村小学	王 河	68838468
北京市石景山区智诚文化补习学校	首钢工学院 12 号楼	何 新	88920064
北京市石景山区华英培训学校	外语实验小学内	李明明	88995559
北京市石景山区泰兆培训学校	京原小学	桂卫红	64911280－800
北京市石景山区翠微文化补习学校	首钢高级技工学校 10 号楼	王知勉	51911268
北京市石景山区兴华文化补习学校	古城二小内	佟维萍	88910127
北京市石景山区金实艺术文化培训学校	杨庄南区地铁古城家园东区	孙淑洁	68812304
北京市石景山区爱德斯培训学校	鲁谷六合园 814 号	马 亮	68641053－11
北京市石景山区华夏英才培训学校	古城第六小学	杨 肇	88981232
北京市石景山区金苹果电脑培训学校	苹果园南路 23 号	郎兆圣	88921172
北京市石景山区升华培训学校	石景山路甲 18 号院 3 号楼万达广场 E 座 2211 室	邵日新	88977226
北京市石景山区增智培训中心	北京工业职业技术学院东角楼	安源福	88750302
北京市石景山区爱华外语研修学校	古城南路古城第六小学	陈 曦	68823303
北京市石景山区新思维文化艺术培训学校	模式口西里石景山小学	杨 琦	68876015
北京市石景山区希望培训学校	金顶街第二小学	王敬东	88724758
北京市石景山区天立计算机培训学校	福田寺甲 3 号	刘立生	88962658
北京市石景山区汇英艺术文化培训学校	银河商务区写字楼 17 层 1901	许蕴卿	68655993
北京市石景山区八大处顺成培训学校	八大处路 8 号	成凤舞	88962352
北京市石景山区中意汽车驾驶学校	永乐西小区 57 号综合楼	赵国业	68627197
北京市西郊驾驶学校	吴 庄	赵忠立	68633771
北京市石景山区华奥学校	永乐东小区	王桂云	68664165
北京市石景山区台京学校	衙门口村西南后街	刘运贵	68663821
北京市石景山区黄庄学校	黄庄村 43 号西南郊苗圃	陈恩显	68681619
国家体育总局老山汽车摩托车驾驶学校	老山西街 15 号	张燕华	68826368
北京市石景山区瑞吉欧双语艺术幼儿园	八角南路 63 号	左海燕	68822781
北京市石景山区启明星艺术培训学校	石景山路 46 号	刘宣明	68869262

学校名称	学校地址	负责人	电话
北京市石景山区加祥培训学校	八角西街95号	徐瑞春	68867861
北京市石景山区好贝德培训学校	五里坨小学	王瑞平	13311158310
北京金色未来幼教中心	古城路	王玉芬	68873601
北京市石景山区方舟双语幼儿园	西井路19号	李金霞	88798467
北京市石景山区灵童潜能开发幼稚园	玉泉路北临1号翠谷玉景苑15号	谢　承	58974071
北京市石景山区星乐汇培训学校	八角西街85号二层	张荣欣	68680171
北京市石景山区向日葵钢琴艺术培训学校	鲁谷东街22号	李瑞霞	13381379416
北京建达培训学校	鲁谷东街29号	王　超	13611162778
北京市石景山区领语堂培训学校	石景山路22号长城大厦4层	赵　勇	65388419
北京市石景山区华育信息技术学校	隆恩寺红卫路一号院	周海涛	51517986
北京市石景山区首钢大地现代幼儿园	黑石头现代生活小区院内	王艳弟	517285817
北京市石景山区新国人培训学校	八大处4号北京军区体工大队	许建琦	66127398
北京市电力公司进网作业电工培训中心	模式口3号院	顾联军	63679970
北京市清大世纪培训学校	八大处高科技园区西井路3号	王　玫	62690299
首钢幼儿保教中心培训学校	西井一区综合楼	孙丽凤	88295796
北京市石景山区前程教育培训学校	金顶街首钢今时宾馆3号楼	杨建荣	88719608
北京佳汇中学	模式口南里	麻宝山	88291033
北京市石景山区新世界国际幼儿园	国际雕塑公园内	陈予川	68662026
北京市石景山区华大天下教育研究培训中心	石景山路22号长城大厦1116房间	雷云萍	13910269978
北京市石景山区二十一世纪实验幼儿园	西黄新村西里雍景四季11楼	朱　敏	88938065
北京市石景山区爱贝儿幼儿园	五里坨炮厂小区招待所院内	许爱国	51583197

区域科研机构名录

驻区科研单位

中国科学院高能物理研究所	北京市918信箱	88235008
中国科学院研究生院	玉泉路19号(甲)	88256003
中国电子基础产业装备公司	石景山路23号	68885579
信息产业部电子科学技术情报研究所	鲁谷路35号	88686108
中国瑞达系统装备公司	石景山路23号	68885579
中国医学科学院整形外科研究所	八大处路33号	88772029
首钢国际工程技术有限公司	石景山路60号	68872480
首钢技术研究院	首钢厂东门	88296012
北京市建筑材料研究院	金顶街西福村1号	88721857
北方工业大学	晋元庄路5号	88802114
北京数字娱乐产业示范基地	阜石路166号泽洋大厦	88909999
北京信息安全产业示范基地	石景山路40号	68812109

区域卫生机构名录

卫生医疗单位

综合医院 12 家

北京大学首钢医院	西黄村晋元路 9 号	88294978
北京市石景山医院	石景山路 24 号	88689000
北京首钢特殊钢有限公司泰康医院	古城小街 1 号	88924142
北京市燕都医院	苹果园大街 117 号	88730120
中国瑞达系统装备公司瑞达医院	鲁谷路 74 号院	68689047
北京市石景山区同心医院	鲁谷大街吴家村	68632004
北京市石景山区五里坨医院	石门路 322 号	51513851
北京市昆仑医院	永乐东区	88682537
北京中康佳中医药研究院长庚医院	古城南里 8 号	88296303
清华大学玉泉医院	石景山路 5 号	88257755
首都医科大学附属北京朝阳医院(京西院区)	京源路 5 号	51718020
首钢矿山医院	河北省迁安市滨河村	0315－7710856

中医医院 4 家

北京市石景山区中医医院	八角北路	68877025
北京市石景山区老医药卫生工作者协会模式口中医医院	模式口甲 48 号	88719986
北京市石景山区老医药卫生工作者协会中医骨伤医院	八角北里	68885018
中国中医科学院眼科医院	鲁谷路 33 号	68688877

专科医院 5 家

北京米赫眼科医院	永乐东小区(原黄楼幼儿园)	68669720
中国医学科学院整形外科医院	八大处路 33 号	88964826
北京古城阳光妇科医院	古城大街 37 号	68882323
北京市石景山区红十字绍家坡康复医院	绍家坡金顶山路 19 号	88729330
北京市石景山区老医药卫生工作者协会风湿病医院	古城小街 1 号风湿病医院	68874320

疗养院 1 家

北京工人疗养院	八大处西下庄	58823366

门诊部 7 家

北京市石景山区疾病预防控制中心门诊部	体育场南路 6 号院	68662805
中国科学院研究生院门诊部	玉泉路甲 19 号	88256119
北京市石景山区民政局北里门诊部	民政局北里门诊部	68875716
北京圣唐思邈中医门诊部	黑石头村东侧	68882802
北京市石景山区老医药卫生工作者协会口腔门诊部	依翠园 19 号楼底商(银河大街 11－8 号)	88680288
北京市石景山区老医药卫生工作者协会京西门诊部	鲁谷路 35 号	68657699
北京张海明整形美容门诊部	石景山路 29 号京燕饭店 4 层	68870821

妇幼保健院 1 家

北京市石景山区妇幼保健院	依翠园 5 号	68625569

精神病防治所 1 家

北京市石景山区精神卫生保健所	石门路 322 号	51513851

急救站 1 家

北京市石景山区急救站	石景山路 24 号	68667890

疾控 1 家

北京市石景山区疾病预防控制中心	体育场南路 6 号	68662805

卫生监督所 1 家

北京市石景山区卫生局卫生监督所	体育场南路 6 号	88605081

社区38家

名称	地址	电话
北京市石景山区八角社区卫生服务中心	八角北路	88928019
石景山区五里坨街道社区卫生服务中心	石门路322号	88902313
北京市石景山区古城社区卫生服务中心	古城路	88296532
北京市石景山区苹果园社区卫生服务中心	苹果园大街220号	88707858
北京市石景山区老山社区卫生服务中心	老山西里	88296531
北京市石景山区金顶街社区卫生服务中心	模式口南里	88293218
石景山区八宝山第一社区卫生服务中心	鲁谷小区六合园	51718209
北京市石景山区八宝山社区卫生服务中心	鲁谷东街38号	88682861
北京市石景山区广宁街道社区卫生服务中心	广宁中学院内	88689021
石景山区金顶街四区社区卫生服务站	金顶街四区	88757497
石景山区五里坨街道黑石头社区卫生服务站	五里坨街道黑石头村口	88954148
北京市石景山区广宁街道寿山福海社区卫生服务站	双峪路23号	88991616－9961
北京市石景山区鲁谷街道衙门口社区卫生服务站	鲁谷街道衙门口南	88689021
北京市石景山区苹果园街道刘娘府社区卫生服务站	苹果园街道刘娘府大队1号	88689021
北京市石景山区广宁街道麻峪社区卫生服务站	麻峪南沟甲5号	13439149590
北京市石景山区八角街道体育馆路社区卫生服务站	石景山路32号	88707949
北京市石景山区八宝山街道远洋山水社区卫生服务站	玉泉西里二区29号楼	88689021
北京市石景山区苹果园街道西山枫林社区卫生服务站	香山南路166号院56号	88994615
北京市石景山区广宁街道高井社区卫生服务站	高井	88689034
北京市石景山区鲁谷街道永乐社区卫生服务站	永乐西小区23号楼底商	88689021
北京市石景山区依翠园社区卫生服务站	依翠园5号	68625536
石景山区金顶街街道模西社区卫生服务站	模式口西里小区	88293254
北京市石景山区　都馨园社区卫生服务站	时代花园南路28号院2楼	88980010
北京市石景山区苹果园街道雍景四季社区卫生服务站	苹果园街道冠景新城B区12号楼首层106室	15311084328
北京市石景山区八角街道中里社区卫生服务站	八角中里居委会	88928021
北京市石景山区金顶街街道赵山社区卫生服务站	金顶街赵山宿舍院内平房	88714801
北京市石景山区古城街道北辛安社区卫生服务站	古城街道北辛安南岔149号	68872427
北京市石景山区重兴园社区卫生服务站	八宝山南路重兴嘉园1号一层	13522816646
北京市石景山区苹果园街道海特花园社区卫生服务站	海特花园45号楼1单元101－102室	88794771
北京市石景山区老山街道中础社区卫生服务站	石景山路23号院	68885504/03
北京市石景山区八角街道北方工大社区卫生服务站	晋元庄5号	88803257
北京市石景山区杨庄社区卫生服务站	杨庄村西口	68874002
石景山区苹果园街道西黄村社区卫生服务站	西黄村后街24号	88701091－8000
石景山区老古城社区卫生服务站	老古城北后道8号	68820341　13693338163
石景山区五里坨街道西山社区卫生服务站	黑石头	88952242　13691311972
石景山区老山街道高能社区卫生服务站	玉泉路19号(乙院)	88235961
石景山区古城街道水泥厂社区卫生服务站	京源路68号	88806839　13121890611
石景山区五里坨街道南宫社区卫生服务站	石门路368号	51511215　13661211533

诊所60家

名称	地址	电话
北京佳铭诊所	玉泉西里二区远洋山水小区12－02底商	68656752
北京刘恭敏内科诊所	高井南街	13240996143
北京建国清秀诊所	衙门口西后街21号	68633440
北京德康杏林诊所	鲁谷村7号楼1号底商	68651340
北京嘉信诊所	西下庄1号楼综合商场一层	88965818
北京中健安康口腔诊所	杨庄银创家园南小区D座1单元101号	88293369
北京市高宝维内科诊所	老古城前街22号	68235565
北京李春琼内科诊所	自来水公司良安东里8排45号	15901462117

北京鲁谷永乐诊所	鲁谷路36号楼底商	88684265
北京市天泰悦馨诊所	五里坨西街20号	88903073
北京同仁堂连锁药店有限责任公司古城中医诊所	古城南路32号	88981624
北京张丽华中医诊所	玉泉路65号	51887598
北京金象大药房医药连锁有限责任公司鲁谷金象诊所	鲁谷路公汽八场3号楼	68636155
北京诚安诊所	老山东里29栋	88973788－813
北京山角中医诊所	刘娘府路36号	13552127391
北京市弘泰堂中医诊所	麻峪村东街36号院2号	88991807
北京市弘济药店有限公司苹果园诊所	苹果园南路128号	68833437
北京市时珍平安诊所	八宝山南路29号7号楼1层	51885505
北京锦安堂诊所	鲁谷小区五芳园18号	68623263
北京孙家琪中西医诊所	把角北里29－7－102	68848351
北京珍鹊中医诊所	香山南路166号院18号	13522706056
北京市王建歧中西医诊所	模式口大街168号	88725119
北京市弘济药店有限公司诊所	杨庄北路	68842624
北京济世慈仁中医药研究院中西医诊所	高井路29－2－9号	88953048
北京市王焕荣中西医诊所	模式口大街217号	88717556
北京市圣医坊诊所	海特花园商业楼一层2－A2－B	51956112
北京济润中西医诊所	鲁谷依翠园13号底商2号一层	68629347
北京民安康中西医诊所	北辛安大街97号	13146183811
北京时雨中西医诊所	游乐园南门广场商用房	13520571791
北京耿银珠中西医诊所	石门路408号	13661121162
北京市翟鸿印中西医诊所	边府社区服务中心	13671138625
北京文杰枫林诊所	老山街道文化活动中心二层	88974634
北京市李奇灿中西医诊所	金世界物业中心后院(杨庄北区)	68870165
北京皓齿口腔诊所	古城大街75号院3－1－2－107	68838461
北京市黄德民口腔科诊所	西黄新村东里1#底商07号	88705688
北京雅士美口腔专科诊所	鲁谷路27号	68653707
北京嘉信泽洋口腔诊所	阜石路166号泽洋大厦309室	88909890
北京市张玫口腔诊所	模式口村农村信用社旧址	88753398
北京石景山区老医药卫生工作者协会模式口西里口腔科诊所	模式口西里	88721625
北京市王秀玲口腔镶复诊所	老古城西路农工商公司商业房	68823784
北京市石景山区老医药卫生工作者协会口腔科诊所	海特花园57栋北区2号	51956726
北京市赵慧兰口腔科诊所	苹果园三区20栋8－102	88715618
北京梅宝馨口腔科诊所	五里坨新马路8号	88906454
北京中健安康口腔诊所有限公司八角口腔诊所	八角南里15栋5层一层	88923369
北京市唐凡华口腔科诊所	古城路园北小区54栋平房	88927485
北京市王志国口腔科诊所	模式口中街南职工宿舍	86056674
北京志雅口腔诊所	老山西街八角公园门区12号商业用房	88978953
北京王雅平口腔镶复诊所	金顶街西口	88738997
北京立文同创科技发展有限公司吉源口腔诊所	苹果园海特花园28号楼1门102	88794859
北京瑞嘉口腔诊所	八宝山南路重兴嘉园4号楼102	68636560
北京市吉田光军口腔诊所	鲁谷大街北重西厂十二号楼二单元102	88687707
北京兴安口腔诊所	香山南路168号院7号楼一层48号	13552975197
北京市日新口腔诊所	八角西街61号西二楼一层	88921249
北京市王雅红口腔镶复诊所	古城大街75号院曦景长安1－1－107	68870013
北京市刘锦玲口腔科诊所	黄南苑小区院内物业楼一层	88997785

北京茂华口腔诊所	时代花园东街 1 号楼 111－112 室	88980808
北京冰蝶整形美容诊所	银河大街 1 号万商花园酒店运动中心三层	68667799
北京市古城娜仙子美容美体有限责任公司惜娜医疗美容诊所	杨庄 28 号西城忆树 1 号楼 1 号底商	88909802
北京景尧洲医疗诊所	模式口大街	88718028
北京市石景山区建筑公司万方诊所	古城西路 15 号	68844118
卫生所医务室 57 家		
北京太平洋邓禄普纺织品有限公司卫生室	鲁古大街 66 号	68660043－12
北京市苹果园中学卫生室	苹果园中学南路 25 号	88794698－8039
北京市石景山区佳汇中学卫生室	金顶街街道模式口南里小区	88296005
北京市石景山区古城第二小学卫生室	古城南路	68832985
北京市石景山区幼儿园卫生室	古城南里	68874902
北京市古城高级中学卫生室	古城南路	68872084
北京市石景山区八角幼儿园卫生室	八角南路幼儿园	68874744
北京市石景山区实验小学卫生室	八角北里	68862278－810
北京市高井中学卫生室	高井路 26 号	88953764
北京市石景山实验中学卫生室	模式口西里	68293411－805
高井热电厂卫生所	高井	52552843
中国科学院高能物理研究所幼儿园卫生室	玉泉路 19 号(乙院)	13466347459
北京市八大处中学卫生室	八大处路 8 号	88962352
北京教育学院石景山分院卫生室	八角西街 95 号	88912055
北京市石景山区师范学校附属幼儿园卫生室	永乐东小区	68652877
北京市同文中学卫生室	永乐东小区	68653297－804
北京市石景山区第二幼儿园卫生室	第二幼儿园卫生室	68874643
新华通讯社机关事务管理局鲁谷卫生所	京源路 8 号	63076032
北京市第一中级人民法院卫生室	石景山路 16 号	59891120
北京市天泰中学卫生室	石门路 342 号	88902163
北京金色未来幼教中心金苹果幼儿园卫生室	石景山区苹果园路七区 16 号	68815812
北京市石景山区八角北路幼儿园卫生室	八角北路幼儿园	68876355
北京市石景山外语实验小学卫生室	首钢黄南苑小区	15010123207
北京市石景山区青少年活动中心卫生室	鲁谷南路 11 号	68662402
北京市黄庄职业高中卫生室	鲁谷东街 29 号	68652190－2104
北京市京源学校卫生室	鲁谷小区七星园	68644122－8888
北京市石景山区第三幼儿园卫生室	苹果园海特花园	88792445
北京市蓝天第二中学卫生室	老山西里	68872461－8023
国家广播电影电视总局国际台医务室	鲁谷小区 65 号楼 7－102 号	68636183
北京市第九中学医务室	模式口大街	88759928
北京市石景山区石景山中学医务室	模式口西里	88293411－805
北京市杨庄中学医务室	八角北路 53 号	68873778
北京市石景山区社会福利院医务室	杨庄路 17 号	68865347
北京市石景山区少年国防教育基地医务室	红卫路 1 号	88901083
北方工业大学附属中学医务室	金顶北路 8 号	88751337－8005
北京市石景山区寿山福海养老服务中心医务室	双峪路 23 号	88990998
北京中新企业管理学院医务室	杨庄路西口	68811520
北京市石景山区民族养老院医务室	模式口南里清真寺西侧、模式口村西 102 号	88719092
北京金色未来幼教中心首钢大地模式口幼儿园医务室	模式口南里小区	88755285
中国地震应急搜救中心医务室	玉泉西街 1 号	59956422
中国电子科技集团公司电子科学研究院医务室	八大处高科技园区双园路 11 号	68893711

北京市公安局石景山分局医务室	古城南路1号	88788242
首钢工学院医务室	西黄村晋元庄路6号	59805852
北京市石景山区金顶街第二小学医务室	金顶街北路	88717777
北京市人民检察院医务室	石景山路12号	68299132
工业和信息化部电子科学技术情报研究所医务室	鲁谷35号电科大厦	88686046
北京市古城旅游职业学校卫生室	古城西路丙2号	68873626－8105
北京市石景山区实验幼儿园医务室	八角北里	68864966
北京市艺考高级中学医务室	杏石口甲2号	82591755－8122
北京市石景山区颐养年养老院医务室	高井北街149号	88908996
北京市石景山区六一小学医务室	六一小学八大处路乙2号	88964512
北京市苹果园中学分校医务室	西黄村西口	88931324－231
北京金色未来幼教中心首钢大地八角幼儿园医务室	古城南路10号	68874088
北京金梦圆老年乐园医务室	八大处路35号	88961161
国家体育总局射击射箭运动管理中心医务室	香山南路103号院	88962277－790
北京地铁技术学校医务室	福寿岭	88935427
国家体育总局自行车击剑运动管理中心医务室	老山西街15号	68868432
其他机构4家		
北京市石景山区中小学卫生保健所	永乐西小区	68611300
北京市石景山区卫生局社区卫生服务管理中心	石景山路24号(石景山医院办公楼四层)	68832727
北京市石景山区卫生局医院管理中心	石景山路24号	68635049
北京市石景山区卫生信息中心	体育场南路6号院	88605067

区域文化设施名录

全国重点文物保护单位

法海寺	模式口大街北	88713976
承恩寺	模式口大街东段路北	88724148

北京市重点文物保护单位

长安寺	八大处	88964661
灵光寺	八大处	88964661
三山庵	八大处	88964661
大悲寺	八大处	88964661
龙泉庵	八大处	88964661
香界寺	八大处	88964661
宝珠洞	八大处	88964661
证果寺	八大处	88964661
八宝山革命公墓	石景山路	88255681
慈善寺	五里坨天泰山	88905988
冰川馆	模式口大街28号	88722585
田义墓	模式口大街北	88724148
老山汉墓	老山驾校内	68607156
皇姑寺	西黄村	88701190

石景山区文物保护单位

崇兴庵	鲁谷村	68607156
龙泉寺	模式口大街北	88713976
双泉寺	双泉寺村	68607156

礼王府	福寿岭铁路疗养院内	88961133
万善桥	黑石头村东	68607156
隆恩寺冰川擦痕	五里坨	68607156
雍正御制碑亭	首钢制氧厂内	68607156
福田公墓	福田寺村	68607156
贤良寺塔院	八大处长安寺南 200 米	68607156
石景山古井	石景山南侧	68607156
石景山古建群	石景山南侧	68607156
八大处冰川漂砾	八大处公园五处龙泉庵	68607156
四柏一孔桥	模式口大街北	88713976
瑞王坟碑楼	西山枫林东南角	68607156
兴隆寺	五里坨小青山上	68607156
翠云庵	高井村	68607156
崇国寺塔	八宝山革命公墓南 300 米	68607156

图 书 馆

石景山区图书馆	八角南路 2 号	68874077
石景山区少年儿童图书馆	古城南路 11 号	68875256

电影院放映场所

北京萨姆娱乐公司萨姆电影院	石景山路 42 号	68879106
北京市石景山古城电影院	古城南路 15 号	68866386
北京万达国际电影城有限公司石景山店	石景山路乙 18 号 4 号楼 3 层万达影城	68663399

歌舞娱乐场所

北京萃朋苑餐饮有限公司	双峪路 37 号	88993572 13801014252
北京老来福娱乐有限公司	永乐西小区得实电子有限公司	68688584 13910061761
北京康悦娱乐有限责任公司	衙门口虹艺玩具厂院内 15 号	68635056 13051576880
北京市遥感星空音乐茶座	刘娘府路西侧琅山苗圃院内	88728068 13801369383
北京市仙鹤楼酒店管理顾问有限公司	京源路口	68665588 13331072999
北京神农庄园饮食管理有限公司	实兴北街东侧	13901054689
北京鑫金玉阁歌厅	古城南街东侧 55－1	13910933608
北京京港之夜娱乐有限公司	古城北路 81 号	13651340335
北京市星光歌厅有限责任公司	古城南路 45 号	68873241 13901234999
北京心相乐歌厅	五里坨 2 号	13366771336
北京玉鼎娱乐有限责任公司	金顶街西口星座兴石超市四层	88749385 13371729920
北京海特饭店飘歌舞厅	实兴东街 1 号	88795844 13331137931
北京大歌星餐饮娱乐有限公司	石景山路乙 18 号万达广场 D 座 2 层	13699262001
北京金雁翎饮食中心	麻峪村北	88992470 13126681649
北京湾仔情娱乐有限责任公司	八大处希望公园内	13901165510
北京派丽舫餐饮娱乐有限公司	八大处西黄村西口	13911232399
北京午夜至尊娱乐有限公司	八大处 58 号对面	13601057908
北京京西豪门娱乐城	八宝山南路 29 号院 7 号楼地下室一层	51885112
北京海龙腾歌厅	古城西路 121 号	68884183 86185846
北京漂淼情娱乐中心	鲁谷路 58 号院	13601010466
北京荣荟星园音乐茶座	北辛安和平街 29 号	13381152569
北京鑫鑫金唱纳练歌场有限公司	八角西街 68 号	13341019581
北京华晨兔兔娱乐有限责任公司	八角北里 1 号楼东侧甲 2 号	15011261007

北京时尚风情娱乐中心	古城北路甲4号	88928881 13601317222
北京火焰娱乐有限公司	古城南里甲5号	68877332 13901326447
北京花丽都娱乐俱乐部有限公司	海特花园50号楼公建工程5层	13911727579
北京市鑫鑫沁园春饭庄	广东门(区服务公司)商业房	13522007896
北京金色海滩洗浴中心	古城西路南侧北京明塑包装厂内	13901380791
北京西山明珠歌厅	西黄村西头三角地红房子东房	13370155799
北京温情如家啤酒屋	八宝山南路29号	13810200633
北京大江南花园酒店有限责任公司	八大处路58号北段路东	88703883 139010586582

音像制品经营单位

北京歪歪兔教育科技有限公司	八大处高科技园区西井路3号3号楼1283室	68883303
北京秋彤健身顾问有限公司丹彤健身俱乐部	海特花园57号楼底商二层2－2	52638806
北京昊冶文化有限公司	鲁谷路52号(皓月写字楼)536号	13911466606
北京格动音像制品有限公司	古城西路90号	88914841
北京雅利华文商贸中心	黄庄村43号	88680676
北京布娃娃教育科技有限公司	石景山路23号院科研中试楼八层801室	68867900
中基育通(北京)教育科技有限公司	石景山路23号院办公楼西配楼8层	13910701393
北京市根源升商贸中心	永乐东小区49栋西平房1号	51811319
北京书霖文苑图书销售中心	古城路58－1－1号	
北京东兴文化传播有限公司	双园路1号1号院107室	
北京天厚科贸有限公司图书城	苹果园南路甲11号	88796548
八大处百货商场	杏石口路	13661220882
北京诚安堂药房有限公司金顶街分店	金顶街二区商业用房一层	88973774－812
北京诚安堂药房有限公司	老山东里	
北京市谷香佳膳食品有限责任公司	香山南路168号院7号楼一层底商48号	13910182508
北京市喜隆多购物中心有限公司	苹果园南路13号	13521911171
北京传奇时代图书有限公司	八宝山南路重兴嘉园4号楼一层102号	
北京市新动感音像制品经营部	高井路29－2号	13381185276
北京翰良文化有限公司	体育场南路2号景阳宏昌大厦811室	13701295252
北京市金彩蝶音像制品服务部	东下庄11号	13146457156
北京世纪宏辉文化传播有限公司	八大处高科技园京宝公司办公楼426室	88790886
北京牡丹四星音像有限公司第二十八分店	阜石路158号一楼入口北侧	64037312
北京乐友达康科技有限公司石景山母婴用品专营店	八宝山南路重兴嘉园4号楼三层	13801285889
北京日东升投资有限责任公司	古城南街52号	13521911171
北京好旺通音像制品中心	刘娘府四海公园2、3号房	13126935613
北京市宝龙行商贸有限责任公司	杨庄北大街路西商用平方	13901337879
北京福星闪亮音像制品销售中心	古城南路锅炉厂(副食品商店2号)	13718756733
创意博奥教育科技(北京)有限公司	石景山路23号科研中试楼八层811室	68867900
北京市瑞奇晓婉商贸中心	八宝山南路(台宝加油站对面)	13911220520
北京银贝文化交流中心	依翠园3号楼商业用房	68610499
北京光合作用文化传播有限公司石景山店	石景山路乙18号4号楼万达广场商业步行街233号	13811928430
北京龙逸雅轩文化发展中心	古城大街特钢公司十一区(首特创业基地A座721号)	13683079371
北京梦幻明星文化发展中心	八角(石景山游乐园内)	68876016
北京东方托普文化传播有限公司	八大处高科技园区北京京宝办公楼424室	13269198770
北京语航环球教育咨询有限公司	苹果园北大街甲2号427室	13911839244
北京当代商城有限责任公司石景山分公司	阜石路与杨庄东路交叉西北角	13901231613
北京华科堂图书有限公司第一经营部	海特花园57号底商福客隆超市内	13801006776

决策探索(北京)管理咨询中心	双锦园10号楼8302号	13901008017
北京牡丹四星音像有限公司第四十六分店	石景山路乙18号院4号楼地下一层32课	13911083532
北京边听边看音像店	苹果园南路甲11号天宇商海小商品市场前二楼25、26号	13693252785
北京丽英宇音像店	苹果园南路甲11号天宇商海小商品市场前二楼18号	13651304313
北京丽君海音像店	苹果园南路甲11号天宇商海小商品市场前二楼15号	13718286366

互联网上网服务营业场所

名 称	地 址	电 话
北京协成金豆互联网上网服务有限公司	古城路古城小街甲6号	13011296431
北京百合海业英达上网服务有限公司	南路甲11号	88931058
北京市万亚辰上网服务有限公司	苹果园地铁斜对面二楼	13901009250
北京崇光成辉上网服务有限公司	金顶街西街南北装饰公司内	88731067
北京世纪传讯上网服务中心	西黄村首钢地质勘查院外	13301083939
北京金正上网服务有限公司	八大处路22号办公楼一层西厅	13311397223
北京红峰鸟上网服务中心	鲁谷新岚大厦西侧一层大厅	13910610610
北京忠义合上网服务有限责任公司	古城大街10号	13241012153
北京市瑞龙嘉恒上网服务中心	石景山永乐西小区得实电子有限公司二层	68627095
北京一线缘好风景上网服务有限公司	杨庄西口福利院内	68826475
北京天之使者上网服务有限公司	钢校煤厂	13901068167
北京喻世三言上网服务有限公司	西黄村北方工大路北东侧	13801364329
北京腾龙网信上网服务中心	南宫石门路379号	13801193332
北京余乐网上网服务有限公司	古城西路28号	13911086366
北京吉祥在线上网服务有限公司	北京市石八角东街181号	13301037009
北京市龙腾神州上网服务中心	古城大街53号	13691166820
北京市零星上网服务有限公司	古城路南里甲5号办公楼二层北侧	13901388874
北京永远在线上网服务中心	鲁谷新岚大厦西二层	13520722506
北京市华翼三友上网服务有限公司	古城北路甲3号	13301083939
北京天罗网上网服务有限责任公司	西黄村物美超市二楼	13055067830
北京龙之风上网服务有限公司	金顶西街杨家坡临街楼	13301369225
北京市聚友网缘上网服务有限公司	苹果园路物美天翔超市(原副食商场)三层	13366033718
北京世纪金福上网服务中心	八角南里14号楼	88923231
北京宏泰基业上网服务有限公司	银河大街3号	68684303
北京千龙网都华城上网服务有限公司	海特花园50号楼地下一层北侧	13301365207
北京千龙网都火凤凰上网服务有限公司	石景山路42号地下一层	13269697070
北京瑞得在线流星雨上网服务中心	古城东街18号星座超市3层	13311560780
北京千龙网都市联友上网服务有限公司	金顶街西口华禹铸造厂南侧	13051088171
北京千龙网都和美上网服务有限公司	五里坨路2号	13381080822
北京红色起点上网服务有限公司	石门路318号	13701011103
北京千龙网都宇亿通达上网服务有限公司	模式口北里40号楼前	13801169012
北京千龙网都立龙上网服务有限公司	模式口东里	13301365416
北京零度聚阵黄金时代上网服务有限公司	八宝山街道办事处二层	13911056612
北京千龙网都任君行上网服务有限公司	古城南大街1号	13701213005
北京雅思网艺互联网上网服务有限公司	苹果园大街(原副食商场二楼)	13366066406
北京零度聚阵华文上网服务有限公司	苹果园刘娘府路四海公园西侧	13301378786

续表

名　称	地　址	电　话
北京千龙网都瀚海网缘上网服务有限公司	八宝山南路首钢机电有限公司重型机器分公司七千米西半部	15910820776
北京千龙网都旗舰上网服务有限公司	苹果园北路苹果园大街甲2号	13381129021
北京千龙网都鑫领域上网服务有限公司	苹果园大街135号	13241198218
北京零度聚阵飞越上网服务有限公司	衙门口村村北口	13901040405
北京千龙网都鸿利云霄上网服务有限公司	八大处路26号亚视办公楼	13901080433
北京千龙网都新起点上网服务有限公司	八角北路甲18号	15801269188
北京千龙网都巨大上网服务有限公司	鲁谷南路重聚园商业楼	13911160661
北京千龙网都仙鹤楼上网服务有限公司	鲁谷路五环桥东仙鹤楼	13381272000
北京千龙网都天润上网服务有限公司	杨庄中区锅炉房	68848849
北京千龙网都三色人生上网服务有限公司	八角南路18#三层	68864073
北京千龙网都网聚时空上网服务有限公司	金鼎商业中心二层298号	88725654
北京零度聚阵天天上网服务有限公司	古城西街西侧	13701278257
北京千龙网都骑士在线上网服务有限公司	鲁谷路74号院9号楼裙楼地下一层	68664563
炫秀(北京)上网服务中心	杨庄东路128号	13910961019
北京市快乐吧吧上网服务有限公司	老山西街八角公园门区10、11号	13901063883
北京天龙忆达上网服务有限公司	北辛安大街69号	13051887957
北京双胜鑫上网服务有限公司	鲁谷大街118号永乐西小区9号楼前商业楼	13901190224
北京裕丰文盛上网服务有限责任公司	老山西里41号楼南侧	13381095839
北京美速上网服务有限公司	古城南里甲5号	13301369288
易网世界(北京)国际上网服务有限公司	八宝山南路29号院7号楼地下一层	13901258628
北京市风行龙互联网上网服务中心	古城西路20号	13801391130
北京嘉仕金诚上网服务有限公司	八宝山南路重兴园甲2号	13311578087

图书经营场所

单位名称	经营地址	法人	联系电话
北京康达振华文化发展有限公司	鲁谷路74号院十号楼206室	张桂虎	68658976
北京广协出版信息中心	杨庄东路126号	杨秀玲	82597155
北京百福鑫创劳务有限公司	北辛安和平街9号	李运鼎	68810487
北京乘云阁图书有限公司	八角中里科技馆	俎俊玉	88708914 88708689
北京新华联合文化传播中心	京原路口南向阳综合楼	李　婧	68624789
北京金锋盾经济文化发展中心	京原路展龙大厦312室	梅金锁	68624321
北京锐标文化发展中心	古城大街古城宾馆319室	杨　肇	68815096
北京新锐时空文化交流中心	古城大街西侧	魏明明	88924586
北京市古城文社书店	古城大街古城宾馆旁	龚文瑞	88916704
北京市九州博文图书有限公司	北辛安袁家胡同12号	何小满	
北京京审华信书刊经营中心	杨庄路110号华信大厦909室	李　刚	68829564
北京红旗在线图书有限公司	鲁谷路52号	王　军	68650181
北京水木文泉图书有限公司文泉学苑书店	北方工业大学办公楼一层	范为国	88802018
北京经卫联合医药信息研究所	七星园展龙写字楼515	李宝山	68611602
华教联合(北京)文化传播中心	京原路口南展龙大厦	施进军	68624789

续表

单 位 名 称	经 营 地 址	法 人	联系电话
水木时代(北京)教材教学研究中心	景阳宏昌大厦1113室	宣 侠	82866611 82866284
北京华联综合超市股份有限公司石景山分公司	石景山路万商大厦裙楼	赵国清	68666688－6508 68666688－6518
北京市鑫海威信息中心	鲁谷路35号电科大厦10层	万鹏远	88686257
北京华普联合商业投资有限公司鲁谷超市	鲁谷西路	蒯英海	68639939
北京市石景山区利众书店	鲁谷大街12号	尹庆章	68667246
北京林墨轩文化用品销售中心	八角北路小学南侧门面房	芦永杰	88915656
北京万卷天地图书有限公司	南大荒80号院西侧3号平房	王德高	84495089
北京国联图书有限公司	八角北路小学北侧	卢永青	88915656
中基育通(北京)教育科技有限公司	石景山路23号院办公楼西配楼8层	徐美玉	68867900 68864116
北京结缘龙腾文化用品店	鲁谷路玉都雅风市场二层0928	刘本平	
北京秀雅香轩文化用品店	鲁谷路玉都雅风市场二层0948	彭述中	
北京燕传书文化用品店	鲁谷路玉都雅风市场二层0938	李秀平	
北京天之星经济文化中心	玉泉西路地震局综合观测中心院内	闪中明	88257899 51522188
北京天厚科贸有限公司图书城	苹果园南路甲11号后三楼	蒲红英	88796548
北京翰良文化有限公司	景阳宏昌大厦1115室	李长河	51810666
北京首钢源景文化发展有限公司	首钢厂东门院内陶楼三层	姜兴宏	88293618
北京金华鸿文化传播中心	京原路向阳综合楼展龙写字楼609号	许华丽	86950883
北京市和讯通达书店	金顶街红光金鼎市场1B394号	张道敏	86183880
北京陆机文化传媒有限公司	展龙大厦617室	田向阳	68610322 68621751
北京众智百川教育科技科技中心	杨庄110号华信大厦1218室	温广超	51713700
北京世纪宏辉文化传播有限公司	八大处高科技园京宝公司办公楼426室	马朝晖	88795937 88790886
北京东方托普文化传播有限公司	八大处高科技园京宝公司办公楼424室	丁 颖	88790886 88795937
北京海纳天成文化传播有限公司	八角北里综合商业楼211号	芦 刚	51957089
北京昊冶文化有限公司	鲁谷路52号皓月写字楼536室	王 茹	87993827 88685009
北京市文力本果品商亭	五里坨石门路258号	夏文伏	88908187
北京金蚂蚁文化发展中心八角分部	八角地铁东北出入口内	祝亚君	68286894 68151832
北京轩地方圆书店	古城西路20号5号楼景华丰写字楼A603室	李金平	68845399
北京龙翔世纪文化发展中心	京原路向阳综合楼A327号	袁明高	51713210
北京育禾华盛文化传播中心	京原路口南向阳综合楼B448室	施成军	68610788
北京卓远今朝国际文化传播有限公司	石景山路22号长城大厦629室	李纪梅	65469653
北京建享和谐文化交流中心	古城西路20号景华丰写字楼A408	屈 刚	52631350
北京心灵坊文化传播中心	鲁谷南路26号展龙写字楼1002室	赵 猛	68625649
北京市虹彩天空书店	金顶街红光金鼎商业中心一层1B176号	刁景民	88730133
北京嘉文视野文化传播有限公司	阜石路166号泽洋大厦301B室	曾柳江	52638558

续表

单 位 名 称	经 营 地 址	法人	联系电话
北京大唐天和文化传播有限公司	古城西路 20 号 5 号楼 A621	刘紫栋	52631688
北京世达环球科贸有限公司	阜石路 166 号泽洋大厦 706 室	李 超	88909467
北京银贝文化交流中心	依翠园 3 号楼商业用房	王金英	68644110
北京布娃娃教育科技有限公司	石景山路 23 号科研中试楼八层 801	徐美玉	68867900
北京市喜隆多购物中心有限公司	苹果园南路 13 号	刘东晖	52635123
北京诚安堂药房有限公司	老山东里	李伯军	88973774－812
北京日东升投资有限责任公司	古城南街 52 号	刘东晖	52635123
北京歪歪兔教育科技有限公司	八大处高科技园区西井路3号3号楼 1283 室	宗芳斌	63992580－115
北京中住联合科技发展有限公司	衙门口向阳工业小区	李浩桢	81822311
北京诚安堂药房有限公司金顶街分店	金顶街二区商业用房一层	李伯军	88973774－812
北京牵手文化交流有限公司	黄庄村 43 号院东 4 幢	李慧琴	88878138
北京光合作用文化传播有限公司石景山店	石景山路乙 18 号 4 号楼二层 233 号	廖建宇	
北京市元培林书屋	古城南路北方锅炉厂宿舍区校外活动站	方其林	88797871
北京大唐之都文化传播有限公司	古城西路 20 号 5 号楼 A620	刘紫栋	52631655 15301091782
北京辉煌文化交流有限公司	古城北路 21 楼 5 单元一层西 2 间	赵雅莉	68861115
北京昊福文化传播有限公司	阜石路 166 号泽洋大厦 1102 室	福 生	52638909
北京丽家丽婴婴童用品有限公司第四十一便利店	石景山路 22 号 A 座长城大厦 A－2 底商	周 威	
北京龙腾达文化发展中心	古城西路 20 号 5 号楼 B605	刘江霞	
北京龙腾瀚海文化传播有限公司	古城西街 25 号 C 座 113 室	蒋 焘	15810358793 13161830059
北京美廉美连锁商业有限公司鲁谷超市	鲁谷依翠园新岚大厦地上一层	李小南	13701276754 82034533
创艺博奥教育科技(北京)有限公司	石景山路 23 号科研中试楼八层 811 室	徐美玉	68867900
北京智慧文渊信息咨询中心	麻峪新街 58 号	梁 勇	13681347419
北京五月书香文化传播有限责任公司	古城西街 25 号 B 座 406 室	边丽涛	13681156080
北京永辉超市有限公司	鲁谷大街东侧	张轩松	
北京物美商业集团股份有限公司西山枫林店	香山南路 168 号院 15 栋一层	许少川	
北京诚安堂药房有限公司五芳园店	五芳园 15 号楼 1 层 3 号	李伯军	88973788－820
北京诚安堂药房有限公司八角北里店	八角北里实验小学对面华联超市内	李伯军	88973788－820
北京华裕恒泰国际管理咨询有限公司	京原路向阳综合楼展龙写字楼 528B 室	杨勇刚	68686637
北京龙逸雅轩文化发展中心	古城大街特钢公司十一区首特创业基地 A 座 721	袁明高	13683079371
北京九州博文科贸有限公司	八大处高科技园区西井路 3 号 3 号楼 2410 房间	刘永壮	13120089764
北京双春阁书店	八大处路东侧(天翔超市)	喻士丰	88968700
北京卓远启明国际文化传播中心	双峪路 35 号	李纪梅	
北京中科工研工程咨询服务有限责任公司	玉泉路 19 号(甲)21 号楼科研楼东二层 204、205	侯泉林	88256707
北京语航环球教育咨询有限公司	苹果园北大街甲 2 号 427 室	董红军	88795169 88256709
北京永辉超市有限公司石景山分公司	鲁谷大街东侧二层	彭华生	

续表

单 位 名 称	经 营 地 址	法 人	联系电话
北京经纶纵横生物科技传媒有限公司	鲁谷路128号2号楼102室	李 昊	68658301 68658322
北京东方仕林书店	重聚园9楼901室	李 淼	
北京时代音符文化发展中心	八宝山南路重兴嘉园4号楼401－26	郝洪学	
北京博弈前程教育科技有限公司	金顶街首钢今时宾馆一层11号	杨建荣	88719608
北京当代商城有限责任公司石景山分公司	阜石路与杨庄东路交叉西北角	刘建勤	88939169

区域体育健身设施名录

石景山区体育经营单位

名 称	地 址	开设项目
北京万商大厦	石景山路22号	游泳、健身
北京实兴海特大厦	八大处科技园区	游泳、健身、保龄球
北京环美游泳馆	苹果园北路36号	游泳
八大处富斯特滑道	八大处公园内	滑道
国家体育总局射击射箭运动管理中心射击场	福田寺甲3号	射击
石景山游乐园	八角游乐园	蹦极、攀岩
首钢体育馆	首钢篮球中心	篮球、排球、羽毛球、网球、壁球、乒乓球、台球
北京市吉跳龙羽毛球运动中心	石景山路23号	羽毛球
北京市兴钢文化交流中心模式口分部	模式口南里活动站1号	健身、健美
北京市兴钢文化交流中心苹果园分部	苹果园1－3号	健身、健美
北京市兴钢文化交流中心八角分部	八角小区内	乒乓球
北京市兴钢文化交流中心老山分部	老山东里49、60、61、62号一层	健身、乒乓球
北京靓靓伊人舍宾俱乐部有限公司	八角西街66号	健美操
北京市八大处西翠会馆	八大处西便门南侧	台球
北京市石景山区高井节能服务公司康体中心	电厂路东侧	游泳、健美
石景山区体育中心网球馆	石景山路32号	网球
老山自摩中心－健身中心	老山自摩中心内	游泳、健美
北京军区联勤部健身中心	北京军区联勤部院内	游泳、保龄球
石体娱乐中心游泳馆	石景山路32号	游泳
首钢红楼游泳馆	石景山路首钢总公司院内	游泳
誉景苑酒店游泳馆	誉景苑酒店	游泳
希望公园游泳场、网球场	希望公园内	游泳、网球
四海水上乐园	刘娘府路四海水上乐园	游泳
九中游泳馆	北京市第九中学内	游泳
高能物理研究所游泳场	玉泉路高能物理研究所内	游泳
工业职业技术学校游泳馆	五里坨工业职业技术学校内	游泳
军区司政游泳场	北京军区司政大院内	游泳
首钢杨庄游泳馆	杨庄小区内	游泳

续表

名　　称	地　　址	开设项目
博雄健身中心	鲁谷社区五芳园	健美
丹彤健身中心	海特小区内	健美
石景山区体育场	石景山路32号	足球、田径
石景山区体育馆	石景山路32号	篮球、羽毛球、排球
首钢老山游泳场	老山小区内	游泳
北方工业大学游泳场	北方工业大学南院	游泳
市政铁路疗养院	市政铁路疗养院内	保龄、沙壶、乒乓、健身房、网球、篮球、游泳
北京市星球娱乐有限责任公司	鲁谷74号院	台球
北京市国利伟业体育交流中心—8台	永乐西小区粮管所	台球
北京巨龙大成文化体育用品商店	首钢八角小区43号	台球
北京金络台球厅	鲁谷新岚大厦南三层	台球
北京开心乐园体育健身中心4层	西井路17号	台球
北京公交六厂鲁海捷健身中心	鲁谷大街	台球
古城百合台球厅	古城路	台球
长安家园地下－东文之星台球厅	石景山路	台球
北京星牌伟业体育发展有限公司星牌台球俱乐部	区阜石路159号	台球

职业服务机构名录

职业介绍机构名录

名　　称	法人姓名	电　话	地　　址
北京市石景山区职业介绍服务中心	李燕平	68879893	杨庄路66号
北京市石景山区外来劳动力职业介绍服务中心	李燕平	68879893	杨庄路66号
石景山区八角街道职业介绍所	王宏宇	88982139	八角北路甲36号
石景山区苹果园街道职业介绍所	朱树萍	88799673	苹果园南路23号
石景山区八宝山街道职业介绍所	王超英	68624739	鲁谷东街18号
石景山区金顶街街道职业介绍所	王秋玲	68873043	金顶街街道办事处
石景山区老山街道职业介绍所	邸士萍	88296319	老山街道办事处院内
石景山区广宁街道职业介绍所	李爱平	88903075	广宁村新立街4号
石景山区五里坨街道职业介绍所	魏林屏	88905460	五里坨车站路1号
石景山区古城街道职业介绍所	潘黎燕	68879143	古城街道办事处(院内)
石景山区鲁谷社区行政事务管理中心社会保障事务所	胡文超	68624758	六合园东部社区中心
首钢职工交流服务中心	李　京	88722635	金顶街－北京首钢华禹铸造厂院内
石景山区残疾人劳动就业服务中心	赵军生	68821872	古城北路残联
石景山区工会职业介绍所	陈雅琴	88930313	石景山路42号
石景山区妇女儿童活动中心	张莎丽	68875501	八角西街
北京市爱侬家政服务有限责任公司	穆丽杰	68825744	古城南路52栋
北京市爱侬家政服务有限责任公司八角分部	穆丽杰	68878685	古城公园西墙外
北京市爱侬家政服务有限责任公司杨庄分部	穆丽杰	68844022	社区服务中心一层
北京市爱侬家政服务有限责任公司鲁谷分部	穆丽杰	68641619	东部社区服务中心

续表

名称	法人姓名	电话	地址
北京市益友嘉职业介绍有限责任公司	叶 红	68885486	八角街道社区服务中心
北京益友嘉职业介绍有限责任公司永乐分部	叶 红	68854010	永乐小区长城羊毛衫厂西侧
北京好职坊人力资源服务有限公司	周玉红	68840818	八角街道社区服务中心206－1室
北京田慧源人力资源服务有限公司	贾淑珍	68875104	北辛安和平街6号

民办职业技能培训学校

学校全称	培训职业工种名称	培训层次	学校地址	负责人	招生电话
北京市石景山区职业技能培训学校	计算机文字录入处理员、中式烹调师、家政服务员、保健按摩师、花卉工	初级 中级	古城东街11号	王 辉	68875360
北京市古城职业技能培训学校	美容师、美发师、中式烹调师(高)、餐厅服务员、调酒师、花卉工、西式面点师、计算机调试	初级 中级 高级	古城大街23号	刘 冰	68873414
北京市石景山区业余大学职业技能培训学校	计算机文字录入处理员、秘书(高)、公关员(高)、物业管理员、保育员	初级 中级 高级	八角北路51号院	王 松	68875355
北京市石景山区阳光职业技能培训学校	计算机操作员、计算机维修工、中式烹调师、中式面点师、餐厅服务员、保健按摩师、美容师、美发师、家政服务员。	初级 中级	模式口西里培智学校院内	张 昶	88748051
北京市首钢职业技能培训学校	维修电工、装配钳工、机修钳工、焊工、车工、铣工、冷作钣金工(高级技师、技师、高、中级、初级)营销师(技师、高、中级)企业人力资源管理、电子商务、项目管理、加工中心操作员(高、中级)汽车维修工(高、中、初级)数控铣床操作工(中级)家政服务员、仓库保管工、计算机文字录入处理员、计算机调试工、计算机操作员	中级 初级	晋元庄6号首钢技师学院内	孙继伶	59805765
北京市地铁职业技能培训学校	电动列车电器钳工、电动列车机械钳工、电气仪表工	初级 中级 高级	福寿岭地铁技校院内		88935415
北京市石景山区安邦职业技能培训学校	保健按摩师	初级 中级	老山西里21号实验二小院内	项学贤	68680867
北京市石景山区创艺博林职业技能培训学校	调酒师、咖啡师	初级 中级	古城南路43号	崔 乐	59480601
北京市石景山区育才职业技能培训学校	计算机文字录入员、计算机维修工、家政服务员、按摩师	初级 中级	鲁谷大街18号	王龙军	52636543
北京市石景山区棋槟职业技能培训学校	汽车维修工、工艺编结工	初级 中级	模式口南里文化馆一层	赵丽华	88996229
北京市石景山区博闻职业技能培训学校	家政服务员、公共区域保洁员、停车场管理员(非等级)	初级 中级	鲁谷南路26号展龙大厦西楼二层	高 丰	68622858

续表

学校全称	培训职业工种名称	培训层次	学校地址	负责人	招生电话
北京市石景山区新天地职业技能培训学校	计算机调试工、美容师、花卉工、中式烹调师、办公应用软件	初级 中级	古城北路3号	苏向党	51952585
北京市石景山区红顺职业技能培训学校	按摩师、美容师、仓库保管员、商品营业员、花卉工、客房服务员、医药商品购销员、计算机调试工、制冷维修工、中式面点师、公共区域保洁员、足部按摩师、手工编织(非等级)	初级 中级	八角街道社区服务中心	李清华	51620651
北京市石景山区益生美职业技能培训学校	美容师、保健按摩师	初级 中级	石门路288号四层	董立梅	88900152
北京市石景山区京华建工职业技能培训学校	电工、焊工、管道工、制冷设备维修工、钳工、测量放线工、计算机调试工、仓库保管员、花卉工	初级 中级	晋元庄23号首钢勘察院内南楼	张凤伶	68837927
北京市石景山区正华职业技能培训学校	客房服务员、餐厅服务员	初级 中级	八角西街85号楼首钢实业大厦二层	李拴劳	88927632

律师、公证服务机构

律师事务所

北京方正律师事务所	八角北里	68876784
北京华夏律师事务所	石景山路22号万商大厦602	68636613
北京双全律师事务所	石景山路甲18号万达广场E座2811室	13601000273
北京博天律师事务所	石景山路甲18号万达广场E座3层309室	68681755
北京合达律师事务所	石景山路甲18号万达广场C座2210	88696642
北京佳泰律师事务所	海特花园46号楼2单元601室	68810997 13601255416
北京信之源律师事务所	玉泉大厦506室	13501394769
北京中顾律师事务所	八大处高科技园区西井路三号楼1227室	82616007 13718367776
北京京晓律师事务所	政达路2号CRD银座1029	88930905 13901094605
北京兆泰律师事务所	鲁谷路33-16号	88682216 88696186
北京凯诺律师事务所	石景山路22号长城大厦738室	52632699
北京孙海清律师事务所	八角北路45号楼1单元3号	13521779287
北京恒顿律师事务所	石景山路甲18号院万达广场E座512室	88696916
北京品臻律师事务所	杨庄中区20号楼7单元1202室	68812847

公　证　处

北京市燕京公证处	八角北里司法局2楼	88915322 68834410 68875084

法律服务所

北京市石景山区八宝山街道法律服务所	永乐西小区25栋底商2号	68681657
北京市石景山区八角街道法律服务所	八角街道社区服务中心三楼	68872210
北京市石景山区古城街道法律服务所	社区服务中心205室	88708217
北京市石景山区苹果园街道法律服务所	苹果园首钢文化馆二楼	13801014427
石景山区法律援助中心	八角西街46-4(妇女儿童活动中心)	68870148 68810848

石景山公安分局派出所

八宝山派出所	永乐小区甲 66 号	68668751
八角派出所	八角北路甲 38 号	68875652
古城派出所	老古城北后道甲 1 号	68872373
苹果园派出所	实兴大街甲 1 号	68836781 68872303
老山派出所	老山东里	88971590
模式口派出所	模式口南里甲 1 号	68875574
金顶街派出所	金顶街五区 3 栋	88732328
鲁谷派出所	依翠园甲 16 号	88682186
广宁派出所	广宁复兴街 75 号	88992177
五里坨派出所	五里坨东街甲 1 号	88952410
石景山路派出所	石景山体育馆内	68875350
八大处派出所	八大处公园内	88964250
高井派出所	高井甲 32 号	66384471
四平台派出所	八大处甲 1 号	88963060

科技中介服务组织

北京经纬通达咨询有限公司	石景山路 22 号长城大厦	68666236
北京财智信商咨询中心	古城宾馆写字楼	13910777439
北京爱思济会计事务所	石景山路 23 号中础大厦 206 室	68872158
北京普洋会计事务所	实兴大街 64 号	88791898
首钢总公司专利中心	首钢厂东门首钢技术研究院	88296581
信息产业部电子专利中心	鲁谷路 35 号电科大厦	68632927
石景山区人才交流中心	杨庄东路 66 号人才交流中心	68871056
北京国辰世纪企业管理咨询中心	石景山路 22 号长城大厦	68666240
石景山区生产力促进中心	八角西街 40 号	68863350
北京 863 信息安全科技发展有限公司	石景山路 40 号	68812109
首特科技孵化器	特钢公司院内	88982098
北京盛世易达咨询有限公司	双园路 9 号京宝公司 307 室	13001263436
北京汇丰国际登记注册代理事务所	苹果园实兴大街 64 号	88790708
北京华鑫宏达投资顾问有限公司	苹果园实兴大街 64 号	13011206904
道正国丰知识产权代理	苹果园实兴大街 64 号	13901311903
北京快时捷登记注册代理事务所	八角北里经济服务大厅 3 号	13011198963
北京颖通嘉琳登记注册代理事务所	阜石路 166 号泽洋大厦 718X6	13641314173
北京市双全律师事务所	碣石坪 12 号 1－2303B	68667174
北京领步科技发展有限公司	苹果园西井路 3 号	51620688

福 利 机 构

北京市石景山区社会福利院	杨庄路 17 号	68842135
北京市金顶街街道敬老院	法海寺公园旁	88720370
北京市慈善寺敬老院	五里坨潭峪村口	88903508
北京市金梦圆老年乐园	八大处路 35 号	88961199
北京市寿山福海养老服务中心	双峪路 23 号	88990006
北京市天泰老年公寓	黑石头村	88959754
北京市颐养年养老院	高井北街 149 号	88908996

北京市西山八大处老年公寓	八大处北空院内	88965745
北京市民族养老院	模式口南里小区	88719092
北京市老年福敬老院	模式口西里小区	88292255

区国资委一级监管企事业单位

北京市石景山区国有资产经营公司	杨庄东街 59 号	68887260
北京实兴腾飞置业发展公司	杨庄东街 59 号	68880853
北京宏润投资经营公司	八角西街商业一号楼	68875965
北京石景山游乐园	石景山路 25 号	68876016
北京市石景山区房屋经营和市场管理中心	古城东街 103 号	68861581
北京石开房地产开发有限公司	体育场南路 2 号	51810266
北京市石景山物资总公司	古城北路 3 号	68861843
北京鲁谷集中供热厂	衙门口村东	68663146
北京芳星园物业管理中心	鲁谷七星园小区四号楼南侧	68642511
北京万商投资发展公司	石景山路 22 号	68681188
北京市石景山区建筑公司	西井路 15 号	68829495
北京市恒辰工贸集团	古城西路原塑料八厂院内	68878748
北京市石景山区第二建筑工程公司	北辛安和平街 6 号	68874794
北京海特饭店	苹果园实兴大街 1 号	68811188
北京燕金源置业有限公司	杨庄北区甲 12 号楼底商 2 层	68868123

街道社区居委会

古城街道

八千平社区居委会	古城北路八千平	68875184
古城路社区居委会	古城路 18 栋楼前车棚	68874653
南路东社区居委会	古城南路 28 栋前	68835582 68874955
南路西社区居委会	古城南路 16 栋前地下室对面车棚	68875391 68827934
十万平社区居委会	老古城大楼十万平 5 栋西	68874328
北小区社区居委会	古城北路 8 栋前	68875712
环铁社区居委会	杨庄大街地铁车辆段居民区	68835233
特钢社区居委会	特钢东门大楼一栋前	68810165
西路南社区居委会	古城西路 8 栋	68882076
西路北社区居委会	古城西路北 10 栋	68874303 68829434
天翔社区居委会	古城北路 21 栋后院	68882488
古前街社区居委会	北后道刑警大队门口	68819071 68878506
古后街社区居委会	北后道刑警大队门口	68819073 68878343
大街社区居委会	北辛安大街 56 号	68826703
南北岔社区居委会	北辛安南岔 34 号	68876114 68836117
铁新社区居委会	北辛安新房子 16 号	68871476
南大荒社区居委会	永定林居民区院	88806089 88806150
水泥厂社区居委会	京源路 68 号	88957201
白庙社区居委会	白庙村 35 号	88912423
庞村社区居委会	庞村后街 2 号	88295211

苹果园街道

苹一区社区居委会	苹一区 5 栋楼北侧	68844260 68877461

苹二区社区居委会	苹二区 6 号楼后面	68844546 68870591
苹三区社区居委会	苹三区 19 栋西	88719085 88736486
苹四区社区居委会	苹四区 13 栋对面	88708061 88725239
海特第一社区居委会	海特花园 15 栋后平房	88790239
海特第二社区居委会	海特小学北侧	88790874
海特第三社区居委会	海特花园 56 号楼旁平房	88796485 88791077
西井社区居委会	西井二区甲一号	88931244 88932431
西黄村社区居委会	西黄村木材厂南侧三楼	88705057
西黄新村社区居委会	西黄新村北里 12 号楼 109 号	88783611
琅山村社区居委会	琅山村 64 号	88728914 88752643
边府社区居委会	雍王府 1 号	52637020 88759370
装备部社区居委会	装备部大院 37 号	66397155 66397061
八大处社区居委会	八大处路 6 号六一教工院内	88962994
三疗社区居委会	工人疗养院 6 号楼前平房	88960306
西山枫林一社区居委会	香山南路 168 号院 8－9－101	88782445
西山枫林二社区居委会	香山南路 166 号院 8－6－102	88774971
军区第一社区居委会	军区大院 58－1－101	66398257
军区第二社区居委会	军区大院 15－3－104	66398446
西黄新村东里社区居委会	西黄新村东里 13 号楼 108 号	88702083
西黄新村西里社区居委会	西黄新村西里 13 号楼旁 12 号楼北侧	88701646
下庄社区居委会	八大处路甲 26 号院 8 栋 11 门 101 号	88960745

金顶街街道

金一区社区居委会	金顶北路 20 号院 19 号楼首层	88775047 88749902
金二区社区居委会	金顶街二区综合楼	88750554 88750423
金三区社区居委会	金 3 区 6 栋东南侧平房	88748025
金四区社区居委会	金顶北街 68 号(金顶街工商银行北侧)	88722550 88748026
金五区社区居委会	金五区甲 9 栋楼一层	88724302 88749971
赵山社区居委会	赵山 2 号楼北侧平房	88744007 88748007
西福村社区居委会	金顶山路 168 号院 5 栋 6 门 103 号	88723576
铸造村社区居委会	铸造二区 47 号	88714343 88748033
模式口村社区居委会	模式口村 76 号	88728098 88750148
模东里社区居委会	模式口东里 9 号楼西侧	88728152 88717592
南里社区居委会	模南里 9 栋北侧	88722187
中里社区居委会	模南里 26 栋楼前	88728616
模北里社区居委会	模北里 38 栋 512 号	88748010 8991155－3713
模西中社区居委会	模西 20 栋楼前	88722602 88748826
模西南社区居委会	模西 33 栋北侧	88722602
模西北社区居委会	模西 10 栋楼前	88724325

五里坨街道

联勤部社区居委会	高井甲 32 号	66384479
西山机械厂社区居委会	99 号信箱	51725435
石府社区居委会	五里坨石府南路 26 号	88951287
西街社区居委会	五里坨西街南路 3 号	88901285
东街社区居委会	五里坨东街 47 号	88902445
高井社区居委会	高井南街 11 号	88901283
南宫社区居委会	石门路 368 号居委会	51511107

黑石头社区居委会	黑石头南街 49 号	88951284
隆恩寺社区居委会	五里坨隆恩寺礼堂	88901286
红卫路社区居委会	北京 1228 信箱工兵管理处转居委会	88906426
隆恩寺新区社区居委会	隆恩寺路 19 号院兴泰家园物业 1 楼	61803063

广宁街道

新立街社区居委会	广宁村新立街 113 号	88991868
东山社区居委会	广宁村复兴街东山	88991398
高井路社区居委会	广宁村电厂路 21 号	52552881
麻峪社区居委会	麻峪南沟乙 5 号	88991931

八宝山街道

三山园社区居委会	永乐东区 84 楼东侧平房	68657086
四季园社区居委会	永乐东区 27 楼前白楼	68681076
永东南社区居委会	永乐东区 32 楼南平房	68684695
永东北社区居委会	永乐东区 7 号楼前	68658546
鲁谷住宅社区居委会	鲁谷住宅 7 楼东侧一层	68636654
情报所社区居委会	情报所 24 号楼前平房	88686047
电科院社区居委会	电科院社区院 31 号楼东二层	68683508
玉泉西社区居委会	玉泉路甲 65 号院平房	68636681
瑞达社区居委会	瑞达社区北院 11 号楼北侧	68689014
青年楼社区居委会	青年楼社区内	68687279
中铁建社区居委会	八宝山南路 29 号院食堂二层	51885679
西里西社区居委会	西里二区 7—3—106	88685338
西里中社区居委会	西里二区 29 号楼一层(底商)	88609638
西里北社区居委会	西里二区 1 号楼一层(底商)	88680676

鲁谷社区

依翠园南社区居委会	依翠园 13 号楼南居委会	68624224
依翠园北社区居委会	六场宿舍市运 8 场 3 楼南平房居委会	68663737
双锦园社区居委会	永乐西小区 3 号楼东面	68636674
五芳园社区居委会	鲁谷路 5 号	68620956
六合园南社区居委会	六合园 20 号楼	68625271
六合园北社区居委会	六合园 12 号楼	68626880
七星园南社区居委会	七星园 10－13－102	68627417
七星园北社区居委会	七星园 7 号楼对面	68627418
衙门口东社区居委会	衙门口上后街南头	88681730
衙门口西社区居委会	衙门口西街 44 号	68636683
衙门口南社区居委会	衙门口西南后街	88681010
新华社社区居委会	京原路 8 号新华社第二工作区西配楼 101 号	3077157
石景山医院社区居委会	碣石坪小区 3 号楼西侧	68659138
久筑社区居委会	双锦园 10 号楼院内平房	68658542
西厂东社区居委会	北京重型机电厂西厂宿舍 10 号楼 3 门 103 号	68683321
新岚社区居委会	依翠园乙 16 号新岚大厦	68641236
永乐西南社区居委会	永乐西区 20 号楼北侧平房院	88681799
永乐西北社区居委会	永乐西区 20 号楼北侧平房院	68686532
重聚园社区居委会	重聚园 18 号楼西侧综合办公楼	68686316
重兴园社区居委会	重兴嘉园 1 号楼 6 层	68655994

碣石坪社区居委会	碣石坪 12 号 1 层	88690992
聚兴园	聚兴园 7 号配套房	52630903

八角街道

八角北里社区居委会	八角北里 45 栋北侧	68883787
八角中里社区居委会	八角中里 21 栋北侧	68863698
八角南里社区居委会	八角南里 17 栋楼旁	88910810 68849734
八角北路社区居委会	八角北路 44 栋楼前平房	68882386 68872161
八角路社区居委会	八角路 11 栋西边	68874285
八角南路社区居委会	八角南路 10 栋北侧	68873979 68879213
杨庄南区社区居委会	杨庄小学北侧	68875242
杨庄中区社区居委会	杨庄中区 19 栋楼后侧	68872711
杨庄北区社区居委会	杨庄北区 49 栋西侧	52651532
公园北社区居委会	古城路甲 61 号	68872798
古城南路社区居委会	古城南路 50 栋院内	68874196
古城南里社区居委会	古城南里 5 号楼南侧	68874340
建钢南里社区居委会	八角南里 1 号楼南侧平房	68879285
八角北路特钢社区居委会	八角北路 9 栋北侧	68878797
地铁古城家园社区居委会	八角北路 59 号	88922228
黄南苑社区居委会	黄南苑小区 2 号楼前平房	88996424
中铁建总医院社区居委会	京源路 5 号院 1 号楼东侧	51718491
时代花园	时代花园南路 23 号院 15 号楼一层	88937457

老山街道

老山西里社区居委会	老山西里 4 栋平房	88970474
老山东里社区居委会	老山东里健身园平房	88975996
老山东里南社区居委会	老山东里 28 栋东侧平房	88973339
老山东里北社区居委会	老山东里 49 栋北侧	88973470
何家坟居委会	玉泉西路何家坟	88255146
高能所居委会	玉泉路 19 号乙高能所	88233098
玉泉西路居委会	玉泉西街	88255501
11 号院居委会	玉泉路 11 号院	68289034
翠谷玉景苑居委会	翠谷玉景苑 1－6－103 号	68289034
京源社区居委会	石景山路 23 号院	68810401
玉泉北里二区第一社区	玉泉新城北里二区居委会	88620097
研究生院社区居委会	玉泉路 19 号丙 12 号楼 101 号	88256073

索 引

说 明

· 本索引采取内容分析索引法编制。
· 彩页、总述、特载、专文、大事记、附录等栏目内容不在标引范围之内。
· 本索引基本按汉语拼音音序排列,汉语打头的标目按首字的音序音调依次排列。

汉语拼音索引

A

爱国卫生运动开展 249
爱慕希望女童项目签约 282
爱鸟周宣传 252
爱心送书活动 299
安全保卫 205
安全保障 346
安全工作常抓不懈 242
安全检查开展 382
安全社区创建 369
安全生产监督管理 188
安全生产事故情况 188
安全生产宣传教育培训 191
安全生产月活动 191
安全隐患消除 221
安全质量 217
安置打工子弟入学 286
安置房项目审批 235
安置就业 110 人 354
安置款代发 204
安置首钢分流人员 372
安置首钢分流职工 378

B

八宝山街道 368
八大处茶艺代表团赴韩 232
八大处公园 231
八大处网络体育集聚区建设 337
八角杯全民健身运动会 335
八角街道 376
巴布科克威尔科克斯公司 217
百日万人集中大执法 185
百日整治净化街面 259
百日整治行动 384
百日整治宣传 304
百姓明星播出 38 期 302
帮教活动开展 161
保费收入 207
保健食品监管系统 331
保密档案制度 86
保密工作 86
保密检查开展 87
保密组织完善 86
保险理赔 207
保障房建设项目 116
保障校园安全稳定 279
保障性住房建设 238
保障性住房立项监察 128
保障性住房项目审批 235
暴雨天气有效应对 255
北大首钢医院 320
北方工业大学 290
北京工业职业技术学院 293
北京公园节第六届 229
北京合唱节闭幕式 297
北京建材总院 274
北京精神宣传 148
北京精神原创节目演出 298
北京康复中心 324
北京狂欢之夏第八届 230
北京实兴腾飞置业发展公司 242
北京市石景山医院 319
北京台湾美食文化节 221
北京台湾文化艺术节 221
北京万商投资发展公司 225
北京先进个人名单 387
北京先进集体名单 385
北京燕金源置业有限公司 244
北京洋庙会第十一届 230
北京银行石景山支行 205
北京重阳诗歌会 297
北重汽轮电机有限公司 214
比武竞赛 263
编写北京人文地理·石景山卷 235
编印重要文件选编 83
便民法律援助 165
便民工程 175
便民工程建设 370
便民工程实施 365 371 372 377 381
便民工程推进建设 380
变频技术研究中心揭牌 291
标准化作用发挥 187
殡葬服务 347
殡葬管理 341
殡葬管理与服务 345

不动产商会成立 223
部门预算管理 196

C

财政 196
财政监督管理 197
财政收入与支出表 390
财政收支平衡 196
菜篮子工程建设 220
参观疗养 85
参加第七届金博会 202
参与慈善公益事业 109
参与书法笔会 148
参政议政 130 131 132 133 134 135 137 148
残保金审核代征 354
残疾人事业 353
测绘管理规范 263
查办案件 127
查处无照经营 259
拆迁依法推进 263
拆迁档案管理 113
产品抽检 315
产权管理加强 180
产值增至 49% 276
长安家园应急供暖 264
常青藤高端人才集聚区揭牌 271
场地自行车世界杯赛 337
超转地退人员管理 341
陈慕华遗体送别 346
成本管理 215
成果落地转化 276
成品油行业年检 221
诚信计量推进 187
诚信责任体系建设 315
城管信访 260
城管宣传 260
城市道路建设管理 248
城市管理监察 258
城市规划工作研究 234
城市建管履行职责 96
城市精细化管理 259 372 380
城市面貌记录 112
城市面貌新变化 371
城市体育发展论坛 336
城市秩序百日整治 156
城乡结合部建设整治 238
城运会第 7 届组团参加 336
城运会总结表彰 336
城镇登记失业率创新低 347
惩防体系完善 88
惩治职务犯罪 159
驰名商标申报首件成功 184
充分就业创建活动 348
重阳敬老家庭灯谜大赛 299
重阳游山会第二十四届 231
出版物市场专项整治 300
出口退税管理 198
处级干部队伍情况 70
处级干部培训 90
处级后备调整 71
传记图书馆中国首家 299
传染病防控 317
传染病防治 311
创特色星级党建示范社区 367
创先争优点评活动 367
创先争优开展 87
创新发展环境 269
创新管理机制 355
创新管理园林先行 241
创新科普工作室第二批授牌 266
创新人才后备制 367
创新社区民主自治模式 365
创新团队建设 144
创新政府采购 196
创星级示范社区 367
春节接待游客 97.11 万人 228
春节期间供热保障 250
春节市容环境保障 250
春之韵游园会第十一届 230
慈善事业 341
促进民生履行职责 96
促消费保增长 220

D

搭建平台促人才培养 163
搭建四大平台 223
打防管控一体化 261
打非专项行动 189
打击非法贩卖野生动物 252
打击破案增长 8% 156
打击涉黑涉恶犯罪 156
打击食品非法添加 331
打四黑除四害行动 156 185
打网办案 185 起 194
打造特色品牌文化 372
大规模培训干部工作开展 72
大企业和国际税收管理 198
大气环境质量好转 257
大型活动保障 315
大型晚会录制 17 场 302
代表联系选民活动 97
代表旁听法院庭审 97
代发养老金 206
代建制管理 175
党代表大会第十一次 65
党代会筹组工作完成 72
党风廉政建设开展 89
党风廉政建设责任制 127
党风廉政教育 88
党建工作新发展 367
党建宣传阵地建立 89
党建研究会开局良好 74
党史工作领导小组成立 91
党史资料开发利用 91
党史资料征集 91
党务公开推进 67 127
党校工作 90
党员教育培训 73
党在百姓心中宣讲 76
党在我心中百姓宣讲 78
档案安全管理 112
档案法制建设 113
档案工作 112
档案馆日活动 113
档案事业发展 30 年纪念 113
档案学会工作 112
档案资源建设 113
捣毁黑加工点 260
德育创新发展推动 278
等级证书审批 338
低保家庭消费六升二降 362
低碳出行活动 335
地方税务 199
地方志工作 113
地籍更新调查完成 236
地区生产总值表 389
地区文化建设 370
地质灾害防治 237
典当行业年检 221
电力安全 175
电视栏目专题片 15 部 302

电梯安全隐患排查 186
电梯碾断男童手指损害赔偿案 163
电子竞技冠军联赛 337
电子商务发展 220
电子文档中心建设 113
电子政务云计算平台建设 178
电子政务运维服务 178
调查16项完成 179
调处民间纠纷3307件 163
调研成果转化 83
调研工作 107 131
调研和宣传 82
调研开展 138
动漫游戏城建设 105
动漫游戏城项目推进 178
动物防疫和检疫 315
动物和动物产品安全检查 315
动物和动物产品监督 315
动物和动物产品检疫 315
动物卫生监督 315
督办人大代表建议 97
督导随访 285
督导验收12所小学 285
端午节接待游客13.75万人 228
队站建设 263
对接帮扶济困 359
对接企业需求 117
对口交流助推合作 82
对口支援 308
对台工作 82
对台工作会议精神落实 82
对外经济 222
多措并举监管齐抓 247
多项科研产品推出 273
多行业服务开展 273
多元化调解格局 162

E

儿童保健 316 318
儿童节活动 145

F

发挥市场监管效能 176
发明评选发布会承办 273
发展党员325名 73
法规宣传开展 186
法律服务平台签约 267
法律宣传营造氛围 164
法制宣传教育 86
防控美国白蛾三次 252
防灾减灾 340
防灾减灾日宣传 171
防灾应急 150
防治虫害采取科学举措 253
房地产开发建设生产情况表 392
房地产企业资质管理 238
房地产业项目开发 212
房改售房办理 239
房屋经营和市场管理中心 263
房屋权属管理 240
放射卫生监督 314
飞地联络室设立 160
非钢产业效益增长 213
非公团建推进 143
非遗保护 298
非驻厅单位管理 111
废品回收站点整治 190
废塑料生产线调试成功 213
分流职工再就业 183
丰富活动创良好氛围 66
丰富文体活动 355
风险把控 203
扶残助残 353
扶持力度加大 201
扶持商标品牌发展 184
扶持台资企业 82
扶贫帮困 369
扶贫助弱 143
服务创一流巾帼展风采启动 145
服务地方经济 206
服务孤残儿童 342
服务管理 85
服务计划生育 382
服务民生 207
服务社会 136
服务首钢搬迁调整 178
服务首钢分流人员 383
服务体系建设 310
服务文明引导行动 79
服务辖区流动人口 372
服务业试点区建设 174
服务中小企业 182 205
福利彩票销售 342
福利企业管理 341
辐射安全监管 256
妇女之家建设 145
妇幼保健 316 317
妇幼保健院 317
妇幼卫生 316

G

改革与管理 318 321 326 328 329
改扩建项目 325
改制攻坚推动 115
干部队伍与班子建设 71
干部教育培训 350
干部教育培训改革 72
干部人才队伍 88
干部选拔任用 71
肝病科增设 327
感动中国人物故事大赛 299
感染防治 313
钢材产品销售 211
钢铁产品进出口 211
钢铁生产 210
高端产业产值实现增长 176
高端产业综合服务区 213
高级专家管理 350
高清机顶盒推广完成 177
高危人群致聋基因筛查 355
高校棒垒球锦标赛举办 291
高校毕业生接收 349
高校毕业生就业 348
高中优质特色发展推进 282
歌舞娱乐场所红歌比赛 301
葛洲坝集团培训基地挂牌 288
个人服务 203
个人理财 202 206
个体税收管理 198
各项就业措施保障有力 348
工程安全管理 116
工程建设领域专项治理 127
工程建设预防 159
工程品牌打造 276
工程质量监管 239
工程专项治理 236
工会杯拔河比赛第8届 335
工伤保险认定 351
工商行政管理 183
工信部电子科学技术情报研究所 272

工行石景山支行　202
工业期刊分会成立　273
工业企业标准化建设　191
工业企业效益　176
工资集体协商推进　142
公安工作　155
公共体育设施建设　335
公共卫生服务体系健全　307
公共卫生监测与评价　312
公共卫生监督　314
公共租赁住房　238
公建工程竣工 7 项　240
公交车 564 路开通　248
公立医院改革推进　307
公民道德建设教育　78
公司业务　206
公务用车专项治理　127
公务员初任培训　90
公务员管理　351
公务员统计情况　72
公益反哺家园在全区推广　378
公益宣传　150　205
公园管理　253
公园项目立项　226
公证规范建设　164
功能社区服务站建立　310
供热燃气管理加强　250
巩固再就业成果　374
共建双承诺活动　89　366
购买专业社工岗位　366
购物无障碍退货　186
古城公园电力改造　254
古城教育集团成立　106
古城街道　374
古城之春第 28 届艺术节　296
固定资产投资审计　192
固定资产投资完成情况表　391
挂职锻炼培养　71
关爱会员　133
观摩研讨活动举办　281
观赏文明引导行动　79
管线改移推进　244
贯彻刑事政策　159
光大银行石景山支行　205
光伏屋顶项目获批复　213
广播电视　301
广告行业增速显著　184
广宁街道　381
规范社工队伍建设　378
规范性文件管理　108
规范住房保障　370
规划管理　234
国雕举办汽车节　254
国雕配电系统改造　254
国雕通过精品公园复核　253
国防教育宣传　168
国际《自然》杂志引用教师论文　292
国际动漫周舞台剧展演　298
国际合作协议签署 6 项　272
国际化语言环境建设　118
国际会议承办　290
国际交流合作　322　327
国际教育博览会参展　279
国际墙材展第 5 届亮相　275
国际柔力球交流大会　337
国际研讨会承办　273
国际研讨会举办　288
国际友好城市交往　117
国际友好联系区交往　117
国家科技计划优秀组织奖　266
国家科技进步二等奖　291
国家税务　197
国家一级安全生产标准化　218
国家重点实验室获批　272
国家最高科技奖　272
国库集中收付　196
国民体质测试　336
国内市场开发　275
国企改革推进　180
国庆节市容保障　251
国泰君安证券鲁谷路营业部　207
国土资源管理　235
国有经济平稳发展　180
国有资产监督管理　179

H

哈佛大学校友成就奖首获　287
海外高层次人才建设　74
海外联谊　136
海外联谊会　82
海外市场开拓　276
夯实基层建设　87
合办教育导刊　304
合资 25 周年庆典　218
合作谅解备忘录签署　289
合作协议签署　274
和谐杯乒乓球比赛第 5 届　335
和谐文化建设开展　377
红蜡烛教育小组　373
红十字青少年　150
后勤保障工作　156
互助服务站全覆盖　369
互助服务站增至 20 个　378
户籍人口数表　392
户内管线检测　240
护理工作　317　320　321　323　324　326　327　328　330
华夏银行石景山支行　206
华游竞界扭亏为盈　182
化解矛盾纠纷　82
化解社会矛盾　159
欢乐金秋游园会第十二届　230
环保专项行动　256
环境保护　255
环境监测数据 8115 个　257
环境监察　256
环境统计企业 13 家　257
环境文明引导行动　79
环境宣传五个方面推进　257
环境整治开展　226　382
环境治理十项完成　256
环境秩序保障　259
环球宝贝联谊游园会第八届　230
换届工作　130
换届考察服务保障　70
换届完成　133
换届选举　132　148
会议服务　70
会议服务保障　107
会员法律咨询　357
会员小组建设　357
惠民工程　346
婚前保健　318
婚姻登记　341
活动 56 次开展　358
火灾隐患亮剑行动开展　157
获批建设动漫娱乐区　230
获荣誉称号　214

J

机动车污染治理　256
机构编制调整　84

机构编制管理 84
机构设置 321
机构优化调整 204
机关事业单位公开招录 349
机要密码 70
基本药物电子监管实施 331
基本药物生产品种审查首批 330
基本医疗保障制度完善 306
基层党建获肯定 368
基层党组织建设 88
基层社会化管理 184
基层文化设施建设 298
基层指导加强 110
基础调研 263
基础建设 329
基础建设投入 245 万 379
基础教育 282
基础设施改造 232
基金监督系统上线运行 352
基金运行良好 181
绩效工资实行 309
绩效评价良好 196
缉毒打击任务增长 8% 156
疾病防控 323
疾病预防与控制 311
集成电路设计大赛承办 292
集体经济 114
集体土地征收 236
计划免疫 312
计划生育服务 372
纪念活动开展 8 项 89
纪念建党 90 周年活动 72
技术管理 316
济困工程 340
继续医学教育 309
加快发展现代金融产业 201
加快推动拆迁 238
加强规划监督 235
加强会计管理 197
加强协作办案 160
加强有效监管 86
家电汽车以旧换新 197
家庭设备用品及服务支出 360
家庭医生式服务推行 310
价格调控 175
价格管理 175
价格监测 176
价格监测完成 179
价格鉴定 176
假药集中销毁 331
坚持日常执法检查 190
坚持一报告两评议 72
监测子站 6 个建成运行 257
监督促发展 162
监督考核 259
监管力度加大 115
检测覆盖 1044 种产品 275
检测资质升级 275
检察工作 159
检调对接工作机制 163
检学共建推进 160
检验中心获多项资质 275
见义勇为权益保护 340
建党 90 周年丛书出版 78
建党 90 周年系列节目 301
建党庆典专题报道 303
建立联合招商合作机制 214
建设便民网点 259
建设工程招标 239
建设管理 237
建设项目用地预审 236
建行石景山支行 204
建言献策活动 81
建章立制求稳定谋发展 253
建筑工地安全检查 190
建筑节能改造 239
建筑垃圾资源化利用项目 213
建筑市场监管 240
健康教育 318
健康教育与健康促进 313
健康老人 85
健康体检 85
健身储蓄和健身积分推行 334
健身气功展示活动 335
交流活动 145
交通安全社会化宣传 261
交通管理 260
交通和通信支出 360
交通事故处理 261
交行石景山支行 204
缴费基数采集 352
教学名师奖 1 人 294
教学培训 324
教学资源库项目获批 294
教育部培养计划入选 292
教育部重点课题获 3 项 292
教育督导 285
教育发展规划发布 278
教育和文化娱乐支出 360
教育基础设施建设 242
教育教学竞赛连办九届 283
教育类用房建设审批 235
教育培训 138
教育人才队伍建设 279
教育行政 278
接受捐赠 341
街道基地建设 171
街道三定规定修订 84
街校合作人才培养 377
节能管理 175
节水宣传周系列活动 248
结核病防治 312
金顶街街道 379
金顶阳光社工事务所成立 380
金秋体育盛会第 26 届 334
金融服务 206
金融服务 201
金融服务拓展 205
金色亲情打造品牌 377
进军营办公第 29 次 344
晋江市陶东路工程完工 216
晋江双龙路工程完工 216
禁毒工作开展 154
京汉君庭小区 16～17 号楼承建 243
京西文化展示推介 300
京西消费节举办 221
经纪机构监管 240
经济发展履行职责 96
经济发展推进大会第五次 104
经济服务 137
经济和信息化 176
经济建设投入 196
经济适用住房管理 238
经适房价格管理 176
经营业绩考核 181
菁英计划试点 289
精神疾病防治 312
精神卫生 319
精神文明建设 78
精细管理美化市容 254
警务航队烈士治丧服务 346
净化社会环境 80
竞技体育 336
静态交通秩序整治 261

纠纷处理与事故鉴定　308
纠风工作　128
九养政策落实　342
就业率新增长　371
就业失业登记证发放　348
就业援助实施　382
居民生活状况　359
居民收入　359
居住支出　361
举办经藏迎请大法会　232
卷烟销售　193
决策研究　82
军地双拥办实事　379
军地座谈联谊　343
军队转业干部安置　349
军工服务做好　383
军工管理　341
军民春节联欢晚会　296
军事训练　168
军休干部安置管理　341
军转干部服务　351

K

开发运行模式研究　116
开放合作　213
开展初稿试写　114
开展军警民共建　80
开展联合执法检查　190
康复服务稳步推进　354
科博会第 14 届亮相　267
科级干部管理　72
科级干部竞争上岗　376
科级干部培训　90
科技部创新基金有 4 家企业获　266
科技成果　217
科技开发　215
科技开发创新　276
科技论坛参加　276
科技平台建设　274
科技项目研发　274
科技兴安加快步伐　191
科技研发　218
科技政策法规宣讲团开讲　268
科技周活动　146
科普基地与社区对接　266
科普节举办第二届　268
科普日活动　146
科普社区行活动　146
科普之夏活动　146
科协委员活动　146
科学管理　266
科学思想库打造　146
科学素质纲要实施　145
科研成果　91
科研成果 12 项获奖　272
科研成果获奖　274
科研工程进展　272
科研工作　327　328
科研管理　323
科研教学　320　326
科研科普组织　309
科研项目通过验收　275
科研项目在研 865 项　287
科研业务领域拓展　273
科研与教学　325
课程改革持续深化　282
空气质量五年持续改善　256
口述史抢救　91
匡正换届风气　65
矿产储量勘查　237
矿产开发管理　237
矿产业资源开发利用　212
扩大存款业务　204

L

垃圾分类达标小区创建　380
垃圾清运日产日清　254
劳动保障监察　353
劳动能力鉴定　352
劳动人事代理服务　349
劳动人事争议预防　353
劳动人事争议仲裁　353
劳动争议案　165
劳动争议调解　141
劳拉的星星上映　269
劳模管理和服务　142
老干部工作　84
老年病工作　319
老年日间照料所开设　381
老山街道　372
雷洁琼遗体送别　345
礼仪文明引导行动　79
李德生遗体送别　346
理论研究成果　78
立案公开项目建设　157
利益纠纷调解案　166
莲石湖建成开放　67　229
莲石湖主景区工程完工　246
联合国代表到区考察　106
联合培养协议签订　288
廉政风险防控管理　127
廉租房管理　263
廉租住房管理　238
粮食平衡调查完成　221
粮食统计执法检查　221
两癌筛查　316
两会代表选举完成　378
两会环境保障　250
两类人员管控预防　163
两新组织联络联谊　81
亮剑行动　262
灵光寺圣像开光庆典　232
零售业务　205
领导干部大讲堂　90
领导干部公选　71
领导接访　111
领导学法　108
刘华清遗体送别　345
流动人口管理　357
流动人口管理服务　155
流浪动物收容救置　315
流浪乞讨人员救助管理　342
流通领域食品监管　184
流通领域食品检测　185
六五普法全面启动　164
鲁谷社区　370
旅游管理　228
旅游规划研究　116
旅游行业应急救护培训　229
旅游咨询日活动　230
旅游咨询体系建立完善　228
履行劳动合同　352
履行维稳责任　156
律师管理与服务　164
绿化养护　226
绿色教育实验区建设　279
绿色通道帮扶特困人员　377
绿色通道服务质量　225
绿色通道审批　236
绿色学前教育研究启动　281
论文获全国研讨会一等奖　281
落实党内帮扶　73

落实监督制度 71
落实救助保障 382
落实责任安全度汛 247

M

慢病管理 312
媒体进校园暨媒体答谢会 280
煤企 13 家通过年审 175
每百户家庭耐用消费品拥有量 361
每天 1 小时校园体育活动 280
门诊延时服务 310
门诊医生工作站全覆盖 351
民办教育 286
民办教育管理 176
民办康复服务重视 354
民兵整组 168
民兵整组完成 115
民兵政治教育 168
民兵组织整顿 384
民防工作 169
民防体系建设 170
民防志愿者队伍 171
民生保障服务开展 373
民生保障重视 370
民生档案管理 113
民生服务实现全方位 378
民生工作改善 380
民生热点宣传 304
民生投入加大 196
民生资金审计调查 192
民政工作 340
民主党派换届 80
民主法治社区建设 67
民主评议 128
民族传统体育运动会 335
民族健身操舞大赛 109
民族体育活动 110
民族团结月宣传 109
民族宗教侨务 109
名师讲坛活动 281
目标督查考核 87
目标防护演习 170

N

内部审计成效显著 193
纳税服务 199 200
纳税评估 200
能源环保 212
能源统计监测 179
年度收支情况 309
年鉴 2011 出版发行 114
农商行石景山支行 204
农行石景山支行 203
女工保健 316
女性健康 318

P

排查调处 112
排污收费下降 89.7% 257
旁听审判教育 159
批零市场执法检查 190
品牌培育 193
聘 5 位专家为专项课题顾问 67
平庄至赤峰段公路工程完工 216
评选表彰展先进风采 66
评选身边楷模 368
苹果园街道 377
破获涉嫌侵犯著作权结伙案 158
普法宣传教育 162

Q

其他行业领域隐患排查治理 189
企事业单位安全检查 157
企业党建 87
企业发展 226
企业服务 203
企业监管 181
企业年审核查 187
企业评选 138
企业认定系统成功上线 223
企业信用等级 218
企业注册 55 家完成 377
企业资质管理 239
气候评价 264
气象服务 264
气象 264
气象宣传 264
千百十便捷家园计划 374
签订合作协议 235
强化督查 70
强化防震减灾工作 249
强化诉讼监督 159
强军育才 343
强军育才接力工程 105 293
抢救地下文物 300
勤务指挥模式创新 261
青年创业就业 143
青年教师获国际大奖 289
青年志愿服务 143
青少年读者阅读活动 299
青少年活动 143
青少年科技教育 146
青少年权益维护 144
青少年思想道德教育 80
清华大学玉泉医院 323
清剿火患 262
清明服务 346
清明祭扫服务保障 250
清明节祭扫 341
清明节接待游客 23.37 万人 228
清明系列活动 76
清扫保洁 707.3 万平方米 254
清新居室百日行动 187
清真网点升级改造 110
区长办公会议 101
区长副区长名单 118
区处两级中心组学习 75
区第十五届人大常委会工作机构负责人名单 98
区第十五届人大常委会主任副主任委员名单 98
区第十一届委员会成员 91
区佛教协会挂牌 232
区妇联 144
区概览 2
区各民主党派负责人名单 138
区工商联 137
区国有资产经营公司 181
区国资委系统主要负责人 182
区红十字会 149
区纪委换届 126
区纪委十届九次全会 126
区交通委员会成立 105
区九三学社 136
区军事机构负责人名单 172
区科协 145
区两会宣传报道 76
区民促 133
区民革 130
区民建 132

区民盟 131
区民盟换届 131
区农工委 134
区侨联 148
区青联四届一次全会 142
区群众团体负责人名单 150
区人大常委会办事机构负责人名单 98
区人大常委会第三十次会议 94
区人大常委会第三十二次会议 94
区人大常委会第三十六次会议 95
区人大常委会第三十七次会议 95
区人大常委会第三十三次会议 95
区人大常委会第三十四次会议 95
区人大常委会第三十五次会议 95
区人大常委会第三十一次会议 94
区人大代表集中活动 97
区人大代表选举 383
区人大换届选举 372
区人大重要活动 96
区十四届人大六次会议 94
区十五届人大一次会议 94
区四套班子联席会 65
区委常委会 60
区委工作机构主要负责人名单 92
区委日常事务 69
区委十届十六次全体(扩大)会 65
区委十届十四次全体(扩大)会 64
区委十届十五次全体(扩大)会 64
区委十一届一次全体会 65
区委书记讲党课 127
区委主要工作和重大活动 60
区文化中心建设项目 298
区文联 147
区文庆典活动 147
区文书画展览 147
区县科技进步考核评审 268
区校合作加强 74
区域建设 203
区域经济发展 183
区政法部门负责人名单 166
区政府人民团体党政分设工作机构党委(党组)书记名单 92
区政府主要工作和重大活动 100
区政协八届五次会议 120
区政协八届总结大会 121
区政协常务委员会会议 120
区政协城建环保委员会 121
区政协第九届委员会 123
区政协工作机构负责人 123
区政协教文卫体委员会 122
区政协经济科技委员会 121
区政协九届一次会议 120
区政协社会法制与民族宗教委员会 122
区政协提案委员会 121
区政协学习与文史委员会 122
区政协重要会议 120
区政协主席会议 120
区政协专门委员会 121 124
区政协专门委员会负责人 123
区致公党 135
区总工会八届十三次全委(扩大)会 141
区总工会第九届代表大会 141
区总工会 141
全程通业务 206
全国比赛获奖 19 项 293
全国大力士王争霸赛北京站 337
全国大赛总决赛承办 292
全国高校研讨会承办 291
全国高新区党建交流会承办 67
全国论坛举办 288
全国先进个人名单 385
全国先进集体名单 385
全国研究生短期学校 290
全国政协领导调研 82
全面推行党务公开 367
全民动手美化市容 375
全民义务植树 252
全民终身学习周 284
全市企业 30 强 6 家入围 177
确定调研课题 83
群团作用发挥 90
群众体育 334
群众文化 296
群众信访 111

R

热心为老服务 383
人才发展规划 67
人才引进 349
人大常委会主任会议 95
人大换届选举宣传 78
人防工程防汛 171
人防工程整治 171
人口出生与自然增长情况表 392
人口规划发布 356
人口和计划生育 356
人口普查任务完成 178
人口统计分析 356
人口文化活动苑落成 380
人口文化宣传 357
人口文化苑建设 370
人口战略研究 356
人力资源和社会保障 347
人民满意学校调查 286
人民武装 168
人事方案酝酿和选举 71
人文石景山规划编制 77
人员密集场所安全检查 189
日常管理服务 71
日开盘热销 9000 万 242
融景城二期收房率 100% 242
融资服务加强 358
融资融券业务 208
柔婷美容集体投诉解决 186
软件信息服务产业快速增长 176

S

三八妇女节 144
三个平台推进党建信息化 368
三会专题报道 303
三级服务体系建设 141
三级食品安全监管 183
三品一械监管 331
三学四比活动 160
森林防火 251
森林防火实战演练举行 253
森林防火宣传 252
森林资源清查完成 252
商标系列整治 185
商品房土地出让 236
商务服务发展 220
商务 220
商务楼宇工作站规范建设 364
商务楼宇监管完善 184
商业布局初现端倪 220
设施更新改造 231
设施设备更新改造 255
设施维护管理 170
社保大讲堂举办 352

社保待遇调整 352
社保卡监管加强 351
社工事务所新建3个 366
社会保险法宣传 352
社会保险稽核 352
社会保险扩面征缴 351
社会服务 131 132 133 135 137
社会各界献爱心 355
社会监督 260
社会救助 340
社会救助完善 383
社会领域党建 368
社会领域党建及社会建设 364
社会领域党建推进 376
社会领域党建研讨 364
社会领域统战 81 376
社会面等级防控 155
社会面网格化防控 155
社会培训6200人次 294
社会项目 175
社会责任承担 181
社会志愿者活动 281
社会治安综合治理 154
社会组织管理 341
社区安全防范总结表彰 154
社区办公用房建设加强 365
社区帮扶 320
社区便利服务 342
社区便民服务体系构建 221
社区党建 366
社区服务 150
社区服务打造品牌 380
社区服务建设规范化 375
社区服务数字化 374
社区工作者队伍建设 366
社区共建 149
社区建设推进 384
社区健康通推广 311
社区教育 284
社区康复服务发展 354
社区科普益民计划 147
社区科普志愿者建设 147
社区千人跳绳大赛第3届 335
社区青年汇 143
社区人才成长工作室 74
社区社情恳谈会 373
社区维稳机制完善 380
社区卫生服务 309 317 319
社区文化氛围提升 375
社区学习节第7届 284
社区医疗 321 329
社区综合管理服务站 381
涉案财物管理 157
涉密载体管理 86
涉外管理与服务 117
涉外基层基础工作 157
涉外突发事件应急处置 117
身边好人推荐评议 79
深化创先争优活动 73
深化地区就业服务 377
深化经济责任审计 193
深化新居民服务管理 380
深化优质服务 356
审计 192
审判工作 161
审判监督与管理 162
生产行为规范 187
生活质量提高 362
生命统计 311
生育关怀行动 357
声环境质量改善 258
失业人员就业援助 373
失业人员医疗费报销 352
施工安全管理 239
施工工地管理 259
十大教育新闻人物入选 293
十大新闻评选 303
十二五规划发布 201
十二五规划落实 174
十个一系列活动 367
十一接待游客75.24万人 228
石景山报出版1000期 302
石景山报 302
石景山区建筑公司 243
石景山信息网建设 177
石景山游乐园 230
石景山主流程停产仪式 210
石开房地产开发公司 241
实施绩效工资 350
实施协会服务工程 380
实行分级管理 86
食品安全专项整治 185 186
食品支出 360
世界考古十大发现入选 289
世界漫画大会第12届参与 270
世界漫画大会暨动漫周 77
世界知识产权日宣传活动 301
世漫会期间招商引资 225
市场监管 193
市场营销 215
市场主体发展 183
市基金资助10课题 292
市级示范园开放观摩 280
市级演讲比赛 288
市科学技术奖14个项目 267
市领导调研交通情况 248
市领导调研莲石湖 247
市领导调研旅游业发展 229
市领导考察民防宣教基地 169
市领导专题调研医改 306
市民讲外语活动周 284
市人大代表集中活动 97
市人大负责人调研 97
市容环境管理加强 248
市容卫生 254
市委领导调研区委 65
市新星计划2教师入选 292
市政府40号文专题培训 191
市政工程竣工4项 240
市政和绿地部分移交 244
市政设施建设 116
市政市容管理 246
市中学生田径运动会承办 280
市重大项目通过验收 218
市属高校招生计划工作会 291
事业单位登记管理 84
事业单位人事制度改革 349
收入增速加快 361
手拉手结对工作启动 281
手足口病防控 312
首都道德模范评选 79
首都市民学习品牌获评 284
首都医科大附属朝阳医院京西院区 327
首钢分流富余人员安置 348 374 379
首钢国际工程技术有限公司 275
首钢集团 210
首钢集团跻身世界500强 214
首钢居民小区完善服务 365
首钢矿山医院 329
首钢停产维稳 154
首钢专题推介会 224
枢纽建筑方案初步确定 244
梳理行政许可审批 110

暑期学校免费举办 10 期　288
数字化管理　215
数字媒体产业化基地通过复核　270
数字媒体产业联盟成立　271
数字生活技能大赛　146
双打行动开展　221
双基建设　112
双拥工作　343
双拥共建　169
双拥月活动开展　344
双证书教改开展　285
水环境质量　258
水务改革发展工作大会　247
水务基础设施建设管理　246
税收法制和宣传　199
税收收入　200
税收征管　200
税务稽查　198
税务稽查执法　201
税政职能　200
硕士学位升级一级学科 19 个　291
司法监督履行职责　96
司法行政　163
司法行政开放日　165
私募管理培训　202
私营个体经济　357
思想建设
130　131　132　134　135　136
思想政治理论课改革　288
斯琴格日乐　118
四突出促进社区党建　368
四相结合活动　368
送温暖工程　141
送温暖活动　144
颂歌献给党千人歌咏会　297
随班就读系列活动开展　282
随军家属就业安置　349
所得税管理　197

T

台湾文化节举行　105
太平间规范管理　347
太原至中卫铁路制梁工程完工　216
探索柔性执法方式　194
特大系列诈骗案破获　157
特色服务　204
特色商业街打造　220
特色文体队伍 13 支建立　379
特色专业建设工程实施　294
特殊药品管理　331
特种救援队组建　170
特种设备安全监察　186
特种职业技能鉴定　347
特种作业专项行动　190
提出研究新方法　289
提高党代表任期制认知　73
提高自主创新能力　212
提供贴心服务　205
提升客户满意度　242
体检 40050 人次　330
体育产业　336
体育法制宣传　338
体育行政执法　338
体育执法　338
天泰山大讲堂开讲　384
停产机构调整　211
停产职工分流安置　211
停车设施改造与专项检查　248
停车收费管理　175
统筹规划各项工作　174
统计登记更新　179
统计调研 46 篇完成　178
统计　178
统计数据利用　179
统计执法推进　179
统一战线　80
投融资平台整改　181
投资理财　207
突出能力建设　161
图书馆　298
土地储备项目　236
土地登记业务　236
土地供应总量　236
土地上市交易　236
土地一级开发　236
团干部培训　90
团区委　142
推动立案监督　159
推动志愿服务　80
推广公益反哺家园　365
推进爱民月活动　160
推进拆迁工程　116
推进首次水务大普查　247
推进司法拆迁　161
退伍军人安置　340
退休人员社会化管理　349
拓展海外招商　224

W

外交官组团考察　118
外经发展　222
外贸扶持资金初审权限下放　222
外贸进出口　222
外事港澳工作　116
外事接待活动　117
外资大项目　222
外资结构　222
外资来源　222
完成换届选举　96
完成莲石湖三标施工任务　216
完成市政设施调研　234
完善代表之家　97
完善劳务管理　239
完善领导机制　116
完善篇目设置　114
完善司法为民举措　162
万源至达州公路标段工程完工　216
网点建设　204
网络党建开展　73
网络发言团队培训　77
网络文明引导行动　79
网络信息平台　358
网上订货 592 户　193
网上审批项目 202 件　257
网上追逃清网率 66.7%　156
网银服务　204
危化从业单位隐患排查治理　189
危化品企业标准化建设　191
危险化学品安全监管　188
为老服务全面推广　373
为民服务新成绩　371
违法案件查处　237
维护社会稳定　162
维稳工作部署　153
维稳能力提高　375
卫片执法检查　237
卫生改革　306
卫生监督　314
卫生设施建设　309
卫生行政审批　314
卫生应急　313
未成年人保护　162

慰问子弟兵 344
温馨家园打造品牌 373
文保方案研究 116
文创产业发展态势良好 223
文创规划编制 77
文稿起草与公文档案 107
文化创意企业获新媒体奖 271
文化 296
文化馆阵地建设 298
文化品牌创建 382
文化市场 300
文化执法五区联席会 300
文秘工作 69
文明单位创建活动 79
文明街道创建 370
文明养犬宣传 260
文体活动 85
文物安全工作 300
文物管理 299
文物科技评估中心成立 287
文物普查完成 300
文物修缮工程 299
文物遗存审核 300
文艺创作 298
我们的节日主题活动 79
污染减排成效显著 256
无障碍服务 355
吴阶平遗体送别 345
五个红庆祝建党 90 周年 366
五好文明家庭创建 145
五里坨建设组团项目 242
五里坨街道 382
五里坨经适房工程竣工 243
五里坨医院 318
五一待游客 19.62 万人 228
五一庆祝大会 141
五一市容保障 251
武术协会换届 335
舞动北京群众舞蹈大赛 297
物业管理完善 263
物业类子公司 243
物业日常监管 240
物业停车场改造 225

X

西部建设 115
西五环体育产业带建设 337
系列楼道抢劫案破获 157
系列人物报道 304
系列入室盗窃案破获 158
夏季城市供水保障 248
夏季市容集中治理 249
夏日文化广场活动 297
现代金融领导小组成立 201
现金收支情况表 391
限价商品住房管理 238
献血管理 309
项目开发子公司 242
消防工作 262
消防宣传 262
消费性支出表 391
消费支出 359
小区域大党建探索格局 367
小学图书馆情况调研 286
校际结对 82
校园周边整治 260
协会杯羽毛球比赛 335
协会换届完成 357
协助办班 91
心系困难家庭 381
辛亥革命百年活动 130
新产品开发成功 274
新华人寿保险石景山支公司 206
新建 26 个新居民服务站 371
新姐妹协会成立 381
新居民互助服务站 381
新居民人口计生服务 375
新媒体节第四届 106
新批外资规模 222
新批外资结构 222
新三板业务 208
新上市 2 企业 269
新首钢服务区建设 174
新首钢股权投资基金设立 105
新首钢招商 224
新闻高清制作网建设 302
新闻栏目制作 1316 期 301
新闻外宣播发 375 条 301
新闻宣传与培训 76
新引进企业 1708 家 223
信达证券京古城路营业部 207
信贷业务 202
信访案件增加 272 件 256
信访处理 26 件 264
信访工作 111
信访件办理 111
信访排查调处 240
信访维稳加强 115
信访宣传 111
信访与维权 355
信息安全培训 86
信息安全研究加强 273
信息安全应急预案修订 177
信息编报 69
信息编报与公开 107
信息工作 130
信息化基础设施水平提升 177
信息化监管系统 301
信息化建设 199 309 320 322 324 327
信息化平台建设 249
信息化深层次应用推进 283
信息化项目建设 212
信息化项目通过验收 288
信息宣传 131
星级争创活动 365
星宇商贸有限公司 226
行业自律加强 358
行政案卷评查 108
行政边界管理 160
行政处罚准确公正 240
行政调解见成效 185
行政调解启动 109
行政服务 110
行政复议 108
行政监督 109
行政决策和执法追究 260
行政区划 341
行政事业收费管理 176
行政诉讼案件通报 108
行政投诉 128
行政执法 108
形势宣传教育 76
性病和艾滋病防控 311
虚拟财产保险全球首款 270
畜牧业存栏 315
宣传残疾人事业 355
宣传工作 75
宣传教育四进入 171
宣传系列活动 253
薛明遗体送别 346
学科授权点分布 287
学历教育 91